山东统计年鉴

SHANDONG STATISTICAL YEARBOOK

2017

(总第 29 期 No. 29)

山 东 省 统 计 局
国家统计局山东调查总队 编

Compiled by

Shandong Provincial Bureau of Statistics

Survey Office of the National Bureau of Statistics in Shandong

图书在版编目（C I P）数据

山东统计年鉴. 2017 / 山东省统计局, 国家统计局山东调查总队编. -- 北京 : 中国统计出版社, 2017.7
ISBN 978-7-5037-8203-9

Ⅰ. ①山… Ⅱ. ①山… ②国… Ⅲ. ①统计资料－山东－2017－年鉴－汉、英 Ⅳ. ①C832.52-54

中国版本图书馆 CIP 数据核字(2017)第 164666 号

山东统计年鉴-2017

作　　者/ 山东省统计局　国家统计局山东调查总队
责任编辑/ 佘竞雄　李潇潇　赵善胜
责任校对/ 赵善胜
装帧设计/ 王　勇
出版发行/ 中国统计出版社
地　　址/ 北京市丰台区西三环南路甲 6 号
邮政编码/ 100073
电　　话/ 邮购（010）63376909　书店（010）68783171
网　　址/ http://www.zgtjcbs.com
印　　刷/ 山东麦德森文化传媒有限公司
经　　销/ 新华书店
开　　本/ 890mm×1240mm　1/16
字　　数/ 1900 千字
印　　张/ 52
版　　别/ 2017 年 8 月第 1 版
版　　次/ 2017 年 8 月第 1 次印刷
定　　价/ 460.00 元　Price:460.00(RMB)

本书附同版本 CD-ROM 一张，光盘内容以书面文字为准。

如有印装差错，由本社发行部调换。

《山东统计年鉴－2017》
编辑委员会

Shandong Statistical Yearbook – 2017

EDITORIAL BOARD AND STAFF

编 辑 说 明

一、《山东统计年鉴》是一部全面反映山东省国民经济和社会发展情况的资料性年刊，是认识和研究山东省情、制定政策、指导国民经济发展的重要资料和历史性工具书。

二、《山东统计年鉴—2017》共包括特载、统计表和附录三大部分。特载部分包括政府工作报告、统计公报和统计工作综述，综合反映全省经济社会发展概况和山东省统计工作情况。

统计表部分收录了 2016 年度山东省国民经济和社会发展方面的统计数据，共有二十二篇：第一篇，综合；第二篇，国民经济核算；第三篇，人口；第四篇，就业、工资和社会保障；第五篇，固定资产投资；第六篇，对外经济、旅游和开发区；第七篇，能源；第八篇，财政和金融；第九篇，价格指数；第十篇，居民生活；第十一篇，城市建设；第十二篇，资源和环境；第十三篇，农业；第十四篇，工业；第十五篇，建筑业；第十六篇，规模以上服务业；第十七篇，运输和邮电；第十八篇，批发和零售、住宿和餐饮业；第十九篇，教育和科技；第二十篇，文化、体育和卫生；第二十一篇，公共管理和社会服务；第二十二篇，各县（市、区）主要经济指标。

各篇章插页后附有简要说明，概括介绍各篇主要内容和资料来源；各篇章最后附有主要统计指标解释，简要介绍指标的概念、统计方法、统计口径和统计范围。

附录部分包括全国各省（市、自治区）主要经济指标、部分国际统计资料和山东省统计局工作大事记等。

三、本《年鉴》所列各项指标，《政府工作报告》和《统计公报》使用的数字为快报数或初步统计数；其他各部分为正式年报数据。凡与本《年鉴》数字不符的一律以本《年鉴》为准。

四、本《年鉴》的编辑，已根据现行国家统计制度，对统计指标概念、口径、范围、计算方法、计算价格等，作了统一调整，并分别在各部分的主要指标解释或表末加以注释；各表中价值量指标，凡未加说明的，均按当年价格计算。部分数据合计数或相对数由于单位取舍不同而产生的计算误差均未作机械调整。

五、《山东统计年鉴》公开出版以来，受到了广大读者的关心与支持，对此深表谢意。本《年鉴》编辑中难免存在不足之处，恳请广大读者提出宝贵意见，以便改进、提高。

PREFACE

I. *Shandong Statistical Yearbook* is an annual publication, which covers very comprehensive data and reflects various aspects of Shandong's social and economic development. It can also work as an important and historical reference book which will play a great role in comprehending and studying the basic conditions of Shandong, making policies, and guiding the development of society and economy.

II. The yearbook contains the following three parts: part one feature, part two statistics and part three appendixes. Feature mainly includes Government Work Report, Shandong Statistics Communique and Summary of Shandong Statistical Undertaking, comprehensively reflecting the development of society and economy and showing the achievements in statistics of Shandong Province.

Part 2 contains the following twenty-one chapters, 1. General Survey; 2. National Accounts; 3. Population; 4. Employment, Wages and Social Security ; 5. Investment in Fixed Assets; 6. Foreign Trade, Tourism and Development Zone; 7. Energy; 8. Government Finance and Banking; 9. Price Indices; 10. People's Livelihood; 11. City Construction; 12. Natural Resources and Environment; 13. Agriculture; 14. Industry; 15. Construction; 16.Service Enterprise Above Designated Size; 17. Transport, Postal and Telecommunication Services; 18. Wholesale, Retail, Hotels and Catering Services; 19. Education, Science and Technology; 20. Culture,Sports and Health;21.Public Management and Social Services;22. Main Indicators of Counties (Cities and Districts at County Level).

In brief introduction at the beginning of each chapter, main coverage of this chapter, data sources and statistical coverage are concerned. In addition, explanatory notes on main statistical indicators are provided at the end of each chapter, giving a brief explanation of statistical indicators, such as definition, statistical methods, statistical coverage and statistical scope.

Appendix contains the main economic indicators of some other provinces (municipality), international statistics and Events of Shandong Provincial Bureau of Statistics.

III. Data used in Government Work Report and Shandong Statistics Communiqué are preliminary statistics. data in other chapters is official annual data. Data in Shandong Statistical Yearbook are all verified and should be based on this standard.

IV. In *Shandong Statistical Yearbook*, statistical definitions, statistical coverage, statistical methods and prices are adjusted according to the current state statistical standards, and all changes have been noted at the end of the table or in the explanatory notes. Data in value terms are calculated at current prices if there are no notes. Statistical discrepancies on totals and relative figures due to rounding are not adjusted.

V. After this yearbook was published, it has received lots of concerns and support from readers whom we should thank. Because of our ability, it is inevitable that there are shortcomings in this book, so we welcome all candid comments and criticism from our readers to perfect this book and to offer readers better service.

目 录
Contents

特 载
ESPECIALLY PRINTED HERE ARE

统 计 表
STATISTICAL TABLE

第二篇 国民经济核算
CHAPTER 2 National Accounts

第三篇 人 口
CHAPTER 3 Population

第四篇 就业、工资和社会保障
CHAPTER 4 Employment , Wages and Social Security

第六篇 对外经济、旅游和开发区
CHAPTER 6 Foreign Trade, Tourism and Development Zone

第八篇 财政和金融
CHAPTER 8 Government Finance and Banking

第九篇 价格指数
CHAPTER 9 Price Indices

第十篇 居民生活
CHAPTER 10 People’s Livelihood

第十二篇 资源和环境
CHARPTER 12 Natural Resources and Environment

第十三篇 农 业
CHAPTER 13 Agriculture

第十四篇 工　业
CHAPTER 14 Industry

第十五篇 建筑业
CHAPTER 15 Construction

第十六篇　规模以上服务业
CHAPTER　16　Service Enterprises Above Designated Size

第十七篇　运输和邮电
CHAPTER　17　Transport, Post and Telecommunication Services

第十八篇 批发和零售、住宿和餐饮业
CHAPTER 18 Wholesale, Retail, Hotels and Catering Services

第十九篇 教育和科技
CHAPTER 19 Education, Science and Technology

第二十篇　文化、体育和卫生
CHAPTER　20　Culture, Sports and Health

第二十一篇　公共管理和社会服务
CHAPTER 21 Public Management and Social Services

第二十二篇　各县（市、区）主要经济指标
CHAPTER　22　Main Indicators of Counties (Cities and Districts at County Level)

附　　录
APPENDICES

政府工作报告

——2017 年 2 月 6 日在山东省第十二届人民代表大会第六次会议上

山东省省长　郭树清

各位代表：

现在，我代表省人民政府向大会报告工作，请予审议，并请省政协各位委员提出意见。

一、2016 年工作回顾

过去一年，在以习近平同志为核心的党中央正确领导下，我们坚决贯彻党中央、国务院和中共山东省委决策部署，开拓创新，埋头苦干，顺利完成省十二届人大五次会议确定的年度任务，实现了“十三五”良好开局。全年生产总值 6.7 万亿元，比上年增长 7.6%；地方一般公共预算收入 5860 亿元，同口径增长 8.5%；城镇居民人均可支配收入增长 7.8%，农村居民人均可支配收入增长 7.9%；城镇新增就业 121 万人；对外收支继续保持较大顺差；居民消费价格上涨 2.1%。

（一）“三去一降一补”取得明显进展。完成 270 万吨生铁、270 万吨粗钢去产能任务。淘汰煤炭产能 1960 万吨，完成年度计划的 120.6%。地炼企业拆除落后生产设施 1940 万吨。规模以上工业产销率达到 98.8%，比全国平均水平高 1 个百分点。农产品电子商务交易额增长 31.1%。商品房去化周期降至合理区间。新增上市公司 17 家。股票、债券直接融资 5794.7 亿元，增长 26.2%。规模以上工业企业资产负债率 54%，比全国低 1.8 个百分点。综合施策为企业减负 600 多亿元。规模以上工业企业全员劳动生产率达到 38.7 万元，比上年提高 3.2 万元。脱贫攻坚、农业现代化、服务业发展和基础设施建设等补短板工作得到加强。

（二）新旧动能转换步伐加快。全省实有市场主体增至 710 万户，列各省市第二位。企业数量增加 27.4%，出口企业增加 23.2%。研发经费占生产总值的比重达到 2.33%。全省国家企业技术中心达到 179 家，省级技术中心达到 1524 家。粮食总产 940 亿斤，46 个农业转型升级方案出台实施，农业“新六产”带动三次产业融合发展。建成京东县级服务站 99 个、阿里淘宝县 62 个、村淘服务站 2800 个。22 个工业行业转型升级成效显著，以新产业、新业态、新模式为代表的新动能保持较好增长势头。工业技改投资 1.5 万亿元，总量全国第一。首届世界工业设计大会上，全国获金奖作品 9 件，其中我省 4 件。山东企业在全国首批制造业单项冠军中数量最多。教育、研发、文化、信息、金融、健康、养老等产业加快发展，服务贸易增长 18%。旅游消费总额突破 8000 亿元。三次产业比例为 7.3:45.4:47.3，第三产业超过第二产业，实现历史性转变。

（三）重点领域改革取得新突破。削减省级权力事项 227 项，59 个省直部门编制公布公共服务事项目录，省定涉企行政事业性收费全部取消。政务服务平台实现省市县三级互联互通。农村土地承包经营权确权颁证工作基本完成，土地经营规模化率达到 40%以上，供销社综合改革试点全国领先。省属经营性国有资产统一监管基本完成，省属一级企业全部实现股权多元化。财税体制改革继续走在全国前列，省级一般性转移支付占比达到 66.6%。政府和社会资本合作项目落地率全国最高。多层次资本市场发展步伐加快，区域性股权交易市场挂牌企业数量翻了一番以上。农信社银行化改革全面完成，新型农村合作金融改革试点稳步推进，首家民营银行获批筹建。青岛财富管理中心建设取得实质性进展。中小学校长职级制和去行政化改革全面推开，高等教育综合改革开始实施。公立医院综合改革全面启动，取消药品加成，实行新的编制、人事、薪酬管理办法。不动产统一登记制度基本建立。住房制度改革不断深入，违规建购房整改基本完成，收回资金 61 亿元。律师制度改革、人民监督员制度改革和社区矫正标准化试点稳步推进。

（四）对外开放进一步扩大。货物进出口总额 15466.5 亿元，增长 3.5%，比全国高 4.4 个百分点，增幅在全国外贸前十省市中位居第一。实际开展出口业务企业新增7833家，创造出口544.3亿元，拉动全省出口增长6.1个百分点。一般贸易出口比重提高到63.1%。加工贸易“委托设计+自主品牌”出口比重达到20.2%，国内增值率达到51.7%。组织企业家、乡村旅游带头人、县市区负责人对标考察，境外精准交流和培训成效显著。实际利用外资1110.7亿元，增长9.8%，世界500强企业投资项目新增63个。实际对外投资862.3亿元，增长1.4倍，其中境外并购中方投资额增长2.8倍。构建开放型经济新体制等试点工作有序推进。洲际直航实现零的突破，一年开通5条航线。

（五）城乡区域协调发展取得新成绩。300多万农业转移人口市民待遇得到落实，常住人口城镇化率达到59.02%，户籍人口城镇化率达到49%。住房建设、环境保护、安全生产、交通管理等政府服务和监督延伸到乡镇。推动美丽乡村建设标准化，新农村建设提档升级。农村垃圾清理、清洁饮水、客运班车基本普及，新建房屋一律按不低于地震烈度7度抗震设防。开工老旧住宅小区整治项目1727个，惠及85万户居民。棚户区改造53万套，货币化安置率达到55.9%。开工改造农村危房5万户。完成401万户农村厕所无害化改造，达到原定任务的2倍。拥有取暖设备的农村住户比重提高到83%。散煤清洁燃烧试点取得明显进展。“两区一圈一带”战略深入实施，德州、聊城、东营、滨州加快融入京津冀协同发展。鲁南高铁、潍莱高铁开工建设，济青高铁、石济客专等项目扎实推进，高速公路通车里程新增362公里。全省首条地铁青岛3号线通车运营。

（六）民生保障进一步加强。全省一般公共预算支出8750亿元，其中民生支出占到78.9%。精准扶贫成效明显，全省脱贫151万人，超额完成年度目标。连续第五年提高居民基础养老金最低标准。机关事业单位和企业退休人员基本养老金平均增加6.5%以上。城乡低保标准进一步提高。全面两孩政策平稳实施，出生人口性别比值下降1.7个点。妇幼健康服务能力明显增强，产科床位增长20.5%。政府出资为1133名听障儿童植入人工耳蜗。平安山东、食安山东建设不断加强，社会治安持续向好，安全生产总体平稳。完成6207公里普通国省道和2.95万公里县乡路安全隐患治理。提前一年半完成2929处油气管道隐患整治。

（七）各项社会事业加快发展。中小学德育教育全面加强。新建改建学校1830所，新聘教师7.5万人，城镇中小学“大班额”问题得到缓解。农村义务教育薄弱地区办学条件不断改善。职业教育学徒制试点进展顺利。科技体制改革继续深化，在科研立项、项目评价、奖励制度等方面取得重要突破。科研院所法人治理结构建设全面启动。青岛海洋国家实验室步入世界同领域先进行列，山东半岛国家自主创新示范区加快建设，黄河三角洲国家农业高新技术产业示范区挂牌成立，国家高速列车技术创新中心落地我省。部分高等院校和科研院所进行实质性整合。全省文化产业投资3303.7亿元，增长18%。深化城乡精神文明创建，乡村文明行动深入推进，移风易俗广泛开展。文艺精品创作成果丰硕，5部电视剧获中国电视金鹰奖和单项提名奖。群众体育蓬勃发展，竞技体育再创佳绩。民族团结进一步巩固，宗教工作取得新的进步。国防教育深入开展，国防后备力量建设不断加强，军政军民团结更加巩固。对口支援新疆、西藏、青海和扶贫协作重庆等地工作取得新成绩。

（八）生态环境进一步改善。生态补偿制度和城际联防联控机制初步建立，主要大气污染物排放总量持续下降。细颗粒物平均浓度比上年下降13.2%，可吸入颗粒物下降8.4%，二氧化硫下降22.2%，二氧化氮下降7.3%。电力装机达到1.09亿千瓦，其中新能源占比14.4%。大力推进“工业绿动力”计划，节能降耗工作不断加强。省控重点河流化学需氧量平均浓度同比改善2.7%，氨氮平均浓度改善10.8%。平原区地下水位同比上升0.18米。采煤塌陷区和湿地自然保护区综合治理效果明显。永久基本农田划定工作扎实开展。完成植树造林196万亩。

（九）法治政府建设成效显著。配合省人大常委会制定地方性法规和决定9件，包括大气污染防治条例、地方金融发展条例、多元化解纠纷促进条例。审议通过省政府规章9件，包括乡村建设工程质量监督管理办法、农村住房抗震设防管理办法。严格执行人大制定的地方性法规和决定、决议，主动加强与政协的民主协商，认真听取各民主党派、工商联和无党派人士的意见。办理人大代表建议349件、政协提案787件。支持司法机关关口前移，依法主动化解社会矛盾，在征地拆迁、重点建设、知识产权保护和诚信体系建设等方面，出台实施系统举措。89.8%的县（市、区）建成公共法律服务中心。建立领导干部联系非公有制企业制度，加强与非公有制经济代表人士的联系沟通。认真开展省直部门述职述廉和360度评价。党风廉政建设和反腐败工作取得显著成效，全省纪检监察机关立查案件26780件，党纪政纪处分27666人。

各位代表，过去一年取得的成绩，是以习近平同志为核心的党中央坚强领导的结果，是中共山东省委团结带领全省人民努力奋斗的结果，是省人大、省政协和社会各界有效监督和大力支持的结果。在此，谨代表省人民政府，向全省各族人民、各界人士、驻鲁人民解放军指战员、武警官兵和公安干警致以崇高敬意！向关心支持山东发展的港澳台同胞、海外侨胞和国际友人表示衷心感谢！

各位代表，我们也清醒地看到，全省经济社会发展中仍然存在不少矛盾和问题。主要是，经济下行压力依然较大，地区行业企业走势持续分化。市场需求总体疲软，民间投资、制造业投资增速放缓。企业整体创新能力不强，最终产品、名牌产品、高端产品比重仍然较低。部分群众生活还很困难，脱贫攻坚任务十分艰巨。教育、医疗、文化事业等公共服务与群众期望还有较大差距。煤炭消耗过多，主要大气污染物排放量处于全国前位，水资源和土壤污染问题依然突出。安全生产形势复杂严峻，交通车辆事故起数、死伤人数下降缓慢。银行不良贷款增长较快，各种金融风险不容忽视。一些政府工作人员法治观念淡薄，公共服务效率有待提高。隐形变异的“四风”问题仍然不同程度存在，腐败现象还时有发生。对上述问题，我们一定高度重视，深入分析研究，积极予以解决。

二、2017年政府工作总体安排

今年是实施“十三五”规划的重要一年。做好全年工作，对于加快经济文化强省建设，在全面建成小康社会进程中走在前列意义重大。我们要全面贯彻党的十八大和十八届三中、四中、五中、六中全会精神，深入学习贯彻习近平总书记系列重要讲话和视察山东重要讲话、重要批示精神，统筹推进“五位一体”总体布局和协调推进“四个全面”战略布局，适应引领经济发展新常态，按照“一个定位、三个提升”的要求，以提高发展质量和效益为中心，以推进供给侧结构性改革为主线，以加快新旧动能转换为牵引，全面做好稳增长、促改革、调结构、惠民生、防风险各项工作，促进全省经济平稳健康发展和社会和谐稳定。

做好今年工作，必须坚持稳中求进工作总基调。毫不动摇地贯彻执行党的基本路线，聚精会神地抓好发展这个第一要务。保持战略定力，稳定社会预期，促进经济平稳运行。在稳的前提下奋发有为，在关键领域有所进取。坚持问题导向、底线思维，沉着冷静、迎难而上，以改革创新破解发展难题。

综合考虑多方面因素，建议今年我省经济社会发展主要预期目标为：地区生产总值增长7.5%左右；地方一般公共预算收入同口径增长8%左右；城镇新增就业110万人，城镇登记失业率控制在4%以内；货物贸易进出口保持稳定；居民消费价格上涨3%左右。全面完成国家下达的年度节能减排降碳约束性指标。

为了实现经济社会发展的良好效果，需要注意把握好以下指导原则：

——深入贯彻新发展理念。加快实施创新驱动发展战略，建设创新型省份。全面提升“两区一圈一带”发展水平，大力发展现代海洋经济，探索高效生态经济发展新模式，强化省会辐射带动作用，加快西部经济隆起带建设。加大环境治理力度，推动生产生活绿色化。积极参与“一带一路”建设，坚持内外需协调、进出口平衡、引进来和走出去并重，进一步提高双向开放水平。促进人的全面发展，使全省人民在共建共享中有更多获得感。

——全面深化供给侧结构性改革。大力振兴实体经济，引导企业提高产品和服务质量，扩大有效和中高端供给。保持房地产市场平稳健康发展。从严重制约经济社会发展的重要领域和关键环节着手，既补硬短板也补软短板，既补发展短板也补制度短板，重点在提升人力资本、完善公共服务、科技创新、脱贫攻坚、生态文明和基础设施等方面加大力度，满足广大人民群众多样化需求。

——坚决执行国家宏观经济政策。落实积极的财政政策和稳健的货币政策，运用好政府和社会资本合作、产业引导基金、地方政府债券等方式，完善市场化运作机制，撬动金融和社会资本。进一步利用好政策性金融和开发性金融、直接融资和间接融资、全国性市场和区域性市场的社会融资功能。适应消费升级新需求，扩大服务消费，培育更多新的消费热点。促进民间投资稳定增长。加快交通、能源、水利、生态等重大基础设施项目建设。

——努力促进城乡发展一体化。重点抓好外来务工人员市民化、城中村和城边村原有居民市民化、“两区同建”农村地区居民就地市民化。广泛宣传并落实对进城落户农民的土地承包经营权、宅基地使用权、集体收益分配权依法保持不变的政策，消除农民进城落户的后顾之忧。加快山东半岛城市群建设，进一步提升城乡公用设施服务水平，重点建设城市“十个系统”和农村“七改”工程。

——切实抓好产权保护制度落实。认真贯彻国家关于产权保护的法律法规和政策措施，加强对各种所有制组织和自然人财产权保护，坚决制止随意摊派占用、内部人控制、不公平交易和利益输送。下决心依法纠正一批侵犯企业产权的历史积案。构建“亲”“清”新型政商关系，进一步完善与非公有制企业和商会协会联系沟通机制，主动为企业排忧解难，不断激发民营经济发展活力。加强企业家队伍建设，弘扬企业家精神。

——积极主动防范化解各类风险。增强同风险赛跑的意识，加强对网络形态、金融领域和实体经济风险的跟踪监测。依法依规应对和处理不良资产、债券违约、影子银行、集合理财、信托计划、互联网金融等方面风险。严厉打击非法集资、金融诈骗等违法犯罪活动，坚决守住不发生系统性区域性金融风险底线。高度重视公共安全，深入细致做好社会托底工作，确保社会和谐稳定。

三、经济发展的主要任务

按照习近平总书记对山东提出的腾笼换鸟和凤凰涅槃的指示要求，进一步在供给侧结构性改革上狠下功夫，加快产业结构调整和增长方式转型。

（一）提高农业供给质量。加快农业现代化步伐，推动“新六产”发展，提高农民在一二三产业融合发展中的收益。继续实施“藏粮于地、藏粮于技”战略，开展绿色增产和粮食高产创建，确保粮食生产稳定。严守耕地红线，加强高标准农田建设，继续实施耕地质量提升计划和渤海粮仓科技示范工程。建设好海洋牧场。扩大“粮改饲”试点规模，适当调减籽粒玉米种植面积，发展果菜茶、肉蛋奶高效特色农业。积极培育新型农民。健全农产品质量安全可追溯体系，加强科技服务云平台建设，壮大产业技术体系创新团队。抓好农药化肥减量增效，完成节水灌溉工程面积 300 万亩，发展水肥一体化面积 130 万亩。基本完成南水北调续建配套工程，加快黄河水东调应急、引黄济青改扩建等工程建设。认真抓好防汛抗旱工作。

（二）加大科技创新力度。强化企业技术创新主体地位，创新产学研合作机制，支持企业与国内外高校、科研院所合作，鼓励跨领域、跨行业协同创新。培育一批新型研发机构，积极创建制造业创新中心、技术创新中心，加快关键技术领域中试基地建设。支持济南数据科学中心发展。培育更多行业单项冠军，使更多小微企业成长为有市场影响力的高新技术企业。进一步推动科研院所建立法人治理结构。探索教育科研资源优化重组，支持省属主要科研院所和高等院校融合发展。健全科技成果转化机制，培育一批专业化技术转移机构。深入实施泰山学者和泰山产业领军人才工程，充分发挥各类人才创业创新热情，吸引更多技术型、技能型专家来鲁发展。建立以增加知识价值为导向的分配机制，允许科研人员、医生和高校教师依规兼职兼薪。

（三）坚定不移化解过剩产能。严格执行安全、环保、能耗、质量、标准等法律法规，倒逼钢铁、煤炭、水泥、平板玻璃、电解铝、船舶、炼油、轮胎、化工等重点行业过剩产能退出。做好传统产业规划布局调整，尊重市场规律，引导设备利用率低的各类企业积极进行产能调整。今年，再压减生铁产能 387 万吨、粗钢 280 万吨、煤炭 351 万吨。推动济钢产能调整和山钢转型发展，统筹抓好煤炭企业改革重组。严厉打击制售“地条钢”等违法违规行为。灵活运用多种债务处理方式，稳妥实施兼并重组或破产清算，加快“僵尸企业”市场出清。认真做好去产能过程中职工安置工作。

（四）加快工业和服务业结构优化。落实中国制造 2025 山东行动纲要，抓好工业转型升级中期评估结果应用。实施小微企业产业结构和治理结构融合升级战略。启动新一轮高水平技术改造，培植壮大骨干企业。大力发展智能制造和高端装备，加快关键核心技术研发推广。积极培育服务型制造，创新发展工业设计，推广个性化定制、装配式建筑等新业态新模式。加快化工企业“进区入园”。深入推进“两化融合”，建设智慧园区。引导大数据产业加快发展，强化山东工业云平台线上服务，建设国家北斗导航数据山东分中心。开展 23 个服务业转型升级中期评估，推动服务业与制造业深度融合，启动新一轮省级服务业综合改革试点。大力发展生物制药、医疗器械和康复器材产业。加快体育产业发展。推进全域旅游，加强十大文化旅游目的地品牌建设，重视国际化和全国性会展。提升饭店业发展水平，促进乡村旅游、工业旅游和生态旅游发展。加强地质遗址保护和地质公园建设。

（五）继续降低实体经济杠杆率。当前，我省经济总体杠杆率不高，但是企业特别是国有企业资产负债率偏高，部分市县政府债务可持续性不强。要采取针对性措施，推动工商企业降低杠杆率，严格管控政府性债务，同时也要对居民户债务过快增长的势头保持足够关注。必须进一步提高企业产销率，减少应收账款和产成品存货资金占用。鼓励企业开展对标学习，眼睛向内降本增效，减少物质消耗成本和销售、管理、财务等费用。引导企业增强资本金意识，支持具备条件的企业开展市场化、法治化债转股，通过资本市场多种工具提高资本金比率。通过技术创新、体制改革、管理完善，努力提高全要素生产率。坚持分类调控，因城施策，重点推进非住宅和去化周期较长的城镇商品房去库存。支持合理自住购房，严格限制银行和社会资金流向投资投机性购房。优化金融生态环境，完善化解担保圈风险系统措施。

（六）深入实施质量强省和品牌战略。加强全面质量管理，加快“山东标准”建设，更积极地参与国家标准和国际标准制定。逐行业制定质量提升计划，扩大“好品山东”区域品牌影响力。鼓励企业发扬工匠精神，增强研发设计能力，创建自主品牌，提升核心竞争力。推动马德里国际商标注册，支持企业开展品牌并购，加快培育一批国际知名自主品牌。加强知识产权保护，严厉打击侵权假冒行为。企业、政府、社会各个方面一起努力，把青岛啤酒、东阿阿胶、宏济堂、德州扒鸡、周村烧饼等老字号的牌匾擦得锃亮；把海尔、海信、浪潮、张裕、重汽、如意等大品牌叫得更响；让烟台苹果、日照绿茶、金乡大蒜、滕州马铃薯、莱芜生姜、菏泽牡丹、沾化冬枣、肥城桃、黄河口大闸蟹等地理标志农产品卖得更好；还要花更大力气支持歌尔、豪迈、迪尚、红领、孚日、亚光、乖宝等众多成长型品牌在海内外闯出更大天地。

（七）深化经济领域重点改革。一是推进农业农村改革。继续开展农村土地制度改革试点，深化农村土地所有权、承包权和经营权“三权分置”，发展农业适度规模经营，抓好农村承包土地经营权和农民住房财产权抵押贷款试点。稳步实施农村集体产权制度改革，开展农村集体资产股份合作制改革试点。深化供销社综合改革。二是加快企业改革。进一步完善国有企业公司治理结构。积极稳妥开展混合所有制改革和省属国有企业员工持股试点。支持民营企业建立现代企业制度，鼓励企业负责人领工资、交个税、规范成本核算。三是深化财税体制改革。坚持公共财政原则，进一步规范预算活动，合理划分省以下财政事权和支出责任，主动探索健全地方税体系。有序推进基本公共服务均等化，以市为单位逐步实现基本民生标准、农业转移人口市民化待遇、工资性收入政策、运转经费标准和公共设施建设标准“五个基本统一”。四是深化金融改革。鼓励各类企业和银行到海内外上市，进一步提高直接融资比重。支持齐鲁和蓝海两个股权交易中心稳健发展，使更多挂牌企业向“新三板”批量转板。建设好济南区域性产业金融中心和青岛财富产品交易中心。支持城市商业银行审慎开展综合经营，推动农村商业银行完善治理结构、提升专业水平、优化服务方式。稳步扩大新型农村合作金融试点。与此同时，还要深化要素市场、价格机制、薪酬福利、住房制度、事业单位、编制人事、统计体制等领域改革。

（八）提高经济开放度。培育发展外贸新业态，提高品牌商品出口比重和资本品出口比重，推动加工贸易转型升级，提升服务贸易发展水平。扩大优质消费品进口。促进内外贸一体化发展，加快实体零售创新转型。深化与国内外知名电商合作，建设好“鲁产国际名牌产品”网上专厅，重点推动特色农产品、优质工业品上行。鼓励智慧供应链创新发展，提升民生物资配送和冷链物流能力。深化与世界 500 强、行业领军企业对接，加强同重点国家、友好省州和港澳台地区的联系合作。坚持招商引资与招才引智紧密结合，注重引进高层次人才和团队，组织实施“外专双百计划”。允许各地在法定权限内制定出台招商引资优惠政策。借鉴潍柴、万华、西王、金正大等企业海外并购经验，加强国际产能合作。办好哈萨克斯坦世博会山东活动周。

四、社会发展的优先事项

坚持以人民为中心的发展思想，从解决人民群众最关心最直接最现实的利益问题入手，以公共服务均等化为目标，统筹城乡区域协调发展，努力保障和改善民生，让广大人民群众共享改革发展成果。

（一）打赢脱贫攻坚战。共同富裕是社会主义的本质特征，在全面建成小康社会的道路上，不能让一个人掉队。今年，我省要实现 89.6 万省定标准贫困人口脱贫，基本完成脱贫攻坚任务。要按照统一部署，切实把各项扶贫措施落到实处，稳定实现贫困人口不愁吃、不愁穿，义务教育、基本医疗和住房安全有保障。实施好易地扶贫搬迁和黄河滩区脱贫迁建，农村低保标准全部达到省定扶贫标准线。落实就业、保险、低保、救助等措施，统筹解决城市贫困问题。加强省内扶贫协作，开展好机关企事业单位定点扶贫工作。坚决防止数字脱贫、弄虚作假。集中更大力量加快老区发展，让贫困人口比较集中的鲁西南、鲁西北、沂蒙山和渤海等革命老区群众，和全省人民一道奔向全面小康。

（二）推动教育再上新台阶。进一步加大投入，实现县域义务教育均衡发展全覆盖。全面解决城镇普通中小学“大班额”问题，按计划完成农村义务教育薄弱学校改造任务，努力使所有班级学生人数降到标准以内，让孩子们在宽敞明亮安全的教室里愉快学习，健康成长。加强幼儿园和幼儿教师队伍建设。坚持立德树人，推进德育课程一体化，重视体育和美育能力建设，把学校教育与家庭教育更好地结合起来。完善中小学校长职级制，深化“县管校聘”管理改革。实施第二期特殊教育提升计划。职业院校新增一批现代学徒制试点，加强“双师型”队伍建设。健全高校内部治理结构，做好二级学院取消行政级别试点工作。引导高校加快专业调整，创新人才培养模式，加快建设“双一流”和高水平应用型大学。深化考试招生制度改革，启动高考综合改革试点。

（三）努力改善就业结构。大力推进大众创业、万众创新。高度重视解决就业市场结构性矛盾，广开就业渠道，强化紧缺急需高技能人才培养，开展“订单式”培训。实施好高校毕业生就业创业促进计划，落实新一轮“三支一扶”计划，引导更多高校毕业生到基层建功立业。完成农民工职业技能提升、权益保障和公共服务三年行动计划，鼓励和支持返乡下乡人员创业创新。积极开展就业援助专项行动，发挥好失业保险援企稳岗作用。建设更多更好的孵化基地、创业园区和创客空间。健全人力资源市场供求信息预测发布制度，完善失业动态监测体系。

（四）促进社会保障公平可持续。健全居民养老保险参保缴费激励机制，提高居民医保财政补助标准。全面实施机关事业单位养老保险制度。做好职工基础养老金全国统筹的衔接准备，开展市县国有资本向社保基金划转试点。继续做好社保基金委托投资和运营管理。全面建立职工大病保险制度，完善居民大病保险政策。深化医保支付方式改革。规范居民医疗保险市级统筹。落实好职工长期护理保险制度。建立工伤保险省级调剂金制度。整合农村五保供养和城市“三无”人员救助制度，统筹实施城乡特困人员救助供养。

（五）大力发展卫生健康事业。编制实施健康山东2030规划纲要。基本建成分级诊疗服务体系，完善家庭医生签约服务机制。健全公立医院法人治理结构。加强卫生机构标准化建设，壮大以全科医生为重点的基层卫生人才队伍。全面加强重点传染病、慢性病和精神疾病防治，完善疾病预防控制体系。继续开展出生人口性别比综合治理，强化出生缺陷综合防治。适应“二孩”生育高峰，增加产科、儿科及相关科室医护人员和床位设施。坚持中西医并重，振兴发展中医药事业。高水平规划建设济南国际医学科学中心、青岛崂山湾国际生态健康城。推动公办养老机构改革，积极引导社会资本进入养老服务业，发展医养融合型养老机构，大力提升居家养老水平。开展残疾人精准康复服务行动。认真落实全民健身国家战略，建设便民惠民体育公共服务体系。鼓励社会力量参与体育事业，探索竞技体育多元化发展模式。组织参加好第十三届全国运动会。

（六）扎实推进文化建设。制定实施山东省“十三五”时期文化发展改革规划纲要，加快文化产业转型升级，建设好文化产业示范园区和基地。完善国有文化资产管理理事会制度，建立符合文化产业特点的现代企业制度。加快媒体深度融合，启动“中央厨房”工程，实施市县广播电视台改革。编制“乡村记忆”工程总体实施规划。开工建设山东自然博物馆，支持社会力量创办博物馆、图书馆和文化馆。加快县级国家综合档案馆和档案信息化建设，继续抓好第二轮修志。完善现代公共文化服务体系，城乡社区基层综合性文化服务中心达标率提高到80%。启动省级广电节目无线数字覆盖工程，建立全省应急广播体系。实施百部影视精品创作生产计划。开展文化涵育核心价值观行动，深化文明创建活动。动员全社会积极参与全民阅读活动，办好山东文化惠民消费季。收集整理齐鲁文化典籍，建设一批历史文化展示场所。深入挖掘齐鲁优秀传统文化，编制实施曲阜优秀传统文化传承发展示范区建设规划，建成开放孔子博物馆，办好尼山世界文明论坛和世界儒学大会。推进齐文化传承创新示范区建设，加强齐长城等文物保护管理，研究建设稷下学宫模拟展示馆。

（七）加快以人为核心的新型城镇化。实现160万农业转移人口市民化，120万城中村、城边村原有居民市民化。进一步完善住房保障制度，为新市民购买和租赁住房提供服务。坚持不懈落实同工同酬，努力实现教育、医疗、社保、就业等基本公共服务向城镇常住人口全覆盖。继续推动公用设施和服务向农村延伸，使更多农村居民过上城市人的生活。开工棚户区改造76万套，进一步提高货币化安置比例。开工整治老旧小区1900个，开展多层住宅加装电梯试点。积极推动县改市、镇改街、村改居，转变城中村、城边村和农村新建社区管理模式。深化乡镇行政管理体制改革，培育新生中小城市和特色小镇。继续实施建设用地总量和强度“双控”制度。搞好城市地下综合管廊和海绵城市建设。提高城市精细化管理水平，深入开展城市违法建设治理行动。完成农村危房改造 3.5 万户，农村改厕 300 万户。健全农村留守儿童、妇女、老人关爱服务体系。

（八）加强和创新社会治理。深化平安山东建设，完善立体化、信息化社会治安防控体系，健全社会矛盾排查预警和调处化解综合机制，加强警民联防联治。完善社区治理机制和服务体系。建立“一村一法律顾问”“一村一警务助理”制度。积极引导宗教与社会主义社会相适应，依法管理宗教事务。狠抓安全生产责任体系落实，完善风险分级管控和隐患排查治理双重预防体系。严防严管严控食品安全风险，夯实基层监管基础，建立职业化检查员队伍，提升食品药品监管执法与技术支撑能力，构建全程追溯体系。地震工作重点要转到预防上来，切实增强城乡建筑抗震能力。深化道路交通“平安行·你我他”行动，大力普及交通规则和汽车文明，继续实施农村公路安全生命防护工程，完善农村道路交通安全网络，严查道路交通违法行为。抓好铁路沿线综合治理。继续做好双拥共建工作，支持国防和军队改革，加强国防后备力量建设，推进军民深度融合发展。

（九）更大力度抓好环境保护。以坚定的意志、扎实的行动、严格的执法，努力解决雾霾等大气污染问题。执行大气污染物第三阶段排放标准限值，健全大气污染联防联控机制。落实减煤、抑尘、控车、除味、增绿的具体措施。全面加快锅炉高效环保改造和燃煤机组超低排放改造，普遍实施民用散煤综合治理。加强扬尘整治和渣土运输管理。持续开展加油站清理整顿和油品质量专项检查，强化高排放车辆监管。做好气象、环境状况监测和预报预警。加强江河湖泊环境保护，落实河长制。对涉水污染源实行排放总量与浓度“双控制”，全面整治城乡黑臭水体。加强重要饮用水水源及南水北调水质安全保障。开展重污染土壤治理和修复试点。实施“绿满齐鲁·美丽山东”造林行动，严格保护各类湿地。大力发展循环经济，普遍推行垃圾分类制度，加快畜禽养殖废弃物资源化利用。做好第二次污染源普查。开展环境保护督察，对环境违法行为实行联合惩戒。

五、政府建设的重点举措

进一步增强政治意识、大局意识、核心意识、看齐意识，自觉维护以习近平同志为核心的党中央权威。坚决贯彻落实党中央、国务院决策部署，确保政令畅通、令行禁止。

持续推动政风转变。人民政府必须时时刻刻了解人民心声。要改进和创新联系群众方式，每个政府工作人员都要定期和不定期地走访工人、农民、教师或科技人员家庭，与个体劳动者、医务人员、文化工作者和其他自主创业者等社会各界人士交朋友。大兴调查研究之风，深入农村、企业、学校、社区、军营了解社情民意，不断提高政府各种规划、计划、方案的质量和效果。严格落实中央八项规定精神和省委实施办法，驰而不息纠正“四风”。各级各部门都要互相尊重、诚恳配合、相互督促、立说立行，消除争权推责、扯皮掣肘等不良现象。坚决制止一切形象工程、政绩工程，反对任何统计数据造假。认真整肃庸政懒政怠政行为，着力克服不作为、慢作为现象。坚持权责对等，严格依规问责，及时照章公布。解决民生问题要从实际出发，统筹近期与长远，保证可持续，不随意许诺，不浮夸作秀。建设政府系统良好政治文化，营造风清气正的政治生态。

深化“放管服”改革。努力营造一流营商环境，再削减一批行政许可等权力事项，确保完成本届政府任期内省级行政审批事项削减二分之一的目标。不断完善政府权力清单和市场负面清单。加强事中事后监管，实现“双随机一公开”制度全覆盖。持续推进政企分开、政资分开、政事分开、事企分开和村企分开。深化机构编制和人事制度改革，适应经济社会新活动新组织新形态，建立健全政府管理和服务新机构新平台新队伍。鼓励各地区、各级政府从自身实际出发，加快行政资源下沉。按照减少层次、提高效率的原则，实行合理限度内的综合执法。进一步调整重组公共服务机构，清理处置“僵尸事业单位”。完成行业协会商会与行政机关脱钩任务。加快政府管理与信息化融合，发挥省市县三级政务服务平台作用。全面公布市县乡公共服务事项目录。探索政务公开标准化规范化试点。建成运用企业信用信息公示系统。

严格依法履行职责。坚持法治思维和依法行政，坚决制止各种形式的乱作为。自觉接受人大及其常委会的法律监督和人民政协的民主监督，密切与民主党派、工商联、无党派人士和人民团体的联系沟通，加强社会主义协商民主。提升政府立法水平，促进立法和各项改革决策相衔接。认真落实重大行政决策法定程序，主动听取人大代表、政协委员和法律顾问的意见建议，加强与司法机关、律师组织、中介组织的沟通交流。大力推进行政复议规范化建设，进一步做好行政应诉工作。继续支持人民法院解决执行难问题。完善行政调解和行政裁决制度，促进仲裁工作健康发展。加强和改进政府信访工作，依法化解矛盾纠纷和历史积案，切实维护公民、法人和其他组织合法权益。

努力克服本领恐慌。正视政府工作人员能力不足和不会作为问题，营造更好的学习、交流和锻炼环境。深入学习习近平总书记治国理政新理念新思想新战略，提高运用马克思主义立场观点方法解决问题的能力。广泛学习经济、政治、文化、社会、生态文明以及哲学、历史、法律、科技、金融、国际等各方面知识。适应互联网时代和经济发展新常态，加快知识更新，优化知识结构，努力具备专业思维、专业素养、专业方法。在处理经济利益矛盾和社会稳定问题时，能够更好地运用法治思维和法治方式。鼓励干部多向群众学习，多到基层锻炼，在实践中增长才干。强化对干部的精准培训，继续组织各级政府工作人员、企事业单位和社区负责人进行专题学习。所有政府机关和公益事业单位都要带头建设成为学习型组织。

完善正向激励机制。旗帜鲜明为担当者担当，对负责者负责，坚决查处诬告陷害行为，更广泛地调动干部队伍干事创业积极性。坚持党管干部、事业用人原则，打破论资排辈观念，从广阔的事业领域、全面的奋斗实践中挑选人才，培养干部。坚持选人用人和严格管理相统一，切实做到优者上、庸者下、劣者汰。依法保障公务人员的合理待遇，维护公务人员应有的体面和尊严。抓好公务员职务与职级并行制度、事业单位职员等级晋升制度改革试点，落实工资、津贴、社保和休假制度，加大对基层和边远地区公职人员特别是农村教师的倾斜力度。客观看待干部在干事创业中出现的问题，宽容干部在工作中特别是改革创新中的失误。在构建容错机制的同时，建立健全纠错机制。

标本兼治反腐倡廉。严格落实全面从严治党政治责任，坚持“一岗双责”，努力巩固不敢腐的氛围，完善不能腐的制度，构筑不想腐的堤坝。加强理想信念和道德品质教育，筑牢拒腐防变的思想防线。坚持惩前毖后、治病救人，把握运用好监督执纪“四种形态”。抓早抓小，动辄则咎。保持高压态势，减少腐败存量，遏制腐败增量。深化述职述廉，推进审计监督全覆盖，加强审计成果运用，强化行政监察和行政执法监督，畅通社会监督和媒体监督渠道。坚持开正门、堵旁门、关后门，消除权力运行灰色地带，破除各种形式“潜规则”。最大可能减少政府工作人员的自由裁量权，从源头上防止设租寻租和利益输送。国有企业和公立医院、学校、科研院所等事业单位，都要建立健全内控机制，任何公职人员都不能搞“近水楼台”“靠山吃山”。加强基层政权和群众自治组织建设，严格规范“两委”选举，加大对“村霸”和宗族恶势力的整治力度。努力在全省形成一种反腐倡廉人人参与、人人监督、人人负责的社会风气。

各位代表，今年是本届政府任期届满之年，完成预定目标任务，实现对全省人民的庄严承诺，还需要付出艰辛努力。让我们更加紧密地团结在以习近平同志为核心的党中央周围，在中共山东省委正确领导下，弘扬新时期长征精神，撸起袖子加油干，以经济文化强省建设的优异成绩，迎接党的十九大和省第十一次党代会胜利召开！

2016年山东省
国民经济和社会发展统计公报

山　东　省　统　计　局
国家统计局山东调查总队

2017年2月28日

2016年，在省委、省政府的坚强领导下，全省认真贯彻党的十八大和十八届三中、四中、五中、六中全会精神，深入学习贯彻习近平总书记系列重要讲话和视察山东重要讲话、重要批示精神，牢固树立并积极践行新发展理念，以提高发展质量和效益为中心，以推进供给侧结构性改革为主线，全面深化改革扩大开放，积极实施创新驱动发展战略，全省经济呈现总体平稳、稳中有进、进中向好的运行态势，民生保障巩固提升，社会事业加快发展，生态环境继续改善，经济文化强省建设成效显著，实现了“十三五”良好开局。

一、综合

经济运行稳中有进。初步核算，全省实现生产总值（GDP）67008.2亿元，按可比价格计算，比上年增长7.6%。其中，第一产业增加值4929.1亿元，增长3.9%；第二产业增加值30410.0亿元，增长6.5%；第三产业增加值31669.0亿元，增长9.3%。三次产业比例由上年的7.9:46.8:45.3调整为7.3:45.4:47.3，实现了由“二三一”向“三二一”的历史性转变。人均生产总值67706元，按年均汇率折算为10193美元。

就业形势基本稳定。城镇新增就业121.0万人。其中，失业人员再就业57.6万人，困难群体再就业9.0万人。城镇登记失业率为3.46%，低于4%的全年调控目标。

居民消费价格温和上涨。居民消费价格比上年上涨2.1%。其中，城市上涨2.2%，农村上涨1.8%；服务项目价格上涨2.0%，消费品价格上涨2.1%。农业生产资料价格下降1.1%，农产品生产者价格上涨2.8%。工业生产者月度同比价格前降后升，全年出厂价格下降1.5%，购进价格下降2.0%。固定资产投资价格下降0.9%。

表1　2016年居民消费价格指数(以上年为100)

指　标	全省	城市	农村
居民消费价格指数（CPI）	102.1	102.2	101.8
食品烟酒	103.6	103.5	103.8
粮食	99.7	99.9	99.3
鲜菜	109.1	108.7	110.4
猪肉	119.3	119.2	119.6
蛋	96.3	96.6	95.6
鲜瓜果	96.2	95.8	97.4
衣着	101.7	101.6	102.1
居住	100.9	100.9	100.9
生活用品及服务	100.8	101.0	100.3
交通和通信	99.6	99.6	99.6
教育文化和娱乐	101.9	102.0	101.7
医疗保健	104.9	106.6	101.1
其他用品和服务	102.9	103.3	101.5

区域经济协调发展。山东半岛蓝色经济区、黄河三角洲高效生态经济区分别实现生产总值31386.5亿元和9081.6亿元，分别比上年增长7.8%和7.3%；省会城市群经济圈、西部经济隆起带分别实现生产总值23230.0亿元和19600.2亿元，分别增长7.4%和7.6%。县域经济实力不断壮大，地方一般公共预算收入过30亿元、50亿元、70亿元、100亿元的县（市、区）分别达到52个、27个、16个和6个。

非公有经济发展较快。非公有经济增加值39040.9亿元，比上年增长7.7%；占GDP比重为58.3%，比上年提高0.1个百分点。其中，民营经济增加值34258.6亿元，增长8.0%；占GDP的比重为51.1%，提高0.2个百分点。

“三去一降一补”取得积极成效。完成 270 万吨生铁、270 万吨粗钢去产能任务。淘汰煤炭产能 1960 万吨，完成年度计划的 120.6%。商品房库存减少，年末商品房待售面积 4178.1 万平方米，比上年末减少 98.7 万平方米。企业负债水平下降，年末规模以上工业企业资产负债率为 54.0%，比年初下降 2.1 个百分点。落实减税降费政策，一般工商业用电价格平均下调 4.15 分，养老社会保险单位缴费率降至 18%。短板领域投入力度加大，基础设施投资 7842.8 亿元，比上年增长 25.8%。民生支出占一般公共预算支出的比重达到 78.9%，比上年提高 0.8 个百分点。

扶贫工作成效显著。现行省定标准下 151.2 万贫困人口实现脱贫，超额完成 120 万人年度脱贫任务。青岛、淄博、东营、威海 4 市率先基本完成脱贫任务。

市场主体培育壮大。新登记注册各类市场主体 143.2 万户，新登记注册资本（金）2.8 万亿元。其中，新登记企业户数占新登记市场主体的比重为 35.8%，比上年提高 9.5 个百分点。

重点改革继续深化。削减省级权力事项 227 项。实施“五证合一、一照一码”登记制度。省级公共信用信息平台（一期）基本建成。省属经营性国有资产统一监管基本完成，省属一级企业全部实现股权多元化。地方金融条例颁布实施，农村信用社银行化改革全面完成，新型农村合作金融改革试点合作社达到 284 家。中小学校长职级制和去行政化改革全面推开。所有公立医院全部取消药品加成，法人治理结构改革启动实施。

二、农业

农林牧渔业稳定发展。农业增加值 2834.9 亿元，比上年增长 4.8%；林业增加值 103.7 亿元，增长 9.4%；牧业增加值 1061.9 亿元，增长 2.5%；渔业增加值 928.7 亿元，增长 1.9%。

粮食生产再获丰收。粮食总产量 4700.7 万吨，比上年减少 0.3%，为历史第二高产年份。新增粮食高产创建田 524.3 万亩。无公害农产品、绿色食品、有机农产品和农产品地理标志获证企业 3439 家，比上年增加 633 家；产品 7402 个，增加 1149 个%；产地总面积 287.0 万公顷，增长 14.7%。在 34 个县分别组织实施土壤改良修复、农药残留治理、秸秆综合利用等工程。

林业生产发展较快。新造林面积 13.1 万公顷，完成水系绿化 2.8 万公顷。木材产量 562.9 万立方米，比上年增长 15.9%。年末林地面积 396 万公顷，林木绿化率为 25.1%，活立木总蓄积量 14832 万立方米。

畜牧业生产总体平稳。猪牛羊禽肉产量 764.7 万吨，比上年增长 0.4%。禽蛋产量 440.6 万吨，增长 3.9%。牛奶产量 268.4 万吨，下降 2.5%。年末生猪存栏 2764.1 万头，下降 3.0%；生猪出栏 4662.0 万头，下降 3.6%。

表 2　2016 年主要种植业产品产量及增长速度

指　标	单位	产 量	比上年增长（%）
粮食	万吨	4700.7	-0.3
夏粮	万吨	2345.4	-0.1
秋粮	万吨	2355.3	-0.4
棉花	万吨	54.8	2.1
油料	万吨	326.8	0.8
蔬菜及食用菌	万吨	10327.0	0.5
水果	万吨	3255.4	1.1
园林水果	万吨	1728.5	1.5

渔业生产进一步加强。水产品总产量（不含远洋渔业产量）897.2 万吨，比上年增长 1.5%。其中，海水产品产量 742.0 万吨，增长 2.0%；淡水产品产量 155.2 万吨，下降 0.9%。人工鱼礁区 118 处，比上年增加 6 处。年末专业远洋渔船 487 艘，总功率 54.8 万千瓦。

农田水利建设扎实推进。新增“旱能浇、涝能排”高标准农田 332 万亩。除险加固小型水库 511 座，开工建设雨洪资源利用项目 25 个，综合治理水土流失面积 1262 平方公里。

农业生产机械化水平提升。农作物耕种收综合机械化水平达到 82.0%，比上年提高 0.7 个百分点。

三、工业

工业企业数量增加。年末规模以上工业法人企业 40600 家，比上年末增加 253 家。其中，年主营业务收入过 10 亿元、100 亿元、1000 亿元的企业分别为 1935 家、145 家和 2 家。

工业生产平稳增长。全部工业增加值 26648.6 亿元，比上年增长 6.6%。规模以上工业增加值增长 6.8%。其中，轻工业增长 5.5%，重工业增长 7.5%。

新动能快速成长。高新技术产业产值比上年增长 7.5%，占规模以上工业总产值的比重为 33.8%，比上年提高 1.2 个百分点。新能源汽车、微波终端机、智能电视、工业机器人、运动型多用途乘用车（SUV）等新产品产量分别增长 100.0%、71.1%、58.8%、49.1%和

32.3%。

企业效益有所好转。规模以上工业主营业务收入150034.9亿元，比上年增长3.7%；实现利润8643.1亿元，增长1.2%；实现利税13312.9亿元，增长0.4%。利润、利税由上年负增长转为正增长。工业产销率为98.8%。全员劳动生产率为38.7万元，比上年增加3.2万元。

表3 2016年规模以上工业增加值增长速度

指　　标	比上年增长（%）
规模以上工业	6.8
国有企业	-2.6
集体企业	4.4
股份合作企业	-0.9
股份制企业	7.4
外商及港澳台商投资企业	5.6
其他经济类型企业	4.8

表4 2016年规模以上工业主要产品产量及增长速度

指　　标	单位	产量	比上年增长（%）
啤酒	万千升	600.1	1.8
纱	万吨	867.9	0.1
布	亿米	118.9	5.6
机制纸及纸板	万吨	2170.4	4.1
化学药品原药	万吨	92.7	-0.1
橡胶轮胎外胎	万条	46105.6	12.3
水泥	万吨	16080.4	6.7
平板玻璃	万重量箱	6793.7	-7.5
粗钢	万吨	7167.1	7.7
钢材	万吨	9788.2	8.0
电解铝	万吨	830.9	3.0
发动机	万千瓦	15639.7	11.5
数控金属切削机床	万台	5.4	10.2
汽车	万辆	125.6	7.4
动车组	辆	2005	-3.1
家用电冰箱	万台	883.4	1.2
家用洗衣机	万台	670.9	-5.9
微型计算机设备	万台	27.3	-42.5
手机	万台	6082.5	-9.7
彩色电视机	万台	2111.7	20.3

四、固定资产投资和建筑业

固定资产投资较快增长。固定资产投资（不含农户）52364.5亿元，比上年增长10.5%。新开工项目43760个，增长7.1%。其中，亿元以上新开工项目5157个，增长10.2%。

表5 2016年分行业固定资产投资（不含农户）及其增长速度

指　　标	投资额（亿元）	比上年增长（%）
总　　计	52364.5	10.5
农、林、牧、渔业	1268.7	10.0
采矿业	499.4	-23.1
制造业	23399.9	12.1
电力、热力、燃气及水生产和供应业	2499.0	44.6
建筑业	1070.3	20.8
批发和零售业	2276.0	-16.3
交通运输、仓储和邮政业	2982.2	6.9
住宿和餐饮业	369.9	7.8
信息传输、软件和信息技术服务业	290.7	2.4
金融业	101.8	2.4
房地产业	8910.0	7.4
租赁和商务服务业	1183.1	31.7
科学研究和技术服务业	1055.7	2.8
水利、环境和公共设施管理业	2959.7	26.5
居民服务、修理和其他服务业	305.7	-17.6
教育	744.2	22.9
卫生和社会工作	545.9	27.1
文化、体育和娱乐业	827.4	9.9
公共管理、社会保障和社会组织	1074.9	-5.2

房地产开发投资增势稳定。房地产开发投资6323.4亿元，比上年增长7.3%。其中，住宅投资4690.2亿元，增长6.6%。房屋施工面积59957.1万平方米，增长4.8%。其中，住宅施工面积44158.1万平方米，增长4.5%。竣工面积8253.5万平方米，下降0.3%。其中，住宅竣工面积6358.2平方米，增长2.8%。

房屋销售面积快速增长。商品房销售面积11789.9万平方米，比上年增长21.2%。其中，住宅销售面积10598.6万平方米，增长24.3%。

保障性安居工程加快推进。新开工各类保障性安居工程54.7万套，基本建成52.4万套，年度任务完成率分别为111.0%和232.5%。棚户区改造开工53.4万套，年度任务完成率为111.2%。

建筑业平稳发展。具有资质等级的总承包和专业承包建筑业企业6171家，比上年增加97家。其中，特级和一级建筑企业580家，增加23家。建筑业总产值10087.4亿元，增长7.5%。其中，国有及国有控股企业产值2557.5亿元，增长10.6%；非国有建筑企业产值7529.9亿元，增长6.5%。

五、国内贸易

市场消费增长较快。社会消费品零售总额30645.8亿元，比上年增长10.4%。其中，餐饮收入额3244.0亿元，增长13.7%；商品零售额27401.7亿元，增长10.0%。城镇消费品零售额24447.9亿元，增长10.2%；乡村消费品零售额6197.9亿元，增长11.0%。

网络销售快速增长。全省县乡村基本实现电商服务全覆盖。全年网上零售额1722.4亿元，比上年增长30.8%。其中，商品零售额1504.6亿元，增长31.6%。

主要商品销势良好。在限额以上单位商品零售中，粮油、食品类零售额1672.6亿元，比上年增长9.2%；服装、鞋帽、针纺织品类零售额1125.4亿元，增长6.7%；日用品类零售额466.4亿元，增长11.2%；家用电器和音像器材类零售额1073.3亿元，增长11.1%；通讯器材类零售额216.7亿元，增长8.6%；建筑及装潢材料类零售额414.4亿元，增长5.8%；汽车类零售额3218.3亿元，增长9.9%。

六、开放型经济

对外贸易稳定增长。进出口总额15466.5亿元，比上年增长3.5%。其中，出口9052.2亿元，增长1.2%；进口6414.3亿元，增长6.8%。出口市场中，对"一带一路"沿线国家和地区出口增长11.0%，对东盟、韩国、日本出口分别增长5.9%、4.3%和0.4%，对美国、欧盟出口分别下降3.9%和3.0%。新业态持续发力，30家外贸综合服务企业出口209.1亿元，跨境电子商务出口477.6亿元，分别增长1.6倍和45.3%。主要出口商品中，机电产品出口3466.3亿元，下降3.1%；农产品出口1075.3亿元，增长13.1%；高新技术产品出口976.1亿元，下降11.2%。

外商投资增长较快。新设立外商投资企业1477家；合同外资1404.3亿元，比上年增长12.7%；实际使用外资1110.7亿元，增长9.8%。其中，制造业实际使用外资588.9亿元，增长1.6%；服务业实际使用外资428.3亿元，增长14.2%。总投资过亿美元项目82个，合同外资655.4亿元，分别增长39.0%和57.1%。引进世界500强企业投资项目63个，投资总额371.7亿元，分别增长37.0%和86.6%。

国际经济合作步伐加快。实际对外投资862.3亿元，比上年增长1.4倍。对外承包工程新签合同额841.2亿元，完成营业额726.0亿元，分别增长12.7%和14.6%。其中，"一带一路"沿线地区新签工程合同额513.7亿元，完成营业额425.9亿元，分别增长34.3%和45.0%。派出各类劳务人员6.9万人次，增长13.0%。离岸服务外包执行额456.6亿元，增长11.0%。

七、交通、邮电和旅游

交通运输业平稳发展。铁路、公路、水路共完成客运量6.3亿人次，比上年增长5.2%；货运量28.2亿吨，增长8.9%。沿海港口货物吞吐量14.3亿吨，增长6.4%。年末公路通车里程26.6万公里，增加2330公里。其中，高速公路通车里程5710公里，增加362公里。新开通5条洲际直航航线，实现零突破。年末民用汽车拥有量1754.3万辆，增长12.9%。其中，私人轿车1020.7万辆，增长15.1%。

表6　2016年客货运输量及增长速度

指标	旅　　客			
	运输量（亿人次）	比上年增长（%）	周转量（亿人公里）	比上年增长（%）
合计	6.3	5.2	1188.2	3.7
铁路	1.2	11.6	703.8	6.2
公路	4.9	4.0	472.4	0.2
水路	0.2	持平	12.0	3.1

表6续表

指标	货　　物			
	运输量（亿吨）	比上年增长（%）	周转量（亿吨公里）	比上年增长（%）
合计	28.2	8.9	8811.9	5.6
铁路	1.7	6.0	1153.0	6.0
公路	25.0	9.6	6071.4	3.3
水路	1.5	2.3	1587.4	15.0

邮电通信业快速增长。邮电业务总量2191.6亿元，比上年增长48.9%。其中，电信业务总量1890.0亿元，增长49.3%；邮政业务总量301.6亿元，增长46.7%。光缆线路总长度174.3万公里，增长36.8%。年末固定电话用户970.4万户，下降13.1%；移动电话用户9594.5万户，增长1.9%。电话普及率为每百人107部。

旅游业蓬勃发展。旅游消费总额8030.7亿元，上年增长13.7%。其中，国内游客消费增长13.8%，入境游客消费增长5.8%。旅游投资2007.4亿元，比上年增长28.6%。年末A级旅游景区1054家，省级以上旅游度假区45家，分别比上年增加133家和3家。省级旅游强乡镇527个，省级旅游特色村1180个，分别比上年增加69个和273个。

八、财政和金融

财政收支平稳增长。地方一般公共预算收入5860.2亿元,比上年增长8.5%。其中,税收收入4212.6亿元,增长4.6%。地方一般公共预算支出8749.6亿元,增长6.1%。其中,社会保障和就业支出增长9.9%,节能环保支出增长10.3%,城乡社区支出增长10.6%,住房保障支出增长21.6%。

信贷投向持续优化。年末金融机构本外币存款余额85683.5亿元,比年初增加8885.0亿元。年末金融机构本外币贷款余额65243.5亿元,比年初增加6180.3亿元。其中,涉农贷款余额24687.8亿元,增加1413.5亿元;县域贷款余额20188.8亿元,增加1359.6亿元;小微企业贷款余额13977.0亿元,增加1771.8亿元。

表7　2016年末金融机构本外币存贷款余额及其增长速度

指　　标	年末数（亿元）	比上年末增长（%）
各项存款余额	85683.5	11.6
其中：住户存款	41754.9	11.1
非金融企业存款	28060.4	16.4
各项贷款余额	65243.5	10.5
其中：境内短期贷款	28035.5	-0.6
境内中长期贷款	31272.2	19.5

资本市场加快发展。股票、债券直接融资5794.7亿元,比上年增长26.2%。上市公司268家,比上年增加17家。其中,境内上市公司173家,增加12家。“新三板”、齐鲁股权交易中心、蓝海股权交易中心挂牌企业分别为570家、1811家和570家,分别比上年增加234家、1200家和252家。证券公司代理买卖证券交易金额11.7万亿元,比上年下降39.6%。年末私募基金机构277家,管理基金规模1789亿元,比上年增长2.1倍。

保险业快速发展。保费收入2302.2亿元,比上年增长28.8%。其中,财产险保费收入626.3亿元,增长10.5%;人身险保费收入1675.9亿元,增长37.3%。承担各类风险责任67.2万亿元,增长33.1%。支付各项赔款与给付786.9亿元,增长26.5%。农业保费收入19.9亿元,增长12.3%,为1688.8万户次农户提供了565亿元的风险保障。

九、科技创新和人才

创新平台建设取得新突破。山东半岛国家自主创新示范区建设启动实施,黄河三角洲国家农业高新技术产业示范区正式成立。国家知识产权示范园区8个,国家火炬计划特色产业基地66个,国家级科技合作基地42个,院士工作站298个,国家企业技术中心179家,省级示范工程技术研究中心300家,分别比上年增加3个、8个、6个、187个、14家和34家。国家知识产权试点市6个,国家知识产权强县工程示范县(区)14个,国家级高新技术产业开发区13个,国家级工程技术研究中心36个,企业国家重点实验室17个。

发明专利成果增多。获得国家级科技成果奖励31项。其中,国家技术发明奖7项,国家科学技术进步奖23项,国际科学技术合作奖1项。发明专利申请量8.8万件;发明专利授权量1.9万件。每万人口有效发明专利拥有量6.33件,比上年增加1.43件。

人才队伍建设成效明显。新增千人计划专家26名,省有突出贡献的中青年专家100名,齐鲁首席技师149名,高技能人才25.9万人。两院院士、千人计划专家、国家百千万人才工程人选、国务院政府特殊津贴专家、省有突出贡献的中青年专家、齐鲁首席技师、高技能人才分别达到37名、174名、162名、3136名、1297名、1209名、268.7万人。新增博士后创新实践基地100个,省技师工作站20个,国家级引智成果示范推广基地1家、省级基地17家。

信息产业发展良好。信息技术产业主营业务收入1.4万亿元,比上年增长8.0%;利润828.2亿元,增长8.9%;利税1283.6亿元,增长6.4%。软件业业务收入4405.0亿元,增长17.9%;利润290.0亿元,增长21.4%;利税545.0亿元,增长20.2%。软件业务出口14.9亿美元,增长16.6%。17个设区市和95%以上县(市)建成数字城市,基本构建起数字山东地理空间框架。

质量强省战略深入实施。新增驰名商标21件,地理标志商标28件,新认定著名商标345件,新核准注册商标10.9万件。主导制定国际标准71项,主导制定国家标准1054项。全国知名品牌创建示范区10个,国家地理标志保护产品63个。山东省优质产品生产基地51个,山东名牌产品1784个,山东省服务名牌352个,分别比上年增加12个、288个和149个。

气象地震服务能力提升。发布重要天气预报114期、空气质量预报328期。人工作业增加降水7.9亿立方米,减少雹灾损失3.6亿元。记录并分析天然地震事件414次,陆地最大震级为3.6级,海域最大震级为 3.9 级。实施新一代中国地震动参数区划图，抗震设防水平进一步提升。

十、教育、文化、卫生和体育

教育事业迈出新步伐。解决“大班额”新建、改扩建学校 1830 所，新聘教师 7.5 万人。“全面改薄”新建、改扩建校舍面积 858.4 万平方米，新建、改扩建幼儿园 2289 所。新招研究生 2.9 万人，普通本专科生 62.4 万人。

表 8　2016 年各类学校基本情况

指　标	机构数（所）	招生数（万人）	在校生数（万人）
研究生培养机构	33	2.9	8.2
普通高等教育	144	62.4	199.6
中等职业学校（不含技工学校）	428	28.8	81.0
技工学校	194	13.4	33.5
普通高中	580	55.8	166.5
普通初中	2924	104.6	315.9
普通小学	10027	123.9	691.3
特殊教育学校	146	0.4	2.6
幼儿园	18853	105.3	275.2

文化产业事业融合发展。成功举办第六届山东文化产业博览会和第四届中国非物质文化遗产博览会。年末广播人口综合覆盖率为 98.94%，电视人口综合覆盖率为 98.61%。城市营业影院 421 家，电影票房收入 17.5 亿元。出版各类图书 16193 种，报纸 87 种，杂志 262 种。艺术表演团体 103 个，艺术表演场馆 93 个，博物馆 451 个，公共图书馆 154 个，群众艺术馆和文化馆 157 个，文化站 1817 个。乡镇(街道)综合性文化服务中心覆盖率为 99.3%，行政村(社区)文化大院(文化活动室)覆盖率为 95.6%。文化产业投资 3303.7 亿元，比上年增长 18.0%。国家级、省级文化产业示范基地分别达到 17 个和 163 个。

卫生服务水平稳步提升。年末医疗卫生机构 7.7 万所。其中，医院 2019 所，比上年增加 93 所；基层医疗卫生机构 7.3 万所。基层医疗机构中医药综合服务区(国医堂、中医馆)1601 个，社区、乡镇覆盖率分别为 72.4%和 81.3%。社区卫生服务机构、乡镇卫生院和村卫生室标准化建设达标率分别为 93.2%、86.8%和 93.5%。完成诊疗服务 6.3 亿人次。人均基本公共卫生服务经费补助标准由 40 元提高至 45 元。

体育事业广泛开展。成功举办了山东省第六届全民健身运动会，举办赛事活动 3956 项次，比上年增加 488 项次；参与总人数达到 405 万次，比上年增长 24.2%。获得里约奥运会奖牌 13 枚。其中，金牌 4 枚，银牌 4 枚。获得国内最高水平比赛金牌 37 枚。近 26 万名学生运动员参加省市县三级大中小学体育联赛。省级体育产业发展引导基金规模达到 4.8 亿元。

十一、城乡建设

新型城镇化加快推进。常住人口城镇化率达到 59.02%，比上年提高 2.01 个百分点。城乡布局进一步优化，菏泽定陶、东营垦利、济南章丘撤县（市）设区。

村镇居住条件明显改善。推进农村改路、改电、改校、改房、改水、改厕、改暖“七改”工程。村镇建设投资 1775.0 亿元，比上年增长 2.0%。改造农村无害化卫生厕所 401.4 万户、改造危房 5.0 万户，年度任务完成率分别为 200.7%和 100.7%。82%的建制镇、98.8%的农村新型社区建有污水处理设施。城乡环卫一体化稳步提升。农村垃圾及时清运率、存量垃圾清理率、群众满意度分别达到 96.0%、91.5%和 95.5%。

城市建设步伐加快。开展城镇立体交通、停车服务、地下管网、雨污分流、智慧城市、住房保障、集中供热、大气治理、污水处理和垃圾处理等“十个系统”建设。市政公用设施建设完成投资 1115.0 亿元，比上年增长 11.5%。首条城市地铁线路正式通车。新建城市生活垃圾无害化处理场 6 座，生活垃圾日无害化处理能力增加 3700 吨。新建城市污水处理厂 23 座，日污水处理能力增加 89.5 万立方米。新建地下综合管廊 137 公里。新增海绵城市面积 244 平方公里、城市道路面积 3500 万平方米、公园绿地面积 7000 公顷、集中供热面积 8900 万平方米。

十二、资源、环境和安全生产

资源勘探取得新成果。新发现矿产地 31 处，新增查明金金属量 659.9 吨，铁矿石资源量 1.6 亿吨，煤炭资源量 4318.7 万吨。

节能降耗成效显著。初步核算，万元 GDP 能耗比上年下降 5.16%，规模以上工业万元增加值能耗下降 5.24%。重点调查的 68 种产品中，42 种产品单位能耗下降。一次能源转换为二次能源效率比上年提高 0.8 个百分点。规模以上工业企业能源回收利用率比上年提高 0.1 个百分点。工业生产用能占全社会用能的比重为 76.5%，比上年下降 0.6 个百分点。

清洁能源生产规模快速扩大。可再生能源发电量

236.7 亿千瓦时，比上年增长 33.7%；占全部发电量的比重为 4.4%，比上年提高 0.7 个百分点。其中，风力发电 142.5 亿千瓦时，增长 38.5%；生物质发电 50.3 亿千瓦时，增长 10.9%；水力发电 13.9 亿千瓦时，增长 79.2%；太阳能发电 30.0 亿千瓦时，增长 42.3%。

生态环境继续改善。细颗粒物（PM2.5）、可吸入颗粒物（PM10）、二氧化硫和二氧化氮平均浓度分别比上年下降 13.2%、8.4%、22.2%和 7.3%。省控重点河流化学需氧量（COD）平均浓度下降 2.7%，氨氮平均浓度下降 10.8%，水环境质量连续 14 年改善。国家级森林公园 51 处，省级森林公园 65 处，市级森林公园 130 处。国家级湿地公园 65 处，省级湿地公园 126 处，湿地类型自然保护区 23 处，分别比上年增加 6 处、13 处和 6 处。

安全生产事故持续下降。发生各类生产安全事故 2835 起，死亡 1755 人，分别比上年下降 8.2%和 3.7%。亿元 GDP 生产安全事故死亡率 0.060，道路交通万车死亡率 1.48，煤矿百万吨死亡率 0.054。

食安山东建设积极推进。国家和省级食品安全创建市、创建县分别达到 10 个和 48 个。1271 个生产基地追溯点、2188 个农药经营门店追溯点、730 个乡镇监管机构追溯点纳入全省农产品质量安全追溯体系。

十三、人口、居民生活和社会保障

人口出生率提高。全年出生人口 177.06 万人，比上年多出生 53.48 万人；出生率 17.89‰，比上年提高 5.34 个千分点。死亡人口 69.77 万人，死亡率 7.05‰。人口自然增长率 10.84‰，比上年提高 4.96 个千分点。年末常住人口 9946.64 万人，比上年增加 99.48 万人。其中，0-14 岁人口占总人口的 16.42%，15-64 岁人口占 70.40%，65 岁及以上人口占 13.18%。

城乡居民生活继续改善。城镇居民人均可支配收入 34012 元，比上年增长 7.8%；人均消费支出 21495 元，增长 8.3%。农村居民人均可支配收入 13954 元，比上年增长 7.9%；人均消费支出 9519 元，增长 8.8%。城镇、农村居民人均现住房建筑面积分别为 37.5 平方米和 42.1 平方米。

表 9　2016 年城乡居民人均可支配收入及增长速度

指　标	城镇居民		农村居民	
	指标值（元）	比上年增长（%）	指标值（元）	比上年增长（%）
可支配收入	34012	7.8	13954	7.9
工资性收入	21812	7.0	5569	8.4
经营净收入	4778	9.2	6267	7.0
财产净收入	2740	10.7	359	9.9
转移净收入	4681	8.7	1760	9.4

表 10　2016 年城乡居民人均消费支出及增长速度

指　标	城镇居民		农村居民	
	指标值（元）	比上年增长（%）	指标值（元）	比上年增长（%）
消费支出	21495	8.3	9519	8.8
食品烟酒	5929	7.3	2833	6.4
衣着	1978	1.8	576	6.7
居住	4473	10.2	1767	8.6
生活用品及服务	1576	6.8	604	9.2
交通通信	3002	9.3	1545	10.9
教育文化娱乐	2399	12.1	1013	11.1
医疗保健	1610	13.7	1027	11.8
其他用品和服务	527	-3.1	153	8.1

表 11　2016 年末每百户城乡居民家庭主要耐用消费品拥有量

指　标	单位	城镇居民	农村居民
家用汽车	辆	55.6	29.4
摩托车	辆	18.1	59.7
电冰箱(柜)	台	100.1	96.2
洗衣机	台	97.1	91.7
热水器	台	95.5	80.1
空调	台	121.6	51.8
彩色电视机	台	106.7	109.1
照相机	台	38.9	5.2
计算机	台	80.2	37.5
中高档乐器	架	5.6	0.6

社会保障体系进一步健全。年末职工基本养老、职工基本医疗、失业、工伤、生育保险参保人数分别比上年末增加 98.9 万人、55.7 万人、19.1 万人、37.4 万人、27.8 万人。企业退休人员基本养老金月人均达到 2525 元。年末居民基本养老、基本医疗保险参保人数分别达到 4538.9 万人、7228.8 万人，基础养老金最低标准由每人每月 85 元提高到 100 元，基本医保政府补助标准由每人每年 380 元提高到 420 元。省内异地就医联网结算 29.3 万人，医疗总费用 70.1 亿元。职工政策范围内住院费用报销比例为 75%以上，居民报销比例为 70%。失业保险金标准平均增长 5.6%，1 至 4 级工伤职工伤残津贴平均增长 8.9%。

最低生活保障标准继续提高。城镇最低生活保障人数 30.9 万人，年人均保障标准 5964 元，比上年提高 300 元。农村最低生活保障人数 217.7 万人，年人均保障标准 3806 元，比上年提高 415 元。

社会服务基本面拓宽。实施医疗救助 296 万人次，城乡医疗救助资金支出 12.9 亿元，比上年增长 17.0%。

各类养老服务机构和设施 9473 个，比上年增加 1207 个。各类养老床位 67.7 万张，增长 4.8%。社会福利企业 1068 个，安置残疾人员就业 3.1 万人。各级慈善总会用于朝阳助学、夕阳扶老、情暖万家、康复助医、爱心助残五大工程的支出善款为 12.9 亿元。

注：

1. 本公报中数据均为初步统计数。

2. 全省生产总值、各产业增加值总量按现价计算，增长速度按不变价格计算。

3. 规模以上工业企业指年主营业务收入 2000 万元及以上的工业法人企业。

4. 固定资产投资（不含农户）包括城镇和农村各种登记注册类型的企业、事业、行政单位以及城镇个体户计划总投资 500 万元及以上的建设项目投资，全部房地产开发经营业法人单位开发项目投资。

5. 房地产业投资包括房地产开发投资，还包括建设单位自建房屋以及物业管理、中介服务和其他房地产投资。

6. 限额以上批发业企业指年主营业务收入 2000 万元及以上的批发业企业，限额以上零售业企业指年主营业务收入 500 万元及以上的零售业企业，限额以上住宿和餐饮业企业指年主营业务收入 200 万元及以上的住宿和餐饮业企业。

2016年山东统计工作综述

2016年，全省统计系统深入学习贯彻党的十八大和十八届三中、四中、五中、六中全会精神，认真贯彻落实习近平总书记、李克强总理等中央领导同志关于统计工作的重要批示指示精神，按照“一个定位、三个提升”的要求，坚持“一个目标、四个转变”，积极适应引领经济发展新常态和社会进步新变化，以提高统计数据质量为中心，持续深化统计改革创新，着力提升统计服务水平，不断夯实统计基层基础，大力实施依法统计，各项统计工作取得新进展。

一、落实主体责任，从严管党治党

牢固树立抓好党建就是最大政绩的理念，成立机关党建领导小组，印发《关于落实全面从严治党进一步加强机关党的建设的意见》，建立党建工作考核机制，努力把全面从严治党要求落到实处。**一是狠抓“两学一做”学习教育。**认真把握中央和省委要求，紧密结合实际研究制定实施方案，坚持统筹推进，坚持以上率下，坚持知行合一，坚持日常经常，坚持边学边改，在扎实开展好规定动作的基础上，突出统计特色，做好自选动作，学习教育取得实实在在效果。通过学习教育，统计系统党员理想信念进一步坚定，党员管理进一步规范，基层党组织凝聚力战斗力进一步增强，为统计事业长足发展提供了重要思想和组织保证。**二是狠抓专项巡视整改落实。**把落实巡视整改作为推动工作重大机遇，认真履行巡视整改主体责任，制定整改方案，建立整改台账，紧盯薄弱环节，整改工作取得重要阶段性成果。在确定的22项整改任务中，18项已整改落实并长期坚持，1项取得显著成效，3项正在积极推进。**三是狠抓党风廉政建设。**认真履行主体责任，定期研究党风廉政建设工作，年初召开工作会议，逐级签订责任书，严格落实风险防控方案，积极开展警示教育，全力支持派驻纪检组依法履行监督职责。**四是狠抓干部作风建设。**深入贯彻中央八项规定精神，从严管理会议活动，严格执行公车改革，加强经费管理使用，修订完善《调研工作规定》，督促班子成员深入基层一线开展调研，干部职工的工作作风进一步转变。**五是狠抓基层党组织建设。**围绕落实基层党建任务，完善“三会一课”等制度，不断加强过硬党支部建设。着力做好第一书记扶贫帮建工作，班子成员多次到帮扶村实地调研，全年完成12项重点扶贫任务，帮扶脱贫工作成效明显。**六是狠抓文明单位创建。**召开系统文明创建工作会议，制定创建指导文件，成立创建工作机构，细化分解创建任务，文明创建工作全面展开。

二、精心组织实施，集中抓好第三次全国农业普查

省委、省政府高度重视，及时成立山东省第三次农业普查领导小组，赵润田同志任组长。省统计局把农业普查作为全年工作的重中之重，多次召开会议研究部署，举全系统之力做好农业普查各项准备工作。**一是保障全面。**通过专题调研、督查督导、定期通报等措施，积极推进普查机构、工作人员、办公场所、普查经费等“四落实”，全省共落实普查经费2.26亿元，发放6.1万台PDA设备。**二是试点有效。**认真开展省级普查方案和PDA现场登记试点，组织实战演练，完善普查方案，积累工作经验，锻炼普查队伍。**三是宣传广泛。**利用报刊、电视、电台、网站等媒体大力宣传普查工作，开展以农业普查为主题的“中国统计开放日”、第三次农业普查·统计法制宣传月等系列活动，全社会更加理解、支持普查工作。**四是方法新颖。**充分利用统计视频会议系统，对全省5000余名普查培训教师和3000余名数据处理人员进行集中培训，效果明显。在全国率先搭建数据处理应急环境。各市主动跟进、密切配合，在普查宣传、后勤保障等方面做了大量卓有成效的工作。

三、出主意当参谋，切实提升统计服务水平

研究出台《关于进一步转变工作作风提升统计服务水平的意见》，创新统计服务理念，积极为社会各界提供更好服务。**一是贴近中心跟进服务。**每季度召开经济形势分析会议，研判经济运行情况，为省委、省政府正确判断形势发挥参谋作用。牢牢把握省委、省政府中心工作，开展“三去一降一补”、“两区一圈一带”、全面建成小康社会等重点领域统计监测，综合反映全省经济社会发展状况。**二是对外开放主动服务。**敞开大门，积极开放，主动到国家统计局汇报工作，到省直有关部门沟通协调，征求17市政府对全省统计工作的意见建议；班子成员积极联系非公有制企业，多次召开专业部门协调会议。通过走出家门，开放协调，争取了各市各部门的大力支持和积极配合，形成了社会各界广泛关注统计工作、合力推动统计事业发展的新局面。**三是创新形式公开服务。**针对经济运行出现的企稳向好趋势，多次在《大众日报》、山东电视台、山东广播电台等主要媒体上深度分析、研判、解读，有效回应社会关切，正向引导社会预期。紧贴群众关注的社会民生问题，自主开展购房意愿、消费者信心等社情民意调查。扎实推进政务公开，主动公开信息3053条，答复申请118条。**四是追求质量提升服务。**加强调查研究，发挥统计优势，撰写了大量统计信息、统计专报、分析报告。2016年度，省委、省政府办公厅及国家统计局采用统计信息283条，采用情况在省委办公厅、省政府办公厅位居前列；撰写统计专报60期、分析报告103篇，累计被省领导批示76篇次，为省委、省政府决策提供了重要依据。各市牢固树立服务意识，突出需求导向，为促进地方经济发展提供了有力统计支持。

四、创新管理体制，持续深化统计改革

积极探索符合我省发展要求的创新举措，长远结合，统筹推进，着力破解制约统计发展的突出瓶颈。**一是迅速启动统计管理体制改革研究工作。**细化14项具体措施，列出8个方面问题清单，逐个开展深入调研，为推进我省统计管理体制改革奠定了基础。**二是扎实开展"三新"专项统计调查。**创建"三新"专项统计报表制度，对工业战略性新兴产业、新产品、新服务、"四众"、城市商业综合体等11个重点领域实施统计监测。**三是积极组织核算改革试点。**按照省政府办公厅通知精神，与省直有关部门联合编印《自然资源资产负债表编制指南》，开展了自然资源资产负债表试点和资产负债核算试点。完成战略性新兴产业和文化产业增加值核算，更加全面地反映出省委、省政府重点工作成果。**四是有序推进投资统计改革。**新建财务支出法非金融资产投资统计报表制度，建立投资项目双入库管理制度，顺利实施5000万元及以上投资项目联网直报。**五是圆满完成年度1%人口抽样调查。**扎实抓好业务培训、摸底登记、质量控制等重点环节，坚持复训上岗、入户登记、随登随审、数据备份，推动年度1%人口抽样调查工作顺利实施。总的看，抽样调查数据客观反映了我省人口变化趋势。**六是协调推进"五证合一、一证一码"登记制度改革。**与省直有关部门密切合作，制定我省实施方案，主动清理与改革相冲突的地方法规规章和规范性文件，自建临时接收系统，提前实现首批信息交换。**七是大力实施各项统计创新。**积极配合搭建全省城镇化大数据共享平台，初步实现区划代码和城乡划分结果部门共享。建立文化产业统计部门季报制度，初步建成年报、季报、月报文化产业统计体系。构建绿色发展指标体系，试算我省2011-2015年绿色发展指数。首次利用部门行政记录和大数据开展境外来中国大陆工作人员统计工作。在统计改革方面，各市也都结合实际做了很多有益探索。

五、坚持多措并举，努力提高统计数据质量

高度重视提高统计数据质量，采取多种措施坚决防范数据造假、弄虚作假。**一是抓源头。**建成全省统计基层基础交流网络平台，召开现场观摩会，宣传推广乡镇统计站建设先进经验，举办乡镇统计人员岗位知识培训班，打牢基层基础。加强企业统计规范化建设，完成企业组织结构和行业分类智能编码试点，企业星级单位评级实现"四上"企业全覆盖。加大对国务院办公厅、省政府办公厅关于加强部门统计工作两个文件的贯彻落实力度，实行《部门统计综合报表制度》，推动部门协作向纵深发展。在农业普查、1%人口抽样调查、"五证合一、一证一码"登记制度改革、城镇化统计、服务业统计等重点工作中，省直各有关部门主动参与、积极配合，为确保完成各项工作任务给予了大力支持。**二是强法治。**完善《数据质量检查办法（试行）》和《统计执法工作管理办法》，组织开展"双随机"抽查，认真查处国家统计局转办案件，在统计失信企业平台上对违法严重的企业进行公示。印发"七五"统计普法规划，着力抓好重要普法节点宣传活动，扎实推进统计法"进机关、进乡村、进社区、进学校、进企业、进单位"活动。**三是严管控。**修订《统计数据质量管理办法》，制定《统计数据质量控制工作方案》，提高统计数据质量管控的制度化、规范化和标准化。精心组织各项常规统计调查和专项调查，完善优化重点专业、重要指标、重大节点的数据联审机制，坚决守住统计工作四条红线。

回顾2016年，全省统计工作取得了新进步新成绩，得到了各级领导的肯定和表扬。下一步，全省统计系统将以更加振奋的精神、更加有力的举措、更加扎实的作风，推动统计工作走在前列，谱写全省统计事业发展新篇章，为加快经济文化强省建设作出新的更大贡献。

第1篇

综　合

General Survey

简 要 说 明

一、本篇资料的主要内容

本篇资料是对我省乡镇以上行政区划、分行业法人单位数和国民经济、社会发展的综合反映，主要包括行政区划、法人单位数和平均每天社会经济活动、国民经济主要比例关系、国民经济和社会发展主要指标占全国的比重、国民经济和社会发展主要指标及其增长速度等资料。

二、本篇资料的来源

1.“行政区划一览表”主要包括2016年底各（地级）市、各县（市、区）和乡镇级的行政区划资料，数据来源于省民政厅。

2.法人单位情况由省统计局普查中心整理提供。

3.国民经济和社会发展综合部分来源于本年鉴各篇章中的资料，由省统计局综合处加工整理。

Brief Introduction

I. Main Content

Data in this chapter cover the main indicators on divisions of administrative areas, corporate units and national economy and social development, including divisions of administrative areas, number of corporate units and average daily social and economic activities, ratio, and percentage of main indicators of Shandong to the whole nation and growth rate.

II. Source of Data

(1) Data on divisions of administrative areas are provided by Shandong Provincial Department of Civil Affairs.

(2) Data on corporate units situation are provided and compiled by the Census Center of Shandong Provincial Bureau of Statistics.

(3) Data on general survey of economy and society are based on those of different chapters and compiled by the Division of Comprehensive Statistics of Shandong Provincial Bureau of Statistics.

1-1 行政区划(2016年底)

Divisions of Administrative Areas (Year-end of 2016)

单位:个 (unit)

地区	Region	县级单位数 Numbers of Counties	市辖区 Districts under the Jurisdiction of Cities	县级市 Cities at County Level	县 Coumty	乡镇级单位数 Numbers of Towns	街道办事处 Street Communities	乡 Townships	镇 Towns
全省	**Total**	**137**	**54**	**27**	**56**	**1826**	**647**	**73**	**1106**
济南市	Jinan	10	7		3	143	104		39
青岛市	Qingdao	10	6	4		145	102		43
淄博市	Zibo	8	5		3	88	30		58
枣庄市	Zaozhuang	6	5	1		64	18		46
东营市	Dongying	5	3		2	40	15	2	23
烟台市	Yantai	12	4	7	1	154	66	6	82
潍坊市	Weifang	12	4	6	2	118	56		62
济宁市	Jining	11	2	2	7	156	48	4	104
泰安市	Tai'an	6	2	2	2	88	20	6	62
威海市	Weihai	4	2	2		71	23		48
日照市	Rizhao	4	2		2	55	11	4	40
莱芜市	Laiwu	2	2			20	7		13
临沂市	Linyi	12	3		9	156	28	9	119
德州市	Dezhou	11	2	2	7	134	27	16	91
聊城市	Liaocheng	8	1	1	6	135	32	9	94
滨州市	Binzhou	7	2		5	91	29	4	58
菏泽市	Heze	9	2		7	168	31	13	124

1-2 国民经济和社会发展主要指标

类　　别		Category		2000	2005
一、人　口		**Population**			
年末总人口	(万人)	Total Population at the Year-end	(10 000 persons)	8997	9248
按性别分		**By Sex**			
男	(万人)	Male	(10 000 persons)	4562	4676
女	(万人)	Female	(10 000 persons)	4413	4537
按农业非农业分		**Agricultural and Non-agricultural Population**			
农业人口	(万人)	Agricultural Population	(10 000 persons)	6566	6066
非农业人口	(万人)	Non-agricultural Population	(10 000 persons)	2409	3147
人口密度	(人/平方公里)	Population Density	(persons/sq.km)	574	589
二、就业人员和劳动工资		**Employment and Wages**			
年末就业人员	(万人)	Year-end Employed Persons	(10 000 persons)	5441.8	5840.7
第一产业	(万人)	Primary Industry	(10 000 persons)	2887.7	2350.3
第二产业	(万人)	Secondary Industry	(10 000 persons)	1286.0	1781.4
第三产业	(万人)	Tertiary Industry	(10 000 persons)	1268.1	1709.0
乡村就业人员	(万人)	Rural Employed Persons	(10 000 persons)	3617.1	3563.9
城镇就业人员	(万人)	Urban Employed Persons	(10 000 persons)	1825.2	2276.8
职工年末人数	(万人)	Number of Staff and Workers at the Year-end	(10 000 persons)	790.1	871.1
# 国有单位	(万人)	State-owned Units	(10 000 persons)	542.1	415.8
城镇集体单位	(万人)	Urban Collective-owned Units	(10 000 persons)	103.9	63.3
工资总额	(亿元)	Total Wages Bill	(100 million yuan)	695.1	1440.3
# 国有单位	(亿元)	State-owned Units	(100 million yuan)	524.4	823.7
城镇集体单位	(亿元)	Urban Collective-owned Units	(100 million yuan)	58.8	73.2
平均工资	(元)	Average Wage	(yuan)	8772	16614
# 国有单位	(元)	State-owned Units	(yuan)	9655	19823
城镇集体单位	(元)	Urban Collective-owned Units	(yuan)	5585	11474
三、国民经济核算		**National Accounting**			
地区生产总值	(亿元)	Gross Domestic Product	(100 million yuan)	8337.47	18366.87
第一产业	(亿元)	Primary Industry	(100 million yuan)	1268.57	1963.51
第二产业	(亿元)	Secondary Industry	(100 million yuan)	4164.45	10478.62
第三产业	(亿元)	Tertiary Industry	(100 million yuan)	2904.45	5924.74
工　业	(亿元)	Industry	(100 million yuan)	3665.74	9418.58
建筑业	(亿元)	Construction	(100 million yuan)	498.71	1060.04
人均地区生产总值	(元)	Per Capita GDP	(yuan)	9326	19934
支出法计算的国内生产总值		**Gross Domestic Product by Expenditure Approach**			
#最终消费	(亿元)	Government Final Consumption Expenditure	(100 million yuan)	4021.46	7478.35
居民消费	(亿元)	Household Consumption Expenditures	(100 million yuan)	3082.06	5451.19
政府消费	(亿元)	Government Consumption Expenditure	(100 million yuan)	939.40	2027.16
资本形成总额	(亿元)	Gross Capital Formation	(100 million yuan)	4122.26	9411.18
#固定资形成总额	(亿元)	Gross Capital Formation	(100 million yuan)	3159.03	8974.77
居民消费水平		**Household Consumption Expenditure**			
全省居民	(元)	Average Expenditure of All Residents	(yuan)	3447	5916
农村居民	(元)	Rural Residents	(yuan)	2118	3109
城镇居民	(元)	Urban Residents	(yuan)	5603	9453
四、固定资产投资		**Investment in Fixed Assets**			
全社会固定资产投资额	(亿元)	Total Investment in Fixed Assets	(100 million yuan)	2542.65	10541.87
国有经济	(亿元)	State-Owned Units	(100 million yuan)	1153.65	1853.29
集体经济	(亿元)	Collective-Owned Units	(100 million yuan)	679.48	1042.41
个体经济	(亿元)	Individuals Economy	(100 million yuan)	353.93	2736.61

注：1.2000和2010年年末总人口数据为人口普查时点数据。
　　2.2010年起，工资总额、平均工资数据为城镇单位就业人员口径。

Main Indicators on National Economic and Social Development

2006	2007	2008	2009	2010	2011	2012	2013	2014	2015	2016
9309	9367	9417	9470	9579	9637	9685	9733	9789	9847	9947
4707	4739	4761	4792	4839	4870	4868	4883	4960	4999	5049
4575	4606	4632	4658	4697	4721	4712	4729	4787	4823	4872
6055	5909	5860	5902	5698	5646	5559	5482	5462	5120	5056
3228	3436	3532	3548	3839	3945	4021	4130	4285	4702	4865
592	596	599	603	610	613	616	619	620	624	630
5960.0	6081.4	6187.6	6294.2	6401.9	6485.6	6554.3	6580.4	6606.5	6632.5	6649.7
2328.0	2265.2	2313.5	2297.4	2273.1	2211.6	2168.0	2086.0	2023.2	1963.2	1935.1
1870.3	1989.9	1955.5	2014.1	2086.7	2185.6	2245.2	2270.2	2294.2	2338.0	2354.0
1761.7	1826.3	1918.6	1982.7	2042.1	2088.4	2141.1	2224.2	2289.1	2331.3	2360.6
3535.0	3519.9	3507.5	3490.8	3474.5	3471.2	3470.0	3427.4	3405.5	3376.6	3371.4
2425.0	2561.5	2680.1	2803.4	2927.4	3014.4	3084.3	3153.0	3201.0	3255.9	3278.3
874.3	879.7	872.7	889.6	919.9	1006.0	1060.2	1237.6	1210.0	1178.0	1155.5
409.3	411.6	413.9	413.3	422.4	424.4	431.8	397.6	386.2	374.6	372.1
59.6	57.8	54.1	54.4	54.6	58.4	60.5	55.5	48.3	44.5	44.2
1664.5	1992.6	2294.5	2629.3	3166.7	3956.1	4628.2	6098.9	6545.4	7054.6	7531.7
929.9	1118.8	1285.8	1432.8	1683.5	1885.8	2125.1	2184.5	2334.1	2677.1	2940.3
78.8	90.9	101.6	118.1	147.1	182.1	216.3	247.7	232.8	235.4	242.3
19228	22844	26404	29688	33321	37618	41904	46998	51825	57270	62539
22804	27290	31169	34794	38490	43469	47894	52811	58485	69050	76903
13132	15636	18656	21496	25626	29683	34001	41416	45015	50191	53790
21900.19	25776.91	30933.28	33896.65	39169.92	45361.85	50013.24	55230.32	59426.59	63002.33	67008.19
2138.90	2509.14	3002.65	3226.64	3588.28	3973.85	4281.70	4565.97	4798.36	4979.08	4929.13
12574.03	14647.53	17571.98	18901.83	21238.49	24017.11	25735.73	27442.85	28788.11	29485.90	30410.03
7187.26	8620.24	10358.64	11768.18	14343.14	17370.89	19995.81	23221.51	25840.12	28537.35	31669.03
11378.82	13283.72	15894.95	16896.14	18861.45	21275.89	22798.33	24265.31	25340.86	25910.75	26653.32
1195.21	1363.81	1677.03	2005.69	2377.04	2741.22	2937.40	3261.07	3534.48	3664.86	3806.31
23603	27604	32936	35894	41106	47335	51768	56885	60879	64168	67706
8888.17	10352.82	12368.40	13574.79	15331.20	18399.54	21240.00	24286.06	26261.30	28454.84	32151.11
6553.88	7603.39	9085.22	9910.18	11058.97	13304.09	15279.70	17925.83	20144.84	22418.79	25593.42
2334.29	2749.43	3283.18	3664.61	4272.23	5095.45	5960.30	6360.23	6116.46	6036.05	6557.69
11177.54	13105.80	15587.57	18109.95	21499.29	24640.23	26855.22	29268.46	30712.55	32629.42	33619.51
10829.36	12505.88	15035.08	17734.43	20800.55	23977.11	26112.53	28565.02	29578.82	31189.00	32530.93
7064	8142	9673	10494	11606	13840	15816	18463	20637	22834	25860
3608	4251	5081	5395	5730	7206	8604	10182	12065	13966	15970
11193	12633	14815	16027	17717	20389	22556	25779	27828	29798	33016
11136.06	12537.02	15435.93	19030.97	23276.69	26769.73	31255.96	36789.07	42495.55	48312.46	52364.49
1855.41	1838.55	2431.54	3086.82	3648.45	3783.31	3949.65	4757.31	5455.94	6304.58	7497.32
1063.61	1269.64	1811.23	2308.54	2627.32	2715.00	3129.27	3113.17	3380.39	3125.74	1545.38
3096.56	3566.49	4360.90	5235.29	6505.00	8234.50	9879.75	12827.66	16215.47	20268.78	22191.42

a)Total population data of 2000 and 2010 year-end are based on the national population census.
b)Since 2010,data of total wages bill and average wage refer to the range of employed persons in urban.

1-2 续表 1

类 别		Category		2000	2005
其他经济	(亿元)	Others	(100 million yuan)	355.59	4909.56
五、能 源		**Energy**			
能源生产总量	(万吨标煤)	Total Energy Production	(10 000 tons of SCE)	9648.75	13995.62
原 煤	(万吨标煤)	Coal	(10 000 tons of SCE)	5741.96	10021.63
原 油	(万吨标煤)	Crude Oil	(10 000 tons of SCE)	3822.49	3849.36
天燃气	(万吨标煤)	Natural Gas	(10 000 tons of SCE)	83.54	123.03
水 电	(万吨标煤)	Hydro-power	(10 000 tons of SCE)	0.76	1.60
水电、风电和太阳能光伏发电	(万吨标煤)	Hydro,Wind and Solar PV Power	(10 000 tons of SCE)		
六、财 政		**Government Finance**			
一般公共预算收入	(亿元)	General Pubilic Budget Revenue	(100 million yuan)	463.68	1073.13
#增值税		Value Added Tax		89.69	193.00
营业税		Business Tax		87.66	217.79
企业所得税		Company Income Tax		81.87	110.83
个人所得税		Personal Income Tax		24.75	38.89
资源税		Resource Tax		6.22	18.24
城市维护建设税		Urban Maintenance and Development Tax		27.62	65.95
房产税		Tax on Real Estates		15.56	32.80
城镇土地使用税		Urban Land Using Tax		8.82	29.44
土地增值税		Land Value-added Tax		0.74	14.39
车船税		Tax on Vehicle and License		3.19	5.60
行政事业性收费收入		Incom from Adiministrative Work Fees		30.57	108.07
一般公共预算支出	(亿元)	General Pubilic Budget Expenditure	(100 million yuan)	613.08	1466.23
#基本建设支出		Expenditure for Capital Construction		29.51	70.48
城市维护费		City Maintenance		38.88	117.97
支援农业支出		Expenditure for Supporting Rural Production		41.19	89.58
文教科学卫生事业费		Operating Expenses for Culture,Education, Science and Health Care		167.79	375.17
行政管理费		Expenditure for Government Administratio		62.21	162.95
#一般公共服务		General Public Service			
教育		Education			
社会保障和就业		Social Security and Employment			
医疗卫生		Health			
农林水事务		Farming、Forestry and Irrigation Affairs			
七、金 融		**Fiancial Intermediation**			
金融机构人民币存款余额	(亿元)	RMB Deposits	(100 million yuan)	7471.20	17103.51
#企业存款		Deposits by Enterprises		2077.20	4123.86
财政存款		Fiscal Deposits		76.45	259.66
农业存款		Agricultural Deposits		135.15	322.20
储蓄存款		Urban and Rural Household Savings Deposits		4466.72	9035.14
金融机构人民币贷款余额	(亿元)	RMB Loans	(100 million yuan)	6209.05	13381.75
#工业贷款		Loans to Industrial Sector		993.80	2021.82
农业贷款		Loans to Agricultural Sector		528.18	1561.11
商业贷款		Loans to Commercial Sector		1124.92	1086.77
基建贷款		Loans to Capital Construction		731.59	2040.32
技改贷款		Loans to Technical Innovation		267.82	206.97
八、价格指数		**Price Indices**			
居民消费价格总指数	(上年=100)	Consumer Price Index	(preceding year=100)	100.2	101.7
商品零售物价总指数	(上年=100)	Retail Price Index	(preceding year=100)	98.6	100.6
九、居民生活		**People's Livelihood**			
农民生活		Rural's Livelihood			
年末人均住房建筑面积	(平方米)	Per Capita Space of Living House at Year-end	(sq.m)	23.61	29.64

注：2009年开始，一次能源包含水电、风电和太阳能光伏发电,2000—2008年数据不包括风电和太阳能光伏发电。

continued

2006	2007	2008	2009	2010	2011	2012	2013	2014	2015	2016
5120.48	5862.34	6832.27	8400.32	10495.92	12036.92	14297.30	16090.93	17443.75	18613.36	21130.37
14083.40	14616.67	14615.32	14600.08	16055.71	15997.81	16973.80	15165.08	15220.40	14632.77	13677.95
10042.24	10526.28	10500.62	10424.07	11913.14	11585.87	12528.16	10722.56	10699.80	10242.27	9489.22
3935.89	3990.22	3998.91	4040.38	3980.08	3973.65	3963.94	3894.94	3876.09	3725.83	3279.01
103.46	99.22	113.05	119.97	129.01	64.33	75.71	65.11	62.89	58.61	56.11
1.82	0.95	2.74								
			15.66	33.48	53.35	79.19	116.19	133.13	161.90	229.07
1356.25	1675.40	1957.05	2198.63	2749.38	3455.93	4059.43	4559.95	5026.83	5529.33	5860.18
242.83	290.79	333.78	324.48	378.23	413.82	438.12	489.56	596.96	594.98	1129.75
271.73	339.71	396.09	470.61	631.51	765.72	896.64	1068.33	1135.92	1252.40	650.45
148.28	198.50	229.97	220.30	293.31	398.56	441.64	445.95	483.01	498.72	503.24
45.84	56.81	61.13	64.67	81.01	96.58	95.11	104.59	115.18	143.12	143.15
26.14	28.99	28.81	32.81	33.29	38.36	91.11	92.62	119.57	103.81	95.18
78.43	92.46	104.14	109.08	130.74	179.60	198.88	217.84	231.33	243.71	250.83
38.70	44.35	47.26	57.86	64.65	74.02	100.83	111.75	122.49	133.86	143.36
35.97	65.96	103.57	120.88	137.69	158.46	211.69	229.16	264.69	358.75	393.74
22.02	32.53	36.56	43.84	66.19	105.67	145.21	205.91	257.74	259.51	293.15
6.42	7.53	12.64	17.69	23.27	29.72	35.86	40.26	46.65	53.31	61.00
133.20	144.44	163.20	171.59	203.02	278.82	305.29	284.12	302.20	296.74	328.25
1833.44	2261.85	2704.66	3267.67	4145.03	5002.07	5904.52	6688.80	7177.31	8250.01	8755.21
82.20										
147.03										
108.38										
454.28										
192.95										
	421.82	468.24	490.14	544.31	618.48	705.51	749.96	725.33	738.11	783.56
	453.36	550.99	613.49	770.45	1047.90	1311.80	1399.67	1461.05	1690.62	1825.99
	251.78	285.05	342.79	416.77	501.54	596.48	681.98	763.53	904.64	992.66
	99.65	140.42	189.24	250.77	360.36	422.91	485.86	605.67	701.43	790.19
	163.01	235.30	369.35	465.98	564.00	673.82	748.14	772.84	964.42	943.44
19633.99	22072.24	26930.18	34697.78	41104.96	46345.41	54301.53	62077.88	67498.29	74524.16	83414.88
4774.57	5910.20	6828.95	10020.94	11585.54						
343.11	479.06	535.25	868.34	1026.07	1109.49	1172.88	1226.84	1297.72	920.97	1013.17
395.44	431.06	447.17	660.50	277.96						
10358.03	11438.11	14382.19	17082.76	19648.21	22173.27	26343.31	29796.08	33178.56		
15709.60	17545.15	20053.91	25961.32	30722.64	35179.00	42899.91	44761.26	50058.64	55437.00	61726.88
2837.25	3300.69	3550.94	3941.55							
1844.65	2155.94	2463.43	2962.97							
998.19	1053.05	943.99	1117.77							
2627.80	3047.84	3644.33	5252.66							
143.32	140.52	152.83	132.83							
101.0	104.4	105.3	100.0	102.9	105.0	102.1	102.2	101.9	101.2	102.1
100.6	103.6	104.9	99.4	102.7	104.7	101.6	101.4	101.0	100.2	101.3
30.69	31.69	32.98	34.24	34.71	36.31	38.43	39.56	40.25	40.91	42.10

a)Since 2009, Primary Energy has included hydro,wind and solar PV power. 2000-2008 data do not include wind and solar PV power.

1-2 续表 2

类　　别		Category		2000	2005
人均总收入	(元)	Annual Per Capita Gross Income of Rural Households	(yuan)	3872	5677
人均纯收入	(元)	Annual Per Capita Disposable Income of Rural Households	(yuan)	2659	3931
人均生活消费支出	(元)	Living Expenditure of Rural Households	(yuan)	1771	2736
城镇居民生活		**Urban's Livelihood**			
人均全年可支配收入	(元)	Annual Per Capita Disposable Income of Urban Households	(yuan)	6490	10745
人均全年消费性支出	(元)	Annual Per Capita Consumption Expenditure of Urban Households	(yuan)	5022	7457
人均全年非消费支出	(元)	Annual Per Capita Non-consumption Expenditure of Urban Households	(yuan)	1037	2432
年末人均住房建筑面积	(平方米)	Per Capita Space of Living House at Year-end	(sq.m)	13.8	28.5
十、农林牧渔业		**Farming,Forestry,Animal Husbandry and Fishery**			
农林牧渔业总产值	(亿元)	Gross Output Value of Farming Forestry, Animal Husbandry and Fishery	(100 million yuan)	2294.4	3741.8
农　业	(亿元)	Farming	(100 million yuan)	1300.4	2034.0
林　业	(亿元)	Forestry	(100 million yuan)	47.6	57.6
牧　业	(亿元)	Animal Husbandry	(100 million yuan)	599.2	1125.0
渔　业	(亿元)	Fishery	(100 million yuan)	347.1	465.5
农林牧渔服务业	(亿元)	Services for Agriculture	(100 million yuan)		59.7
农业生产情况		**Farming**			
粮食总产量	(万吨)	Total Output of Grain	(10 000 tons)	3837.7	3917.4
粮食单产	(千克/公顷)	Grain	(kilogram/hectare)	4938	5837
棉花总产量	(万吨)	Total Output of Cotton	(10 000 tons)	59.0	84.6
棉花单产	(千克/公顷)	Cotton	(kilogram/hectare)	1085	1000
油料总产量	(万吨)	Total Output of Oil-bearing Crops	(10 000 tons)	356.9	363.9
油料单产	(千克/公顷)	Oil-bearing Crops	(kilogram/hectare)	3730	4044
肉类总产量	(万吨)	Total Output of Grain	(10 000 tons)	500.0	657.8
猪存栏	(万头)	Number of Pigs	(10 000 heads)	2401.8	2772.0
牛存栏	(万头)	Number of Cattles	(10 000 heads)	779.9	750.4
羊存栏	(万只)	Number of Sheep and Goats	(10 000 heads)	2260.1	2646.0
家禽存栏	(万只)	Number of Poultry	(10 000 heads)	47789.9	54641.3
猪出栏	(万头)	Slaughtered Pigs	(10 000 heads)	3213.2	4263.5
牛出栏	(万头)	Slaughtered Cattle	(10 000 heads)	322.2	425.7
羊出栏	(万只)	Slaughtered Sheep	(10 000 heads)	2375.7	3003.0
家禽出栏	(万只)	Slaughtered Poultry	(10 000 heads)	91195.0	145089.4
禽蛋产量	(万吨)	Poultry Eggs	(10 000 tons)	301.0	363.2
奶类产量	(万吨)	Milk	(10 000 tons)	62.7	196.7
水产品总产量	(吨)	Total Aquatic Products	(tons)	6306551	6648983
海水产品	(吨)	Seawater Aquatic Products	(tons)	5375169	5655207
海洋捕捞	(吨)	Catching in Ocean	(tons)	2780483	2421396
海水养殖	(吨)	Seawater Aquiculture	(tons)	2594685	3233811
淡水产品产量	(吨)	Freshwater Aquatic Products	(tons)	931382	993776
捕捞量	(吨)	Catching	(tons)	81214	110887
养殖量	(吨)	Freshwater Aquiculture	(tons)	850168	882889
水产品养殖面积	(万亩)	Aquiculture Area	(10 000 mu)	788.4	1033.1
海　水	(万亩)	Seawater Aquiculture Area	(10 000 mu)	420.7	611.1
淡　水	(万亩)	Freshwater Aquiculture Area	(10 000 mu)	367.6	422.0
十一、工　业		**Industry**			
工业总产值	(亿元)	Gross Industrial Output Value	(100 million yuan)	12509.5	35387.4
#国有经济	(亿元)	State-owned Enterprises	(100 million yuan)	2474.5	1982.9
集体经济	(亿元)	Collective-owned Enterprises	(100 million yuan)	2394.0	2264.9

注：从2013年起，全省实施城乡住户调查一体化改革，居民收支调查指标与2013年前分别实施的城镇和农村住户调查的调查范围、方法、指标口径有所不同。

continued

2006	2007	2008	2009	2010	2011	2012	2013	2014	2015	2016
6189	7150	8137	8684	9877	12147	13645				
4368	4985	5641	6119	6990	8342	9446	10620	11809	12849	
3144	3622	4077	4417	4807	5901	6776	6877	7962	8748	9519
12192	14265	16305	17811	19946	22792	25755	26882	29222	31545	34012
8468	9667	11007	12013	13118	14561	15778	16646	18323	19854	21495
3249	3522	3640	4060	4298	4781	4879.14				
29.3	29.8	31.3	31.8	32.1	33.2	33.4	36.4	37.3	36.4	37.5
4058.6	4766.2	5613.0	6003.1	6650.9	7409.8	7945.8	8750.0	9198.3	9549.6	9325.9
2283.3	2604.1	2895.7	3224.0	3670.1	3843.6	3960.6	4509.9	4765.8	4929.9	4641.3
65.5	82.0	102.2	101.3	86.5	100.0	107.0	120.3	131.5	139.9	147.5
1025.4	1313.0	1704.9	1683.8	1774.5	2171.9	2285.9	2359.0	2418.3	2523.2	2540.8
522.9	580.4	686.3	747.4	847.4	999.1	1267.1	1397.4	1481.7	1524.7	1485.6
161.5	186.8	223.9	246.6	272.5	295.1	325.1	363.4	400.9	431.9	510.7
4093.0	4148.8	4260.5	4316.3	4335.7	4426.3	4511.4	4528.2	4596.6	4712.7	4700.7
5848	5981	6125	6140	6120	6194	6264	6208	6178	6290	6258
102.3	100.1	104.1	92.1	72.4	78.5	69.8	62.1	66.5	53.7	54.8
1149	1112	1172	1151	945	1043	1012	923	1122	1042	1179
328.2	328.6	340.6	334.5	342.2	341.0	351.0	349.6	335.9	324.1	326.8
4136	4097	4192	4247	4193	4227	4409	4398	4344	4274	4316
681.0	618.7	660.3	684.1	704.4	711.1	764.2	774.8	770.2	774.0	777.5
2508.5	2656.5	2725.8	2753.1	2747.6	2837.1	2902.4	2931.4	2910.7	2849.6	2764.1
632.7	570.7	522.5	485.6	483.7	492.9	499.3	500.1	495.4	503.6	495.7
2368.3	2342.3	2142.9	2096.9	2138.9	2150.9	2163.8	2158.1	2174.6	2235.7	2197.7
52100.3	48779.5	53971.8	52028.8	54110.0	58541.2	64050.3	62299.0	60934.3	61526.9	65733.5
4389.9	3654.0	3916.7	4155.7	4301.1	4234.2	4599.9	4797.7	4955.1	4836.1	4662.0
436.6	449.7	458.2	454.3	449.3	433.4	437.3	443.4	440.8	447.5	445.5
3026.2	3080.7	3098.8	3057.1	3005.1	2901.2	2915.7	2967.3	3117.8	3195.8	3298.0
151090.9	139652.9	152889.1	156864.2	163295.6	173553.9	188715.2	184002.0	169647.0	177148.9	188017.4
353.9	359.9	365.6	377.7	384.8	401.6	402.4	396.6	388.4	424.3	441.1
212.4	242.2	254.9	258.2	271.6	279.0	294.1	281.2	289.6	284.9	276.8
6837469	7133795	7303048	7535939	7838259	8138280	8418840	8631599	9037382	9312693	9501856
5783299	5986873	6094766	6263895	6463345	6647212	6860649	6994590	7461343	7746994	7949542
2359570	2451596	2481256	2449591	2350888	2512437	2498206	2428240	2662236	2751340	2821702
3423729	3535277	3613510	3814304	3962643	4134775	4362443	4566350	4799107	4995654	5127840
1054170	1146922	1208282	1272044	1374914	1491068	1558191	1637009	1576039	1565699	1552314
117390	114368	129643	128342	130896	135378	139308	142253	111983	102627	115984
936780	1032554	1078639	1143702	1244018	1355690	1418883	1494756	1464056	1463072	1436330
840.0	885.0	993.5	1029.3	1136.5	1174.4	1205.2	1240.4	1252.7	1269.2	1257.0
564.6	609.3	639.3	662.1	751.4	768.2	785.6	820.2	822.7	844.8	842.3
275.4	275.7	354.1	367.2	385.1	406.2	419.6	420.1	429.9	424.4	414.7
43900.2	54428.3	62958.5	71209.4	83851.4	99505.0	114707.3	129906.0	141415.0	145964.2	150705.1
2307.8	2988.1	4577.2	4074.7	5486.1	6200.8	5022.1	4250.1	4262.2	4547.1	3895.7
2469.7	2922.8	2464.1	2775.7	2632.6	2983.4	3129.1	1750.4	1672.3	1686.3	1716.0

a)An integrated household survey institution has been emplemented since 2013,including both urban and rural households.The coverage,methodology and definitions used in the suvey are different from those used for the separate urban and rural household survey prior to 2013.

1-2 续表 3

类　　别		Category		2000	2005
按轻重工业分		**Grouped by Light & Heavy Industries**			
轻工业	(亿元)	Light Industry	(100 million yuan)	5964.7	13124.1
重工业	(亿元)	Heavy Industry	(100 million yuan)	6544.8	22263.3
十二、交通运输邮电		**Transport,Posts and Telecommunications**			
铁路通车里程	(公里)	Length of Railways	(km)	2672	3402
公路通车里程	(公里)	Length of Highways	(km)	70686	80132
#晴雨通车	(公里)	Length of Highways Operating under All Weathers	(km)	70038	79854
内河通航里程	(公里)	Length of Navigable Inland Waterways	(km)	1476	1012
客运量	(万人)	Passenger Traffic	(10 000 persons)	66128	98485
铁　路	(万人)	Railways	(10 000 persons)	3840	3952
公　路	(万人)	Highways	(10 000 persons)	61466	93178
水　路	(万人)	Waterways	(10 000 persons)	822	1355
客运周转量	(百万人公里)	Passenger Turnover	(million passenger-km)	54873	82778
铁　路	(百万人公里)	Railways	(million passenger-km)	22180	28268
公　路	(百万人公里)	Highways	(million passenger-km)	32358	53910
水　路	(百万人公里)	Waterways	(million passenger-km)	335	600
货运量	(万吨)	Freight Traffic	(10 000 tons)	92483	147999
铁　路	(万吨)	Railways	(10 000 tons)	11253	18338
公　路	(万吨)	Highways	(10 000 tons)	76778	120455
水　路	(万吨)	Waterways	(10 000 tons)	4452	9206
货运周转量	(百万吨公里)	Freight Turnover	(million ton-km)	403315	558286
铁　路	(百万吨公里)	Railways	(million ton-km)	79964	121908
公　路	(百万吨公里)	Highways	(million ton-km)	40575	71182
水　路	(百万吨公里)	Waterways	(million ton-km)	282776	365196
邮政局总计	(处)	Number of Post & Telecommunications Offices	(unit)	3011	3025
邮路总长度	(万公里)	Length of Postal Routes	(10 000 km)	16.95	17.34
函　件	(万件)	Number of Letters	(10 000 pcs)	32878	24075
电信业务总量	(亿元)	Business Volume of Telecommunication Services	(100 million yuan)	186.5	675.5
长话电路	(路)	Long-distance Telephone Lines	(line)	222500	290996
长途电话	(万次)	Number of Long Distance Telephone Calls	(10 000 times)	96010	152883
市内电话	(万户)	Number of Urban Telephone Calls	(10 000 subscribers)	547.0	1410.9
农村电话	(万户)	Number of Rural Telephone Calls	(10 000 subscribers)	559.0	1275.7
十三、国内贸易		**Domestic Trade**			
社会消费品零售总额	(亿元)	Total Retail Sales of Consumer Goods	(100 million yuan)	3264.05	6166.94
市	(亿元)	City	(100 million yuan)	2017.18	3890.93
县	(亿元)	County	(100 million yuan)	313.35	687.50
县以下	(亿元)	Under County Level	(100 million yuan)	933.52	1588.51
按行业分		**By Sector**			
批零贸易业	(亿元)	Wholesale and Retail Trades	(100 million yuan)	2075.94	5173.89
住宿和餐饮业	(亿元)	Hotels and Catering Services	(100 million yuan)	339.46	776.51
其他行业	(亿元)	Others	(100 million yuan)	156.67	216.54
十四、对外贸易和旅游		**Foreign Economy and Trade,Tourism**			
对外贸易		Foreign Economy and Trade			
海关进出口总值	(万美元)	Total Value of Imports and Exports	(10 000 USD)	2498998	7688876
海关出口总值	(万美元)	Total Exports	(10 000 USD)	1552905	4625113
#一般贸易	(万美元)	General Trade	(10 000 USD)	746563	2310122
来料加工装配贸易	(万美元)	Processing and Assembling with Customer's Materials	(10 000 USD)	293008	594991
进料加工贸易	(万美元)	Processing and Assembling with Import Materials	(10 000 USD)	507050	1668351

注：交通运输部2014年修订了公路、水运运输量统计试行方案，统计口径发生了变化。

continued

2006	2007	2008	2009	2010	2011	2012	2013	2014	2015	2016
15638.9	19011.8	21315.3	24195.8	27161.8	31019.1	36682.8	40763.8	43837.1	46775.9	48228.0
28261.4	35416.5	41643.3	47013.6	56689.6	68485.8	78024.5	89142.2	97577.9	99188.3	102477.1
3405	3379	3329	3620	3833	4177	4306	4397	4546	4863	4882
204911	212236	220687	226693	229858	233189	244586	252785	259514	263447	265720
203363	211279	219525	225235	228906	232264	243779	252066	259031	262986	265265
1012	1012	1012	1012	1150	1150	1150	1150	1150	1150	1150
109472	123963	213387	234234	248720	250469	264935	269391	73582	59625	62727
4757	5127	5470	5806	6041	6609	7650	8484	9508	10666	11904
103298	117309	205917	226134	240044	241457	254711	258327	62052	46960	48823
1417	1527	2000	2294	2635	2403	2574	2580	2022	1999	2000
93014	106879	141867	158713	164471	172751	183196	189285	114056	112745	116882
32223	34039	36694	37993	42135	45872	50951	54995	61734	64444	68442
60128	72022	104569	119723	121151	125691	130995	133137	51141	47137	47240
663	818	604	997	1185	1188	1250	1153	1181	1164	1200
167511	198507	247489	284463	298055	314962	330270	344401	260983	258444	281557
19126	19923	20872	19596	18056	19711	19814	19043	16792	15786	16745
136750	163959	216604	251587	264366	279380	296752	311812	230018	227934	249752
11635	14625	10013	13280	15633	15871	13704	13546	14172	14724	15060
665521	642854	1010234	1095569	1174705	1258364	1099119	1026088	817690	833415	879552
151159	131151	134133	134139	144775	152606	149384	138910	123808	107728	113668
84510	106926	511792	604502	621680	662435	705922	749888	571138	587699	607143
429852	404777	364309	356928	408250	443323	243813	137290	122744	137988	158741
3043	3046	2934	2862	2840	2851	2856	2861	2870	2870	2878
16.96	17.38	17.68	18.08	6.80	6.60	7.30	7.30	7.57	8.00	10.00
44356	47157	46362	52074	53963	46014	45663	42389	29233	18787	10328
928.7	1179.9	1426.2	1586.8	1920.9	723.6	797.6	863.7	1067.8	1253.1	863.4
462662	350028	413082								
148631	157152	124858	123510							
1380.5	1377.6	1398.4	1291.3	1193.5	1087.6	1071.3	1032.2	879.3	773.2	678.2
1256.7	1211.5	1053.7	965.0	829.6	809.0	786.8	712.2	538.9	343.9	292.2
7217.13	8607.45	10658.76	12362.97	14620.30	17155.49	19651.94	22294.84	25111.53	27761.41	30645.76
4593.55	5488.52	6766.32	8038.46							
804.90	971.12	1240.07	1437.80							
1818.68	2147.81	2652.37	2886.71							
6044.60	7205.96	9314.97	10348.40							
925.47	1123.47	1063.78	1673.61							
247.06	278.02	280.00	340.96							
9528817	12261798	15814480	13860378	18895058	23599191	24554487	26715854	27711549	24174867	23420733
5864717	7524374	9317486	7956530	10424695	12578809	12873171	13450998	14474545	14406069	13715826
3013461	3800924	4739880	3637582	4973019	6466907	6875045	7603996	8373918	9042024	8653875
655916	679014	722044	697915	750340	842878	867657	866031	802064	739933	716557
2083042	2863332	3573434	3296132	4230872	4737751	4566215	4392892	4734553	4183875	3904404

a)The pilot statistical investigation program on passenger traffica and turnover was revised in 2014,and the statistical scope was adjusted.

1-2 续表 4

类　别		Category		2000	2005
海关进口总值	(万美元)	Total Imports	(10 000 USD)	946093	3063763
利用外资		**Utilization of Foreign Capital**			
合同项目个数	(个)	Number of Contracts	(unit)	2733	6415
#外商直接投资	(个)	Direct Foreign Investments	(unit)	2728	6415
合同外资金额	(万美元)	Total Amount of Contracted Foreign Capital	(10 000 USD)	561066	2884398
#外商直接投资	(万美元)	Direct Foreign Investments	(10 000 USD)	507435	2749510
实际利用外资金额	(万美元)	Total Amount of Foreign Capital Actually Utilized	(10 000 USD)	381243	1101441
#外商直接投资	(万美元)	Direct Foreign Investments	(10 000 USD)	297119	897072
对外承包工程和劳务合作		**Foreign Contracted Projects Labor Cooperation**			
合同个数	(个)	Number of Contracts	(unit)	1250	2171
合同金额	(万美元)	Contracted Value	(10 000 USD)	61601	164091
营业额	(万美元)	Value of Business	(10 000 USD)	45229	174518
年末在外人数	(人)	Population in Foreign Countries and Regions	(person)	35028	71610
旅　游		**Tourism**			
接待海外旅游人数	(人次)	International Tourists	(person-times)	723145	1551056
外国人	(人次)	Foreigners	(person-times)	480090	1247842
港澳台胞	(人次)	Compatriots from Hong Kong Macao and Taiwan	(person-times)	243055	303214
旅游外汇收入	(万元)	Foreign Exchange Earnings	(10 000 yuan)	260839	639142
旅游外汇收入	(万美元)	Foreign Exchange Earnings	(10 000 USD)	31513	78023
人民币对主要外币年平均汇价(中间价)		**Average Exchange Rate of RMB Yuan Against Main Convertible Currencies (Middle Rate)**			
100美元	(人民币元)	100 US Dollars	(RMB yuan)	827.72	819.17
100日元	(人民币元)	100 Japanese Yen	(RMB yuan)	7.39	7.45
100港元	(人民币元)	100 Hong Kong Dollars	(RMB yuan)	106.08	105.30
十五、教　育		**Education**			
普通高等学校		**Regular Institutions of Higher Education**			
学校数	(所)	Number of Schools	(unit)	58	104
招生数	(人)	New Enrollment	(person)	124817	400573
在校学生数	(人)	Total Enrollment	(person)	303826	1171284
毕业生数	(人)	Graduates	(person)	49687	224611
教职工数	(人)	Teachers and Staff	(person)	54910	109920
#专任教师	(人)	Full-time Teachers	(person)	24764	64636
中等专业学校基本情况		**Secondary Professional Schools**			
学校数	(所)	Number of Schools	(unit)	243	134
招生数	(人)	New Enrollment	(person)	93493	86044
毕业生数	(人)	Graduates	(person)	103629	75076
在校学生数	(人)	Total Enrollment	(person)	333184	257161
教职工数	(人)	Teachers and Staff	(person)	37241	20406
#专任教师	(人)	Full-time Teachers	(person)	20409	12193
普通中学基本情况		**Regular Senior Secondary Schools**			
学校数	(所)	Number of Schools	(unit)	4575	4404
招生数	(万人)	New Enrollment	(10 000 persons)	234.18	179.71
毕业生数	(万人)	Graduates	(10 000 persons)	167.96	207.29
在校学生数	(万人)	Total Enrollment	(10 000 persons)	678.60	592.49
教职工数	(人)	Teachers and Staff	(person)	430754	470584
#专任教师	(人)	Full-time Teachers	(person)	350353	377133
技工学校基本情况		**Technical Schools**			
学校数	(所)	Number of Schools	(unit)	279	229
招生数	(人)	New Enrollment	(person)	48008	138505
毕业生数	(人)	Graduates	(person)	66546	78091
在校学生数	(人)	Total Enrollment	(person)	137718	325924

注：2010年起，中等专业学校数据改为中等职业学校口径。

continued

2006	2007	2008	2009	2010	2011	2012	2013	2014	2015	2016
3664100	4737424	6496994	5903848	8470390	11020382	11681316	13264856	13237004	9768798	9704906
4030										
4030	2717	1527	1468	1632	1433	1333	1405	1352	1509	1477
1645089										
1624175	1173880	1014959	871045	1363381	1579081	1655717	1770879	1595327	2004467	2115351
1020966										
1000069	1101159	820246	801007	916833	1116022	1235267	1405315	1519511	1630090	1682556
2513	2642	2880	2397	3075						
392134	540344	754137	932312	1092504	948287	988209	1078349	1237694	1344383	1355479
232293	301928	358867	509083	602415	819857	898864	940828	1021544	1120799	1195427
83974	93797	90623	96421	102149	108662	103736	98988	115328	116100	119655
1931342	2496437	2537575	3100379	3667909	4242277	4699116	4527082	4456513	4607800	4854664
1560436	2020311	2065007	2411857	2778699	3123264	3422261	3273678	3256968	3358600	3526723
370906	476126	472568	688522	889210	1119013	1276855	1253404	1199545	1249200	1327941
808382	1027946	966397	1205874	1458866	1647486	1845554	1691487	1667300	1804062	2034836
101405	135185	139148	176530	215506	255076	292365	273120	271424	289651	306345
797.18	760.40	694.51	683.10	676.95	645.88	631.25	619.32	614.28	622.84	664.23
6.86	6.46	6.74	7.30	7.73	8.11	7.90	6.33	5.82	5.15	6.12
102.62	97.46	89.19	88.12	87.13	82.97	81.38	79.85	79.22	80.34	85.58
109	111	114	128	133	139	137	140	142	143	144
445034	453479	514176	501082	495722	497292	498621	527539	580763	595646	624408
1338122	1440378	1534009	1592974	1631373	1645589	1658490	1698545	1796665	1900612	1995880
268384	355735	411143	431598	444003	472882	474266	475858	464076	474195	509142
121167	128761	134072	136753	139100	142698	142370	142240	143939	147035	150345
74676	81889	87432	89734	91413	94621	96058	98685	101380	104724	107748
130	135	130	124	640	591	560	525	460	435	428
90432	98634	93217	99212	426954	444703	404670	363547	319143	294033	288180
79902	92275	83077	88355	439337	386564	380451	378626	354032	320353	286687
264456	283231	271905	271993	1131621	1177130	1147012	1031585	948167	857264	809826
20563	20985	20308	19981	78769	74232	71449	66810	64488	62319	60613
12634	13223	13224	13093	55465	53569	52430	50243	49274	48926	48244
4175	4039	3893	3750	3645	3569	3522	3464	3461	3446	3504
164.60	162.49	160.54	160.24	164.12	161.83	159.88	158.53	153.58	151.12	160.35
196.70	191.02	172.88	158.65	156.89	157.80	153.20	156.04	153.73	156.01	157.62
554.04	520.31	502.14	499.34	501.07	501.58	492.64	488.48	486.06	479.93	482.41
462298	454920	445545	442447	438787	462765	464942	466088	471653	475798	484579
372370	370255	367658	372550	372082	376760	376819	382340	386923	390059	397471
197	200	197	196	209	208	213	207	203	194	194
148625	159954	161000	147000	136995	149407	154546	144165	128007	131550	133600
98239	110278	121000	140300	133615	123404	113066	121782	108046	98154	89629
357648	385325	415000	396200	397719	381503	401207	369922	329473	318182	335348

a)Data of secondary professional schools refer to the caliber of secondary vocational school since 2010 .

1-2 续表 5

类　别		Category		2000	2005
教职工数	(人)	Teachers and Staff	(person)	24484	22049
#专任教师	(人)	Full-time Teachers	(person)	14066	15058
小学基本情况		**Regular Primary Schools**			
学校数	(所)	Number of Schools	(unit)	26017	15871
招生数	(万人)	New Enrollment	(10 000 persons)	104.48	104.27
毕业生数	(万人)	Graduates	(10 000 persons)	195.12	113.31
在校学生数	(万人)	Total Enrollment	(10 000 persons)	774.88	615.37
教职工数	(人)	Teachers and Staff	(person)	440161	410394
#专任教师	(人)	Full-time Teachers	(person)	408200	377729
成人高等学校基本情况		**Adult Institutions of Higher Education**			
学校数	(所)	Number of Schools	(unit)	40	24
招生数	(人)	New Enrollment	(person)	82423	108707
毕业生数	(人)	Graduates	(person)	70810	118379
在校学生数	(人)	Total Enrollment	(person)	219977	258521
教职工数	(人)	Teachers and Staff	(person)	14090	11481
#专任教师	(人)	Full-time Teachers	(person)	7084	6683
十六、科　技		**Science**			
重要科技成果		**Major Scientific Achievements**			
成果数量	(项)	Number of Achievements	(unit)	3728	2408
农　业	(项)	Agricultural	(unit)	575	320
工　业	(项)	Industry	(unit)	1289	539
国际领先先进水平	(项)	Internationally Advanced	(unit)	599	534
国内领先先进水平	(项)	Nationally Advanced	(unit)	2861	1741
省内领先先进水平	(项)	Provincial Advanced	(unit)	182	133
专利情况		**Patent Applications**			
申请量	(件)	Number of Patent Applications Examined	(unit)	10019	28835
授权量	(件)	Number of Patent Applications Granted	(unit)	6962	10743
十七、卫生、文化事业基本情况		**Public Health and Culture**			
卫生机构床位数	(万张)	Number of Beds in Health Institutions	(10 000 units)	21.5	25.1
卫生技术人员数	(万人)	Medical Technical Personnel	(10 000 persons)	31.5	32.5
#执业(助理)医师	(万人)	Licensed (Assistant) Doctors	(10 000 persons)	14.5	14.1
文化(艺术)馆		**Cultural(Arts) Centers**			
机构数	(个)	Number of Institutions	(unit)	159	158
人　数	(人)	Number of Employed Persons	(person)	3055	2982
文化站		**Cultural Stations**			
机构数	(个)	Number of Institutions	(unit)	2422	1768
人　数	(人)	Number of Employed Persons	(person)	3304	3166
艺术表演团体		**Arts Performance Troupes**			
机构数	(个)	Number of Institutions	(unit)	118	117
人　数	(人)	Number of Employed Persons	(person)	5943	6066
剧场(院)		**Theaters and Music Halls**			
机构数	(个)	Number of Institutions	(unit)	105	94
人　数	(人)	Number of Employed Persons	(person)	2473	1881
图书馆		**Libraries**			
机构数	(个)	Number of Institutions	(unit)	133	145
人　数	(人)	Number of Employed Persons	(person)	2506	2690
博物馆		**Museums**			
机构数	(个)	Number of Institutions	(unit)	59	75
人　数	(人)	Number of Employed Persons	(person)	1633	1723

continued

2006	2007	2008	2009	2010	2011	2012	2013	2014	2015	2016
22309	26744	24700	24963	18183	24379	29909	30860	29404	29228	29133
16211	23586	18847	19378	14962	21050	21451	23977	23000	22613	22908
14611	14064	13503	12858	12405	12047	11573	11151	10770	10404	10027
107.18	111.46	104.61	101.78	111.30	119.40	109.55	115.69	124.70	124.43	123.91
101.69	103.87	107.48	109.47	110.26	106.82	106.16	103.30	101.02	98.92	107.15
623.02	634.01	632.98	626.81	629.25	644.07	627.67	625.98	648.47	674.63	691.31
415117	420353	420552	421057	417504	393612	387203	383692	378886	379239	386405
381673	386641	387957	389962	387453	386280	382562	387312	389080	396368	408856
24	23	22	21	18	17	17	11	11	11	11
95858	106857	152713	136048	133191	147677	166515	165522	178737	163012	179199
34999	97584	93079	105081	110347	144703	120404	128297	147592	161377	167440
295189	297085	355307	377343	388741	386481	428180	459803	485274	484493	502274
12775	12627	7390	6240	4225	3951	4286	2843	2259	2200	1604
7516	7537	4840	4142	2946	2731	2917	1982	1544	1493	1082
2313	2346	2330	2364	2367	2379	2393	2332	2955	3011	3016
338	330	301	306	391	305	338	297	440	385	421
630	704	677	849	751	723	853	866	1095	1019	1010
448	543	592	751	676	647	609	681	817	967	762
1742	1662	1618	1412	1316	1296	1349	1067	1146	1212	1095
123										
38284	46849	60247	66857	80856	109599	128614	155170	158619	193220	212911
15937	22821	26688	34513	51490	58843	75522	76976	72818	98101	98093
25.9	28.3	32.0	34.7	38.2	41.6	47.3	49.0	50.0	51.9	54.3
33.7	34.6	37.6	40.6	44.1	48.2	53.0	59.8	60.4	61.9	64.3
14.6	15.0	16.0	16.9	17.8	18.6	20.1	23.2	23.1	23.7	24.5
158	157	156	158	158	160	158	159	158	157	157
3058	3012	3025	3115	3055	3086	3033	3062	3047	3034	3006
1857	1826	1826	1867	1855	1828	1821	1807	1811	1814	1816
3330	3715	3754	4593	4543	4643	4987	4915	5181	5534	5262
118	119	119	118	119	116	104	103	104	104	103
6250	6163	6254	6279	6268	6163	5722	5557	5728	5368	5651
95	92	90	82	91	93	93	93	93	92	93
2098	1937	1827	1640	1904	2134	2083	1719	1734	1632	1602
143	145	147	150	149	150	150	153	153	154	154
2624	2640	2606	2669	2680	2697	2647	2760	2730	2750	2828
76	87	96	111	114	120	178	194	243	312	393
1770	1915	2064	2307	2456	2787	4353	4748	5369	6310	7152

1-3 国民经济和社会发展主要指标增长速度

单位:%

类 别	Category	2000	2005
一、人 口	**Population**		
年末总人口	Population at the Year-end	1.3	0.7
按性别分	**By Sex**		
男	Male	0.6	0.5
女	Female	0.6	0.6
按农业非农业分	**Agricultural and Non-agricultural Population**		
农业人口	Agricultural Population	-0.5	-2.4
非农业人口	Non-agricultural Population	3.8	6.6
人口密度	Population Density	1.2	0.5
二、就业人员和劳动工资	**Employment and Wages**		
年末就业人员	Year-end Employed Persons	2.4	2.0
第一产业	Primary Industry	2.7	-7.5
第二产业	Secondary Industry	3.2	12.7
第三产业	Tertiary Industry	0.9	6.5
乡村就业人员	Rural Employed Persons	-0.8	-0.7
城镇就业人员	Urban Employed Persons	9.3	6.4
职工年末人数	Number of Staff and Workers at the Year-end	-2.4	12.2
#国有单位	State-owned Units	-4.3	-14.0
城镇集体单位	Urban Collective-owned Units	-12.8	-5.8
工资总额	Total Wages Bill	12.1	30.1
#国有单位	State-owned Units	10.2	6.6
城镇集体单位	Urban Collective-owned Units	-2.2	8.6
平均工资	Average Wage	14.6	15.9
#国有单位	State-owned Units	15.1	23.7
城镇集体单位	Urban Collective-owned Units	12.0	16.3
三、国民经济核算	**National Accounting**		
地区生产总值	Gross Domestic Product	10.3	15.0
第一产业	Primary Industry	3.8	4.8
第二产业	Secondary Industry	12.0	17.4
第三产业	Tertiary Industry	10.4	14.4
工 业	Industry	12.2	18.1
建筑业	Construction	9.7	12.0
人均地区生产总值	Per Capita GDP	9.0	14.5
居民消费水平	**Household Consumption Expenditure**		
全省居民	Average Expenditure of All Residents	8.2	15.2
农村居民	Rural Residents	5.6	13.0
城镇居民	Urban Residents	9.1	13.3
四、固定资产投资	**Investment in Fixed Assets**		
全社会固定资产投资额	Total Investment in Fixed Assets	14.4	38.2
国有经济	State-Owned Units	10.6	5.2
集体经济	Collective-Owned Units	6.9	-57.6
个体经济	Individuals Economy	13.9	254.4
其他经济	Others	52.7	86.1

注：1.2000和2010年年末总人口增速根据人口普查数据计算。
2.2010年起，工资总额、平均工资增长速度为城镇单位就业人员口径。

Growth Rates of Main Indicators on National Economic and Social Development

(%)

2006	2007	2008	2009	2010	2011	2012	2013	2014	2015	2016
0.7	0.6	0.5	0.6	1.2	0.5	0.5	0.5	0.6	0.6	1.0
0.7	0.7	0.5	0.6	1.0	0.6	-0.0	0.3	1.6	0.8	1.0
0.8	0.7	0.6	0.6	0.9	0.5	-0.2	0.4	1.2	0.8	1.0
-0.2	-2.4	-0.8	0.7	-3.5	-0.9	-1.5	-1.4	-0.4	-6.3	-1.3
2.6	6.4	2.8	0.5	8.2	2.8	1.9	2.7	3.8	9.7	3.5
0.5	0.7	0.5	0.7	1.2	0.5	0.4	0.5	0.2	0.6	1.0
2.0	2.0	1.7	1.7	1.7	1.3	1.1	0.4	0.4	0.4	0.3
-1.0	-2.7	2.1	-0.7	-1.1	-2.7	-2.0	-3.8	-3.0	-3.0	-1.4
5.0	6.4	-1.7	3.0	3.6	4.7	2.7	1.1	1.1	1.9	0.7
3.1	3.7	5.1	3.3	3.0	2.3	2.5	3.9	2.9	1.8	1.3
-0.8	-0.4	-0.4	-0.5	-0.5	-0.1	-0.0	-1.2	-0.6	-0.8	-0.2
6.5	5.6	4.6	4.6	4.4	3.0	2.3	2.2	1.5	1.7	0.7
0.4	0.6	-0.8	1.9	3.4	5.4	5.4	16.7	-2.2	-2.6	-1.9
-1.6	0.6	0.6	-0.1	2.2	-3.0	1.7	-7.9	-2.9	-3.0	-0.7
-5.9	-3.0	-6.4	0.6	0.4	3.5	3.6	-8.3	-13.0	-7.9	-0.7
15.6	19.7	15.2	14.6	17.3	24.9	17.0	31.8	7.3	7.8	6.8
12.9	20.3	14.9	11.4	15.2	12.0	12.7	2.8	6.8	14.7	9.8
7.7	15.4	11.8	16.2	20.3	23.8	18.8	14.5	-6.0	1.1	2.9
15.7	18.8	15.6	12.4	13.3	12.9	11.4	13.7	10.3	10.5	9.2
15.0	19.7	14.2	11.6	11.5	12.9	10.2	12.3	10.7	18.1	11.4
14.5	19.1	19.3	15.2	15.5	15.8	14.5	23.6	8.7	11.5	7.2
14.7	14.2	12.0	12.2	12.3	10.9	9.8	9.6	8.7	8.0	7.6
5.2	4.0	5.1	4.2	3.6	4.0	4.7	3.6	3.8	4.2	3.9
16.6	15.8	12.0	13.9	12.8	11.7	10.5	10.5	9.2	7.4	6.5
14.5	14.6	13.9	11.2	13.5	11.3	9.8	9.5	8.9	9.5	9.3
17.2	16.6	12.6	12.8	12.8	12.5	11.1	10.9	9.3	7.4	6.6
11.1	8.2	6.4	25.4	12.6	5.1	5.9	8.4	8.2	7.5	5.1
13.9	13.5	11.4	11.6	11.3	9.9	9.2	9.0	8.1	7.3	6.7
15.4	13.6	13.3	10.8	10.3	9.6	10.4	11.6	11.4	10.7	8.5
14.8	15.2	12.1	11.1	11.6	13.1	15.6	16.4	16.1	15.2	14.2
13.4	11.5	12.7	9.5	8.3	6.6	6.8	8.2	8.2	7.3	4.6
19.6	24.2	23.1	23.3	22.3	21.8	20.2	17.7	15.5	13.7	8.4
2.9	4.4	32.3	26.9	18.2	3.7	12.0	21.8	14.7	15.6	18.9
19.3	37.3	42.7	27.5	13.8	3.3	21.6	0.7	8.6	-7.5	-50.6
34.8	34.0	22.3	20.1	24.3	26.6	25.8	31.1	26.4	25.0	9.5
18.8	29.3	16.5	23.0	24.9	14.7	50.1	13.7	8.4	6.7	13.5

a)Growth rate on Total population of 2000 and 2010 are based on the national population census.
b)Since 2010,data of total wages bill and average wage refer to the range of employed persons in urban.

1-3 续表 1

单位:%

类　　别	Category	2000	2005
五、能　源	**Energy**		
能源生产总量	Total Energy Production	-6.5	-2.8
原　煤	Coal	-10.6	-4.2
原　油	Crude Oil	0.4	0.8
天燃气	Natural Gas	-6.2	10.0
水　电	Hydro-power	4.1	226.5
水电、风电和太阳能光伏发电	Hydro,Wind and Solar PV Power		
六、财　政	**Government Finance**		
一般公共预算收入	General Pubilic Budget Revenue	14.6	29.6
#增值税	Value Added Tax	14.7	66.3
营业税	Business Tax	11.0	23.4
企业所得税	Company Income Tax	29.6	28.8
个人所得税	Personal Income Tax	31.9	21.7
资源税	Resource Tax	4.1	35.0
城市维护建设税	Urban Maintenance and Development Tax	16.0	20.1
房产税	Tax on Real Estates	15.4	22.5
城镇土地使用税	Urban Land Using Tax	22.8	39.1
土地增值税	Land Value-added Tax	111.9	58.4
车船税	Tax on Vehicle and License	64.2	13.5
行政性收费收入	Incom from Adiministrative Fees	43.9	18.8
一般公共预算支出	General Pubilic Budget Expenditure	11.5	23.3
#基本建设支出	Expenditure for Capital Construction	-9.2	17.4
城市维护费	City Maintenance	10.7	33.2
支援农业支出	Expenditure for Supporting Rural Production	2.3	22.5
文教科学卫生事业费	Operating Expenses for Culture,Education,Science and Health Care	15.5	21.4
行政管理费	Expenditure for Government Administration	14.2	24.1
#一般公共服务	General Public Service		
教育	Education		
社会保障和就业	Social Security and Employment		
医疗卫生	Health		
农林水事务	Farming、Forestry and Irrigation Affairs		
七、金　融	**Fiancial Intermediation**		
金融机构人民币存款余额	RMB Deposits	13.8	17.8
#企业存款	Deposits by Enterprises	20.4	6.5
财政存款	Fiscal Deposits	30.7	15.0
农业存款	Agricultural Deposits	24.6	18.7
储蓄存款	Urban and Rural Household Savings Deposits	8.7	17.0
金融机构人民币贷款余额	RMB Loans	9.3	13.6
#工业贷款	Loans to Industrial Sector	-4.4	5.0
农业贷款	Loans to Agricultural Sector	19.1	16.5
商业贷款	Loans to Commercial Sector	-11.1	-6.8
基建贷款	Loans to Capital Construction	31.5	21.2
技改贷款	Loans to Technical Innovation	6.2	6.3
八、价格指数	**Price Indices**		
居民消费价格	Consumer Price	0.2	1.7
商品零售物价	Retail Price	-1.4	0.6
九、居民生活	**People's Livelihood**		
农民生活	Rural's Livelihood		
年末人均住房建筑面积	Per Capita Space of Living House at Year-end	-5.8	10.1
人均总收入	Annual Per Capita Gross Income of Rural Households	6.2	12.7
人均纯收入	Annual Per Capita Disposable Income of Rural Households	4.3	12.1
人均生活消费支出	Living Expenditure of Rural Households	5.4	14.5

continued

(%)

2006	2007	2008	2009	2010	2011	2012	2013	2014	2015	2016
0.6	3.8	0.0	-0.1	10.0	-0.4	6.1	-10.7	0.4	-3.9	-6.5
0.2	4.8	-0.2	-0.7	14.3	-2.7	8.1	-14.4	-0.2	-4.3	-7.4
2.3	1.4	0.2	1.0	-1.5	-0.2	-0.2	-1.7	-0.5	-3.9	-12.0
-15.9	-4.1	13.9	6.1	7.5	-50.1	17.7	-14.0	-3.4	-6.8	-4.3
13.8	-47.8	188.4								
				113.8	59.4	48.4	46.7	14.6	21.6	41.5
26.4	23.5	16.8	12.3	25.0	25.7	17.5	12.3	10.2	10.0	8.5
25.8	19.8	14.8	-2.8	16.6	9.4	5.9	11.7	21.9	-0.3	32.8
24.8	25.0	16.6	18.8	34.2	21.3	17.1	19.1	6.3	10.3	-20.9
33.8	33.9	15.9	-4.2	33.1	35.9	10.8	1.0	8.3	3.3	0.9
17.9	24.0	7.6	5.8	25.3	19.2	-1.5	10.0	10.1	24.3	持平
43.3	10.9	-0.6	13.9	1.5	15.2	137.5	1.7	29.1	-13.2	-8.3
18.9	17.9	12.6	4.7	19.9	37.4	10.7	9.5	6.2	5.4	2.9
18.0	14.6	6.6	22.4	11.7	14.5	36.2	10.8	9.6	9.3	7.1
22.2	83.4	57.0	16.7	13.9	15.1	33.6	8.3	15.5	35.5	9.8
53.0	47.7	12.4	19.9	51.0	59.6	37.4	41.8	25.2	0.7	13.0
14.7	17.2	68.0	39.9	31.5	27.7	20.6	12.3	15.9	14.3	14.4
23.3	8.4	13.0	5.1	18.3	37.3	9.5	-6.9	6.4	-1.8	10.6
25.0	23.4	19.6	20.8	26.8	20.7	18.0	13.3	7.3	14.9	6.1
16.6										
24.6										
21.0										
21.1										
18.4										
	21.6	11.0	4.7	11.1	13.6	14.1	6.3	-3.3	1.8	6.3
	34.3	21.5	11.3	25.6	36.0	25.2	6.7	4.4	15.7	7.4
	28.4	13.2	20.3	21.6	20.3	18.9	14.3	12.0	18.5	9.9
	31.4	40.9	34.8	32.5	43.7	17.4	14.9	24.7	15.8	12.7
	22.7	44.3	57.0	26.2	21.0	19.5	11.0	3.3	24.8	-2.3
14.8	12.4	22.0	28.8	18.5	12.7	17.2	14.3	8.7	9.4	11.9
15.8	23.8	15.6	46.7	15.6						
32.1	39.6	11.7	62.2	18.2	8.1	5.7	4.6	5.8	-29.0	10.0
22.7	9.0	3.7	47.7	-57.9						
14.6	10.4	25.7	18.8	15.0	12.9	18.8	13.1	11.4		
17.4	11.7	14.3	29.5	18.3	14.5	21.9	4.3	11.8	10.7	11.3
40.3	16.3	7.6	11.0							
18.2	16.9	14.3	20.3							
-8.2	5.5	-10.4	18.4							
28.8	16.0	19.6	44.1							
-30.8	-2.0	8.8	-13.1							
1.0	4.4	5.3	持平	2.9	5.0	2.1	2.2	1.9	1.2	2.1
0.6	3.6	4.9	-0.6	3.3	4.7	1.6	1.4	1.0	0.2	1.3
3.5	3.3	4.1	3.8	1.4	4.6	5.8	2.9	1.7	1.6	2.9
9.0	15.5	13.8	6.7	13.7	23.0	12.3				
11.1	14.1	13.2	8.5	14.2	19.3	13.2	12.4	11.2	8.8	
14.9	15.2	12.6	8.3	8.8	22.7	14.8	9.1	15.8	9.9	8.8

1-3 续表 2

单位:%

类　　别	Category	2000	2005
城镇居民生活	**Urban's Livelihood**		
人均全年可支配收入	Annual Per Capita Disposable Income of Urban Households	11.7	13.9
人均全年消费性支出	Annual Per Capita Consumption Expenditure of Urban Households	11.2	11.7
人均全年非消费支出	Annual Per Capita Non-consumption Expenditure of Urban Households	-4.2	3.4
年末人均建筑面积	Per Captia Construction Area of Buildings	5.0	8.0
十、农林牧渔业	**Farming,Forestry,Animal Husbandry and Fishery**		
农林牧渔业总产值	**Gross Output Value of Farming Forestry,Animal Husbandry and Fishery**	**3.9**	**5.2**
农　业	Farming	4.0	3.9
林　业	Forestry	6.2	-3.7
牧　业	Animal Husbandry	5.4	7.3
渔　业	Fishery	0.5	6.7
农林牧渔服务业	Services for Agriculture		9.2
农业生产情况	**Farming**		
粮食总产量	Total Output of Grain	-10.1	11.4
粮食单产	Grain	-6.3	4.8
棉花总产量	Total Output of Cotton	50.5	-23.0
棉花单产	Cotton	1.2	-3.5
油料总产量	Total Output of Oil-bearing Crops	11.4	-1.6
油料单产	Oil-bearing Crops	3.2	3.4
肉类总产量	Total Output of Grain	-4.7	5.8
猪存栏	Number of Pigs	-6.2	0.4
牛存栏	Number of Cattles	-20.2	-2.7
羊存栏	Number of Sheep and Goats	-10.9	-0.8
家禽存栏	Number of Poultry	-10.4	-3.9
猪出栏	Slaughtered Pigs	-1.1	5.0
牛出栏	Slaughtered Cattle	-17.6	3.0
羊出栏	Slaughtered Sheep	-16.3	4.7
家禽出栏	Slaughtered Poultry	-9.0	18.3
禽蛋产量	Poultry Eggs	-13.8	2.1
奶类产量	Milk	2.3	17.1
水产品总产量	Total Aquatic Products	0.5	2.5
海水产品	Seawater Aquatic Products	-1.2	2.3
海洋捕捞	Catching in Ocean	-7.4	-0.8
海水养殖	Seawater Aquiculture	6.5	4.7
淡水产品产量	Freshwater Aquatic Products	11.2	3.7
捕捞量	Catching	1.5	18.6
养殖量	Freshwater Aquiculture	12.2	2.1
水产品养殖面积	Aquiculture Area	9.1	1.8
海　水	Seawater Aquiculture Area	25.2	2.2
淡　水	Freshwater Aquiculture Area	-4.9	1.4
十一、工　业	**Industry**		
工业总产值	**Gross Industrial Output Value**	**17.9**	**36.6**
#国有经济	State-owned Enterprises	6.2	16.6
集体经济	Collective-owned Enterprises	17.7	-25.1
按轻重工业分	**Grouped by Light & Heavy Industries**		
轻工业	Light Industry	20.0	11.3
重工业	Heavy Industry	15.9	57.7

continued

(%)

2006	2007	2008	2009	2010	2011	2012	2013	2014	2015	2016
13.5	17.0	14.3	9.2	12.0	14.3	13.0	9.7	8.7	8.0	7.8
13.6	14.1	13.9	9.1	9.2	11.0	8.4	8.5	10.1	8.4	8.3
33.6	8.4	3.4	11.5	5.9	11.2	2.1				
2.8	1.7	5.1	1.5	0.9	3.4	0.8	8.8	2.5	-2.5	3.2
5.2	**3.3**	**5.1**	**4.3**	**3.6**	**3.8**	**4.7**	**3.8**	**4.0**	**4.3**	**4.4**
5.4	3.4	3.6	2.7	2.5	3.9	2.5	4.4	4.6	4.7	5.0
10.7	7.8	13.9	9.9	9.9	9.3	3.4	9.0	9.7	8.1	9.5
4.4	0.8	5.9	5.2	3.9	2.5	7.7	2.1	2.4	3.1	2.6
3.9	4.7	5.9	6.2	4.9	4.4	4.1	3.3	2.7	3.2	2.0
18.8	10.8	13.3	10.1	9.9	7.2	7.7	9.5	9.3	8.5	15.8
4.5	1.4	2.7	1.3	0.4	2.1	1.9	0.4	1.5	2.5	-0.3
0.2	2.3	2.4	0.2	-0.3	1.2	1.1	-0.9	-0.5	1.8	-0.5
20.9	-2.2	4.0	-11.5	-21.4	8.4	-11.0	-11.1	7.1	-19.2	2.1
14.9	-3.2	5.4	-1.8	-17.9	10.4	-3.0	-8.8	21.6	-7.1	13.1
-9.8	0.1	3.7	-1.8	2.3	-0.4	2.9	-0.4	-3.9	-3.5	0.8
2.3	-0.9	2.3	1.3	-1.3	0.8	4.3	-0.2	-1.2	-1.6	1.0
3.5	-9.1	6.7	3.6	3.0	1.0	7.5	1.4	-0.6	0.5	0.5
-9.5	5.9	2.6	1.0	-0.2	3.3	2.3	1.0	-0.7	-2.1	-3.0
-15.7	-9.8	-8.4	-7.1	-0.4	1.9	1.3	0.2	-0.9	1.7	-1.6
-10.5	-1.1	-8.5	-2.1	2.0	0.6	0.6	-0.3	0.8	2.8	-1.7
-4.7	-6.4	10.6	-3.6	4.0	8.2	9.4	-2.7	-2.2	1.0	6.8
3.0	-16.8	7.2	6.1	3.5	-1.6	8.6	4.3	3.3	-2.4	-3.6
2.6	3.0	1.9	-0.8	-1.1	-3.6	0.9	1.4	-0.6	1.5	-0.4
0.8	1.8	0.6	-1.3	-1.7	-3.5	0.5	1.8	5.1	2.5	3.2
4.1	-7.6	9.5	2.6	4.1	6.3	8.7	-2.5	-7.8	4.4	6.1
-2.6	1.7	1.6	3.3	1.9	4.4	0.2	-1.5	-2.1	9.2	4.0
8.0	14.0	5.3	1.3	5.2	2.7	5.4	-4.4	3.0	-1.6	-2.8
2.8	4.3	2.4	3.2	4.0	3.8	3.4	2.5	4.7	3.0	2.0
2.3	3.5	1.8	2.8	3.2	2.8	3.2	2.0	6.7	3.8	2.6
-2.6	3.9	1.2	-1.3	-4.0	6.9	-0.6	-2.8	9.6	3.3	2.6
5.9	3.3	2.2	5.6	3.9	4.3	5.5	4.7	5.1	4.1	2.6
6.1	8.8	5.3	5.3	8.1	8.4	4.5	5.1	-3.7	-0.7	-0.9
5.9	-2.6	13.4	-1.0	2.0	3.4	2.9	2.1	-21.3	-8.4	13.0
6.1	10.2	4.5	6.0	8.8	9.0	4.7	5.3	-2.1	-0.1	-1.8
-18.7	5.4	12.3	3.6	10.4	3.3	2.6	2.9	1.0	1.3	-1.0
-7.6	7.9	4.9	3.6	13.5	2.2	2.3	4.4	0.3	2.7	-0.3
-34.7	0.1	28.4	3.7	4.9	5.5	3.3	0.1	2.3	-1.3	-2.3
21.2	**22.8**	**14.1**	**20.1**	**12.1**	**12.0**	**17.2**	**15.1**	**10.6**	**8.4**	**4.8**
13.7	28.2	19.2	-5.4	-11.8	6.6	-17.7	-14.0	1.9	12.1	-13.0
6.6	16.5	9.0	19.7	11.7	6.9	6.6	-43.2	-2.9	5.9	3.3
17.9	23.9	16.0	20.6	12.5	7.7	20.2	12.9	9.3	12.1	4.7
22.4	24.1	11.5	19.9	11.9	14.0	15.8	16.1	11.2	6.8	4.9

1-3 续表 3

单位:%

类　　别	Category	2000	2005
十二、交通运输邮电	**Transport,Posts and Telecommunications**		
铁路通车里程	Length of Railways	持平	1.6
公路通车里程	Length of Highways	4.2	3.0
#晴雨通车	Length of Highways Operating under All Weathers	4.5	3.1
内河通航里程	Length of Navigable Inland Waterways	持平	持平
客运量	Passenger Traffic	11.4	10.2
铁　路	Railways	4.6	2.5
公　路	Highways	12.1	10.5
水　路	Waterways	-4.8	9.2
客运周转量	Passenger Turnover	5.9	10.7
铁　路	Railways	7.8	5.9
公　路	Highways	12.2	13.4
水　路	Waterways	-19.1	7.5
货运量	Freight Traffic	15.3	12.1
铁　路	Railways	6.6	2.7
公　路	Highways	13.4	12.7
水　路	Waterways	14.1	26.3
货运周转量	Freight Turnover	26.7	16.7
铁　路	Railways	8.7	9.7
公　路	Highways	14.8	19.4
水　路	Waterways	70.9	18.7
邮政局总计	Number of Post & Telecommunications Offices	-31.8	0.5
邮路总长度	Length of Postal Routes	-8.5	6.8
函　件	Number of Letters	-6.4	-51.9
电信业务总量	Business Volume of Telecommunication Services	32.1	39.4
长话电路	Long-distance Telephone Lines	36.2	-42.9
长途电话	Number of Long Distance Telephone Calls	-0.6	26.1
市内电话	Number of Urban Telephone Calls	32.2	7.4
农村电话	Number of Rural Telephone Calls	97.0	6.5
十三、国内贸易	**Domestic Trade**		
社会消费品零售总额	**Total Retail Sales of Consumer Goods**	**13.6**	**16.6**
市	City	14.4	17.2
县	County	13.6	16.8
县以下	Under County Level	12.1	15.0
按行业分	**By Sector**		
批零贸易业	Wholesale and Retail Trades	14.9	16.4
餐饮业	Catering Services	20.6	17.5
其他行业	Others	16.0	16.8
十四、对外贸易和旅游	**Foreign Economy and Trade,Tourism**		
对外贸易	Foreign Economy and Trade		
海关进出口总值	Total Value of Imports and Exports	36.8	26.5
海关出口总值	Total Exports	34.1	28.9
#一般贸易	General Trade	37.9	28.4
来料加工装配贸易	Processing and Assembling with Customer's Materials	34.0	23.1
进料加工贸易	Processing and Assembling with Import Materials	28.4	33.2
海关进口总值	Total Imports	41.4	23.0

continued

(%)

2006	2007	2008	2009	2010	2011	2012	2013	2014	2015	2016
0.1	-0.8	-1.5	8.7	5.9	9.0	3.1	2.1	3.4	7.0	0.4
155.7	3.6	4.0	2.7	1.4	1.4	4.9	3.4	2.7	1.5	0.9
154.7	3.9	3.9	2.6	1.6	1.5	5.0	3.4	2.8	1.5	0.9
持平	持平	持平	持平	13.6	持平	持平	持平	持平	持平	持平
11.2	13.2	72.1	9.8	6.2	0.7	5.8	1.7	-1.0	-19.0	5.2
20.4	7.8	6.7	6.1	4.0	9.4	15.7	10.9	12.1	12.2	11.6
10.9	13.6	75.5	9.8	6.2	0.6	5.5	1.4	-3.1	-24.3	4.0
4.6	7.8	31.0	14.7	14.9	-8.8	7.1	0.2	11.8	-1.1	0.1
12.4	14.9	32.7	11.9	3.6	5.0	6.0	3.3	5.5	-1.1	3.7
14.0	5.6	7.8	3.5	10.9	8.9	11.1	7.9	12.3	4.4	6.2
11.5	19.8	45.2	14.5	1.2	3.7	4.2	1.6	-1.7	-7.8	0.2
10.5	23.4	-26.1	65.0	18.9	0.3	5.2	-7.8	7.3	-1.5	3.1
13.2	18.5	24.7	14.9	4.8	5.7	4.9	4.3	0.1	-1.0	8.9
4.3	4.2	4.8	-6.1	-7.9	9.2	0.5	-3.9	-11.8	-6.0	6.1
13.5	19.9	32.1	16.2	5.1	5.7	6.2	5.1	1.0	-0.9	9.6
26.4	25.7	-31.5	32.6	17.7	1.5	3.5	-1.2	2.7	3.9	2.3
19.2	-3.4	57.1	8.4	7.2	7.1	-12.7	-6.6	0.9	1.9	5.6
24.0	-13.2	2.3	0.0	7.9	5.4	-2.1	-7.0	-10.9	-13.0	6.0
18.7	26.5	378.6	18.1	2.8	6.6	6.6	6.2	3.9	2.9	3.3
17.7	-5.8	-10.0	-2.0	14.4	8.6	5.5	2.1	1.3	12.4	15.0
0.6	0.1	-3.7	-2.5	-0.8	0.4	0.2	0.2	0.3	持平	0.3
-2.0	2.5	1.7	2.4	-62.4	-2.9	10.6	持平	3.7	4.4	25.0
84.2	6.3	-1.7	12.3	3.6	-14.7	-0.8	-7.2	-31.0	-35.7	-45.0
37.5	27.1	20.9	11.3	21.1	14.8	10.2	8.3	23.6	17.3	49.3
59.0	-24.3	18.0								
-2.8	5.7	-20.6	-1.1							
-2.2	-0.2	1.5	-7.7	-7.6	-9.2	-1.5	-3.6	-14.8	-12.1	-12.3
-1.5	-3.6	-13.0	-8.4	-14.0	-2.5	-2.7	-9.5	-24.3	-36.2	-15.0
17.0	**19.3**	**23.8**	**16.0**	**18.3**	**17.3**	**14.6**	**13.4**	**12.6**	**10.6**	**10.4**
18.1	19.5	23.3	18.8							
17.1	20.7	27.7	15.9							
14.5	18.1	23.5	8.8							
16.8	19.2	29.3	11.1							
19.2	21.4	-5.3	57.3							
14.1	12.5	0.7	21.8							
23.9	28.7	29.0	-12.4	36.3	24.9	4.1	8.8	3.7	-12.8	-3.1
26.8	28.3	23.8	-14.6	31.0	20.7	2.4	4.5	7.6	-0.5	-4.8
30.5	26.1	24.7	-23.3	36.7	30.0	6.3	10.6	10.1	8.0	-4.3
10.2	3.5	6.3	-3.3	7.5	12.3	2.9	-0.2	-7.4	-7.7	-3.2
24.9	37.5	24.8	-7.8	28.4	12.0	-3.6	-3.8	7.8	-11.6	-6.7
19.6	29.3	37.1	-9.1	43.5	30.1	6.0	13.6	-0.2	-26.2	-0.7

1-3 续表 4

单位:%

类　　别	Category	2000	2005
利用外资	**Utilization of Foreign Capital**		
合同利用外商直接投资	Direct contracted Foreign Investments	63.1	35.5
实际利用外商直接投资	Direct Foreign Investments	20.4	3.1
对外承包工程和劳务合作	**Foreign Contracted Projects Labor Cooperation**		
合同个数	Number of Contracts (unit)	12.0	15.5
合同金额	Contracted Value	-9.1	11.9
营业额	Value of Business	-28.9	15.1
年末在外人数	Population in Foreign Countries and Regions	13.1	14.2
旅　游	**Tourism**		
接待海外旅游人数	International Tourists	16.3	30.0
外国人	Foreigners	14.9	29.8
港澳台胞	Compatriots from Hong Kong Macao and Taiwan	23.5	31.0
旅游外汇收入(人民币)	Foreign Exchange Earnings(RMB)	18.8	36.3
旅游外汇收入(美元)	Foreign Exchange Earnings(USD)	18.8	37.7
人民币对主要外币年平均汇价（中间价）	**Average Exchange Rate of RMB Yuan Against Main Convertible Currencies (Middle Rate)**		
100美元	100 US Dollars	0.0	-1.0
100日元	100 Japanese Yen	-8.5	-2.7
100港元	100 Hong Kong Dollars	-0.4	-0.9
十五、教　育	**Education**		
普通高等学校	**Regular Institutions of Higher Education**		
学校数	Number of Schools	11.5	7.2
招生数	New Enrollment	51.5	22.3
毕业生数	Graduates	0.2	34.5
在校学生数	Total Enrollment	42.2	23.8
教职工数	Teachers and Staff	10.7	17.4
#专任教师	Full-time Teachers	16.5	20.0
中等专业学校	**Secondary Professional Schools**		
学校数	Number of Schools	-3.2	-7.6
招生数	New Enrollment	-23.6	-2.1
毕业生数	Graduates	-2.9	13.8
在校学生数	Total Enrollment	-3.2	-1.2
教职工数	Teachers and Staff	-5.2	-5.6
#专任教师	Full-time Teachers	-4.2	-4.5
普通中学	**Regular Senior Secondary Schools**		
学校数	Number of Schools	-0.2	-3.6
招生数	New Enrollment	5.4	-6.6
毕业生数	Graduates	1.9	-3.0
在校学生数	Total Enrollment	9.4	-5.7
教职工数	Teachers and Staff	3.9	-0.7
#专任教师	Full-time Teachers	4.9	-0.5
技工学校	**Technical Schools**		
学校数	Number of Schools	-7.6	-8.0
招生数	New Enrollment	-5.7	14.1
毕业生数	Graduates	-6.9	32.7
在校学生数	Total Enrollment	-14.7	18.8

continued

(%)

2006	2007	2008	2009	2010	2011	2012	2013	2014	2015	2016
-40.9	7.4	-10.0	-14.2	56.5	15.8	4.9	7.0	-9.9	25.6	5.5
11.5	10.1	10.2	-2.3	14.5	21.7	10.7	13.8	8.1	7.3	3.2
15.8	5.1	9.0	-16.8	28.3						
139.0	37.8	39.6	23.6	17.2	-13.2	4.2	12.1	14.8	8.6	0.8
33.1	30.0	18.9	41.9	18.3	36.1	9.6	4.5	8.6	9.7	6.7
17.3	11.7	-3.4	6.4	5.9	6.4	-4.5	2.3	16.5	0.7	3.1
24.5	29.3	1.7	22.2	18.3	15.7	10.8	-3.7	-1.6	3.4	5.4
25.1	29.5	2.2	16.8	15.2	12.4	9.6	-4.3	-0.5	3.1	5.0
22.3	28.4	-0.8	45.7	29.1	25.8	14.1	-1.8	-4.3	4.1	6.3
26.5	27.2	-6.0	24.8	21.0	12.9	12.0	-8.3	-1.4	8.2	12.8
30.0	33.3	2.9	26.9	22.1	18.4	14.6	-6.6	-0.6	6.7	5.8
-2.7	-4.6	-8.7	-1.6	-0.9	-4.6	-2.3	-1.9	-0.8	1.4	6.6
-7.9	-5.8	4.3	8.3	5.9	4.9	-2.5	-19.9	-8.1	-11.4	18.8
-2.6	-5.0	-8.5	-1.2	-1.1	-4.8	-1.9	-1.9	-0.8	1.4	6.5
4.8	1.8	2.7	12.3	3.9	4.5	-1.4	2.2	1.4	0.7	0.7
11.1	1.9	13.4	-2.5	-1.1	2.6	-0.2	-0.1	10.1	2.6	4.8
19.5	32.5	15.6	5.0	2.9	3.5	1.5	2.7	-2.5	2.2	7.4
14.2	7.6	6.5	3.8	2.4	0.3	0.3	5.8	5.8	5.8	5.0
10.2	6.3	4.1	2.0	1.7	0.9	0.8	2.4	1.2	2.2	2.3
15.5	9.7	6.8	2.6	1.9	6.5	0.3	0.3	2.7	3.3	2.9
-3.0	3.8	-3.7	-4.6		-7.7	-5.2	-6.3	-12.4	-5.4	-1.6
5.1	9.1	-5.5	6.4		4.2	-9.0	-10.2	-12.2	-7.9	-2.0
6.4	15.5	-10.0	6.4		-12.0	-1.6	-0.5	-6.5	-9.5	-10.5
2.8	7.1	-4.0	0.0		4.0	-2.6	-10.1	-8.1	-9.6	-5.5
0.8	2.1	-3.2	-1.6		-5.8	-3.7	-6.5	-3.5	-3.4	-2.7
3.6	4.7	0.0	-1.0		-3.4	-2.1	-4.2	-1.9	-0.7	-1.4
-5.2	-3.3	-3.6	-3.7	-2.8	-2.1	-1.3	-1.6	-0.1	-0.4	1.7
-8.4	-1.3	-1.2	-0.2	2.4	-1.4	-1.2	-0.8	-3.1	-1.6	6.1
-5.1	-2.9	-9.5	-8.2	-1.1	0.6	-2.9	1.9	-1.5	1.5	1.0
-6.5	-6.1	-3.5	-0.6	0.3	0.1	-1.8	-0.8	-0.5	-1.3	0.5
-1.8	-1.6	-2.1	-0.7	-0.8	5.5	0.5	0.2	1.2	0.9	1.8
-1.3	-0.6	-0.7	1.3	-0.1	1.3	0.02	1.5	1.2	0.8	1.9
-14.0	1.5	-1.5	-0.5	6.6	-0.5	2.4	-2.8	-1.9	-4.4	持平
7.3	7.6	0.7	-8.7	-6.8	9.1	3.4	-6.7	-11.2	2.8	1.6
25.8	12.3	9.7	16.0	-4.8	-7.6	-8.4	7.7	-11.3	-9.2	-8.7
9.7	7.7	7.7	-4.5	0.4	-4.1	5.2	-7.8	-10.9	-3.4	5.4

1-3 续表 5

单位:%

类　　别	Category	2000	2005
教职工数	Teachers and Staff	-15.2	3.2
#专任教师	Full-time Teachers	-3.2	3.1
小　学	**Regular Primary Schools**		
学校数	Number of Schools	-11.7	-6.3
招生数	New Enrollment	-10.0	-5.4
毕业生数	Graduates	1.9	-9.1
在校学生数	Total Enrollment	-11.0	-2.0
教职工数	Teachers and Staff	-2.4	0.0
#专任教师	Full-time Teachers	-2.5	-0.3
成人高等学校	**Adult Institutions of Higher Education**		
学校数	Number of Schools	持平	持平
招生数	New Enrollment	-5.4	-17.8
毕业生数	Graduates	14.9	10.0
在校学生数	Total Enrollment	-0.5	-3.6
教职工数	Teachers and Staff	-1.7	3.8
#专任教师	Full-time Teachers	-0.7	7.0
十六、科　技	**Science**		
重要科技成果	**Major Scientific Achievements**		
成果数量	Number of Achievements	1.1	-20.5
#农　业	Agricultural	3.2	-29.5
工　业	Industry	1.5	-51.9
国际领先先进水平	Internationally Advanced	-19.5	10.1
国内领先先进水平	Nationally Advanced	4.5	-27.2
省内领先先进水平	Provincial Advanced	-12.1	-11.9
专利情况	**Patent Applications**		
申请量	Number of Patent Applications Examined	16.7	56.8
授权量	Number of Patent Applications Granted	6.5	10.4
十七、卫生、文化事业	**Public Health and Culture**		
卫生机构床位数	Number of Beds in Health Institutions	0.7	8.4
卫生技术人员数	Medical Technical Personnel	2.3	0.6
#执业(助理)医师	Licensed (Assistant) Doctors	4.3	1.5
文化(艺术)馆	**Cultural (Arts) Centers**		
机构数	Number of Institutions	0.6	-0.6
人　数	Number of Employed Persons	-4.4	-4.9
文化站	**Cultural Stations**		
机构数	Number of Institutions	-2.9	-0.8
人　数	Number of Employed Persons	0.3	-0.8
艺术表演团体	**Arts Performance Troupes**		
机构数	Number of Institutions	0.9	-0.9
人　数	Number of Employed Persons	-2.2	1.2
剧场(院)	**Theaters and Music Halls**		
机构数	Number of Institutions	-1.9	-1.1
人　数	Number of Employed Persons	-2.8	-9.9
图书馆	**Libraries**		
机构数	Number of Institutions	持平	2.1
人　数	Number of Employed Persons	-1.9	2.2
博物馆	**Museums**		
机构数	Number of Institutions	3.5	4.2
人　数	Number of Employed Persons	-1.8	2.3

continued

(%)

2006	2007	2008	2009	2010	2011	2012	2013	2014	2015	2016
1.2	19.9	-7.6	1.1	-27.2	34.1	22.7	3.2	-4.7	-0.6	-0.3
7.7	45.5	-20.1	2.8	-22.8	40.7	1.9	11.8	-4.1	-1.7	1.3
-7.9	-3.7	-4.0	-4.8	-3.5	-2.9	-3.9	-3.6	-3.4	-3.4	-3.6
2.8	4.0	-6.2	-2.7	9.4	7.3	-8.2	5.6	7.8	-0.2	-0.4
-10.3	2.1	3.5	1.9	0.7	-3.1	-0.6	-2.7	-2.2	-2.1	8.3
1.2	1.8	-0.2	-1.0	0.4	2.4	-2.5	-0.3	3.6	4.0	2.5
1.2	1.3	0.1	0.1	-0.8	-5.7	-1.6	-0.9	-1.3	0.1	1.9
1.0	1.3	0.3	0.5	-0.6	-0.3	-1.0	1.2	0.5	1.9	3.2
持平	-4.2	-4.4	-4.5	-14.3	-5.6	持平	-35.3	持平	持平	持平
-11.8	11.5	42.9	-10.9	-2.1	10.9	12.8	-0.6	8.0	-8.8	9.9
-70.4	178.8	-4.6	12.9	5.0	31.1	-16.8	6.6	15.0	9.3	3.8
14.2	0.6	19.6	6.2	3.0	-0.6	10.8	7.4	5.5	-0.2	3.7
11.3	-1.2	-41.5	-15.6	-32.3	-6.5	8.5	-33.7	-20.5	-2.6	-27.1
12.5	0.3	-35.8	-14.4	-28.9	-7.3	6.8	-32.1	-22.1	-3.3	-27.5
-4.0	1.4	-0.7	1.5	0.1	0.5	0.6	-2.5	26.7	1.9	0.2
5.6	-2.4	-8.8	1.7	27.8	-22.0	10.8	-12.1	48.1	-12.5	9.4
16.9	11.7	-3.8	25.4	-11.5	-3.7	18.0	1.5	26.4	-6.9	-0.9
-16.1	21.2	9.0	26.9	-10.0	-4.3	-5.9	11.8	20.0	18.4	-21.2
0.1	-4.6	-2.6	-12.7	-6.8	-1.5	4.1	-20.9	7.4	5.8	-9.7
-7.5										
32.8	22.4	28.6	11.0	20.9	35.5	17.3	20.6	2.2	21.8	10.2
48.4	43.2	16.9	29.3	49.2	14.3	28.3	1.9	-5.4	34.7	持平
3.4	9.1	13.1	8.4	10.1	8.9	13.8	3.4	2.1	3.8	4.5
3.6	2.8	8.7	8.0	8.6	9.2	10.0	12.8	1.0	2.5	3.9
3.7	2.5	6.7	5.6	5.3	4.5	7.8	15.7	-0.4	2.6	3.4
持平	-0.6	-0.6	1.3	持平	1.3	-1.3	0.6	-0.6	-0.6	持平
2.6	-1.5	0.4	3.0	-1.9	1.0	-1.7	1.0	-0.5	-0.4	-0.9
5.0	-1.7	持平	2.2	-0.6	-1.5	-0.4	-0.8	0.2	0.2	0.1
5.2	11.6	1.0	22.3	-1.1	2.2	7.4	-1.4	5.4	6.8	-4.9
0.9	0.8	持平	-0.8	0.8	-2.5	-10.3	-1.0	1.0	持平	-1.0
3.0	-1.4	1.5	0.4	-0.2	-1.7	-7.2	-2.9	3.1	-6.3	5.3
1.1	-3.2	-2.2	-8.9	11.0	2.2	持平	持平	持平	-1.1	1.1
11.5	-7.7	-5.7	-10.2	16.1	12.1	-2.4	-17.5	0.9	-5.9	-1.8
-1.4	1.4	1.4	2.0	-0.7	0.7	持平	2.0	持平	0.7	持平
-2.5	0.6	-1.3	2.4	0.4	0.6	-1.9	4.3	-1.1	0.7	2.8
1.3	14.5	10.3	15.6	2.7	5.3	48.3	9.0	25.3	28.4	26.0
2.7	8.2	7.8	11.8	6.5	13.5	56.2	9.1	13.1	17.5	13.3

1-4 国民经济主要比例关系
Proportions on National Economic Indicators

单位:% (%)

项　目	Item	2010	2011	2012	2013	2014	2015	2016
一、地区生产总值比例	**Structure of Gross Domestic Product**							
第一产业	Primary Industry	9.2	8.8	8.6	8.3	8.1	7.9	7.3
第二产业	Secondary Industry	54.2	52.9	51.4	49.7	48.4	46.8	45.4
第三产业	Tertiary Industry	36.6	38.3	40.0	42.0	43.5	45.3	47.3
二、国内支出总额比例	**Structure of Government Consumption**							
最终消费	Final Consumption	39.1	40.6	42.5	44.0	44.2	45.2	48.0
资本形成	Capital Formation	54.9	54.3	53.7	53.0	51.7	51.8	50.2
三、人口比例	**Structure of Population**							
按性别分	Sexual Structure							
男	Male	50.7	50.8	50.8	50.8	50.9	50.9	50.9
女	Female	49.3	49.2	49.2	49.2	49.1	49.1	49.1
按农业非农业分	Agricultural and Non-agricultural Structure							
农业人口	Agricultural Structure	59.8	58.9	58.0	57.0	56.0	52.1	51.0
非农业人口	Non-agricultural Structure	40.3	41.1	42.0	43.0	44.0	47.9	49.0
四、社会就业人员比例	**Structure of Employment**							
第一产业	Primary Industry	35.5	34.1	33.1	31.7	30.7	29.6	29.1
第二产业	Secondary Industry	32.6	33.7	34.2	34.5	34.7	35.2	35.4
第三产业	Tertiary Industry	31.9	32.2	32.7	33.8	34.6	35.2	35.5
五、农林牧渔业总产值比例	**Structure of Gross Output Value of Agriculture**							
农　业	Farming	55.2	51.9	49.8	51.5	51.8	51.6	49.8
林　业	Forestry	1.3	1.3	1.3	1.4	1.4	1.5	1.6
牧　业	Animal Husbandry	26.7	29.3	28.8	27.0	26.3	26.4	27.2
渔　业	Fishery	12.7	13.5	15.9	16.0	16.1	16.0	15.9
农林牧渔服务业	Services of Farming,Forestry,Animal Husbandry and Fishery	4.1	4.0	4.1	4.2	4.4	4.5	5.5
六、工业总产值中轻重工业比例	**Structure of Output Value of Light and Heavy Industries**							
轻工业	Light Industry	32.4	31.2	32.0	31.4	31.0	32.0	32.0
重工业	Heavy Industry	67.6	68.8	68.0	68.6	69.0	68.0	68.0
七、全社会固定资产投资比例	**Structure of Investment in Fixed Assets**							
国有经济	State-owned Units	15.7	14.1	12.6	12.9	12.8	13.0	14.3
集体经济	Collective-owned Units	11.3	10.1	10.0	8.5	8.0	6.5	3.0
个体经济	Self-employed Units	27.9	30.8	31.6	34.9	38.2	42.0	42.4
八、一般公共预算收入占地区生产总值的比重	**Proportion of General Pubilc Budget Revenue to GDP**	**7.0**	**7.6**	**8.1**	**8.3**	**8.5**	**8.8**	**8.8**
九、财政支出比例	**Structure of Local Government Expenses**							
一般公共服务支出	General Public Service	13.1	12.4	11.9	11.2	10.1	8.9	8.9
科学技术	Science and Technology	2.0	2.2	2.1	2.2	2.0	1.9	1.9
教　育	Education	18.6	20.9	22.2	20.9	20.4	20.5	20.9

1-5 平均每天社会经济活动
Selected Indicators on Average Daily Social and Economic Activities

指标名称	Item	2011	2012	2013	2014	2015	2016
一、全省每天创造的财富	**Daily Production**						
地区生产总值（万元）	Gross Domestic Product (10 000 yuan)	1242790	1370226	1513159	1628126	1726091	1830825
工业总产值（万元）	Gross Output Value of Industry (10 000 yuan)	2726164	3142665	3559069	3874384	3999019	4117627
农林牧渔业总产值（万元）	Gross Output Value of Farming, Forestry, Animal Husbandry and Fishery (10 000 yuan)	203007	217692	239726	252007	261634	254806
一般公共预算收入（万元）	General Pubilic Budget Revenue (10 000 yuan)	94683	111217	124930	137721	151488	160114
布（万米）	Cloth (10 000 m)	3411	3929	3521	3162	3175	3249
发电量（万千瓦时）	Electricity (10 000 kwh)	86916	90570	98561	102404	128345	139443
原 油（万吨）	Crude Oil (10 000 tons)	7.6	7.6	7.5	7.4	7.1	6.3
粗 钢（吨）	Steel (ton)	154937	163205	174000	175644	181351	195822
二、全省每天消费量	**Daily Consumption**						
城乡居民消费总量（万元）	Resident Consumption (10 000 yuan)	364496	417478	491119	551913	614213	699274
社会消费品零售额（万元）	Total Retail Sails of Consumer Goods (10 000 yuan)	470013	538409	610818	687987	760587	837316
三、其他经济活动	**Other Daily Economic Activities**						
铁路、公路和水路客运人数（万人）	Passenger Traffic (10 000 persons)	686.2	725.8	738.1	201.6	163.4	171.4
住宅竣工面积（平方米）	Floor Space of Residential Buildings Completed (sq.m)	145528	166759	166119	166870	169468	173720
四、全省人口变动和婚姻	**Daily Population Changes and Marriages**						
出生人口（人）	Birth (person)	3137	3082	3204	6029	3912	4198
死亡人口（人）	Death (person)	1852	2189	1639	1695	1651	1460
结婚对数（对）	Marriages (couples)	2655	2557	2442	2279	1921	1832
离婚对数（对）	Divorces (couples)	498	539	617	641	660	695

1-6 国民经济和社会发展主要指标占全国的比重(2016年)
Proportion of Main Economic and Social Indicators to the Whole Country(2016)

指标名称		Item		山东 Shandong	全国 China	山东占全国比重(%) Proportion of Shandong to China (%)
一、人口与就业		**Population and Employment**				
年末总人口	(万人)	Population at the Year-end	(10 000 persons)	9947	138271	7.2
就业人员	(万人)	Employment	(10 000 persons)	6650	77603	8.6
二、土地面积	**(万平方公里)**	**Area of Land**	**(10 000 sq.km)**	**15.79**	**960**	**1.6**
三、农林牧渔业总产值	**(亿元)**	**Gross Output Value of Farming, Forestry,AnimalHusbandry and Fishery**	**(100 million yuan)**	**9326**	**112091**	**8.3**
四、地区生产总值	**(亿元)**	**Gross Domestic Product**	**(100 million yuan)**	**67008**	**744127**	**9.0**
第一产业	(亿元)	Primary Industry	(100 million yuan)	4929	63671	7.7
第二产业	(亿元)	Secondary Industry	(100 million yuan)	30410	296236	10.3
第三产业	(亿元)	Tertiary Industry	(100 million yuan)	31669	384221	8.2
五、人均地区生产总值	**(元)**	**Per Capita Gross Domestic Product**	**(yuan)**	**67706**	**53980**	
六、主要工农业产品产量		**Output of Major Farm and Industrial Products**				
粮　食	(万吨)	Grain	(10 000 tons)	4700.7	61625.0	7.6
棉　花	(万吨)	Cotton	(10 000 tons)	54.8	530.0	10.3
油　料	(万吨)	Oil-bearing Crops	(10 000 tons)	326.8	3629.5	9.0
肉　类	(万吨)	Meat	(10 000 tons)	777.5	8537.8	9.1
水产品	(万吨)	Aquatic products	(10 000 tons)	950.2	6901.3	13.8
原　油	(万吨)	Crude Oil	(10 000 tons)	2295.3	19968.5	11.5
发电量	(亿千瓦时)	Electricity	(100 million kwh)	5103.6	61424.9	8.3
家用电冰箱	(万台)	Household Refrigerators	(10 000 units)	883.4	8481.6	10.4
彩色电视机	(万台)	Color Television Sets	(10 000 units)	2111.7	15769.6	13.4
原　盐	(万吨)	Salt	(10 000 tons)	1580.3	6309.5	25.0
化　肥	(万吨)	Chemical Fertilizer	(10 000 tons)	528.5	7128.6	7.4
粗　钢	(万吨)	Steel	(10 000 tons)	7167.1	80836.6	8.9
平板玻璃	(万重量箱)	Plate Glass	(10 000 weight cases)	6793.1	77402.8	8.8
七、固定资产投资		**Investment in Fixed Assets**				
全社会固定资产投资额	(亿元)	Total Investment in Fixed Assets	(100 million yuan)	52364	606466	8.6
八、运输、邮电		**Transport,Post and Telecommunication Services**				
货物周转量	(亿吨公里)	Total Freight Ton-kilometers	(100 million ton-km)	8796	182211	4.8
旅客周转量	(亿人公里)	Total Passenger-kilometers	(100 million person-km)	1169	22880	5.1
沿海主要港口货物吞吐量	(万吨)	Volume of Freight Handled in Major Coastal Ports	(10 000 tons)	142856	810933	17.6
邮电业务总量	(亿元)	Total Volume of Post and Telecommunication Services	(100 million yuan)	1165	43346	2.7
九、财政金融		**Finance and Financial Intermediation**				
一般公共预算收入	(亿元)	General Pubilic Budget Revenue	(100 million yuan)	5860	87195	6.7
一般公共预算支出	(亿元)	General Pubilic Budget Expenditure	(100 million yuan)	8755	160437	5.5
住户人民币存款余额	(亿元)	RMB Savings and Deposit of Urban and Rural Households at the Year-end	(100 million yuan)	41351	597751	6.9
十、国内贸易		**Domestic Trade**				
社会消费品零售额	(亿元)	Total Retail Sales of Consumer Goods	(100 million yuan)	30646	332316	9.2
十一、外贸外经旅游		**Foreign Trade and Tourism**				
进出口总额	(亿美元)	Total Value of Imports and Exports	(100 million USD)	2342.1	36855.7	6.4
出口总额	(亿美元)	Exports	(100 million USD)	1371.6	20981.5	6.5
国际旅游外汇收入	(亿美元)	Foreign Exchange Earnings	(100 million USD)	30.6	1200.0	2.6
十二、价格指数		**Price Indices**				
商品零售价格指数	(%)	Retail Price Indices	(%)	101.3	100.7	
居民消费价格指数	(%)	Consumer Price Indices	(%)	102.1	102.0	
十三、人民生活		**People's Livelihood**				
城镇单位就业人员工资总额	(亿元)	Total Wages of Employed Persons in Urban Units	(100 million yuan)	7531.7	120074.8	6.3
城镇单位就业人员平均工资	(元)	Average Wage of Employed Persons in Urban Units	(yuan)	62539	67569	
城镇居民人均可支配收入	(元)	Per Capita Disposabal Income of Urban Households	(yuan)	34012	33616	
农村居民人均可支配收入	(元)	Per Capita Annual Net Income of Rural Households	(yuan)	13954	12363	
十四、教育、卫生		**Education and Health Care**				
普通本专科学校在校生数	(万人)	Total Enrollment of Institutions of Higher Education	(10 000 persons)	199.6	2695.8	7.4
医院床位数	(万张)	Number of Hospital Beds	(10 000 beds)	40.0	568.9	7.0
专业卫生技术人员数	(万人)	Number of Medical Technical Personnel	(10 000 persons)	64.3	845.4	7.6

1-7 按行业分法人单位数
Number of Corporate Units by Sector

单位:个 (unit)

行 业	Sector	2014	2015	2016
总 计	**Total**	**1042809**	**1269917**	**1652065**
农、林、牧、渔业	Agriculture,Forestry,Animal Husbandry and Fishing	48678	69181	106857
采矿业	Mining	3759	3726	3776
制造业	Manufacturing	208334	235765	284344
电力、燃气及水的生产和供应业	Production and Supply of Electric Power and Heat Power	2947	3734	6094
建筑业	Construction	44937	58288	84503
批发和零售业	Wholesale and Retail Trade	310631	403975	543508
交通运输、仓储和邮政业	Traffic,Transport,Storage and Post	27638	33781	42742
住宿和餐饮业	Hotels and Catering Services	14296	17774	23469
信息传输、软件和信息技术服务业	Information Transfer, Software and Information Technology Services	16620	25611	39025
金融业	Financial Intermediation	5514	6953	10033
房地产业	Real Estate	28633	32596	40442
租赁和商务服务业	Leasing and Business Services	74033	101011	141897
科学研究和技术服务业	Scientific Research and Technical Service	48629	59213	78175
水利、环境和公共设施管理业	Management of Water Conservancy,Environment and Public Facilities	5898	6534	8272
居民服务、修理和其他服务业	Households Services, Repair and Other Services	16531	22923	30633
教 育	Education	24931	25908	31676
卫生和社会工作	Health and Social Work	18638	18964	21068
文化、体育和娱乐业	Culture,Sports and Entertainment	13593	15590	21732
公共管理、社会保障和社会组织	Public management,Social Security and Social Organization	128569	128390	133819
国际组织	International Organization			

1-8 按机构类型分法人单位数
Number of Corporate Units by Status of Organization

单位:个 (unit)

机构类型	Organization Status	2009	2010	2011	2012	2013	2014	2015	2016
合 计	**Total**	**674839**	**773752**	**832443**	**906064**	**825706**	**1042809**	**1269917**	**1652065**
企 业	Enterprises	496125	592359	649509	722344	616676	819036	1048470	1344176
事业单位	Institutions	36692	36631	36470	36366	41349	41210	40919	44903
机 关	Agencies & Organizations	12154	12145	12117	12085	12431	12420	12411	12826
社会团体	Social Groups	13392	13531	13739	13545	15553	15909	15919	18819
民办非企业单位	Private Non-enterprise Units	17537	17805	17928	17951	15495	16099	16098	19740
基金会	Foundation	23	24	23	18	77	78	81	99
居委会	Neighborhood Committee	5958	5950	5941	6101	7452	7574	7507	7323
村委会	Village Committee	80131	79002	78969	77470	73506	73957	73947	73909
农民专业合作社	Professional Farmers Cooperatives								110936
其他组织机构	Others	12827	16305	17747	20184	43167	56526	54565	19334

1-9 按地区分法人单位数
Number of Corporate Units by Region

单位:个 (unit)

地 区	Region	2009	2010	2011	2012	2013	2014	2015	2016
全省总计	**Total**	**674839**	**773752**	**832443**	**906064**	**825706**	**1042809**	**1269917**	**1652065**
济南市	Jinan	78868	85972	90588	100313	83999	100614	119575	144859
青岛市	Qingdao	111608	130498	145414	160640	145067	183720	230230	302471
淄博市	Zibo	42795	49615	50484	53616	45720	56058	68198	89514
枣庄市	Zaozhuang	20307	24618	26763	29357	27657	32120	37887	47322
东营市	Dongying	14217	17078	17507	19593	17048	21081	28465	39590
烟台市	Yantai	68733	75741	81475	89959	78051	97998	118699	151831
潍坊市	Weifang	53576	65071	71739	77854	75265	97326	115593	154860
济宁市	Jining	41299	47936	52812	57972	60054	79974	101533	123715
泰安市	Tai'an	34599	37759	39267	42531	43362	51211	56600	69235
威海市	Weihai	26683	30173	34149	37214	30581	41837	51595	69610
日照市	Rizhao	16454	18554	19038	22083	19085	26083	29516	37205
莱芜市	Laiwu	10459	13798	15055	15552	13205	15537	17200	22005
临沂市	Linyi	41317	48297	50580	55623	53039	71599	92164	121410
德州市	Dezhou	37091	39447	40115	37427	39638	46164	51189	64949
聊城市	Liaocheng	21417	25359	28617	32272	31371	38347	46442	59745
滨州市	Binzhou	20705	23788	26006	28582	25697	34187	44869	61010
菏泽市	Heze	34711	40048	42834	45476	36867	48953	60162	92734

1-10 山东半岛蓝色经济区主要经济指标
Shandong Peninsula Blue Economic Zone Major economic indicators

指　　标		Indicator		2016年	比上年增长 (%) Growth over the previous year (%)
地区生产总值	(亿元)	Gross Dommestic Product	(100 million yuan)	31386.5	7.8
第一产业	(亿元)	Primary Industry	(100 million yuan)	1888.6	3.9
第二产业	(亿元)	Secondary Industry	(100 million yuan)	14838.3	7.1
第三产业	(亿元)	Tertiary Indusrtry	(100 million yuan)	14659.6	9.1
规模以上工业增加值	(亿元)	Value-added of Industrial Enterprises above Designated Size	(100 million yuan)		7.8
规模以上工业主营业务收入	(亿元)	Revenue from Principal Business of Industrial Enterprise above Designated Size	(100 million yuan)	68493.2	2.8
规模以上工业利税总额	(亿元)	Total Profits and Taxes of Industrial Enterprise above Designated Size	(100 million yuan)	5857.0	-1.9
规模以上工业利润总额	(亿元)	Total Profits of Industrial Enterprise above Designated Size	(100 million yuan)	3925.4	-1.4
固定资产投资	(亿元)	Investment in Fixed Assets	(100 million yuan)	25117.9	8.9
社会消费品零售总额	(亿元)	Total Retail Sales of Consumer Goods	(100 million yuan)		10.5
进出口总额	(亿元)	Total Value of Imports and Exports	(100 million yuan)	11494.1	0.7
#出口总额	(亿元)	Exports	(100 million yuan)	6619.8	-1.6
实际到账外资	(亿元)	Total Amount of Foreign Capital Actual Arrival	(100 million yuan)	801.4	12.1
一般公共预算收入	(亿元)	General Pubilic Budget Revenuee	(100 million yuan)	2846.5	9.2
一般公共预算支出	(亿元)	General Pubilic Budget Expenditure	(100 million yuan)	3541.2	6.8
金融机构本外币存款余额	(亿元)	RMB and Foreign Currencies Deposits of Financial Institutions	(100 million yuan)	38862.5	3833.5
#住户存款	(亿元)	Household Deposit	(100 million yuan)	17983.4	1555.5
金融机构本外币贷款余额	(亿元)	RMB and Foreign Currencies Loans of Financial Institutions	(100 million yuan)	30514.8	2459.1
农村居民人均可支配收入	(元)	Per capita Annual Disposable Income of Rural Households	(yuan)	16319	7.8

注：1.“山东半岛蓝色经济区”包括青岛、东营、烟台、潍坊、威海、日照6市及滨州市沾化区和无棣县。
2.金融机构本外币存贷款余额比上年增长栏为比年初增加额。
a)"Shandong Peninsula Blue Economic Zone" includes Qingdao, Dongying, Yantai, Weifang, Weihai, Rizhao,Zhanhua District of Binzhou City,Wudi County.
b)RMB and Foreign Currencies Deposits of Financial Institutions "Growth over the previous year" compare with the beginning of the year to increase the amount.

1-11 黄河三角洲高效生态经济区主要经济指标
Efficient eco economic zone in the Yellow River Delta Major economic indicators

指　　标	Indicator	2016年	比上年增长(%) Growth over the previous year (%)
地区生产总值 (亿元)	Gross Dommestic Product (100 million yuan)	9081.6	7.3
第一产业 (亿元)	Primary Industry (100 million yuan)	653.1	4.2
第二产业 (亿元)	Secondary Industry (100 million yuan)	4885.6	6.6
第三产业 (亿元)	Tertiary Indusrtry (100 million yuan)	3542.8	8.8
规模以上工业增加值 (亿元)	Value-added of Industrial Enterprises above Designated Size (100 million yuan)		6.3
规模以上工业主营业务收入 (亿元)	Revenue from Principal Business of Industrial Enterprise above Designated Size (100 million yuan)	28695.2	2.4
规模以上工业利税总额 (亿元)	Total Profits and Taxes of Industrial Enterprise above Designated Size (100 million yuan)	1994.8	-14.3
规模以上工业利润总额 (亿元)	Total Profits of Industrial Enterprise above Designated Size (100 million yuan)	1315.0	-14.1
固定资产投资 (亿元)	Investment in Fixed Assets (100 million yuan)	6789.4	-8.7
社会消费品零售总额 (亿元)	Total Retail Sales of Consumer Goods (100 million yuan)		9.6
进出口总额 (亿元)	Total Value of Imports and Exports (100 million yuan)	2129.4	14.2
#出口总额 (亿元)	Exports (100 million yuan)	920.1	1.4
实际到账外资 (亿元)	Total Amount of Foreign Capital Actual Arrival (100 million yuan)	81.7	4.5
一般公共预算收入 (亿元)	General Pubilic Budget Revenuee (100 million yuan)	708.2	6.1
一般公共预算支出 (亿元)	General Pubilic Budget Expenditure (100 million yuan)	892.4	2.0
金融机构本外币存款余额 (亿元)	RMB and Foreign Currencies Deposits of Financial Institutions(100 million yuan)	9054.5	793.9
#住户存款 (亿元)	Household Deposit (100 million yuan)	4405.8	456.5
金融机构本外币贷款余额 (亿元)	RMB and Foreign Currencies Loans of Financial Institutions (100 million yuan)	7409.8	735.5
农村居民人均可支配收入 (元)	Per capita Annual Disposable Income of Rural Households (yuan)	14814	8.2

注：1.“黄河三角洲高效生态经济区”包括东营、滨州两市及潍坊寒亭区、寿光市、昌邑市，德州乐陵市、庆云县，淄博高青县和烟台莱州市。
2.金融机构本外币存款余额比上年增长栏为比年初增加额。

a)"Efficient eco economic zone in the Yellow River Delta" includes Dongying,Binzhou,Hanting District of Weifang,Shouguang City,Changyi City,Leling City, Qingyun County,Gaoqing County,Laizhou City.

b)RMB and Foreign Currencies Deposits of Financial Institutions "Growth over the previous year" compare with the beginning of the year to increase the amount.

1-12 省会城市群经济圈主要经济指标
Capital city group economic circle Major economic indicators

指 标	Indicator	2016年	比上年增长(%) Growth over the previous year (%)
地区生产总值 (亿元)	Gross Dommestic Product (100 million yuan)	23230.0	7.4
第一产业 (亿元)	Primary Industry (100 million yuan)	1670.6	4.1
第二产业 (亿元)	Secondary Industry (100 million yuan)	10482.8	6.7
第三产业 (亿元)	Tertiary Indusrtry (100 million yuan)	11076.5	8.8
规模以上工业增加值 (亿元)	Value-added of Industrial Enterprises above Designated Size (100 million yuan)		7.0
规模以上工业主营业务收入 (亿元)	Revenue from Principal Business of Industrial Enterprise above Designated Size (100 million yuan)	54733.7	4.6
规模以上工业利税总额 (亿元)	Total Profits and Taxes of Industrial Enterprise above Designated Size (100 million yuan)	5008.8	1.3
规模以上工业利润总额 (亿元)	Total Profits of Industrial Enterprise above Designated Size (100 million yuan)	3148.8	3.4
固定资产投资 (亿元)	Investment in Fixed Assets (100 million yuan)	17661.3	11.8
社会消费品零售总额 (亿元)	Total Retail Sales of Consumer Goods (100 million yuan)		10.3
进出口总额 (亿元)	Total Value of Imports and Exports (100 million yuan)	2637.9	14.4
#出口总额 (亿元)	Exports (100 million yuan)	1589.6	12.4
实际到账外资 (亿元)	Total Amount of Foreign Capital Actual Arrival (100 million yuan)	237.0	12.9
一般公共预算收入 (亿元)	General Pubilic Budget Revenuee (100 million yuan)	1837.3	8.3
一般公共预算支出 (亿元)	General Pubilic Budget Expenditure (100 million yuan)	2579.6	5.5
金融机构本外币存款余额 (亿元)	RMB and Foreign Currencies Deposits of Financial Institutions(100 million yuan)	32330.6	3334.3
#住户存款 (亿元)	Household Deposit (100 million yuan)	14510.8	1501.7
金融机构本外币贷款余额 (亿元)	RMB and Foreign Currencies Loans of Financial Institutions (100 million yuan)	24763.1	2780.6
农村居民人均可支配收入 (元)	Per capita Annual Disposable Income of Rural Households (yuan)	13584	8.2

注：1．“省会城市群经济圈”包括济南、淄博、泰安、莱芜、德州、聊城、滨州7个市。
2．金融机构本外币存贷款余额比上年增长栏为比年初增加额。
a)"Capital city group economic circle" includes Ji'nan, Zibo, Tai'an, Laiwu, Dezhou, Liaocheng, Binzhou.
b)RMB and Foreign Currencies Deposits of Financial Institutions "Growth over the previous year" compare with the beginning of the year to increase the amount.

1-13 西部经济隆起带主要经济指标
Western economic uplift belt Major economic indicators

指　　标		Indicator		2016年	比上年增长(%) Growth over the previous year (%)
地区生产总值	(亿元)	Gross Dommestic Product	(100 million yuan)	19600.2	7.6
第一产业	(亿元)	Primary Industry	(100 million yuan)	2016.3	3.9
第二产业	(亿元)	Secondary Industry	(100 million yuan)	9254.4	6.7
第三产业	(亿元)	Tertiary Indusrtry	(100 million yuan)	8329.6	9.7
规模以上工业增加值	(亿元)	Value-added of Industrial Enterprises above Designated Size	(100 million yuan)		7.4
规模以上工业主营业务收入	(亿元)	Revenue from Principal Business of Industrial Enterprise above Designated Size	(100 million yuan)	49020.8	4.6
规模以上工业利税总额	(亿元)	Total Profits and Taxes of Industrial Enterprise above Designated Size	(100 million yuan)	4340.6	-0.2
规模以上工业利润总额	(亿元)	Total Profits of Industrial Enterprise above Designated Size	(100 million yuan)	2939.6	2.0
固定资产投资	(亿元)	Investment in Fixed Assets	(100 million yuan)	15512.8	12.4
社会消费品零售总额	(亿元)	Total Retail Sales of Consumer Goods	(100 million yuan)		10.5
进出口总额	(亿元)	Total Value of Imports and Exports	(100 million yuan)	1958.3	9.9
#出口总额	(亿元)	Exports	(100 million yuan)	1207.4	7.8
实际到账外资	(亿元)	Total Amount of Foreign Capital Actual Arrival	(100 million yuan)	89.5	-12.4
一般公共预算收入	(亿元)	General Pubilic Budget Revenuee	(100 million yuan)	1413.5	8.6
一般公共预算支出	(亿元)	General Pubilic Budget Expenditure	(100 million yuan)	2563.7	5.2
金融机构本外币存款余额	(亿元)	RMB and Foreign Currencies Deposits of Financial Institutions	(100 million yuan)	21016.1	2670.0
#住户存款	(亿元)	Household Deposit	(100 million yuan)	13693.5	1671.7
金融机构本外币贷款余额	(亿元)	RMB and Foreign Currencies Loans of Financial Institutions	(100 million yuan)	13804.2	1288.8
农村居民人均可支配收入	(元)	Per capita Annual Disposable Income of Rural Households	(yuan)	12015	8.3

注：1.“西部经济隆起带”包括枣庄、济宁、临沂、德州、聊城、菏泽6市及泰安市宁阳县和东平县。
2.金融机构本外币存贷款余额比上年增长栏为比年初增加额。

a)"Western economic uplift belt" includes Zaozhuang, Jining, Linyi, Dezhou, Liaocheng, Heze,Ningyang county , Dongping County.

b)RMB and Foreign Currencies Deposits of Financial Institutions "Growth over the previous year" compare with the beginning of the year to increase the amount.

主要统计指标解释

行政区划 指国家对行政区域的划分。根据宪法规定，我国的行政区域划分如下：(1)全国分为省、自治区、直辖市；(2)省、自治区分为自治州、县、自治县、市；(3)自治州分为县、自治县、市；(4)县、自治县分为乡、民族乡、镇；(5)直辖市和较大的市分为区、县；(6)国家在必要时设立的特别行政区。

国民经济行业分类 自2012年定期报表开始使用新的《国民经济行业分类》(GB/T4754-2011)该分类是由国家统计局组织修订，经国家质量监督检验检疫总局批准，于2011年4月29日发布实施。这次修订是在2002年分类标准的基础上，参照联合国《全部经济活动的国际标准产业分类》(ISIC/Rev.4)进行的。修订后的《国民经济行业分类》(GB/T4754-2011)共有门类20个，大类96个，中类432个，小类1094个。大类增加1个，中类增加36个，小类增加181个。

企业(单位)登记注册类型 是以在工商行政管理机关登记注册的各类企业为划分对象，以工商行政管理部门对企业登记注册的类型为依据，将企业登记注册类型分为内资企业、港澳台商投资企业和外商投资企业三大类。内资企业包括国有企业、集体企业、股份合作企业、联营企业、有限责任公司、股份有限公司、私营公司和其他企业；港澳台商投资企业和外商投资企业分别包括合资经营企业、合作经营企业、独资经营企业和股份有限公司。对不在工商行政管理部门进行登记注册的行政机关、事业单位和社会团体，主要按其经费来源和管理方式进行划分。

国有企业 指企业全部资产归国家所有，并按《中华人民共和国企业法人登记管理条例》规定登记注册的非公司制的经济组织。不包括有限责任公司中的国有独资公司。

集体企业 指企业资产归集体所有，并按《中华人民共和国企业法人登记管理条例》规定登记注册的经济组织。

股份合作企业 指以合作制为基础，由企业职工共同出资入股，吸收一定比例的社会资产投资组建，实行自主经营，自负盈亏，共同劳动，民主管理，按劳分配与按股分红相结合的一种集体经济组织。

联营企业 指两个及两个以上相同或不同所有制性质的企业法人或事业单位法人，按自愿、平等、互利的原则，共同投资组成的经济组织。联营企业包括国有联营企业、集体联营企业、国有与集体联营企业和其他联营企业。

有限责任公司 指根据《中华人民共和国公司登记管理条例》规定登记注册，由两个以上、五十个以下的股东共同出资，每个股东以其所认缴的出资额对公司承担有限责任，公司以其全部资产对其债务承担责任的经济组织。有限责任公司包括国有独资公司以及其他有限责任公司。

股份有限公司 指根据《中华人民共和国公司登记管理条例》规定登记注册，其全部注册资本由等额股份构成并通过发行股票筹集资本，股东以其认购的股份对公司承担有限责任，公司以其全部资产对其债务承担责任的经济组织。

私营企业 指由自然人投资设立或由自然人控股，以雇佣劳动为基础的营利性经济组织。包括按照《公司法》、《合伙企业法》、《私营企业暂行条例》规定登记注册的私营有限责任公司、私营股份有限公司、私营合伙企业和私营独资企业。

其他企业 指上述企业之外的其他内资经济组织。

与港澳台商合资经营企业 指港澳台地区投资者与内地企业依照《中华人民共和国中外合资经营企业法》及有关法律的规定，按合同规定的比例投资设立、分享利润和分担风险的企业。

与港澳台商合作经营企业 指港澳台地区投资者与内地企业依照《中华人民共和国中外合作经营企业法》及有关法律的规定，依照合作合同的约定进行投资或提供条件设立、分配利润和分担风险的企业。

港澳台商独资经营企业 指依照《中华人民共和国外资企业法》及有关法律的规定，在内地由港澳台地区投资者全额投资设立的企业。

港澳台商投资股份有限公司 指根据国家有关规定，经原外经贸部依法批准设立，其中港、澳、台商的股本占公司注册资本的比例达25%以上的股份有限公司。凡其中港、澳、台商的股本占公司注册资本的比例小于25%的，属于内资企业中的股份有限公司。

中外合资经营企业 指外国企业或外国人与中国内地企业依照《中华人民共和国中外合资经营企业法》及有关法律的规定，按合同规定的比例投资设立、分享利润和分担风险的企业。

中外合作经营企业 指外国企业或外国人与中国内地企业依照《中华人民共和国中外合作经营企业法》及有关法律的规定，依照合作合同的约定进行投资或提供条件设立、分配利润和分担风险的企业。

外资企业 指依照《中华人民共和国外资企业法》及有关法律的规定，在中国内地由外国投资者全额投资设立的企业。

外商投资股份有限公司 指根据国家有关规定，经原外经贸部依法批准设立，其中外资的股本占公司注册资本的比例达25%以上的股份有限公司。凡其中外资股本占公司注册资本的比例小于25%的，属于内资企业中的股份有限公司。

行政机关、事业单位和社会团体 参照企业登记注册类型，主要按其经费来源和管理方式划分。具体规定如下：

⑴行政机关：包括国家机关和政党机关，原则上均列为“国有”。但有特殊规定的，如供销社等，则列为“集体”。

⑵事业单位：包括经国家机构编制部门和有关业务主管部门批准成立的各类事业单位，不包括实行企业化管理的事业单位。事业单位的划分办法如下：

①由国家财政预算拨款或列入财政预算外资金管理以及经费主要来源于国有主管部门或国有上级单位的事业单位，列为“国有”。

②经费主要来源于集体单位的事业单位，列为“集体”。

③公民个人(或个人合伙)开办的事业单位，列为“私营”。

④上述以外的其他事业单位，如果其经费来源不明确，按管理方式进行归类。

⑶社会团体：包括经民政部门批准成立以及未纳入社会团体管理条例范围的工会、妇联等各类社会团体。社会团体的划分办法如下：

①未纳入民政部社会团体管理条例范围的工会、妇联、共青团、青联、工商联、科协、侨联等社会团体，国家拨款设立的基金会或基金管理组织以及经费主要来源于国有业务主管部门或国有上级单位的社会团体，列为“国有”。

②经费主要来源于集体单位的社会团体，列为“集体”。

③公民个人(或个人合伙)开办的社会团体，划为“私营”。

④上述以外的其他社会团体，如果其经费来源不明确，改按管理方式进行归类。

Explanatory Notes on Main Statistical Indicators

Divisions of Administrative Areas refers to the division of administrative areas by the state. The Constitution of the People Republic of China stipulates that the administrative areas in China are divided as: 1) The whole country is divided into provinces, autonomous regions and municipalities directly under the central government; 2) Provinces and autonomous regions are divided into autonomous prefectures, counties, autonomous counties and cities; 3) Autonomous prefectures are divided into counties, autonomous counties and cities; 4) Counties and autonomous counties are divided into townships, nationality townships and towns; 5) Municipalities and large cities are divided into districts and counties, 6) The state shall, when necessary, establish special administrative regions.

Industrial Classification of the National Economy The new Industrial Classification of the National Economy (GB/T 4754-2011) is introduced starting from the compilation of 2012 annual statistics. The new revision was based on the 2002 classification and organized by the National Bureau of Statistics taking into consideration of the International Standards of the Industrial Classification of All Economic Activities (ISIC/Rev.4) of the United Nations, and the new Classification was promulgated by the National Administration of Quality Supervision, Inspection and Quarantine on April 29, 2011. The revised version of the Industrial Classification of the National Economy (GB/T 4754-2011) is composed of 20 major divisions, 96 divisions, 432 major groups and 1094 groups, including 1 new divisions, 36 major groups and 181 groups.

Registration Status of Enterprises are classified into 3 categories, namely domestic funded enterprises, enterprises with investment from Hong Kong, Macau and Taiwan, and enterprises with foreign investment, in the light of the registration status of an enterprise in industrial and commercial administration agencies. Domestic-funded enterprises include state-owned enterprises, collective-owned enterprises, cooperative enterprises, joint ownership enterprises, limited liability corporations, share-holding corporations Ltd., private enterprises and other enterprises. Included in the enterprises with investment from Hong Kong, Macau and Taiwan and enterprises with foreign investment are joint-venture enterprises, cooperative enterprises, sole investment enterprises and share holding corporations Ltd. For government agencies, institutions and social organizations which are not requested to be registered in industrial and commercial administration agencies, they are classified mainly by their sources of funds and way of management.

State-owned Enterprises refer to non-corporation economic units where the entire assets are owned by the state and which have registered in accordance with the Regulation of the People' s Republic of China on the Management of Registration of Corporate Enterprises. Excluded from this category are sole state funded corporations in the limited liability corporations.

Collective-owned Enterprises refer to economic units where the assets are owned collectively and which have registered in accordance with the Regulation of the People' s Republic of China on the Management of Registration of Corporate Enterprises.

Cooperative Enterprises refer to a form of collective economic units (enterprises) where capitals come mainly from employees as their shares, with certain proportion of capital from the outside, where production is organized on the basis of independent operation, independent accounting for profits and losses, joint work, democratic management, and a distribution system that integrates remuneration according to work with dividend according to capital share.

Joint Ownership Enterprises refer to economic units established by two or more corporate enterprises or corporate institutions of the same or different ownership, through joint investment on the basis of equality, voluntary participation and mutual benefits. They include state joint ownership enterprises, collective joint ownership enterprises, joint state-collective enterprises, other joint ownership enterprises.

Limited Liability Corporations refer to economic units established with investment from 2-50 investors and registered in accordance with the Regulation of the People' s Republic of China on the Management of Registration of Corporations, each investor bearing limited liability to the corporation depending on its share of investment, and the corporation bearing liability to its debt to the maximum of its total assets. Limited liability corporations include exclusive state funded limited liability corporations and other limited liability corporations.

Share-holding Corporations Ltd. refer to economic units registered in accordance with the Regulation of the People' s Republic of China on the Management of Registration of Corporations, with total registered capitals divided into equal shares and raised through issuing stocks. Each investor bears limited liability to the corporation depending on the holding of shares, and the corporation bears liability to its debt to the maximum of its total assets.

Private Enterprises refer to profit-making economic units invested and established by natural persons, or controlled by natural persons using employed labour. Included in this category are private limited liability corporations, private share-holding corporations Ltd., private partnership enterprises and private-funded enterprises registered in accordance with the Corporation Law, Partnership Enterprises Law and Interim Regulations on Private Enterprises.

Other Domestic-funded Enterprises refer to domestic funded economic units other than those mentioned above.

Cooperative Enterprises with Funds from Hong Kong Macau and Taiwan established by investors from Hong Kong, Macau and Taiwan with enterprises in the mainland of

China in accordance with the Law of the People' s Republic of China on Sino-foreign Cooperative Enterprises and other relevant laws, where the investment or provision of facilities, and the share of profits and risks is stipulated in the cooperative contract.

Enterprises with Sole (exclusive) Investment from Hong Kong, Macau and Taiwan refer to enterprises established in the mainland of China with exclusive investment from investors from Hong Kong, Macau and Taiwan in accordance with the Law of the People's Republic of China on Foreign Funded Enterprises and other relevant laws.

Share-holding Corporations Ltd. with Investment from Hong Kong, Macau and Taiwan refer to share holding corporations Ltd. established with the approval from the former Ministry of Foreign Trade and Economic Relations in line with relevant state regulations, where the share of investment from Hong Kong, Macau or Taiwan businessmen exceeds 25% of the total registered capital of the corporation. In case the share of investment from Hong Kong, Macau or Taiwan is less than 25% of the total registered capital, the enterprise is to be classified as domestic-funded share-holding corporation Ltd.

Joint-venture Enterprises with Foreign Investment refer to enterprises jointly established by foreign enterprises or foreigners with enterprises in the mainland of China in accordance with the Law of the People' s Republic of China on Sino-foreign Joint Venture Enterprises and other relevant laws, where the share of investment, profits and risks is stipulated in the contract.

Cooperation Enterprises with Foreign Investment refer to enterprises jointly established by foreign enterprises or foreigners with enterprises in the mainland of China in accordance with the Law of the People' s Republic of China on Sino foreign Cooperative Enterprises and other relevant laws, where the investment or provision of facilities, and the share of profits and risks is stipulated in the cooperative contract.

Enterprises with Sole (exclusive) Foreign Investment refer to enterprises established in the mainland of China with exclusive investment from foreign investors in accordance with the Law of the People' s Republic of China on Foreign Funded Enterprises and other relevant laws.

Share-holding Corporations Ltd. with Foreign Investment refer to share-holding corporations Ltd. established with the approval from the Ministry of Foreign Trade and Economic Relations in line with relevant state regulations, where the share of investment from foreign investors exceeds 25% of the total registered capital of the corporation. In case the share of foreign investment is less than 25% of the total registered capital, the enterprise is to be classified as domestic funded share holding corporation Ltd.

Government Agencies, Institutions and Social Organizations are classified into following categories by source of funds and way of management taking reference of the registration status of enterprises:

(1) Government agencies: include state and party agencies, classified in principle as state owned. There are exceptions, such as supply and marketing cooperatives which are classified as collective-owned.

(2) Institutions: include institutions of various types established with the approval by organization and staffing departments of the government, but exclude institutions where enterprise management system is introduced. Institutions are further classified as follows:

(a) Institutions whose main budget is listed in the government budget appropriations or extra budget funds, or allocated from the budget of their competent government agencies. Such institutions are classified as state owned.

(b) Institutions whose budget mainly comes from collective units. Such institutions are classified as collective owned.

(c) Social organizations established by individual or a group of citizens, which are classified as private.

(d) Institutions other than those mentioned above whose source of budget is not clear. Such institutions are classified by way of management.

(3) Social organizations: include social organizations established with the approval from the Ministry of Civil Affairs, and organizations that are not covered by social organization management regulations such as trade unions, womens federations etc.. Social organizations are further classified as follows:

(a) Social organizations that are not covered by social organization management regulations of the Ministry of Civil Affairs such as trade unions, womens federations, communist youth leagues, youth associations, industrial and commerce associations, scientists associations, overseas Chinese associations, etc., foundations and fund management organizations established with funds from the state, and social organizations whose funds mainly come from the budget of their competent government agencies. Such institutions are classified as state owned.

(b) Social organizations whose budget mainly comes from collective units. Such institutions are classified as collective owned.

(c) Social organizations established by individual or a group of citizens, which are classified as private.

(d) Social organizations other than those mentioned above whose source of budget is not clear. Such organizations are classified by way of management.

第
2
篇

国民经济核算

National Accounts

简 要 说 明

一、本篇资料的主要内容

本篇资料从宏观上反映了经济发展的总体状况和发展水平，主要包括地区生产总值及其增长、结构、三次产业对经济增长的贡献、消费水平等方面的资料。

二、本篇资料的来源

本篇资料来源于国民经济核算统计报表，由省统计局核算处整理提供。

Brief Introduction

I. Main Content

Data in the chapter reflect the overall situation and development of economy on the macro level, including growth rate and components of GDP, share of the three industries to the increase of GDP and household consumption expenditure.

II. Source of Data

Data in this chapter are prepared according to the data of national accounts and compiled by the Division of National Accounts of Shandong Provincial Bureau of Statistics.

2-1 主要年份地区生产总值
Gross Domestic Product in Major Years

单位:亿元 (100 million yuan)

年 份 Year	地 区 生产总值 Gross National Product	第一产业 Primary Industry	第二产业 Secondary Industry	第三产业 Tertiary Industry	#工 业 Industry	#建筑业 Construction	人均地区生产总值(元) Per Capita GDP (yuan)
1952	43.81	29.55	7.27	6.99	6.82	0.45	91
1955	57.78	35.52	11.42	10.84	10.81	0.61	113
1957	61.39	31.95	17.59	11.85	16.62	0.97	116
1962	64.38	30.42	16.91	17.05	15.90	1.01	120
1965	86.25	42.24	28.96	15.05	25.99	2.97	152
1970	126.31	52.23	53.71	20.37	50.16	3.55	199
1975	166.19	65.54	75.31	25.34	69.76	5.55	240
1976	179.58	68.88	84.70	26.00	78.23	6.47	242
1977	207.07	79.01	95.34	32.72	88.05	7.29	293
1978	225.45	75.06	119.35	31.04	108.53	10.82	316
1979	251.60	91.12	127.68	32.80	114.67	13.01	350
1980	292.13	106.43	146.11	39.59	130.55	15.56	402
1981	346.57	132.21	155.41	58.95	138.09	17.32	472
1982	395.38	154.07	166.05	75.26	147.10	18.95	531
1983	459.83	185.57	178.75	95.51	159.15	19.60	611
1984	581.56	222.13	239.27	120.16	214.20	25.07	765
1985	680.46	235.96	293.07	151.43	259.42	33.65	887
1986	742.05	252.73	313.21	176.11	274.80	38.41	956
1987	892.29	287.31	384.57	220.41	341.31	43.26	1131
1988	1117.66	331.94	497.10	288.62	435.51	61.59	1395
1989	1293.94	359.14	579.65	355.15	513.97	65.68	1595
1990	1511.19	425.29	635.98	449.92	568.25	67.73	1815
1991	1810.54	521.85	745.90	542.79	663.90	82.00	2122
1992	2196.53	534.62	999.11	662.80	889.59	109.52	2556
1993	2770.37	596.63	1355.71	818.03	1201.67	154.04	3212
1994	3844.50	775.03	1891.43	1178.04	1692.10	199.33	4441
1995	4953.35	1010.13	2355.78	1587.44	2098.06	257.73	5701
1996	5883.80	1200.17	2784.09	1899.54	2475.99	308.10	6746
1997	6537.07	1195.00	3147.37	2194.70	2796.02	351.35	7461
1998	7021.35	1215.81	3408.06	2397.49	3008.45	399.61	7968
1999	7493.84	1221.00	3644.32	2628.52	3197.16	447.16	8483
2000	8337.47	1268.57	4164.45	2904.45	3665.74	498.71	9326
2001	9195.04	1359.49	4556.01	3279.53	4004.09	551.92	10195
2002	10275.50	1390.00	5184.98	3700.52	4518.87	666.11	11340
2003	12078.15	1480.67	6485.05	4112.43	5706.71	778.34	13268
2004	15021.84	1778.45	8478.69	4764.70	7576.12	902.57	16413
2005	18366.87	1963.51	10478.62	5924.74	9418.58	1060.04	19934
2006	21900.19	2138.90	12574.03	7187.26	11378.82	1195.21	23603
2007	25776.91	2509.14	14647.53	8620.24	13283.72	1363.81	27604
2008	30933.28	3002.65	17571.98	10358.64	15894.95	1677.03	32936
2009	33896.65	3226.64	18901.83	11768.18	16896.14	2005.69	35894
2010	39169.92	3588.28	21238.49	14343.14	18861.45	2377.04	41106
2011	45361.85	3973.85	24017.11	17370.89	21275.89	2741.22	47190
2012	50013.24	4281.70	25735.73	19995.81	22798.33	2937.40	51768
2013	55230.32	4565.97	27442.85	23221.51	24265.31	3261.07	56885
2014	59426.59	4798.36	28788.11	25840.12	25340.86	3534.48	60879
2015	63002.33	4979.08	29485.90	28537.35	25910.75	3664.86	64168
2016	67008.19	4929.13	30410.03	31669.03	26653.32	3806.31	67706

注:1、本表按当年价格计算。2013年为第三次经济普查数据。

2、从2013年开始，根据《国民经济行业分类》(GB/T4754—2011)标准规定和国家统计局要求，将“农、林、牧、渔业”中的“农、林、牧、渔服务业”、“采矿业”中的“开采辅助活动”、“制造业”中的“金属制品、机械和设备修理业”等三个大类行业调入第三产业(下表同)。

a) Data in this table are calculated at current prices.Data of 2013 are based on the third National Economic Census.

b) According to the Standard Industrial Classification Codes (GB / T4754-2011) and the requirements of the National Bureau of Statistics, service in support of agriculture in the industry of agriculture, forestry, animal husbandry and fishery, support activities for mining in the industry of mining, repair service of metal products, machinery and equipment in the industry of manufacturing have been included in the Tertiary Industry since 2013.

2-2 主要年份地区生产总值指数
Indices of Gross Domestic Product in Major Years

(以1952年为100) (1952=100)

年 份 Year	地 区 生产总值 Gross Domestic Product	第一产业 Primary Industry	第二产业 Secondary Industry	第三产业 Teritary Industry	#工 业 Industry	#建筑业 Construction
1952	100.0	100.0	100.0	100.0	100.0	100.0
1955	127.5	115.6	155.3	147.0	157.1	126.5
1957	137.5	101.6	262.0	154.6	264.6	226.6
1962	113.5	69.7	214.8	184.4	213.2	236.4
1965	171.3	107.2	405.0	197.8	386.0	693.0
1970	251.6	129.3	753.3	260.9	748.4	833.4
1975	361.8	154.6	1366.0	310.5	1374.6	1325.5
1976	380.6	162.0	1452.1	318.3	1450.2	1544.2
1977	423.6	185.7	1553.7	376.5	1544.5	1738.8
1978	466.4	174.6	1948.3	379.5	1907.5	2580.4
1979	497.2	188.9	2071.0	395.1	2004.8	3060.4
1980	557.9	207.4	2319.5	469.8	2233.3	3586.8
1981	590.3	220.9	2393.7	524.8	2329.3	3382.4
1982	657.0	244.8	2527.7	667.5	2443.4	3774.8
1983	748.3	284.0	2719.8	825.7	2648.6	3823.9
1984	878.5	336.0	3201.2	952.0	3090.9	4810.5
1985	978.6	343.4	3793.4	1093.8	3619.4	6200.7
1986	1040.3	341.3	4199.3	1189.0	4035.6	6504.5
1987	1183.9	366.6	4917.4	1391.1	4794.3	6764.7
1988	1331.9	365.9	6033.6	1524.6	5858.6	8537.1
1989	1385.2	363.7	6462.0	1567.3	6356.6	8101.7
1990	1458.6	383.3	6927.3	1578.3	6865.1	8028.8
1991	1671.6	437.7	7897.1	1830.8	7894.9	8478.4
1992	1954.1	438.6	10155.7	2129.2	10216.0	10225.0
1993	2352.0	465.4	13005.4	2554.0	13142.9	12506.2
1994	2733.9	499.3	15269.6	3081.4	15454.7	14448.4
1995	3115.8	544.0	17419.6	3604.3	17579.7	16984.1
1996	3491.3	579.9	19830.5	4054.1	19993.4	19521.5
1997	3878.5	582.6	22350.9	4639.9	22532.6	22032.0
1998	4295.4	615.5	25048.7	5159.6	25254.5	24658.2
1999	4725.8	644.4	28069.5	5639.4	28340.7	27237.5
2000	5211.6	668.9	31429.5	6228.2	31795.4	29884.9
2001	5734.9	697.0	34883.6	6927.6	35366.0	32649.3
2002	6407.6	714.1	40102.1	7682.7	40515.3	38519.6
2003	7266.8	753.7	46839.3	8555.5	47613.6	42987.9
2004	8385.9	806.1	55855.9	9608.6	57664.8	45154.5
2005	9643.7	845.2	65595.0	10995.6	68077.3	50554.3
2006	11063.2	888.7	76495.4	12593.5	79812.9	56166.3
2007	12636.4	924.2	88552.1	14426.5	93032.1	60798.6
2008	14155.5	970.9	99201.0	16437.5	104738.8	64685.6
2009	15879.3	1011.2	112952.6	18279.7	118122.1	81147.8
2010	17832.9	1047.9	127369.5	20752.6	133220.3	91364.1
2011	19769.1	1089.8	142274.7	23102.1	149911.5	96062.9
2012	21698.7	1140.5	157227.9	25375.7	166483.6	101717.2
2013	23772.4	1181.3	173682.1	27781.1	184635.2	110270.0
2014	25840.6	1226.0	189703.1	30253.4	201881.6	119276.8
2015	27895.2	1276.9	203672.7	33137.3	216726.7	128171.7
2016	30008.5	1326.2	216996.5	36216.7	230978.8	134677.3

注：本表按可比价格计算。
a) Data in this table are calculated at constant prices.

2-2 续表 continued

(以上年为100) (preceding year=100)

年 份 Year	地 区 生产总值 Gross Domestic Product	第一产业 Primary Industry	第二产业 Secondary Industry	第三产业 Teritary Industry	#工 业 Industry	#建筑业 Construction	人均地区生产总值 Per Capita GDP
1955	109.5	110.4	104.6	112.2	104.7	101.8	
1957	96.5	87.5	110.8	101.9	112.9	81.0	
1962	97.4	106.8	79.8	108.2	80.7	72.6	
1965	122.0	126.6	130.0	102.5	125.7	182.8	
1970	115.7	103.5	126.1	117.4	127.1	111.7	
1975	129.2	110.6	159.8	104.7	163.6	117.0	
1976	105.2	104.8	106.3	102.5	105.5	116.5	
1977	111.3	114.6	107.0	118.3	106.5	112.6	
1978	110.1	94.0	125.4	100.8	123.5	148.4	
1979	106.6	108.2	106.3	104.1	105.1	118.6	105.6
1980	112.2	109.8	112.0	118.9	111.4	117.2	111.2
1981	105.8	106.5	103.2	111.7	104.3	94.3	115.3
1982	111.3	110.8	105.6	127.2	104.9	111.6	109.8
1983	113.9	116.0	107.6	123.7	108.4	101.3	112.6
1984	117.4	118.3	117.7	115.3	116.7	125.8	116.3
1985	111.4	102.2	118.5	114.9	117.1	128.9	110.3
1986	106.3	99.4	110.7	108.7	111.5	104.9	105.0
1987	113.8	107.4	117.1	117.0	118.8	104.0	112.0
1988	112.5	99.8	122.7	109.6	122.2	126.2	110.8
1989	104.0	99.4	107.1	102.8	108.5	94.9	102.7
1990	105.3	105.4	107.2	100.7	108.0	99.1	102.5
1991	114.6	114.2	114.0	116.0	115.0	105.6	111.9
1992	116.9	100.2	128.6	116.3	129.4	120.6	116.1
1993	120.4	106.1	128.1	120.0	128.7	122.3	119.9
1994	116.2	107.3	117.4	120.7	117.6	115.5	115.8
1995	114.0	108.9	114.1	117.0	113.7	117.6	113.6
1996	112.1	106.6	113.8	112.5	113.7	114.9	111.6
1997	111.1	100.5	112.7	114.5	112.7	112.9	110.6
1998	110.8	105.7	112.1	111.2	112.1	111.9	110.1
1999	110.0	104.7	112.1	109.3	112.2	110.5	109.7
2000	110.3	103.8	112.0	110.4	112.2	109.7	109.0
2001	110.0	104.2	111.0	111.2	111.2	109.3	109.1
2002	111.7	102.5	115.0	110.9	114.6	118.0	111.2
2003	113.4	105.6	116.8	111.4	117.5	111.6	112.9
2004	115.3	106.9	119.3	112.3	121.1	105.0	114.7
2005	115.0	104.8	117.4	114.4	118.1	112.0	114.5
2006	114.7	105.2	116.6	114.5	117.2	111.1	113.9
2007	114.2	104.0	115.8	114.6	116.6	108.2	113.5
2008	112.0	105.1	112.0	113.9	112.6	106.4	111.4
2009	112.2	104.2	113.9	111.2	112.8	125.4	111.6
2010	112.3	103.6	112.8	113.5	112.8	112.6	111.3
2011	110.9	104.0	111.7	111.3	112.5	105.1	109.9
2012	109.8	104.7	110.5	109.8	111.1	105.9	109.2
2013	109.6	103.6	110.5	109.5	110.9	108.4	109.0
2014	108.7	103.8	109.2	108.9	109.3	108.2	108.1
2015	108.0	104.2	107.4	109.5	107.4	107.5	107.3
2016	107.6	103.9	106.5	109.3	106.6	105.1	106.7

2-3 主要年份地区生产总值构成
Composition of Gross Domestic Product in Major Years

单位:% (%)

年份 Year	地区生产总值 Gross Domestic Product	第一产业 Primary Industry	第二产业 Secondary Industry	第三产业 Teritary Industry	#工业 Industry	#建筑业 Construction
1952	100	67.4	16.6	16.0	15.6	1.0
1955	100	61.5	19.7	18.8	18.7	1.0
1957	100	52.0	28.7	19.3	27.1	1.6
1962	100	47.2	26.3	26.5	24.7	1.6
1965	100	49.0	33.5	17.5	30.1	3.4
1970	100	41.4	42.5	16.1	39.7	2.8
1975	100	39.4	45.3	15.3	42.0	3.3
1976	100	38.3	47.2	14.5	43.6	3.6
1977	100	38.2	46.0	15.8	42.5	3.5
1978	100	33.3	52.9	13.8	48.1	4.8
1979	100	36.2	50.8	13.0	45.6	5.2
1980	100	36.4	50.0	13.6	44.7	5.3
1981	100	38.2	44.8	17.0	39.8	5.0
1982	100	39.0	42.0	19.0	37.2	4.8
1983	100	40.3	38.9	20.8	34.6	4.3
1984	100	38.2	41.1	20.7	36.8	4.3
1985	100	34.7	43.0	22.3	38.1	4.9
1986	100	34.1	42.2	23.7	37.0	5.2
1987	100	32.2	43.1	24.7	38.3	4.8
1988	100	29.7	44.5	25.8	39.0	5.5
1989	100	27.8	44.8	27.4	39.7	5.1
1990	100	28.1	42.1	29.8	37.6	4.5
1991	100	28.8	41.2	30.0	36.7	4.5
1992	100	24.3	45.5	30.2	40.5	5.0
1993	100	21.5	49.0	29.5	43.4	5.6
1994	100	20.2	49.2	30.6	44.0	5.2
1995	100	20.4	47.6	32.0	42.4	5.2
1996	100	20.4	47.3	32.3	42.1	5.2
1997	100	18.3	48.1	33.6	42.7	5.4
1998	100	17.3	48.5	34.2	42.8	5.7
1999	100	16.3	48.6	35.1	42.6	6.0
2000	100	15.2	50.0	34.8	44.0	6.0
2001	100	14.8	49.5	35.7	43.5	6.0
2002	100	13.5	50.5	36.0	44.0	6.5
2003	100	12.3	53.7	34.0	47.3	6.4
2004	100	11.8	56.5	31.7	50.5	6.0
2005	100	10.7	57.0	32.3	51.3	5.8
2006	100	9.8	57.4	32.8	52.0	5.5
2007	100	9.7	56.8	33.5	51.5	5.3
2008	100	9.7	56.8	33.5	51.4	5.4
2009	100	9.5	55.8	34.7	49.8	5.9
2010	100	9.2	54.2	36.6	48.2	6.1
2011	100	8.8	52.9	38.3	46.9	6.0
2012	100	8.6	51.4	40.0	45.6	5.9
2013	100	8.3	49.7	42.0	43.9	5.9
2014	100	8.1	48.4	43.5	42.6	5.9
2015	100	7.9	46.8	45.3	41.1	5.8
2016	100	7.3	45.4	47.3	39.8	5.7

注:本表按当年价格计算。
a)Data in this table are calculated at current prices.

2-4 地区生产总值
Gross Domestic Product

单位:亿元 (100 million yuan)

分　组	Sector	2015	2016	2015年为2014年 % 2014=100	2016年为2015年 % 2015=100
地区生产总值	**Gross Domestic Product**	**63002.33**	**67008.19**	**108.0**	**107.6**
第一产业	Primary Industry	4979.08	4929.13	104.2	103.9
第二产业	Secondary Industry	29485.90	30410.03	107.4	106.5
第三产业	Tertiary Industry	28537.35	31669.03	109.5	109.3
农林牧渔业	Agriculture, Forestry, Animal Husbandry and Fishery	5182.90	5171.13	104.3	104.3
工　业	Industry	25910.75	26653.32	107.4	106.6
建筑业	Construction	3664.86	3806.31	107.5	105.1
批发和零售业	Wholesale and Retail Trades	8416.13	9044.95	109.7	109.2
交通运输、仓储和邮政业	Transport, Storage and Postal Services	2503.65	2724.31	104.0	106.8
住宿和餐饮业	Hotels and Catering Services	1301.36	1440.16	111.6	108.5
信息传输、软件和信息技术服务业	Information Transmission, Software and Information Technology	1061.97	1088.17	103.1	101.8
金融业	Financial Intermediation	2994.66	3364.44	110.5	109.1
房地产业	Real Estate	2592.67	2773.29	104.8	106.7
租赁和商务服务业	Leasing and Business Services	1478.40	1977.04	106.1	119.1
科学研究和技术服务业	Scientific Research and Technical Services	974.87	1000.37	103.3	95.0
水利、环境和公共设施管理业	Management of Water Conservancy, Environment and Public Facilities	413.90	420.63	112.6	97.1
居民服务、修理和其他服务业	Service to Households, Repair and Other Services	965.77	1117.09	117.3	116.3
教　育	Education	1734.11	2178.09	114.6	120.2
卫生和社会工作	Financial Intermediation	1014.18	1105.52	104.2	108.8
文化、体育和娱乐业	Culture, Sports and Recreation	315.04	357.47	130.0	114.6
公共管理、社会保障和社会组织	Public Management,Social Security and Social Organization	2477.14	2785.89	118.9	110.9
人均地区生产总值(元)	**Per Capita GDP (yuan)**	**64168**	**67706**	**107.3**	**106.7**
支出法计算的地区生产总值中	**Gross Domestic Product by Expenditure Approach**				
一、最终消费支出	Final Consumption Expenditure	28454.84	32151.11	108.6	108.1
居民消费支出	Household Consumption Expenditure	22418.79	25593.42	113.3	109.4
农村居民	Rural Household	6031.47	6634.93	111.7	109.8
城镇居民	Urban Household	16387.32	18958.49	111.2	109.2
二、资本形成总额	Gross Capital Formation	32629.42	33619.51	107.2	107.2
三、货物和服务净流出	Net Exports of Goods and Services	1918.07	1237.57	111.4	106.1

注:本表绝对数按当年价格计算,指数按可比价格计算。
a)Data in this table are calculated at current prices.Indices are calculated at constant prices.

2-5 1978-2016年支出法计算的地区生产总值

Gross Domestic Product by Expenditure Approach from 1978 to 2016

单位:亿元 (100 million yuan)

年份 Year	地区生产总值(支出法) Gross Domestic Product by Expenditure Approach	最终消费 Final Consumption Expenditure	居民消费 Household Consumption	政府消费 Government Consumption	资本形成总额 Gross Capital Formation	固定资本形成总额 Gross Capital Formation	存货增加 Change in Inventories	货物和服务净流出 Net Exports of Goods and Services
1978	225.45	143.67	120.59	23.08	77.08	62.32	14.76	4.70
1979	251.60	155.83	133.42	22.41	81.05	65.45	15.60	14.72
1980	292.13	188.26	161.67	26.59	95.27	71.31	23.96	8.60
1981	346.57	212.91	181.79	31.12	100.41	81.95	18.46	33.25
1982	395.38	257.12	221.77	35.35	126.52	102.30	24.22	11.74
1983	459.83	285.15	242.31	42.84	142.59	121.09	21.50	32.09
1984	581.56	318.40	264.67	53.73	192.49	153.86	38.63	70.67
1985	680.46	365.69	297.92	67.77	253.68	195.39	58.29	61.09
1986	742.05	410.40	330.87	79.53	279.80	230.54	49.26	51.85
1987	892.29	481.01	377.18	103.83	371.44	293.40	78.04	39.84
1988	1117.66	592.91	471.31	121.60	458.97	335.12	123.85	65.78
1989	1293.94	700.93	522.40	178.53	537.52	333.27	204.25	55.49
1990	1511.19	807.32	588.46	218.86	638.78	412.59	226.19	65.09
1991	1810.54	914.36	667.63	246.73	815.00	555.76	259.24	81.18
1992	2196.53	1078.95	780.50	298.45	1045.40	758.28	287.12	72.18
1993	2770.37	1259.92	906.93	352.99	1371.58	1023.16	348.42	138.87
1994	3844.50	1878.65	1319.71	558.94	1775.44	1225.52	549.92	190.41
1995	4953.35	2457.11	1684.63	772.48	2229.66	1473.83	755.83	266.58
1996	5883.80	2961.31	1988.53	972.78	2731.98	1765.43	966.55	190.51
1997	6537.07	3250.52	2375.94	874.58	3158.91	2027.75	1131.16	127.64
1998	7021.35	3477.58	2543.69	933.89	3409.36	2324.02	1085.34	134.41
1999	7493.84	3742.49	2807.77	934.72	3590.75	2632.54	958.21	160.60
2000	8337.47	4021.46	3082.06	939.40	4122.26	3159.03	963.23	193.75
2001	9195.04	4479.42	3360.92	1118.50	4422.24	3518.25	903.99	293.38
2002	10275.50	4887.40	3555.72	1331.68	4840.39	4192.58	647.81	547.71
2003	12078.15	5608.60	3960.91	1647.69	5668.51	5180.82	487.69	801.04
2004	15021.84	6568.66	4506.51	2062.15	7455.96	6896.07	559.89	997.22
2005	18366.87	7478.35	5451.19	2027.16	9411.18	8974.77	436.41	1477.34
2006	21900.19	8888.17	6553.88	2334.29	11177.54	10829.36	348.18	1834.48
2007	25776.91	10352.82	7603.39	2749.43	13105.80	12505.88	599.92	2318.29
2008	30933.28	12368.40	9085.22	3283.18	15587.57	15035.08	552.49	2977.31
2009	33896.65	13574.79	9910.18	3664.61	18109.95	17734.43	375.52	2211.91
2010	39169.92	15331.20	11058.97	4272.23	21499.29	20800.55	698.74	2339.43
2011	45361.85	18399.54	13304.09	5095.45	24640.23	23977.11	663.12	2322.08
2012	50013.24	21240.00	15279.70	5960.30	26855.22	26112.53	742.69	1918.02
2013	55230.32	24286.06	17925.83	6360.23	29268.46	28565.02	703.44	1675.80
2014	59426.59	26261.30	20144.84	6116.46	30712.55	29578.82	1133.73	2452.74
2015	63002.33	28454.84	22418.79	6036.05	32629.42	31189.00	1440.42	1918.07
2016	67008.19	32151.11	25593.42	6557.69	33619.51	32530.93	1088.58	1237.57

注:本表按当年价格计算。

a)Data in this table are calculated at current prices.

2-6 1978-2016年居民消费水平及指数

Household Consumption Expenditure and Indices from 1978 to 2016

年 份 Year	绝对额(元) Value(yuan)			指数(上年=100) Index(Preceding Year=100)			指数(1978年=100) Index(1978=100)		
	全省居民 All Households	农村居民 Rural Household	城镇居民 Urban Household	全省居民 All Households	农村居民 Rural Household	城镇居民 Urban Household	全省居民 All Households	农村居民 Rural Household	城镇居民 Urban Household
1978	169	136	529	110.0	113.9	97.5	100.0	100.0	100.0
1979	185	150	544	106.1	106.7	101.7	106.1	106.7	101.7
1980	223	181	632	107.6	106.3	110.8	114.2	113.4	112.7
1981	247	203	662	109.7	109.7	105.7	125.3	124.4	119.1
1982	298	259	642	111.3	116.2	96.2	139.5	144.6	114.6
1983	322	285	633	108.7	111.8	96.3	151.6	161.7	110.4
1984	348	310	642	106.7	107.2	99.8	161.8	173.3	110.2
1985	388	338	737	104.7	102.8	105.5	169.4	178.2	116.3
1986	426	373	795	106.3	107.2	102.7	180.1	191.0	119.4
1987	478	415	933	102.3	101.3	107.7	184.2	193.5	128.6
1988	588	494	1160	105.0	101.9	105.6	193.4	197.2	135.8
1989	644	514	1277	72.3	92.0	101.9	139.8	181.4	138.4
1990	698	563	1310	137.3	104.0	92.2	191.9	188.7	127.6
1991	780	617	1501	110.5	107.1	112.5	212.0	202.1	143.6
1992	909	667	1893	108.5	102.5	115.3	230.1	207.2	165.5
1993	1051	757	1935	112.0	110.2	107.6	257.7	228.3	178.1
1994	1524	1126	2265	116.3	111.2	119.8	299.7	253.8	213.4
1995	1939	1413	2895	112.5	107.2	114.0	337.1	272.1	243.2
1996	2280	1655	3391	108.5	106.4	106.8	365.8	289.5	259.8
1997	2712	1901	4123	111.4	110.7	111.1	407.5	320.5	288.6
1998	2887	1952	4479	108.9	106.2	111.8	443.8	340.4	322.7
1999	3178	2034	5085	110.1	106.7	113.4	488.6	363.2	365.9
2000	3447	2118	5603	108.2	105.6	109.1	528.7	383.5	399.2
2001	3726	2260	6020	107.6	104.9	107.8	568.8	402.3	430.3
2002	3924	2366	6232	108.1	103.8	108.3	614.9	417.6	466.0
2003	4351	2467	6974	107.5	103.9	106.8	661.0	433.9	497.7
2004	4924	2662	7965	109.9	104.0	111.1	726.5	451.3	553.0
2005	5916	3109	9453	115.2	113.0	113.3	836.8	509.9	626.3
2006	7064	3608	11193	115.4	114.8	113.4	965.7	585.4	710.3
2007	8142	4251	12633	113.6	115.2	111.5	1096.8	674.2	792.2
2008	9673	5081	14815	113.3	112.1	112.7	1243.2	755.6	892.5
2009	10494	5395	16027	110.8	111.1	109.5	1377.4	839.2	977.3
2010	11606	5730	17717	110.3	111.6	108.3	1519.4	936.5	1058.5
2011	13840	7206	20389	109.6	113.1	106.6	1666.0	1059.6	1128.4
2012	15816	8604	22556	110.4	115.6	106.8	1839.8	1225.0	1205.6
2013	18463	10182	25779	111.6	116.4	108.2	2053.7	1425.9	1304.6
2014	20637	12065	27828	111.4	116.1	108.2	2287.9	1655.3	1412.2
2015	22834	13966	29798	110.7	115.2	107.3	2532.2	1906.1	1515.8
2016	25860	15970	33016	108.5	114.2	104.6	2747.5	2176.1	1585.3

注：本表绝对额按当年价格计算，指数按可比价格计算。

a)Data in this table are calculated at current prices.Indices are calculated at constant prices.

2–7 三次产业对经济增长的贡献率及拉动百分点
Share and Contribution of the Three Industries to the Inctrease of GDP

单位:% (%)

年 份 Year	贡 献 率 Share			地 区 生产总值 增 长 率 (%) Increase Rate of Gross Domestic Product	拉动百分点 Contribution		
	第一产业 Primary Industry	第二产业 Secondary Industry	第三产业 Tertiary Industry		第一产业 Primary Industry	第二产业 Secondary Industry	第三产业 Tertiary Industry
1980	25.6	53.4	21.0	12.2	3.1	6.5	2.6
1981	42.0	25.2	32.8	5.8	2.4	1.5	1.9
1982	36.2	22.4	41.4	11.3	4.1	2.5	4.7
1983	43.3	23.3	33.4	13.9	6.0	3.2	4.7
1984	40.3	41.0	18.7	17.4	7.0	7.1	3.3
1985	7.3	65.4	27.3	11.4	0.8	7.5	3.1
1986	-3.7	73.7	30.0	6.3	-0.2	4.6	1.9
1987	17.6	55.3	27.1	13.8	2.4	7.6	3.8
1988	-0.6	83.2	17.4	12.5	-0.1	10.4	2.2
1989	-4.6	89.3	15.3	4.0	-0.2	3.6	0.6
1990	27.0	70.3	2.7	5.3	1.4	3.7	0.2
1991	27.2	40.2	32.6	14.6	4.0	5.9	4.7
1992	0.3	70.7	29.0	16.9		12.0	4.9
1993	7.2	63.4	29.4	20.4	1.5	12.9	6.0
1994	9.5	52.5	38.0	16.2	1.5	8.5	6.2
1995	12.5	49.8	37.7	14.0	1.7	7.0	5.3
1996	10.2	56.8	33.0	12.1	1.2	6.9	4.0
1997	0.8	57.6	41.6	11.1	0.1	6.4	4.6
1998	8.4	57.3	34.3	10.8	0.9	6.2	3.7
1999	7.2	62.1	30.7	10.0	0.7	6.2	3.1
2000	5.4	61.2	33.4	10.3	0.6	6.3	3.4
2001	6.4	54.7	38.9	10.0	0.6	5.5	3.9
2002	3.0	64.3	32.7	11.7	0.4	7.5	3.8
2003	5.5	64.9	29.6	13.4	0.7	8.7	4.0
2004	3.9	66.9	29.2	15.3	0.5	10.3	4.5
2005	3.7	64.2	32.1	15.0	0.6	9.6	4.8
2006	3.7	64.4	31.9	14.7	0.5	9.5	4.7
2007	2.7	64.3	33.0	14.2	0.4	9.1	4.7
2008	3.7	58.8	37.5	12.0	0.4	7.1	4.5
2009	2.9	66.9	30.2	12.2	0.4	8.1	3.7
2010	2.3	61.9	35.8	12.3	0.3	7.6	4.4
2011	3.4	58.4	38.2	10.9	0.4	6.3	4.2
2012	4.1	58.8	37.1	9.8	0.4	5.8	3.6
2013	2.9	59.9	37.2	9.6	0.3	5.7	3.6
2014	3.2	58.5	38.3	8.7	0.3	5.1	3.3
2015	3.7	51.3	45.0	8.0	0.3	4.1	3.6
2016	4.0	40.4	55.6	7.6	0.3	3.1	4.2

2-8 三大需求对经济增长的贡献率和拉动百分点

Share and Contribution of the Three Components of GDP to the Growth of GDP

单位:% (%)

年份 Year	贡献率 Share 最终消费 Final Consumption Expenditure	 资本形成总额 Gross Capital Formation	 货物和服务净流出 Net Exports of Goods and Services	地区生产总值增长率(%) Increase Rate of Gross Domestic Product	拉动百分点 Contribution 最终消费 Final Consumption Expenditure	 资本形成总额 Gross Capital Formation	 货物和服务净流出 Net Exports of Goods and Services
1993	34.3	67.7	-2.0	20.4	7.0	13.8	-0.4
1994	54.4	40.5	5.1	16.2	8.8	6.6	0.8
1995	50.7	45.5	3.8	14.0	7.1	6.4	0.5
1996	46.3	52.5	1.2	12.1	5.6	6.4	0.1
1997	42.1	58.8	-0.9	11.1	4.7	6.5	-0.1
1998	43.8	51.0	5.2	10.8	4.8	5.4	0.6
1999	51.1	39.8	9.1	10.0	5.1	4.0	0.9
2000	45.7	49.7	4.6	10.3	4.7	5.1	0.5
2001	53.8	36.0	10.2	10.0	5.4	3.6	1.0
2002	46.9	40.2	12.9	11.7	5.5	4.7	1.5
2003	41.1	48.0	10.9	13.4	5.4	6.5	1.5
2004	41.1	54.7	4.2	15.3	6.3	8.4	0.6
2005	47.4	49.7	2.9	15.0	7.1	7.5	0.4
2006	46.0	49.1	4.9	14.7	6.8	7.2	0.7
2007	45.2	49.4	5.4	14.2	6.4	7.0	0.8
2008	49.2	48.6	2.2	12.0	5.9	5.8	0.3
2009	45.2	66.5	-11.7	12.2	5.5	8.1	-1.4
2010	41.5	62.3	-3.8	12.3	5.2	7.6	-0.5
2011	41.2	65.2	-6.4	10.9	4.5	7.1	-0.7
2012	47.7	57.1	-4.8	9.8	4.7	5.6	-0.5
2013	46.2	54.5	-0.7	9.6	4.4	5.3	-0.1
2014	42.2	53.2	4.6	8.7	3.7	4.6	0.4
2015	44.2	50.6	5.2	8.0	3.5	4.1	0.4
2016	48.0	49.5	2.5	7.6	3.6	3.7	0.3

2-9 各市生产总值
Gross Domestic Product by Region

单位:亿元 (100 million yuan)

地 区	Region	地区生产总值 Gross Domestic Product			第一产业增加值 Value-added of Primary Industry			第二产业增加值 Value-added of Secondary Industry		
		2015	2016	2016年为2015年% 2015=100	2015	2016	2016年为2015年% 2015=100	2015	2016	2016年为2015年% 2015=100
全省总计	**Total**	**63002.33**	**67008.19**	**107.6**	**4979.08**	**4929.13**	**103.9**	**29485.90**	**30410.03**	**106.5**
济南市	Jinan	6100.23	6536.12	107.8	305.39	317.31	104.1	2307.00	2368.90	106.9
青岛市	Qingdao	9300.07	10011.29	107.9	363.98	371.01	102.9	4026.46	4160.67	106.7
淄博市	Zibo	4130.24	4412.01	107.7	144.88	150.69	104.4	2228.83	2315.48	107.1
枣庄市	Zaozhuang	2031.00	2142.63	107.2	154.11	162.06	104.2	1070.19	1097.91	106.0
东营市	Dongying	3450.64	3479.60	107.0	117.75	121.89	104.0	2230.61	2163.10	106.0
烟台市	Yantai	6446.08	6925.66	108.1	440.85	467.51	104.0	3323.46	3461.66	108.2
潍坊市	Weifang	5170.53	5522.68	108.0	455.15	475.32	104.1	2490.75	2559.77	107.6
济宁市	Jining	4013.12	4301.82	108.0	454.19	480.45	104.0	1896.13	1949.67	106.2
泰安市	Tai'an	3158.39	3316.79	107.2	269.05	280.93	103.5	1461.82	1485.50	106.3
威海市	Weihai	3001.57	3212.20	108.0	217.14	229.34	104.1	1422.22	1463.35	106.9
日照市	Rizhao	1670.80	1802.49	108.1	140.60	146.97	104.3	813.06	851.94	108.0
莱芜市	Laiwu	665.83	702.76	107.2	52.72	55.12	104.1	344.16	352.36	108.5
临沂市	Linyi	3763.17	4026.75	107.6	346.49	358.95	104.0	1687.10	1736.25	106.6
德州市	Dezhou	2750.94	2932.99	107.2	283.71	296.23	103.7	1358.00	1403.17	106.2
聊城市	Liaocheng	2663.62	2859.18	107.3	316.39	338.11	104.4	1360.25	1414.66	106.2
滨州市	Binzhou	2355.33	2470.10	107.2	217.53	232.21	104.3	1150.17	1142.77	106.2
菏泽市	Heze	2400.96	2560.24	108.5	270.09	280.62	103.1	1267.43	1312.55	108.7

注:本表绝对额按当年价格计算,速度按可比价格计算。
a)Absolute figure in this table are calculated at current prices while growth rate at constant prices.

2-9 续表 continued

单位:亿元 (100 million yuan)

地 区	Region	第三产业增加值 Value-added of Tertiary Industry			工业增加值 Value-added of Industry			人均地区生产总值(元) Per Capita GDP (yuan)	
		2015	2016	2016年为2015年% 2016=100	2015	2016	2016年为2015年% 2016=100	2015	2016
全省总计	**Total**	**28537.35**	**31669.03**	**109.3**	**25910.75**	**26653.32**	**106.6**	**64168**	**67706**
济南市	Jinan	3487.84	3849.91	108.7	1844.37	1878.83	106.9	85919	90999
青岛市	Qingdao	4909.63	5479.61	109.2	3547.60	3653.33	106.7	102519	109407
淄博市	Zibo	1756.53	1945.84	108.7	1959.51	2031.06	107.2	89235	94587
枣庄市	Zaozhuang	806.70	882.66	109.2	958.78	982.94	106.3	52692	54984
东营市	Dongying	1102.28	1194.61	109.2	2190.40	2083.40	105.8	163938	164024
烟台市	Yantai	2681.77	2996.49	108.6	2994.80	3114.07	108.3	91979	98388
潍坊市	Weifang	2224.63	2487.59	109.2	2182.36	2235.32	107.8	55824	59275
济宁市	Jining	1662.80	1871.70	111.0	1670.29	1711.61	106.2	48529	51662
泰安市	Tai'an	1427.52	1550.36	108.7	1243.77	1261.81	106.9	56490	59027
威海市	Weihai	1362.21	1519.51	109.7	1281.70	1314.15	106.9	106922	114220
日照市	Rizhao	717.14	803.58	108.9	712.38	745.12	108.1	58110	62357
莱芜市	Laiwu	268.95	295.28	106.2	306.74	313.32	108.9	49377	51533
临沂市	Linyi	1729.58	1931.55	109.2	1402.96	1437.91	106.8	36656	38803
德州市	Dezhou	1109.23	1233.59	109.2	1214.53	1251.53	106.2	48062	50856
聊城市	Liaocheng	986.98	1106.41	109.6	1273.86	1325.70	106.3	44743	47624
滨州市	Binzhou	987.63	1095.12	108.9	1047.91	1035.20	106.2	61189	63745
菏泽市	Heze	863.44	967.07	109.8	1112.68	1149.29	109.0	28350	29904

2-10 各市生产总值构成
Composition of Gross Domestic Product by Region

单位:% (%)

地 区	Region	地区生产总值 Gross Domestic Product 2015	2016	第一产业 Primary Industry 2015	2016	第二产业 Secondary Industry 2015	2016	第三产业 Teritary Industry 2015	2016
全 省	**Total**	**100.0**	**100.0**	**7.9**	**7.3**	**46.8**	**45.4**	**45.3**	**47.3**
济南市	Jinan	100.0	100.0	5.0	4.9	37.8	36.2	57.2	58.9
青岛市	Qingdao	100.0	100.0	3.9	3.7	43.3	41.6	52.8	54.7
淄博市	Zibo	100.0	100.0	3.5	3.4	54.0	52.5	42.5	44.1
枣庄市	Zaozhuang	100.0	100.0	7.6	7.6	52.7	51.2	39.7	41.2
东营市	Dongying	100.0	100.0	3.4	3.5	64.7	62.2	31.9	34.3
烟台市	Yantai	100.0	100.0	6.8	6.7	51.6	50.0	41.6	43.3
潍坊市	Weifang	100.0	100.0	8.8	8.6	48.2	46.4	43.0	45.0
济宁市	Jining	100.0	100.0	11.3	11.2	47.3	45.3	41.4	43.5
泰安市	Tai'an	100.0	100.0	8.5	8.5	46.3	44.8	45.2	46.7
威海市	Weihai	100.0	100.0	7.2	7.1	47.4	45.6	45.4	47.3
日照市	Rizhao	100.0	100.0	8.4	8.1	48.7	47.3	42.9	44.6
莱芜市	Laiwu	100.0	100.0	7.9	7.8	51.7	50.2	40.4	42.0
临沂市	Linyi	100.0	100.0	9.2	8.9	44.8	43.1	46.0	48.0
德州市	Dezhou	100.0	100.0	10.3	10.1	49.4	47.8	40.3	42.1
聊城市	Liaocheng	100.0	100.0	11.9	11.8	51.0	49.5	37.1	38.7
滨州市	Binzhou	100.0	100.0	9.3	9.4	48.8	46.3	41.9	44.3
菏泽市	Heze	100.0	100.0	11.2	11.0	52.8	51.3	36.0	37.8

注:本表按当年价格计算。
a)Data in this table are calculated at current prices.

2-11 各市居民消费水平及指数
Household Consumption Expenditure and Indices by Region

地 区	Region	绝对额(元) Value(yuan) 全体居民 All Households 2015	2016	农村居民 Rural Households 2015	2016	城镇居民 Urban Households 2015	2016	2016年为2015年% Preceding Year =100 全省居民 All Households	农村居民 Rural Household	城镇居民 Urban Household
全 省	**Total**	**22834**	**25860**	**13966**	**15970**	**29798**	**33016**	**108.5**	**114.2**	**104.6**
济南市	Jinan	28388	31018	11424	12857	36386	39003	106.4	109.6	104.4
青岛市	Qingdao	26510	28131	15050	16588	31610	32901	103.4	108.1	101.3
淄博市	Zibo	24492	27587	15479	17928	28880	31904	107.5	108.0	106.0
枣庄市	Zaozhuang	15177	16209	11106	11799	18721	19894	106.6	106.0	106.1
东营市	Dongying	26595	28220	19467	21485	30347	31587	113.4	118.6	111.0
烟台市	Yantai	23113	25670	11420	13511	31088	33090	111.1	118.3	106.4
潍坊市	Weifang	20147	22021	13733	15389	25461	27028	107.8	110.5	104.7
济宁市	Jining	17668	19118	11281	12473	23390	24499	108.1	110.5	104.6
泰安市	Tai'an	22615	24806	11835	12750	31075	33516	109.8	107.9	108.0
威海市	Weihai	33698	35631	27118	27938	37937	39943	105.8	103.2	105.3
日照市	Rizhao	18716	20002	10075	11258	26147	26917	104.9	109.5	101.1
莱芜市	Laiwu	16331	17898	9813	10693	21122	22703	108.3	107.5	106.3
临沂市	Linyi	11516	12456	7725	8399	14768	15124	108.9	107.7	102.3
德州市	Dezhou	16512	17897	8209	9159	24260	25410	106.6	109.8	103.0
聊城市	Liaocheng	14800	16090	7863	9141	23026	22633	107.6	118.4	95.0
滨州市	Binzhou	20371	21890	13072	14841	26704	27490	107.4	113.2	103.0
菏泽市	Heze	14093	14917	10151	11141	19090	19304	105.8	108.3	101.9

注:本表绝对数按当年价格计算,指数按可比价格计算。
a)Data in this table are calculated at current prices.Indices are calculated at constant prices.

主要统计指标解释

国内生产总值（GDP） 指一个国家（或地区）所有常住单位在一定时期内生产活动的最终成果。

国内生产总值有三种表现形态，即价值形态、收入形态和产品形态。

从价值形态看，它是所有常住单位在一定时期内生产的全部货物和服务价值超过同期中间投入的全部非固定资产货物和服务价值的差额，即所有常住单位的增加值之和；

从收入形态看，它是所有常住单位在一定时期内创造并分配给常住单位和非常住单位的初次收入分配之和；

从产品形态看，它是所有常住单位在一定时期内最终使用的货物和服务价值与货物和服务净出口价值之和。

在实际核算中，国内生产总值有三种计算方法，即生产法、收入法和支出法。三种方法分别从不同的方面反映国内生产总值及其构成。

①生产法 是从生产过程中生产的货物和服务总产品价值入手，剔除生产过程中投入的中间产品的价值，得到增加价值的一种方法，公式为：

增加值＝总产出－中间投入

总产出 是一定时期内一个国家（或地区）常住单位生产的所有货物和服务的价值。既包括新增价值，也包括转移价值。

中间投入 是常住单位在生产或提供货物与服务过程中，消耗和使用的所有非固定资产货物和服务的价值。中间投入也称为中间消耗。

增加值 是指常住单位生产过程创造的新增价值和固定资产的转移价值。按生产法计算它等于总产出减去中间投入。

②收入法 收入法也称分配法，按收入法计算国内生产总值是从生产过程创造收入的角度，对常住单位的生产活动成果进行核算。按照这种计算方法，增加值由劳动者报酬、生产税净额、固定资产折旧和营业盈余四个部分组成。

用公式表示为：

增加值＝劳动者报酬+生产税净额+固定资产折旧+营业盈余

国民经济各部门的增加值之和等于国内生产总值。

劳动者报酬 指劳动者因从事生产活动所获得的全部报酬。它包括劳动者获得的各种形式工资、奖金和津贴，既包括货币形式的，也包括实物形式的，它还包括劳动者所享受的公费医疗和医疗卫生费、上下班交通补贴和单位直接支付的社会保险费等。

生产税净额 生产税减生产补贴后的差额。

生产税指政府对生产单位生产、销售和从事经营活动以及因从事生产活动使用某些生产要素，如固定资产、土地、劳动力所征收的各种税、附加费和规费。具体包括销售税金及附加、增值税、管理费中开支的各种税、应交纳的养路费、排污费和水电费附加、烟酒专卖上缴政府的专项收入等。

生产补贴与生产税相反，是政府对生产单位的单方面收入转移，因此视为负生产税处理，包括政策亏损补贴、粮食系统价格补贴、外贸企业出口退税收入等。

固定资产折旧 指一定时期内为弥补固定资产损耗按照核定的固定资产折旧率提取的固定资产折旧，或按国民经济核算统一规定的折旧率虚拟计算的固定资产折旧。它反映了固定资产在当期生产中的转移价值。各种类型企业和企业化管理的事业单位的固定资产折旧指实际计提并计入成本费用中的折旧费；不计提折旧的单位，如政府机关、非企业化管理的事业单位和居民住房的固定资产折旧则是按照统一规定的折旧率和固定资产原值计算的虚拟折旧。

营业盈余 是指常住单位创造的增加值扣除劳动者报酬、生产税净额和固定资产折旧后的余额。它相当于企业的营业利润加上生产补贴，但要扣除从利润中开支的工资和福利等。

③支出法 支出法是从最终使用角度来反映国内生产总值最终去向的一种方法。最终使用包括货物和服务的最终消费支出、资本形成总额、货物和服务净出口三部分。

最终消费 指常住单位在一定时期内对于货物和服务的全部最终消费支出，也就是常住单位为满足物质、文化和精神生活的需要，从本国经济领土和国外购买的货物和服务的支出；不包括非常住单位在本国经济领土内的消费支出。最终消费分为居民消费和政府消费。

居民消费 指常住住户对货物和服务的全部最终消费支出。居民消费按市场价格计算，即按居民支付的购买者价格计算。购买者价格是购买者取得货物所支付的价值，包括购买者支付的运输和商业费用。

居民消费除了直接以货币形式购买货物和服务的消费之外，还包括以其他方式获得的货物和服务的消费支出，即所谓的虚拟消费支出。居民虚拟消费支出包括以下几种类型：单位以实物报酬及实物转移的形式提供给劳动者的货物和服务；住户生产并由本住户消费的货物和服务，其中的服务仅指住户的自有住房服务；金融机构提供的金融媒介服务；保险公司提供的保险服务。

政府消费 指政府部门为全社会提供公共服务的消费支出和免费或以较低价格向住户提供的货物和服务的净支出。前者等于政府服务的产出价值减去政府单位所获得的经营收入的价值，政府服务的产出价值等于它的经常性业务支出加上固定资产折旧；后者等于政府部门免费或以较低价格向住户提供的货物和服务的市场价值减去向住户收取的价值。

资本形成总额 指常住单位在一定时期内获得减去处置的固定资产和存货的净额，包括固定资本形成总额和存货增加两部分。

固定资本形成总额 指常住单位购置、转入和自产自用的固定资产价值，扣除销售和转出的价值，包括有形固定资产形成总额和无形固定资产形成总额。有形固定资产形成总额包括一定时期内完成的建筑工程、安装工程和设备工器具购置（减处置）价值，商品房销售增值，土地改良形成的固定资产，新增役、种、奶、毛、娱乐用牲畜和新增经济林木价值。无形固定资产形成总额包括矿藏勘探、计算机软件、娱乐和文学艺术品原件等获得减处置的价值。

存货增加 指常住单位存货实物量变动的市场价值，即期末价值减期初价值的差额。存货增加可以是正值，也可以是负值；正值表示存货上升，负值表示存货下降。它包括生产单位购进的原材料、燃料和储备物资等存货，以及生产单位生产的产成品、在制品等存货等。

货物和服务净出口 指货物和服务出口减货物和服务进口的差额。出口包括常住单位向非常住单位出售或无偿转让的各种货物和服务的价值；进口包括常住单位从非常住单位购买或无偿得到的各种货物和服务的价值。由于服务活动的提供与使用同时发生，因此服务的进出口业务并不发生出入境现象，一般把常住单位从国外得到的服务作为进口，非常住单位从本国得到的服务作为出口。货物的出口和进口都按离岸价格计算。

三次产业 是根据社会生产活动历史发展的顺序对产业结构的划分，产品直接取自自然界的部门称为第一产业，对初级产品进行再加工的部门称为第二产业，为生产和消费提供各种服务的部门称为第三产业。它是世界上较为通用的产业结构分类，但各国的划分不尽一致。

按照国民经济行业分类标准（GB/T 4754—2011）和我国的实际情况，我国的三次产业划分是：

第一产业 农、林、牧、渔业（不含农、林、牧、渔服务业）。

第二产业 指采矿业（不含开采辅助活动），制造业（不含金属制品、机械和设备修理业），电力、热力、燃气及水生产和供应业，建筑业。

第三产业 第三产业即服务业，是指除第一产业、第二产业以外的其他行业。具体包括：批发和零售业，交通运输、仓储和邮政业，住宿和餐饮业，信息传输、软件和信息技术服务业，金融业，房地产业，租赁和商务服务业，科学研究和技术服务业，水利、环境和公共设施管理业，居民服务、修理和其他服务业，教育，卫生和社会工作，文化、体育和娱乐业，公共管理、社会保障和社会组织，国际组织，以及农、林、牧、渔业中的农、林、牧、渔服务业，采矿业中的开采辅助活动，制造业中的金属制品、机械和设备修理业。

当年价格 指报告期的实际价格，如工业品的出厂价格，农产品的收购价格，商业的零售价格等。按当年价格计算，是指一些以货币表现的物量指标，如工农业总产值、国内生产总值等，按照当年的实际价格来计算总量。使用当年价格计算的数字，是为了使国民经济各项指标互相衔接，便于考察当年社会经济效益，便于对生产流通、生产和分配、生产和消费进行经济核算和综合平衡。

按当年价格计算的价值指标，在不同年份之间进行对比时，因为包含有各年间价格变动的因素，不能确切地反映实物量的增减变动。必须消除价格变动因素后，才能真实反映经济发展动态。因此，在计算增长速度时都使用按可比价格计算的数字。

可比价格 指计算各种总量指标所采用的扣除了价格变动因素的价格，可进行不同时期总量指标的对比。按可比价格计算总量指标有两种方法：一种是直接用产品产量乘某一年的不变价格计算；另一种是用价格指数进行换算。

不变价格 指以同类产品某一时期的平均价格作为固定价格，用于计算各时期的产品价值。按不变价格计算的产品价值消除了价格变动因素，不同时期对比可以反映生产的发展速度。新中国成立后，随着工农业产品价格水平的变化，国家统计局先后八次制定了全国统一的工业产品不变价格和农业产品不变价格。从 1949 年到 1957 年使用 1952 年工（农）业产品不变价格，从 1957 年到 1971 年使用 1957 年不变价格，从 1971 年到 1981 年使用 1970 年不变价格，从 1981 年到 1990 年使用 1980 年不变价格，从 1991 年到 2000 年使用 1990 年不变价格，从 2001 年到 2005 年使用 2000 年不变价格，从 2006 年开始使用 2005 年不变价格，从 2011 年开始使用 2010 年不变价格，从 2016 年开始使用 2015 年不变价格。

Explanatory Notes on Main Statistical Indicators

Gross Domestic Product refers to the final products at market prices produced by all residents in a country (or a region) during a certain period of time.

Gross domestic product is expressed in three different forms, i.e. value, income, and products respectively.

GDP in its value form refers to the total value of all goods and services produced by all resident units during a certain period of time, minus the total value of input of goods of non-fixed assets and services; in other term, it is the sum of the value-added of all resident units.

GDP in the form of income includes the income created by all resident units and distributed to resident and non-resident units.

GDP in the form of products refers to the value of all goods and services for final consumption by all resident units minus the net exports of goods and services during a given period of time.

In the practice of national accounting, gross domestic product is calculated with three approaches, i.e. production approach, income approach and expenditure approach, which reflect gross domestic product and its composition from different aspects.

Production Approach focuses on the total value of goods and services produced in production activities. GDP by Production Approach equals the value of total output minus that of input consumed in production process.

GDP by Production Approach = gross output－intermediate input

Gross Output refers to the total value of goods and service produced by all residents in a given period,including newly-produced goods and service, and intermediate input.

Intermediate Input refers to non-fixed assets and paid service consumed during production process when goods and service are produced. Intermediate input is also called intermediate consumption.

Value-added refers to the value of newly-produced goods and service and that of consumed fixed assets. By production approach, it equals gross output minus intermediate input.

Income Approach (also known as distribution approach): refers to the method measuring the final results of production activities o from the perspective of income made by all residents. GDP of income approach includes laborers' remuneration,net taxed on production, depreciation of fixed assets and operating surplus.

GDP by income approach = laborers' remuneration+ net taxed on production+depreciation of fixed assets+operating surplus.

The sum of value added made by different industries is GDP.

Laborers' Remuneration refers to the whole payment of various forms earned by the laborers' from the productive activities they are engaged in. It includes wages, bonuses and allowances the laborers' earned in monetary form and in kind. It also includes the free medical services provided to the laborers' and the medicine expenses, traffic subsidies and social insurance, housing fund paid by the employers.

Net Taxes on Production refers to the difference of the taxes on production minus the subsidies on production.

Taxes on production refers to the various taxes, extra charges and fees levied on the production units on their production, sale and business activities as well as on the use of some factors of production, such as fixed assets, land and labor force in the production activities they are engaged in.

In contrast to the taxes on production, the subsidies on production refer to the unilateral government transfer to the production units and are therefore regarded as negative taxes on production.They include subsidies on the loss due to implementation of government policies, price subsidies, etc.

Depreciation of Fixed Assets refers to the depreciation of fixed assets of a given period, drawn in accordance with the stipulated depreciation rate for the purpose of compensating the wear loss of the fixed assets or the depreciation of fixed assets calculated in a fictitious way in accordance with the stipulated unified depreciation rate in the national economic accounting system. It reflects the value of transfer of the fixed assets in the production of the current period. The depreciation of fixed assets in various enterprises and institutions managed as enterprises refers to the depreciation expenses actually drawn. In government agencies and institutions not managed as enterprises which do not draw the depreciation expenses, as well as for the houses of residents, the depreciation of fixed assets is the imputed depreciation, which is calculated in accordance with the stipulated unified depreciation rate. In principle, the depreciation of fixed assets should be calculated on the basis of the re-purchased value of the fixed assets.

Operating Surplus refers to the balance of the value added created by the resident units deducting the laborers' remuneration, net taxes on production and the depreciation of fixed assets. It is equivalent to the business profit of the enterprises plus subsidies on production, but the wages and welfare expenses paid from the profits should be deducted.

GDP by Expenditure Approach refers to the method of measuring the final results of production activities of a country (region) during a given period from the perspective of final use. It includes final consumption expenditure, total capital formation and net export of goods and services.

Final Consumption Expenditure refers to the total expenditure on goods and services in a given period, which means the total expenditure of resident units for purchases of goods and services from domestic economic territory and abroad to meet the requirements of material, cultural and spiritual life. It excludes the expenditure of non-resident units on consumption in the economic territory of the country. The final consumption expenditure is broken down into household consumption expenditure and government consumption expenditure.

Household consumption refers to the consumption expenditure made by household on goods and services. It is calculated at market price which is the purchasers'price. Purchasers'price means the money the purchasers paid for goods, including transportation fees and operating fees.

In addition to the consumption of goods and services bought by the households directly with money, the households consumption expenditure also includes expenditure on goods and services obtained by the households in other ways, i.e. the so-called imputed consumption expenditure, which includes the following: (a) the goods and services provided to the households by the employer in the form of payment in kind and transfer in kind; (b) goods and services produced and consumed by the households themselves, in which the services refer only to the owner-occupied housing and domestic and individual services provided by the paid household workers; (c) financial intermediate services provided by financial institutions; (d) insurance services provided by insurance companies.

Government Consumption Expenditure refers to the expenditure on the consumption of the public services provided by the government to the whole society and the net expenditure on the goods and services provided by the government to the households free of charge or at low prices. The former equals to the output value of the government services minus the value of operating income obtained by the government departments. The latter equals to the market value of the goods and services provided by the government free of charge or at low prices to the households minus the value received by the government from the households.

Total Capital Formation refers to the fixed assets acquired minus those disposed of and the net value of inventory, including the total fixed capital formation and the increase in inventory.

Total Fixed Capital Formation refers to the value of fixed assets acquired minus those disposed of during a given period. Fixed assets are the assets produced through production activities with specified unit value which could be used for over one year, excluding natural assets. Total fixed capital formation can be categorized into total tangible capital formation and total intangible capital formation. The total tangible capital formation include the value of the construction projects, installation projects completed and the equipment,apparatus and instruments purchased as well as the value of land improved, the value of draught animals, breeding stock, animals for milk, wool and for recreational purpose, and the newly increased forest with economic value during a given period. The total intangible capital formation includes the prospecting of minerals, the acquisition of computer software, artisticworks artistic minus the disposal of them.

Increase in Inventory refers to the market value of the change in inventory of resident units during a given period, i.e. the difference of value between the beginning and the end of the period minus the current gains due to the change in prices. The increase in inventory can be positive or negative. A positive value indicates the increase in inventory while a negative value indicates the decrease in stock. The inventory includes the raw materials, fuels and reserve materials purchased by the production units as well as the inventory of finished products, semi-finished products, work-in-progress, etc.

Net Export of Goods and Services refers to the difference of the exports of goods and services minus the imports of goods and services. The imports include the value of various goods and services sold or gratuitously transferred by the resident units to the non-resident units. The imports include the value of various goods and services purchased or gratuitously acquired by the resident units from the non-resident units. Because the provision of services and the use of them happen simultaneously, the acquisition of services by the resident units from abroad is usually treated as import while the acquisition of services by non-resident units in this country is usually treated as export. The export and import of goods are calculated at FOB.

Three Industries: Classification of economic activities into three branches of industries is based on the development of production. Primary industry refers to the production activities that obtain products from nature. Secondary industry refers to the production activities that process primary goods. Tertiary industry refers to the production activities that provide primary and secondary industries with services. Classification of economic activities into three branches of industries is a common practice in the world, although the grouping varies to some extent from country to country.

According to the new Industrial Classification of National Economy（GB/T 4754—2011）, economic activities are categorized into following industries:

Primary industry refers to agriculture, forestry, animal husbandry and fishery (do not contain agriculture, forestry, animal husbandry and fishery service industry).

Secondary Industry refers to mining industry (do not contain mining auxiliary activities),manufacturing industry (do not contain metal products, machinery and equipment repair industry), eectricity, heat, gas and water production and supply industry, construction industry.

Tertiary industry refers to all other economic activities not included in primary or secondary industry.According to the economic condition in China, tertiary industry includes Transport, Storage and Post, Information Transmission, Computer Services and Software, Wholesale and Retail Trades, Hotels and Catering Services, Financial Intermediation, Real Estate, Leasing and Business Services, Scientific Research, Technical Services and Geologic Prospecting,Management of Water Conservancy, Environment and Public Facilities, Services to Households and Other Services,Education, Health, Social Security and Social Welfare, Culture, Sports and Entertainment, Public Management and Social Organizations, and International Organizations.

Tertiary industry is the service industry, refers to all other economic activities not included in primary or secondary industry. Tertiary industry includes wholesale and retail industry, transportation, storage and postal industry, accommodation and catering industry, information transmission, software and information technology service industry, financial industry, real estate, leasing and business services, scientific research and technical services industry, water conservancy, environment and public facilities management industry, residents service, repair and other services, education, health and social work, culture, sports and entertainment, public management, social security and social organizations, international organizations, as well as agriculture, forestry, animal husbandry and fishery, agriculture, forestry, animal husbandry and fishery industry, mining industry in mining, manufacturing of metal products, machinery and equipment repair industry.

Current Price refers to the actual price during the reporting period, such as Ex-factory Price of Industrial Products, purchasing price of agricultural produces and retail price. Some indicators calculatedat current price are volume indicators in the value form, such as total value of output of industrial and agricultural industries and GDP, etc. Data calculated at current price are useful when it comes to evaluating the economic development and analyzing different aspects of economy, such as production, circulation,distribution and consumption.

When the different indicators calculated at current price are compared, it is in evitable that price changes will affect the comparison. Therefore, the change in volume cannot be showed. In order to eliminate the effect of price and reflect economic development, growth rate is calculated at current price.

Constant Price refers to the price without the effect of price change. By using constant price, total amount indices of different periods can be compared. There are two methods in which total amount indices are obtained, one using current price of some year to multiply the physical volume of certain products and the other using price index.

Fixed Price refers to the average price of similar products in a given period, with which the product value of different period can be calculated. The product value calculated at fixed price can show the growth rate of production in different period. Since 1949, NBS has framed the united industrial and agricultural fixed price 8 times, including the fixed price of 1952 used from 1949 to 1957, the fixed price of 1957 used from 1957 to 1971, the fixed price of 1970 used from 1971 to 1981, the fixed price of 1980 used from 1981 to 1990, the fixed price of 1990 used from 1991 to 2000, the fixed price of 2000 used from 2001 to 2005，the fixed price of 2005 used from 2006，the fixed price of 2010 used from 2011，and the fixed price of 2015 used from 2016.

第3篇

人　口

Population

简 要 说 明

一、本篇资料的主要内容

本篇资料主要反映了我省人口方面的基本情况，包括全省 17 个市的主要人口统计数据、历年人口数、农业和非农业人口数、人口出生率、死亡率、自然增长率。另外，还对建国以来开展的 6 次人口普查主要数据进行了比较。

二、本篇资料的来源

本篇资料分别来源于国家开展的人口普查、人口抽样调查和省公安厅的户籍登记资料，由省统计局人口处整理提供。

Brief Introduction

I. Main Content

Data in this chapter show the basic condition of population, such as the basic condition of 17 cities, population, agricultural and non-agricultural population, birth rate, death rate and natural growth rate. Furthermore, relevant figures obtained from six national population censuses have been compared.

II. Source of Data

Data in this chapter are from national population censuses, national sample survey. Some are derived from household registration provided by Shandong Provincial Department of Public Security. The data above are compiled by the Division of Population and Employment Statistics of Shandong Provincial Bureau of Statistics.

3-1 主要年份总人口

Population in Major Years

单位:万人 (10 000 persons)

年 份 Year	总人口 Total	按性别分 Grouped by Sex		按农业非农业分 Grouped By Agricultural and Non-agricultural		人口密度 Density of Population (人/平方公里) (Person/sq.km)
		男 Male	女 Female	农业人口 Agricultural	非农业人口 Non-agricultural	
1949	(4549)	(2199)	(2350)	(4289)	(260)	290
1952	(4827)	(2392)	(2435)	(4538)	(289)	308
1955	(5174)	(2587)	(2587)	(4796)	(378)	330
1957	(5373)	(2694)	(2679)	(4936)	(437)	343
1962	(5426)	(2718)	(2708)	(5015)	(411)	346
1965	(5711)	(2866)	(2845)	(5258)	(453)	364
1970	(6441)	(3241)	(3200)	(5966)	(475)	411
1975	(6971)	(3524)	(3447)	(6408)	(563)	445
1976	(7038)	(3561)	(3477)	(6455)	(583)	449
1977	(7099)	(3592)	(3507)	(6507)	(592)	453
1978	(7160)	(3624)	(3536)	(6533)	(627)	457
1979	(7232)	(3660)	(3572)	(6570)	(661)	462
1980	(7296)	(3694)	(3602)	(6605)	(691)	466
1981	(7395)	(3750)	(3645)	(6659)	(736)	472
1982	(7494)	(3806)	(3688)	(6720)	(774)	478
1983	(7564)	(3847)	(3717)	(6753)	(811)	483
1984	(7637)	(3887)	(3750)	(6701)	(936)	487
1985	7711(7695)	(3922)	(3773)	(6676)	(1017)	492
1986	7818(7776)	(3967)	(3810)	(6797)	(979)	499
1987	7958(7889)	(4029)	(3860)	(6844)	(1045)	508
1988	8061(8009)	(4092)	(3917)	(6702)	(1307)	514
1989	8160(8181)	(4181)	(4000)	(6698)	(1483)	521
1990	8493(8424)	(4299)	(4125)	(6846)	(1578)	542
1991	8570(8534)	(4352)	(4182)	(6884)	(1650)	547
1992	8610(8580)	(4373)	(4207)	(6819)	(1761)	549
1993	8642(8620)	(4392)	(4228)	(6724)	(1896)	551
1994	8671(8653)	(4407)	(4246)	(6574)	(2079)	553
1995	8705(8701)	(4429)	(4272)	(6531)	(2170)	556
1996	8738(8747)	(4452)	(4295)	(6484)	(2263)	558
1997	8785(8810)	(4483)	(4327)	(6500)	(2310)	561
1998	8838(8872)	(4513)	(4359)	(6575)	(2296)	564
1999	8883(8922)	(4537)	(4385)	(6600)	(2322)	567
2000	8997(8975)	(4562)	(4413)	(6566)	(2409)	574
2001	9041(9024)	(4584)	(4440)	(6507)	(2517)	577
2002	9082(9069)	(4607)	(4463)	(6435)	(2634)	580
2003	9125(9108)	(4624)	(4484)	(6275)	(2833)	582
2004	9180(9163)	(4652)	(4512)	(6212)	(2951)	586
2005	9248(9212)	(4676)	(4537)	(6066)	(3147)	589
2006	9309(9282)	(4707)	(4575)	(6055)	(3228)	592
2007	9367(9346)	(4739)	(4606)	(5909)	(3436)	596
2008	9417(9392)	(4761)	(4632)	(5860)	(3532)	599
2009	9470(9449)	(4792)	(4658)	(5902)	(3548)	603
2010	9579(9536)	(4839)	(4697)	(5698)	(3839)	610
2011	9637(9591)	(4870)	(4721)	(5646)	(3945)	613
2012	9685(9580)	(4868)	(4712)	(5559)	(4021)	616
2013	9733(9612)	(4883)	(4729)	(5482)	(4130)	619
2014	9789(9747)	(4960)	(4787)	(5462)	(4285)	620
2015	9847(9822)	(4999)	(4823)	(5120)	(4702)	624
2016	9947(9921)	(5049)	(4872)	(5056)	(4865)	630

注:1990、2000和2010年为人口普查数,其余年份均为人口抽样调查数,括号内为公安户籍人口数。2006年之后的农业、非农业人口数据分别为公安机关统计的户口在农村、城镇的人口。

a) Data of 1990、2000 and 2010 are based on the national population census,and others are based on the sample surveys.Data in the brackets are taken from the annual reports of the Public Security Departments.Since 2006,the Agriculture, non-agricultural population are changed to the rural population and urban population from the the Public Security Departments.

3-2 主要年份人口出生率、死亡率、自然增长率

Birth Rate,Death Rate and Natural Growth Rate of Population in Major Years

年 份 Year	出生率(‰) Birth Rate(‰)	死亡率(‰) Death Rate(‰)	自然增长率(‰) Natural Growth Rate(‰)	出生人口数(万人) Population of Birth(10 000 persons)	死亡人口数(万人) Population of Death(10 000 persons)	自然增长人数(万人) Population of Natural Growth(10 000 persons)
1949	(28.10)	(12.20)	(15.90)			
1952	(31.50)	(12.20)	(19.30)			
1955	(37.30)	(13.70)	(23.60)	(191)	(70)	(121)
1957	(35.80)	(12.10)	(23.70)	(190)	(64)	(126)
1962	(38.10)	(12.40)	(25.70)	(204)	(66)	(138)
1965	(35.50)	(10.20)	(25.30)	(201)	(58)	(143)
1970	(33.89)	(7.34)	(26.55)	(215)	(47)	(168)
1975	(21.56)	(7.53)	(14.03)	(149)	(52)	(97)
1976	(18.46)	(7.63)	(10.83)	(129)	(53)	(76)
1977	(16.96)	(7.24)	(9.72)	(120)	(51)	(69)
1978	(16.80)	(6.50)	(10.30)	(119)	(46)	(73)
1979	(16.94)	(6.15)	(10.79)	(122)	(44)	(78)
1980	(13.91)	(6.40)	(7.51)	(101)	(47)	(54)
1981	(16.48)	(6.41)	(10.07)	(121)	(47)	(74)
1982	(17.05)	(6.10)	(10.95)	(127)	(45)	(82)
1983	15.10(12.76)	6.73(5.87)	8.37(6.89)	114(96)	51(44)	63(52)
1984	13.80(12.99)	5.80(6.03)	8.00(6.96)	104(99)	44(46)	60(53)
1985	15.12(11.75)	6.64(5.90)	8.48(5.85)	116(90)	51(45)	65(45)
1986	19.90(14.71)	7.28(5.86)	12.62(8.85)	156(114)	57(46)	99(68)
1987	23.35(17.43)	7.07(5.64)	16.28(11.79)	184(137)	56(44)	128(93)
1988	17.54(17.95)	6.04(5.95)	11.50(12.00)	140(143)	48(47)	92(96)
1989	16.88(18.87)	5.70(5.51)	11.18(13.36)	137(153)	46(45)	91(108)
1990	18.21(26.10)	6.96(6.02)	11.25(20.08)	152(217)	58(50)	94(167)
1991	15.40(16.39)	6.54(5.73)	8.86(10.66)	131(139)	56(49)	75(90)
1992	11.43(10.95)	6.88(6.02)	4.55(4.93)	98(94)	59(52)	39(42)
1993	10.49(9.47)	6.76(5.84)	3.73(3.63)	90(81)	58(50)	32(31)
1994	9.69(9.31)	6.67(5.99)	3.02(3.32)	84(80)	58(52)	26(28)
1995	9.82(9.66)	6.47(5.83)	3.35(3.83)	85(84)	56(51)	29(33)
1996	10.60(10.33)	6.76(6.04)	3.84(4.29)	92(90)	59(53)	33(37)
1997	11.28(10.84)	6.65(5.90)	4.63(4.94)	99(95)	58(52)	41(43)
1998	11.58(11.52)	6.12(5.95)	5.46(5.57)	102(102)	54(53)	48(49)
1999	11.08(10.23)	6.27(5.72)	4.81(4.51)	98(91)	55(51)	43(40)
2000	10.75(11.38)	6.29(6.70)	4.46(4.68)	97(102)	56(60)	40(42)
2001	11.12(9.93)	6.24(5.46)	4.88(4.47)	100(89)	56(49)	44(40)
2002	11.17(10.20)	6.62(5.86)	4.55(4.34)	101(92)	60(53)	41(39)
2003	11.42(9.31)	6.64(6.07)	4.78(3.24)	104(85)	61(55)	43(30)
2004	12.50(10.59)	6.49(5.60)	6.01(4.99)	114(97)	59(51)	55(46)
2005	12.14(10.17)	6.31(5.85)	5.83(4.32)	112(94)	58(54)	54(40)
2006	11.60(9.59)	6.10(5.62)	5.50(3.97)	108(89)	57(52)	51(37)
2007	11.11(10.05)	6.11(6.47)	5.00(3.58)	104(94)	57(60)	47(33)
2008	11.25(10.13)	6.16(6.81)	5.09(3.32)	106((95)	58(64)	48(31)
2009	11.70(10.96)	6.08(6.11)	5.62(4.86)	110(103)	57(58)	53(46)
2010	11.65(15.82)	6.26(8.58)	5.39(7.24)	111(150)	60(81)	51(69)
2011	11.50(11.97)	6.10(7.07)	5.40(4.90)	110(114)	59(68)	51(47)
2012	11.90(11.74)	6.95(8.33)	4.95(3.40)	115(113)	67(80)	48(33)
2013	11.41(12.19)	6.40(6.23)	5.01(5.95)	111(117)	59(60)	52(57)
2014	14.23(22.74)	6.84(6.39)	7.39(16.35)	139(220)	67(62)	72(158)
2015	12.55(14.59)	6.67(6.16)	5.88(8.43)	124(143)	66(60)	58(83)
2016	17.89(15.56)	7.05(5.41)	10.84(10.15)	177(154)	70(53)	107(101)

注：1990、2000年为人口普查数，2010年为人口普查修正数据，其余年份均为人口抽样调查数，括号内为当年前往公安机关申报登记数。

a)Data of 1990 and 2000 are based on the national population census,2010 data are revised according to the national population census,others are based on the sample surveys. Data in the brackets are registration data of the public security department.

3−3 人口年龄结构、抚养比和性别比

Age Composition and Dependency Ratio of Population

单位：%　　(%)

年份 Year	总人口性别比(以女性为100) Sex Ratio of Total Population (female=100)	各年龄段所占比重 The Proportion of Total Population By Age			总抚养比 Gross Dependency Ratio	少儿抚养比 Children Dependency Ratio	老年抚养比 Old Dependency Ratio
		0−14岁 Aged 0-14	15−64岁 Aged 15-64	65岁及以上 Aged 65 and Over			
1982	102.9	31.0	63.4	5.6	57.7	48.9	8.8
1990	103.5	26.6	67.2	6.2	48.8	39.6	9.2
1995	103.7	24.6	68.0	7.4	47.1	36.2	10.9
2000	102.5	20.8	71.1	8.1	40.6	29.3	11.4
2001	102.7	20.4	71.4	8.2	40.1	28.6	11.5
2002	102.4	18.8	72.7	8.5	37.6	25.9	11.7
2003	100.4	18.4	72.6	9.1	37.8	25.3	12.5
2004	100.7	17.1	73.7	9.2	35.8	23.2	12.5
2005	102.0	15.9	74.1	9.9	34.9	21.5	13.4
2006	100.8	15.3	74.7	10.0	33.9	20.5	13.4
2007	101.4	15.0	74.8	10.2	33.7	20.1	13.6
2008	100.2	15.6	74.1	10.3	34.9	21.0	13.8
2009	102.3	15.7	73.9	10.4	35.4	21.2	14.1
2010	102.3	15.7	74.4	9.9	34.4	21.1	13.3
2011	102.0	15.7	74.3	10.0	34.6	21.1	13.5
2012	101.4	16.1	73.5	10.4	36.0	21.8	14.2
2013	101.2	16.1	72.9	11.0	37.1	22.1	15.0
2014	101.1	16.4	72.0	11.6	38.9	22.8	16.1
2015	102.1	16.6	71.2	12.2	40.4	23.3	17.1
2016	102.8	16.4	70.4	13.2	42.0	23.3	18.8

注:1982、1990、2000和2010年数据为人口普查数据；2001−2004年为抽样调查样本数据；其他年份为抽样调查估算数据。
a)Data of 1982、1990、2000 and 2010 are taken from the national population census.Data of 2001-2004 are taken from Population Sample Survey. Others are estimated on population sample survey.

3−4 各市人口数和总户数(2016年)

Population and Households by Region (2016)

地区	Region	年末总人口(万人) Total year-end Population (10 000 persons)	按性别分(万人) Grouped by Sex (10 000 persons)		按农村、城镇分(万人) Grouped by Agricultural and Non-agricultural (10 000persons)		年末总户数(万户) Total year-end Households (10 000 households)	平均家庭户规模(人/户) Average Family Size(person/household)
			男 Male	女 Femal	农村人口 Agricultural	城镇人口 Non-agricultural		
全省总计	**Total**	**9946.64(9921.44)**	**(5049.62)**	**(4871.82)**	**4076.13**	**5870.51**	**(3235.56)**	**(3.07)**
济南市	Jinan	723.31(632.83)	(314.28)	(318.55)	220.90	502.41	(205.45)	(3.08)
青岛市	Qingdao	920.40(791.35)	(392.58)	(398.77)	262.04	658.36	(258.02)	(3.07)
淄博市	Zibo	468.69(432.43)	(215.35)	(217.07)	144.78	323.91	(151.38)	(2.86)
枣庄市	Zaozhuang	391.56(413.23)	(217.56)	(195.66)	174.36	217.20	(119.03)	(3.47)
东营市	Dongying	213.21(192.81)	(96.11)	(96.71)	71.06	142.15	(66.19)	(2.91)
烟台市	Yantai	706.40(655.42)	(326.75)	(328.67)	267.73	438.67	(237.27)	(2.76)
潍坊市	Weifang	935.70(901.32)	(455.08)	(446.24)	391.59	544.11	(286.04)	(3.15)
济宁市	Jining	835.44(875.73)	(452.19)	(423.53)	373.86	461.58	(268.54)	(3.26)
泰安市	Tai'an	563.74(568.66)	(288.03)	(280.63)	230.80	332.94	(195.83)	(2.90)
威海市	Weihai	281.93(255.86)	(127.26)	(128.59)	98.68	183.25	(92.80)	(2.76)
日照市	Rizhao	290.11(299.72)	(152.87)	(146.85)	125.15	164.96	(109.02)	(2.75)
莱芜市	Laiwu	137.58(129.05)	(65.26)	(63.79)	53.49	84.09	(47.39)	(2.72)
临沂市	Linyi	1044.30(1140.84)	(591.91)	(548.93)	461.16	583.14	(360.01)	(3.17)
德州市	Dezhou	579.23(592.98)	(300.65)	(292.33)	267.78	311.45	(188.43)	(3.15)
聊城市	Liaocheng	603.68(632.52)	(325.53)	(307.00)	310.90	292.78	(199.87)	(3.16)
滨州市	Binzhou	389.10(392.13)	(197.92)	(194.22)	167.97	221.13	(131.30)	(2.99)
菏泽市	Heze	862.26(1014.57)	(530.30)	(484.27)	453.89	408.37	(318.98)	(3.18)

注:年末总人口根据人口抽样调查数据推算,括号内为公安户籍统计数字。
a)Data on total year-end population are projected according to the population census data.Data in the brackets are taken from the annual reports of public security departments.

3-5 六次人口普查主要数据
Major Data of All Previous Provincial Population Census

指标	Item	第一次人口普查 The First (1953.7.1)	第二次人口普查 The Second (1964.7.1)	第三次人口普查 The Third (1982.7.1)	第四次人口普查 The Fourth (1990.7.1)	第五次人口普查 The Fifth (2000.11.1)	第六次人口普查 The Sixth (2010.11.1)
一、总人口　（万人）	**Total (10000 person)**	**4887.65**	**5549.62**	**7441.91**	**8439.21**	**8997.18**	**9579.27**
按性别分	By Sex						
男	Male	2431.14	2790.45	3773.74	4291.32	4554.21	4844.69
女	Female	2456.52	2759.17	3668.16	4147.89	4442.97	4734.58
二、总户数　（万户）	**Total Households (10000 unit)**	**1109.77**	**1277.08**	**1739.04**	**2197.56**	**2732.04**	**3079.47**
家庭户　（万户）	Households (10000 unit)			1733.55	2187.44	2670.93	3010.55
平均家庭户规模(人)	Average Household Size (person)			4.20	3.75	3.22	2.98
三、民　族	**Nationalities**						
民族个数　（个）	The number of Nationalities (unit)	17	32	39	54	56	56
汉族人口　（万人）	Total Population of Han Nationality (10000 person)	4862.40	5520.04	7401.14	8388.62	8933.90	9506.68
少数民族人口(万人)	Total Population of Minority Nationalities (10000 person)	25.24	29.55	40.74	50.59	63.27	72.59
四、市镇人口　（万人）	**Population of City and Town (10000 person)**	**357.92**	**717.57**	**1419.05**	**2307.67**	**3432.59**	**4762.07**
五、平均预期寿命(岁)	**Life Expectancy (year old)**			**69.2**	**70.6**	**73.9**	**76.5**
六、各种文化程度人口	**Population by Education**						
大　学　（万人）	University and Above (10000 person)			26.32	82.29	300.08	832.87
高　中　（万人）	Senior Middle Schools (10000 person)			438.72	603.36	994.64	1332.26
初　中　（万人）	Junior Middle Schools (10000 person)			1316.97	2125.47	3297.35	3846.80
小　学　（万人）	Primary Schools (10000 person)			2510.81	3061.20	2946.97	2391.22
文盲半文盲　（万人）	Illiterate or Semiliterate (10000 Person)			2045.72	1425.61	765.43	475.73
七、6岁及以上人口平均受教育年限　（年）	**Years of education of Population Aged 6 and Over (year)**			**4.9**	**6.2**	**7.5**	**8.8**
八、就业人口　（万人）	**Economically Active Population (person)**			**4009.79**	**5077.21**	**5477.41**	**5902.34**

主要统计指标解释

人口数 指一定时点、一定地区范围内有生命的个人总和。

年度统计的年末人口数 指每年 12 月 31 日 24 时的人口数。

城镇人口和乡村人口 普查的城镇人口是指居住在城镇范围内的全部常住人口；乡村人口是除上述人口以外的全部人口。公安机关登记的城镇人口是指户口登记在城镇的人口，其统计口径是以居民常住户口所在地的城乡性质划分的。

出生率(又称粗出生率) 指在一定时期内(通常为一年)一定地区的出生人数与同期内平均人数(或期中人数)之比，用千分率表示。本资料中的出生率指年出生率，其计算公式为：

$$\text{出生率}=\frac{\text{年出生人数}}{\text{年平均人数}}\times 1000‰$$

式中：出生人数指活产婴儿，即胎儿脱离母体时(不管怀孕月数)，有过呼吸或其他生命现象。年平均人数指年初、年底人口数的平均数，也可用年中人口数代替。

死亡率(又称粗死亡率) 指在一定时期内(通常为一年)一定地区的死亡人数与同期内平均人数(或期中人数)之比，用千分率表示。本资料中的死亡率指年死亡率，其计算公式为：

$$\text{死亡率}=\frac{\text{年死亡人数}}{\text{年平均人数}}\times 1000‰$$

人口自然增长率 指在一定时期内(通常为一年)人口自然增加数(出生人数减死亡人数)与该时期内平均人数(或期中人数)之比，用千分率表示。计算公式为：

$$\text{人口自然增长率}=\frac{\text{本年出生人数}-\text{本年死亡人数}}{\text{年平均人数}}\times 1000‰$$

$$=\text{人口出生率-人口死亡率}$$

总抚养比 也称总负担系数。是指人口总体中非劳动年龄人口数与劳动年龄人口数之比。通常用百分比表示。说明每 100 名劳动年龄人口要负担多少名非劳动年龄人口。用于从人口角度反映人口与经济发展的基本关系。

计算公式为：

$$GDR=\frac{P_{0\sim14}+P_{65+}}{P_{15\sim64}}\times 100\%$$

其中：GDR 为总抚养比；

$P_{0\sim14}$ 为0~14岁少年儿童人口数；

P_{65+} 为65 岁及岁以上的老年人口数；

$P_{15\sim64}$ 为15~64 岁劳动年龄人口数。

老年人口抚养比 也称老年人口抚养系数。是指某人口总体中老年人口数与劳动年龄人口数之比。通常用百分比表示。用以表明每100名劳动年龄人口要负担多少名老年人。老年人口抚养比是从经济角度反映人口老化社会后果的指标之一。

计算公式为：

$$ODR=\frac{P_{65+}}{P_{15\sim64}}\times 100\%$$

其中：ODR 为老年人口抚养比；

P_{65+} 为65岁及岁以上的老年人口数；

$P_{15\sim64}$ 为15~64岁的劳动年龄人口数。

少年儿童抚养比 也称少年儿童抚养系数。是指某人口总体中少年儿童人口与劳动年龄人口数之比。通常用百分比表示。用以反映每100 名劳动年龄人口要负担多少名少年儿童。

计算公式为：

$$CDR=\frac{P_{0\sim14}}{P_{15\sim64}}\times 100\%$$

其中：CDR 为少年儿童抚养比；

$P_{0\sim14}$ 为0~14岁少年儿童人口数；

$P_{15\sim64}$ 为15~64岁劳动年龄人口数。

Explanatory Notes on Main Statistical Indicators

Total Population refers to the total number of people alive at a certain point of time within a given area.

The annual statistics on total population is taken at midnight, the 3lst of December.

Urban Population and Rural Population Urban population refer to all people residing in cities and towns, while rural population refer to population other than urban population. Urban population data of public security department only include persons whose household registration in urban.

Birth Rate (or Crude Birth Rate) refers to the ratio of the number of births to the average population (or mid period population) during a certain period of time (usually a year), expressed in ‰. Birth rate in the chapter refers to annual birth rate. The following formula is used:

$$\text{Birth Rate} = \frac{\text{Number of Births}}{\text{Annual Average Population}} \times 1000‰$$

Number of births in the formula refers to live births, i.e. when a baby has breathed or showed any vital phenomena regardless of the length of pregnancy.

Annual average number of population is the average of the number of population at the beginning of the year and that at the end of the year. Sometimes it is substituted by the mid year population.

Death Rate (or Crude Death Rate) refers to the ratio of the number of deaths to the average population (or mid period population) during a certain period of time (usually a year), expressed in ‰. Death rate in the chapter refers to annual death rate. The following formula is used:

$$\text{Death Rate} = \frac{\text{Number of Deaths}}{\text{Annual Average Population}} \times 1000‰$$

Natural Growth Rate of Population refers to the ratio of natural increase in population (number of births minus number of deaths) in a certain period of time (usually a year) to the average population (or mid period population) of the same period, expressed in ‰. The following formula is applied:

$$\text{Natural Growth Rate of Population} = \frac{\text{Number of Births} - \text{Number of Deaths}}{\text{Annual Average Population}} \times 1000‰$$

Natural Growth Rate of Population = Birth Rate − Death

Gross Dependency Ratio also called gross dependency coefficient, refers to the ratio of non-working-age population to the working-age population ,express in %. Describing in general the number of non-working-age population that every 100 people at working ages will take care of, this indicator reflects the basic relation between population and economic development from the demographic perspective. The gross dependency ratio is calculated with the following formula:

$$GDR = \frac{P_{0\sim14} + P_{65+}}{P_{15\sim64}} \times 100\%$$

Where: GDR is the gross dependency ratio,

$P_{0\sim14}$ is the population of children aged 0-14;

P_{65+} is the elderly population aged 65 and over ;

$P_{15\sim64}$ is the working –age population aged 15-64.

Old Dependency Ratio also called old dependency coefficient,refers to the ratio of the elderly population to the working-age population, express in %.It describes the number of the elderly population that every 100 people at working ages will take care of. Old dependency ratio is one of the indicators reflecting the social implication of population aging from the economic perspective. The old dependency ratio is calculated with the following formula:

$$ODR = \frac{P_{65+}}{P_{15\sim64}} \times 100\%$$

Where: ODR is the old dependency ratio,

P_{65+} is the elderly population aged 65 and over;

$P_{15\sim64}$ is the working –age population aged 15-64.

Children Dependency Ratio also called children dependency coefficient, refers to the ratio of the children population to the working-age population ,express in %.It describes the number of children population that every 100 people at working ages will take care of. The children dependency ratio is calculated with the following formula:

$$CDR = \frac{P_{0\sim14}}{P_{15\sim64}} \times 100\%$$

Where:CDR is the children dependency ratio;

$P_{0\sim14}$ is the children population aged 0-14;

$P_{15\sim64}$ is the working-age population aged 15-64.

第
4
篇

就业、工资和社会保障

Employment, Wages and Social Security

简要说明

一、本篇资料的主要内容

本篇资料反映我省劳动经济方面的基本情况，包括经济活动人口数，就业人员及职工人数，城镇登记失业人数，劳动报酬总额，人均劳动报酬及指数变化情况等。

二、本篇资料的来源

1.就业基本情况及分组资料、劳动报酬总额、职工工资总额等资料取自《劳动统计报表制度》、《劳动力调查制度》及《乡村社会经济调查方案》。

2.私营企业及个体工商业人员资料取自省工商行政管理局年报。

3.城镇劳动力供给和配置情况、城镇登记失业人员及失业率、社会保障等资料由人力资源和社会保障厅根据其相关统计制度整理提供。

4.乡镇企业就业人员资料来源于省中小企业办公室。

5.本篇资料由省统计局人口就业处整理提供。

Brief Introduction

I. Main Content

Data in this chapter show the basic conditions of Shandong's labor economy, including the economically active population,number of employed persons in urban areas, earning of employed persons,average earning of employed persons and the changes in index, etc.

II. Source of Data

(1) Data on basic conditions of employment,data by groups, earning of employed persons,total wage bills of staff and workers are collected and compiled through The Reporting Form System on Labour Statistics,The Sample Survey System on Labour Force,The System of Rural Social and Economic Surveys.

(2) Data on employed persons in urban private enterprises and self-employed individuals are derived from the Annual report of Shandong Administration of Industry and Commerce.

(3) Data on urban labor supply and configuration, registered unemployed persons in urban areas and unemployment rate and social securities are provided by Shandong Provincial Department of Human Resource and Social Security.

(4) Data on persons employed in township enterprises are provided by Shandong Provincial Office for Development of Medium and Small Businesses.

(5) Data in this chapter are prepared and compiled by the Division of Population and Employment Statistics of Shandong Provincial Bureau of Statistics.

4-1 就业基本情况
Employment

类 别		Category		2012	2013	2014	2015	2016
经济活动人口	**（万人）**	**Economically Active Population**	**(10 000 persons)**	**6615.8**	**6641.5**	**6699.3**	**6737.5**	**6775.6**
就业人员合计	**（万人）**	**Total Number of Employed Persons**	**(10 000 persons)**	**6554.3**	**6580.4**	**6606.5**	**6632.5**	**6649.7**
第一产业		Primary Industry	(10 000 persons)	2168.0	2086.0	2023.2	1963.2	1935.1
第二产业		Secondary Industry	(10 000 persons)	2245.2	2270.2	2294.2	2338.0	2354.0
第三产业		Tertiary Industry	(10 000 persons)	2141.1	2224.2	2289.1	2331.3	2360.6
就业人员构成	**（合计=100）**	**Composition of Employed Persons**	**(total=100)**					
第一产业		Primary Industry		33.1	31.7	30.7	29.6	29.1
第二产业		Secondary Industry		34.2	34.5	34.7	35.2	35.4
第三产业		Tertiary Industry		32.7	33.8	34.6	35.2	35.5
按城乡分就业人员		**Number of Employed Persons by Urban and Rural Areas**						
城镇就业人员	（万人）	Urban Employed Persons	(10 000 persons)	3084.3	3153.0	3201.0	3255.9	3278.3
#国有单位		State-owned Units		447.4	411.8	401.1	390.9	387.2
城镇集体单位		Urban Collective-owned Units		63.2	59.2	51.7	47.4	46.2
股份合作单位		Cooperative Units		12.7	8.5	7.7	7.1	7.0
联营单位		Joint Ownership Units		2.5	3.9	2.6	2.6	0.8
有限责任公司		Limited Liability Corporations		303.5	471.9	472.7	475.3	468.0
股份有限公司		Share-holding Corporations Ltd.		101.3	149.1	146.9	144.6	145.4
私营企业		Private Enterprises		431.2	428.5	477.3	481.9	481.7
港澳台投资单位		Units with Funds from Hong Kong,Macao & Taiwan		33.1	43.6	44.1	41.8	40.9
外商投资单位		Foreign Funded Units		121.2	120.5	119.4	109.8	101.6
个 体		Self-employed Individuals		301.8	333.5	384.0	423.5	433.7
乡村就业人员	（万人）	Rural Employed Persons	(10 000 persons)	3470.0	3427.4	3405.5	3376.6	3371.4
#私营企业		Private Enterprises		324.2	364.1	448.8	601.8	816.5
个 体		Self-employed Individuals		317.8	376.3	447.3	535.2	640.7
职工人数	**（万人）**	**Number of Staff and Workers**	**(10 000 persons)**	**1060.2**	**1237.6**	**1210.0**	**1178.0**	**1155.5**
国有单位		State-owned Units		431.8	397.6	386.2	374.6	372.1
城镇集体单位		Urban Collective-owned Units		60.5	55.5	48.3	44.5	44.2
其他单位		Units of Other Types of Ownership		567.9	784.5	775.4	758.8	739.2
城镇单位女性就业人员	**（万人）**	**Urban Employed Female Persons**	**(10 000 persons)**	**380.8**	**437.7**	**443.4**	**441.3**	**435.9**
城镇累计新增就业人数	**（万人）**	**Number of Newly Employed Persons in Urban Areas**	**(10 000 persons)**	**119.9**	**120.0**	**118.5**	**116.8**	**121.0**
就业转失业人员再就业	**（万人）**	**Number of reemployed Persons**	**(10 000 persons)**	**55.6**	**55.5**	**52.3**	**51.2**	**57.6**
#困难群体再就业		Reemployed Persons in Difficult Groups		12.0	11.7	11.9	11.4	9.0
农村劳动力转移就业人数	**（万人）**	**Reemployed Persons in Difficult Groups**	**(10 000 persons)**	**137.4**	**133.3**	**131.2**	**127.5**	
城镇登记失业人数	**（万人）**	**Number of Registered Unemployed Persons in Urban Areas**	**(10 000 persons)**	**43.4**	**42.2**	**43.1**	**43.7**	**45.8**
城镇登记失业率	**（%）**	**Registered Unemployment Rate in Urban Areas**	**(%)**	**3.3**	**3.2**	**3.3**	**3.4**	**3.5**

4-2 按三次产业分的年底就业人员数
Number of Employed Persons at the Year-end by Three Industries

年 份 Year	就业人员 (万人) Total Employed Persons (10 000 Persons)	第一产业 Primary Industry	第二产业 Secondary Industry	第三产业 Tertiary Industry	构成(合计=100) Composition in Percentage(Total=100) 第一产业 Primary Industry	第二产业 Secondary Industry	第三产业 Tertiary Industry
1949	1859.3						
1952	1897.2						
1955	1959.7						
1957	2150.4						
1962	1981.2						
1965	2146.0						
1970	2606.0						
1975	2925.0						
1978	2969.8	2350.9	366.6	252.3	79.2	12.3	8.5
1980	3117.5	2458.1	382.5	276.9	78.9	12.3	8.9
1981	3192.4	2508.2	389.0	295.2	78.6	12.2	9.3
1982	3270.0	2520.8	442.2	307.0	77.1	13.5	9.4
1983	3795.1	2950.8	465.8	378.5	77.8	12.3	10.0
1984	3563.7	2509.1	528.8	525.8	70.4	14.8	14.8
1985	3561.1	2438.6	705.3	417.2	68.5	19.8	11.7
1986	3651.2	2431.1	776.0	444.1	66.6	21.3	12.2
1987	3765.7	2422.6	848.2	494.9	64.3	22.5	13.1
1988	3887.1	2474.5	905.1	507.5	63.7	23.3	13.1
1989	3940.3	2527.6	902.6	510.1	64.2	22.9	13.0
1990	4043.2	2585.7	922.5	535.0	64.0	22.8	13.2
1991	4219.3	2708.0	958.7	552.6	64.2	22.7	13.1
1992	4302.6	2705.1	1000.8	596.7	62.9	23.3	13.9
1993	4379.3	2689.9	1070.4	619.0	61.4	24.4	14.1
1994	4382.1	2541.6	1098.0	742.5	58.0	25.1	16.9
1995	5207.4	2832.3	1305.5	1069.6	54.4	25.1	20.5
1996	5227.4	2788.0	1286.1	1153.3	53.3	24.6	22.1
1997	5256.0	2812.5	1311.9	1131.6	53.5	25.0	21.5
1998	5287.6	2837.3	1245.8	1204.5	53.7	23.6	22.8
1999	5314.7	2811.7	1245.7	1257.3	52.9	23.4	23.7
2000	5441.8	2887.7	1286.0	1268.1	53.1	23.6	23.3
2001	5475.3	2863.6	1308.6	1303.1	52.3	23.9	23.8
2002	5527.0	2769.6	1375.1	1382.3	50.1	24.9	25.0
2003	5620.6	2638.3	1474.3	1508.0	46.9	26.2	26.8
2004	5728.1	2542.1	1581.0	1605.0	44.4	27.6	28.0
2005	5840.7	2350.3	1781.4	1709.0	40.2	30.5	29.3
2006	5960.0	2328.0	1870.3	1761.7	39.1	31.4	29.5
2007	6081.4	2265.2	1989.9	1826.3	37.3	32.7	30.0
2008	6187.6	2313.5	1955.5	1918.6	37.4	31.6	31.0
2009	6294.2	2297.4	2014.1	1982.7	36.5	32.0	31.5
2010	6401.9	2273.1	2086.7	2042.1	35.5	32.6	31.9
2011	6485.6	2211.6	2185.6	2088.4	34.1	33.7	32.2
2012	6554.3	2168.0	2245.2	2141.1	33.1	34.2	32.7
2013	6580.4	2086.0	2270.2	2224.2	31.7	34.5	33.8
2014	6606.5	2023.2	2294.2	2289.1	30.7	34.7	34.6
2015	6632.5	1963.2	2338.0	2331.3	29.6	35.2	35.2
2016	6649.7	1935.1	2354.0	2360.6	29.1	35.4	35.5

4—3 按行业分的年底就业人员数
Number of Employed Persons at the Year-end by Sector

单位：万人 (10 000 persons)

行 业	Sector	2013	2014	2015	2016
总 计	**Total**	**6580.4**	**6606.5**	**6632.5**	**6649.7**
农、林、牧、渔业	Agriculture,Forestry,Animal Husbandry and Fishing	2086.0	2023.2	1963.2	1935.1
采矿业	Mining	86.4	86.5	85.3	83.8
制造业	Manufacturing	1410.1	1420.9	1453.7	1464.3
电力、燃气及水的生产和供应业	Production and Supply of Electric Power and Heat Power	24.8	27.9	29.5	32.0
建筑业	Construction	749.9	758.9	769.5	773.9
批发和零售业	Wholesale and Retail Trade	841.7	843.5	840.8	841.3
交通运输、仓储和邮政业	Traffic,Transport,Storage and Post	323.9	341.7	351.2	358.3
住宿和餐饮业	Hotels and Catering Services	246.1	249.7	247.7	248.1
信息传输、软件和信息技术服务业	Information Transfer, Software and Information Technology Services	92.9	97.1	99.5	104.5
金融业	Financial Intermediation	47.8	53.8	61.8	63.9
房地产业	Real Estate	59.7	67.4	72.9	75.3
租赁和商务服务业	Leasing and Business Services	85.7	85.5	84.5	84.9
科学研究和技术服务业	Scientific Research and Technical Service	33.9	40.7	45.1	48.2
水利、环境和公共设施管理业	Management of Water Conservancy,Environment and Public Facilities	22.2	28.5	34.0	37.2
居民服务、修理和其他服务业	Households Services, Repair and Other Services	66.6	67.7	70.1	72.6
教 育	Education	158.7	156.5	160.2	160.3
卫生和社会工作	Health and Social Work	79.3	84.6	89.5	91.2
文化、体育和娱乐业	Culture,Sports and Entertainment	14.2	15.9	17.1	18.1
公共管理、社会保障和社会组织	Public management,Social Security and Social Organization	150.5	156.5	156.9	156.7
国际组织	International Organization				

注:2013年以来的数据按照新行业分类标准进行行业分组调整。
a)Since 2013,data have been adjusted in accordance with the new industry classification standards.

4-4 按登记注册类型和行业分城镇单位就业人员数(2016年底)

Number of Employed Persons in Urban at the Year-end by Status of Registration and Sector(2016)

单位:万人 (10 000 persons)

类 别	Category	总 计 Total	在岗职工 Staff and Workers	国有单位 State -owned Units	城镇集体单位 Urban Collective -owned Units
总 计	**Total**	**1215.5**	**1155.5**	**387.2**	**46.2**
按企、事业和机关分	**Grouped by Enterprises,institutions and Agencies**				
企 业	Enterprises	903.2	852.9	89.8	37.8
事 业	Institutions	216.7	209.6	206.8	7.7
机 关	Agebcies & Organizations	89.2	86.7	89.0	
民间非营利组织	Civil Nonprofit Organization	1.9	1.8		0.1
其 他	Others	4.5	4.4	1.6	0.6
按国民经济行业分	**Grouped by Sector**				
农、林、牧、渔业	Agriculture,Forestry,Animal Husbandry and Fishing	1.6	1.5	1.3	0.1
采矿业	Mining	57.4	54.7	4.8	0.6
制造业	Manufacturing	403.2	399.4	6.9	8.4
电力、燃气及水的生产和供应业	Production and Supply of Electric Power and Heat Power	23.1	22.4	11.3	0.1
建筑业	Construction	160.3	139.0	12.7	16.9
批发和零售业	Wholesale and Retail Trade	57.1	55.8	4.3	3.4
交通运输、仓储和邮政业	Traffic,Transport,Storage and Post	49.4	48.0	21.1	0.8
住宿和餐饮业	Hotels and Catering Services	14.2	13.8	3.2	0.4
信息传输、软件和信息技术服务业	Information Transfer, Software and Information Technology Services	18.2	18.1	1.9	
金融业	Financial Intermediation	45.4	31.9	11.2	3.3
房地产业	Real Estate	26.8	25.8	1.8	1.2
租赁和商务服务业	Leasing and Business Services	20.7	20.1	8.0	1.4
科学研究和技术服务业	Scientific Research and Technical Service	17.8	17.3	8.8	0.3
水利、环境和公共设施管理业	Management of Water Conservancy,Environment and Public Facilities	17.6	13.3	11.6	0.5
居民服务、修理和其他服务业	Households Services, Repair and Other Services	3.2	3.2	0.6	0.2
教 育	Education	117.2	114.8	107.4	3.1
卫生和社会工作	Health and Social Work	62.5	59.7	52.9	5.3
文化、体育和娱乐业	Culture,Sports and Entertainment	7.0	6.8	5.2	0.1
公共管理、社会保障和社会组织	Public management,Social Security and Social Organization	112.8	109.8	112.2	0.2
国际组织	International Organization				

注：自2013年开始，劳动工资统计范围包含原属于乡镇企业的规模以上法人单位(下表同)。
a)Since 2013,the scope of labor wage statistics include Township Enterprises above Designated Size (the same below).

4-5 各市按城乡分的年底就业人员数(2016年底)

Number of Employed Persons at the Year-end in Urban and Rural Areas by Region(2016)

单位:万人 (10 000 persons)

地 区	Region	总 计 Total	城 镇 小 计 Subtotal of Urban Area	国有单位 State-owned Units	集体单位 Collective-owned Units	股份合作单 位 Cooperative Units	联营单位 Joint Ownership Units	有限责任公 司 Limited Liability Corporations	股份有限公 司 Share-holding Corporations Ltd.
全省合计	**Total**	**6649.7**	**3278.3**	**387.2**	**46.2**	**7.0**	**0.8**	**468.0**	**145.4**
济 南 市	Jinan	470.1	254.4	42.1	3.3	0.9	0.1	59.4	19.7
青 岛 市	Qingdao	591.3	313.7	35.5	4.7	0.7		46.2	16.4
淄 博 市	Zibo	320.8	164.6	21.4	2.5	0.8		35.4	15.2
枣 庄 市	Zaozhuang	295.5	110.1	16.1	2.4	0.1	0.1	19.8	3.0
东 营 市	Dongying	151.1	83.4	12.3	0.7	0.2	0.1	14.4	13.9
烟 台 市	Yantai	463.2	221.6	28.8	4.8	0.4	0.1	29.0	6.9
潍 坊 市	Weifang	573.0	206.9	29.5	3.0	0.4		28.3	15.6
济 宁 市	Jining	553.9	154.3	28.4	4.3	1.0		41.0	6.3
泰 安 市	Tai'an	410.8	133.4	18.9	8.5	0.5	0.2	29.9	8.1
威 海 市	Weihai	200.9	108.0	12.1	1.7	0.3		19.0	8.3
日 照 市	Rizhao	209.8	65.9	9.1	0.6	0.1		15.3	3.1
莱 芜 市	Laiwu	111.7	44.7	3.1	0.2			12.1	0.7
临 沂 市	Linyi	722.6	166.8	32.6	3.2	0.4		34.6	10.9
德 州 市	Dezhou	358.0	103.4	22.2	2.1	0.4	0.1	21.8	4.9
聊 城 市	Liaocheng	411.0	94.8	19.9	1.2	0.3		17.3	5.2
滨 州 市	Binzhou	289.0	98.5	13.3	1.2	0.2		29.7	4.0
菏 泽 市	Heze	517.1	117.2	28.8	1.7	0.3	0.1	14.8	2.7

4-5 续表 continued

单位:万人 (10 000 persons)

地 区	Region	私营企业 Private Enterprises	港澳台商投资单位 Units with Funds from Hong Kong,Macao	外商投资单 位 Foreign Funded Units	个 体 Self-employed Individuals	乡 村 小 计 Subtotal of Rural Area	私营企业 Private Enterprises	个 体 Self-employed Individuals
全省合计	**Total**	**481.7**	**40.9**	**101.6**	**433.7**	**3371.4**	**816.5**	**640.7**
济 南 市	Jinan	63.9	5.2	3.8	40.2	215.7	71.7	35.9
青 岛 市	Qingdao	117.8	7.7	30.8	62.3	277.6	68.7	55.9
淄 博 市	Zibo	28.4	2.2	5.2	22.5	156.2	45.6	26.2
枣 庄 市	Zaozhuang	12.9	1.0	1.9	27.5	185.4	23.3	32.0
东 营 市	Dongying	13.1	0.6	0.6	10.8	67.7	14.3	12.2
烟 台 市	Yantai	65.0	8.1	23.6	41.9	241.6	55.2	49.9
潍 坊 市	Weifang	28.0	3.9	4.2	19.9	366.1	129.6	88.3
济 宁 市	Jining	19.2	1.8	1.9	31.2	399.6	61.5	54.4
泰 安 市	Tai'an	18.1	0.8	1.7	22.9	277.4	22.5	28.7
威 海 市	Weihai	18.7	1.8	14.2	14.5	92.9	24.6	16.6
日 照 市	Rizhao	12.5	0.7	1.8	6.8	143.9	23.4	17.5
莱 芜 市	Laiwu	8.4	0.2	0.3	4.2	67.0	10.7	10.2
临 沂 市	Linyi	21.7	3.6	5.6	41.8	555.8	60.2	41.6
德 州 市	Dezhou	10.3	0.8	2.1	18.9	254.6	40.9	38.8
聊 城 市	Liaocheng	6.9	1.1	1.4	20.7	316.2	39.2	39.8
滨 州 市	Binzhou	23.6	0.8	1.0	12.4	190.5	38.2	24.3
菏 泽 市	Heze	13.6	0.8	1.5	35.3	399.9	86.5	68.3

4-6 各市按行业分城镇单位就业人员数(2016年底)
Number of Employed Persons at the Year end by Sector(2016)

单位:万人 (10 000 persons)

地 区	Region	总 计 Total	农、林、牧、渔业 Agriculture, Forestry, Animal Husbandry and Fishing	采矿业 Mining	制造业 Manufacturing	电力、燃气及水的生产和供应业 Production and Supply of Electric Power and Heat Power	建筑业 Construction	批发和零售业 Wholesale and Retail Trade
全省总计	**Total**	**1215.5**	**1.6**	**57.4**	**403.2**	**23.1**	**160.3**	**57.1**
济 南 市	Jinan	135.9	0.1	0.3	28.9	1.7	26.8	10.8
青 岛 市	Qingdao	145.4	0.1	0.1	63.0	2.3	12.1	8.1
淄 博 市	Zibo	84.0	0.1	2.9	28.3	1.9	22.0	3.1
枣 庄 市	Zaozhuang	44.9		7.3	10.2	0.7	8.0	1.5
东 营 市	Dongying	43.2		11.7	9.4	0.4	4.9	1.1
烟 台 市	Yantai	103.5	0.2	4.0	44.6	1.7	6.9	3.7
潍 坊 市	Weifang	85.7	0.1	0.3	32.9	1.8	9.0	4.1
济 宁 市	Jining	85.2	0.1	17.4	17.5	2.0	12.2	2.6
泰 安 市	Tai'an	69.3	0.2	7.8	17.8	1.3	13.5	4.0
威 海 市	Weihai	58.7	0.1	0.0	34.0	1.5	3.1	1.8
日 照 市	Rizhao	31.1	0.1	0.0	10.8	0.5	5.2	1.6
莱 芜 市	Laiwu	16.8		1.5	7.5	0.3	1.8	0.6
临 沂 市	Linyi	92.4	0.2	2.2	30.3	1.5	12.8	5.6
德 州 市	Dezhou	55.5	0.1	0.3	18.1	1.5	5.6	3.2
聊 城 市	Liaocheng	47.3	0.0		14.9	1.2	3.9	1.7
滨 州 市	Binzhou	50.6	0.0	0.2	26.6	1.0	3.8	1.7
菏 泽 市	Heze	52.2	0.1	1.2	7.8	1.3	8.4	1.6

4-6 续表 1 continued

单位:万人 (10 000 persons)

地 区	Region	交通运输、仓储和邮政业 Traffic, Transport, Storage and Post	住宿和餐饮业 Hotels and Catering Services	信息传输、软件和信息技术服务业 Information Transfer, Software and Information Technology Services	金融业 Financial Intermediation	房地产业 Real Estate	租赁和商务服务业 Leasing and Business Services	科学研究和技术服务业 Scientific Research and Technical Service
全省总计	**Total**	**49.4**	**14.2**	**18.2**	**45.4**	**26.8**	**20.7**	**17.8**
济 南 市	Jinan	5.6	2.5	8.0	9.6	4.6	3.4	3.5
青 岛 市	Qingdao	7.6	2.5	1.4	5.9	3.8	2.7	2.6
淄 博 市	Zibo	1.5	0.6	1.2	2.1	1.3	1.1	0.6
枣 庄 市	Zaozhuang	0.9	0.3	0.2	0.9	0.8	0.3	0.3
东 营 市	Dongying	0.7	1.1	0.4	1.0	0.5	3.6	0.8
烟 台 市	Yantai	4.8	1.1	1.1	2.8	3.6	1.2	2.0
潍 坊 市	Weifang	2.2	0.9	1.2	1.8	1.7	0.7	0.8
济 宁 市	Jining	2.1	0.8	0.5	4.0	1.0	0.7	0.7
泰 安 市	Tai'an	1.8	0.6	0.6	2.8	1.3	1.0	0.8
威 海 市	Weihai	1.7	0.7	0.4	1.3	1.8	0.4	1.4
日 照 市	Rizhao	2.6	0.3	0.2	0.7	0.5	0.9	0.2
莱 芜 市	Laiwu	0.7	0.1	0.1	0.3	0.7	0.0	0.1
临 沂 市	Linyi	2.5	0.6	1.1	3.2	1.6	1.3	1.2
德 州 市	Dezhou	1.7	0.7	0.5	2.0	1.3	0.6	0.8
聊 城 市	Liaocheng	2.0	0.4	0.3	3.8	0.7	0.3	0.3
滨 州 市	Binzhou	1.3	0.3	0.4	1.1	0.7	1.5	0.3
菏 泽 市	Heze	1.6	0.3	0.4	2.1	0.9	0.3	0.6

4-6 续表 2 continued

单位:万人 (10 000 persons)

地区	Region	水利、环境和公共设施管理业 Management of Water Conservancy, Environment and Public Facilities	居民服务、修理和其他服务业 Households Services, Repair and Other Services	教育 Education	卫生和社会工作 Health and Social Work	文化、体育和娱乐业 Culture,Sports and Entertainment	公共管理、社会保障和社会组织 Public management, Social Security and Social Organization	国际组织 International Organization
全省总计	**Total**	**17.6**	**3.2**	**117.2**	**62.5**	**7.0**	**112.8**	
济南市	Jinan	1.4	0.5	10.4	6.7	1.6	9.5	
青岛市	Qingdao	2.1	0.9	12.5	6.3	1.1	10.1	
淄博市	Zibo	1.1	0.1	6.8	3.5	0.7	5.1	
枣庄市	Zaozhuang	0.6	0.1	4.3	2.5	0.2	5.7	
东营市	Dongying	0.4		2.6	1.2	0.1	3.2	
烟台市	Yantai	1.3	0.2	11.2	5.2	0.6	7.4	
潍坊市	Weifang	3.0	0.1	10.5	5.5	0.3	8.8	
济宁市	Jining	0.9	0.1	8.3	4.9	0.4	9.1	
泰安市	Tai'an	0.5	0.3	6.3	3.2	0.2	5.2	
威海市	Weihai	1.2	0.2	3.5	2.4	0.2	3.0	
日照市	Rizhao	0.3		2.7	1.6	0.1	2.7	
莱芜市	Laiwu	0.1	0.1	0.9	0.7		1.2	
临沂市	Linyi	2.1	0.2	11.1	5.6	0.4	8.8	
德州市	Dezhou	0.8	0.2	6.6	2.8	0.3	8.4	
聊城市	Liaocheng	0.5		6.5	3.5	0.3	6.8	
滨州市	Binzhou	0.3	0.2	3.7	2.2	0.1	5.1	
菏泽市	Heze	1.1	0.1	9.1	4.5	0.3	10.4	

4-7 各市按行业分私营企业和个体就业人数(2016年底)

Number of Engaged Persons in Private Enterprises and Self-employed Individuals at Year-end by Sector and Region(2016)

单位：万人 (10 000 persons)

地区	Region	合计	制造业 Manufacturing	建筑业 Construction	批发和零售业 Wholesale and Retail Trades	交通运输、仓储和邮政业 Traffic, Transport, Storage and Post	住宿和餐饮业 Hotels and Catering Services	租赁和商务服务业 Leasing and Business Service	居民服务、修理和其他服务业 Households Services, Repair and Other Services
全省总计	**Total**	**2372.7**	**456.2**	**96.9**	**1061.5**	**57.9**	**146.5**	**128.4**	**139.3**
济南市	Jinan	211.7	20.5	10.0	95.3	4.1	14.9	21.6	10.9
青岛市	Qingdao	304.7	56.1	17.1	123.9	7.1	17.0	23.7	17.0
淄博市	Zibo	122.7	28.6	6.0	52.0	2.3	7.8	6.0	7.8
枣庄市	Zaozhuang	95.7	16.1	2.2	48.8	3.5	6.7	4.5	7.1
东营市	Dongying	50.4	4.9	2.6	24.3	0.8	4.1	2.4	4.5
烟台市	Yantai	212.0	42.3	9.4	96.5	5.1	10.8	12.9	11.9
潍坊市	Weifang	265.8	72.6	12.4	93.3	7.8	13.3	12.7	13.4
济宁市	Jining	166.2	26.0	4.9	76.4	4.6	16.7	7.5	9.9
泰安市	Tai'an	92.2	14.0	2.9	44.0	3.2	6.6	4.0	6.5
威海市	Weihai	74.4	13.3	4.4	30.2	1.6	5.0	4.9	5.0
日照市	Rizhao	60.2	9.7	4.3	27.2	2.2	3.3	3.1	3.5
莱芜市	Laiwu	33.6	3.8	1.7	18.3	0.7	2.1	1.8	1.8
临沂市	Linyi	165.4	38.2	4.6	81.3	4.2	9.9	5.7	8.9
德州市	Dezhou	108.9	24.8	3.7	46.6	3.3	7.9	3.7	6.0
聊城市	Liaocheng	106.6	23.4	2.2	51.1	2.0	6.9	3.4	8.5
滨州市	Binzhou	98.5	18.8	3.7	45.3	2.3	5.4	5.3	5.6
菏泽市	Heze	203.7	43.0	4.8	106.9	3.0	8.2	5.2	11.1

4-8 各市按行业分城镇私营企业和个体就业人员数(2016年底)

Number of Engaged Persons in Urban Private Enterprises and Self-employed Individuals at Year-end by Sector and Region(2016)

单位：万人 (10 000 persons)

地区	Region	合计 total	制造业 Manufacturing	建筑业 Construction	批发和零售业 Wholesale and Retail Trades	交通运输、仓储和邮政业 Traffic, Transport, Storage and Post	住宿和餐饮业 Hotels and Catering Services	租赁和商务服务业 Leasing and Business Service	居民服务、修理和其他服务业 Households Services, Repair and Other Services
全省总计	**Total**	**915.4**	**123.5**	**41.8**	**443.7**	**21.0**	**66.1**	**62.6**	**65.3**
济南市	Jinan	104.0	8.9	5.0	48.9	1.7	7.1	11.1	5.9
青岛市	Qingdao	180.1	33.4	11.7	72.3	4.6	11.2	13.4	11.0
淄博市	Zibo	50.9	7.9	3.0	23.2	1.1	3.8	3.0	3.8
枣庄市	Zaozhuang	40.4	5.7	0.8	21.3	1.5	3.1	1.8	3.9
东营市	Dongying	23.9	1.9	1.2	12.5	0.4	2.1	1.2	2.1
烟台市	Yantai	106.9	15.3	5.7	50.2	2.4	6.2	9.7	6.9
潍坊市	Weifang	47.8	7.3	2.3	21.2	1.1	3.0	3.7	3.4
济宁市	Jining	50.4	3.8	1.4	27.2	1.1	6.0	3.0	4.1
泰安市	Tai'an	40.9	4.8	1.1	20.8	1.7	3.8	2.2	3.2
威海市	Weihai	33.1	5.5	2.3	13.6	0.7	2.3	2.5	2.7
日照市	Rizhao	19.2	1.8	1.8	9.1	0.8	1.3	1.6	1.0
莱芜市	Laiwu	12.6	1.7	0.6	6.8	0.2	0.6	0.7	0.7
临沂市	Linyi	63.5	8.4	0.7	41.3	1.3	4.0	2.0	3.3
德州市	Dezhou	29.1	3.9	0.8	15.0	0.7	2.8	1.4	2.5
聊城市	Liaocheng	27.6	3.2	0.4	14.6	0.4	2.9	0.8	3.9
滨州市	Binzhou	36.0	5.5	1.8	17.0	0.7	2.0	2.7	2.3
菏泽市	Heze	49.0	4.6	1.2	28.8	0.8	3.8	1.7	4.7

4-9 各市私营企业就业人员数(2016年底)

Number of Employed Persons in Private Enterprises at the Year-end by Region(2016)

单位：万人 (10 000 persons)

地区	Region	户数(户) Number of Enterprises (household)	就业人数 Number of Employed Persons	#投资者 Investor	城镇就业人数 Number of Employed Persons in Urban Areas	#投资者 Investor	乡村就业人数 Number of Employed Persons in Rural Areas	#投资者 Investor
全省总计	**Total**	**1749493**	**1298.2**	**283.5**	**481.7**	**137.0**	**816.5**	**146.5**
济南市	Jinan	201455	135.6	36.9	63.9	17.5	71.7	19.4
青岛市	Qingdao	317458	186.5	56.3	117.8	37.1	68.7	19.2
淄博市	Zibo	82902	74.0	14.8	28.4	7.0	45.6	7.8
枣庄市	Zaozhuang	44135	36.2	6.6	12.9	3.3	23.3	3.3
东营市	Dongying	41529	27.4	7.6	13.1	4.1	14.3	3.5
烟台市	Yantai	174501	120.2	27.1	65.0	14.7	55.2	12.4
潍坊市	Weifang	157432	157.6	25.1	28.0	10.0	129.6	15.1
济宁市	Jining	109139	80.7	17.8	19.2	6.6	61.5	11.2
泰安市	Tai'an	54520	40.6	10.0	18.1	4.4	22.5	5.6
威海市	Weihai	64466	43.3	10.6	18.7	5.3	24.6	5.3
日照市	Rizhao	46040	35.9	7.6	12.5	4.5	23.4	3.1
莱芜市	Laiwu	21585	19.1	3.2	8.4	1.8	10.7	1.4
临沂市	Linyi	116530	81.9	16.8	21.7	7.1	60.2	9.7
德州市	Dezhou	51923	51.2	8.5	10.3	3.0	40.9	5.5
聊城市	Liaocheng	61192	46.1	9.3	6.9	2.9	39.2	6.4
滨州市	Binzhou	58959	61.8	7.9	23.6	4.4	38.2	3.5
菏泽市	heze	145727	100.1	17.3	13.6	3.4	86.5	13.9

4-10 各市个体就业人员数(2016年底)

Number of Self-employed Individuals at the Year-end by Region(2016)

地 区	Region	个体户数 (户) Number of Households (household)	个体就业人数 (万人) Number of Engaged Persons (10 000 persons)	城镇 Urban	乡村 Rural
全省总计	**Total**	**5017586**	**1074.4**	**433.7**	**640.7**
济南市	Jinan	345440	76.1	40.2	35.9
青岛市	Qingdao	646386	118.2	62.3	55.9
淄博市	Zibo	240396	48.7	22.5	26.2
枣庄市	Zaozhuang	242740	59.5	27.5	32.0
东营市	Dongying	102656	23.0	10.8	12.2
烟台市	Yantai	514101	91.8	41.9	49.9
潍坊市	Weifang	533678	108.2	19.9	88.3
济宁市	Jining	375258	85.6	31.2	54.4
泰安市	Tai'an	222566	51.6	22.9	28.7
威海市	Weihai	160224	31.1	14.5	16.6
日照市	Rizhao	132460	24.3	6.8	17.5
莱芜市	Laiwu	62218	14.4	4.2	10.2
临沂市	Linyi	332389	83.4	41.8	41.6
德州市	Dezhou	252593	57.7	18.9	38.8
聊城市	Liaocheng	261223	60.5	20.7	39.8
滨州市	Binzhou	159905	36.7	12.4	24.3
菏泽市	Heze	433353	103.6	35.3	68.3

4-11 按登记注册类型和行业分城镇单位就业人员工资总额(2016年)

Total Wages Bill of Employed Persons in Urban by Status of Registration and Sector(2016)

单位:万元 (10 000 yuan)

类别	Category	总计 Total	在岗职工 Staff and Workers	国有单位 State-owned Units	城镇集体单位 Urban Collective-owned Units
总计	**Total**	**75317093**	**72817883**	**29403365**	**2423436**
按企、事业和机关分	**Grouped by Enterprises,institutions and Agencies**				
企业	Enterprises	51336009	49135009	6312645	1889551
事业	Institutions	16960873	16748142	16320522	503290
机关	Agebcies & Organizations	6649728	6570787	6633727	2309
民间非营利组织	Civil Nonprofit Organization	87433	85190	1629	2777
其他	Others	283051	278755	134843	25509
按国民经济行业分	**Grouped by Sector**				
农、林、牧、渔业	Agriculture,Forestry,Animal Husbandry and Fishing	81280	80780	71329	3182
采矿业	Mining	3801515	3668659	329724	25605
制造业	Manufacturing	20984710	20756731	426602	482385
电力、燃气及水的生产和供应业	Production and Supply of Electric Power and Heat Power	1695592	1670563	867477	4543
建筑业	Construction	8322066	7205253	730710	705461
批发和零售业	Wholesale and Retail Trade	2684922	2636889	247931	131600
交通运输、仓储和邮政业	Traffic,Transport,Storage and Post	3445527	3382041	1563161	31719
住宿和餐饮业	Hotels and Catering Services	600958	586479	148988	16910
信息传输、软件和信息技术服务业	Information Transfer, Software and Information Technology Services	1539218	1529110	164862	1448
金融业	Financial Intermediation	4058313	3627690	1071117	288322
房地产业	Real Estate	1507677	1470082	104544	60462
租赁和商务服务业	Leasing and Business Services	1221362	1200832	516744	54988
科学研究和技术服务业	Scientific Research and Technical Service	1376467	1339868	742908	18838
水利、环境和公共设施管理业	Management of Water Conservancy,Environment and Public Facilities	802588	741261	614984	17621
居民服务、修理和其他服务业	Households Services, Repair and Other Services	140707	138446	36356	9918
教育	Education	9406631	9338199	8838555	224957
卫生和社会工作	Health and Social Work	4805178	4700405	4250461	323165
文化、体育和娱乐业	Culture,Sports and Entertainment	541974	536107	427401	3649
公共管理、社会保障和社会组织	Public management,Social Security and Social Organization	8300411	8208489	8249509	18662
国际组织	International Organization				

注：自2013年开始，劳动工资统计包含原属于乡镇企业的规模以上法人单位(下表同)。

a)Since 2013,the scope of labor wage statistics include Township Enterprises above Designated Size (the same as following table).

4-12 各市城镇单位就业人员工资总额和指数(2016年)

Total Wage Bill of Employed Persons in Urban Units and Related Indices by Region(2016)

地 区	Region	工 资 总 额 (亿元) Earning(100 million yuan)				指数 (上年=100) Indices(preceding year=100)			
		合 计 Total	在岗职工 Staff and Workers	国有单位 State-owned Units	城镇集体单位 Urban Collective-owned Units	合 计 Total	在岗职工 Staff and Workers	国有单位 State-owned Units	城镇集体单位 Urban Collective-owned Units
全省合计	**Total**	**7531.7**	**7281.8**	**2940.3**	**242.3**	**106.8**	**106.6**	**109.8**	**102.9**
济南市	Jinan	1006.9	956.0	371.5	16.3	113.3	112.3	113.2	114.0
青岛市	Qingdao	1088.5	1055.2	374.1	37.8	106.5	106.3	110.2	103.0
淄博市	Zibo	507.6	494.1	167.0	14.7	104.1	103.6	113.3	102.1
枣庄市	Zaozhuang	237.5	232.8	104.9	10.1	102.8	102.2	108.9	107.4
东营市	Dongying	311.1	305.2	102.9	4.6	106.7	106.4	110.5	102.2
烟台市	Yantai	663.3	650.2	233.0	25.3	104.4	104.4	105.9	105.9
潍坊市	Weifang	511.8	486.5	223.8	14.5	108.8	110.0	115.1	105.1
济宁市	Jining	467.3	444.0	187.8	17.7	102.5	103.3	104.6	106.6
泰安市	Tai'an	372.4	360.3	129.9	40.3	98.4	97.8	101.3	96.6
威海市	Weihai	339.5	335.4	93.6	9.6	109.6	109.3	108.3	107.9
日照市	Rizhao	181.5	175.8	65.6	3.6	109.5	109.5	116.3	97.3
莱芜市	Laiwu	92.1	90.2	22.9	1.2	104.0	104.4	103.6	100.0
临沂市	Linyi	531.3	502.4	239.3	15.3	103.9	103.5	104.9	98.1
德州市	Dezhou	292.6	289.4	129.0	10.0	109.6	109.5	111.9	107.5
聊城市	Liaocheng	256.9	242.6	128.2	7.6	112.6	111.9	117.5	110.1
滨州市	Binzhou	289.8	284.2	95.5	5.8	104.9	104.8	109.1	89.2
菏泽市	Heze	259.1	255.1	155.8	7.3	113.2	114.2	114.8	100.0

4-13 各市按行业分城镇单位就业人员工资总额(2016年)

Total Wages Bill of Employed Persons by Sector and Region (2016)

单位:万元 (10 000 yuan)

地 区	Region	总 计 Total	农、林、牧、渔业 Agriculture, Forestry, Animal Husbandry and Fishing	采矿业 Mining	制造业 Manufacturing	电力、燃气及水的生产和供应业 Production and Supply of Electric Power and Heat Power	建筑业 Construction	批发和零售业 Wholesale and Retail Trade
全省合计	**Total**	**75317093**	**81280**	**3801515**	**20984710**	**1695592**	**8322066**	**2684922**
济南市	Jinan	10068893	3457	21819	1670936	131025	1758961	545846
青岛市	Qingdao	10884808	4733	3667	3757068	189446	710890	432152
淄博市	Zibo	5075824	5239	234928	1433204	149454	1173539	126336
枣庄市	Zaozhuang	2374996	2198	429593	390397	34696	341849	72513
东营市	Dongying	3111377	693	1000823	511178	42251	244614	49782
烟台市	Yantai	6632788	14366	234299	2480274	144184	366300	166455
潍坊市	Weifang	5117830	4369	14377	1668166	126270	491649	211700
济宁市	Jining	4672662	7626	1115368	780391	156140	465408	101620
泰安市	Tai'an	3724119	8588	383188	837029	71213	617957	190020
威海市	Weihai	3395162	4416	1694	1781705	98899	146652	88116
日照市	Rizhao	1815474	3216	1466	510948	40357	246031	71809
莱芜市	Laiwu	921374		76980	386135	18393	80139	28368
临沂市	Linyi	5312986	14840	152954	1497934	111154	648987	237410
德州市	Dezhou	2926100	2634	19667	886736	103786	269008	136393
聊城市	Liaocheng	2568693	1697		627303	73140	223157	78069
滨州市	Binzhou	2897516	355	11064	1361420	58004	182014	73021
菏泽市	Heze	2591122	2854	99630	310030	83602	332234	69071

4-13 续表 1 continued

单位:万元 (10 000 yuan)

地 区	Region	交通运输、仓储和邮政业 Traffic, Transport, Storage and Post	住宿和餐饮业 Hotels and Catering Services	信息传输、软件和信息技术服务业 Information Transfer,Software and Information Technology Services	金融业 Financial Intermediation	房地产业 Real Estate	租赁和商务服务业 Leasing and Business Services	科学研究和技术服务业 Scientific Research and Technical Service
全省合计	**Total**	**3445527**	**600958**	**1539218**	**4058313**	**1507677**	**1221362**	**1376467**
济南市	Jinan	461322	109821	722218	974264	276500	205646	335565
青岛市	Qingdao	619103	118177	152752	774052	303449	191034	268195
淄博市	Zibo	90091	29265	86806	223600	64116	55515	36923
枣庄市	Zaozhuang	35829	9152	17437	79252	35997	15973	17694
东营市	Dongying	41083	58587	35633	115094	27253	268759	66456
烟台市	Yantai	318507	47905	82581	248272	217041	58591	143988
潍坊市	Weifang	122318	33119	64869	165201	85579	33709	56457
济宁市	Jining	90612	27203	41175	245565	45669	28013	38516
泰安市	Tai'an	96886	26241	53951	181370	66844	50759	37295
威海市	Weihai	92276	29207	30136	132288	96824	16928	94353
日照市	Rizhao	212473	12921	15889	66359	23294	36414	12299
莱芜市	Laiwu	33523	3897	7428	34084	25097	2167	3614
临沂市	Linyi	131606	24405	96281	181498	79305	50722	69356
德州市	Dezhou	94740	27288	33385	144445	66709	26862	37425
聊城市	Liaocheng	108213	13999	22590	232056	28961	11554	19136
滨州市	Binzhou	72088	8534	26272	109530	29959	108338	20833
菏泽市	Heze	82983	10922	29293	151383	34714	11375	26410

4-13 续表 2 continued

单位:万元 (10 000 yuan)

地 区	Region	水利、环境和公共设施管理业 Management of Water Conservancy, Environment and Public Facilities	居民服务、修理和其他服务业 Households Services, Repair and Other Services	教 育 Education	卫生和社会工作 Health and Social Work	文化、体育和娱乐业 Culture, Sports and Entertainment	公共管理、社会保障和社会组织 Public management, Social Security and Social Organization	国际组织 International Organization
全省合计	**Total**	**802588**	**140707**	**9406631**	**4805178**	**541974**	**8300411**	
济南市	Jinan	86228	16855	997288	685163	161658	904322	
青岛市	Qingdao	113952	46740	1373829	627611	93254	1104705	
淄博市	Zibo	49430	4183	550968	271630	65926	424673	
枣庄市	Zaozhuang	24459	4956	316479	163127	10397	373002	
东营市	Dongying	22149	1904	247181	97903	8724	271311	
烟台市	Yantai	70450	8988	929296	425837	44586	630867	
潍坊市	Weifang	61090	3905	864545	419383	18235	672892	
济宁市	Jining	38214	5889	592033	324941	21476	546804	
泰安市	Tai'an	28916	11753	463371	227064	12883	358791	
威海市	Weihai	66961	7259	284593	164228	14450	244177	
日照市	Rizhao	14862	312	228662	114912	9966	193284	
莱芜市	Laiwu	5004	1641	76233	51246	1932	85495	
临沂市	Linyi	94597	5900	866819	422710	20603	605904	
德州市	Dezhou	41302	9308	377218	163444	16665	469086	
聊城市	Liaocheng	32212	2056	423340	251538	14999	404675	
滨州市	Binzhou	17199	5388	285879	158310	8425	360883	
菏泽市	Heze	35565	3246	526562	233586	16147	531515	

4-14 按登记注册类型和行业分城镇单位就业人员平均工资(2016年)
Average Earning of Employed Persons in Urban Units by Status of Registration and Sector(2016)

单位:元 (yuan)

类别	Category	总计 Total	在岗职工 Staff and Workers	国有单位 State-owned Units	城镇集体单位 Urban Collective-owned Units
总计	**Total**	**62539**	**63562**	**76903**	**53790**
按企、事业和机关分	**Grouped by Enterprises,institutions and Agencies**				
企业	Enterprises	57295	58012	71213	51405
事业	Institutions	79349	81009	80009	66176
机关	Agebcies & Organizations	75284	76558	75258	67116
民间非营利组织	Civil Nonprofit Organization	48364	49042	72705	41821
其他	Others	63681	64333	87249	43266
按国民经济行业分	**Grouped by Sector**				
农、林、牧、渔业	Agriculture,Forestry,Animal Husbandry and Fishing	56617	56971	59416	41921
采矿业	Mining	65309	66129	75144	44921
制造业	Manufacturing	52255	52209	62343	60288
电力、燃气及水的生产和供应业	Production and Supply of Electric Power and Heat Power	74333	75194	76882	49808
建筑业	Construction	52421	52474	57066	43008
批发和零售业	Wholesale and Retail Trade	47572	47809	58149	39432
交通运输、仓储和邮政业	Traffic,Transport,Storage and Post	70509	71240	74744	40723
住宿和餐饮业	Hotels and Catering Services	42496	42618	47338	39996
信息传输、软件和信息技术服务业	Information Transfer, Software and Information Technology Services	84346	84531	91205	76635
金融业	Financial Intermediation	93405	114693	98178	87989
房地产业	Real Estate	57331	58042	57366	51287
租赁和商务服务业	Leasing and Business Services	59852	60521	63983	41258
科学研究和技术服务业	Scientific Research and Technical Service	78755	79101	86024	56351
水利、环境和公共设施管理业	Management of Water Conservancy,Environment and Public Facilities	45799	56863	53224	38855
居民服务、修理和其他服务业	Households Services, Repair and Other Services	44511	45189	61777	47639
教育	Education	81165	82199	83150	74062
卫生和社会工作	Health and Social Work	78411	80256	81789	61808
文化、体育和娱乐业	Culture,Sports and Entertainment	77462	79081	83679	53584
公共管理、社会保障和社会组织	Public management,Social Security and Social Organization	74552	75746	74499	79043
国际组织	International Organization				

4-15 各市按登记注册类型分城镇单位就业人员平均工资(2016年)
Average Earning of Employed Persons in Urban Units by Status of Registration(2016)

单位：元 (yuan)

地 区	Region	总计 Total	在岗职工 Staff and Workers	国有单位 State-owned Units	城镇集体单位 Urban Collective-owned Units	股份合作单位 Cooperative Units	联营单位 Joint Ownership Units
全省合计	**Total**	**62539**	**63562**	**76903**	**53790**	**66272**	**46907**
济南市	Jinan	74834	77012	88887	51370	87211	35873
青岛市	Qingdao	75803	76616	106247	84413	57371	54244
淄博市	Zibo	61096	61928	79104	57866	60367	49269
枣庄市	Zaozhuang	53241	53793	65687	42903	55345	52068
东营市	Dongying	71521	73129	83427	61600	41499	73828
烟台市	Yantai	63869	64219	81134	54592	54580	32870
潍坊市	Weifang	59744	61815	76306	53144	98958	37376
济宁市	Jining	56000	57362	66947	42320	54776	45551
泰安市	Tai'an	54905	55493	70880	49166	56433	51738
威海市	Weihai	57717	57812	77829	58238	47466	36460
日照市	Rizhao	58473	59095	72612	57804	74394	47183
莱芜市	Laiwu	54527	55014	73885	49056	24414	
临沂市	Linyi	58125	60039	75019	47228	50521	54905
德州市	Dezhou	54127	54390	60123	47529	70271	46198
聊城市	Liaocheng	53859	55223	64697	59670	81083	34587
滨州市	Binzhou	58269	58659	72361	52324	78273	57173
菏泽市	Heze	50542	50979	54964	44126	87921	40447

4-15 续表 continued

单位：元 (yuan)

地 区	Region	有限责任公司 Limited Liability Corporations	股份有限公司 Share-holding Corporations Ltd.	其他内资 Others	港、澳、台商投资单位 Units with Funds from Hong Kong, Macao&Taiwan	外商投资单位 Foreign Funded Units
全省合计	**Total**	**53465**	**64179**	**52174**	**57613**	**55313**
济南市	Jinan	65344	79213	47520	83024	63680
青岛市	Qingdao	65612	82889	60287	60898	56985
淄博市	Zibo	52706	63302	47231	53156	46950
枣庄市	Zaozhuang	48187	46816	41167	41738	33033
东营市	Dongying	57524	77680	60548	65450	55311
烟台市	Yantai	56328	64165	57071	53746	58296
潍坊市	Weifang	47829	53578	61363	53326	54127
济宁市	Jining	51930	45249	39304	44582	61146
泰安市	Tai'an	47851	52221	49484	41518	53751
威海市	Weihai	49043	51679	56113	62413	55679
日照市	Rizhao	49514	64450	44219	50569	58174
莱芜市	Laiwu	49470	58235	68899	53506	46388
临沂市	Linyi	47381	54511	48549	48202	50372
德州市	Dezhou	48647	55629	52513	55622	49569
聊城市	Liaocheng	42794	54357	44275	43267	45368
滨州市	Binzhou	52033	59027	64205	51961	55219
菏泽市	Heze	44471	46686	39510	58902	37711

4-16 各市按行业分城镇单位就业人员平均工资(2016年)
Average Earning of Employed Persons in Urban Units by Sector and Region (2016)

单位:元 (yuan)

地 区	Region	总 计 Total	农、林、牧、渔业 Agriculture, Forestry, Animal Husbandry and Fishing	采矿业 Mining	制造业 Manufacturing	电力、热力、燃气及水的生产和供应业 Production and Supply of Electric, heat,gas and water	建筑业 Construction	批发和零售业 Wholesale and Retail Trade
全省合计	**Total**	**62539**	**56617**	**65309**	**52255**	**74333**	**52421**	**47572**
济南市	Jinan	74834	43756	73367	57707	79131	66234	51033
青岛市	Qingdao	75803	40315	49895	59685	84243	63827	53870
淄博市	Zibo	61096	72164	79338	50772	79480	54677	40488
枣庄市	Zaozhuang	53241	61231	57380	38763	51854	43267	47447
东营市	Dongying	71521	53705	84057	54788	106372	48436	45555
烟台市	Yantai	63869	72926	56395	54962	83237	53233	45657
潍坊市	Weifang	59744	49251	48148	50921	69216	52638	51279
济宁市	Jining	56000	54316	63365	46086	80509	40809	39860
泰安市	Tai'an	54905	61694	47373	48053	58204	46503	48292
威海市	Weihai	57717	67523	34642	52222	69291	44910	47592
日照市	Rizhao	58473	55351	48691	47463	78333	46149	43632
莱芜市	Laiwu	54527		47527	50967	67250	47199	44667
临沂市	Linyi	58125	64861	84575	49712	73292	49922	43418
德州市	Dezhou	54127	34979	66330	50023	72491	48480	43473
聊城市	Liaocheng	53859	36883		42051	59794	46719	46409
滨州市	Binzhou	58269	52221	44254	52012	56065	49771	44958
菏泽市	Heze	50542	39580	77515	40344	65222	40692	43102

4-16 续表 1 continued

单位:元 (yuan)

地 区	Region	交通运输、仓储和邮政业 Traffic, Transport, Storage and Post	住宿和餐饮业 Hotels and Catering Services	信息传输、软件和信息技术服务业 Information Transfer,Software and Information Technology Services	金融业 Financial Intermediation	房地产业 Real Estate	租赁和商务服务业 Leasing and Business Services	科学研究和技术服务业 Scientific Research and Technical Service
全省合计	**Total**	**70509**	**42496**	**84346**	**93405**	**57331**	**59852**	**78755**
济南市	Jinan	83443	44484	89060	108959	62391	61102	95873
青岛市	Qingdao	81328	46091	106804	135411	81017	70850	102353
淄博市	Zibo	61808	45428	75013	109737	49985	50528	65131
枣庄市	Zaozhuang	38459	31342	89742	90049	46322	48831	67610
东营市	Dongying	63040	51235	84638	113864	58358	73983	81481
烟台市	Yantai	66313	41748	78836	91509	61605	50078	73042
潍坊市	Weifang	56148	37435	53744	93987	52030	46151	66545
济宁市	Jining	43774	34037	91540	63531	46654	38290	59329
泰安市	Tai'an	55440	43196	89411	73118	50728	52071	55424
威海市	Weihai	53774	40571	83641	99577	52627	46943	67797
日照市	Rizhao	83225	44176	72024	94908	45170	41650	66335
莱芜市	Laiwu	48110	29770	73040	99574	35971	51595	54094
临沂市	Linyi	52778	38157	89472	58337	50095	39689	60315
德州市	Dezhou	57241	41878	61256	74819	54319	46441	52504
聊城市	Liaocheng	57408	32383	65553	66211	42590	40341	59800
滨州市	Binzhou	56562	32746	68292	97058	40349	81359	74325
菏泽市	Heze	51164	34325	80564	75673	41337	38081	46293

4-16 续表 2 continued

单位:元 (yuan)

地区	Region	水利、环境和公共设施管理业 Management of Water Conservancy, Environment and Public Facilities	居民服务、修理和其他服务业 Households Services, Repair and Other Services	教育 Education	卫生和社会工作 Health and Social Work	文化、体育和娱乐业 Culture, Sports and Entertainment	公共管理、社会保障和社会组织 Public management, Social Security and Social Organization	国际组织 International Organization
全省合计	**Total**	**45799**	**44511**	**81165**	**78411**	**77462**	**74552**	
济南市	Jinan	60528	33016	96235	104168	104007	94856	
青岛市	Qingdao	56245	53595	110878	101099	83869	109894	
淄博市	Zibo	45076	46579	82141	79047	97495	83219	
枣庄市	Zaozhuang	41413	51676	73347	66743	65105	66051	
东营市	Dongying	55736	54403	94647	82051	82383	84060	
烟台市	Yantai	55091	54574	83214	83637	66695	85653	
潍坊市	Weifang	20328	64968	82922	77987	58000	76574	
济宁市	Jining	42865	52630	72469	67575	58263	60915	
泰安市	Tai'an	59756	47088	76432	71826	54704	69829	
威海市	Weihai	57457	46179	82421	69576	58033	82890	
日照市	Rizhao	58166	59923	85436	72578	66972	71783	
莱芜市	Laiwu	73691	23917	82548	69931	68032	71496	
临沂市	Linyi	44360	30855	78602	76629	56541	69740	
德州市	Dezhou	55025	39159	58771	59655	61815	57728	
聊城市	Liaocheng	49291	43373	66350	73264	53626	59511	
滨州市	Binzhou	59596	31419	76436	74366	64214	70534	
菏泽市	Heze	35022	37484	58247	52329	51196	51899	

4-17 各市按行业分城镇私营单位就业人员平均工资(2016年)
Average Wage of Staff and Workers by Sector and Region(2016)

单位:元 (yuan)

地区	Region	总计 Total	农、林、牧、渔业 Agriculture, Forestry, Animal Husbandry and Fishing	采矿业 Mining	制造业 Manufacturing	电力、热力、燃气及水的生产和供应业 Production and Supply of Electric, heat,gas and water	建筑业 Construction	批发和零售业 Wholesale and Retail Trade
全省合计	**Total**	**48156**	**42927**	**47485**	**48488**	**52674**	**50069**	**45823**
济南市	Jinan	39926	31432	37850	39573	42013	45624	36268
青岛市	Qingdao	45430	48153	50268	46041	40143	46475	42602
淄博市	Zibo	39493	31496	44993	39071	46488	50465	34958
枣庄市	Zaozhuang	34746	26068	34026	36509	30082	34983	31579
东营市	Dongying	44927	35454	35478	46967	46885	40711	44855
烟台市	Yantai	44298	44780	44184	43888	41574	43856	46034
潍坊市	Weifang	45468	40902	40039	45567	45367	45319	44162
济宁市	Jining	36163	32869	40277	37196	43723	39922	33634
泰安市	Tai'an	37098	33089	35424	36350	35222	40394	36778
威海市	Weihai	39813	32567	33099	41076	35041	38825	40538
日照市	Rizhao	40463	34551	55407	38820	38273	46119	38852
莱芜市	Laiwu	33839	29961	41630	33046	30239	37186	33103
临沂市	Linyi	44176	38863	45885	45316	45041	41283	40932
德州市	Dezhou	44652	41265	57847	45185	45693	46087	42428
聊城市	Liaocheng	34728	31314	35670	33178	36694	40776	34381
滨州市	Binzhou	38890	32119	44097	40808	54010	38829	34945
菏泽市	Heze	35883	32685	43918	36663	36686	36489	33498

注：全省数据为城镇私营单位口径，各市数据为全部私营单位口径。

a)The statistics range of provincial data include urban private units,region data include all private units.

4-17 续表 1 continued

单位：元 (yuan)

地　区	Region	交通运输、仓储和邮政业 Traffic, Transport, Storage and Post	住宿和餐饮业 Hotels and Catering Services	信息传输、软件和信息技术服务业 Information Transfer, Software and Information Technology Services	金融业 Financial Intermediation	房地产业 Real Estate	租赁和商务服务业 Leasing and Business Services	科学研究和技术服务业 Scientific Research and Technical Service
全省合计	**Total**	**53171**	**43503**	**54779**	**53183**	**47456**	**47766**	**50819**
济 南 市	Jinan	41384	38342	41762	57076	39598	39898	42823
青 岛 市	Qingdao	52794	36204	63231	57316	42516	45403	46062
淄 博 市	Zibo	42391	35596	45885	33890	39942	37963	45169
枣 庄 市	Zaozhuang	39757	30871	30317	29060	32991	30817	29485
东 营 市	Dongying	54861	35605	47203	36531	36756	44554	42450
烟 台 市	Yantai	45185	39541	44667	42004	44278	44718	46073
潍 坊 市	Weifang	56962	39893	41465	48739	47031	46138	45687
济 宁 市	Jining	38502	32217	37257	47897	34620	33898	35776
泰 安 市	Tai'an	39163	37334	37796	37214	33124	36948	37154
威 海 市	Weihai	38644	37682	38555	36845	36538	40540	37776
日 照 市	Rizhao	43745	35355	37488	36004	44162	33505	34014
莱 芜 市	Laiwu	34932	27282	33056	35106	33403	31841	34327
临 沂 市	Linyi	50331	39124	47065	43984	43483	43727	41792
德 州 市	Dezhou	47817	43812	41523	44506	46350	43830	45066
聊 城 市	Liaocheng	43173	31431	33368	59196	34566	34532	41670
滨 州 市	Binzhou	44992	32999	31241	33758	35992	35690	35062
菏 泽 市	Heze	38190	33325	34499	39552	36671	34473	35563

4-17 续表 2 continued

单位：元 (yuan)

地　区	Region	水利、环境和公共设施管理业 Management of Water Conservancy, Environment and Public Facilities	居民服务、修理和其他服务业 Households Services, Repair and Other Services	教　育 Education	卫生和社会工作 Health and Social Work	文化、体育和娱乐业 Culture, Sports and Entertainment	公共管理、社会保障和社会组织 Public management, Social Security and Social Organization	国际组织 International Organization
全省合计	**Total**	**46189**	**48725**	**48162**	**47657**	**45784**	**44025**	
济 南 市	Jinan	36511	38808	43049	39219	39001	49952	
青 岛 市	Qingdao	43704	40264	37343	41839	66555		
淄 博 市	Zibo	32659	34014	47569	40560	34129	39277	
枣 庄 市	Zaozhuang	33367	30137	32256	32018	27941	25158	
东 营 市	Dongying	34258	33225	41782	40311	38004	37800	
烟 台 市	Yantai	40175	38680	42667	44586	42229	30397	
潍 坊 市	Weifang	43312	42743	46846	49358	46489	27182	
济 宁 市	Jining	33877	32503	36568	33578	33822	32102	
泰 安 市	Tai'an	35324	35259	38095	43533	34846	41104	
威 海 市	Weihai	35125	37879	37524	34011	38507	31172	
日 照 市	Rizhao	37955	36783	43307	32146	32872	44889	
莱 芜 市	Laiwu	33134	28767	26627	35453	26779	19808	
临 沂 市	Linyi	38909	40544	41343	42511	39105	42500	
德 州 市	Dezhou	45791	41459	44906	51016	42645	37387	
聊 城 市	Liaocheng	33417	27937	29278	40612	33388		
滨 州 市	Binzhou	33137	22312	32658	41883	32705	26400	
菏 泽 市	Heze	34150	33683	36220	38061	33458	37537	

4-18 各市城镇登记失业人员及失业率

Registered Urban Unemployed Persons and Unemployment Rate by Region

地 区	Region	失业人员(万人) Unemployment(10 000 persons)					登记失业率(%) Unemployment Rate(%)				
		2012	2013	2014	2015	2016	2012	2013	2014	2015	2016
全省总计	**Total**	**43.4**	**42.2**	**43.1**	**43.7**	**45.8**	**3.3**	**3.2**	**3.3**	**3.4**	**3.5**
济 南 市	Jinan	4.8	3.7	3.3	3.2	3.4	3.1	2.4	2.1	2.0	2.2
青 岛 市	Qingdao	6.4	7.0	7.2	7.5	8.0	2.9	3.0	3.0	3.0	3.2
淄 博 市	Zibo	2.7	2.9	2.9	3.0	3.2	2.5	2.7	2.5	2.8	2.7
枣 庄 市	Zaozhuang	1.8	1.9	1.8	1.9	1.9	2.4	2.5	2.2	2.3	2.4
东 营 市	Dongying	0.9	0.9	1.0	1.0	1.2	1.9	2.0	2.0	2.2	2.4
烟 台 市	Yantai	5.0	5.1	5.1	5.4	5.7	3.3	3.3	3.2	3.2	3.2
潍 坊 市	Weifang	3.9	3.8	3.9	3.9	3.9	3.1	3.0	3.0	2.9	2.9
济 宁 市	Jining	3.1	3.1	3.1	3.1	3.3	3.0	3.0	3.0	3.0	3.1
泰 安 市	Tai'an	2.5	1.9	2.0	2.1	2.6	2.7	1.9	2.0	2.1	2.5
威 海 市	Weihai	0.8	0.8	0.8	0.8	0.8	1.5	1.5	1.5	1.5	1.5
日 照 市	Rizhao	1.3	1.3	1.1	1.1	1.2	2.4	2.3	2.0	2.0	2.2
莱 芜 市	Laiwu	0.5	0.5	0.6	0.7	0.7	2.1	2.1	2.2	2.5	2.6
临 沂 市	Linyi	1.9	1.7	1.9	2.6	2.6	1.6	1.6	1.7	2.4	2.3
德 州 市	Dezhou	1.8	1.8	1.9	1.9	1.8	2.9	2.9	2.9	2.8	2.6
聊 城 市	Liaocheng	2.6	2.6	2.5	2.6	2.6	3.1	3.1	2.9	3.0	3.1
滨 州 市	Binzhou	1.3	1.2	1.2	1.2	1.2	2.7	2.2	2.2	2.2	2.1
菏 泽 市	Heze	1.9	1.8	1.8	1.8	1.7	3.4	3.2	3.1	3.2	3.1

4-19 主要年份年末离休、退休、退职人员人数

Numbers of Retired and Resigned Persons at Year-end in Major Years

单位:人 (person)

年 份 Year	总 计 Total	离休人员 Retired Veterans	退休人员 Retired Persons	领取定期生活费的退职人员 Resigned Persons
2000	1803820	144063	1592549	67208
2001	1880547	141761	1684005	54781
2002	2005227	130318	1830820	44089
2003	2121128	124002	1948428	48698
2004	2244567	118302	2077937	48328
2005	2487619	114650	2372969	
2006	2617076	104437	2512563	
2007	2821703	99016	2722687	
2008	3050455	93560	2956895	
2009	3260326	88574	3171752	
2010	3450734	79974	3370760	
2011	3730537	71844	3623657	35036
2012	4163329	68132	4058431	36766
2013	4591639	62261	4492295	37083
2014	5115111	56939	5020415	37757
2015	5543745	49531	5454932	39282
2016	6073980	28093	6008374	37513

注:本表不包括民政部门支付离休、退休、退职费的人数。
a)Data in this table exclude the number of retired or resigned people whose pensions are paid by civil affair departments.

4-20 离休、退休人员数(2016年底)
Numbers of Retired and Resigned Persons at Year-end(2016)

单位：人 (person)

类别	Category	离休、退休退职人员 Retired and Resigned Persons	离休人员 Retired Veterans	退休人员 Retired Persons
总计	**Total**	**6073980**	**28093**	**6008374**
一、执行企业养老保险制度	**According to the Enterprise Pension Insurance System**	**5018661**	**22428**	**4960473**
（一）企业	Enterprise	3577097	22380	3525148
1. 内资企业	Domestic Funded Enterprises	3522049	22240	3470693
国有企业	State-owned Enterprises	1644607	15692	1613139
集体企业	Collective Owned Enterprises	864337	2906	853737
其他企业	Others	1013105	3642	1003817
2. 港、澳、台及外资企业	Enterprises with Investment from Hong Kong, Macao and Taiwan	55048	140	54455
（二）事业	Institutions	6259	19	6209
（三）机关	Government Agencies	1923	21	1890
（四）其他人员	Others	1433382	8	1427226
二、执行机关事业单位养老保险制度	**According to the Government Agencies and Institutions Pension Insurance System**	**1055319**	**5665**	**1047901**
（一）机关	Government Agencies	256735	2222	254174
（二）事业	Institutions	798570	3443	793713
（三）其他单位	Others	14		14

4-21 各市离休、退休人员数(2016年底)
Numbers of Retired and Resigned Persons at Year-end by Region(2016)

单位：人 (person)

地区	Region	离休、退休退职人员 Retired and Resigned Persons	离休人员 Retired Veterans	退休人员 Retired Persons
全省总计	**Total**	**6073980**	**28093**	**6008374**
济南市	Jinan	488215	4295	481095
青岛市	Qingdao	920505	4420	911498
淄博市	Zibo	370344	1251	366321
枣庄市	Zaozhuang	148293	383	146018
东营市	Dongying	52407	190	51904
烟台市	Yantai	631701	2057	624742
潍坊市	Weifang	476522	1446	470144
济宁市	Jining	317381	1008	314061
泰安市	Tai'an	246916	1795	242831
威海市	Weihai	378544	1364	375555
日照市	Rizhao	196583	250	195626
莱芜市	Laiwu	135966	276	135049
临沂市	Linyi	337813	950	336686
德州市	Dezhou	187957	678	186277
聊城市	Liaocheng	185566	577	184065
滨州市	Binzhou	168727	469	166764
菏泽市	Heze	198598	638	197309

注：各市数据不包括省直管企业参保离退休人数。
a)Municipal data exclude the number of retired and resigned persons in provincial enterprises.

4-22 离休、退休人员保险福利费用(2016年)
Social Insurance and Welfare Funds for Retired Persons(2016)

单位:万元 (10 000 yuan)

类 别	Category	总 计 Total	离休金 Pensions for Retired Veterans	退休金 Pensions for Retired Persons
总计	**Total**	**19951622**	**232485**	**19634054**
一、执行企业养老保险制度	**According to the Enterprise Pension Insurance System**	**14629966**	**187821**	**14362295**
(一) 企业	Enterprise	11696216	186943	11439040
1. 内资企业	Domestic Funded Enterprises	11467328	184772	11214095
国有企业	State-owned Enterprises	6152222	124887	5987196
集体企业	Collective Owned Enterprises	2481440	26367	2427610
其他企业	Others	2833666	33518	2799289
2. 港、澳、台及外资企业	Enterprises with Investment from Hong Kong, Macao and Taiwan	228888	2171	224945
(二) 事业	Institutions	87294	96	87136
(三) 机关	Government Agencies	4887	183	4663
(四) 其他人员	Others	2841569	599	2831456
二、执行机关事业单位养老保险制度	**According to the Government Agencies and Institutions Pension Insurance System**	**5321656**	**44664**	**5271759**
(一) 机关	Government Agencies	1324794	17328	1306807
(二) 事业	Institutions	3996787	27336	3964877
(三) 其他单位	Others	75		75

4-23 各市离休、退休保险福利费用(2016年)
Social Insurance and Welfare Funds for Retired Persons by Region(2016)

单位:万元 (10 000 yuan)

地 区	Region	总 计 Total	离休金 Pensions for Retired Veterans	退休金 Pensions for Retired Persons
全省总计	**Total**	**19951622**	**232485**	**19634054**
济 南 市	Jinan	1864235	34663	1821589
青 岛 市	Qingdao	2855756	46735	2797709
淄 博 市	Zibo	1193889	7352	1179795
枣 庄 市	Zaozhuang	510037	3934	502218
东 营 市	Dongying	189712	1008	188111
烟 台 市	Yantai	1973658	20057	1942139
潍 坊 市	Weifang	1512570	9580	1491927
济 宁 市	Jining	1086026	8803	1072368
泰 安 市	Tai'an	782163	17327	760203
威 海 市	Weihai	952512	15022	934838
日 照 市	Rizhao	448719	2323	445004
莱 芜 市	Laiwu	342418	1520	339793
临 沂 市	Linyi	986736	8299	978173
德 州 市	Dezhou	610361	5472	603089
聊 城 市	Liaocheng	609713	4354	603526
滨 州 市	Binzhou	479897	4769	472389
菏 泽 市	Heze	664382	3969	659410

注：各市数据不包括省直管企业离退休费用。
a)Municipal data exclude the costs of retired and resigned persons in provincial enterprises.

4-24 社会保险基金收支及累计结余
Revenue, Expenses and Balance of Social Insurance Fund

单位：亿元 (100 million yuan)

年　份 Year	合　计 Total	基本养老保　险 Basic Pension Insurance	失业保险 Unemployment Insurance	城镇基本医疗保险 Basic Medical Care Insurance	工伤保险 Work Injury Insurance	生育保险 Maternity Insurance
基金收入 Revenue						
2005	474.9	360.5	23.5	82.1	5.0	3.8
2006	593.0	441.2	31.3	108.2	7.3	5.0
2007	782.9	591.8	36.5	137.9	10.2	6.5
2008	938.3	687.4	45.5	183.0	13.3	9.1
2009	1109.3	825.7	41.8	215.4	16.7	9.7
2010	1283.0	943.5	43.1	264.2	20.5	11.7
2011	1646.0	1191.2	65.5	343.1	28.4	17.8
2012	1883.4	1316.6	83.2	425.8	34.7	23.1
2013	2114.7	1489.0	57.3	500.3	40.0	28.1
2014	2589.5	1672.7	68.6	770.5	45.1	32.6
2015	3206.8	2105.5	71.6	942.7	51.0	36.0
2016	3502.5	2242.5	92.4	1081.5	50.2	35.8
基金支出 Expenses						
2005	379.0	296.2	14.0	63.2	3.3	2.3
2006	450.9	352.2	13.2	77.7	4.8	3.0
2007	570.9	444.0	13.5	101.9	7.3	4.2
2008	690.7	530.5	14.7	131.2	8.7	5.6
2009	840.5	622.7	22.4	177.0	11.7	6.7
2010	1027.1	749.3	31.4	222.2	15.1	9.1
2011	1223.9	886.8	25.9	279.4	20.1	11.7
2012	1475.6	1059.0	35.3	336.0	28.0	17.3
2013	1783.8	1270.5	46.3	413.5	31.3	22.3
2014	2365.8	1557.7	49.3	692.3	35.0	31.5
2015	2791.4	1845.2	57.3	820.4	38.4	30.1
2016	3202.2	2090.3	70.0	956.7	39.4	45.9
累计结余 Balance at Year-end						
2005	409.9	293.7	40.2	63.9	6.4	5.7
2006	551.7	382.7	58.3	94.4	8.6	7.7
2007	756.1	523.5	81.3	130.4	10.9	10.0
2008	1002.5	680.4	112.1	182.2	14.3	13.5
2009	1270.0	883.4	131.5	220.6	18.0	16.5
2010	1525.1	1077.6	143.2	262.6	22.6	19.0
2011	1946.1	1382.0	182.8	326.3	29.8	25.1
2012	2359.8	1639.5	230.7	416.7	41.9	31.0
2013	2693.4	1858.0	241.7	506.3	50.6	36.8
2014	2959.3	1973.0	261.0	626.8	60.6	37.9
2015	3378.0	2233.4	275.3	752.4	73.1	43.8
2016	3678.7	2385.7	297.8	877.6	83.9	33.8

注：基本养老保险不包含居民养老保险；自2014年起，基本医疗保险包括职工基本医疗保险和居民基本医疗保险。

a)Basic Pension Insurance doesn't include that for residents. Since 2014, Basic Medical Care Insurance includes employee and residents medical care insurance.

4-25 主要年份年末社会保险参保人数
Number of Persons Participated in Social Insurance in Major Years

单位:万人 (10 000 persons)

年份 Year	城镇职工社会基本养老保险 Urban Basic Pension Insurance	企业基本养老保险 Enterprise's Pension Insurance	机关事业养老保险 Institution and Government Agency's Pension Insurance	医疗保险 Medcial Care Insurance	失业保险 Unemployment Insurance	工伤保险 Work Injury Insurance	生育保险 Maternity Insurance
2000	972.2	757.6	214.6	255.5	715.0	279.4	325.5
2001	1022.2	793.9	228.3	490.2	700.2	285.5	331.8
2002	1043.0	805.0	238.0	625.6	701.2	278.2	323.2
2003	1135.9	883.5	252.4	691.1	719.1	281.8	336.5
2004	1218.7	958.1	260.6	771.9	747.5	476.7	390.8
2005	1302.5	1027.4	275.1	861.5	771.1	578.7	461.2
2006	1368.0	1086.2	281.8	996.1	789.7	647.3	488.8
2007	1455.7	1165.4	291.6	1115.9	814.9	745.0	563.3
2008	1565.8	1266.1	299.7	1266.2	864.1	865.0	638.0
2009	1661.0	1352.1	308.9	2540.2	899.5	1064.6	703.0
2010	1773.0	1459.5	313.5	2770.6	931.2	1211.2	774.1
2011	1907.1	1589.4	317.6	2947.8	964.9	1276.1	857.8
2012	2063.2	1739.8	323.4	3101.2	1009.8	1339.6	919.0
2013	2259.6	1931.7	327.8	3647.9	1089.6	1371.9	974.4
2014	2370.2	2037.5	332.7	3988.0	1154.3	1421.5	1046.5
2015	2477.5	2138.5	339.0	9235.8	1203.8	1473.5	1111.3
2016	2576.4	2224.2	352.2	9188.8	1222.9	1510.9	1139.1

注：城镇职工社会基本养老保险参保人数包含离退休人数；2009年起，医疗保险参保人数包含城镇居民医疗保险。2013年起，医疗保险参保人数中含新农合并入人员。

a) Number of persons participated in urban basic pension insurance include retirees.Since 2009,number of persons participated in medical care insurance include urban residents participated in medicalcare insurance. Since 2013,number or persons participated in medical care insurance included the new rural co-operative medical system incorporated into the personnel.

4-26 各市社会保险参保人数(2016年底)
Number of Persons Participated in Social Insurance at Year-end by Region(2016)

单位:万人 (10000 persons)

地区	Region	城镇职工社会基本养老保险 Urban Basic Pension Insurance	企业基本养老保险 Enterprise's Pension Insurance	机关事业养老保险 Institution and Government Agency's Pension Insurance	医疗保险 Medcial Care Insurance	失业保险 Unemployment Insurance	工伤保险 Work Injury Insurance	生育保险 Maternity Insurance
全省总计	**Total**	**2576.4**	**2224.2**	**352.2**	**9188.8**	**1222.9**	**1510.9**	**1139.1**
济南市	Jinan	284.3	259.3	25.0	618.6	135.8	161.2	142.2
青岛市	Qingdao	423.7	391.2	32.6	825.9	194.3	244.7	201.5
淄博市	Zibo	152.5	135.7	16.8	430.0	80.4	98.0	65.5
枣庄市	Zaozhuang	81.9	68.0	13.9	374.6	42.8	47.7	36.3
东营市	Dongying	55.2	46.8	8.5	196.1	28.6	61.6	48.1
烟台市	Yantai	242.2	215.8	26.4	611.0	108.4	120.2	112.0
潍坊市	Weifang	188.4	156.8	31.6	823.0	94.1	131.4	86.5
济宁市	Jining	147.5	119.2	28.3	798.1	80.5	97.0	72.5
泰安市	Tai'an	118.3	101.0	17.3	528.5	61.5	89.1	78.6
威海市	Weihai	117.1	106.1	11.0	251.7	56.4	71.6	60.6
日照市	Rizhao	69.6	60.5	9.0	261.4	27.1	36.9	30.0
莱芜市	Laiwu	43.7	39.5	4.3	119.6	21.3	26.6	19.0
临沂市	Linyi	141.6	110.8	30.8	996.6	60.1	100.8	57.6
德州市	Dezhou	81.9	61.7	20.2	511.1	36.6	60.0	40.1
聊城市	Liaocheng	76.8	57.1	19.6	559.0	33.8	49.6	23.5
滨州市	Binzhou	74.7	61.4	13.3	371.4	39.5	47.2	28.3
菏泽市	Heze	101.3	69.0	32.3	885.1	36.7	57.3	37.1

注:各市养老、失业保险人数不包括省直管企业人数。

a)Municipal data on pension insurance exclude the staff and workers of provincial enterprise.

4-27 城镇职工养老保险基本情况
Basic Statistics on Pension Insurance in Urban Areas

类别		Category		2011	2012	2013	2014	2015	2016
一、年末参保人数	**(万人)**	**Number of People Insured**	**(10 000 persons)**	**1907.1**	**2063.2**	**2259.6**	**2370.2**	**2477.5**	**2576.4**
职 工	(万人)	Employed People	(10 000 persons)	1534.0	1646.9	1800.4	1858.7	1923.1	1969.0
#企 业	(万人)	Enterprises	(10 000 persons)	1295.8	1407.2	1560.6	1618.7	1681.4	1722.3
离休、退休、退职人数	(万人)	Retired and Resigned Persons	(10 000 persons)	373.1	416.3	459.2	511.5	554.4	607.4
二、基金收支情况		**Revenue and Expenses**							
基金收入	(亿元)	Revenue	(100 million yuan)	1191.2	1316.6	1489.0	1672.7	2105.5	2242.5
基金支出	(亿元)	Expenses	(100 million yuan)	886.8	1059.0	1270.5	1557.7	1845.2	2090.3
三、企业养老金社会化发放人情况		**Payment of Pension Insurance**							
养老金实发人数	(万人)	People Receiving Pension Insurance	(10 000 persons)	293.7	332.7	371.2	418.7	457.0	501.9
#社会化发放人数	(万人)	People Receiving Socialized Pension Insurance	(10 000 persons)	293.7	332.7	371.2	418.7	457.0	501.9
社会化发放率	(%)	Rate of Socialized Pension Insurance	(%)	100.0	100.0	100.0	100.0	100.0	100.0

4-28 各市居民基本养老保险试点情况(2016年)
Statistics on Residents Old-age Insurance by Region(2016)

地 区	Region	参保人数(人) Contributors at Year-end (person)	达到领取待遇年龄参保人数 Number of Participants Who Have Reached the Prescribed Age of Benefit Entilement	基金收支情况(亿元) Revenue and Expense(100 million yuan)		
				基金收入 Revenue	基金支出 Expenses	累计结余 Balance at Year-end
全省总计	**Total**	**45389376**	**14386815**	**324.4**	**204.8**	**683.6**
济南市	Jinan	2250922	791278	17.8	10.2	28.9
青岛市	Qingdao	2954182	989500	30.0	27.8	54.2
淄博市	Zibo	1511902	591127	12.1	8.6	36.8
枣庄市	Zaozhuang	1929678	526514	7.8	6.6	20.7
东营市	Dongying	739708	264717	14.5	5.5	20.5
烟台市	Yantai	3182137	1149035	36.3	21.3	121.6
潍坊市	Weifang	4724511	1483476	34.5	19.3	83.7
济宁市	Jining	4465496	1232636	28.5	15.7	58.3
泰安市	Tai'an	2855132	852481	14.9	10.4	24.7
威海市	Weihai	898433	374896	13.2	6.6	26.6
日照市	Rizhao	1396746	427656	7.9	5.3	15.9
莱芜市	Laiwu	497176	163410	3.3	3.0	4.4
临沂市	Linyi	5385807	1677662	31.9	19.8	61.8
德州市	Dezhou	3049839	900610	16.5	10.5	29.9
聊城市	Liaocheng	2998854	893832	17.8	10.4	33.3
滨州市	Binzhou	1907334	639568	11.1	7.6	16.5
菏泽市	Heze	4641519	1428417	26.3	16.3	45.7

主要统计指标解释

经济活动人口 指在 16 周岁及以上，有劳动能力，参加或要求参加社会经济活动的人口。包括就业人员和失业人员。

就业人员 指在 16 周岁及以上，从事一定社会劳动并取得劳动报酬或经营收入的人员。这一指标反映了一定时期内全部劳动力资源的实际利用情况，是研究我国基本国情国力的重要指标。

单位就业人员 指在各级国家机关、政党机关、社会团体及企业、事业单位中工作，取得工资或其他形式的劳动报酬的全部人员。包括在岗职工、再就业的离退休人员、民办教师以及在各单位中工作的外方人员和港澳台方人员、兼职人员、借用的外单位人员和第二职业者。不包括离开本单位仍保留劳动关系的职工。单位就业人员反映了各单位实际参加生产或工作的全部劳动力。

城镇私营和个体就业人员 城镇私营就业人员指在工商管理部门注册登记，其经营地址设在县城关镇(含县城关镇)以上的私营企业就业人员，包括私营企业投资者和雇工。城镇个体就业人员指在工商管理部门注册登记，并持有城镇户口或在城镇长期居住，经批准从事个体工商经营的就业人员，包括个体经营者和在个体工商户劳动的家庭帮工和雇工。

城镇登记失业人员 指有非农业户口，在一定的劳动年龄内(16 周岁至退休年龄)，有劳动能力，无业而要求就业，并在当地就业服务机构进行求职登记的人员。

城镇登记失业率 城镇登记失业人员与城镇单位就业人员(扣除使用的农村劳动力、聘用的离退休人员、港澳台及外方人员)、城镇单位中的不在岗职工、城镇私营业主、个体户主、城镇私营企业和个体就业人员、城镇登记失业人员之和的比。计算公式为：

$$\text{城镇登记失业率}=\frac{\text{城镇登记失业人数}}{(\text{城镇单位就业人员}-\text{使用的农村劳动力}-\text{聘用的离退休人员}-\text{聘用的港澳台及外方人员})+\text{不在岗职工}+\text{城镇私营业主}+\text{城镇个体户主}+\text{城镇私营企业及个体就业人员}+\text{城镇登记失业人数}}\times 100\%$$

职工 指在国有、城镇集体、联营、股份制、外商和港、澳、台投资、其他单位及其附属机构工作，并由其支付工资的各类人员。不包括下列人员：(1)乡镇企业就业人员；(2)私营企业就业人员；(3)城镇个体劳动者；(4)离休、退休、退职人员；(5)再就业的离、退休人员；(6)民办教师；(7)在城镇单位中工作的外方及港、澳、台人员；(8)其他按有关规定不列入职工统计范围的人员。(1998 年及以后的数据均为在岗职工数据，其他相关指标如职工工资总额，职工平均工资等指标也从 1998 年按此口径进行了相应调整)。

国有单位 指资产归国家所有的经济组织。包括按《中华人民共和国企业法人登记管理条例》规定登记注册的非公司制的经济组织，以及中央、地方各级国家机关、事业单位和社会团体。

集体单位 指生产资料归集体所有，并按《中华人民共和国企业法人登记管理条例》规定登记注册的经济组织。

其他单位 包括股份合作单位、联营单位、有限责任公司、股份有限公司、港澳台商投资单位以及外商投资单位等其他登记注册类型单位。

在岗职工 指在本单位工作并由单位支付工资的人员，以及有工作岗位，但由于学习、病伤产假等原因暂未工作，仍由单位支付工资的人员。

工资总额 指各单位在一定时期内直接支付给本单位全部职工的劳动报酬总额。工资总额的计算原则应以直接支付给职工的全部劳动报酬为根据。各单位支付给职工的劳动报酬以及其他根据有关规定支付的工资，不论是计入成本的还是不计入成本的，不论是按国家规定列入计征奖金税项目的，还是未列入计征奖金税项目的，不论是以货币形式支付的还是以实物形式支付的，均包括在工资总额内。

平均工资 指企业、事业、机关单位的职工在一定时期内平均每人所得的货币工资额。它表明一定时期职工工资收入的高低程度，是反映职工工资水平的主要指标。计算公式为：

$$\text{平均工资}=\frac{\text{报告期实际支付的全部职工工资总额}}{\text{报告期全部职工平均人数}}$$

平均工资指数 指报告期职工平均工资与基期职工平均工资的比率，是反映不同时期职工货币工资水平变动情况的相对数。计算公式为：

$$\text{平均工资指数}=\frac{\text{报告期职工平均工资}}{\text{基期职工平均工资}}\times 100\%$$

平均实际工资指数 职工平均实际工资指扣除物价变动因素后的职工平均工资。职工平均实际工资指数是反映实际工资变动情况的相对数，表明职工实际工资水平提高或降低的程度。计算公式为：

$$\text{平均实际工资指数}=\frac{\text{报告期职工平均工资指数}}{\text{报告期城镇居民消费价格指数}}\times 100\%$$

基本养老保险

1.（参保）职工人数：指报告期末按照国家法律、法规和有关政策规定参加基本养老保险并在社保经办机构已建立缴费记录档案的职工人数，包括中断缴费但未终止养老保险关系的职工人数，不包括只登记未建立缴费记录档案的人数。

2.（参保）离退休人员人数：指报告期末参加基本养老保险的离休、退休和退职人员的人数。

3.基本养老保险基金收入：指根据国家有关规定，由纳入基本养老保险范围的缴费单位和个人按国家规定的缴费基数和缴费比例缴纳的养老保险基金，以及通过其他方式取得的形成基金来源的收入。包括单位和职工个人缴纳的基本养老保险费、基本养老保险基金利息收入、上级补助收入、下级上解收入、转移收入、财政补贴和其他收入。

4.基本养老保险基金支出：指按照国家政策规定的开支范围和开支标准从养老保险基金中支付给参加基本养老保险的离休、退休、退职人员个人的养老金、丧葬抚恤补助，以及由于保险关系转移、上下级之间调剂资金等原因而发生的支出。包括离休金、退休金、退职金、各种补贴、医疗费、死亡丧葬补助费、抚恤救济费、社会保险经办机构管理费、补助下级支出、上解上级支出、转移支出、其他支出等。

5.基本养老保险基金累计结余：指截止报告期末基本养老保险基金收支相抵后的累计余额。

离休、退休、退职人员 指正式办理了离休、退休、退职手续，并享受相应的离休、退休、退职待遇的人员。

基本医疗保险

1.参保人数：指报告期末按国家有关规定参加基本医疗保险的人数。包括参加保险的职工人数和退休人员人数。

2.基金收入：指根据国家有关规定，由纳入基本医疗保险范围的缴费单位和个人，按国家规定的缴费基数和缴费比例缴纳的基金，以及通过其他方式取得的形成基金来源的款项，包括：单位缴纳的社会统筹基金收入、个人缴纳的个人账户基金收入、财政补贴收入、利息收入、其他收入。

3.基金支出：指按照国家政策规定的开支范围和开支标准从社会统筹基金中支付给参加基本医疗保险的职工和退休人员的医疗保险待遇支出，和从个人帐户基金中支付给参加基本医疗保险的职工和退休人员的医疗费用支出，以及其他支出。包括：住院医疗费用支出、门急诊医疗费用支出、个人账户基金支出、其他支出。

4.基金累计结余：指截止报告期末基本医疗保险的社会统筹和个人帐户基金累计结余金额。包括银行存款、财政专户、债券投资和其他。

失业保险

1.参保人数：指报告期末按照国家法律、法规和有关政策规定参加了失业保险的城镇企业事业单位的职工及地方政府规定参加失业保险的其他人员的人数。

2.失业保险基金收入：指按照规定从企业、事业及其他单位筹集的失业保险费及其他并入失业保险基金收入的总额。包括单位和个人缴纳的失业保险费、失业保险基金利息收入、上级补助收入、下级上解收入、转移收入、财政补贴和其他收入。

3.失业保险基金支出：指报告期内为保障失业人员和下岗职工基本生活、促进其再就业等支出的基金总额。包括失业救济金、医疗费、死亡丧葬补助费、抚恤救济费、转业训练费支出、失业保险经办机构管理费、补助下级支出、上解上级支出、转移支出和其他支出。

4.基金累计结余：指截止报告期末失业保险基金收支相抵后的累计余额。

工伤保险

1.参加保险人数：指报告期末依据国家有关规定参加工伤保险的职工人数。

2.享受保险待遇人数：指劳动者因工负伤致残、死亡或因患职业病致残，根据有关规定享受工伤保险待遇职工或供养直系亲属人数。包括伤残人数、职业病人数、因工死亡人数、供养直系亲属人数。

3.基金收入：指根据国家有关规定，由参加工伤保险的单位按国家规定的缴费基数和缴费比例缴纳的工伤保险基金，以及通过其他形式取得的形成基金来源的款项。包括：单位缴纳的社会统筹基金收入、财政补贴收入、利息收入、其他收入。

4.基金支出：指按照国家政策规定的开支范围和开支标准从工伤保险基金中支付给参加工伤保险的人员及供养直系亲属工伤保险待遇支出及其他支出。包括工伤医疗费、伤残补助金、工亡补助金、护理费、丧葬补助费、工伤预防费用、职业康复费用和其他支出。

5.基金累计结余：指截止报告期末工伤保险基金累计结余金额。包括银行存款、财政专户、债券投资和其他。

生育保险

1.参保人数：指报告期末依据有关规定参加生育保险的职工人数。

2.基金收入：指根据国家有关规定，由参加生育保险的单位按照国家规定的缴费基数和缴费比例缴纳的生育保险基金，以及通过其他方式取得的形成基金来源的款项，包括：单位缴纳的基金收入、利息收入和其他收入。

3.基金支出：指按照国家政策规定的开支范围和开支标准，从生育保险基金中支付给参加生育保险的职工，因妊娠、分娩和计划生育手术而享受的待遇及其他支出。包括：生育津贴、医疗费用支出及其他支出。

4.基金累计结余：指截止报告期末生育保险基金累计结余金额。包括银行存款、财政专户、债券投资和其他。

离休、退休、退职人员保险福利费用 指离休、退休、退职人员实际得到的生活费用总额，包括从社会保险经办机构和单位得到的费用。

1.离休金：指按规定支付给离休人员的生活费用。

2.退休金：指按规定支付给退休人员的生活费用。

3.退职生活费：指按规定支付给退职人员的生活费用。

4.医疗卫生费：指单位直接支付给离休、退休、退职人员的医疗费、住院费以及住院伙食补助等费用。

5.其他：指离休金、退休金、退职生活费和医疗卫生费以外的其他保险福利费用，如丧葬抚恤救济费、生活补贴、物价补贴、冬季取暖补贴等。

Explanatory Notes on Main Statistical Indicators

Economically Active Population refers to the population aged 16 and over who are capable to work, are participating in or willing to participate in economic activities, including employed persons and unemployed persons.

Employed Persons refer to the persons aged 16 and over who are engaged in social working and receive remuneration payment or earn business income. This indicator reflects the actual utilization of total labour force during a certain period of time and is often used for the research on China' s economic situation and national power.

Persons Employed in Units refer to all the persons working in government agencies of various levels, political and party organizations, social organizations, enterprises and institutions, and receiving wages or other forms of payment. They include fully employed staff and workers, re employed retirees, teachers in schools run by the local people, foreigners and Chinese compatriots from Hong Kong, Macao, and Taiwan working in various units, part time employees, employees of other units working temporarily at current posts, and employees holding the second job, but exclude staff and workers who have left their working units while keeping their labour contract (employment relation) unchanged. This indicator reflects the total number of laborers actually engaged in production or other operations in various units.

Persons Employed in Private Enterprises and Self Employed Individuals in Urban Areas Persons employed in private enterprises refer to the persons employed in the private enterprises which have been registered at the departments of industrial and commercial administration and are situated at a county town (i.e. a town where the county government is located) for business operation or at urban areas with the level higher than a county town. The self employed individuals in urban areas refer to persons who hold the certificates of residence in urban areas or have resided in the urban areas for a long time and have been registered at the departments of industrial and commercial administration and approved to be engaged in individual industrial or commercial business, including self employed persons as well as helpers and hired labourers who work in the individual households engaged in industrial or commercial business.

Registered Urban Unemployed Persons refer to the persons with non agricultural household registration at certain working ages (16-50 years for male and 16-45 years for females), who are capable of work, unemployed and willing to work, and have been registered at the local employment service agencies to apply for a job.

Registered Urban Unemployment Rate refers to the ratio of the number of the registered unemployed persons to the sum of the number of persons employed in various units (minus the rural labour force, retirees, and Hong Kong, Macao, Taiwan or foreign employees they employ) laid off workers in urban units, owners and employees in urban private enterprises, urban self-employed individuals and the registered urban unemployed persons. The formula is as follows:

Registered urban unemployment rate=number of registered urban unemployed persons÷(number of persons employed in urban units - rural labour force employed retirees employed-Hong Kong, Macao, Taiwan or foreign employees employ+laid off workers+owners and employees in urban private enterprises+self employed individuals in urban areas+registered urban unemployed persons) ×100%.

Staff and Workers refer to persons working in, and receive payment from units of state ownership, collective ownership, joint ownership, share holding ownership, foreign ownership, and ownership by entrepreneurs from Hong Kong, Macao, and Taiwan, and other types of ownership and their affiliated units. They do not include 1) persons employed in township enterprises, 2) persons employed in private enterprises, 3) urban self employed persons, 4) retirees, 5) re employed retirees, 6) teachers in the schools run by the local people, 7) foreigners and persons from Hong Kong, Macao and Taiwan who work in urban units, and 8) other persons not to be included by relevant regulations. (Data of 1998 and afterward refer to fully employed staff and workers. Other related statistics such as total wage bill and average wage are adjusted since 1998 accordingly).

State owned Units refer to economic units whose assets are owned by the state. Included are non corporation units registered according to Regulation of the People Republic of China on the Registration of Enterprises and Corporations,state organs, institutions and social organizations at the central and local levels.

Collective Owned Units refer to economic units registered according to Regulation of the People Republic of China on the Registration of Enterprises and Corporations where the means of production are collectively owned.

Units of Other Types of Ownership refer to units registered with other types of ownership, including cooperative units, joint ownership units, limited companies, share holding corporations, units invested by entrepreneurs from Hong Kong, Macao, and Taiwan, and foreign invested units.

Fully Employed Staff and Workers refer to persons who work in, and receive wages from their working units, as well as persons who have their work posts, but are temporarily absent from work for reasons of study or on sick, injury or maternal leave and still receive wages from their working units.

Total Wages Bill refer to the total remuneration payment to staff and workers in various units during a certain period of time. The calculation of total wages is based on the total remuneration payment to the staff and workers. Therefore, all

the wages and salaries and other payments to staff and workers are included in the total wages regardless of their sources, category, and forms (in kind or cash). (Total wages of staff and workers in this yearbook include only total wages of fully employed staff and workers, excluding the living allowances distributed to those who have left their working units while keeping their labour contract/employment relation unchanged).

Average Wage refers to the average wage in money terms per person during a certain period of time for staff and workers in enterprises, institutions, and government agencies, which reflects the general level of wage income during a certain period of time and is calculated as follows:

Average Wage=Total Wages of Staff and Workers at Reference Time/Average Number of Staff and Workers at Reference Time.

Average Wage Indices refers to the ratio of average wage of staff and workers in the report period to that in the base period, which reflects the change of wage of staff and workers at the different period. It is calculated as follows:

Average Wage Indices=Average Wage of Staff and Workers at Reference Time/Average Wage of Staff and Workers at Base Period × 100%

Average Real Wage Indices average real wage of staff and workers refers to the average wage of staff and workers after removing the effects of the price changes and average real wage indices of staff and workers refers to the change of real wage, which reflects the relative increasing or decreasing level of real wage of staff and workers, which is calculated as follows:

Average Real Wage Indices=Average Wage Indices of Staff and Workers at the Reference Time/Urban Consumer Price Indices at Reference Time × 100%

Basic Pension Insurance

1.Number of staff and workers covered refer to staff and workers participating in basic pension insurance programme in line with national laws, regulations and related policies by the end of reference period, who have already had payment records in social security management agencies, including those who interrupt payment without terminating the insurance programme. Those who have registered in the programme with no payment records are not included.

2. Number of retirees participating in basic pension insurance programme refer to number of retirees participating in basic pension insurance programme by the end of reference period.

3. Revenue of basic pension insurance refer to payments made by employers and individuals participating in pension insurance programs in accordance with the basis and proportion stipulated in state regulations, and income from other sources that become source of pension insurance fund, including the premium paid by employers and staff and works, interest income, subsidies from higher level agencies, income as transfer from subordinate agencies, transferred income, government financial subsidies and other income.

4. Expenses of basic pension insurance refer to payment made to those retired and resigned people covered in pension insurance program in terms of pension or compensation within the scope and standards of expenditure according to related national policies, and expenditure occurred due to shift of the insurance relationship or adjustment of funds among agencies, including pension for resigned people, pension for retired people, pension for people quitting jobs, various subsidies, medical fees, funeral subsidies, compensation pension, management fees for social security agencies, expenses on subsidies to lower subordinates, expenses as transfer to agencies at higher level, transferred expenditure and other expenditure.

5. Balance of basic pension insurance refers to the balance of basic pension insurance at the end of the reference period after deducting expenses from revenue.

Retired or Resigned Personnel refers to people who have formally completed formalities for their retirement or quitting work and enjoy the corresponding retirement treatments.

Basic Medical Care Insurance

1. Number of people participating in the insurance programme refers to people participating in the basic medical care insurance programme according to related regulations by the end of reference period, including number of staff and workers and retirees participating in this insurance programme.

2. Revenue of insurance programme refer to payments made by employers and individuals participating in medical care insurance programs in accordance with the basis and proportion stipulated in state regulations, and income from other sources that become source of medical insurance fund, including income of social comprehensive funds paid by employers, income from individual accounts, government financial subsidies, interest income and other income.

3. Expenses of insurance programme refer to payment made from social comprehensive funds to those retired and resigned people covered in basic medical care insurance within the scope and standards of expenditure according to related national policies, and medical care payment made from individual accounts to staff and workers and retirees, and other expenses, including medical expenses of hospital inpatients, medical expenses for outpatients and emergency patients, payment from individual accounts and other expenditure.

4. Balance of basic medical care insurance refer to the balance of medical care insurance of social comprehensive funds and individual accounts at the end of the reference period, including bank savings, special fiscal accounts, investment in bonds and others.

Unemployment Insurance

1. Number of people covered refers to staff and workers in urban enterprises or institutions who have participated in unemployment insurance programme in line relevant policies and regulations, and other people who have participated according to local government regulations, by the end of reference period.

2. Revenue of unemployment insurance refer to payments made by employers and individuals participating in unemployment insurance programme in accordance with relevant regulations and other income contributed to this programme, including unemployment insurance premium made

by employers and individuals, interest income, subsidies from higher level agencies, income as transfer from subordinate agencies, transferred income, government financial subsidies and other income.

3. Expenses of unemployment insurance refer to total expenses during the reference period to guarantee the basic livelihood of unemployed people and laid off staff and workers and to encourage their re employment. Included are unemployment relief, medical fees, funeral subsidies, compensation pension, training expenses, management fees for unemployment insurance agencies, subsidies to lower level agencies, expenses as transfer to higher level agencies, transferred expenditure and other expenditure.

4. Balance of unemployment insurance refer to the balance of unemployment revenue deducting unemployment expenses at the end of the reference period.

Work Injury Insurance

1. Number of people covered refers to staff and workers who have participated in work injury insurance programme in line with relevant national regulations.

2. Number of beneficiaries refers to staff and workers and their direct dependents who can, in line with relevant regulations, benefit from work injury insurance, as a result of work injury leading to disability or death of the staff/worker, or occupational disease leading to disability. Included in this category are number of injured and disabled people, number of people with occupational diseases, number of deaths at work places, and number of direct dependents.

3. Revenue of work injury insurance refer to payments made by employers participating in work injury insurance programs in accordance with the basis and proportion stipulated in state regulations, and income from other sources that become source of work injury insurance fund, including income of social comprehensive funds paid by employers, government financial subsidies, interest income and other income.

4. Expenses of work injury insurance refer to payments made from work injury insurance funds to those who participated in the work injury insurance programme and their direct dependents within the scope and standards of expenditure according to related national policies, and other expenditure, including medical fees for work injury, injury and disability subsidies, death subsidies, nursing fees, funeral subsidies, injury prevention fees, rehabilitation fees for occupational diseases and other expenditure.

5. Balance of work injury insurance refer to the balance of the work injury funds at the end of the reference period, including bank savings, special fiscal account, investment in bonds and others.

Maternity Insurance

1. Number of people covered refers to staff and workers who have participated in maternity insurance programme according to relevant regulation at the end of the reporting period.

2. Revenue of maternity insurance refers to payments made by employers participating in maternity insurance programs in accordance with the basis and proportion stipulated in state regulations, and income from other sources that become source of maternity insurance fund, including income of funds paid by employers, interest income and other income.

3. Expenses of maternity insurance refer to payments made from maternity insurance funds to staff and workers who participated in maternity insurance programme within the scope and standards of expenditure according to related national policies, expenses paid for pregnancy, child delivery or surgeries related to family planning, and other expenditure, including allowance for child bearing, medical fees and other expenditure.

4. Balance of the maternity insurance refers to the balance of the maternity insurance funds at the end of reference period, including bank savings, special fiscal account, investment in funds and others.

Insurance and Welfare Funds for Retirees refer to the total payment for living expenses actually received by retirees, including payment received from social insurance management agencies and units.

1. Pensions for retired veteran cadres refer to living expenses paid to retired veteran cadres according to related regulations.

2. Pensions for retirement refer to living expenses paid to retired staff and workers according to related regulations.

3. Living allowances for resigned staff and workers refer to living expenses paid to resigned staff and workers according to related regulation.

4. Medical care expenses refer to medical fees, hospitalization cost and per diem subsidies during hospitalizations paid by employers directly to retirees.

5. Others refer to insurance and welfare payments other than the above mentioned payments, including funeral subsidies, living allowances, price subsidies and heating subsidies during winter.

第5篇

固定资产投资

Investment in Fixed Assets

简要说明

一、本篇资料的主要内容

本篇资料主要反映了全省固定资产投资方面的情况，主要包括固定资产投资的规模、结构、资金来源和投资的效果等方面的资料。2011 年，固定资产投资项目统计起点由 50 万元提高到 500 万元，名称统一规范为“固定资产投资”，其中包括城镇、非农户 500 万元及以上项目投资、房地产开发投资；“全社会固定资产投资”包括“固定资产投资加农户固定资产投资”。

二、本篇资料的来源

本篇资料来源于固定资产投资统计年报，由省统计局投资处整理提供。

Brief Introduction

I. Main Content

Data in this chapter show the basic conditions of investment in fixed assets of Shandong Province, mainly including the total investment in fixed assets, the structure of investment, the resources of investment and the results of investment, etc.Since 2011, the statistical criteria of fixed assets investment projects had been increased from 500 thousand to 5 million yuan. Investment in fixed assets include urban area and non-farmers 5 million and above project investments, real estate development investment; the total investment include investment in fixed assets and farmer investment in fixed assets.

II. Source of Data

Data in this chapter are based on the yearly report on investment in fixed assets and provided by the Division of Investment and Construction Statistics of Shandong Provincial Bureau of Statistics.

5-1 1978-2016年全社会固定资产投资总额
Total Investments in Fixed Assets from 1978 to 2016

单位:亿元 (100 million yuan)

年 份 Year	全社会固定资产投资额 Total Investment	国有经济 State-owned Units	集体经济 Collective-owned Units	#城 镇 Urban	个体经济 Self-employed Units	#农 村 Rural	其他经济 Others
1978	41.87	29.27	8.42	1.78	4.18	3.98	
1979	61.35	31.62	18.97	1.55	10.76	10.41	
1980	69.97	35.83	22.24	3.12	11.90	11.47	
1981	79.60	29.63	32.08	3.27	17.89	17.28	
1982	85.00	43.29	23.38	4.38	18.33	17.46	
1983	96.46	49.11	19.19	3.76	28.16	26.48	
1984	140.15	67.09	25.29	5.01	47.77	44.43	
1985	194.33	100.42	30.21	8.64	63.70	58.51	
1986	223.08	121.95	43.09	11.95	58.04	52.32	
1987	297.77	155.65	78.75	17.84	63.37	56.05	
1988	369.82	192.20	100.97	35.46	76.65	64.83	
1989	305.54	162.30	69.68	19.68	73.56	62.00	
1990	335.66	185.44	71.51	18.63	78.71	67.47	
1991	439.82	234.04	104.73	25.06	101.05	85.73	
1992	601.50	343.17	186.43	42.27	71.90	54.19	
1993	892.48	476.26	245.90	49.90	105.44	83.05	64.88
1994	1108.00	537.59	318.42	56.42	118.45	92.30	133.54
1995	1320.97	611.92	383.97	51.62	140.54	113.13	184.55
1996	1558.01	691.76	484.79	79.79	202.65	166.14	178.81
1997	1792.22	773.30	569.70	60.15	241.76	198.68	207.46
1998	2056.97	938.73	610.20	66.70	274.20	227.00	233.84
1999	2222.17	1043.13	635.55	82.72	310.64	228.43	232.85
2000	2542.65	1153.65	679.48	108.63	353.93	254.11	355.59
2001	2807.79	1157.44	688.61	134.92	384.06	263.35	577.68
2002	3509.29	1237.16	812.65	196.78	487.31	285.64	972.17
2003	5328.44	1615.57	1177.00	321.79	733.64	296.03	1802.23
2004	7629.04	1762.29	2455.86	383.83	772.28	116.36	2638.61
2005	10541.87	1853.29	1042.41	620.23	2736.61	1491.55	4909.56
2006	11136.06	1855.41	1063.61	713.49	3096.56	1186.20	5120.48
2007	12537.02	1838.55	1269.64	857.34	3566.49	1141.34	5862.34
2008	15435.93	2431.54	1811.23	1333.23	4360.90	1304.02	6832.27
2009	19030.97	3086.82	2308.54	1717.74	5235.29	1586.71	8400.32
2010	23276.69	3648.45	2627.32	1841.40	6505.00	1822.99	10495.92
2011	26769.73	3783.31	2715.00		8234.50		12036.92
2012	31255.96	3949.65	3129.27		9879.75		14297.30
2013	36789.07	4757.31	3113.17		12827.66		16090.93
2014	42495.55	5455.94	3380.39		16215.47		17443.75
2015	48312.46	6304.58	3125.74		20268.78		18613.36
2016	53322.49	7497.32	1545.38		22191.42		22088.37

注:1.2011年起，集体经济和个体经济不再细分城镇和农村(下表同)。

2.2011年起，固定资产投资项目统计起点由50万元提高到500万元，名称统一规范为“固定资产投资”，其中包括城镇、非农户500万元及以上项目投资和房地产开发投资；“全社会固定资产投资”包括“固定资产投资加农户固定资产投资”(下表同)。

a)Collective-owned Units and Self-employed Units had no longer divided into urban and rural unit since 2011.The same applies to tables following.

b)Since 2011, the statistical criteria of fixed assets investment projects had been increased from 500 thousand to 5 million yuan. Investment in fixed assets include urban area and non-farmers 5 million and above project investments, real estate development and investment.Total investment include investment in fixed assets and farmer investment in fixed assets.The same applies to tables following.

5-2 1978-2016年全社会固定资产投资构成

Composition of Total Investments in Fixed Assets from 1978 to 2016

单位:% (%)

年 份 Year	全社会固定资产投资额 Total Investment	国有经济 State-owned Units	集体经济 Collective-owned Units	#城 镇 Urban	个体经济 Self-employed Units	#农 村 Rural	其他经济 Others
1978	100.0	69.9	20.1	4.2	10.0	9.5	
1979	100.0	51.5	30.9	2.5	17.6	17.0	
1980	100.0	51.2	31.8	4.5	17.0	16.4	
1981	100.0	37.2	40.3	4.1	22.5	21.7	
1982	100.0	50.9	27.5	5.1	21.6	20.5	
1983	100.0	50.9	19.9	3.9	29.2	27.5	
1984	100.0	47.9	18.0	3.6	34.1	31.7	
1985	100.0	51.7	15.5	4.5	32.8	30.1	
1986	100.0	54.7	19.3	5.4	26.0	23.5	
1987	100.0	52.3	26.4	6.0	21.3	18.8	
1988	100.0	52.0	27.3	9.6	20.7	17.5	
1989	100.0	53.1	22.8	6.4	24.1	20.3	
1990	100.0	55.2	21.3	5.6	23.5	20.1	
1991	100.0	53.2	23.8	5.7	23.0	19.5	
1992	100.0	57.1	31.0	7.0	11.9	9.0	
1993	100.0	53.4	27.6	5.6	11.8	9.3	7.2
1994	100.0	48.5	28.7	5.1	10.7	8.3	12.1
1995	100.0	46.3	29.1	3.9	10.6	8.6	14.0
1996	100.0	44.4	31.1	5.1	13.0	10.7	11.5
1997	100.0	43.1	31.8	3.4	13.5	11.1	11.6
1998	100.0	45.6	29.7	3.3	13.3	11.0	11.4
1999	100.0	46.9	28.6	3.7	14.0	10.3	10.5
2000	100.0	45.4	26.7	4.3	13.9	10.0	14.0
2001	100.0	41.2	24.5	4.8	13.7	9.4	20.6
2002	100.0	35.3	23.1	5.6	13.9	8.1	27.7
2003	100.0	30.3	22.1	6.0	13.8	5.6	33.8
2004	100.0	23.1	32.2	5.0	10.1	1.5	34.6
2005	100.0	17.6	9.9	5.9	25.9	14.1	46.6
2006	100.0	16.7	9.5	6.4	27.8	10.7	46.0
2007	100.0	14.7	10.1	6.8	28.4	9.1	46.8
2008	100.0	15.8	11.7	8.6	28.3	8.4	44.3
2009	100.0	16.2	12.1	9.0	27.5	8.3	44.1
2010	100.0	15.7	11.3	7.9	27.9	7.8	45.1
2011	100.0	14.1	10.1		30.8		45.0
2012	100.0	12.6	10.0		31.6		45.7
2013	100.0	12.9	8.5		34.9		43.7
2014	100.0	12.8	8.0		38.2		41.0
2015	100.0	13.0	6.5		42.0		38.5
2016	100.0	14.1	2.9		41.6		41.4

5-3 按产业分固定资产投资总额

Total Investment in Fixed Assets by Three Strata of Industry

单位：亿元 (100 million yuan)

年 份 Year	固定资产投资额 Investment in Fixed Assets	按产业分 Grouped by Three Strata of Industry			构成(%) Grouped by Structure		
		第一产业 Primary Industry	第二产业 Secondary Industry	第三产业 Tertiary Industry	第一产业 Primary Industry	第二产业 Secondary Industry	第三产业 Tertiary Industry
2000	2542.7	77.1	1176.7	1288.8	3.0	46.3	50.7
2001	2807.8	95.0	1289.8	1423.1	3.4	45.9	50.7
2002	3509.3	131.7	1650.6	1727.0	3.8	47.0	49.2
2003	5328.4	167.5	2799.5	2361.5	3.1	52.5	44.3
2004	7629.0	249.7	4577.1	2802.3	3.3	60.0	36.7
2005	10541.9	308.4	6653.5	3579.6	2.9	63.1	34.0
2006	11136.1	291.7	6908.7	3935.6	2.6	62.0	35.3
2007	12537.0	360.4	7508.2	4668.4	2.9	59.9	37.2
2008	15435.9	563.2	8182.1	6690.6	3.6	53.0	43.3
2009	19031.0	614.8	9615.4	8800.8	3.2	50.5	46.2
2010	23276.7	551.8	11332.4	11392.5	2.4	48.7	48.9
2011	25927.1	533.3	12425.3	12968.5	2.1	47.9	50.0
2012	30319.8	679.6	14432.3	15207.9	2.2	47.6	50.2
2013	35875.9	644.8	17204.1	18027.0	1.8	48.0	50.2
2014	41599.1	705.3	21287.7	19606.1	1.7	51.2	47.1
2015	47381.5	898.3	24092.7	22390.4	1.9	50.8	47.3
2016	52364.5	973.6	27425.7	23965.1	1.9	52.4	45.8

注：2000—2010年数据为全社会固定资产投资口径，2011年以后数据为固定资产投资口径(不含农户固定资产投资)。
a)Caliber of 2000-2010 data is total investment, after 2011 data is investment in fixed assets.

5-4 固定资产投资(2016年)

Total Investments in Fixed Assets (2016)

单位:万元 (10 000 yuan)

类 别	Category	固定资产投资额 Investment in Fixed Assets	#房地产开发投资 Investment in Real Estate Development
总 计	**Total**	**523644936**	**63233819**
按登记注册类型分	**Registration Status**		
内 资	Domestic Fund	498871306	59278965
国 有	State-owned	63850456	721355
集 体	Collective-owned	14701660	196663
股份合作	Cooperative	702532	40252
联 营	Joint Ownership Units	206239	
有限责任	Limited Liability	145169233	38515061
股份有限	Share-holding Corporations Ltd.	17486781	2154204
私营	Private	220963514	17648267
其 他	Others	35790891	3163
港澳台商投资	Fund from Hong Kong,Macao and Taiwan	8842974	2978007
#合资经营	Joint Venture	4141588	1525321
合作经营	Collaborative Operation	114231	21011
独 资	Solely Foreign-owned	4265391	1414501
股 份	Share-holding	253935	
其 他	Others	67829	17174
外商投资	Fund from Overseas	15302259	976847
#合资经营	Joint Venture	7690898	438976
合作经营	Collaborative Operation	549780	213631
外 资	Foreign Funded	6550262	321740
股 份	Share-holding	#VALUE!	
其 他	Others	47161	2500
个体经营	Self-employed	628397	
按隶属关系分	**Investment by Jurisdiction of Management**		
中 央	Central Investment	12332506	1527899
地 方	Local Investment	511312430	61705920
省(自治区、直辖市)	Provincial	10312703	2258947
地区(州、盟、省辖市)	Prefecture	29377912	6332953
县(旗、县级市)	County	72064065	8874659
其 他	Others	399557750	44239361
按建设性质分	**Investment by Type of Construction**		
#新 建	New Construction	216183972	
扩 建	Expansion	90517777	
改建和技术改造	Reconstruction and Technical Transformation	136703827	
单纯建造生活设施	Housing	3043852	
迁 建	Removal and Reconstruction	3903198	
恢 复	Resumption	652860	
单纯购置	Purchase only	9405631	

注：本表固定资产投资不含农户投资，下表同。

a)Data in this table of investment in fixed asset does not include farmers investment.The same applies to tables following.

5-5 固定资产投资项目情况(2016年)
Investment Projects in Fixed Assets(2016)

类 别		Category		总计 Total	地方项目 Local Investment
建设总投资	**(万元)**	**Total Investment in Construction**	**(10 000 yuan)**	**812551142**	**775960480**
自开始建设累计完成投资	(万元)	Completed Investment from Beginning	(10 000 yuan)	571472430	552395703
本年完成投资	(万元)	Investment Completed This Year	(10 000 yuan)	460411117	449606510
#住宅投资	(万元)	Residential Buildings	(10 000 yuan)	6534731	6484944
按构成分		**Investment by Structure**			
建筑工程	(万元)	Construction	(10 000 yuan)	233999190	229854255
安装工程	(万元)	Installation	(10 000 yuan)	46092717	44844790
设备工器具购置	(万元)	Purchase of Equipment and Instruments	(10 000 yuan)	153811258	150189635
#购置旧设备	(万元)	Purchase of Second-hand Equipment	(10 000 yuan)	1316570	1291004
#用于更新的设备	(万元)	Purchase of Equipment to renwe old ones	(10 000 yuan)		
其他费用	(万元)	Others	(10 000 yuan)	26507952	24717830
#旧建筑物购置费	(万元)	Purchase of Used Buildings	(10 000 yuan)	640250	637488
#土地购置费	(万元)	Purchase of Field	(10 000 yuan)	11287224	10743745
本年新增固定资产	**(万元)**	**Newly Increased Real Estate**	**(10 000 yuan)**	**288429093**	**284865624**
本年施工房屋面积	(平方米)	Project under Construction	(sq.m)	260539970	258909131
#住 宅	(平方米)	Residential Building	(sq.m)	29830708	29632837
本年竣工房屋面积	(平方米)	Project Completed and Put into Use	(sq.m)	104909032	104251796
#住 宅	(平方米)	Residential Building	(sq.m)	12000090	11873919
本年竣工房屋价值	(万元)	Value of Project Completed and Put into Use	(10 000 yuan)	219175562	218999796
#住 宅	(万元)	Residential Building	(10 000 yuan)	1714673	1691251
施工项目个数	(个)	Number of Projects Under Construction	(unit)	56605	56207
#本年新开工	(个)	Started This Year	(unit)	43760	43506
本年投产项目个数	(个)	Number of Projects Put into Use	(unit)	44519	44281
本年资金来源合计	**(万元)**	**Total Fund of Different Sources**	**(10 000 yuan)**	**452695477**	**441845121**
上年末结余资金	(万元)	Fund Left Last Year	(10 000 yuan)	8952237	8695608
本年资金来源小计	(万元)	Total Fund of This Year	(10 000 yuan)	443743240	433149513
国家预算内资金	(万元)	State Budgetary Appropriations	(10 000 yuan)	10735252	10315119
国内贷款	(万元)	Domestic Loans	(10 000 yuan)	41719643	40203034
债 券	(万元)	Stock	(10 000 yuan)	290232	275313
利用外资	(万元)	Overseas Funds	(10 000 yuan)	2246577	2237677
#外商直接投资	(万元)	Direct Foreign Investment	(10 000 yuan)	1533625	1533625
自筹资金	(万元)	Self-raised Fund	(10 000 yuan)	373525760	365634127
#企事业单位自有资金	(万元)	Fund of Enterprises	(10 000 yuan)	114115764	110864704
其他资金来源	(万元)	Others	(10 000 yuan)	15225776	14484243
本年各项应付款合计	**(万元)**	**Total of Account Payable**	**(10 000 yuan)**	**26894617**	**26023565**
#工程款	(万元)	for Projects	(10 000 yuan)	8369479	8114415

注：本表固定资产投资不含房地产开发投资和农户投资。
a)Data in this table of investment in fixed asset does not include investment in real estate development and farmers investment.

5–6 按行业分的固定资产投资(2016年)
Investments in Fixed Assets by Sector(2016)

单位:万元 (10 000 yuan)

类别	Category	固定资产投资额 Investments in Fixed Assets	建设总投资 Total Investment in Construction	施工项目(个) Number of Project under Constructi-on(unit)	新开工项目 Started This Year
总计	**Provincial Total**	**523644936**	**812551142**	**56605**	**43760**
(一)农、林、牧、渔业	**Farming, Forestry, Animal Husbandry and Fishery**	**12686726**	**17865631**	**2587**	**2131**
农业	Farming	4670223	6361644	1061	877
林业	Forestry	1354097	2148771	261	221
畜牧业	Animal Husbandry	2000925	3421782	400	332
渔业	Fishery	1711017	2054398	271	196
农、林、牧、渔服务业	Services for Farming, Forestry, Animal Husbandry and Fishery	2950464	3879036	594	505
(二)采矿业	**Mining**	**4993719**	**8814333**	**484**	**342**
煤炭开采和洗选业	Mining and Washing of Coal	787284	2200457	115	88
石油和天然气开采业	Extraction of Petroleum and Natural Gas	1332504	1300359	18	15
黑色金属矿采选业	Mining and Dressing of Ferrous Metal Ores	923209	2064149	62	39
有色金属矿采选业	Mining and Dressing of Nonferrous Metals Ores	744271	1658331	85	42
非金属矿采选业	Mining and Dressing of Nonmetal Ores	943636	1243597	165	124
开采辅助活动	Mining Support Activities	211108	284600	30	27
其他采矿业	Mining and Dressing of Other Ores	51707	62840	9	7
(三)制造业	**Manufacture**	**233999218**	**378153666**	**28140**	**21453**
农副食品加工业	Processing of Farm and Sideline Food	15456117	20848909	2259	1720
食品制造业	Manufacture of Food	6998812	10519399	954	760
酒、饮料和精制茶制造业	Manufacture of Wine, Drinks and Refined Tea	2555994	5060519	341	262
烟草制品业	Tobacco Products	36584	205502	8	5
纺织业	Textile Industry	9234689	12503141	1323	1042
纺织服装、服饰业	Manufacture of Textile Wearing Apparel and Finery	5443872	7462669	918	740
皮革、毛皮、羽毛及其制品和制鞋业	Manufacture of Leather, Fur, Feather & Its Products and Footwear	2298106	3156926	314	256
木材加工及木、竹、藤、棕、草制品业	Timber Processing, Bamboo, Cane, Palm Fiber & Straw Products	5347636	7431840	992	860
家具制造业	Manufacture of Furniture	3326183	4977117	467	364
造纸及纸制品业	Papermaking and Paper Products	3892118	6251314	469	365
印刷和记录媒介复制业	Printing, Reproduction of Recording Media	2106447	2902520	358	266
文教、工美、体育和娱乐用品制造业	Manufacture of Culture, Education,Arts and crafts, Sport and Entertainment Goods	3934877	5707364	617	490
石油加工、炼焦和核燃料加工业	Petroleum Refining, Coking and Nuclear Fuel Processing	4904046	11305930	278	192
化学原料和化学制品制造业	Manufacture of Raw Chemical Materials and Chemica Products	26565454	50266286	2570	1913
医药制造业	Manufacture of Medicines	7541646	14092935	715	479
化学纤维制造业	Manufacture of Chemical Fibers	570002	1088108	52	37
橡胶和塑料制品业	Manufacture of Rubber and Plastic	11567703	16850988	1419	1151
非金属矿物制品业	Nonmetal Mineral Products	19052430	27074738	2728	2071
黑色金属冶炼及压延加工业	Smelting and Pressing of Ferrous Metals	6572277	16247486	436	331
有色金属冶炼及压延加工业	Smelting and Pressing of Nonferrous Metals	6971934	13189053	374	257
金属制品业	Manufacture of Metal Products	13742393	20225692	1694	1326

注：建设总投资、施工及新开工项目个数等指标不含房地产企业开发数据(下表同)。
a)Data of total investment in construction , number of project under construction and new started no include those developed by real estate companies. The same applies to tables following.

5-6 续表 1 continued

单位:万元 (10 000 yuan)

类 别	Category	固定资产投资额 Investments in Fixed Assets	建设总投资 Total Investment in Construction	施工项目(个) Number of Project under Constructi-on(unit)	新开工项目 Started This Year
通用设备制造业	Manufacture of General Purpose Machinery	20874049	29541094	2911	2235
专用设备制造业	Manufacture of Special Purpose Machinery	18434531	27445265	2269	1685
汽车制造业	Manufacture of Automotive	12709146	23394547	1044	691
铁路、船舶、航空航天和其他运输设备制造业	Manufacture of Railroad,Marine,Aerospace and Other Transportation Equipment	2569756	3876231	263	190
电气机械及器材制造业	Manufacture of Electrical Machinery & Equipment	11266596	17876797	1257	918
计算机、通信和其他电子设备制造业	Manufacture of Computer, Communications and Other Electronic Equipment	5662658	10118760	516	380
仪器仪表制造业	Manufacture of Measuring Instrument	1989132	2898037	262	203
其他制造业	Other Manufacture	1178872	3763785	198	161
废弃资源综合利用业	Comprehensive Utilization of Waste	977280	1559535	91	65
金属制品、机械和设备修理业	Metal Products, Machinery and Equipment Repair Industry	217878	311179	43	38
(四)电力、热力、燃气及水的生产和供应业	**Production and Supply of Electric, Heat, Gas and Water**	**24989973**	**57171898**	**1786**	**1334**
电力、热力生产和供应业	Production and Supply of Electric Power and Heating Power	21252740	51434977	1215	888
燃气生产和供应业	Production and Supply of Gas	1226272	2230080	198	157
水的生产和供应业	Production and Supply of Tap Water	2510961	3506841	373	289
(五)建筑业	**Construction**	**10703435**	**15921981**	**1817**	**1564**
房屋建筑业	Building Construction	2223110	3109047	441	387
土木工程建筑业	Civil Engineering Construction	5814625	8735851	989	835
建筑安装业	Construction Installment	847144	1386834	136	116
建筑装饰和其他建筑业	Construction Decoration and Others	1818556	2690249	251	226
(六)批发和零售业	**Wholesale and Retail Trade**	**22760034**	**34485438**	**3904**	**3297**
批发业	Wholesale	13412036	19399078	2330	1980
零售业	Retail Trade	9347998	15086360	1574	1317
(七)交通运输、仓储和邮政业	**Transport, Storage and Postal Services**	**29821591**	**82621992**	**2573**	**1920**
铁路运输业	Railway Transport	2965905	11832561	51	37
道路运输业	Road Transport	15023622	41907707	1530	1210
水上运输业	Waterway Transport	2212777	6496170	122	57
航空运输业	Air Transport	912444	5122173	29	24
管道运输业	Pipeline Transport	344281	547808	57	42
装卸搬运和运输代理业	Loading and Unloading and Other Transport Services	1504848	2555792	142	99
仓储业	Storage	6796825	13906779	623	434
邮政业	Postal Services	60889	253002	19	17
(八)住宿和餐饮业	**Accommodations and Catering Services**	**3699010**	**6167198**	**520**	**403**
住宿业	Accommodations	2113440	4196473	238	168
餐饮业	Catering Services	1585570	1970725	282	235
(九)信息传输、软件和信息技术服务业	**Information Transmission, Computer Services and Software**	**2906824**	**6865905**	**351**	**266**
电信、广播电视和卫星传输服务	Telecommunications, Radio and Television and Satellite Transmission Services	393507	517475	50	37
互联网和相关服务	Internet and related Services	422538	741015	75	66
软件和信息技术服务业	Software and Information Technology Services	2090779	5607415	226	163
(十)金融业	**Finance**	**1018014**	**2128841**	**130**	**97**
货币金融服务	Monetary and Financial Services	288460	391978	62	55
资本市场服务	Capital Market Services	299295	770098	34	19

5-6 续表 2 continued

单位:万元 (10 000 yuan)

类 别	Category	固定资产投资额 Investments in Fixed Assets	建设总投资 Total Investment in Construction	施工项目(个) Number of Project under Constructi-on(unit)	新开工项 目 Started This Year
保险业	Insurance	163362	369964	13	10
其他金融业	Others	266897	596801	21	13
(十一)房地产业	**Real Estate**	**89099796**	**52429384**	**2421**	**1643**
房地产业	Real Estate	63233819	52429384	2421	1643
(十二)租赁和商务服务业	**Leasing and Business Services**	**11831095**	**22791164**	**991**	**749**
租赁业	Leasing Services	549720	598070	91	82
商务服务业	Business Services	11281375	22193094	900	667
(十三)科学研究和技术服务	**Scientific Research and Technical Services**	**10557193**	**17436753**	**1320**	**997**
研究与试验发展	Research and Experimental Development	2718957	5103667	246	158
专业技术服务业	Special Technical Services	3108478	5444137	468	345
科技推广和应用服务业	Science and Technology Promotion and Application Services	4729758	6888949	606	494
(十四)水利、环境和公共设施管理业	**Management of Water Conservancy, Environment and Public Facilities**	**29597247**	**51185270**	**4399**	**3514**
水利管理业	Management of Water Conservancy	4713751	8209960	592	483
生态保护和环境治理业	Ecological Protection and Environmental Management	2561608	4103011	314	228
公共设施管理业	Management of Public Facilities	22321888	38872299	3493	2803
(十五)居民服务、修理和其他服务业	**Households services, Repair and Other Services**	**3056687**	**4278806**	**542**	**420**
居民服务业	Services to Households	2043926	2910766	328	251
机动车、电子产品和日用产品修理业	Motor Vehicles, Electronics and Household Products Repair	465890	537021	102	81
其他服务业	Other Services	546871	831019	112	88
(十六)教 育	**Education**	**7442016**	**12762576**	**1285**	**971**
教 育	Education	7442016	12762576	1285	971
(十七)卫生和社会工作	**Health and Social Work**	**5459428**	**10298366**	**624**	**444**
卫 生	Health Care	3624470	6763081	384	265
社会工作	Social Work	1834958	3535285	240	179
(十八)文化、体育和娱乐业	**Culture, Sports and Recreation**	**8274147**	**16509265**	**790**	**575**
新闻和出版业	News and Publication	96324	687466	12	8
广播、电视、电影和影视录音制作业	Radio, Television, Film and Video Recording Production	1454704	2970486	31	22
文化艺术业	Culture and Arts	3373301	6253919	405	288
体 育	Sports	706012	1542446	126	106
娱乐业	Recreation	2643806	5054948	216	151
(十九)公共管理、社会保障和社会组织	**Public Management,Social Security and Social Organizations**	**10748783**	**14662675**	**1941**	**1640**
中国共产党机关	CPC Agencies	16548	16348	7	5
国家机构	Government Agencies	6202209	8446132	1148	982
人民政协、民主党派	CPPCC and Democratic Parties				
社会保障	Social Security	462756	532699	62	48
群众团体、社会团体和其他成员组织	Mass Organizations, Social Organizations and Other Organizations	395937	742094	51	36
基层群众自治组织	Self-governing Mass Organizations at the Grass-roots Level	3671333	4925402	673	569
(二十)国际组织	**International Organizations**				
国际组织	International Organizations				

5-7 各市固定资产投资
Total Investments in Fixed Assets by Region

单位:亿元 (100 million yuan)

地 区	Region	2014	2015	2016
全省总计	**Total**	**41599.1**	**47381.5**	**52364.5**
济 南 市	Jinan	3063.4	3498.4	3974.3
青 岛 市	Qingdao	5766.0	6555.7	7454.7
淄 博 市	Zibo	2404.6	2731.6	3099.8
枣 庄 市	Zaozhuang	1430.0	1625.9	1788.5
东 营 市	Dongying	2708.2	3084.7	2472.5
烟 台 市	Yantai	4101.1	4667.1	5297.2
潍 坊 市	Weifang	3969.1	4516.7	5112.5
济 宁 市	Jining	2538.2	2891.0	3279.0
泰 安 市	Tai'an	2299.0	2618.2	2899.6
威 海 市	Weihai	2229.4	2543.7	2879.4
日 照 市	Rizhao	1234.7	1407.8	1597.8
莱 芜 市	Laiwu	545.4	619.1	635.7
临 沂 市	Linyi	2826.0	3219.2	3603.3
德 州 市	Dezhou	1961.3	2237.9	2537.8
聊 城 市	Liaocheng	1833.1	2100.8	2357.6
滨 州 市	Binzhou	1748.9	1990.2	2156.6
菏 泽 市	Heze	940.7	1073.3	1218.2

5-8 各市民间固定资产投资
Non-government Investments in Fixed Assets by Region

单位:亿元 (100 million yuan)

地 区	Region	2014	2015	2016
全省总计	**Total**	**34050.4**	**38613.0**	**41176.0**
济 南 市	Jinan	2021.0	2268.3	2439.2
青 岛 市	Qingdao	4350.4	4965.3	5566.0
淄 博 市	Zibo	2127.2	2341.3	2540.4
枣 庄 市	Zaozhuang	1204.2	1332.1	1426.8
东 营 市	Dongying	2074.9	2434.7	1835.4
烟 台 市	Yantai	3041.3	3744.8	4109.4
潍 坊 市	Weifang	3567.5	4052.2	4308.9
济 宁 市	Jining	2208.0	2445.0	2742.9
泰 安 市	Tai'an	2066.0	2213.4	2515.3
威 海 市	Weihai	1789.1	2089.7	2208.1
日 照 市	Rizhao	999.1	938.7	1093.4
莱 芜 市	Laiwu	458.7	517.0	475.6
临 沂 市	Linyi	2533.2	2967.6	3049.7
德 州 市	Dezhou	1612.1	1839.3	2057.1
聊 城 市	Liaocheng	1635.6	1874.1	2002.8
滨 州 市	Binzhou	1525.5	1624.6	1711.7
菏 泽 市	Heze	836.6	964.8	1093.3

5-9 各市房地产开发投资和销售情况(2016年)

General Scale of Investment Actually Completed by Enterprises for Real Estate Development and Floor Space of Commercialized Buildings Sold(2016)

地　区	Region	本年完成投资(万元) Investment Completed This Year (10 000 yuan)	#住宅 Residential Buildings	商品房销售面积(平方米) Floor Space of Commercialized Buildings Sold(sq.m)	#住宅 Residential Buildings	商品房销售额(万元) Total Sale of Commercialized Buildings Sold(sq.m)	#住宅 Residential Buildings
全省总计	**Total**	**63233819**	**46902164**	**117898770**	**105985784**	**69029046**	**60705448**
济南市	Jinan	11639381	8055689	14242514	12316804	11751413	10357163
青岛市	Qingdao	13691425	9561782	19392152	17520805	17899532	15763139
淄博市	Zibo	2218211	1580377	5032668	4588452	2829198	2551779
枣庄市	Zaozhuang	1589165	1182426	4186938	3988446	1720829	1550137
东营市	Dongying	2088087	1576090	3104843	2807116	1617509	1454081
烟台市	Yantai	5510205	4213219	9375702	8193084	5605025	4654911
潍坊市	Weifang	4432931	3415269	10014991	8908428	4317730	3754009
济宁市	Jining	3639369	2785190	8429832	7567201	3588903	3182887
泰安市	Tai'an	1810897	1507572	2563555	2435202	1358454	1256670
威海市	Weihai	2150701	1748920	9125378	8270862	4644827	3936064
日照市	Rizhao	1585005	1190210	2097116	2025176	1053050	1013143
莱芜市	Laiwu	471712	326079	524594	503569	250663	236539
临沂市	Linyi	3745021	2826759	10122122	8946364	4354915	3795895
德州市	Dezhou	2203755	1704926	5847928	5336256	2467050	2227841
聊城市	Liaocheng	2485127	1929357	4681808	4133299	2033919	1790878
滨州市	Binzhou	1146712	913597	4454634	4030243	1862629	1641913
菏泽市	Heze	2826115	2384702	4701995	4414477	1673400	1538399

5-10 按登记注册类型分的房地产开发投资情况(2016年)

类别		Category		总计 Total	内资企业 Domestic Funded	国有企业 State-owned Enterprises
计划总投资	**(万元)**	**Intended Investment**	**(10 000 yuan)**	**381559187**	**359256219**	**4391042**
自开始建设累计完成投资	**(万元)**	**Cumulative Investment**	**(10 000 yuan)**	**268473871**	**251306070**	**2657754**
本年完成投资	**(万元)**	**Investment Completed in Current Year**	**(10 000 yuan)**	**63233819**	**59278965**	**721355**
按构成分		**Grouped by Use of Funds**				
建筑工程	(万元)	Construction	(10 000 yuan)	43053444	40289089	283389
安装工程	(万元)	Installation	(10 000 yuan)	8072115	7726434	40405
设备工器具购置	(万元)	Purchase of Equipment and Instruments	(10 000 yuan)	679795	616487	8662
其他费用	(万元)	Others	(10 000 yuan)	11428465	10646955	388899
#旧建筑物购置费	(万元)	Purchase of Used Building	(10 000 yuan)	96540	96530	
土地购置费	(万元)	Purchase of Land	(10 000 yuan)	9376609	8764841	365122
按工程用途分		**Grouped by Use of Buildings**				
住宅	(万元)	Residential Buildings	(10 000 yuan)	46902164	44075132	349812
#90平方米以下住宅	(万元)	Residential Buildings below 90sq.m	(10 000 yuan)	12868560	12051993	66790
144平方米以上住宅	(万元)	Residential Buildings above 144sq.m	(10 000 yuan)	8728785	8005225	96683
#别墅、高档公寓	(万元)	Villas and Upper-scale Apartments	(10 000 yuan)	1364548	1097065	1515
办公楼	(万元)	Office Buildings	(10 000 yuan)	3462964	3241513	101381
商业营业用房	(万元)	Buildings for Business	(10 000 yuan)	8278233	7709536	66390
其他	(万元)	Others	(10 000 yuan)	4590458	4252784	203772
本年新增固定资产	**(万元)**	**Newly Increased Fixed Assets**	**(10 000 yuan)**	**24247478**	**23085948**	**243553**
本年资金来源合计	**(万元)**	**Total Funds of All Sources**	**(10 000 yuan)**	**104086850**	**96486823**	**976600**
上年末结余资金	(万元)	Fund Left from Last Year	(10 000 yuan)	18125671	16073688	304781
本年资金来源小计	(万元)	Fund of All Sources in Currrent Year	(10 000 yuan)	85961179	80413135	671819
国内贷款	(万元)	Domestic Loans	(10 000 yuan)	10124149	9790572	126771
#银行贷款	(万元)	from Banks	(10 000 yuan)	8945106	8613729	82771
非银行金融机构贷款	(万元)	from Other Financial Deparments	(10 000 yuan)	1179043	1176843	44000
利用外资	(万元)	Foreign Investment	(10 000 yuan)	102172		
#外商直接投资	(万元)	Foreign Direct Investment	(10 000 yuan)	102172		
自筹资金	(万元)	Self-Raising Funds	(10 000 yuan)	34516498	33122523	286955
#自有资金	(万元)	Self-owned Funds	(10 000 yuan)	15545932	14725800	129038
其他资金来源	(万元)	Others	(10 000 yuan)	41218360	37500040	258093
#定金及预付款	(万元)	Earnest Money and Advance Charge	(10 000 yuan)	24869255	21998161	91278
个人按揭贷款	(万元)	Mortgage Loans	(10 000 yuan)	11779130	11020705	26268
本年各项应付款合计	(万元)	Account Payable	(10 000 yuan)	16318015	15536808	151499
#工程款	(万元)	Payment for Construction	(10 000 yuan)	9133734	8637784	73980
待开发土地面积	(平方米)	Space of Land to be Developed	(sq.m)	26378954	24291456	98854
本年购置土地面积	(平方米)	Space of Land Purchased in Current Year	(sq.m)	20938974	20807330	75167
本年土地成交价款	(万元)	Value of Commercial Land	(10 000 yuan)	4833511	4820150	6381
契税	(万元)	Contract tax	(10 000 yuan)	105047	104686	254

 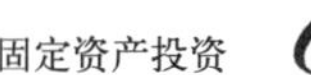 

Investment in Real Development by Registration Status(2016)

集体企业 Collective-owned Enterprises	股份合作企业 Cooperative Enterprises	联营企业 Joint Ownership Enterprises	有限责任公司 Limited Liability Corporations	股份有限公司 Share-holding Corporations Limited	私营企业 Private Enterprises	其他企业 Other Enterprises	港澳台商投资企业 Enterprises with Funds from Hong Kong, Macao and Taiwan	外商投资企业 Foreign Funded Enterprises
1337829	**330655**		**224848101**	**18370222**	**109930695**	**47675**	**16234625**	**6068343**
895480	**285419**		**158408637**	**13146060**	**75875953**	**36767**	**13118565**	**4049236**
196663	**40252**		**38515061**	**2154204**	**17648267**	**3163**	**2978007**	**976847**
122553	29666		25817130	1558400	12474788	3163	2085182	679173
27115	3981		4940198	320154	2394581		277144	68537
1233	142		406467	19030	180953		46670	16638
45762	6463		7351266	256620	2597945		569011	212499
			85520	386	10624		10	
37890	3630		6024383	217760	2116056		441446	170322
150291	32586		28471564	1600430	13467386	3063	2167548	659484
42477	2970		8390642	361619	3187495		592798	223769
32323	17963		5189047	250381	2418828		566057	157503
			666897	23829	404824		208297	59186
50	2567		2343066	49022	745427		183612	37839
33749	1943		4832559	389926	2384869	100	366988	201709
12573	3156		2867872	114826	1050585		259859	77815
64635	**81628**		**14575568**	**1041062**	**7077880**	**1622**	**839308**	**322222**
335811	**142998**		**63848501**	**3537983**	**27635860**	**9070**	**5483688**	**2116339**
90510	5140		10494243	700394	4471946	6674	1677101	374882
245301	137858		53354258	2837589	23163914	2396	3806587	1741457
4260	3642		7457813	139273	2058813		185673	147904
4260	3642		6463588	137838	1921630		183473	147904
			994225	1435	137183		2200	
							100000	2172
							100000	2172
117797	11218		21639732	1290900	9774025	1896	783590	610385
14462	11218		10092245	730193	3748094	550	389736	430396
123244	122998		24256713	1407416	11331076	500	2737324	980996
40846	1204		14455285	851371	6557677	500	2006744	864350
49874	17673		6823524	452756	3650610		642109	116316
73109	580		9915118	685287	4709359	1856	549109	232098
19472	490		5595487	380376	2566123	1856	409908	86042
291531	33509		15261642	583918	8022002		1253564	833934
342006	133181		12718205	366542	7172229		67279	64365
35294	28130		3282488	64359	1403498		3916	9445
68	96		69931	531	33806		120	241

5-11 按登记注册类型分的房地产开发财务情况(2016年)

单位:万元

类 别	Category	总计 Total	内资企业 Domestic Funded	国有企业 State-owned Enterprises
一、期初存货	**Initial Inventory**	**161448561**	**152056307**	**2081017**
二、期末资产负债	**Property debt at the End**			
流动资产合计	Total Liquid Liabilities	308789331	288653835	4355694
#应收账款	Accounts receivable	11020223	10639196	46937
存 货	Inventory	177837311	167101544	2239680
固定资产原价	Fixed Asset Value	10993561	9892579	132617
累计折旧	Accumulated Depreciation	2250167	1996787	46370
#本年折旧	in Current Year	385484	346901	5208
资产总计	Assets	359204101	336665603	4766579
负债合计	Liabilities	292513561	276755622	4166800
所有者权益合计	Owners' Equity	66690541	59909981	599779
#实收资本	Paid-up Capital	41762691	35996628	406535
三、损益及分配	**Net Income or Loss and Distribution**			
营业收入	Revenues from Business	62548651	58528458	672941
#主营业务收入	Revenues from Principal Business	61493707	57508675	660774
土地转让收入	Revenues from Land Transfer	112658	112008	2052
商品房屋销售收入	Revenues from Commercial Housing Sales	59416955	55507139	644220
房屋出租收入	Housing Rental Income	495139	427728	6196
其他收入	Others	1468956	1461800	8306
营业成本	Business Cost	50212604	47168500	550394
#主营业务成本	Main Business Cost	49343139	46402795	540393
营业税金及附加	Business Tax and Extra Charges	3944907	3692734	32814
#主营业务税金及附加	Main Business Tax and Extra Charges	3816823	3568328	31160
其他业务利润	Other Operating Profits	67260	64377	1028
销售费用	Sales Expenses	1687907	1548095	9144
管理费用	Management Expenses	2383338	2217513	40661
#税 金	Taxes	190882	180034	1069
财务费用	Financial Expenses	1325730	1248096	10529
营业利润	Business Profits	3472274	3056407	31877
营业外收入	Non-operating Income	436238	422943	14719
营业外支出	Non-operating Expenses	228114	216603	2197
利润总额	Total Profits	3687882	3270231	44398
应交所得税	Income Tax Payable	955931	853004	5734
应交增值税	Value-added Tax Payable	638096	593725	6463
四、人工成本	**Labor costs**			
本年应付工资总额	Wages Payable in Current Year	1459846	1364374	25932

Financial Indicators of Real Estate Development by Registration Status(2016)

(10 000 yuan)

集体企业 Collective-owned Enterprises	股份合作企业 Cooperative Enterprises	联营企业 Joint Ownership Enterprises	有限责任公司 Limited Liability Corporations	股份有限公司 Share-holding Corporations Limited	私营企业 Private Enterprises	其他企业 Other Enterprises	港澳台商投资企业 Enterprises with Funds from Hong Kong, Macao and Taiwan	外商投资企业 Foreign Funded Enterprises
806481	**77410**		**101567257**	**6047289**	**41476843**	**10**	**7698862**	**1693392**
2151008	229337		190980665	11783702	79124915	28514	15161653	4973843
53981	9822		8022285	340747	2153910	11514	282508	98519
900810	119044		111394050	5953325	46494586	50	8527969	2207797
130270	6577		6482995	508501	2631589	30	853020	247963
29809	3238		1036719	156832	723799	20	193329	60051
4600	332		185808	28432	122517	5	28503	10080
2397070	242035		226162771	14156721	88886835	53593	17050235	5488263
2170059	164670		182731168	11146405	76327306	49214	12376499	3381440
227011	77365		43431603	3010315	12559529	4379	4673736	2106823
98054	27522		24467071	1692454	9301285	3708	4257769	1508294
211952	111239		36429205	3679051	17412025	12045	2856429	1163763
211378	111239		35801672	3557026	17154541	12045	2824570	1160463
			67641		42315		650	
194408	111239		34526716	3490696	16527815	12045	2771360	1138456
3972			228502	33899	155160		48715	18696
12998			978814	32431	429251		3845	3311
175891	91285		29517384	2925469	13897173	10905	2294163	749941
172878	52285		28972705	2891405	13762225	10905	2200559	739785
11651	6242		2263613	253128	1124731	555	170709	81465
11135	6242		2216755	246619	1055863	555	168572	79923
546			22667	19634	20503		1574	1308
3007	1304		1002202	61968	470470		98171	41641
11923	2426		1283780	134757	743505	461	110869	54956
593	76		113847	10071	54379		7186	3662
3514	37		756158	76092	401766		71590	6044
6008	10399		1975747	250721	781230	425	173833	242034
298	174		233516	28650	145585	1	12068	1228
615	171		130322	9549	73736	12	10117	1394
5691	10402		2086346	269898	853083	413	175783	241868
1880	2151		565882	54634	222658	66	39960	62967
2438	2296		385093	23059	174376		28078	16294
13085	1372		786722	81891	452775	2597	72581	22891

5-12 房地产开发企业(单位)施工、销售和待售情况(2016年)

类 别		Category		合 计 Total
房屋施工面积	**(平方米)**	**Floor Space Under Construction**	**(sq.m)**	**599570661**
#新开工面积	(平方米)	Recently-started Projects	(sq.m)	132936928
房屋竣工面积	**(平方米)**	**Floor Space Completed**	**(sq.m)**	**82534995**
#不可销售面积	(平方米)	Space of Floor not Ready for Sale	(sq.m)	2617848
商品住宅竣工套数	**(套)**	**Number of Commercial Buildings Completed**	**(unit)**	
竣工房屋价值	**(万元)**	**Value of Buildings Completed**	**(10 000 yuan)**	**18737044**
出租房屋面积	**(平方米)**	**Floor Space of Buildings to Lease**	**(sq.m)**	**637050**
商品房销售面积	**(平方米)**	**Floor Space of Commercial Buildings Sold**	**(sq.m)**	**117898770**
#现房销售面积	(平方米)	Floor Space of Complete Dapartments	(sq.m)	26210985
期房销售面积	(平方米)	Floor Space of Forward Delivery Housin	(sq.m)	91687785
商品房销售额	**(万元)**	**Total Sale of Commercial Building**	**(10 000 yuan)**	**69029046**
#现房销售额	(万元)	Sale of Complete Dapartments	(10 000 yuan)	13418913
期房销售额	(万元)	Sale of Forward Delivery Housing	(10 000 yuan)	55610133
商品住宅销售套数	**(套)**	**Number of Commercial Buildings Sold**	**(unit)**	
#现房销售套数	(套)	Complete Dapartments	(unit)	
期房销售套数	(套)	Forward Delivery Housing	(unit)	
待售面积	**(平方米)**	**Floor Space of Waiting For Sale**	**(sq.m)**	**41781122**
#待售1-3年(含1年)	(平方米)	1 to 3 years	(sq.m)	20728313
待售3年以上(含3年)	(平方米)	more than 3 years	(sq.m)	1870082

Construction and Sale of Buildings Made by Real Estate Enterprises(2016)

住 宅 Residential Buildings	按户型面积分 #90平方米及以下住宅 Below or Equal 90 sq.m	144平方米以上住宅 Above 144 sq.m	#别墅、高档公寓 Villas and Upper-scale Apartments	办公楼 Office Buildings	商业营业用房 Buildings for Business	其 他 Others
441581122	**109732905**	**65694559**	**10682064**	**24347936**	**72397369**	**61244234**
97471215	18368976	12638306	2108501	4392602	14373659	16699452
63581612	**14241534**	**8396950**	**1427436**	**2930849**	**8163583**	**7858951**
805863	336630	36370	12451	181423	437794	1192768
570374	**178110**	**45456**	**6505**			
14233895	**3278798**	**2019727**	**370681**	**799457**	**1924003**	**1779689**
				86373	**501853**	**48824**
105985784	**19786858**	**16831953**	**2004311**	**1964103**	**6356903**	**3591980**
22378102	4988607	4103665	388502	650200	2217050	965633
83607682	14798251	12728288	1615809	1313903	4139853	2626347
60705448	**11400028**	**12237610**	**2301225**	**1848322**	**4962983**	**1512293**
10746933	2379237	2461567	407110	567474	1648932	455574
49958515	9020791	9776043	1894115	1280848	3314051	1056719
935027	**245414**	**96580**	**11774**			
198603	62797	23668	1982			
736424	182617	72912	9792			
27389862	**7607289**	**5101996**	**1159053**	**2125252**	**9205871**	**3060137**
13462961	3886709	2327678	740731	1028057	4746563	1490732
869532	262854	206963	61075	212391	669401	118758

5-13 新增生产能力(2016年)
Newly Increased Production Capacity through Capital Construction(2016)

能力名称		Item		建设规模 Total Construc-tion Size	本年施工规模 Under Construc-tion This Year	新开工能力 Started This Year	累计新增生产能力 Accumulated Newly Increased	本年新增能力 Newly Increased This Year
原煤开采	(万吨/年)	Coal Mining	(10 000 tons/year)	253	253		253	253
洗　煤	(万吨/年)	Coal Washing	(10 000 tons/year)					
焦　炭	(万吨/年)	Coke	(10 000 tons/year)	138	71	5	71	71
天然原油开采	(万吨/年)	Petroleum Extraction	(10 000 tons/year)	68	68	68	68	68
石油加工:		Petroleum Processing						
蒸馏设备能力	(处理万吨/年)	Distillation Equipment Capacity	(10 000 tons/year)	1551	724	427	444	315
裂化设备能力	(处理万吨/年)	FCC Equipment Capacity	(10 000 tons/year)	761	274	271	98	21
铁矿开采(原矿)	(万吨/年)	Iron Ore Mining	(10 000 tons/year)	613	611	202	611	211
铁矿选矿处理量	(万吨/年)	Iron Ore Processing capacity	(10 000 tons/year)					
生　铁	(万吨/年)	Pig Iron	(10 000 tons/year)					
粗　钢	(万吨/年)	Crude Steel	(10 000 tons/year)	2134	794	794	1358	794
铁合金	(万吨/年)	Iron Alloy	(10 000 tons/year)					
钢材	(万吨/年)	Steel	(10 000 tons/year)	880	723	641	722	640
铝加工材	(吨/年)	Aluminum Machining	(ton/year)	1768739	866384	754884	1495446	844577
铜加工材	(吨/年)	Copper Machining	(ton/year)					
黄金	(公斤/年)	Gold	(Kilogram/year)	815	443	443	443	443
火力发电	(万千瓦)	Thermal Power	(10 000 kw)	1906	1590	606	1158	1092
核能发电	(万千瓦)	Nuclear Power	(10 000 kw)	932	250			
风力发电	(万千瓦)	Wind Power	(10 000 kw)	205	136	94	114	85
太阳能发电	(万千瓦)	Solar Power	(10 000 kw)	564	468	425	403	384
其他发电	(万千瓦)	Others	(10 000 kw)	149	133	69	132	126
输电线路长度(11万伏及以上)	(公里)	Length of Transmission Line	(over 110kv) (km)	2117	1491	1289	1937	1456
水　泥	(万吨/年)	Cement	(10 000 tons/year)	172	172	172	172	172
平板玻璃	(万重量箱/年)	Plain Glass	(10 000 weight-box/year)	100	50	50	50	50
氮　肥	(吨/年)	Nitrogen Fertilizers	(ton/year)	610130	595130	515630	580130	580130
磷　肥	(吨/年)	Phosphate Fertilizers	(ton/year)	85120	84140	84140	84140	84140
钾　肥	(吨/年)	Potassium Fertilizer	(ton/year)	55730	55120	55120	55120	55120
化学农药原药	(吨/年)	Chemical Pesticides	(ton/year)					
塑料树脂及共聚物	(吨/年)	Plastics,Colophony and Copolymer	(ton/year)	411674	265922	233314	250825	199522

5-13 续表 continued

能力名称		Item		建设规模 Total Construc -tion Size	本年施工规模 Under Construc -tion This Year	新开工能力 Started This Year	累计新增生产能力 Accumu lated Newly Increased	本年新增能力 Newly Incre ased This Year
合成橡胶	(吨/年)	Synthetic Rubber	(ton/year)	172161	165963	57261	12261	12261
轮胎外胎	(万条/年)	Tires	(10 000 units/year)	7071	4547	2019	5889	2382
轮胎内胎	(万条/年)	Tire Tubes	(10 000 units/year)	3662	3472	3472	3472	3072
化学纤维	(吨/年)	Chemical Fiber	(ton/year)	75681	61051	54993	44983	44553
棉纺锭	(锭)	Cotton Spindles	(unit)	3482415	3191646	2775246	3209629	2766756
啤　酒	(万吨/年)	Beer	(10 000 tons/year)	5	5	5	5	5
白　酒	(万吨/年)	Wine	(10 000 tons/year)	6	3	3	4	3
其他酒	(万吨/年)	Others	(10 000 tons/year)	8	6	6	5	5
机制纸浆	(万吨/年)	Machine-made Pulp	(10 000 tons/year)	64	41	25	34	24
新建铁路里程	(公里)	Length of Newly-built Railway	(km)	16	10	10		
新建公路	(公里)	Length of Newly-built Highway	(km)	1860	1563	1372	1361	1340
#高速公路	(公里)	Expressway	(km)	258	172	70	92	92
一级公路	(公里)	Class-A Highway	(km)	195	180	142	111	111
二级公路	(公里)	Class-B Highway	(km)	100	100	100	100	100
改建公路	(公里)	Length of Reconstructed Highway	(km)	1642	1581	1305	1132	1061
一级公路	(公里)	Class-A Highway	(km)	535	504	418	487	459
二级公路	(公里)	Class-B Highway	(km)	514	500	328	405	378
新建独立公路桥梁	(延长米)	Length of Newly-built Bridges	(m)	25690	20159	19959	18973	17689
-座数	(座)	Number	(unit)	30	30	29	27	27
新(扩)建港口码头	(万吨/年)	Newly-built or Expanded Ports	(10 000 tons/year)	8276	7422	4832	4887	4267
-年吞吐量	(标准集装箱)	Annual Handling Capacity	(Standard Container)					
-泊位	(个)	Berths	(unit)	87	69	40	46	39
新(扩)建客、货运站	(个)	Cargo or Passenger Terminals	(unit)	30	30	29	30	30
-面积	(平方米)	Area	(sq.m)	98059	96059	91109	94259	94159
城市自来水供水能力	(万吨/日)	Volume of Water Supply	(10 000 tons/day)	83	61	54	66	56
城市污水处理能力	(万吨/日)	Capacity of Sewage Treatment	(10 000 tons/day)	248	214	201	205	194

主要统计指标解释

全社会固定资产投资　是以货币形式表现的在一定时期内全社会建造和购置固定资产的工作量以及与此有关的费用的总称。该指标是反映固定资产投资规模、结构和发展速度的综合性指标,又是观察工程进度和考核投资效果的重要依据。全社会固定资产投资按登记注册类型可分为国有、集体、个体、联营、股份制、外商、港澳台商、其他等。

房地产开发投资　指各种登记注册类型的房地产开发公司、商品房建设公司及其他房地产开发法人单位和附属于其他法人单位实际从事房地产开发或经营活动的单位统一开发的包括统代建、拆迁还建的住宅、厂房、仓库、饭店、宾馆、度假村、写字楼、办公楼等房屋建筑物和配套的服务设施，土地开发工程（如道路、给水、排水、供电、供热、通讯、平整场地等基础设施工程）的投资；不包括单纯的土地交易活动。

农村投资　指发生在农村区域范围内的非农户固定资产投资项目完成的投资。

建设总规模　是指在报告期内所有施工项目的计划总投资。这个指标和施工项目相对应。

在建总规模　是指在报告期末所有在建项目的计划总投资。

在建净规模　是指报告期末所有在建项目建成投产尚需的投资总量。

在建净规模＝在建总规模－累计完成投资

固定资产投资的资金来源　根据固定资产投资的资金来源不同，分为国家预算内资金、国内贷款、利用外资、自筹资金和其他资金。

(1)国家预算内资金：分为财政拨款和财政安排的贷款两部分。包括中央财政的基本建设基金(分经营性基金和非经营性基金两部分)、专项支出(如煤代油专项等)、收回再贷、贴息资金，财政安排的挖潜改造和新产品试制支出、城建支出、商业部门简易建筑支出、不发达地区发展基金等资金中用于固定资产投资的资金；地方财政中由国家统筹安排的资金等。

(2)国内贷款：指报告期固定资产投资单位向银行及非银行金融机构借入的用于固定资产投资的各种国内借款，包括银行利用自有资金及吸收的存款发放的贷款、上级主管部门拨入的国内贷款、国家专项贷款(包括煤代油贷款、劳改煤矿专项贷款等)、地方财政专项资金安排的贷款、国内储备贷款、周转贷款等。

(3)利用外资：指报告期收到的用于固定资产建造和购置的国外资金(包括设备、材料、技术在内)。包括对外借款(外国政府、国际金融组织贷款、出口信贷、外国银行商业贷款、对外发行债券和股票)、外商直接投资及外商其他投资。不包括我国自有外汇资金(国家外汇、地方外汇、留成外汇、调剂外汇和中国银行自有资金发行的外汇贷款等)。计算利用外资时，需要折算成人民币，折算中所使用的外汇汇率按现汇计算，即按使用外汇时的汇率计算。

(4)自筹资金：指固定资产投资单位报告期收到的，由各地区、各部门及企、事业单位筹集用于固定资产投资的预算外资金，包括中央各部门、各级地方和企、事业单位的自筹资金。

(5)其他资金：指在报告期收到的除以上各种资金之外其他用于固定资产投资的资金，包括企业或金融机构通过发行各种债券筹集到的资金、群众集资、个人资金、无偿捐赠的资金及其他单位拨入的资金等。

固定资产投资按国民经济行业分　根据建设项目建成投产后的主要产品或主要用途及社会经济活动性质来确定国民经济行业。一般情况下，一个建设项目或一个企业、事业单位只能属于一种国民经济行业。

固定资产投资按隶属关系分　是按建设单位或企业、事业、行政单位的主管上级机关确定的。

（1）中央：是指中共中央、人大常委会和国务院各部、委、局、总公司以及直属机构直接领导的建设项目和企业、事业、行政单位。这些单位的固定资产投资计划由国务院各部门直接编制和下达，建设中所需物资、主要设备以及建设中的问题都由中央有关部门安排和解决。

（2）地方：是由省（自治区、直辖市）、地区（州、盟、省辖市）、县（旗、县级市）三级政府及业务主管部门直接领导和管理的建设项目、企业、事业、行政单位。地方项目还包括不隶属以上各级政府及主管部门的建设项目和企业、事业单位，如外商投资企业和无主管部门的企业等。

固定资产投资按建设性质分　根据整个建设项目情况来确定。建设项目的性质一般分为新建、扩建、改建和技术改造、迁建、恢复。房地产开发单位投资不划分建设性质。

(1)新建：一般指从无到有“平地起家”开始建设的企业、事业和行政单位或建设项目。现有企业、事业、行政单位一般不属于新建。但如有的单位原有基础很小，经过建设后新增的固定资产价值超过该企、事业、行政单位原有固定资产价值(原值)三倍以上的也应作为新建。

(2)扩建：指在厂内或其他地点，为扩大原有产品的生产能力(或效益)或增加新的产品生产能力，而增建主要的生产车间(或主要工程)、分厂、独立的生产线。行政、事业单位在原单位增建业务用房(如学校增建教学用房、医院增建门诊部、病房等)也作为扩建。

现有企、事业单位为扩大原有主要产品生产能力或增加新的产品生产能力，增建一个或几个主要生产车间(或主要工程)、分厂，同时进行一些更新改造工程的，也应作为扩建。

(3)改建和技术改造：指现有企业、事业单位，对原有设施进行技术改造或更新(包括相应配套的辅助性生产、生活福利设施)的建设项目。现有企业、事业单位为适应市场变化的

需要，而改变企业的主要产品种类(如军工企业转产民用品等)的建设项目，应作为改建。原有产品生产作业线由于各工序(车间)之间能力不平衡，为填平补齐充分发挥原有生产能力而增建不增加本企业主要产品设计能力的车间，也应作为改建。技术改造是指企业、事业单位在现有基础上，用先进的技术代替落后的技术，用先进的工艺和装备代替落后的工艺和装备，以改变企业落后的技术经济面貌，实现以内涵为主的扩大再生产，达到提高产品质量、促进产品更新换代、节约能源、降低消耗、扩大生产规模、全面提高社会经济效益的目的。技术改造具体包括以下内容：机器设备和工具的更新改造；生产工艺改革、节约能源和原材料的改造；厂房建筑和公共设施的改造；劳动条件和生产环境的改造等。

固定资产投资按构成分　固定资产投资活动按其工作内容和实现方式分为建筑安装工程，设备、工具、器具购置，其他费用三个部分。

(1)建筑安装工程(建筑安装工作量)：指各种房屋、建筑物的建造工程和各种设备、装置的安装工程。包括各种房屋建造工程；各种用途设备基础和各种工业窑炉的砌筑工程及金属结构工程；为施工而进行的各种准备工作和临时工程以及完工后的清理工作等；铁路、道路的铺设，矿井的开凿及石油管道的架设等；水利工程；防空地下建筑等特殊工程；列入房屋工程预算内的暖气、卫生、通风、照明、煤气等设备的价值及装设油饰工程；列入建筑工程预算内的各种管道(蒸汽、压缩空气、石油、给排水等管道)、电力、电讯电缆导线等的敷设工程；以及各种机械设备的安装工程；为测定安装工程质量，对设备进行的试运工作；房地产开发单位进行的商品房屋开发建设工程、土地开发工程。

在安装工程中，不包括被安装设备本身的价值。

(2)设备、工具、器具购置：指建设单位或企、事业单位购置或自制的，达到固定资产标准的设备、工具、器具的价值。新建单位及扩建单位的新建车间，按照设计或计划要求购置或自制的全部设备、工具、器具，不论是否达到固定资产标准均计入“设备、工具、器具购置”中。

(3)其他费用：指在固定资产建造和购置过程中发生的，除上述几项内容以外的各种应分摊计入固定资产的费用。

施工项目　指报告期内进行过建筑或安装施工活动的项目。凡是报告期内施过工的建设项目，不论施工时间长短，均作为施工项目统计。施工项目个数可以反映一定时期固定资产投资的实际规模，与同期全部建成投产项目个数相比，可以从建设速度的角度反映固定资产投资的效果。根据建设项目施工活动的不同性质，施工项目又分为：本年正式施工项目、本年收尾项目和以前年度全部停缓建项目。

全部建成投产项目　工业项目指设计文件规定形成生产能力的主体工程及其相应配套的辅助设施全部建成，经负荷试运转，证明具备生产设计规定合格产品的条件，并经过验收鉴定合格或达到竣工验收标准，与生产性工程配套的生活福利设施可以满足近期正常生产的需要，正式移交生产的建设项目。非工业项目指设计文件规定的主体工程和相应的配套工程全部建成，能够发挥设计规定的全部效益，经验收鉴定合格或达到竣工验收标准，正式移交使用的建设项目。

新增生产能力(或工程效益)　指通过固定资产投资活动而增加的设计能力(或工程效益)，该指标是以实物形态表现的反映固定资产投资成果的指标，也是考核投资经济效果的重要依据之一。

新增生产能力(或工程效益)一般有以下几种表现形式：

(1)用产品数量表示，以工程在单位时间内(一般是一年)所能生产的产品数量(即年产量)表示。如原煤开采用万吨／年表示，化学农药用吨／年表示，拖拉机制造用台／年表示等。某些化工产品由于含量差别较大，按其设计含量计算折合量表示，如硫酸、纯碱、烧碱等。

(2)用单位时间内所能处理的原料数量表示，以工程每天(或小时)所能处理原料的数量表示。如机制糖工程日处理原料吨，食用植物油日处理原料吨，城市污水处理能力用万吨／日表示等。

(3)用新增加的主要设备的数量或容量表示，如新增棉布织机、丝织机等台数，毛纺锭等锭数，发电厂新增发电机组容量用千瓦表示等。

(4)用建筑物容积、容量、面积、长度表示，是非工业项目或工程新增效益的一种表现形式。如铁路投产里程、新建公路、水库容量、粮食仓库、学校学生席位、医院病床、有效灌溉面积等。

根据工程的特点，有时需要用两种或两种以上的复合计量单位表示新增生产能力(或工程效益)，如新增内燃机生产能力同时用年产台数、千瓦数表示等。

为了规范新增生产能力(或工程效益)的名称和计算单位，国家统计局制订了《新增生产能力(或工程效益)目录及代码》。各固定资产投资单位在统计新增生产能力(或工程效益)时，必须按目录中规定的名称、计量单位和代码填报。

房屋建筑面积　指房屋建筑物勒脚以上外墙外围的水平截面面积，包括房屋建筑物的有效面积和结构面积。该指标是从实物形态上反映建设规模和建设成果的重要指标之一，也是检查工程形象进度、计算工程造价、分析投资效果、研究施工任务和建筑材料之间平衡情况的重要依据。

住宅建筑面积　指施工和竣工房屋建筑面积中供居住用的房屋建筑面积。

施工面积　指报告期内施工的全部房屋建筑面积。包括本期新开工的面积和上期开工跨入本期继续施工的房屋面积，以及上期已停建在本期恢复施工的房屋面积。本期竣工和本期施工后又停缓建的房屋，其建筑面积仍计入本期房屋施工面积中。

竣工面积　指在报告期内房屋建筑按照设计要求已经全部完工，达到住人和使用条件，经验收鉴定合格(或达到竣工验收标准)，正式移交使用单位的各栋房屋建筑面积的总和。

房屋建筑面积竣工率　指一定时期内房屋竣工面积占同期房屋施工面积的比率。是从房屋建筑施工速度的角度反映投资效果的指标。

新增固定资产　指报告期内已经完成建造和购置过程，并已交付生产或使用单位的固定资产价值。该指标是表示固定资产投资成果的价值指标，也是反映建设进度，计算固定资产投资效果的重要指标。

项目建设投产率 指一定时期内全部建成投产项目个数与同期施工项目个数的比率。该指标是从建设单位建设速度的角度反映投资效果的指标。

固定资产交付使用率 指一定时期新增固定资产与同期完成投资额的比率。该指标是反映固定资产动用速度，衡量建设过程中宏观投资效果的综合指标。由于新增固定资产是较长时期内形成的结果，而投资额则是当年完成的，因此，该指标一般适宜于反映较长时期内固定资产的动用情况。

商品房销售面积 指报告期内出售商品房屋的合同总面积(即双方签署的正式买卖合同中所确定的建筑面积)。由现房销售建筑面积和期房销售建筑面积两部分组成。

商品房销售额 指报告期内出售商品房屋的合同总价款(即双方签署的正式买卖合同中所确定的合同总价)。该指标与商品房销售面积同口径，由现房销售额和期房销售额两部分组成。

Explanatory Notes on Main Statistical Indicators

Total Investment in Fixed Assets in the Whole Country refers to the volume of activities in construction and purchases of fixed assets and related fees, expressed in monetary terms. It is a comprehensive indicator which shows the size, structure and growth of the investment in fixed assets, providing basis for observing the progress of construction projects and evaluating results of investment. Total investment in fixed assets in the whole country includes, by type of ownership, the investment by the state owned units, collective units, individuals, joint ownership units, share holding units, as well as investment by businessmen from foreign countries and from Hong Kong, Macao and Taiwan, and by other units.

Investment in Real Estate Development refers to the investment by the real estate development companies, commercial buildings construction companies and other real estate development units of various types of ownership in the construction of house buildings, such as residential buildings, factory buildings, warehouses, hotels, guesthouses, holiday villages, office buildings, and the complementary service facilities and land development projects, such as roads, water supply, water drainage, power supply, heating, telecommunications, land leveling and other projects of infrastructure. It excludes the activities in pure land transactions.

Investment in Rural Areas refers to investment in fixed assets by enterprises, institutions and individuals in rural areas.

Total Size of Construction refers to the planned total investment for all construction projects during the reference period.

Total Size of Investment in Projects under Construction refers to the planned total investment of all projects under construction at the end of the reference period.

Net Size of Investment in Projects under Construction refers to the required investment of all projects under construction at the end of the reference period.

Net Size of Investment=Total Size of Investment-accumulated completed investment

Sources of Funds for Investment in Fixed Assets include fund from state budget, domestic loans, foreign investment, self raised funds, and others depending on the source of investment.

(1) Fund from state budget consists of budgetary appropriation and loans from state budget. More specifically, it includes, from the budget of the central government, capital construction fund (operation fund and non-operational fund), special expenses (e.g. expenses on substituting petroleum with coal), loans from repayment, discount fund, expenses on innovation and trial production of new products, expenses on urban construction, expenses on temporary construction by trade departments, development fund for less developed areas, as well as local budgetary fund transferred from the central budget.

(2) Domestic loans refer to loans of various forms borrowed by investing units from banks and non-bank financial institutions during the reference period for the purpose of investment in fixed assets, including loans issued by banks from their self owned funds and deposit, loans appropriated by higher responsible authorities, special loans by government (including loan for substituting petroleum with coal, special loan for reform through labour coal mines), loans arranged by local government from special funds, domestic reserve loan, and working loan, etc.

(3) Foreign Investment refers to foreign funds received during the reference period for the construction and purchase of investment in fixed assets (covering equipment, materials and technology), including foreign borrowings (loans from foreign governments and international financial institutions, export credit, commercial loans from foreign banks, issue of bonds and stocks overseas), foreign direct investment and other foreign investment. Excluded in this category are capitals in foreign exchanges owned by China (foreign exchanges owned by the central and local governments, foreign exchanges retained by enterprises, foreign exchanges by enterprises through regulating mechanism, loans in foreign exchanges issued by the Bank of China with its own fund, etc.). In calculating the utilization of foreign capitals, foreign currencies are converted into Chinese Renminbi applying the current exchange rate when the foreign capitals are actually used.

(4) Self-raised funds refer to extra budgetary funds for investment in fixed assets received by investing units from central government ministries, local governments, enterprises and institutions, including their self raised funds.

(5) Others refer to funds for investment in fixed assets received from the sources other than those listed above, including capitals raised through issuing bonds by enterprises or financial institutions, funds raised from individuals and through donations, and funds transferred from other units.

Investment in Fixed Assets by Sector The classification of construction projects by sector is determined by the major products or the purpose of the projects when they are put into production or use, and by the nature of their social economic activities. In general, one project or one enterprise or institution can only be classified into one sector.

Investment in Fixed Assets by Jurisdiction of Management refers to the classification of investment by the competent authorities under which investment is made by construction units, enterprises, institutions or administrative units.

(1) Central investment refers to the investment in projects or by enterprises, institutions or administrative units which are under the direct leadership and management of the CPC Central Committee, the NPC Standing Committee, the State Council and of the national commissions, ministries, agencies and state owned large corporations. Various ministries and departments of the State Council prepare and implement plans for investment in fixed assets by those departments, and arrange and ensure the supply of materials and key equipment required for the projects.

(2) Local investment refers to the investment in projects or by enterprises, institutions or administrative units which are under the direct leadership and management of departments under the provincial, prefecture and county governments. Also included are projects by foreign invested enterprises and enterprises without competent managing authorities.

Investment in Fixed Assets by Type of Construction The construction projects in general can be classified, by the type of construction, into new construction, expansion, reconstruction and technical transformation, moving and restoration. However, investment by type of construction is not applied to investment by real estate development units.

(1) New construction in general refers to newly constructed enterprises, institutions, administrative agencies or independent projects from scratch. Construction in the existing enterprises, institutions or agencies is not considered as new construction. In case the assets of the existing unit is quite small, and the value of newly added fixed assets exceeds the original value of assets by three times, the expansion will be considered as new construction.

(2) Expansion refers to construction of new major production workshop, branch factory or independent production line within a factory or in other locations, for the purpose of increasing the production capacity (or improving efficiency) of the original products. Newly constructed houses for the operation of institutions and administrative organizations (such as the newly constructed buildings for teaching in schools, buildings for clinics or wards in hospitals, etc.) are also classified as expansion.

Also included in the expansion are investments by existing enterprises or institutions in building major production line(s) or branch factory(ies) along with some work on innovation, for the purpose of expending the production capacity of original products or producing new products.

(3) Reconstruction refers to construction projects by existing enterprises or institutions in innovation or technical transformation of the old facilities (including auxiliary production equipment and welfare facilities).Also considered as reconstruction is the construction of new workshops by the existing enterprises or institutions to change the variety of products to meet the market demand (such as the production of civil products by defence industries), or to bring the designed production capacity into full play through a more balanced production process on production lines. Technical transformation refers to replacement of old technology or equipment by new technology or equipment, in order to expand the reproduction through improvement of technology contents in production, to improve product quality, to promote new products, to save energy and reduce consumption and to improve overall social economic efficiency. Contents of technical transformation include: updating of machinery, equipment and tools; reforming production process by using energy or materials saving technology; construction of factory workshops and transformation of public facilities; improvement of working conditions and environment, etc.

Investment in Fixed Assets by Structure By their contents, investment activities are classified into 3 categories, i.e. construction and installation, purchase of equipment and instrument, and other expenses.

(1) Construction and installation (work volume of construction and installation) refers to the construction of various houses and buildings and installation of various kinds of equipment and instruments. They include construction of various houses; equipment foundations, industrial kilns and stoves, and metal structure work; preparation works for project construction, and clearing up works post project construction; pavement of railways and roads, drilling of mines and putting up of oil pipes; construction of projects of water conservancy; construction of underground air raid shelters and construction of other special projects; value of equipment for heating, sanitation, ventilation, lighting, gas, painting, etc. that are covered by the budget of housing projects; laying out of various pipelines (for steam, compressed air, petroleum, tap water and sewage) and lines for electric power and for communications; installation of various machinery equipment, testing operation for pre testing the quality of installation projects, and land and other development work conducted by real estate developers for commercial housing. The value of equipment installed is not included in the value of installation projects.

(2) Purchase of equipment and instruments refers to the total value of equipment, tools, and instruments purchased or self produced which come up to standards for fixed assets by the construction units or investing enterprises or institutions. Equipment, tools and instruments purchased or self produced for new workshops by newly established or expanded units are categorized as "purchase of equipment and instruments" no matter whether they come up to the standards for fixed assets.

(3)Other expenses refer to expenses occurring during the construction or purchase of fixed assets other than those mentioned above.

Projects under Construction refer to projects with construction and installation activities undertaken in the reference period. All projects that have construction activities undertaken during the reference period are reported as projects under construction irrespective of the length of construction work. The number of projects under construction can reflect the actual size of investment in fixed assets during a given period, and when compared with the number of projects completed and put into use during the same period, it demonstrates the results of investment in fixed assets. Depending on the nature of construction activities, projects under construction can also be classified into projects under construction in current year, winding up projects in current year and stopped or suspended projects in previous years (with preservation work in current year).

Projects Completed and Put into Use Industrial projects refer to the major projects and accessory facilities completed which result in forming production capacity and have been checked and accepted while the living and welfare facilities have been completed and can ensure normal production and formally put into production. Non industrial projects refer to the major projects and accessory facilities completed which possess the designed capacity and have been checked, accepted and formally put into production.

Newly Increased Production Capacity(or Project Efficiency) refers to the increase of designed capacity (or project efficiency) through investment in fixed assets, which reflects the accomplishment of investment in fixed assets in kind and serves as important basis for evaluating the economic efficiency of investment.

The newly increased production capacity (project efficiency) are usually expressed in one of the following forms:

(1) output of products, i.e. the output that the project can produce during a given period (usually a year). For instance, the capacity in coal mining is expressed in 10,000 tons/year, the capacity in producing chemical pesticides expressed in ton/year, the capacity in producing tractors in tractor/year, etc. For some chemical products where the effective contents differ significantly, the production capacity is expressed as the designed effective content equivalent, such as in the case of sulphuric acid, soda ash, caustic soda, etc;

(2) raw materials processing capacity, i.e. the volume of raw materials that could be processed by the project per day (or per hour), such as tons of materials processed per day by a sugar refining project or edible vegetable oil project, or tons of urban sewage processed per day;

(3) number or capacity of major equipment increased, such as number of cotton or silk looms increased, wool spindles increased, or capacity (in kilowatts) of power generators increased;

(4) physical measures (volume, capacity, area, and length) of construction, which is typical for non industrial projects, for instance, the length of railways put into operation, the length of highways, the capacity of reservoirs, the capacity of warehouses, the floor space of housing projects, capacity for new students in schools or beds in hospitals, areas under new irrigation project, etc.

Features of projects sometimes call for combined use of two or more measurement to reflect the increased production capacity (or project efficiency), for instance, the new capacity for the production of internal combustion engines are expressed in sets per year and kilowatts per year simultaneously.

To standardize the nomenclature and unit of measurement for new production capacity (or project efficiency), the National Bureau of Statistics has developed Nomenclature and Codes for New Production Capacity (Project Efficiency). All reporting units with investment activities are required to follow these two nomenclatures in reporting statistics on new production capacity (project efficiency).

Floor Space of Buildings under Construction refers to total floor space of the horizontal section of outer walls above the plinth of the building, including the effective area and the area occupied by the structure. This indicator is one of the important indicators in physical terms to reflect the scale and accomplishment of the construction industry, and important basis for monitoring the progress, calculating the cost, analyzing the efficiency and studying the supply of building materials in relation with the construction projects.

Floor Space of Residential Buildings refers to the floor space of the residential buildings among the total space of buildings under construction or completed.

Floor Space under Construction refers to total floor space of all buildings under construction during the reference period, including floor space of newly started buildings during the reference period, floor space of construction extended from the previous period to the current period, and floor space of construction suspended during the previous period and resumed in the current period. Floor space of construction completed in the current period, and floor space of construction started and then suspended in the current period are also included in the floor space under construction of the current year.

Floor Space of Buildings Completed refers to the floor space of all buildings completed in the reference period, which have been appraised and accepted (or come up to the designed standards) and have been transferred to the owners for use.

Completion Rate of Floor Space of Buildings refers to the ratio of the floor space of buildings completed in certain period of time to the floor space of buildings under construction in the same period. This indicator reflects the investment result from the perspective of the speed of construction.

Newly Increased Fixed Assets refer to the newly increased value of fixed assets, constructed or purchased, that have been transferred to the investors. This is an indicator that demonstrates the results of investment in fixed assets in monetary terms, and an important indicator to reflect the speed of construction and to calculate the efficiency of investment.

Rate of Construction Projects Completed and Put into Use refers to the ratio of the number of construction projects completed and put into use in certain period of time to the number of projects under construction in the same period. This reflects the investment efficiency from the perspective of the speed of projects construction.

Rate of Projects of Fixed Assets Completed and Put into Operation refers to the ratio of the newly increased fixed assets to the total investment made in the same period. This is a comprehensive indicator reflecting the speed of the employment of fixed assets and the investment efficiency at the macro level. As the newly increase fixed assets is the result of a long period while the investment is completed in the current year, this indicator is expected to be used to reflect the employment of fixed assets over a long period of time.

Area of Commercial Housing Sold refers to total contracted area of commercial housing (i.e. area of floor space as designated in the formal contracts signed by both sides) during the reference time. It constitutes floor space of completed housing and floor space of future housing.

Value of Commercial Housing Sold refer to total value of contracts (i.e. value of sales/purchase for selling/purchase of commercial housing as designated in the contracts signed by both sides) during the reference time. It has the same coverage as the area of commercial housing sold, constituting completed housing and floor space of future housing.

第
6
篇

对外经济、旅游和开发区

Foreign Trade, Tourism and

Development Zone

简 要 说 明

一、本篇资料的主要内容

本篇资料反映了全省外经外贸、旅游和开发区的基本情况，主要包括进出口、利用外资、境外投资、对外承包工程和劳务合作、人民币外汇牌价、旅游业基本情况、经济开发区和高新技术开发区等方面的内容。

二、本篇资料的来源

1.进、出口数据来源于海关统计，进出口商品价值，出口按离岸价（FOB）、进口按到岸价（CIF）统计。

2.利用外资、对外承包工程和劳务合作、境外投资等资料来源于省商务厅。

3.历年人民币对主要外币的年平均汇价资料来源于国家外汇管理局，是根据当年国家外汇管理局提供的每日汇价进行加权平均计算而得出的当年年平均汇价。

4.旅游资料来源于省旅游局。

5.开发区资料来源于省统计局开发区统计年报。

本篇资料由省统计局贸易外经处整理提供。

Brief Introduction

I. Content

Data in this chapter show the basic conditions of foreign trade, tourism and development zones, mainly including imports and exports, utilization of foreign capitals, overseas direct investments, contracted projects, labor services cooperation, exchange rate of RMB to other currencies, tourism and economic development zone, etc.

II. Source of Data

(1)Data on foreign trade are based on the statements made by the Administration of Customs. Exports are calculated at FOB, imports at CIF.

(2)Data on utilization of foreign capitals, contracted projects and labor services cooperation are provided by the Bureau of Commerce of Shandong Province.

(3)Average exchange rates of RMB yuan to other currencies over the years come from the State Administration of Exchange Control. The annual average exchange rate is calculated as the weighted mean of the daily exchange rates provided by the State Administration of Exchange Control.

(4)Data on tourism are provided by Shandong Tourism Administration.

(5)Data on economic development zones are based on the annual reports of economic development zones, which are provided by Shandong Provincial Bureau of Statistics.

Data in this chapter are prepared and compiled by the Division of Trade and External Economic Relations Statistics of Shandong Provincial Bureau of Statistics.

6-1 1978-2016年人民币对主要外币年平均汇价(中间价)

Average Exchange Rate of RMB Yuan Against Main Convertible Currencies from 1978 to 2016(Middle Rate)

单位:人民币元 (RMB yuan)

年 份 Year	100美元 100 US Dollars	100日元 100 Japanese Yen	100港元 100 Hong Kong Dollars	100欧元 100Euros
1978	168.36	0.8058	36.16	
1979	155.49	0.7131	31.35	
1980	149.84	0.6635	30.15	
1981	170.51	0.7735	30.41	
1982	189.26	0.7607	31.15	
1983	197.57	0.8318	27.36	
1984	232.70	0.9780	29.71	
1985	293.67	1.2457	37.57	
1986	345.28	2.0694	44.22	
1987	372.21	2.5799	47.74	
1988	372.21	2.9082	47.70	
1989	376.59	2.7360	48.28	
1990	478.38	3.3233	61.39	
1991	532.27	3.9602	68.45	
1992	551.49	4.3608	71.24	
1993	576.19	5.2020	74.41	
1994	861.87	8.4370	111.53	
1995	835.07	8.9225	107.96	
1996	831.42	7.6352	107.51	
1997	828.98	6.8600	107.09	
1998	827.91	6.3488	106.88	
1999	827.96	8.0720	106.53	
2000	827.72	7.3877	106.08	
2001	827.70	6.8075	106.08	
2002	827.70	6.6237	106.07	800.58
2003	827.70	7.1466	106.24	936.13
2004	827.68	7.6552	106.23	1029.00
2005	819.17	7.4484	105.30	1019.53
2006	797.18	6.8570	102.62	1001.90
2007	760.40	6.4632	97.46	1041.75
2008	694.51	6.7427	89.19	1022.27
2009	683.10	7.2986	88.12	952.70
2010	676.95	7.7279	87.13	897.25
2011	645.88	8.1050	82.97	900.11
2012	631.25	7.9037	81.38	810.67
2013	619.32	6.3323	79.85	822.19
2014	614.28	5.8196	79.22	816.51
2015	622.84	5.1543	80.34	691.41
2016	664.23	6.1243	85.58	734.26

6-2 1984-2016年海关进出口情况
Basic Statistics on Imports and Exports from 1984 to 2016

单位:万美元 (10 000 USD)

年 份 Year	进出口总值 Total Value of Imports and Exports	出口总值 Total Value of Exports	一般贸易 General Trade	来料加工装配贸易 Processing and Assembling Trade with Sent Materials	进料加工贸易 Processing Trade with Imported Materials	其他贸易 Other Trades	进口总值 Total Value of Imports
1984	352012	207786					144226
1985	414448	234652					179796
1986	382840	191926					190914
1987	355294	289938	264633	2566	19232	3507	65356
1988	573361	309773	261451	3796	40458	4068	263588
1989	616511	327015	266337	6274	49047	5357	289496
1990	428522	341719	274898	8660	53152	5009	86803
1991	483200	375230	293951	13681	63430	4168	107970
1992	778140	433752	330729	18598	79452	4973	344388
1993	728586	420360	292058	23834	96748	7720	308226
1994	962927	587011	371013	40640	168470	6888	375916
1995	1395007	816101	460278	77503	270177	8143	578906
1996	1616394	918298	449683	130565	331035	6339	698096
1997	1753631	1085888	483895	185156	410664	6173	667743
1998	1661740	1034705	458607	172262	396013	7823	627035
1999	1827094	1157909	541405	218625	394880	2999	669185
2000	2498998	1552905	746563	293008	507050	6284	946093
2001	2896313	1812899	913253	310013	579125	10508	1083414
2002	3394175	2111511	1089063	341530	669958	10960	1282664
2003	4465752	2657285	1400709	392861	845249	18466	1808467
2004	6078136	3587286	1799792	483369	1252126	51999	2490850
2005	7688876	4625113	2310122	594991	1668351	51649	3063763
2006	9528817	5864717	3013461	655916	2083042	112298	3664100
2007	12261798	7524374	3800924	679014	2863332	181104	4737424
2008	15814480	9317486	4739880	722044	3573434	282128	6496994
2009	13860378	7956530	3637582	697915	3296132	324901	5903848
2010	18895085	10424695	4973019	750340	4230872	470464	8470390
2011	23599191	12578809	6466907	842878	4737751	531273	11020382
2012	24554487	12873171	6875045	867657	4566215	564254	11681316
2013	26715854	13450998	7603966	866031	4392892	588109	13264856
2014	27711549	14474545	8373918	802064	4734553	564010	13237004
2015	24174867	14406069	9042024	739933	4183875	440237	9768798
2016	23420733	13715826	8653875	716557	3904404	440990	9704906

6-3 进出口主要分类情况
Imports and Exports by Category

单位:亿美元 (100 million USD)

类 别	Category	2000	2005	2010	2013	2014	2015	2016
一、进出口总值	**Total Value of Imports and Exports**	**249.9**	**768.9**	**1889.5**	**2671.6**	**2771.2**	**2417.5**	**2342.1**
出口额	Exports	155.3	462.3	1042.5	1345.1	1447.5	1440.6	1371.6
进口额	Imports	94.6	306.4	847.0	1326.5	1323.7	976.9	970.5
二、出口商品构成 (%)	**Structure of Exported Goods (%)**							
初级产品	Primary Goods	21.7	16.8	138.5	161.7	165.6	159.7	172.9
工业制品	Manufactured Goods	78.3	83.2	903.6	1180.2	1281.5	1279.6	1198.0
三、进口商品构成 (%)	**Structure of Imported Goods (%)**							
初级产品	Primary Goods	26.9	38.3	360.6	838.4	773.0	508.0	551.7
工业制品	Manufactured Goods	73.1	61.7	434.9	485.0	549.2	458.8	421.4
四、纺织服装进出口总值	**Total Value of Imports and Exports of Textile Apparel**	**58.4**	**121.3**	**188.5**	**231.9**	**238.0**	**228.8**	**221.4**
出口额	Exports	47.1	106.2	173.3	216.0	221.6	212.5	206.5
进口额	Imports	11.3	15.1	15.2	15.9	16.4	16.3	14.9
五、农(副)产品进出口总值	**Total Value of Imports and Exports of Agricultural Products(By-products)**	**57.3**	**119.2**	**250.6**	**409.8**	**427.0**	**313.7**	**298.0**
出口额	Exports	35.3	69.1	127.0	152.0	157.3	153.1	162.9
进口额	Imports	22.0	50.1	123.6	257.8	269.7	160.7	135.1
六、机电产品进出口总值	**Total Value of Imports and Exports of Mechanical and Electrical Products**	**61.3**	**240.3**	**725.0**	**781.3**	**885.8**	**871.8**	**786.0**
出口额	Exports	31.3	135.7	450.7	508.8	561.6	576.3	524.9
进口额	Imports	30.0	104.6	274.3	272.5	324.2	295.6	261.1
七、高新技术产品进出口总值	**Total Value of Imports and Exports of High and New-tech Products**	**17.2**	**85.0**	**329.1**	**328.8**	**392.5**	**352.8**	**293.7**
出口额	Exports	6.5	42.5	175.8	172.6	205.9	177.1	147.8
进口额	Imports	10.7	42.6	153.3	156.2	186.6	175.8	145.9
八、外商投资企业进出口总值	**Total Value of Imports and Exports of**	**139.3**	**413.9**	**962.8**	**1010.3**	**1070.4**	**926.2**	**824.6**
出口额	Exports	79.3	238.1	565.7	582.4	622.9	561.3	504.8
进口额	Imports	60.0	175.8	397.1	427.9	447.5	364.9	319.8
九、一般贸易进出口总值	**Total Value of Imports and Exports under General Trades**	**105.1**	**358.6**	**974.4**	**1669.5**	**1712.2**	**1493.7**	**1478.7**
出口额	Exports	74.7	231.0	497.3	760.4	837.4	904.2	865.4
进口额	Imports	30.4	127.5	477.0	909.1	874.8	589.5	613.3
十、加工贸易进出口总值	**Total Value of Imports and Exports under Processing Trades**	**131.3**	**360.9**	**756.4**	**787.4**	**853.3**	**744.7**	**683.5**
出口额	Exports	80.0	226.3	498.1	525.9	553.7	492.4	462.1
进口额	Imports	51.3	134.6	258.3	261.5	299.6	252.3	221.4
来料加工贸易进出口总值	Total Value of Imports and Exports under Processing Trades with Sent Materials	49.4	99.0	118.3	131.9	124.8	113.2	112.9
出口额	Exports	29.3	59.5	75.0	86.6	80.2	74.0	71.7
进口额	Imports	20.1	39.5	43.3	45.3	44.6	39.2	41.2
进料加工贸易进出口总值	Total Value of Imports and Exports under ProcessingTrades with Imported Materials	81.9	261.9	638.1	655.5	728.5	631.5	570.7
出口额	Exports	50.7	166.8	423.1	439.3	473.5	418.4	390.4
进口额	Imports	31.2	95.1	215.0	216.2	255.0	213.1	180.2

注:农副产品2004年以后为农产品数据，2011年起，纺织服装进口额不含服装进口数据。
a)Since 2004,data of agricultural by-products is agricultural products data.Since 2011,Total value of imports of textile apparel no include the value of apparel.

6-4 按主要国家(地区)分海关进出口商品总值(2016年)
Total Value of Import and Export Commodities by Countries or Regions(2016)

单位:万美元 (10 000 USD)

国别(地区)	Country(Region)	进出口总值 Total Value of Imports and Exports	出口总值 Total Value of Exports	进口总值 Total Value of Imports
合　计	**Total**	**23420733**	**13715826**	**9704906**
亚　洲	**Asia**	**11060938**	**6500002**	**4560936**
东　盟	Asean	2756652	1495488	1261164
香　港	Hong kong	538845	492882	45963
日　本	Japan	1921905	1392375	529530
韩　国	Repulic of Korea	2882654	1433391	1449263
台　湾	Taiwan	438899	171867	267032
马来西亚	Malaysia	634167	258028	376140
印度尼西亚	Indonesia	449272	245159	204114
新加坡	Singapore	280029	202816	77213
印　度	India	457774	351443	106331
泰　国	Thailand	617020	230984	386037
非　州	**Africa**	**1392492**	**792130**	**600362**
南　非	South Africa	165777	102350	63427
欧　州	**Europe**	**3840863**	**2611142**	**1229721**
欧　盟	EU	2808681	2063157	745524
英　国	United Kingdom	409658	342733	66925
德　国	Germany	556207	351390	204817
法　国	France	211548	148826	62723
意大利	Italy	237558	168403	69155
荷　兰	Netherlands	409601	345915	63687
西班牙	Spain	204185	165618	38567
瑞　典	Sweden	73410	50268	23142
瑞　士	Switzerland	36840	16116	20724
俄罗斯	Russia	836736	448679	388057
比利时	Belgium	150863	103049	47814
拉丁美州	**Latin America**	**2443592**	**893976**	**1549616**
阿根廷	Argentina	127462	58317	69144
巴　西	Brazil	828401	153624	674777
智　利	Chile	444714	98070	346644
墨西哥	Mexico	275481	245123	30358
巴拿马	Panama	41234	41062	173
北美州	**North America**	**3551494**	**2594818**	**956675**
美　国	United States	3140355	2370816	769539
加拿大	Canada	403745	223857	179888
大洋州	**Oceanic**	**1131212**	**323758**	**807454**
澳大利亚	Australia	991960	268417	723543
新西兰	New Zealand	113113	39725	73388

注:进口国别指原产国,出口国别指最终消费国。
a)The importing country refers to country of origin and the exporting country refers to country of final consumption.

6-5 海关进出口商品分类金额(2016年)
Imports and Exports Value by Category of Commodities(2016)

单位:万美元 (10 000 USD)

商品类别	Category	出口 Export	进口 Import
总　计	**Total**	**13715826**	**9704906**
一、活动物;动物产品	Live Animals & Animal Products	369221	343805
二、植物产品	Plant Products	582602	745329
三、动植物油脂、蜡及分解产品;食用油	Animal and Vegetable Oils; Fats and Wax; Edible Oils and Fats	6429	33071
四、食品饮料酒醋;烟草及代用品	Food; Beverages; Liquor and Vinegar; Tobacco and Tobacco Substitutes	629881	93704
五、矿产品	Minerals	123197	3344504
六、化学工业及其相关工业产品	Chemicals and Related Products	1136792	313309
七、塑料及其制品;橡胶及其制品	Plastics and Related Products; Rubber and Related Products	1195963	682842
八、皮及皮制品;旅行用品;动物肠线	Leather and Leather Products; Travel Articles; Animal Casing	158177	74191
九、木及软木制品、编结材料制品	Wood and Wooden Products; Plaited Products	293301	210054
十、木浆及纤维状纤维素浆;废纸纸板及制品	Paper Pulp and Cellulose Pulp; Paper and Waste Paper; Paperboard and Related Products	169478	297610
十一、纺织原料及纺织制品	Textile Materials and Products	1946717	250797
十二、鞋帽伞杖鞭及零件;羽毛人发制品	Footwear; Headgear; Umbrellas; Canes; Whips;Feather and Wigs and Related Products	263741	14851
十三、石料膏泥棉云母及制品;陶瓷玻璃	Gypsum; Cement; Asbestos; Mica; Ceramic Glass	347241	21856
十四、珍珠宝石贵金属及制品;仿首饰	Pearls and Precious Stones;Precious Metal and Related Products;Artificial Jewelry	58338	33214
十五、贱金属及制品	Base Metals and Related Products	1304262	692851
十六、机械、电气设备、电视机及音响设备	Machinery; Electric Equipment;TV Sets and Audio	3038199	1874580
十七、车辆,航空器,船舶及运输设备	Locomotives; Vehicles; Aircraft; Ship and Related Transportation Equipment	903298	206121
十八、照相计量医疗精密仪器及设备,零附件	Photographic,Measuring and Mwdical Instruments and Equipment;Related Parts and Accessories	216121	403811
十九、武器弹药及其零件、附件	Weapons and Ammunition; Related Parts and Accessories	1402	0
二十、杂项制品	Miscellaneous Products	964580	54598
二十一、艺术品,收藏品及古物	Works of Art, Collectibles and Antiques	218	1427
二十二、特殊交易品及未分类商品	Special Transactions Goods and Products Not Otherwise Classified	6669	12383

6-6 各市进口总值
Import Value by Region

单位:万美元 (10 000 USD)

地 区	Region	2005	2009	2010	2011	2012	2013	2014	2015	2016
全省总计	**Total**	**3063763**	**5903848**	**8470390**	**11020382**	**11681316**	**13264856**	**13237004**	**9768798**	**9704906**
济 南 市	Jinan	198370	260998	338077	435313	341237	408513	443894	391559	350402
青 岛 市	Qingdao	1360157	1755250	2316976	3173616	3241127	3595284	3411137	2487228	2311566
淄 博 市	Zibo	111835	177199	267156	371128	421339	375846	334093	184217	267096
枣 庄 市	Zaozhuang	5843	10567	16510	22341	19205	30477	28668	19188	13080
东 营 市	Dongying	62810	220500	524370	585887	731888	734502	716119	794434	1051990
烟 台 市	Yantai	499666	1446015	1830134	1865388	1944322	1983808	2334823	2134194	1907065
潍 坊 市	Weifang	98977	187374	305563	372440	400365	455585	545743	593745	647520
济 宁 市	Jining	70406	128281	216172	267509	191947	189611	196240	200202	205097
泰 安 市	Tai'an	19984	37051	66296	63595	93837	111785	124246	53469	39068
威 海 市	Weihai	281329	379524	498919	618131	646678	644731	521511	431693	609922
日 照 市	Rizhao	122377	694373	1116594	1693053	2141712	2916013	2998036	1105077	819816
莱 芜 市	Laiwu	39251	98256	168635	245070	139196	175308	129828	91300	72516
临 沂 市	Linyi	52039	123114	194120	320861	398994	477219	509646	268604	270149
德 州 市	Dezhou	18292	48143	61408	93557	85025	151165	128026	96771	92607
聊 城 市	Liaocheng	17787	138370	234233	377913	374313	418645	336790	253633	268550
滨 州 市	Binzhou	100308	160084	253989	384626	344896	474668	341746	450673	494963
菏 泽 市	Heze	4334	38749	61237	129954	165234	121695	136457	212811	283487

6-7 各市出口总值
Export Value by Region

单位:万美元 (10 000 USD)

地 区	Region	2005	2009	2010	2011	2012	2013	2014	2015	2016
全省总计	**Total**	**4625113**	**7956530**	**10424695**	**12578809**	**12873171**	**13450998**	**14474545**	**14406069**	**13715826**
济 南 市	Jinan	177843	304706	405065	604702	571423	548093	606119	599604	734449
青 岛 市	Qingdao	1942323	2729865	3388997	4058082	4079090	4195962	4577696	4532685	4246549
淄 博 市	Zibo	201683	306267	403077	532422	531938	524998	559843	578724	523697
枣 庄 市	Zaozhuang	31357	48925	74567	84410	93923	94656	115373	140271	121770
东 营 市	Dongying	85448	175539	275753	435919	498199	580290	609488	496787	455879
烟 台 市	Yantai	648308	1983380	2547962	2669482	2835914	2947468	2940357	2804476	2484594
潍 坊 市	Weifang	295085	615288	869581	1036386	1096820	1160420	1232904	1298380	1234913
济 宁 市	Jining	116360	156771	229866	307012	319613	333417	326913	343461	336635
泰 安 市	Tai'an	54476	70540	92614	118548	122221	136696	173108	174881	161578
威 海 市	Weihai	473400	681808	891721	1074178	1065926	1070238	1137218	1262087	1167064
日 照 市	Rizhao	132341	162672	221080	390635	387622	387918	478865	413386	422266
莱 芜 市	Laiwu	66029	59144	103202	114131	73382	75095	92056	98413	97606
临 沂 市	Linyi	127688	218801	282591	362193	389726	463548	569408	605650	592273
德 州 市	Dezhou	55209	95504	133596	174642	186760	202646	222717	220674	224347
聊 城 市	Liaocheng	46001	83701	128938	187526	184919	200303	238553	253684	292520
滨 州 市	Binzhou	124096	176567	254980	284489	282876	354250	378169	363203	376194
菏 泽 市	Heze	47465	87050	121105	144051	152819	175000	215759	219703	243491

6-8 各市外商投资企业进口总值

Import Value of Foreign- funded Enterprises by Region

单位:万美元 (10 000 USD)

地 区	Region	2005	2009	2010	2011	2012	2013	2014	2015	2016
济南市	Jinan	64166	74057	98172	94825	85119	137608	121857	59933	71494
青岛市	Qingdao	765464	800873	946037	1083821	941800	935831	963393	839443	737077
淄博市	Zibo	55656	51379	73952	101691	88517	72702	73356	54431	50150
枣庄市	Zaozhuang	4407	7449	9145	10917	6859	6137	7045	7476	6962
东营市	Dongying	5119	107460	225175	206647	259554	199707	194742	156487	193733
烟台市	Yantai	426616	1249108	1523651	1415388	1408391	1318853	1600465	1481398	1220765
潍坊市	Weifang	56398	91750	119937	172322	139381	153361	157793	135743	138059
济宁市	Jining	63631	115459	182080	194136	134841	138489	136729	124541	90107
泰安市	Tai'an	2921	1842	3546	5365	4938	4583	3722	8807	5891
威海市	Weihai	213080	288077	356285	367974	353942	332885	310320	270964	245756
日照市	Rizhao	43823	122795	200410	430882	462024	560543	582506	309894	280355
莱芜市	Laiwu	1224	944	4746	2946	703	4158	4086	5872	6743
临沂市	Linyi	15493	49853	81620	123438	141203	195419	178341	53095	28245
德州市	Dezhou	7078	4952	8884	11925	11957	14373	12673	9985	24016
聊城市	Liaocheng	7034	28062	41743	63460	43793	54378	44011	29577	21758
滨州市	Binzhou	24800	70753	83601	66914	42249	129309	73674	89302	67496
菏泽市	Heze	1497	16712	17199	18666	22938	20673	10837	12258	9354

6-9 各市外商投资企业出口总值

Export Value of Foreign-funded Enterprises by Region

单位:万美元 (10 000 USD)

地 区	Region	2005	2009	2010	2011	2012	2013	2014	2015	2016
济南市	Jinan	41785	97779	131488	168105	152160	160182	169035	175359	159112
青岛市	Qingdao	1072594	1424379	1676534	1930536	1764622	1660659	1727138	1623387	1414566
淄博市	Zibo	105493	167562	212442	266416	261842	248033	245167	218869	199297
枣庄市	Zaozhuang	6885	15726	22546	30939	30954	29827	39001	37026	29547
东营市	Dongying	7118	33449	62815	63541	60123	46084	51501	28559	22994
烟台市	Yantai	461920	1709612	2170903	2171242	2077348	1967676	2166016	1938415	1793586
潍坊市	Weifang	132678	207628	301865	388930	381763	392609	420019	381747	378298
济宁市	Jining	51804	58687	81702	121998	125593	125724	126494	112577	82944
泰安市	Tai'an	14106	17665	22570	25976	23355	22901	23294	20907	23017
威海市	Weihai	313405	429674	566264	623334	607243	570564	571512	523011	454534
日照市	Rizhao	57602	80322	108232	237396	235944	243267	321319	237924	176171
莱芜市	Laiwu	7370	12198	15125	14208	8037	9245	12908	12661	11381
临沂市	Linyi	51720	97240	123593	154818	157795	172855	175650	141064	133516
德州市	Dezhou	14710	29539	38784	46408	49103	54410	49228	41164	46288
聊城市	Liaocheng	17416	21737	27318	31230	21974	18049	18274	20572	21007
滨州市	Binzhou	12927	48373	61757	59168	51299	51793	49035	40845	41792
菏泽市	Heze	11242	26736	32385	38242	39775	49986	63063	58844	60196

6-10 1979-2016年利用外资情况
Statistics on Utilization of Foreign Capitals from 1979 to 2016

单位:万美元 (10 000 USD)

年份 Year	合同项目个数(个) Number of Contracted Projects	#外商直接投资 Foreign Direct Investments	合同外资金额 Total Amount of Contracted Foreign Capital	#外商直接投资 Foreign Direct Investments	实际使用外资金额 Total Amount of Foreign Capital Actually Utilized	#外商直接投资 Foreign Direct Investments
1979	49		1278		1276	
1980	46		1254		1245	
1981	40	1	1296	10	1296	10
1982	60		1348		1327	
1983	51		2010		1831	
1984	100	16	15283	10470	1642	40
1985	232	32	10994	4925	6375	559
1986	109	37	13377	5927	11743	1939
1987	151	53	30520	3890	10219	2381
1988	458	203	59553	26020	14231	3908
1989	485	240	55272	17855	31498	13132
1990	674	366	55164	23283	31123	15084
1991	1187	801	102358	65481	46789	17950
1992	4651	4109	471994	391961	137684	97335
1993	8012	7229	754863	705116	226068	184319
1994	4747	3650	624570	526217	340137	253566
1995	5035	2709	532980	462521	326698	260719
1996	2223	2175	633894	539797	339426	259041
1997	1681	1597	454145	328037	358447	250044
1998	1434	1366	367072	221866	361036	222262
1999	1745	1717	421333	311087	374464	246878
2000	2733	2728	561066	507435	381243	297119
2001	3058	3047	715880	672040	424886	362093
2002	4072	4065	1186072	1130680	652124	558603
2003	5305	5305	1989296	1341413	1125985	709371
2004	5890	5890	2144647	2028958	982105	870064
2005	6415	6415	2884398	2749510	1101441	897072
2006	4030	4030	1645089	1624175	1020966	1000069
2007		2717		1173880		1101159
2008		1527		1014959		820246
2009		1468		871045		801007
2010		1632		1363381		916833
2011		1433		1579081		1116022
2012		1333		1655717		1235267
2013		1405		1770879		1405315
2014		1352		1595327		1519511
2015		1509		2004467		1630090
2016		1477		2115351		1682556

注:2003年实际利用外资金额是全口径数据包括对外借款,合同外资个数和合同外资金额不包括对外借款部分。2004年起实行新的外商投资统计制度取消对外借款部分,外商直接投资数据为商务部反馈数。2008年实际使用外资采用全口径统计方式。

a)In 2003,data of total amount of foreign capital actually utilized are including foreign loads.And Data of projects for contracted foreign capital and total amount of contracted foreign capital are excluding foreign loads.Since 2004,foreign loads is canceled according to the new statistical lations on foreign investments.Data of foreign direct investments come from the Ministry of Commerce.In 2008 the foreign capital actually utilized is changed to the actual received foreign capital.

6-11 按主要国家(地区)分外商直接投资
Foreign Direct Investment by Countries or Regions

单位:万美元 (10 000 USD)

国家(地区)	Country(Region)	合同项目个数(个) Number of Contracted Projects (unit)		合同外商投资金额 Total Amount of Contracted Foreign Capital		实际使用外商投资金额 Total Amount of Foreign Capital Actually Utilized	
		2015	2016	2015	2016	2015	2016
总计	**Total**	**1509**	**1477**	**2004467**	**2115351**	**1630090**	**1682556**
韩国	Republic of Korea	555	559	302779	221438	206717	225111
香港	Hong Kong	393	376	1145168	1180751	754834	831531
美国	United States	71	76	71392	68042	48894	35969
日本	Japan	55	71	62275	84821	73032	57226
台湾省	Taiwan	120	97	100072	63306	43292	50460
英属维尔京群岛	Virgin Islands	19	4	50889	47946	61342	65351
新加坡	Singapore	31	28	32490	52339	139899	118113
英国	United Kingkom	18	15	6465	1956	1892	1652
加拿大	Canada	24	26	6615	11806	9922	6553
澳大利亚	Australia	23	34	15623	47024	5344	14027
法国	France	13	6	12825	7163	4553	7176
德国	Germany	32	20	19591	100342	21722	72995
毛里求斯	Mauritius	1		-821	-5401	2288	527
马来西亚	Malaysia	8	8	2776	20576	1486	3704
萨摩亚	Samoa	6	3	815	3482	13142	612
意大利	Italy	12	11	7191	4945	5161	11097
荷兰	Netherlands	5	4	5521	1891	11556	4754
开曼群岛	Cayman Islands	1	5	-742	3463	27186	6045
泰国	Thailand		3	5959	3190	3040	2002
澳门	Macao	4	1	4788	298	952	570
瑞士	Switzerlan	2	2	11719	5392	4017	4630
巴拿马	Panama			14	-331		32
百慕大	Bermuda	1	1	22667	-25315	54542	28747
俄罗斯	Russia	9	8	4231	34199	568	60
菲律宾	Philippines	2	1	3810	3284	2800	
丹麦	Denmark	7		614	1426	5525	5234
印度尼西亚	Indonesia	1	2	5	4116	707	340
奥地利	Austria	2	2	-1003	14	44	18
西班牙	Spain	7	5	894	1015	287	1617
新西兰	New Zealand	8	1	6589	611	2014	2080
卢森堡	Luxembourg	2	2	4387	11112	12112	9992
瑞典	Sweden	2		98	152	864	2500
比利时	Belgium		2	-55	100		89
欧洲联盟	The European Union	107	74	62550	140586	74911	124593
东南亚联盟	Southeast Asian Union	43	43	45070	83485	147984	124205

6-12 按行业分外商直接投资(2016年)

单位:万美元

行业	Sector	项目数(个) Number of Projects(unit)		
		本年新增 Newly Added in the Year	比上年增长(%) Growth Rate (%)	2016年止累计 Accumulative number end to 2016
总计	**Total**	**1477**	**-2.1**	**70607**
第一产业	**Primary Industry**	**31**	**-8.8**	**2343**
农、林、牧、渔业	Agriculture, Forestry, Animal Husbandry and Fishing	31	-8.8	2343
第二产业	**Secondary Industry**	**525**	**-5.6**	**53640**
采矿业	Mining	1		230
制造业	Manufacturing	465	-10.2	51662
电力、热力、燃气及水的生产和供应业	Production and Supply of Electric, Heat, Gas and Water	41	36.7	503
建筑业	Construction	18	125.0	1245
第三产业	**Tertiary Industry**	**921**	**0.2**	**14624**
交通运输、仓储和邮政业	Transport, Storage and Post	20	5.3	793
信息传输、计算机服务和软件业	Information Transmission, Computer Services and Software	38	22.6	409
批发和零售业	Wholesale and Retail Trade	496	-9.0	4944
住宿和餐饮业	Hotels and Catering Services	53	23.3	1498
金融业	Financial Intermediation	45		204
房地产业	Real Estate	23	35.3	2310
租赁和商务服务业	Leasing and Business Services	106	11.6	2482
居民服务和其他服务业	Services to Households and Other Services	16	33.3	230
科学研究、技术服务和地质勘查业	Scientific Research, Technical Service and Geologic Prospecting	96	5.5	770
水利、环境和公共设施管理业	Management of Water Conservancy, Environment and Public Facilities	5	25.0	127
教育	Education	6	100.0	99
文化、体育和娱乐业	Culture, Sports and Entertainment	11	37.5	663
卫生、社会保障和社会福利业	Health, Social Security and Social Welfare	6		95

Foreign Direct Investment by Sector(2016)

(10000 USD)

合同外资金额 Total Amount of Contracted Foreign Capital			实际使用外资金额 Total Amount of Foreign Capital Actually Utilized		
本　年 This Year	比上年增　长 (%) Growth Rate (%)	2016年止累计 Accumulative number end to 2016	本　年 This Year	比上年增　长 (%) Growth Rate (%)	2016年止累计 Accumulative number end to 2016
2115351	**5.5**	**28491145**	**1682556**	**3.2**	**18753158**
74028	**29.7**	**905174**	**37146**	**-7.7**	**569656**
74028	29.7	905174	37146	-7.7	569656
1024451	**14.8**	**19196092**	**992536**	**1.0**	**13103077**
871	190.3	128572	3172	-61.8	130058
921657	11.8	17848084	889165	-4.6	12115616
75347	56.3	880928	89255	140.6	677922
26576	33.2	338508	10944	106.0	176480
1016872	**-3.6**	**8389879**	**652874**	**7.6**	**5080426**
45551	-42.7	928670	43510	-13.4	553618
62188	140.6	225548	4183	-83.8	89068
165393	-29.9	1294502	90871	-4.8	764868
3214	77.5	280590	2697	-49.4	160715
128879	-60.6	742727	231553	72.4	534551
60932	-58.7	2562908	108343	-30.1	1853333
171968	165.0	933625	42246	9.4	436105
1789	-123.5	69700	189	1790.0	51775
354414	115.6	936482	125374	38.0	460527
9859	14.1	138813	1140	-43.0	56627
918	-73.3	24523	1554	-58.2	14193
3837	290.7	192037	646	-78.7	94077
7930	173.2	59754	568	-75.8	9969

6-13 按方式分外商直接投资
Basic Statistics on Foreign Direct Investments by Form

单位:万美元 (10 000 USD)

类 别	Category	合同项目个数(个) Number of Contracted Projects(unit)				实际使用外资金额 Total Amount of Foreign Capital Actually Utilized			
		2013	2014	2015	2016	2013	2014	2015	2016
外商直接投资	**Foreign Direct Investments**	**1405**	**1352**	**1509**	**1477**	**1405315**	**1519511**	**1630090**	**1682556**
合资经营企业	Sino-foreign Joint-ventures enterprises	422	365	418	401	365199	340244	397010	462093
合作经营企业	Sino-foreign Cooperative Operation enterprises	8	8	7	9	5057	5797	27998	3723
外资企业	Foreign Investment Enterprises	974	975	1077	1061	1026169	1158128	1172994	1186272
外商投资股份制企业	Foreign Investment Share Enterprises	1	4	7	6	8890	15343	32089	30468
合作开发	Cooperative Development								
其他	Others								

6-14 各市外商直接投资
Foreign Direct Investment by Region

单位:万美元 (10 000 USD)

地 区	Region	项目数(个) Number of Projects(unit)		合同外资 Amount of Contracted Foreign Capital		实际使用外资 Amount of Foreign Capital Actually Utilized	
		2015	2016	2015	2016	2015	2016
全省总计	**Total**	**1509**	**1477**	**2004467**	**2115351**	**1630090**	**1682556**
济 南 市	Jinan	104	104	303100	179577	157851	171624
青 岛 市	Qingdao	763	680	827357	765635	669062	700273
淄 博 市	Zibo	29	28	25529	25889	58790	63509
枣 庄 市	Zaozhuang	9	10	20016	14590	9975	10504
东 营 市	Dongying	10	7	15911	4641	22194	22302
烟 台 市	Yantai	224	232	286285	325036	191638	206173
潍 坊 市	Weifang	38	45	176493	137963	100116	106431
济 宁 市	Jining	13	21	29057	23348	91698	50657
泰 安 市	Tai'an	72	61	86784	82204	49564	51605
威 海 市	Weihai	163	188	97640	101891	112018	121145
日 照 市	Rizhao	15	30	19560	14470	57849	57858
莱 芜 市	Laiwu	5	6	27482	19656	13471	15291
临 沂 市	Linyi	21	26	23333	74500	14230	22768
德 州 市	Dezhou	13	12	8713	19062	11875	12099
聊 城 市	Liaocheng	8	11	9722	19150	5680	6720
滨 州 市	Binzhou	9	5	39164	7962	41022	38579
菏 泽 市	Heze	13	11	8321	299777	23058	25018

6-15 境外投资情况

Overseas Investment

类别	Category	境外投资项目(个) Overseas Investment Projects (unit)		备案核准中方投资总额(万美元) Approved and Registered Total Amount of Chinese Investment (10 000 USD)	
		2016	2016年止累计 Accumulative number end to 2016	2016	2016年止累计 Accumulative number end to 2016
总计	**Total**	**599**	**5274**	**2653567**	**6484152**
贸易性企业	Trade Enterprises	210	2174	334569	896776
非贸易性企业	Non-trade Enterprises	389	2555	2318998	5587376
资源开发企业	Resource Development	15	433	290276	1225695

6-16 各市境外投资情况

Overseas Investment by Region

单位:万美元 (10 000 USD)

地区	Region	企业数(个) Number of Enterprises(unit)		备案核准投资额 Approved and Registered Amount of Investment		对外实际投资额 Actual amount of Overseas Investment	
		2015	2016	2015	2016	2015	2016
全省总计	**Total**	**589**	**599**	**1559474**	**2653567**	**577806**	**1298265**
济南市	Jinan	49	77	103461	135417	56772	68414
青岛市	Qingdao	195	186	411826	1394411	130859	520639
淄博市	Zibo	42	31	187197	31244	30738	34854
枣庄市	Zaozhuang	6	3	2504	705	2131	495
东营市	Dongying	36	23	107094	30644	21666	16197
烟台市	Yantai	59	65	150408	380379	75417	143975
潍坊市	Weifang	51	47	157706	133225	44883	34776
济宁市	Jining	19	20	24993	166441	67475	341990
泰安市	Tai'an	10	14	19000	20008	2962	2042
威海市	Weihai	49	49	60448	84671	30751	16244
日照市	Rizhao	24	16	105922	201630	28402	22911
莱芜市	Laiwu	1	8	130	1921	221	323
临沂市	Linyi	17	17	21666	13854	3776	5696
德州市	Dezhou	9	11	14707	15343	994	9839
聊城市	Liaocheng	8	8	29745	5293	16324	31226
滨州市	Binzhou	8	19	31307	31989	40566	38960
菏泽市	Heze	6	5	131361	6391	23869	9684

6-17 按主要国别(地区)分境外投资情况
Overseas Investment by Countries or Regions

单位:万美元 (10 000 USD)

国别(地区)	Country(Region)	项目数(个) Number of Projects(unit)		备案核准中方投资额 Approved and Registered Amount of Chinese Investment	
		2015	2016	2015	2016
总计	**Total**	**589**	**599**	**1559474**	**2653567**
亚洲小计	**Subtotal of Asia**	**268**	**262**	**674864**	**619255**
阿富汗	Afghanistan		1		
阿联酋	UAE	13	8	2686	19248
澳门	Macao		1		26
巴基斯坦	Pakistan	8	14	13550	39335
巴林	Bahrain	1	1	500	6000
朝鲜	Korea DPR				
东帝汶	East Timor				
菲律宾	Philippine	4		237	
哈萨克斯坦	Kazakhstan	2	5	3025	8238
韩国	Republic of Korea	33	26	16866	16325
吉尔吉斯斯坦	Kyrgyzstan	2	2	1600	1110
柬埔寨	Cambodia	17	13	54445	29073
卡塔尔	Qatar		1		73
科威特	Kuwait				
老挝	Laos	1	1	121	10001
马来西亚	Malaysia	12	16	40113	48071
蒙古	Mongolia	2	6	501	5590
孟加拉	Bangladesh	3	2	23715	170
缅甸	Myanmar	3	9	948	22673
日本	Japan	22	29	2876	4500
沙特阿拉伯	Saudi Arabia		2		3057
斯里兰卡	Sri Lanka	1	1	600	300
塔吉克斯坦	Tajikistan	2		23207	
中国台湾	Taiwan,China		2		430
泰国	Thailand	11	5	28648	8833
土库曼斯坦	Turkmenistan		1		20
乌兹别克斯坦	Uzbekistan	4	1	22142	
香港	Hong Kong	77	71	179099	180188
新加坡	Singapore	14	9	89532	165508
叙利亚	Syria				
也门	Yemen				
伊朗	Iran	1	3	3000	2053
以色列	Israel	1	3	51	190
印度	India	10	5	43528	4158
印度尼西亚	Indonesia	11	7	62035	14669
约旦	Jordan				
越南	Vietnam	13	11	61840	28854
伊拉克	Iraq		1		
马尔代夫	Maldives				
阿曼	Oman				
格鲁吉亚	Georgia		1		
尼泊尔	Nepal		3		563
土耳其	Turkey		1		
非洲小计	**Subtotal of Africa**	**67**	**68**	**94760**	**155873**
阿尔及利亚	Algeria		1		3
埃及	Egypt				
埃塞俄比亚	Ethiopia	8	3	5055	1508
安哥拉	Angola	2	3	2017	10300
贝宁	Benin				
博茨瓦纳	Botswana				

6-17 续表 1 continued

单位:万美元 (10 000 USD)

国别(地区)	Country(Region)	项目数(个) Number of Projects(unit) 2015	2016	备案核准中方投资额 Approved and Registered Amount of Chinese Investment 2015	2016
赤道几内亚	Eq.Guinea	1	2	1	50
多哥	Togo	1	1	500	10
厄立特里亚	Eritrea				
佛得角	Cape Verde				
冈比亚	Gambia				
刚果(布)	Congo Rep				
刚果(金)	Congo DR		1		200
几内亚	Guinea	2		3768	
几内亚(比绍)	Guinea-Bissau	1		5000	
加纳	Ghana	6	5	9837	3422
加蓬	Gabon				
津巴布韦	Zimbabwe	2	3	9850	1865
喀麦隆	Cameroon	2		1159	
科特迪瓦	Cote D'Ivoire				
肯尼亚	Kenya	4	8	4250	2700
莱索托	Lesotho				
利比里亚	Liberia		1		180
利比亚	Libya				
马里	Mali		1		
马达加斯加	Madagascar	4		8871	
毛里求斯	Mauritius	1	1	300	31
毛里塔尼亚	Mauritania	1	4	810	68860
摩洛哥	Morocco		2		17
马拉维	Mavila				
莫桑比克	Mozambique	3	7	4587	31125
纳米比亚	Namibia	2	2	100	545
南非	South Africa	9	5	16610	16780
南苏丹	South Sudan	1		5	
尼日利亚	Nigeria	4	1	1500	95
塞内加尔	Senegal	1	4	200	561
塞拉利昂	Sierra Leone		3		3520
塞浦路斯	Cyprus	1		370	
塞舌尔	Seychelles	3	3	12990	11200
北苏丹	North Sudan	1		1000	
坦桑尼亚	Tanzania	2	2	3000	300
突尼斯	Tunisia				
乌干达	Uganda	5	2	2980	2000
赞比亚	Zambia		2		600
中非	Central Africa				
乍得	Chad		1		
欧洲小计	**Subtotal of Europe**	**57**	**50**	**128868**	**213287**
阿塞拜疆	Azerbaijan				
白俄罗斯	Belorussia				
保加利亚	Bulgaria				
比利时	Belgium		2		34
波黑	Bosnia and Heraegovinian				
波兰	Poland	1	1	556	50
德国	Germany	15	13	54586	62641
丹麦	Denmark	1	1	4250	
俄罗斯	Russia	16	8	33682	14024
法国	France	3	2	12524	88964
芬兰	Finland		1		1205
荷兰	Netherlands	2	6	3553	3024
捷克	Czech		2		9000

6-17 续表 2 continued

单位:万美元 (10 000 USD)

国别(地区)	Country(Region)	项目数(个) Number of Projects(unit) 2015	2016	备案核准中方投资额 Approved and Registered Amount of Chinese Investment 2015	2016
拉托维亚	Latvia				
立陶宛	Lithuania				
卢森堡	Luxembourg		1		125
罗马尼亚	Romania				
挪威	Norway				
葡萄牙	Portugal				
瑞典	Sweden	1		36	
瑞士	Switzerland				175
斯洛伐克	Slovakia				
塞浦路斯	Cyprus				
乌克兰	Ukraine		2		2011
西班牙	Spain	2	1	2992	155
希腊	Greece		1		5758
匈牙利	Hungary	5		-7783	
亚美尼亚	Armenia				
意大利	Italy	3	2	6165	3114
英国	United Kingdom	8	6	18308	22207
塞尔维亚	Serbia				
爱尔兰	Ireland		1		800
拉丁美洲小计	**Subtotal of Latin America**	**37**	**19**	**122769**	**148071**
阿根廷	Argentina	2	1	7869	328
安提瓜和巴布达	Antigua and Barbuda				
巴巴多斯	Barbados				
巴拉圭	Paraguay				
巴拿马	Panama		1		28000
巴西	Brazil	2		65	5
玻利维亚	Bolivia		1		184
多米尼加	Dominican Rep.				
厄瓜多尔	Ecuador	2	1	252	
圭亚那	Guyana	1		8000	
哥伦比亚	Colombia	1	1	0	300
哥斯达黎加	Costa Rica		1		51
古巴	Cuba	4			
秘鲁	Peru	3		77841	91417
开曼群岛	Cayman Islands	1	2	500	1869
苏里南	Surinam		1		20
圣卢西亚	Saint Lucia	1		350	
特立尼达和多巴哥	Trinidad and Tobago				
危地马拉	Guatemala				
委内瑞拉	Venezuela	2		299	
乌拉圭	Uruguay	8	3	12835.2	15532
英属安圭拉	Anguilla	1		100	
英属维尔京群岛	British Virgin Islands	3	3	4032	9835
智利	Chile	3	3	8041	480
牙买加	Jamaica		1		51
北美小计	**Subtotal of North America**	**115**	**159**	**343144**	**1145336**
百慕大群岛	Bermuda	1		18000	
加拿大	Canada	17	17	126000	98996
美国	United States	97	140	199144	1043635
墨西哥	Mexico		2		2705
大洋州小计	**Subtotal of Oceanic**	**45**	**41**	**195069**	**371745**
澳大利亚	Australia	33	31	168525	327998
巴布亚新几内亚	Papua New Guinea	2		1443	
斐济	Fiji	3	2	5300	11250
新西兰	New Zealand	7	8	19801	32498
所罗门	Solomon				
汤加	Tonga				
萨摩亚	Samoa				

6-18 1982-2016年对外承包工程和劳务合作情况

Statistics on Contracted Projects and Labor Services Cooperation with Foreign Countries 1982 to 2016

年份 Year	合同个数(个) Number of Contracts (unit)	合同金额(万美元) Contracted Value (10 000 USD)	营业额(万美元) Turnover (10 000 USD)	年末在外人数(人) Number of Persons outside the Country at Year-end (person)	派出人数(人) Number of Persons Sent out(person)
1982	1	421	421		
1983	1	1286	40	408	
1984	1	451	664	783	
1985	4	645	852	1147	
1986	26	1099	876	1597	
1987	33	802	999	1239	
1988	34	502	987	865	
1989	69	1389	1000	1179	
1990	91	3377	1712	1462	
1991	123	5952	3017	2326	
1992	192	8747	3882	3571	
1993	299	20250	6959	7254	
1994	411	31882	12222	10288	
1995	672	38604	18274	16217	
1996	880	52005	28933	23355	
1997	966	57654	36315	26626	
1998	1296	73703	46508	29121	
1999	1116	67729	63615	30979	
2000	1250	61601	45229	35028	
2001	1580	104622	55913	36489	
2002	1380	134098	83133	43554	
2003	1322	124243	99213	52077	
2004	1879	146590	151568	62705	
2005	2171	164091	174518	71610	37797
2006	2513	392134	232293	83974	41369
2007	2642	540344	301928	93797	45212
2008	2880	754137	358867	90623	45269
2009	2397	932312	509083	96421	46296
2010	3075	1092504	602415	102149	47300
2011		948287	819857	108662	48836
2012		988209	898864	103736	51425
2013		1078349	940828	98988	52591
2014		1237694	1021544	115328	59941
2015		1344383	1120799	116100	60764
2016		1355479	1195427	119655	68673

注：2011年起，商务部不再对外公布对外劳务合作合同数(下表同)。

a)The Commerce Department had no longer published data refer to Contracts of Labor Cooperation since 2011.The same applies to tables following.

6-19　对外承包工程和劳务合作情况

Statistics on Contracted Projects and Labour Cooperation with Foreign Countries or Regions

项　目		Item		2012	2013	2014	2015	2016
一、承包工程合同个数	**（个）**	**Number of Contracted Projects**	**(unit)**	**183**	**210**	**348**	**352**	**306**
二、合同金额	**（万美元）**	**Contracted Value**	**(10 000 USD)**	**988209**	**1078349**	**1237694**	**1344383**	**1355479**
承包工程	（万美元）	Contracted Projects	(10 000 USD)	879954	986474	1060559	1198283	1266500
劳务合作	（万美元）	Labor Cooperation	(10 000 USD)	108255	91875	177135	146100	88979
三、营业额	**（万美元）**	**Turnover**	**(10 000 USD)**	**898864**	**940828**	**1021544**	**1120799**	**1195427**
承包工程	（万美元）	Contracted Projects	(10 000 USD)	811423	847624	925011	1017083	1093045
劳务合作	（万美元）	Labor Cooperation	(10 000 USD)	87441	93204	96533	103716	102382
四、年末在国外人数	**（人）**	**Number of Persons outside the Country at year end**	**(person)**	**103736**	**98988**	**115328**	**116100**	**119655**
承包工程	（人）	Contracted Projects	(person)	25302	27261	31832	31452	30546
劳务合作	（人）	Labor Cooperation	(person)	78434	71727	83496	84648	89109
五、派出人数	**（人）**	**Number of Persons Sent out**	**(person)**	**51425**	**52591**	**59941**	**60764**	**68673**
承包工程	（人）	Contracted Projects	(person)	14882	17687	19700	16826	24730
劳务合作	（人）	Labor Cooperation	(person)	36543	34904	40241	43938	43943

6-20　旅 游 业 情 况

Tourism

类　别		Category		2015	2016
旅行社总数	（个）	Total Number of Travel Agencies	(unit)	2109	2116
旅行社职工人数	（人）	Number of Staff and Workers of Travel Agencies	(person)	20740	21069
旅游饭店总数	（个）	Total Number of Tourist Hotels	(unit)	758	700
接待入境游客	（万人次）	Number of International Tourists Arrival to China	(10 000 person-time)	460.78	485.47
外国人	（万人次）	Foreigners	(10 000 person-time)	335.86	352.67
港澳台胞	（万人次）	Hong Kong, Macao and Taiwan Compatriots	(10 000 person-time)	124.92	132.80
港澳同胞	（万人次）	Compatriots from Hong Kong and Macao	(10 000 person-time)	70.07	74.43
台湾同胞	（万人次）	Compatriots from Taiwan	(10 000 person-time)	54.85	58.37
旅行社外联入境游客	（万人）	Number of International Tourists Outreached by Travel Agencies	(10 000 person)	166.74	145.94
旅行社接待入境游客	（万人）	Number of International Tourists Recepted by Travel Agencies	(10 000 person)	183.16	154.52
国内旅游人数	（万人次）	Number of Domestic Tourists	(10 000 person-time)	65045.4	70716.5
旅游消费总额	（亿元）	Total Tourism Consumption	(100 million yuan)	7062.5	8030.7
入境旅游收入	（亿美元）	International Tourism Earnings	(100 millionUSD)	29.0	30.6
国内旅游收入	（亿元）	Domestic Tourism Earnings	(100 million yuan)	6505.1	7399.6

6-21 1995-2016年国内旅游情况

Domestic Tourism 1995 to 2016

年 份 Year	总人次 (万人次) Domestic Tourists (10 000 person-time)	总花费 (亿元) Total Expenditure (100 million yuan)	人均花费 (元) Per Capita Expenditure (yuan)
1995	4655	157.68	338.7
1996	5151	187.43	363.9
1997	5488	213.02	388.2
1998	5844	245.83	420.7
1999	6429	285.17	443.6
2000	7007	386.49	551.6
2001	8086	462.64	572.2
2002	9573	571.53	597.0
2003	8918	542.78	608.6
2004	11749	767.65	653.4
2005	14097	974.59	691.3
2006	16775	1214.82	724.2
2007	20343	1550.76	762.3
2008	24046	1908.53	793.7
2009	28882	2331.70	807.3
2010	34990	2915.80	833.3
2011	41696	3573.70	857.1
2012	48739	4335.03	889.4
2013	54262	5014.74	924.2
2014	59577	5711.20	958.6
2015	65045	6505.11	1000.1
2016	70716	7399.61	1046.4

6–22 按主要国家分接待外国旅游人数
Number of Foreigner Tourists by Country

单位:人 (person)

国别	Country	2000	2005	2010	2012	2013	2014	2015	2016
总计	**Total**	**480090**	**1247842**	**2778699**	**3422261**	**3273678**	**3256968**	**3358553**	**3525019**
亚洲	**Asia**	**377862**	**1030169**	**2159102**	**2457852**	**2309149**	**2297202**	**2377625**	**2509292**
印度	India	2762	6759	23932	29010	31113	30742	32543	32988
印度尼西亚	Indonesia	6319	6881	24835	30022	33275	29985	29906	28879
日本	Japan	132619	278170	566511	482360	381054	353641	357727	375306
马来西亚	Malaysia	10700	22534	40230	62954	63466	59870	62694	65075
蒙古	Mongolia	851	1155	7064	10550	11211	12060	12356	11725
菲律宾	Philippines	14906	16327	42487	40721	41097	34118	34364	36647
新加坡	Singapore	16182	25509	70126	99630	94525	94270	95077	99340
韩国	Republic of Korea	183567	640056	1292880	1533199	1496143	1518088	1580582	1683278
泰国	Thailand	2545	7281	13387	18006	21601	21625	22422	22939
非洲	**Africa**	**1501**	**3819**	**15843**	**26152**	**60911**	**52335**	**43580**	**42524**
欧洲	**Europe**	**47999**	**109671**	**331858**	**517852**	**483604**	**471825**	**484332**	**488489**
英国	United Kingdom	6812	17295	62730	99127	86088	82902	82032	88529
德国	Germany	9065	22459	63694	93166	87993	79758	80739	85920
法国	France	6137	13794	40839	67685	71115	65805	66841	71390
意大利	Italy	3805	9004	24532	34538	35071	32505	34034	34587
荷兰	Netherlands	1750	3008	6376	8569	7074	5997	6190	5483
瑞典	Sweden	1573	3162	8498	12157	10480	8792	9018	9539
瑞士	Switzerland	1053	2435	8358	10135	9908	10670	11031	11913
俄罗斯	Russia	8926	19484	63036	103432	97171	98948	102785	109069
美洲	**America**	**40786**	**73303**	**191175**	**290059**	**281332**	**270534**	**281514**	**296476**
加拿大	Canada	7008	13513	39869	56435	51458	47632	54636	53104
美国	United States	31994	54510	133305	198638	199980	193175	196761	211042
大洋洲	**Oceanic**	**8009**	**15393**	**58310**	**97920**	**91492**	**94719**	**93197**	**100238**
澳大利亚	Australia	5956	10643	40738	62649	56120	55602	57523	62747
新西兰	New Zealand	1183	2369	12588	20690	16279	16947	17359	19590
其他	**Others**	**3933**	**15487**	**22411**	**32426**	**47190**	**70353**	**78305**	**88000**

6-23 各市按主要国家分接待外国旅游人数(2016年)
Number of Foreigner Tourists by Country and Region(2016)

单位:人次 (person-time)

地 区	Region	合 计 Total	#韩 国 Republic of Korea	日 本 Japan	马来西亚 Malaysia	新加坡 Singapore	菲律宾 Philippines	印 尼 Indonesia	泰 国 Thailand	印 度 India	美 国 United States
全省总计	**Total**	**3525019**	**1683278**	**375306**	**65075**	**99340**	**36647**	**28879**	**22939**	**32988**	**211042**
济南市	Jinan	216899	36137	21972	11301	15586	2357	3566	3716	9321	23187
青岛市	Qingdao	1042212	425134	150398	22980	23578	7832	6215	5781	8833	67720
淄博市	Zibo	115887	36455	29394	2141	6392	2172	1571	2154	1956	6922
枣庄市	Zaozhuang	13670	4088	1645	240	708	109	100	121	88	1198
东营市	Dongying	37796	8656	268	899	5912	706	372	1133	445	3741
烟台市	Yantai	483234	312779	58555	3121	9392	4841	3398	1387	3463	12176
潍坊市	Weifang	283282	132628	18530	4157	6299	3079	1798	1458	1757	16000
济宁市	Jining	195874	32654	25774	6444	11464	4645	5463	3384	3674	16751
泰安市	Tai'an	197255	69885	16336	9371	9739	1334	3047	1008	911	36641
威海市	Weihai	453526	395304	17228	582	849	655	219	287	277	2695
日照市	Rizhao	267743	177697	286	1215	3968	6781	1119	796	792	5782
莱芜市	Laiwu	4545	486	467	80	318	25	90	69	52	381
临沂市	Linyi	101863	20912	15354	1235	2838	1399	782	1022	702	5483
德州市	Dezhou	10338	1445	1063	319	425	103	208	133	185	1008
聊城市	Liaocheng	49889	21984	13309	236	508	228	228	150	143	7200
滨州市	Binzhou	46886	6530	4452	517	868	246	506	165	275	3878
菏泽市	Heze	4120	504	275	237	496	135	197	175	114	279

6-23 续表 continued

单位:人次 (person-time)

地 区	Region	加拿大 Canada	德 国 Germany	俄罗斯 Russia	英 国 United Kingdom	法 国 France	意大利 Italy	瑞 典 Sweden	荷 兰 Netherlands	澳大利亚 Australia	新西兰 New Zealand
全省总计	**Total**	**53104**	**85920**	**109069**	**88529**	**71390**	**34587**	**9539**	**5483**	**62747**	**19590**
济南市	Jinan	5558	15608	5157	10286	7041	4330	1337	207	9456	3306
青岛市	Qingdao	11526	25387	30509	26001	21783	9195	2356	912	18761	4204
淄博市	Zibo	2157	1775	4156	1787	1444	853	659	271	2635	1331
枣庄市	Zaozhuang	305	324	340	773	675	130	37	13	268	1825
东营市	Dongying	1640	1075	3099	1395	1156	299	49	60	1860	916
烟台市	Yantai	6423	8766	6064	8654	7761	4973	780	1227	4523	2252
潍坊市	Weifang	3708	5524	5650	5762	4103	2129	280	79	3484	2212
济宁市	Jining	8518	6027	4799	10898	8143	3403	1533	918	7375	642
泰安市	Tai'an	2918	5906	5531	7362	6575	1149	655	453	3935	585
威海市	Weihai	464	1407	27273	1579	784	230	110	159	576	591
日照市	Rizhao	2071	7281	11250	8031	5774	3179	382	345	2926	761
莱芜市	Laiwu	229	320	117	587	494	93	10	10	213	188
临沂市	Linyi	3252	2069	1227	2912	2916	1129	752	493	3074	196
德州市	Dezhou	402	465	282	415	183	240	41	103	417	212
聊城市	Liaocheng	464	732	364	911	945	478	207	31	304	89
滨州市	Binzhou	3259	3138	3149	1009	1446	2685	287	176	2821	245
菏泽市	Heze	210	116	102	167	167	92	64	26	119	35

6-24 接待入境游客构成
Structure of Foreigner Tourists

单位:% (%)

指 标	Indicator	2009	2010	2011	2012	2013	2014	2015	2016
总 计	**Total**	**100.0**	**100.0**	**100.0**	**100.0**	**100.0**	**100.0**	**100.0**	**100.0**
按性别分	**by Sex**	**100.0**	**100.0**	**100.0**	**100.0**	**100.0**	**100.0**	**100.0**	**100.0**
男	Male	69.8	67.8	68.7	69.9	67.7	68.9	70.4	68.2
女	Female	30.2	32.2	31.3	30.1	32.3	31.1	29.6	31.8
按年龄分	**by Age**	**100.0**	**100.0**	**100.0**	**100.0**	**100.0**	**100.0**	**100.0**	**100.0**
14岁以下	14 and under	1.6	1.6	1.5	2.2	1.9	1.8	2.2	2.5
15~24岁	15-24	9.7	9.1	9.6	10.0	9.3	9.2	10.5	10.5
25~44岁	25-44	49.6	51.5	50.3	51.6	46.8	48.3	49.7	49.4
45~64岁	45-64	32.9	31.8	32.1	29.8	36.1	35.2	32.0	31.9
65岁以上	65 and over	6.3	6.0	6.5	6.5	5.9	5.5	5.6	5.7
按来鲁目的分	**by Purpose of Coming to Shandong**	**100.0**	**100.0**	**100.0**	**100.0**	**100.0**	**100.0**	**100.0**	**100.0**
从事经济商务活动	Business	48.2	46.3	47.7	54.4	46.5	47.7	49.8	48.3
从事文化学术交流	Cultural and Academic Exchanges	5.7	7.7	6.3	8.2	7.9	8.1	6.1	6.9
探亲访友	Visiting relatives and Friends	4.2	4.4	4.5	6.2	6.4	5.9	5.2	6.6
旅游观光	Sightseeing	40.4	39.6	39.8	26.5	31.2	35.9	35.7	35.3
其 它	Others	1.6	2.1	1.8	4.6	8.1	2.4	3.2	2.9

6-25 各市接待入境游客人数
Number of Foreigner Tourists by Region

单位:万人次 (10 000 person-time)

地 区 Region	2011	外国人 Foreigner	2012	外国人 Foreigner	2013	外国人 Foreigner	2014	外国人 Foreigner	2015	外国人 Foreigner	2016	外国人 Foreigner
全省总计 Total	**424.2**	**312.3**	**469.9**	**342.2**	**452.7**	**327.4**	**445.7**	**325.7**	**460.8**	**335.9**	**485.5**	**352.7**
济南市 Jinan	29.0	19.4	31.6	20.6	30.7	19.4	31.4	19.4	33.3	20.5	35.2	21.7
青岛市 Qingdao	115.6	80.7	127.0	87.8	123.6	87.1	128.1	95.2	133.8	99.6	141.0	104.2
淄博市 Zibo	20.9	13.7	23.2	13.9	21.9	12.6	19.5	11.1	19.6	11.3	20.3	11.6
枣庄市 Zaozhuang	3.2	1.8	4.1	2.5	5.5	3.4	2.9	1.5	3.1	1.4	3.4	1.4
东营市 Dongying	4.3	3.2	5.3	3.9	3.1	1.2	5.6	3.6	5.8	3.7	6.0	3.8
烟台市 Yantai	54.9	44.5	53.0	41.7	52.0	41.6	54.6	42.8	57.4	45.2	61.3	48.3
潍坊市 Weifang	28.9	23.6	34.8	28.4	33.5	27.4	32.7	26.7	33.4	27.2	34.8	28.3
济宁市 Jining	34.0	20.9	37.4	24.2	35.4	21.5	30.6	17.9	32.1	18.2	34.6	19.6
泰安市 Tai'an	35.3	20.3	40.6	23.1	38.5	21.1	36.6	19.1	37.0	19.0	38.5	19.7
威海市 Weihai	41.5	38.9	45.7	42.8	44.0	41.3	44.8	41.9	46.2	43.2	48.5	45.4
日照市 Rizhao	25.5	24.7	29.3	27.7	28.1	26.6	27.0	25.6	27.0	25.6	28.3	26.8
莱芜市 Laiwu	0.6	0.5	0.8	0.6	0.7	0.6	0.7	0.5	0.7	0.6	0.8	0.5
临沂市 Linyi	14.7	8.5	18.9	10.7	18.2	10.3	17.7	10.0	17.5	9.8	18.2	10.2
德州市 Dezhou	6.5	3.4	6.8	4.1	6.3	4.4	2.5	1.3	2.3	1.1	2.1	1.0
聊城市 Liaocheng	4.5	4.0	5.5	4.7	5.4	4.5	5.4	4.4	5.5	4.7	5.8	5.0
滨州市 Binzhou	3.7	3.6	4.6	4.4	4.4	4.2	4.4	4.2	4.7	4.5	4.9	4.7
菏泽市 Heze	1.1	0.9	1.4	1.0	1.4	0.3	1.2	0.3	1.4	0.4	1.5	0.4

6-26 各市入境旅游外汇收入

Foreign Exchange Earnings by Region

单位:万美元 (10 000 USD)

地区	Region	2000	2005	2010	2012	2013	2014	2015	2016
全省总计	**Total**	**31513**	**78023**	**215506**	**292365**	**273120**	**271424**	**289651**	**306345**
济南市	Jinan	3152	4175	11354	16034	15127	17058	18419	19609
青岛市	Qingdao	14213	41493	60104	82459	79363	82284	91798	98055
淄博市	Zibo	407	982	9206	12801	11574	9412	9565	9858
枣庄市	Zaozhuang	39	113	824	1078	770	816	720	810
东营市	Dongying	39	77	3128	5082	4772	5055	5188	5277
烟台市	Yantai	6097	13207	37707	48146	46313	47242	51859	55260
潍坊市	Weifang	657	1055	16238	25258	23182	21630	21976	22474
济宁市	Jining	947	2603	17118	18413	15965	13508	14615	15247
泰安市	Tai'an	1118	3740	18380	25745	23223	22508	23559	24328
威海市	Weihai	4203	7086	19151	25283	23851	24221	25134	27207
日照市	Rizhao	202	1908	9795	13583	12416	12786	11808	12363
莱芜市	Laiwu	15	25	314	611	506	475	482	654
临沂市	Linyi	213	648	7717	11325	10232	9755	9807	10111
德州市	Dezhou	15	446	1752	2195	1894	563	517	536
聊城市	Liaocheng	153	342	1580	2703	2392	2539	2516	2701
滨州市	Binzhou	14	85	898	1345	1268	1289	1375	1491
菏泽市	Heze	29	38	239	302	273	284	311	363

6-27 入境旅游外汇收入及构成

Foreign Exchange Earnings and Its Composition

单位:万美元 (10 000 USD)

类别	Category	2013		2014		2015		2016	
		数额 Value	比重 (%) Proportion	数额 Value	比重 (%) Proportion	数额 Value	比重 (%) Proportion	数额 Value	比重 (%) Proportion
总计	**Total**	**273120.1**	**100.0**	**271423.5**	**100.0**	**289651.0**	**100.0**	**306345.1**	**100.0**
长途交通	Long Distance Transportation	76500.9	28.0	77952.8	28.7	83506.4	28.8	88104.9	28.8
#民航	Civil Aviation	60810.7	22.3	62563.1	23.1	67025.2	23.1	70735.1	23.1
铁路	Railway	3448.2	1.3	3067.1	1.1	3273.1	1.1	3706.8	1.2
汽车	Highway	7766.8	2.8	7274.1	2.7	7762.6	2.7	7873.1	2.6
轮船	Waterway	4524.0	1.7	5021.3	1.9	5445.4	1.9	5789.9	1.9
游览	Visiting	24978.6	9.1	23803.8	8.8	25518.3	8.8	27142.2	8.9
住宿	Accommodation	34365.0	12.6	33520.8	12.4	35714.0	12.3	37190.3	12.1
餐饮	Food and Beverage	24116.5	8.8	23722.4	8.7	25344.5	8.8	27417.9	9.0
购物	Shopping	59176.3	21.7	58898.9	21.7	62593.6	21.6	67794.2	22.1
娱乐	Entertainment	18440.7	6.8	17914.0	6.6	19232.8	6.6	20494.5	6.7
邮电通讯	Post and Communication Services	10153.3	3.7	10449.8	3.9	11035.7	3.8	11518.6	3.8
市内交通	Local Transportation	8977.0	3.3	8495.6	3.1	8892.3	3.1	9466.1	3.1
其他服务	Other Services	16363.0	6.0	16611.1	6.1	17813.5	6.2	17216.6	5.6

6-28 各经济开发区主要经济指标(2016年)
Main Indicators of the Economic Development Areas(2016)

开发区名称	Development Area	注 册 企业数 (个) Number of Registered Enterprises (unit)	外商投资 企 业 Foreign -funded Enterprises	高新技术 企 业 High and New-tech Enterprises	实际利用 外 资 额 (万美元) Amount of Foreign Capital Actually Utilized (10 000 USD)
国家级	**National**				
济南综合保税区	Jinan Bonded Zone	145	10	7	21666
明水经济技术开发区	Mingshui Economic and Technological Development Zone	1610	28	65	149100
青岛经济技术开发区	Qingdao Economic and Technological Development Zone	27626	733	130	701715
青岛保税港区	Qingdao Bonded Port	6410	439	18	82200
青岛西海岸出口加工区	Qingdao West Coast Export Processing Zone	73	10	2	11752
青岛出口加工区	Qingdao Export Processing Zone	127	42	5	16762
胶州经济技术开发区	Jiaozhou Economic and Technological Development Zone	17802	454	104	411451
东营经济技术开发区	Dongying Economic and Technological Development Zone	3693	27	36	
烟台保税港区	Yantai Bonded Port	175	57	2	1783
烟台经济技术开发区	Yantai Economic and Technological Development Zone	19115	562	85	396198
招远经济技术开发区	Zhaoyuan Economic and Technological Development Zone	1247	72	15	100071
滨海经济技术开发区	Binzhou Economic and Technological Development Zone	3001	65	52	75855
威海经济技术开发区	Weihai Economic and Technological Development Zone	9726	277	38	109463
临港经济技术开发区	Lingang Economic and Technological Development Zone	2196	102	16	82313
威海出口加工区	Weihai Export Processing Zone	49	37	1	10761
日照经济技术开发区	Rizhao Economic and Technological Development Zone	3126	66	18	204580
临沂经济技术开发区	Linyi Economic and Technological Development Zone	6174	41	31	25417
德州经济技术开发区	Dezhou Economic and Technological Development Zone	6151	52	28	16321
聊城经济技术开发区	Liaocheng Economic and Technological Development Zone	7069	25	17	
滨州经济技术开发区	Binzhou Economic and Technological Development Zone	2173	20	10	33769
邹平经济技术开发区	Zouping Economic and Technological Development Zone	697	14	12	78140
省 级	**Provincial**				
济南市	Jinan				
济南槐荫工业园区	Jinan Huaiyin Industry Park	627	3	13	23323
济南化工产业园区	Jinan Chemical Industry Park	1398	28	24	920
济南临港经济开发区	Jinan Lingang Economic Development Zone	4259	138	40	87957
济南经济开发区	Jinan Economic Development Zone	608	8	27	80635
平阴工业园区	Pingyin Industry Park	242	3	17	14979
济北经济开发区	Jibei Economic Development Zone	3125	99	24	55600
商河经济开发区	Shanghe Economic Development Zone	630	3	6	799
青岛市	Qingdao				
青岛环海经济开发区	Qingdao Seaside Economic Development Zone	1172		35	138617
即墨经济开发区	Jimo Economic Development Zone	2542	446	169	398697
平度经济开发区	Pingdu Economic Development Zone	9255	287	72	54013
胶南经济开发区	Jiaonan Economic Development Zone	4396	179	50	98811
青岛临港经济开发区	Qingdao Lingang Economic Development Zone	765	49	12	19800
淄博市	Zibo				
淄川经济开发区	Zichuan Economic Development Zone	1124	52	101	
张店经济开发区	Zhangdian Economic Development Zone	228	6	10	30000
博山经济开发区	Boshan Economic Development Zone	2896	30	83	39698
临淄经济开发区	Linzi Economic Development Zone	684	7	19	25647
周村经济开发区	Zhoucun Economic Development Zone	622	22	10	2139

6-28 续表 1 Continued

开发区名称	Development Area	注册企业数(个) Number of Registered Enterprises (unit)	外商投资企业 Foreign-funded Enterprises	高新技术企业 High and New-tech Enterprises	实际利用外资额(万美元) Amount of Foreign Capital Actually Utilized (10 000 USD)
桓台东岳氟硅材料产业园	Huantai Dongyue International Fluorine -siliconMaterial Industry Zone	310	8	14	30454
桓台经济开发区	Huantai Economic Development Zone	816	10	40	14723
高青经济开发区	Gaoqing Economic Development Zone	1824	3	27	25968
沂源经济开发区	Yiyuan Economic Development Zone	279	8	32	27438
枣庄市	Zaozhuang				
枣庄经济开发区	Zaozhuang Economic Development Zone	249	14	27	1250
薛城经济开发区	Xuecheng Economic Development Zone	386	16	21	2029
峄城经济开发区	Yicheng Economic Development Zone	247	36	97	10310
台儿庄经济开发区	Taierzhuong Economic Development Zone	202	5	12	137
山亭经济开发区	Shantieng Economic Development Zone	224	5	6	7856
滕州经济开发区	Tengzhou Economic Development Zone	1298	6	76	23816
东营市	Dongying				
河口经济开发区	Hekou Economic Development Zone	351		11	
垦利经济开发区	Kenli Economic Development Zone	402	12		22055
利津经济开发区	Lijin Economic Development Zone	135	1		
广饶经济开发区	Guangrao Economic Development Zone	350	7	23	
烟台市	Yantai				
牟平经济开发区	Muping Economic Development Zone	777	122	29	81031
龙口经济开发区	Longkou Economic Development Zone	2396	259	62	81900
龙口高新产业园区	Longkou Hi-Tech Industrial Park	224	59	21	40352
莱阳经济开发区	Laiyang Economic Development Zone	559	119	15	6958
莱州工业园区	Laizhou Hi-Tech Industrial Park	696	4	6	2750
莱州经济开发区	Laizhou Economic Development Zone	1051	83	12	11888
蓬莱经济开发区	Penglai Economic Development Zone	725	168	29	11299
栖霞经济开发区	Qixia Economic Development Zone	1205	51	11	16466
海阳经济开发区	Haiyang Economic Development Zone	582	67	42	42102
潍坊市	Weifang				
潍城经济开发区	Weicheng Economic Development Zone	480	12	22	15600
潍坊经济开发区	Weifang Economic Development Zone	1998	225	127	18206
潍坊城南工业园区	Weifang Chengnan Industry Park	413	24	9	5049
临朐经济开发区	Linqu Economic Development Zone	4128	83	27	31094

6-28 续表 2 Continued

开发区名称	Development Area	注册企业数（个） Number of Registered Enterprises (unit)	外商投资企业 Foreign -funded Enterprises	高新技术企业 High and New-tech Enterprises	实际利用外资额（万美元） Amount of Foreign Capital Actually Utilized (10 000 USD)
昌乐经济开发区	continuedChangle Economic Development Zone	332	44	31	13093
青州经济开发区	Qingzhou Economic Development Zone	642	18	73	46632
诸城经济开发区	Zhucheng Economic Development Zone	5310	173	30	51079
寿光经济开发区	Shouguang Economic Development Zone	5305	39	43	137679
安丘经济开发区	Anqiu Economic Development Zone	535	91	25	10522
高密经济开发区	Gaomi Economic Development Zone	797	104	41	55800
昌邑经济开发区	Changyi Economic Development Zone	397	18	27	18613
济宁市	Jining				
济宁经济开发区	Jining Economic Development Zone	1952	2	18	
微山经济开发区	Weishan Economic Development Zone	562	4	75	2683
鱼台经济开发区	Yutai Economic Development Zone	275	1	5	1000
金乡经济开发区	Jinxiang Economic Development Zone	720	32	43	2434
嘉祥经济开发区	Jiaxang Economic Development Zone	88		16	12271
汶上经济开发区	Wenshang Economic Development Zone	310	6	17	244
泗水经济开发区	Shishui Economic Development Zone	365	3	43	1103
梁山经济开发区	Liangshan Economic Development Zone	610	45	35	2121
曲阜经济开发区	Qufu Economic Development Zone	547	23	49	1200
兖州经济开发区	Yanzhou Economic Development Zone	102		5	193
兖州工业园区	Yanahou Industry Park	908	16	35	15478
邹城经济开发区	Zoucheng Economic Development Zone	3320	27	22	28082
邹城工业园区	Zoucheng Industry Park	924	4	43	5529
泰安市	Taian、				
泰山工业园区	Taishan Industry Park	275	6	84	4511
岱岳工业园区	Daiyue Industry Park	786	7	28	1698
宁阳工业园区	Ningyang Industry Park	397	1	4	14269
东平工业园区	Dongping Industry Park	189	10	55	150
威海市	Weihai				
文登经济开发区	Wendeng Economic Development Zone	692	189	72	4516
荣成经济开发区	Rongcheng	1446	121	92	43486
荣成工业园区	Rongcheng Industry Park	174	19	4	18394
乳山经济开发区	Rushan Economic Development Zone	912	130	43	52841

6-28 续表 3 Continued

开发区名称	Development Area	注册企业数(个) Number of Registered Enterprises (unit)	外商投资企业 Foreign -funded Enterprises	高新技术企业 High and New-tech Enterprises	实际利用外资额(万美元) Amount of Foreign Capital Actually Utilized (10 000 USD)
日照市	Rizhao				
岚山经济开发区	Lanshan	2967	55	4	68517
五莲工业园区	Wulian Industry Park	383	8	13	438
莱芜市	Laiwu				
莱芜工业园区	Laiwu Industry Park	980	9	19	570
莱芜钢城经济开发区	Laiwu Gangcheng Economic Development Zone	977		36	914
临沂市	Linyi				
临沂工业园区	Linyi Industry Park	496	21	25	6838
临沂河东工业园区	Linyi Hedong Industry Park	347	11	13	12865
沂南经济开发区	Yinan Economic Development Zone	227	19	17	1558
郯城经济开发区	Tancheng Economic Development Zone	286	15	8	1523
沂水经济开发区	Yishui Economic Development Zone	552	13	16	15348
兰陵经济开发区	Lanling Economic Development Zone	416	12	7	68848
费县经济开发区	Feixian Economic Development Zone	594	3	10	3321
平邑经济开发区	Pinyi Economic Development Zone	400	10	8	1064
莒南经济开发区	Junan Economic Development Zone	466	18	18	10295
蒙阴经济开发区	Mengyen Economic Development Zone	296	3	6	200
临沭经济开发区	Lienshu Economic Development Zone	509	22	10	3283
德州市	Dezhou				
德州运河经济开发区	Deznou Yunhe Economic Development Zone	1440	3	5	262
陵县经济开发区	Lingxian Economic Development Zone	342	15	14	2621
宁津经济开发区	Ningjin Economic Development Zone	320	26	22	435
庆云经济开发区	Qinyuen Economic Development Zone	298	18	13	822
临邑经济开发区	Linyi Economic Development Zone	510	11	77	728
齐河经济开发区	Qihe Economic Development Zone	927	50	96	20450
平原经济开发区	Pingyuan Economic Development Zone	453	7	29	371
夏津经济开发区	Xiajin Economic Development Zone	390	1	17	2990
武城经济开发区	Wucheng Economic Development Zone	603	3	133	1320
乐陵经济开发区	Laoling Economic Development Zone	532	6	20	

6-28 续表 4 Continued

开发区名称	Development Area	注册企业数（个） Number of Registered Enterprises (unit)	外商投资企业 Foreign-funded Enterprises	高新技术企业 High and New-tech Enterprises	实际利用外资额（万美元） Amount of Foreign Capital Actually Utilized (10 000 USD)
聊城市	Liaocheng				
聊城嘉明经济开发区	Liaocheng Jiaming	314	5	22	
阳谷工业园区	Yangu Industry Park	232	4	45	7000
莘县工业园区	Shenxian Industry Park	294	24	40	750
东阿工业园区	Donge Industry Park	229	1	19	1883
滨州市	Binzhou				
惠民经济开发区	Huimin Economic Development Zone	221	2	14	7671
阳信经济开发区	Yiangxin Economic Development Zone	178	5	8	30
无棣工业园区	Wudi Industry Park	1610	7	10	
沾化经济开发区	Zhanhua Economic Development Zone	380	3	7	5289
博兴经济开发区	Boxing Economic Development Zone	589	2	10	14860
菏泽市	Heze				
菏泽经济开发区	Heze Economic Development Zone	8028	27	30	3465
菏泽牡丹工业园区	Heze Mudan Industry Park	201	16	16	
曹县工业园区	Caoxian Industry Park	421	30	28	2496
单县工业园区	Shanxian Industry Park	358	3	43	243
成武工业园区	Chengwu Industry Park	560	7	32	768
巨野工业园区	Juye Industry Park	418	3	24	500
郓城工业园区	Yuncheng Industry Park	511	7	17	537
鄄城工业园区	Juancheng Industry Park	371	5	27	237
定陶工业园区	Dingtao Industry Park	217	4	9	390
东明工业园区	Dongming Industry Park	245		27	2654

6-28 续表 5 continued

开发区名称	Development Area	固定资产投资额(万元) Investment in Fixed Assets (10 000 yuan)	一般公共预算收入(万元) General Pubilic Budget Revenuet (10 000 yuan)	规模以上工业总产值(万元) Gross Output of Industrial Enterprises above Designated Size (10 000 yuan)	规模以上工业主营业务收入(万元) Business Revenue of Industrial Enterprises above Designated Size (10 000 yuan)	规模以上工业利税总额(万元) Total Profits and Taxes of Industrial Enterprises above Designated Size (10 000 yuan)
国家级	**National**					
济南综合保税区	Jinan Bonded Zone	323600		249662	224085	12002
明水经济技术开发区	Mingshui Economic and Technological Development Zone	3804067	317908	12857261	13303208	1475829
青岛经济技术开发区	Qingdao Economic and Technological Development Zone	9889913	1259658	38798029	34202411	4134599
青岛保税港区	Qingdao Bonded Port	51628	109179	450025	452699	111586
青岛西海岸出口加工区	Qingdao West Coast Export Processing Zone	5222	2505	86709	70894	1627
青岛出口加工区	Qingdao Export Processing Zone	10139	18301	425880	423274	35502
胶州经济技术开发区	Jiaozhou Economic and Technological Development Zone	6702902	509534	20868805	19607347	2081324
东营经济技术开发区	Dongying Economic and Technological Development Zone	2165562	167157	17224892	16053205	1140664
烟台保税港区	Yantai Bonded Port	8392	8654	4598627	4532404	
烟台经济技术开发区	Yantai Economic and Technological Development Zone	5430564	903500	40976177	40472382	3419666
招远经济技术开发区	Zhaoyuan Economic and Technological Development Zone	3022171	419180	13167574	12587813	749263
滨海经济技术开发区	Binzhou Economic and Technological Development Zone	4303825	331041	8895801	8698069	1067525
威海经济技术开发区	Weihai Economic and Technological Development Zone	1710920	247544	3353904	3307721	241109
临港经济技术开发区	Lingang Economic and Technological Development Zone	842782	64886	1526536	1502628	107459
威海出口加工区	Weihai Export Processing Zone	6263	4486	235800	234435	8474
日照经济技术开发区	Rizhao Economic and Technological Development Zone	1961834	236000	8743098	8455052	367498
临沂经济技术开发区	Linyi Economic and Technological Development Zone	3723852	338218	12038364	12097186	1093529
德州经济技术开发区	Dezhou Economic and Technological Development Zone	2534300	196535	10396012	10318000	715000
聊城经济技术开发区	Liaocheng Economic and Technological Development Zone	1501831	150800	3125200	2572200	145900
滨州经济技术开发区	Binzhou Economic and Technological Development Zone	1584102	124770	3892053	3921929	426034
邹平经济技术开发区	Zouping Economic and Technological Development Zone	867031	219130	25260867	28244157	1290986

6-28 续表 6 continued

开发区名称	Development Area	固定资产投资额（万元）Investment in Fixed Assets (10 000 yuan)	一般公共预算收入（万元）General Pubilic Budget Revenuet (10 000 yuan)	规模以上工业总产值（万元）Gross Output of Industrial Enterprises above Designated Size (10 000 yuan)	规模以上工业主营业务收入（万元）Business Revenue of Industrial Enterprises above Designated Size (10 000 yuan)	规模以上工业利税总额（万元）Total Profits and Taxes of Industrial Enterprises above Designated Size (10 000 yuan)
省 级	**Provincial**					
济南市	Jinan					
济南槐荫工业园区	Jinan Huaiyin Industry Park	73000	63525	496988	467425	79590
济南化工产业园区	Jinan Chemical Industry Park	567649	58246	326590	324935	-16099
济南临港经济开发区	Jinan Lingang Seaport Economic Development Zone	721957	269215	1148524	1152422	83973
济南经济开发区	Jinan Economic Development Zone	955165	70371	1219125	1195390	2726
平阴工业园区	Pingyin Industry Park	1451681	49956	3373419	3092186	475009
济北经济开发区	Jibei Economic Development Zone	1896567	178346	4782336	4632853	705123
商河经济开发区	Shanghe Economic Development Zone	645254	47100	1425873	1437496	93083
青岛市	Qingdao					
青岛环海经济开发区	Qingdao Seaside Economic Development Zone	689735	131333	2744542	1857847	278095
即墨经济开发区	Jimo Economic Development Zone	3150373	354687	21933394	19842453	1438717
平度经济开发区	Pingdu Economic Development Zone	6268934	308803	13276233	13293130	1367912
胶南经济开发区	Jiaonan Economic Development Zone	677458	229108	6928998	6654725	634941
青岛临港经济开发区	Qingdao Lingang Economic Development Zone	329673	70201	4256120	3956850	512310
淄博市	Zibo					
淄川经济开发区	Zichuan Economic Development Zone	2017631	287436	19562642	18780136	2441418
张店经济开发区	Zhangdian Economic Development Zone	985864	64085	5881045	4713248	565323
博山经济开发区	Boshan Economic Development Zone	2644645	177700	6487819	6035702	671819
临淄经济开发区	Linzi Economic Development Zone	584712	39463	6803243	6406691	263135
周村经济开发区	Zhoucun Economic Development Zone	2151886	129037	6087848	5957768	578384

6-28 续表 7 continued

开发区名称	Development Area	固定资产投资额(万元) Investment in Fixed Assets (10 000 yuan)	一般公共预算收入(万元) General Pubilic Budget Revenuet (10 000 yuan)	规模以上工业总产值(万元) Gross Output of Industrial Enterprises above Designated Size (10 000 yuan)	规模以上工业主营业务收入(万元) Business Revenue of Industrial Enterprises above Designated Size (10 000 yuan)	规模以上工业利税总额(万元) Total Profits and Taxes of Industrial Enterprises above Designated Size (10 000 yuan)
桓台东岳氟硅材料产业园区	Huantai Dongyue Fluorine and Silicon Material Industry Zone	1632172	56295	6047039	5878360	392134
桓台经济开发区	Huantai Economic Development Zone	2020188	201572	12700721	12302512	687213
高青经济开发区	Gaoqing Economic Development Zone	1402174	125137	2884626	2784279	281629
沂源经济开发区	Yiyuan Economic Development Zone	589871	139014	4174130	3988316	764877
枣庄市	Zaozhuang					
枣庄经济开发区	Zaozhuang Economic Development Zone	1062260	104655	4605895	4490543	275387
薛城经济开发区	Xuecheng Economic Development Zone	1039148	93667	2356117	2380793	124923
峄城经济开发区	Yicheng Economic Development Zone	900600	77620	2756758	2827715	248011
台儿庄经济开发区	Taierzhuong Economic Development Zone	641668	57933	1914085	1793655	200056
山亭经济开发区	Shantieng Economic Development Zone	774478	36531	1475380	1473589	110044
滕州经济开发区	Tengzhou Economic Development Zone	2451125	300104	9421380	9421380	885324
东营市	Dongying					
河口经济开发区	Hekou Economic Development Zone	452887	111563	3915276	3655985	221529
垦利经济开发区	Kenli Economic Development Zone	2290830	141039	15976291	15327415	1535142
利津经济开发区	Lijin Economic Development Zone	325000	48498	11670315	11474770	1090305
广饶经济开发区	Guangrao Economic Development Zone	1560089	142589	14713776	14423130	1142180
烟台市	Yantai					
牟平经济开发区	Muping Economic Development Zone	1681958	148860	9888116	8408736	831621
龙口经济开发区	Longkou Economic Development Zone	1518000	458338	21976354	21600112	2136390
龙口高新产业园区	Longkou Hi-Tech Industrial Park	1103557	223966	9918054	9900826	988210
莱阳经济开发区	Laiyang Economic Development Zone	1073085	97480	5888024	5821789	483387
莱州工业园区	Laizhou Hi-Tech Industrial Park	1110857	128274	3482228	3182889	382596
莱州经济开发区	Laizhou Economic Development Zone	2935874	359841	9151425	9125478	852100
蓬莱经济开发区	Penglai Economic Development Zone	2488254	209104	11100145	11019215	1192012
栖霞经济开发区	Qixia Economic Development Zone	1080809	82128	2610902	2529092	181298
海阳经济开发区	Haiyang Economic Development Zone	1319967	184826	2789237	2026033	105996
潍坊市	Weifang					
潍城经济开发区	Weicheng Economic Development Zone	1151100	141801	1420066	811000	51998
潍坊经济开发区	Weifang Economic Development Zone	3305599	197481	7077135	6879806	154679
潍坊城南工业园区	Weifang Chengnan Industry Park	103037	24168	221838	288501	15034
临朐经济开发区	Linqu Economic Development Zone	2804589	136015	3258725	3304591	179523

6-28 续表 8 continued

开发区名称	Development Area	固定资产投资额(万元) Investment in Fixed Assets (10 000 yuan)	一般公共预算收入(万元) General Pubilic Budget Revenuet (10 000 yuan)	规模以上工业总产值(万元) Gross Output of Industrial Enterprises above Designated Size (10 000 yuan)	规模以上工业主营业务收入(万元) Business Revenue of Industrial Enterprises above Designated Size (10 000 yuan)	规模以上工业利税总额(万元) Total Profits and Taxes of Industrial Enterprises above Designated Size (10 000 yuan)
昌乐经济开发区	Changle Economic Development Zone	2505790	178610	7897950	7976920	463150
青州经济开发区	Qingzhou Economic Development Zone	5151634	434457	14023492	13497627	885948
诸城经济开发区	Zhucheng Economic Development Zone	4951390	611020	18261890	18045240	1652083
寿光经济开发区	Shouguang Economic Development Zone	5656214	659927	16260626	15634329	1064069
安丘经济开发区	Anqiu Economic Development Zone	2088165	135218	3314557	3440166	188503
高密经济开发区	Gaomi Economic Development Zone	4565204	379595	14849593	14783241	1299709
昌邑经济开发区	Changyi Economic Development Zone	3016478	223314	7506245	7498762	550732
济宁市	Jining					
济宁经济开发区	Jining Economic Development Zone	731031	49687	260367	260367	16653
微山经济开发区	Weishan Economic Development Zone	1662123		1408054	1380481	240615
鱼台经济开发区	Yutai Economic Development Zone	836722		402256	420102	17025
金乡经济开发区	Jinxiang Economic Development Zone	1313305	71330	2400430	2327180	227642
嘉祥经济开发区	Jiaxang Economic Development Zone	559148	37066	1026400	1025531	61532
汶上经济开发区	Wenshang Economic Development Zone	1597585	59090	1386210	1394070	171520
泗水经济开发区	Shishui Economic Development Zone	1170647	71100	1366235	1179550	149627
梁山经济开发区	Liangshan Economic Development Zone	1372280	85111	1809765	1317969	235028
曲阜经济开发区	Qufu Economic Development Zone	1602193	124788	1975123	1987640	241576
兖州经济开发区	Yanzhou Economic Development Zone	451870	11725	1289415	1362072	79900
兖州工业园区	Yanahou Industry Park	2164920	234507	10894519	10420270	799000
邹城经济开发区	Zoucheng Economic Development Zone	2462249	336310	3946105	4196028	663719
邹城工业园区	Zoucheng Industry Park	1043378	137342	2630766	2871688	380299
泰安市	Taian					
泰山工业园区	Taishan Industry Park	1194579	81127	3896887	3891699	454937
岱岳工业园区	Daiyue Industry Park	1065628	38883	950538	945675	66165
宁阳工业园区	Ningyang Industry Park	1336676	41017	4448450	4371981	419770
东平工业园区	Dongping Industry Park	1358839	107841	8612711	8612523	793526
威海市	Weihai					
文登经济开发区	Wendeng Economic Development Zone	1093982	156312	3744421	3288515	92381
荣成经济开发区	Rongcheng	5362250	385388	17637035	17049275	1629363
荣成工业园区	Rongcheng Industry Park	573210	29857	2032632	2064129	131293
乳山经济开发区	Rushan Economic Development Zone	2315167	159265	5796779	5348206	443336

6-28 续表 9 continued

开发区名称	Development Area	固定资产投资额(万元) Investment in Fixed Assets (10 000 yuan)	一般公共预算收入(万元) General Pubilic Budget Revenuet (10 000 yuan)	规模以上工业总产值(万元) Gross Output of Industrial Enterprises above Designated Size (10 000 yuan)	规模以上工业主营业务收入(万元) Business Revenue of Industrial Enterprises above Designated Size (10 000 yuan)	规模以上工业利税总额(万元) Total Profits and Taxes of Industrial Enterprises above Designated Size (10 000 yuan)
日照市	Rizhao					
岚山经济开发区	Lanshan	4672131	208145	5906798	6231725	120601
五莲工业园区	Wuulian Industry Park	422312	7380	2325037	2264559	104665
莱芜市	Laiwu					
莱芜工业园区	Laiwu Industry Park	637600	23674	1653082	1584924	37200
莱芜钢城经济开发区	Laiwu Gangcheng Economic Development Zone	1410269	20252	2784608	2698530	8775
临沂市	Linyi					
临沂工业园区	Linyi Industry Park	1942505	57915	11279437	10836197	777990
临沂河东工业园区	Linyi Hedong Industry Park	929747	72725	3228744	2827128	122156
沂南经济开发区	Yinan Economic Development Zone	1745461	128744	4899625	4848254	360710
郯城经济开发区	Tancheng Economic Development Zone	1827568	92354	4897678	4852373	643127
沂水经济开发区	Yishui Economic Development Zone	2547902	156763	10496878	10196938	583791
兰陵经济开发区	Lanling Economic Development Zone	1562190	130265	4902673	4887419	363504
费县经济开发区	Feixian Economic Development Zone	1108964	120403	6329868	6228836	691894
平邑经济开发区	Pinpyi Economic Development Zone	1661802	93218	3832923	3731036	267591
莒南经济开发区	Junan Economic Development Zone	1767672	107476	5828136	5888431	465667
蒙阴经济开发区	Mengyen Economic Development Zone	669108	54663	2161588	2160680	168438
临沭经济开发区	Lienshu Economic Development Zone	767909	47123	4490781	4663125	328020
德州市	Dezhou					
德州运河经济开发区	Dezhou Yunhe Economic Development Zone	437529	59460	1514052	1507182	313458
陵县经济开发区	Lingxian Economic Development Zone	1192425	106609	7790628	7586430	571764
宁津经济开发区	Ningjin Economic Development Zone	1346631	56712	7306733	7141782	442236
庆云经济开发区	Qingyuen Economic Development Zone	704278	50745	3495406	3475583	389103
临邑经济开发区	Linyi Economic Development Zone	1928247	119697	8256222	8189615	757884
齐河经济开发区	Qihe Economic Development Zone	1927832	258899	10134079	10170707	913134
平原经济开发区	Pingyuan Economic Development Zone	1275570	74970	5667123	5576743	504835
夏津经济开发区	Xiajin Economic Development Zone	752612	73457	6587988	6399239	567845
武城经济开发区	Wucheng Economic Development Zone	1571211	79149	7737434	7810241	518431
乐陵经济开发区	Laoling Economic Development Zone	1656971	84483	6424364	6346385	417395

6-28 续表 10 continued

开发区名称	Development Area	固定资产投资额（万元）Investment in Fixed Assets (10 000 yuan)	一般公共预算收入（万元）General Pubilic Budget Revenuet (10 000 yuan)	规模以上工业总产值（万元）Gross Output of Industrial Enterprises above Designated Size (10 000 yuan)	规模以上工业主营业务收入（万元）Business Revenue of Industrial Enterprises above Designated Size (10 000 yuan)	规模以上工业利税总额（万元）Total Profits and Taxes of Industrial Enterprises above Designated Size (10 000 yuan)
聊城市	Liaocheng					
聊城嘉明经济开发区	Liaocheng Jiaming Economic Development Zone	944391	85843	4471530	4429245	351670
阳谷工业园区	Yangu Industry Park	1714945	102146	8087024	8066977	800987
莘县工业园区	Shenxian Industry Park	1438307	78476	5606270	5527295	534124
东阿工业园区	Donge Industry Park	323879	58797	2810416	2811014	396460
滨州市	Binzhou					
惠民经济开发区	Huimin Economic Development Zone	954227	66192	2336649	2345743	226232
阳信经济开发区	Yiangxin Economic Development Zone	418520	43935	2564389	2547697	542038
无棣工业园区	Wudi Industry Park	603427	35290	1166532	1143408	68746
沾化经济开发区	Zhanhua Economic Development Zone	851604	89642	1990535	1568891	80006
博兴经济开发区	Boxing Economic Development Zone	1432245	206538	8468553	9036552	371693
菏泽市	Heze					
菏泽经济开发区	Heze Economic Development Zone	1091141	241031	7763216	8139748	1370469
菏泽牡丹工业园区	Heze Mudan Industry Park	68224	67630	508758	492655	49877
曹县工业园区	Caoxian Industry Park	736465	162066	6945678	7282605	834118
单县工业园区	Shanxian Industry Park	759180	101395	5535666	5535366	521819
成武工业园区	Chengwu Industry Park	659908	77924	3912780	3990735	731699
巨野工业园区	Juye Industry Park	683268	89790	3268832	3293216	325185
郓城工业园区	Yuncheng Industry Park	739282	115767	4805618	4789310	557466
鄄城工业园区	Juancheng Industry Park	818197	76006	4296346	3571044	446374
定陶工业园区	Dingtao Industry Park	435200	62769	2089800	2238653	335797
东明工业园区	Dongming Industry Park	715528	148498	11974148	11260369	926355

6-29 各高新技术产业开发区主要经济指标(2016年)
Main Indicators of the High and New-tech Development Zone(2016)

开发区名称	Development Area	注册企业数(个) Number of Registered Enterprises (unit)	外商投资企业 Foreign -funded Enterprises	高新技术企业 High and New-tech Enterprises	实际利用外资额(万美元) Amount of Foreign Capital Actually Utilized (10 000 USD)
国家级	**National**				
济南高新技术产业开发区	Jinan High and New-tech Development Zone	20711	213	367	283477
青岛高新技术产业开发区	Qingdao High and New-tech Development Zone	5405	253	273	243570
淄博高新技术产业开发区	Zibo High and New-tech Development Zone	6432	247	106	81840
枣庄高新技术产业开发区	Zaozhuang High and New-tech Development Zone	2163	39	56	741
烟台高新技术产业开发区	Yantai High and New-tech Development Zone	1791	8	38	6014
烟台高新技术产业开发区(福山园)	Yantai High and New-tech Development Zone (Fushan Zone)	600	2	16	40800
烟台高新技术产业开发区(莱山园)	Jinan High and New-tech Development Zone (Laishan Zone)	8653	366	45	152573
潍坊高新技术产业开发区	Weifang High and New-tech Development Zone	12356	29	114	123250
济宁高新技术产业开发区	Jining High and New-tech Development Zone	7733	81	100	216799
泰安高新技术产业开发区	Taian High and New-tech Development Zone	2498	38	51	32735
威海高新技术产业开发区	Weihai High and New-tech Development Zone	10218	172	73	107326
临沂高新技术产业开发区	Linyi High and New-tech Development Zone	3518	71	36	16509
禹城高新技术产业开发区	Yucheng High and New-tech Development Zone	346	11	17	12456
莱芜高新技术产业开发区	Laiwu High and New-tech Development Zone	2974		23	92745
省　级	**Provincial**				
即墨高新技术产业开发区	Jimo High and New-tech Development Zone	249	49	41	60727
东营高新技术产业开发区	Dongying High and New-tech Development Zone	231	17	22	3102
嘉祥高新技术产业开发区	Jiaxiang High and New-tech Development Zone	88		16	12271
文登高新技术产业开发区	Wendeng High and New-tech Development Zone	964	24	11	7521
日照高新技术产业开发区	Rizhao High and New-tech Development Zone	890	81	17	26980
聊城高新技术产业开发区	Liaocheng High and New-tech Development Zone	1402	4	15	3400
滨州高新技术产业开发区	Binzhou High and New-tech Development Zone	455		2	3321
菏泽高新技术产业开发区	Heze High and New-tech Development Zone	230	15	18	405

6-29 续表 continued

单位：万元 (10 000 yuan)

开发区名称	Development Area	固定资产投资额 Investment in Fixed Assets	一般公共预算收入 General Pubilic Budget Revenuet	规模以上工业总产值 Gross Output of Industrial Enterprises above Designated Size	规模以上工业主营业务收入 Business Revenue of Industrial Enterprises above Designated Size	规模以上工业利税总额 Total Profits and Taxes of Industrial Enterprises above Designated Size
国家级	**National**					
济南高新技术产业开发区	Jinan High and New-tech Development Zone	6847722	885000	24722023	25479865	5155309
青岛高新技术产业开发区	Qingdao High and New-tech Development Zone	4329315	1283423	21077675	25843523	2886587
淄博高新技术产业开发区	Zibo High and New-tech Development Zone	4213843	1371715	22201342	21710569	3450235
枣庄高新技术产业开发区	Zaozhuang High and New-tech Development Zone	2644501	193364	7951326	7719586	450178
烟台高新技术产业开发区	Yantai High and New-tech Development Zone	518157	116694	380607	368042	32650
烟台高新技术产业开发区(福山园)	Yantai High and New-tech Development Zone (Fushan Zone)	2200000	74251	3465094	3434280	231132
烟台高新技术产业开发区(莱山园)	Jinan High and New-tech Development Zone (Laishan Zone)	4113708	310128	3491260	3308612	488417
潍坊高新技术产业开发区	Weifang High and New-tech Development Zone	2951254	851512	13510210	13965828	1282352
济宁高新技术产业开发区	Jining High and New-tech Development Zone	4306813	646254	16378700	17309487	1247735
泰安高新技术产业开发区	Taian High and New-tech Development Zone	1150645	205470	5993706	6011687	354004
威海高新技术产业开发区	Weihai High and New-tech Development Zone	1679039	426186	10231669	10411472	1262066
临沂高新技术产业开发区	Linyi High and New-tech Development Zone	7453142	348163	14306231	14202042	1705757
禹城高新技术产业开发区	Yucheng High and New-tech Development Zone	1185429	94271	8921006	8821223	497975
莱芜高新技术产业开发区	Laiwu High and New-tech Development Zone	1259826	88756	4553499	3874410	209906
省 级	**Provincial**					
即墨高新技术产业开发区	Jimo High and New-tech Development Zone	890257	45572	4287467	4128965	402674
东营高新技术产业开发区	Dongying High and New-tech Development Zone	367967	103900	9997727	9626632	650859
嘉祥高新技术产业开发区	Jiaxiang High and New-tech Development Zone	559148	37066	1026400	1025531	61532
文登高新技术产业开发区	Wendeng High and New-tech Development Zone	2993876	90129	9672958	9460153	742622
日照高新技术产业开发区	Rizhao High and New-tech Development Zone	2391615	147763	1412530	882515	41505
聊城高新技术产业开发区	Liaocheng High and New-tech Development Zone	1012109	56943	1217400	1113200	68700
滨州高新技术产业开发区	Binzhou High and New-tech Development Zone	949365	50721	662276	664951	27467
菏泽高新技术产业开发区	Heze High and New-tech Development Zone	460169	105972	3847061	3773101	738499

主要统计指标解释

进出口总额 指实际进出我国国境的货物总金额。包括对外贸易实际进出口货物，来料加工装配进出口货物，国家间、联合国及国际组织无偿援助物资和赠送品，华侨、港澳台同胞和外籍华人捐赠品，租赁期满归承租人所有的租赁货物，进料加工进出口货物，边境地方贸易及边境地区小额贸易进出口货物(边民互市贸易除外)，中外合资企业、中外合作经营企业、外商独资经营企业进出口货物和公用物品，到、离岸价格在规定限额以上的进出口货样和广告品(无商业价值、无使用价值和免费提供出口的除外)，从保税仓库提取在中国境内销售的进口货物，以及其他进出口货物。该指标可以观察一个国家在对外贸易方面的总规模。我国规定出口货物按离岸价格统计，进口货物按到岸价格统计。

商品经营单位所在地进、出口额 指所在地海关注册登记的有进出口经营权的企业实际进、出口额。

商品目的地进口额和商品货源地出口额 目的地进口额指进口货物的消费、使用或最终抵运地的实际进口额；货源地出口额指出口货物的产地或原始发货地的实际出口额。

利用外资 指我国各级政府、部门、企业和其他经济组织通过对外借款、吸收外商直接投资以及用其他方式筹措的境外现汇、设备、技术等。

对外借款 指通过对外正式签订借款协议，从境外筹措的资金，包括外国政府贷款、国际金融组织贷款、外国银行商业贷款、出口信贷以及对外发行债券等。1996 年及以前还包括对外发行股票。该指标是我国利用外资的重要部分。

外商直接投资 指外国企业和经济组织或个人(包括华侨、港澳台胞以及我国在境外注册的企业)按我国有关政策、法规，用现汇、实物、技术等在我国境内开办外商独资企业、与我国境内的企业或经济组织共同举办中外合资经营企业、合作经营企业或合作开发资源的投资(包括外商投资收益的再投资)，以及经政府有关部门批准的项目投资总额内企业从境外借入的资金。

外商其他投资 指除对外借款和外商直接投资以外的各种利用外资的形式。包括企业在境内外股票市场公开发行的以外币计价的股票（目前主要是在香港证券市场发行的H股和在境内证券市场发行的B股）发行价总额，国际租赁进口设备的应付款，补偿贸易中外商提供的进口设备、技术、物料的价款，加工装配贸易中外商提供的进口设备、物料的价款。

对外直接投资 指我国国内投资者以现金、实物、无形资产等方式在国外及港澳台地区设立、购买国（境）外企业，并以控制该企业的经营管理权为核心的经济活动。

对外承包工程 指各对外承包公司以招标议标承包方式承揽的下列业务：(1)承包国外工程建设项目；(2)承包我国对外经援项目；(3)承包我国驻外机构的工程建设项目；(4)承包我国境内利用外资进行建设的工程项目；(5)与外国承包公司合营或联合承包工程项目时我国公司分包部分；(6)对外承包兼营的房屋开发业务。对外承包工程的营业额是以货币表现的本期内完成的对外承包工程的工作量，包括以前年度签订的合同和本年度新签订的合同在报告期内完成的工作量。

对外劳务合作 指以收取工资的形式向业主或承包商提供技术和劳动服务的活动。我国对外承包公司在境外开办的合营企业，中国公司同时又提供劳务的，其劳务部分也纳入劳务合作统计。劳务合作营业额按报告期内向雇主提交的结算数(包括工资、加班费和奖金等)统计。

旅游者人数

(1)入境国际旅游者人数：指来中国参观、访问、旅行、探亲、访友、休养、考察、参加会议和从事经济、科技、文化、教育、宗教等活动的外国人、华侨、港澳同胞和台湾同胞的人数。不包括外国在我国的常驻机构，如使领馆、通讯社、企业办事处的工作人员；来我国常住的外国专家、留学生以及在岸逗留不过夜人员。

(2)出境居民人数：指大陆居民因公务活动或私人事务短期出境的人数。公务活动出境居民人数包括在国际交通工具上的中国服务员工，因私出境居民人数不包括在国际交通工具上的中国服务员工。

(3)国内旅游者人数：指我国大陆居民和在我国常住 1 年以上的外国人、华侨、港澳台同胞离开常住地在境内其他地方的旅游设施内至少停留一夜，最长不超过 6 个月的人数。

国际旅游(外汇)收入 指入境旅游的外国人、华侨、港澳同胞和台湾同胞在中国大陆旅游过程中发生的一切旅游支出，其对于国家来说就是国际旅游(外汇)收入。

国际旅行社 指经营对外招 并接待外国人、华侨、港澳同胞和台湾同胞来中国、归国或回内地旅游业务的旅行社。

国内旅行社 指负责经营招徕、组团、接待国内旅客的旅游业务，以及不对外招徕，负责经营接待国际旅行社或其它涉外部门组织的外国人、华侨、港澳同胞和台湾同胞来中国、归国或回内地的旅游业务的旅行社。

Explanatory Notes on Main Statistical Indicators

Total Imports and Exports at Customs refer to the real value of commodities imported into and exported from the boundary of China. They include the actual imports and exports through foreign trade, imported and exported goods under the processing and assembling trades and materials, supplies and gifts as aid given gratis between governments and by the United Nations and other international organizations, and contributions donated by overseas Chinese, compatriots in Hong Kong and Macao and Chinese with foreign citizenship, leasing commodities owned by tenant at the expiration of leasing period, the imported and exported commodities processed with imported materials, commodities trading in border areas (excluding mutual exchange goods), the imported and exported commodities and articles for public use of the Sino foreign joint ventures, cooperative enterprises and ventures exclusively with foreign own investment. Also included are import or export of samples and advertising goods for whose CIF or FOB value are beyond the permitted ceiling (excluding goods of no trading or use value and free commodities for export), imported goods sold in China from bonded warehouses and other imported or exported goods. The indicator of the total imports and exports at customs can be used to observe the total size of external trade in a country. In accordance with the stipulation of the Chinese government, imports are calculated at CIF, while exports are calculated at FOB.

Import and Export Value by Location of Foreign Trade Managing Units refers to actual value of imports and exports carried out by corporations which have been registered by the local customhouse and are vested with right to run import export business.

Import and Export Value of Commodities by Destination and Origin of goods in China: The former indicator refers to the value of import commodities of the places of their consumption, utilization or the places of their final destination. The latter indicator refers to the value of export commodities of the places of their origin or the places of the commodities dispatched.

Utilization of Foreign Capitals refers to remittance, equipment and technology financed from abroad, by loans, foreign direct investment and other forms undertaken by the Chinese governments at all levels, by various departments, enterprises and other economic units.

Foreign Borrowings refer to funds borrowed from abroad through formal signing of borrowing agreements with foreign institutions, including loans of foreign governments, loans of international financial institutions, commercial loans of foreign banks, export credit, and funds raised by Chinese bonds (and shares before 1996) issued abroad. It is an important part of China' s utilization of foreign capitals.

Foreign Direct Investment refers to the investments inside China by foreign enterprises and economic organizations or individuals (including overseas Chinese, compatriots from Hong Kong, Macao and Taiwan, and Chinese enterprises registered abroad), following the relevant policies and laws of China, for the establishment of ventures exclusively with foreign own investment, Sino oreign joint ventures and cooperative enterprises or for co perative exploration of resources with enterprises or economic organizations in China. It includes the re investment of the foreign entrepreneurs with the profits gained from the investment and the funds that enterprises borrow from abroad in the total investment of projects which are approved by the relevant department of the government.

Other Investment by Foreign Entrepreneurs refers to all forms of utilization of foreign capitals other than foreign borrowings and foreign direct investment. It includes the total value of stock shares in foreign currencies issued by enterprises at domestic or foreign stock exchanges (now mainly consisting of H shares issued at Hong Kong Security Market and B shares issued at domestic security markets), rent payable for the imported equipment through international leasing arrangement, cost of imported equipment, technology and materials provided by foreign counterparts in compensation trade and processing and assembly trade.

Overseas Direct Investment refers to enterprises set up or bought by domestic investors in foreign countries and in Hong Kong, Macao and Taiwan, and the economic activities centering on operation and management of those enterprises are under the control of domestic investors. The statistical scope covers various corporation type enterprises and non-corporation type enterprises receiving direct investment from domestic investment entities.

Contracted Projects with Foreign Countries refer to projects undertaken by Chinese contractors (project contracting companies) through bidding process. They include:(1) overseas civil engineering construction projects financed by foreign investors; (2) overseas projects financed by the Chinese government through its foreign aid programs; (3) construction projects of Chinese diplomatic missions, trade offices and other institutions stationed abroad; (4) construction projects in China financed by foreign investment; (5) sub-contracted projects to be taken by Chinese contractors through a joint umbrella project with foreign contractor(s); (6) housing development projects. The business income from international contracted projects is the work volume of contracted projects completed during the reference period, expressed in monetary terms, including completed work on projects signed in previous years.

Service Cooperation with Foreign Countries refers to the activities of providing technology and labour services to employers or contractors in the forms of receiving salaries and wages. Labour services providing by contractual joint ventures of Chinese international contracting corporations should be included in the statistics of service co-operation with foreign countries. The business income of labour service cooperation is the income in the form of wages and salaries, overtime pay, bonuses and other remuneration received from the employers during the reference period.

Number of Tourists

(1) International tourists refer to foreigners, overseas Chinese, Chinese compatriots from Hong Kong, Macao and Taiwan coming to China for sight seeing, visits, tours, family reunions, vacations, study tours, conferences and other activities of a business, scientific and technological, cultural, educational and religious nature. It does not

include representatives and employees of resident institutions of foreign countries in China such as embassies, consulates, news agencies and offices of foreign companies and organizations, nor does it include long-term foreign experts or students residing in China, or persons in transition without spending a night in China.

(2) Chinese residents going abroad refer to Chinese residents going abroad for short terms for either public business or private purposes. Chinese employees working on international transport carriers are included in those going abroad for public business purpose, not in those for private purpose.

(3) Domestic tourists refer to residents of the mainland of China who stay for one night at least but no more than 6 months at tourist facilities in other places than their permanent residence within the territory of the mainland China, including foreigners, overseas Chinese and Chinese compatriots from Hong Kong, Macao and Taiwan who have resided in China for over one year.

Foreign Exchange Earnings from International Tourism refer to the total expenditures of foreigners, overseas Chinese, Chinese compatriots from Hong Kong, Macao and Taiwan during their stay in the mainland of China, which are earnings of foreign exchange from international tourism from the point of view from China.

International Travel Agencies refer to travel agencies engaged in the promotion, solicitation, organization and reception of tours to the mainland of China by foreigners, overseas Chinese, Chinese compatriots from Hong Kong, Macao and Taiwan.

Domestic Travel Agencies refer to travel agencies engaged in the promotion, solicitation, organization and reception of domestic tourists, and in the reception of foreigners, overseas Chinese, Chinese compatriots from Hong Kong, Macao and Taiwan organized by international travel agencies or other departments concerned, without their own promotion and solicitation programmes.

第7篇

能　源

Energy

简 要 说 明

一、本篇资料的主要内容

本篇资料反映了全省能源生产和消费状况，主要包括能源生产、消费及品种构成，能源生产和消费弹性系数，生活用能源消费量，全省各市主要发展约束性指标，以及分行业能耗情况。

二、本篇资料的来源

本篇资料主要来源于全省能源平衡表，全省主要能源统计指标公报，由省统计局能源处编制提供。

三、关于数据口径与计算的说明

1.一次能源生产量，采用工业能源产量统计数据。

2.行业分类采用现行统一的国民经济行业分类国家标准。

3.电力、热力折算成标准煤时，分别按照当量、等价两种折标系数计算。电力和热力折算标准煤的当量系数分别为 1.229（吨标准煤/万千瓦时）、0.0341（吨标准煤/百万千焦）；电力和热力折算标准煤的等价系数，按平均发电、供热标准煤耗计算。

4.本篇出现的“煤碳”，包括原煤、洗精煤、其它洗煤和煤制品（即型煤），不包括焦炭。煤品包括煤碳、焦碳、焦炉煤气、高炉煤气、转炉煤气和其它焦化产品。

5.煤品占能耗总量的比重，包括入鲁火电所占能耗总量的比重。

6.依据 2013 年第三次全国经济普查资料，对 2011 年至 2013 年部分能源历史数据进行了调整。

Brief Introduction

I. Main Content

Data in this chapter show the energy production and consumption of Shandong Province, including mainly energy production and consumption and their composition, the elasticity ratio of energy production and consumption, the consumption of energy for residential use, main binding indicators on development of Shandong, and the energy consumption grouped by sector.

II. Source of Data

Data in this chapter are mainly based on the energy balance sheet of the whole province, the statistics communiqué of main energy indicators of Shandong. The data are provided by the Division of Energy Statistics of Shandong Provincial Bureau of Statistics.

III. Notes on Coverage and Calculation of Data

(1)Data on the production of primary energy are based on the output of industrial energy made by enterprises.

(2) Data by industries in this chapter are based on the new National Industrial Classification of All Economic Activities.

(3) The coefficient for conversion of electric power into the standard coal equivalent is calculated on the basis of heat value equivalent. One kilowatt is equal to 0.1229 kg SCE. The coefficient for conversion of heating into the standard coal equivalent is calculated on the basis of equal caloric value. One million KJ is equal to 0.0341 ton SCE. The coefficient is calculated according to the average consumption of coal for generating electricity or heating.

(4) In this chapter, Coal includes crude coal, washing coal, other washing coal and coal products and excludes coke. Coal products include coal, coke, coke oven gas, blast furnace gas, converter gas and other coking products.

(5) The proportion of coal consumption in total energy consumption includes the proportion of thermal power transmitted into Shandong Province

(6) Based on the third national economic census data in 2013, some energy historical data from 2013 to 2011 are adjusted.

7-1 主要年份一次能源生产总量
Primary Energy Output in Major Years

单位:万吨标煤 (10 000 tons of SCE)

年 份 Year	能源生产总量 Total Energy Production	原 煤 Coal	原 油 Crude Oil	天然气 Natural Gas	水电、风电和太阳能光伏发电 Hydro, Wind and Solar PV Power
1949	120.79	120.79			
1952	258.58	258.58			
1955	342.73	342.73			
1956	386.58	386.58			
1957	440.37	440.37			
1962	1041.29	1041.17	0.01		0.11
1965	1362.94	1242.89	119.81		0.24
1970	2383.80	1716.18	667.59		0.03
1975	4555.04	2036.54	2388.62	128.62	1.26
1976	5013.70	2382.91	2500.65	128.88	1.26
1977	5387.37	2727.99	2502.71	155.88	0.79
1978	5901.83	2928.71	2781.49	190.46	1.17
1979	6075.07	3170.21	2697.14	205.49	2.23
1980	5873.37	3064.71	2616.94	189.00	2.72
1981	5392.54	2950.42	2301.75	138.72	1.65
1982	5505.80	3040.71	2335.21	129.41	0.47
1983	5898.00	3132.28	2625.00	139.79	0.93
1984	6696.54	3258.96	3288.36	148.17	1.05
1985	7531.89	3516.00	3861.74	151.89	2.26
1986	8046.80	3642.79	4215.52	185.94	2.55
1987	8511.34	3798.47	4514.38	197.24	1.25
1988	8918.29	3970.94	4757.61	188.73	1.01
1989	9038.69	4067.83	4765.07	205.35	0.44
1990	9262.21	4282.54	4786.70	191.39	1.58
1991	9269.98	4282.53	4793.22	191.25	2.98
1992	9508.88	4535.86	4780.24	191.92	0.86
1993	9875.38	4519.97	5171.83	182.08	1.50
1994	10624.66	5560.85	4887.14	173.78	2.89
1995	10757.67	6305.32	4294.76	156.04	1.55
1996	10697.72	6392.56	4159.57	144.62	0.97
1997	10620.51	6496.14	4002.01	121.67	0.69
1998	10436.05	6412.17	3901.51	122.09	0.28
1999	10322.39	6425.10	3807.55	89.01	0.73
2000	9648.75	5741.96	3822.49	83.54	0.76
2001	11550.26	7634.32	3811.52	103.34	1.08
2002	13241.75	9333.02	3816.52	91.07	1.14
2003	14384.08	10476.85	3808.65	98.36	0.22
2004	14394.61	10461.78	3820.50	111.84	0.49
2005	13995.62	10021.63	3849.36	123.03	1.60
2006	14083.40	10042.24	3935.89	103.46	1.82
2007	14616.67	10526.28	3990.22	99.22	0.95
2008	14615.32	10500.62	3998.91	113.05	2.74
2009	14600.08	10424.07	4040.38	119.97	15.66
2010	16055.71	11913.14	3980.08	129.01	33.48
2011	15997.81	11585.87	3973.65	64.33	53.35
2012	16973.80	12528.16	3963.94	75.71	79.19
2013	15165.08	10722.56	3894.94	65.11	116.19
2014	15220.40	10699.80	3876.09	62.89	133.13
2015	14632.77	10242.27	3725.83	58.61	161.90
2016	13677.95	9489.22	3279.01	56.11	229.07

注：1.本表使用当量折标系数折算标准煤。
2.2009年开始，一次能源包含水电、风电和太阳能光伏发电，1949—2008年数据不包括风电和太阳能光伏发电。

a)Data of standard coal equivalent is calculated on the basis of heat value equivalent.

b)Since 2009, Primary Energy has included hydro,wind and solar PV power. 1949-2008 data do not include wind and solar PV power.

7-2 1979-2016年能源生产、能源消费弹性系数
Elasticity Ratio of Energy Production and Energy Consumption from 1979 to 2016

年 份 Year	能源生产弹性系数 Elasticity Ratio of Energy Production				能源消费弹性系数 Elasticity Ratio of Energy Consumption			
	能源生产比上年增长(%) Growth Rate of Energy Production over Preceding Year (%)	电力生产比上年增长(%) Growth Rate of Electricity Production over Preceding Year (%)	能源生产弹性系数 Elasticity Ratio of Energy Production	电力生产弹性系数 Elasticity Ratio of Electricity Production	能源消费比上年增长(%) Growth Rate of Energy Consumption over Preceding Year (%)	电力消费比上年增长(%) Growth Rate of Electricity Consumption over Preceding Year (%)	能源消费弹性系数 Elasticity Ratio of Energy Consumption	电力消费弹性系数 Elasticity Ratio of Electricity Consumption
1979	1.69	9.68	0.15	0.84		11.03		0.95
1980	-3.33	8.78		0.55	0.62	5.96	0.03	0.40
1981	-8.17	4.58		0.25	-12.23	6.13		0.33
1982	2.12	4.62	0.15	0.33	21.98	6.06	1.56	0.43
1983	7.11	7.26	0.44	0.44	-13.50	7.43		0.46
1984	13.53	8.33	0.51	0.31	7.34	12.43	0.27	0.47
1985	12.46	10.83	0.73	0.63	-12.67	8.70		0.51
1986	6.83	14.46	0.75	1.59	7.34	11.02	0.81	1.22
1987	5.79	10.62	0.29	0.52	13.68	9.68	0.68	0.48
1988	4.78	14.41	0.19	0.57	5.73	8.04	0.23	0.32
1989	1.36	10.58	0.09	0.67	4.84	7.17	0.31	0.45
1990	2.46	6.33	0.15	0.38	3.46	9.76	0.21	0.58
1991	0.52	11.20	0.03	0.57	3.05	9.75	0.15	0.49
1992	2.14	14.06	0.16	0.66	1.92	13.92	0.09	0.65
1993	-0.14	7.85		0.30	-1.07	7.77		0.29
1994	8.27	10.95	0.21	0.28	13.09	10.50	0.33	0.29
1995	6.13	9.09	0.21	0.31	10.58	9.48	0.36	0.32
1996	-2.77	7.28		0.38	3.12	7.51	0.16	0.39
1997	1.52	7.68	0.13	0.66	-0.02	7.38		0.64
1998	-1.81	-7.09			12.70	-1.19	1.10	
1999	-1.01	14.84		0.58	0.22	14.57	0.87	0.53
2000	-6.52	9.91		0.55	-9.17	10.12		0.56
2001	1.71	9.86	0.17	0.98	10.41	10.94	1.03	1.09
2002	4.68	13.19	0.40	1.14	18.06	12.42	1.56	1.07
2003	8.49	11.75	0.62	0.86	18.74	13.47	1.36	0.98
2004	0.07	17.50	0.01	1.15	21.30	17.50	1.39	1.14
2005	-2.78	16.58		1.11	20.08	16.58	1.32	1.09
2006	0.64	15.24	0.04	1.04	10.96	15.24	0.74	1.04
2007	3.79	14.23	0.27	1.00	8.66	14.26	0.61	1.00
2008	-0.01	3.89		0.32	4.48	5.04	0.37	0.42
2009	-0.10	3.95		0.33	5.73	7.85	0.48	0.66
2010	9.97	6.29	0.80	0.50	7.54	12.15	0.60	0.97
2011	-0.36	2.64	-0.03	0.24	6.68	10.21	0.62	0.94
2012	6.10	4.20	0.63	0.43	4.73	4.38	0.48	0.45
2013	-10.66	8.82	-1.12	0.92	4.74	7.60	0.50	0.80
2014	0.36	3.90	0.04	0.45	3.29	3.44	0.38	0.40
2015	-3.86	5.48	-0.49	0.69	3.95	5.18	0.50	0.65
2016	-6.53	13.76	-0.86	1.81	3.25	7.31	0.43	0.96

注：本表生产和消费增速采用全省核算数据。
a) Data on growth rate of production and consumption is calculated according to accounting data of the whole province.

7-3　一次能源生产量及构成

Primary Energy Output and Composition

类　　别		Category		2016
能源生产总量(折标准煤)		**Total Energy Production**		**14020.8**
(万吨标准煤)		**(10 000 tons of SCE)**		
构　成		Composition		
原　煤	(%)	Coal	(%)	67.68
原　油	(%)	Crude Oil	(%)	23.39
天然气	(%)	Natural Gas	(%)	0.40
电　力	(%)	Electricity	(%)	4.08
其　他	(%)	Others	(%)	4.45

注：本表使用等价折标系数折算标准煤。

a)Data of standard coal equivalent are calculated on the basis of the consumed heat value equivalent.

7-4　能源消费量及构成

Total Consumption and Composition of Energy

类　　别		Category		2016
能源消费量(折标准煤)		**Energy Consumption**		**38722.8**
(万吨标准煤)		**(10 000 tons of SCE)**		
构　成		Composition		
煤　品	(%)	Coal	(%)	76.87
油　品	(%)	Crude Oil	(%)	16.27
天然气	(%)	Natural Gas	(%)	3.39
电　力	(%)	Electricity	(%)	1.87
其　他	(%)	Others	(%)	1.60

注：本表使用等价折标系数折算标准煤。

a)Data of standard coal equivalent are calculated on the basis of the consumed heat value equivalent.

7−5　综合能源平衡表
Overall Energy Balance Sheet

单位：万吨标准煤　　(10 000 tons of SCE)

项　　目	Item	2016
可供消费的能源总量	**Total Energy for Consumption**	**38722.8**
一次能源生产量	Primary Energy Output	14020.8
外省(区、市)调入量	Allocation from Other Provinces	33131.9
进口量	Imports	8947.7
本省(区、市)调出量(－)	Allocation to Other Provinces(-)	-16694.2
出口量(－)	Exports(-)	-528.1
年初年末库存差额	Stock Changes in the Year	-155.4
能源消费总量	**Total Energy Consumption**	**38722.8**
在总量中：	Consumption by srctor	
1.农林牧渔业	1.Agriculture,Forestry,Animal Husbandry and Fishery	682.3
2.工　业	2.Industry	29613.7
3.建筑业	3.Construction	472.1
4.交通运输、仓储和邮政业	4.Transport,Storage and Post	2192.6
5.批发、零售业和住宿、餐饮业	5.Wholesale and Retail Trades,Hotels and Catering Services	937.0
6.其他行业	6.Other Sectors	1264.3
7.生活消费	7.Household Consumption	3560.7
在总量中：	Consumption by Usage	
(一) 终端消费	(Ⅰ)End-use Consumption	37160.3
工业	Industry	28051.2
(二) 加工转换损失量	(Ⅱ)Losses During the Process of Energy Conversion	1562.5
炼焦	Coking	527.9
炼油	Petroleum Refining	1081.2
(三) 损失量	(Ⅲ)Energy Losses	
平衡差额	**Balance**	

注：本表使用等价折标系数折算标准煤。
a)Data of standard coal equivalent are calculated on the basis of the consumed heat value equivalent.

7-6 按行业分能耗消费量(2016年)

Consumption of Energy by Sector(2016)

单位：万吨标准煤 (10 000 tons of SCE)

行业	Sector	消费量 Total Consumption	比上年增长(%) Growth Rate(%)
消费总计	**Total Consumption**	**38722.8**	**2.1**
农、林、牧、渔业	Agriculture,Forestry,Animal Husbandry,Fishery	682.3	3.8
工业	Gross Industrial Enterprises	29613.7	1.2
建筑业	Construction	472.1	4.1
交通运输、仓储和邮政业	Transport, Storage and Postal Services	2192.6	5.5
批发、零售业和住宿、餐饮业	Wholesale and Retail Trades,Hotels and Catering Services	937.0	1.5
其他行业	Others	1264.3	1.1
生活消费	Household Consumption	3560.7	7.0

注：本表数据使用等价折标系数折算标准煤。
a)Data of standard coal equivalent are calculated on the basis of the consumed heat value equivalent.

7-7 平均每天各种能源消费量

Average Daily Energy Consumption by Type of Energy

类别	Category	2012	2013	2014	2015	2016
合计 (吨标准煤)	**Total (tons of SCE)**	**895527**	**937942**	**968838**	**1007101**	**1039825**
煤炭 (吨)	Coal (ton)	1015817	1032423	1083883	1121286	1121622
焦炭 (吨)	Coke (ton)	87837	100830	103055	101467	101873
原油 (吨)	Crude Oil (ton)	171822	185370	214134	235809	279546
燃料油 (吨)	Fuel Oil (ton)	40086	56318	65185	88959	123601
汽油 (吨)	Gasoline (ton)	18278	19326	19324	19891	20256
煤油 (吨)	Kerosene (ton)	2142	2346	2605	2699	3157
柴油 (吨)	Diesel Oil (ton)	32767	34600	34647	36582	37501
液化石油气 (吨)	Liquefied Petroleum (ton)	4134	4151	5665	7106	11942
电力 (万千瓦时)	Electricity (10 000 kwh)	103960	111866	115712	141978	152358

注：1.本表使用当量折标系数折算标准煤。2.2010年起，燃料油消费量含炼油再投入量，2000—2009年燃料油消费量不含此项。
a)Data of standard coal equivalent is calculated on the basis of heat value equivalent.
b)Since 2010,data on consumption of fuel oil include those for refining oil,but data of 2000-2009 no including.

7-8 平均每人年生活用能源

Annual Per Captita Energy Consumption for Non-Production Purpose

类别		Category		2012	2013	2014	2015	2016
合计	**（千克标准煤）**	**Total**	**(Kg of SCE)**	**210.6**	**225.5**	**234.2**	**242.4**	**256.8**
煤炭	（千克）	Coal	(kg)	58.1	62.7	62.9	63.3	66.4
汽油	（千克）	Gasoline	(kg)	40.8	44.3	45.5	46.0	46.6
液化石油汽	（千克）	Liquefied Petroleum	(kg)	6.3	4.3	4.2	5.0	5.0
电力	（千瓦小时）	Electricity	(kwh)	427.7	470.6	481.7	512.6	560.2

注：本表使用当量折标系数折算标准煤。

a)Data of standard coal equivalent is calculated on the basis of heat value equivalent.

7-9 分品种生活能源年消费总量

Annual Energy Consumption for Non-Production Purpose by Category

类别		Category		2012	2013	2014	2015	2016
合计	**（万吨标准煤）**	**Total**	**(10 000 tons of SCE)**	**2034.8**	**2189.7**	**2286.6**	**2379.9**	**2541.1**
煤炭	（万吨）	Coal	(10 000 tons)	561.2	609.1	614.3	621.2	657.4
汽油	（万吨）	Gasoline	(10 000 tons)	394.6	430.3	444.0	451.2	461.3
液化石油汽	（万吨）	Liquefied Petroleum	(10 000 tons)	60.8	42.0	41.0	48.9	49.8
电力	（亿千瓦小时）	Electricity	(100 million kwh)	413.2	457.0	470.2	503.3	554.4

注：本表使用当量折标系数折算标准煤。

a)Data of standard coal equivalent is calculated on the basis of heat value equivalent.

7-10　各市万元GDP能耗
Energy Consumption per 10 000-yuan GDP by Region

地　区	Region	2011 比2010年上升或下降(±%) Increased or Decreased Compared with 2010	2012 比2011年上升或下降(±%) Increased or Decreased Compared with 2011	2013 比2012年上升或下降(±%) Increased or Decreased Compared with 2012	2014 比2013年上升或下降(±%) Increased or Decreased Compared with 2013	2015 比2014年上升或下降(±%) Increased or Decreased Compared with 2014	2016 比2015年上升或下降(±%) Increased or Decreased Compared with 2015
全省总计	**Total**	**-3.77**	**-4.55**	**-4.48**	**-5.00**	**-3.72**	**-5.15**
济南市	Jinan	-3.78	-4.68	-5.68	-6.22	-9.92	-3.94
青岛市	Qingdao	-3.93	-4.15	-3.82	-7.04	-7.69	-5.68
淄博市	Zibo	-3.96	-5.29	-5.90	-5.81	-5.64	-9.94
枣庄市	Zaozhuang	-3.76	-5.18	-5.27	-5.67	-10.80	-3.74
东营市	Dongying	-3.82	-4.21	-3.89	-3.56	-7.74	-0.25
烟台市	Yantai	-3.85	-4.05	-3.98	-4.66	-10.60	-3.46
潍坊市	Weifang	-3.80	-4.75	-4.89	-5.13	-7.72	-7.22
济宁市	Jining	-3.76	-4.80	-4.98	-5.43	-10.13	-5.53
泰安市	Tai'an	-3.95	-4.43	-5.07	-5.11	-10.69	-6.91
威海市	Weihai	-3.79	-4.11	-4.54	-5.33	-7.65	-5.43
日照市	Rizhao	-3.71	-4.01	-4.27	-6.88	-3.63	-4.87
莱芜市	Laiwu	-3.74	-4.77	-3.86	-3.34	-9.78	-4.50
临沂市	Linyi	-3.77	-4.23	-4.01	-5.25	-15.17	2.51
德州市	Dezhou	-3.73	-4.12	-4.92	-5.20	-8.49	-6.54
聊城市	Liaocheng	-3.75	-4.37	-3.70	0.50	-7.37	-5.42
滨州市	Binzhou	-3.78	-4.56	-4.21	20.33	47.01	-4.12
菏泽市	Heze	-3.73	-4.69	-4.32	-4.11	-5.10	-5.45

注：本表使用等价折标系数折算标准煤。2016年起，地区生产总值按2015年价格计算。

a)Data of standard coal equivalent is calculated on the basis of equivalent value.Gross regional product is at 2015 constant prices since 2016.

7-11　各市规模以上工业万元增加值能耗

Energy Consumption per 10 000-yuan Value Added of Industrial Enterprises above the Designated Size by Region

地　区	Region	2011	2012	2013	2014	2015	2016
		比2010年上升或下降(±%) Increased or Decreased Compared with 2010	比2011年上升或下降(±%) Increased or Decreased Compared with 2011	比2012年上升或下降(±%) Increased or Decreased Compared with 2012	比2013年上升或下降(±%) Increased or Decreased Compared with 2013	比2014年上升或下降(±%) Increased or Decreased Compared with 2014	比2015年上升或下降(±%) Increased or Decreased Compared with 2015
济南市	Jinan	-4.48	-7.90	-8.95	-7.79	-10.22	-4.64
青岛市	Qingdao	-5.13	-8.48	-6.11	-14.10	-6.70	-6.82
淄博市	Zibo	-7.90	-9.25	-8.99	-9.25	-3.65	-10.40
枣庄市	Zaozhuang	-7.56	-9.06	-8.53	-9.52	-14.21	-3.43
东营市	Dongying	-6.90	-7.62	-6.64	-4.87	-6.10	0.10
烟台市	Yantai	-6.60	-8.07	-6.18	-9.39	-11.89	-5.91
潍坊市	Weifang	-6.10	-7.10	-7.51	-6.54	-7.09	-7.00
济宁市	Jining	-8.33	-8.67	-7.69	-11.11	-10.74	-8.31
泰安市	Tai'an	-5.19	-7.18	-7.94	-8.41	-10.49	-0.84
威海市	Weihai	-6.06	-7.66	-6.27	-7.55	-9.70	-12.36
日照市	Rizhao	-7.40	-7.47	-7.12	-9.79	-1.46	-5.55
莱芜市	Laiwu	-8.13	-8.83	-5.21	-4.16	-12.18	0.54
临沂市	Linyi	-7.45	-8.47	-6.23	-7.17	-25.59	5.62
德州市	Dezhou	-8.00	-7.78	-7.40	-9.15	-7.36	-9.63
聊城市	Liaocheng	-7.86	-8.78	-6.42	0.14	-11.18	8.74
滨州市	Binzhou	-8.10	-9.10	-6.40	21.83	52.06	-2.99
菏泽市	Heze	-7.94	-8.86	-6.68	-8.07	-6.32	-8.29

注：本表使用当量折标系数折算标准煤。2016年起，工业增加值按2015年价格计算。

a)Data of standard coal equivalent is calculated on the basis of heat value equivalent.Industrial value-added is at 2015 constant prices since 2016.

7-12 各市万元GDP电耗

Electricity Consumption per 10 000-yuan GDP by Region

地 区	Region	2011 比2010年上升或下降(±%) Increased or Decreased Compared with 2010	2012 比2011年上升或下降(±%) Increased or Decreased Compared with 2011	2013 比2012年上升或下降(±%) Increased or Decreased Compared with 2012	2014 比2013年上升或下降(±%) Increased or Decreased Compared with 2013	2015 比2014年上升或下降(±%) Increased or Decreased Compared with 2014	2016 比2015年上升或下降(±%) Increased or Decreased Compared with 2015
济南市	Jinan	-5.31	-9.74	-7.07	-6.93	-6.47	-1.68
青岛市	Qingdao	-4.18	-8.17	-3.12	-7.80	-6.24	-0.53
淄博市	Zibo	-5.65	-10.06	-8.42	-8.43	-5.99	-6.06
枣庄市	Zaozhuang	-0.97	-6.08	-3.13	-10.66	-8.58	-3.49
东营市	Dongying	1.02	-6.09	0.95	-3.90	-0.63	2.70
烟台市	Yantai	-0.48	-2.61	-0.93	-3.28	-2.38	-0.61
潍坊市	Weifang	1.39	-1.54	0.35	-1.27	-6.72	-2.99
济宁市	Jining	1.63	-6.55	-4.34	-8.76	-9.38	-6.24
泰安市	Tai'an	-3.23	-7.64	-0.33	-5.20	-7.87	-0.51
威海市	Weihai	-1.65	-5.07	-6.83	-7.07	-5.53	-4.08
日照市	Rizhao	0.34	-1.68	-5.50	-4.98	-5.96	-3.63
莱芜市	Laiwu	1.69	-9.34	-4.90	-4.80	-13.41	0.07
临沂市	Linyi	1.32	0.01	3.05	-4.56	-9.76	3.52
德州市	Dezhou	-0.08	-2.43	-6.79	-4.65	-10.45	-8.50
聊城市	Liaocheng	-4.59	-5.91	-3.45	-4.35	-7.19	-2.40
滨州市	Binzhou	-0.91	-2.52	-1.70	0.28	294.14	-3.91
菏泽市	Heze	-0.15	-2.95	1.42	-2.47	-2.96	-1.57

注：2016年起，地区生产总值按2015年价格计算。

a)Gross regional product is at 2015 constant prices since 2016.

7-13 各市电力消费量（2016年）
Electricity Consumption by Region(2016)

单位:亿千瓦时

地 区 Region	全社会用电量 Electricity Consumption	第一产业 Primary Industry Electricity Consumption	第二产业 Secondary Industry Electricity Consumption	第三产业 Tertiary Industry Electricity Consumption	工业用电 Industrial Electricity Consumption	城乡居民生活用电 Household Electricity Consumption
济南市 Jinan	279.9	4.9	150.2	69.3	147.1	55.5
青岛市 Qingdao	367.3	7.1	219.3	71.3	212.6	69.5
淄博市 Zibo	328.9	3.6	273.6	23.4	272.4	28.2
枣庄市 Zaozhuang	126.6	2.0	89.1	16.4	87.7	19.0
东营市 Dongying	269.7	3.8	243.6	11.5	242.3	10.8
烟台市 Yantai	463.1	13.6	371.5	37.3	368.2	40.8
潍坊市 Weifang	455.0	20.0	344.8	39.5	339.9	50.6
济宁市 Jining	274.7	6.4	194.3	32.3	191.5	41.8
泰安市 Tai'an	184.2	4.6	134.4	18.9	133.2	26.4
威海市 Weihai	108.7	2.9	68.7	20.3	66.4	16.8
日照市 Rizhao	177.0	3.4	143.7	14.7	142.5	15.2
莱芜市 Laiwu	106.9	0.7	96.1	4.6	95.6	5.6
临沂市 Linyi	395.5	5.3	294.6	36.4	289.8	59.2
德州市 Dezhou	195.6	5.5	143.9	20.2	141.8	25.9
聊城市 Liaocheng	306.0	11.3	249.6	17.3	247.6	27.8
滨州市 Binzhou	1126.2	3.4	1089.9	12.9	1088.1	19.9
菏泽市 Heze	191.8	5.6	123.4	21.6	121.3	41.2

注：本表数据采用国网山东省电力公司数据。
a) Data is provided by Shandong Electric Power Corporation.

主要统计指标解释

能源生产总量 指一定时期内，一个地区一次能源生产量的总和。该指标是观察一个地区能源生产水平、规模、构成和发展速度的总量指标。一次能源生产量包括原煤、原油、天然气、水电、核能及其他动力能(如风能、地热能等)发电量，不包括低热值燃料生产量、生物质能、太阳能等的利用和由一次能源加工转换而成的二次能源产量。

能源消费总量 指一定时期内，一个地区物质生产部门、非物质生产部门和生活消费的各种能源的总和。该指标是观察能源消费水平、构成和增长速度的总量指标。能源消费总量包括原煤和原油及其制品、天然气、电力，不包括低热值燃料、生物质能和太阳能等的利用。能源消费总量分为终端能源消费量、能源加工转换损失量和能源损失量三部分。

(1)终端能源消费量：指一定时期内，一个地区生产和生活消费的各种能源在扣除了用于加工转换二次能源消费量和损失量以后的数量。

(2)能源加工转换损失量：指一定时期内，一个地区投入加工转换的各种能源数量之和与产出各种能源产品之和的差额。该指标是观察能源在加工转换过程中损失量变化的指标。

(3)能源损失量：指一定时期内，能源在输送、分配、储存过程中发生的损失和由客观原因造成的各种损失量，不包括各种气体能源放空、放散量。

能源生产弹性系数 是研究能源生产增长速度与国民经济增长速度之间关系的指标。计算公式：

$$\text{能源生产弹性系数}=\frac{\text{能源生产总量年平均增长速度}}{\text{国民经济年平均增长速度}}$$

国民经济年平均增长速度，可根据不同的目的或需要，用国民生产总值、国内生产总值等指标来计算，本年鉴是采用国内生产总值指标计算的。

电力生产弹性系数 是研究电力生产增长速度与国民经济增长速度之间关系的指标。一般来说，电力的发展应当快于国民经济的发展，也就是说电力应超前发展。计算公式为：

$$\text{电力生产弹性系数}=\frac{\text{电力生产量年平均增长速度}}{\text{国民经济年平均增长速度}}$$

能源消费弹性系数 反映能源消费增长速度与国民经济增长速度之间比例关系的指标。计算公式为：

$$\text{能源消费弹性系数}=\frac{\text{能源消费量年平均增长速度}}{\text{国民经济年平均增长速度}}$$

电力消费弹性系数 反映电力消费增长速度与国民经济增长速度之间比例关系的指标。计算公式为：

$$\text{电力消费弹性系数}=\frac{\text{电力消费量年平均增长速度}}{\text{国民经济年平均增长速度}}$$

Explanatory Notes on Main Statistical Indicators

Total Energy Production refers to the total production of primary energy by all energy producing enterprises in the region in a given period of time. It is a comprehensive indicator to show the capacity, scale, composition and development of energy production of the country. The production of primary energy includes that of coal, crude oil, natural gas, hydro power and electricity generated by nuclear energy and other means such as wind power and geothermal power. However, it excludes the production of fuels of low calorific value, bio energy, solar energy and the secondary energy converted from the primary energy.

Total Domestic Energy Consumption refers to the total consumption of energy of various kinds by material production sectors, non material production sectors and households in the country in a given period of time. It is a comprehensive indicator to show the scale, composition and development of energy consumption. The total energy consumption includes that of coal, crude oil and their products, natural gas and electricity, However, it excludes the consumption of fuel of low calorific value, bio energy and solar energy. Total domestic energy consumption can be divided into three parts: final energy consumption, loss during the process of energy conversion, and energy loss.

(1)Final Energy Consumption: It refers to the total energy consumption by material production sectors, non material production sectors and households in the region in a given period of time, but excludes the consumption in conversion of the primary energy into the secondary energy and the loss in the process of energy conversion.

(2)Loss During the Process of Energy Conversion: It refers to the total input of various kinds of energy for conversion, minus the total output of various kinds of energy in the region in a given period of time. It is an indicator to show the loss that occurs during the process of energy conversion.

(3)Energy Loss: It refers to the total of the loss of energy during the course of energy transport, distribution and storage and the loss caused by any objective reason in a given period of time. The loss of various kinds of gas due to gas discharges and stocktaking is excluded.

Elasticity Ratio of Energy Production is an indicator to show the relationship between the growth rate of energy production and the growth rate of the national economy. The formula is:

$$\text{Elasticity Ratio of Energy Production} = \frac{\text{Average Annual Growth Rate of Energy Production}}{\text{Average Annual Growth Rate of National Economy}}$$

The average annual growth rate of the national economy can be shown by the gross national product, gross domestic product and other indicators, depending upon the purposes or needs. The gross domestic product is used in calculation of the ratio in this chapter.

Elasticity Ratio of Electricity Production is an indicator to show the relationship between the growth rate of electricity production and the growth rate of the national economy. Generally speaking, the growth rate of electricity production should be higher than that of the national economy.

Its formula is:

$$\text{Elasticity Ratio of Electricity Production} = \frac{\text{Average Annual Growth Rate of Electricity Production}}{\text{Average Annual Growth Rate of National Economy}}$$

Elasticity Ratio of Energy Consumption is an indicator to show the relationship between the growth rate of energy consumption and the growth rate of the national economy. The formula is:

$$\text{Elasticity Ratio of Energy Consumption} = \frac{\text{Average Annual Growth Rate of Energy Consumption}}{\text{Average Annual Growth Rate of National Economy}}$$

Elasticity Ratio of Electricity Consumption is an indicator to show the relationship between the growth rate of electricity consumption and the growth rate of the national economy. The formula is:

$$\text{Elasticity Ratio of Electricity Consumption} = \frac{\text{Average Annual Growth Rate of Electricity Consumption}}{\text{Average Annual Growth Rate of National Economy}}$$

第8篇

财政和金融

Government Finance and Banking

简要说明

一、本篇资料的主要内容

本篇资料反映了全省财政收支、金融和保险、证券方面的情况，主要包括财政收入、财政支出、金融机构存贷款、现金收支、保险机构、保险业务开展和山东省辖区证券市场等方面的资料。

二、本篇资料的来源

1.财政部分的资料来源于省财政厅。根据财政部2007年《财政收支分类科目》，财政支出科目变动较大，与往年不可比。

2.金融方面的资料来源于中国人民银行济南分行。

3.保险方面的资料来源于中国保监会山东监管局。

4.证券方面的资料来源于中国证监会山东监管局。

5.本篇资料由省统计局综合处整理。

Brief Introduction

I. Main Content

Data in this chapter show the conditions of local government budgetary finance, banking and insurance,and securities, including government revenue and expenditure, credit funds, cash income and expenses, statistics on insurance companies and basic stituation of securities markets in Shandong province.

II. Source of Data

（1）Data on local government finance are provided by Shandong Provincial Department of Finance. Because of reform of Government Revenue and Expenditure Classification Items issued by the Ministry of Finance of China in 2007,data on items cannot be compared with those of preceding years.

（2）Data on banking are provided by Jinan Branch of the People's Bank of China.

（3）Data on insurance are provided by China Insurance Regulatory Commission of Shandong Bureau.

（4）Data on securities are provided by China Securities Regulatory Commission of Shandong Bureau.

（5）Data in this chapter are prepared and compiled by the Division of Comprehensive Statistics of Shandong Provincial Bureau of Statistics.

8-1 主要年份一般公共预算收入
General Pubilic Budget Revenue in Major Years

单位:万元 (10 000 yuan)

年份 Year	一般公共预算收入 General Pubilic Budget Revenue	税收收入 Tax Revenue	增值税 Value Added Tax	营业税 Business Tax	企业所得税 Enterprise Income Tax	个人所得税 Individual Income Tax	城市维护建设税 Tax on City Maintenance and Construction	房产税 Tax on Real Estates	印花税 Stamp Tax
1950	44253	35209							
1952	76284	62545							
1955	89333	79914							
1957	107262	92112							
1962	125506	96577							
1965	164766	100184							
1970	309438	167361							
1975	459668	233132							
1976	496749	270119							
1977	559590	313898							
1978	641286	327465							
1979	569948	322814							
1980	481097	335362							
1981	511850	368177	471			3			
1982	492888	416477	3001			5			
1983	504050	428911	12980			8			
1984	536022	484039	21457	13611		15			
1985	675316	638230	45950	101566		216	30811		
1986	621535	567351	86294	131137		498	37058	440	
1987	727901	652813	108184	159799		515	41417	10663	
1988	826814	825681	192216	216442		371	51037	11012	362
1989	1009416	973118	223717	274118		452	59324	14781	7451
1990	1091082	1058745	241241	291283	84831	687	63936	19110	5754
1991	1285184	1145170	264599	315116	89766	744	71381	26116	5994
1992	1393225	1287334	312552	367710	76817	980	77163	27263	6175
1993	1943978	1908554	545599	458562	85753	1566	90282	32420	6515
1994	1346611	1264642	363371	311355	163942	22983	117238	38577	7115
1995	1790025	1635139	416401	405456	256396	55930	140782	49773	9273
1996	2416742	2156333	518976	515829	365781	89493	172075	61064	10053
1997	3044232	2648693	617844	622148	484919	126801	202164	80812	13373
1998	3523912	3019024	701402	752239	468054	46780	131149	226211	107540
1999	4044829	3429430	782176	789669	631666	187585	238123	134879	19983
2000	4636788	3929022	896895	876638	818659	247492	276205	155591	22440
2001	5731793	4883422	1002918	926921	1491110	369925	290458	165321	26963
2002	6102242	4950266	1112319	1176414	783934	310934	307978	209770	37256
2003	7137877	5582820	1260824	1447077	664382	260262	444019	244706	46613
2004	8283306	6274331	1160390	1764502	860624	319637	549266	267768	62914
2005	10731250	8264612	1930040	2177928	1108282	388938	659514	327950	92515
2006	13562526	10357905	2428345	2717252	1482753	458361	784298	387000	123031
2007	16753980	13083516	2907862	3397121	1985020	568145	924642	443522	159005
2008	19570541	15335324	3337763	3960900	2299728	611251	1041367	472576	203026
2009	21986324	17203455	3244846	4706109	2203040	646665	1090776	578637	238728
2010	27493842	21498997	3782348	6315107	2933058	810098	1307440	646535	337443
2011	34559267	26031329	4138174	7657247	3985551	965805	1796032	740189	411070
2012	40594301	30502010	4381207	8966409	4416434	951065	1988839	1008346	465851
2013	45599463	35334906	4895590	10683275	4459540	1045930	2178411	1117476	528630
2014	50268273	39657605	5969647	11359162	4830098	1151842	2313253	1224873	605607
2015	55293253	42031178	5949766	12523983	4987224	1431225	2437121	1338572	594147
2016	58601836	42125903	11297486	6504453	5032373	1431522	2508344	1433639	612587

注:1.本表中1994年以来的财政收入及分组均系新口径数,与历史资料不可比。
2.2016开始,增值税和营业税均系新口径数,与历史资料不可比。
a)Data from 1994 are based on new grouping method,so they cannot compare with other data.
b)Since 2016,Data of Value-added Tax and business Tax are based on new method,so they cannot compare with other data.

8-2 1950-2006年地方财政支出
Total Local Government Budgetary Expenditure from 1950 to 2006

单位:万元 (10 000 yuan)

年 份 Year	地方财政支出 Expenditure of Local Government	#基本建设 Expenditure for Capital Construction	#城市维护费 Expenditure on City Maintenance	#支援农业支出 Expenditure for Agriculture	#文教科学卫生事业费 Expenditure for Culture, Education, Science and Health	#行政管理费 Expenditure for Government Administration
1950	10281	556	79	266		4704
1951	15965	3221	490	364		7357
1952	31886	8860	245	735		8332
1953	32272	5719	263	433		9548
1954	33657	6505	245	1447		9381
1955	31143	4023	209	1954		9868
1956	47155	13244	107	3484		12695
1957	49164	10522	201	4770		11790
1958	120740	75087	67	4468		12461
1959	158857	78459	22	16116		14162
1960	239314	98855	82	23717		14571
1961	135988	19073	69	27392		13612
1962	63594	6560	334	9526		11753
1963	79714	10271	1018	12029		13054
1964	89615	17557	1535	12620		13212
1965	95407	18711	1807	10048		13144
1966	104100	24115	1690	10425		13691
1967	102007	33442	1669	9728		12064
1968	88752	31016	1719	7476		12264
1969	113952	49590	1756	7683		12669
1970	142528	70447	1805	8389		14245
1971	159105	67943	1743	11247		17779
1972	188907	82551	1621	15603		19336
1973	194872	66635	2419	21980		18541
1974	191061	56996	2005	24284		18435
1975	212560	52389	2194	26906		21241
1976	214205	48383	2579	29119		22899
1977	226136	48648	2610	32399		24449
1978	319044	83503	3750	40221		26553
1979	316239	69982	9535	41812	77298	31908
1980	300736	46680	9484	38422	90951	39017
1981	255341	32150	13144	28754	94093	39200
1982	294482	32395	17044	37525	110039	45512
1983	324119	39875	18184	38058	122536	52391
1984	389763	51801	22063	39512	144038	69508
1985	512953	55562	39340	42453	174126	70091
1986	679384	63375	47595	49892	208135	79655
1987	752168	48880	48156	57550	219751	83423
1988	940725	59630	63024	78301	278458	114421
1989	1136714	55472	75062	102293	324427	98493
1990	1238530	78060	76532	111848	354574	107220
1991	1320610	73926	80209	116383	390775	121071
1992	1456988	85542	89276	141474	457972	158948
1993	1883646	115922	104912	163489	536522	208572
1994	2187683	100904	121656	176277	721820	269520
1995	2758656	179597	163339	224793	832336	315337
1996	3589836	248334	226014	276556	1032168	402325
1997	4233342	239629	281070	367611	1182892	456970
1998	4878175	318452	367382	377198	1325393	501269
1999	5500034	325120	351390	402651	1453237	544497
2000	6130774	295068	388802	411914	1677928	622058
2001	7537781	409608	485770	478933	1936046	743144
2002	8606484	440415	547982	557939	2290732	900217
2003	10106395	636760	685165	618116	2553316	1123337
2004	11893716	600330	885953	731073	3091148	1312928
2005	14662271	704835	1179667	895847	3751654	1629489
2006	18334400	821963	1470287	1083756	4542846	1929519

8-3 1979-2006年财政支出中用于文、教、科、卫的支出
Expense on Culture,Education,Science and Health from 1979 to 2006

单位:万元 (10 000 yuan)

年份 Year	合计 Total	文体广播事业费 Operating Expenses for Culture,Sports and Broadcast	教育事业费 Operating Expenses for Education	科学事业费 Operating Expenses for Science	卫生经费 Operating Expenses for Health	科技三项经费 Science and Technology Promotion Funds
1979	80348	9219	43077	4141	20098	3813
1980	93350	9974	53296	4060	23290	2730
1981	95577	9791	54453	4094	24965	2274
1982	111630	11702	62804	4335	29737	3052
1983	125430	14353	67656	5040	33667	4714
1984	145710	18779	77533	6738	37382	5278
1985	175562	22631	97565	6513	44117	4736
1986	209611	29869	114757	8056	50910	6019
1987	225197	30555	125465	7053	56678	5446
1988	284003	39108	161889	10205	67256	5545
1989	333489	43029	187894	10535	82969	9062
1990	363035	48165	202060	11646	92703	8461
1991	401036	54145	225118	12757	98755	10261
1992	470129	61127	271681	14629	110310	12382
1993	568801	70133	337052	16678	129131	15807
1994	738553	84780	464330	22340	150028	17075
1995	856648	112065	523754	22551	173966	24312
1996	1066333	124463	670721	27256	209728	34165
1997	1229252	154418	753374	34974	240126	46360
1998	1388027	150517	886208	35703	252965	62634
1999	1532952	159272	999902	35491	258572	79715
2000	1770387	175745	1181042	38543	282598	92459
2001	2051303	206502	1377529	45428	306587	115257
2002	2427593	274203	1627761	53056	335712	136861
2003	2693986	307350	1791484	58375	396107	140670
2004	3091148	366895	2048284	65970	452199	157800
2005	3751654	449415	2487484	76471	544085	194199
2006	4542846	519674	2922839	90544	733206	276583

8-4 一般公共预算收入
General Pubilic Budget Revenue

单位:万元　　(10 000 yuan)

类　　别	Category	2012	2013	2014	2015	2016
一般公共预算收入	**General Pubilic Budget Revenue**	**40594301**	**45599463**	**50268273**	**55293253**	**58601836**
一、税收收入	**Tax Revenue**	**30502010**	**35334906**	**39657605**	**42031178**	**42125903**
增值税	Value-added Tax	4381207	4895590	5969647	5949766	11297486
营业税	Business Tax	8966409	10683275	11359162	12523983	6504453
企业所得税	Enterprise Income Tax	4416434	4459540	4830098	4987224	5032373
个人所得税	Personal Income Tax	951065	1045930	1151842	1431225	1431522
资源税	Resource Tax	911081	926161	1195665	1038139	951845
城市维护建设税	Tax on City Maintenance and Construction	1988839	2178411	2313253	2437121	2508344
房产税	Tax on Real Estates	1008346	1117476	1224873	1338572	1433639
印花税	Stamp Tax	465851	528630	605607	594147	612587
城镇土地使用税	Holding tax on urban and county land	2116928	2291596	2646890	3587508	3937399
土地增值税	Land Value Added Tax	1452134	2059096	2577381	2595051	2931488
车船税	Tax on vehicles and Their Registration	358557	402576	466492	533083	609977
耕地占用税	Farmland Occupation Tax	1535923	2050687	2554205	2515193	2173007
契　税	Contract tax	1913660	2656012	2736676	2477596	2676271
烟叶税	Tobacco Leaf Tax	33627	39926	25814	22570	25512
二、非税收入	**Non-tax Revenue**	**10092291**	**10264557**	**10610668**	**13262075**	**16475933**
专项收入	Specific Revenue	1389037	1635835	1535181	3368805	3222448
行政事业性收费收入	Income from Administrative Fees	3052903	2841150	3022000	2967436	3282508
罚没收入	Penalty and Confiscatory Income	1238547	1255129	1214541	1238569	1561164
国有资本经营收入	Profits of State-owned Enterprises	1035667	586813	556949	541826	576102
国有资源(资产)有偿使用收入	Revenue of Compensable Use of State-owned Resources (Assets)	2869078	3435161	3819453	4694246	6632910
其他收入	Others	507059	510469	462544	451193	1200801

注:2016开始，增值税和营业税均系新口径数，与历史资料不可比。
Since 2016,Data of Value-added Tax and business Tax are based on new method,so they cannot compare with other data.

8-5 一般公共预算支出
General Pubilic Budget Expenditure

单位:万元 (10 000 yuan)

类 别	Category	2012	2013	2014	2015	2016
一般公共预算支出	**General Pubilic Budget Expenditure**	**59045188**	**66888000**	**71773136**	**82500113**	**87552136**
一般公共服务	General Public Service	7055140	7499609	7253340	7381081	7835601
公共安全	Public Security	3173784	3418333	3805743	4257478	5215162
教 育	Education	13118009	13996715	14610483	16906234	18259902
科学技术	Science and Technology	1249751	1491372	1470572	1590522	1670001
文化体育与传媒	Culture、Sports and Media	1142709	1275325	1277473	1372575	1374737
社会保障和就业	Social Security and Employment	5964793	6819826	7635304	9046399	9926608
医疗卫生与计划生育	Health and Family Planning	4229136	4858614	6056673	7014321	7901861
城乡社区事务	Urban and Rural Community Affairs	4680867	6184955	7779249	9205721	10124637
农林水事务	Farming、Forestry and Irrigation Affairs	6738161	7481384	7728411	9644150	9434420
交通运输	Transport	3229315	3711490	3991400	4606928	3728395

8-6 各市一般公共预算收入(2016年)
General Pubilic Budget Revenue by Region (2016)

单位:万元 (10 000 yuan)

地 区	Region	一般公共预算收入 General Pubilic Budget Revenue	税收收入 Tax Revenue	增值税 Value -added Tax	营业税 Business Tax	企 业 所得税 Enterprise Income Tax	个 人 所得税 Personal Income Tax	资源税 Resource Tax
全省总计	**Total**	**58601836**	**42125903**	**11297486**	**6504453**	**5032373**	**1431522**	**951845**
济 南 市	Jinan	6412167	4983833	1405610	884202	741432	281602	7648
青 岛 市	Qingdao	11000303	7613681	2115716	1026216	1241398	363837	2292
淄 博 市	Zibo	3453776	2385025	687864	304621	168839	71054	28376
枣 庄 市	Zaozhuang	1473995	977641	189354	129964	57852	26421	57415
东 营 市	Dongying	2218659	1474374	426412	281600	118389	54467	2224
烟 台 市	Yantai	5771130	4305963	1104936	577821	553900	145693	193120
潍 坊 市	Weifang	5215369	3979466	958305	543055	291664	84941	128298
济 宁 市	Jining	3915168	2635216	666258	448184	211046	62185	117802
泰 安 市	Tai'an	2067106	1453681	320118	219981	120525	49443	80553
威 海 市	Weihai	2604969	2089653	392320	378882	157709	49399	28519
日 照 市	Rizhao	1287300	932121	300453	134787	100524	23852	7763
莱 芜 市	Laiwu	530005	387468	127076	74406	34513	12691	4745
临 沂 市	Linyi	2939167	2381480	636815	539343	195697	64561	62627
德 州 市	Dezhou	1835081	1290234	316916	246781	114657	39249	6409
聊 城 市	Liaocheng	1874983	1266195	381026	188302	178214	37189	1693
滨 州 市	Binzhou	2200082	1589168	476110	213175	204079	37771	6820
菏 泽 市	Heze	1850447	1392278	403533	296334	134226	27167	40287

8-6 续表 1 continued

单位:万元 (10 000 yuan)

地 区	Region	城市维护建设税 Tax on City Maintenance and Construction	房产税 House Property Tax	城镇土地使用税 Holding tax on urban and county land	土地增值税 Land Value Added Tax	耕地占用税 Farmland Occupation Tax	契 税 Contract Tax	其他各项税收收入 Others
全省总计	**Total**	**2508344**	**1433639**	**3937399**	**2931488**	**2173007**	**2676271**	**1248076**
济南市	Jinan	334004	167927	240804	338652	39064	391171	151717
青岛市	Qingdao	503626	268332	402400	631865	210569	645958	201472
淄博市	Zibo	174008	73710	210096	220548	244666	135857	65386
枣庄市	Zaozhuang	92600	92190	199659	32798	31337	45218	22833
东营市	Dongying	118154	49319	269392	37358	11963	39358	65738
烟台市	Yantai	238855	130852	404604	343691	194747	294914	122830
潍坊市	Weifang	222972	112435	531371	498246	226544	266030	115605
济宁市	Jining	133523	79940	255067	137277	342167	114378	67389
泰安市	Tai'an	69702	38588	132681	114802	193629	77871	35788
威海市	Weihai	100067	150112	299597	181173	89554	206374	55947
日照市	Rizhao	56531	26296	93887	50496	30201	62881	44450
莱芜市	Laiwu	26409	16122	52217	11784	2905	10433	14167
临沂市	Linyi	130037	53958	201598	114155	161937	119830	100922
德州市	Dezhou	66727	42919	183769	74838	78856	78207	40906
聊城市	Liaocheng	66444	34666	107450	68752	102001	54467	45991
滨州市	Binzhou	102579	59561	221545	32805	124341	50798	59584
菏泽市	Heze	72106	36712	131262	42248	88526	82526	37351

8-6 续表 2 continued

单位:万元 (10 000 yuan)

地 区	Region	非税收入 Total Non-tax Revenue	专项收入 Special Program Receipts	行政事业性收费收入 Income from Administrative Fees	罚没收入 Penalty and Confiscatory Income	国有资本经营收入 Profits of State-owned Enterprises	国有资源(资产)有偿使用收入 Revenue of Compensable Use of State-owned Resources (Assets)	其他收入 Others
全省总计	**Total**	**16475933**	**3222448**	**3282508**	**1561164**	**576102**	**6632910**	**1200801**
济南市	Jinan	1428334	400027	327053	92957	-4148	481769	130676
青岛市	Qingdao	3386622	576925	537863	126162	59440	1865708	220524
淄博市	Zibo	1068751	220560	128656	85016	177729	357716	99074
枣庄市	Zaozhuang	496354	63333	43069	58633	129072	119695	82552
东营市	Dongying	744285	144804	88321	90131		314718	106311
烟台市	Yantai	1465167	278944	123647	99055	5817	920952	36752
潍坊市	Weifang	1235903	277743	190921	131218	3453	572639	59929
济宁市	Jining	1279952	202767	467197	87166	24	477702	45096
泰安市	Tai'an	613425	92919	163907	57608	2453	250008	46530
威海市	Weihai	515316	110667	130830	50061	95374	107078	21306
日照市	Rizhao	355179	70923	55529	37220	38728	129054	23725
莱芜市	Laiwu	142537	38734	22738	24290	94	33858	22823
临沂市	Linyi	557687	171255	172420	121277	2371	64495	25869
德州市	Dezhou	544847	91567	179213	90885	36	129720	53426
聊城市	Liaocheng	608788	127576	111126	56221	65779	207120	40966
滨州市	Binzhou	610914	112895	195015	122431		122513	58060
菏泽市	Heze	458169	111208	102392	129964	-120	99910	14815

8-7 各市一般公共预算支出(2016年)
General Pubilic Budget Expenditure by Region (2016)

单位:万元 (10 000 yuan)

地 区	Region	一般公共预算支出 General Public Budget Expenditure	一般公共服务 General Public Service	公共安全 Public Security	教 育 Education	科学技术 Science and Technology	文化体育与传媒 Culture、Sports and Media	社会保障和就业 Social Security and Employment	医疗卫生与计划生育 Health and Family Planning
全省总计	**Total**	**87552136**	**7835601**	**5215162**	**18259902**	**1670001**	**1374737**	**9926608**	**7901861**
济 南 市	Jinan	7412641	790888	507033	1308610	118638	123771	961056	646087
青 岛 市	Qingdao	13528516	1410360	858337	2530205	241427	181691	1337430	888730
淄 博 市	Zibo	4184326	421188	286057	938341	105312	79946	422172	416203
枣 庄 市	Zaozhuang	2469788	249908	130877	490993	16715	40070	290947	248107
东 营 市	Dongying	2681450	262668	145202	525599	29646	37462	243233	214382
烟 台 市	Yantai	6792598	592366	407431	1313358	233111	97775	809098	548356
潍 坊 市	Weifang	6376024	565136	341817	1651986	166100	88881	653422	604206
济 宁 市	Jining	5556446	524005	287352	1249685	76727	113209	589276	609971
泰 安 市	Tai'an	3305875	272940	163434	663763	34546	46366	502870	381203
威 海 市	Weihai	3386024	290093	173882	751238	127987	63129	357232	244896
日 照 市	Rizhao	2050777	172347	116505	449436	25252	25594	236318	227561
莱 芜 市	Laiwu	865777	70117	48892	204826	20760	9861	109993	100540
临 沂 市	Linyi	5743259	487868	282848	1340715	72525	100228	811350	690572
德 州 市	Dezhou	3309202	290954	217976	651703	59565	39390	439393	386462
聊 城 市	Liaocheng	3578102	384614	174715	686525	13185	51282	404127	405917
滨 州 市	Binzhou	3205406	231004	158564	617857	62596	48090	416119	319538
菏 泽 市	Heze	4284032	391861	168627	923903	29715	49693	737808	653350

8-7 续表 continued

单位:万元 (10 000 yuan)

地 区	Region	节能环保 Energy-saving and Environment Protection	城乡社区事务 Urban and Rural Community Affairs	农林水事务 Farming、Forestry and Irrigation Affairs	交通运输 Transport	资源勘探信息等事务 Exploration and Information Affairs	商业服务业等事务 Commerce and Services Affairs	金融监管等事务支出 Financial Supervision Affairs	国土海洋气象等事务 Land and Weather Affairs	住房保障支出 Housing Security Affairs
全省总计	**Total**	**2392799**	**10124637**	**9434420**	**3728395**	**2390540**	**1137869**	**431700**	**1073912**	**2487427**
济 南 市	Jinan	264260	1256922	462220	177824	180703	215177	21216	123771	141179
青 岛 市	Qingdao	213621	2958347	859861	533458	465651	176947	47280	144448	328808
淄 博 市	Zibo	208376	406382	335035	115633	167640	43767	8778	26533	108433
枣 庄 市	Zaozhuang	68394	171275	283654	112977	235223	15466	2153	14706	60929
东 营 市	Dongying	64868	385264	287216	106322	71714	51356	2483	64970	38053
烟 台 市	Yantai	145502	890075	878573	205298	182533	81819	3111	95563	99002
潍 坊 市	Weifang	224858	682782	674781	212486	192227	62416	21951	51263	63070
济 宁 市	Jining	150460	726891	597628	192803	140116	45835	590	53719	113874
泰 安 市	Tai'an	75302	296823	442486	95660	96515	40652	958	34331	70820
威 海 市	Weihai	110288	318913	495283	128777	47992	50173	3108	63671	98419
日 照 市	Rizhao	62721	184097	236824	96508	35196	21137	7418	42003	64547
莱 芜 市	Laiwu	18568	44056	102508	23475	29528	9503	28053	10886	7860
临 沂 市	Linyi	144724	428472	632081	181070	79258	102515	5205	74475	198442
德 州 市	Dezhou	100968	275782	434286	81430	48485	41115	37734	26730	83962
聊 城 市	Liaocheng	318731	299606	419779	95529	115157	29534	21172	28177	73310
滨 州 市	Binzhou	73473	429952	420832	140470	58397	19228	553	32381	111412
菏 泽 市	Heze	75650	284562	526128	133861	51831	26316	6479	38600	137615

8-8 主要年份金融机构人民币存款余额
RMB Deposits of Financial Institutions in Major Years

单位:亿元 (100 million yuan)

年 份 Year	存款余额 Deposits	住户存款 Household Deposits	非金融企业存款 Non-financial Corporate Deposits	广义政府存款 General Government Deposits	非银行业金融机构存款 Non-bank Financial Intermediary Deposits
1952	2.8				
1955	6.7				
1957	6.7				
1962	14.8				
1965	17.4				
1970	54.0				
1975	72.2				
1976	76.5				
1977	78.2				
1978	90.0				
1979	65.6				
1980	87.9				
1981	113.6				
1982	123.1				
1983	155.5				
1984	233.3				
1985	278.8				
1986	351.6				
1987	470.2				
1988	591.3				
1989	724.7				
1990	934.1				
1991	1163.6				
1992	1448.3				
1993	1816.6				
1994	2522.5				
1995	3424.4				
1996	4293.8				
1997	4969.8				
1998	5755.5				
1999	6563.0				
2000	7471.2				
2001	8501.7				
2002	10247.8				
2003	12438.2				
2004	14514.3				
2005	17103.5				
2006	19634.0				
2007	22072.2				
2008	26930.2				
2009	34697.8				
2010	41105.0				
2011	46345.4				
2012	54301.5				
2013	62077.9				
2014	67498.3				
2015	74524.2	37320.0	22717.8	11470.9	2870.2
2016	83414.9	41350.9	26654.7	12672.0	2639.7

8-9 主要年份金融机构人民币贷款余额
RMB Loans of Financial Institutions in Major Years

单位:亿元 (100 million yuan)

年 份 Year	贷款余额 Loans	住户贷款 Househould Loans	非金融企业及机关团体贷款 Non-financial Corporate and Institution Loans	短期贷款 Short-term Loans	中长期贷款 Medium and Long-term Loans	非银行业金融机构贷款 Non-bank Financial Intermediary Loans
1952	1.6					
1955	14.0					
1957	16.9					
1962	41.5					
1965	39.0					
1970	66.9					
1975	91.8					
1976	102.9					
1977	120.9					
1978	133.7					
1979	124.9					
1980	180.2					
1981	206.4					
1982	235.4					
1983	265.0					
1984	366.7					
1985	446.5					
1986	554.9					
1987	667.8					
1988	803.1					
1989	941.3					
1990	1166.8					
1991	1428.0					
1992	1720.6					
1993	2079.1					
1994	2520.4					
1995	3128.9					
1996	3680.2					
1997	4456.7					
1998	5106.8					
1999	5679.9					
2000	6209.0					
2001	7017.7					
2002	8536.6					
2003	10467.1					
2004	11782.8					
2005	13381.7					
2006	15709.6					
2007	17545.1					
2008	20053.9					
2009	25961.3					
2010	30722.6					
2011	35179.0					
2012	40021.5					
2013	44761.3					
2014	50058.6					
2015	55437.0	13980.4	41328.7	22592.3	15814.0	2.1
2016	61726.9	16496.6	45096.4	22982.4	18282.5	7.1

8-10 金融机构本外币信贷收支情况(2016年)
RMB and Foreign Currencies Credit Funds Balance Sheet of Financial Institution (2016)

单位:亿元 (100 million yuan)

类　　别	Category	2016年末余额 2016 Year-end	比年初增减额 Increase/ Decrease from Year Beginning
各项存款	**Deposits in Various Forms**	**85683.5**	**8885.0**
境内存款	Domestic Deposits	85192.8	9083.6
住户存款	Household Deposits	41754.9	4159.2
活期存款	Demand Deposits	12631.4	1784.3
定期及其他存款	Fixed and Other Deposits	29123.6	2374.8
非金融企业存款	Non-financial Corporate Deposits	28060.4	3967.7
活期存款	Demand Deposits	11967.4	2821.3
定期及其他存款	Fixed and Other Deposits	16093.0	1146.4
广义政府存款	General Government Deposits	12679.2	1189.4
财政性存款	Fiscal Deposits	1013.2	92.2
机关团体存款	Non-profit Institution Deposits	11666.1	1097.2
非银行业金融机构存款	Non-bank Financial Intermediary Deposits	2698.2	-232.6
境外存款	Overseas Deposits	490.7	-198.6
各项贷款	**Loans in Various Forms**	**65243.5**	**6180.3**
境内贷款	Domestic Loans	63162.1	5830.9
住户贷款	Household Loans	16497.6	2516.2
短期贷款	Short-term Loans	4019.8	-163.4
消费贷款	Consumption Loans	974.8	13.7
经营贷款	Business Loans	3045.1	-177.0
中长期贷款	Medium and Long-term Loans	12477.8	2679.5
消费贷款	Consumption Loans	11253.4	2642.2
经营贷款	Business Loans	1224.3	37.4
非金融企业及机关团体贷款	Non-financial Corporate and Institution Loans	46657.3	3309.8
短期贷款	Short-term Loans	24015.7	-40.2
中长期贷款	Medium and Long-term Loans	18794.4	2470.6
票据融资	Bill Financing	3576.5	829.0
各项垫款	Advances	157.8	-38.2
非银行业金融机构贷款	Non-bank Financial Intermediary Loans	7.1	5.0
境外贷款	Overseas Loans	2081.5	349.3

8-11 金融机构人民币信贷收支情况(2016年)
RMB Credit Funds Balance Sheet of Financial Institution (2016)

单位:亿元 (100 million yuan)

类 别	Category	2016年末余额 2016 Year-end	比年初增减额 Increase/ Decrease from Year Beginning
各项存款	**Deposits in Various Forms**	**83414.9**	**8887.7**
境内存款	Domestic Deposits	83317.3	8935.4
住户存款	Household Deposits	41350.9	4030.9
活期存款	Demand Deposits	12402.1	1713.1
定期及其他存款	Fixed and Other Deposits	28948.8	2317.8
非金融企业存款	Non-financial Corporate Deposits	26654.7	3952.4
活期存款	Demand Deposits	11314.7	2703.9
定期及其他存款	Fixed and Other Deposits	15340.1	1248.5
广义政府存款	General Government Deposits	12672.0	1185.9
财政性存款	Fiscal Deposits	1013.2	92.2
机关团体存款	Non-profit Institution Deposits	11658.8	1093.7
非银行业金融机构存款	Non-bank Financial Intermediary Deposits	2639.7	-233.8
境外存款	Overseas Deposits	97.6	-47.6
各项贷款	**Loans in Various Forms**	**61726.9**	**6289.9**
境内贷款	Domestic Loans	61600.2	6288.9
住户贷款	Household Loans	16496.6	2516.2
短期贷款	Short-term Loans	4018.9	-163.3
消费贷款	Consumption Loans	973.8	13.7
经营贷款	Business Loans	3045.1	-177.0
中长期贷款	Medium and Long-term Loans	12477.7	2679.5
消费贷款	Consumption Loans	11253.4	2642.2
经营贷款	Business Loans	1224.3	37.4
非金融企业及机关团体贷款	Non-financial Corporate and Institution Loans	45096.4	3767.7
短期贷款	Short-term Loans	22982.4	347.9
中长期贷款	Medium and Long-term Loans	18282.5	2510.7
票据融资	Bill Financing	3576.4	828.9
各项垫款	Advances	142.2	-8.5
非银行业金融机构贷款	Non-bank Financial Intermediary Loans	7.1	5.0
境外贷款	Overseas Loans	126.7	0.9

8-12 金融机构分行业本外币贷款情况(2016年)
Loans of RMB and Foreign Currencies of Financial institutions by sector (2016)

单位:亿元 (100 million yuan)

行业	Sector	2016年末余额 2016 Year-end	比年初增减额 Increase/Decrease from Year Beginning
贷款总计	**Total**	**61685.1**	**5357.2**
农、林、牧、渔业	Agriculture,Forestry,Animal Husbandry and Fishing	625.7	17.1
采矿业	Mining	1641.9	80.1
制造业	Manufacturing	16969.1	-14.0
电力、燃气及水的生产和供应业	Production and Supply of Electric Power and Heat Power	2302.9	231.0
建筑业	Construction	2245.9	256.8
批发和零售业	Wholesale and Retail Trade	5894.2	110.8
交通运输、仓储和邮政业	Traffic,Transport,Storage and Post	2977.8	202.2
住宿和餐饮业	Hotels and Catering Services	293.8	14.7
信息传输、软件和信息技术服务业	Information Transfer, Software and Information Technology Services	110.0	26.0
金融业	Financial Intermediation	425.7	36.2
房地产业	Real Estate	2380.8	13.6
租赁和商务服务业	Leasing and Business Services	3143.7	522.2
科学研究和技术服务业	Scientific Research and Technical Service	76.8	3.1
水利、环境和公共设施管理业	Management of Water Conservancy,Environment and Public Facilities	3217.5	938.1
居民服务、修理和其他服务业	Households Services, Repair and Other Services	99.6	2.8
教　育	Education	222.7	40.4
卫生和社会工作	Health and Social Work	257.9	19.9
文化、体育和娱乐业	Culture,Sports and Entertainment	172.6	1.2
公共管理、社会保障和社会组织	Public management,Social Security and Social Organization	47.5	-10.7
国际组织	International Organization		

8-13 各市金融机构本外币存贷款余额(2016年)
RMB and Foreign Currencies Deposits and Loans of Financial Institutions by Region(2016)

单位:亿元 (100 million yuan)

地区	Region	各项存款 Total Deposits		#住户存款 Household Deposits		各项贷款 Total Loans	
		余额 Year-end	比年初增减 Increase/Decrease from Year Beginning	余额 Year-end	比年初增减 Increase/Decrease from Year Beginning	余额 Year-end	比年初增减 Increase/Decrease from Year Beginning
全省总计	**Total**	**85683.5**	**8885.0**	**41754.9**	**4159.2**	**65243.5**	**6180.3**
济南市	Jinan	15537.4	1362.7	4344.8	353.0	13096.1	1739.4
青岛市	Qingdao	14673.8	1518.1	5460.2	347.1	12955.3	1378.5
淄博市	Zibo	4204.4	392.5	2498.8	226.5	2871.7	210.5
枣庄市	Zaozhuang	1672.7	235.9	1104.5	122.0	1100.3	19.2
东营市	Dongying	3986.7	303.2	1478.6	149.0	3507.5	476.3
烟台市	Yantai	7580.1	550.2	4026.8	319.5	4736.7	266.3
潍坊市	Weifang	7094.8	877.2	4025.1	418.4	4906.0	145.5
济宁市	Jining	4612.1	513.8	2803.9	342.6	2879.3	155.5
泰安市	Tai'an	3075.7	354.9	1958.6	217.3	1938.6	131.9
威海市	Weihai	3112.8	322.4	1691.6	156.3	1902.4	60.2
日照市	Rizhao	2080.6	209.3	1114.3	143.2	2274.2	114.9
莱芜市	Laiwu	914.0	79.9	541.8	49.9	672.2	32.9
临沂市	Linyi	5333.7	571.5	3322.6	367.1	3960.6	561.0
德州市	Dezhou	2868.6	384.4	1943.3	210.1	1659.8	109.0
聊城市	Liaocheng	3032.5	440.2	1936.0	281.9	2130.4	258.1
滨州市	Binzhou	2697.9	319.6	1287.4	163.0	2394.3	298.8
菏泽市	Heze	3024.7	474.2	2216.6	304.4	1805.1	169.6

8-14 1997-2016年保险费收入和赔款给付

Premium and Payment of Insurance Companies 1997 to 2016

年 份 Year	保险费收入 (万元) Premium (10 000 yuan)	赔款及给付支出 (万元) Settled Claim and Payment (10 000 yuan)	简单赔付率 (%) Simple Payment Rate (%)
1997	785298	317889	40.5
1998	837500	294648	35.2
1999	956496	365490	38.2
2000	1110622	402204	36.2
2001	1533204	409588	26.7
2002	2238236	456801	20.4
2003	2835306	561804	19.8
2004	3171584	656966	20.7
2005	3408050	766254	22.5
2006	3962203	1209078	30.5
2007	5017177	1717385	34.2
2008	6739812	1983902	29.4
2009	7928870	2283924	28.8
2010	10300687	2286398	22.2
2011	10360352	2712276	26.2
2012	11280360	3245582	28.8
2013	12804211	4416570	34.5
2014	14549297	5189703	35.7
2015	17876030	6221728	34.8
2016	23021888	7868526	34.2

8-15 人身保险公司主要业务指标(2016年)

Major Business Indicators of Life Insurance Companies (2016)

单位:万元 (10 000 yuan)

类 别	Category	保费收入 Premium Income	赔款支出 Indemnity Expenditure	年金给付 Total Annuity Payment	满期给付 Total Mature Payment	死伤医疗给付 Payment for Death,Injury and Medical Treatment
总 计	**Total**	**16392070**	**598651**	**641387**	**2724099**	**368391**
一、人寿保险	**Life Insurance**	**13351429**		**641387**	**2721786**	**163544**
(一)非分红产品	Non-dividend Insurance	7206958		384201	116677	83647
定期寿险	Time Insurance	60238			22	12933
两全寿险	Endowment Insurance	1377950		68454	89305	23589
终身寿险	WLL	478465			2508	35084
年 金	Total Annuity Payment	5290306		315747	24841	12041
(二)分红产品	Dividend Insurance	6063026		257186	2593925	66846
定期寿险	Time Insurance					
两全寿险	Endowment Insurance	3726839		79186	2585441	46512
终身寿险	WLL	799533			12	12459
年 金	Total Annuity Payment	1536654		177999	8471	7875
(三)投资连接产品	Investment Link Insurance	1473			3831	151
(四)万能产品	Universal Life Insurance	79972			7354	12901
二、意外伤害保险	**Accident Injury Insurance**	**341611**	**71990**			
一年期以内	Within-One-year Period Business	22756	2224			
一年期以上	One-year Period Business	318855	69766			
三、健康保险	**Health Insurance**	**2699029**	**526661**		**2313**	**204846**
一年期(及一年期以内)	Within-One-year Period Business	635110	526661			
一年期以上	One-year Period Business	2063919			2313	204846

8-16 财产保险公司主要业务指标(2016年)
Major Business Indicators of Insurance Companies(2016)

单位:万元 (10 000 yuan)

类 别	Category	保费收入 Premium	赔款支出 Payment
总 计	**Total**	8207750	5113930
机动车辆及第三者责任险	Motor Vehicle and Third Party Liability	6753025	4249592
企财险	Enterprise Property insurance	228066	170818
家财险	Family Property Insurance	27527	7931
工程险	Project Insurance	35835	19304
责任险	Liability Insurance	214269	103212
信用险	Credit Insurance	147487	60356
保证保险	Guarantee Insurance	138369	60217
船舶险	Ship Insurance	19214	15355
货运险	Freight Transport Insurance	49220	30646
特殊风险保险	Peculiar Risk Insurance	22870	6185
农业保险	Agriculture Insurance	199226	104480
健康险	Health Insurance	265450	242371
意外伤害险	Accident Injury Insurance	101466	39332
其 他	Other Property Insurance	5727	4131

8-17 各市保险业务情况(2016年)
Basic Statistics on Insurance by Region (2016)

单位:亿元 (100 million yuan)

地 区	Region	保费收入 Premium	财产险公司 Property Insurance	人寿险公司 Life Insurance	赔款与给付 Claim and Payment	财产险公司 Property Insurance	人寿险公司 Life Insurance
全省总计	**Total**	**2300.4**	**661.2**	**1639.2**	**785.1**	**351.8**	**433.3**
济 南 市	Jinan	347.5	71.0	276.5	78.7	34.1	44.6
青 岛 市	Qingdao	335.9	108.4	227.5	113.7	55.2	58.5
淄 博 市	Zibo	125.9	34.0	91.9	40.5	15.7	24.8
枣 庄 市	Zaozhuang	61.3	14.1	47.2	21.1	7.6	13.4
东 营 市	Dongying	76.3	27.4	48.9	29.3	14.6	14.7
烟 台 市	Yantai	206.5	58.6	147.9	72.1	33.5	38.6
潍 坊 市	Weifang	185.1	58.7	126.4	63.5	30.8	32.7
济 宁 市	Jining	154.9	47.3	107.6	58.9	26.6	32.3
泰 安 市	Tai'an	96.1	21.1	75.0	36.0	9.9	26.1
威 海 市	Weihai	87.1	23.4	63.7	35.6	13.7	21.9
日 照 市	Rizhao	52.7	19.9	32.8	20.5	11.1	9.4
莱 芜 市	Laiwu	23.8	5.7	18.1	8.2	3.1	5.1
临 沂 市	Linyi	188.3	65.3	123.1	67.7	37.4	30.3
德 州 市	Dezhou	91.4	26.2	65.2	35.1	13.9	21.2
聊 城 市	Liaocheng	84.5	30.5	54.0	33.7	16.7	16.9
滨 州 市	Binzhou	85.0	26.8	58.2	29.6	16.1	13.5
菏 泽 市	Heze	98.2	22.8	75.5	41.1	11.8	29.3

8-18 山东辖区(不含青岛)证券市场基本情况

Basic Stituation of Securities Markets Under Shandong Province(Excluding Qingdao)

项目		Item		2015	2016
上市公司数	(家)	Number of Listed Companies	(unit)	142	148
#发行A股公司数	(家)	A Shares	(unit)	140	147
发行B股公司数	(家)	B Shares	(unit)	5	4
A、B股均发行公司数	(家)	Number of Listed Companies (A Shares and B Shares)	(unit)	3	3
境外发行公司数	(家)	Number of Overseas-listed companies	(unit)	6	6
境内、外均发行公司数	(家)	Companies Listed Overseas and Domestic	(unit)	6	6
ST公司数	(家)	Number of ST Listed Companies	(unit)		
*ST公司数	(家)	*ST Listed Companies	(unit)	1	5
证券公司数	(家)	No.of Securities Companies	(unit)	1	1
证券公司分公司数	(家)	No.of Branches of Securities Companies	(unit)	41	55
证券公司营业部数	(家)	No.of Securities Business Department	(unit)	327	386
期货公司数	(家)	No.of Futures Broker Companies	(unit)	3	3
期货公司分公司数	(家)	No.of Branches of Futures Broker Companies	(unit)		2
期货公司营业部数	(家)	No.of Trading Offices of Futures Broker Companies	(unit)	68	73
证券投资咨询机构数	(家)	No.of Securities Investment Consultative Institutions	(unit)	6	6
证券投资者资金开户数	(万户)	No.of Opening Account of Securities Investors	(10 000 households)	725.5	844.2
上市公司当年境内募集资金总额	(亿元)	Total Domestic Capital Volume Collected by Listed Companies	(100 million yuan)	511.9	566.4
首次公开发行	(亿元)	IPO	(100 million yuan)	18.27	129.56
配股	(亿元)	Share Right Issued	(100 million yuan)		4.85
增发	(亿元)	Adding the Share Issue	(100 million yuan)	465.6	357.0
可转债	(亿元)	Transferable Loans	(100 million yuan)		
公司债	(亿元)	Corporate Bond	(100 million yuan)	28.0	75.0
市价总值	(亿元)	Total Market Value	(100 million yuan)	15758.6	16271.9
证券营业部代理证券交易额	(亿元)	Trading Volume of Securities Business Department	(100 million yuan)	161965.7	102326.7
期货公司代理交易额	(亿元)	Trading Volume of Agency by Futures Managerial Institutions	(100 million yuan)	162914.7	55385.3
全国中小企业股份转让系统挂牌公司	(家)	Listed Company on National SME Share Transfer System	(unit)	283	467
交易所公司债券发行金额	(亿元)	Issued Volume of Corporate Bonds Listed on the Exchange	(100 million yuan)	617.9	1515.9

注：证券营业部、期货公司营业数为已开业家数。
a)The number of securities business department(trading offices of futures broker companies) refers to those that has been opened.

8-19 山东省证券市场基本情况
Basic Stituation of Securities Markets of Shandong Province

项　　目		Item		2015	2016
上市公司数	(家)	Number of Listed Companies	(unit)	162	173
#发行A股公司数	(家)	A Shares	(unit)	160	171
发行B股公司数	(家)	B Shares	(unit)	5	5
A、B股均发行公司数	(家)	Number of Listed Companies (A Shares and B Shares)	(unit)	3	3
境外发行公司数	(家)	Number of Overseas-listed companies	(unit)	7	7
境内、外均发行公司数	(家)	Companies Listed Overseas and Domestic	(unit)	7	7
ST公司数	(家)	Number of ST Listed Companies	(unit)		
*ST公司数	(家)	*ST Listed Companies	(unit)	1	5
证券公司数	(家)	No.of Securities Companies	(unit)	2	2
证券公司分公司数	(家)	No.of Branches of Securities Companies	(unit)	51	70
证券公司营业部数	(家)	No.of Securities Business Department	(unit)	426	491
期货公司数	(家)	No.of Futures Broker Companies	(unit)	3	3
期货公司分公司数	(家)	No.of Branches of Futures Broker Companies	(unit)		4
期货公司营业部数	(家)	No.of Trading Offices of Futures Broker Companies	(unit)	103	105
证券投资咨询机构数	(家)	No.of Securities Investment Consultative Institutions	(unit)	7	7
证券投资者资金开户数	(万户)	No.of Opening Account of Securities Investors	(10 000 households)	1007.9	1072.3
上市公司当年境内募集资金总额	(亿元)	Total Domestic Capital Volume Collected by Listed Companies	(100 million yuan)	544.2	728.5
首次公开发行	(亿元)	IPO	(100 million yuan)	21.77	151.13
配股	(亿元)	Share Right Issued	(100 million yuan)		4.85
增发	(亿元)	Adding the Share Issue	(100 million yuan)	487.4	482.6
可转债	(亿元)	Transferable Loans	(100 million yuan)		
公司债	(亿元)	Corporate Bond	(100 million yuan)	35.0	90.0
市价总值	(亿元)	Total Market Value	(100 million yuan)	18983.9	19422.4
证券营业部代理证券交易额	(亿元)	Trading Volume of Securities Business Department	(100 million yuan)	231359.8	136781.9
期货公司代理交易额	(亿元)	Trading Volume of Agency by Futures Managerial Institutions	(100 million yuan)	162914.7	55385.3
全国中小企业股份转让系统挂牌公司	(家)	Listed Company on National SME Share Transfer System	(unit)	340	570
交易所公司债券发行金额	(亿元)	Issued Volume of Corporate Bonds Listed on the Exchange	(100 million yuan)	634.9	1625.6

注：证券营业部、期货公司营业数为已开业家数。

a)The number of securities business department(trading offices of futures broker companies) refers to those that has been opened.

主要统计指标解释

财政收入 指国家财政参与社会产品分配所取得的收入，是实现国家职能的财力保证。财政收入所包括的内容几经变化，目前主要包括：

（1）税收收入：包括增值税、营业税、企业所得税、个人所得税、资源税、固定资产投资方向调节税、城市维护建设税、房产税、印花税、城镇土地使用税、土地增值税、车船税、耕地占用税、契税、烟叶税、其他税收收入。

（2）非税收入：包括专项收入、行政事业性收费收入、罚没收入、国有资本经营收入、国有资源(资产)有偿使用收入、其他收入。

财政支出 国家财政将筹集起来的资金进行分配使用，以满足经济建设和各项事业的需要，主要包括：

（1）一般公共服务支出：反映政府提供一般公共服务的支出。

（2）公共安全：反映政府维护社会公共安全方面的支出，有关事务包括武装警察、公安、国家安全、检察、法院、司法行政、监狱、劳教、国家保密、缉私警察等。

（3）教育支出：反映政府教育事务支出。有关具体教育事务包括教育行政管理、学前教育、小学教育、初中教育、普通高中教育、普通高等教育、初等职业教育、中专教育、技校教育、职业高中教育、高等职业教育、广播电视教育、留学生教育、特殊教育、干部继续教育、教育机关服务等。

（4）科学技术：反映政府用于科学技术方面的支出。

（5）文化体育与传媒：反映政府在文化、文物、体育、广播电视、新闻出版等方面的支出。

（6）社会保障和就业：反映政府在社会保障与就业方面的支出。有关事项包括社会保障与就业管理事务、民政管理事务、财政对社会保险基金的补助、补充全国社会保障基金、行政事业单位离退休、企业改革补助、就业补助、抚恤、退役安置、社会福利、残疾人事业、城市居民最低生活保障、其他城镇社会救济、农村社会救济、自然灾害生活补助、红十字事务等。

（7）医疗卫生支出：反映政府医疗卫生方面的支出。具体包括医疗卫生管理事务支出、医疗服务支出、医疗保障支出、疾病预防控制支出、卫生监督支出、妇幼保健支出、农村卫生支出等。

（8）城乡社区事务：反映政府城乡社区事务支出。具体包括：城乡社区管理事务支出、城乡社区规划与管理支出、城乡社区公共设施支出、城乡社区住宅支出、城乡社区环境卫生支出、建设市场管理与监督支出等

（9）农林水事务：反映政府农林水事务方面的支出。具体包括农业、林业、水利、扶贫支出、农业综合开发支出等。

存　款 指企业、机关、团体或居民根据资金必须收回的原则，把货币资金存入银行或其他信贷机构保管并取得一定利息的一种信用活动形式。根据存款对象或性质的不同可划分为企业存款、财政存款、机关团体存款、基本建设存款、储蓄存款、农村存款、委托存款、其他存款等科目。它是银行信贷资金的主要来源。

贷　款 指银行或其他信贷机构根据资金必须归还的原则，按一定利率，为企业、个人等提供资金的一种信用活动形式。我国银行贷款分为短期贷款、中期流动资金贷款、中长期贷款、信托贷款、融资租赁、委托贷款、票据融资、各项垫款等。

保险公司 在中国境内的、经过保险监督管理部门批准设立，并依法登记注册的各类商业保险公司。

保险金额 指保险人承担赔偿或者给付保险金责任的最高限额。

保　费 指投保人为取得保险人在约定范围内所承担赔偿责任而支付给保险人的费用。

赔　款 指保险人根据保险合同的规定，向被保险人支付的赔偿保险责任损失的金额。

给　付 包括死伤医疗给付和满期给付。死伤医疗给付是指保险人根据人寿保险及长期健康保险合同的规定，因被保险人在保险期内发生保险责任范围内的保险事故支付给被保险人(或受益人)的金额。满期给付是指被保险人生存期满，保险人按人寿保险合同规定支付给被保险人的满期保险金额。

Explanatory Notes on Main Statistical Indicators

Government Revenue refers to the revenue of the government finance by means of participating in the distribution of the social products, which is the financial resources for ensuring the government to function. The contents of government revenue have been changed several times. Now it includes the following main items:

(1) Various tax revenues including value added tax, business tax, enterprise income tax, personal income tax, resources tax, fixed assets investment direction regulating tax, tax on city maintenance and construction, real estate tax, stamp tax, tax on use of urban land, land value added tax, vehicle and vessel tax, tax on occupancy of cultivated land, property tax, tobacco leaf tax, and other tax revenues.

(2) Non-tax Revenues including special revenues, revenues from Administrative and institutional fees, penalty and confiscatory revenues , revenues from state-owned capital operationg,revenues from paid use of state-owned resources, and other revenues .

Government Expenditure refers to the distribution and use of the funds the government finance has raised, so as to meet the needs of economic construction and various causes. It includes the following main items:

(1) Expenditure for general public services: It reflects the expenditure from the government for general public services.

(2) Expenditure on public security: It reflects the expenditure from the government towards safeguarding the public security, including the related affairs of armed police, public security, state security, procuratorial administration,law court, judicial administration, jail , reeducation through labor, state confidentiality, anti-smuggling Patrol,etc.

(3) Expenditure on education: It reflects the expenditure from the government on education, including the related affairs of educational administration management, preschool education, primary education, junior secondary educate, regular senior secondary educate, regular higher education, primary vocational education, specialized secondary educate, technical educate, vocational senior secondary educate, vocational higher education, radio and television education, foreign student educate, special education, cadre continuing education, education institution services,etc.

(4) Expenditure on science and technology: It reflects the expenditure from the government on science and technology.

(5) Expenditure on culture, sport and media: It reflects the expenditure from the government on culture, cultural relics, sport, radio and television, publication, etc.

(6)Expenditure on social security and employment:It reflects the expenditure from the government on social security and employment, including the related affairs of management of social security and employment, civil administration, subsidies to social insurance funds, supplement to national social security funds, retirees of government agencies and institutions, subsidies to enterprises reform, subsidies to employment, pension, settling down demobilized servicemen,social security, disabled person administration, minimum living allowance in urban area, other social relief in urban area, social relief in rural area, subsidies to natural disaster, Red Cross business,etc.

(7)Expenditure on health care: It reflects the expenditure from the government on health care, including expenditure on management of health care, medical services, medical security, disease control and prevention, public health supervision, rural health care,etc.

(8) Expenditure on urban and rural community affairs: It reflects the expenditure from the government on urban and rural community affairs, including expenditure on management of urban and rural community affairs, plan and management of urban and rural community, public utility of urban and rural community, residential buildings of urban and rural community, environmental sanitation of urban and rural community, management and supervision of markets construction, etc.

(9) Expenditure on agriculture, forest and irrigation: It reflects the expenditure from the government on agriculture, forest and irrigation, including expenditure on agriculture, forest, irrigation, poverty alleviation, comprehensive development of agriculture, etc.

Deposit is a form of credit by which enterprises, institutions, organizations or households can put money into banks and other credit institutions for safekeeping and interest earning under the principle of free withdrawal. According to different depositors, deposits are divided into enterprise deposits, treasury deposits, deposits of government agencies and organizations, capital construction deposits, savings deposits, rural saving deposits, entrusted deposits and other deposits. Deposits are major sources of the credit funds of banks.

Loan is a form of credit by which banks and other credit institutions provide funds at certain interest rate to enterprises and individuals in the light of the principle of unconditional repayment. Loans from Chinese banks include circulating capital loans, fixed assets loans, loans to urban and rural individuals engaged in industrial and commercial business and agricultural loans.

Insurance Companies refers to commercial insurance companies of various forms registered by law and established in China with the approval of insurance regulatory agencies.

Amount Insured refers to the maximum that the insurant will get for the claim of the case insured.

Premium is the fee paid by the insurant to the insurer to obtain the obligation of compensation from the insurance within the agreed terms.

Settled Claim is the compensation paid by the insurer to the insurant in accordance with the insurance contract.

Payment includes payment for death, injury or medical treatment and mature payment. Payment for death, injury or medical treatment refers to the money paid to the insurant (or the beneficiary) in accordance with the life or health insurance contract when the insurant encounters accidents within the insured period covered in the contract. Mature payment refers to the mature payment to the insurant in accordance with the life insurance contract at the end of the insured period.

第9篇

价格指数

Price Indices

简 要 说 明

一、本篇资料的主要内容

本篇资料反映了全省生产、投资、流通、消费等环节价格变动状况，主要包括居民消费、商品零售、生产资料、工业品出厂、原材料燃料动力购进、固定资产投资、房地产等价格指数。

二、本篇资料的来源

1.居民消费、商品零售和农业生产资料价格指数来源于消费价格统计调查年报，由国家统计局山东调查总队消费价格调查处整理提供。

2.工业生产者出厂、工业生产者购进、固定资产投资、住宅销售等价格指数来源于生产价格统计调查年报，由国家统计局山东调查总队生产投资价格调查处整理提供。

3.农产品生产者价格指数来源于农产品生产者价格调查年报，由国家统计局山东调查总队住户专项调查处整理提供。

Brief Introduction

I. Main Content

Data on the price indices in this chapter show the changing trend in production, investment, circulation and consumption, including mainly consumer price indices of residents, retail price indices, price indices of means of production, production price indices of industrial products, purchasing price indices of raw materials, fuels and power, price indices of investment in fixed assets and real estate price indices.

II. Source of Data

(1) Data on consumer price indices of residents, retail price indices and price indices of agricultural means of production are based on yearly report on consumer price and are provided by the Division of Consumer Price Survey of the National Bureau of Statistics in Shandong.

(2) Data on producer price indices of industrial products, industrial producer purchasing price indices, price indices of investment in fixed assets and real estate price indices are based on yearly report on production price and are provided by the Division of Production and Investment Price Survey of the National Bureau of Statistics in Shandong.

(3)Data on producer price index of agricultural products are based on yearly report on producer price of agricultural products and provided by the Division of Countryside Statistics of Shandong Provincial Bureau of Statistics.

9-1 居民消费价格指数
Consumer Price Indices

(上年=100)

类 别	Category	2011	2012	2013	2014	2015	2016
居民消费价格指数	**Consumer Price Index**	**105.0**	**102.1**	**102.2**	**101.9**	**101.2**	**102.1**
城 市	Urban Areas	104.7	102.1	102.1	102.1	101.4	102.2
农 村	Rural Areas	105.9	102.0	102.5	101.5	100.9	101.8
服务项目价格指数	**Services Price Index**	**103.5**	**102.1**	**101.8**	**102.8**	**101.6**	**102.0**
消费品价格指数	**Consumer Goods Price Index**	**105.6**	**102.1**	**102.4**	**101.6**	**101.1**	**102.1**
食 品	Food	111.3	103.5	104.8	102.6	101.2	103.8
粮 食	Grain	108.7	102.5	107.3	104.2	101.7	99.7
油 脂	Oil or Fat	113.2	107.5	102.6	94.9	98.4	99.8
肉禽及其制品	Meal, Poultry and Their Products	122.9	101.6	103.2	98.9	104.1	
蛋	Eggs	114.7	95.9	102.2	114.2	90.4	96.3
水产品	Aquatic Products	114.4	108.8	103.4	104.0	101.8	104.0
鲜 菜	Fresh Vegetables	101.2	112.9	109.3	92.3	110.1	109.1
烟 酒	Tobacco and Liquor	103.9	102.8	100.3	100.3	101.8	101.8
衣 着	Clothing	101.5	103.3	103.3	102.9	103.5	101.7
家庭设备用品及维修服务	Household Facilities, Articles and Services	101.0	101.2	100.3	101.1	101.7	
医疗保健和个人用品	Health Care and Personal Articles	102.5	102.1	101.0	101.2	101.6	
交通和通信	Transportation and Communication	100.6	100.2	99.3	99.8	98.4	99.6
娱乐教育文化用品及服务	Recreation, Education and Culture Articles	100.4	100.3	101.3	102.0	101.9	
居 住	Residence	105.8	101.8	101.4	102.1	100.8	100.9
商品零售价格指数	**Retail Price Index**	**104.7**	**101.6**	**101.4**	**101.0**	**100.2**	**101.3**
城 市	Urban Areas	104.3	101.5	101.2	101.3	100.2	101.4
农 村	Rural Areas	105.3	101.9	101.8	100.5	100.2	101.0
农业生产资料价格指数	**Price Indices of Means of Agricultural production**	**111.1**	**105.9**	**101.2**	**99.5**	**99.3**	**98.9**

9-2 居民消费和商品零售价格总指数(2016年)
General Consumer and Retail Price Indices(2016)

类 别	Category	居民消费价格总指数 General Consumer Price Indices			商品零售价格总指数 General Retail Price Indices			农业生产资料价格总指数 General Price Indices of Means of Agricultural Production
		全 省 Provincial Indices	城 市 Urban Indices	农 村 Rural Indices	全 省 Provincial Indices	城 市 Urban Indices	农 村 Rural Indices	
以1950年价格为100	1950=100	705.5	708.1		538.9	512.6	499.2	456.8
以1952年价格为100	1952=100	622.2	625.7		448.2	449.2	452.5	471.9
以1957年价格为100	1957=100	573.3	582.5		408.3	369.0	414.8	440.4
以1965年价格为100	1965=100	564.9	567.0		389.6	400.1	396.0	490.1
以1970年价格为100	1970=100	579.3	582.1		395.7	411.1	402.5	541.8
以1978年价格为100	1978=100	578.7	581.7	566.3	396.2	409.2	403.3	586.9
以1980年价格为100	1980=100	547.6	557.4	532.6	378.6	397.7	385.7	581.2
以1985年价格为100	1985=100	471.9	472.5	453.8	341.9	355.2	350.3	493.4
以1990年价格为100	1990=100	289.9	302.1	280.6	213.6	214.6	221.8	326.6
以1995年价格为100	1995=100	158.1	156.4	162.6	126.8	122.1	136.0	171.2
以2000年价格为100	2000=100	141.9	135.9	150.1	126.3	121.8	135.4	185.9
以上年价格为100	Preceding Year=100	102.1	102.2	101.8	101.3	101.4	101.0	98.9

9-3 历年居民消费价格总指数
General Consumer Price Indices over the Years

年 份 Year	以1950年为100 1950=100	以1952年为100 1952=100	以1978年为100 1978=100	以1990年为100 1990=100	以1995年为100 1995=100	以上年为100 Preceding Year=100
1952	113.2					102.2
1955	120.8	106.7				99.9
1957	122.9	108.6				101.0
1962	132.2	116.9				100.5
1965	124.8	110.4				97.8
1970	121.7	107.6				98.9
1975	121.5	107.4				100.2
1976	121.7	107.6				100.2
1977	121.5	107.4				99.8
1978	121.9	107.7				100.3
1979	122.8	108.5	100.7			100.7
1980	128.9	113.9	105.7			105.0
1981	131.2	116.0	107.6			101.8
1982	132.4	117.0	108.6			100.9
1983	135.6	119.8	111.2			102.4
1984	137.6	121.6	112.9			101.5
1985	149.6	132.2	122.7			108.7
1986	156.3	138.1	128.2			104.5
1987	169.1	149.5	138.7			108.2
1988	200.7	177.4	164.7			118.7
1989	235.5	208.1	199.1			117.3
1990	243.5	215.2	199.7			103.4
1991	255.4	225.7	209.5	104.9		104.9
1992	272.8	241.1	223.7	112.0		106.8
1993	307.4	271.7	252.2	126.3		112.7
1994	379.4	335.3	311.2	155.8		123.4
1995	446.1	394.3	365.9	183.2		117.6
1996	489.0	432.1	401.1	200.8	109.6	109.6
1997	502.6	443.2	412.3	206.4	112.7	102.8
1998	499.6	440.5	409.8	205.2	112.0	99.4
1999	496.1	437.4	406.9	203.8	111.2	99.3
2000	497.1	438.3	407.7	204.2	111.4	100.2
2001	506.0	446.2	415.0	207.9	113.4	101.8
2002	502.5	443.1	412.1	206.4	112.6	99.3
2003	508.0	448.0	416.6	208.7	113.8	101.1
2004	526.3	464.1	431.6	216.2	117.9	103.6
2005	535.2	472.0	439.0	219.9	119.9	101.7
2006	540.6	476.7	443.4	222.1	121.1	101.0
2007	564.4	497.7	462.9	231.9	126.4	104.4
2008	594.3	524.1	487.4	244.2	133.1	105.3
2009	594.3	524.1	487.4	244.2	133.1	100.0
2010	611.5	539.3	501.6	251.3	137.0	102.9
2011	642.2	566.4	526.7	263.9	143.9	105.0
2012	655.7	578.3	537.8	269.4	146.9	102.1
2013	670.2	591.0	549.6	275.4	150.2	102.2
2014	682.9	602.2	560.1	280.6	153.0	101.9
2015	691.1	609.5	566.8	284.0	154.8	101.2
2016	705.6	622.3	578.7	289.9	158.1	102.1

9-4 历年城市居民消费价格总指数
General Urban Consumer Price Indices over the Years

年 份 Year	以1930–1936年平均价格为100 Average Price (1930-1936)=100	以1952年为100 1952=100	以1978年为100 1978=100	以1980年为100 1980=100	以1990年为100 1990=100	以1995年为100 1995=100	以上年为100 Preceding Year=100
1949	260.9						
1952	302.2						102.2
1955	322.5	106.7					99.9
1957	328.0	108.5					101.0
1962	352.9	116.8					100.5
1965	333.5	110.3					97.8
1970	324.9	107.4					98.9
1975	324.2	107.3					100.2
1976	324.9	107.5					100.2
1977	324.3	107.3					99.8
1978	325.2	107.6					100.3
1979	329.7	109.1	101.4				101.4
1980	339.3	112.3	104.3				102.9
1981	346.4	114.6	106.5	102.1			102.1
1982	347.4	115.0	106.9	102.4			100.3
1983	345.3	114.3	106.2	101.8			99.4
1984	350.5	116.0	107.8	103.3			101.5
1985	381.4	126.2	117.3	112.4			108.8
1986	400.5	132.5	123.2	118.0			105.0
1987	436.9	144.6	134.4	128.8			109.1
1988	526.9	174.4	162.1	155.3			120.6
1989	609.6	201.7	187.5	179.7			115.7
1990	625.5	207.0	192.4	184.4			102.6
1991	664.3	219.8	204.3	195.8	106.2		106.2
1992	721.4	238.7	221.9	212.6	115.3		108.6
1993	826.7	273.6	254.3	243.7	132.1		114.6
1994	1036.7	343.1	318.9	305.6	165.7		125.4
1995	1210.9	400.7	372.5	356.9	193.6		116.8
1996	1338.0	442.8	411.6	394.4	213.9	110.5	110.5
1997	1380.8	457.0	424.8	407.0	220.7	114.0	103.2
1998	1376.7	455.6	423.5	405.8	220.0	113.7	99.7
1999	1376.7	455.6	423.5	405.8	220.0	113.7	100.0
2000	1393.2	461.1	428.6	410.7	222.6	115.1	101.2
2001	1408.5	466.2	433.3	415.2	225.0	116.4	101.1
2002	1390.2	460.1	427.7	409.8	222.1	114.9	98.7
2003	1399.9	463.3	430.7	412.7	223.7	115.7	100.7
2004	1439.1	476.3	442.7	424.2	230.0	118.9	102.8
2005	1454.9	481.5	447.6	428.9	232.5	120.2	101.1
2006	1469.5	486.3	452.1	433.2	234.8	121.4	101.0
2007	1525.3	504.8	469.3	449.7	243.7	126.0	103.8
2008	1597.0	528.5	491.4	470.8	255.2	131.9	104.7
2009	1596.1	528.2	491.1	470.6	255.0	131.8	99.9
2010	1637.6	542.0	503.8	482.8	261.6	135.3	102.6
2011	1714.1	567.3	527.4	505.3	273.9	141.8	104.7
2012	1750.1	579.2	538.5	515.9	279.6	144.8	102.1
2013	1786.9	591.4	549.8	526.7	285.5	147.8	102.1
2014	1824.4	603.8	561.3	537.8	291.5	150.9	102.1
2015	1850.0	612.2	569.2	545.3	295.6	153.0	101.4
2016	1890.7	625.7	581.7	557.3	302.1	156.4	102.2

9-5 历年农村居民消费价格总指数
General Rural Consumer Price Indices over the Years

年 份 Year	以1978年为100 1978=100	以1980年为100 1980=100	以1985年为100 1985=100	以1990年为100 1990=100	以1995年为100 1995=100	以上年为100 Preceding Year=100
1979	100.4					100.4
1980	106.2					105.8
1981	107.9	101.6				101.6
1982	109.1	102.7				101.1
1983	113.0	106.4				103.6
1984	114.7	108.0				101.5
1985	124.7	117.4				108.7
1986	129.8	122.2	104.1			104.1
1987	139.4	131.2	111.8			107.4
1988	163.1	153.5	130.8			117.0
1989	194.0	182.5	155.5			118.9
1990	201.7	189.8	161.7			104.0
1991	209.8	197.4	168.2	104.0		104.0
1992	219.5	206.5	175.9	108.8		104.6
1993	242.9	228.6	194.7	120.4		110.7
1994	295.7	278.2	236.9	146.5		121.7
1995	348.6	328.0	279.3	172.7		117.9
1996	379.9	357.5	304.4	188.2	109.0	109.0
1997	389.1	366.1	311.7	192.7	111.6	102.4
1998	385.2	362.4	308.6	190.8	110.5	99.0
1999	379.8	357.3	304.3	188.1	109.0	98.6
2000	377.1	354.8	302.2	186.8	108.2	99.3
2001	386.2	363.3	309.5	191.3	110.8	102.4
2002	385.8	362.9	309.2	191.1	110.7	99.9
2003	391.6	368.3	313.8	194.0	112.4	101.5
2004	409.6	385.2	328.2	202.9	117.5	104.6
2005	419.4	394.5	336.1	207.8	120.3	102.4
2006	423.6	398.4	339.5	209.9	121.6	101.0
2007	446.1	419.5	357.5	221.0	128.0	105.3
2008	473.8	445.5	379.7	234.7	135.9	106.2
2009	474.1	445.8	380.0	234.9	136.0	100.1
2010	490.7	461.4	393.2	243.1	140.8	103.5
2011	519.5	488.7	416.4	257.4	149.1	105.9
2012	529.9	498.5	424.7	262.6	152.1	102.0
2013	543.1	510.9	435.3	269.1	155.9	102.5
2014	551.3	518.6	441.9	273.2	158.2	101.5
2015	556.2	523.3	445.8	275.6	159.6	100.9
2016	566.3	532.7	453.9	280.6	162.5	101.8

9−6 历年商品零售价格总指数

General Retail Price Indices over the Years

年 份 Year	以1930−1936年平均价格为100 Average Price (1930-1936)=100	以1952年为100 1952=100	以1978年为100 1978=100	以1980年为100 1980=100	以1990年为100 1990=100	以1995年为100 1995=100	以上年为100 Preceding Year=100
1949	257.0						
1952	303.6						100.4
1955	325.6	107.2					100.2
1957	333.5	109.8					101.7
1962	359.9	118.5					100.4
1965	349.4	115.1					97.6
1970	343.8	113.3					99.2
1971	343.5	113.2					99.9
1972	342.5	112.8					99.7
1973	342.2	112.7					99.9
1974	341.8	112.6					99.9
1975	342.2	112.7					100.1
1976	342.5	112.8					100.1
1977	342.2	112.7					99.9
1978	343.5	113.2					100.4
1979	349.0	115.0	101.6				101.6
1980	359.5	118.5	104.6				103.0
1981	365.6	120.5	106.4	101.7			101.7
1982	367.8	121.2	107.1	102.3			100.6
1983	363.0	119.7	105.6	101.0			98.7
1984	367.0	121.0	106.8	102.1			101.1
1985	398.2	131.3	115.9	110.8			108.5
1986	416.1	137.2	121.1	115.8			104.5
1987	450.6	148.6	131.2	125.4			108.3
1988	536.3	176.8	156.1	149.2			119.0
1989	626.9	206.7	182.5	174.4			116.9
1990	636.9	210.0	185.4	177.2			101.6
1991	668.1	220.3	194.5	185.9	104.9		104.9
1992	709.5	233.9	206.6	197.4	111.4		106.2
1993	782.6	258.0	227.8	217.7	122.9		110.3
1994	941.5	310.4	274.1	261.9	147.8		120.3
1995	1075.2	354.5	313.0	299.1	168.8		114.2
1996	1150.6	378.9	334.9	320.1	180.6	107.0	107.0
1997	1159.8	381.9	337.6	322.7	182.0	107.9	100.8
1998	1126.2	370.8	327.8	313.3	176.7	104.8	97.1
1999	1093.5	360.0	318.3	304.2	171.6	101.8	97.1
2000	1078.2	355.0	313.8	299.9	169.2	100.4	98.6
2001	1078.2	355.0	313.8	299.9	169.2	100.4	100.0
2002	1065.3	350.7	310.0	296.3	167.2	99.2	98.8
2003	1067.4	351.4	310.7	296.9	167.5	99.4	100.2
2004	1097.3	361.3	319.4	305.2	172.2	102.2	102.8
2005	1103.9	363.4	321.3	307.0	173.2	102.8	100.6
2006	1110.5	365.6	323.2	308.9	174.3	103.4	100.6
2007	1150.5	378.8	334.8	320.0	180.6	107.1	103.6
2008	1206.9	397.4	351.2	335.7	189.4	112.3	104.9
2009	1199.3	394.9	349.0	333.6	188.3	111.6	99.4
2010	1231.6	405.5	358.4	342.6	193.3	114.7	102.7
2011	1288.9	424.3	375.1	358.5	202.3	120.0	104.7
2012	1309.6	431.1	381.1	364.2	205.6	121.9	101.6
2013	1327.9	437.1	386.4	369.3	208.4	123.6	101.4
2014	1341.2	441.5	390.3	373.0	210.5	124.8	101.0
2015	1343.8	442.4	391.1	373.8	211.0	125.1	100.2
2016	1361.3	448.1	396.1	378.6	213.7	126.7	101.3

注：本表已根据现行价格调查统计制度予以调整，均不包括农业生产资料部分。
a)The data in this form have been adjusted according to current statistical system of price survey.Means of agricultural production are excluded.

9-7 历年农业生产资料价格总指数
General Price Indices of Means of Agricultural Production over the Years

年 份 Year	以1950年为100 1950=100	以1952年为100 1952=100	以1978年为100 1978=100	以1990年为100 1990=100	以1995年为100 1995=100	以上年为100 Preceding Year=100
1952	97.0					102.2
1955	103.8	107.0				94.1
1957	103.4	106.7				99.7
1962	106.8	110.1				99.3
1965	92.7	95.5				96.8
1970	84.2	86.8				99.9
1975	79.2	81.6				100.0
1976	79.2	81.6				100.0
1977	79.2	81.6				100.0
1978	78.5	80.9				99.1
1979	78.6	81.0	100.1			100.1
1980	78.6	81.0	100.1			100.0
1981	79.9	82.4	101.8			101.7
1982	80.8	83.3	102.9			101.1
1983	82.9	85.5	105.6			102.6
1984	88.9	91.7	113.2			107.2
1985	92.5	95.5	117.8			104.1
1986	94.4	97.5	120.3			102.1
1987	99.9	103.2	127.3			105.8
1988	114.6	118.4	146.0			114.7
1989	135.5	139.9	172.6			118.2
1990	139.8	144.4	178.1			103.2
1991	142.6	147.3	181.7	102.0		102.0
1992	144.6	149.4	184.2	103.4		101.4
1993	161.4	166.7	205.6	115.4		111.6
1994	200.3	206.9	255.1	143.2		124.1
1995	267.0	275.8	340.1	190.9		133.3
1996	281.7	291.0	358.8	201.4	105.5	105.5
1997	272.1	281.1	346.6	194.6	101.9	96.6
1998	261.8	270.4	336.5	187.2	98.0	96.2
1999	249.0	257.2	320.0	178.0	93.2	95.1
2000	245.8	253.9	315.8	175.7	92.0	98.7
2001	250.2	258.5	321.5	178.9	93.7	101.8
2002	251.0	259.3	322.5	179.4	94.0	100.3
2003	257.0	265.5	330.2	183.7	96.2	102.4
2004	283.2	292.6	363.9	202.5	106.0	110.2
2005	300.7	310.7	386.4	215.0	112.6	106.2
2006	309.8	320.0	398.0	221.5	116.0	103.0
2007	331.8	342.7	426.3	237.2	124.2	107.1
2008	395.8	408.8	508.6	283.0	148.2	119.3
2009	381.2	393.7	489.8	272.5	142.7	96.3
2010	392.6	405.5	504.4	280.7	147.0	103.0
2011	436.2	450.6	560.4	311.9	163.4	111.1
2012	461.9	477.2	593.5	330.3	173.0	105.9
2013	467.5	482.9	600.6	334.3	175.1	101.2
2014	465.1	480.5	597.6	332.6	174.2	99.5
2015	461.9	477.1	593.4	330.3	173.0	99.3
2016	456.8	471.9	586.9	326.6	171.1	98.9

9-8 居民消费价格分类指数(2016年)
Consumer Price Indices by Category(2016)

(上年=100) (preceding year=100)

商品类别	Category	全省 Provincial Indices	城市 Urban Indices	农村 Rural Indices
居民消费价格指数	**Consumer Price Index**	**102.1**	**102.2**	**101.8**
非食品价格指数	Non-food Price Index	101.5	101.6	101.0
服务价格指数	Services Price Index	102.0	102.1	101.7
消费品价格指数	Consumer Goods Price Index	102.1	102.2	101.8
扣除鲜菜鲜果价格指数	Deducting Fruit Vegetable Price Index	102.0	102.1	101.6
一、食品烟酒	**Food, Tobacco, Liquor**	**103.6**	**103.5**	**103.8**
1.食品	Food	104.3	104.3	104.5
(1)粮 食	Grain	99.7	99.9	99.3
(2)薯 类	Tuber	107.9	108.2	107.2
(3)豆 类	Beans	100.1	100.7	99.1
(4)食用油	Edible Oil	99.8	99.8	99.9
(5)菜	Vegetables	108.4	108.1	109.6
(6)畜肉类	Livestock Meat	113.4	113.1	114.2
(7)禽肉类	Poultry	101.6	102.2	100.2
(8)水产品	Aquatic Products	104.0	104.6	102.3
(9)蛋 类	Eggs	96.3	96.6	95.6
(10)奶 类	Milk	99.8	99.7	99.8
(11)干鲜瓜果类	Dried and Fresh Melons and Fruits	96.8	96.6	97.7
(12)糖果糕点类	Candy and Cakes	100.1	99.7	101.0
(13)调味品	Condiment	102.1	102.4	101.2
(14)其他食品类	Other Foods	101.2	101.6	100.4
2.茶及饮料	Tea and Beverages	100.9	101.1	100.4
3.烟 酒	Tobacco and Liquor	101.8	101.3	102.6
(1)烟 草	Tobacco	102.7	102.2	103.6
(2)酒 类	Liquor	100.7	100.2	101.5
4.在外餐饮	Outside Catering	102.6	102.6	102.6
二、衣 着	**Clothing**	**101.7**	**101.6**	**102.1**
1.服 装	Garments	101.6	101.5	101.9
(1)男式服装	Men's Clothing	102.1	102.0	102.5
(2)女式服装	Women's Clothing	101.3	101.3	101.5
(3)儿童服装	Children's Clothing	100.9	100.8	101.2
2.服装材料	Clothing Material	101.3	101.6	100.7
3.其他衣着及配件	Other Clothing and Accessories	100.3	100.3	100.4
4.衣着加工服务费	Clothing processing service fee	102.5	102.3	103.0
5.鞋 类	Footwear	102.5	102.3	103.1
(1)鞋	Shoes	102.4	102.3	103.0
(2)鞋类加工服务	Footwear Processing Services	103.7	103.3	104.5
三、居 住	**Residence**	**100.9**	**100.9**	**100.9**
1.租赁房房租	Rental Housing Rent	102.2	102.2	102.1
2.住房保养维修及管理	Housing Maintenance	100.5	100.7	100.1
(1)住房装潢材料	Housing Decoration Materials	99.8	99.8	99.8
(2)物业管理费	Property Management Fee	100.8	100.8	100.1
(3)住房装潢维修	Housing Decoration Maintenance	101.1	101.6	100.4
3.水电燃料	Water, Electricity and Fuels	99.6	100.2	98.0
(1)水	Water	108.6	109.9	102.5
(2)电	Electricity	100.1	100.0	100.3
(3)燃 气	Gas	101.2	104.9	93.1
(4)取暖费	Heating Fee	97.2	97.1	98.5
(5)其他燃料	Other Fuel	97.6	98.3	97.3
4.自有住房	Self-owned House	101.5	101.1	102.7

9-8 续表 continued

(上年=100) (preceding year=100)

商品类别	Category	全省 Provincial Indices	城市 Urban Indices	农村 Rural Indices
四、生活用品及服务	**Daily Necessities and Services**	**100.8**	**101.0**	**100.3**
1.家具及室内装饰品	Furniture and Interior Decorations	101.8	102.3	100.4
(1)家　具	Furniture	102.0	102.6	100.5
(2)室内装饰品	Interior Decorations	101.0	101.3	99.8
2.家用器具	Household Appliances	100.2	100.6	99.4
(1)大型家用器具	Large Household Appliances	100.2	100.6	99.4
(2)小家电	Small Household Appliances	100.1	100.3	99.6
3.家用纺织品	Home Textiles	101.3	101.1	101.8
(1)床上用品	Bedding Article	101.5	101.3	102.2
(2)窗帘门帘	Curtain	100.2	100.1	100.6
(3)其他家用纺织品	Other Household Textiles	99.9	100.1	99.4
4.家庭日用杂品	The Family Daily Sundry Goods	100.1	100.0	100.4
(1)洗涤卫生用品	Washing Sanitary Articles	99.7	99.6	99.9
(2)厨具餐具茶具	Kitchenware, Tableware, Tea Set	101.0	101.0	100.9
(3)家用手工工具	Home Hand Tools	101.2	101.3	100.8
(4)其他家庭日用杂品	Other Household Articles For Daily Use	100.2	99.9	100.7
5.个人护理用品	Personal Care Products	100.4	100.6	99.9
(1)化妆品	Cosmetics	100.4	100.5	100.2
(2)其他护理用品类	Other Nursing Products	100.5	100.6	99.6
6.家庭服务	Family Services	103.5	103.7	102.6
五、交通和通信	**Transport and Communication**	**99.6**	**99.6**	**99.6**
1.交　通	Transport	99.2	99.3	98.9
(1)交通工具	Transport Tools	98.8	99.0	98.4
(2)交通工具用燃料	Transport Fuels	97.8	97.6	98.4
(3)交通工具使用和维修	Vehicle Use and Maintenance	100.3	100.4	100.0
(4)交通费	Travelling Expenses	102.6	102.8	101.9
2.通　信	Signal Communication	100.2	100.0	100.8
(1)通信工具	Communication Tools	101.8	100.9	104.4
(2)通信服务	Communication Services	99.8	99.7	99.9
(3)邮递服务	Mailing Service	100.8	101.0	99.9
六、教育文化和娱乐	**Education Culture and Recreation**	**101.9**	**102.0**	**101.7**
1.教　育	Education	102.2	102.2	102.4
(1)教育用品	Educational Supplies	101.2	101.5	100.6
(2)教育服务	Education Services	102.3	102.2	102.4
2.文化娱乐	Culture and Entertainment	101.5	101.8	99.9
(1)文娱耐用消费品	Recreational Consumer Durables	98.3	98.6	97.7
(2)其他文娱用品	Other Entertainment Products	101.6	101.8	101.0
(3)文化娱乐服务	Cultural and Recreational Services	101.7	102.1	100.0
(4)旅　游	Tourism	102.8	102.9	101.9
七、医疗保健	**Health Care**	**104.9**	**106.6**	**101.1**
1.药品及医疗器具	Drugs and Medical Devices	103.4	104.3	101.4
(1)中　药	Traditional Chinese Medicine	103.4	104.1	101.5
(2)西　药	West Medicine	102.0	102.3	101.5
(3)滋补保健品	Western Medicine	109.2	111.4	101.7
(4)医疗卫生器具	Medical and Health Equipment	101.1	101.5	99.9
(5)保健器具	Healthcare Apparatus	101.1	101.4	100.0
2.医疗服务	Medical Services	106.2	108.6	100.9
(1)综合医疗类	Comprehensive Health Care	120.2	128.6	103.9
(2)诊断类	Diagnostic	99.4	99.4	99.2
(3)治疗类	Therapeutic	107.4	110.3	101.2
(4)康复类	Rehabilitation	103.1	103.3	102.7
(5)中医医疗服务类	Chinese Medicine Services	106.0	108.5	100.0
(6)其他医疗服务	Other Medical Services	99.3	99.1	100.0
八、其他用品和服务	**Other Supplies and Services**	**102.9**	**103.3**	**101.5**
1.其他用品类	Other Products	103.4	104.0	101.4
(1)首饰手表	Jewelry Watches	105.3	106.0	102.3
(2)其他杂项用品	Other Miscellaneous Supplies	100.2	100.1	100.4
2.其他服务类	Other Services	102.4	102.6	101.6
(1)旅馆住宿	Hotel Accommodation	100.7	100.9	99.1
(2)美容美发洗浴	Hairdressing Bath	106.7	108.5	102.3
(3)养老服务	Pension Services	100.7	100.5	101.5
(4)金融保险	Finance and Insurance	100.3	100.0	101.5
(5)其他服务类	Other Service	100.3	100.4	100.0

9-9 商品零售价格分类指数(2016年)
Retail Indices by Category(2016)

(上年=100) (preceding year=100)

商品类别	Category	全省 Provincial Indices	城市 Urban Indices	农村 Rural Indices
商品零售价格总指数	**Retail Index**	**101.3**	**101.4**	**101.0**
一、食　品	**Food**	**104.0**	**103.9**	**104.5**
1.粮　食	Grain	99.7	99.9	99.1
2.薯　类	Tuber	107.7	107.7	107.4
3.豆　类	Beans	100.2	100.6	99.2
4.食用油	Edible Oil	99.7	99.8	99.3
5.菜	Vegetables	108.2	107.6	110.4
6.畜肉类	Livestock Meat	113.4	113.2	114.1
7.禽肉类	Poultry	101.3	101.8	99.8
8.水产品	Aquatic Products	104.0	103.9	104.4
9.蛋　类	Eggs	96.2	96.4	95.8
10.奶　类	Milk	99.8	99.8	99.7
11.干鲜瓜果类	Dried and Fresh Melons and Fruits	96.8	96.7	97.5
12.糖果糕点类	Candy and Cakes	100.0	99.9	100.3
13.调味品	Flavoring	102.1	102.5	101.1
14.其他食品类	Other Foods	101.6	101.8	101.0
15.在外餐饮	Outside Catering	102.7	102.7	103.1
二、饮料、烟酒	**Beverages,Tobacco and Liquor**	**101.5**	**101.4**	**102.0**
1.茶及饮料	Tea and Beverages	100.9	101.0	100.4
2.烟　草	Tobacco	102.5	102.3	103.2
3.酒　类	Liquor	100.4	100.3	101.0
三、服装、鞋帽	**Garments,Footwear and Hats**	**101.8**	**101.6**	**102.2**
1.服　装	Garments	101.7	101.6	102.2
(1)男士服装	Men's Clothing	102.4	102.3	103.0
(2)女士服装	Women's Clothing	101.4	101.3	101.8
(3)儿童服装	Children's Clothing	100.8	100.7	101.4
2.鞋帽袜	Footwear and Hats	102.1	102.0	102.4
(1)鞋	Shoes	102.2	102.1	102.5
(2)袜　子	Socks	99.9	99.9	99.5
(3)帽　子	Hats	101.8	101.7	102.4
3.其他衣着配件	Others	100.4	100.3	100.5
四、纺织品	**Textiles**	**101.3**	**101.4**	**100.8**
1.服装材料	Clothing Material	101.4	101.8	100.2
2.床上用品	Bed Articles	101.3	101.4	100.9

9-9 续表 continued

(上年=100) (preceding year=100)

商品类别	Category	全 省 Provincial Indices	城 市 Urban Indices	农 村 Rural Indices
五、家用电器及音像器材	**Household Appliances, Music and Video Equipment**	**99.9**	**100.4**	**98.0**
1.家庭设备	Household Facilities	100.3	100.6	98.8
2.文娱用耐用消费品	Durable Consumer Goods for Cultural and Recreational Use	99.0	99.7	95.9
3.专业音像器材	Professional Music and Video Equipment	101.4	101.3	102.4
六、文化办公用品	**Cultural and Office Appliances**	**98.8**	**98.8**	**98.8**
七、日用品	**Articles for Daily Use**	**100.0**	**100.1**	**99.8**
1.日用百货	General Merchandise for Daily Use	99.9	100.2	98.8
2.厨具餐具茶具	Kitchenware, Tableware, Tea Set	101.0	100.9	101.3
3.清洗用品	Washing Products	99.5	99.3	100.5
4.其它日用品	Other Articles for Daily Use	100.1	100.1	100.1
八、体育娱乐用品	**Sports and Recreation Articles**	**100.7**	**100.7**	**100.6**
1.体育户外用品	Sports Articles	99.7	99.7	99.8
2.娱乐用品	Recreation Articles	101.1	101.1	101.0
九、交通、通信用品	**Transportation and Communication Articles**	**99.4**	**99.3**	**100.0**
1.交通运输机械	Transport machinery	99.2	99.3	99.1
2.通信器材	Communication Equipment	100.2	99.4	103.0
十、家　具	**Furniture**	**101.8**	**102.2**	**100.0**
十一、化妆品	**Cosmetics**	**100.5**	**100.6**	**99.8**
十二、金银饰品	**Gold, Silver and Jewelry**	**106.9**	**107.9**	**102.5**
十三、中西药品及医疗保健用品	**Traditional Chinese and Western Medicines and Health Care Articles**	**103.2**	**103.8**	**100.8**
1.医疗卫生器具	Medical Apparatus and Articles	101.1	101.3	100.1
2.中　药	Traditional Chinese Medicine	103.3	103.9	100.5
3.西　药	Western Medicines	101.7	101.9	101.0
4.保健器具及用品	Health Care Appliances and Supplies	107.8	108.9	100.7
十四、书报杂志及电子出版物	**Books, Newspapers, Magazines and Electronic Publications**	**102.2**	**102.6**	**100.6**
1.教材及参考书	Teaching Materials and Reference Books	101.3	101.4	100.6
2.书报杂志	Books, Newspapers and Magazines	104.7	105.5	100.9
3.计算机办公软件	Computer Office Software	98.1	97.8	99.6
十五、燃　料	**Fuels**	**98.2**	**98.7**	**96.1**
1.煤炭及制品	Coal and Products	95.8	96.1	94.8
2.石油及制品	Petroleum and Products	98.9	99.5	96.6
十六、建筑材料及五金电料	**Building Materials and Hardware**	**100.4**	**100.3**	**100.7**
1.建筑装潢材料	Building Decoration Materials	100.1	99.8	100.8
2.五金水暖	Plumbing Hardware	101.5	101.8	100.7

9-10 农产品生产者价格指数
Producers' Price Indices for Farm Products

(上年＝100)

指　标	Item	2012	2013	2014	2015	2016
农产品生产者价格指数	**Producers' Price Indices for Farm Products**	**102.5**	**105.9**	**100.5**	**100.1**	**102.8**
种植业产品	**Planting Products**	**104.3**	**111.0**	**102.4**	**98.3**	**98.5**
#谷物	Cereal	102.0	106.3	101.9	94.6	89.9
#小麦	Wheat	101.8	111.3	103.2	97.6	98.6
稻谷	Rice	100.1	104.2	100.6	99.2	102.7
玉米	Corn	102.2	102.1	101.7	92.2	82.3
大豆	Beans	109.4	105.2	99.3	95.7	91.8
油料	Oil-bearing Crops	109.5	93.1	90.9	109.1	102.7
棉花	Cotton	84.9	106.3	97.6	87.1	92.7
蔬菜	Vegetable	112.5	123.6	106.8	110.0	111.5
水果	Fruit	108.5	105.4	102.3	98.6	93.2
林业产品	**Forestry Products**	**101.9**	**103.9**	**99.9**	**100.9**	**98.7**
畜牧业产品	**Animal Husbandry Products**	**96.7**	**98.7**	**99.5**	**103.3**	**109.7**
活猪	Live Pig	95.9	98.8	91.2	110.0	126.7
活牛	Live Cattle and Buffaloes	114.9	107.8	104.3	97.1	95.8
活羊	Live Sheep and Goats	114.9	108.2	96.8	84.9	94.5
肉禽	Live Poultry	94.4	96.1	104.1	102.1	97.9
蛋类	Eggs	96.2	102.4	113.9	93.8	90.8
奶类	Milk	101.6	112.0	109.9	93.1	93.1
渔业产品	**Fishery Products**	**105.7**	**103.1**	**98.0**	**100.3**	**103.3**
海水养殖鱼类	Seawater Fish	110.1	83.1	93.5	100.6	87.1
淡水养殖鱼类	Freshwater Fish	107.4	105.5	107.0	101.0	104.0

9-11 工业、投资价格指数
Price Indices for Industrial, Investment

年 份 Year	以1988年为100 (1988=100)		以1990年为100 (1990=100)	以上年为100 (preceding year=100)		
	工业生产者出厂价格指数 Producer Price Indices for Industrial Products	工业生产者购进价格指数 Industrial Producer Purchasing Price Indices	固定资产投资价格指数 Price Indices for Investment in Fixed Assets	工业生产者出厂价格指数 Producer Price Indices for Industrial Products	工业生产者购进价格指数 Industrial Producer Purchasing Price Indices	固定资产投资价格指数 Price Indices for Investment in Fixed Assets
1988	100.0	100.0				
1989	123.8	136.7		123.8	136.7	
1990	129.6	144.1	100.0	104.7	105.4	
1991	133.5	154.2	112.4	103.0	107.0	112.4
1992	146.5	171.0	134.2	109.7	110.9	119.4
1993	180.1	230.3	163.9	123.0	134.7	122.1
1994	223.7	279.4	189.8	124.2	121.3	115.8
1995	261.8	316.2	202.3	117.0	113.2	106.6
1996	272.5	334.3	208.6	104.1	105.7	103.1
1997	275.8	336.3	209.4	101.2	100.6	100.4
1998	264.7	318.1	207.7	96.0	94.6	99.2
1999	257.3	297.1	206.9	97.2	93.4	99.6
2000	272.5	311.1	211.8	105.9	104.7	102.4
2001	270.1	311.1	214.8	99.1	100.0	101.4
2002	266.8	307.0	217.2	98.8	98.7	101.1
2003	276.2	324.5	223.5	103.5	105.7	102.9
2004	293.8	369.3	240.0	106.4	113.8	107.4
2005	304.7	391.1	247.0	103.7	105.9	102.9
2006	311.7	407.9	251.5	102.3	104.3	101.8
2007	322.0	427.5	261.7	103.3	104.8	104.0
2008	349.7	483.5	281.8	108.6	113.1	107.7
2009	329.1	461.7	273.1	94.1	95.5	96.9
2010	352.6	504.6	282.9	107.2	109.3	103.6
2011	373.7	550.9	302.3	106.0	109.2	106.8
2012	367.7	546.5	304.7	98.4	99.2	100.8
2013	361.8	537.8	305.9	98.4	98.4	100.4
2014	356.0	528.1	306.8	98.4	98.2	100.3
2015	338.9	501.7	299.7	95.2	95.0	97.7
2016	333.8	491.7	297.0	98.5	98.0	99.1

9-12 工业生产者出厂价格指数
Producer Price Indices for Industrial Products

(上年=100) (preceding year=100)

类 别	Category	2012	2013	2014	2015	2016
总指数	**Total Price Indices**	**98.4**	**98.4**	**98.4**	**95.2**	**98.5**
轻工业	Light Industry	99.6	100.1	99.5	98.4	99.0
以农产品为原料	Agricultural Products as Raw Materials	99.7	100.5	99.5	98.2	99.1
以非农产品为原料	Non-agricultural Products as Raw Materials	99.4	98.9	99.5	98.8	98.5
重工业	Heavy Industry	97.9	97.7	97.9	93.7	98.3
采 掘	Mining	96.4	92.3	91.3	78.5	100.9
原 料	Raw Materials	97.6	96.8	97.5	90.3	95.9
加 工	Processing	98.1	98.6	98.8	96.9	99.2
生产资料	Means of Production	97.6	97.8	98.0	93.8	98.0
采 掘	Mining	96.4	92.3	91.3	78.5	100.9
原 料	Raw Materials	97.4	96.7	97.4	90.0	95.9
加 工	Processing	97.8	98.7	98.9	96.6	98.8
生活资料	Consumer Goods	100.9	100.4	99.8	99.7	100.0
食 品	Food	101.9	100.7	99.5	100.0	100.9
衣 着	Clothing	101.4	101.4	100.3	100.3	100.1
一般日用品	Articles for Daily Use	100.4	99.5	100.0	99.3	99.9
耐用消费品	Durable Consumer Goods	97.7	99.6	99.7	99.0	96.4
按工业部门分	**by Industrial Department**					
冶金工业	Metallurgical Industry	92.9	95.4	95.3	88.2	102.7
电力工业	Power Industry	104.1	100.6	99.9	98.2	96.2
煤炭及炼焦工业	Coal Industry	91.0	89.0	87.1	81.2	100.3
石油工业	Petroleum Industry	102.5	95.4	97.4	74.9	88.4
化学工业	Chemical Industry	97.3	97.7	98.3	95.7	97.5
机械工业	Machine Building Industry	99.5	99.3	99.7	98.9	98.7
建筑材料工业	Building Materials Industry	98.7	99.3	99.9	97.7	99.2
森林工业	Timber Industry	100.7	101.1	100.6	99.7	99.0
食品工业	Food Industry	102.2	101.1	99.4	98.9	99.9
纺织工业	Textile Industry	94.6	99.9	99.4	95.6	97.2
缝纫工业	Tailoring Industry	101.2	101.7	100.1	100.5	99.5
皮革工业	Leather Industry	102.0	100.8	100.8	99.8	101.4
造纸工业	Paper Industry	98.8	97.5	99.2	97.8	99.6
文教艺术用品工业	Industry of Cultural, Educational& Handicrafts Article:	101.5	99.7	100.5	100.4	100.7
其它工业	Others	99.9	99.7	100.4	100.5	100.6

9-13 工业生产者出厂价格指数(2016年)
Producer Price Indices for Industrial Products(2016)

(上年=100) (preceding year=100)

类　别	Category	全年平均 Annual Average	一季度 1st Quarter	二季度 2nd Quarter	三季度 3rd Quarter	四季度 4th Quarter
总指数	**Total Price Indices**	**98.5**	**95.3**	**96.9**	**98.9**	**102.9**
(一)核心指数	**Core Indices**	**99.0**	**96.2**	**97.7**	**99.3**	**102.7**
(二)高技术	**High Technology**	**100.0**	**99.9**	**99.7**	**100.2**	**100.3**
(三)能源	**Energy**	**92.9**	**84.1**	**87.5**	**94.6**	**106.4**
(四)按轻重工业分	**By Light and Heavy Industry**					
1.轻工业	Light Industry	99.0	98.0	98.4	99.1	100.5
(1)以农产品为原料	Agricultural Products as Raw Materials	99.1	98.1	98.6	99.2	100.6
(2)以非农产品为原料	Non-agricultural Products as Raw Materials	98.5	97.8	97.5	98.6	100.1
2.重工业	Heavy Industry	98.3	94.2	96.3	98.9	103.9
(1)采掘	Mining	100.9	85.4	96.0	105.7	118.2
(2)原料	Raw Materials	95.9	90.3	92.3	96.6	105.2
(3)加工	Processing	99.2	96.8	98.3	99.6	102.4
(五)按生产生活资料分	**By Means of Production and Consumer Goods**					
1.生产资料	Means of Production	98.0	94.1	96.1	98.7	103.5
(1)采掘	Mining	100.9	85.4	96.0	105.7	118.2
(2)原料	Raw Materials	95.9	90.1	92.1	96.6	105.5
(3)加工	Processing	98.8	96.3	97.7	99.1	101.9
2.生活资料	Consumer Goods	100.0	99.5	99.9	99.9	100.8
(1)食品	Food	100.9	100.4	101.1	100.6	101.5
(2)衣着	Clothing	100.1	100.0	100.1	99.9	100.5
(3)一般日用品	Articles for Daily Use	99.9	99.3	99.6	100.1	100.9
(4)耐用消费品	Durable Consumer Goods	96.4	95.7	95.2	96.4	98.3
(六)按初级中间最终产品分	**By Primary 、Intermediate and Final Products**					
1.初级产品	Primary Products	101.0	85.2	96.0	105.9	118.5
(1)矿产品	Minerals	100.9	85.0	95.9	105.8	118.7
(2)废料	Scrap	104.4	95.0	105.0	107.9	109.7
2.中间产品	Intermediate Products	98.3	95.1	96.7	98.8	103.1
3.最终产品	Final Products	98.0	97.0	97.2	98.1	99.9
(1)最终投资品	Investment Goods	97.3	96.1	96.1	97.4	99.6
(2)最终消费品	Consumer Goods	99.6	99.0	99.4	99.4	100.4
(七)按工业部门分	**By Industrial Department**					
1.冶金工业	Metallurgical Industry	102.7	90.5	99.2	105.9	116.7
2.电力工业	Power Industry	96.2	95.4	95.8	96.4	97.0
3.煤炭及炼焦工业	Coal Industry	100.3	80.3	91.1	103.6	131.5
4.石油工业	Petroleum Industry	88.4	80.0	82.2	90.4	102.3
5.化学工业	Chemical Industry	97.5	95.8	96.0	97.0	101.5
6.机械工业	Machine Building Industry	98.7	98.4	98.4	98.7	99.2
7.建筑材料工业	Building Materials Industry	99.2	96.7	97.5	99.2	103.5
8.森林工业	Timber Industry	99.0	97.7	98.5	99.4	100.6
9.食品工业	Food Industry	99.9	99.0	99.8	99.7	101.1
10.纺织工业	Textile Industry	97.2	95.6	95.9	98.0	99.6
11.缝纫工业	Tailoring Industry	99.5	99.6	99.1	99.0	100.2
12.皮革工业	Leather Industry	101.4	100.7	102.5	101.8	100.8
13.造纸工业	Paper Industry	99.6	98.7	98.8	99.5	101.5
14.文教艺术用品工业	Industry of Cultural, Educational & Handicrafts Articles	100.7	100.9	100.2	100.2	101.3
15.其它工业	Others	100.6	100.5	100.4	100.7	101.0

9-13 续表 continued

(上年=100) (preceding year=100)

类别	Category	全年平均 Annual Average	一季度 1st Quarter	二季度 2nd Quarter	三季度 3rd Quarter	四季度 4th Quarter
(八)按工业行业分	**by Industrial Sector**					
煤炭开采和洗选业	Mining and Washing of Coal	100.3	80.3	91.5	104.4	130.2
石油和天然气开采业	Extraction of Petroleum and Natural Gas	93.3	69.7	88.5	99.8	114.9
黑色金属矿采选业	Mining of Ferrous Metal Ores	99.1	78.7	93.4	104.3	125.0
有色金属矿采选业	Mining of Non-ferrous Metal Ores	112.3	102.5	111.1	119.7	116.4
非金属矿采选业	Mining and Processing of Nonmetal Ores	96.0	89.8	93.8	96.8	104.3
开采辅助活动	Mining Support Activities	100.7	100.0	101.2	101.8	99.8
其他采矿业	Mining of Other Ores					
农副食品加工业	Processing of Food from Agricultural Products	100.1	98.9	99.9	100.0	101.8
食品制造业	Manufacture of Foods	99.2	98.7	98.6	99.0	100.5
酒、饮料和精制茶制造业	Manufacture of Wine, Drinks and Refined Tea	98.3	98.9	98.9	98.0	97.4
烟草制品业	Manufacture of Tobacco	100.0	100.0	100.0	100.0	100.0
纺织业	Manufacture of Textile	97.3	95.7	96.0	98.0	99.6
纺织服装、服饰业	Manufacture of Textile Wearing Apparel and Finery	99.6	99.9	99.3	99.1	100.2
皮革、毛皮、羽毛及其制品和制鞋业	Manufacture of Leather, Fur, Feather & Its Products and Footwear	100.8	100.0	101.6	101.1	100.5
木材加工及木 竹、藤、棕、草制品业	Processing of Timbers, Manufacture of Wood, Bamboo, Rattan, Palm, and Straw Products	98.5	96.8	97.8	99.0	100.5
家具制造业	Manufacture of Furniture	100.5	100.3	100.4	100.3	101.1
造纸及纸制品业	Manufacture of Paper and Paper Products	99.6	98.7	98.8	99.5	101.5
印刷和记录媒介复制业	Printing, Reproduction of Recording Media	102.4	101.8	102.3	102.1	103.5
文教、工美、体育和娱乐用品制造业	Manufacture of Culture, Education,Arts and crafts, Sport and Entertainment Goods	100.9	101.0	100.2	101.0	101.2
石油加工、炼焦和核燃料加工业	Processing of Petroleum, Coking and Nucleus Fuel	88.4	80.6	81.3	89.6	103.6
化学原料和化学制品制造业	Manufacture of Chemical Raw Material and Chemical Products	96.9	94.4	94.8	96.1	102.6
医药制造业	Manufacture of Medicines	101.8	101.8	102.0	101.8	101.8
化学纤维制造业	Manufacture of Chemical Fiber	99.5	98.1	97.9	98.4	103.6
橡胶和塑料制品业	Manufacture of Rubber and Plastic	96.3	95.8	95.6	96.0	98.0
非金属矿物制品业	Manufacture of Non-metallic Mineral Products	99.2	97.0	97.7	99.0	103.0
黑色金属冶炼及压延加工业	Manufacture and Processing of Ferrous Metals	104.0	83.8	101.0	108.2	126.8
有色金属冶炼及压延加工业	Manufacture & Processing of Non-ferrous Metals	101.5	92.8	96.5	104.1	113.9
金属制品业	Manufacture of Metal Products	98.8	97.1	98.1	99.3	100.9
通用设备制造业	Manufacture of General Purpose Machinery	99.1	98.9	99.2	99.0	99.3
专用设备制造业	Manufacture of Special Purpose Machinery	97.8	98.4	97.9	97.3	97.5
汽车制造业	Manufacture of Automotive	99.0	98.3	98.6	99.4	99.9
铁路、船舶、航空航天和其他运输设备制造业	Manufacture of Railroad,Marine,Aerospace and Other Transportation Equipment	99.6	99.2	99.2	99.9	100.3
电气机械及器材制造业	Manufacture of Electrical Machinery & Equipment	98.1	97.8	97.5	97.9	99.3
计算机、通信和其他电子设备制造业	Manufacture of Computer, Communications and Other Electronic Equipment	98.7	98.5	98.0	99.1	99.1
仪器仪表制造业	Manufacture of Measuring Instrument	102.4	100.2	101.8	103.5	104.1
其他制造业	Other Manufacture	100.8	101.1	101.5	100.3	100.4
废弃资源综合利用业	Comprehensive Utilization of Waste	104.4	95.0	105.0	107.9	109.7
金属制品、机械和设备修理业	Metal Products, Machinery and Equipment Repair Industry	102.6	101.4	101.2	103.2	104.8
电力、热力生产和供应业	Production and Supply of Electric Power and Heat Power	96.1	95.4	95.8	96.3	96.9
燃气生产和供应业	Production and Supply of Gas	91.9	91.1	91.2	92.0	93.4
水的生产和供应业	Production and Supply of Water	100.8	101.2	101.0	99.9	101.0

9-14 工业生产者购进价格指数(2016年)
Industrial Producer Purchasing Price Indices(2016)

(上年=100) (preceding year=100)

类 别	Category	全年平均 Annual Average	一季度 1st Quarter	二季度 2nd Quarter	三季度 3rd Quarter	四季度 4th Quarter
总指数	**Total Price Indices**	**98.0**	**94.7**	**96.1**	**98.3**	**103.1**
一、按初级中间最终产品分	**By Primary and Intermediate Products**					
1.初级产品	Primary Products	98.1	91.9	94.3	98.2	108.7
(1)农产品	Farm Produce	100.2	98.6	99.6	100.2	102.5
(2)矿产品	Minerals	95.7	84.6	88.3	95.8	116.2
(3)废料	Scrap	100.1	92.2	96.7	101.7	110.5
2.中间产品	Intermediate Products	98.0	95.3	96.4	98.3	101.9
二、九大类原材料购进价格指数	**By Nine Categories of Raw Material**					
1.燃料、动力类	Fuel and Power	93.3	88.7	88.9	93.0	103.3
2.黑色金属材料类	Ferrous Metals	98.3	86.7	94.8	101.0	112.2
(1)钢材	Steel	98.3	90.3	95.5	100.2	108.1
(2)其它	Others	98.2	82.9	94.0	101.8	116.9
3.有色金属材料及电线类	Nonferrous Metals	98.9	92.5	95.6	100.6	107.5
4.化工原料类	Raw Chemical Materials	98.2	95.6	97.1	98.0	102.2
5.木材及纸浆类	Timber and Paper Pulp	99.3	99.0	98.7	98.8	100.7
6.建筑材料及非金属类	Building Materials and Nonmetal Ores	98.1	95.2	96.1	98.7	102.7
7.其它工业原材料及半成品类	Other Industrial Raw Materials and Semi-finished Products	99.4	98.2	98.9	99.7	100.9
8.农副产品类	Agricultural Products	100.2	98.6	99.6	100.2	102.5
9.纺织原料类	Textile Materials	99.6	98.3	97.8	100.1	102.4

9-15 固定资产投资价格指数(2016年)
Price Indices for Investment in Fixed Assets(2016)

(上年=100) (preceding year=100)

类 别	Category	全年平均 Annual Average	一季度 1st Quarter	二季度 2nd Quarter	三季度 3rd Quarter	四季度 4th Quarter
固定资产投资	**Investment in Fixed Assets**	**99.1**	**97.2**	**98.9**	**99.4**	**100.8**
建筑安装、装修装饰工程	Construction and Installation	99.1	96.2	98.8	99.7	101.9
人工费	Labor Costs	101.9	102.6	102.1	101.7	101.3
材料费	Material Costs	98.0	93.4	97.5	98.9	102.2
钢 材	Steel	98.1	89.2	97.3	99.8	106.0
木 材	Wood	99.5	98.2	99.3	100.6	100.0
水 泥	Cement	96.2	92.4	94.4	96.4	101.7
地方建筑材料	Local Building Materials	98.2	97.2	98.0	98.3	99.3
化工材料	Chemical Materials	96.3	93.7	97.3	96.8	97.6
电 料	Electric Materials	100.0	99.2	100.0	100.3	100.5
其他材料	Other Materials	99.7	99.2	99.0	100.9	99.8
机械费	Machinery Costs	100.0	99.8	99.9	100.0	100.4
设备、工器具购置	Purchase for Equipment,Tools and Instruments	98.7	98.5	98.7	98.7	98.8
其他费用	Other Costs	100.0	100.8	99.8	99.9	99.7

9-16 固定资产投资价格指数

Price Indices for Investment in Fixed Assets

(上年=100) (preceding year=100)

年份 Year	全省固定资产投资 Provincial Investment in Fixed Assets	建筑安装工程 Construction and Installation	人工费 Labor Costs	材料费 Material Costs	钢材 Steel	木材 Wood	水泥 Cement
1991	112.4	116.6	122.7	120.9	119.6	121.2	118.5
1992	119.4	123.8	118.7	122.4	117.0	109.4	107.8
1993	122.1	124.6	142.9	126.5	127.7	121.6	110.4
1994	115.7	120.1	159.1	119.4	118.9	132.0	107.0
1995	106.6	105.7	111.4	104.2	99.3	100.1	101.9
1996	103.1	103.2	112.8	101.0	99.6	99.9	102.1
1997	100.4	100.7	106.3	100.6	99.3	100.8	101.7
1998	99.2	100.2	104.7	99.0	97.6	100.9	98.3
1999	99.6	101.3	105.8	100.1	98.4	102.1	99.8
2000	102.4	105.1	105.1	106.2	107.4	109.9	98.2
2001	101.4	103.2	106.6	102.7	101.8	111.4	103.8
2002	101.1	102.3	103.3	100.5	100.9	106.1	99.3
2003	102.9	104.7	103.9	106.7	110.9	110.3	101.8
2004	107.4	110.4	108.0	113.2	120.3	106.4	108.6
2005	102.9	103.7	109.5	102.4	101.0	103.3	100.0
2006	101.8	102.1	109.0	100.1	97.2	102.7	101.4
2007	104.0	105.5	110.3	104.7	105.6	106.2	103.2
2008	107.7	110.7	110.5	112.4	116.3	110.4	110.2
2009	96.9	95.4	106.8	91.3	82.2	101.5	101.2
2010	103.6	105.3	110.3	104.4	105.1	102.7	104.3
2011	106.8	109.7	115.1	109.1	108.8	106.6	115.3
2012	100.8	101.2	111.0	97.8	94.8	101.7	98.1
2013	100.4	100.5	107.4	98.1	95.3	100.6	98.1
2014	100.3	100.2	106.0	98.1	95.1	100.7	99.7
2015	97.7	96.6	104.5	93.5	88.2	99.1	96.2
2016	99.1	99.1	101.9	98.0	98.1	99.5	96.2

9-16 续表 continued

(上年=100) (preceding year=100)

年份 Year	地方材料 Local Building Materials	化工材料 Chemical Materials	电料 Electric Materials	其它材料 Other Materials	机械使用费 Machinery Costs	设备工器具购置 Purchase of Equipment,Tools and Instruments	其它费用 Other Costs
1991	101.9	115.3	105.7	105.3	107.1	105.3	107.1
1992	99.9	113.6	96.5	115.0	106.2	115.0	106.2
1993	99.7	121.8	92.5	118.8	113.5	118.8	113.5
1994	100.5	122.6	100.4	107.6	106.0	107.6	106.0
1995	100.0	107.1	108.2	106.2	113.8	106.2	113.8
1996	100.1	102.0	104.8	101.6	107.2	101.6	107.2
1997	101.9	101.7	96.5	98.7	103.5	98.7	103.5
1998	99.9	100.0	92.5	96.0	102.0	96.0	102.0
1999	99.7	101.0	100.4	96.2	98.3	96.2	98.3
2000	100.0	101.6	102.2	97.2	100.4	97.2	100.4
2001	98.4	98.7	102.2	97.1	102.1	97.1	102.1
2002	100.6	101.0	107.6	97.3	104.1	97.3	104.1
2003	100.0	101.1	101.7	98.5	104.2	98.5	104.2
2004	108.5	104.7	103.4	101.1	106.7	101.1	106.7
2005	104.8	103.2	102.6	100.8	103.5	100.8	103.5
2006	103.7	103.5	103.9	100.6	103.4	100.6	103.4
2007	105.7	103.3	104.2	100.8	104.6	100.8	104.6
2008	110.0	114.5	102.7	105.8	104.8	102.5	104.4
2009	103.0	97.1	97.3	101.2	101.3	98.0	102.0
2010	103.9	105.3	103.2	100.9	103.3	100.2	103.6
2011	109.1	108.2	103.5	103.9	105.8	101.8	104.9
2012	100.8	100.6	101.3	103.4	103.6	99.2	103.0
2013	101.2	101.1	101.0	101.6	102.1	99.3	102.1
2014	101.1	101.2	100.9	101.2	101.4	99.9	101.4
2015	98.3	92.6	100.6	99.7	100.1	99.2	100.9
2016	98.2	96.3	100.0	99.7	100.0	98.7	100.0

9-17 各市工业生产者出厂价格指数(2016年)
Ex-factory Price Indices of Industrial Products by Region(2016)

(上年=100) (preceding year=100)

类 别	Category	济南 Ji-nan	青岛 Qing-dao	淄博 Zi-bo	枣庄 Zao-zhuang	东营 Dong-ying	烟台 Yan-tai	潍坊 Wei-fang	济宁 Ji-ning	泰安 Tai'an
总指数	**Total Price Indices**	**99.8**	**98.8**	**99.0**	**101.8**	**93.3**	**101.3**	**98.6**	**99.3**	**99.8**
(一)核心指数	**Core Indices**	**99.3**	**98.8**	**99.8**	**101.4**	**99.8**	**101.5**	**99.3**	**97.6**	**99.3**
(二)高技术	**High Technology**	**105.5**	**93.2**	**102.3**	**96.5**	**100.3**	**99.7**	**103.5**	**99.7**	**108.5**
(三)能源	**Energy**	**97.1**	**93.9**	**95.1**	**105.4**	**85.3**	**96.7**	**89.2**	**99.0**	**101.0**
(四)按轻重工业分	**By Light and Heavy Industry**									
1.轻工业	Light Industry	100.9	98.7	100.3	100.1	100.9	100.1	99.8	102.1	99.2
(1)以农产品为原料	Agricultural Products as Raw Materials	101.8	101.0	99.9	99.8	101.0	100.4	99.0	102.5	99.0
(2)以非农产品为原料	Non-agricultural Products as Raw Materials	99.6	96.4	100.8	101.1	98.6	99.2	102.7	96.3	100.1
2.重工业	Heavy Industry	99.5	98.8	98.7	102.5	92.5	101.6	97.9	97.8	99.9
(1)采掘	Mining	93.3		124.1	104.2	82.5	111.8	99.2	102.5	101.0
(2)原料	Raw Materials	97.3	94.7	95.3	107.5	95.4	104.8	95.5	97.2	100.0
(3)加工	Processing	100.1	99.8	99.6	99.5	97.4	99.7	99.2	96.9	99.8
(五)按生产生活资料分	**By Means of Production and Consumer Goods**									
1.生产资料	Means of Production	98.8	98.6	98.5	102.5	92.9	101.4	98.1	97.9	99.6
(1)采掘	Mining	93.3		124.1	104.2	82.5	111.8	99.2	102.5	101.0
(2)原料	Raw Materials	97.8	93.9	94.4	107.4	95.4	104.4	95.6	97.2	100.5
(3)加工	Processing	99.0	99.6	99.7	100.0	97.7	99.6	99.0	97.2	99.3
2.生活资料	Consumer Goods	104.6	99.1	101.7	98.9	104.0	100.9	100.0	104.3	100.4
(1)食品	Food	108.6	102.6	99.9	97.3	104.8	101.3	99.9	107.2	101.7
(2)衣着	Clothing	100.4	100.9	105.6	99.9		95.9	97.7	99.1	101.4
(3)一般日用品	Articles for Daily Use	102.0	100.1	102.1	102.3	99.9	101.5	100.9	98.1	96.9
(4)耐用消费品	Durable Consumer Goods	100.7	94.6	100.3	98.4	104.5	101.2	100.6	100.0	
(六)按初级中间最终产品分	**By Primary、Intermediate and Final Products**									
1.初级产品	Primary Products	93.3		124.1	104.2	82.4	111.8	99.2	102.5	101.0
(1)矿产品	Minerals	93.3		124.1	104.2	82.4	111.8	99.2	102.5	101.0
(2)废料	Scrap									
2.中间产品	Intermediate Products	99.5	99.0	97.5	102.2	96.8	100.6	98.4	99.1	99.6
3.最终产品	Final Products	99.1	98.9	96.4	99.4	94.2	99.9	98.4	98.9	98.8
(1)最终投资品	Investment Goods	97.9	98.8	96.0	100.1	93.3	99.8	97.8	96.7	98.5
(2)最终消费品	Consumer Goods	102.6	99.0	98.2	98.3	102.7	100.0	99.6	101.9	99.7
(七)按工业部门分	**by Industrial Department**									
1.冶金工业	Metallurgical Industry	106.1	98.7	106.0	96.5	107.6	106.9	101.2	103.1	109.3
2.电力工业	Power Industry	94.3	97.6	87.9	96.4	98.6	96.5	96.4	94.9	97.7
3.煤炭及炼焦工业	Coal Industry			125.1	108.5	100.2	100.0	87.0	100.6	102.2
4.石油工业	Petroleum Industry	98.8	92.2	86.8	91.3	84.9	93.8	84.5	95.7	90.2
5.化学工业	Chemical Industry	101.9	97.3	97.4	105.9	97.3	99.8	97.9	97.9	97.0
6.机械工业	Machine Building Industry	98.2	98.9	98.9	98.6	97.4	99.9	100.0	96.8	99.1
7.建筑材料工业	Building Materials Industry	97.1	97.5	101.6	100.9	95.9	100.4	106.8	94.0	98.3
8.森林工业	Timber Industry	99.3	98.5	103.1	100.1	99.2		101.1	98.4	100.2
9.食品工业	Food Industry	102.0	102.1	99.7	97.2	105.0	101.1	100.0	107.3	99.7
10.纺织工业	Textile Industry	102.2	96.9	100.1	102.0	98.7	99.4	97.1	100.1	97.7
11.缝纫工业	Tailoring Industry	100.4	100.9	105.6	99.9		95.9	98.0	99.1	101.8
12.皮革工业	Leather Industry		99.9	97.5			98.6	96.1		100.0
13.造纸工业	Paper Industry	100.1	99.6	98.5	103.5	99.6	97.9	100.0	97.8	95.2
14.文教艺术用品工业	Industry of Cultural, Educational & Handicrafts Articles	100.0	98.4	99.4	102.0		100.0	100.8	100.0	102.1
15.其它工业	Others	99.8	100.9	98.1	105.2	99.5	101.1	102.8	86.6	96.2

9-17 续表 continued

(上年=100) (preceding year=100)

类别	Category	威海 Weihai	日照 Rizhao	莱芜 Laiwu	临沂 Linyi	德州 Dezhou	聊城 Liaocheng	滨州 Binzhou	菏泽 Heze
总指数	**General Indices**	**98.3**	**104.3**	**102.9**	**99.3**	**100.7**	**99.0**	**98.0**	**98.7**
(一)核心指数	**Core Indices**	**98.2**	**105.7**	**102.9**	**97.9**	**100.7**	**98.1**	**98.5**	**98.7**
(二)高技术	**High Technology**	**98.9**	**101.8**	**102.1**	**101.3**	**100.1**	**104.7**	**99.9**	**99.2**
(三)能源	**Energy**	**92.9**	**94.9**	**93.5**	**102.6**	**99.6**	**102.4**	**91.4**	**97.6**
(四)按轻重工业分	**By Light and Heavy Industry**								
1.轻工业	Light Industry	98.4	102.8	110.3	101.9	100.4	99.9	97.0	99.5
(1)以农产品为原料	Agricultural Products as Raw Materials	100.1	103.1	111.2	102.0	100.5	99.3	96.9	98.9
(2)以非农产品为原料	Non-agricultural Products as Raw Materials	95.0	99.3	100.6	101.6	100.1	103.3	98.9	101.3
2.重工业	Heavy Industry	98.2	105.0	102.3	98.0	100.9	98.4	98.6	98.2
(1)采掘	Mining	92.8	91.1	100.2	97.3		100.0	87.0	
(2)原料	Raw Materials	98.0	94.2	103.6	98.1	98.7	98.2	97.3	98.2
(3)加工	Processing	98.3	108.3	102.2	98.0	101.8	98.5	100.9	98.3
(五)按生产生活资料分	**By Means of Production and Consumer Goods**								
1.生产资料	Means of Production	98.2	104.2	102.3	97.5	100.7	98.3	97.7	98.3
(1)采掘	Mining	92.8	91.1	100.2	97.3		100.0	87.0	
(2)原料	Raw Materials	98.2	95.6	103.6	98.3	98.5	98.1	97.6	98.3
(3)加工	Processing	98.2	106.8	102.1	97.1	101.4	98.3	97.8	98.3
2.生活资料	Consumer Goods	98.5	104.6	116.6	103.8	100.8	101.6	99.2	99.6
(1)食品	Food	99.6	105.5	119.2	104.7	101.4	101.3	99.4	99.5
(2)衣着	Clothing	101.9	97.9		101.7	101.0	100.0	97.0	95.7
(3)一般日用品	Articles for Daily Use	99.5	100.2	100.7	101.0	99.7	102.9	98.5	100.3
(4)耐用消费品	Durable Consumer Goods	84.6	101.2	96.8	101.9	100.9	104.3	99.1	100.0
(六)按初级中间最终产品分	**By Primary 、Intermediate and Final Products**								
1.初级产品	Primary Products	92.8	91.1	100.2	97.3		100.0	87.0	
(1)矿产品	Minerals	92.8	91.1	100.2	97.3		100.0	87.0	
(2)废料	Scrap								
2.中间产品	Intermediate Products	98.4	104.5	103.3	99.2	100.8	99.3	97.9	98.6
3.最终产品	Final Products	98.4	100.7	99.9	100.0	99.8	100.0	97.4	96.9
(1)最终投资品	Investment Goods	98.6	99.9	98.6	97.6	99.3	99.3	96.1	95.4
(2)最终消费品	Consumer Goods	98.0	102.2	102.6	103.2	100.4	100.9	99.2	98.8
(七)按工业部门分	**by Industrial Department**								
1.冶金工业	Metallurgical Industry	103.7	119.0	103.4	97.4	114.4	96.6	101.4	97.3
2.电力工业	Power Industry	94.0	94.3	92.0	97.9	95.7	99.6	100.0	94.2
3.煤炭及炼焦工业	Coal Industry		106.2	103.0	114.5	148.4	159.6	138.4	125.4
4.石油工业	Petroleum Industry	89.3	92.3	89.0	90.5	91.7	87.8	83.0	85.1
5.化学工业	Chemical Industry	97.4	97.0	112.0	96.5	98.4	100.9	95.4	98.8
6.机械工业	Machine Building Industry	98.6	101.1	98.9	98.4	99.8	100.0	100.5	98.5
7.建筑材料工业	Building Materials Industry	97.7	96.7	97.6	97.3	102.1	105.3	101.4	100.7
8.森林工业	Timber Industry	99.4	98.0	96.8	100.0	101.9	95.1	100.3	98.4
9.食品工业	Food Industry	99.6	105.3	118.1	102.9	101.2	100.9	99.6	100.3
10.纺织工业	Textile Industry	99.2	96.5	96.3	96.6	97.8	97.7	94.5	97.9
11.缝纫工业	Tailoring Industry	98.2	97.9		101.7	101.0	100.0	97.0	95.7
12.皮革工业	Leather Industry	107.2			102.3		99.3	99.4	
13.造纸工业	Paper Industry	100.2	102.0		98.0	99.1	99.4	102.0	98.2
14.文教艺术用品工业	Industry of Cultural, Educational & Handicrafts Articles	93.0	100.6	100.7	100.0		100.0		99.1
15.其它工业	Others	93.0	101.9	100.0	102.3	99.2	95.9	100.7	101.6

9-18 各市住宅销售价格指数(2016年)
Price Indices for Real Estate(2016)

(上月=100) (Last Month=100)

类 别	Category	1月 January	2月 February	3月 March	4月 April	5月 May	6月 June	7月 July	8月 August	9月 September	10月 October	11月 November	12月 December
新建商品住宅	**New Commercial Residential Buildings**												
济南	Jinan	100.2	100.6	100.9	101.1	101.0	100.8	100.9	103.2	105.2	103.4	101.1	99.7
青岛	Qingdao	100.3	100.1	101.1	101.2	100.8	100.5	100.7	102.1	104.7	101.3	100.2	99.8
淄博	Zibo	100.1	100.0	100.2	100.2	100.1	100.1	99.9	100.0	100.2	100.1	100.0	100.1
枣庄	Zaozhuang	100.0	100.0	100.1	100.1	100.2	100.1	100.1	100.2	100.1	100.2	100.1	100.2
东营	Dongying	100.0	100.1	100.0	100.2	100.1	99.7	100.1	99.9	100.2	100.0	100.0	100.0
烟台	Yantai	100.2	100.1	100.5	100.4	100.5	100.5	100.4	100.5	100.6	100.7	100.5	100.4
潍坊	Weifang	99.9	100.0	100.3	100.1	100.2	100.0	100.0	100.2	100.3	100.4	100.5	100.3
济宁	Jining	99.9	100.2	100.2	100.1	100.0	100.1	99.7	100.2	100.3	100.5	100.3	100.3
泰安	Tai'an	99.9	100.0	100.1	100.0	100.2	100.1	100.1	100.0	100.1	100.1	100.7	100.3
威海	Weihai	99.9	99.8	100.0	100.0	99.9	100.0	100.1	100.0	100.2	100.5	100.5	100.3
日照	Rizhao	99.9	99.5	100.0	100.0	100.1	100.0	100.0	100.1	100.0	100.1	100.2	99.9
莱芜	Laiwu	100.0	100.1	100.1	100.0	100.0	99.9	99.9	100.0	100.0	100.9	100.0	99.9
临沂	Linyi	100.0	100.0	100.0	100.1	100.1	100.1	100.2	100.0	100.1	100.1	100.4	100.3
德州	Dezhou	99.9	100.0	100.1	100.1	100.1	100.1	100.1	100.1	100.1	100.2	100.5	100.5
聊城	Liaocheng	100.0	100.1	100.2	100.0	100.0	100.0	100.1	100.1	100.1	100.5	100.8	100.2
滨州	Binzhou	99.9	99.9	100.0	100.1	100.1	100.1	100.2	100.1	100.2	100.2	100.3	100.3
菏泽	Heze	99.8	100.3	100.3	100.1	100.1	100.1	100.1	100.3	100.2	100.2	100.7	100.6
二手住宅	**Second-hand House**												
济南	Jinan	100.1	100.1	100.8	100.4	100.4	100.6	100.5	102.2	105.1	102.7	101.1	100.6
青岛	Qingdao	100.1	100.2	100.2	100.3	100.2	100.1	100.4	101.1	104.9	101.2	100.5	100.4
淄博	Zibo	100.1	100.0	100.2	100.1	100.0	100.1	100.0	100.0	100.1	100.2	100.0	99.9
枣庄	Zaozhuang	99.8	100.0	100.1	100.1	100.3	100.0	100.0	100.0	100.0	100.1	100.2	100.0
东营	Dongying	100.0	100.0	100.0	100.2	100.1	99.9	100.0	100.0	100.1	100.1	100.1	100.1
烟台	Yantai	100.0	99.9	100.1	100.2	100.3	100.2	100.1	100.5	100.4	100.3	100.3	100.2
潍坊	Weifang	100.0	100.0	99.9	100.0	100.0	99.8	100.1	100.0	100.2	100.2	100.2	100.3
济宁	Jining	99.9	100.0	100.1	100.0	99.9	100.0	100.1	100.3	100.2	100.1	100.2	100.0
泰安	Tai'an	99.9	99.9	99.9	100.1	100.0	100.0	100.0	100.0	100.0	100.0	100.2	100.2
威海	Weihai	99.7	100.0	100.1	100.0	99.9	99.9	100.0	99.6	100.2	100.3	100.3	100.1
日照	Rizhao	99.8	99.9	100.1	100.1	99.9	99.9	99.9	100.0	100.0	100.2	100.0	100.0
莱芜	Laiwu	99.9	99.8	100.1	99.9	100.0	99.8	99.9	99.9	99.9	100.0	99.6	100.2
临沂	Linyi	100.0	100.1	100.0	100.0	100.0	100.0	100.2	100.0	100.0	100.0	100.4	100.0
德州	Dezhou	99.9	99.9	100.0	100.1	100.1	100.0	100.1	100.0	100.0	100.1	100.4	100.3
聊城	Liaocheng	100.0	99.9	100.0	100.2	100.0	100.1	100.1	100.1	100.2	100.4	101.1	100.1
滨州	Binzhou	99.8	99.9	100.0	100.0	100.1	100.1	100.0	100.0	100.1	100.1	101.3	100.7
菏泽	Heze	100.0	100.4	100.1	100.0	100.1	100.1	100.0	100.2	100.1	100.0	100.6	100.4

主要统计指标解释

居民消费价格指数 是反映一定时期内城乡居民所购买的生活消费品价格和服务项目价格变动趋势和程度的相对数，是对城市居民消费价格指数和农村居民消费价格指数进行综合汇总计算的结果。该指数可以观察和分析消费品的零售价格和服务价格变动对城乡居民实际生活费支出的影响程度。

城市居民消费价格指数 是反映一定时期内城市居民家庭所购买的生活消费品价格和服务项目价格变动趋势和程度的相对数。该指数可以观察和分析消费品的零售价格和服务项目价格变动对城镇职工货币工资的影响，作为研究职工生活和确定工资政策的依据。

农村居民消费价格指数 是反映一定时期内农村居民家庭所购买的生活消费品价格和服务项目价格变动趋势和程度的相对数。该指数可以观察农村消费品的零售价格和服务项目价格变动对农村居民生活消费支出的影响，直接反映农民生活水平的实际变化情况，为分析和研究农村居民生活问题提供依据。

商品零售价格指数 是反映一定时期内城乡商品零售价格变动趋势和程度的相对数。商品零售价格的变动直接影响到城乡居民的生活支出和国家的财政收入，影响居民购买力和市场供需的平衡，影响到消费与积累的比例关系。因此，该指数可以从一个侧面对上述经济活动进行观察和分析。

农业生产资料价格指数 指反映一定时期内农业生产资料价格变动趋势和程度的相对数。农业生产资料价格指数分为农用手工工具、饲料、产品畜、半机械化农具、机械化农具、化学肥料、农药及农药械、农用机油、其他农业生产资料、农业生产服务十大类。其编制目的是了解农业生产中物质资料投入价格的变动状况，服务于国民经济核算。1994年以前，农业生产资料价格指数仅仅是商品零售价格指数的一个类别，此后，从商品零售价格指数中分离出来，单独编制。

农产品生产价格指数 是反映一定时期内，农产品生产者出售农产品价格水平变动趋势及幅度的相对数。该指数可以客观反映全国农产品生产价格水平和结构变动情况，满足农业与国民经济核算需要。其中某代表品生产价格指数是通过对全部有出售该产品行为的调查单位的个体指数进行几何平均求得的，类价格指数是通过对其所属的类（或代表品）的价格指数进行加权平均求得的。季度累计价格指数的计算方法与分季指数的计算方法相同。

工业生产者价格指数 是由工业生产者出厂价格指数和工业生产者购进价格指数两部分组成。

工业生产者出厂价格指数 是反映一定时期内工业企业产品第一次出售时的出厂价格总水平的变动趋势和程度的相对数，包括工业企业售给本企业以外所有单位的各种产品和直接售给居民用于生活消费的产品。该指数可以观察出厂价格变动对工业总产值及增加值的影响。

工业生产者购进价格指数 是反映工业企业作为生产投入，而从物资交易市场和能源、原材料生产企业购买原材料、燃料和动力产品时，所支付的价格水平变动趋势和程度的统计指标，是扣除工业企业物质消耗成本中的价格变动影响的重要依据。

固定资产投资价格指数 是反映一定时期内固定资产投资品及项目的价格变动趋势和程度的相对数。固定资产投资额是由建筑安装工程投资完成额、设备工器具购置投资完成额和其他费用投资完成额三部分组成的。编制固定资产投资价格指数应首先分别编制上述三部分投资的价格指数，然后采用加权算术平均法求出固定资产投资价格总指数。

该指数可以准确地反映固定资产投资中涉及的各类投资品和取费项目价格变动趋势和变动幅度，消除按现价计算的固定资产投资指标中的价格变动因素，真实地反映固定资产投资的规模、速度、结构和效益，为国家科学地制定、检查固定资产投资计划并提高宏观调控水平，为完善国民经济核算体系提供科学的、可靠的依据。

住宅销售价格指数 是综合反映住宅商品价格总体变化趋势和变化幅度的相对数。各市住宅销售价格指数是由新建住宅销售价格指数和二手住宅销售价格指数组成。

Explanatory Notes on Main Statistical Indicators

Consumer Price Indices reflect the trend and degree of changes in prices of consumer goods and services purchased by urban and rural households during a given period. They are obtained by combining Consumer Price Indices of Urban Household and Consumer Price Indices of Rural Household. The Indices enable the observation and analysis of the degree of impact of the changes in the prices of retailed goods and services on the actual living expenses of urban and rural residents.

Urban Consumer Price Indices reflect the trend and degree of changes in prices of consumer goods and services purchased by urban households during a given period. It can be used to observe and analyze the impact of price changes in consumer goods and services on wages (in monetary terms) of urban staff and workers, and provide basis for policy making concerning the living cost and wages of staff and workers.

Rural Consumer Price Indices reflect the trend and degree of changes in prices of consumer goods and services purchased by rural households during a given period. It can be used to observe the impact of change in retail prices of consumer goods and service prices in rural areas on living expenditure of rural households, and to show the changes in the living standard of peasants. It provides basis for analysis and research on condition of life in rural areas.

Retail Price Indices reflect the trend and degree of change in retail prices of commodities during a given period. The change in retail prices of commodities directly affect the living expenditure of urban and rural residents, government revenue, purchasing power of residents and the equilibrium of market supply and demand, and the ratio of consumption to accumulation. Therefore, the retail price indices are useful to analyze the changes of the above economic activities.

Price Indices of Means of Agricultural Production reflect the trend and degree of changes in prices of means of agricultural production during a given period. Price indices of means of agricultural production are composed of 10 categories including Agricultural hand tools, feeds, Product livestock, semi-mechanized farm machinery, mechanized farm machinery, chemical fertilizers, pesticides and spraying machinery, fuels for farm machinery, other means of agricultural production and Agricultural production services. Compilation of these indices helps to understand the changes in prices of input into agricultural production and facilitate the compilation of national account statistics. Before 1994, price indices of means of agricultural production was a sub-category in the in the retail price indices of commodities, and it has been compiled separately since 1994.

Indices of Producers' Prices for Farm Products reflect the trend and degree of changes in producers' prices received by farmers when they sell farm products during a given period. These indices depict the change in the level and structure of producers' prices of farm products of the country and meet the needs of agriculture statistics and national account statistics. The producers' price index of a given product is calculated through geometrical mean of individual indices of all surveyed units who sell such product, and the indices of a product category is obtained through weighted mean of price indices of all products in the category. Method for calculating accumulative quarterly indices is the same as for calculating the distinctive quarterly indices.

Producer Price Indices for Industrial Products reflect the trend and degree of changes in price of all industrial products for the first time to sell during a given period, including sales of industrial products by an industrial enterprise to all units outside the enterprise, as well as sales of consumer goods to residents. It can be used to analyze the impact of ex factory prices on gross output value and value added of the industrial sector.

Industrial Producer Purchasing Price Indices reflect changes in the level and degree of prices paid by industrial enterprises when they purchase production input such as raw materials, fuels and power from the market or from other energy or raw materials producing enterprises. These indices provide important basis for measuring the material consumption of industrial enterprises after removing influence of price changes.

At present, close to 1,800 products in 9 categories, including fuels and power, ferrous metals, non ferrous metals, chemicals, building materials, are covered in China for the survey to produce indices of purchasing prices of raw materials, fuels and power.

Price Indices of Investment in Fixed Assets reflect the trend and degree of changes in prices of investment goods and projects in fixed assets during a given period. The investment in fixed assets consists of three components, namely the investment in construction and installation, the investment in purchases of equipment and instrument, and the investment in other items. Price indices of investment in fixed assets are calculated as the weighted arithmetic mean of the price indices of the three components of investment in fixed assets.

Removing the factor of price change in the aggregates of investment at current prices, this indicator shows the changes in the prices of commodities and fees involved in the investment of fixed assets, and can be used to observe the actual size, growth, structure, and efficiency of investment in fixed assets and provides reliable and scientific data for government planning, management, decision making, and further improving the current national accounting system.

Price Indices for Real Estate reflect the trend and degree of changes in prices of real estate during a given period, including price indices for selling houses and buildings, price indices for leasing houses and buildings and price indices for land transaction. The methods for the compilation of the three sets of indices are similar in that they all use bottom—up approach under which data are reported from lower level to higher level.

第10篇 居民生活

People's Livelihood

简 要 说 明

一、本篇资料的主要内容

本篇资料反映了全省全体居民、城镇、农村居民的家庭收支、就业、居住、耐用消费品拥有、生产和生活等方面的情况。

二、本篇资料的来源

1.本篇资料中历年城乡居民收支相关资料来源于城镇住户调查年报和农村住户调查年报，自 2013 年起，全省实施城乡住户调查一体化改革，居民收支相关资料来源于住户收支与生活状况调查年报，指标名称和口径范围有所调整，由国家统计局山东调查总队居民收支调查处整理提供。

2.本篇资料中农村住户人口与就业情况，由国家统计局山东调查总队住户专项调查处整理提供。

Brief Introduction

I. Content

Data in this chapter show the basic conditions of the people's livelihood in Shandong Province, including income and expenditure of the households, employment, housing condition, consumption and possession of the major consumer goods, etc.

II. Source of Data

(1) Data in this chapter over the years are collected by the sample survey on urban and rural households. Since 2013, Integrated Household Survey has been launched, so data of 2013 collected by annual survey of household incomes and living conditions may different from those of previous years due to the change of indexes and statistics scopes. All data are prepared and provided by the Division of Household Income and Expenditure Survey of the National Bureau of Statistics in Shandong.

(2) Data on population and employment of rural households are prepared and provided by the Division of Household Special Survey of the National Bureau of Statistics in Shandong.

10-1 主要年份城镇居民家庭基本情况
Basic Conditions of Urban Households of Major Years

年 份 Year	调查户数(户) Number of Households Surveyed (household)	平均每户家庭人口(人) Average Household Size (person)	平均每户就业人口(人) Average Number of Employed Persons per Household (person)	平均每一就业者负担人数(人) Number of Dependents per Employee (person)	人均全年可支配收入(元) Per Capita Annual Disposable Income (yuan)	人均全年消费支出(元) Per Capita Annual Consumption Expenditure (yuan)	人均住房建筑面积(平方米) Per Capita Construction Area of Building (sq.m)
1984	430	3.93	2.35	1.67	639	521	6.90
1985	900	3.57	2.10	1.70	748	670	7.77
1986	1630	3.54	2.05	1.72	854	751	9.15
1987	1730	3.53	2.05	1.72	987	813	9.61
1988	1830	3.51	2.06	1.71	1163	1026	9.96
1989	2080	3.43	2.01	1.71	1349	1161	10.25
1990	2180	3.38	2.00	1.69	1466	1229	10.05
1991	2180	3.31	1.98	1.67	1688	1407	10.49
1992	2180	3.26	1.98	1.65	1974	1599	10.80
1993	2080	3.24	1.96	1.65	2515	1947	11.20
1994	2080	3.21	1.96	1.64	3444	2635	11.88
1995	2050	3.19	1.96	1.63	4264	3285	12.35
1996	2050	3.16	1.99	1.59	4890	3771	12.13
1997	2100	3.17	2.01	1.58	5191	4041	12.70
1998	2300	3.14	1.98	1.59	5380	4144	12.82
1999	2400	3.12	1.93	1.62	5809	4515	13.10
2000	2500	3.10	1.87	1.66	6490	5022	13.75
2001	2450	3.06	1.82	1.68	7101	5252	14.17
2002	2650	3.02	1.78	1.70	7615	5596	24.57
2003	2650	2.98	1.77	1.68	8400	6069	25.67
2004	2650	2.95	1.77	1.67	9438	6674	26.39
2005	2800	2.91	1.69	1.72	10745	7457	28.49
2006	3000	2.91	1.71	1.70	12192	8468	29.29
2007	3050	2.87	1.68	1.71	14265	9667	29.80
2008	3300	2.87	1.64	1.75	16305	11007	31.33
2009	3300	2.86	1.64	1.74	17811	12013	31.80
2010	3300	2.86	1.67	1.71	19946	13118	32.09
2011	3300	2.83	1.69	1.67	22792	14561	33.18
2012	3300	2.83	1.69	1.67	25755	15778	33.44
2013	3661	2.79	1.63	1.71	26882	16646	36.39
2014	3679	2.83	1.69	1.67	29222	18323	37.30
2015	3738	2.86	1.70	1.70	31545	19854	36.36
2016	3776	2.81	1.65	1.74	34012	21495	37.51

注：1.住房建筑面积指标2001年以前为人均居住面积，2002年以后为人均建筑面积。
2.从2013年起，全省实施城乡住户调查一体化改革，居民收支调查指标与2013年前分别实施的城镇和农村住户调查的调查范围、方法、指标口径有所不同(以下相关表同)。

a)Data before 2001 on construction area of builiding means per capita living space, data after 2002 per capita floor space.

b)An integrated household survey institution has been emplemented since 2013,including both urban and rural households.The coverage,methodology and definitions used in the suvey are different from those used for the separate urban and rural household survey prior to 2013.(The same applies to tables following).

10-2 主要年份城镇居民收入
Per Capital Annual Income of Urban Households of Major Years

单位:元/人 (yuan/person)

年份 Year	可支配收入 Disposable Income	总收入 Total Income	工资性收入 Income of Wages and Salaries	经营净收入 Net Business Income	财产性收入 income from Properties	转移性收入 Income from Transfer
1984	638.6	651.8	594.8	0.4		54.8
1985	747.6	754.6	653.8	5.6		92.3
1986	853.5	855.2	717.6	6.9		125.9
1987	987.1	987.2	852.4	4.2		124.9
1988	1163.5	1169.7	976.9	4.5		183.8
1989	1349.2	1349.3	1091.6	6.5	12.1	233.6
1990	1466.2	1516.4	1233.7	5.6	15.6	256.9
1991	1687.6	1687.6	1369.9	5.6	16.3	290.4
1992	1974.5	1976.6	1680.4	5.4	27.1	259.7
1993	2515.1	2517.5	2123.5	13.0	37.4	340.9
1994	3444.4	3445.1	2940.6	1.9	54.5	445.3
1995	4264.1	4265.4	3651.1	10.3	66.6	532.3
1996	4890.2	4893.4	4315.7	4.2	103.0	465.6
1997	5190.8	5217.2	4617.4	7.2	118.9	462.0
1998	5380.1	5414.2	4737.8	16.1	118.5	532.5
1999	5809.0	5840.5	5044.0	26.7	108.1	659.0
2000	6490.0	6521.6	5561.0	74.1	112.5	769.4
2001	7101.1	7141.2	5981.9	93.2	147.8	898.9
2002	7614.5	8158.1	6703.0	155.1	79.1	1221.0
2003	8399.9	9057.6	7418.4	227.9	109.8	1301.5
2004	9437.8	10187.1	8327.1	299.9	116.8	1443.2
2005	10744.8	11607.8	9026.6	492.1	151.9	1937.3
2006	12192.2	13222.9	10442.1	558.2	220.7	2002.0
2007	14264.7	15366.3	11814.2	730.2	304.7	2517.2
2008	16305.4	17549.0	12940.6	1194.4	346.9	3067.1
2009	17811.0	19336.9	13985.8	1379.0	412.8	3559.3
2010	19945.8	21736.9	15731.2	1703.7	490.2	3811.8
2011	22791.8	24889.8	17629.4	2294.9	615.7	4349.9
2012	25755.2	28005.6	19856.1	2621.4	704.9	4823.2
2013	26882.4					
2014	29221.9					
2015	31545.3					
2016	34012.1					

10-3 主要年份城镇居民消费支出

Per Capital Annual Expenditure of Urban Households of Major Years

单位：元/人 (yuan/person)

年份 Year	消费支出 Consumption Expenditure	食品 Food	衣着 Clothing	居住 Residence	家庭设备用品及服务 Household Appliances and Services	交通和通信 Transport and Communicatio-ns	教育文化娱乐服务 Recreation, Education and Cultural Services	医疗保健 Health care and Medical Services	其他商品和服务 Miscellaneous Goods and Services
1984	520.9	312.0	85.0	24.1	41.1	12.0	30.5	3.4	12.6
1985	670.0	338.9	102.9	32.4	72.4	10.9	86.2	4.6	21.4
1986	751.3	378.4	106.4	58.7	84.8	12.8	77.4	4.6	27.6
1987	812.5	433.1	120.8	37.7	96.6	13.9	72.0	7.4	30.3
1988	1025.8	523.6	154.7	38.9	155.7	19.0	85.8	11.5	35.7
1989	1160.5	603.4	158.0	47.6	145.3	18.7	121.2	16.2	50.1
1990	1229.3	636.0	186.1	46.5	141.2	23.0	125.5	22.5	48.4
1991	1407.1	734.2	228.9	59.7	150.7	28.1	123.6	23.0	59.1
1992	1598.9	816.4	266.8	78.8	166.2	38.3	140.9	32.4	59.0
1993	1946.9	898.0	349.2	124.7	186.2	58.8	205.9	48.2	75.6
1994	2635.2	1212.5	473.6	179.5	247.7	94.9	250.2	72.4	104.2
1995	3285.5	1489.1	570.8	223.9	309.2	169.2	294.1	107.2	121.8
1996	3771.0	1651.3	657.6	262.4	323.6	194.2	397.3	147.2	137.2
1997	4040.6	1662.2	674.4	325.0	344.3	236.0	474.9	179.9	143.9
1998	4144.0	1649.5	581.0	371.3	384.6	269.5	552.0	188.1	147.8
1999	4515.1	1682.3	613.3	455.1	467.3	289.9	624.7	219.8	162.7
2000	5022.0	1755.7	665.6	482.2	474.2	375.2	754.3	322.6	192.1
2001	5252.4	1809.9	700.3	512.0	451.8	434.2	827.8	327.5	188.8
2002	5596.4	1927.6	751.8	459.7	397.0	538.5	929.1	407.7	185.0
2003	6069.4	2051.3	790.6	551.8	461.1	638.2	931.5	444.0	200.9
2004	6673.8	2310.7	829.2	601.5	457.3	801.2	983.1	484.4	206.3
2005	7457.3	2512.7	925.9	751.7	503.4	902.3	1040.0	579.0	242.3
2006	8468.4	2711.7	1091.2	838.2	526.3	1175.6	1202.0	624.1	299.5
2007	9666.6	3180.6	1238.3	1027.6	661.0	1333.6	1191.2	708.6	325.6
2008	11006.6	3699.4	1394.1	1247.0	806.4	1410.5	1277.4	799.8	372.0
2009	12012.7	3954.3	1548.8	1280.0	885.0	1719.7	1333.0	885.2	406.8
2010	13118.2	4205.9	1745.2	1408.6	915.0	2140.4	1401.8	885.8	415.6
2011	14560.7	4827.6	2008.8	1510.8	1013.8	2204.0	1538.4	938.9	518.3
2012	15778.2	5201.3	2197.0	1572.4	1126.0	2370.2	1655.9	1005.3	650.2
2013	16646.5								
2014	18322.6								
2015	19853.8								
2016	21495.3								

10-4 主要年份农村居民家庭基本情况

Basic Conditions of Rural Households of Major Years

年 份 Year	调查户数(户) Number of Households Surveyed (household)	调查户常住人口(人) Number of Permanent Residents in the Households Surveyed (person)	平均每户常住人口(人) Average Number of Permanent Residents Per Household (person)	平均每户整半劳力(人) Average Number of Full/Semi Labour Force Per Household (person)	人均住房建筑面积(平方米) Per Capita Space of Living House at Year-end (sq.m)	平均每人全年纯收入(元) Per Capita Annual Net Income (yuan)	平均每人全年消费支出(元) Expense on Household Consumption (yuan)
1978	715	4126	5.77	2.54	9.81	115	94
1979	732	4138	5.65	2.67	9.91	160	128
1980	825	4649	5.64	2.70	10.98	210	165
1981	827	4538	5.49	2.63	10.03	252	202
1982	1529	7849	5.13	2.54	10.64	300	230
1983	1438	7266	5.05	2.85	12.50	361	264
1984	1558	7730	4.96	2.86	14.54	395	287
1985	4000	18896	4.72	2.84	15.13	408	322
1986	4200	19667	4.68	2.85	15.74	449	365
1987	4200	19339	4.60	2.86	16.48	518	406
1988	4200	19074	4.54	2.86	17.34	584	482
1989	4200	18749	4.46	2.85	17.96	631	513
1990	4200	18486	4.40	2.82	18.48	680	547
1991	4200	18241	4.34	2.77	19.87	764	613
1992	4200	17886	4.26	2.75	19.31	803	656
1993	4200	17494	4.17	2.77	20.64	953	725
1994	4200	17239	4.10	2.76	21.15	1320	996
1995	4200	17089	4.07	2.78	21.56	1715	1339
1996	4200	16847	4.01	2.68	22.32	2086	1653
1997	4200	16574	3.95	2.65	23.16	2292	1626
1998	4200	16379	3.90	2.64	23.91	2453	1595
1999	4200	16116	3.84	2.60	25.07	2550	1680
2000	4200	15918	3.79	2.60	23.61	2659	1771
2001	4200	15671	3.73	2.54	24.60	2805	1905
2002	4200	15569	3.71	2.58	25.59	2954	1998
2003	4200	15405	3.67	2.62	26.53	3151	2133
2004	4200	15386	3.66	2.67	26.92	3507	2389
2005	4200	15382	3.66	2.69	29.64	3931	2736
2006	4200	15298	3.64	2.69	30.69	4368	3144
2007	4200	15204	3.62	2.69	31.69	4985	3622
2008	4200	15121	3.60	2.68	32.98	5641	4077
2009	4200	15012	3.57	2.68	34.24	6119	4417
2010	4200	14878	3.54	2.67	34.71	6990	4807
2011	4200	14722	3.51	2.53	36.31	8342	5901
2012	4200	14338	3.41	2.51	38.43	9446	6776
2013	3398	10702	3.15	2.30	39.56	10620	6877
2014	3404	10647	3.13	2.28	40.25	11809	7962
2015	3441	10810	3.13	2.28	40.91	12849	8748
2016	3470	10916	3.11	2.24	42.10		9519

注:1.1978年至1980年的住房建筑面积中包括生产用房。

a)The space of production house is included in the space of living house from 1978 to 1980.

10-5 主要年份农村居民收入
Per Capita Annual Income of Rural Households of Major Years

单位：元/人 (yuan/person)

年 份 Year	纯收入 Net Income	工资性收入 Income from Wages and Salaries	家庭经营纯收入 Income from Household Operations	财产性收入 Income from Properties	转移性收入 Income from Transfers
1978	114.6	82.4	20.8	6.8	4.6
1979	159.8	109.4	36.7	3.4	10.3
1980	210.2	141.3	44.9	9.6	14.4
1981	251.6	165.0	57.4	10.9	18.3
1982	300.0	219.9	59.9	9.5	10.7
1983	360.6	54.5	285.6	7.7	12.8
1984	395.0	63.1	314.3	4.0	13.6
1985	408.1	80.9	309.2	5.7	12.3
1986	449.3	90.7	338.9	6.9	12.8
1987	517.7	111.6	384.6	6.2	15.3
1988	583.7	143.5	415.7	9.0	15.5
1989	630.6	161.2	443.5	9.2	16.7
1990	680.2	167.8	486.0	9.4	17.0
1991	764.0	180.5	551.0	9.4	23.1
1992	802.9	228.4	536.5	15.3	22.7
1993	952.7	226.2	687.7	8.5	30.3
1994	1319.7	294.8	961.3	16.5	47.1
1995	1715.1	409.0	1230.6	28.8	46.7
1996	2086.3	522.9	1466.6	47.5	49.3
1997	2292.1	686.3	1495.1	29.6	81.1
1998	2452.8	722.7	1603.1	49.0	78.0
1999	2549.6	791.2	1599.7	68.9	89.8
2000	2659.2	850.6	1676.9	57.8	73.9
2001	2804.5	965.7	1705.3	34.7	98.8
2002	2954.0	1056.7	1728.7	53.8	114.8
2003	3150.5	1095.5	1874.5	63.9	116.6
2004	3507.4	1178.3	2147.5	64.9	116.7
2005	3930.5	1437.6	2258.0	102.8	132.1
2006	4368.3	1671.5	2409.8	127.6	159.4
2007	4985.3	1950.8	2700.5	144.3	189.7
2008	5641.4	2263.5	2963.0	163.9	251.1
2009	6118.8	2496.6	3129.3	196.1	296.8
2010	6990.3	2958.1	3456.9	238.3	337.0
2011	8342.1	3715.3	3935.2	246.4	445.2
2012	9446.4	4383.2	4234.4	257.2	571.6
2013	10619.9				
2014	11809.4				
2015	12848.6				

10-6 主要年份农村居民消费支出
Per Capita Consumption Expenditure of Rural Households of Major Years

单位：元/人 (yuan/person)

年份 Year	消费支出 Consumption Expenditure	食品 Food	衣着 Clothing	居住 Residence	家庭设备及用品 Household Facilities and Aticles	交通通信 Transport and Communications	文教娱乐 Education, Culture and Recreation	医疗保健 Health Care and Medical Services	其他 Others
1978	93.7	57.7	13.0	11.0					
1979	128.0	78.4	17.3	15.4					
1980	165.3	99.4	23.8	21.2	10.8	3.1	3.8	2.2	1.0
1981	202.1	112.7	27.0	31.7	18.6	3.8	4.3	2.8	1.2
1982	230.0	115.8	30.8	47.3	22.0	4.0	5.7	3.0	1.4
1983	264.4	134.1	34.6	50.1	25.4	5.7	8.3	4.5	1.7
1984	287.2	149.2	34.5	57.0	24.0	5.0	10.6	5.4	1.5
1985	322.0	168.2	35.7	66.1	24.3	5.4	14.2	6.7	1.4
1986	364.6	182.2	39.2	86.2	25.7	5.8	15.9	8.3	1.3
1987	406.3	202.2	42.3	97.0	27.8	5.9	20.6	9.5	1.0
1988	482.1	238.0	48.9	115.2	36.4	7.7	23.8	11.3	0.8
1989	513.1	259.1	53.5	113.2	37.3	6.0	30.5	12.7	0.8
1990	547.1	297.1	52.8	105.7	34.2	6.3	32.7	17.1	1.2
1991	613.0	333.1	60.6	105.1	39.9	10.0	41.3	20.8	2.2
1992	655.7	357.6	62.4	106.0	39.1	13.8	48.1	25.9	2.8
1993	724.5	415.6	60.2	98.8	40.6	14.8	60.3	24.7	9.5
1994	995.7	576.7	75.4	150.5	53.4	20.4	76.3	30.7	12.3
1995	1338.5	748.7	102.0	208.6	73.7	43.0	106.1	40.3	16.1
1996	1652.5	871.5	131.3	265.3	97.6	58.8	143.5	64.1	20.4
1997	1626.3	871.7	131.3	216.0	98.0	64.4	149.4	71.3	24.2
1998	1595.1	820.4	116.4	225.4	92.1	78.6	156.3	84.6	21.3
1999	1679.7	820.4	113.8	225.4	106.8	90.3	182.1	89.6	51.3
2000	1770.8	781.9	117.5	299.8	114.9	101.6	207.9	118.7	28.5
2001	1905.0	802.6	121.9	361.4	91.4	133.1	224.1	114.9	55.6
2002	1997.8	838.3	130.3	335.7	96.3	155.8	256.3	127.6	57.5
2003	2133.2	891.8	134.3	341.7	92.2	187.0	291.3	138.8	56.1
2004	2389.3	1000.1	139.2	366.0	110.1	221.9	298.2	155.9	97.9
2005	2735.8	1087.6	159.7	445.7	136.5	294.4	377.2	188.5	46.2
2006	3143.8	1191.3	198.1	548.1	158.7	352.2	408.8	221.8	64.8
2007	3621.6	1369.2	224.2	682.1	196.0	422.4	424.9	230.8	72.0
2008	4077.0	1551.8	250.3	804.8	240.9	452.6	417.3	280.5	79.0
2009	4417.2	1618.7	265.6	945.8	273.8	533.6	400.0	301.6	78.3
2010	4807.2	1804.4	305.6	832.9	324.7	649.2	421.9	383.9	84.5
2011	5900.6	2107.1	399.8	1127.0	411.6	753.0	482.7	508.4	111.0
2012	6776.1	2321.5	454.7	1399.9	405.7	937.6	501.0	635.3	120.2
2013	6877.3								
2014	7962.2								
2015	8747.6								
2016	9518.9								

10-7 调查户和调查人口基本情况(2016年)

Condition of Households Surveyed and Residents Surveyed(2016)

指 标 名 称	Indicator	全体居民 All Household	城镇居民 Urban Household	农村居民 Rural Household
一、调查户基本情况	**Basic Statistics on Households Surveyed**			
(一)调查样本住户数 (户)	Number of Households Surveyed (household)	7246	3776	3470
(二)住户类型	Types of Households Surveyed			
1.家庭居住户 (%)	Family Households (%)	98.8	97.9	100.0
2.集体居住户 (%)	Collective Households (%)	1.2	2.1	
(三)户主文化程度	Education of Head of Household			
1.未上过学 (%)	Can not Read (%)	0.4	0.2	0.6
2.小学 (%)	Primary School (%)	3.0	1.6	5.5
3.初中 (%)	Junior High School (%)	13.6	8.6	22.2
4.高中 (%)	Senior High School (%)	6.5	7.5	4.9
5.大学专科 (%)	Junior College (%)	2.9	4.3	0.5
6.大学本科 (%)	Bachelor (%)	1.9	3.0	0.0
7.研究生 (%)	Graduate (%)	0.1	0.1	
(四)农业经营户比例 (%)	Proportion of Farming Households (%)	38.4	9.7	75.0
二、期末户均调查人口 (人)	**Average Number of Residents Surveyed (person)**	**3.1**	**2.9**	**3.3**
三、期末常住成员情况	**Condition of Permanent Residents**			
(一)户均常住成员 (人)	Average Number of Permanent Residents Per Household (person)	2.9	2.8	3.1
其中：在校学生人数	Total Enrollment	0.5	0.5	0.6
(二)性别	Sex			
1.男性 (%)	Male (%)	50.7	50.8	50.6
2.女性 (%)	Female (%)	49.3	49.2	49.4
(三)户口状况	Condition of Resident Accounts			
1.农业 (%)	Agricultural (%)	62.8	34.5	95.5
2.非农业 (%)	Non-agricultural (%)	34.8	63.3	1.9
3.其他 (%)	Others (%)	2.4	2.2	2.6
四、常住从业人员情况	**Employment of Permanent Residents**			
(一)户均常住从业人数 (人)	Average Number of Employed Permanent Residents Per Household (person)	1.9	1.6	2.1
(二)就业状况	Employment			
1.雇主 (%)	Employer (%)	1.0	1.4	0.6
2.公职人员 (%)	Public Officials (%)	2.8	5.6	0.1
3.事业单位人员 (%)	Institution staff (%)	6.9	13.0	0.8
4.国有企业雇员 (%)	Employees of State-owned Enterprises (%)	5.4	10.7	0.2
5.其他雇员 (%)	Other Employees (%)	44.8	52.3	37.3
6.农业自营 (%)	Agricultural Operations (%)	29.5	7.7	51.2
7.非农自营 (%)	Non-Agricultural Operations (%)	9.6	9.3	9.9
(三)主要从事行业	Sector Employment			
1.第一产业 (%)	Primary Industry (%)	30.9	9.1	52.6
2.第二产业 (%)	Second Industry (%)	27.4	28.8	26.1
3.第三产业 (%)	Teriary Industry (%)	41.7	62.2	21.2

10-8 全体居民可支配收入
Disposable Income of All Households

单位：元/人 (yuan/person)

指 标 名 称	Indicator	2015	2016
可支配收入	**Diaposable Income**	**22703.2**	**24685.3**
一、工资性收入	**Income of Wages and Salaries**	**13143.9**	**14259.3**
(一)工资	Wage	12769.7	13752.7
(二)实物福利	Benefits in kind	28.8	34.0
(三)其他	Others	345.5	472.6
二、经营净收入	**Net Business Income**	**5078.8**	**5470.4**
(一)第一产业净收入	Net Income from Primary Industry	2027.3	2080.7
1.农业	Farming	1659.1	1676.5
2.林业	Forestry	86.5	86.4
3.牧业	Animal Husbandry	194.5	223.6
4.渔业	Fishery	87.2	94.2
(二)第二产业净收入	Net Income from Second Industry	486.2	532.4
(三)第三产业净收入	Net Income from Teriary Industry	2565.3	2857.3
三、财产净收入	**Net Income from Properties**	**1454.6**	**1632.8**
(一)利息净收入	Net Income from Interest	109.0	121.1
(二)红利收入	Income from Bonus	137.2	149.4
(三)储蓄性保险净收益	Income from Savings Insurance	12.0	5.4
(四)转让承包土地经营权租金净收入	Net Income from Land Management Rights Transfer	102.7	111.6
(五)出租房屋净收入	Ner Icome from Renting Houses	192.2	233.2
(六)出租其他资产净收入	Ner Icome from Renting Other assets	18.4	19.3
(七)自有住房折算净租金	Income from Net Rent Equivalent to the value of Owned housing	850.3	965.0
(八)其他	Others	32.8	27.8
四、转移净收入	**Net Income from Transfer**	**3025.8**	**3322.7**
(一)转移性收入	Income from Transfer	4009.9	4657.4
1.养老金或离退休金	Old-age Pensions	3075.9	3615.2
2.社会救济和补助	Relief and Pensions	34.2	46.4
3.惠农补贴	Subsidies for Agriculture from The Government	113.6	117.2
4.政策性生活补贴	Policy-living Allowance	36.0	67.4
5.报销医疗费	Allowance of Medical Expense	174.4	216.9
6.家庭外出从业人员寄回带回收入	Sent Back by Non-permanent Resident	304.2	372.1
7.赡养收入	Alimony Income	144.8	118.5
8.其他经常转移收入	Others	106.3	103.6
9.从政府和组织得到的实物产品和服务折价	Equivalent Monetary value of Physical products and services from The Government and other Organizations	20.6	22.3
(二)转移性支出	Expenditure for Transfers	984.1	1334.6
1.个人所得税	Personal Income Tax	42.2	65.4
2.社会保障支出	Social Security Expenditure	760.6	1071.0
3.外来从业人员寄给家人的支出	Sent to Familiy by Outland Employees	38.2	32.0
4.赡养支出	Alimony Expense	57.8	60.9
5.其他经常转移支出	Others	85.3	105.3

10-9 城镇居民可支配收入
Disposable Income of Urban Households

单位：元/人 (yuan/person)

指标名称	Indicator	2015	2016
可支配收入	**Diaposable Income**	**31545.3**	**34012.1**
一、工资性收入	**Income of Wages and Salaries**	**20386.1**	**21812.3**
(一)工资	Wage	19708.7	20903.2
(二)实物福利	Benefits in kind	45.9	53.0
(三)其他	Others	631.5	856.0
二、经营净收入	**Net Business Income**	**4375.2**	**4778.4**
(一)第一产业净收入	Net Income from Primary Industry	572.5	581.3
1.农业	Farming	406.4	413.6
2.林业	Forestry	22.1	8.6
3.牧业	Animal Husbandry	18.2	28.0
4.渔业	Fishery	125.8	131.1
(二)第二产业净收入	Net Income from Second Industry	540.6	588.2
(三)第三产业净收入	Net Income from Teriary Industry	3262.1	3608.9
三、财产净收入	**Net Income from Properties**	**2475.5**	**2740.2**
(一)利息净收入	Net Income from Interest	148.5	161.7
(二)红利收入	Income from Bonus	225.4	244.9
(三)储蓄性保险净收益	Income from Savings Insurance	19.6	8.1
(四)转让承包土地经营权租金净收入	Net Income from Land Management Rights Transfer	55.6	60.6
(五)出租房屋净收入	Ner Icome from Renting Houses	343.3	404.5
(六)出租其他资产净收入	Ner Icome from Renting Other assets	16.5	21.5
(七)自有住房折算净租金	Income from Net Rent Equivalent to the value of Owned housing	1619.6	1803.7
(八)其他	Others	47.0	35.1
四、转移净收入	**Net Income from Transfer**	**4308.5**	**4681.2**
(一)转移性收入	Income from Transfer	5851.7	6777.3
1.养老金或离退休金	Old-age Pensions	5323.7	6145.7
2.社会救济和补助	Relief and Pensions	36.8	39.5
3.惠农补贴	Subsidies for Agriculture from The Government	21.5	19.7
4.政策性生活补贴	Policy-living Allowance	56.1	96.1
5.报销医疗费	Allowance of Medical Expense	120.9	178.0
6.家庭外出从业人员寄回带回收入	Sent Back by Non-permanent Resident	89.5	139.7
7.赡养收入	Alimony Income	109.1	100.1
8.其他经常转移收入	Others	71.1	58.5
9.从政府和组织得到的实物产品和服务折价	Equivalent Monetary value of Physical products and services from The Government and other Organizations	23.1	24.3
(二)转移性支出	Expenditure for Transfers	1543.2	2096.1
1.个人所得税	Personal Income Tax	78.6	119.4
2.社会保障支出	Social Security Expenditure	1195.5	1672.6
3.外来从业人员寄给家人的支出	Sent to Familiy by Outland Employees	71.3	59.7
4.赡养支出	Alimony Expense	94.4	97.6
5.其他经常转移支出	Others	103.5	146.8

10-10 农村居民可支配收入
Disposable Income of Rural Households

单位：元/人 (yuan/person)

指 标 名 称	Indicator	2015	2016
可支配收入	**Diaposable Income**	**12930.4**	**13954.1**
一、工资性收入	**Income of Wages and Salaries**	**5139.5**	**5569.1**
(一)工资	Wage	5100.2	5525.6
(二)实物福利	Benefits in kind	9.9	12.1
(三)其他	Others	29.3	31.4
二、经营净收入	**Net Business Income**	**5856.4**	**6266.6**
(一)第一产业净收入	Net Income from Primary Industry	3635.2	3805.9
1.农业	Farming	3043.6	3129.5
2.林业	Forestry	157.7	175.9
3.牧业	Animal Husbandry	389.3	448.8
4.渔业	Fishery	44.6	51.7
(二)第二产业净收入	Net Income from Second Industry	426.2	468.2
(三)第三产业净收入	Net Income from Teriary Industry	1795.0	1992.5
三、财产净收入	**Net Income from Properties**	**326.3**	**358.7**
(一)利息净收入	Net Income from Interest	65.3	74.4
(二)红利收入	Income from Bonus	39.7	39.6
(三)储蓄性保险净收益	Income from Savings Insurance	3.7	2.2
(四)转让承包土地经营权租金净收入	Net Income from Land Management Rights Transfer	154.7	170.2
(五)出租房屋净收入	Ner Icome from Renting Houses	25.3	36.2
(六)出租其他资产净收入	Ner Icome from Renting Other assets	20.6	16.9
(七)自有住房折算净租金	Income from Net Rent Equivalent to the value of Owned housing		
(八)其他	Others	17.1	19.3
四、转移净收入	**Net Income from Transfer**	**1608.1**	**1759.7**
(一)转移性收入	Income from Transfer	1974.2	2218.2
1.养老金或离退休金	Old-age Pensions	591.4	703.5
2.社会救济和补助	Relief and Pensions	31.3	54.3
3.惠农补贴	Subsidies for Agriculture from The Government	215.4	229.5
4.政策性生活补贴	Policy-living Allowance	13.8	34.4
5.报销医疗费	Allowance of Medical Expense	233.5	261.7
6.家庭外出从业人员寄回带回收入	Sent Back by Non-permanent Resident	541.6	639.5
7.赡养收入	Alimony Income	184.3	139.7
8.其他经常转移收入	Others	145.1	155.6
9.从政府和组织得到的实物产品和服务折价	Equivalent Monetary value of Physical products and services from The Government and other Organizations	17.8	20.0
(二)转移性支出	Expenditure for Transfers	366.0	458.5
1.个人所得税	Personal Income Tax	2.0	3.2
2.社会保障支出	Social Security Expenditure	279.8	378.8
3.外来从业人员寄给家人的支出	Sent to Familiy by Outland Employees	1.7	0.2
4.赡养支出	Alimony Expense	17.4	18.8
5.其他经常转移支出	Others	65.1	57.6

10−11 全体居民消费支出

Expense on Consumption of All Households

单位：元/人 (yuan/person)

指 标 名 称	Indicator	2015	2016
消费支出	**Expense on Household Consumption**	**14578.4**	**15926.4**
一、食品烟酒	Food,Tobacco and liquor	4166.2	4489.5
二、衣着	Clothing	1276.6	1326.1
三、居住	Residence	2903.3	3214.7
四、生活用品及服务	Supplies and Services	1038.1	1124.5
五、交通和通信	Transport and Communications	2104.2	2324.8
六、教育、文化和娱乐	Recreation,Education and Cultural	1557.3	1754.6
七、医疗保健	Health care	1180.1	1339.0
八、其他用品及服务	Others	352.7	353.1

10−12 城镇居民消费支出

Expense on Consumption of Urban Households

单位：元/人 (yuan/person)

指 标 名 称	Indicator	2015	2016
消费支出	**Expense on Household Consumption**	**19853.8**	**21495.3**
一、食品烟酒	Food,Tobacco and liquor	5527.4	5929.4
二、衣着	Clothing	1943.0	1977.7
三、居住	Residence	4058.4	4473.1
四、生活用品及服务	Supplies and Services	1476.5	1576.5
五、交通和通信	Transport and Communications	2747.7	3002.5
六、教育、文化和娱乐	Recreation,Education and Cultural	2141.1	2399.3
七、医疗保健	Health care	1416.1	1610.0
八、其他用品及服务	Others	543.5	526.9

10-13 农村居民消费支出

Expense on Consumption of Rural Households

单位：元/人 (yuan/person)

指 标 名 称	Indicator	2015	2016
消费支出	**Expense on Household Consumption**	**8747.6**	**9518.9**
一、食品烟酒	Food,Tobacco and liquor	2661.6	2832.8
二、衣着	Clothing	540.0	576.4
三、居住	Residence	1626.6	1766.8
四、生活用品及服务	Supplies and Services	553.5	604.4
五、交通和通信	Transport and Communications	1393.0	1545.1
六、教育、文化和娱乐	Recreation,Education and Cultural	912.1	1012.9
七、医疗保健	Health care	919.2	1027.3
八、其他用品及服务	Others	141.8	153.3

10-14 居民家庭能源消费数量和金额(2016年)

Energy consumption of Households(2016)

指 标 名 称		Indicator		全体居民 All Households		城镇居民 Urban Households		农村居民 Rural Households	
				数量 Amount	金额 (元/人) Money (yuan/person)	数量 Amount	金额 (元/人) Money (yuan/person)	数量 Amount	金额 (元/人) Money (yuan/person)
一、生活用电	**(度)**	**Electricity Consumption**	**(kwh)**	**526.1**	**293.7**	**642.9**	**360.8**	**391.7**	**216.5**
二、生活用燃料		**Living With Fuel**							
(一)燃气		Gas							
1.罐装液化石油气	(公斤/人)	Bottled LPG	(kg/person)	10.4	50.4	8.2	41.4	12.9	60.7
2.管道煤气	(立方米/人)	Gas Pipeline	(Cum/person)	0.3	0.7	0.3	0.9	0.4	0.4
3.管道天然气	(立方米/人)	Natural gas pipeline	(Cum/person)	20.6	50.0	37.7	91.5	0.9	2.3
(二)燃料用油		Fuel Oil							
1.汽油	(升/人)	Gasoline	(Liters/person)						
2.柴油	(升/人)	Diesel Oil	(Liters/person)	0.04	0.3	0.05	0.4	0.02	0.2
(三)其他燃料		Other Fuels							
1.煤炭	(公斤/人)	Coke	(kg/person)	157.5	132.6	88.1	76.5	237.4	197.2
2.柴	(公斤/人)	Firewood	(kg/person)	0.00	0.10	0.00	0.06	0.01	0.15
3.草	(公斤/人)	Grass	(kg/person)	0.00	0.04	0.00	0.05	0.00	0.02
4.沼气	(立方米/人)	Biogas	(Cum/person)	0.03	0.04	0.00	0.01	0.06	0.08

10−15 居民家庭食品消费数量(2016年)
Food Consumption of Households(2016)

单位：公斤/人 (kg/person)

指标名称	Indicator	全体居民 All Households	城镇居民 Urban Households	农村居民 Rural Households
一、粮食	**Grain**	**125.7**	**114.5**	**138.6**
(一)谷物	Cereal	115.8	103.9	129.5
1.大米	Wheat	13.7	16.6	10.4
2.面粉	Rice	90.9	77.2	106.6
3.玉米	Corn	4.4	2.3	6.9
4.其他谷物及制品	Others	6.8	7.9	5.7
(二)薯类	Tubers	1.9	1.9	1.8
1.红薯	Sweet Potato	1.1	1.0	1.2
2.马铃薯	Potato	0.4	0.5	0.3
3.其他薯类及制品	Others	0.4	0.4	0.3
(三)豆类	Beans	8.1	8.7	7.3
1.大豆	Soybean	1.0	0.8	1.1
2.其他豆类	Others	7.1	7.9	6.2
二、食用油	**Cooking oil**	**8.7**	**9.1**	**8.3**
(一)食用植物油	Edible vegetable oil	8.7	9.1	8.2
(一)食用动物油	Edible animal oil	0.1	0.0	0.1
三、蔬菜及食用菌	**Vegetables and Mushroom**	**94.4**	**106.5**	**80.5**
(一)鲜菜	Fresh Vegetables	91.3	102.8	78.1
(二)干菜及菜制品	Dried Vegetables and Products	1.1	1.2	1.0
(三)鲜菌	Fresh Mushrooms	1.7	2.1	1.2
(四)干菌及制品	Dry Bacteria and Products	0.3	0.4	0.2
四、肉禽及制品	**Products of Meat and Poultry**	**27.0**	**31.7**	**21.7**
(一)肉类	Meat	20.7	24.7	16.0
1.猪肉	Pork	12.8	14.5	10.8
2.牛肉	Beef	1.1	1.9	0.3
3.羊肉	Mutton	1.3	1.7	0.8
4.其他肉类及制品	Other meat and Processed Products	5.5	6.7	4.1
(二)禽类	Poultry	6.3	6.9	5.6
1.鸡	Chickens	4.1	4.2	3.9
2.鸭	Ducks	0.2	0.3	0.1
3.鹅	Gooses	0.0	0.0	0.0
4.其他禽类及制品	Other Poultry and Processed Products	2.0	2.3	1.6
五、水产品	**Aquatic Products**	**11.7**	**15.9**	**6.8**
(一)鱼类	Fish	6.3	7.8	4.5
(二)虾蟹贝类	Shrimp,Shellfish and Crab	3.9	5.9	1.5
(三)藻类	Algae	0.3	0.5	0.2
(四)其他水产品及制品	Others	1.2	1.7	0.6
六、蛋类	**Eggs and Products**	**16.7**	**17.9**	**15.5**
(一)鲜蛋	Fresh Eggs	16.3	17.2	15.2
(二)蛋制品	Egg Products	0.5	0.7	0.3
七、奶类	**Milk and Dairy Products**	**17.7**	**22.9**	**11.8**
(一)鲜奶	Fresh Milk	11.2	14.9	6.8
(二)酸奶	Yoghurt	4.5	5.6	3.1
(三)奶粉	Milk Powder	0.4	0.4	0.3
(四)其他奶制品	Other Milk Products	1.7	1.9	1.5
八、干鲜瓜果类	**Dried and Fresh Melons and Fruits**	**68.3**	**80.3**	**54.4**
(一)鲜瓜果	Fresh Melons and Fruits	62.7	73.5	50.3
(二)瓜果制品	Processed Products of melons and Fruits	1.3	1.7	0.8
(三)坚果类	Nuts and Processed Products	4.3	5.1	3.3
九、糖果糕点类	**Candy and Pastry**	**7.5**	**8.8**	**6.0**
(一)食糖	Sugar	1.0	1.0	1.0
(二)糖果	Candy	0.5	0.6	0.4
(三)糕点	Pastry	5.1	5.9	4.2
(四)其他糖果糕点	Others	0.9	1.2	0.5

10−16 居民家庭住房和耐用消费品拥有情况(2016年)
Household Ownership of Housing and Durables Consumer Goods(2016)

单位：% (%)

指标名称	Indicator	全体居民 All Households	城镇居民 Urban Households	农村居民 Rural Households
一、现住房情况	**Housing Condition**			
(一)人均住房建筑面积 (平方米)	Per Capita Construction Area of Building (sq.m)	39.6	37.5	42.1
(二)按居住空间样式分的户数比重	Proportion of Housing Style			
1.单栋楼房	Single Building Housing	8.4	8.4	8.3
2.单栋平房	Single Bungalow	49.7	20.4	87.0
3.单元房	Units Housing	39.3	68.5	2.1
4.筒子楼或连片平房	Tube-shaped Apartment or Contiguous Bungalow	2.0	2.4	1.4
5.其他	Others	0.7	0.3	1.1
(三)按主要建筑材料分的户数比重	Proportion of Housing Building Materials			
1.钢筋混凝土	Reinforced Concrete	27.4	43.2	7.3
2.砖混材料	Brick and Concrete Materials	44.9	45.2	44.6
3.砖瓦砖木	Brick and Wood Materials	26.6	11.1	46.3
4.竹草土坯	Bamboo,Grass, Adobe Materials	0.8	0.3	1.5
5.其他	Others	0.3	0.2	0.3
(四)按房屋来源分的户数比重	Proportion of Housing Source			
1.租赁住房	Leasehold	1.1	1.9	0.2
2.自建住房	Self-built	56.8	25.4	96.8
3.购买商品房	Commercial Housing	23.1	40.3	1.3
4.购买房改住房	Reform Housing	9.1	16.1	0.1
5.购买保障性住房	Indemnificatory Housing	1.2	1.9	0.2
6.拆迁安置房	Resettlement Housing	5.7	9.9	0.4
7.继承或获赠住房	Inheritance or Gift Housing	0.7	0.7	0.7
8.其他	Others	2.2	3.8	0.2
(五)住房外道路为硬化路面的户比重	Proportion of Hardening Road Near Housing	92.3	97.4	85.8
二、生活设施状况	**Living Condition**			
(一)饮用水状况	Drinking Water Condition			
1.是否有管道设施	Pipeline Facilities Condition			
①管道供水入户	Pipeline into Housing	91.7	96.3	85.9
②管道供水至公共取水点	Pipeline into Public Points	1.8	1.8	1.7
③没有管道设施	No Pipeline Facilities	6.5	1.9	12.3
2.主要饮用水来源	Source of Drinking Water			
①经过净化处理的自来水	Tap Water	77.9	89.5	63.1
②受保护的井水和泉水	Protected Wells and Springs	14.9	4.8	27.7
③不受保护的井水和泉水	Non-Protected Wells and Springs	4.0	1.7	6.9
④江河湖泊水	Rivers and Lakes Water	0.5	0.4	0.6
⑤其他饮用水来源	Others(%)	2.8	3.6	1.7

10-16 续表 continued

单位：% (%)

指 标 名 称	Indicator	全体居民 All Households	城镇居民 Urban Households	农村居民 Rural Households
3.获取饮用水存在的主要困难	Major Difficulty on Obtaining Drinking Water			
①单次取水往返时间超过半小时	Round-trip Time More Than Half Hour	0.5	0.3	0.8
②间断或定时供水	Intermittent or Regular Supply	5.8	2.3	10.3
③当年连续缺水超过15天	Water over More than 15 days	0.1	0.0	0.2
④获取饮用水无困难	No Difficulty	93.6	97.4	88.7
4.饮用前家里采取的主要处理措施	Treatment of Drinking Water			
①煮沸	Boiling	91.5	91.5	91.4
②加漂白剂/氯等	Add bleach / chlorine	0.3	0.5	0.2
③使用水过滤器	Water Filter	2.1	2.8	1.3
④其他处理措施	Others	1.0	0.7	1.4
⑤没有任何水处理措施	No Treatment	5.1	4.6	5.7
(二)住宅内厕所状况	Toilet Condition			
1.水冲式卫生厕所	Flushing Sanitary Toilet	51.5	80.2	15.0
2.水冲式非卫生厕所	Flushing Non-Sanitary Toilet	1.3	0.9	1.9
3.卫生旱厕	Sanitary toilet	12.6	5.8	21.2
4.普通旱厕	Ordinary Toilet	33.8	11.7	61.9
5.无厕所	No Toilet	0.8	1.4	
(三)主要炊用能源	Major Source of Cooking			
1.天然气、煤气、液化石油气	Natural Gas, Coal Gas, Liquefied Petroleum Gas	62.1	82.2	36.4
2.煤炭	Coal	6.3	2.8	10.8
3.电	Electricity	15.3	10.7	21.3
4.沼气	Biogas	0.0	0.0	0.0
5.其他	Others	16.2	4.3	31.5
三、每百户耐用消费品拥有情况	**Number of Durable Consumer Goods Owned by Per 100 Households**			
(一)家用汽车 (辆)	Automobiles (unit)	44.1	55.6	29.4
(二)摩托车 (辆)	Motorcycles (unit)	36.4	18.1	59.7
(三)电冰箱(柜) (台)	Refrigerators (unit)	98.4	100.1	96.2
(四)洗衣机 (台)	Washing Machines (unit)	94.8	97.1	91.7
(五)热水器 (台)	Water Heaters (unit)	88.7	95.5	80.1
其中：太阳能热水器 (台)	Solar Water Heaters (unit)	68.2	63.1	74.8
(六)空调 (台)	Air Conditioner (unit)	90.9	121.6	51.8
(七)彩色电视机 (台)	Color TV Sets (unit)	107.8	106.7	109.1
(八)摄像机 (台)	Pickup Cameras (unit)	5.7	9.5	0.7
(九)照相机 (台)	Cameras (unit)	24.1	38.9	5.2
(十)计算机 (台)	Computers (unit)	61.5	80.2	37.5
其中：接入互联网的计算机 (台)	Computers With Internet Access (unit)	50.9	68.1	28.9
(十一)中高档乐器 (架)	High-grade Instruments (unit)	3.4	5.6	0.6
(十二)固定电话 (线)	Fixed-line Phones (unit)	28.4	33.2	22.2
(十三)移动电话 (部)	Mobile Phones (unit)	220.7	222.4	218.6
其中：接入互联网的移动电话 (部)	Mobile Phones With Internet Access (unit)	102.6	126.2	72.4

10-17 社区基础设施和居民享有的基本社会服务情况(2016年)

Community Infrastructure and Basic Social Services(2016)

单位：% (%)

指标名称	Indicator	全体居民 All Households	城镇居民 Urban Households	农村居民 Rural Households
一、社区基础设施情况和基本公共服务	**Community Infrastructure and Basic Social Services**			
(一)社区通公路的户比重	Proportion of Community Access Roads	100.0	100.0	100.0
(二)社区能便利地乘坐公共汽车的户比重	Proportion of Communities Through Bus	88.7	98.3	76.6
(三)社区通电的户比重	Proportion of Community Having Powered	100.0	100.0	100.0
(四)社区通电话的户比重	Proportion of Community Having Phone	100.0	100.0	100.0
(五)社区能接收有线电视信号的户比重	Proportion of Communities Can Receive TV signals	100.0	100.0	99.9
(六)社区饮用水经过了集中净化处理的户比重	Proportion of Community Drinking Purification water	80.9	90.7	68.3
(七)社区主要饮用水水源无化学污染的户比重	Proportion of Community Water Source Free of Chemical Contamination	95.5	93.6	97.8
(八)社区开通了管道燃气的户比重	Proportion of Community Open Gas Pipeline	42.5	74.2	2.1
(九)社区有集中供暖的户比重	Proportion of Community Have Central Heating	42.1	73.7	1.9
(十)按进社区道路状况分的户比重	Proportion of Road Into the Community			
1.水泥或柏油路面	Cement or Asphalt Road	97.1	98.9	94.9
2.沙石或石板等硬质路面	Hardening Road	2.4	0.9	4.3
3.其他	Others	0.5	0.2	0.8
(十一)按社区内主要道路状况分的户比重	Proportion of Community Road Conditions			
1.水泥或柏油路面	Cement or Asphalt Road	95.2	98.8	90.6
2.沙石或石板等硬质路面	Hardening Road	3.6	0.9	7.1
3.其他	Others	1.2	0.3	2.3
(十二)社区主要道路有路灯的户比重	Proportion of Community Main Road Have Streetlights	94.4	98.9	88.8
(十三)社区内垃圾能集中处理的户比重	Proportion of Community Can Focus Process Garbage	95.6	99.2	91.0
(十四)社区有健身器材的户比重	Proportion of Community With Fitness Equipment	83.7	90.6	74.9
(十五)社区有绿化园林景观的户比重	Proportion of Community Have Green Landscape	58.3	78.7	32.4
(十六)社区有卫生站(室)的户比重	Proportion of Community Have Health Stations	89.6	91.2	87.5
(十七)按上幼儿园便利程度分的户比重	Proportion of Classification by Kindergarten			
1.社区内有，且便利	Community kindergarten,Convenience	61.9	70.7	50.6
2.社区内无，但入园较便利	No Community kindergarten,Convenience	33.9	28.1	41.4
3.不便利	No Convenience	4.2	1.2	7.9
(十八)按上小学便利程度分的户比重	Proportion of Classification by Primary school and Convenience			
1.社区内有，且便利	Community Primary school,Convenience	43.0	48.5	36.1
2.社区内无，但入学较便利	No Community Primary school,Convenience	53.1	50.8	56.1
3.不便利	No Convenience	3.9	0.7	7.9
(十九)社区本年度未发生盗窃或其他刑事案件的户比重	Proportion of Community Without Theft or Other Criminal Cases	81.8	80.1	84.0
(二十)社区有安全保卫的户比重	Proportion of Community with Security	62.2	78.7	41.1
(二十一)行政村拥有合法行医证的医生的户比重	Proportion of Village have Legitimate Doctor	46.2	14.6	86.5
(二十二)行政村有合格接生员的户比重	Proportion of Village Have Qualified Midwives	2.6	1.9	3.6
二、社会保障	**Social Securities**			
参加医疗保险或享受公费医疗的人数比重	Proportion of Participated Medical Insurance or Public Health Services			
1.新型农村合作医疗	New Rural Cooperative Medical	56.3	25.2	92.0
2.城镇职工基本医疗保险	Urban Basic Medical Insurance	24.4	42.3	3.8
3.(城镇)居民基本医疗保险	Resident Basic Medical Insurance	18.4	27.5	7.9
4.公费医疗	Public Health Services	0.6	1.0	0.1
5.商业医疗保险	Commercial Medical Insurance	1.3	1.7	0.8
6.其他医疗保险	Others	0.7	1.3	0.1
7.没有参加任何医疗保险	No Medical Insurance	2.4	3.8	0.8

10-18 各市城镇居民主要指标(2016年)

Major Indicatous of Urban Households by Region(2016)

单位:元/人 (yuan/person)

地区	Region	可支配收入 Disposable Income	工资性收入 Income of Wages and Salaries	经营净收入 Net Business Income	财产净收入 Net Income from Properties	转移净收入 Net Income from Transfer	消费支出 Expense on Household Consumption
济南市	Jinan	43052	25253	2580	7210	8010	28537
青岛市	Qingdao	43598	26898	6846	3910	5945	28285
淄博市	Zibo	36436	25342	3636	3251	4207	23697
枣庄市	Zaozhuang	27708	20289	3715	1442	2262	15932
东营市	Dongying	41580	29057	3273	3705	5544	24879
烟台市	Yantai	38744	22832	6911	3718	5283	25737
潍坊市	Weifang	33609	18988	6786	3316	4518	20976
济宁市	Jining	29987	21091	2880	1831	4186	18202
泰安市	Tai'an	30299	20726	3293	2349	3932	17900
威海市	Weihai	39363	23663	6957	3190	5553	25639
日照市	Rizhao	28340	21552	4757	1415	617	17957
莱芜市	Laiwu	32364	24717	1824	1665	4159	18523
临沂市	Linyi	30859	17021	10417	1892	1530	14468
德州市	Dezhou	22760	14404	5264	1583	1509	14131
聊城市	Liaocheng	23277	17139	3654	1463	1021	13516
滨州市	Binzhou	30583	19782	4263	2439	4099	20728
菏泽市	Heze	22122	10408	5147	2221	4346	13767

10-18 续表 continued

单位:元/人 (yuan/person)

地区	Region	食品烟酒 Food, Tobacco and liquor	衣着 Clothing	居住 Residence	生活用品及服务 Supplies and Services	交通通信 Transport and Communications	教育、文化和娱乐 Recreation, Education and Cultural	医疗保健 Health care	其他用品及服务 Others
济南市	Jinan	6908	1927	8307	2279	3919	2878	1712	606
青岛市	Qingdao	8473	2882	6105	1962	4089	2553	1490	731
淄博市	Zibo	5993	2280	5453	1830	3188	2978	1540	434
枣庄市	Zaozhuang	4736	1341	3750	1330	2053	1736	702	283
东营市	Dongying	5896	2695	5791	1554	4230	2619	1538	554
烟台市	Yantai	8018	2721	5463	1717	3360	2091	1634	735
潍坊市	Weifang	4931	1620	4170	1331	4162	2526	1874	361
济宁市	Jining	5478	1650	3483	1528	2258	2067	1268	470
泰安市	Tai'an	4649	1575	3720	1365	2429	2315	1599	248
威海市	Weihai	7625	3058	4090	1872	3764	2331	1932	965
日照市	Rizhao	5290	1691	2915	1411	3426	1694	890	639
莱芜市	Laiwu	4694	1659	4499	1449	2701	2048	1205	267
临沂市	Linyi	3908	1324	3032	1028	2833	1412	703	228
德州市	Dezhou	4250	1144	3356	727	2060	1215	1108	271
聊城市	Liaocheng	4155	1293	2724	704	1642	1620	1066	311
滨州市	Binzhou	5882	1961	4324	1583	2820	2307	1335	517
菏泽市	Heze	4119	967	3216	858	1583	1476	1319	230

10-19 各市农村居民主要指标(2016年)
Major Indicators of Rural Households by Region(2016)

单位:元/人 (yuan/person)

地 区	Region	可支配收入 Disposable Income	工资性收入 Income of Wages and Salaries	经营净收入 Net Business Income	财产净收入 Net Income from Properties	转移净收入 Net Income from Transfer	消费支出 Expense on Household Consumption
济南市	Jinan	15346	8672	5713	309	652	9396
青岛市	Qingdao	17969	10074	7381	257	258	12006
淄博市	Zibo	15674	12194	2020	385	1075	11225
枣庄市	Zaozhuang	13018	7294	4567	80	1076	8573
东营市	Dongying	14999	6899	6212	1421	466	11348
烟台市	Yantai	16721	7376	6992	731	1621	11651
潍坊市	Weifang	16098	9203	5057	537	1302	10027
济宁市	Jining	13615	8979	3862	120	654	8812
泰安市	Tai'an	14428	9848	3177	210	1193	9297
威海市	Weihai	17573	9110	5226	296	2941	10780
日照市	Rizhao	13379	8314	4367	92	606	7264
莱芜市	Laiwu	14852	6757	6702	172	1220	10413
临沂市	Linyi	11646	6214	4459	147	826	7364
德州市	Dezhou	12248	6201	4572	114	1361	9887
聊城市	Liaocheng	11387	5015	4644	207	1521	8255
滨州市	Binzhou	13736	4980	6736	304	1715	9574
菏泽市	Heze	10705	3346	4078	68	3213	8342

10-19 续表 continued

单位:元/人 (yuan/person)

地 区	Region	食品烟酒 Food, Tobacco and liquor	衣着 Clothing	居住 Residence	生活用品及服务 Supplies and Services	交通通信 Transport and Communications	教育、文化和娱乐 Recreation, Education and Cultural	医疗保健 Health care	其他用品及服务 Others
济南市	Jinan	3028	518	1757	621	1592	970	762	149
青岛市	Qingdao	3651	905	2586	813	2113	1004	658	275
淄博市	Zibo	3163	779	2185	729	1646	1407	1169	147
枣庄市	Zaozhuang	2846	667	1610	705	1112	877	630	127
东营市	Dongying	2678	609	2389	532	3088	1389	541	122
烟台市	Yantai	4067	868	2178	628	1662	936	1011	302
潍坊市	Weifang	2835	642	2049	637	1721	1131	830	182
济宁市	Jining	2831	591	1566	575	1313	980	815	142
泰安市	Tai'an	3006	493	1750	564	1179	935	1253	116
威海市	Weihai	3352	1019	1805	745	1572	928	1180	179
日照市	Rizhao	2384	717	1671	456	1120	613	252	51
莱芜市	Laiwu	3183	571	2249	607	1587	802	1299	115
临沂市	Linyi	2177	428	1796	552	950	786	586	90
德州市	Dezhou	2998	536	3414	578	1041	494	701	124
聊城市	Liaocheng	2563	467	1696	508	991	981	869	181
滨州市	Binzhou	2888	570	1762	595	1606	1075	911	166
菏泽市	Heze	2849	608	1251	527	1205	1071	728	104

10-20 农村住户人口与就业情况
Population and Employment of Rural Households

单位:人 (person)

类别	Category	2012	2013	2014	2015	2016
一、农村住户人口状况	**Population of Rural Households**					
(一)家庭人口	Households Population	14591	15509	15519	15765	15919
(二)家庭人口与户主关系	Relationship with the Head of Household					
1.户　主	the Head of the Household	4200	4802	4802	4844	4881
2.配　偶	Spouses	4030	4424	4444	4588	4685
3.子　女	Children	5221	5165	5144	5237	5296
4.孙子女	Grandchildren	736	705	755	782	811
5.父　母	Parents	356	376	342	291	237
6.祖父母	Grandparents	8	14	11	5	2
7.兄弟姐妹	Brothers and Sisters	14	17	15	11	2
8.其他亲属	Other Relatives	24	6	6	7	5
9.非亲属	Unrelated	2				
(三)年龄状况	Age Status					
1.6岁及以下	6 Year-old and Under	797	977	906	895	928
2.7-15岁	Between 7 and 15 Year-old	1617	1514	1559	1721	1885
3.16-18岁	Between 16 and 18 Year-old	479	481	543	554	587
4.19-22岁	Between 19 and 22 Year-old	835	637	591	672	744
5.23-25岁	Between 23 and 25 Year-old	926	955	777	639	465
6.26-30岁	Between 26 and 30 Year-old	915	1105	1197	1144	1076
7.31-40岁	Between 31 and 40 Year-old	1798	1829	1772	1799	1848
8.41-50岁	Between 41 and 50 Year-old	3246	3358	3286	3409	3528
9.51-60岁	Between 51 and 60 Year-old	2332	2463	2572	2738	2781
10.61岁及以上	61 Year-old and Above	1646	2190	2316	2194	2077
二、农村住户劳动力素质状况	**Labor Force Quality of Rural Households**					
(一)整半劳动力数	Number of Full/Semi Labour Force	11530	12295	12358	12178	12194
#男劳动力人数	Number of Male Labour Force	5928	6387	6397	6369	6368
整劳动力人数	Number of Full Labour Force	6913	7052	6874	6824	6776
(二)年龄状况	Age Status					
1.16-18岁	Between 16 and 18 Year-old	477	481	543	552	586
2.19-22岁	Between 19 and 22 Year-old	832	635	588	670	742
3.23-25岁	Between 23 and 25 Year-old	919	947	773	636	463
4.26-30岁	Between 26 and 30 Year-old	912	1100	1193	1137	1068
5.31-40岁	Between 31 and 40 Year-old	1766	1815	1758	1788	1843
6.41-50岁	Between 41 and50 Year-old	3184	3322	3256	3383	3509
7.51-60岁	Between51 and 60 Year-old	2249	2410	2515	2616	2641
8.61岁及以上	61 Year-old and Above	1191	1585	1732	1396	1342

10-20 续表 1 continued

单位:人 (person)

类　别	Category	2012	2013	2014	2015	2016
(三)文化程度	Education of Labor Force					
1.不识字或识字很少	Can Not Read or Read Very Little	399	464	444	291	283
2.小学	Primary School	2047	2471	2303	1980	1768
3.初中	Junior High School	6242	6661	6782	6815	6906
4.高中(中专)	Senior High School	1651	1907	1965	2150	2221
5.中专	Secondary School	469				
6.大专及以上	Junior College and over	722	792	864	942	1016
三、农村住户劳动力就业情况	**Employment of Rural Labor Force**					
(一)就业劳动力人数	Number of Full/Semi Labour Force	10347	10983	10814	10926	10880
#男劳动力人数	Number of Male Labour Force	5448	5800	5745	5805	5790
整劳动力人数	Number of Full Labour Force	6231	6358	6114	5972	5864
(二)年内就业状况	Employment during the year					
1.本地务农	Engaged Agriculture at Local	7944	8040	7428	7275	7007
2.本地非农自营	Operating at Local	1058	1102	1108	1060	1103
3.本地非农务工	Working at local	3780	3560	3686	3697	3568
4.外出从业	Working Outside	2196	2233	2151	2214	2207
(三)主要就业地点	Place of Employment					
1.乡　内	In the Village	8397	8983	8814	8843	8761
2.县内乡外	In the County but outside the Village	799	801	802	891	838
3.省内县外	In the Province but outside the County	781	879	882	862	928
4.国内省外	In China but outside the Province	362	314	308	320	335
5.国　外	Abroad	8	6	8	10	18
(四)行业分布	Sector Employment					
1.第一产业	Primary Industry	5084	5383	4826	4716	4625
2.第二产业	Secondary Industry	3056	3329	3405	3426	3401
3.第三产业	Teriary Industry	2207	2271	2583	2784	2854
(五)年内从业时间(月)	Working time during the year (month)					
1.本地务农	Engaged Agriculture at Local	43094	42421	39367	38991	37029
2.本地非农自营	Operating at Local	8213	8771	9567	9363	9758
3.本地非农务工	Working at local	23739	26059	28996	30685	29571
4.外出从业	Working Outside	18860	19340	19444	19084	19876
(六)年末就业状况	Employment at Year-end					
1.本地务农	Engaged Agriculture at Local	5192	5289	4775	4691	4553
2.本地非农自营	Operating at Local	813	875	941	929	990
3.本地非农务工	Non-agriculture Employment at local	2139	2411	2789	2927	2890
4.外出从业	Non-local Employment	1952	2021	1978	1995	2011
5.其他从业	Other Employment	113	132	130	121	158
6.未从业	No Employment	138	255	201	263	278

10-20 续表 2 continued

单位:人 (person)

类　别	Category	2012	2013	2014	2015	2016
(七)参加医疗保险情况	Conditions of Participated in Medical Insurance					
1.农村新型农村合作医疗	New Cooperative Medical System	9911	10413	9974	9060	8941
2.城镇医疗保险	Urban Medical Insurance	393	541	782	1793	1867
3.商业医疗保险	Commercial Medical Insurance	106	60	63	68	58
4.其他医疗保险	Other Medical Insurance		7	10	24	16
5.没有参加任何医疗保险	Non-participated in Medical Insurance	68	20	29	33	43
(八)参加养老保险情况	Conditions of Participated in Pension Insurance					
1.农村社会养老保险	New Rural Old-age Insurance	7339	10048	9599	8911	8618
2.城镇基本养老保险	Urban Basic Pension Insurance	666	672	893	1619	1754
3.商业养老保险	Commercial Pension Insurance	238	114	105	108	90
4.其他养老保险	Other Pension Insurance	1	8	15	31	22
5.没有参加任何养老保险	Non-participated in Pension Insurance	2202	226	280	315	445
四、外出劳动力情况	**Migrant worker**					
(一)外出劳动力人数	Number of Migrant worker	2196	2233	2151	2214	2207
#男劳动力人数	Number of Male Migrant worker	1628	1659	1589	1661	1631
整劳动力	Number of Full Labour Force	1922	1910	1825	1843	1837
(二)年龄状况	Age Status					
1.16-18岁	Between 16 and 18 Year-old	35	49	41	33	37
2.19-22岁	Between 19 and 22 Year-old	262	168	129	135	156
3.23-25岁	Between 23 and 25 Year-old	402	396	304	246	197
3.26-30岁	Between 26 and 30 Year-old	392	433	488	483	461
5.31-40岁	Between 31 and 40 Year-old	405	429	405	466	501
6.41-50岁	Between 41 and50 Year-old	483	506	518	556	566
7.51-60岁	Between51 and 60 Year-old	184	198	214	243	233
8.61岁及以上	61 Year-old and Above	33	54	52	52	56
(三)文化程度	Education of Labor Force					
1.不识字或识字很少	Can Not Read or Read Very Little	14	19	23	11	12
2.小学	Primary School	148	193	177	165	145
3.初中	Junior High School	1322	1362	1294	1373	1382
4.高中(中专)	Senior High School	353	448	425	432	415
5.中专	Secondary School	157				
6.大专及以上	Junior College and over	202	211	232	233	253
(四)接受农业技术培训人数	Number of Persons accepted Agricultural Technology Training	286	268	273	328	307
(五)接受非农职业技能培训人数	Number of Persons accepted Non-agricultural Vocational Skills Training	607	853	955	1030	1048
(六)外出地区	Work Region					
1.乡外县内	In the County but outside the Village	928	909	853	950	881
2.县外省内	In the Province but outside the County	861	975	956	911	966
3.省外	Outside Province	407	349	342	353	360

10-20 续表 3 continued

单位:人 (person)

类　别	Category	2012	2013	2014	2015	2016
(七)地区类型	Type of Region					
1.直辖市	Municipalities	152	145	129	141	145
2.省会城市	Capital cities	272	270	278	291	293
3.地级市	Cities at Prefecture-level	628	614	635	675	643
4.县级市	Cities at County-level	796	968	915	864	846
5.建制镇	Towns	321	211	173	216	246
6.其他地区	Others	27	25	21	27	34
(八)从事行业	Sector Employment					
1.第一产业	Primary Industry	17	35	22	21	17
2.第二产业	Secondary Industry	1429	1429	1349	1377	1333
3.第三产业	Teriary Industry	750	769	780	816	857
(九)从事工作种类	Type of Job					
1.专业技术	Professional Technology	405	328	340	377	406
2.办事人员及有关	Staff Member	86	95	100	124	130
3.商业和服务业	Business	295	357	370	371	401
4.农、林、牧、渔、水利业生产	Production of Agriculture, Forestry, Animal Husbandry, Fishery and Water Conservancy	13	45	21	24	19
5.生产、运输设备操作人员及有关	Production and Transport Equipment Operators	823	908	887	845	879
6.其他	Others	574	500	433	473	372
(十)参加医疗保险情况	Conditions of Participated in Medical Insurance					
1.农村新型农村合作医疗	New Cooperative Medical System	2072	2074	1962	1857	1797
2.城镇医疗保险	Urban Medical Insurance	121	153	180	338	381
3.商业医疗保险	Commercial Medical Insurance	31	13	13	23	10
4.其他医疗保险	Other Medical Insurance		4	7	9	4
5.没有参加任何医疗保险	Non-participated in Medical Insurance	18	4	5	5	22
(十一)参加养老保险情况	Conditions of Participated in Pension Insurance					
1.农村社会养老保险	New Rural Old-age Insurance	1311	1926	1808	1726	1655
2.城镇基本养老保险	Urban Basic Pension Insurance	254	213	232	341	369
3.商业养老保险	Commercial Pension Insurance	77	27	27	27	14
4.其他养老保险	Other Pension Insurance	1	2	7	12	9
5.没有参加任何养老保险	Non-participated in Pension Insurance	575	79	93	120	167

主要统计指标解释

可支配收入 指调查户在调查期内获得的、可用于最终消费支出和储蓄的总和，即调查户可以用来自由支配的收入。可支配收入既包括现金，也包括实物收入。按照收入的来源，可支配收入包含四项，分别为：工资性收入、经营净收入、财产净收入、转移净收入。计算公式为：

可支配收入 ＝ 工资性收入 ＋ 经营净收入 ＋ 财产净收入 ＋ 转移净收入

其中：经营净收入 ＝ 经营收入 － 经营费用 － 生产性固定资产折旧－生产税净额（生产税－生产补贴）

财产净收入 ＝ 财产性收入 － 财产性支出

转移净收入 ＝ 转移性收入 － 转移性支出

工资性收入 指就业人员通过各种途径得到的全部劳动报酬和各种福利，包括受雇于单位或个人、从事各种自由职业、兼职和零星劳动得到的全部劳动报酬和福利。

经营净收入 指住户或住户成员从事生产经营活动所获得的净收入，是全部经营收入中扣除经营费用、生产性固定资产折旧和生产税之后得到的净收入。

财产净收入 指住户或住户成员将其所拥有的金融资产、住房等非金融资产和自然资源交由其他机构单位、住户或个人支配而获得的回报并扣除相关的费用之后得到的净收入。财产净收入包括利息净收入、红利收入、储蓄性保险净收益、转让承包土地经营权租金净收入、出租房屋净收入、出租其他资产净收入和自有住房折算净租金等。

转移性收入 指国家、单位、社会团体对住户的各种经常性转移支付和住户之间的经常性收入转移。包括政府、非行政事业单位、社会团体对居民转移的养老金或退休金、社会救济和补助、惠农补贴、政策性生活补贴、救灾款、经常性捐赠和赔偿以及报销医疗费等；住户之间的赡养收入、经常性捐赠和赔偿以及农村地区（村委会）在外（含国外）工作的本住户非常住成员寄回带回的收入等。转移性收入不包括住户之间的实物馈赠。

转移性支出 指调查户对国家、单位、住户或个人的经常性或义务性转移支付。包括缴纳的税款、各项社会保障支出、赡养支出、经常性捐赠和赔偿支出以及其他经常转移支出等。

消费支出 指住户用于满足家庭日常生活消费需要的全部支出，包括用于消费品的支出和用于服务性消费的支出。根据用途不同，消费支出可划分为食品烟酒、衣着、居住、生活用品及服务、交通通信、教育文化娱乐、医疗保健、其他用品及服务八大类。根据来源不同，消费支出可划分为现金消费支出、实物消费支出（含自产自用、来自单位、来自政府和其他社会组织）。

食品烟酒 指用于各种食品和烟草、酒类的支出，包括食品和烟酒两个中类。

衣着 指与居民穿着有关的支出，包括服装、服装材料、鞋类、其他衣类及配件、衣着相关加工服务的支出。

居住 指与居住有关的支出，包括房租、水、电、燃料、物业管理等方面的支出，也包括自有住房折算租金。

生活用品及服务 指家庭及个人的各类生活品及家庭服务。包括家具及室内装饰品、家用器具、家用纺织品、家庭日用杂品、个人用品和家庭服务。

交通通信 指用于交通和通信工具及相关的各种服务费、维修费和车辆保险等支出。

教育文化和娱乐 指用于教育和文化娱乐方面的支出。

医疗保健 指用于医疗和保健的药品、用品和服务的总费用。包括医疗器具及药品，以及医疗服务。

其他用品及服务 指无法直接归入上述各类支出的其他用品与服务支出。

就业者负担人数 指家庭人口与就业人口之比。

城镇家庭可支配收入（老口径） 指家庭成员得到可用于最终消费支出和其它非义务性支出以及储蓄的总和，即居民家庭可以用来自由支配的收入。它是家庭总收入扣除交纳的所得税、个人交纳的社会保障支出以及记账补贴后的收入。计算公式为：

可支配收入=家庭总收入−交纳所得税
−个人交纳的社会保障支出−记帐补贴

农村居民纯收入 指农村住户当年从各个来源得到的总收入相应地扣除所发生的费用后的收入总和。计算方法：

纯收入=总收入−家庭经营费用支出−税费支出
−生产性固定资产折旧

纯收入主要用于再生产投入和当年生活消费支出，也可用于储蓄和各种非义务性支出。“农民人均纯收入”按人口平均的纯收入水平，反映的是一个地区或一个农户农村居民的平均收入水平。

农村居民人均可支配收入与改革前的农民纯收入指标的主要区别是：可支配收入扣除了赠送农村以外亲友支出、农村居民用于购买住房、汽车等生活性贷款的利息支出，以及个人交纳的养老、医疗等社会保障支出，纯收入则不扣。同时，计算农村居民人均收入的分母调整为农村常住人口，调整了外出农民工寄带回收入的归类。

农村整、半劳动力 整劳动力指男子 18 周岁到 50 周岁，女子 18 周岁到 45 周岁；半劳动力指男子 16 周岁到 17 周岁，51 周岁到 60 周岁；女子 16 周岁到 17 周岁，46 周岁到 55 周岁，同时具有劳动能力的人。虽然在劳动年龄之内，但已丧失劳动能力的人，不应算为劳动力；超过劳动年龄，但能经常参加劳动，计入半劳动力数内。

Explanatory Notes on Main Statistical Indicators

Disposable Income refer to the households income sum that can be used for final consumption expenditure and savings during the period of investigation. Disposable income includes cash and real income. According to sources of income, disposable income includes the wage income, net operating income, net property income, and net transfer income. The formula for computing:

Disposable income = the wage income+ net operating income+net property income+net transfer income

Net operating income =
income - operating costs - depreciation of productive fixed assets - net taxes on production (production tax - production subsidies)

Net property income = income from property - property expenditure

The transfer of net income = income from transfer - transfer expenditure

Wage Income refers to income and all kinds of welfare obtained by laborers employed by different establishments, working independently or part time.

Net Operating Income refers to the net income from operation run by the members of households, and it equals to total income minus operating costs and depreciation of productive fixed assets and taxes on production.

Net Property Income refers to the net income obtained from the financial assets, non-financial assets such as housing and natural resources provided by its owners to other establishments, households or individuals. It includes net interest income, bonus, net income from saving insurance, net income from the transfer of the right to land contractual management, income from house renting, income from renting of other assets and net rental income of home ownership.

Income from Transfer refers to the current transaction between government, establishments, social organization and households, and to the income transaction between households. It includes annuity, pension, social relief, agricultural subsidy, disaster relief fund, and medical expense, which are provided by governments, institutions, social organizations. It also includes supporting expense, regular donations, and income provided by non-permanent population. It does not include donations between households.

Transfer Expenditure refers to the regular or obligatory expenditure provided by the households to governments, institutions, other households or residents. It includes taxes, social security expenditure, supporting expenditure, regular donation and compensation expenditure, etc.

Expense on Service Consumption refers to the consumption of all expenditure needs to meet the family daily life, including those for the consumer spending and for service consumption expenditure. According to different purposes, consumption can be divided into tobacco and food, clothing, housing, daily necessities and services, transportation and communication, education, culture and entertainment, health care, the other services. According to different sources, consumption can be divided into cash consumption, real consumer spending (including self occupied, from the unit, from the government and other social organizations).

Tobacco and Food refers to all kinds of expenditure on foods, tobaccos and beverages, including food and tobacco.

Clothing refers to the expenditure on clothes, clothing materials, shoes, accessories and charges for making clothes.

Housing refers to the expenditure related to residing, including rent, the expenditure of water, fuel, power and real estate management and net rental income of home ownership.

Daily Necessities and Services refers to the expenditure on daily necessities and home service, including the expenditures on furniture, decoration, appliance, textile, personal items and home service.

Transportation and Communication refers to the expenditure on transportation, communication, related service, maintenance, and vehicle insurance.

Education, Culture and Entertainment refers to the expenditure on education, culture and entertainment.

Health Care refers to the expenditure on health care, medicine, related products and service.

Other Services refers to the expenditure on the service that cannot be included in the services mentioned above.

Number of Dependents per Employee refers to the ratio between number of persons in households and the number of dependents.

Disposable Income of Households (in previous scope) refers to the households' income sum used for final consumption expenditure and savings during the period of investigation, meaning the income that is disposable for households. Disposable income is the general income of households minus income tax, social security expenditure and subsidy for account-keeping. The formula for computing:

Disposable Income of Households = general income-income tax- personal social security expenditure - subsidy for account keeping

Rural Households Net Income refers to the total income of rural households from all sources minus all corresponding expenses. The formula for calculation is as follows:

Net income=total income-household operation expenses-taxes and fees -depreciation of fixed assets for production

Net income is mainly used as input for reproduction and as consumption expenditure of the year, and also used for savings and non-compulsory expenses of various forms. "Per capita net income of farmers" is the level of net income averaged by population which reflects the average income level of rural households in a given area.

The main difference between rural household disposable income and rural household net income is that the disposable income does not include the expenditure of donations to urban relatives, the expenditure on house purchasing, interest expenditure on consumer loans, and expenditure on pension and health care, but the net income includes all the expenditure mentioned above. When calculating the average income of rural household, the denominator is changed to permanent rural residents and the classification of income brought back by migrant workers is also changed.

Rural Full/Semi Labor Force Full labor force refers to persons capable of work, aged 18-50 for males and 18-45 for females. Semi labor force refers to persons capable of work, aged 16-17 and 51-60 for males and 16-17 and 46-55 for females. Persons at their working ages but not capable of work are not to be included as labor force. Persons not at working ages but participating regularly in work are included in semi labor force. For staff and workers as resident population of the household, they are included as full or semi labor force of the household if they are in the labor force.

第11篇

城市建设

City Construction

简 要 说 明

一、本篇资料的主要内容

本篇资料反映了全省各城市基础设施基本情况，包括市政设施、设施水平、供水、公共交通、园林绿化、燃气供热和建设用地等方面的资料。

二、本篇资料的来源

本篇资料来源于省住房和城乡建设厅和省交通运输厅，由山东省统计局综合处和服务业处整理提供。

Brief Introduction

I. Content

Data in this chapter show the basic conditions of public facilities of main cities in Shandong, including urban construction and infrastructure, water supply, public communications, urban greenery, gas and heating and land for construction, etc.

II. Source of Data

Data in this chapter are provided by the Housing and Urban-Rural Development and Transportation Department of Shandong Province. Data in this chapter are prepared and compiled by the Division of Comprehensive Statistics and the Division of Comprehensive Service Statistics of Shandong Provincial Bureau of Statistics.

11-1 城市基础设施
Basic Statistics on Urban Infrastructure

指标名称		Item		2013	2014	2015	2016
一、设施水平		**Urban Facilities**					
城市人口密度	(人/平方公里)	Population Density	(person/sq.km)	1361	1426	1452	1502
人均日生活用水量	(升)	Per Capita Daily Water Consumption	(litre)	134.9	138.8	138.5	132.8
用水普及率	(%)	Coverage Rate of Water Supply	(%)	99.9	99.9	100.0	99.8
燃气普及率	(%)	Coverage Rate of Natural Gas Supply	(%)	99.6	99.5	99.4	99.5
人均城市道路面积	(平方米)	Per Capita Area of Roads	(sq.m)	25.3	25.8	25.8	24.7
建成区排水管道密度	(公里/平方公里)	Built-up Area Density of Sewage Pipelines	(km/sq.km)	11.0	10.8	11.3	11.8
人均公园绿地面积	(平方米)	Per Capita Public Green Areas	(sq.m)	16.8	17.1	17.4	17.9
建成区绿化覆盖率	(%)	Coverage Rate of Urban Green Areas	(%)	42.6	42.8	42.3	42.3
二、供水情况		**Water Supply**					
供水总量	(万立方米)	Volume of Water Supply	(10 000 cu.m)	331898	347781	355903	373322
#生产运营用水	(万立方米)	For Productive Use	(10 000 cu.m)	140888	144396	147925	155395
用水人口	(万人)	Population Using Water	(10 000 persons)	2941	3036	3129	3361
三、公共交通		**Public Transportation**					
客运总量	(万人次)	Volume of Passenger Traffic	(10 000 person-times)	411311	403854	389972	504778
运营车数	(辆)	Number of Operating Vehicles	(unit)	35031	34138	39734	47403
出租汽车数	(辆)	Number of Taxis	(unit)	59080	60119	61231	61397
四、市政设施		**Infrastructure by City**					
道路面积	(万平方米)	Area of Roads	(10 000 sq.m)	74646	78308	80847	83011
#人行道面积	(万平方米)	Area of Sidewalks	(10 000 sq.m)	15701	16359	16862	16794
道路长度	(公里)	Length of Roads	(km)	37821	39404	40426	40685
路灯盏数	(盏)	Number of Streetlights	(unit)	1687459	1789706	1864921	1869799
桥梁数	(座)	Numer of Bridges	(unit)	4769	5109	5212	5481
污水年排放量	(万吨)	Volume of Waste Water Discharged	(10 000 tons)	281133	295185	302129	320099
污水年处理量	(万吨)	Volume of Waste Water Treated	(10 000 tons)	266889	280596	289339	307953
五、园林绿化		**Parks,Gardens and Green Areas**					
园林绿地面积	(公顷)	Garden Green Area	(ha)	193647	205208	213517	225794
公园绿地面积	(公顷)	Park Green Area	(ha)	49518	51952	54345	60336
绿化覆盖面积	(公顷)	Coverage of Green Area	(ha)	217366	232174	240024	253328
#建成区绿化覆盖面积	(公顷)	Coverage of Urban Green Area	(ha)	178529	188277	194763	202635
公园个数	(个)	Number of Parks	(unit)	733	790	828	920
公园面积	(公顷)	Area of Parks	(ha)	29466	32621	34112	36771

11-2 城市设施水平(2016年)
Basic Statistics on Urban Infrastructure by City (2016)

城市名称 City	城市人口密度(人/平方公里) Population Density (person/sq.km)	人均日生活用水量(升) Per Capita Daily Water Consumption (litre)	用水普及率(%) Coverage Rate of Water Supply (%)	燃气普及率(%) Coverage Rate of Gas Supply (%)	人均城市道路面积(平方米) Per Capita Area of Roads (sq.m)	人均公园绿地面积(平方米) Per Capita Public Green Areas (sq.m)	建成区绿化覆盖率(%) Coverage Rate of Urban Green Areas (%)
全 省 Total	**1502**	**132.8**	**99.8**	**99.5**	**24.7**	**17.9**	**42.3**
济南市 Jinan	2127	145.7	100.0	100.0	27.0	11.3	40.3
青岛市 Qingdao	1925	158.7	100.0	100.0	18.2	18.6	38.6
胶州市 Jiaozhou	839	128.6	100.0	100.0	23.3	15.1	44.6
即墨市 Jimo	926	127.2	100.0	100.0	21.6	13.4	43.4
平度市 Pingdu	663	127.5	100.0	99.9	21.3	12.8	42.0
莱西市 Laixi	731	131.2	100.0	99.9	25.6	14.3	44.5
淄博市 Zibo	2558	131.1	100.0	100.0	24.0	18.7	45.1
枣庄市 Zaozhuang	2850	136.5	99.4	99.5	25.8	15.0	42.3
滕州市 Tengzhou	3608	156.8	100.0	99.9	21.5	13.7	34.3
东营市 Dongying	619	159.0	100.0	100.0	32.1	22.5	43.5
烟台市 Yantai	1999	154.1	97.8	100.0	21.9	20.7	42.5
龙口市 Longkou	2762	81.6	100.0	99.8	26.5	15.0	44.9
莱阳市 Laiyang	1385	98.7	98.5	98.3	10.5	13.2	41.8
莱州市 Laizhou	1032	80.3	100.0	99.7	20.6	14.7	41.3
蓬莱市 Penglai	1115	122.2	99.3	99.6	27.2	16.5	43.3
招远市 Zhaoyuan	1471	102.4	100.0	100.0	22.6	17.9	42.0
栖霞市 Qixia	5547	107.8	98.8	100.0	8.4	12.1	35.6
海阳市 Haiyang	985	109.5	99.7	99.6	17.6	14.8	42.3
潍坊市 Weifang	1097	111.0	100.0	100.0	28.6	18.1	41.9
青州市 Qingzhou	1102	101.5	100.0	100.0	31.5	25.6	43.4
诸城市 Zhucheng	971	102.6	100.0	100.0	22.3	22.6	44.5
寿光市 Shouguang	1074	117.3	100.0	100.0	32.3	24.3	46.0
安丘市 Anqiu	1013	106.8	100.0	100.0	25.8	24.0	40.7
高密市 Gaomi	1520	117.3	100.0	100.0	28.3	21.7	38.3
昌邑市 Changyi	1292	219.2	100.0	100.0	22.9	20.4	44.9
济宁市 Jining	1751	123.6	100.0	97.5	29.5	14.7	42.5
曲阜市 Qufu	3242	148.5	100.0	95.2	24.6	15.0	40.4
邹城市 Zoucheng	3382	119.3	100.0	92.5	10.5	13.8	37.3
泰安市 Tai'an	1719	157.9	100.0	100.0	27.6	22.8	45.0
新泰市 Xintai	1068	107.0	100.0	100.0	25.2	19.5	45.0
肥城市 Feicheng	1947	104.5	100.0	100.0	26.3	19.3	40.5
威海市 Weihai	1499	136.3	100.0	100.0	33.6	26.1	46.0
荣成市 Rongcheng	790	108.0	100.0	100.0	32.1	26.0	46.5
乳山市 Rushan	1379	113.0	100.0	100.0	33.2	18.9	45.8
日照市 Rizhao	1986	115.7	100.0	99.6	22.4	21.2	45.5
莱芜市 Laiwu	1023	94.3	100.0	100.0	29.1	22.6	45.2
临沂市 Linyi	1621	139.4	100.0	98.2	21.3	19.5	40.7
德州市 Dezhou	1464	91.9	100.0	99.9	33.0	24.8	43.6
乐陵市 Leling	2565	122.3	100.0	99.8	27.8	13.8	44.7
禹城市 Yucheng	3060	122.3	97.9	98.1	23.5	25.5	39.6
聊城市 Liaocheng	2093	142.0	99.4	98.3	27.7	13.0	44.8
临清市 Linqing	1231	171.8	99.2	99.2	30.5	13.8	42.4
滨州市 Binzhou	1115	103.8	100.0	100.0	22.2	19.5	44.8
菏泽市 Heze	1899	130.7	99.3	98.4	25.4	11.2	40.1

11-3 城市供水(2016年)
Urban Water Supply by City (2016)

城市名称	City	综合生产能力(万立方米/日) Production Capacity of Water Supply (10 000 cu.m/day)	地下水 Groundwater	供水管道长度(公里) Length of Water Supply Pioelines (km)	供水总量(万立方米) Volume of Water Supply (10 000 cu.m)	生产运营用水 For Productive Use	公共服务用水 For Public Service	居民家庭用水 For Households Use	用水人口(万人) Population with Access to Tap Water (10 000 persons)
全　省	**Total**	**1807.8**	**676.0**	**50553**	**373321.9**	**155395.3**	**46567.3**	**115455.3**	**3360.8**
济南市	Jinan	233.4	122.2	3953	42326.6	16692.1	4186.6	13638.7	335.2
青岛市	Qingdao	178.5	10.9	6332	47393.9	14608.6	9888.4	15589.3	441.6
胶州市	Jiaozhou	14.0	4.0	423	4099.6	1394.5	668.0	1314.7	42.3
即墨市	Jimo	30.5	1.2	719	7461.0	4188.0	204.0	2431.0	56.8
平度市	Pingdu	13.5	8.7	549	3742.0	1007.0	486.0	1735.0	47.7
莱西市	Laixi	15.5	2.0	541	3318.2	1241.2	358.2	1204.8	32.8
淄博市	Zibo	178.0	116.5	2791	28325.1	16369.2	1846.9	6391.9	173.6
枣庄市	Zaozhuang	55.0	43.0	1736	10855.4	3819.7	1021.2	3830.1	99.0
滕州市	Tengzhou	21.0	20.0	1026	7076.6	3334.6	373.0	1837.0	38.8
东营市	Dongying	97.5		1545	13254.3	4297.2	1866.6	3122.4	86.0
烟台市	Yantai	110.0	17.9	3511	18184.0	5676.7	3416.6	6606.0	178.3
龙口市	Longkou	15.9	1.9	337	1709.4	616.4	225.0	630.0	28.7
莱阳市	Laiyang	16.2	6.2	345	3694.3	1933.3	385.0	919.1	36.2
莱州市	Laizhou	15.5	0.5	741	1584.0	293.6	400.9	713.3	38.0
蓬莱市	Penglai	9.1	1.8	355	1509.0	533.0	277.0	506.0	17.6
招远市	Zhaoyuan	8.3	3.5	472	2075.0	1145.8	314.0	444.8	20.3
栖霞市	Qixia	4.3	1.3	118	798.8	59.0	267.0	414.8	17.5
海阳市	Haiyang	10.4		388	1561.2	361.1	140.1	887.3	25.7
潍坊市	Weifang	65.6	14.6	2146	13113.2	6562.1	1837.9	3434.4	130.1
青州市	Qingzhou	18.7	15.7	742	3303.0	1714.7	319.0	905.0	33.1
诸城市	Zhucheng	23.0	2.7	359	6515.0	3864.0	320.0	1503.0	48.7
寿光市	Shouguang	18.6	15.9	379	5678.0	3806.0	195.0	1314.0	35.3
安丘市	Anqiu	22.2	11.6	368	3816.0	1950.0	471.0	959.0	36.7
高密市	Gaomi	32.1	10.5	256	6238.8	4442.6	241.6	1047.1	30.1
昌邑市	Changyi	17.8	17.8	114	4602.0	3129.0	105.0	1135.0	15.5
济宁市	Jining	77.4	77.4	1575	15414.2	6124.9	287.2	6106.8	154.7
曲阜市	Qufu	10.0	9.0	349	3425.0	1446.0	497.0	663.0	21.4
邹城市	Zoucheng	15.0	15.0	374	4336.0	2452.1	366.9	1032.1	33.1
泰安市	Tai'an	27.2	12.2	2213	7784.3	311.5	3160.0	2660.6	101.0
新泰市	Xintai	17.5	1.0	841	3061.0	533.0	310.0	1752.0	53.0
肥城市	Feicheng	6.1	6.1	184	1970.0	739.0	193.0	825.0	26.7
威海市	Weihai	48.7	0.8	3329	10825.3	4839.3	2169.2	2535.5	94.6
荣成市	Rongcheng	27.0	4.7	923	2983.6	1326.5	805.0	726.2	38.9
乳山市	Rushan	13.5	1.5	592	1756.0	630.0	320.0	479.0	19.4
日照市	Rizhao	39.6	4.6	1677	6158.3	1911.3	849.9	2534.0	80.2
莱芜市	Laiwu	23.2	7.1	1013	4426.6	1708.0	476.5	1672.0	62.8
临沂市	Linyi	65.8	11.2	2122	22127.1	7003.4	1843.4	8692.8	207.1
德州市	Dezhou	52.9	2.2	1367	11958.0	8309.4	472.5	2483.3	88.1
乐陵市	Leling	9.2	6.1	101	1468.0	184.1	416.6	728.6	25.7
禹城市	Yucheng	10.8	9.2	185	2563.1	1530.5	168.5	633.9	18.0
聊城市	Liaocheng	32.0	29.0	1208	9414.0	3991.0	1487.0	2961.8	85.9
临清市	Linqing	16.0	15.0	286	3353.0	970.0	502.0	1503.0	32.0
滨州市	Binzhou	62.3		1566	9752.9	4675.0	601.8	2778.8	89.2
菏泽市	Heze	29.2	13.8	406	8311.0	3671.0	1827.0	2173.0	83.9

11-4 城市公共交通(2016年)
Public Transportation by City(2016)

城市名称	City	运营车数(辆) Number of Operating Vehicles (unit)	标准运营车数(标台) Number of Standard Operating Vehicles (unit)	运营线路总长度(公里) Length of Operation Lines (km)	客运总量(万人次) Volume of Passenger Traffic (10 000 person -times)	出租汽车数(辆) Number of Taxis (unit)
合　计	**Total**	**47403**	**53231**	**82405**	**390380**	**61397**
济南市	Jinan	5476	6912	4765	74086	8949
章丘市	Zhangqiu	223	211	936	2000	318
青岛市	Qingdao	7210	9258	8932	99596	10048
胶州市	Jiaozhou	859	949	1231	5577	436
即墨市	Jimo	602	686	2116	3564	818
平度市	Pingdu	881	808	2714	2846	234
莱西市	Laixi	138	171	230	765	287
淄博市	Zibo	2432	2729	6625	16945	6084
枣庄市	Zaozhuang	1997	2045	2476	8242	833
滕州市	Tengzhou	1124	1197	1684	10749	706
东营市	Dongying	701	868	1992	6253	2932
烟台市	Yantai	2218	2650	3093	28836	2169
龙口市	Longkou	238	265	579	1289	442
莱阳市	Laiyang	154	154	119	1300	399
莱州市	Laizhou	55	58	73	852	450
蓬莱市	Penglai	101	94	183	672	617
招远市	Zhaoyuan	216	229	368	1283	374
栖霞市	Qixia	394	377	1802	490	366
海阳市	Haiyang	221	212	328	534	394
潍坊市	Weifang	1680	2138	2258	12585	2307
青州市	Qingzhou	439	410	550	4000	497
诸城市	Zhucheng	678	717	2016	3375	372
寿光市	Shouguang	661	612	1675	1860	376
安丘市	Anqiu	265	258	623	752	292
高密市	Gaomi	292	295	728	766	332
昌邑市	Changyi	375	372	406	1005	211
济宁市	Jining	1976	2241	2083	14838	2060
曲阜市	Qufu	245	204	909	1325	209
邹城市	Zoucheng	889	877	1796	2862	797
泰安市	Tai'an	1710	1707	1839	9149	1292
新泰市	Xintai	700	650	1389	2344	258
肥城市	Feicheng	286	273	339	1012	402
威海市	Weihai	1639	1900	3818	19357	1895
荣成市	Rongcheng	457	521	3140	2987	325
乳山市	Rushan	267	246	934	1169	270
日照市	Rizhao	714	806	969	6691	1068
莱芜市	Laiwu	1438	1466	2565	5700	1600
临沂市	Linyi	2330	2474	1894	13821	2750
德州市	Dezhou	557	576	1252	3241	2525
乐陵市	Leling	62	50	315	275	199
禹城市	Yucheng	172	189	491	321	259
聊城市	Liaocheng	1404	1463	2312	5207	1416
临清市	Linqing	312	280	270	621	331
滨州市	Binzhou	1437	1429	4937	4622	831
菏泽市	Heze	1178	1203	2654	4617	1667

11-5 城市市政设施(2016年)
Infrastructure by City (2016)

城市名称	City	道路长度(公里) Length of Roads (km)	道路面积(万平方米) Area of Roads (10 000 sq.m)	人行道面积(万平方米) Area of Sidewalks (10 000 sq.m)	路灯盏数(盏) Number of Streetlights (unit)	桥梁数(座) Number of Bridges (unit)
合　计	**Total**	**40685**	**83011.4**	**16794.2**	**1869799**	**5481**
济南市	Jinan	5118	9060.0	1944.7	153561	889
青岛市	Qingdao	4484	8057.2	1809.9	155329	651
胶州市	Jiaozhou	657	986.1	162.1	18718	74
即墨市	Jimo	856	1225.3	326.9	18975	56
平度市	Pingdu	692	1014.6	238.1	19269	132
莱西市	Laixi	518	838.9	147.6	18611	54
淄博市	Zibo	1766	4170.8	788.8	77033	272
枣庄市	Zaozhuang	1204	2564.7	651.0	59275	120
滕州市	Tengzhou	583	833.2	240.8	22755	31
东营市	Dongying	1070	2760.0	376.1	47316	184
烟台市	Yantai	1803	3986.2	819.5	104523	109
龙口市	Longkou	330	761.3	218.3	18234	33
莱阳市	Laiyang	196	384.3	106.3	8933	
莱州市	Laizhou	213	783.7	116.1	28974	13
蓬莱市	Penglai	285	481.3	105.9	19257	43
招远市	Zhaoyuan	290	458.7	99.8	10497	56
栖霞市	Qixia	99	149.3	34.4	10379	27
海阳市	Haiyang	209	454.8	163.6	9334	34
潍坊市	Weifang	1770	3715.1	997.0	90668	86
青州市	Qingzhou	611	1041.0	245.3	48052	24
诸城市	Zhucheng	587	1087.6	182.3	26760	31
寿光市	Shouguang	727	1137.5	224.0	43472	7
安丘市	Anqiu	525	947.0	119.0	17817	72
高密市	Gaomi	533	851.2	253.1	16873	83
昌邑市	Changyi	170	354.3	92.3	8487	29
济宁市	Jining	1460	4565.1	882.1	63853	205
曲阜市	Qufu	302	525.3	95.9	51446	32
邹城市	Zoucheng	355	345.8	110.1	18836	42
泰安市	Tai'an	1326	2783.1	321.7	39909	153
新泰市	Xintai	550	1334.0	155.0	13700	38
肥城市	Feicheng	225	701.6	71.8	19762	36
威海市	Weihai	1374	3179.0	610.6	73452	426
荣成市	Rongcheng	616	1248.0	187.5	31643	102
乳山市	Rushan	349	644.1	109.8	19699	86
日照市	Rizhao	852	1794.0	341.0	54009	95
莱芜市	Laiwu	983	1827.4	371.2	39666	110
临沂市	Linyi	2277	4410.4	674.8	169408	159
德州市	Dezhou	1055	2904.4	522.2	59479	139
乐陵市	Leling	363	713.9	187.2	5960	26
禹城市	Yucheng	216	431.9	55.6	8166	65
聊城市	Liaocheng	706	2391.8	508.6	50126	142
临清市	Linqing	438	983.0	314.0	9156	30
滨州市	Binzhou	1077	1979.1	402.8	45964	289
菏泽市	Heze	864	2145.5	409.4	42463	196

11-5 续表 continued

城市名称	City	排水管道长度(公里) Length of Sewage Pipelines (km)	污水年排放量(万吨) Volume of Waste Water Discharged (10 000 tons)	污水处理总量(万吨) Volume of Waste Water Treated Yearly (10 000 tons)	生活垃圾清运量(万吨) Volume of Garbage Disposal (10 000 tons)	生活垃圾无害化处理量(万吨) Volume of Garbage Harmless Diposed (10 000 tons)
合　计	**Total**	**56796**	**320099.0**	**307953.4**	**1466.2**	**1466.2**
济南市	Jinan	5460	35977.6	34973.1	167.3	167.3
青岛市	Qingdao	7146	42795.9	41119.0	193.3	193.3
胶州市	Jiaozhou	683	3524.7	3419.0	24.9	24.9
即墨市	Jimo	810	6473.2	6279.0	34.4	34.4
平度市	Pingdu	844	3214.0	3117.7	36.7	36.7
莱西市	Laixi	727	2880.0	2793.6	20.0	20.0
淄博市	Zibo	3014	24076.4	23210.1	54.8	54.8
枣庄市	Zaozhuang	1300	9227.1	8853.0	49.7	49.7
滕州市	Tengzhou	513	6015.1	5780.5	15.7	15.7
东营市	Dongying	1462	11266.2	10802.9	27.0	27.0
烟台市	Yantai	3438	15456.4	14813.0	83.7	83.7
龙口市	Longkou	541	1453.0	1409.4	11.9	11.9
莱阳市	Laiyang	303	3140.2	3046.0	19.4	19.4
莱州市	Laizhou	437	1346.4	1306.0	22.8	22.8
蓬莱市	Penglai	364	1282.7	1189.1	7.7	7.7
招远市	Zhaoyuan	501	1763.8	1669.2	7.2	7.2
栖霞市	Qixia	181	679.0	658.6	5.8	5.8
海阳市	Haiyang	346	1327.0	1272.3	8.4	8.4
潍坊市	Weifang	2263	11146.2	10620.9	55.4	55.4
青州市	Qingzhou	808	2807.6	2723.3	12.6	12.6
诸城市	Zhucheng	594	5537.8	5371.6	18.3	18.3
寿光市	Shouguang	869	4826.3	4681.5	13.1	13.1
安丘市	Anqiu	772	3243.6	3146.3	18.8	18.8
高密市	Gaomi	530	5303.0	5143.9	9.0	9.0
昌邑市	Changyi	200	3911.7	3793.6	5.5	5.5
济宁市	Jining	2033	13102.0	12590.6	49.3	49.3
曲阜市	Qufu	255	2911.3	2806.0	7.1	7.1
邹城市	Zoucheng	334	3685.6	3552.8	11.7	11.7
泰安市	Tai'an	1735	6616.7	6395.4	39.2	39.2
新泰市	Xintai	549	2601.9	2523.8	20.2	20.2
肥城市	Feicheng	282	1674.5	1582.1	7.2	7.2
威海市	Weihai	3805	9201.5	8840.8	40.6	40.6
荣成市	Rongcheng	1074	2536.1	2460.0	15.5	15.5
乳山市	Rushan	714	1492.6	1447.8	7.0	7.0
日照市	Rizhao	1571	5234.5	5018.5	41.9	41.9
莱芜市	Laiwu	1129	3762.6	3543.6	26.9	26.9
临沂市	Linyi	2706	18808.0	17933.8	88.1	88.1
德州市	Dezhou	1312	10164.3	9829.9	29.8	29.8
乐陵市	Leling	230	1247.8	1103.2	12.2	12.2
禹城市	Yucheng	248	2178.7	2113.3	7.8	7.8
聊城市	Liaocheng	1431	8001.9	7616.7	27.2	27.2
临清市	Linqing	358	2850.1	2707.8	11.0	11.0
滨州市	Binzhou	1821	8290.0	7877.0	32.6	32.6
菏泽市	Heze	1105	7064.4	6817.8	67.7	67.7

11-6 城市园林绿化(2016年)
Parks, Gardens and Green Areas by City (2016)

城市名称	City	绿化覆盖面积(公顷) Coverage of Green Area (ha)	建成区 Urban Green Area	园林绿地面积(公顷) Garden Green Area (ha)	公园绿地面积(公顷) Park Green Area (ha)	公园个数(个) Number of Parks (unit)	公园面积(公顷) Area of Parks (ha)
合　计	**Total**	**253328**	**202635**	**225794**	**60336**	**920**	**36771**
济南市	Jinan	18047	18046	15942	3793	46	2810
青岛市	Qingdao	37213	23112	34851	8194	151	4460
胶州市	Jiaozhou	2657	2501	2437	639	7	175
即墨市	Jimo	2782	2591	2492	763	10	341
平度市	Pingdu	2788	2588	2333	612	9	115
莱西市	Laixi	1711	1527	1426	469	9	330
淄博市	Zibo	18728	12208	18289	3253	39	1077
枣庄市	Zaozhuang	9098	6398	7276	1491	45	877
滕州市	Tengzhou	2050	1955	2004	530	20	342
东营市	Dongying	9015	6573	8630	1932	44	2417
烟台市	Yantai	14112	14035	12851	3770	25	580
龙口市	Longkou	2531	1931	1739	430	10	223
莱阳市	Laiyang	1818	1764	1564	486	1	73
莱州市	Laizhou	1886	1859	1734	557	31	230
蓬莱市	Penglai	1476	1105	1154	291	10	109
招远市	Zhaoyuan	1395	1365	1268	362	9	355
栖霞市	Qixia	623	609	580	215	4	41
海阳市	Haiyang	1565	1456	1429	383	6	401
潍坊市	Weifang	10729	7516	10177	2351	22	897
青州市	Qingzhou	2586	2233	2483	846	16	148
诸城市	Zhucheng	3972	2242	3098	1100	13	592
寿光市	Shouguang	3477	1830	3068	855	12	658
安丘市	Anqiu	2716	2483	2400	880	11	776
高密市	Gaomi	2323	2022	1883	654	5	175
昌邑市	Changyi	1521	1123	1134	316	3	280
济宁市	Jining	9959	8439	7997	2279	30	2992
曲阜市	Qufu	1124	1091	982	321	25	320
邹城市	Zoucheng	1862	1791	1810	455	12	334
泰安市	Tai'an	7229	6960	6874	2300	17	1518
新泰市	Xintai	3232	3127	3185	1032	17	971
肥城市	Feicheng	1871	1613	1674	515	5	454
威海市	Weihai	10008	8869	9121	2467	34	1068
荣成市	Rongcheng	2656	2469	2445	1011	13	661
乳山市	Rushan	1784	1545	1569	367	9	110
日照市	Rizhao	4944	4713	4663	1702	32	1069
莱芜市	Laiwu	6861	5423	6668	1419	25	1251
临沂市	Linyi	12980	8932	11278	4033	38	4219
德州市	Dezhou	7578	6726	6428	2185	25	387
乐陵市	Leling	1538	1475	1176	354	9	242
禹城市	Yucheng	2155	1425	1562	468	9	168
聊城市	Liaocheng	6499	4535	3951	1119	18	854
临清市	Linqing	1466	1213	1225	446	7	192
滨州市	Binzhou	7106	6218	6141	1742	21	942
菏泽市	Heze	5657	5000	4803	946	16	539

11-7 城市燃气供热情况(2016年)
Gas Supply and Heating by City (2016)

城市名称	City	天然气供气量(万立方米) Total Natural Gas Supply (10 000 cu.m)	居民家庭用量 Residential Use	液化石油气供气量(吨) Total Liquefied Petroleum Gas Supply (ton)	居民家庭用量 Residential Use	集中供热面积(万平方米) Heating Area (10 000 sq.m)	住宅 Houses
合　计	**Total**	**675241.8**	**172752.6**	**343724**	**207859**	**107112.5**	**86364.7**
济南市	Jinan	69347.0	17212.0	49643	16500	14085.2	11065.1
青岛市	Qingdao	70586.4	20407.1	32291	15294	18745.8	13850.8
胶州市	Jiaozhou	9173.8	1807.4	2280	2280	1577.0	1375.3
即墨市	Jimo	7690.0	3788.0	3945	3945	1371.0	1258.0
平度市	Pingdu	5593.2	1009.8	5160	4993	1271.0	1099.0
莱西市	Laixi	5036.0	606.6	5831	4209	570.8	520.7
淄博市	Zibo	88106.6	17423.0	13494	2009	6036.8	5421.1
枣庄市	Zaozhuang	10437.0	3972.9	8146	6808	2187.0	1879.1
滕州市	Tengzhou	9666.9	1003.1			1151.0	1100.0
东营市	Dongying	32071.4	14285.7	9708	9228	4017.0	2794.0
烟台市	Yantai	26223.9	7098.8	28047	7687	8297.6	6176.8
龙口市	Longkou	37443.0	2650.0	2410	2302	1124.0	985.0
莱阳市	Laiyang	2816.4	1120.0	4600	4600	487.8	420.8
莱州市	Laizhou	1877.0	660.0	2800	1700	735.0	585.0
蓬莱市	Penglai	3060.7	581.0	1500	1275	499.0	423.0
招远市	Zhaoyuan	1791.0	560.0	1530	939	591.5	498.2
栖霞市	Qixia	1539.0	585.0	2730	2420	175.0	162.0
海阳市	Haiyang	783.0	494.0	2480	2190	600.0	570.0
潍坊市	Weifang	27500.0	4506.0	8410	8410	3861.0	3123.0
青州市	Qingzhou	4256.2	1290.7	800	290	1002.6	903.5
诸城市	Zhucheng	7323.5	1206.7	7509	7356	1280.0	980.0
寿光市	Shouguang	10420.0	1319.0	2260	2260	846.0	742.0
安丘市	Anqiu	4559.3	814.7	5775	4699	623.6	462.3
高密市	Gaomi	3978.2	2404.0	1950	1945	546.0	296.0
昌邑市	Changyi	1750.0	1200.0	1360	1270	579.8	521.2
济宁市	Jining	21467.0	3262.4	6290	6290	4248.0	3800.0
曲阜市	Qufu	3576.7	907.0			538.0	481.0
邹城市	Zoucheng	4179.5	1100.0	980	372	1160.0	1100.0
泰安市	Tai'an	25192.1	8337.9	4416	4058	2536.0	2032.5
新泰市	Xintai	3709.0	611.4	3255	3235	683.0	546.0
肥城市	Feicheng	3942.1	3209.0			610.0	485.0
威海市	Weihai	10594.8	3189.0	15712	2408	5436.0	4416.0
荣成市	Rongcheng	1092.0	526.0	7442	2530	933.0	760.0
乳山市	Rushan	1768.7	724.8	80		630.0	512.0
日照市	Rizhao	15651.0	6540.0	11789	8953	1645.0	1152.0
莱芜市	Laiwu	11317.0	2173.2	8104	7502	1618.0	1378.0
临沂市	Linyi	51350.2	13604.6	38984	30981	4939.1	4561.1
德州市	Dezhou	21649.5	5150.5	7255	7085	3591.9	2722.1
乐陵市	Leling	2224.6	1710.6	3515	2722	400.0	380.0
禹城市	Yucheng	5908.9	2565.0	500	500	332.0	275.0
聊城市	Liaocheng	14611.9	3575.7	2100	1300	2207.0	1786.0
临清市	Linqing	3764.0	1501.0	542	542	628.7	460.3
滨州市	Binzhou	14031.5	3738.8	7512	7500	1931.3	1616.7
菏泽市	Heze	16182.0	2320.4	20588	7273	784.0	689.0

11-8 城市建设用地(2016年)
Land for Construction by City (2016)

城市名称	City	市区面积(平方公里) City Area (sq.km)	#建成区面积 Area of Urban Districts	城市现状建设用地面积(平方公里) Space of Land for Construction (sq.km)	#居住用地 Land for Dewelling	公用管理与公共服务用地 Land for Public Facilities	工业用地 Land for Industry	道路与交通设施用地 Land for Transport Facilities
全　　省	**Total**	**90263.1**	**4795.5**	**4540.0**	**1374.0**	**482.6**	**997.1**	**578.2**
济南市	Jinan	5112.0	447.7	446.2	118.6	73.9	86.6	72.7
青岛市	Qingdao	3231.2	599.3	493.4	147.8	36.7	124.2	66.3
胶州市	Jiaozhou	1324.0	56.1	56.1	14.0	4.9	19.0	6.2
即墨市	Jimo	1780.0	59.7	56.1	23.4	2.5	14.1	8.8
平度市	Pingdu	3167.0	61.6	61.6	25.0	4.6	18.6	6.7
莱西市	Laixi	1568.0	34.3	34.1	12.1	3.6	7.5	3.7
淄博市	Zibo	2989.1	270.6	268.6	93.5	19.4	75.9	32.7
枣庄市	Zaozhuang	3076.1	151.2	138.9	54.5	12.3	23.4	13.3
滕州市	Tengzhou	1496.0	57.1	53.9	26.3	5.3	11.2	1.3
东营市	Dongying	5525.4	151.2	143.3	49.0	18.3	27.2	9.7
烟台市	Yantai	2722.3	330.1	282.6	64.2	35.3	66.6	29.6
龙口市	Longkou	901.0	43.0	43.0	11.0	5.1	2.2	6.8
莱阳市	Laiyang	1731.5	42.2	42.2	18.9	7.2	1.6	2.5
莱州市	Laizhou	1878.1	45.0	45.0	14.8	12.9	10.9	0.5
蓬莱市	Penglai	1128.6	25.5	24.5	7.5	4.0	0.7	3.3
招远市	Zhaoyuan	1433.2	32.5	32.5	9.8	3.9	8.4	0.7
栖霞市	Qixia	2016.0	17.1	16.6	4.4	1.3	3.7	2.5
海阳市	Haiyang	1886.8	34.4	29.0	7.8	2.8	4.7	1.9
潍坊市	Weifang	2006.0	179.3	176.7	61.3	12.9	33.1	25.3
青州市	Qingzhou	1569.0	51.5	49.7	13.6	4.0	6.4	10.3
诸城市	Zhucheng	2151.0	50.4	49.8	15.5	4.5	9.5	5.0
寿光市	Shouguang	1990.0	39.8	39.8	9.4	5.5	7.2	2.7
安丘市	Anqiu	1712.0	61.0	61.0	15.3	4.7	18.2	9.0
高密市	Gaomi	1527.0	52.8	49.8	16.6	6.2	12.5	0.6
昌邑市	Changyi	1628.0	25.0	25.0	8.2	1.9	6.4	3.9
济宁市	Jining	1647.5	198.8	189.7	52.7	6.7	53.1	31.1
曲阜市	Qufu	815.0	27.0	27.0	9.0	3.0	4.9	1.5
邹城市	Zoucheng	1616.0	48.0	47.5	17.0	7.2	7.2	6.9
泰安市	Tai'an	2087.0	154.6	154.6	50.0	15.7	39.4	21.5
新泰市	Xintai	1933.0	69.5	69.5	16.2	4.8	1.6	7.8
肥城市	Feicheng	1277.0	39.8	39.8	18.0	1.9	4.9	5.6
威海市	Weihai	2606.7	192.8	188.6	48.5	13.4	54.6	27.6
荣成市	Rongcheng	1526.2	53.1	53.1	14.5	3.3	9.0	2.6
乳山市	Rushan	1664.9	33.7	33.7	7.6	4.6	5.7	2.5
日照市	Rizhao	2043.1	103.7	103.7	32.0	6.9	20.9	24.9
莱芜市	Laiwu	2246.0	120.0	105.8	37.7	17.1	23.1	3.9
临沂市	Linyi	2656.9	219.7	209.4	58.7	24.4	37.7	24.5
德州市	Dezhou	1752.4	154.1	152.4	40.7	26.0	40.7	22.7
乐陵市	Leling	1168.0	33.0	32.5	5.0	6.5	3.8	5.3
禹城市	Yucheng	990.0	36.0	30.5	6.1	4.4	5.7	5.9
聊城市	Liaocheng	1710.0	101.3	95.6	29.8	9.6	19.9	19.8
临清市	Linqing	950.0	28.6	28.6	9.3	4.1	5.2	3.9
滨州市	Binzhou	3763.1	138.8	136.4	36.6	15.5	31.7	20.2
菏泽市	Heze	2261.0	124.7	122.4	42.4	13.8	28.2	14.4

主要统计指标解释

供水综合生产能力 指按供水设施取水、净化、送水、出厂输水干管等环节设计能力计算的综合生产能力。包括在原设计能力的基础上，经挖、革、改增加的生产能力。计算时，以四个环节中最薄弱的环节为主确定能力。

年末供水管道长度 指从送水泵至用户水表之间所有管道的长度。不包括新安装尚未使用的管道。

全年供水总量 指报告期供水企业(单位)供出的全部水量。包括有效供水量和漏损水量。

生活用水量 包括公共服务用水和居民家庭用水。公共服务用水指为城市社会公共生活服务的用水。包括行政事业单位、部队营区和公共设施服务、社会服务业、批发零售贸易业、旅馆饮食业以及其他公共服务业等单位的用水。居民家庭用水指城市范围内所有居民家庭的日常生活用水。包括城市居民、农民家庭、公共供水站用水。

用水普及率 指报告期末城区内用水人口与总人口的比率。计算公式：

$$用水普及率=\frac{城区用水人口（含暂住人口）}{城区人口+城区暂住人口}\times100\%$$

供气管道长度 指报告期末从气源厂压缩机的出口或门站出口至各类用户引入管之间的全部已经通气投入使用的管道长度。不包括煤气生产厂、输配站、液化气储存站、灌瓶站、储配站、气化站、混气站、供应站等厂(站)内的管道。

全年供气总量 指全年燃气企业(单位)向用户供应的燃气数量。包括销售量和损失量。

燃气普及率 指报告期末城区内使用燃气的人口与总人口的比率。计算公式为：

$$燃气普及率=\frac{城区用气人口（含暂住人口）}{城区人口+城区暂住人口}\times100\%$$

城市供热能力 指供热企业(单位)向城市热用户输送热能的设计能力。

供热面积 指供热企业(单位)向城市各类房屋建筑物、构筑物及其附属设施供热的全部建筑面积。

年末道路长度 指年末道路长度和与道路相通的广场、桥梁、隧道的长度，按车行道中心线计算。在统计时只统计路面宽度在 3.5 米(含 3.5 米)以上的各种铺装道路，包括开放型工业区和住宅区道路在内。

城市桥梁 指为跨越天然或人工障碍物而修建的构筑物。包括跨河桥、立交桥、人行天桥以及人行地下通道等。包括永久性桥和半永久性桥。

城市排水管道长度 指所有排水总管、干管、支管、检查井及连接井进出口等长度之和。**城市污水日处理能力** 指污水处理厂(或处理装置)每昼夜处理污水量的设计能力。

年末运营车数 指年末公交企业(单位)用于运营业务的全部车辆数。以企业(单位)固定资产台帐中已投入运营的车辆数为准。

园林绿地面积 指报告期末用作园林和绿化的各种绿地面积。包括公园绿地、生产绿地、防护绿地、附属绿地和其他绿地的面积。

公园绿地 指城市中向公众开放的、以游 为主要功能，有一定的游 设施和服务设施，同时兼有健全生态、美化景观、防灾减灾等综合作用的绿化用地。它是城市建设用地、城市绿地系统和城市市政公用设施的重要组成部分。

生产绿地 指为城市绿化提供苗木、花草、种子的苗圃、花圃、草圃等圃地。

防护绿地 指城市中具有卫生、隔离和安全防护功能的绿地。包括卫生隔离带、道路防护绿地、城市高压走廊绿带、防风林、城市组团隔离带等。

附属绿地 指城市建设用地中绿地之外各类用地中的附属绿化用地。包括居住用地、公共设施用地、工业用地、仓储用地、对外交通用地、道路 广场用地、市政设施用地和特殊用地中的绿地。

其他绿地 指对城市生态环境质量、居民休闲生活、城市景观和生物多样性保护有直接影响的绿地。包括风景名胜区、水源保护区、郊野公园、 森林公园、自然保护区、风景林地、城市绿化隔离带、野生动植物园、湿地、垃圾填埋场恢复绿地等。

市区（县）面积 指城市（县）行政区域内的全部土地面积(包括水域面积)。地级以上城市行政区不包括市辖县(市)。按国务院批准的行政区划面积为准填报。

建成区面积 城市行政区内实际已成片开发建设、市政公用设施和公共设施基本具备的区域。对核心城市，它包括集中连片的部分以及分散的若干个已经成片建设起来，市政公用设施和公共设施基本具备的地区；对一城多镇来说，它包括由几个连片开发建设起来的，市政公用设施和公共设施基本具备的地区组成。因此建成区范围，一般是指建成区外轮廓线所能包括的地区，也就是这个城市实际建设用地所达到的范围。

城市建设用地面积 指城市内的居住用地、公共管理与公共服务用地、商业服务业设施用地、工业用地、物流仓储用地、道路与交通设施用地、公用设施用地、绿地与广场用地。分别统计规划建设用地和现状建设用地。

Explanatory Notes on Main Statistical Indicators

Production Capacity of Water Supply refers to the designed comprehensive production capacity of water facilities, covering the 4 links of water collection, purification, conveyance, and outflow through trunk pipelines. Increase capacity through transformation and innovation projects are included as well. The capacity is determined mainly on the weakest of the above mentioned 4 links.

Length of Water Supply Pipelines at the Year-end refers to the total length of all the pipelines between the water pumps and the user water meters, excluding pipelines newly installed but not used yet.

Annual Volume of Water Supply refers to the total volume of water supplied by water works (units) during the reference period, including both the effective water supply and loss during the water supply.

Consumption of Water for Residential Use refers to the water consumption of households for daily life and the water consumption of public service facilities. The latter refers to water consumption for urban public services, including the consumption of government agencies and public institutions, military barracks, public facilities, wholesale and retail outlets, restaurants, hotels, and other units providing public services. Household water consumption refers to consumption of water for daily life of all households in the boundary of cities, including households of urban residents and farmers, and public water supply stations.

Percentage of Urban Population with Access to Tap Water refers to the ratio of the urban population with access to tap water to the total urban population. The formula is:

$$\text{Coverage of urban population with access to tap water} = \frac{\text{Urban population with access to tap water}}{\text{Urban population}} \times 100\%$$

Length of Gas Pipelines refers to the total length of pipelines in use between the outlet of the compressor of gas work or outlet of gas stations and the leading pipe of users, excluding pipelines within gasworks, delivery stations, LPG storage stations, refilling stations, gas-mixing stations and supply stations.

Volume of Gas Supply refers to the total volume of gas provided to users by gas-producing enterprises (units) in a year, including the volume sold and the volume lost.

Percentage of Urban Population with Access to Gas refers to the ratio of use of gas in urban area population and the total population. at the end of the reference period. The formula is:

$$\text{Coverage rate of urban population with access to gas} = \frac{\text{Urban population with access to gas}}{\text{Urban population}} \times 100\%$$

Heating Capacity in Urban Area refers to the designed capacity of heating enterprises (units) in supplying heating energy to urban users during the reference period.

Area of Heat-supply Service refers to the total area of buildings, structures and their affiliated facilities with heat supply provided by heating enterprises (units).

Length of Paved Roads at the Year-end refers to the length of roads with paved surface including squares bridges and tunnels connected with roads by the end of the year. Length of the roads is measured by the central lines for vehicles for paved roads with a width of 3.5 meters and over, including roads in open-ended factory compounds and residential quarters.

Urban Bridges refer to bridges built to cross over natural or man-made barriers, including bridges over rivers, overpasses for traffic and for pedestrian, underpasses for pedestrian, etc. Both permanent and semi-permanent bridges are included.

Length of Urban Sewage Pipes refers to the total length of general drainage, trunks. branch and inspection wells, connection wells, inlets and outlets, etc.

Number of Vehicles under Operation at the Year-end refers to the total number of vehicles under operation by public transport enterprises (units) at the end of the year, based on the records of operational vehicles by the enterprises (units).

Garden green area refers to a green area for gardening and greening. Including parks, green spaces, protective green, the accessory Greenbelt and other green areas at the end of referenced period.

Park Green Land refers to the green land which is open to the public for relaxation and has service facilities and is used for ecological protection, landscaping and disaster reduction. It is an important part of construction land, urban green space and municipal public facilities.

Production Green Land refers to the nursery, flower garden, and grass garden, which provide seedling, flowers for city greening.

Protection Green Land refers to the green land used for public health, isolation and security. It includes sanitation zone, road protection green space, urban high voltage corridor green space, wind breaks, and urban group isolation zone.

Green Land Attached to Institution refers to the green land attached to the institution which is used for construction. It includes residential land, public facilities land, industrial land, storage land, traffic land, land for roads and squares, municipal facilities land, and green land for special purposes.

Other Green Land refers to the green land which can influence environment, residential leisure life, urban landscape and biodiversity. It includes scenic spots, water source protection area, rural parks, forest parks, nature reserves, forests, urban green space, wildlife parks, wet lands, green land retrieved from landfills.

Urban (county) area refers to the area of administrative region of a city (county), including water area. The administrative region does not include the area of city counties. The area is based on the area approved by the State Council.

Built Area refers to the area which has been developed, and has municipal public facilities. For a core city, it includes the areas connected or the scattered areas which have municipal public facilities. For a city with many towns, it includes the connected areas which have municipal public facilities. Therefore，built area refers to the area inside the contour lines, including all the construction land.

Area of Urban Construction Land refers to the residential land, public management and public service land, commercial service facilities, industrial land, logistics and storage land, road and traffic facilities, public facilities land, green space and square land. Planning construction land and current construction land are recorded respectively.

第12篇

资源和环境

Natural Resources and Environment

简要说明

一、本篇资料的主要内容

本篇资料主要反映了全省资源和环境保护事业发展状况，资源部分主要包括自然资源、湖泊、河流、山脉和气候以及土地利用和水资源状况，环境保护部分主要包括工业废水、废气、固体废物等工业污染物排放及处理情况和工业污染治理项目建设情况。

二、本篇资料的来源

1、自然资源和湖泊、河流、山脉等表，由省统计局综合处根据年鉴积累资料整理。

2、气象资料主要包括各市平均气温、降水量、日照等方面的资料，数据来源于省气象局，由省统计局综合处整理提供。

3、湿地和造林资料来源于省林业厅，由省统计局能源处整理提供。

4、土地利用情况来源于省国土资源厅，由省统计局能源处整理提供。

5、水资源资料来源于省水利厅，由省统计局能源处整理提供。

6、环境保护资料来源于省环境保护厅，由省统计局能源处整理提供。

Brief Introduction

I. Content

Data in this chapter reflect natural resources of Shandong and development in environment protection. Resources mainly include natural resources, lakes, rivers, mountains and climate. Environment protection mainly shows treatment and discharge of industrial waste water, solid waste and waste gas, construction of projects for pollution treatment.

II. Source of Data

(1) Data on natural resources, lakes, rivers, and mountains are prepared by the Division of Comprehensive Statistics of Shandong Provincial Bureau of Statistics.

(2) Data on climate mainly include average temperature, precipitation and sunshine hours. The data are provided by the Meteorological Bureau of Shandong Province and prepared by the Division of Comprehensive Statistics of Shandong Provincial Bureau of Statistics.

(3) Data on wetland and plantation are provided by the Department of Forestry of Shandong Province and prepared by the Division of Energy Statistics of Shandong Provincial Bureau of Statistics.

(4) Data on land use are provided by the Shandong Department of Land and Resources and prepared by the Division of Energy Statistics of Shandong Provincial Bureau of Statistics.

(5) Data on water resource are provided by the Department of Water Resources of Shandong Province and prepared by the Division of Energy Statistics of Shandong Provincial Bureau of Statistics.

(6) Data on environment protection are provided by the Environmental Protection Department of Shandong Province and prepared by the Division of Energy Statistics of Shandong Provincial Bureau of Statistics.

12-1 人口和自然资源(2016年)
Population and Natural Resources (2016)

项　　目		Item		2016
一、人　口		**Population**		
年末总人口	(万人)	Total Population(year-end)	(10 000 persons)	9946.64
人口密度	(人/平方公里)	Density of Population	(person/sq.km)	626
二、土　地 (2015年)		**Land(2015)**		
全省土地面积	(万公顷)	Land Area	(10 000 hectares)	1579.11
农用地		Land for Agriculture Use		1152.85
耕地		Cultivated Land		761.10
园地		Garden Land		72.12
牧草地		Grazing and Pasture Land		0.58
建设用地		Land for Construction		282.01
城镇村及工矿用地		Land for Urban Village, Mining and Manufacturing		237.68
交通用地		Land for Transport Facilities		21.17
水利设施用地		Land for Water Conservancy Facilities		23.15
三、矿　产		**Mineral Resources**		
已发现矿产种类	(种)	Mineral Resources Discovered	(kind)	147
已探明储量的矿产种类	(种)	Number of Mineral Resources with Insured Reserves	(kind)	85
能源矿产	(种)	Energy Resources	(kind)	7
金属矿产	(种)	Metal Mineral	(kind)	25
非金属矿产	(种)	Nonmetal Mineral	(kind)	50
水气矿产	(种)	Water and Gas	(kind)	3
四、水文、水利		**Water Resources**		
水资源总量	(亿立方米)	Average Volume of Water Resources	(100 million cu.m)	220.32
地表水资源量	(亿立方米)	Surface Water Volume	(100 million cu.m)	121.18
海岸线长度	(公里)	Length of Coastlines	(km)	3345

12-2 主要湖泊、河流基本情况
Basic Statistics on Major Lakes and Rivers

湖泊名	Names of Lakes	面 积（平方公里）Area of Lakes (sq.km)	河流名	Names of Rivers	面 积（平方公里）Drainage Area (sq.km)	河 长（公里）Length (km)
小 计	Total	1494.6	徒骇河	Tuhaihe River	13136.6	446.5
微山湖	Weishan Lake	531.7	沂 河	Yihe River	10909.9	287.5
昭阳湖	Zhaoyang Lake	337.1	马颊河	Majiahe River	10638.4	448.0
独山湖	Dushan Lake	144.6	小清河	Xiaoqinghe River	10498.8	233.0
南阳湖	Nanyang Lake	211.0	大汶河	Dawenhe River	9069.0	211.0
东平湖	Dongping Lake	167.0	潍 河	Weihe River	6493.2	233.0
麻大湖	Mada Lake	110.0	沭 河	Shuhe River	6161.4	263.0
白云湖	Baiyun Lake	16.2	大沽河	Daguhe River	4161.9	179.9
青沙湖	Qingsha Lake	11.1	弥 河	Mihe River	3847.5	206.0

12-3 主要山脉高度
Height of Major Mountains

山 名	Mountain Range	标 高（米）Height of MountainPeak (m)	山 名	Mountain Range	标 高（米）Height of MountainPeak (m)
泰 山	Taishan Mountains	1532	马耳山	Maer Mountains	707
蒙 山	Mengshan Mountains	1156	龙须崮	Longxvgu Mountains	707
崂 山	Laoshan Mountains	1133	凤凰山	Fenghuang Mountains	648
鲁 山	Lushan Mountains	1108	四海山	Sihai Mountains	625
沂 山	Yishan Mountains	1032	鳌子崮	Aozigu Mountains	616
徂徕山	Culai Mountains	1028	黑 山	Heishan Mountains	612
昆嵛山	Kunyu Mountains	923	珂楼埠山	Keloubu Mountains	577
九顶山	Jiuding Mountains	834	大 山	Dashan Mountains	560
艾 山	Aishan Mountains	814	伟德山	Weide Mountains	554
牙 山	Yashan Mountains	806	招虎山	Zhaohu Mountains	550
大泽山	Daze Mountains	737	孟良崮	Menglianggu Mountains	536
摩天岭	Motianling Mountains	735	布 山	Bushan Mountains	447

12-4 各市平均气温(2016年)
Monthly Average Temperature by Region(2016)

单位:摄氏度 (℃)

城市名	City	一 月 Jan.	二 月 Feb.	三 月 Mar.	四 月 Apr.	五 月 May	六 月 June
济南市	Jinan	-1.5	3.7	11.3	18.6	21.3	26.0
青岛市	Qingdao	-0.7	2.6	7.3	13.1	17.5	20.7
淄博市	Zibo	-3.1	1.5	9.6	17.2	20.2	25.3
枣庄市	Zaozhuang	-0.6	3.8	10.6	17.4	20.8	25.1
东营市	Dongying	-3.0	1.8	9.4	16.5	20.7	25.2
烟台市	Yantai	-2.5	0.7	7.2	13.7	18.7	22.4
潍坊市	Weifang	-2.8	1.8	9.0	16.2	20.4	24.8
济宁市	Jining	-0.6	4.4	11.5	18.4	21.0	25.8
泰安市	Tai'an	-2.2	2.8	10.2	17.7	20.3	25.1
威海市	Weihai	-1.7	1.3	7.6	14.0	18.7	22.8
日照市	Rizhao	-0.6	2.9	7.7	14.3	18.4	21.5
莱芜市	Laiwu	-2.5	2.5	9.8	17.8	20.5	25.1
临沂市	Linyi	-1.2	3.0	9.7	16.9	20.6	24.5
德州市	Dezhou	-2.3	2.9	10.5	17.4	20.7	26.1
聊城市	Liaocheng	-2.6	2.2	9.9	17.0	19.5	24.7
滨州市	Binzhou	-3.6	1.1	9.0	16.5	19.8	24.7
菏泽市	Heze	-0.6	4.6	11.6	17.9	21.0	26.3

12-4 续表 continued

单位:摄氏度 (℃)

城市名	City	七 月 July	八 月 Aug.	九 月 Sept.	十 月 Oct.	十一月 Nov.	十二月 Dec.	全年平均 Annual Average
济南市	Jinan	27.7	26.2	23.3	16.2	8.3	3.6	15.4
青岛市	Qingdao	25.5	27.2	23.1	16.8	9.2	4.1	13.9
淄博市	Zibo	27.5	25.9	22.0	15.6	6.9	1.9	14.2
枣庄市	Zaozhuang	27.6	27.7	23.6	16.5	8.5	3.7	15.4
东营市	Dongying	27.9	27.1	23.0	16.0	7.3	2.2	14.5
烟台市	Yantai	25.7	26.2	21.8	15.8	7.6	2.7	13.3
潍坊市	Weifang	27.8	26.9	23.0	16.1	7.4	2.1	14.4
济宁市	Jining	28.4	27.3	23.5	16.5	8.5	4.0	15.7
泰安市	Tai'an	27.2	26.2	22.0	15.6	7.3	2.2	14.5
威海市	Weihai	25.7	26.4	22.4	16.3	8.2	3.4	13.8
日照市	Rizhao	25.6	26.9	22.8	16.5	8.8	4.1	14.1
莱芜市	Laiwu	27.2	25.9	22.2	15.3	7.1	2.3	14.4
临沂市	Linyi	27.3	27.5	23.2	16.2	8.4	3.1	14.9
德州市	Dezhou	27.8	26.7	23.0	15.7	6.8	2.1	14.8
聊城市	Liaocheng	26.8	25.6	22.1	15.1	6.7	2.1	14.1
滨州市	Binzhou	27.5	26.4	22.3	15.2	6.2	0.9	13.8
菏泽市	Heze	28.2	26.9	23.6	16.3	8.3	4.1	15.7

12-5 各市降水量(2016年)
Monthly Precipitation by Region(2016)

单位:毫米 (millimeter)

城市名	City	一 月 Jan.	二 月 Feb.	三 月 Mar.	四 月 Apr.	五 月 May	六 月 June
济南市	Jinan	7.8	32.6		9.0	49.0	160.3
青岛市	Qingdao		24.3	3.4	26.8	57.0	60.2
淄博市	Zibo	3.6	42.0	0.8	7.1	40.2	179.5
枣庄市	Zaozhuang	6.7	25.4	2.7	28.6	60.0	163.4
东营市	Dongying	2.1	33.7	0.8	25.5	33.5	117.3
烟台市	Yantai	15.8	39.0	8.0	51.4	60.0	79.1
潍坊市	Weifang	1.3	25.4	5.7	25.0	86.8	104.7
济宁市	Jining	3.7	22.9	3.9	12.0	35.7	174.2
泰安市	Tai'an	4.0	37.2		6.9	39.2	167.8
威海市	Weihai	17.5	39.7	12.4	40.6	65.3	32.0
日照市	Rizhao	0.4	20.2	1.2	25.7	29.4	72.9
莱芜市	Laiwu	5.1	29.8	0.6	9.9	43.9	98.3
临沂市	Linyi	5.6	17.6	0.5	16.6	76.0	178.9
德州市	Dezhou	3.3	30.3		7.8	26.7	76.5
聊城市	Liaocheng	3.6	23.0		9.2	41.8	172.6
滨州市	Binzhou	3.0	22.5	7.4	9.4	35.5	123.1
菏泽市	Heze	0.9	24.3	0.1	19.7	26.4	57.5

12-5 续表 continued

单位:毫米 (millimeter)

城市名	City	七 月 July	八 月 Aug.	九 月 Sept.	十 月 Oct.	十一月 Nov.	十二月 Dec.	全 年 Annual Total
济南市	Jinan	237.6	421.1	2.7	51.6	22.4	14.1	1008.2
青岛市	Qingdao	63.6	90.5	37.4	79.3	4.0	37.7	484.2
淄博市	Zibo	141.4	165.5	15.1	41.2	21.8	13.3	671.5
枣庄市	Zaozhuang	194.3	178.8	77.1	115.1	11.0	49.2	912.3
东营市	Dongying	129.5	168.7	7.4	31.1	12.6	9.8	572.0
烟台市	Yantai	92.1	41.5	49.7	53.4	13.7	27.4	531.1
潍坊市	Weifang	140.4	87.2	17.3	47.9	15.3	17.7	574.7
济宁市	Jining	289.2	110.3	66.4	74.0	11.4	29.4	833.1
泰安市	Tai'an	219.7	228.9	16.7	43.6	13.1	12.2	789.3
威海市	Weihai	58.1	128.5	16.7	56.2	15.7	33.9	516.6
日照市	Rizhao	167.4	73.4	63.9	167.7	4.2	42.9	669.3
莱芜市	Laiwu	203.2	295.5	23.9	43.0	12.0	15.3	780.5
临沂市	Linyi	187.6	123.0	106.8	153.7	3.4	49.5	919.2
德州市	Dezhou	130.9	190.8	4.0	34.9	9.6	11.0	525.8
聊城市	Liaocheng	208.9	133.6	6.1	40.7	16.4	10.9	666.8
滨州市	Binzhou	156.4	187.4	12.4	32.1	8.9	8.5	606.6
菏泽市	Heze	240.8	193.8	44.9	81.4	16.6	29.1	735.5

12-6 各市日照时数(2016年)
Monthly Sunshine Hours by Region(2016)

单位:小时 (hour)

城市名	City	一 月 Jan.	二 月 Feb.	三 月 Mar.	四 月 Apr.	五 月 May	六 月 June
济 南 市	Jinan	135.7	207.6	247.0	228.7	231.5	234.0
青 岛 市	Qingdao	149.4	177.5	242.5	191.3	214.3	163.5
淄 博 市	Zibo	113.3	180.5	212.6	217.5	224.4	196.6
枣 庄 市	Zaozhuang	133.6	180.0	209.4	182.6	191.9	173.2
东 营 市	Dongying	189.4	225.7	288.7	262.1	253.8	270.6
烟 台 市	Yantai	166.1	205.5	278.8	246.6	253.8	261.9
潍 坊 市	Weifang	162.1	198.8	249.8	234.3	240.9	241.5
济 宁 市	Jining	127.9	213.7	223.8	220.9	228.0	222.0
泰 安 市	Tai'an	115.9	201.6	226.7	218.3	223.8	213.8
威 海 市	Weihai	135.3	194.3	271.2	240.7	244.9	239.8
日 照 市	Rizhao	168.7	183.7	226.7	204.2	211.6	176.0
莱 芜 市	Laiwu	137.5	194.4	218.7	203.1	221.3	221.3
临 沂 市	Linyi	128.4	174.4	210.9	200.1	195.1	193.9
德 州 市	Dezhou	147.9	215.0	255.9	233.1	245.2	264.7
聊 城 市	Liaocheng	104.1	190.3	193.8	189.7	199.5	199.6
滨 州 市	Binzhou	147.4	182.3	226.0	225.9	230.8	203.8
菏 泽 市	Heze	92.2	203.3	239.8	213.4	239.3	278.5

12-6 续表 continued

单位:小时 (hour)

城市名	City	七 月 July	八 月 Aug.	九 月 Sept.	十 月 Oct.	十一月 Nov.	十二月 Dec.	全 年 Annual Total
济 南 市	Jinan	158.5	162.7	193.7	127.2	148.5	138.6	2213.7
青 岛 市	Qingdao	166.3	214.7	195.9	130.9	157.3	121.5	2125.1
淄 博 市	Zibo	166.6	165.1	177.8	111.3	141.7	97.9	2005.3
枣 庄 市	Zaozhuang	151.7	183.7	139.0	54.6	100.0	91.6	1791.3
东 营 市	Dongying	235.8	217.5	226.3	158.2	183.0	153.7	2664.8
烟 台 市	Yantai	220.8	248.2	219.8	156.1	153.6	150.5	2561.7
潍 坊 市	Weifang	249.3	200.6	205.2	145.4	158.8	135.0	2421.7
济 宁 市	Jining	157.0	148.0	221.2	132.1	155.6	123.4	2173.6
泰 安 市	Tai'an	163.8	197.5	193.5	107.7	140.9	108.1	2111.6
威 海 市	Weihai	212.0	228.1	218.8	158.9	145.7	146.7	2436.4
日 照 市	Rizhao	142.6	216.6	176.4	107.3	150.8	125.9	2090.5
莱 芜 市	Laiwu	192.3	195.1	196.2	107.0	143.5	127.7	2158.1
临 沂 市	Linyi	167.2	190.7	165.0	85.3	126.4	125.2	1962.6
德 州 市	Dezhou	167.4	184.3	225.1	148.8	145.8	101.4	2334.6
聊 城 市	Liaocheng	144.2	125.0	180.5	77.4	99.3	104.1	1807.5
滨 州 市	Binzhou	165.6	187.8	212.0	137.7	139.2	94.9	2153.4
菏 泽 市	Heze	220.8	199.2	211.0	124.7	136.6	130.7	2289.5

12-7 各市土地利用情况（2015年）
Land Use by Region(2015)

单位:公顷 (hectare)

地　区	土地调查面积 Area under Land Survey	农用地 Land for Agriculture Use	建设用地 Land for Construction	城镇村及工矿用地 Land for Urban Village, Mining and Manufacturing	交通用地 Land for Transport Facilities	水利设施用地 Land for Water Conservancy Facilities	未利用地 unutilized land
全省总计	**15791136**	**11528534**	**2820077**	**2376845**	**211696**	**231536**	**1442525**
济南市	799841	539972	166645	142967	11921	11757	93224
青岛市	1129155	802456	247188	204722	23361	19105	79510
淄博市	596492	417265	120692	103592	10333	6767	58535
枣庄市	456353	330427	86678	73264	7552	5861	39248
东营市	824326	426324	138741	92627	12185	33930	259261
烟台市	1385150	1059552	208215	174152	19391	14672	117382
潍坊市	1614314	1157827	307477	264180	20048	23250	149010
济宁市	1118698	771780	188272	154974	15080	18218	158646
泰安市	776141	584495	129601	111781	9000	8820	62046
威海市	579774	442736	88940	78398	6676	3866	48097
日照市	535857	422670	83296	69023	6291	7982	29891
莱芜市	224603	146048	40184	33619	2886	3679	38371
临沂市	1719121	1319161	286950	242055	19995	24900	113010
德州市	1035767	814541	186254	157511	12160	16583	34972
聊城市	862801	695301	156428	141383	10962	4083	11071
滨州市	917219	635364	166991	138825	11377	16788	114864
菏泽市	1215523	962613	217524	193771	12477	11275	35386

12-8 各市湿地面积(2013年)
Area of Wetlands by Region (2013)

地　区	Region	湿地面积(千公顷) Area of Wetlands (1 000 hectares)	天然湿地 Natural Wetlands	近岸及海岸 Coasts and Seashores	河　流 Rivers	湖　泊 Lakes	沼　泽 Marshland	人工湿地 Man-made Wetlands	湿地面积占行政面积比重(%) Proportion of Wetlands in Total Area of Territory (%)
全省总计	**Total**	**1737.50**	**1103.05**	**728.51**	**257.80**	**62.63**	**54.11**	**634.45**	**11.09**
济南市	Jinan	22.01	11.22		10.44	0.25	0.52	10.75	2.68
青岛市	Qingdao	139.97	102.87	84.62	17.94		0.31	37.10	12.84
淄博市	Zibo	13.58	7.56		6.28		1.28	6.02	2.28
枣庄市	Zaozhuang	15.86	8.97		8.97			6.89	3.47
东营市	Dongying	456.77	339.96	277.45	20.59	0.07	41.85	116.81	57.65
烟台市	Yantai	178.75	141.65	127.70	13.25	0.64	0.05	37.11	13.04
潍坊市	Weifang	215.68	106.13	80.92	20.53	0.80	3.88	109.55	13.62
济宁市	Jining	152.36	67.86		20.04	45.74	2.09	84.50	13.48
泰安市	Tai'an	50.72	36.14		19.51	14.69	1.94	14.58	6.53
威海市	Weihai	114.57	85.44	79.03	6.25		0.17	29.13	21.08
日照市	Rizhao	39.21	25.53	19.68	5.85			13.68	7.38
莱芜市	Laiwu	5.70	2.96		2.96			2.74	2.55
临沂市	Linyi	57.90	32.66		32.66			25.24	3.36
德州市	Dezhou	25.94	11.47		11.47			14.47	2.51
聊城市	Liaocheng	15.31	7.11		6.69	0.42		8.20	1.76
滨州市	Binzhou	176.35	72.19	59.11	11.25		1.82	104.12	18.65
菏泽市	Heze	56.82	43.33		43.12	0.01	0.20	13.49	4.57

12-9 造林面积情况
Area of Afforestation

单位:公顷 (hectare)

年份 地区	Year Region	造林总面积 Total Area of Afforestation	按造林方式分 By Approach 人工造林 Manual Planting	按林种用途分 By Function of Forest 用材林 Timber Forests	经济林 By-product Forests	防护林 Protection Forests	薪炭林 Fuel Forests	特种用途林 Forests for Special Purpose
2000		153389	153389	18007	100769	34268	63	282
2001		135259	135259	19019	84039	32155		46
2002		152597	152597	43671	80066	27670	1098	92
2003		344079	344079	192653	92130	57709	1039	548
2004		262711	262711	134193	53536	74441	233	308
2005		141141	141141	47470	42674	49559	633	805
2006		134423	134423	40421	34252	59193	7	550
2007		156738	156738	49409	26971	68046	66	254
2008		185575	184928	69516	25947	89726	20	366
2009		182171	180529	42463	26172	113067		469
2010		205131	198998	36101	37856	129877		1297
2011		219028	219028	34598	51154	130896		2380
2012		197956	195875	25178	49195	122277		1306
2013		220473	219129	32569	63604	122536		1764
2014		224972	223560	43411	66219	113208		2134
2015		206552	206552	41627	60372	102643		1910
2016		115179	115179	19229	35812	59264		874
济南市	Jinan	3504	3504	1168	1278	1058		
青岛市	Qingdao	3059	3059	553	2089	408		9
淄博市	Zibo	6769	6769	84	502	6183		
枣庄市	Zaozhuang	8574	8574	189	2581	5765		39
东营市	Dongying	6000	6000	385	329	5286		
烟台市	Yantai	7027	7027	734	3132	3081		80
潍坊市	Weifang	4288	4288	957	1504	1827		
济宁市	Jining	11808	11808	1469	3863	6430		46
泰安市	Tai'an	5801	5801	630	3695	1476		
威海市	Weihai	4222	4222	429	1773	2020		
日照市	Rizhao	4568	4568	396	2458	1714		
莱芜市	Laiwu	3887	3887	249	1051	2575		12
临沂市	Linyi	9588	9588	1339	4677	3458		114
德州市	Dezhou	10437	10437	3186	960	5979		312
聊城市	Liaocheng	9691	9691	2870	2401	4418		2
滨州市	Binzhou	10105	10105	3332	954	5559		260
菏泽市	Heze	5851	5851	1259	2565	2027		

12-10 供水用水情况
Water Supply and Water Use

年份 Year / 地区 Region		供水总量(亿立方米) Water Supply (100 millioncu.m)	地表水 Surface Water	地下水 Ground-water	其他 Others	用水总量(亿立方米) Water Use (100 millioncu.m)	农业 Agriculture	工业 Industry	生活 Consumption	生态 Ecological Protection
2000		249.46	114.40	131.81	3.25	244.09	179.84	43.65	20.61	
2001		251.61	115.60	133.71	2.30	252.73	187.40	41.92	23.08	0.34
2002		252.39	117.66	132.96	1.77	244.73	192.87	36.59	14.98	0.29
2003		219.34	104.12	113.95	1.27	215.70	162.54	27.96	23.92	1.38
2004		214.88	106.28	107.40	1.20	211.30	160.14	24.81	24.67	1.68
2005		211.02	106.70	102.67	1.65	207.65	161.73	18.38	25.17	2.37
2006		225.53	119.77	103.90	1.86	222.24	175.07	18.93	25.62	2.62
2007		219.55	115.59	101.98	1.98	219.55	164.81	24.12	27.42	3.20
2008		219.89	115.51	101.23	3.15	219.89	162.76	24.69	28.71	3.73
2009		219.99	119.62	97.05	3.33	219.99	161.60	24.70	29.77	3.94
2010		222.47	127.15	91.31	4.01	222.47	159.65	26.84	31.34	4.64
2011		224.05	127.33	89.34	7.38	224.05	154.26	29.72	32.89	7.17
2012		221.79	126.12	89.26	6.41	221.79	154.23	28.10	32.81	6.66
2013		217.94	124.94	86.86	6.15	217.94	149.72	28.86	33.31	6.06
2014		214.52	121.26	85.99	7.28	214.52	146.72	28.64	33.39	5.78
2015		212.77	122.00	83.11	7.65	212.77	143.29	29.59	32.99	6.89
2016		213.99	123.26	82.34	8.39	213.99	141.50	30.64	34.22	7.64
济南市	Jinan	16.26	9.59	5.86	0.81	16.26	8.54	2.27	3.49	1.95
青岛市	Qingdao	9.32	6.32	2.34	0.66	9.32	2.43	2.01	4.12	0.76
淄博市	Zibo	10.37	3.93	6.19	0.25	10.37	5.67	3.06	1.42	0.21
枣庄市	Zaozhuang	5.88	1.31	4.07	0.50	5.88	2.80	1.11	1.55	0.42
东营市	Dongying	9.83	8.97	0.73	0.14	9.83	6.07	1.93	1.28	0.55
烟台市	Yantai	8.42	4.27	4.12	0.03	8.42	5.24	1.31	1.86	0.01
潍坊市	Weifang	13.30	4.15	7.83	1.32	13.30	7.06	3.26	2.57	0.40
济宁市	Jining	23.50	13.05	8.82	1.63	23.50	18.17	2.27	2.60	0.46
泰安市	Tai'an	11.36	4.50	5.44	1.42	11.36	6.55	1.85	2.41	0.54
威海市	Weihai	4.21	2.70	1.50	0.01	4.21	2.44	0.79	0.94	0.05
日照市	Rizhao	5.34	3.61	1.60	0.13	5.34	2.78	1.30	1.12	0.14
莱芜市	Laiwu	2.80	0.97	1.50	0.34	2.80	1.02	1.14	0.57	0.07
临沂市	Linyi	17.89	13.27	4.46	0.17	17.89	11.30	2.21	3.54	0.84
德州市	Dezhou	19.37	12.58	6.78	0.01	19.37	16.28	1.71	1.31	0.07
聊城市	Liaocheng	18.28	10.57	7.28	0.43	18.28	14.48	1.87	1.74	0.19
滨州市	Binzhou	14.96	12.60	1.88	0.49	14.96	12.17	1.00	1.24	0.55
菏泽市	Heze	22.91	10.90	11.97	0.05	22.91	18.50	1.54	2.45	0.42

12-11 水资源情况
Water Resources

年份 地区	Year Region	水资源总量（亿立方米） Total Amount of Water Resources (100 millioncu.m)	地表水资源量 Surface Water Resources	地下水资源与地表水资源不重复量 Unduplicated Measurement Between Surface Water and Groundwater
2003		489.69	349.29	140.40
2004		349.46	234.51	114.55
2005		415.86	295.85	120.01
2006		199.78	109.56	90.22
2007		387.11	280.19	106.93
2008		328.71	228.96	99.75
2009		284.95	173.80	111.16
2010		309.12	199.08	110.04
2011		347.61	237.49	110.12
2012		274.08	182.17	91.90
2013		291.70	191.07	100.64
2014		148.44	76.61	71.83
2015		168.44	84.30	84.14
2016		220.32	121.18	99.14
济南市	Jinan	16.97	8.93	8.04
青岛市	Qingdao	6.52	3.71	2.81
淄博市	Zibo	10.59	6.21	4.39
枣庄市	Zaozhuang	9.03	5.67	3.36
东营市	Dongying	4.49	3.53	0.96
烟台市	Yantai	6.67	2.36	4.31
潍坊市	Weifang	13.98	7.62	6.36
济宁市	Jining	21.06	10.59	10.47
泰安市	Tai'an	15.00	11.12	3.88
威海市	Weihai	4.91	2.72	2.20
日照市	Rizhao	8.40	6.38	2.02
莱芜市	Laiwu	5.96	5.07	0.89
临沂市	Linyi	36.82	30.43	6.39
德州市	Dezhou	12.91	2.66	10.26
聊城市	Liaocheng	12.35	2.83	9.52
滨州市	Binzhou	12.67	7.68	4.99
菏泽市	Heze	21.97	3.67	18.29

12-12 1981-2016年主要污染物排放及处理情况
Discharge and Treatment of Major Pollutants from 1981 to 2016

单位:万吨 (10 000 tons)

年 份 Year	废水排放量 Volume of Waste Water Discharged	# 工 业 Industry	二氧化硫排放量 Volume of Sulphur Dioxide Discharged	氮氧化物排放量 Volume of Nitrogen Oxides Discharged	烟(粉)尘排放量 Volume of Soot and Dust Discharged	工业固体废物产生量 Volume of Industrial Solid Waste	工业固体废物综合利用量 Volume of Industrial Solid Waste Utilized
1981	104790	87673	119		77	2522	639
1982	105942	82641	120		97	2615	723
1983	110938	88168	122		85	2559	716
1984	129033	106275	142		117	2743	760
1985	131898	105375	160		120	2748	765
1986	127277	98913	171		129	2860	847
1987	132770	93811	173		116	2848	894
1988	144346	97136	191		128	3325	968
1989	137165	91360	189		130	3610	1117
1990	136573	87631	193		121	3880	1337
1991	137051	88728	204		121	3837	2169
1992	137721	86412	226		125	3941	2410
1993	142322	86350	228		135	4201	2353
1994	147979	87316	225		130	4263	2871
1995	158681	96214	232		130	4484	2899
1996	204200	101018				4652	2824
1997	246100	130918	247		108	5131	3448
1998	234048	117069	226		92	5109	3777
1999	224100	107975	183		71	5166	3877
2000	229000	110324	180		67	5407	4173
2001	235271	115233	172		65	6215	5224
2002	230709	106668	169		62	6559	5704
2003	245782	115933	184		62	6786	6054
2004	264014	128706	182		52	7922	7191
2005	280377	139071	200		62	9175	8683
2006	302637	144365	196		58	11011	10397
2007	334255	166574	182		46	11935	11615
2008	358910	176977	169		44	12988	12173
2009	386731	182673	159		42	14138	13826
2010	436371	208257	154		39	16038	15297
2011	443331	187245	183	179	78	19533	18298
2012	479100	183634	175	174	70	18343	17073
2013	494570	181179	164	165	70	18172	17134
2014	514423	180022	159	159	121	19199	18380
2015	550230	185493	153	142	108	19797	18308
2016	507591	160580	113	123	87	22510	18976

注：1.2011年以前,烟(粉)尘排放量为烟尘排放量。2.从2014年起烟(粉)尘排放量包含无组织排放的烟(粉)尘。

a) Before 2011,the volume of soot and dust discharged only includes the smoke discharged .

b)Since 2014,the volume of soot and dust discharged includes those discharged not through exhaust pipes.

12-13 各市主要污染物排放情况(2016年)

Dicharge of Major Pollutants by Region (2016)

地 区	Region	废水排放量(万吨) Volume of Waste Water Discharged (10 000 tons)	工业 Industry	生活 Daily Life	化学需氧量排放量(吨) Volume of COD Discharged (ton)	工业 Industry	生活 Daily Life	氨氮排放量(吨) Volume of Ammonia Nitrogen Discharged (ton)	工业 Industry	生活 Daily Life
全省总计	**Total**	**507591**	**160580**	**346679**	**530515**	**81530**	**406733**	**77974**	**5767**	**71656**
济南市	Jinan	34530	5993	28518	30202	2777	25815	4306	186	4119
青岛市	Qingdao	51536	6865	44593	29095	2335	26709	3539	127	3411
淄博市	Zibo	35329	14892	20432	32027	11059	13943	5359	982	4368
枣庄市	Zaozhuang	20251	7399	12843	20204	3081	17122	3294	192	3102
东营市	Dongying	19139	8034	11105	15216	4289	10927	1845	336	1509
烟台市	Yantai	25915	8535	17327	34077	4784	29264	4164	248	3913
潍坊市	Weifang	53917	23805	30074	59800	9654	24825	6619	764	5560
济宁市	Jining	42425	13344	29066	36418	5175	31204	6151	220	5928
泰安市	Tai'an	19992	7011	12977	38692	3871	34747	5596	173	5420
威海市	Weihai	18280	2428	15821	11241	1191	10018	2842	119	2716
日照市	Rizhao	14078	6527	7530	13942	3756	9301	2358	116	2223
莱芜市	Laiwu	5837	1619	4216	9269	675	8593	1565	34	1531
临沂市	Linyi	46315	9530	36764	55384	5596	44961	9847	491	9295
德州市	Dezhou	28249	7740	20501	38074	4084	31839	4647	272	4233
聊城市	Liaocheng	29216	8264	20944	22193	4472	17716	3726	275	3450
滨州市	Binzhou	32230	20086	12125	32695	9906	22591	3534	918	2608
菏泽市	Heze	30350	8507	21841	51984	4825	47158	8583	314	8269

注：2016年化学需氧量排放量和氨氮排放量统计口径发生变化。
a)In 2016, the statistical aperture of COD and ammonia nitrogen emissions changed.

12-13 续表 continued

地 区	Region	二氧化硫排放量(吨) Volume of Sulphur Dioxide Discharged (ton)	工业 Industry	生活 Daily Life	氮氧化物排放量(吨) Volume of Nitrogen Oxides Discharged (ton)	工业 Industry	生活 Daily Life	烟(粉)尘排放量(吨) Volume of Soot and Dust Discharged (ton)	工业 Industry	生活 Daily Life
全省总计	**Total**	**1134524**	**865459**	**269016**	**1229383**	**778654**	**37338**	**873829**	**698570**	**137560**
济南市	Jinan	44403	28458	15934	61075	34502	2012	64253	54678	7714
青岛市	Qingdao	23320	12908	10412	58687	18470	2746	24387	13348	8161
淄博市	Zibo	171735	139983	31747	125096	101604	4128	90670	72716	16331
枣庄市	Zaozhuang	46821	36109	10711	56869	40709	482	25935	20166	4530
东营市	Dongying	44858	43401	1438	37020	25039	509	6513	4916	774
烟台市	Yantai	69112	42882	26228	71139	41468	4160	39644	21184	16538
潍坊市	Weifang	68452	52588	15863	102512	53105	2053	56588	43934	8633
济宁市	Jining	79865	43943	35921	94958	48704	4821	56693	29710	21590
泰安市	Tai'an	32895	18327	14567	40263	24636	1957	25160	17520	6481
威海市	Weihai	35722	17811	17910	39968	23426	3319	19207	15029	2965
日照市	Rizhao	37796	23647	14148	46245	35501	1623	97968	89784	7430
莱芜市	Laiwu	36718	28792	7925	44968	38769	850	124639	120610	3352
临沂市	Linyi	75430	63239	12189	117091	62597	1929	83160	68578	9560
德州市	Dezhou	61708	53486	8216	55346	35611	1680	39423	35157	2876
聊城市	Liaocheng	62985	59125	3860	74015	50360	559	17258	13604	2270
滨州市	Binzhou	171392	157495	13896	134632	119604	1504	60924	53570	6513
菏泽市	Heze	71313	43263	28050	69497	24548	3007	41408	24063	11844

12-14 各市工业固体废物排放及处理利用情况(2016年)
Emission、Treatment and Utilization of Industrial Solid Wastes by Region(2016)

单位：万吨 (10 000 tons)

地 区	Region	一般工业固体废物产生量 Total Volume of Industrial Solid Waste Produced	一般工业固体废物综合利用量 Total Volume of Industrial Solid Waste Utilized	一般工业固体废物处置量 Volume of Industrial Solid Waste Treated	一般工业固体废物贮存量 Volume of Industrial Wastes in Solid Stocks	危险废物产生量 Hazardous Wastes Produced	危险废物综合利用量 Hazardous Wastes Utilized	危险废物处置量 Hazardous Wastes Disposed
全省总计	**Total**	**22509.9**	**18976.0**	**1389.6**	**2352.1**	**1188.3**	**975.3**	**203.9**
济 南 市	Jinan	918.7	910.9	7.7	0.3	17.0	2.6	14.1
青 岛 市	Qingdao	755.4	721.8	28.3	5.4	6.9	2.7	3.2
淄 博 市	Zibo	1589.8	1306.0	216.9	71.8	100.5	63.2	35.9
枣 庄 市	Zaozhuang	591.4	596.3	3.2	0.0	5.8	5.6	0.2
东 营 市	Dongying	330.2	309.5	21.0		16.4	3.1	11.5
烟 台 市	Yantai	2502.4	2075.0	395.7	32.5	195.3	98.8	83.8
潍 坊 市	Weifang	1326.5	1245.9	34.9	57.7	29.0	60.0	9.0
济 宁 市	Jining	1671.3	1559.1	88.3	49.0	172.7	170.0	2.1
泰 安 市	Tai'an	1015.1	1090.2	17.1	2.8	2.0	0.6	1.3
威 海 市	Weihai	264.7	252.7	4.5	21.0	1.2	0.1	0.9
日 照 市	Rizhao	479.2	418.7	55.5	5.1	320.2	313.5	6.7
莱 芜 市	Laiwu	1868.5	1806.8	63.1	1.2	36.8	33.0	3.8
临 沂 市	Linyi	1500.0	1488.9	11.2	0.1	72.4	46.4	12.1
德 州 市	Dezhou	1212.5	1102.0	110.6	2.7	99.7	98.1	0.9
聊 城 市	Liaocheng	1299.2	1055.3	228.2	49.1	51.2	50.4	0.8
滨 州 市	Binzhou	4728.5	2589.5	94.5	2053.3	43.4	21.6	6.0
菏 泽 市	Heze	456.4	447.5	8.8	0.1	18.1	5.7	11.6

主要统计指标解释

自然资源 指人类可以直接从自然界获得，并用于生产和生活的物质资源。自然资源一般可以分成可再生资源和非再生资源两大类。可再生资源指在较短时间内可以再生、可以循环利用的资源，包括土地资源、水资源、气候资源、生物资源和海洋资源等。非再生资源指在使用后不能再生的资源，包括矿产资源和地热能源。

土地资源 土地指陆地的表层部分，它主要由岩石、岩石的风化物和土壤构成。土地资源按利用类型可以分为农用地、建筑用地和未利用地。农用地包括耕地、园地、林地、牧草地和水面。建筑用地包括居民点及工矿用地、交通用地和水利设施用地。未利用地指农用地和建筑用地以外的土地，包括滩涂、荒漠、戈壁、冰川和石山等。

耕地面积 指经过开垦用以种植农作物并经常进行耕耘的土地面积。包括种有作物的土地面积、休闲地、新开荒地和抛荒未满三年的土地面积。

森林资源 指森林、林木、林地以及依托森林、林木、林地生存的野生动物、植物和微生物。林木指树木和竹子。森林指以乔木为主体的植物群落，是集生的乔木及与共同作用的植物、动物、微生物和土壤、气候等的总体。

森林面积 指由乔木树种构成，郁闭度0.2以上(含0.2)的林地或冠幅宽度10米以上的林带的面积，即有林地面积。森林面积包括天然起源和人工起源的针叶林面积、阔叶林面积、针阔混交林面积和竹林面积，不包括灌木林地面积和疏林地面积。

水资源 水在自然界中以固体、液体和气态三种聚集状态存在，分布于海洋、陆地(包括土壤)以及大气之中，通过水循环形成水资源。水资源包括经人类控制并直接可供灌溉、发电、给水、航运、养殖等用途的地表水和地下水，以及江河、湖泊、井、泉、潮汐、港湾和养殖水域等。水资源是发展国民经济不可缺少的重要自然资源。

地表水和地下水 陆地上的水因空间分布不同，分为地表水和地下水。地表水指分别存在于河流、湖泊、沼泽、冰川和冰盖等水体中水分的总称，又称陆地水。地下水指储存在地面以下饱和岩土孔隙、裂隙及溶洞中的水。

水资源总量 指评价区内降水形成的地表和地下产水总量，即地表产流量与降水入渗补给地下水量之和，不包括过境水量。

地表水资源量 指评价区内河流、湖泊、冰川等地表水体中可以逐年更新的动态水量，即当地天然河川径流量。

地下水资源量 指评价区内降水和地表水对饱水岩土层的补给量，包括降水入渗补给量和河道、湖库、渠系、渠灌田间等地表水体的入渗补给量。

内陆水域总面积 指江、河、湖泊、池塘、塘堰、水库等各种流水或蓄水的水面占地面积。

海　洋 是海和洋的统称。洋为地球表面上相连接的广大咸水水体的主体部分。海为地球表面相连接的广大咸水水体被陆地、岛礁、半岛包围或分隔的边缘部分。

海水可养殖面积 指利用滩涂、浅海、港湾进行鱼、虾、蟹、贝、藻等海水经济动植物的人工养殖的水面面积。

径　流 指陆地上接受降水后扣除损耗外，从地表和地下向流域出口断面汇集的水流。径流可分为地表径流、地下径流和壤中流。地表径流指沿地表向河流、湖泊、沼泽、海洋等汇集的水流；地下径流指沿潜水层或隔水层间的含水层，向河流、湖泊、沼泽、海洋等汇集的地下水水流。

径流量 指在一定时段内通过河流某一过水断面的水量，用以反映一个国家或地区水资源的丰歉程度。计算公式为：

径流量=降水量−蒸发量

矿产资源 矿产指由地质作用形成，富集于地壳中或出露于地表达到工农业利用要求的有用矿物。矿产是一种重要的自然资源，是社会发展的重要物质基础。

矿产基础储量 基础储量是查明矿产资源的一部分。它能满足现行采矿和生产所需的指标要求，是控制的、探明的并通过可行性或预可行性研究认为属于经济的、边界经济的部分，用未扣除设计、采矿损失的数量表示。

气　温 指空气的温度，我国一般以摄氏度(℃)为单位表示。气象观测的温度表是放在离地面约1.5米处通风良好的百叶箱里测量的，因此，通常说的气温指的是离地面1.5米处百叶箱中的温度。其统计计算方法为：

月平均气温是将全月各日的平均气温相加，除以该月的天数而得。

年平均气温是将12个月的月平均气温累加后除以12而得。

相对湿度 指空气中实际所含水蒸气密度和同温度下饱和水蒸气密度的百分比值。其统计方法与气温相同。

降水量 指从天空降落到地面的液态或固态(经融化后)水，未经蒸发、渗透、流失而在地面上积聚的深度。其统计计算方法为：

月降水量是将全月各日的降水量累加而得。

年降水量是将12个月的月降水量累加而得。

日照时数 指太阳实际照射地面的时间。其统计方法与降水量相同。

工业废水排放量 指报告期内经过企业厂区所有排放口排到企业外部的工业废水量。包括生产废水、外排的直接冷却水、废气治理设施废水、超标排放的矿井地下水和与工业废水混排的厂区生活污水，不包括独立外排的间接冷却水（清浊不分流的间接冷却水应计算在内）。

城镇生活污水排放量 指城镇居民每年排放的生活污水。用人均系数法测算。测算公式为：

$$\frac{\text{生活污水}}{\text{排放量}}=\frac{\text{城镇生活污水}}{\text{排放系数}}\times\frac{\text{市镇非}}{\text{农业人口}}\times 365$$

城镇生活污水中化学需氧量(COD)产生量 指城镇居民每年排放的生活污水中的 COD 的产生量。用人均系数法测算。测算公式为：

$$\frac{\text{城镇生活污水}}{\text{中}COD\text{排放量}}=\frac{\text{城镇生活污水中}}{COD\text{产生系数}}\times\frac{\text{市镇非}}{\text{农业人口}}\times 365$$

化学需氧量（COD） 测量有机和无机物质化学分解所消耗氧的质量浓度的水污染指数。

工业废气排放量 指报告期内企业厂区内燃料燃烧和生产工艺过程中产生的各种排入大气的含有污染物的气体的总量，以标准状态(273K，101325Pa)计算。测算公式为：

$$\frac{\text{工业废气}}{\text{排放量}}=\frac{\text{燃料燃烧过程}}{\text{中废气排放量}}+\frac{\text{生产工艺过程}}{\text{中废气排放量}}$$

二氧化硫排放量 指报告期内企业在燃料燃烧和生产工艺过程中排入大气的二氧化硫总质量。工业中二氧化硫主要来源于化石燃料（煤、石油等）的燃烧，还包括含硫矿石的冶炼或含硫酸、磷肥等生产的工业废气排放。

氮氧化物排放量 指报告期内企业在燃料燃烧和生产工艺过程中排入大气的氮氧化物总质量。

烟（粉）尘排放量 指报告期内企业在燃料燃烧和生产工艺过程中排入大气的烟尘及工业粉尘的总质量之和。烟尘或工业粉尘排放量可以通过除尘系统的排风量和除尘设备出口烟尘浓度相乘求得。

一般工业固体废物产生量 指未被列入《国家危险废物名录》或者根据国家规定的危险废物鉴别标准（GB5085）、固体废物浸出毒性浸出方法（GB5086）及固体废物浸出毒性测定方法（GB／T 15555）鉴别方法判定不具有危险特性的工业固体废物。

一般工业固体废物综合利用量 指报告期内企业通过回收、加工、循环、交换等方式，从固体废物中提取或者使其转化为可以利用的资源、能源和其他原材料的固体废物量（包括当年利用的往年工业固体废物累计贮存量）。如用作农业肥料、生产建筑材料、筑路等。综合利用量由原产生固体废物的单位统计。

一般工业固体废物处置量 指报告期内企业将工业固体废物焚烧和用其他改变工业固体废物的物理、化学、生物特性的方法，达到减少或者消除其危险成分的活动，或者将工业固体废物最终置于符合环境保护规定要求的填埋场的活动中，所消纳固体废物的量。

一般工业固体废物贮存量 指报告期内企业以综合利用或处置为目的，将固体废物暂时贮存或堆存在专设的贮存设施或专设的集中堆存场所内的量。

危险废物 指列入国家危险废物名录或根据国家规定的危险废物鉴别标准和鉴别方法认定的，具有爆炸性、易燃性、易氧化性、毒性、腐蚀性、易传染疾病等危险特性之一的废物。

危险废物产生量 指报告期内调查对象实际产生的危险废物的量。危险废物指列入国家危险废物名录或者根据国家规定的危险废物鉴别标准和鉴别方法认定的，具有爆炸性、易燃性、易氧化性、毒性、腐蚀性、易传染性疾病等危险特性之一的废物。

危险废物综合利用量 指报告期内调查对象从危险废物中提取物质作为原材料或者燃料的活动中消纳危险废物的量。包括本单位利用或委托、提供给外单位利用的量。

危险废物处置量 指报告期内企业将危险废物焚烧和用其他改变工业固体废物的物理、化学、生物特性的方法，达到减少或者消除其危险成分的活动，或者将危险废物最终置于符合环境保护规定要求的填埋场的活动中，所消纳危险废物的量。处置量包括处置本单位或委托给外单位处置的量。

Explanatory Notes on Main Statistical Indicators

Natural Resources refers to material resources that could be obtained from the nature by human being and used for production and living. Natural resources in general can be classified as renewable resources and non-renewable resources. Renewable resources refer to resources that could be renewed and recycled during a relatively short period of time, including land resource, water resource, climate resource, biology resource and marine resource. Non-renewable resources include resources that could not be renewed, such as minerals and geothermal resource.

Land Resources refers to the surface of the earth, consisting of mainly rocks and its weathering and earth. Land resource can be classified, by its utilization, as land for agriculture, land for construction and unused land. Land for agriculture includes cultivated land, plantation land, forestland, grassland and waters. Land for construction includes land for residential purpose, for manufacturing and mining, for transportation and for water-conservancy projects. Unused land refers to land other than land for agriculture and construction, including beaches, deserts, Gobi, glaciers and rock mountains.

Area of Cultivated Land refers to area of land reclaimed for the regular cultivation of various farm crops, including crop-cover land, fallow, newly reclaimed land and land laid idle for less than 3 years.

Forest Resource refers to forests, trees, forestland and wild animals, plants and microorganism that live on forest and trees. Trees include trees and bamboo. Forest refers to the population of clusters of trees and other plants, animals and microorganism as well as the earth and climate that have interactions with the trees.

Forest Area refers to the area of forest where trees and bamboo grow with canopy density above 0.2, including land of natural woods and planted woods, but excluding bush land and thin forest land. It reflects the total areas of afforestation.

Water Resource refers to water that exists in the nature in solid, liquid and gaseous states, is distributed in the ocean, land (including earth) and air, and constitutes the water resource through the circulation of water. Water resource includes the surface water and underground water that is controlled by the human being for irrigation, power-generation, water supply, navigation and cultivation. It also includes rivers, lakes, wells, springs, tides, gulf and water area for cultivation. Water resource as an important natural resource is indispensable for the development of the national economy.

Surface Water and Underground Water Water on earth can be divided into surface water and underground water according to its distribution. Surface water refers to moisture exists in rivers, lakes, swamps, glaciers, icecaps and so on. It is also called land water. The underground water refers to water deposited underground in the cranny and the hole of saturated rock soil and in the water-eroded cave.

Total Water Resources refers to total volume of water resources measured as run-off for surface water from rainfall and recharge for groundwater in a given area, excluding transit water.

Surface Water Resources refers to total renewable resources which exist in rivers, lakes, glaciers and other collectors from rainfall and are measured as run-off of rivers.

Groundwater Resources refers to replenishment of aquifers with rainfall and surface water.

Inland Water Area refers to water area of rivers, lakes, ponds, reservoir, etc.

Ocean is the general name for sea and ocean. Ocean refers to the main body of large salt water connected with the earth. Sea refers to the edge areas of the salt water on the earth that are comparted or surrounded by land, island, reef or peninsula.

Marine Cultivatable Areas refer to water areas in beach, shallow sea and lough that are used to breed marine cash propagation, such as fish, shrimp, crab, shellfish, alga and so on.

Runoff refers to the water gathered at the way out of the cross section of drainage area either from the surface or underground after deducting the wastage of the precipitation on the land. Runoff can be divided into surface runoff, underground runoff and within soil runoff. Surface runoff refers to water flow to the rivers, lakes, swamps, and seas on the surface of the earth. Underground runoff refers to water flow to rivers, lakes, swamps, and seas through the water-bearing stratum of confined layer or unconfined layer.

Volume of Runoff refers to the total volume of water running through a certain cross section of a river during a certain period of time, reflecting the water resource condition in a country or a region. The formula for calculating volume or runoff is as follows:

Runoff =Precipitation-Evaporation

Mineral Resources refer to useful minerals that can be used for industrial or agricultural purposes enriched in lithosphere or on earth due to the geological process. Minerals are important natural resources, and important material base for social development.

Ensured Mineral Reserves refer to the actual mineral reserves, which equal to the proven mineral reserves (including industrial reserves and prospective reserves) minus extracted parts and underground losses.

Temperature refers to the air temperature. China uses centigrade as the unit. The thermometry used for weather observation is put in a breezy shutter, which is 1.5 meters high from the ground. Therefore, the commonly used temperature refers to the temperature in the breezy shutter 1.5 meters away from the ground. The calculation method is as follows:

Monthly Average Temperature is the summation of average daily temperature of one month divided by the actual days of that particular month.

Annual Average Temperature is the summation of monthly

average of a year divided by 12 months.

Relative Humidity refers to the ratio of actual water vapor pressure to the saturation water vapor density under the current temperature. The statistical method is the same as that of temperature.

Volume of Precipitation refers to the deepness of liquid state or solid state (thawed) water falling from the sky to the ground that has not been evaporated, infiltrated or run off. The calculation method is as follows:

Monthly precipitation is the summation of daily precipitation of a month.

Annual precipitation is the summation of 12 months precipitation of a year.

Sunshine Hours refer to the actual hours of sun irradiating the earth. The calculation method is the same as that of the precipitation.

Industrial Waste Water Discharged Refers to the volume of industrial waste water discharged through all of the drainage system to the outside of factory complex by enterprises during the report period. It includes discharged waste water from production, direct cooling water, waste gas treatment facilities, mine groundwater beyond the standard and domestic sewage mixed with industrial waste water, does not include independently discharged indirect cooling water (voicing split-less indirect cooling water should be taken into account).

Urban Non industrial Waste Water Discharge refers to annual discharge of non-industrial waste water by urban households. It is estimated by per ca pita coefficient using the formula:

$$\begin{matrix}\text{Urban non-industrial}\\ \text{waste water discharge}\end{matrix} = \begin{matrix}\text{urban non-industrial waste}\\ \text{water discharge coefficient}\end{matrix} \times \begin{matrix}\text{urban non-agricultural}\\ \text{population}\end{matrix} \times 365$$

Volume of Chemical Oxygen Demand (COD) Generated by Urban Non-industrial Waster Water refers to chemical oxygen demand generated through the annual discharge of non-industrial waste water by urban households. It is estimated as:

$$\begin{matrix}\text{Volume of chemical oxygen}\\ \text{demand (cod) generated}\\ \text{by urban non-industrial}\\ \text{waster water}\end{matrix} = \begin{matrix}\text{Coefficient of COD}\\ \text{generated through urban}\\ \text{non-industrial waste water}\end{matrix} \times \begin{matrix}\text{urban}\\ \text{non-agricultural}\\ \text{population}\end{matrix} \times 365$$

Chemical Oxygen Demand (COD) refers to index of water pollution measuring the mass concentration of oxygen consumed by the chemical breakdown of organic and inorganic matter.

Industrial Waste Air Emission refers to discharge into atmosphere of waste air containing pollutants generated from fuel burning and production process in enterprises within a given period of time. It is calculated at standard status (273K, 101325Pa) as:

$$\begin{matrix}\text{Industrial waste}\\ \text{air emission}\end{matrix} = \begin{matrix}\text{emission through}\\ \text{fuel burning}\end{matrix} + \begin{matrix}\text{emission through}\\ \text{production process}\end{matrix}$$

SO2 Emission refers to the total volume of SO2 discharged into air during the process of fuel combustion and industrial production in enterprises in a given time, and is mainly caused by the combustion of fossil fuel, ore smelting and the production of sulphuric acid and phosphate fertilizers.

Nitrogen Oxides Emission refers to the total volume of nitrogen oxides discharged into air during the process of fuel combustion and industrial production.

Industrial Soot and Dust Emission refers to volume of soot and dust in smoke emitted in process of fuel burning and industrial production in premises of enterprises in the report period. It is calculated by multiplying exhaust volume of dust removal system by dust concentration.

Common Industrial Solid Wastes Produced refers to the industrial solid wastes not listed in the 《National Catalogue of Hazardous Wastes》, or not regarded as hazardous according to the national hazardous waste identification standards (GB5085),solid waste-extraction procedure for leaching toxicity (GB5086), or solid waste-extraction procedure for leaching toxicity (GB/T 15555).

Common Industrial Solid Wastes Comprehensively Utilized refers to volume of solid wastes from which useful materials can be extracted or which can be converted into usable resources, energy or other materials by means of reclamation, processing, recycling and exchange (including utilizing in the year the stocks of industrial solid wastes of the previous year) during the report period, e.g. Examples of such utilization include fertilizers, building materials and road materials. The information shall be collected by the producing units of the wastes.

Common industrial Solid Wastes Disposed refers to the quantity of solid wastes which are burnt or specially disposed using other methods to alter the physical, chemical and biological properties and thus to reduce or eliminate hazards, or placed ultimately in the sites meeting the requirements for environmental protection during the report period.

Stock of Common Industrial Solid Wastes refers to the volume of sold wastes placed in special facilities or special sites by enterprises for purposes of utilization or disposal during the report period.

Hazardous Wastes refers to those included in the national hazardous wastes catalog or specified as any one of the following properties in the national hazardous wastes identification standards: explosive, ignitable, oxidizable, toxic, corrosive or liable to cause infectious diseases or lead to other dangers.

Hazardous Wastes Produced refers to the volume of actual hazardous wastes produced by surveyed samples throughout the year of the survey. Hazardous wastes refers to those included in the national hazardous wastes catalog or specified as any one of the following properties in light of the national hazardous wastes identification standards and methods: explosive, ignitable, oxidizable, toxic, corrosive, or liable to cause infectious diseases or lead to other dangers.

Hazardous Wastes Comprehensive Utilized refers to the volume of hazardous wastes that are used to extract materials for raw materials or fuel throughout the year of survey, including those utilized by the producing enterprises and those provided to other enterprises for utilization.

Hazardous Wastes Disposed refers to the quantity of hazardous wastes that are burnt or specially disposed using other methods to alter the physical, chemical and biological properties and thus to reduce or eliminate the hazard, or placed in the site meeting the requirement for environmental protection during the report period. The quantity includes all the hazardous wastes produced by the surveyed samples.

第13篇

农　　业

Agriculture

简 要 说 明

一、本篇资料的主要内容

本篇资料反映了全省农业生产和农村经济的基本情况，主要包括农林牧渔业总产值、增加值、耕地、主要农产品产量、农业机械年末拥有量、农村电气化和农业化学化情况以及农田水利建设等方面的统计资料。

二、本篇资料的来源

1、地类面积资料来源于省国土资源厅，由省统计局农村处整理提供。

2、灌溉面积资料来源于省水利厅，由省统计局农村处整理提供。

3、渔业生产资料来源于省海洋与渔业厅，由省统计局农村处整理提供。

4、林业生产资料来源于省林业厅，由省统计局农村处整理提供。

5、粮食生产情况由山东调查总队农业调查处整理提供。

6、农业机械资料来源于省农机局，由省统计局农村处整理提供。

7、其余资料来源于农村综合统计年报，由省统计局农村处整理提供。

三、本篇资料的统计范围和统计口径

本篇资料的统计范围包括省内所属的各种经济类型、各个系统的全部农林牧渔业生产单位以及各非农行业附属的农林牧渔业生产活动单位。军委系统的农业生产（除军马外）也包括在内，但不包括农业科学试验机构进行的农业生产。

Brief Introduction

I. Content

Data in this chapter show the basic conditions of agricultural production and rural economy, mainly including agricultural output, value added, cultivated land, output of main agricultural produces, agricultural machinery, electrification and chemistry in rural areas and basic construction on irrigation and drainage.

II. Source of Data

1. Data on land are provided by the Department of Land and Resources of Shandong Province.

2. Data on irrigated area are provided by the Water Resources Department of Shandong Province.

3. Data on fishery production means are provided by the Department of Ocean and Fisheries of Shandong Province.

4. Data on forestry production means are provided by the Department of Forestry of Shandong Province.

5. Data on grain output are provided by the Division of Agriculture Survey of the National Bureau of Statistics in Shandong.

6. Data on agricultural machinery are provided by the Department of Agricultural Machinery Supervision of Shandong Province.

7. Other data in this chapter are based on the statistical reporting summary tables of countryside statistics.

III. Scope and Coverage of Statistics

The coverage of the comprehensive statistical reporting includes all productive units of farming, forestry, animal husbandry and fishery and those related non-agricultural affiliated units with various ownership and the activities of horse raising for military purpose and those undertaken by agricultural research institutions are excluded.

13-1 主要年份农林牧渔业总产值

Gross Output Value of Farming,Forestry, Animal Husbandry and Fishery in Major Years

单位:亿元 (100 million yuan)

年 份 Year	农林牧渔业总产值 Gross Output Value of Farming, Forestry,Animal Husbandry and Fishery	农 业 Farming	种植业 Planting	林 业 Forestry	牧 业 Animal Husbandry	渔 业 Fishery	农林牧渔服务业 Farming,Forestry, Animal Husbandry and Fishery Service
1949	20.07	18.01	16.01	0.12	1.66	0.28	
1952	40.00	35.05	31.16	0.25	3.98	0.72	
1955	44.97	40.05	35.40	0.66	3.37	0.89	
1957	36.44	31.21	30.36	0.87	3.54	0.82	
1962	38.32	32.77	32.71	0.26	4.09	1.20	
1965	50.49	42.88	42.79	0.55	5.76	1.30	
1970	66.78	55.75	55.62	0.90	8.14	1.99	
1975	93.43	75.85	75.64	2.65	12.33	2.60	
1976	100.36	80.37	80.12	2.60	14.24	3.15	
1977	99.27	78.83	78.40	2.10	14.72	3.62	
1978	102.22	84.77	83.71	1.81	12.19	3.45	
1979	135.92	113.34	111.33	2.04	16.61	3.93	
1980	160.91	128.81	126.22	4.52	23.43	4.15	
1981	198.50	155.62	151.83	4.91	33.04	4.94	
1982	218.51	171.58	167.98	7.22	34.12	5.59	
1983	259.50	208.75	202.87	8.48	36.21	6.06	
1984	310.11	245.19	236.64	8.60	48.20	8.12	
1985	335.42	248.17	236.62	11.07	62.82	13.36	
1986	361.19	269.51	255.92	12.67	62.84	16.17	
1987	413.18	313.76	299.05	12.11	64.15	23.16	
1988	494.53	331.59	313.98	14.80	108.07	40.07	
1989	547.66	366.24	347.61	14.28	124.71	42.43	
1990	645.75	419.50	397.85	20.45	150.19	55.61	
1991	779.18	491.76	471.53	22.19	186.52	78.71	
1992	815.62	462.58	437.03	23.73	215.73	113.58	
1993	944.99	526.66	511.48	28.24	239.90	150.19	
1994	1282.25	660.13	649.84	36.78	348.78	236.56	
1995	1678.16	931.89	922.96	41.81	433.62	270.84	
1996	1962.12	1090.64	1078.05	49.97	512.60	308.91	
1997	2058.32	1137.19	1107.33	49.86	550.58	320.69	
1998	2174.54	1219.85	1184.65	45.91	583.40	325.38	
1999	2202.95	1254.87	1232.44	44.93	572.95	330.20	
2000	2294.35	1300.44	1280.12	47.62	599.17	347.12	
2001	2453.96	1401.34	1385.22	47.22	654.71	350.69	
2002	2526.05	1420.88	1402.81	48.25	698.44	358.48	
2003	2902.45	1599.32		53.70	831.34	370.04	48.05
2004	3453.91	1891.73		59.49	1022.84	426.09	53.76
2005	3741.81	2033.95		57.57	1125.04	465.52	59.73
2006	4058.62	2283.29		65.48	1025.37	522.94	161.54
2007	4766.23	2604.07		81.98	1313.00	580.35	186.83
2008	5612.96	2895.68		102.24	1704.90	686.28	223.87
2009	6003.09	3223.99		101.27	1683.83	747.42	246.58
2010	6650.94	3670.07		86.53	1774.46	847.37	272.52
2011	7409.75	3843.62		99.96	2171.92	999.11	295.14
2012	7945.76	3960.62		107.01	2285.92	1267.07	325.14
2013	8749.99	4509.88		120.30	2358.99	1397.42	363.40
2014	9198.26	4765.78		131.53	2418.30	1481.75	400.90
2015	9549.63	4929.85		139.91	2523.24	1524.74	431.89
2016	9325.89	4641.35		147.48	2540.82	1485.58	510.66

注:本表绝对数按当年价格计算。
a)Data are caculated at current prices.

13-2 主要年份农林牧渔业总产值指数(以1952年为100)

Indices of Farming,Forestry,Animal Husbandry and Fishery in Major Years(1952=100)

年份 Year	农林牧渔业总产值 Indices of Farming,Forestry, Animal Husbandry and Fishery	农业 Farming	种植业 Planting	林业 Forestry	牧业 Animal Husbandry	渔业 Fishery	农林牧渔服务业 Farming,Forestry, Animal Husbandry and Fishery Service
1949	57.7	59.1	59.1	56.9	48.0	44.2	
1952	100.0	100.0	100.0	100.0	100.0	100.0	
1955	108.1	109.9	109.3	256.9	81.3	118.4	
1957	94.2	92.1	100.8	360.8	91.9	118.4	
1962	65.5	63.9	71.8	70.6	70.0	114.3	
1965	99.8	96.7	108.6	174.5	114.3	142.9	
1970	123.5	117.7	132.1	264.7	151.2	204.8	
1975	163.2	151.2	169.6	745.1	216.5	252.4	
1976	166.9	152.6	171.1	692.2	237.8	291.8	
1977	164.8	149.4	167.1	556.9	245.5	334.7	
1978	177.1	160.6	178.2	680.4	253.4	383.7	
1979	193.9	177.1	195.7	637.3	287.2	338.8	
1980	212.1	190.0	209.7	680.4	347.4	375.5	
1981	218.8	198.2	218.1	627.5	352.9	336.1	
1982	239.2	215.3	236.9	1043.1	373.1	383.0	
1983	273.7	253.2	275.9	988.2	386.1	399.3	
1984	326.0	302.4	326.8	1109.8	462.2	449.7	
1985	338.2	306.5	326.8	1427.5	520.9	491.8	
1986	339.2	304.4	321.2	1380.4	539.2	566.0	
1987	366.3	331.7	350.4	1364.7	551.7	681.6	
1988	378.6	324.4	337.3	1325.5	703.9	887.8	
1989	383.5	321.8	333.9	1259.2	768.7	959.7	
1990	404.2	335.6	345.3	1235.3	823.3	1150.7	
1991	452.3	370.2	384.0	1315.6	922.9	1393.5	
1992	455.9	345.4	352.9	1380.1	985.7	1721.0	
1993	510.6	381.0	399.8	1526.4	1080.3	2103.1	
1994	578.0	411.1	436.2	1770.6	1295.3	2523.7	
1995	629.4	441.9	471.1	1839.7	1463.7	2720.5	
1996	675.3	478.1	507.4	2141.6	1551.5	2902.8	
1997	707.0	490.1	506.4	2154.4	1716.0	2975.4	
1998	777.0	589.3	562.1	2068.2	1915.1	3121.2	
1999	819.7	615.2	599.2	2072.3	2045.3	3345.9	
2000	851.7	639.8	625.6	2200.8	2155.7	3362.6	
2001	885.8	666.0	655.6	2064.4	2315.2	3315.5	
2002	895.5	649.4	637.2	1971.5	2472.6	3391.8	
2003	944.8	691.6		2121.3	2613.5	3449.5	111.5
2004	998.7	732.4		2138.3	2772.9	3601.3	108.0
2005	1050.6	761.0		2059.2	2975.3	3842.6	109.2
2006	1105.2	802.1		2279.5	3106.2	3992.5	118.8
2007	1141.7	829.4		2457.3	3131.0	4180.1	110.8
2008	1199.9	859.3		2798.9	3315.7	4426.7	113.3
2009	1251.5	882.5		3076.0	3488.1	4701.2	110.1
2010	1296.6	904.6		3380.5	3624.1	4931.6	109.9
2011	1345.9	939.9		3694.9	3714.7	5148.6	107.2
2012	1409.2	963.4		3820.5	4000.7	5359.7	107.7
2013	1462.7	1005.8		4164.3	4084.7	5536.6	109.5
2014	1521.2	1052.1		4568.3	4182.7	5686.1	109.3
2015	1586.6	1101.5		4938.3	4312.4	5868.1	108.5
2016	1656.4	1156.6		5407.4	4424.5	5985.5	115.8

注：本表按可比价格计算；农林牧渔服务业指数以上年为100。

a)Data are caculated at constant prices.Indices of Farming,Forestry,Animal Husbandry and Fishery service in preceding year is considered as 100%.

13-3 农林牧渔业总产值

Gross Output Value of Farming,Forestry,Animal Husbandry and Fishery

单位:亿元 (100 million yuan)

类 别	Category	2013	2014	2015	2016	2016为2015% 2015=100
农林牧渔业总产值	**Gross Output Value of Farming,Forestry, Animal Husbandry and Fishery**	**8749.99**	**9198.26**	**9549.63**	**9325.89**	**104.4**
一、农业产值	**Output Value of Farming**	**4509.88**	**4765.78**	**4929.85**	**4641.35**	**105.0**
1.谷物及其他作物	Cereal and Other Corps	1793.18	1848.01	1829.44	1692.89	102.3
#粮食	Grain	1056.32	1096.23	1084.21	983.75	99.7
油料	Oil	223.22	212.97	211.83	174.02	102.5
棉花	Cotton	186.25	198.07	190.36	156.38	84.8
2.蔬菜园艺作物	Vegetable Gardening Crops	1671.01	1816.19	1937.52	1827.63	105.9
#蔬菜(含菜用瓜)	Vegetables	1582.00	1725.68	1836.98	1723.44	103.3
3.水果坚果饮料	Fruit and Nut Beverages	997.64	1049.29	1104.32	1063.25	108.5
#水果坚果(含果用瓜)	Fruit and Nut	972.23	1022.55	1077.18	1034.03	108.4
4.中药材	Chinese Herbal Medicines	48.05	52.29	58.56	57.59	89.1
二、林业产值	**Output Value of Forestry**	**120.30**	**131.53**	**139.91**	**147.48**	**109.5**
1.林木的培育和种植	Trees Cultivation and Planting	51.21	55.99	58.56	60.72	108.8
2.竹木采运	Bamboo Logging and Transport	23.40	25.42	27.54	29.53	108.3
3.林产品	Forestry Products	45.69	50.12	53.81	57.22	111.8
三、牧业产值	**Output Value of Animal Husbandry**	**2358.99**	**2418.30**	**2523.24**	**2540.82**	**102.6**
1.牲畜饲养	Livestock Feeding	454.75	478.96	499.74	495.22	103.7
2.猪的饲养	Pig Feeding	947.43	933.19	968.69	1016.40	97.1
3.家禽的饲养	Poultry Feeding	729.50	757.29	781.66	795.09	105.1
#肉禽	Poultry for Eating	362.10	349.36	353.60	360.18	104.9
禽蛋	Egg of Poultry	367.39	407.93	428.06	434.91	105.2
4.狩猎和捕捉动物	Animal Hunting and Trapping	1.59	1.68	1.79	1.86	102.2
5.其他畜牧业	Other Animal Husbandry	225.72	247.18	271.36	232.24	113.4
四、渔业产值	**Output Value of Fishery**	**1397.42**	**1481.75**	**1524.74**	**1485.58**	**102.0**
1.海水产品	Seawater Aquatic Products	1112.64	1186.63	1222.52	1201.23	103.5
2.内陆水域水产品	Inland waterways Aquatic Products	284.77	295.12	302.22	284.35	96.2
五、农林牧渔服务业产值	**Output Value of Farming,Forestry,Animal Husbandry and Fishery Service**	**363.40**	**400.90**	**431.89**	**510.66**	**115.8**

注:本表绝对数按当年价格计算,速度按可比口径及价格计算。

a)Absolute data in the table are calculated at current prices, the speed are caculated at constant price and caliber.

13-4 各市农林牧渔业总产值(2016年)

Gross Output Value of Farming,Forestry,Animal Husbandry and Fishery by Region(2016)

单位:万元 (10 000 yuan)

地区	Region	农林牧渔业总产值 Output Value of Farming,Forestry, Animal Husbandry and Fishery	农业产值 Output Value of Farming	林业产值 Output Value of Forestry	牧业产值 Output Value of Animal Husbandry	渔业产值 Output Value of Fishery	农林牧渔服务业产值 Output Value of Services to Farming, Forestry,Animal Husbandry and Fishery
全省总计	**Total**	**93258896**	**46413496**	**1474762**	**25408204**	**14855807**	**5106627**
济南市	Jinan	5597558	3521158	144081	1663828	66734	201757
青岛市	Qingdao	6742659	3323396	28292	1753431	1326693	310848
淄博市	Zibo	2740783	1851252	130700	619024	55220	84587
枣庄市	Zaozhuang	3253715	2115765	28325	848982	83719	176924
东营市	Dongying	2602854	1035460	23081	675101	628856	240356
烟台市	Yantai	8650886	4201610	171288	1577216	2349679	351093
潍坊市	Weifang	9859128	5551950	73382	3288507	528848	416441
济宁市	Jining	9625890	5739551	123003	2791264	568452	403620
泰安市	Tai'an	5172025	2756646	75005	1908941	147495	283938
威海市	Weihai	4669931	1249516	10484	851480	2391174	167277
日照市	Rizhao	2695710	1234881	37473	727673	566998	128685
莱芜市	Laiwu	1021605	630643	30166	325936	15860	19000
临沂市	Linyi	6786587	4277886	240453	1854443	185417	228388
德州市	Dezhou	6708603	3740090	149420	2274830	206707	337556
聊城市	Liaocheng	6362201	4573416	34860	1490477	128368	135080
滨州市	Binzhou	4858382	2486242	94102	1336782	613825	327431
菏泽市	Heze	5146486	3315810	105624	1422422	130716	171914

13-5 各市农林牧渔业增加值(2016年)

Added Value of Farming,Forestry, Animal Husbandry and Fishery by Region(2016)

单位:万元 (10 000 yuan)

地区	Region	增加值 Added Value	农业 Farming	林业 Forestry	牧业 Animal Husbandry	渔业 Fishery	农林牧渔服务业 Services to Farming, Forestry,Animal Husbandry and Fishery
全省总计	**Total**	**51711341**	**28348507**	**1037467**	**10618769**	**9286524**	**2420074**
济南市	Jinan	3282407	2151073	111858	864697	45485	109294
青岛市	Qingdao	3878385	2054727	14994	820128	820226	168310
淄博市	Zibo	1549229	1101748	65828	309041	30279	42333
枣庄市	Zaozhuang	1719315	1229397	16255	323262	51725	98676
东营市	Dongying	1310467	659167	10890	262738	286082	91590
烟台市	Yantai	4879153	2462793	108668	834027	1269587	204078
潍坊市	Weifang	5003110	3233720	44982	1225798	248748	249862
济宁市	Jining	4954849	3275056	71297	1199494	258676	150325
泰安市	Tai'an	2951015	1748815	56001	896817	107720	141662
威海市	Weihai	2374171	588856	5304	353189	1345992	80830
日照市	Rizhao	1549639	750101	27257	367480	324863	79938
莱芜市	Laiwu	557269	418043	18076	106225	8843	6082
临沂市	Linyi	3713038	2657254	157765	659993	114526	123502
德州市	Dezhou	3229342	1843403	97943	905519	115430	267047
聊城市	Liaocheng	3462581	2669549	27004	600665	83816	81547
滨州市	Binzhou	2473513	1507677	49660	471395	293361	151419
菏泽市	Heze	2862326	2005437	79970	616441	104340	56138

13-6 主要年份粮、棉、油产量
Output of Grain,Cotton and Oil-bearing Crops in Major Years

年 份 Year	粮 食 Grain		棉 花 Cotton		油 料 Oil-bearing Crops	
	总产量 (万吨) Gross Output (10 000 tons)	单 产 (千克/公顷) Output Per Hectare (kg/hectare)	总产量 (万吨) Gross Output (10 000 tons)	单 产 (千克/公顷) Output Per Hectare (kg/hectare)	总产量 (万吨) Gross Output (10 000 tons)	单 产 (千克/公顷) Output Per Hectare (kg/hectare)
1949	870.0	795	8.1	180	55.6	1170
1952	1199.0	1035	16.9	240	84.5	1470
1955	1276.0	1110	20.9	285	106.1	1485
1957	1126.0	990	17.4	225	70.0	945
1962	910.0	915	3.9	105	42.4	1875
1965	1332.0	1350	19.9	300	67.1	1395
1970	1465.0	1575	27.3	390	78.5	1575
1975	2170.5	2355	24.1	390	84.2	1515
1976	2241.5	2460	15.8	255	58.5	1065
1977	2099.0	2370	14.9	240	67.7	2025
1978	2288.0	2595	15.4	255	95.9	1785
1979	2472.0	2835	16.7	315	109.1	1800
1980	2384.0	2820	53.7	735	143.0	2160
1981	2312.5	2835	67.5	720	142.1	2010
1982	2375.0	3090	96.0	720	142.5	2190
1983	2700.0	3465	122.5	825	152.0	2460
1984	3040.0	3885	172.5	1005	182.0	2790
1985	3137.7	3930	106.2	915	267.9	2745
1986	3250.0	3840	94.1	930	207.6	2355
1987	3393.7	4125	124.4	1020	234.3	2940
1988	3225.0	3990	113.7	825	197.8	2505
1989	3250.0	4035	102.5	780	150.0	1995
1990	3570.0	4380	102.8	690	212.1	2910
1991	3916.9	4845	135.1	870	233.1	3285
1992	3589.3	4533	67.7	455	166.3	2380
1993	4100.0	4992	41.0	539	268.4	3434
1994	4091.1	5015	55.9	705	338.3	3781
1995	4245.0	5220	47.1	707	315.0	3580
1996	4332.7	5260	37.2	773	309.3	3767
1997	3852.2	4766	35.4	894	240.9	2977
1998	4264.8	5244	41.3	996	335.6	3908
1999	4269.0	5271	39.2	1072	320.5	3614
2000	3837.7	4938	59.0	1085	356.9	3730
2001	3720.6	5201	78.1	1062	377.3	3743
2002	3292.7	4763	72.2	1086	340.4	3458
2003	3435.5	5355	87.7	994	361.8	3572
2004	3516.7	5570	109.8	1036	369.7	3913
2005	3917.4	5837	84.6	1000	363.9	4044
2006	4093.0	5848	102.3	1149	328.2	4136
2007	4148.8	5981	100.1	1112	328.6	4097
2008	4260.5	6125	104.1	1172	340.6	4192
2009	4316.3	6140	92.1	1151	334.5	4247
2010	4335.7	6120	72.4	945	342.2	4193
2011	4426.3	6194	78.5	1043	341.0	4227
2012	4511.4	6264	69.8	1012	351.0	4409
2013	4528.2	6208	62.1	923	349.6	4398
2014	4596.6	6178	66.5	1122	335.9	4344
2015	4712.7	6290	53.7	1042	324.1	4274
2016	4700.7	6258	54.8	1179	326.8	4316

13-7 1978-2016年畜牧业生产情况
Production of Animal Husbandry1978 to 2016

年 份 Year	肉类总产量 (万吨) Output of Meat (10 000 tons)	猪存栏 (万头) Stocked Pigs (10 000 heads)	牛存栏 (万头) Stocked Cattle (10 000 heads)	羊存栏 (万只) Stocked Sheep (10 000 heads)	家禽存栏 (万只) Stocked Poultry (10 000 heads)
1978	60.80	1992.00	227.60	756.40	6766.00
1979	65.18	2117.60	221.50	925.80	7204.00
1980	90.10	2112.50	217.80	1041.30	7997.00
1981	96.26	1901.10	213.70	1025.60	8075.00
1982	94.98	1726.20	213.60	989.50	9115.00
1983	94.54	1562.70	222.10	901.80	10216.80
1984	104.38	1681.50	232.60	753.90	14688.90
1985	128.62	1812.80	258.00	783.30	16548.20
1986	141.78	1668.90	292.50	985.30	15120.70
1987	141.02	1547.00	344.60	1404.10	16916.30
1988	171.47	1688.60	416.00	1436.40	21582.10
1989	195.63	1604.10	472.40	1491.30	20471.30
1990	221.61	1576.70	511.80	1528.10	23974.60
1991	241.49	1599.40	501.40	1591.20	24136.80
1992	250.67	1602.60	531.90	1655.20	25810.80
1993	286.61	1603.70	603.00	1703.50	27188.70
1994	338.77	1701.50	681.30	1799.80	35118.60
1995	394.42	1718.10	714.10	1866.10	34613.80
1996	405.52	1723.60	740.10	1877.20	37485.00
1997	460.64	2209.70	811.90	2038.60	41833.00
1998	497.90	2485.90	911.80	2322.00	48484.00
1999	524.49	2560.48	977.25	2536.22	53332.00
2000	499.99	2401.81	779.90	2260.06	47789.90
2001	531.49	2500.29	778.54	2357.24	50263.73
2002	559.66	2602.80	787.88	2466.79	53236.24
2003	591.00	2686.09	804.31	2543.26	55031.28
2004	621.72	2761.01	771.51	2667.51	56875.64
2005	657.78	2771.96	750.45	2645.96	54641.26
2006	681.00	2508.50	632.70	2368.30	52100.30
2007	618.70	2656.50	570.70	2342.30	48779.50
2008	660.31	2725.80	522.49	2142.88	53971.78
2009	684.13	2753.06	485.61	2096.94	52028.80
2010	704.36	2747.55	483.67	2138.88	54352.49
2011	711.05	2837.13	492.86	2150.90	58541.17
2012	764.16	2902.39	499.27	2163.81	64050.31
2013	774.77	2931.41	500.07	2158.05	62298.99
2014	770.24	2910.70	495.36	2174.56	60934.34
2015	774.01	2849.58	503.57	2235.66	61526.89
2016	777.51	2764.09	495.65	2197.65	65733.46

13-7 续表 continued

年 份 Year	猪出栏 (万头) Slaughtered Pigs (10 000 heads)	牛出栏 (万头) Slaughtered Cattle (10 000 heads)	羊出栏 (万只) Slaughtered Sheeps (10 000 heads)	家禽出栏 (万只) Slaughtered Poultry (10 000 heads)	禽蛋产量 (万吨) Output of Poultry Eggs (10 000 tons)	奶类产量 (万吨) Output of Milk (10 000 tons)
1978	901.20	4.60	142.40		22.50	6.83
1979	1047.50	6.70	228.60		23.67	6.95
1980	1241.60	8.80	377.50		25.62	6.80
1981	1296.80	11.50	460.70		29.47	5.24
1982	1213.20	10.60	521.60		34.30	8.77
1983	1159.20	18.90	616.30		41.07	11.43
1984	1284.00	18.40	519.10		62.28	13.34
1985	1482.60	27.60	558.30	8283.10	72.50	13.26
1986	1681.20	32.30	617.60	9234.50	69.66	15.81
1987	1514.00	49.80	842.10	11397.30	79.14	17.28
1988	1619.60	69.00	1219.00	15904.00	102.97	19.53
1989	1845.40	82.80	1348.40	16701.20	109.43	21.24
1990	1936.20	110.10	1416.40	22769.00	124.25	22.53
1991	1983.50	119.50	1348.70	30792.70	149.14	23.65
1992	2046.00	140.90	1366.10	33467.90	154.30	25.17
1993	2092.90	177.10	1411.00	42837.30	184.07	28.05
1994	2185.70	213.10	1668.20	64716.70	240.75	32.45
1995	2453.00	248.40	2034.10	71286.50	247.15	36.98
1996	2500.90	272.40	2051.80	73508.00	267.30	41.14
1997	2801.10	334.50	2269.30	82549.00	294.30	45.82
1998	3123.20	354.90	2518.90	91299.00	322.00	53.98
1999	3248.13	391.10	2838.80	100246.00	349.06	61.29
2000	3213.24	322.25	2375.73	91195.00	301.04	62.72
2001	3370.69	359.63	2530.15	99493.75	311.58	80.48
2002	3566.19	380.13	2646.54	105550.38	328.33	103.92
2003	3765.90	396.47	2731.23	113458.25	349.11	132.05
2004	4060.41	413.21	2869.43	122660.64	355.83	167.92
2005	4263.54	425.73	3002.98	145089.38	363.20	196.66
2006	4389.90	436.60	3026.20	151090.90	353.90	212.40
2007	3654.00	449.70	3080.70	139652.90	359.90	242.18
2008	3916.74	458.24	3098.80	152889.08	365.63	254.92
2009	4155.66	454.34	3057.08	156864.19	377.72	258.15
2010	4301.11	449.35	3005.11	163572.63	384.84	271.56
2011	4234.24	433.39	2901.22	173553.90	401.64	278.95
2012	4599.87	437.29	2915.73	188715.23	402.44	294.09
2013	4797.67	443.41	2967.34	184002.02	396.59	281.22
2014	4955.06	440.75	3117.82	169647.01	388.38	289.59
2015	4836.14	447.50	3195.76	177148.89	424.28	284.90
2016	4662.04	445.49	3298.02	188017.38	441.12	276.80

13-8　1978-2016年渔业生产情况
Output of Fishery from 1978 to 2016

单位：吨 (tons)

年 份 Year	水产品总产量 Total Aquatic Products	海水产品 Seawater Aquatic Products	海洋捕捞 Ocean Fishing	海水养殖 Mariculture
1978	740283	691451	501504	189947
1979	627531	581165	432700	148465
1980	619591	570854	416814	154040
1981	589905	540408	407194	133214
1982	657698	611824	477729	134095
1983	674813	623122	465382	157740
1984	754572	693277	525027	168250
1985	814047	729568	531977	197591
1986	914411	806086	599376	206710
1987	1106641	983119	717588	265531
1988	1355865	1220408	809820	410588
1989	1539905	1403323	899265	504058
1990	1677973	1522059	1032683	489376
1991	1981169	1779214	1138436	640778
1992	2481648	2251437	1384628	866809
1993	3192828	2896171	1555657	1340514
1994	3506539	3053106	1608172	1444934
1995	3440763	2956402	1461525	1494876
1996	5299159	4683795	2337772	2346023
1997	5512326	4840507	2686824	2153683
1998	5875574	5116993	3003764	2113228
1999	6277843	5440155	3003387	2436767
2000	6306551	5375169	2780483	2594685
2001	6196988	5266599	2511170	2755430
2002	6277536	5403654	2457272	2946382
2003	6378795	5456872	2421393	3035479
2004	6486528	5528613	2440631	3087982
2005	6648983	5655207	2421396	3233811
2006	6837469	5783299	2359570	3423729
2007	7133795	5986873	2451596	3535277
2008	7303048	6094766	2481256	3613510
2009	7535939	6263895	2449591	3814304
2010	7838259	6463345	2350888	3962643
2011	8138280	6647212	2512437	4134775
2012	8418840	6860649	2498206	4362443
2013	8631599	6994590	2428240	4566350
2014	9037382	7461343	2662236	4799107
2015	9312693	7746994	2751340	4995654
2016	9501856	7949542	2821702	5127840

13-8 续表 continued

年 份 Year	淡水产品产量(吨) Freshwater Aquatic Products (ton)	捕捞量 Fishing Output	养殖量 Breeding Output	水产品养殖面积(万亩) Water Area for Breeding Aquatics (10 000 mu)	海 水 Seawater	淡 水 Freshwater
1978	48832	32507	16325	202.30	26.80	175.50
1979	46366	30968	15398	193.29	26.54	166.75
1980	48737	32436	16301	203.21	28.50	174.71
1981	49497	31489	18008	182.24	28.66	153.58
1982	45874	29696	16178	176.15	35.18	140.97
1983	51691	31713	19978	160.05	32.31	127.74
1984	61295	34438	26857	165.10	37.70	127.40
1985	84479	37370	47109	215.14	49.58	165.56
1986	108325	38641	69684	243.14	56.70	186.44
1987	123522	34103	89419	257.65	70.87	186.78
1988	135457	29354	106103	234.90	104.27	180.63
1989	136582	26847	109735	246.73	103.72	143.01
1990	155914	31545	124369	273.52	105.01	168.51
1991	201955	41772	160183	304.04	112.54	191.50
1992	230211	41074	189137	312.30	115.89	196.41
1993	296657	50088	246569	400.16	223.76	176.40
1994	453433	58373	395060	466.56	197.36	269.21
1995	484362	55428	428933	497.39	197.81	299.58
1996	615364	67222	548142	564.54	242.45	322.09
1997	671819	73221	598598	618.91	274.04	344.87
1998	758582	80336	678246	649.80	283.22	366.58
1999	837689	80002	757687	722.78	336.14	386.65
2000	931382	81214	850168	788.35	420.71	367.64
2001	930389	79991	850397	829.39	434.99	394.40
2002	873882	71142	802740	802.51	439.15	363.36
2003	921923	91019	830904	930.91	537.52	393.38
2004	957915	93484	864431	1014.34	598.02	416.32
2005	993776	110887	882889	1033.11	611.09	422.02
2006	1054170	117390	936780	840.03	564.62	275.42
2007	1146922	114368	1032554	884.99	609.26	275.73
2008	1208282	129643	1078639	993.45	639.33	354.12
2009	1272044	128342	1143702	1029.30	662.10	367.20
2010	1374914	130896	1244018	1136.51	751.42	385.09
2011	1491068	135378	1355690	1174.40	768.19	406.21
2012	1558191	139308	1418883	1205.16	785.56	419.60
2013	1637009	142253	1494756	1240.35	820.23	420.12
2014	1576039	111983	1464056	1252.66	822.73	429.93
2015	1565699	102627	1463072	1269.23	844.80	424.43
2016	1552314	115984	1436330	1257.00	842.32	414.68

13-9 农作物播种面积和产量
Sown Area and Output of Farm Crops

类别	Category	2015 播种面积(公顷) Sown Area (hectare)	2015 总产量(吨) Total Output (ton)	2015 单产(千克/公顷) Output per Hectare (kg/hectare)	2016 播种面积(公顷) Sown Area (hectare)	2016 总产量(吨) Total Output (ton)	2016 单产(千克/公顷) Output per Hectare (kg/hectare)
农作物总播种面积	**Total Sown Area of Crops**	**11026572**			**10973160**		
一、粮食作物合计	**Grain**	**7492100**	**47127000**	**6290**	**7511450**	**47007100**	**6258**
(一)夏收粮食	Summer Harvest Grain	3801300	23473000	6175	3832137	23454000	6120
1.谷物	Cereals	3800520	23469500	6175	3830917	23449400	6121
#小麦	Wheat	3799833	23466000	6176	3830270	23445900	6121
2.夏杂豆	Beans	780	3500	4487	1220	4600	3770
(二)秋收粮食	Autumn Harvest Grain	3690800	23654000	6409	3679313	23553100	6401
1.谷物	Cereals	3312160	21531400	6501	3335383	21602500	6477
(1)稻谷	Rice	116280	951000	8179	105760	880800	8328
(2)玉米	Corn	3173797	20509000	6462	3206930	20649500	6439
(3)谷子	Millet	16870	53400	3165	17950	57100	3181
(4)高粱	Chinese Sorghum	4333	15000	3462	4170	13100	3141
(5)其他	Others	880	3000	3409	573	2000	3488
2.豆类合计	Beans	151640	384000	2532	142530	379100	2660
#大豆	Soybean	137150	348300	2540	132680	357200	2692
3.薯类(按折粮计算)	Tubers	227000	1738600	7659	201400	1571500	7803
二、油料作物合计	**Oil-bearing Crops**	**758260**	**3241016**	**4274**	**757062**	**3267838**	**4316**
#花生果	Peanuts	740440	3194038	4314	739740	3215552	4347
油菜籽	Rapeseeds	9413	24432	2595	8935	22980	2572
芝　麻	Sesame	631	1110	1758	691	1258	1820
三、棉花	**Cotton**	**515500**	**537000**	**1042**	**465200**	**548000**	**1179**
四、生麻	**Fiber Crops**	**43**	**78**	**1837**	**152**	**420**	**2758**
#生黄红麻	Jute and Ambary Hemp						
生 大 麻	Hemp	43	78	1837	152	420	2758
五、甜菜	**Beetroots**				**13**	**182**	**14483**
六、烟叶	**Tobacco**	**24359**	**62773**	**2577**	**24702**	**66067**	**2675**
#烤烟	Flue-cured Tobacco	24359	62773	2577	24702	66067	2675
七、中草药材	**Medical Materials**	**33104**			**30624**		
八、蔬菜及食用菌	**Vegetable and Mushroom**	**1888555**	**102728735**	**54395**	**1869266**	**103270481**	**55247**
九、瓜果类	**Melon**	**286759**	**15156109**	**52853**	**286716**	**15268916**	**53254**
#西瓜	Watermelon	210946	11731154	55612	211937	11793229	55645
十、其它农作物	**Other Farm Crops**	**27891**			**27976**		
#青饲料	Fresh Feed	1941			2624		

13-10 各市农作物播种面积和产量(2016年)
Sown Area and Output of Farm Crops by Region(2016)

地 区	Region	农作物总播种面积(公顷) Total Sown Area of Farm Crops (hectare)	一、粮食作物合计 Grain Crops 播种面积(公顷) Sown Area (hectare)	总产量(吨) Total Output (ton)	单 产(千克/公顷) Output per Hectare (kg/hectare)	(一)夏收粮食 Summer Harvest Grain 播种面积(公顷) Sown Area (hectare)	总产量(吨) Total Output (ton)	单 产(千克/公顷) Output per Hectare (kg/hectare)
全省总计	**Total**	**10973160**	**7511450**	**47007100**	**6258**	**3832137**	**23454000**	**6120**
济南市	Jinan	554990	423844	2572663	6070	206840	1262281	6103
青岛市	Qingdao	682434	480231	3049921	6351	239620	1449500	6049
淄博市	Zibo	257788	217253	1433997	6601	103000	679700	6599
枣庄市	Zaozhuang	370088	254533	1632500	6414	136880	838500	6126
东营市	Dongying	247568	166683	1004743	6028	81743	507788	6212
烟台市	Yantai	451553	304416	1797164	5904	127541	721587	5658
潍坊市	Weifang	1019465	694360	4318000	6219	334027	2082500	6235
济宁市	Jining	918534	638533	4452000	6972	330760	2210500	6683
泰安市	Tai'an	561271	363847	2621140	7204	176766	1239911	7014
威海市	Weihai	214657	125580	702085	5591	51247	291454	5687
日照市	Rizhao	233716	146807	884790	6027	68120	388087	5697
莱芜市	Laiwu	77799	37854	229867	6072	7253	37910	5227
临沂市	Linyi	1008662	653700	4123528	6308	310313	1862500	6002
德州市	Dezhou	1002701	858127	6437500	7502	460827	3285500	7130
聊城市	Liaocheng	968876	737153	4959000	6727	387860	2577000	6644
滨州市	Binzhou	584240	455600	3061330	6719	234933	1551000	6602
菏泽市	Heze	1344142	964267	6072500	6298	573860	3635000	6334

13-10 续表 1 continued

地 区	Region	1.谷 物 Cereals 播种面积(公顷) Sown Area (hectare)	总产量(吨) Total Output (ton)	单 产(千克/公顷) Output per Hectare (kg/hectare)	#小 麦 Wheat 播种面积(公顷) Sown Area (hectare)	总产量(吨) Total Output (ton)	单 产(千克/公顷) Output per Hectare (kg/hectare)	2.夏杂豆 Beans 播种面积(公顷) Sown Area (hectare)	总产量(吨) Total Output (ton)	单 产(千克/公顷) Output per Hectare (kg/hectare)
全省总计	**Total**	**3830917**	**23449400**	**6121**	**3830270**	**23445900**	**6121**	**1220**	**4600**	**3770**
济南市	Jinan	206840	1262281	6103	206840	1262281	6103			
青岛市	Qingdao	239620	1449500	6049	239620	1449500	6049			
淄博市	Zibo	103000	679700	6599	103000	679700	6599			
枣庄市	Zaozhuang	136880	838500	6126	136880	838500	6126			
东营市	Dongying	81743	507788	6212	81743	507788	6212			
烟台市	Yantai	127541	721587	5658	127541	721587	5658			
潍坊市	Weifang	332808	2077700	6243	332808	2077700	6243	1219	4800	3939
济宁市	Jining	330734	2210409	6683	330734	2210409	6683	26	91	3461
泰安市	Tai'an	176766	1239911	7014	176766	1239911	7014			
威海市	Weihai	51247	291454	5687	51247	291454	5687			
日照市	Rizhao	68118	388083	5697	68099	388003	5698	2	4	1747
莱芜市	Laiwu	7253	37910	5227	7253	37910	5227			
临沂市	Linyi	310313	1862500	6002	309681	1859262	6004			
德州市	Dezhou	460827	3285500	7130	460827	3285500	7130			
聊城市	Liaocheng	387860	2577000	6644	387860	2577000	6644			
滨州市	Binzhou	234933	1551000	6602	234933	1551000	6602			
菏泽市	Heze	573860	3635000	6334	573860	3635000	6334			

13-10 续表 2 continued

地 区 Region	(二)秋收粮食 Autumn Harvest Grain			1.谷 物 Cereals			(1)稻 谷 Rice		
	播种面积(公顷) Sown Area (hectare)	总产量(吨) Total Output (ton)	单 产(千克/公顷) Output per Hectare (kg/hectare)	播种面积(公顷) Sown Area (hectare)	总产量(吨) Total Output (ton)	单 产(千克/公顷) Output per Hectare (kg/hectare)	播种面积(公顷) Sown Area (hectare)	总产量(吨) Total Output (ton)	单 产(千克/公顷) Output per Hectare (kg/hectare)
全省总计 Total	**3679313**	**23553100**	**6401**	**3335383**	**21602500**	**6477**	**105760**	**880800**	**8328**
济南市 Jinan	217004	1310383	6039	201084	1241827	6176	1753	12893	7354
青岛市 Qingdao	240611	1600421	6651	232582	1561203	6712	85	620	7299
淄博市 Zibo	114253	754297	6602	110517	740556	6701	527	4055	7694
枣庄市 Zaozhuang	117653	794000	6749	105026	722674	6881	1867	13009	6967
东营市 Dongying	84940	496955	5851	83911	494378	5892	6042	33685	5575
烟台市 Yantai	176875	1075577	6081	158246	982966	6212	99	623	6318
潍坊市 Weifang	360333	2235500	6204	350438	2188084	6244		2	4286
济宁市 Jining	307773	2241500	7283	278023	2079253	7479	35594	283676	7970
泰安市 Tai'an	187081	1381229	7383	171160	1316754	7693	223	1760	7890
威海市 Weihai	74333	410631	5524	64194	362247	5643			
日照市 Rizhao	78687	496703	6312	66806	415624	6221	2881	19350	6717
莱芜市 Laiwu	30601	191957	6273	27597	169508	6142			
临沂市 Linyi	343387	2261028	6584	277490	1874844	6756	38603	326157	8449
德州市 Dezhou	397300	3152000	7934	394748	3138493	7951	10	93	9362
聊城市 Liaocheng	349293	2382000	6819	343649	2358639	6864	84	591	7036
滨州市 Binzhou	220667	1510330	6844	218429	1501254	6873	334	2517	7536
菏泽市 Heze	390407	2437500	6243	367553	2362335	6427	4495	37630	8371

13-10 续表 3 continued

地 区 Region	(2)玉 米 Corn			(3)谷 子 Millet			(4)高 粱 Chinese Sorghum		
	播种面积(公顷) Sown Area (hectare)	总产量(吨) Total Output (ton)	单 产(千克/公顷) Output per Hectare (kg/hectare)	播种面积(公顷) Sown Area (hectare)	总产量(吨) Total Output (ton)	单 产(千克/公顷) Output per Hectare (kg/hectare)	播种面积(公顷) Sown Area (hectare)	总产量(吨) Total Output (ton)	单 产(千克/公顷) Output per Hectare (kg/hectare)
全省总计 Total	**3206930**	**20649500**	**6439**	**17950**	**57100**	**3181**	**4170**	**13100**	**3141**
济南市 Jinan	192226	1204944	6268	6112	21394	3500	893	2296	2572
青岛市 Qingdao	232150	1559121	6716	240	970	4048	24	88	3597
淄博市 Zibo	108728	732812	6740	1118	3261	2917	132	385	2919
枣庄市 Zaozhuang	102686	707839	6893	386	1438	3726	86	373	4362
东营市 Dongying	77599	459493	5921	93	339	3656	177	861	4878
烟台市 Yantai	157308	979484	6227	559	1747	3125	149	502	3377
潍坊市 Weifang	345171	2167739	6280	4424	16635	3760	822	3641	4428
济宁市 Jining	241569	1791906	7418	628	2628	4185	211	955	4532
泰安市 Tai'an	169780	1310754	7720	849	3032	3571	307	1208	3929
威海市 Weihai	64190	362237	5643				4	10	2690
日照市 Rizhao	62633	390790	6239	1173	4949	4218	88	451	5123
莱芜市 Laiwu	27177	168062	6184	303	1091	3605	117	355	3024
临沂市 Linyi	235955	1538404	6520	2246	8040	3581	636	2107	3312
德州市 Dezhou	394546	3137118	7951	184	1256	6823	8	25	3162
聊城市 Liaocheng	342947	2356052	6870	593	1919	3234	24	77	3164
滨州市 Binzhou	217043	1493992	6883	95	209	2195	957	4538	4741
菏泽市 Heze	362512	2322728	6407	442	1585	3589	97	364	3744

13−10 续表 4 continued

地 区 Region		(5)其它谷物 Other Cereals			2.豆 类 Beans			#大 豆 Soybean		
		播种面积(公顷) Sown Area (hectare)	总产量(吨) Total Output (ton)	单 产(千克/公顷) Output per Hectare (kg/hectare)	播种面积(公顷) Sown Area (hectare)	总产量(吨) Total Output (ton)	单 产(千克/公顷) Output per Hectare (kg/hectare)	播种面积(公顷) Sown Area (hectare)	总产量(吨) Total Output (ton)	单 产(千克/公顷) Output per Hectare (kg/hectare)
全省总计	**Total**	**573**	**2000**	**3488**	**142530**	**379100**	**2660**	**132680**	**357200**	**2692**
济 南 市	Jinan	100	300	3000	7786	21338	2741	6784	18822	2775
青 岛 市	Qingdao	84	404	4831	4586	11936	2603	4571	11896	2602
淄 博 市	Zibo	11	43	3794	1088	2855	2624	926	2509	2708
枣 庄 市	Zaozhuang	2	15	6429	6255	19958	3191	5905	18995	3217
东 营 市	Dongying				875	1516	1732	757	1335	1762
烟 台 市	Yantai	132	609	4616	8860	24374	2751	8191	22737	2776
潍 坊 市	Weifang	21	66	3167	4349	12602	2898	4236	12364	2919
济 宁 市	Jining	22	87	4028	16013	49832	3112	15571	48660	3125
泰 安 市	Tai'an				7118	19710	2769	6881	19072	2772
威 海 市	Weihai				5159	12676	2457	5139	12642	2460
日 照 市	Rizhao	30	85	2787	3224	9091	2819	3130	8861	2831
莱 芜 市	Laiwu				211	537	2549	211	537	2549
临 沂 市	Linyi	51	135	2651	20570	53855	2618	19856	52316	2635
德 州 市	Dezhou				1433	4365	3046	1287	3716	2886
聊 城 市	Liaocheng				4066	11526	2835	3726	10683	2867
滨 州 市	Binzhou				1461	3371	2307	1293	3063	2369
菏 泽 市	Heze	7	28	4174	18408	49767	2704	17454	47672	2731

13−10 续表 5 continued

地 区 Region		3.薯类(按折粮薯类计算) Tubers			二、油 料 Oil-bearing Crops			#花 生 果 Peanuts		
		播种面积(公顷) Sown Area (hectare)	总产量(吨) Total Output (ton)	单 产(千克/公顷) Output per Hectare (kg/hectare)	播种面积(公顷) Sown Area (hectare)	总产量(吨) Total Output (ton)	单 产(千克/公顷) Output per Hectare (kg/hectare)	播种面积(公顷) Sown Area (hectare)	总产量(吨) Total Output (ton)	单 产(千克/公顷) Output per Hectare (kg/hectare)
全省总计	**Total**	**201400**	**1571500**	**7803**	**757062**	**3267838**	**4316**	**739740**	**3215552**	**4347**
济 南 市	Jinan	8134	47217	5805	11848	41560	3508	10299	38238	3713
青 岛 市	Qingdao	3443	27282	7924	85666	369339	4311	85666	369339	4311
淄 博 市	Zibo	2649	10887	4110	6201	21547	3475	6196	21537	3476
枣 庄 市	Zaozhuang	6371	51368	8062	22010	91879	4174	19909	85688	4304
东 营 市	Dongying	154	1061	6874	1318	4164	3160	1277	4116	3223
烟 台 市	Yantai	9769	68236	6985	102579	416327	4059	102533	416157	4059
潍 坊 市	Weifang	5546	34814	6277	46700	212728	4555	46547	212434	4564
济 宁 市	Jining	13738	112415	8183	39195	170725	4356	38852	169874	4372
泰 安 市	Tai'an	8803	44766	5085	50304	227200	4517	49938	226430	4534
威 海 市	Weihai	4980	35708	7170	62233	236765	3804	62233	236765	3804
日 照 市	Rizhao	8657	71989	8316	55277	238974	4323	55255	233209	4221
莱 芜 市	Laiwu	2793	21912	7844	8206	23637	2880	8198	23603	2879
临 沂 市	Linyi	45326	332329	7332	178355	849858	4765	177713	848389	4774
德 州 市	Dezhou	1118	9142	8174	3745	18620	4972	2355	12492	5304
聊 城 市	Liaocheng	1579	11835	7496	22987	98859	4301	21671	96591	4457
滨 州 市	Binzhou	776	5705	7348	4071	13925	3421	3731	13235	3547
菏 泽 市	Heze	4446	25398	5712	56369	231731	4111	47366	207454	4380

13-10 续表 6 continued

地 区 Region	#油菜籽 Rapeseeds			#芝 麻 Sesame			三、棉 花 Cotton		
	播种面积(公顷) Sown Area (hectare)	总产量(吨) Total Output (ton)	单 产(千克/公顷) Output per Hectare (kg/hectare)	播种面积(公顷) Sown Area (hectare)	总产量(吨) Total Output (ton)	单 产(千克/公顷) Output per Hectare (kg/hectare)	播种面积(公顷) Sown Area (hectare)	总产量(吨) Total Output (ton)	单 产(千克/公顷) Output per Hectare (kg/hectare)
全省总计 Total	**8935**	**22980**	**2572**	**691**	**1258**	**1820**	**465200**	**548000**	**1179**
济南市 Jinan	1127	2425	2151	294	499	1698	9979	12635	1266
青岛市 Qingdao							383	595	1554
淄博市 Zibo				3	3	918	2409	3433	1425
枣庄市 Zaozhuang	1673	4055	2424	79	167	2111	2238	3249	1452
东营市 Dongying	13	28	2195	6	3	555	55940	71667	1281
烟台市 Yantai						750	227	413	1820
潍坊市 Weifang	18	49	2695	134	245	1827	16728	20566	1229
济宁市 Jining	296	632	2136	46	84	1838	45729	66049	1444
泰安市 Tai'an	233	631	2705	13	20	1512	4620	6527	1413
威海市 Weihai									
日照市 Rizhao	5	16	2989				572	1267	2213
莱芜市 Laiwu				6	9	1555	1541	3076	1996
临沂市 Linyi	589	1070	1816	14	20	1379	6589	9357	1420
德州市 Dezhou							28720	43196	1504
聊城市 Liaocheng	703	1815	2582	2	2	1183	17540	23525	1341
滨州市 Binzhou	73	167	2291				65379	74206	1135
菏泽市 Heze	4205	12092	2876	93	204	2197	89396	131531	1471

13-10 续表 7 continued

地 区 Region	四、烟 叶 Tobacco			#烤 烟 Cigarettes			五、药材播种面积(公顷) Sown Area of Medical Materials (hectare)
	播种面积(公顷) Sown Area (hectare)	总产量(吨) Total Output (ton)	单 产(千克/公顷) Output per Hectare (kg/hectare)	播种面积(公顷) Sown Area (hectare)	总产量(吨) Total Output (ton)	单 产(千克/公顷) Output per Hectare (kg/hectare)	
全省总计 Total	**24702**	**66067**	**2675**	**24702**	**66067**	**2675**	**30624**
济南市 Jinan							656
青岛市 Qingdao	464	1176	2535	464	1176	2535	8
淄博市 Zibo	441	997	2259	441	997	2259	2933
枣庄市 Zaozhuang							198
东营市 Dongying							88
烟台市 Yantai							81
潍坊市 Weifang	10180	28272	2777	10180	28272	2777	1401
济宁市 Jining							796
泰安市 Tai'an	3	7	2736	3	7	2736	1100
威海市 Weihai							2839
日照市 Rizhao	3578	9230	2580	3578	9230	2580	4162
莱芜市 Laiwu	1362	2763	2029	1362	2763	2029	641
临沂市 Linyi	8675	23621	2723	8675	23621	2723	9211
德州市 Dezhou							208
聊城市 Liaocheng							1297
滨州市 Binzhou							179
菏泽市 Heze							4826

13-10 续表 8 continued

地 区	Region	六、蔬菜及食用菌 Vegetable and Edible Fungi		#马铃薯 Potato		七、瓜果类 Melon	
		播种面积 (公顷) Sown Area (hectare)	总产量 (吨) Total Output (ton)	播种面积 (公顷) Sown Area (hectare)	总产量 (吨) Total Output (ton)	播种面积 (公顷) Sown Area (hectare)	总产量 (吨) Total Output (ton)
全省总计	**Total**	**1869266**	**103270481**	**122192**	**5410004**	**286716**	**15268916**
济南市	Jinan	94779	6342244	3904	173232	12030	707432
青岛市	Qingdao	106968	5698492	22568	1043046	8715	472528
淄博市	Zibo	25544	1881685	943	32173	2778	135545
枣庄市	Zaozhuang	87016	4694944	28760	1286604	4017	204452
东营市	Dongying	16172	1027860	14	487	5327	181383
烟台市	Yantai	37276	2036234	2767	105856	6420	301594
潍坊市	Weifang	202105	12562601	18336	838250	41006	2258071
济宁市	Jining	172968	6310428	7324	280839	20948	979272
泰安市	Tai'an	133077	7724090	17045	822137	2863	132101
威海市	Weihai	20496	976575	2228	82412	3375	149226
日照市	Rizhao	19657	1111415	1306	58808	2436	133563
莱芜市	Laiwu	27531	1046291	2662	110672	200	16560
临沂市	Linyi	132612	6823422	9419	355172	16759	913892
德州市	Dezhou	105307	5952274	1741	88649	6595	380428
聊城市	Liaocheng	163303	9399670	498	28010	26018	1397343
滨州市	Binzhou	38107	1983153	1270	38153	19308	912346
菏泽市	Heze	165516	7423176	1407	65506	59949	2715437

13-10 续表 9 continued

地 区	Region	#西 瓜 Watermelon		#香瓜(甜瓜) Muskmelon		八、其它农作物播种面积 (公顷) Sown Area of Other Farm Crops (hectare)	#青饲料播种面积 Fresh Feed Succulence
		播种面积 (公顷) Sown Area (hectare)	总产量 (吨) Total Output (ton)	播种面积 (公顷) Sown Area (hectare)	总产量 (吨) Total Output (ton)		
全省总计	**Total**	**211937**	**11793229**	**49045**	**2296756**	**27976**	**2624**
济南市	Jinan	8897	558419	2014	97975	1852	53
青岛市	Qingdao	4683	298253	2725	130848		
淄博市	Zibo	2264	120880	171	6098	229	29
枣庄市	Zaozhuang	2993	163079	432	19550	76	
东营市	Dongying	4741	158542	326	15409	2042	1824
烟台市	Yantai	3648	205553	951	35797	555	4
潍坊市	Weifang	27348	1541840	6552	339356	6984	
济宁市	Jining	13422	729136	6472	213304	361	40
泰安市	Tai'an	2080	105059	442	15585	5404	
威海市	Weihai	1683	83014	412	12838	134	23
日照市	Rizhao	1417	79187	181	8066	1225	
莱芜市	Laiwu	71	2708	18	597	464	8
临沂市	Linyi	9897	592177	1971	105426	2753	41
德州市	Dezhou	5962	345381	553	27553		
聊城市	Liaocheng	17744	973227	8172	420234	579	
滨州市	Binzhou	18925	897948	302	10623	1498	400
菏泽市	Heze	50701	2367934	9144	344458	3820	202

13-11 各市茶叶、水果生产情况(2016年)
Production of Tea and Fruits by Region(2016)

单位:吨 (ton)

地 区	Region	茶叶产量 Output of Tea	水果产量 Output of Fruits	苹果 Apple	梨 Pear	葡萄 Grape	桃 Peach	杏 Apricot	红枣 Jujube
全省总计	**Total**	**21648**	**17285429**	**9781255**	**1338584**	**1142180**	**2935788**	**179385**	**1060158**
济 南 市	Jinan	21	495775	225551	35696	19745	109051	46830	10226
青 岛 市	Qingdao	2880	731716	394876	75993	136240	74083	9131	1043
淄 博 市	Zibo	56	990709	509825	7473	135502	282876	3034	1960
枣 庄 市	Zaozhuang	2	244976	58943	12909	9424	88002	1916	12173
东 营 市	Dongying		85959	48420	6063	12329	3529	280	15284
烟 台 市	Yantai	604	5657782	4813270	252390	324788	76509	9680	1153
潍 坊 市	Weifang	398	807080	249924	49701	88147	246161	6289	17839
济 宁 市	Jining		263067	69215	17250	83149	56350	7296	13746
泰 安 市	Tai'an	548	588435	217535	25814	15997	167899	40289	28017
威 海 市	Weihai	356	1012293	911257	42679	24376	19762	255	143
日 照 市	Rizhao	14479	261374	149619	8751	5777	78103	969	449
莱 芜 市	Laiwu	129	92878	19904	3081	1574	42462	1808	797
临 沂 市	Linyi	2174	2311392	564211	54053	97266	1438940	28273	9327
德 州 市	Dezhou		397661	71209	39344	20327	23773	1279	228407
聊 城 市	Liaocheng		624102	295159	203185	63691	25388	5431	16544
滨 州 市	Binzhou		1001710	123861	257449	9086	29032	8861	570609
菏 泽 市	Heze		528663	302920	96751	44763	73870	2763	2440

13-11 续表 continued

单位:公顷 (hectare)

地 区	Region	柿子(吨) Persimmon (ton)	山楂(吨) Hawthorn (ton)	其它(吨) Others (ton)	年末实有果园面积 Orchard Area at the Year-end	#苹果园 Apple	梨园 Pear	葡萄园 Grape	桃园 Peach
全省总计	**Total**	**143010**	**228417**	**476651**	**653290**	**301260**	**45747**	**41028**	**113053**
济 南 市	Jinan	17946	11043	19688	30918	13557	1574	1179	5832
青 岛 市	Qingdao	8642	3465	28243	27156	11791	2073	4565	4334
淄 博 市	Zibo	6222	7386	36432	31144	13699	429	3438	9555
枣 庄 市	Zaozhuang	9882	3172	48555	16106	2474	448	593	4522
东 营 市	Dongying			53	5016	2340	231	415	448
烟 台 市	Yantai	8894	1784	169314	161632	123941	8144	11757	3090
潍 坊 市	Weifang	31690	88336	28994	35590	7814	1587	2646	10498
济 宁 市	Jining	3058	4338	8665	18608	3236	726	3103	3864
泰 安 市	Tai'an	8255	17736	66893	30546	8659	1023	725	7378
威 海 市	Weihai	974	139	12706	34724	28222	1836	1539	940
日 照 市	Rizhao	7324	2555	7827	21139	6752	367	265	4622
莱 芜 市	Laiwu	11162	9962	2128	10556	1768	235	106	4555
临 沂 市	Linyi	23802	67551	27969	86000	18914	2426	2933	43162
德 州 市	Dezhou	328	7840	5155	13271	2173	1158	727	831
聊 城 市	Liaocheng	693	2313	11699	38997	15357	9331	3115	2031
滨 州 市	Binzhou	1804	590	419	37726	4337	7648	318	1113
菏 泽 市	Heze	2334	210	2612	16740	9559	2512	1602	2277

13-12 各市林业生产情况(2016年)
Production of Forestry by Region(2016)

地 区	Region	按主要林种用途分(公顷) by Purpose of Major Forest Types(hectare)			主要林产品产量(吨) Output of Major Forestry Products(ton)		农村集体、农民采伐木材消耗蓄积量(立方米) Volume of Timber Consumption Cut by Rural Collective and Households (cu.m)
		用材林 Forest for Timber	经济林 Economic Forest	防护林 Protection Forest	核 桃 Walnut	板 栗 Chestnut	
全省总计	**Total**	**19229**	**35812**	**59264**	**179901**	**302854**	**3239408**
济 南 市	Jinan	1168	1278	1058	34128	14100	107610
青 岛 市	Qingdao	553	2089	408	354	1696	94441
淄 博 市	Zibo	84	502	6183	3117	4480	35284
枣 庄 市	Zaozhuang	189	2581	5765	2842	8386	37258
东 营 市	Dongying	385	329	5286	300		56581
烟 台 市	Yantai	734	3132	3081	2440	24923	23637
潍 坊 市	Weifang	957	1504	1827	5097	24333	274186
济 宁 市	Jining	1469	3863	6430	19393	8935	232676
泰 安 市	Tai'an	630	3695	1476	45545	56168	220744
威 海 市	Weihai	429	1773	2020	27	15136	13218
日 照 市	Rizhao	396	2458	1714	4896	30541	45078
莱 芜 市	Laiwu	249	1051	2575	5286	27277	20566
临 沂 市	Linyi	1339	4677	3458	54660	86877	425596
德 州 市	Dezhou	3186	960	5979	697		272699
聊 城 市	Liaocheng	2870	2401	4418	277		194198
滨 州 市	Binzhou	3332	954	5559	325	2	307845
菏 泽 市	Heze	1259	2565	2027	517		877791

13-12 续表 continued

单位:公顷 (hectare)

地 区	Region	营林情况 Forestation			
		当年人工造林面积 Forested Area in the Year	零星植树(万株) Surrounding Tree Planting (10000 trees)	育苗面积 Area of Nursery Garden	森林抚育面积 Laid out Area of Forest Tending
全省总计	**Total**	**115179**	**176809075**	**185487**	**318744**
济 南 市	Jinan	3504	13120000	11773	1725
青 岛 市	Qingdao	3059	4305000	9012	21865
淄 博 市	Zibo	6769	6750000	6337	13335
枣 庄 市	Zaozhuang	8574	8152011	3095	23897
东 营 市	Dongying	6000	1343239	10740	9333
烟 台 市	Yantai	7027	3431000	6395	21150
潍 坊 市	Weifang	4288	15559900	21104	9075
济 宁 市	Jining	11808	15183500	31944	25332
泰 安 市	Tai'an	5801	10330000	25917	26734
威 海 市	Weihai	4222	277000	2775	20467
日 照 市	Rizhao	4568	4772000	3977	13126
莱 芜 市	Laiwu	3887	2000000	613	6673
临 沂 市	Linyi	9588	14212927	10564	14269
德 州 市	Dezhou	10437	13126280	9497	52229
聊 城 市	Liaocheng	9691	48279100	5360	31918
滨 州 市	Binzhou	10105	6138000	18542	12930
菏 泽 市	Heze	5851	9829118	7842	14686

13-13 各市畜牧业生产情况(2016年)
Production of Animal Husbandry by Region(2016)

地区	Region	大牲畜年末存栏(万头) Stocked Large Livestock at Year-end (10000 heads)	#牛 Cattle	猪年末存栏(万头) Stocked Pigs at Year-end (10000 heads)	羊年末存栏(万只) Stocked Sheep and Goats at Year-end (10000 heads)	山羊 Goats	绵羊 Sheep	家禽年末存栏(万只) Stocked Poultry at Year-end (10000 heads)	兔年末存栏(万只) Stocked Hare at Year-end (10000 heads)
全省总计	**Total**	**510.21**	**495.65**	**2764.09**	**2197.65**	**1173.85**	**1023.80**	**65733.46**	**2741.80**
济南市	Jinan	66.16	65.60	170.52	140.41	72.84	67.58	3388.10	235.07
青岛市	Qingdao	17.06	17.06	179.35	20.13	10.36	9.78	5612.87	100.84
淄博市	Zibo	12.89	12.89	54.07	46.65	42.32	4.33	1539.99	84.22
枣庄市	Zaozhuang	10.51	9.98	115.29	114.71	111.71	3.00	2519.01	322.94
东营市	Dongying	11.21	11.09	55.50	74.06	8.10	65.96	2134.65	7.76
烟台市	Yantai	14.34	14.25	251.26	41.20	31.38	9.81	5866.17	47.66
潍坊市	Weifang	33.47	33.32	431.60	112.57	53.65	58.92	11352.97	60.41
济宁市	Jining	24.97	24.95	285.00	198.55	117.34	81.21	5954.92	356.53
泰安市	Tai'an	33.47	33.26	215.58	181.23	109.08	72.15	3616.42	179.65
威海市	Weihai	5.54	5.53	96.40	10.17	9.76	0.41	2089.90	56.11
日照市	Rizhao	6.44	6.41	142.41	47.08	42.90	4.18	3127.23	135.28
莱芜市	Laiwu	1.36	1.36	50.63	36.63	29.37	7.26	735.34	74.53
临沂市	Linyi	28.07	28.02	386.28	248.41	227.06	21.35	6679.26	649.23
德州市	Dezhou	108.21	103.75	363.61	152.97	115.41	37.56	6355.13	54.18
聊城市	Liaocheng	28.10	21.77	167.73	132.53	71.04	61.49	7458.26	58.95
滨州市	Binzhou	47.07	46.24	121.79	70.50	28.74	41.75	4129.98	28.16
菏泽市	Heze	38.97	37.81	402.41	602.67	480.49	122.17	6010.87	290.29

13-13 续表 1 continued

地区	Region	牛当年出栏(万头) Slaughtered Cattle in the Year (10000 heads)	猪当年出栏(万头) Slaughtered Pigs in the Year (10000 heads)	羊当年出栏(万只) Slaughtered Sheep and Goats in the Year (10000 heads)	家禽当年出栏(万只) Slaughtered Poultry in the Year (10000 heads)	兔当年出栏(万只) Slaughtered Hare in the Year (10000 heads)
全省总计	**Total**	**445.49**	**4662.04**	**3298.02**	**188017.38**	**6772.05**
济南市	Jinan	43.78	270.19	217.46	5415.59	353.69
青岛市	Qingdao	5.72	294.86	20.61	20169.26	354.85
淄博市	Zibo	9.61	98.39	50.45	5118.03	280.40
枣庄市	Zaozhuang	6.54	181.55	202.65	6726.67	411.46
东营市	Dongying	4.45	77.28	136.06	6908.62	17.99
烟台市	Yantai	6.05	422.27	38.27	15024.55	14.25
潍坊市	Weifang	27.19	821.47	150.11	42351.86	247.07
济宁市	Jining	19.99	494.78	269.58	13677.68	1211.66
泰安市	Tai'an	18.87	374.10	290.26	9185.34	409.06
威海市	Weihai	2.92	142.96	11.92	5390.70	30.80
日照市	Rizhao	5.44	234.98	60.08	10774.76	336.21
莱芜市	Laiwu	0.65	53.76	35.73	1575.71	88.46
临沂市	Linyi	26.41	620.57	313.70	18212.29	701.62
德州市	Dezhou	61.15	586.60	160.18	12164.53	77.67
聊城市	Liaocheng	15.30	280.27	212.96	22243.98	153.80
滨州市	Binzhou	45.50	164.09	117.72	12981.27	131.77
菏泽市	Heze	37.42	595.62	845.86	11496.30	171.07

13-13 续表 2 continued

单位:吨 (ton)

地区	Region	肉类总产量 Output of Meat	#牛肉 Beef	#猪肉 Pork	#羊肉 Mutton	#禽肉 Poultry Meat	奶类产量 Output of Milk	#牛奶 Cow Milk
全省总计	**Total**	**7775109**	**669891**	**3835331**	**383903**	**2757598**	**2768018**	**2683957**
济南市	Jinan	359604	59948	201530	21449	72250	257982	257978
青岛市	Qingdao	563563	7839	221147	2525	326728	316750	287755
淄博市	Zibo	155113	13078	72549	4976	60977	93364	93054
枣庄市	Zaozhuang	254044	8512	134024	16774	88914	52375	52277
东营市	Dongying	167643	6068	54716	12322	93941	348613	348613
烟台市	Yantai	553930	8774	315996	4781	224181	185736	157559
潍坊市	Weifang	1325345	37914	625751	15185	642777	228447	221023
济宁市	Jining	606976	26711	363657	24056	176128	106433	105981
泰安市	Tai'an	462271	25939	278702	29529	121946	458032	458032
威海市	Weihai	184049	4072	107685	1183	70513	143344	128137
日照市	Rizhao	305186	6703	156106	5982	133211	27829	27800
莱芜市	Laiwu	63287	848	38494	3521	19337	1807	1807
临沂市	Linyi	781583	34092	448332	30064	260204	110648	107560
德州市	Dezhou	678941	73832	427715	14972	160907	213193	213187
聊城市	Liaocheng	580981	20525	223378	23357	307060	105184	104912
滨州市	Binzhou	383811	61887	122186	11210	185882	60325	60325
菏泽市	Heze	721745	52025	444261	81059	140236	82762	82762

13-13 续表 3 continued

单位:吨 (ton)

地区	Region	羊毛产量 Output of Wool	山羊毛 Goat Wool	绵羊毛 Sheep Wool	禽蛋产量 Poultry Eggs	#鸡蛋 Hen's Eggs	蚕茧产量 Output of Cocoon	#桑蚕茧 Cocoon	#柞蚕茧 Oak Cocoon
全省总计	**Total**	**12412**	**4077**	**8335**	**4411158**	**4233207**	**19750**	**19679**	**71**
济南市	Jinan	1146	547	599	350948	334780	5	5	
青岛市	Qingdao	6	5	0	191203	189969	10	10	
淄博市	Zibo	116	71	45	62353	52939	1836	1836	
枣庄市	Zaozhuang	300	176	124	128548	107954	1	1	
东营市	Dongying	146	23	123	91636	78187			
烟台市	Yantai	162	5	157	258733	252281	364	341	22
潍坊市	Weifang	824	102	722	257213	243517	919	919	
济宁市	Jining	1538	603	934	346764	299369	19	19	
泰安市	Tai'an	1321	260	1062	210041	195297	7074	7074	
威海市	Weihai	1	0	0	156712	152773	181	156	25
日照市	Rizhao	21	9	12	93090	90886	3093	3070	23
莱芜市	Laiwu	157	86	71	32581	31998	138	138	
临沂市	Linyi	648	458	191	335623	291443	839	839	
德州市	Dezhou	249	138	112	401805	245916			
聊城市	Liaocheng	1320	169	1151	393267	368898	200	200	
滨州市	Binzhou	466	72	394	214954	184980	131	131	
菏泽市	Heze	3992	1353	2639	475808	418907	4939	4939	

13-14 各市水产品产量和养殖面积(2016年)

Output and Breeding Area of Aquatic Products by Region (2016)

地 区	Region	水产品总产量(吨) Total Aquatic Products (ton)	海水产品 Seawater Aquatic products	海洋捕捞 Ocean Fishing	海水养殖 Seawater Cultured	淡水产品产量 Freshwater Aquatic Products
全省总计	**Total**	**9501856**	**7949542**	**2821702**	**5127840**	**1552314**
济南市	Jinan	46709				46709
青岛市	Qingdao	1205506	1171336	387114	784222	34170
淄博市	Zibo	29557				29557
枣庄市	Zaozhuang	96079				96079
东营市	Dongying	587075	480837	93258	387579	106238
烟台市	Yantai	2026111	2001329	724269	1277060	24782
潍坊市	Weifang	610023	513406	187911	325495	96617
济宁市	Jining	329959				329959
泰安市	Tai'an	92501				92501
威海市	Weihai	2930225	2885618	1110059	1775559	44607
日照市	Rizhao	607760	575715	243707	332008	32045
莱芜市	Laiwu	3577				3577
临沂市	Linyi	158748	500	500		158248
德州市	Dezhou	72793				72793
聊城市	Liaocheng	88693				88693
滨州市	Binzhou	476796	313081	67164	245917	163715
菏泽市	Heze	132024				132024
省属远洋捕捞企业	Provincial Ocean Fishing Enterprises	7720	7720	7720		

13-14 续表 continued

地 区	Region	内陆捕捞 Landlocked Fishing	内陆养殖 Landlocked Cultured	水产品养殖面积(公顷) Breeding Area of Aquatic Products (hectare)	海水养殖 Seawater Cultured	内陆养殖 Landlocked Cultured
全省总计	**Total**	**115984**	**1436330**	**838002**	**561549**	**276453**
济南市	Jinan	465	46244	7079		7079
青岛市	Qingdao		34170	44645	33275	11370
淄博市	Zibo	500	29057	5558		5558
枣庄市	Zaozhuang	4277	91802	12818		12818
东营市	Dongying	4431	101807	129034	105834	23200
烟台市	Yantai	3204	21578	173299	164000	9299
潍坊市	Weifang	18553	78064	95677	65526	30151
济宁市	Jining	30083	299876	59223		59223
泰安市	Tai'an	16519	75982	11376		11376
威海市	Weihai		44607	82464	78105	4359
日照市	Rizhao	149	31896	55706	43100	12606
莱芜市	Laiwu	353	3224	1952		1952
临沂市	Linyi	19555	138693	29327		29327
德州市	Dezhou	1290	71503	8093		8093
聊城市	Liaocheng	4957	83736	9375		9375
滨州市	Binzhou	2795	160920	88062	71709	16353
菏泽市	Heze	8853	123171	24314		24314
省属远洋捕捞企业	Provincial Ocean Fishing Enterprises					

13-15 主要农业机械年末拥有量
Major Agricultural Machinery at the Year-end

类别	单位	Category	Unit	2015	2016
农业机械总动力	**(万千瓦)**	**total power of agricultural machinery**	**(10000 kw)**	**13353.02**	**9786.49**
一、拖拉机及配套机械		**Tractors and related machinery**			
拖拉机	(万台)	Tractor	(10000 units)	244.45	246.41
	(万千瓦)		(10000 kw)	3615.36	3806.35
#大中型(14.7千瓦及以上)	(万台)	Large and Medium-sized(14.7 kw and above)	(10000 units)	53.52	57.18
	(万千瓦)		(10000 kw)	2021.94	2218.20
拖拉机配套农具	(万部)	Tractor Supporting Tools	(10000 units)	427.96	432.44
#大中型	(万部)	Large and Medium-sized	(10000 units)	103.30	107.94
二、种植业机械		**Farming Machinery**			
机引犁	(万台)	Mechanical Power Plow	(10000 units)	144.17	143.23
旋耕机	(万台)	Rotary Tiller	(10000 units)	33.16	33.11
播种机	(万台)	Seeder	(10000 units)	72.52	73.66
农用水泵	(万台)	Agricultural Water-pump	(10000 units)	296.44	294.93
节水灌溉类机械	(万套)	Water-saving Irrigation Machinery	(10000 units)	52.30	52.35
机动喷雾(粉)机	(万台)	Mobile Spray (Powder) Machinery	(10000 units)	50.91	51.02
	(万千瓦)		(10000 kw)	110.68	111.91
联合收获机	(万台)	Combine Harvester	(10000 units)	26.93	29.11
	(万千瓦)		(10000 kw)	1118.49	1309.41
#玉米联合收获机	(万台)	Corn Combine Harvester	(10000 units)	10.35	11.62
秸秆粉碎还田机	(万台)	Straw crushing Machinery	(10000 units)	11.11	11.48
机动脱粒机	(万台)	Thresher	(10000 units)	39.53	39.29
三、畜牧养殖机械	**(万台)**	**Animal Husbandry Machinery**	**(10000 units)**	**22.58**	**22.78**
	(万千瓦)		(10000 kw)	130.67	133.10
四、渔业机械	**(万台)**	**Fishery Machinery**	**(10000 units)**	**13.81**	**14.71**
	(万千瓦)		(10000 kw)	231.55	235.85
五、林果业机械	**(万台)**	**Fruit Industry Machinery**	**(10000 units)**	**1.39**	**1.41**
	(万千瓦)		(10000 kw)	8.06	8.33
六、农产品初加工机械		**Agricultural Products Primary Processing Machinery**			
农产品初加工动力机械	(万台)	Agricultural Products Primary Processing Power Machinery	(10000 units)	101.12	101.08
	(万千瓦)		(10000 kw)	915.73	921.67
农产品初加工作业机械	(万台)	Agricultural Products Primary Processing Operating Machinery	(10000 units)	51.34	51.17
七、农田基本建设机械	**(万台)**	**Farmland Capital Construction Machinery**	**(10000 units)**	**4.33**	**4.29**
	(万千瓦)		(10000 kw)	289.97	286.60
八、其他机械		**Other Machinery**			
#农用飞机	(架)	Agricultural Aircraft	(unit)	45	357
农业机械原值	**(亿元)**	**Total Value of Agricultural Machinery**	**(100 million Yuan)**	**884.07**	**738.67**

注：2016年农业机械总动力、农机机械原值和农用飞机指标均系新口径数，与历史资料不可比。

a)In 2016 the total power of agricultural machinery, total value of agricultural machinery and agricultural aircraft value indexes of new caliber number, can not be compared with the previous year.

13-16 各市主要农业机械年末拥有量(2016年)
Number of Major Agricultural Machinery at the Year-end by Region(2016)

地 区	Region	农业机械总动力(千瓦) total power of agricultural machinery (kw)	#拖拉机及配套机械 Tractors and related machinery			#联合收获机 Combine Harvester		农业机械原值(万元) Total Value of Agricultural Machinery (10000 yuan)
			拖拉机 Tractor		拖拉机配套农具 Tractor Supporting Tools			
			(台) (unit)	(千瓦) (kw)	(部) (unit)	(台) (unit)	(千瓦) (kw)	
全省总计	**Total**	**97864920**	**2464086**	**38063503**	**4324367**	**291073**	**13094061**	**7386733**
济南市	Jinan	4478335	61066	1325114	107313	14365	661522	336801
青岛市	Qingdao	6978987	211689	3372681	408063	18032	940949	471479
淄博市	Zibo	2513356	25776	836419	55335	9557	371569	266334
枣庄市	Zaozhuang	2777355	36694	1048305	116927	11943	722296	283148
东营市	Dongying	2328567	55115	1104192	122802	7999	362647	254999
烟台市	Yantai	7393635	278665	2959664	363446	10129	480024	599113
潍坊市	Weifang	9598800	178501	3094161	278717	25256	1501516	878499
济宁市	Jining	8405016	103919	2586884	212078	33549	966508	537003
泰安市	Taian	4862576	86275	1655068	158276	19346	530873	372038
威海市	Weihai	5096049	287326	2577227	508683	5420	189926	333019
日照市	Rizhao	2739218	160147	1285403	514515	2278	109889	289803
莱芜市	Laiwu	847346	24733	332130	31526	959	16796	69504
临沂市	Linyi	6850511	476047	4677459	645310	15337	747986	592462
德州市	Dezhou	11157551	245209	4515325	310630	36630	1723038	722731
聊城市	Liaocheng	9109093	73707	2078007	144060	29645	1372375	492653
滨州市	Binzhou	4213512	78347	1714582	144962	17605	688591	294052
菏泽市	Heze	8515013	80870	2900881	201724	33023	1707557	593096

13-17 各市地类面积(2015年)

Land Category Area by Region(2015)

单位:公顷

地 区	Region	农用地 Agricultural Land	#耕地 Cultivated Land	#水浇地 Irrigated Land	#园 地 Garden Land	#牧草地 Grazing and Pasture Land
全省总计	**Total**	**11528534**	**7610976**	**5153910**	**721213**	**5758**
济南市	Jinan	539972	358569	264016	26054	
青岛市	Qingdao	802456	520863	246068	37771	
淄博市	Zibo	417265	209361	138461	58648	
枣庄市	Zaozhuang	330427	236593	126643	14688	
东营市	Dongying	426324	225637	167142	4287	5596
烟台市	Yantai	1059552	445406	142778	232107	81
潍坊市	Weifang	1157827	794765	480637	58230	
济宁市	Jining	771780	606335	456726	9345	
泰安市	Tai'an	584495	363996	222603	39908	
威海市	Weihai	442736	194504	26631	35714	63
日照市	Rizhao	422670	239055	53918	25949	
莱芜市	Laiwu	146048	72542	35422	15872	
临沂市	Linyi	1319161	839793	328382	102706	
德州市	Dezhou	814541	643704	643330	13845	
聊城市	Liaocheng	695301	564924	564482	9975	
滨州市	Binzhou	635364	465282	433484	29434	11
菏泽市	Heze	962613	829648	823187	6679	6

13-18 各市灌溉面积(2016年)

Irrigated Area by Region(2016)

单位:千公顷 (1000 hectares)

地 区	Region	有效灌溉面积 Effective Irrigated Area	#当年实灌 Irrigated in the Year	林地灌溉面积 Irrigated Area of Forest Lands	果园灌溉面积 Irrigated Area of Orchard
全省总计	**Total**	**5161.16**	**4696.20**	**215.18**	**356.86**
济南市	Jinan	256.17	242.99	9.74	7.31
青岛市	Qingdao	327.60	258.36	16.47	28.90
淄博市	Zibo	128.74	128.50	4.54	40.38
枣庄市	Zaozhuang	171.97	129.24	3.39	10.09
东营市	Dongying	189.91	180.81	8.61	5.24
烟台市	Yantai	247.08	212.69	5.16	70.24
潍坊市	Weifang	530.52	489.51	31.71	43.77
济宁市	Jining	472.77	460.59	13.17	8.44
泰安市	Tai'an	244.47	231.42	5.78	15.49
威海市	Weihai	124.98	94.61	1.05	19.32
日照市	Rizhao	108.70	70.03	6.10	10.80
莱芜市	Laiwu	37.40	34.59	0.40	3.43
临沂市	Linyi	348.81	290.45	18.98	30.62
德州市	Dezhou	491.94	452.55	41.68	17.21
聊城市	Liaocheng	472.92	472.92	8.90	9.21
滨州市	Binzhou	375.96	351.30	8.56	11.95
菏泽市	Heze	631.22	595.64	30.94	24.46

13-19 各市农村电气化和农业化学化情况(2016年)
Rural Electrification and Agriculture Chemicals by Region(2016)

单位:吨 (ton)

地区	Region	农用化肥施用量(实物量) Consumption of Chemical Fertilizer (physical volume)	氮肥 Nitrogenous Fertilizer	磷肥 Phosphate Fertilizer	钾肥 Potash Fertilizer	复合肥 Compound Fertilizer	农用化肥施用量(折纯量) Consumption of Chemical Fertilizer (convert to pure volume)	氮肥 Nitrogenous Fertilizer	磷肥 Phosphate Fertilizer
全省总计	**Total**	**13745441**	**4887895**	**2129281**	**1143291**	**5584974**	**4564633**	**1460428**	**470611**
济南市	Jinan	803527	346650	178473	49508	228896	221167	83353	33778
青岛市	Qingdao	770991	170927	61391	53564	485109	283745	48636	12344
淄博市	Zibo	313737	101745	37846	23332	150814	95068	28488	7302
枣庄市	Zaozhuang	636369	234805	51732	40400	309433	208856	71492	11861
东营市	Dongying	350352	141804	81168	20554	106824	115635	39964	18770
烟台市	Yantai	1095212	316778	138844	120086	519504	393364	104743	29078
潍坊市	Weifang	1379349	313533	120154	103621	842041	516172	98930	31589
济宁市	Jining	1151225	388452	181258	103586	477930	415712	133493	43827
泰安市	Tai'an	640659	243769	95238	69097	232555	208409	54765	20983
威海市	Weihai	375015	123500	44439	42204	164871	108213	30789	9300
日照市	Rizhao	337870	88473	32646	27506	189244	113098	25910	8801
莱芜市	Laiwu	121416	46337	15212	13005	46863	38285	11021	3113
临沂市	Linyi	1292375	480043	128572	133266	550493	360689	103823	27697
德州市	Dezhou	1109299	508000	218945	71752	310602	353868	158683	43959
聊城市	Liaocheng	1120861	442770	228049	94101	355940	411214	158053	64017
滨州市	Binzhou	667601	306026	104265	39005	218306	228048	88359	29398
菏泽市	Heze	1579583	634281	411049	138704	395548	493090	219926	74795

13-19 续表 continued

单位:吨 (ton)

地区	Region	钾肥 Potash Fertilizer	复合肥 Compound Fertilizer	农用塑料薄膜使用量 Plastic Film Consumption	地膜使用量 Film Consumption	农用柴油量 Diesel Consumption	农药施用量 Pesticides Consumption	地膜覆盖面积(公顷) Film Coverage (hectare)	农村用电量(万千瓦时) Electricity Consumption in Rural Area (10000 kwh)
全省总计	**Total**	**396379**	**2237215**	**297961**	**121014**	**1625078**	**148640**	**2091689**	**4888396**
济南市	Jinan	16624	87412	13178	4083	47715	2933	48722	256606
青岛市	Qingdao	16135	206630	18045	8071	193413	6145	146080	385434
淄博市	Zibo	7349	51928	7944	1581	20019	5140	23147	430523
枣庄市	Zaozhuang	13768	111735	8130	3340	15329	4607	33402	322640
东营市	Dongying	8157	48744	7542	5019	33397	4927	100492	45403
烟台市	Yantai	44022	215521	10907	7171	183402	20284	121843	1042273
潍坊市	Weifang	40507	345146	78024	14654	142175	13729	217234	638040
济宁市	Jining	38667	199725	11649	8266	103516	15188	141730	161036
泰安市	Tai'an	24580	108082	10360	4774	52889	6972	73989	111968
威海市	Weihai	15538	52586	3536	2292	257890	8147	31553	152482
日照市	Rizhao	10595	67792	6820	4461	223531	4013	84582	119317
莱芜市	Laiwu	5239	18912	2384	1626	10180	1569	26035	80267
临沂市	Linyi	38997	190173	46285	19180	94115	15165	312731	313256
德州市	Dezhou	24217	127010	20162	11216	58205	11835	280872	125137
聊城市	Liaocheng	35835	153310	23147	6355	73100	8604	122104	146829
滨州市	Binzhou	14303	95988	6120	4785	31585	8025	104366	97280
菏泽市	Heze	41847	156522	23731	14140	84615	11356	222808	459905

主要统计指标解释

农林牧渔业总产值 指以货币表现的农、林、牧、渔业全部产品和对农林牧渔业生产活动进行的各种支持性服务活动的价值总量，它反映一定时期内农林牧渔业生产总规模和总成果。1957年以前的农林牧渔业总产值中包括了厩肥和农民自给性手工业(如农民自制衣服、鞋、袜，自己从事粮食初步加工等)。1958 年及以后，林业中增加了村及村以下竹木采伐产值；牧业中取消了厩肥产值；副业中取消了农民自给性手工业产值，增加了村及村以下办的工业产值；渔业中增加了海洋捕捞水产品产值。1980年及以后，在副业中增加了农民家庭兼营工业商品部分的产值。从 1984 年起村及村以下工业产值划归工业。从 1993 年起取消副业，将野生动物的捕猎划入牧业，野生植物采集和农民家庭兼营商品性工业划归农业。从 2003 年起，执行新的国民经济行业分类标准，农林牧渔业总产值中包括了农林牧渔服务业产值。林业中增加了森林采运业产值。农业中取消了家庭兼营商品性工业产值，将野生林产品的采集划归林业。

农林牧渔业总产值的计算方法通常是按农、林、牧、渔业产品及其副产品的产量分别乘以各自单位产品价格求得；少数生产周期较长，当年没有产品或产品产量不易统计的，则采用间接方法匡算其产值；然后将四业产品产值相加即为农林牧渔业总产值。

粮食产量 指全社会的产量。包括国有经济经营的、集体统一经营的和农民家庭经营的粮食产量，还包括工矿企业办的农场和其他生产单位的产量。粮食除包括稻谷、小麦、玉米、高粱、谷子及其他杂粮外，还包括薯类和豆类。其产量计算方法，豆类按去豆荚后的干豆计算；薯类(包括甘薯，不包括芋头和木薯)1963 年以前按每 4 公斤鲜薯折 1 公斤粮食计算，从 1964 年开始改为按 5 公斤鲜薯折 1 公斤粮食计算。作为蔬菜的薯类(如马铃薯等)按鲜品计算，并且不作粮食统计。其他粮食一律按脱粒后的原粮计算。1989 年以前全国粮食产量数据主要靠全面报表取得，1989 年开始使用抽样调查数据。

棉花产量 指全社会的产量。包括春播棉和夏播棉。产量按皮棉计算。不包括木棉。

油料产量 指全部油料作物的生产量。包括花生、油菜籽、芝麻、向日葵籽、胡麻籽（亚麻籽）和其他油料。不包括大豆、木本油料和野生油料。花生以带壳干花生计算。

水产品产量 指人工养殖的水产品和天然生长的水产品的捕捞量。包括海水的鱼类、虾蟹类、贝类和藻类以及内陆水域的鱼类、虾蟹类和贝类，不包括淡水生植物。水产品产量是通过各级水产和统计部门逐级上报取得数据。1995 年及以前，贝类中牡蛎按鲜肉计算；蚶、蛤、蛙按 5 斤鲜品折 1 斤计算。1996 年以后则统一按鲜品计算。

猪、牛、羊肉产量 指当年出栏并已屠宰、除去头蹄下水后带骨肉(即胴体重)的重量。包括全社会范围内的产量。由于畜牧业产品年报数据与普查数据之间存在一定的差距，

根据国家统计局有关文件精神，从 2000 年起，对畜牧业年报数据与普查数据进行衔接。

期初(末)畜禽存栏头(只)数 指报告期初(末)农村各种合作经济组织和国营农场、农民个人、机关、团体、学校、工矿企业、部队等单位以及城镇居民饲养的大牲畜、猪、羊、家禽等畜禽的存栏数。数据上报方式及数据调整情况同猪、牛、羊肉产量。

农作物播种面积 指实际播种或移植有农作物的面积。凡是实际种植有农作物的面积，不论种植在耕地上还是种植在非耕地上，均包括在农作物播种面积中。在播种季节基本结束后，因遭灾而重新改种和补种的农作物面积，也包括在内。它是反映我国耕地面积利用情况的一个重要指标。目前，农作物播种面积主要包括粮食、棉花、油料、糖料、麻类、烟叶、蔬菜和瓜类、药材和其他农作物九大类。

有效灌溉面积 指具有一定的水源，地块比较平整，灌溉工程或设备已经配套，在一般年景下，当年能够进行正常灌溉的耕地面积。在一般情况下，有效灌溉面积应等于灌溉工程或设备已经配备，能够进行正常灌溉的水田和水浇地面积之和。它是反映我国耕地抗旱能力的一个重要指标。

农用化肥施用量 指本年内实际用于农业生产的化肥数量，包括氮肥、磷肥、钾肥和复合肥。化肥施用量要求按折纯量计算数量。折纯量是指把氮肥、磷肥、钾肥分别按含氮、含五氧化二磷、含氧化钾的百分之百成份进行折算后的数量。复合肥按其所含主要成分折算。公式为：

折纯量=实物量×某种化肥有效成份含量的百分比

农业机械总动力 指主要用于农、林、牧、渔业的各种动力机械的动力总和。包括耕作机械、排灌机械、收获机械、农用运输机械、植物保护机械、牧业机械、林业机械、渔业机械和其他农业机械〔内燃机按引擎马力折成瓦(特)计算、电动机按功率折成瓦(特)计算〕。不包括专门用于乡、镇、村、组办工业、基本建设、非农业运输、科学试验和教学等非农业生产方面用的动力机械与作业机械。这个指标的统计数据主要来源于农机部门。

Explanatory Notes on Main Statistical Indicators

Gross Output Value of Farming, Forestry, Animal Husbandry and Fishery refers to the total value of products of farming, forestry, animal husbandry and fishery, and total value of services rendered to support farming, forestry, animal husbandry and fishery activities. It reflects the total scale and results of agricultural production during a given period. Prior to 1957, China's gross agricultural output value included barnyard manure and handicraft products for self consumption (clothes, shoes, stockings, and initial grain processing undertaken by peasants). Since 1958, cutting and felling of bamboo and trees by villages and other cooperative organizations under villages have been included in forestry; value of barnyard manure has been excluded from animal husbandry; self consumed handicrafts has been excluded from sideline occupations, while the output value of industries run by villages and cooperative organizations under village had been included in sideline occupations and the output value of fish catches by motor fishing boats has been added to fishery. Since 1980, the value of handicraft products made for sale by individuals in households had been added to sideline occupations. Since 1984, industries run by villages and under villages have been included in the sector of industry. Since 1993, the subdivision of sideline occupations has been canceled, and the hunting of wild animals has been classified into animal husbandry, and the gathering of wild plants and commodity industry run by rural household have been included in farming. A new industrial classification of economic activities was introduced in 2003. Under the new classification, value of services to farming, forestry, animal husbandry and fishery is included in the gross output value of agriculture, value of wood felling and transport is included in forestry, value of industrial output by rural households is not included in agriculture, and the collection of wild forest products is taken from agriculture and included in the forestry. The first agriculture census of China revealed some discrepancy between the production of animal products from the annual reports and that from the census. Efforts were made by the Rural Socio economic Survey Organization of NBS to adjust the output value of animal husbandry to make the figures from the annual reports consistent with the census data.

Gross output value of agriculture is obtained by first multiplying the output of each product or by product by its price, resulting in the output value of each single item. For a small number of products, annual output of which is not available or difficult to get due to the long production (growing) process involved, the output value is estimated through an indirect approach. The sum of output value of all products of farming, forestry, animal husbandry and fishery is then equal to the gross output value of agriculture.

Grain Output refers to the total output in the whole country including grains produced by state farms, collective units, rural households, as well as by farms affiliated to industrial and mining enterprises and other production units. Grain includes rice, wheat, corn, sorghum, millet and other miscellaneous grains as well as tubers and bean. Output of beans refers to dry beans without pods. The output of tubers (sweet potatoes, not including taros and cassava) was converted into that of grain at the ratio 4：1, i.e. 4 kilograms of fresh tubers was equivalent to 1 kilogram of grain up to 1963. Since 1964 the ratio for conversion has been 5:1. Tubers supplied as vegetables (such as potatoes) are calculated as fresh vegetables and their output is not included in the output of grain. Output of all other grains refers to husked grain. Data on grain production before 1989 were obtained through Comprehensive Statistical Reporting System. Since 1989, data from sample surveys are used.

Cotton Output refers to the cotton production in the whole country including cotton sown in spring and in autumn. Output is measured as the weight of ginned cotton. Ceiba is not included.

Output of Oil-bearing Crops refers to the total production of oil bearing crops of various kinds, including peanuts, (dry, in shell) rapeseeds, sesame, sunflower seeds, flax seeds, and other oil bearing crops. Soybeans, oil bearing woody plants, and wild oil bearing crops are not included.

Output of Aquatic Products refers to catches of both artificially cultured and naturally grown aquatic products, including fish, shrimps, crabs and shellfish in sea and inland water as well as seaweed. Freshwater plants are not included. Data on output of aquatic products are reported by aquatic product and statistical agencies level by level. Before 1995, among the shellfish, the oyster was counted as fresh meat; 5 kilograms of ark shell, clams and frogs are equivalent to 1 kilogram of fresh aquatic products; they are all counted as fresh aquatic products since 1996.

Output of Pork, Beef, and Mutton refers to the meat of slaughtered hogs, cattle, sheep and goats with head, feet, and offal taken away. Data refers to the production of the whole country. The first agriculture census of China in 1996 revealed some discrepancy between the production of animal products from the annual reports and that from the census. Efforts were made by the Rural Socio economic Survey Organization of NBS to adjust the output value of animal husbandry to make the figures from the annual reports consistent with the census data. Since 1999, NBS conducted sample survey for the major animal husbandry products, such as hogs, cattle, sheep and goats and fowls, and the data from sample surveys are used as national finalized data. Those products, which are not covered by the sample survey, are still reported by statistical agencies level by level.

Number of Livestock or Poultry in Stock at Beginning (or End) refers to the total number of large animals, pigs, sheep, fowls, etc. raised by rural cooperative organizations, state farms, rural individuals, government agencies, schools, industrial and mining enterprises, army, and urban residents at the beginning (or end) of the reference period. Data reporting system and data adjustment are the same as that in the output of pork, beef and mutton.

Sown Area of Crops refers to area of land sown or transplanted with crops regardless of being in cultivated area or non cultivated area. Area of land re sown due to natural disasters is also included. This is an important indicator that can reflect the utilization condition of the cultivated land in China. At present, the sown area of crops mainly include the following 9 categories of crops: grain, cotton, oil bearing crops, sugar crops, fiber crops, Tobacco, Vegetables and melons, medicinal materials and other farm crops.

Irrigated Area refers to areas that are effectively irrigated, i.e. level land, which has water source and complete sets of irrigation facilities to lift and move adequate water for irrigation purpose under normal conditions. Under normal conditions, irrigated area is the sum of watered fields and irrigated fields where irrigation systems or equipment have been installed for regular irrigation purpose. This important indicator reflects drought resistance capacity of the cultivated land in China.

Consumption of Chemical Fertilizers in Agriculture refers to the quantity of chemical fertilizers applied in agriculture in the year, including nitrogenous fertilizer, phosphate fertilizer, potash fertilizer, and compound fertilizer. The consumption of chemical fertilizers is required in calculation to convert the gross weight into weight containing 100% effective component (e.g. 100% nitrogen content in nitrogenous fertilizer, 100% phosphorous pent oxide contents in phosphate fertilizer, 100% potassium oxide contents in potash fertilizer). Compound fertilizer is converted with its major component. The formula is:

Volume of effective component=physical quantity×effective component of certain chemical fertilizer (%)

Total Power of Farm Machinery refers to total mechanical power of machinery used in farming, forestry, animal husbandry, and fishery, including ploughing, irrigation and drainage, harvesting, transport, plant protection, stock breeding, forestry and fishery. The power of internal combustion engines is required to convert horsepower into watts and the power of electric motors is required to be converted into watts. Machinery employed for non agricultural purposes, such as the machines used in township run and village run industry, construction, non agricultural transport, scientific experiments and teaching, is excluded. Data are mainly from agricultural machinery agencies.

第14篇

工　业

Industry

简 要 说 明

一、本篇资料的主要内容

本篇资料反映了全省工业生产和基本效益情况，主要包括历年工业总产值及指数、规模以上工业、国有控股工业、国有工业、集体工业、外商投资和港澳台投资工业、大中型工业企业、非公有工业、高新技术产业的主要经济指标、相关的财务分析指标和主要工业产品产量等方面的内容。自 2011 年开始，规模以上工业企业划分标准由年主营业务收入 500 万元及以上提高到 2000 万元及以上。

二、本篇资料的来源

本篇资料来源于工业统计年报，由省统计局工业统计处整理提供。

Brief Introduction

I. Content

Data in this chapter show the basic condition of industry in Shandong, mainly including the gross industrial output value and indices, the output of major industrial products and major economic and relevant financial indicators of industrial enterprises. Industrial enterprises include enterprises above designated size, state share holding enterprises, state owned enterprises, collective owned enterprises, foreign funded enterprises, enterprises with funds from Hong Kong, Macao and Taiwan, large and medium sized enterprises, private enterprises and high tech enterprises.Since 2011, criteria of revenue from principal business for the industrial enterprises above designated size has been increased from 5 million yuan and above to 20 million yuan and above.

II. Source of Data

Data in this chapter are based on the annual report of industrial statistics and are prepared and provide by the Division of Industry Statistics of Shandong Provincial Bureau of Statistics.

14-1 主要年份工业总产值

Gross Industrial Output Value in Major Years

年 份 Year	工业总产值(亿元) Gross Industrial Output Value (100 millioon yuan)	国有经济 State-owned	集体经济 Collective -owned	轻工业 Light Industry	重工业 Heavy Industry	占全部工业总产值的比重(%) As Percentage of Gross Industrial Output Value(%)			
						国有经济 State-owned	集体经济 Collective-owned	轻工业 Light Industry	重工业 Heavy Industry
1949	9.15	3.42	0.01	8.25	0.90	37.38	0.11	90.16	9.84
1952	20.08	9.07	0.88	17.84	2.24	45.17	4.38	88.84	11.16
1955	30.10	14.81	2.31	25.36	4.74	49.20	7.67	84.25	15.75
1957	43.31	15.83	2.36	35.34	7.97	36.55	5.45	81.60	18.40
1962	45.70	33.99	6.27	31.22	14.48	74.38	13.72	68.32	31.68
1965	71.38	55.79	8.95	48.21	23.17	78.16	12.54	67.54	32.46
1970	141.22	109.22	21.37	81.88	59.34	77.34	15.13	57.98	42.02
1975	189.78	138.41	38.39	96.65	93.13	72.93	20.23	50.93	49.07
1976	220.00	157.01	52.12	107.03	112.97	71.37	23.69	48.65	51.35
1977	262.24	178.85	70.70	127.92	134.32	68.20	26.96	48.78	51.22
1978	296.82	200.74	78.60	144.28	152.54	67.63	26.48	48.61	51.39
1979	314.34	217.62	78.52	157.52	156.82	69.23	24.98	50.11	49.89
1980	340.32	229.89	90.46	183.81	156.51	67.55	26.58	54.01	45.99
1981	358.37	238.57	96.69	212.33	146.04	66.57	26.98	59.25	40.75
1982	393.21	261.91	100.28	233.57	159.64	66.61	25.50	59.40	40.60
1983	441.85	292.55	110.46	261.04	180.81	66.21	25.00	59.08	40.92
1984	534.91	318.30	164.80	317.58	217.33	59.51	30.81	59.37	40.63
1985	682.78	397.07	205.53	370.41	312.37	58.15	30.10	54.25	45.75
1986	784.33	415.12	234.86	419.38	364.95	52.93	29.94	53.47	46.53
1987	1032.88	521.66	302.57	533.38	499.50	50.51	29.29	51.64	48.36
1988	1455.24	662.48	441.05	751.70	703.54	45.52	30.31	51.65	48.35
1989	1920.94	833.86	575.95	982.99	937.95	43.41	29.98	51.17	48.83
1990	2200.85	911.88	650.38	1118.76	1082.09	41.43	29.55	50.83	49.17
1991	2599.17	1038.69	764.67	1326.78	1272.39	39.96	29.42	51.05	48.95
1992	3115.45	1301.39	993.81	1536.64	1578.81	41.77	31.90	49.32	50.68
1993	4713.48	1678.89	1285.42	2125.93	2587.55	35.62	27.27	45.10	54.90
1994	7023.23	2012.72	1812.72	3367.58	3655.65	28.66	25.81	47.95	52.05
1995	8906.60	2600.54	1840.75	4403.84	4502.76	29.20	20.67	49.44	50.56
1996	9126.63	2423.77	2380.09	4540.14	4586.49	26.56	26.08	49.75	50.25
1997	9984.12	2513.03	2512.01	4926.50	5057.61	25.17	25.16	49.34	50.66
1998	10579.17	2177.73	2206.64	5110.02	5469.15	20.59	20.86	48.30	51.70
1999	11195.46	2058.49	2218.99	5373.71	5821.75	18.39	19.82	48.00	52.00
2000	12509.53	2474.49	2393.99	5964.70	6544.83	19.78	19.14	47.68	52.32
2001	13277.37	1223.49	2078.33	6437.42	6839.96	9.21	15.65	48.48	51.52
2002	15588.53	1377.03	2348.82	7630.45	7958.08	8.83	15.07	48.95	51.05
2003	19891.54	1484.04	2526.39	9049.49	10842.05	7.46	12.70	45.49	54.51
2004	26295.24	2087.28	2819.30	11382.95	14912.29	7.94	10.72	43.29	56.71
2005	35387.43	1982.94	2264.87	13124.13	22263.30	5.60	6.40	37.09	62.91
2006	43900.21	2307.84	2469.67	15638.85	28261.36	5.26	5.63	35.62	64.38
2007	54428.27	2988.11	2922.80	19011.79	35416.48	5.49	5.37	34.93	65.07
2008	62958.53	4577.21	2464.08	21315.28	41643.25	7.27	3.91	33.86	66.14
2009	71209.42	4074.70	2775.66	24195.79	47013.62	5.72	3.90	33.98	66.02
2010	83851.40	5486.12	2632.65	27161.78	56689.62	6.54	3.14	32.39	67.61
2011	99504.98	6200.76	2983.41	31019.15	68485.83	6.23	3.00	31.17	68.83
2012	114707.29	5022.12	3129.06	36682.83	78024.46	4.38	2.73	31.98	68.02
2013	129906.01	4250.08	1750.38	40763.79	89142.21	3.27	1.35	31.38	68.62
2014	141415.02	4262.15	1672.30	43837.12	97577.90	3.01	1.18	31.00	69.00
2015	145964.20	4547.07	1686.34	46775.90	99188.30	3.12	1.16	32.05	67.95
2016	150705.13	3895.70	1715.98	48228.01	102477.12	2.58	1.14	32.00	68.00

注:1.本表按当年价格计算，1998年及以后集体工业为规模以上集体工业；

2.自2011年开始，规模以上工业企业划分标准由年主营业务收入500万元及以上提高到2000万元及以上(下表同)。

a)Data in this table are caculated at current prices,collective-owned industry refers to collective-owned industry above designated size since 1998.

b)The criteria of revenue from principal business for the industrial enterprises above designated size has been increased from 5 million yuan and above to 20 million yuan and above since 2011.The same applies to the fllowing tables.

14-2 主要年份工业总产值指数(以1952年为100)

Indice of Gross Industrial Output Value in Major Years(1952=100)

年 份 Year	工业总产值指数 Indice of Gross Industrial Output Value	国有单位 State-owned	集体单位 Collective-owned	按轻重工业分 Grouped by Light & Heavy Industries	
				轻工业 Light Industry	重工业 Heavy Industry
1949	45.2	37.4	1.3	46.2	39.9
1952	100.0	100.0	100.0	100.0	100.0
1955	151.6	165.0	264.9	141.0	210.4
1957	236.0	224.7	344.2	206.0	370.0
1962	214.9	353.9	671.4	154.4	570.4
1965	366.7	633.5	1045.4	260.2	995.8
1970	723.4	1238.6	2494.8	435.6	2514.1
1975	1122.4	1812.0	5168.8	590.4	4529.6
1976	1304.7	2061.0	7037.7	655.5	5508.5
1977	1560.1	2352.4	9564.9	785.1	6563.4
1978	1766.4	2644.2	10646.8	886.7	7464.3
1979	1850.0	2834.6	10522.1	957.5	7589.3
1980	2001.2	2992.2	12111.7	1116.6	7571.8
1981	2091.4	3081.7	12845.4	1280.8	7014.1
1982	2269.7	3309.1	13571.4	1393.6	7583.1
1983	2524.2	3652.8	14849.3	1541.5	8500.0
1984	2887.8	3651.0	21459.7	1772.2	9655.9
1985	3530.6	4267.7	26046.7	1979.7	13293.4
1986	4110.2	4592.0	29223.4	2271.5	15740.8
1987	5089.9	5247.0	36481.8	2716.5	20260.6
1988	6803.9	6289.4	49739.0	3718.2	26390.7
1989	8029.9	6845.8	59622.0	4368.6	31314.3
1990	9081.8	7221.1	67151.9	4910.3	35635.7
1991	10630.2	7880.3	79849.3	5814.8	41232.5
1992	13203.8	9169.6	104332.3	6983.6	52983.8
1993	17410.5	10252.6	152395.2	8422.2	75660.9
1994	22325.5	10611.4	201009.3	11471.0	90112.1
1995	27482.7	12230.2	219100.8	14563.6	110026.9
1996	31954.1	12946.9	272154.0	17820.0	121491.7
1997	35820.6	13736.4	294951.4	19946.0	136423.0
1998	39954.3	12309.5	267429.8	21672.0	156345.4
1999	44702.4	12274.7	267143.4	23594.6	173193.0
2000	52713.1	13031.4	314292.3	28303.2	200740.0
2001	58288.7	7085.8	269624.9	31681.3	218566.7
2002	66406.7	8105.5	289070.9	36715.1	267094.8
2003	80723.9	8209.3	305837.0	41983.7	346635.6
2004	105142.9	9409.0	366085.2	54702.7	451415.2
2005	143609.4	10969.1	274178.2	60887.4	711789.0
2006	174082.5	12474.5	292134.7	71800.2	871484.8
2007	213754.5	15993.0	340762.7	88991.2	1081129.3
2008	243985.2	19063.9	371280.7	103190.2	1205057.4
2009	293138.0	18027.4	444262.5	124426.5	1445148.9
2010	328691.6	15909.7	496117.7	140021.7	1617429.3
2011	367977.8	16964.2	530394.5	150855.5	1843387.5
2012	431094.8	13963.1	565333.7	181300.5	2134280.9
2013	496153.3	12008.7	321387.7	204746.1	2478044.6
2014	548892.2	12238.6	312043.4	223762.9	2756652.8
2015	595115.1	13715.1	330528.6	250802.1	2943432.7
2016	623801.5	11929.3	341460.0	262525.9	3087339.2

注：本表按可比价格计算，1998年及以后集体工业指数为规模以上集体工业指数。

a)Data in this table are caculated at current prices,the index of collective-owned industry refers to index of collective-owned industry above designated size since 1998.

14-3 2007-2016年规模以上工业增加值

Value Added of Industry Enterprises above Designated Size From 2007 to 2016

单位:万元 (10 000 yuan)

类 别	Category	2007 工业增加值比上年增长(%) Growth Rate(%)	2008 工业增加值比上年增长(%) Growth Rate(%)	2009 工业增加值比上年增长(%) Growth Rate(%)	2010 工业增加值比上年增长(%) Growth Rate(%)	2011 工业增加值比上年增长(%) Growth Rate(%)
全省总计	**Total**	**20.77**	**13.80**	**14.93**	**15.00**	**14.03**
在总计中:轻工业	of which:Light Industry	18.96	13.21	12.13	12.91	11.88
重工业	Heavy Industry	21.70	14.10	16.24	16.08	15.06
在总计中:国有企业	of which:State-owned Enterprises	10.08	4.60	4.57	13.24	15.71
集体企业	Collective-owned Enterprises	14.46	8.27	17.82	9.93	11.50
股份制企业	Cooperative Enterprises	21.08	15.11	15.96	15.64	14.59
外商及港澳台商投资企业	Enterprises with Funds from Foreign Countries,Hong Kong, Macao and Taiwan	23.24	14.06	11.01	14.12	11.13
在总计中:国有控股企业	of which:State-holding Enterprises	11.69	8.17	4.67	12.54	6.08
在总计中:大中型工业企业	of which:Large and Medium-sized Enterprises	14.94	8.73	9.14	13.31	11.04

注:本表绝对数按当年价格计算,增幅按可比价计算。

a)Data in this table are calculated at current prices, growth rate at costant prices.

14-3 续表 continued

单位:万元 (10 000 yuan)

类 别	Category	2012 工业增加值比上年增长(%) Growth Rate(%)	2013 工业增加值比上年增长(%) Growth Rate(%)	2014 工业增加值比上年增长(%) Growth Rate(%)	2015 工业增加值比上年增长(%) Growth Rate(%)	2016 工业增加值比上年增长(%) Growth Rate(%)
全省总计	**Total**	**11.43**	**11.34**	**9.62**	**7.50**	**6.82**
在总计中:轻工业	of which:Light Industry	11.21	10.25	8.48	7.41	5.49
重工业	Heavy Industry	11.54	11.85	10.15	7.54	7.48
在总计中:国有企业	of which:State-owned Enterprises	6.07	5.28	-0.17	-0.53	-2.60
集体企业	Collective-owned Enterprises	10.54	10.65	5.66	4.19	4.40
股份制企业	Cooperative Enterprises	12.32	12.29	10.25	7.82	7.37
外商及港澳台商投资企业	Enterprises with Funds from Foreign Countries,Hong Kong, Macao and Taiwan	7.85	10.32	9.04	7.54	5.58
在总计中:国有控股企业	of which:State-holding Enterprises	3.68	4.84	2.76	-1.91	4.47
在总计中:大中型工业企业	of which:Large and Medium-sized Enterprises	7.97	9.45	8.10	5.83	7.20

14-4 按行业分规模以上工业增加值构成
Its Composition of Industry Enterprises above Designated Size by Sector

类　别	Category	2015	
		增加值占规模以上工业比重(%) Composition(%)	工业增加值比上年增长(%) Growth Rate (%)
全省总计	**Total**	**100.0**	**7.5**
采掘业	**Mining**	**5.0**	**-7.0**
煤炭开采和洗选业	Mining and Washing of Coal	2.0	-4.2
石油和天然气开采业	Extraction of Petroleum and Natural Gas	1.6	-16.0
黑色金属矿采选业	Mining of Ferrous Metal Ores	0.5	11.0
有色金属矿采选业	Mining of Non-ferrous Metal Ores	0.3	8.0
非金属矿采选业	Mining and Processing of Nonmetal Ores	0.4	16.9
开采辅助活动	Mining Support Activities	0.1	-28.2
其他采矿业	Mining of Other Ores	0.0	-26.6
制造业	**Manufacturing**	**90.9**	**8.9**
农副食品加工业	Processing of Food from Agricultural Products	7.7	5.8
食品制造业	Manufacture of Foods	2.0	7.3
酒、饮料和精制茶制造业	Manufacture of Wine, Drinks and Refined Tea	1.3	4.8
烟草制品业	Manufacture of Tobacco	0.8	-0.9
纺织业	Manufacture of Textile	5.8	8.9
纺织服装、服饰业	Manufacture of Textile Wearing Apparel and Finery	2.2	8.9
皮革、毛皮、羽毛及其制品和制鞋业	Manufacture of Leather, Fur, Feather & Its Products and Footwear	0.8	4.9
木材加工及木 竹、藤、棕、草制品业	Processing of Timbers, Manufacture of Wood, Bamboo, Rattan, Palm, and Straw Products	1.8	8.6
家具制造业	Manufacture of Furniture	0.8	12.1
造纸及纸制品业	Manufacture of Paper and Paper Products	1.8	7.4
印刷和记录媒介复制业	Printing, Reproduction of Recording Media	0.5	6.0
文教、工美、体育和娱乐用品制造业	Manufacture of Culture, Education,Arts and crafts, Sport and Entertainment Goods	1.5	9.9
石油加工、炼焦和核燃料加工业	Processing of Petroleum, Coking and Nucleus Fuel	4.1	19.8
化学原料和化学制品制造业	Manufacture of Chemical Raw Material and Chemical Products	10.0	12.3
医药制造业	Manufacture of Medicines	3.2	8.3
化学纤维制造业	Manufacture of Chemical Fiber	0.2	7.1
橡胶和塑料制品业	Manufacture of Rubber and Plastic	3.9	11.8
非金属矿物制品业	Manufacture of Non-metallic Mineral Products	5.9	6.1
黑色金属冶炼及压延加工业	Manufacture and Processing of Ferrous Metals	2.6	8.3
有色金属冶炼及压延加工业	Manufacture & Processing of Non-ferrous Metals	4.6	14.4
金属制品业	Manufacture of Metal Products	3.9	9.6
通用设备制造业	Manufacture of General Purpose Machinery	6.1	3.7
专用设备制造业	Manufacture of Special Purpose Machinery	4.6	6.0
汽车制造业	Manufacture of Automotive	4.4	6.6
铁路、船舶、航空航天和其他运输设备制造业	Manufacture of Railroad,Marine,Aerospace and Other Transportation Equipment	1.6	11.6
电气机械及器材制造业	Manufacture of Electrical Machinery & Equipment	3.8	7.9
计算机、通信和其他电子设备制造业	Manufacture of Computer, Communications and Other Electronic Equipment	3.8	9.5
仪器仪表制造业	Manufacture of Measuring Instrument	0.5	8.6
其他制造业	Other Manufacture	0.3	8.3
废弃资源综合利用业	Comprehensive Utilization of Waste	0.1	15.4
金属制品、机械和设备修理业	Metal Products, Machinery and Equipment Repair Industry	0.0	7.4
电力、燃气及水的生产和供应业	**Production and Supply of Electric,Gas and Water**	**4.1**	**3.4**
电力、热力生产和供应业	Production and Supply of Electric Power and Heat Power	3.7	3.0
燃气生产和供应业	Production and Supply of Gas	0.2	1.6
水的生产和供应业	Production and Supply of Water	0.1	19.4

14-4 续表 continued

类 别	Category	2016 增加值占规模以上工业比重(%) Composition(%)	2016 工业增加值比上年增长(%) Growth Rate (%)
全省总计	**Total**	**100.0**	**6.8**
采掘业	**Mining**	**3.5**	**-12.1**
煤炭开采和洗选业	Mining and Washing of Coal	1.6	-11.1
石油和天然气开采业	Extraction of Petroleum and Natural Gas	0.8	-17.6
黑色金属矿采选业	Mining of Ferrous Metal Ores	0.3	-10.9
有色金属矿采选业	Mining of Non-ferrous Metal Ores	0.3	-6.4
非金属矿采选业	Mining and Processing of Nonmetal Ores	0.4	-0.9
开采辅助活动	Mining Support Activities	0.1	-32.6
其他采矿业	Mining of Other Ores	0.0	4.6
制造业	**Manufacturing**	**92.5**	**7.8**
农副食品加工业	Processing of Food from Agricultural Products	7.8	5.8
食品制造业	Manufacture of Foods	2.1	8.4
酒、饮料和精制茶制造业	Manufacture of Wine, Drinks and Refined Tea	1.3	5.1
烟草制品业	Manufacture of Tobacco	0.8	-13.1
纺织业	Manufacture of Textile	5.7	5.2
纺织服装、服饰业	Manufacture of Textile Wearing Apparel and Finery	2.2	5.6
皮革、毛皮、羽毛及其制品和制鞋业	Manufacture of Leather, Fur, Feather & Its Products and Footwear	0.8	-3.8
木材加工及木 竹、藤、棕、草制品业	Processing of Timbers, Manufacture of Wood, Bamboo, Rattan, Palm, and Straw Products	2.0	6.7
家具制造业	Manufacture of Furniture	0.8	6.7
造纸及纸制品业	Manufacture of Paper and Paper Products	1.9	4.1
印刷和记录媒介复制业	Printing, Reproduction of Recording Media	0.6	4.3
文教、工美、体育和娱乐用品制造业	Manufacture of Culture, Education,Arts and crafts, Sport and Entertainment Goods	1.6	6.1
石油加工、炼焦和核燃料加工业	Processing of Petroleum, Coking and Nucleus Fuel	4.8	26.0
化学原料和化学制品制造业	Manufacture of Chemical Raw Material and Chemical Products	10.2	8.2
医药制造业	Manufacture of Medicines	3.5	8.2
化学纤维制造业	Manufacture of Chemical Fiber	0.2	1.7
橡胶和塑料制品业	Manufacture of Rubber and Plastic	3.9	6.7
非金属矿物制品业	Manufacture of Non-metallic Mineral Products	5.9	5.1
黑色金属冶炼及压延加工业	Manufacture and Processing of Ferrous Metals	2.4	3.9
有色金属冶炼及压延加工业	Manufacture & Processing of Non-ferrous Metals	4.4	9.6
金属制品业	Manufacture of Metal Products	4.0	7.5
通用设备制造业	Manufacture of General Purpose Machinery	6.4	8.2
专用设备制造业	Manufacture of Special Purpose Machinery	4.6	6.6
汽车制造业	Manufacture of Automotive	4.7	11.7
铁路、船舶、航空航天和其他运输设备制造业	Manufacture of Railroad,Marine,Aerospace and Other Transportation Equipment	1.5	4.7
电气机械及器材制造业	Manufacture of Electrical Machinery & Equipment	3.7	3.9
计算机、通信和其他电子设备制造业	Manufacture of Computer, Communications and Other Electronic Equipment	3.9	8.1
仪器仪表制造业	Manufacture of Measuring Instrument	0.5	4.6
其他制造业	Other Manufacture	0.2	0.7
废弃资源综合利用业	Comprehensive Utilization of Waste	0.1	-4.2
金属制品、机械和设备修理业	Metal Products, Machinery and Equipment Repair Industry	0.0	5.6
电力、燃气及水的生产和供应业	**Production and Supply of Electric,Gas and Water**	**4.0**	**8.5**
电力、热力生产和供应业	Production and Supply of Electric Power and Heat Power	3.6	8.2
燃气生产和供应业	Production and Supply of Gas	0.2	10.8
水的生产和供应业	Production and Supply of Water	0.2	17.0

14-5 规模以上工业企业主要经济指标

单位:万元

类别	Category	企业单位数(个) Number of Industial Enterprises (unit)	#亏损企业 Loss Enterprises
	2000	11679	1444
	2001	12268	1672
	2002	13468	1759
	2003	16177	1885
	2004	23915	3407
	2005	27540	2390
	2006	31936	2529
	2007	36145	2445
	2008	42629	3134
	2009	45518	2723
	2010	44037	2114
	2011	35813	1715
	2012	37625	2301
	2013	40467	2403
	2014	40756	2646
	2015	41485	3106
	2016	39567	2781
一、按登记注册类型分	**by Status of Registration**		
内资企业	Domestic Funded Enterprises	35840	2239
国有企业	State-owned Enterprises	158	58
中央企业	Central Enterprises	25	4
地方企业	Local Enterprises	133	54
集体企业	Collective-owned Enterprises	223	15
股份合作企业	Cooperative Enterprises	45	5
联营企业	Joint Ownership Enterprises	7	
国有联营企业	State Joint Ownership Enterprises		
集体联营企业	Collective Joint Ownership Enterprises	5	
国有与集体联营企业	Joint State-collective Enterprises	1	
其他联营企业	Other Joint Ownership Enterprises	1	
有限责任公司	Limited Liability Corporations	8363	918
国有独资公司	State Sole funded Corporations	205	60
其他有限责任公司	Other Limited Liability Corporations	8158	858
股份有限公司	Share-holding Corporations Limited	1081	132
私营企业	Private Enterprises	25871	1104
私营独资企业	Private-funded Enterprises	1287	17
私营合作企业	Private Partnership Enterprises	49	
私营有限责任公司	Private Limited Liability Corporations	23617	1017
私营股份有限公司	Private Share-holding Corporations Ltd.	918	70
其他企业	Other Enterprises	92	7
港、澳、台商投资企业	Enterprises with Funds from Hong Kong, Macao and Taiwan	995	152
合资经营企业(港或澳、台资)	Joint-ventures Enterprises	508	64
合作经营企业(港或澳、台资)	Cooperative Enterprises	17	2
港澳台商独资经营企业	Enterprises with Sole Investment	434	83
港澳台商投资股份有限公司	Share-holding Corporations Ltd. With Funds from Hong Kong, Macao and Taiwan	19	
其他企业	Others	17	3
外商投资企业	Foreign Funded Enterprises	2732	390
中外合资经营企业	Joint-venture Enterprises	1065	137
中外合作经营企业	Cooperation Enterprises	46	8
外资企业	Enterprises with Sole Foreign Funds	1556	237
外商投资股份有限公司	Share-holding Corporations Ltd. With Foreign Investment	47	4
其他企业	Others	18	4
二、在总计中:亏损企业	**of which:Loss Enterprises**	**2781**	**2781**
在总计中:国有控股企业	of which:State-holding Enterprises	1124	277
在总计中:农村工业	of which:Industry in Rural Area	281	15
按轻重工业分	**by Light & Heavy Industry**		
轻工业	Light Industry	15615	977
重工业	Heavy Industry	23952	1804
按企业规模分	**by Enterprise Size**		
大型企业	Large-sized Enterprises	888	64
中型企业	Medium-sized Enterprises	4083	491
小型企业	Small-sized Enterprises	34596	2226

Main Economic Indicators of Industrial Enterprises above Designated Size

(10 000 yuan)

工 业 总产值 Gross Industrial Output Value	工 业 销售产值 Industrial Output Value of Products Sold	#出 口 交货值 Export Delivery Value	资产合计 Total Assets	产成品 Finished Products	流动资产合 计 Total Working Capitals	固定资产合 计 Total Fixed Assets
83115250	81333731		97019617	5828823	38953991	39837025
93773726	91686051		105219953	6362129	42865444	42135407
114975327	112416603		119048719	6598734	48110953	46802238
153795446	150617682	20455625	144616035	7407029	58577265	55559493
225218944	220390333	29112157	185873748	9317070	76760058	70552540
305228616	299821716	34900993	221312416	11733123	94374934	83096180
387800991	381725527	45088074	264753536	13044729	112015984	101857165
498730040	490205752	55241949	319449143	15902408	133694410	123329283
629585284	607312375	62670428	392245052	19647783	165790969	149254050
712094180	701481473	55916115	460526941	20467726	192869139	202208903
838513994	826521387	66380488	537612783	22484979	238304625	227881083
995049762	980059403	71054688	608187652	22576063	286009369	243357519
1147072920	1131142455	73454167	711076642	27387746	334398297	273129323
1299060058	1284887277	82831071	815347755	27803173	390102784	305127670
1414150238	1396266198	86710238	933308733	30785366	430636310	364198451
1459642012	1442335459	83895491	1013434956	34042764	455037682	399137920
1507051303	1488722608	86126735	1050463187	35366887	475114974	411452149
1306799042	1290061449	50016392	920172749	30588981	405485472	365183965
38957035	37016917	278183	33740578	308776	7121155	20423607
31986297	31973110	17386	25924955	68596	3699781	17642521
6970738	5043807	260797	7815622	240180	3421373	2781086
17159832	16958420	881557	26839003	1161003	14389869	3224913
786367	758610	20985	427003	18106	188064	157315
137588	133749		46149	683	21934	4803
128571	124567		37884	683	15352	4487
3151	3151		5344		4379	
5866	6031		2922		2203	315
433316540	430507574	18229045	407067302	13066016	187404905	152184930
51877585	50919467	2983984	105140890	3328818	47149541	32780516
381438955	379588107	15245061	301926413	9737198	140255364	119404414
122496289	120514967	7585694	136217848	4634649	58987293	48477148
692063426	682313289	23020928	315189551	11386734	137105026	140388571
28782272	28361616	152159	7566641	169481	2205622	4274616
1148890	1130263	51396	240500	9678	72504	138127
611138816	602624344	19627124	277662120	10202551	119937008	124745290
50993448	50197066	3190249	29720291	1005024	14889893	11230539
1881964	1857924		645315	13014	267226	322678
45127885	44432763	6626944	36804841	1716466	20089468	13410289
26381532	26018554	3584988	19150699	979716	10496683	6843487
882865	862484	134203	207110	8014	96124	87469
15021217	14730656	2792072	11637246	651109	6859371	3738613
930447	925749	97450	1124557	42395	453328	558858
1911824	1895320	18230	4685229	35231	2183963	2181861
155124376	154228396	29483400	93485598	3061441	49540035	32857895
66827566	66114729	8718665	47771675	1407536	25703435	16566221
5056751	5046986	2530301	2518603	128746	1651940	729364
77808059	77066946	17283350	37492923	1303307	20067224	13800623
4988014	5560202	842044	5450726	206726	2002471	1629290
443986	439533	109040	251671	15127	114965	132397
48943937	**48320882**	**4366209**	**105204003**	**3477508**	**44559173**	**45409091**
199740261	195682514	7325709	291564248	7413906	114330586	116000408
23117005	22971058	566348	11345383	331741	4014554	6263915
482280073	480282073	38133311	290396101	11241762	133812762	113066645
1024771229	1008440535	47993425	760067086	24125125	341302212	298385504
521739956	518442563	42810637	517452893	17237912	246225815	180875402
298449137	293896681	19889267	208139903	9184416	106888013	77030548
686862209	676383364	23426831	324870391	8944559	122001147	153546199

14-5 续表 1

单位:万元

类　　别	Category	企业单位数(个) Number of Industial Enterprises (unit)	#亏损企业 Loss Enterprises
三、按行业大类分	**by Sector**		
采掘业	**Mining**		
煤炭开采和洗选业	Mining and Washing of Coal	137	36
石油和天然气开采业	Extraction of Petroleum and Natural Gas	13	7
黑色金属矿采选业	Mining of Ferrous Metal Ores	96	17
有色金属矿采选业	Mining of Non-ferrous Metal Ores	80	7
非金属矿采选业	Mining and Processing of Nonmetal Ores	213	9
开采辅助活动	Mining Support Activities	3	2
其他采矿业	Mining of Other Ores	3	
制造业	**Manufacturing**		
农副食品加工业	Processing of Food from Agricultural Products	3880	253
食品制造业	Manufacture of Foods	1103	50
酒、饮料和精制茶制造业	Manufacture of Wine, Drinks and Refined Tea	458	26
烟草制品业	Manufacture of Tobacco	5	1
纺织业	Manufacture of Textile	2381	184
纺织服装、服饰业	Manufacture of Textile Wearing Apparel and Finery	1265	79
皮革、毛皮、羽毛及其制品和制鞋业	Manufacture of Leather, Fur, Feather & Its Products and Footwear	440	30
木材加工及木 竹、藤、棕、草制品业	Processing of Timbers, Manufacture of Wood, Bamboo, Rattan, Palm, and Straw Products	1587	41
家具制造业	Manufacture of Furniture	533	23
造纸及纸制品业	Manufacture of Paper and Paper Products	637	49
印刷和记录媒介复制业	Printing, Reproduction of Recording Media	593	33
文教、工美、体育和娱乐用品制造业	Manufacture of Culture, Education,Arts and crafts, Sport and Entertainment Goods	1301	54
石油加工、炼焦和核燃料加工业	Processing of Petroleum, Coking and Nucleus Fuel	318	29
化学原料和化学制品制造业	Manufacture of Chemical Raw Material and Chemical Products	3608	331
医药制造业	Manufacture of Medicines	800	41
化学纤维制造业	Manufacture of Chemical Fiber	75	4
橡胶和塑料制品业	Manufacture of Rubber and Plastic	1790	89
非金属矿物制品业	Manufacture of Non-metallic Mineral Products	3891	224
黑色金属冶炼及压延加工业	Manufacture and Processing of Ferrous Metals	655	60
有色金属冶炼及压延加工业	Manufacture & Processing of Non-ferrous Metals	458	51
金属制品业	Manufacture of Metal Products	2107	127
通用设备制造业	Manufacture of General Purpose Machinery	3372	208
专用设备制造业	Manufacture of Special Purpose Machinery	2353	175
汽车制造业	Manufacture of Automotive	1373	116
铁路、船舶、航空航天和其他运输设备制造业	Manufacture of Railroad,Marine,Aerospace and Other Transportation Equipment	407	37
电气机械及器材制造业	Manufacture of Electrical Machinery & Equipment	1629	107
计算机、通信和其他电子设备制造业	Manufacture of Computer, Communications and Other Electronic Equipment	726	87
仪器仪表制造业	Manufacture of Measuring Instrument	364	35
其他制造业	Other Manufacture	87	1
废弃资源综合利用业	Comprehensive Utilization of Waste	69	8
金属制品、机械和设备修理业	Metal Products, Machinery and Equipment Repair Industry	21	2
电力、热力、燃气及水的生产和供应业	**Production and Supply of Electric, Heat, Gas and Water**		
电力、热力的生产和供应业	Production and Supply of Electric Power and Heat Power	474	96
燃气生产和供应业	Production and Supply of Gas	120	14
水的生产和供应业	Production and Supply of Water	142	38

continued

(10 000 yuan)

工业总产值 Gross Industrial Output Value	工业销售产值 Industrial Output Value of Products Sold	#出口交货值 Export Delivery Value	资产合计 Total Assets	产成品 Finished Products	流动资产合计 Total Working Capitals	固定资产合计 Total Fixed Assets
17324602	16544627	23356	61314988	1609968	25125599	17764272
4983717	4988294		15852879	82110	1804331	13907588
3423048	3394158	2253	4634694	61967	1352947	2245110
11538091	11508957	396	9616372	307914	2684542	3736906
4239384	4210690	2076	2177251	83568	827275	911619
775556	775556		1344542	38884	469409	868525
48773	48770		34437	235	6238	26810
129472556	128359638	9194899	59182370	2850612	26457761	25599210
27719967	27370456	1677043	15274161	555164	6343470	7106413
14517384	15038062	541209	11668423	423165	4928139	4244342
2876248	2876477		3387290	17594	2375141	1012148
87290853	88958395	4208039	40444755	1472497	17445438	19790919
29122003	28667317	5131295	15320310	580209	6791742	5715898
8615515	8493596	1294787	4417809	203359	2283892	1627025
26623731	26146422	1170958	8363787	354461	3289217	4138826
9319124	9176856	1189407	4453969	189506	1656500	2413862
25434639	25308322	603639	25757798	649223	11061227	9965595
12047342	11862922	196698	4979106	153617	2004568	2413162
26830638	26482354	5040981	10469217	448917	4118405	5494003
81854846	80966802	171602	46321033	2147815	26684858	15079935
180120968	177174556	5043454	118373136	3941067	52247598	48461858
47450322	46736701	3114105	37289576	1365660	18759803	13214869
3012147	2977437	237383	2520576	100357	1157413	1237250
65364924	64198455	9011087	38259453	1867522	18893639	15328151
82565318	81210966	1692918	51102887	1597599	21799406	21980557
49967058	49246058	1795216	46047296	1341598	20501924	17349995
71323004	71022517	938088	45486600	963943	20214873	19477305
58545390	57584597	3133979	31502543	1501461	16108662	11244972
84112595	82815589	3009811	54849834	2014440	24378285	19918546
64360076	63096829	2640139	41249549	2206385	20508316	15709990
71270487	70303496	4926870	52241386	1635326	32496629	13225564
21810703	21685144	1726829	19008887	708727	11611065	4328887
63238742	62316882	3114201	58548321	2262198	31533985	12748836
57798368	57256198	14726076	28155550	1324242	19077198	5988460
8815469	8774278	419193	5234729	200201	2987065	1490587
1483067	1463979	125362	695853	13627	271682	326616
1027022	1010287		683957	20489	277700	321247
474631	449899	23387	220902	10153	108574	98739
45928317	43915085		64197151	35645	11155963	40219373
2905642	2901878		4378767	12322	1479899	2110455
1419036	1403104		5401044	13143	1834599	2607727

14-5 续表 2

单位:万元

类　　别	Category	负债合计 Total Liabilities	主营业务收入 Revenue from Principal Business
2000		60677134	80613925
2001		63422782	90888177
2002		71042729	110385253
2003		85861030	149322101
2004		110649305	218097900
2005		129169987	300238710
2006		152945606	381160618
2007		178855860	491862417
2008		215766273	620341916
2009		246764808	708261319
2010		289698944	836629973
2011		338476209	997662407
2012		392415791	1180869228
2013		461421063	1321303408
2014		508428422	1431402690
2015		549794689	1456288678
2016		568378689	1506412093
一、按登记注册类型分	**by Status of Registration**		
内资企业	Domestic Funded Enterprises	503571051	1310176309
国有企业	State-owned Enterprises	21630863	28443372
中央企业	Central Enterprises	16754828	23214598
地方企业	Local Enterprises	4876035	5228774
集体企业	Collective-owned Enterprises	19871028	18272260
股份合作企业	Cooperative Enterprises	151160	768214
联营企业	Joint Ownership Enterprises	16294	134456
国有联营企业	State Joint Ownership Enterprises		
集体联营企业	Collective Joint Ownership Enterprises	10918	125275
国有与集体联营企业	Joint State-collective Enterprises	4376	3150
其他联营企业	Other Joint Ownership Enterprises	1000	6031
有限责任公司	Limited Liability Corporations	250788973	451235202
国有独资公司	State Sole funded Corporations	74531297	59225567
其他有限责任公司	Other Limited Liability Corporations	176257677	392009635
股份有限公司	Share-holding Corporations Limited	73644493	125185007
私营企业	Private Enterprises	137271002	684280366
私营独资企业	Private-funded Enterprises	2128091	28349466
私营合作企业	Private Partnership Enterprises	76105	1086042
私营有限责任公司	Private Limited Liability Corporations	122631731	604354023
私营股份有限公司	Private Share-holding Corporations Ltd.	12435075	50490835
其他企业	Other Enterprises	197238	1857433
港、澳、台商投资企业	Enterprises with Funds from Hong Kong, Macao and Taiwan	18946814	44290589
合资经营企业(港或澳、台资)	Joint-ventures Enterprises	9760805	26369430
合作经营企业(港或澳、台资)	Cooperative Enterprises	73288	859489
港澳台商独资经营企业	Enterprises with Sole Investment	6105978	14333144
港澳台商投资股份有限公司	Share-holding Corporations Ltd. With Funds from Hong Kong, Macao and Taiwan	518549	933375
其他企业	Others	2488194	1795151
外商投资企业	Foreign Funded Enterprises	45860824	151945195
中外合资经营企业	Joint-venture Enterprises	24938380	64052607
中外合作经营企业	Cooperation Enterprises	1189010	5163912
外资企业	Enterprises with Sole Foreign Funds	17457740	76863171
外商投资股份有限公司	Share-holding Corporations Ltd. With Foreign Investment	2187678	5423161
其他企业	Others	88017	442344
二、在总计中:亏损企业	**of which:Loss Enterprises**	**77830664**	**51774254**
在总计中:国有控股企业	of which:State-holding Enterprises	188306436	200443415
在总计中:农村工业	of which:Industry in Rural Area	3498561	22613464
按轻重工业分	**by Light & Heavy Industry**		
轻工业	Light Industry	140593997	491890425
重工业	Heavy Industry	427784692	1014521669
按企业规模分	**by Enterprise Size**		
大型企业	Large-sized Enterprises	305898523	545165248
中型企业	Medium-sized Enterprises	116576269	294812641
小型企业	Small-sized Enterprises	145903897	666434204

continued

(10 000 yuan)

#主营业务税金及附加 Taxes and Other Charges on Principal Business	营业费用 Cost of Business	管理费用 Cost of Management	利润总额 Total Profits	亏损企业亏损总额 Losses of Loss Enterprises	利税总额 Total Profits and Taxes	本年应交增值税 Value-added Tax Payable	全部从业人员年平均人数(人) Annual Average of Empolyed Persons (person)
979126	2655084	4361840	5440003	413877	10025880	3606752	5223652
1065092	3057361	4674791	5609071	460741	10510808	3837726	5230823
1238379	3520233	5545515	6218859	458789	11619227	4161988	5563693
1537247	4375115	6625794	9202699	480295	16057373	5317427	5954189
2084286	5799204	9356350	14078571	1059788	23533842	7370985	6901536
2806248	7274800	10179479	21646981	711535	34529239	10076010	7382292
3904132	8525325	11812749	26325786	975994	42707592	12477674	7881051
4975418	10669050	14853591	33911532	835577	54603330	15716380	8305254
7391871	13010112	21464407	39235594	3426307	66056176	19428711	9126970
8845353	14718012	21594578	45126582	1450096	74490030	20518095	9266002
10836997	17692625	31919733	61079916	1207839	97376175	25459263	9315033
12191685	18943364	29271577	70977118	2307650	112335263	28636010	8597697
14105167	22107655	34155618	80163518	3461849	128710297	34261957	9184645
14958253	24315410	36422550	87153560	2793481	141241730	38897305	9482280
15592837	26636170	37057931	88439068	3570429	144501439	40226121	9296936
15223443	29093310	38256349	86604804	5251360	135740126	33733538	9151196
15205506	30882647	39208186	88200178	5793691	135218139	31618037	8693735
13990941	25913902	33867087	75550105	5143969	116923139	27203328	7433422
1352866	349293	618935	1794027	166049	4350776	1201772	161342
1322709	146549	277495	1684062	24128	4108753	1100353	82795
30157	202744	341440	109965	141921	242024	101418	78547
116817	1460436	1303668	1608602	4793	2174645	449085	65300
5766	11168	22276	60351	1507	95073	28953	5578
544	447	2264	9815		13067	2707	897
464	438	1615	9060		11921	2397	522
72		559	17		373	284	237
8	10	90	738		773	27	138
4976270	9241394	13248542	22975088	1934240	37027190	9004876	2752705
752008	1574389	3279039	2212530	496682	4578202	1567271	522651
4224262	7667005	9969502	20762559	1437558	32448988	7437605	2230054
3011452	2993383	5111716	5698443	2560185	12205592	3458475	757612
4514653	11812276	13524018	43280609	475226	60892894	13029303	3679982
211200	591233	570659	1880645	1341	2688761	593507	146344
9360	24271	26119	66150		97015	21496	5525
3939971	10040495	11812520	38053118	422787	53527535	11469878	3300619
354123	1156277	1114720	3280696	51098	4579583	944423	227494
12574	45506	35668	123170	1969	163902	28159	10006
276736	1567760	1446701	3312418	188756	4703540	1112550	323589
173253	1088671	842123	2264627	45548	3168307	729163	155277
12467	19732	31819	49023	334	79644	18154	4263
75851	421663	502675	788034	140142	1172837	308482	147772
8860	26690	30439	67412		84836	8462	9888
6305	11004	39646	143322	2731	197916	48289	6389
937829	3400985	3894398	9337656	460967	13591460	3302159	936724
489400	1463392	1639668	4333245	177701	6461360	1637767	329845
19242	94942	76085	284111	2558	437833	134467	19661
356864	1377882	1979350	4234843	258534	6015935	1412077	536120
68634	458017	183838	465266	19700	647538	112933	45116
3688	6751	15458	20191	2475	28794	4915	5982
707292	**1188313**	**3903431**	**-5793691**	**5793691**	**-3974317**	**1105473**	**879627**
6409412	4434376	9301687	9277613	3834977	22386135	6607852	1367493
98798	240257	353911	1748016	11241	2219808	372803	86526
4478402	14825799	12861152	30165356	626680	44823852	10152821	3441753
10727104	16056848	26347035	58034823	5167010	90394287	21465217	5251982
7603683	12745667	16241322	30488254	3480354	50177978	11954129	3009762
2743940	6236804	7972423	17561583	1072864	26144471	5822338	2111968
4857884	11900176	14994442	40150341	1240472	58895690	13841571	3572005

14-5 续表 3

单位:万元

类　　别	Category	负债合计 Total Liabilities	主营业务收　入 Revenue from Principal Business
三、按行业大类分	**by Sector**		
采掘业	**Mining**		
煤炭开采和洗选业	Mining and Washing of Coal	43998008	23242925
石油和天然气开采业	Extraction of Petroleum and Natural Gas	7779656	5287647
黑色金属矿采选业	Mining of Ferrous Metal Ores	2182735	3598789
有色金属矿采选业	Mining of Non-ferrous Metal Ores	5957551	11794426
非金属矿采选业	Mining and Processing of Nonmetal Ores	921063	4345054
开采辅助活动	Mining Support Activities	1254757	802619
其他采矿业	Mining of Other Ores	7386	48753
制造业	**Manufacturing**		
农副食品加工业	Processing of Food from Agricultural Products	26426315	130867947
食品制造业	Manufacture of Foods	6273080	27399751
酒、饮料和精制茶制造业	Manufacture of Wine, Drinks and Refined Tea	4602939	15282494
烟草制品业	Manufacture of Tobacco	1279716	2874733
纺织业	Manufacture of Textile	19888003	94748323
纺织服装、服饰业	Manufacture of Textile Wearing Apparel and Finery	7272374	29648044
皮革、毛皮、羽毛及其制品和制鞋业	Manufacture of Leather, Fur, Feather & Its Products and Footwear	2042867	9731994
木材加工及木 竹、藤、棕、草制品业	Processing of Timbers, Manufacture of Wood, Bamboo, Rattan, Palm, and Straw Products	2790172	25991242
家具制造业	Manufacture of Furniture	1876702	9252734
造纸及纸制品业	Manufacture of Paper and Paper Products	14864798	25323806
印刷和记录媒介复制业	Printing, Reproduction of Recording Media	1906695	11562027
文教、工美、体育和娱乐用品制造业	Manufacture of Culture, Education,Arts and crafts, Sport and Entertainment Goods	4264401	26184310
石油加工、炼焦和核燃料加工业	Processing of Petroleum, Coking and Nucleus Fuel	30590101	84954095
化学原料和化学制品制造业	Manufacture of Chemical Raw Material and Chemical Products	65142298	180367257
医药制造业	Manufacture of Medicines	14253871	45468128
化学纤维制造业	Manufacture of Chemical Fiber	1423370	3019196
橡胶和塑料制品业	Manufacture of Rubber and Plastic	18553414	62961546
非金属矿物制品业	Manufacture of Non-metallic Mineral Products	23970218	81601755
黑色金属冶炼及压延加工业	Manufacture and Processing of Ferrous Metals	30344381	51599611
有色金属冶炼及压延加工业	Manufacture & Processing of Non-ferrous Metals	23839010	70617479
金属制品业	Manufacture of Metal Products	14932281	56964598
通用设备制造业	Manufacture of General Purpose Machinery	24963197	83534228
专用设备制造业	Manufacture of Special Purpose Machinery	19306232	63345353
汽车制造业	Manufacture of Automotive	31464376	70784968
铁路、船舶、航空航天和其他运输设备制造业	Manufacture of Railroad,Marine,Aerospace and Other Transportation Equipment	12408846	21293372
电气机械及器材制造业	Manufacture of Electrical Machinery & Equipment	35765941	63219071
计算机、通信和其他电子设备制造业	Manufacture of Computer, Communications and Other Electronic Equipment	15355625	57697647
仪器仪表制造业	Manufacture of Measuring Instrument	2373703	8560802
其他制造业	Other Manufacture	314318	1480803
废弃资源综合利用业	Comprehensive Utilization of Waste	269920	1028201
金属制品、机械和设备修理业	Metal Products, Machinery and Equipment Repair Industry	64674	429839
电力、热力、燃气及水的生产和供应业	**Production and Supply of Electric, Heat, Gas and Water**		
电力、热力的生产和供应业	Production and Supply of Electric Power and Heat Power	41985118	35031853
燃气生产和供应业	Production and Supply of Gas	2279549	2943334
水的生产和供应业	Production and Supply of Water	3189030	1521343

continued

(10 000 yuan)

#主营业务税金及附加 Taxes and Other Charges on Principal Business	营业费用 Cost of Business	管理费用 Cost of Management	利润总额 Total Profits	亏损企业亏损总额 Losses of Loss Enterprises	利税总额 Total Profits and Taxes	本年应交增值税 Value-added Tax Payable	全部从业人员年平均人数（人） Annual Average of Empolyed Persons (person)
464352	362645	1979155	1137685	284986	2678618	1036814	381219
450220	31124	998686	-2316918	2331685	-1489737	376962	95260
46318	16443	107928	238974	33318	440887	155521	28508
60692	68543	500979	691283	21353	785230	33244	48755
60958	136958	127338	330739	7482	529136	137411	29193
3429	410	78701	-384110	384745	-373158	7247	24948
396	644	516	2398		4255	1337	297
594456	2329946	2399643	6644692	163990	8924438	1665987	784282
207870	918314	791435	1970611	38854	2817588	638864	189540
436554	993089	411295	1242564	38982	2107145	426979	110245
1259030	85030	212769	178569	2288	1755024	317425	6778
409188	837370	1302022	4720367	114511	6705999	1575815	655756
201134	736853	808256	1759953	19968	2579333	616339	365069
66254	162866	219483	458678	15643	699899	174756	104426
179255	530494	484827	1590434	11325	2324400	554442	195781
79647	237658	237865	617195	12783	903524	205761	74206
117738	584208	697507	1345493	40037	2025696	562347	156225
81711	222857	330207	776910	17424	1097743	238878	79114
198979	636150	728432	1533920	12289	2361209	627721	231978
4094613	552387	1021688	3989030	74456	10149556	2036632	114464
1396462	2950324	3974591	11164144	409542	16032121	3412696	648733
412331	3965381	1936248	4861726	33009	6889359	1614428	262577
19010	46713	83374	127698	21142	219931	73224	18449
340914	1193907	1317179	3967608	62696	5343837	1032270	353909
562665	1712327	2082673	5695419	216197	8343709	2081412	549258
183929	579545	983232	1626580	209241	2578052	767190	265790
147349	398770	629622	4111519	67824	5364998	1105873	176697
410269	931670	1539724	3354108	67924	4916540	1151599	322132
662302	1873399	2622873	5477942	165484	8052068	1907108	541048
427253	1479820	1936899	4004810	173382	5760560	1325506	395497
588925	1329192	1830082	4124612	122728	6138203	1417420	368684
154604	443885	992840	1405672	78436	1973436	412567	114310
401952	2564515	2741038	4080802	100097	5698266	1212678	335455
183041	1371339	1774430	3239426	70685	4414151	990579	350314
59697	263085	386243	528384	68218	804833	216679	58332
12356	37802	36398	76742	104	118419	29291	13647
7764	11060	23337	79426	6585	106821	19631	5945
5560	3861	31485	32125	1524	48237	10553	4100
187381	132228	557119	3366765	242997	4906045	1342255	185825
15744	103979	141638	278633	11394	353611	57608	19424
13207	45858	148429	67571	38363	128157	46991	27565

14-6 规模以上国有控股工业企业主要经济指标

单位:万元

类　别	Category	企业单位数(个) Number of Industial Enterprises (unit)	#亏损企业 Loss Enterprises
2000		2774	596
2001		2403	569
2002		2082	498
2003		1961	471
2004		1496	492
2005		1394	370
2006		1360	357
2007		1306	316
2008		1238	347
2009		1287	301
2010		1215	265
2011		1115	266
2012		1165	308
2013		1199	287
2014		1212	303
2015		1258	334
2016		1124	277
在总计中：	**of which:**		
亏损企业	Loss Enterprises	277	277
一、按隶属关系分	**by Type of Ownership**		
中央企业	Central Enterprises	224	36
地方企业	Local Enterprises	900	241
二、按轻重工业分	**by Light & Heavy Industry**		
轻工业	Light Industry	244	66
重工业	Heavy Industry	880	211
三、按企业规模分	**by Enterprise Size**		
大型企业	Large-sized Enterprises	172	26
中型企业	Medium-sized Enterprises	332	118
小型企业	Small-sized Enterprises	620	133

Main Economic Indicators of State-holding Industrial Enterprises above Designated Size

(10 000 yuan)

工 业 总产值 Gross Industrial Output Value	工 业 销售产值 Industrial Output Value of Products Sold	#出 口 交货值 Export Delivery Value	资产合计 Total Assets	产 成 品 Finished Products	流动资产合 计 Total Working Capitals	固定资产合 计 Total Fixed Assets
34865374	34582037		61171986	2648035	21559936	26865483
36451434	36075026		63133220	2596606	22619070	27560219
42011174	41427624		66635177	2450859	23463473	28577367
51487207	50844736	3517105	74887872	2695640	26726934	31848291
61113296	60064712	3613516	77434607	2467721	27344202	32361321
74010339	73313626	4044683	83290508	2852847	30467518	34492399
92291515	91593439	5307039	100154308	3002772	35011142	43339200
106319329	105639312	5825394	110202051	3354872	37987413	48369892
124176021	112293098	5970544	121311503	3880315	44288814	51646274
128851751	128318585	3727250	148415245	3846745	53040758	71533991
167269747	166962124	6385364	171793672	5044322	66485777	78535944
194537092	193514621	6527608	196679001	5825084	77628679	84039276
187946816	186360682	6560195	219524744	6782764	85148983	83129393
201736606	200248055	6269932	236681052	5854804	89367748	90348004
207189012	205745821	6404517	256447812	7059096	96542897	107791234
198351954	196231519	6357086	283445022	7334965	107167702	114352941
199740261	195682514	7325709	291564248	7413906	114330586	116000408
17228116	17157109	604759	48421230	815364	12069077	28297140
78218952	78278803	662200	91014131	1371686	24199550	53169626
121521309	117403711	6663509	200550118	6042221	90131036	62830782
21181599	21130058	2709525	30317356	1100408	17454818	7962782
178558662	174552456	4616184	261246892	6313498	96875769	108037626
130938950	129053537	6567400	212842007	5957843	92080955	72784706
28485822	28275939	581303	37226222	1087111	14509574	17146906
40315489	38353038	177006	41496020	368952	7740057	26068796

14-6 续表 1

单位:万元

类别	Category	企业单位数(个) Number of Industial Enterprises (unit)	#亏损企业 Loss Enterprises
采掘业	**Mining**		
煤炭开采和洗选业	Mining and Washing of Coal	59	22
石油和天然气开采业	Extraction of Petroleum and Natural Gas	11	7
黑色金属矿采选业	Mining of Ferrous Metal Ores	12	4
有色金属矿采选业	Mining of Non-ferrous Metal Ores	18	3
非金属矿采选业	Mining and Processing of Nonmetal Ores	8	2
开采辅助活动	Mining Support Activities	1	1
其他采矿业	Mining of Other Ores		
制造业	**Manufacturing**		
农副食品加工业	Processing of Food from Agricultural Products	29	8
食品制造业	Manufacture of Foods	16	2
酒、饮料和精制茶制造业	Manufacture of Wine, Drinks and Refined Tea	33	5
烟草制品业	Manufacture of Tobacco	4	1
纺织业	Manufacture of Textile	14	6
纺织服装、服饰业	Manufacture of Textile Wearing Apparel and Finery	2	
皮革、毛皮、羽毛及其制品和制鞋业	Manufacture of Leather, Fur, Feather & Its Products and Footwear	3	1
木材加工及木 竹、藤、棕、草制品业	Processing of Timbers, Manufacture of Wood, Bamboo, Rattan, Palm, and Straw Products	6	2
家具制造业	Manufacture of Furniture		
造纸及纸制品业	Manufacture of Paper and Paper Products	11	2
印刷和记录媒介复制业	Printing, Reproduction of Recording Media	17	5
文教、工美、体育和娱乐用品制造业	Manufacture of Culture, Education,Arts and crafts, Sport and Entertainment Goods	3	
石油加工、炼焦和核燃料加工业	Processing of Petroleum, Coking and Nucleus Fuel	16	3
化学原料和化学制品制造业	Manufacture of Chemical Raw Material and Chemical Products	93	28
医药制造业	Manufacture of Medicines	28	4
化学纤维制造业	Manufacture of Chemical Fiber	1	
橡胶和塑料制品业	Manufacture of Rubber and Plastic	17	4
非金属矿物制品业	Manufacture of Non-metallic Mineral Products	94	19
黑色金属冶炼及压延加工业	Manufacture and Processing of Ferrous Metals	19	7
有色金属冶炼及压延加工业	Manufacture & Processing of Non-ferrous Metals	11	1
金属制品业	Manufacture of Metal Products	36	9
通用设备制造业	Manufacture of General Purpose Machinery	66	12
专用设备制造业	Manufacture of Special Purpose Machinery	44	12
汽车制造业	Manufacture of Automotive	46	9
铁路、船舶、航空航天和其他运输设备制造业	Manufacture of Railroad,Marine,Aerospace and Other Transportation Equipment	36	11
电气机械及器材制造业	Manufacture of Electrical Machinery & Equipment	38	3
计算机、通信和其他电子设备制造业	Manufacture of Computer, Communications and Other Electronic Equipment	19	3
仪器仪表制造业	Manufacture of Measuring Instrument	7	1
其他制造业	Other Manufacture	2	
废弃资源综合利用业	Comprehensive Utilization of Waste	1	1
金属制品、机械和设备修理业	Metal Products, Machinery and Equipment Repair Industry	1	
电力、热力、燃气及水的生产和供应业	**Production and Supply of Electric, Heat, Gas and Water**		
电力、热力的生产和供应业	Production and Supply of Electric Power and Heat Power	215	47
燃气生产和供应业	Production and Supply of Gas	26	3
水的生产和供应业	Production and Supply of Water	61	29

continued

(10 000 yuan)

工业总产值 Gross Industrial Output Value	工业销售产值 Industrial Output Value of Products Sold	#出口交货值 Export Delivery Value	资产合计 Total Assets	产成品 Finished Products	流动资产合计 Total Working Capitals	固定资产合计 Total Fixed Assets
15512399	14741586	4006	59302435	1588841	23790173	17437187
4968859	4973794		15848850	82086	1800383	13907506
692414	689284		2130715	25119	484925	1172028
8723881	8706381	396	8612576	273692	2351037	3211272
91993	94134	1199	117262	13809	63326	38282
766147	766147		1302010	38097	447177	854833
2138250	2118709	243402	902592	94467	543839	277387
1119606	1132062	1541	376024	8781	142623	201889
1996647	1948181	55445	2539915	99341	1193543	1131272
2846797	2847615		3380092	17594	2374487	1005606
838399	844659	378405	1331311	123819	863166	285386
13683	14626	7448	30604	474	20278	10287
28498	29046	3951	35286	10722	28040	4906
121350	119117		159411	6547	56327	56652
2154223	2170114	208652	6964218	105621	3805344	1185910
191433	195292		269041	12001	152845	93956
32202	31164	3227	15004	211	2246	10430
22140636	22112965	4091	10026480	488218	4715394	4551878
16706668	16305112	768863	24946077	785985	7612893	13905443
2666398	2552578	350683	3147304	182390	1577462	900087
186335	180677	27141	277419	25770	166205	99799
775899	793234	176315	1445309	93370	694436	322213
2606038	2489052	203695	7121057	132395	3291971	2620052
9063245	8957552	261651	13538615	277253	4000746	4449264
9240328	9346393	41607	2237467	40738	880982	802900
811868	827113	11955	756298	47264	455489	245510
5684579	5545695	292805	13245859	390090	6255954	2357628
2763255	2517535	117062	4724638	423465	3135740	856796
20100786	19827259	1847010	24828845	661398	18472967	3226737
8841371	8883155	533484	10619409	516452	7222899	1512474
2749018	2800927	310267	4050384	206996	2424102	785189
9629182	9543937	1471407	8070543	588722	5951880	1018578
97256	112322		156163	8283	111642	33394
59663	59663		45583		37979	3215
6954	6954		5612	1055	5084	520
8795	8795		9561		6717	2616
41793874	39822317		53077661	28965	7290076	34472148
930943	929748		1855093	6232	530806	982284
640392	637622		4061528	7644	1369407	1966896

14-6 续表 2

单位:万元

类　别	Category	负债合计 Total Liabilities	主营业务收入 Revenue from Principal Business
	2000	38067876	37970654
	2001	37483411	40271259
	2002	39713021	44943840
	2003	44344094	56629328
	2004	46536736	63587181
	2005	50122726	77742855
	2006	60927702	95306527
	2007	65045428	111558833
	2008	70344746	128756909
	2009	86788971	133129344
	2010	102957123	174910226
	2011	124052763	200407014
	2012	137390693	218890641
	2013	152451724	221409116
	2014	163868657	222548933
	2015	182863357	198076752
	2016	188306436	200443415
在总计中:	**of which:**		
亏损企业	Loss Enterprises	33756279	19700257
一、按隶属关系分	**by Type of Ownership**		
中央企业	Central Enterprises	58001107	69876808
地方企业	Local Enterprises	130305329	130566607
二、按轻重工业分	**by Light & Heavy Industry**		
轻工业	Light Industry	16379397	23136179
重工业	Heavy Industry	171927039	177307236
三、按企业规模分	**by Enterprise Size**		
大型企业	Large-sized Enterprises	135781971	142872802
中型企业	Medium-sized Enterprises	25486029	28243460
小型企业	Small-sized Enterprises	27038436	29327154

continued

(10 000 yuan)

#主营业务税金及附加 Taxes and Other Charges on Principal Business	营业费用 Cost of Business	管理费用 Cost of Management	利润总额 Total Profits	亏损企业亏损总额 Losses of Loss Enterprises	利税总额 Total Profits and Taxes	本年应交增值税 Value-added Tax Payable	全部从业人员年平均人数(人) Annual Average of Empolyed Persons (person)
701911	1100187	2583426	3038705	255271	5946153	2205537	2447147
759947	1296629	2641532	2826951	278147	5747731	2160883	2210739
831106	1371031	3099209	2667128	262877	5675976	2177741	2046430
993791	1580906	3586621	3976276	252046	7618829	2648762	2012836
1098150	1559258	4272468	5083589	573420	9232606	3050867	1664496
1266031	1744348	4268502	7470903	299658	12199176	3462241	1490223
2063986	1904728	4562370	8889270	380727	15419255	4465998	1485997
2475585	2218373	5576619	9768777	377289	17304550	5060188	1440311
4184459	2432221	7836139	8704701	2448306	18378706	5489546	1383296
4581942	2701601	7254743	8737389	652659	18732617	5413285	1456558
6227344	3271169	9854555	12893837	610626	25924570	6803389	1548876
7682939	3746306	9602337	14886026	1413532	30473305	7584804	1477406
7941539	3914845	10143328	13440302	1919374	29675020	8246128	1583298
7633023	3553926	10079952	12730436	1276615	28984829	8530141	1616494
7585395	3724196	9656049	12093821	1599522	28092258	8346571	1519607
6657737	3949298	9344726	9489135	2652453	23095058	6854175	1492699
6409412	4434376	9301687	9277613	3834977	22386135	6607852	1367493
552530	296579	2124641	-3834977	3834977	-2560187	718890	350968
4820094	724740	2943386	2331147	2919215	10362271	3174445	340608
1589318	3709636	6358301	6946467	915762	12023865	3433407	1026885
1465979	1622489	1201749	1733081	90516	4245284	1045615	177060
4943433	2811887	8099938	7544532	3744461	18140852	5562237	1190433
5344266	3640978	7553081	6435486	3171700	16562477	4697166	997671
916429	524264	1218945	1363914	450255	3188579	905416	224297
148717	269134	529662	1478213	213023	2635080	1005270	145525

14-6 续表 3

单位:万元

类　　别	Category	负债合计 Total Liabilities	主营业务收　入 Revenue from Principal Business
采掘业	**Mining**		
煤炭开采和洗选业	Mining and Washing of Coal	42657928	21418719
石油和天然气开采业	Extraction of Petroleum and Natural Gas	7778191	5272999
黑色金属矿采选业	Mining of Ferrous Metal Ores	966132	694048
有色金属矿采选业	Mining of Non-ferrous Metal Ores	5604391	8974461
非金属矿采选业	Mining and Processing of Nonmetal Ores	75143	109700
开采辅助活动	Mining Support Activities	1239653	793209
其他采矿业	Mining of Other Ores		
制造业	**Manufacturing**		
农副食品加工业	Processing of Food from Agricultural Products	336184	2214491
食品制造业	Manufacture of Foods	210100	1138286
酒、饮料和精制茶制造业	Manufacture of Wine, Drinks and Refined Tea	1001138	2363755
烟草制品业	Manufacture of Tobacco	1279066	2845871
纺织业	Manufacture of Textile	937259	869528
纺织服装、服饰业	Manufacture of Textile Wearing Apparel and Finery	5312	14160
皮革、毛皮、羽毛及其制品和制鞋业	Manufacture of Leather, Fur, Feather & Its Products and Footwear	23007	27817
木材加工及木 竹、藤、棕、草制品业	Processing of Timbers, Manufacture of Wood, Bamboo, Rattan, Palm, and Straw Products	148609	123110
家具制造业	Manufacture of Furniture		
造纸及纸制品业	Manufacture of Paper and Paper Products	4614068	2259915
印刷和记录媒介复制业	Printing, Reproduction of Recording Media	121873	189125
文教、工美、体育和娱乐用品制造业	Manufacture of Culture, Education,Arts and crafts, Sport and Entertainment Goods	3735	31628
石油加工、炼焦和核燃料加工业	Processing of Petroleum, Coking and Nucleus Fuel	6682072	22766097
化学原料和化学制品制造业	Manufacture of Chemical Raw Material and Chemical Products	16604165	18373865
医药制造业	Manufacture of Medicines	1159326	2572462
化学纤维制造业	Manufacture of Chemical Fiber	42948	185029
橡胶和塑料制品业	Manufacture of Rubber and Plastic	1021467	751804
非金属矿物制品业	Manufacture of Non-metallic Mineral Products	4717241	2508095
黑色金属冶炼及压延加工业	Manufacture and Processing of Ferrous Metals	8928517	9687831
有色金属冶炼及压延加工业	Manufacture & Processing of Non-ferrous Metals	1274216	9492153
金属制品业	Manufacture of Metal Products	498229	894578
通用设备制造业	Manufacture of General Purpose Machinery	6984134	5690972
专用设备制造业	Manufacture of Special Purpose Machinery	3486128	3398425
汽车制造业	Manufacture of Automotive	16593614	20301875
铁路、船舶、航空航天和其他运输设备制造业	Manufacture of Railroad,Marine,Aerospace and Other Transportation Equipment	7476436	8999256
电气机械及器材制造业	Manufacture of Electrical Machinery & Equipment	2487671	2876843
计算机、通信和其他电子设备制造业	Manufacture of Computer, Communications and Other Electronic Equipment	4452648	10224629
仪器仪表制造业	Manufacture of Measuring Instrument	96660	113110
其他制造业	Other Manufacture	33461	72730
废弃资源综合利用业	Comprehensive Utilization of Waste	2437	6874
金属制品、机械和设备修理业	Metal Products, Machinery and Equipment Repair Industry	3081	8795
电力、燃气及水的生产和供应业	**Production and Supply of Electric,Gas and Water**		
电力、热力的生产和供应业	Production and Supply of Electric Power and Heat Power	35287512	30534662
燃气生产和供应业	Production and Supply of Gas	920906	918722
水的生产和供应业	Production and Supply of Water	2551779	723789

continued

(10 000 yuan)

#主营业务税金及附加 Taxes and Other Charges on Principal Business	营业费用 Cost of Business	管理费用 Cost of Management	利润总额 Total Profits	亏损企业亏损总额 Losses of Loss Enterprises	利税总额 Total Profits and Taxes	本年应交增值税 Value-added Tax Payable	全部从业人员年平均人数（人） Annual Average of Empolyed Persons (person)
440377	334386	1899840	1059702	258000	2512429	972782	351207
450040	30255	997522	-2318203	2331685	-1491415	376748	95062
10212	5700	68949	6693	22853	59747	42768	12411
46428	40451	420858	420069	19627	486185	19680	34066
3894	11684	7677	3935	3376	12704	4874	1284
3391	390	76716	-381349	381349	-370722	6959	24538
6211	23507	22372	102009	2155	122923	14677	10535
4439	32481	30133	116428	588	147476	26562	5950
119149	250079	90847	256550	14491	491439	115655	20499
1258802	82178	211320	175670	2288	1751339	316868	6550
2716	17364	33490	7732	10736	51706	41258	22039
155	67	2738	2157		3641	1329	970
141	1036	2426	439	595	1459	880	1118
1239	3596	7513	787	4075	4415	2390	988
8133	58821	119045	78659	13266	130768	43975	13123
1758	3596	21729	11153	2433	22390	9480	5848
225	1715	1213	2388		3140	527	184
3175963	96260	500090	1357602	10389	5624688	1062904	31866
149215	379980	693928	988564	151918	1512252	361667	92536
28046	389473	187535	470464	2217	647964	149455	29897
1058	6006	10950	15554		22005	5393	1561
1971	35492	44728	4867	17422	11976	4729	12274
17598	125111	186724	241195	40370	358081	99268	36716
27595	113216	290188	49636	161109	212440	135209	90931
13942	30054	45766	315206	102	439685	110521	10806
5425	17803	44946	23884	10857	42275	12966	7852
36970	248799	450717	518889	58320	762665	205878	56051
11877	135191	212780	97567	16291	163112	53658	31219
291377	439522	528978	1163561	19878	1914181	456654	70741
60469	268330	666877	688466	62640	961692	212362	38065
16984	150514	174783	108033	4990	199793	74620	18944
44591	947520	713262	600886	4644	1023992	378367	51677
876	7301	11807	9059	836	16220	6278	1830
177	1355	1979	2487		3632	968	245
11	162	582	-538	538	-37	489	91
86	101	1486	1237		2030	707	150
156956	81131	351352	2965351	167806	4360357	1232968	149414
3617	31815	50779	114909	2091	138613	20032	7594
7302	31936	117065	-4083	35042	28897	25350	20661

14-7 规模以上外商投资和港澳台商投资工业企业主要经济指标

单位：万元

类别	Category	企业单位数(个) Number of Industial Enterprises (unit)	#亏损企业 Loss Enterprises
2000		1740	373
2001		2020	484
2002		2385	541
2003		2925	665
2004		4315	1059
2005		4684	773
2006		5227	819
2007		5747	847
2008		5900	1068
2009		6052	986
2010		5536	756
2011		4481	590
2012		4457	701
2013		4365	679
2014		4155	606
2015		4013	678
2016		3727	542
在总计中：	**of which:**		
亏损企业	Loss Enterprises	542	542
在总计中：	**of which:**		
港、澳、台商投资企业	Enterprises with Funds from Hong Kong,Macao and Taiwan	995	152
合资经营企业(港或澳、台资)	Joint-ventures Enterprises	508	64
合作经营企业(港或澳、台资)	Cooperative Enterprises	17	2
港澳台商独资经营企业	Enterprises with Sole Investment	434	83
港澳台商投资股份有限公司	Share-holding Corporations Ltd. with Funds from Hong Kong, Macao and Taiwan	19	
其他企业	Others	17	3
外商投资企业	Foreign Funded Enterprises	2732	390
中外合资经营企业	Joint-venture Enterprises	1065	137
中外合作经营企业	Cooperation Enterprises	46	8
外资企业	Enterprises with Sole Foreign Funds	1556	237
外商投资股份有限公司	Share-holding Corporations Ltd. with Foreign Investment	47	4
其他企业	Others	18	4
在总计中：	**of which:**		
国有控股企业	State-holding Enterprises	87	19
在总计中：	**of which:**		
农村工业	Industry in Rural Area	23	1
一、按轻重工业分	**by Light & Heavy Industry**		
轻工业	Light Industry	1871	246
重工业	Heavy Industry	1856	296
二、按企业规模分	**by Enterprise Size**		
大型企业	Large-sized Enterprises	170	15
中型企业	Medium-sized Enterprises	802	106
小型企业	Small-sized Enterprises	2755	421

Main Economic Indicators of Industrial Enterprises above Designated Size with Funds from Foreign Countries (Territories),Hong Kong,Macao and Taiwan

工 业 总产值 Gross Industrial Output Value	工 业 销售产值 Industrial Output Value of Products Sold	#出 口 交货值 Export Delivery Value	资产合计 Total Assets	产 成 品 Finished Products	流动资产合计 Total Working Capitals	固定资产合计 Total Fixed Assets
11733444	11407902		11450417	766490	5149741	4763392
14570101	14184782		13978219	885669	6218800	5561049
17707902	17224508		16056232	965904	7330202	6278224
24832436	24336050	9283568	22387343	1189967	9810521	9084614
37836423	36920480	13536351	30386016	1636652	13195818	12040507
54014093	53031835	16756713	38447493	2063357	16996280	15011741
72090688	71138467	22454787	49903969	2635215	22336522	18732001
96955087	95104911	28979286	63158104	3186410	28783090	23543356
115354778	112502839	33732027	71304227	4060074	33656735	24364312
129775048	127998832	32424654	86379610	3878036	39585096	33430492
143659376	140914565	34755802	94554908	4123696	47889846	34450993
157964343	155929217	36071412	97369768	4071581	52534687	36493277
173259205	170199834	35718741	109629355	4644505	58337502	40856902
185437624	183273885	39580069	112633779	4184245	61163937	39474108
192400578	190527209	40803834	127893738	4401214	68667759	46030297
192518009	191052315	37879015	121214373	4967901	64524560	44416448
200252261	198661159	36110343	130290439	4777907	69629502	46268184
9300798	9215670	2205166	11985014	729749	6620550	3985627
45127885	44432763	6626944	36804841	1716466	20089468	13410289
26381532	26018554	3584988	19150699	979716	10496683	6843487
882865	862484	134203	207110	8014	96124	87469
15021217	14730656	2792072	11637246	651109	6859371	3738613
930447	925749	97450	1124557	42395	453328	558858
1911824	1895320	18230	4685229	35231	2183963	2181861
155124376	154228396	29483400	93485598	3061441	49540035	32857895
66827566	66114729	8718665	47771675	1407536	25703435	16566221
5056751	5046986	2530301	2518603	128746	1651940	729364
77808059	77066946	17283350	37492923	1303307	20067224	13800623
4988014	5560202	842044	5450726	206726	2002471	1629290
443986	439533	109040	251671	15127	114965	132397
14203527	14222647	993097	14065490	102400	8855050	4280558
1329948	1304314	77677	492458	24603	234149	208845
75998024	75733606	14852517	48858135	2213444	23422040	19235335
124254236	122927552	21257826	81432304	2564463	46207462	27032849
83585802	83382190	15638337	56844687	1625560	32123699	18121031
55800889	55087079	10455207	37289859	1864770	21226060	13175819
60865570	60191889	10016799	36155892	1287576	16279744	14971334

14-7 续表 1

单位:万元

类 别	Category	企业单位数(个) Number of Industial Enterprises (unit)	#亏损企业 Loss Enterprises
四、按行业大类分	**by Sector**		
采掘业	**Mining**		
煤炭开采和洗选业	Mining and Washing of Coal	2	
石油和天然气开采业	Extraction of Petroleum and Natural Gas		
黑色金属矿采选业	Mining of Ferrous Metal Ores	2	1
有色金属矿采选业	Mining of Non-ferrous Metal Ores	3	
非金属矿采选业	Mining and Processing of Nonmetal Ores	2	1
开采辅助活动	Mining Support Activities		
其他采矿业	Mining of Other Ores		
制造业	**Manufacturing**		
农副食品加工业	Processing of Food from Agricultural Products	500	65
食品制造业	Manufacture of Foods	135	11
酒、饮料和精制茶制造业	Manufacture of Wine, Drinks and Refined Tea	48	8
烟草制品业	Manufacture of Tobacco		
纺织业	Manufacture of Textile	149	37
纺织服装、服饰业	Manufacture of Textile Wearing Apparel and Finery	245	33
皮革、毛皮、羽毛及其制品和制鞋业	Manufacture of Leather, Fur, Feather & Its Products and Footwear	88	14
木材加工及木 竹、藤、棕、草制品业	Processing of Timbers, Manufacture of Wood, Bamboo, Rattan, Palm, and Straw Products	36	3
家具制造业	Manufacture of Furniture	52	6
造纸及纸制品业	Manufacture of Paper and Paper Products	48	9
印刷和记录媒介复制业	Printing, Reproduction of Recording Media	53	8
文教、工美、体育和娱乐用品制造业	Manufacture of Culture, Education,Arts and crafts, Sport and Entertainment Goods	264	20
石油加工、炼焦和核燃料加工业	Processing of Petroleum, Coking and Nucleus Fuel	15	2
化学原料和化学制品制造业	Manufacture of Chemical Raw Material and Chemical Products	243	55
医药制造业	Manufacture of Medicines	69	5
化学纤维制造业	Manufacture of Chemical Fiber	7	2
橡胶和塑料制品业	Manufacture of Rubber and Plastic	155	16
非金属矿物制品业	Manufacture of Non-metallic Mineral Products	190	28
黑色金属冶炼及压延加工业	Manufacture and Processing of Ferrous Metals	33	5
有色金属冶炼及压延加工业	Manufacture & Processing of Non-ferrous Metals	22	5
金属制品业	Manufacture of Metal Products	183	21
通用设备制造业	Manufacture of General Purpose Machinery	204	33
专用设备制造业	Manufacture of Special Purpose Machinery	148	25
汽车制造业	Manufacture of Automotive	186	24
铁路、船舶、航空航天和其他运输设备制造业	Manufacture of Railroad,Marine,Aerospace and Other Transportation Equipment	53	5
电气机械及器材制造业	Manufacture of Electrical Machinery & Equipment	167	26
计算机、通信和其他电子设备制造业	Manufacture of Computer, Communications and Other Electronic Equipment	249	57
仪器仪表制造业	Manufacture of Measuring Instrument	40	6
其他制造业	Other Manufacture	16	1
废弃资源综合利用业	Comprehensive Utilization of Waste	5	3
金属制品、机械和设备修理业	Metal Products, Machinery and Equipment Repair Industry	5	
电力、热力、燃气及水的生产和供应业	**Production and Supply of Electric, Heat, Gas and Water**		
电力、热力的生产和供应业	Production and Supply of Electric Power and Heat Power	52	4
燃气生产和供应业	Production and Supply of Gas	40	1
水的生产和供应业	Production and Supply of Water	18	2

continued

(10 000 yuan)

工 业 总产值 Gross Industrial Output Value	工 业 销售产值 Industrial Output Value of Products Sold	#出 口 交货值 Export Delivery Value	资产合计 Total Assets	产成品 Finished Products	流动资产合计 Total Working Capitals	固定资产合计 Total Fixed Assets
505611	508417		944031	7247	505046	343594
46919	46672		102464		4575	
30748	30503		26334	820	5202	12904
6211	6045		9395	218	6145	1910
24303200	24129148	4107465	12513166	751036	6050062	5214901
6409356	6297154	761415	4093055	142001	2090568	1577575
3319335	4045709	336262	3981946	111225	1661194	923012
4724659	4669174	1291401	3394143	219460	1494490	1453407
5510206	5406297	1570994	3164589	135615	1334927	1389979
2142784	2101662	774860	1196160	67394	653712	447797
986737	970633	303615	574917	38626	305980	216368
1171619	1161526	186803	509489	26827	200603	267708
2591899	2572489	102350	3995693	90832	1638151	2063437
1553098	1531032	69236	947711	38497	475317	377637
5737778	5666699	2254788	2100194	64865	835684	1074824
604604	598082	9779	557548	14303	301604	176875
18517794	18162049	1558175	12610956	541887	6971503	3809828
9453004	9166051	1354706	8240569	358925	4500208	2831454
150245	144213	82348	177932	10903	103265	57869
4125109	4109493	923465	2284504	99504	1033697	1018299
5774209	5710436	459818	4025314	160192	2006459	1644982
2742292	2643721	121462	1662377	79211	792291	817362
9781642	9761843	49555	9424692	62129	4175722	3937302
8331531	8192369	1677257	4200310	261941	2171207	1676206
6299678	6257713	1669255	5286096	228141	3086469	1652589
6262489	6207157	905888	4572876	378963	2896307	1119248
17819148	17655196	2326698	13419724	251353	9959886	2960270
3314020	3255501	701552	3111409	48005	1718235	1134696
7128727	6976756	1332824	3975063	191178	1970700	1058239
35244138	35041288	10785680	10975369	329500	8017856	2265739
1385971	1371958	278426	939881	46021	674253	198281
242685	243011	96026	230961	8017	94317	79878
105877	100665		84097	2079	57562	18785
74958	68247	18239	78470	1296	40120	32268
2084933	2082912		4402278	1337	844872	3341925
1598550	1601036		1902517	8358	738516	819470
170499	168305		574205		212800	251568

14-7 续表 2

单位:万元

类　　别	Category	负债合计 Total Liabilities	主营业务收入 Revenue from Principal Business
	2000	6974187	10608335
	2001	7975312	12695597
	2002	9002705	15655508
	2003	12602882	23176116
	2004	16498501	35828528
	2005	21083916	52377071
	2006	26832468	70456341
	2007	34261658	94561330
	2008	38145531	110043170
	2009	45394957	127005719
	2010	49181433	138639700
	2011	51712845	152985089
	2012	57272370	169409527
	2013	59266450	180782207
	2014	64226799	190219193
	2015	60612888	188726801
	2016	64807638	196235784
在总计中:	**of which:**		
亏损企业	Loss Enterprises	8149443	9547265
在总计中:	**of which:**		
港、澳、台商投资企业	Enterprises with Funds from Hong Kong,Macao and Taiwan	18946814	44290589
合资经营企业(港或澳、台资)	Joint-ventures Enterprises	9760805	26369430
合作经营企业(港或澳、台资)	Cooperative Enterprises	73288	859489
港澳台商独资经营企业	Enterprises with Sole Investment	6105978	14333144
港澳台商投资股份有限公司	Share-holding Corporations Ltd. with Funds from Hong Kong, Macao and Taiwan	518549	933375
其他企业	Others	2488194	1795151
外商投资企业	Foreign Funded Enterprises	45860824	151945195
中外合资经营企业	Joint-venture Enterprises	24938380	64052607
中外合作经营企业	Cooperation Enterprises	1189010	5163912
外资企业	Enterprises with Sole Foreign Funds	17457740	76863171
外商投资股份有限公司	Share-holding Corporations Ltd. with Foreign Investment	2187678	5423161
其他企业	Others	88017	442344
在总计中:	**of which:**		
国有控股企业	State-holding Enterprises	7730669	13420020
在总计中:	**of which:**		
农村工业	Industry in Rural Area	185854	1322553
一、按轻重工业分	**by Light & Heavy Industry**		
轻工业	Light Industry	21697582	75309977
重工业	Heavy Industry	43110056	120925808
二、按企业规模分	**by Enterprise Size**		
大型企业	Large-sized Enterprises	29966851	81855003
中型企业	Medium-sized Enterprises	18601801	54782212
小型企业	Small-sized Enterprises	16238986	59598570

continued

(10 000 yuan)

#主营业务税金及附加 Taxes and Other Charges on Principal Business	营业费用 Cost of Business	管理费用 Cost of Management	利润总额 Total Profits	亏损企业亏损总额 Losses of Loss Enterprises	利税总额 Total Profits and Taxes	本年应交增值税 Value-added Tax Payable	全部从业人员年平均人数(人) Annual Average of Empolyed Persons (person)
45189	397752	511820	607409	123586	1068901	416302	570940
42749	500409	587803	747735	133568	1381549	591069	677208
52771	656697	715305	946420	121496	1585217	586026	782462
77214	844733	893503	1437357	173975	2218336	703765	942482
142675	1155656	1409829	2388875	238522	3616446	1084896	1268481
256875	1404591	1578402	3498964	215791	5220808	1464969	1485932
305226	1989506	2156705	4373503	235135	6473118	1794389	1607730
410640	2621917	2640990	5535820	252042	8226755	2280295	1716875
433346	2871686	3300860	5972969	595461	8957825	2551510	1689902
561210	3061011	3482913	7213796	558728	10879283	3104278	1740004
770021	3668294	5700645	10010172	351316	14429266	3649074	1657493
732375	3427756	4713939	10851122	527423	15764843	4109348	1512465
1063958	4017676	5592666	11374074	793262	16933454	4484316	1546846
1162327	4330618	5655046	12070359	674920	18259068	5001382	1492867
1284581	4671789	5478605	12074458	692043	18542925	5122759	1437787
1331072	4744351	5303718	11893038	896262	17644697	4411683	1329731
1214566	4968745	5341099	12650074	649722	18295000	4414709	1260313
47350	359478	549718	-649722	649722	-480283	121543	145978
276736	1567760	1446701	3312418	188756	4703540	1112550	323589
173253	1088671	842123	2264627	45548	3168307	729163	155277
12467	19732	31819	49023	334	79644	18154	4263
75851	421663	502675	788034	140142	1172837	308482	147772
8860	26690	30439	67412		84836	8462	9888
6305	11004	39646	143322	2731	197916	48289	6389
937829	3400985	3894398	9337656	460967	13591460	3302159	936724
489400	1463392	1639668	4333245	177701	6461360	1637767	329845
19242	94942	76085	284111	2558	437833	134467	19661
356864	1377882	1979350	4234843	258534	6015935	1412077	536120
68634	458017	183838	465266	19700	647538	112933	45116
3688	6751	15458	20191	2475	28794	4915	5982
305462	192206	259340	1448060	41082	2218790	464351	38111
5801	13411	17204	82118	1628	116499	28550	5217
509756	3119131	2279402	4968580	243493	7204802	1715022	639660
704810	1849614	3061697	7681494	406229	11090198	2699687	620653
527946	1936022	1652384	5691156	64753	8141705	1921539	466950
277108	1810951	1629671	3641302	223865	5203466	1283469	442243
409512	1221772	2059045	3317616	361104	4949830	1209702	351120

14-7 续表 3

单位：万元

类别	Category	负债合计 Total Liabilities	主营业务收入 Revenue from Principal Business
三、按行业大类分	**by Sector**		
采掘业	**Mining**		
煤炭开采和洗选业	Mining and Washing of Coal	580036	509237
石油和天然气开采业	Extraction of Petroleum and Natural Gas		
黑色金属矿采选业	Mining of Ferrous Metal Ores	44194	46036
有色金属矿采选业	Mining of Non-ferrous Metal Ores	13167	29742
非金属矿采选业	Mining and Processing of Nonmetal Ores	3037	6244
开采辅助活动	Mining Support Activities		
其他采矿业	Mining of Other Ores		
制造业	**Manufacturing**		
农副食品加工业	Processing of Food from Agricultural Products	5812760	24505194
食品制造业	Manufacture of Foods	1818153	6210610
酒、饮料和精制茶制造业	Manufacture of Wine, Drinks and Refined Tea	1529228	3914871
烟草制品业	Manufacture of Tobacco		
纺织业	Manufacture of Textile	1416958	4707050
纺织服装、服饰业	Manufacture of Textile Wearing Apparel and Finery	1164191	5455143
皮革、毛皮、羽毛及其制品和制鞋业	Manufacture of Leather, Fur, Feather & Its Products and Footwear	610802	2213399
木材加工及木 竹、藤、棕、草制品业	Processing of Timbers, Manufacture of Wood, Bamboo, Rattan, Palm, and Straw Products	222719	858641
家具制造业	Manufacture of Furniture	232883	1175049
造纸及纸制品业	Manufacture of Paper and Paper Products	2578824	2565556
印刷和记录媒介复制业	Printing, Reproduction of Recording Media	397733	1498845
文教、工美、体育和娱乐用品制造业	Manufacture of Culture, Education,Arts and crafts, Sport and Entertainment Goods	813207	5402306
石油加工、炼焦和核燃料加工业	Processing of Petroleum, Coking and Nucleus Fuel	243431	601116
化学原料和化学制品制造业	Manufacture of Chemical Raw Material and Chemical Products	7207482	18003715
医药制造业	Manufacture of Medicines	3019399	8783160
化学纤维制造业	Manufacture of Chemical Fiber	72124	142628
橡胶和塑料制品业	Manufacture of Rubber and Plastic	957036	3969594
非金属矿物制品业	Manufacture of Non-metallic Mineral Products	1635719	5731337
黑色金属冶炼及压延加工业	Manufacture and Processing of Ferrous Metals	1012497	2613015
有色金属冶炼及压延加工业	Manufacture & Processing of Non-ferrous Metals	5229026	9626058
金属制品业	Manufacture of Metal Products	2088152	7869403
通用设备制造业	Manufacture of General Purpose Machinery	2339653	6241068
专用设备制造业	Manufacture of Special Purpose Machinery	2456180	6075058
汽车制造业	Manufacture of Automotive	7510714	16734343
铁路、船舶、航空航天和其他运输设备制造业	Manufacture of Railroad,Marine,Aerospace and Other Transportation Equipment	2090245	3229103
电气机械及器材制造业	Manufacture of Electrical Machinery & Equipment	1447872	6690733
计算机、通信和其他电子设备制造业	Manufacture of Computer, Communications and Other Electronic Equipment	6548621	35077870
仪器仪表制造业	Manufacture of Measuring Instrument	380633	1337059
其他制造业	Other Manufacture	140475	237979
废弃资源综合利用业	Comprehensive Utilization of Waste	44913	111967
金属制品、机械和设备修理业	Metal Products, Machinery and Equipment Repair Industry	15333	74350
电力、燃气及水的生产和供应业	**Production and Supply of Electric,Gas and Water**		
电力、热力的生产和供应业	Production and Supply of Electric Power and Heat Power	1889245	2201303
燃气生产和供应业	Production and Supply of Gas	948217	1615431
水的生产和供应业	Production and Supply of Water	292780	171571

continued

(10 000 yuan)

#主营业务税金及附加 Taxes and Other Charges on Principal Business	营业费用 Cost of Business	管理费用 Cost of Management	利润总额 Total Profits	亏损企业亏损总额 Losses of Loss Enterprises	利税总额 Total Profits and Taxes	本年应交增值税 Value-added Tax Payable	全部从业人员年平均人数(人) Annual Average of Empolyed Persons (person)
24083	24407	34755	172198		265183	68052	1543
440	8	805	4080	800	5287	767	
132	1566	2213	3035		3396	229	568
77	297	1403	140	202	856	639	334
77543	379246	441089	1152492	93773	1584583	343670	167756
57167	311854	213092	622217	20727	897991	218560	39166
100586	500661	104587	345736	18522	576470	130043	27525
31528	83055	210983	312894	24785	420977	76475	64710
36169	204379	209056	332889	10090	479870	110742	92830
15668	42030	73299	99563	8278	146791	31561	42666
5782	23933	26285	53271	1627	70238	11186	8630
8228	32814	40102	64197	5049	105654	33229	13053
10050	86218	113454	94642	6737	149222	44530	14803
13923	40268	72890	88322	10769	134679	32355	11414
38058	122026	167861	287552	5143	449450	123840	58036
3748	16231	16508	64474	1795	86740	18058	2508
85405	421799	475013	893109	98698	1292977	313450	58357
56651	1081572	356850	1114684	5219	1607548	436210	41635
801	7193	10750	-8173	18752	-6083	1290	1720
27459	91779	139730	218360	16842	320678	74859	34126
31039	149315	191190	413461	40508	643259	198230	46353
8588	47632	46684	107636	4064	177725	61500	7257
9881	19187	66922	678255	1747	1056020	367884	12708
67220	157462	357601	371882	20269	581755	142479	51489
48641	218918	328176	487898	24669	660206	123268	54236
23762	171100	232956	342561	64069	517044	150664	37916
263438	241957	308968	1314112	27979	2132335	554489	74207
22411	46310	112338	225596	6635	299218	51172	22003
42352	167029	225464	360127	27302	502919	100440	53637
56871	149309	492941	1685224	58321	2165197	422898	183466
8299	56131	73880	78784	15253	125497	38413	9506
1306	3105	10012	10593	104	14153	2255	4555
48	521	2874	-206	5709	928	1086	709
632	984	14751	6104		10022	3287	1882
27850	10750	76386	465879	2558	586297	92540	6954
7393	57369	73850	167074	773	203176	28401	9975
1340	332	15383	19414	1956	26742	5962	2080

14-8 规模以上国有工业企业主要经济指标

单位:万元

类 别	Category	企业单位数(个) Number of Industial Enterprises (unit)	#亏损企业 Loss Enterprises
2000		2114	486
2001		1592	400
2002		1387	349
2003		1151	309
2004		972	332
2005		842	243
2006		746	212
2007		661	184
2008		609	186
2009		649	162
2010		597	148
2011		517	135
2012		506	152
2013		340	95
2014		304	97
2015		303	90
2016		158	58
在总计中:	**of which:**		
亏损企业	Loss Enterprises	58	58
在总计中:	**of which:**		
中央企业	Central Enterprises	25	4
地方企业	Local Enterprises	133	54
一、按轻重工业分	**by Light & Heavy Industry**		
轻工业	Light Industry	64	24
重工业	Heavy Industry	94	34
二、按企业规模分	**by Enterprise Size**		
大型企业	Large-sized Enterprises	14	3
中型企业	Medium-sized Enterprises	45	23
小型企业	Small-sized Enterprises	99	32

Main Economic Indicators of State-owned Industrial Enterprises above Designated Size

(10 000 yuan)

工 业 总产值 Gross Industrial Output Value	工 业 销售产值 Industrial Output Value of Products Sold	#出 口 交货值 Export Delivery Value	资产合计 Total Assets	产 成 品 Finished Products	流动资产合计 Total Working Capitals	固定资产合计 Total Fixed Assets
24744936	24607993		42208919	1617992	14019235	19245575
12234932	12037423		27531520	921428	9429088	11637665
13770330	13600891		27580401	813504	9294926	11563565
14840375	14566769	749626	28068618	732614	9725574	11768793
19715003	19142465	817147	27013217	607810	8782685	12164842
19829441	19639882	687504	24493249	561662	8482461	10266814
23078362	22921402	582201	27104824	521067	9139735	11828055
27367017	27151997	571583	30119677	569429	9963162	13476671
45772078	35078287	1117299	44055195	1007282	12046865	22574394
40747007	40355963	1164851	42604000	986200	14396493	20675274
54861225	54639308	1408178	49684216	1107398	18421339	24524408
62007599	61464686	1616105	53398134	1206047	18802859	24894871
50221213	49609803	1609776	56610910	1253476	19648070	26465685
42500774	42456523	437807	39075447	649917	11631804	11749543
42621533	42464420	414799	37197478	748227	10569511	32854593
45470693	45311020	361084	38905792	598464	10132320	20191056
38957035	37016917	278183	33740578	308776	7121155	20423607
775567	784524	17748	3601307	84536	1247346	1590042
31986297	31973110	17386	25924955	68596	3699781	17642521
6970738	5043807	260797	7815622	240180	3421373	2781086
5563237	5524311	260620	7358875	211208	4383206	2191482
33393798	31492606	17564	26381703	97568	2737949	18232125
7201480	7157425	276465	8944410	228094	4706831	3415038
1281128	1257678	1541	2797528	61409	1031362	1386538
30474427	28601814	177	21998640	19273	1382961	15622030

14-8 续表 1

单位:万元

类别	Category	企业单位数(个) Number of Industial Enterprises (unit)	#亏损企业 Loss Enterprises
三、按行业大类分	**by Sector**		
采掘业	**Mining**		
煤炭开采和洗选业	Mining and Washing of Coal	9	6
石油和天然气开采业	Extraction of Petroleum and Natural Gas		
黑色金属矿采选业	Mining of Ferrous Metal Ores	1	
有色金属矿采选业	Mining of Non-ferrous Metal Ores	1	
非金属矿采选业	Mining and Processing of Nonmetal Ores	2	2
开采辅助活动	Mining Support Activities		
其他采矿业	Mining of Other Ores		
制造业	**Manufacturing**		
农副食品加工业	Processing of Food from Agricultural Products	14	2
食品制造业	Manufacture of Foods	6	1
酒、饮料和精制茶制造业	Manufacture of Wine, Drinks and Refined Tea	1	
烟草制品业	Manufacture of Tobacco	1	
纺织业	Manufacture of Textile	2	1
纺织服装、服饰业	Manufacture of Textile Wearing Apparel and Finery		
皮革、毛皮、羽毛及其制品和制鞋业	Manufacture of Leather, Fur, Feather & Its Products and Footwear		
木材加工及木 竹、藤、棕、草制品业	Processing of Timbers, Manufacture of Wood, Bamboo, Rattan, Palm, and Straw Products	1	
家具制造业	Manufacture of Furniture		
造纸及纸制品业	Manufacture of Paper and Paper Products	1	
印刷和记录媒介复制业	Printing, Reproduction of Recording Media	5	1
文教、工美、体育和娱乐用品制造业	Manufacture of Culture, Education,Arts and crafts, Sport and Entertainment Goods		
石油加工、炼焦和核燃料加工业	Processing of Petroleum, Coking and Nucleus Fuel	1	1
化学原料和化学制品制造业	Manufacture of Chemical Raw Material and Chemical Products	8	2
医药制造业	Manufacture of Medicines	1	
化学纤维制造业	Manufacture of Chemical Fiber		
橡胶和塑料制品业	Manufacture of Rubber and Plastic		
非金属矿物制品业	Manufacture of Non-metallic Mineral Products	3	1
黑色金属冶炼及压延加工业	Manufacture and Processing of Ferrous Metals	1	
有色金属冶炼及压延加工业	Manufacture & Processing of Non-ferrous Metals		
金属制品业	Manufacture of Metal Products	1	
通用设备制造业	Manufacture of General Purpose Machinery	12	4
专用设备制造业	Manufacture of Special Purpose Machinery	9	3
汽车制造业	Manufacture of Automotive	2	2
铁路、船舶、航空航天和其他运输设备制造业	Manufacture of Railroad,Marine,Aerospace and Other Transportation Equipment	3	
电气机械及器材制造业	Manufacture of Electrical Machinery & Equipment	2	
计算机、通信和其他电子设备制造业	Manufacture of Computer, Communications and Other Electronic Equipment		
仪器仪表制造业	Manufacture of Measuring Instrument	1	
其他制造业	Other Manufacture		
废弃资源综合利用业	Comprehensive Utilization of Waste		
金属制品、机械和设备修理业	Metal Products, Machinery and Equipment Repair Industry		
电力、热力、燃气及水的生产和供应业	**Production and Supply of Electric, Heat, Gas and Water**		
电力、热力的生产和供应业	Production and Supply of Electric Power and Heat Power	37	12
燃气生产和供应业	Production and Supply of Gas	3	1
水的生产和供应业	Production and Supply of Water	30	19

continued

(10 000 yuan)

工业总产值 Gross Industrial Output Value	工业销售产值 Industrial Output Value of Products Sold	#出口交货值 Export Delivery Value	资产合计 Total Assets	产成品 Finished Products	流动资产合计 Total Working Capitals	固定资产合计 Total Fixed Assets
115200	115922		1088036	446	343700	107440
77585	73968		603175	47	285593	317582
101791	101791		111742	116	10633	101110
12690	18935		44523	8891	29756	14767
1559236	1523700	191126	661214	63719	404067	202107
86116	85756	1541	117867	6712	37358	78907
10059	9925		12720	1509	6538	2818
2720768	2718068		3338730	13304	2361001	977729
19567	19099		8392		4042	1322
11742	12158		18773	1356	13140	3858
22278	22177		44810	5257	14253	25524
35636	34876		43557	1005	28033	11968
31003	38878		89001		40141	
402332	405720		738257	11727	215414	357886
20267	20267		64618	1704	20097	10459
47986	47464	177	85559	4052	69877	15155
18704	18684		17724	1597	10092	7632
2726	2726		3916	37	3502	215
288710	282982	17386	905143	54940	475394	386281
370884	361747	9133	1300573	84432	758015	230904
16190	16876		50172	3491	28295	20971
176547	175200		290099	1773	131767	73348
554703	570276	58819	712657	34936	502839	41406
4869	4869		3447	1159	3436	11
31817408	29904638		22146413	249	980327	16772918
205896	205494		82010	18	22221	33869
226144	224722		1157450	6301	321625	627421

14-8 续表 2

单位:万元

类别	Category	负债合计 Total Liabilities	主营业务收入 Revenue from Principal Business	#主营业务税金及附加 Taxes and Other Charges on Principal Business
	2000	26686324	27821717	492552
	2001	17653620	16006815	294059
	2002	17777286	17815410	343306
	2003	18009322	19793599	385228
	2004	17664902	20631866	234423
	2005	16133478	20149674	215660
	2006	17375838	23656937	673855
	2007	18561850	27623229	777269
	2008	21171736	47675137	3251935
	2009	26103211	42480695	1094712
	2010	32202345	56271894	1501435
	2011	34552035	64126688	1617389
	2012	36998582	66890135	1856220
	2013	25807785	45690608	1661471
	2014	23805945	41971889	1672153
	2015	25301303	39953785	1603582
	2016	21630863	28443372	1352866
在总计中:	**of which:**			
亏损企业	Loss Enterprises	2528617	827697	6958
在总计中:	**of which:**			
中央企业	Central Enterprises	16754828	23214598	1322709
地方企业	Local Enterprises	4876035	5228774	30157
一、按轻重工业分	**by Light & Heavy Industry**			
轻工业	Light Industry	3784704	6354463	1273095
重工业	Heavy Industry	17846160	22088908	79771
二、按企业规模分	**by Enterprise Size**			
大型企业	Large-sized Enterprises	4943066	7954532	1275699
中型企业	Medium-sized Enterprises	1999639	1286453	12905
小型企业	Small-sized Enterprises	14688158	19202387	64263

continued

(10 000 yuan)

营业费用 Cost of Business	管理费用 Cost of Management	利润总额 Total Profits	亏损企业亏损总额 Losses of Loss Enterprises	利税总额 Total Profits and Taxes	本年应交增值税 Value-added Tax Payable	全部从业人员年平均人数(人) Annual Average of Empolyed Persons (person)
547576	1754897	2554426	194180	4711091	1664113	1652934
351126	1044379	520439	149112	1542737	728243	984032
329434	1073754	610973	131676	1748879	794695	883357
339400	1135605	724762	126296	1944990	835000	769190
259600	1345339	508887	358415	1679671	936360	668702
233128	1153373	767749	130004	1827104	843695	536010
276963	1308489	1098603	116777	2868286	1095828	480364
324251	1493013	1304975	162156	3361138	1278894	453495
729708	2645622	6139923	630451	12337647	2945789	568582
961122	2234651	1523331	314887	4140177	1522134	491752
1122616	2993266	2338185	267808	5787735	1948115	489028
1133742	3118712	2776635	511041	6514906	2108989	433337
1072948	3122828	3467936	367401	7621470	2287898	424081
383406	1676921	2392883	187827	5617626	1545434	244979
362483	1603845	1463191	254505	4627511	1486583	217628
341641	1344328	1951815	254116	4944936	1383390	189195
349293	618935	1794027	166049	4350776	1201772	161342
36373	152096	-166049	166049	-137027	21529	25268
146549	277495	1684062	24128	4108753	1100353	82795
202744	341440	109965	141921	242024	101418	78547
257623	374331	311326	27562	1960024	375397	39768
91671	244604	1482701	138487	2390752	826375	121574
276966	389567	993736	60000	2644120	374158	46151
34841	136873	30821	42706	85053	41142	31187
37487	92496	769470	63343	1621603	786472	84004

14-8 续表 3

单位:万元

类别	Category	负债合计 Total Liabilities	主营业务收入 Revenue from Principal Business
三、按行业大类分	**by Sector**		
采掘业	**Mining**		
煤炭开采和洗选业	Mining and Washing of Coal	492745	125001
石油和天然气开采业	Extraction of Petroleum and Natural Gas		
黑色金属矿采选业	Mining of Ferrous Metal Ores	112880	79445
有色金属矿采选业	Mining of Non-ferrous Metal Ores	85231	96756
非金属矿采选业	Mining and Processing of Nonmetal Ores	44159	17537
开采辅助活动	Mining Support Activities		
其他采矿业	Mining of Other Ores		
制造业	**Manufacturing**		
农副食品加工业	Processing of Food from Agricultural Products	217010	1543504
食品制造业	Manufacture of Foods	74271	88662
酒、饮料和精制茶制造业	Manufacture of Wine, Drinks and Refined Tea	8569	9908
烟草制品业	Manufacture of Tobacco	1269148	2716767
纺织业	Manufacture of Textile	4360	20628
纺织服装、服饰业	Manufacture of Textile Wearing Apparel and Finery		
皮革、毛皮、羽毛及其制品和制鞋业	Manufacture of Leather, Fur, Feather & Its Products and Footwear		
木材加工及木 竹、藤、棕、草制品业	Processing of Timbers, Manufacture of Wood, Bamboo, Rattan, Palm, and Straw Products	48831	13680
家具制造业	Manufacture of Furniture		
造纸及纸制品业	Manufacture of Paper and Paper Products	34504	21214
印刷和记录媒介复制业	Printing, Reproduction of Recording Media	12231	34749
文教、工美、体育和娱乐用品制造业	Manufacture of Culture, Education,Arts and crafts, Sport and Entertainment Goods		
石油加工、炼焦和核燃料加工业	Processing of Petroleum, Coking and Nucleus Fuel	80439	38929
化学原料和化学制品制造业	Manufacture of Chemical Raw Material and Chemical Products	749532	439803
医药制造业	Manufacture of Medicines	64054	26872
化学纤维制造业	Manufacture of Chemical Fiber		
橡胶和塑料制品业	Manufacture of Rubber and Plastic		
非金属矿物制品业	Manufacture of Non-metallic Mineral Products	58280	43560
黑色金属冶炼及压延加工业	Manufacture and Processing of Ferrous Metals	5687	18686
有色金属冶炼及压延加工业	Manufacture & Processing of Non-ferrous Metals		
金属制品业	Manufacture of Metal Products	2192	2726
通用设备制造业	Manufacture of General Purpose Machinery	424974	295347
专用设备制造业	Manufacture of Special Purpose Machinery	843211	909940
汽车制造业	Manufacture of Automotive	25485	18976
铁路、船舶、航空航天和其他运输设备制造业	Manufacture of Railroad,Marine,Aerospace and Other Transportation Equipment	209467	175148
电气机械及器材制造业	Manufacture of Electrical Machinery & Equipment	460434	813144
计算机、通信和其他电子设备制造业	Manufacture of Computer, Communications and Other Electronic Equipment		
仪器仪表制造业	Manufacture of Measuring Instrument	711	4869
其他制造业	Other Manufacture		
废弃资源综合利用业	Comprehensive Utilization of Waste		
金属制品、机械和设备修理业	Metal Products, Machinery and Equipment Repair Industry		
电力、燃气及水的生产和供应业	**Production and Supply of Electric,Gas and Water**		
电力、热力的生产和供应业	Production and Supply of Electric Power and Heat Power	15376956	20446448
燃气生产和供应业	Production and Supply of Gas	25730	205494
水的生产和供应业	Production and Supply of Water	899773	235582

continued

(10 000 yuan)

#主营业务税金及附加 Taxes and Other Charges on Principal Business	营业费用 Cost of Business	管理费用 Cost of Management	利润总额 Total Profits	亏损企业亏损总额 Losses of Loss Enterprises	利税总额 Total Profits and Taxes	本年应交增值税 Value-added Tax Payable	全部从业人员年平均人数(人) Annual Average of Empolyed Persons (person)
5946	667	41675	-24846	31087	-7892	11008	7278
626	1207	19188	8192		13781	4888	2897
1153	642	13524	14899		16052		489
1315	2139	3228	-3376	3376	-370	1691	627
5662	15396	13143	95807	917	114697	13228	7937
948	9288	4995	2978	333	8500	4574	1849
799	835	867	167		1246	281	450
1258245	77432	202409	172999		1743592	312348	5627
510	155	249	1479	112	3459	1470	332
88	677	1451	88		850	674	271
140	340	310	4		473	329	1440
289	122	4071	2233	470	3473	951	927
65	550	1837	-6444	6444	-5876	502	
2239	5190	27301	15816	38547	28527	10311	6840
250	18752	3198	509		2984	2225	251
466	3314	4154	-931	1378	2405	2870	1843
172	313	4420	1534		3140	1434	186
23	189	278	72		271	176	90
1838	15338	48699	-9989	22381	237	8081	6864
3105	67211	59734	43193	8551	64268	17970	6850
87	45	4623	-2988	2988	-2280	621	1127
280	1382	12846	6124		8583	2178	2559
1952	55198	24782	6007		23605	15645	5638
21	382	666	22		213	170	33
63968	53591	44738	1484847	23130	2329213	779033	86744
1064	4130	11898	6919	606	9818	1835	2157
1614	14810	64652	-21290	25730	-12193	7277	10036

14-9 规模以上非公有工业主要经济指标

单位:万元

类 别	Category	企业单位数(个) Number of Industial Enterprises (unit)	#亏损企业 Loss Enterprises
2002		8377	1047
2003		11584	1247
2004		20324	2726
2005		24092	1871
2006		28015	1920
2007		32395	1884
2008		39486	2569
2009		43942	2508
2010		41210	1712
2011		34758	1558
2012		36626	2126
2013		39783	2290
2014		40165	2531
2015		39306	2623
2016		35633	2138
在总计中:	**of which:**		
亏损企业	Loss Enterprises	2138	2138
在总计中:	**of which:**		
农村工业	Industry in Rural Area	106	2
一、按轻重工业分	**by Light & Heavy Industry**		
轻工业	Light Industry	14361	775
重工业	Heavy Industry	21272	1363
二、按企业规模分	**by Enterprise Size**		
大型企业	Large-sized Enterprises	555	25
中型企业	Medium-sized Enterprises	3259	294
小型企业	Small-sized Enterprises	31819	1819

Main Economic Indicators of Non-public Industry above Designated Size

(10 000 yuan)

工 业 总产值 Gross Industrial Output Value	工 业 销售产值 Industrial Output Value of Products Sold	#出 口 交货值 Export Delivery Value	资产合计 Total Assets	产成品 Finished Products	流动资产合计 Total Working Capitals	固定资产合计 Total Fixed Assets
45461718	44155651		35949602	2814383	16729064	12760819
73393784	71515263	14474997	52877008	3521911	23879407	18379772
138152594	135022277	22988004	95685397	5954466	42876737	34492541
200549717	196288717	28331918	122189852	7796259	55761512	44012262
243089184	238524116	33703704	132257499	8023085	61749264	47266989
330029176	323122998	42754269	171807847	10132134	77982898	62484427
449737185	440291558	51970618	237467651	13989404	105926599	86484833
643590615	633853190	53674627	404207876	18823010	172041728	175656063
606536704	595826013	54743512	322702466	15339365	150171419	132698502
903208063	888938143	68315148	536092157	20645959	256825142	212133365
1065561126	1050554293	70879204	634695966	25257558	303657882	239722487
1239055445	1225080191	81652556	763058811	26361078	369156076	291034464
1354805684	1337244043	85426080	878065953	29117339	406624227	343428731
1198836441	1184485795	74318973	672322738	24012712	314502700	269521207
1129367213	1117094235	69430830	602421483	21990942	284434106	241879160
25081783	24478912	3216885	43602680	1974022	25071415	12588967
6790271	6738443	85307	2493427	105529	1132875	1221270
402604674	401091058	30080641	195811558	7257151	84028200	87675609
726762540	716003177	39350189	406609925	14733792	200405907	154203551
289794493	289350055	30846534	201420925	7643291	105790685	73064370
234095214	230123282	17417843	142665255	6770292	76632808	50766308
605477506	597620898	21166453	258335302	7577360	102010613	118048481

14-9 续表 1

单位:万元

类别	Category	企业单位数(个) Number of Industial Enterprises (unit)	#亏损企业 Loss Enterprises
三、按行业大类分	**by Sector**		
采掘业	**Mining**		
煤炭开采和洗选业	Mining and Washing of Coal	63	8
石油和天然气开采业	Extraction of Petroleum and Natural Gas	1	
黑色金属矿采选业	Mining of Ferrous Metal Ores	71	12
有色金属矿采选业	Mining of Non-ferrous Metal Ores	30	2
非金属矿采选业	Mining and Processing of Nonmetal Ores	164	6
开采辅助活动	Mining Support Activities	2	1
其他采矿业	Mining of Other Ores	3	
制造业	**Manufacturing**		
农副食品加工业	Processing of Food from Agricultural Products	3595	205
食品制造业	Manufacture of Foods	1004	44
酒、饮料和精制茶制造业	Manufacture of Wine, Drinks and Refined Tea	393	17
烟草制品业	Manufacture of Tobacco	1	
纺织业	Manufacture of Textile	2259	152
纺织服装、服饰业	Manufacture of Textile Wearing Apparel and Finery	1182	65
皮革、毛皮、羽毛及其制品和制鞋业	Manufacture of Leather, Fur, Feather & Its Products and Footwear	418	25
木材加工及木 竹、藤、棕、草制品业	Processing of Timbers, Manufacture of Wood, Bamboo, Rattan, Palm, and Straw Products	1555	35
家具制造业	Manufacture of Furniture	512	23
造纸及纸制品业	Manufacture of Paper and Paper Products	581	43
印刷和记录媒介复制业	Printing, Reproduction of Recording Media	547	25
文教、工美、体育和娱乐用品制造业	Manufacture of Culture, Education,Arts and crafts, Sport and Entertainment Goods	1227	47
石油加工、炼焦和核燃料加工业	Processing of Petroleum, Coking and Nucleus Fuel	276	23
化学原料和化学制品制造业	Manufacture of Chemical Raw Material and Chemical Products	3233	251
医药制造业	Manufacture of Medicines	683	33
化学纤维制造业	Manufacture of Chemical Fiber	71	4
橡胶和塑料制品业	Manufacture of Rubber and Plastic	1633	71
非金属矿物制品业	Manufacture of Non-metallic Mineral Products	3489	169
黑色金属冶炼及压延加工业	Manufacture and Processing of Ferrous Metals	586	46
有色金属冶炼及压延加工业	Manufacture & Processing of Non-ferrous Metals	397	47
金属制品业	Manufacture of Metal Products	1921	103
通用设备制造业	Manufacture of General Purpose Machinery	3103	175
专用设备制造业	Manufacture of Special Purpose Machinery	2139	135
汽车制造业	Manufacture of Automotive	1245	96
铁路、船舶、航空航天和其他运输设备制造业	Manufacture of Railroad,Marine,Aerospace and Other Transportation Equipment	341	24
电气机械及器材制造业	Manufacture of Electrical Machinery & Equipment	1440	83
计算机、通信和其他电子设备制造业	Manufacture of Computer, Communications and Other Electronic Equipment	660	79
仪器仪表制造业	Manufacture of Measuring Instrument	334	32
其他制造业	Other Manufacture	82	1
废弃资源综合利用业	Comprehensive Utilization of Waste	63	6
金属制品、机械和设备修理业	Metal Products, Machinery and Equipment Repair Industry	18	1
电力、热力、燃气及水的生产和供应业	**Production and Supply of Electric, Heat, Gas and Water**		
电力、热力的生产和供应业	Production and Supply of Electric Power and Heat Power	181	34
燃气生产和供应业	Production and Supply of Gas	71	10
水的生产和供应业	Production and Supply of Water	59	5

continued

(10 000 yuan)

工 业 总产值 Gross Industrial Output Value	工 业 销售产值 Industrial Output Value of Products Sold	#出 口 交货值 Export Delivery Value	资产合计 Total Assets	产成品 Finished Products	流动资产合计 Total Working Capitals	固定资产合计 Total Fixed Assets
1382393	1379308		948011	18816	565854	229616
9459	9244		2101	24	2081	20
1976983	1959270	2253	1673453	26409	551761	677453
961267	962279		388792	8513	118932	195680
3396026	3368353	877	1710036	57265	619164	701103
9409	9409		42531	787	22232	13691
48773	48770		34437	235	6238	26810
112056975	111148202	7976168	46745613	2221180	21350952	20104382
23113977	22860233	1498543	12670288	404011	5194526	6019718
11449390	12034484	462047	8168755	265249	3203796	2833484
29451	28862		7197		655	6542
81597888	83230918	3268787	35345499	1099062	14637916	18127914
27883778	27437488	4755368	14436049	549187	6367352	5340895
7659390	7563651	1104136	3807671	183528	1910144	1426321
26133743	25664231	1165590	7965619	334924	3104465	3987243
8846163	8707741	1171966	4033720	125460	1475107	2202479
15666670	15567767	160326	12668195	358451	4725857	5955456
11394156	11212426	171381	4448195	129451	1712838	2233638
25393244	25062918	4693678	9729915	407499	3718844	5241984
37950012	37232958	65060	23888311	1330940	14878131	6230863
146719653	144381206	3546194	81434217	2811483	38695905	30228852
34679525	34038883	1682029	23102647	761554	10735303	9373027
2743436	2714570	210242	2207161	64924	977339	1121898
58229111	57363847	7506692	31563528	1493461	15385058	12872889
71740299	70654900	1078897	36943514	1152468	15249966	17188291
34072434	33484491	1409044	26623919	741770	13591918	10158535
38461678	38187197	870769	22463745	621173	12695340	7686272
52153923	51253406	2543364	27151830	1272066	13494998	9923393
72635322	71568373	2525823	37773829	1399532	15962168	16376979
54516960	53766826	2018868	32068399	1411231	14715968	13764933
45541532	44887855	2994562	24588983	801465	12496295	8938611
11182367	11047752	1008326	7383712	174491	3759607	2581131
47408766	46483097	1938072	26400091	851987	13473328	9032879
47054083	46637681	13062127	18899679	680600	12420560	4686312
8313660	8263492	415371	4740553	177351	2655545	1405241
1409912	1390823	119122	643611	13627	228489	322246
966624	953216		625314	18725	235181	307032
419605	397450	5148	144666	8301	72171	63563
2158559	2136163		6380038	3955	2377064	3284443
1439833	1441820		1613453	5451	687829	571859
560789	552673		954208	4342	357231	435484

14-9 续表 2

单位:万元

类　　别	Category	负债合计 Total Liabilities	主营业务收　入 Revenue from Principal Business	#主营业务税金及附加 Taxes and Other Charges on Principal Business
2002		21313899	41315596	265544
2003		31712472	67129307	391312
2004		56824804	130437492	827335
2005		70425050	192709468	1329910
2006		73382178	235060091	1511572
2007		93063256	319128552	2110216
2008		126815011	436168759	2871983
2009		214058654	637480523	7568442
2010		162927222	595223019	4197912
2011		294259825	902292626	10363286
2012		345482335	1081250402	12049937
2013		426809768	1256258770	13167882
2014		471341513	1370487079	13792058
2015		332031477	1195046243	8235437
2016		290507806	1128790579	7391200
在总计中：	**of which:**			
亏损企业	Loss Enterprises	34060668	25092301	118544
在总计中：	**of which:**			
农村工业	Industry in Rural Area	1188892	6617685	20939
一、按轻重工业分	**by Light & Heavy Industry**			
轻工业	Light Industry	85061068	408761214	2622507
重工业	Heavy Industry	205446739	720029364	4768693
二、按企业规模分	**by Enterprise Size**			
大型企业	Large-sized Enterprises	110033725	300803738	1322239
中型企业	Medium-sized Enterprises	74983572	231029937	1636958
小型企业	Small-sized Enterprises	105490509	596956903	4432003

continued

(10 000 yuan)

营业费用 Cost of Business	管理费用 Cost of Management	利润总额 Total Profits	亏损企业亏损总额 Losses of Loss Enterprises	利税总额 Total Profits and Taxes	本年应交增值税 Value-added Tax Payable	全部从业人员年平均人数(人) Annual Average of Empolyed Persons (person)
1406356	1694016	2220200	171370	3776911	1291168	2478177
1989872	2256070	3746152	208135	6123624	1986160	3020689
3514626	4298966	7637171	461794	12172233	3707727	4610483
4679003	5123287	12365312	389101	19492812	5797590	5269529
5209981	5788106	13992516	453323	22082783	6578696	5444440
6920189	7575783	19972972	404202	30976672	8893484	5893386
9042107	11320595	26931151	875847	42263661	12460527	7025463
12595614	18188751	41734576	1126436	67554841	18251824	8479293
11855499	19120365	42864781	539966	63939221	16876527	7036804
16533052	25029180	65803258	1783797	102402332	25718545	7957302
19697931	29862331	73977449	3076861	117287023	31089690	8568781
22797555	33958776	83320655	2593761	133596914	36893825	9130655
24879161	34482623	85547391	3309397	137860353	38283182	9003303
23011869	26815613	73099504	2370565	106970310	25552072	7228883
21117213	24307946	67702222	1544309	96338658	21150574	6301921
716159	1386431	-1544309	1544309	-1146085	276719	405364
72306	83757	323775	264	435024	90266	17134
9646158	8923584	24208066	458142	34538120	7681526	2828063
11471055	15384362	43494157	1086167	61800538	13469048	3473858
5340889	5454133	17286466	185678	23604267	4953917	1498768
4978960	5610453	14088415	478881	19921417	4184867	1620910
10797365	13243360	36327342	879750	52812974	12011790	3182243

14-9 续表 3

单位:万元

类　　别	Category	负债合计 Total Liabilities	主营业务收入 Revenue from Principal Business
三、按行业大类分	**by Sector**		
采掘业	**Mining**		
煤炭开采和洗选业	Mining and Washing of Coal	452352	1392024
石油和天然气开采业	Extraction of Petroleum and Natural Gas	615	9244
黑色金属矿采选业	Mining of Ferrous Metal Ores	789372	2149090
有色金属矿采选业	Mining of Non-ferrous Metal Ores	145162	957107
非金属矿采选业	Mining and Processing of Nonmetal Ores	704337	3466177
开采辅助活动	Mining Support Activities	15104	9409
其他采矿业	Mining of Other Ores	7386	48753
制造业	**Manufacturing**		
农副食品加工业	Processing of Food from Agricultural Products	19466902	112725156
食品制造业	Manufacture of Foods	5109278	23007504
酒、饮料和精制茶制造业	Manufacture of Wine, Drinks and Refined Tea	2987825	11999552
烟草制品业	Manufacture of Tobacco	650	28862
纺织业	Manufacture of Textile	16819800	88986240
纺织服装、服饰业	Manufacture of Textile Wearing Apparel and Finery	6858019	28417129
皮革、毛皮、羽毛及其制品和制鞋业	Manufacture of Leather, Fur, Feather & Its Products and Footwear	1804631	8818635
木材加工及木 竹、藤、棕、草制品业	Processing of Timbers, Manufacture of Wood, Bamboo, Rattan, Palm, and Straw Products	2533320	25496919
家具制造业	Manufacture of Furniture	1637776	8782592
造纸及纸制品业	Manufacture of Paper and Paper Products	6626604	15621351
印刷和记录媒介复制业	Printing, Reproduction of Recording Media	1677854	10927449
文教、工美、体育和娱乐用品制造业	Manufacture of Culture, Education,Arts and crafts, Sport and Entertainment Goods	3887348	24723095
石油加工、炼焦和核燃料加工业	Processing of Petroleum, Coking and Nucleus Fuel	15141632	40629821
化学原料和化学制品制造业	Manufacture of Chemical Raw Material and Chemical Products	41695078	145533671
医药制造业	Manufacture of Medicines	8951358	32839402
化学纤维制造业	Manufacture of Chemical Fiber	1372477	2753551
橡胶和塑料制品业	Manufacture of Rubber and Plastic	14942248	56925907
非金属矿物制品业	Manufacture of Non-metallic Mineral Products	15571245	70970344
黑色金属冶炼及压延加工业	Manufacture and Processing of Ferrous Metals	18273613	34767733
有色金属冶炼及压延加工业	Manufacture & Processing of Non-ferrous Metals	12992641	38062509
金属制品业	Manufacture of Metal Products	12662570	50625348
通用设备制造业	Manufacture of General Purpose Machinery	15864939	72192697
专用设备制造业	Manufacture of Special Purpose Machinery	12902494	53000174
汽车制造业	Manufacture of Automotive	13512791	44845957
铁路、船舶、航空航天和其他运输设备制造业	Manufacture of Railroad,Marine,Aerospace and Other Transportation Equipment	4466955	10590711
电气机械及器材制造业	Manufacture of Electrical Machinery & Equipment	12431057	45991141
计算机、通信和其他电子设备制造业	Manufacture of Computer, Communications and Other Electronic Equipment	10258557	46251423
仪器仪表制造业	Manufacture of Measuring Instrument	2076162	8044901
其他制造业	Other Manufacture	276892	1394580
废弃资源综合利用业	Comprehensive Utilization of Waste	237186	959314
金属制品、机械和设备修理业	Metal Products, Machinery and Equipment Repair Industry	39013	377391
电力、燃气及水的生产和供应业	**Production and Supply of Electric,Gas and Water**		
电力、热力的生产和供应业	Production and Supply of Electric Power and Heat Power	3976740	2413518
燃气生产和供应业	Production and Supply of Gas	876944	1468855
水的生产和供应业	Production and Supply of Water	460881	585347

continued

(10 000 yuan)

#主营业务税金及附加 Taxes and Other Charges on Principal Business	营业费用 Cost of Business	管理费用 Cost of Management	利润总额 Total Profits	亏损企业亏损总额 Losses of Loss Enterprises	利税总额 Total Profits and Taxes	本年应交增值税 Value-added Tax Payable	全部从业人员年平均人数(人) Annual Average of Empolyed Persons (person)
17211	25143	41487	64038	4184	115729	34449	16114
128	562	862	901		1147	118	88
25420	9245	14497	102642	8182	196357	68295	9539
1436	6018	22846	72323	1264	79002	5244	5470
51227	107692	97072	261246	2654	420224	107722	21476
39	20	1986	-2762	3396	-2436	287	410
396	644	516	2398		4255	1337	297
539643	2056321	2072820	5892260	142070	7898980	1447820	661323
186536	783977	645980	1615114	37519	2357116	555271	162793
255849	669423	272760	942796	23473	1483407	283819	78547
228	2852	1450	2899		3684	557	228
380805	772401	1158236	4464212	72613	6238746	1393158	567110
193234	705966	760917	1696623	15680	2480007	588246	341745
61623	137795	185627	383859	12485	593248	147681	92668
176737	520413	470196	1565440	7108	2290828	548382	192351
76328	221122	223768	600458	12783	876431	198724	70265
90739	386534	433382	877724	23691	1294182	325633	113227
77320	206185	293157	737555	13599	1032517	217397	68999
188225	598113	682446	1462369	10697	2236595	585412	214621
379686	326205	377334	1939315	36764	2675912	356414	55698
1170011	2325533	2869260	9254651	223294	13259736	2789249	483945
273456	2217448	1111605	3071127	30079	4435401	1090295	158496
17120	39187	70813	103029	21142	186244	66095	16515
300648	976602	1080632	3629068	40477	4834291	901992	296853
489929	1375756	1625911	4892579	156488	7113885	1727418	445505
131617	391197	531279	1366325	17502	2016580	518399	135081
82881	233100	327112	1950166	45002	2694738	661477	94809
363346	797603	1246552	2906217	29853	4272044	1001979	274004
585768	1465316	1950693	4625853	85997	6769879	1554531	440517
377858	1102771	1483871	3548432	99222	5123704	1194544	313522
278031	816776	1184882	2684819	94978	3868581	901514	257636
85107	154248	273579	628546	15646	882800	168954	67411
286073	937624	1211004	2733868	70227	3795207	772863	256400
132838	388892	981500	2583753	64411	3317776	600267	281468
56246	233927	346075	495126	66474	740859	189422	53073
12080	36272	33575	73861	104	114053	28083	12919
7332	10051	19756	75882	5521	101656	18442	5397
4980	3350	16490	27336	1395	39918	7602	2278
17778	21935	100729	189675	38103	253599	46088	20663
10780	44140	61916	122531	8285	163527	29686	7747
4512	8859	23376	57967	1951	78251	15712	4713

14-10 规模以上工业企业主要财务分析指标

类　　别	Category	总资产贡献率 (%) Ratio of Total Assets to Industrial Output Value (%)
2000		
2001		
2002		
2003		
2004		
2005		
2006		19.07
2007		18.74
2008		18.48
2009		17.56
2010		19.45
2011		19.88
2012		19.66
2013		18.80
2014		16.85
2015		14.70
2016		14.09
一、按登记注册类型分	**by Status of Registration**	
内资企业	Domestic Funded Enterprises	13.95
国有企业	State-owned Enterprises	13.67
中央企业	Central Enterprises	16.59
地方企业	Local Enterprises	4.00
集体企业	Collective-owned Enterprises	8.74
股份合作企业	Cooperative Enterprises	22.65
联营企业	Joint Ownership Enterprises	28.70
国有联营企业	State Joint Ownership Enterprises	
集体联营企业	Collective Joint Ownership Enterprises	31.83
国有与集体联营企业	Joint State-collective Enterprises	7.57
其他联营企业	Other Joint Ownership Enterprises	26.79
有限责任公司	Limited Liability Corporations	10.57
国有独资公司	State Sole funded Corporations	5.97
其他有限责任公司	Other Limited Liability Corporations	12.17
股份有限公司	Share-holding Corporations Limited	9.91
私营企业	Private Enterprises	20.50
私营独资企业	Private-funded Enterprises	36.66
私营合作企业	Private Partnership Enterprises	41.57
私营有限责任公司	Private Limited Liability Corporations	20.43
私营股份有限公司	Private Share-holding Corporations Ltd.	16.92
其他企业	Other Enterprises	25.89
港、澳、台商投资企业	Enterprises with Funds from Hong Kong, Macao and Taiwan	13.74
合资经营企业(港或澳、台资)	Joint-ventures Enterprises	17.70
合作经营企业(港或澳、台资)	Cooperative Enterprises	39.96
港澳台商独资经营企业	Enterprises with Sole Investment	11.09
港澳台商投资股份有限公司	Share-holding Corporations Ltd. With Funds from Hong Kong, Macao and Taiwan	8.14
其他企业	Others	4.36
外商投资企业	Foreign Funded Enterprises	15.52
中外合资经营企业	Joint-venture Enterprises	14.68
中外合作经营企业	Cooperation Enterprises	17.78
外资企业	Enterprises with Sole Foreign Funds	16.92
外商投资股份有限公司	Share-holding Corporations Ltd. with Foreign Investment	12.42
其他企业	Others	12.05
二、在总计中:亏损企业	**of which:Loss Enterprises**	**-2.37**
在总计中:国有控股企业	of which:State-holding Enterprises	8.89
在总计中:农村工业	of which:Industry in Rural Area	20.18
在总计中:轻工业	of which:Light Industry	16.68
重工业	Heavy Industry	13.09
在总计中:大型企业	of which:Large-sized Enterprises	11.02
中型企业	Medium-sized Enterprises	13.76
小型企业	Small-sized Enterprises	19.18

Main Financial Indicators of Industrial Enterprises above Designated Size

产值利税率 (%) Ratio of Profits and Taxes to Output Value (%)	销售产值利税率 (%) Ratio of Profits and Taxes to Output Value of Sales (%)	资产负债率 (%) Assets-Liability Ratio (%)	流动资产周转率 (次) Ratio of Turnover Working Capitals (time)	成本费用利润率 (%) Ratio of Profits to Cost (%)	产品销售率 (%) Proportion of Products Sold (%)
12.06	12.33	62.54	2.07	7.31	97.86
11.21	11.46	60.28	2.12	6.61	97.77
10.11	10.34	59.68	2.43	6.02	97.77
10.44	10.66	59.37	2.55	6.62	97.93
10.45	10.68	59.53	3.22	6.96	97.86
11.31	11.52	58.37	3.53	7.91	98.23
11.01	11.19	57.77	3.40	7.58	98.43
10.95	11.14	55.99	3.68	7.57	98.29
10.49	10.88	55.01	3.74	6.87	96.46
10.46	10.46	53.58	3.67	6.96	98.51
11.61	11.78	53.89	3.51	7.93	98.57
11.29	11.46	55.65	3.54	7.70	98.49
11.22	11.38	55.19	3.58	7.34	98.61
10.87	10.99	56.59	3.43	7.07	98.91
10.22	10.35	54.48	3.37	6.54	98.74
9.30	9.41	54.25	3.25	6.27	98.81
8.97	9.08	54.11	3.23	6.16	98.78
8.95	9.06	54.73	3.29	6.05	98.72
11.17	11.75	64.11	4.04	6.90	95.02
12.85	12.85	64.63	6.31	8.15	99.96
3.47	4.80	62.39	1.59	2.06	72.36
12.67	12.82	74.04	1.29	9.38	98.83
12.09	12.53	35.40	4.09	8.57	96.47
9.50	9.77	35.31	6.25	7.74	97.21
9.27	9.57	28.82	8.33	7.65	96.89
11.84	11.84	81.88	0.72	0.56	100.00
13.18	12.82	34.24	2.74	13.97	102.80
8.55	8.60	61.61	2.51	5.17	99.35
8.83	8.99	70.89	1.46	3.35	98.15
8.51	8.55	58.38	2.87	5.49	99.51
9.96	10.13	54.06	2.17	4.75	98.38
8.80	8.92	43.55	5.01	6.77	98.59
9.34	9.48	28.12	12.86	7.16	98.54
8.44	8.58	31.64	15.00	6.54	98.38
8.76	8.88	44.17	5.06	6.74	98.61
8.98	9.12	41.84	3.42	6.94	98.44
8.71	8.82	30.56	6.95	7.15	98.72
10.42	10.59	51.48	2.23	8.05	98.46
12.01	12.18	50.97	2.53	9.38	98.62
9.02	9.23	35.39	8.94	6.14	97.69
7.81	7.96	52.47	2.11	5.78	98.07
9.12	9.16	46.11	2.08	7.69	99.50
10.35	10.44	53.11	0.85	8.37	99.14
8.76	8.81	49.06	3.09	6.54	99.42
9.67	9.77	52.20	2.51	7.24	98.93
8.66	8.68	47.21	3.13	5.86	99.81
7.73	7.81	46.56	3.85	5.85	99.05
12.98	11.65	40.14	2.78	8.85	111.47
6.49	6.55	34.97	3.86	4.80	99.00
-8.12	**-8.22**	**73.98**	**1.23**	**-9.70**	**98.73**
11.21	11.44	64.58	1.87	4.66	97.97
9.60	9.66	30.84	5.64	8.41	99.37
9.29	9.33	48.41	3.71	6.52	99.59
8.82	8.96	56.28	3.04	5.98	98.41
9.62	9.68	59.12	2.30	5.76	99.37
8.76	8.90	56.01	2.79	6.31	98.47
8.57	8.71	44.91	5.49	6.43	98.47

14−10 续表

类　别	Category	总资产贡献率 (%) Ratio of Total Assets to Industrial Output Value (%)
三、按行业大类分	**by Sector**	
采掘业	**Mining**	
煤炭开采和洗选业	Mining and Washing of Coal	6.49
石油和天然气开采业	Extraction of Petroleum and Natural Gas	-8.34
黑色金属矿采选业	Mining of Ferrous Metal Ores	10.19
有色金属矿采选业	Mining of Non-ferrous Metal Ores	9.60
非金属矿采选业	Mining and Processing of Nonmetal Ores	25.47
开采辅助活动	Mining Support Activities	-26.50
其他采矿业	Mining of Other Ores	12.63
制造业	**Manufacturing**	
农副食品加工业	Processing of Food from Agricultural Products	16.41
食品制造业	Manufacture of Foods	19.60
酒、饮料和精制茶制造业	Manufacture of Wine, Drinks and Refined Tea	18.73
烟草制品业	Manufacture of Tobacco	52.15
纺织业	Manufacture of Textile	19.18
纺织服装、服饰业	Manufacture of Textile Wearing Apparel and Finery	17.72
皮革、毛皮、羽毛及其制品和制鞋业	Manufacture of Leather, Fur, Feather & Its Products and Footwear	16.94
木材加工及木 竹、藤、棕、草制品业	Processing of Timbers, Manufacture of Wood, Bamboo, Rattan, Palm, and Straw Products	28.86
家具制造业	Manufacture of Furniture	21.65
造纸及纸制品业	Manufacture of Paper and Paper Products	9.41
印刷和记录媒介复制业	Printing, Reproduction of Recording Media	22.85
文教、工美、体育和娱乐用品制造业	Manufacture of Culture, Education,Arts and crafts, Sport and Entertainment Goods	23.72
石油加工、炼焦和核燃料加工业	Processing of Petroleum, Coking and Nucleus Fuel	23.33
化学原料和化学制品制造业	Manufacture of Chemical Raw Material and Chemical Products	14.78
医药制造业	Manufacture of Medicines	19.40
化学纤维制造业	Manufacture of Chemical Fiber	10.25
橡胶和塑料制品业	Manufacture of Rubber and Plastic	15.53
非金属矿物制品业	Manufacture of Non-metallic Mineral Products	17.46
黑色金属冶炼及压延加工业	Manufacture and Processing of Ferrous Metals	7.05
有色金属冶炼及压延加工业	Manufacture & Processing of Non-ferrous Metals	13.14
金属制品业	Manufacture of Metal Products	16.80
通用设备制造业	Manufacture of General Purpose Machinery	15.45
专用设备制造业	Manufacture of Special Purpose Machinery	14.83
汽车制造业	Manufacture of Automotive	12.37
铁路、船舶、航空航天和其他运输设备制造业	Manufacture of Railroad,Marine,Aerospace and Other Transportation Equipment	10.89
电气机械及器材制造业	Manufacture of Electrical Machinery & Equipment	10.57
计算机、通信和其他电子设备制造业	Manufacture of Computer, Communications and Other Electronic Equipment	16.30
仪器仪表制造业	Manufacture of Measuring Instrument	16.29
其他制造业	Other Manufacture	18.07
废弃资源综合利用业	Comprehensive Utilization of Waste	16.11
金属制品、机械和设备修理业	Metal Products, Machinery and Equipment Repair Industry	22.38
电力、热力、燃气及水的生产和供应业	**Production and Supply of Electric, Heat, Gas and Water**	
电力、热力的生产和供应业	Production and Supply of Electric Power and Heat Power	8.80
燃气生产和供应业	Production and Supply of Gas	8.99
水的生产和供应业	Production and Supply of Water	2.76

continued

产值利税率 (%) Ratio of Profits and Taxes to Output Value (%)	销售产值利税率 (%) Ratio of Profits and Taxes to Output Value of Sales (%)	资产负债率 (%) Assets-Liability Ratio (%)	流动资产周转率 (次) Ratio of Turnover Working Capitals (time)	成本费用利润率 (%) Ratio of Profits to Cost (%)	产品销售率 (%) Proportion of Products Sold (%)
15.46	16.19	71.76	1.25	3.79	95.50
-29.89	-29.86	49.07	2.93	-33.73	100.09
12.88	12.99	47.10	2.68	7.12	99.16
6.81	6.82	61.95	4.40	6.22	99.75
12.48	12.57	42.30	5.27	8.33	99.32
-48.11	-48.11	93.32	1.75	-32.40	100.00
8.72	8.72	21.45	7.82	5.23	99.99
6.89	6.95	44.65	4.96	5.36	99.14
10.16	10.29	41.07	4.35	7.77	98.74
14.51	14.01	39.45	3.15	8.86	103.59
61.02	61.01	37.78	1.21	12.33	100.01
7.68	7.54	49.17	5.52	5.16	101.91
8.86	9.00	47.47	4.40	6.29	98.44
8.12	8.24	46.24	4.26	4.98	98.58
8.73	8.89	33.36	7.90	6.57	98.21
9.70	9.85	42.14	5.59	7.21	98.47
7.96	8.00	57.71	2.31	5.57	99.50
9.11	9.25	38.29	5.78	7.24	98.47
8.80	8.92	40.73	6.37	6.26	98.70
12.40	12.54	66.04	3.25	5.07	98.92
8.90	9.05	55.03	3.51	6.53	98.36
14.52	14.74	38.22	2.43	12.03	98.50
7.30	7.39	56.47	2.69	4.29	98.85
8.18	8.32	48.49	3.36	6.70	98.22
10.11	10.27	46.91	3.77	7.50	98.36
5.16	5.24	65.90	2.61	3.15	98.56
7.52	7.55	52.41	3.65	5.90	99.58
8.40	8.54	47.40	3.56	6.26	98.36
9.57	9.72	45.51	3.45	7.02	98.46
8.95	9.13	46.80	3.11	6.73	98.04
8.61	8.73	60.23	2.20	6.17	98.64
9.05	9.10	65.28	1.84	7.09	99.42
9.01	9.14	61.09	2.03	6.83	98.54
7.64	7.71	54.54	3.08	5.84	99.06
9.13	9.17	45.35	2.88	6.58	99.53
7.98	8.09	45.17	5.46	5.51	98.71
10.40	10.57	39.46	3.79	8.24	98.37
10.16	10.72	29.28	3.97	8.14	94.79
10.68	11.17	65.40	3.18	10.27	95.62
12.17	12.19	52.06	2.09	9.88	99.87
9.03	9.13	59.04	0.89	4.16	98.88

14-11 规模以上国有控股工业企业主要财务分析指标

类 别	Category	总资产贡献率 (%) Ratio of Total Assets to Industrial Output Value (%)
2000		
2001		
2002		
2003		
2004		
2005		
2006		18.25
2007		17.64
2008		16.65
2009		13.95
2010		16.35
2011		16.81
2012		14.96
2013		13.59
2014		12.29
2015		9.46
2016		8.89
在总计中：	**of which:**	
亏损企业	Loss Enterprises	-3.79
在总计中：	**of which:**	
中央企业	Central Enterprises	12.47
地方企业	Local Enterprises	7.27
一、按轻重工业分	**by Light & Heavy Industry**	
轻工业	Light Industry	14.50
重工业	Heavy Industry	8.24
二、按企业规模分	**by Enterprise Size**	
大型企业	Large-sized Enterprises	9.04
中型企业	Medium-sized Enterprises	9.80
小型企业	Small-sized Enterprises	7.31

Enterprises above Designated Size

产值利税率 (%) Ratio of Profits and Taxes to Output Value (%)	销售产值利税率 (%) Ratio of Profits and Taxes to Output Value of Sales (%)	资产负债率 (%) Assets-Liability Ratio (%)	流动资产周转率 (次) Ratio of Turnover Working Capitals (time)	成本费用利润率 (%) Ratio of Profits to Cost (%)	产品销售率 (%) Proportion of Products Sold (%)
17.05	17.19	62.23	1.76	8.85	99.19
15.77	15.93	59.37	1.78	7.65	98.97
13.51	13.70	59.60	1.95	6.39	98.61
14.80	14.98	59.21	2.12	7.71	98.75
15.11	15.37	60.10	2.35	8.82	98.28
16.48	16.64	60.18	2.52	10.83	99.06
16.71	16.83	60.83	2.72	10.51	99.24
16.28	16.38	59.02	2.94	9.91	99.36
14.80	16.37	57.99	2.91	7.36	90.43
14.54	14.54	58.48	2.51	7.19	99.59
15.50	15.53	59.93	2.63	8.07	99.82
15.66	15.75	63.07	2.72	7.80	99.47
15.79	15.92	62.59	2.67	6.49	99.16
14.37	14.47	64.41	2.56	6.04	99.26
13.56	13.65	63.90	2.40	5.68	99.30
11.64	11.77	64.51	1.96	4.86	98.93
11.21	11.44	64.58	1.87	4.66	97.97
-14.86	-14.92	69.71	1.73	-16.05	99.59
13.25	13.24	63.73	2.92	3.64	100.08
9.89	10.24	64.97	1.58	5.14	96.61
20.04	20.09	54.03	1.38	8.19	99.76
10.16	10.39	65.81	1.96	4.24	97.76
12.65	12.83	63.79	1.68	4.48	98.56
11.19	11.28	68.46	2.02	5.01	99.26
6.54	6.87	65.16	3.82	5.23	95.13

14-11 续表

类　　别	Category	总资产贡献率 (%) Ratio of Total Assets to Industrial Output Value (%)
三、按行业大类分	by Sector	
采掘业	Mining	
煤炭开采和洗选业	Mining and Washing of Coal	6.41
石油和天然气开采业	Extraction of Petroleum and Natural Gas	-8.35
黑色金属矿采选业	Mining of Ferrous Metal Ores	3.57
有色金属矿采选业	Mining of Non-ferrous Metal Ores	6.88
非金属矿采选业	Mining and Processing of Nonmetal Ores	12.05
开采辅助活动	Mining Support Activities	-27.24
其他采矿业	Mining of Other Ores	
制造业	Manufacturing	
农副食品加工业	Processing of Food from Agricultural Products	14.65
食品制造业	Manufacture of Foods	39.77
酒、饮料和精制茶制造业	Manufacture of Wine, Drinks and Refined Tea	19.66
烟草制品业	Manufacture of Tobacco	52.15
纺织业	Manufacture of Textile	4.99
纺织服装、服饰业	Manufacture of Textile Wearing Apparel and Finery	11.39
皮革、毛皮、羽毛及其制品和制鞋业	Manufacture of Leather, Fur, Feather & Its Products and Footwear	5.27
木材加工及木 竹、藤、棕、草制品业	Processing of Timbers, Manufacture of Wood, Bamboo, Rattan, Palm, and Straw Products	3.21
家具制造业	Manufacture of Furniture	
造纸及纸制品业	Manufacture of Paper and Paper Products	2.68
印刷和记录媒介复制业	Printing, Reproduction of Recording Media	9.02
文教、工美、体育和娱乐用品制造业	Manufacture of Culture, Education,Arts and crafts, Sport and Entertainment Goods	21.00
石油加工、炼焦和核燃料加工业	Processing of Petroleum, Coking and Nucleus Fuel	57.93
化学原料和化学制品制造业	Manufacture of Chemical Raw Material and Chemical Products	7.51
医药制造业	Manufacture of Medicines	21.30
化学纤维制造业	Manufacture of Chemical Fiber	7.71
橡胶和塑料制品业	Manufacture of Rubber and Plastic	1.43
非金属矿物制品业	Manufacture of Non-metallic Mineral Products	6.76
黑色金属冶炼及压延加工业	Manufacture and Processing of Ferrous Metals	2.88
有色金属冶炼及压延加工业	Manufacture & Processing of Non-ferrous Metals	20.60
金属制品业	Manufacture of Metal Products	6.88
通用设备制造业	Manufacture of General Purpose Machinery	6.07
专用设备制造业	Manufacture of Special Purpose Machinery	4.56
汽车制造业	Manufacture of Automotive	8.08
铁路、船舶、航空航天和其他运输设备制造业	Manufacture of Railroad,Marine,Aerospace and Other Transportation Equipment	9.22
电气机械及器材制造业	Manufacture of Electrical Machinery & Equipment	5.82
计算机、通信和其他电子设备制造业	Manufacture of Computer, Communications and Other Electronic Equipment	13.27
仪器仪表制造业	Manufacture of Measuring Instrument	10.64
其他制造业	Other Manufacture	8.60
废弃资源综合利用业	Comprehensive Utilization of Waste	1.30
金属制品、机械和设备修理业	Metal Products, Machinery and Equipment Repair Industry	21.63
电力、热力、燃气及水的生产和供应业	Production and Supply of Electric, Heat, Gas and Water	
电力、热力的生产和供应业	Production and Supply of Electric Power and Heat Power	9.38
燃气生产和供应业	Production and Supply of Gas	8.55
水的生产和供应业	Production and Supply of Water	0.97

continued

产值利税率 (%) Ratio of Profits and Taxes to Output Value (%)	销售产值利税率 (%) Ratio of Profits and Taxes to Output Value of Sales (%)	资产负债率 (%) Assets-Liability Ratio (%)	流动资产周转率 (次) Ratio of Turnover Working Capitals (time)	成本费用利润率 (%) Ratio of Profits to Cost (%)	产品销售率 (%) Proportion of Products Sold (%)
16.20	17.04	71.93	1.25	3.75	95.03
-30.02	-29.99	49.08	2.93	-33.82	100.10
8.63	8.67	45.34	1.46	0.95	99.55
5.57	5.58	65.07	3.82	4.91	99.80
13.81	13.50	64.08	1.77	3.76	102.33
-48.39	-48.39	95.21	1.81	-32.51	100.00
5.75	5.80	37.25	4.09	4.82	99.09
13.17	13.03	55.87	8.19	11.09	101.11
24.61	25.23	39.42	1.99	12.78	97.57
61.52	61.50	37.84	1.20	12.35	100.03
6.17	6.12	70.40	1.02	0.89	100.75
26.61	24.89	17.36	0.70	17.96	106.89
5.12	5.02	65.20	1.00	1.56	101.92
3.64	3.71	93.22	2.19	0.66	98.16
6.07	6.03	66.25	0.59	3.56	100.74
11.70	11.46	45.30	1.30	5.98	102.02
9.75	10.08	24.89	14.08	8.23	96.78
25.40	25.44	66.64	4.91	7.32	99.88
9.05	9.27	66.56	2.51	5.48	97.60
24.30	25.38	36.84	1.65	22.08	95.73
11.81	12.18	15.48	1.12	8.77	96.96
1.54	1.51	70.67	1.15	0.61	102.23
13.74	14.39	66.24	0.78	9.89	95.51
2.34	2.37	65.95	2.71	0.46	98.83
4.76	4.70	56.95	10.84	3.42	101.15
5.21	5.11	65.88	1.98	2.74	101.88
13.42	13.75	52.73	0.96	9.34	97.56
5.90	6.48	73.79	1.18	2.69	91.11
9.52	9.65	66.83	1.12	6.05	98.64
10.88	10.83	70.40	1.25	8.32	100.47
7.27	7.13	61.42	1.21	3.83	101.89
10.63	10.73	55.17	1.84	5.75	99.11
16.68	14.44	61.90	1.02	8.65	115.49
6.09	6.09	73.41	1.91	3.55	100.00
-0.54	-0.54	43.42	1.37	-7.15	100.00
23.08	23.08	32.23	1.31	16.18	100.00
10.43	10.95	66.48	4.24	10.37	95.28
14.89	14.91	49.64	1.86	13.15	99.87
4.51	4.53	62.83	0.61	-0.46	99.57

14-12 规模以上国有工业企业主要财务分析指标

类别	Category	总资产贡献率 (%) Ratio of Total Assets to Industrial Output Value (%)
2000		
2001		
2002		
2003		
2004		
2005		
2006		12.35
2007		18.92
2008		16.65
2009		11.01
2010		12.91
2011		13.39
2012		14.74
2013		15.48
2014		13.50
2015		13.77
2016		13.67
在总计中：	**of which:**	
亏损企业	Loss Enterprises	-2.84
在总计中：	**of which:**	
中央企业	Central Enterprises	16.59
地方企业	Local Enterprises	4.00
一、按轻重工业分	**by Light & Heavy Industry**	
轻工业	Light Industry	27.25
重工业	Heavy Industry	9.89
二、按企业规模分	**by Enterprise Size**	
大型企业	Large-sized Enterprises	30.34
中型企业	Medium-sized Enterprises	3.94
小型企业	Small-sized Enterprises	8.14

Main Financial Indicators of State-owned Industrial Enterprises above Designated Size

产值利税率 (%) Ratio of Profits and Taxes to Output Value (%)	销售产值利税率 (%) Ratio of Profits and Taxes to Output Value of Sales (%)	资产负债率 (%) Assets-Liability Ratio (%)	流动资产周转率 (次) Ratio of Turnover Working Capitals (time)	成本费用利润率 (%) Ratio of Profits to Cost (%)	产品销售率 (%) Proportion of Products Sold (%)
19.04	19.14	63.22	1.98	10.21	99.45
12.61	12.82	64.12	1.70	3.37	98.39
12.70	12.86	64.46	1.90	3.57	98.77
13.11	13.35	64.16	2.04	3.83	98.16
8.52	8.77	65.39	2.23	2.55	97.10
9.21	9.30	65.87	2.05	4.01	99.04
12.43	12.51	64.11	2.59	4.99	99.32
12.28	12.38	61.63	2.77	5.11	99.21
26.95	35.17	48.06	3.96	15.97	76.64
10.16	10.16	61.27	2.95	3.77	99.04
10.55	10.59	64.81	3.05	4.36	99.60
10.51	10.60	64.71	3.48	4.42	99.12
15.18	15.36	65.36	3.48	5.40	98.78
13.22	13.23	66.05	3.97	5.56	99.90
10.86	10.90	64.00	3.96	3.76	99.63
10.87	10.91	65.03	4.00	5.26	99.65
11.17	11.75	64.11	4.04	6.90	95.02
-17.67	-17.47	70.21	0.79	-14.19	101.15
12.85	12.85	64.63	6.31	8.15	99.96
3.47	4.80	62.39	1.59	2.06	72.36
35.23	35.48	51.43	1.47	6.37	99.30
7.16	7.59	67.65	8.16	7.02	94.31
36.72	36.94	55.26	1.73	16.70	99.39
6.64	6.76	71.48	1.32	2.32	98.17
5.32	5.67	66.77	13.96	4.11	93.86

14-12 续表

类　　别	Category	总资产贡献率 (%) Ratio of Total Assets to Industrial Output Value (%)
三、按行业大类分	**by Sector**	
采掘业	**Mining**	
煤炭开采和洗选业	Mining and Washing of Coal	-0.52
石油和天然气开采业	Extraction of Petroleum and Natural Gas	
黑色金属矿采选业	Mining of Ferrous Metal Ores	2.16
有色金属矿采选业	Mining of Non-ferrous Metal Ores	23.22
非金属矿采选业	Mining and Processing of Nonmetal Ores	1.53
开采辅助活动	Mining Support Activities	
其他采矿业	Mining of Other Ores	
制造业	**Manufacturing**	
农副食品加工业	Processing of Food from Agricultural Products	18.51
食品制造业	Manufacture of Foods	8.97
酒、饮料和精制茶制造业	Manufacture of Wine, Drinks and Refined Tea	9.80
烟草制品业	Manufacture of Tobacco	52.56
纺织业	Manufacture of Textile	42.49
纺织服装、服饰业	Manufacture of Textile Wearing Apparel and Finery	
皮革、毛皮、羽毛及其制品和制鞋业	Manufacture of Leather, Fur, Feather & Its Products and Footwear	
木材加工及木 竹、藤、棕、草制品业	Processing of Timbers, Manufacture of Wood, Bamboo, Rattan, Palm, and Straw Products	4.53
家具制造业	Manufacture of Furniture	
造纸及纸制品业	Manufacture of Paper and Paper Products	1.77
印刷和记录媒介复制业	Printing, Reproduction of Recording Media	8.17
文教、工美、体育和娱乐用品制造业	Manufacture of Culture, Education,Arts and crafts，Sport and Entertainment Goods	
石油加工、炼焦和核燃料加工业	Processing of Petroleum, Coking and Nucleus Fuel	-7.08
化学原料和化学制品制造业	Manufacture of Chemical Raw Material and Chemical Products	7.36
医药制造业	Manufacture of Medicines	7.82
化学纤维制造业	Manufacture of Chemical Fiber	
橡胶和塑料制品业	Manufacture of Rubber and Plastic	
非金属矿物制品业	Manufacture of Non-metallic Mineral Products	3.05
黑色金属冶炼及压延加工业	Manufacture and Processing of Ferrous Metals	17.72
有色金属冶炼及压延加工业	Manufacture & Processing of Non-ferrous Metals	
金属制品业	Manufacture of Metal Products	6.93
通用设备制造业	Manufacture of General Purpose Machinery	0.26
专用设备制造业	Manufacture of Special Purpose Machinery	5.94
汽车制造业	Manufacture of Automotive	-4.63
铁路、船舶、航空航天和其他运输设备制造业	Manufacture of Railroad,Marine,Aerospace and Other Transportation Equipment	2.66
电气机械及器材制造业	Manufacture of Electrical Machinery & Equipment	3.99
计算机、通信和其他电子设备制造业	Manufacture of Computer, Communications and Other Electronic Equipment	
仪器仪表制造业	Manufacture of Measuring Instrument	6.19
其他制造业	Other Manufacture	
废弃资源综合利用业	Comprehensive Utilization of Waste	
金属制品、机械和设备修理业	Metal Products, Machinery and Equipment Repair Industry	
电力、热力、燃气及水的生产和供应业	**Production and Supply of Electric, Heat, Gas and Water**	
电力、热力的生产和供应业	Production and Supply of Electric Power and Heat Power	11.32
燃气生产和供应业	Production and Supply of Gas	13.15
水的生产和供应业	Production and Supply of Water	-0.78

continued

产值利税率 (%) Ratio of Profits and Taxes to Output Value (%)	销售产值利税率 (%) Ratio of Profits and Taxes to Output Value of Sales (%)	资产负债率 (%) Assets-Liability Ratio (%)	流动资产周转率 (次) Ratio of Turnover Working Capitals (time)	成本费用利润率 (%) Ratio of Profits to Cost (%)	产品销售率 (%) Proportion of Products Sold (%)
-6.85	-6.81	45.29	0.39	-15.69	100.63
17.76	18.63	18.71	0.29	9.44	95.34
15.77	15.77	76.27	9.10	18.47	100.00
-2.92	-1.96	99.18	0.60	-16.01	149.22
7.36	7.53	32.82	3.82	6.63	97.72
9.87	9.91	63.01	2.39	3.50	99.58
12.39	12.56	67.37	1.52	1.87	98.67
64.08	64.15	38.01	1.15	13.36	99.90
17.68	18.11	51.96	5.10	7.93	97.61
7.24	6.99	260.11	1.05	0.62	103.55
2.12	2.13	77.00	1.49	0.02	99.55
9.75	9.96	28.08	1.26	6.81	97.87
-18.95	-15.11	90.38	0.97	-14.23	125.40
7.09	7.03	101.53	2.60	2.72	100.84
14.72	14.72	99.13	1.34	1.52	100.00
5.01	5.07	68.12	0.72	-1.82	98.91
16.79	16.80	32.09	1.92	8.81	99.90
9.96	9.96	55.96	0.78	2.75	100.00
0.08	0.08	46.95	0.64	-3.08	98.02
17.33	17.77	64.83	1.21	4.97	97.54
-14.08	-13.51	50.79	0.70	-12.14	104.24
4.86	4.90	72.21	1.40	3.45	99.24
4.26	4.14	64.61	1.65	0.73	102.81
4.38	4.38	20.62	1.42	0.45	100.00
7.32	7.79	69.43	20.96	7.70	93.99
4.77	4.78	31.37	9.26	3.48	99.80
-5.39	-5.43	77.74	0.91	-6.55	99.37

14-13 各市规模以上工业企业主要经济指标(2016年)

Main Economic Indicators of Industrial Enterprises above Designated Size by Region(2016)

地 区	Region	企业单位数(个) Number of Industial Enterprises (unit)	大型企业 Large-sized Enterprises	中型企业 Medium-sized Enterprises	小型企业 Small-sized Enterprises	亏损企业数(个) Number of Loss Enterprises (unit)	工业总产值(万元) Gross Industrial Output Value (10 000 yuan)	内资企业 Domestic Funded Enterprises
全省总计	**Total**	**39567**	**888**	**4083**	**34596**	**2781**	**1507051303**	**1306799042**
济南市	Jinan	1968	48	177	1743	171	76434881	71531294
青岛市	Qingdao	4431	85	516	3830	400	163438133	121616076
淄博市	Zibo	2976	60	292	2624	247	120115156	106562145
枣庄市	Zaozhuang	1363	18	244	1101	49	34535793	32528414
东营市	Dongying	954	54	145	755	120	133346461	124920992
烟台市	Yantai	2575	99	394	2082	315	164346563	106472991
潍坊市	Weifang	3812	98	392	3322	259	131527967	120908656
济宁市	Jining	2599	48	189	2362	152	54996507	52217214
泰安市	Tai'an	1640	42	173	1425	94	56314458	54107458
威海市	Weihai	1883	92	289	1502	189	71412943	53171438
日照市	Rizhao	657	15	88	554	91	24595699	18011815
莱芜市	Laiwu	548	10	47	491	78	17880411	17548641
临沂市	Linyi	4059	64	406	3589	166	109250787	97651095
德州市	Dezhou	2991	51	257	2683	75	105694610	100324594
聊城市	Liaocheng	2646	37	156	2453	81	89999113	82982287
滨州市	Binzhou	1201	45	133	1023	213	73820268	71804995
菏泽市	Heze	3264	22	185	3057	81	79341553	74438940

14-13 续表 1 continued

单位:万元 (10 000 yuan)

地 区	Region	国有工业 State-owned Enterprises	集体工业 Collective-owned Enterprises	股份合作企业 Cooperative Enterprises	联营企业 Joint Ownership Enterprises	有限责任公司 Limited Liability Corporations	股份有限公司 Share-holding Corporations Limited
全省总计	**Total**	**38957035**	**17159832**	**786367**	**137588**	**433316540**	**122496289**
济南市	Jinan	21822470	359952	14401		29765712	5463249
青岛市	Qingdao	2747269	8391085	151257		36233342	12355320
淄博市	Zibo	1803557	2520115	481216	80020	31110588	15590771
枣庄市	Zaozhuang	730351	77347			11714658	493979
东营市	Dongying	93499	542147			26537315	18538747
烟台市	Yantai	2278765	3128804	11492		32798880	10251407
潍坊市	Weifang	203672	561311	23967		27109327	16384972
济宁市	Jining	1242187	37822	30571		25273873	3158152
泰安市	Tai'an	96783	330510			22247269	2196360
威海市	Weihai	644377	755254	40393	17953	16585443	5649021
日照市	Rizhao	805012	2608	8701		10906791	1311881
莱芜市	Laiwu	422311	2605		3151	13696259	1062478
临沂市	Linyi	1616526	203813	3556	5866	27020689	8754130
德州市	Dezhou	1059134	118290	20813		29980559	7486420
聊城市	Liaocheng	1310042	41121		30598	25275069	3630545
滨州市	Binzhou	817970	43689			49967593	5912342
菏泽市	Heze	1263111	43360			17093174	4256516

14-13 续表 2 continued

单位:万元 (10 000 yuan)

地 区	Region	私营企业 Private Enterprises	其他企业 Other Enterprises	港澳台商投资企业 Enterprises with Funds from Hong Kong, Macao and Taiwan	外商投资企业 Foreign Funded Enterprises	高新技术产业 High and New-tech Industry: 总产值 Gross Output Value	高新技术产业 High and New-tech Industry: 占规模以上工业比重(%) Portion in Industries Above Designated Size	工业销售产值(当年价) Industrial Output Value of Products Sold (current prices)	#出口交货值 Export Delivery Value
全省总计	**Total**	**692063426**	**1881964**	**45127885**	**155124376**	**514008100**	**33.75**	**1488722608**	**86126735**
济 南 市	Jinan	14048324	57186	1263892	3639696	23902800	43.65	75812757	2864781
青 岛 市	Qingdao	61731585	6220	8534806	33287251	76264700	41.72	159910294	21288208
淄 博 市	Zibo	54793823	182055	3111803	10441209	40137100	33.14	117796563	3323442
枣 庄 市	Zaozhuang	19512079		890940	1116438	7803200	22.62	34378928	530463
东 营 市	Dongying	79209284		3457011	4968459	47460100	35.47	131740793	4631029
烟 台 市	Yantai	57882584	121059	8900620	48972952	70119500	41.87	162766125	17162981
潍 坊 市	Weifang	76612068	13338	5092172	5527139	44135000	33.13	129903409	11038218
济 宁 市	Jining	22433214	41395	1013855	1765438	16340400	29.87	54011955	2727094
泰 安 市	Tai'an	29097499	139038	707063	1499938	17275400	28.30	55224299	890968
威 海 市	Weihai	29381109	97889	1635225	16606280	28270500	39.95	70321196	8424087
日 照 市	Rizhao	4957362	19460	233591	6350293	6520100	23.27	23992533	2517800
莱 芜 市	Laiwu	2350017	11821	132513	199257	3861100	21.36	17621075	897190
临 沂 市	Linyi	59645679	400836	3277317	8322376	29351800	28.45	107814554	3215793
德 州 市	Dezhou	61250515	408862	884613	4485403	31328700	29.44	104592866	1848892
聊 城 市	Liaocheng	52322449	372462	2295955	4720871	25923900	28.13	88999739	1301100
滨 州 市	Binzhou	15060081	3321	636905	1378369	19704600	26.83	75508690	1849840
菏 泽 市	Heze	51775755	7023	3059605	1843009	25609200	32.69	78326832	1614850

14-13 续表 3 continued

单位:万元 (10 000 yuan)

地 区	Region	资产合计 Total Assets	产成品 Finished Products	流动资产合计 Total Working Capitals	固定资产合计 Total Fixed Assets	负债合计 Total Liabilities	主营业务收入 Revenue from Principal Business	#主营业务税金及附加 Taxes and Other Charges on Principal Business
全省总计	**Total**	**1050463187**	**35366887**	**475114974**	**411452149**	**568378689**	**1506412093**	**15205506**
济 南 市	Jinan	90169897	2241488	37428841	30856541	53189097	80256811	2524252
青 岛 市	Qingdao	124537736	4876947	65107630	35955054	71409436	157720705	2516607
淄 博 市	Zibo	67318552	2597508	27962051	28595186	33776782	118603830	1749725
枣 庄 市	Zaozhuang	22963935	763709	8730295	10371888	12377005	38265251	274522
东 营 市	Dongying	100190191	3916081	49201808	44199566	49780472	132282719	1174639
烟 台 市	Yantai	93101436	3188484	43701942	37013376	46366273	161482426	664719
潍 坊 市	Weifang	93812189	3651038	43626097	36559420	53414115	132127340	782407
济 宁 市	Jining	74689563	2177976	34046814	24210687	46200520	54117341	494928
泰 安 市	Tai'an	44286442	1538276	18077979	13467446	26752371	57442110	545344
威 海 市	Weihai	49519015	1823585	22683780	21555766	20936764	70572586	453925
日 照 市	Rizhao	29695883	894359	17029275	9687555	20821171	24558205	159154
莱 芜 市	Laiwu	12686972	470272	5066924	6143866	8605125	15907456	48333
临 沂 市	Linyi	56210134	1929559	23456181	23742343	26970189	108390545	660569
德 州 市	Dezhou	43724008	827527	13489146	26115488	15435430	104652239	1276989
聊 城 市	Liaocheng	48106857	1231621	20731993	19199953	22857626	88565758	498505
滨 州 市	Binzhou	64255381	1843226	29845048	25897961	43013590	83484050	547712
菏 泽 市	Heze	35194997	1395231	14929170	17880052	16472723	77982722	833178

14-13 续表 4 continued

单位：万元 (10 000 yuan)

地区	Region	营业费用 Cost of Business	管理费用 Cost of Management	利润总额 Total Profits	亏损企业亏损总额 Losses of Loss Enterprises	利税总额 Total Profits and Taxes	本年应交增值税 Value-added Tax Payable	全部从业人员年平均人数(人) Annual Average Empolyed Persons (person)
全省总计	**Total**	**30882647**	**39208186**	**88200178**	**5793691**	**135218139**	**31618037**	**8693735**
济南市	Jinan	2346998	3154250	5072716	248433	10599273	2995512	438720
青岛市	Qingdao	6048294	7287737	9312964	519775	15844760	4002777	948717
淄博市	Zibo	1574208	2773221	8039058	165405	13220089	3395938	589089
枣庄市	Zaozhuang	797452	1229651	1655215	127660	2642994	710082	396323
东营市	Dongying	1114679	2403350	6117941	2824184	9672681	2378459	381849
烟台市	Yantai	2401707	3395897	11810051	329265	15159000	2683207	829276
潍坊市	Weifang	2605090	3347319	7374240	168231	10749589	2586658	804761
济宁市	Jining	1117633	2169058	3440945	195059	5695724	1717861	573467
泰安市	Tai'an	1199511	1879082	3544959	171114	5102041	1009334	400210
威海市	Weihai	1919106	2306907	4102376	164714	5990205	1407318	569555
日照市	Rizhao	368955	549017	834352	98224	1624455	593247	147402
莱芜市	Laiwu	197258	409718	407081	125892	604277	147886	123913
临沂市	Linyi	3655337	2781307	6026457	181868	8641004	1949542	740537
德州市	Dezhou	2126397	1779027	5840950	107927	8191808	1071536	484046
聊城市	Liaocheng	1249016	1330313	5939470	68424	8225784	1787350	421787
滨州市	Binzhou	726112	1209769	2847041	215584	4214562	817735	367476
菏泽市	Heze	1434894	1202564	5834363	81933	9039892	2363596	476607

14-14 各市规模以上国有控股工业企业主要经济指标(2016年)

Main Economic Indicators of State-holding Industrial Enterprises above Designated Size by Region(2016)

单位：万元 (10 000 yuan)

地区	Region	企业单位数(个) Number of Industial Enterprises (unit)	#亏损企业 Number of Loss Enterprises	工业总产值 Gross Industrial Output Value	工业销售产值 Industrial Output Value of Products Sold	#出口交货值 Export Delivery Value	资产合计 Total Assets
全省总计	**Total**	**1124**	**277**	**199740261**	**195682514**	**7325709**	**291564248**
济南市	Jinan	151	39	41765666	41483322	1254227	65496641
青岛市	Qingdao	128	37	30514987	28583493	2005527	32883519
淄博市	Zibo	88	30	14012721	13996851	366983	15739030
枣庄市	Zaozhuang	66	25	5246641	5222532	53745	11296255
东营市	Dongying	34	8	11530433	11542281	108652	21687700
烟台市	Yantai	125	30	30220726	29924347	1539099	25935829
潍坊市	Weifang	72	13	13332292	13202929	413313	23502744
济宁市	Jining	110	23	10868320	10353817	220541	41357391
泰安市	Tai'an	64	17	7518626	7047203	252144	18707430
威海市	Weihai	45	9	2162001	2112878	275994	4281788
日照市	Rizhao	19	5	1708150	1705422	191126	1335283
莱芜市	Laiwu	20	5	5096630	5050749	135076	4368031
临沂市	Linyi	56	13	4196256	4182799	21820	5007459
德州市	Dezhou	43	9	5355758	5294484	48923	5692937
聊城市	Liaocheng	51	6	9206464	9003965	90068	6861513
滨州市	Binzhou	23	4	4501564	4481875	348314	3924889
菏泽市	Heze	29	4	2503028	2493567	158	3485811

14-14 续表 1 continued

单位:万元 (10 000 yuan)

地 区	Region	产成品 Finished Products	流动资产合计 Total Working Capitals	固定资产合计 Total Fixed Assets	负债合计 Total Liabilities	主营业务收入 Revenue from Principal Business	#主营业务税金及附加 Taxes and Other Charges on Principal Business
全省总计	**Total**	**7413906**	**114330586**	**116000408**	**188306436**	**200443415**	**6409412**
济南市	Jinan	1201189	23241158	24181537	41988884	45669663	2181720
青岛市	Qingdao	1284409	20703579	7951857	20789114	28198378	1191687
淄博市	Zibo	594871	5869746	8207891	8802327	14059819	1183039
枣庄市	Zaozhuang	426837	5139080	3753258	7394833	9265018	98035
东营市	Dongying	381987	3492316	17787326	11830781	11872784	495833
烟台市	Yantai	664788	9271060	11220153	16688119	30251852	327063
潍坊市	Weifang	396935	11062568	6464874	14140516	13541817	159130
济宁市	Jining	1013928	17192579	13060960	29092969	9960322	237671
泰安市	Tai'an	676135	7012010	5439009	14990063	8699034	104775
威海市	Weihai	62662	1481864	2093042	2163062	1660654	16554
日照市	Rizhao	56315	522268	641403	807789	1411657	16028
莱芜市	Laiwu	73946	783900	3245533	3626185	2381830	11498
临沂市	Linyi	78380	1128485	3197673	3402595	4315069	31313
德州市	Dezhou	118616	2251057	2719639	3320483	5148321	206677
聊城市	Liaocheng	233214	2729218	2693495	4362252	8872322	31888
滨州市	Binzhou	114069	1231628	1545941	2672060	3656894	67031
菏泽市	Heze	35627	1218072	1796818	2234405	1477982	49471

14-14 续表 2 continued

单位:万元 (10 000 yuan)

地 区	Region	营业费用 Cost of Business	管理费用 Cost of Management	利润总额 Total Profits	亏损企业亏损总额 Losses of Loss Enterprises	利税总额 Total Profits and Taxes	本年应交增值税 Value-added Tax Payable	全部从业人员年平均人数(人) Annual Average Empolyed Persons (person)
全省总计	**Total**	**4434376**	**9301687**	**9277613**	**3834977**	**22386135**	**6607852**	**1367493**
济南市	Jinan	906954	1568363	2076466	201520	6050879	1788864	173712
青岛市	Qingdao	1108731	1256054	1971552	171195	4113602	947049	109381
淄博市	Zibo	369264	821911	1013425	60448	2940618	709338	109585
枣庄市	Zaozhuang	146473	464111	161898	106493	400562	137532	105955
东营市	Dongying	68759	1128165	-2498072	2704230	-1557386	444507	126586
烟台市	Yantai	443859	893931	1838358	119228	2673520	507647	108964
潍坊市	Weifang	275103	465813	906985	21884	1456722	390369	69169
济宁市	Jining	264782	1134551	843993	92042	1913030	790961	220710
泰安市	Tai'an	151878	609879	256033	117645	505044	143366	107973
威海市	Weihai	81255	167553	178374	30048	237640	42532	23581
日照市	Rizhao	12348	24177	105525	8362	167517	45938	9215
莱芜市	Laiwu	24897	130611	-38722	90419	29152	56344	44050
临沂市	Linyi	127324	130868	888365	43701	987549	67840	30153
德州市	Dezhou	79072	135701	394792	12498	690556	88984	37465
聊城市	Liaocheng	265960	169743	744880	17828	983703	206932	40378
滨州市	Binzhou	74428	117502	156489	1741	322475	98210	25050
菏泽市	Heze	33290	82754	277272	35696	470953	141440	25566

14-15 各市规模以上外商和港澳台投资工业主要经济指标(2016年) Main Economic Indicators of Industry with Funds from Foreign Countries (Territories), Hong Kong,Macao and Taiwan by Region(2016)

单位:万元 (10 000 yuan)

地区	Region	企业单位数(个) Number of Industial Enterprises (unit)	#亏损企业 Number of Loss Enterprises	工业总产值 Gross Industrial Output Value	工业销售产值 Industrial Output Value of Products Sold	#出口交货值 Export Delivery Value	资产合计 Total Assets
全省总计	**Total**	**3727**	**542**	**200252261**	**198661159**	**36110343**	**130290439**
济南市	Jinan	151	20	4903587	4892971	500245	6059082
青岛市	Qingdao	1205	166	41822057	41913687	11123913	28502639
淄博市	Zibo	172	34	13553012	13228325	1528191	8382955
枣庄市	Zaozhuang	63	6	2007379	1986647	155668	1639434
东营市	Dongying	51	7	8425470	8402079	141922	5946842
烟台市	Yantai	621	105	57873572	57616155	11876179	24667870
潍坊市	Weifang	304	41	10619312	10505148	2304227	8844264
济宁市	Jining	116	18	2779293	2829471	509117	2964608
泰安市	Tai'an	62	11	2207000	2177135	90634	1324702
威海市	Weihai	458	61	18241505	17823547	4738254	10053873
日照市	Rizhao	76	17	6583884	6531058	692342	5809220
莱芜市	Laiwu	25	5	331770	328093	47917	810473
临沂市	Linyi	190	18	11599693	11322886	1139194	8236374
德州市	Dezhou	84	8	5370016	5286350	672168	2549717
聊城市	Liaocheng	41	9	7016825	6972889	142648	8432591
滨州市	Binzhou	43	11	2015273	1980228	143928	2636352
菏泽市	Heze	65	5	4902614	4864493	303797	3429445

14-15 续表 1 continued

单位:万元 (10 000 yuan)

地区	Region	产成品 Finished Products	流动资产合计 Total Working Capitals	固定资产合计 Total Fixed Assets	负债合计 Total Liabilities	主营业务收入 Revenue from Principal Business	#主营业务税金及附加 Taxes and Other Charges on Principal Business
全省总计	**Total**	**4777907**	**69629502**	**46268184**	**64807638**	**196235784**	**1214566**
济南市	Jinan	190001	2841041	2419100	2748759	4844400	35514
青岛市	Qingdao	1055817	17033619	8242865	13418062	40312336	424704
淄博市	Zibo	371839	3765875	3091936	3776487	13313625	50530
枣庄市	Zaozhuang	55408	705905	840662	961098	1956467	10363
东营市	Dongying	372152	4498369	1142546	3647725	8192052	16611
烟台市	Yantai	757210	15531681	6929668	14020591	57201976	296561
潍坊市	Weifang	498710	4471458	3506784	4905881	10690834	49613
济宁市	Jining	135109	1503358	1142812	1317879	2816439	28319
泰安市	Tai'an	29547	593509	461500	557817	2087576	16281
威海市	Weihai	248549	4051884	5250415	3540600	17871356	101192
日照市	Rizhao	148174	2679573	2776220	3419019	6686403	16968
莱芜市	Laiwu	12053	450203	185024	346411	316458	3048
临沂市	Linyi	480603	4072896	2719568	3343226	11070910	60594
德州市	Dezhou	69938	822467	1420582	879829	5182207	32364
聊城市	Liaocheng	93186	3055032	4057231	4726971	6825357	15364
滨州市	Binzhou	101290	1782995	622983	1888120	2007951	11811
菏泽市	Heze	158321	1769636	1458288	1309164	4859438	44730

14-15 续表 2 continued

单位:万元 (10 000 yuan)

地 区	Region	营业费用 Cost of Business	管理费用 Cost of Management	利润总额 Total Profits	亏损企业亏损总额 Losses of Loss Enterprises	利税总额 Total Profits and Taxes	本年应交增值税 Value-added Tax Payable	全部从业人员年平均人数(人) Annual Average Empolyed Perss (person)
全省总计	**Total**	**4968745**	**5341099**	**12650074**	**649722**	**18295000**	**4414709**	**1260313**
济南市	Jinan	236094	282523	604935	11858	794574	153267	47918
青岛市	Qingdao	1534717	1643550	2263583	159790	3545013	855198	320000
淄博市	Zibo	252993	344003	867660	34018	1207514	289249	76018
枣庄市	Zaozhuang	58816	63734	73790	30101	121004	36850	30750
东营市	Dongying	70024	97240	377070	12204	758636	364899	11778
烟台市	Yantai	590081	914274	3832061	115191	5148921	1020103	282025
潍坊市	Weifang	344915	385316	638282	72814	929864	241508	77826
济宁市	Jining	82310	131113	170200	28908	265989	67366	33404
泰安市	Tai'an	81389	69957	134174	6097	195027	44513	18259
威海市	Weihai	267710	539119	924216	52989	1337560	301216	156435
日照市	Rizhao	108603	150369	216347	24648	469256	235941	22116
莱芜市	Laiwu	24176	20113	10440	5033	18530	5029	3417
临沂市	Linyi	661145	353670	668386	47256	1010873	281616	93691
德州市	Dezhou	92698	96044	322683	14268	443896	88836	29898
聊城市	Liaocheng	40825	80001	571085	13642	705075	118626	18429
滨州市	Binzhou	51447	62915	35734	19764	77528	29747	15742
菏泽市	Heze	470802	107157	939426	1142	1265740	280746	22607

14-16 各市规模以上非公有工业主要经济指标(2016年)

Main Economic Indicators of Non-public Industry Enterprises above Designated Size by Region(2016)

单位:万元 (10 000 yuan)

地 区	Region	企业单位数(个) Number of Industial Enterprises (unit)	#亏损企业 Number of Loss Enterprises	工业总产值 Gross Industrial Output Value	工业销售产值 Industrial Output Value of Products Sold	#出口交货值 Export Delivery Value	资产合计 Total Assets
全省总计	**Total**	**35633**	**2138**	**1129367213**	**1117094235**	**69430830**	**602421483**
济南市	Jinan	1461	101	25234207	24918594	916066	16533224
青岛市	Qingdao	3969	317	112781612	111560601	17078537	60430983
淄博市	Zibo	2592	177	90356031	88278754	1889382	41198453
枣庄市	Zaozhuang	1214	21	26835186	26706640	442991	9025308
东营市	Dongying	833	96	99321448	97871290	4084859	63425072
烟台市	Yantai	2218	254	111864527	110969263	14572719	51253598
潍坊市	Weifang	3513	216	106755597	105690845	9673513	60958056
济宁市	Jining	2389	105	35283640	34809278	2203325	26099242
泰安市	Tai'an	1446	61	43532930	42927945	578713	20630155
威海市	Weihai	1655	157	54039682	53067541	6497778	31516821
日照市	Rizhao	541	72	21724494	21159489	2192604	26962827
莱芜市	Laiwu	473	62	11772876	11574098	749476	6994606
临沂市	Linyi	3676	124	95192898	93875873	3012889	44172029
德州市	Dezhou	2869	57	97888230	96863271	1718893	36588807
聊城市	Liaocheng	2530	70	68793662	68042110	880812	30897957
滨州市	Binzhou	1080	184	59107323	60866317	1345779	47352507
菏泽市	Heze	3174	64	68882872	67912326	1592494	28381838

14-16 续表 1 continued

单位:万元 (10 000 yuan)

地区	Region	产成品 Finished Products	流动资产合计 Total Working Capitals	固定资产合计 Total Fixed Assets	负债合计 Total Liabilities	主营业务收入 Revenue from Principal Business	#主营业务税金及附加 Taxes and Other Charges on Principal Business
全省总计	**Total**	**21990942**	**284434106**	**241879160**	**290507806**	**1128790579**	**7391200**
济南市	Jinan	661485	9151477	4699306	7783457	25254822	266253
青岛市	Qingdao	2204321	27151568	23802051	27755667	108155406	1164563
淄博市	Zibo	1510765	17161545	17085560	19459457	89177102	493500
枣庄市	Zaozhuang	279559	2747784	5091278	3274166	26539973	166132
东营市	Dongying	3107895	37248617	21393645	29046953	98168336	399804
烟台市	Yantai	2009367	27772202	18597372	23258716	109912502	247789
潍坊市	Weifang	2662984	27936524	26233678	33478111	107031392	584050
济宁市	Jining	863344	13179175	8424476	12702629	35554079	233405
泰安市	Tai'an	725350	7977318	6752687	9090415	43374192	405061
威海市	Weihai	1121896	14047666	14123961	13111721	54361236	303662
日照市	Rizhao	761541	15614901	8661854	18947303	22038727	138307
莱芜市	Laiwu	345313	3683066	2400312	4293127	12539092	30613
临沂市	Linyi	1606501	19139194	17501353	19553183	94071092	559459
德州市	Dezhou	668656	10686356	22663681	11514837	97051542	1022136
聊城市	Liaocheng	838646	14173852	11646613	13107704	67859905	439844
滨州市	Binzhou	1425087	24617643	18027485	31871482	69008284	457737
菏泽市	Heze	1198235	12145220	14773846	12258879	68692897	478886

14-16 续表 2 continued

单位:万元 (10 000 yuan)

地区	Region	营业费用 Cost of Business	管理费用 Cost of Management	利润总额 Total Profits	亏损企业亏损总额 Losses of Loss Enterprises	利税总额 Total Profits and Taxes	本年应交增值税 Value-added Tax Payable	全部从业人员年平均人数(人) Annual Average Empolyed Persons (person)
全省总计	**Total**	**21117213**	**24307946**	**67702222**	**1544309**	**96338658**	**21150574**	**6301921**
济南市	Jinan	908088	1088141	2010117	29198	3132575	853626	191963
青岛市	Qingdao	3249338	4361086	5868951	269454	9619392	2577610	731901
淄博市	Zibo	978072	1582393	6080563	78174	8861428	2286869	388040
枣庄市	Zaozhuang	589863	667587	1376274	19583	2075773	533326	269475
东营市	Dongying	900610	1055085	7600918	97819	9363081	1361283	210794
烟台市	Yantai	1584793	1967366	8092565	192236	10177912	1837049	606579
潍坊市	Weifang	2041083	2548049	5959133	133627	8641235	2092063	651293
济宁市	Jining	707848	860003	2262293	76538	3259406	762509	310951
泰安市	Tai'an	934719	1056812	2815928	33732	3941274	719117	247218
威海市	Weihai	758538	1509717	2709896	114437	3973364	938210	406635
日照市	Rizhao	330277	482874	705517	76389	1414401	533101	122801
莱芜市	Laiwu	156632	227327	388939	20920	486694	66225	63673
临沂市	Linyi	3280111	2402839	4780369	97070	7051108	1707476	638910
德州市	Dezhou	1971341	1562786	5314484	86793	7299464	960615	429223
聊城市	Liaocheng	884581	1018087	4362714	46578	6200333	1397372	324187
滨州市	Binzhou	493940	855635	2214343	134285	3229325	556307	272675
菏泽市	Heze	1347380	1062159	5159216	37478	7611893	1967818	435603

14-17 各市规模以上工业主要财务分析指标(2016年)

Main Financial Indicators of Industry above Designated Size by Region(2016)

单位：% (%)

地 区	Region	总资产贡献率 Ratio of Total Assets to Industrial Output Value	产值利税率 Ratio of Profits and Taxes to Output Value	销售产值利税率 Ratio of Profits and Taxes to Output Value of Sales	资产负债率 Assets-Liability Ratio	流动资产周转率(次) Ratio of Turnover Working Capitals (time)	成本费用利润率 Ratio of Profits to Cost	产品销售率 Proportion of Products Sold
全省总计	**Total**	**14.09**	**8.97**	**9.08**	**54.11**	**3.23**	**6.16**	**98.78**
济南市	Jinan	12.60	13.87	13.98	58.99	2.18	6.75	99.19
青岛市	Qingdao	13.37	9.69	9.91	57.34	2.46	6.26	97.84
淄博市	Zibo	20.68	11.01	11.22	50.17	4.27	7.33	98.07
枣庄市	Zaozhuang	12.89	7.65	7.69	53.90	4.44	4.49	99.55
东营市	Dongying	11.05	7.25	7.34	49.69	2.71	4.86	98.80
烟台市	Yantai	17.19	9.22	9.31	49.80	3.71	7.87	99.04
潍坊市	Weifang	12.70	8.17	8.28	56.94	3.06	5.88	98.76
济宁市	Jining	9.05	10.36	10.55	61.86	1.86	5.78	98.21
泰安市	Tai'an	13.39	9.06	9.24	60.41	3.23	6.50	98.06
威海市	Weihai	13.35	8.39	8.52	42.28	3.12	6.18	98.47
日照市	Rizhao	6.92	6.60	6.77	70.11	1.47	3.47	97.55
莱芜市	Laiwu	6.93	3.38	3.43	67.83	3.19	2.59	98.55
临沂市	Linyi	16.32	7.91	8.01	47.98	4.64	5.89	98.69
德州市	Dezhou	20.13	7.75	7.83	35.30	7.78	5.97	98.96
聊城市	Liaocheng	18.51	9.14	9.24	47.51	4.42	6.97	98.89
滨州市	Binzhou	8.59	5.71	5.58	66.94	2.88	3.44	102.29
菏泽市	Heze	26.85	11.39	11.54	46.80	5.30	8.05	98.72

14-18 各市规模以上国有控股工业主要财务分析指标(2016年)

Main Financial Indicators of State holding Industry Enterprises above Designated Size by Region(2016)

单位：% (%)

地 区	Region	总资产贡献率 Ratio of Total Assets to Industrial Output Value	产值利税率 Ratio of Profits and Taxes to Output Value	销售产值利税率 Ratio of Profits and Taxes to Output Value of Sales	资产负债率 Assets-Liability Ratio	流动资产周转率(次) Ratio of Turnover Working Capitals (time)	成本费用利润率 Ratio of Profits to Cost	产品销售率 Proportion of Products Sold
全省总计	**Total**	**8.89**	**11.21**	**11.44**	**64.58**	**1.87**	**4.66**	**97.97**
济南市	Jinan	10.13	14.49	14.59	64.11	2.02	4.78	99.32
青岛市	Qingdao	12.84	13.48	14.39	63.22	1.43	7.43	93.67
淄博市	Zibo	19.65	20.99	21.01	55.93	2.48	8.19	99.89
枣庄市	Zaozhuang	4.66	7.63	7.67	65.46	1.88	1.71	99.54
东营市	Dongying	-5.93	-13.51	-13.49	54.55	3.46	-18.12	100.10
烟台市	Yantai	11.37	8.85	8.93	64.34	3.28	6.46	99.02
潍坊市	Weifang	7.15	10.93	11.03	60.17	1.24	7.11	99.03
济宁市	Jining	6.24	17.60	18.48	70.35	1.03	5.03	95.27
泰安市	Tai'an	6.04	6.72	7.17	80.13	1.33	2.80	93.73
威海市	Weihai	6.47	10.99	11.25	50.52	1.14	11.78	97.73
日照市	Rizhao	13.98	9.81	9.82	60.50	2.72	7.97	99.84
莱芜市	Laiwu	2.75	0.57	0.58	83.02	3.14	-1.56	99.10
临沂市	Linyi	20.85	23.53	23.61	67.95	3.84	25.77	99.68
德州市	Dezhou	13.07	12.89	13.04	58.33	2.35	8.41	98.86
聊城市	Liaocheng	16.08	10.68	10.93	63.58	3.28	9.04	97.80
滨州市	Binzhou	9.70	7.16	7.20	68.08	3.08	4.38	99.56
菏泽市	Heze	15.44	18.82	18.89	64.10	1.28	22.32	99.62

14-19 规模以上工业主要产品产量(2016年)
Output of Major Industrial Products above Designated Size(2016)

名　　称		Item		生产量 Output
铁矿石原矿量	(万吨)	Ironstone in Original Iron Ores	(10 000 tons)	1863.4
原　盐	(万吨)	Salt	(10 000 tons)	1580.3
大　米	(万吨)	Rice	(10 000 tons)	34.4
小麦粉	(万吨)	Wheat Flour	(10 000 tons)	2565.2
精制食用植物油	(万吨)	Refined Edible Vegetable Oil	(10 000 tons)	693.0
鲜、冷藏肉	(万吨)	Frozen,Fresh Meat	(10 000 tons)	990.6
配合饲料+混合饲料	(万吨)	Formula Feed & Mixed Feed	(10 000 tons)	2794.5
速冻米面食品	(万吨)	Quick-frozen Food	(10 000 tons)	7.2
方便面	(万吨)	Instant Noodles	(10 000 tons)	33.9
乳制品	(万吨)	Milk Products	(10 000 tons)	259.9
液体乳	(万吨)	Liquid Milk	(10 000 tons)	243.6
罐　头	(万吨)	Canned Food	(10 000 tons)	106.2
酱　油	(万吨)	Soy Sauce	(10 000 tons)	76.3
发酵酒精(折96度,商品量)	(万千升)	Fermenting Alcohol	(10 000 kiloliter)	55.5
饮料酒	(万千升)	Liquor	(10 000 kiloliter)	767.0
白酒(折65度,商品量)	(万千升)	White Spirit	(10 000 kiloliter)	112.6
啤　酒	(万千升)	Beer	(10 000 kiloliter)	600.1
葡萄酒	(万千升)	Wine	(10 000 kiloliter)	39.8
软饮料	(万吨)	Soft Drinks	(10 000 tons)	663.1
碳酸饮料	(万吨)	Carbonated Drinks	(10 000 tons)	70.6
果汁蔬菜汁类饮料	(万吨)	Juice and Vegetable Juice Beverage	(10 000 tons)	77.9
包装饮用水	(万吨)	Bottled Drinking Water	(10 000 tons)	424.1
冷冻饮品	(万吨)	Frozen Drinks	(10 000 tons)	7.9
精制茶	(万吨)	Refined Tea	(10 000 tons)	0.3
卷　烟	(亿支)	Cigarettes	(100 million pieces)	1328.0
化学纤维用浆粕	(万吨)	Chemical Fiber Pulp	(10 000 tons)	21.5
化学纤维	(万吨)	Chemical Fiber	(10 000 tons)	75.8
粘胶纤维	(万吨)	Viscose Fiber	(10 000 tons)	8.3
合成纤维	(万吨)	Synthetic Fiber	(10 000 tons)	67.4
锦纶纤维	(万吨)	Nylon Fiber	(10 000 tons)	12.1
涤纶纤维	(万吨)	Polyester Fiber	(10 000 tons)	41.2
腈纶纤维	(万吨)	Acrylic Fiber	(10 000 tons)	5.1
丙纶纤维	(万吨)	Polypropylene Fiber	(10 000 tons)	0.5
纱	(万吨)	Yarn	(10 000 tons)	867.9
布	(亿米)	Cloth	(100 million m)	118.9
棉　布	(亿米)	Cotton Cloth	(100 million m)	99.5
棉混纺布(混纺交织布)	(亿米)	Cotton Blended Cloth	(100 million m)	14.3
化学纤维短纤布	(亿米)	Chemical Fiber Cloth	(100 million m)	4.7
印染布	(亿米)	Printed Fabric	(100 million m)	30.0
帘子布	(万吨)	Cord Fabric	(10 000 tons)	31.5
绒线(毛线)	(万吨)	Knitting Wool	(10 000 tons)	6.5
毛机织物(呢绒)	(万米)	Wool Fabric	(10 000 m)	13951.5
亚麻布	(万米)	Ramie and Flax Cloth	(10 000 m)	1857.6

14-19 续表 1 continued

名 称		Item		生产量 Output
服 装	(万件)	Garments	(10 000 pieces)	304123.0
梭织服装	(万件)	Woven Garments	(10 000 pieces)	101009.1
西服套装	(万件)	Suits	(10 000 pieces)	5899.4
衬 衫	(万件)	Shirts	(10 000 pieces)	4385.4
羽绒服	(万件)	Down Wear	(10 000 pieces)	1679.3
针织服装	(万件)	Knitted Clothing	(10 000 pieces)	203113.9
轻 革	(万平方米)	Leather	(10 000 sq.m)	5535.8
皮革鞋靴	(万双)	Shoes	(10 000 pairs)	19090.2
皮革服装	(万件)	Leather Apparel	(10 000 pieces)	117.3
天然毛皮服装	(万件)	Natural Fur Apparel	(10 000 units)	10.3
人造板	(万立方米)	Manmade Plates	(10 000 cu.m)	6594.5
胶合板	(万立方米)	Plywood	(10 000 cu.m)	5405.3
纤维板	(万立方米)	Fiberboard	(10 000 cu.m)	591.8
刨花板	(万立方米)	Flakeboard	(10 000 cu.m)	98.3
人造板表面装饰板(人造板	(万立方米)	Secondary Processing Decorative Plates	(10 000 cu.m)	568.4
实木地板(木地板)	(万平方米)	Solid Wood Floor	(10 000 sq.m)	32.4
复合木地板	(万平方米)	Engineered Wooden Floor	(10 000 sq.m)	6047.6
家 具	(万件)	Furniture	(10 000 units)	3745.7
木质家具	(万件)	Wood Furniture	(10 000 units)	3290.6
软体家具(包括床垫、沙发)	(万件)	Soft Furniture	(10 000 units)	141.4
金属家具	(万件)	Metal Furniture	(10 000 units)	138.0
纸 浆	(万吨)	Paper Pulp	(10 000 tons)	554.7
机制纸及纸板	(万吨)	Machine-made Paper and Paperboards	(10 000 tons)	2170.4
新闻纸	(万吨)	Newsprint	(10 000 tons)	169.8
未涂布印刷书写用纸	(万吨)	Uncoated Writing Printing Paper	(10 000 tons)	287.2
纸制品	(万吨)	Paper Products	(10000 tons)	369.4
瓦楞纸箱(纸箱)	(万吨)	Corrugated Box	(10000 tons)	230.7
硫酸(折100%)	(万吨)	Sulfuric	(10 000 tons)	592.2
盐酸(含量31%以上)	(万吨)	Hydrochloric Acid(content of more than 31%)	(10 000 tons)	79.8
氢氧化钠(烧碱)(折100%)	(万吨)	Caustic	(10 000 tons)	810.3
离子膜法烧碱	(万吨)	Ionic Membrane Caustic	(10 000 tons)	661.3
碳酸钠(纯碱)	(万吨)	Soda Ash	(10 000 tons)	350.5
碳化钙(电石)(折300升/千克)	(万吨)	Calcium carbide(convert to 300 L/kg)	(10 000 tons)	0.4
合成氨	(万吨)	Synthetic Ammonia	(10 000 tons)	703.1
农用氮、磷、钾化学肥料总计(折纯)	(万吨)	Chemical Fertilizer	(10 000 tons)	528.5
氮 肥(折含N 100%)	(万吨)	Nitrogen Fertilizer	(10 000 tons)	431.8
尿 素	(万吨)	Urea	(10 000 tons)	389.4
磷肥(折合P2O5 100%)	(万吨)	Phosphate Fertilizer	(10 000 tons)	56.6

14-19 续表 2 continued

名　　称		Item		生产量 Output
化学农药原药(折有效成分100%)	(万吨)	Chemical Pesticide	(10 000 tons)	89.4
杀虫剂原药	(万吨)	Insecticides Pesticide	(10 000 tons)	7.4
杀菌剂原药	(万吨)	Fungicides Pesticide	(10 000 tons)	0.4
除草剂原药	(万吨)	Herbicide Pesticide	(10 000 tons)	61.3
乙　烯	(万吨)	Ethylene	(10 000 tons)	117.1
纯　苯	(万吨)	Benzene	(10 000 tons)	111.6
精甲醇	(万吨)	Extracted Methanol	(10 000 tons)	642.5
冰醋酸	(万吨)	Acetic Acid	(10 000 tons)	141.9
涂料(油漆)	(万吨)	Paint	(10 000 tons)	99.6
初级形态的塑料(塑料树脂及共聚物)	(万吨)	Primary Plastic	(10 000 tons)	641.2
聚氯乙烯树脂	(万吨)	PVC Colophony	(10 000 tons)	118.2
聚丙烯树酯	(万吨)	Polypropylene Colophony	(10 000 tons)	125.7
合成橡胶	(万吨)	Synthetic Rubber	(10 000 tons)	82.7
合成纤维单体	(万吨)	Synthetic Fiber Monomer	(10 000 tons)	26.6
合成纤维聚合物	(万吨)	Synthetic Fiber Polymers	(10 000 tons)	54.2
合成洗涤剂	(万吨)	Synthetic Detergents	(10 000 tons)	92.9
中成药	(万吨)	Traditional Chemical Medicine	(10 000 tons)	19.2
橡胶轮胎外胎(轮胎外胎)	(万条)	Tires	(10 000 tires)	46105.6
子午线轮胎外胎	(万条)	Radial Tires	(10 000 tires)	37964.8
塑料制品	(万吨)	Plastic Articles	(10 000 tons)	437.0
塑料薄膜	(万吨)	Plastic Film	(10 000 tons)	89.8
农用薄膜	(万吨)	Agricultural Film	(10 000 tons)	47.2
塑料人造革、合成革	(万吨)	Plastic leather and synthetic leather	(10 000 tons)	2.4
泡沫塑料	(万吨)	Foam	(10 000 tons)	7.2
日用塑料制品	(万吨)	Plastic Products for Daily Use	(10 000 tons)	22.9
硅酸盐水泥熟料	(万吨)	Portland Cement Clinker	(10 000 tons)	8647.6
窑外分解窑熟料(预分解窑熟料)	(万吨)	Precalciner Kiln Clinker	(10 000 tons)	8229.7
水　泥	(万吨)	Cement	(10 000 tons)	16080.4
水泥混凝土排水管	(千米)	Cement and Concrete Drain Pipes	(1 000 m)	29698.2
水泥混凝土压力管	(千米)	Cement and Concrete Pressure Pipes	(1 000 m)	631.9
水泥混凝土电杆	(万根)	Cement Concrete Poles	(10 000 units)	99.1
商品混凝土	(万立方米)	Concrete	(10 000 cu.m)	8787.7
预应力混凝土桩	(万米)	Prestressed concrete piles	(10 000 m)	739.2
砖(折标准砖)	(亿块)	Brick	(100 million units)	284.4
瓦	(亿片)	Tile	(100 million units)	23.1
天然大理石建筑板材(大理石板材)	(万平方米)	Natural Marble Building Block	(10 000 sq.m)	807.2
天然花岗石建筑板材(花岗石板材)	(万平方米)	Natural Granite Building Block	(10 000 sq.m)	6343.6

14-19 续表 3 continued

名　　称		Item		生产量 Output
工业锅炉	(蒸发量吨)	Industrial Boilers	(evaporation ton)	48528.2
电站汽轮机	(万千瓦)	Turbine Power Plant	(10 000 kw)	283.5
金属切削机床	(万台)	Metal-cutting Machine Tools	(10 000 units)	20.1
金属成形机床(锻压设备)	(万台)	Metal Forming Machine	(10 000 units)	2.3
数控金属成形机床(数控锻压设备)	(台)	CNC Metal Forming Machine	(units)	1598.0
铸造机械	(万台)	Casting Machinery	(10 00 0 units)	112.1
起重机	(万吨)	Lifting Equipment	(10 000 tons)	253.7
输送机械	(万吨)	Conveyer	(10 000 tons)	8.3
泵(液体泵)	(万台)	Pumps	(10 000 units)	83.8
风　机	(万台)	Fans	(10 000 units)	34.5
气体压缩机	(台)	Gas Compressor	(unit)	1007.2
减速机	(万台)	Reducer	(10 000 units)	10.2
滚动轴承(轴承)	(亿套)	Rolling Bearings	(100 million units)	24.1
阀　门	(万吨)	Valves	(10 000 tons)	32.6
液压元件	(万件)	Hydraulic Components	(10 000 units)	1040.0
气动元件	(万件)	Pneumatic Components	(10 000 units)	357.7
粉末冶金零件	(万吨)	Sintered Metal Products	(10 000 tons)	24.6
采矿设备(矿山设备)	(万吨)	Mining Equipment	(10 000 tons)	93.5
饲料生产专用设备	(台)	Specialized Feed Processing Machinery	(unit)	28242.0
棉花加工设备	(台)	Cotton Processing Machinery	(unit)	7214.0
印刷专用设备	(吨)	Printing Special Equipment	(ton)	41258.0
水泥专用设备(水泥设备)	(吨)	Cement Special Equipment	(ton)	49262.0
金属冶炼设备(冶炼设备)	(吨)	Metal Smelting Equipment	(ton)	46334.8
金属轧制设备	(吨)	Metal Rolling Equipment	(ton)	308.0
包装专用设备(包装机械)	(台)	Packaging Special Equipment	(unit)	8170.0
大型拖拉机	(台)	Large Tractors	(unit)	27972.0
中型拖拉机	(台)	Medium Tractors	(unit)	117634.0
小型拖拉机	(万台)	Small Tractors	(10 000 units)	33.9
收获机械	(台)	Harvesting Machinery	(unit)	67462.0
挖掘、铲土运输机械	(台)	Mining and Shoveling Transport Machinery	(unit)	94067.0
压实机械	(台)	Compacting Machinery	(unit)	4073.0
混凝土机械	(台)	Concrete Machinery	(unit)	18951.0
环境污染防治专用设备	(台(套))	Special Equipment for Environmental Protection	(unit)	106493.0
水质污染防治设备	(台(套))	Water Pollution Control Equipment	(unit)	23234.0
大气污染防治设备	(台(套))	Air Pollution Control Equipment	(unit)	82714.0
铁路客车	(辆)	Railway Passenger Coaches	(unit)	42.0
铁路货车	(辆)	Railway Freight Wagons	(unit)	1801.0

14-19 续表 4 continued

名　　称		Item		生产量 Output
汽　车	(万辆)	Motor Vehicles	(10 000 units)	125.6
载货汽车	(万辆)	Trucks	(10 000 units)	61.2
客车	(万辆)	Buses	(10 000 units)	1.9
轿　车	(万辆)	Cars	(10 000 units)	15.6
改装汽车	(万辆)	Modified Cars	(10 000 units)	22.7
摩托车	(万辆)	Motorcycles	(10 000 units)	42.9
两轮自行车(自行车)	(万辆)	bicycles	(10 000 units)	
电动自行车	(万辆)	Electric Bicycle	(10000 units)	624.0
民用钢质船舶	(万载重吨)	Civil Steel Vessels	(10 000 dwts)	274.8
发电设备	(万千瓦)	Power Generating Equipment	(10 000 kw)	1224.9
汽轮发电机	(万千瓦)	Steam Turbogenerator	(10 000 kw)	729.4
交流电动机	(万千瓦)	AC Motors	(10 000 kw)	2444.0
变压器	(万千伏安)	Transformers	(10 000 KVA pm)	23984.7
高压开关板	(万面)	High Voltage Switch Plate	(10 000 units)	14.0
低压开关板	(万面)	Low Voltage Switch Plate	(10 000 units)	4.4
电力电缆	(万千米)	Power Cable	(10 000 km)	315.1
通信及电子网络用电缆	(万对千米)	Cable for Communications and Electronic Network	(10 000 couples·km)	57.9
光缆(光纤通讯电缆)	(万芯千米)	Fire Optic Cable	(10 000 cores·km)	2220.1
绝缘制品	(吨)	Insulation Products	(ton)	55805.0
原电池及原电池组(非扣式)	(亿只)	Primary Cells and Batteries	(100 million units)	26.4
灯具及照明装置	(万套(台、个)	Lamps and Lighting Fixtures	(10 000 units)	5254.6
电光源(灯泡)	(万只)	Light Bulbs	(10 000 units)	30273.1
家用洗衣机	(万台)	Household Washing Machines	(10 000 units)	670.9
家用电冰箱	(万台)	Household Refrigerators	(10000 units)	883.4
冷柜(含冷冻箱、冷藏箱、展示柜)	(万台)	Freezers	(10000 units)	535.0
房间空气调节器	(万台)	Air Conditioners	(10000 units)	731.9
吸排油烟机	(万台)	Vacuum Cleaners	(10000 units)	221.3
电热水器	(万台)	Electric Water Heater	(10000 units)	439.1
微波炉	(万台)	Microwave Ovens	(10000 units)	21.1
电饭锅	(万个)	Electric Cookers	(10000 units)	91.2
电焊机	(万台)	Welders	(10000 units)	10.5
程控交换机	(万线)	Program-controlled Switchboards	(10000 lines)	
电话单机	(万台)	Telephone Sets	(10000 units)	270.5
移动通信手持机(手机)	(万台)	Mobile Telephones	(10000 units)	6082.5
电子计算机	(万台)	Computers	(10000 units)	75.9
笔记本计算机	(万台)	Notebook computer	(10000 units)	3.5
显示器	(万台)	Display	(10000 units)	153.6
打印机	(万台)	Printers	(10000 units)	331.6
半导体分立器件	(亿只)	Discrete Semiconductor Devices	(100 million units)	208.4
彩色电视机	(万台)	Color Television Sets	(10000 units)	2111.7

主要统计指标解释

工　业　指从事自然资源的开采，对采掘品和农产品进行加工和再加工的物质生产部门。具体包括：(1)对自然资源的开采，如采矿、晒盐等(但不包括禽兽捕猎和水产捕捞)；(2)对农副产品的加工、再加工，如粮油加工、食品加工、缫丝、纺织、制革等；(3)对采掘品的加工、再加工，如炼铁、炼钢、化工生产、石油加工、机器制造、木材加工等，以及电力、自来水、煤气的生产和供应等；(4)对工业品的修理、翻新，如机器设备的修理、交通运输工具(如汽车)的修理等。

工业统计调查单位为独立核算法人工业企业。

独立核算法人工业企业指从事工业生产经营活动的单位。独立核算法人工业企业应同时具备以下条件：①依法成立，有自己的名称、组织机构和场所，能够承担民事责任；②独立拥有和使用资产，承担负债，有权与其他单位签订合同；③独立核算盈亏，并能够编制资产负债表。

本年鉴中涉及的企业登记注册类型：

国有及国有控股企业　指国有企业加上国有控股企业。国有企业(即原全民所有制工业或国营工业)指企业全部资产归国家所有，并按《中华人民共和国企业法人登记管理条例》规定登记注册的非公司制的经济组织。包括国有企业、国有独资公司和国有联营企业。1957年以前的公私合营和私营工业，后均改造为国营工业，1992年改为国有工业，这部分工业的资料不单独分列时，均包括在国有企业内。国有控股企业是对混合所有制经济的企业进行的“国有控股”分类。它是指这些企业的全部资产中国有资产(股份)相对其他所有者中的任何一个所有者占资(股)最多的企业。该分组反映了国有经济控股情况。

集体企业　指企业资产归集体所有，并按《中华人民共和国企业法人登记管理条例》规定登记注册的经济组织。是社会主义公有制经济的组成部分。包括城乡所有使用集体投资举办的企业，以及部分个人通过集资自愿放弃所有权并依法经工商行政管理机关认定为集体所有制的企业。

股份合作企业　指以合作制为基础，由企业职工共同出资入股，吸收一定比例的社会资产投资组建，实行自主经营，自负盈亏，共同劳动，民主管理，按劳分配与按股分红相结合的一种集体经济组织。

联营企业　指两个及两个以上相同或不同所有制性质的企业法人或事业单位法人，按自愿、平等、互利的原则，共同投资组成的经济组织。联营企业包括：

国有联营企业指国有企业与国有企业间的联营；

集体联营企业指集体企业与集体企业间的联营；

国有与集体联营企业指国有企业与集体企业间的联营。

有限责任公司　指根据《中华人民共和国公司登记管理条例》规定登记注册，由两个以上，五十个以下的股东共同出资，每个股东以其所认缴的出资额对公司承担有限责任，公司以其全部资产对其债务承担责任的经济组织。

有限责任公司包括国有独资公司以及其他有限责任公司。

股份有限公司　指根据《中华人民共和国企业法人登记管理条例》规定登记注册，其全部注册资本由等额股份构成并通过发行股票筹集资本，股东以其认购的股份对公司承担有限责任，公司以其全部资产对其债务承担责任的经济组织。

私营企业　指由自然人投资设立或由自然人控股，以雇佣劳动为基础的营利性经济组织。包括按照《公司法》、《合伙企业法》、《私营企业暂行条例》规定登记注册的私营有限责任公司、私营股份有限公司、私营合伙企业和私营独资企业。

港、澳、台商投资企业　指企业注册登记类型中的港、澳、台资合资、合作、独资经营企业和股份有限公司之和。

外商投资企业　指企业注册登记类型中的中外合资、合作经营企业、外资企业和外商投资股份有限公司之和。

“三资”企业系指港、澳、台商投资企业和外资企业的简称。

轻工业　指主要提供生活消费品和制作手工工具的工业。按其所使用的原料不同，可分为两大类：(1)以农产品为原料的轻工业，是指直接或间接以农产品为基本原料的轻工业。主要包括食品制造、饮料制造、烟草加工、纺织、缝纫、皮革和毛皮制作、造纸以及印刷等工业；(2)以非农产品为原料的轻工业，是指以工业品为原料的轻工业。主要包括文教体育用品、化学药品制造、合成纤维制造、日用化学制品、日用玻璃制品、日用金属制品、手工工具制造、医疗器械制造、文化和办公用机械制造等工业。

重工业　指为国民经济各部门提供物质技术基础的主要生产资料的工业。按其生产性质和产品用途，可以分为下列三类：(1)采掘(伐)工业，是指对自然资源的开采，包括石油开采、煤炭开采、金属矿开采、非金属矿开采等工业；(2)原材料工业，指向国民经济各部门提供基本材料、动力和燃料的工业。包括金属冶炼及加工、炼焦及焦炭、化学、化工原料、水泥、人造板以及电力、石油和煤炭加工等工业；(3)加工工业，是指对工业原材料进行再加工制造的工业。包括装备国民经济各部门的机械设备制造工业、金属结构、水泥制品等工业，以及为农业提供的生产资料如化肥、农药等工业。

根据上述划分原则，修理业中以重工业产品为修理作业对象的划为重工业，反之划为轻工业。

工业总产值

(1)定义：

工业总产值是以货币形式表现的，工业企业在一定时期内生产的工业最终产品或提供工业性劳务活动的总价值量。

它反映一定时间内工业生产的总规模和总水平。

(2)计算原则：

工业生产的原则，即凡是企业在报告期生产的经检验合格的产品，不管是否在报告期销售，均包括在内。

最终产品的原则，即凡是计入工业总产值的产品，必须是本企业生产的经检验合格的，不需要再进行任何加工的最终产品。如果企业有中间产品(半成品)对外销售，则对外销售的中间产品应视为企业的最终产品。

工厂法原则，即工业总产值是以工业企业作为基本计算(核算)单位，即按企业的最终产品计算工业总产值。按这种方法计算的工业总产值，不允许同一产品价值在企业内部重复计算，不能把企业内部各个车间(分厂)生产的成果相加，但允许企业间的重复计算。

(3)内容及计算方法：

1995年全国工业普查对工业总产值(原规定)的内容及计算原则和方法做了某些修订，修订后的工业总产值(新规定)包括三项内容：即本期生产成品价值、对外加工费收入、在制品半成品期末期初差额价值三部分。

本期生产成品价值：指企业本期生产，并在报告期内不再进行加工，经检验、包装入库的全部工业成品(半成品)价值合计，包括企业生产的自制设备及提供给本企业在建工程、其他非工业部门和福利部门等单位使用的成品价值。本期生产成品价值为按自备原材料生产的产品的数量乘以本期不含增值税(销项税额)的产品实际销售平均单价计算；会计核算中按成本价格转帐的自制设备和自产自用的成品，按成本价格计算生产成品价值。生产成品价值中不包括用定货者来料加工的成品(半成品)价值。

对外加工费收入：指企业在报告期内完成的对外承接的工业品加工(包括用定货者来料加工产品)的加工费收入和对外工业修理作业所取得的加工费收入。对外加工费收入按不含增值税(销项税额)的价格计算，可根据会计“产品销售收入”科目的有关资料取得。

对于本企业对内非工业部门提供的加工修理、设备安装的劳务收入，如果企业会计核算基础较好，能取得这部分资料，而且这部分价值所占比重较大，应包括在对外加工费收入中。自制半成品在制品期末期初差额价值：指企业报告期在制品期末减期初的差额价值，本指标一般可以从会计核算资料中取得。如果会计产品成本核算中不计算半成品、在制品的成本，则总产值中也不包括这部分价值，反之则包括。

(4)工业总产值统计范围变化和计算方法修订情况：

1984年以前工业总产值不包括村办工业，村办工业总产值划归农业。1984年以后工业总产值包括村办工业。

1995年工业普查对工业总产值计算方法做了修订，即从1995年始按新修订(新规定)方法计算工业总产值。新规定与原规定的区别如下：

全价与加工费的计算原则不同：新规定为凡自备原材料，不论其生产繁简程度如何，一律按全价计算工业总产值；凡来料加工，允许按加工费计算工业总产值。原规定则视生产加工的繁简程度不同，规定哪些行业按全价，哪些行业按加工费计算工业总产值。

自制半成品、在产品期末期初差额价值的计算原则不同：新规定要求，凡会计产品成本核算时计算了成本的差额价值，总产值中就应包括，否则可不包括；原规定则按生产周期六个月的界限区分，凡生产周期六个月以上的企业，总产值计算中应包括这部分差额价值，否则可不包括。

计算价格不同：新规定按不含增值税(销项税额)的价格计算；原规定则按含增值税(销项税额)的价格计算。

工业增加值 指工业企业在报告期内以货币表现的工业生产活动的最终成果。

工业增加值有两种计算方法：一是生产法，即工业总产出减去工业中间投入加上应交增值税；二是收入法，即从收入的角度出发，根据生产要素在生产过程中应得到的收入份额计算，具体构成项目有固定资产折旧、劳动者报酬、生产税净额、营业盈余，这种方法也称要素分配法。本年鉴中的工业增加值是以生产法计算的。

生产法工业增加值的计算方法为：

工业增加值=工业总产出−工业中间投入+应交增值税

(1)工业总产出：指工业企业在一定时期内工业生产活动的总成果。工业总产出包括：成品生产价值，对外加工费收入，自制半成品、在产品期末期初差额价值。1995年后用新规定计算的工业总产值代替。

(2)工业中间投入：指工业企业在工业生产活动中消耗的外购物质产品和对外支付的服务费用。服务费用包括支付给物质生产部门(工业、农业、批发零售贸易业、建筑业、运输邮电业)的服务费用和支付给非物质生产部门(如保险、金融、文化教育、科学研究、医疗卫生、行政管理等)的服务费用。工业中间投入的确定须遵循以下原则：必须从外部购入的，并已计入工业总产出的产品和服务价值；必须是本期投入生产，并一次性消耗掉(包括本期摊销的低值易耗品等)的产品和服务价值。

工业中间投入包括直接材料费用、制造费用中的工业中间投入、管理费用中的工业中间投入、销售费用中的工业中间投入和利息支出五部分。

资产总计 指企业拥有或控制的能以货币计量的经济资源，包括各种财产、债权和其他权利。资产按流动性分为流动资产、长期投资、固定资产、无形资产、递延资产和其他资产。该指标根据企业会计“资产负债表”中“资产总计”项目的期末数增列。

流动资产 指企业可以在一年内或者超过一年的一个生产周期内变现或者耗用的资产，包括现金及各种存款、短期投资，应收及预付款项、存货等。

流动资产平均余额 指企业在报告期内全部流动资产的平均余额。

固定资产原价 指企业在建造、购置、安装、改建、扩建、技术改造某项固定资产时所支出的全部货币总额。它一般包括买价、包装费、运杂费和安装费等。

固定资产净值年平均余额 指固定资产净值在报告期内余额的平均数。计算公式为：

$$\text{固定资产净值年平均余额}=\frac{\text{1至12月各月月初、月末固定资产净值之和}}{24}$$

该指标根据“资产负债表”中“固定资产原价”、“累计折旧”指标的期初、期末数计算填列。

固定资产净值指固定资产原价减去历年已提折旧额后的净额。计算公式为：

固定资产净值=固定资产原价－累计折旧

负债合计 指企业所承担的能以货币计量，将以资产或劳务偿付的债务，偿还形式包括货币、资产或提供劳务。负债一般按偿还期长短分为流动负债和长期负债。根据会计“资产负债表”中“负债合计”的年末数填列。

所有者权益 指企业投资人对企业净资产的所有权。企业净资产等于企业全部资产减去全部负债后的余额，包括企业投资人对企业的最初投入的实际到位的资产及资本公积金、盈余公积金和未分配利润。所有者权益合计数小于零，表示企业资不抵债。

主营业务收入 指会计“利润表”中对应指标的本年累计数。未执行 2001 年《企业会计制度》的企业，用“产品销售收入”的本期累计数代替。

主营业务成本 指会计“利润表”中对应指标的本年累计数。未执行 2001 年《企业会计制度》的企业，用“产品销售成本”的本期累计数代替。

主营业务税金及附加 指会计“利润表”中对应指标的本年累计数。未执行 2001 年《企业会计制度》的企业，用“产品销售税金及附加”的本期累计数代替。

利润总额 指企业生产经营活动的最终成果，是企业在一定时期内实现的盈亏相抵后的利润总额(亏损以“－”号表示)，它等于营业利润加上补贴收入加上投资收益加上营业外净收入再加上以前年度损益调整。

本年应交增值税 指企业在报告期内应交纳的增值税额。它等于本年销项税额加上出口退税加上进项税额转出数减去本年进项税额。小规模纳税企业直接按全年计税销售额乘以征收率计算取得。

从业人员平均人数 是指报告期内每天拥有的从业人员人数。其计算公式为：

$$\text{季平均人数}=\frac{\text{季内各月平均人数之和}}{3}$$

$$\text{月平均人数}=\frac{\text{报告月内每天实有人数之和}}{\text{报告月日历日数}}$$

$$\text{年平均人数}=\frac{\text{年内各月平均人数之和}}{12}$$

总资产贡献率 反映企业全部资产的获利能力，是企业经营业绩和管理水平的集中体现，是评价和考核企业盈利能力的核心指标。计算公式为：

$$\text{总资产贡献率(\%)}=\frac{\text{利润总额}+\text{税金总额}+\text{利息支出}}{\text{平均资金总额}}\times 100\%$$

公式中：税金总额为产品销售税金及附加与应交增值税之和；平均资产总额为期初期末资产之和的算术平均值。

资产负债率 该指标既反映企业经营风险的大小，也反映企业利用债权人提供的资金从事经营活动的能力。计算公式为：

$$\text{资产负债率(\%)}=\frac{\text{负债总额}}{\text{资产总额}}\times 100\%$$

资产与负债均为报告期期末数。

流动资产周转次数 指一定时期内流动资产完成的周转次数，反映投入工业企业流动资金的周转速度。计算公式为：

$$\text{流动资产周转次数}=\frac{\text{产品销售收入}}{\text{全部流动资产平均余额}}$$

公式中：全部流动资产平均余额为期初和期末的流动资产之和的算术平均值。

成本费用利润率 反映企业投入的生产成本及费用的经济效益，同时也反映企业降低成本所取得的经济效益。计算公式为：

$$\text{成本费用利润率(\%)}=\frac{\text{利润总额}}{\text{成本费用总额}}\times 100\%$$

公式中：成本费用总额为产品销售成本、销售费用、管理费用、财务费用之和。

全员劳动生产率 该指标反映企业的生产效率和劳动投入的经济效益。计算公式为：

$$\text{全员劳动生产率}(\text{元/人})=\frac{\text{工业增加值}}{\text{全部从业人员平均人数}}$$

产品销售率 该指标反映工业产品已实现销售的程度，是分析工业产销衔接情况，研究工业产品满足社会需求的指标。计算公式为：

$$\text{产品销售率(\%)}=\frac{\text{工业销售产值}}{\text{工业总产值(现价)}}\times 100\%$$

Explanatory Notes on Main Statistical Indicators

Industry refers to the material production sector which is engaged in extraction of natural resources and processing and reprocessing of minerals and agricultural products, including (1) extraction of natural resources, such as mining, salt production (but not including hunting and fishing); (2) processing and reprocessing of farm and sideline produces, such as rice husking, flour milling, wine making, oil pressing, silk reeling, spinning and weaving, and leather making; (3) manufacture of industrial products, such as steel making, iron smelting, chemicals manufacturing, petroleum processing, machine building, timber processing; water and gas production and electricity generation and supply; (4)repairing of industrial products such as the repairing of machinery and means of transport (including cars).

Units of industrial statistics survey corporate industrial enterprises with independent accounting system.

Corporate industrial enterprises with independent accounting system refer to enterprises engaging in industrial production activities, which meet the following requirements: (1)They are established legally, having their own names, organizations, location, able to take civil liability; (2)They possess and use their assets independently, assume liabilities, and are entitled to sign contracts with other units; (3)They are financially independent and compile their own balance sheets.

Enterprises covered in the industrial statistics in the Yearbook include following categories by their registration:

State-owned and State-holding Enterprises refer to state owned enterprises plus state holding enterprises. State owned enterprises (originally known as state run enterprises with ownership by the whole society) are non corporate economic entities registered in accordance with the Regulation of the People's Republic of China on the Management of Registration of Legal Enterprises, where all assets are owned by the state. Included in this category are state owned enterprises, state funded corporations and state owned joint operation enterprises. Joint state private industries and private industries, which existed before 1957, were transformed into state run industries since 1957, and into state owned industries after 1992. Statistics on those enterprises are included in the state owned industries instead of grouping them separately. State holding enterprises is a sub classification of enterprises with mixed ownership, referring to enterprises where the percentage of state assets (or shares by the state) is larger than any other single share holder of the same enterprise. This sub classification illustrates the control of the state over a particular industry.

Collective-owned Enterprises refer to economic entities registered in accordance with the Regulation of the People's Republic of China on the Management of Registration of Legal Enterprises, where assets are owned by collectively. Collective enterprises constitute an integral part of the socialist economy with public ownership. They include urban and rural enterprises invested by collectives, and some enterprises registered in industrial and commercial administration agency as collective units where funds are pulled together by individuals who voluntarily give up their right of ownership.

Share-holding Cooperative Enterprises refer to economic units set up on cooperative basis, with funding partly from members of the enterprise and partly from outside investment, where the operation and management is decided by the members who also participate in the production, and the distribution of income is based both on work (labour input) and on shares (capital input).

Joint Operation Enterprises refer to economic units that are established by joint investment by two or more corporate enterprises or institutions of the same or different types of ownership on voluntary, equal and mutual beneficial basis. They include:

a)state owned joint operation enterprises (joint operation between state owned enterprises);

b)collective joint operation enterprises (joint operation between collective enterprises; and

c)state collective joint operation enterprises (joint operation between state and collective enterprises).

Limited Liability Corporations refer to economic units registered in accordance with the Regulation of the People's Republic of China on the Management of Registration of Corporations, with capitals from 2 to 49 investors, each investor bears limited liability to the corporation depending on his/her holding of shares, and the corporation bears liability to its debt to the maximum of its total assets.

Share-holding Corporations Ltd. refer to economic units registered in accordance with the Regulation of the People's Republic of China on the Management of Registration of Corporate Enterprises, with total registered capitals divided into equal shares and raised through issuing stocks. Each investor bears limited liability to the corporation depending on the holding of shares, and the corporation bears liability to its debt to the maximum of its total assets.

Private Enterprises refer to economic units invested or controlled (by holding the majority of the shares) by natural persons who hire labours for profit making activities. Included in this category are private limited liability corporations, private share holding corporations Ltd., private partnership enterprises and private sole investment enterprises registered in accordance with the Corporation Law, Partnership Enterprise Law and Tentative Regulation on Private Enterprises.

Enterprises with Funds from Hong Kong, Macao and Taiwan refers to all industrial enterprises registered as the joint venture, cooperative, sole (exclusive) investment industrial enterprises and limited liability corporations with funds from Hong Kong, Macao and Taiwan.

Foreign Funded Enterprises refers to all industrial enterprises registered as the joint venture, cooperative, sole (exclusive) investment industrial enterprises and limited liability corporations with foreign funds.

Enterpries with Hong Kong, Macao, Taiwan and foreign fund refer to all the enterpries with funds from Hong Kong Macao and Taiwan and foreign funded enterprises.

Light Industry refers to the industry that produces

consumer goods and hand tools. It consists of two categories, depending on the materials used:

(1) Industries using farm products as raw materials. These are branches of light industry which directly or indirectly use farm products as basic raw materials, including the manufacture of food and beverages, tobacco processing, textile, clothing, fur and leather manufacturing, paper making, printing, etc.

(2) Industries using non farm products as raw materials. These are branches of light industry which use manufactured goods as raw materials, including the manufacture of cultural, educational articles and sports goods, chemicals, synthetic fiber, chemical products for daily use, glass products for daily use, metal products for daily use, hand tools, medical apparatus and instruments, and the manufacture of cultural and clerical machinery.

Heavy Industry refers to the industry which produces capital goods, and provides various sectors of the national economy with necessary material and technical basis. It consists of the following three branches according to the purpose of production or the use of products:

(1) Mining, quarrying and logging industry refers to the industry that extracts natural resources, including extraction of petroleum, coal, metal and non metal ores.

(2) Raw materials industry refers to the industry that provides various sectors of the national economy with raw materials, fuels and power. It includes smelting and processing of metals, coking and coke chemistry, chemical materials and building materials such as cement, plywood, and power, petroleum refining and coal dressing.

(3) Manufacturing industry refers to the industry that processes raw materials. It includes machine building industry which equips sectors of the national economy, industries of metal structure and cement products, industries producing means of agricultural production, such as chemical fertilizers and pesticides.

According to the above principle of classification, the repairing trades, which are engaged primarily in repairing products of heavy industry are classified into heavy industry while these engaged in repairing products of light industry are classified into light industry.

Gross Industrial Output Value

(1) Definition: Gross industrial output value is the total volume of final industrial products produced and industrial services provided during a given period. It reflects the total achievements and overall scale of industrial production during a given period.

(2) Principles for calculation:

Statistics on industrial production follow the principle that all products produced by the enterprises and accepted during the reference period are to be included no matter whether they are sold or not during the reference period.

Determination of final products follow the principle that all products that are included in the calculation of grow industrial output value are the final products of the enterprise which have been accepted through quality check and require no further processing. If an enterprise has intermediate (semi finished) products to sell, these intermediate products are considered as the final products of the enterprise.

Gross industrial output value is calculated following the principle of factory approach, i.e. industrial enterprise is used as the basic accounting unit in calculating the gross industrial output value. By this approach, value of the samc product is not to be double counted, and the output value of different workshops (branch factories) should not be added. However, this approach does not exclude the possibility of double counting between enterprises.

(3) Content and calculation method: The old definition of gross industrial output value was modified during the national industrial census in 1995. The revised (new) definition of gross industrial output value consists of 3 components: value of the finished products during the reference period, income from external processing, and value of change in semi finished products at the end and at the beginning of the reference period.

Value of the finished products during the reference period: refers to the value of all finished (semi finished) industrial products that are produced during the reference period without the need for further processing, checked for acceptance, packed and put into the warehouse of the enterprise, including the value of own produced equipment and the value of products provided to the projects under construction of the enterprise, and to other non industrial or welfare units. Value of finished products during the reference period is calculated by the quantity of products produced using own materials multiplied by the average unit prices at which products are sold (excluding value added tax). Own produced equipment and products produced for own use are value at cost prices as in the case of enterprise accounting. Value of finished products does not include the value of finished products (semi finished products) that are produced using the materials from the clients who make the orders.

Income from external processing: refers to income from contracted external processing of industrial products (including processing of industrial products using materials from the clients), and the income from industrial repairing work provided to other units. Income from external processing is calculated using information from the item “products sales income” in the enterprise accounting at the prices excluding value added tax.

For income from services such as processing, repairing and installation of equipment provided to non industrial units within the enterprise, if the accounting work of the enterprise is good enough to separate it from other records, and the share of such services is significant, it should also be included in the income from external processing.

Value of change in semi finished products at the end and at the beginning of the reference period: refers to the value of change in semi finished products at the end and at the beginning of the reference period, which generally can be obtained from accounting records of enterprises. If the enterprise accounting excludes the cost of semi finished products, then it should not be included in the gross industrial output value, and vice versa.

(4) Changes in the coverage and method of calculation of gross industrial output value

Prior to 1984, the value of rural industry run by villages was classified into agriculture instead of industry. Since 1984, it has been included in the gross industrial output value. Method of calculation for the gross industrial output value was modified in the industrial census in 1995. The difference in the new method as compared with the old one is outlined below:

Principle in using full value vs. processing fee: The new method stipulates that all products produced using own materials are to be calculated with full value in reporting the gross industrial output value irrespective of sophistication of production, and for external processing, it allows calculation using processing fee. In the old method, however, the use of full value or processing fee was determined by the degree of sophistication of production in different branches of industries.

Principle in determining the value of change in semi finished products: The new method requires that value of the change in semi finished products should be included in the gross industrial output value if it is included in the accounting record of the enterprise, otherwise it should not be included. By the old method, it is determined by the type of enterprises in terms of production cycle. If the production cycle is over 6 months, the value of change in semi finished products is included in the gross industrial output value, otherwise it is excluded.

Difference in prices: The new method uses prices excluding value added tax in the calculation of gross industrial output value, while the old method used prices including value added tax.

Value-added of Industry refers to the final results of industrial production of industrial enterprises in money terms during the reference period.

Industrial value added can be calculated by two approaches: the production approach, i.e. gross industrial output value minus intermediate input plus value added tax, and the income approach, i.e. income for various factors used in the course of production, including depreciation of fixed assets, remuneration of labourers, net of production tax, and operating surplus. Value added of industry in the Yearbook is calculated by production approach as following:

Value added of industry=gross industrial outputindustrial intermediate input+value added tax

(1)Gross industrial output: refers to the total achievements of industrial production during a given period. Gross industrial output includes value of finished products, income from external processing, and value of change in semi finished products at the end and at the beginning of the reference period. Since 1995, it was substituted by the gross industrial output value by new method.

(2) Industrial intermediate input: refers to purchased goods and paid services consumed during the industrial production of enterprises. Fees paid for services include fees paid for the services provided by material production sectors (industry, agriculture, wholesale and retail trade, construction, transport, post and telecommunications) and by non material production sectors (insurance, banking, culture, education, scientific research, health and medical care, public administration, etc.). The determination of industrial intermediate input follows the principle that the goods and services must be purchased from outside and included in the gross industrial output, and that the goods and services are inputted into production and consumed (include low value consumables) during the reference period.

Industrial intermediate input includes 5 components, namely direct consumption of materials, industrial intermediate input in manufacturing cost, industrial intermediate input in management cost, industrial intermediate input in marketing cost and expenditure on interest.

Total Assets refer to all economic resources, in monetary terms, that is owned or controlled by enterprises, including properties, creditors equity and other economic rights of all forms. Classified by the degree of equitability, total assets include circulating assets, long term investment, fixed assets, intangible assets and deferred assets, and other assets. Data on this indicator can be obtained by the year end figures of total assets in the Assets and Liability Table of accounting records of enterprises.

Working Capitals refer to capitals that an enterprise can cash or use during one year or one production cycle that may exceeds one year, including cash and savings deposits of various forms, short term investment,money receivable and prepaid money, inventories, etc.

Annual Average Value of Working Capitals refers to the average value of all working capitals of the enterprise during the reference period.

Original Value of Fixed Assets refers to the total value, in monetary terms, that an enterprise spent on fixed assets, through construction, purchase, installation, transformation, expansion or technical upgrading. Generally, it covers cost ofpurchase, packing, transportation and installation, etc.

Annual Average of Net Value of Fixed Assets refer to average of the net value of fixed assets during the reference period, calculated with the following formula:

$$\text{Annual Average of Net Value of Fixed Assets} = \frac{\text{sum of net value of fixed assets at the beginning and at the end of each month from January to December}}{24}$$

Information on this indicator can be obtained from the beginning and ending figures of the original value of fixed assets and cumulative depreciation from the Assets and Liability Table of enterprises.

Net value of fixed assets refers to the original value of fixed assets minus depreciation over the years, i.e.:

Net value of fixed assets=original value of fixed assets cumulative depreciation

Total Liabilities refer to payable liabilities of enterprises that have to repay in terms of money, assets or labour services. In terms of payment, it can be divided into liquid liabilities and long term liabilities. Data on this item is obtained from the ending figures on total liabilities from the Assets and Liability Table from the enterprises.

Owner's Equity refers to the ownership of net assets of enterprise by its investors. The net assets equal the total assets minus total liabilities of the enterprise, including the actual assets invested into the enterprise by investors, accumulation of capitals and operating surplus and non distributed profits. The enterprise's assets is less than its liabilities if the sum of owner's equity is smaller than zero.

Revenue from Principal Business refers to the annual accumulation of corresponding item in the "profit table"of the accountant. For enterprises that do not follow the 2001 Enterprise Accounting Standards, the year end accumulation of revenue from the sales of products is used as a substitute.

Cost of Principal Business refers to the annual accumulation of corresponding item in the "profit table" of the accountant. For enterprises that do not follow the 2001

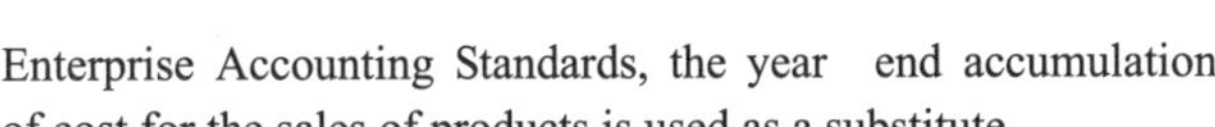

Enterprise Accounting Standards, the year end accumulation of cost for the sales of products is used as a substitute.

Tax and Extra Charges from Principal Business refer to the annual accumulation of corresponding item in the"profit table" of the accountant. For enterprises that do not follow the 2001 Enterprise Accounting Standards, the year end accumulation of tax and extra charges from the sales of products is used as a substitute.

Total Profits refer to the final achievements of production and operation of the enterprises, represented by the total profits after deducting losses (loss is expressed by the negative figure). It is the sum of profits from operation, income from subsidies, investment earnings, net income from activities other than operation, and adjustment of profits and losses of previous years.

Value added Tax Payable refers to the amount of the value added tax which should be paid by the enterprises during the reference period. It is the sum of tax on sales, export rebate, and transferred tax on purchases of the current year, minus the tax on purchases of the current year. Value added tax payable of small size enterprises is determined by the taxable sales of the year multiplied by the tax rate.

Average Annual Number of Employed Persons Employed persons refer to all those who are employed in enterprises and receive remunerations therefrom, including currently working employees, retirees who are re employed, teachers of local run schools, as well as foreigners, staff from Hong Kong, Macao and Taiwan, part time employees and persons with second job who are employed by the enterprise, and employees of other units temporarily working in the enterprises, but excluding former employees who left the enterprise with their employment records still kept by the enterprises.

Average number of employed persons refers to the number of employees everyday during the reference period, calculated with the following formula:

$$\text{Monthly average number} = \frac{\text{sum of actual employees everyday in reference month}}{\text{number of calendar dates in reference month}}$$

$$\text{Quarterly average number} = \frac{\text{sum of monthly average number in reference quarter}}{3}$$

$$\text{Annual average number} = \frac{\text{sum of monthly average number in reference year}}{12}$$

Ratio of Profits, Taxes and Interests to Average Assets reflects the profit making capability of all assets of the enterprise and is a key indicator manifesting the performance and management and evaluating the profit making potential of the enterprise. It is calculated as follows:

$$\text{Ratio of Profits, Taxes and Interests to Average Assets (\%)} = \frac{\text{total profits + total taxes + interest payment}}{\text{average assets}} \times 100\%$$

In the above formula, total taxes is the sum of tax and extra charges on the sales of products and value added tax payable; and average assets is the arithmetic mean of the sum of beginning assets and ending assets.

Ratio of Debts to Assets reflect both the operation risk and the capability of the enterprise in making use of the capital from the creditors. It is calculated as follows:

$$\text{Ratio of Debts to Assets (\%)} = \frac{\text{total debts}}{\text{total assets}} \times 100\%$$

Both assets and debts are figures at the end of the reference period.

Turnover of Working Capitals refers to the number of times of turnover of working capital in a given period of time, which reflects the speed of the turnover of working capital of industrial enterprises, and is calculated as follows:

$$\text{Turnover of Working Capital} = \frac{\text{sales revenue of products}}{\text{average balance of total working capital}}$$

In the above formula, average balance of total working capital refers to the arithmetic mean of the sum of working capital at the beginning and at the end of the reference period.

Ratio of Profits to Total Industrial Costs refers to the ratio of profits realized in a given period to the total costs in the same period, which reflects the economic efficiency of input cost and is calculated as follows:

$$\text{Ratio of Profits to Total Industrial Cost (\%)} = \frac{\text{total profits}}{\text{total costs}} \times 100\%$$

Total costs in the above formula is the sum of cost of products sold, marketing cost, management cost and financial cost.

Overall Labour Productivity is an indicator reflecting the production efficiency of an enterprise and the economic efficiency of its labour input, calculated by the formula:

$$\text{Overall Labour Productivity (yuan/person)} = \frac{\text{industrial value-added}}{\text{average of all persons engaged}}$$

Sales Ratio of Products is an indicator reflecting the actual sale of industrial products, analyzing the production selling and supply demand relations. It is calculated as:

$$\text{Sales Ratio of Products (\%)} = \frac{\text{value of industrial sales}}{\text{gross industrial output value (current prices)}} \times 100\%$$

第 15 篇

建筑业

Construction

简 要 说 明

一、本篇资料的主要内容

本篇资料反映了全省建筑业基本情况，主要包括建筑业总产值、从业人员、建筑企业生产指标、财务指标等方面的内容。

二、本篇资料的来源

本篇资料来源于建筑业统计年报，由省统计局投资处整理提供。

Brief Introduction

I. Content

Data in this chapter show the basic conditions of the construction industry in Shandong Province, mainly including the gross output value of construction, number of employed persons, major production indices and financial indicators.

II. Source of Data

Data in this chapter are based on the annual report of construction industry, and are prepared and provided by the Division of Investment and Construction Statistics of Shandong Provincial Bureau of Statistics.

15-1 主要年份建筑业总产值

Gross Output Value of Construction Enterprises in Major Years

单位:亿元 (100 million yuan)

年 份 Year	总 计 Total	#国有经济 State-owned Construction Enterprises	中 央 Central	地 方 Local	#集体经济 Collective Owned Construction Enterprises	#城 镇 Township
1957	1.32	1.32	0.67	0.65		
1962	1.20	0.99	0.44	0.55	0.21	0.21
1965	2.51	1.66	0.53	1.13	0.85	0.85
1970	3.02	1.76	0.76	1.00	1.26	1.26
1975	7.24	4.66	2.27	2.39	2.58	2.58
1978	11.34	7.62	2.54	5.08	3.72	3.72
1979	11.96	8.14	2.62	5.52	3.82	3.82
1980	14.26	9.76	4.01	5.75	4.50	4.50
1981	13.42	9.41	4.98	4.43	4.01	4.01
1982	14.50	9.46	4.41	5.05	5.04	5.04
1983	15.89	10.45	4.56	5.89	5.44	5.44
1984	23.07	16.25	8.62	7.63	6.82	6.82
1985	31.21	22.05	12.21	9.84	9.16	9.16
1986	34.71	24.44	14.87	9.57	10.27	10.27
1987	40.91	28.67	17.51	11.16	12.24	12.24
1988	49.38	33.34	20.04	13.30	16.04	16.04
1989	55.24	37.94	22.36	15.71	17.30	17.30
1990	58.89	40.60	24.27	16.33	18.29	18.29
1991	71.40	47.77	27.40	20.38	32.63	32.63
1992	98.66	61.86	32.81	29.05	36.81	36.81
1993	141.14	93.32	46.57	46.75	46.71	46.71
1994	206.42	133.92	78.70	55.22	65.13	65.13
1995	257.95	163.73	92.25	71.48	82.08	82.08
1996	593.90	198.27	101.45	96.82	363.92	100.44
1997	652.59	228.26	112.47	115.79	387.09	120.19
1998	702.64	279.97	104.79	135.25	328.63	102.06
1999	770.80	248.19	113.14	135.05	326.12	113.55
2000	820.52	249.48	120.37	129.11	310.30	110.27
2001	986.49	246.45	94.37	152.08	286.76	189.22
2002	1153.24	254.86	86.30	168.56	274.99	186.23
2003	1485.89	331.17	126.80	204.37	294.14	201.40
2004	1969.01	657.70	302.85	354.85	263.02	
2005	2509.17	782.56	365.49	417.07	320.29	
2006	2791.81	799.34	370.15	429.19	309.72	
2007	3289.05	977.26	459.81	517.45	329.43	
2008	3842.52	963.53	478.23	485.30	338.76	
2009	4579.15	1136.65	599.49	537.16	337.03	
2010	5496.59	1368.34	704.30	664.04	377.57	
2011	6482.90	1680.49	920.80	759.69	401.61	
2012	7281.33	1811.97	968.40	843.57	426.27	
2013	8467.67	1984.39	1068.93	915.46	383.52	
2014	9313.45	2197.68	1242.32	955.36	418.33	
2015	9378.54	2322.58	1323.14	999.45	385.92	
2016	10087.43	2564.51	1463.21	1101.30	381.76	

注:1.1995年前不含县以下集体施工企业。2.从2004年开始国有经济含国有控股。

a)Data in this table don't include the data of enterprises of collective owned ones under county level.

b)Since 2004,state-owned enterprises include state-controlled ones.

15-2 主要年份计算建筑业劳动生产率的平均人数
Average Number of Employed Persons in Construction Enterprises for calculating the Labor Productivity in Major Years

单位:万人 (10 000 persons)

年份 Year	总计 Total	#国有经济 State-owned Construction Enterprises	中央 Central	地方 Local	#集体经济 Collective Owned Construction Enterprises	#城镇 Township
1957	4.21	4.21	2.14	2.07		
1962	6.48	4.91	2.13	2.78	1.56	1.56
1965	7.35	4.77	1.52	3.25	2.59	2.59
1970	10.31	5.76	2.66	3.10	4.52	4.52
1975	18.81	11.33	5.36	5.97	7.47	7.47
1978	25.20	16.21	5.40	10.81	9.07	9.07
1979	26.00	16.96	6.24	10.72	8.88	8.88
1980	26.91	18.07	8.91	9.16	9.00	9.00
1981	28.55	19.20	11.07	8.20	9.11	9.11
1982	27.36	17.52	9.00	8.71	9.51	9.51
1983	27.88	18.02	6.42	11.55	9.71	9.71
1984	33.93	22.26	9.37	12.93	11.56	11.56
1985	40.53	26.89	13.13	13.67	13.47	13.47
1986	38.57	24.69	15.17	9.67	13.88	13.88
1987	39.34	24.50	14.97	9.62	14.93	14.93
1988	40.48	24.88	14.74	10.08	15.73	15.73
1989	38.90	22.86	13.63	10.83	14.54	14.54
1990	38.15	21.83	11.65	10.18	14.87	14.87
1991	39.72	23.83	12.51	11.32	15.89	15.89
1992	45.10	23.44	11.66	11.78	19.85	19.85
1993	52.78	29.57	11.87	17.70	22.94	22.94
1994	66.22	37.17	20.10	17.07	27.36	27.36
1995	66.84	35.32	14.91	20.40	29.13	29.13
1996	188.02	40.96	14.82	26.14	138.19	38.19
1997	175.78	40.49	14.39	26.10	126.15	40.15
1998	169.11	38.59	11.28	27.30	100.52	31.99
1999	164.95	33.56	10.86	22.70	92.07	26.96
2000	171.94	31.80	10.27	21.53	85.33	25.60
2001	181.07	29.15	8.15	21.00	71.17	50.65
2002	183.56	23.08	4.57	18.50	61.28	39.98
2003	210.11	29.43	8.50	20.93	54.59	34.83
2004	238.91	53.85	16.50	37.35	43.98	
2005	249.81	48.93	16.21	32.72	45.07	
2006	282.30	59.04	27.76	31.28	42.53	
2007	288.40	51.78	17.36	34.42	41.09	
2008	300.24	44.74	18.32	26.42	41.15	
2009	305.99	42.81	17.99	24.82	33.15	
2010	344.88	54.00	25.20	28.80	34.19	
2011	307.56	45.07	21.18	23.89	27.74	
2012	270.26	38.87	18.57	20.30	22.76	
2013	305.01	44.17	23.15	21.02	20.57	
2014	332.49	48.78	25.04	23.74	22.58	
2015	310.73	43.10	21.65	21.45	19.29	
2016	322.58	40.56	19.74	20.82	18.17	

注:1.1995年前不含县以下集体施工企业。2.从2004年开始国有经济含国有控股。

a)Data in this table don't include the data of enterprises of collective owned ones under county level.

b)Since 2004,state-owned enterprises include State-controlled ones.

15－3 建筑业企业生产指标(2016年)
Main Production Indicators of Construction Enterprises(2016)

类 别	Category	企业个数(个) Number of Enterprises (unit)	建筑业总产值(万元) Gross Output Value (10 000 yuan)	竣工产值(万元) Value of Projects Completed (10 000 yuan)	签定合同额(万元) Value of Contracts (10 000 yuan)	#上年结转 Carryover of Last Year
总 计	**Total**	**6171**	**100874251**	**53633051**	**175491352**	**63685847**
#国有及国有控股企业	State-owned and State-controlled Enterprises	483	25575554	9782387	61134419	28030307
一、按登记注册类型分	**Grouped by Registration Status**					
内资企业	Domestic Funded	6145	100439952	53464366	174180624	63036865
国有企业	State-owned	263	6616982	3799416	13501661	6071651
集体企业	Collective-owned	375	3817640	2720198	4839357	1442053
股份合作企业	Stock-holding Cooperation	38	217730	187131	237955	74864
联营企业	Joint-owned	6	51760	49960	53011	4106
国有联营企业	State-owned	1	2205	2205	2205	
集体联营企业	Collective-owned	3	30205	28405	31456	3034
国有与集体联营企业	State-and-collective owned					
其他联营企业	Others	2	19350	19350	19350	1072
有限责任公司	Company with Limited Liabilition	2165	52022183	25040497	100361249	37115507
国有独资公司	State-owned	55	7180555	2258365	17517450	7718292
其他有限责任公司	Others	2110	44841628	22782133	82843799	29397216
股份有限公司	Stock-holding Company limited	288	11954272	6074222	20321002	7377099
私营企业	Private-owned	2990	25604321	15478390	34641549	10801960
私营独资企业	Solely Owned	24	105275	97408	150895	42376
私营合伙企业	Joint Owned	6	162159	92884	244815	154102
私营有限责任公司	Company with Limited Liabilition	2782	23461556	14111664	31766444	9789884
私营股份有限公司	Stock-holding Company limited	178	1875330	1176433	2479394	815599
其他企业	Others	20	155065	114553	224841	149625
港、澳、台商投资企业	Funded from Hong Kong,Macao and Taiwan	14	385387	133200	1244462	643686
合资经营企业(港或澳、台资)	Joint Ventures	13	385382	133200	1244457	643681
合作经营企业(港或澳、台资)	Cooperative Joint Venture	1	5		6	5
港、澳、台商独资经营企业	Solely Owned					
港、澳、台商投资股份有限公司	Share-holding Company Limited					
外商投资企业	Foreign Funded	12	48912	35485	66266	5297
中外合资经营企业	Chinese-foreign Joint Venture	9	44998	32236	61964	5086
中外合作经营企业	Chinese-foreign Cooperative Joint Venture	2	3129	2465	3517	211
外资企业	Solely Owned	1	785	785	785	
外商投资股份有限公司	Share-holding Company Limited					

15-3 续表 1 continued

类 别	Category	企业个数(个) Number of Enterprises (unit)	建筑业总产值(万元) Gross Output Value (10 000 yuan)	竣工产值(万元) Value of Projects Completed (10 000 yuan)	签定合同额(万元) Value of Contracts (10 000 yuan)	#上年结转 Carryover of Last Year
二、按国民经济行业分	**by Sector**					
房屋和土木工程建筑业	Building and Civil Engineering Construction	4465	91261249	48289006	163402426	61007666
房屋工程建筑	Building	3268	64931783	37649780	112673859	40441264
土木工程建筑	Civil Engineering	1197	26329467	10639227	50728567	20566402
建筑安装业	Construction Installation	701	4890255	2962813	6410430	1559598
建筑装饰业	Construction Decoration	730	3456504	1739701	4125425	747650
其它建筑业	Others	275	1266242	641531	1553072	370934
工程准备	Preparation	90	374001	179701	455251	86270
提供工程设备服务	Service	32	207967	63586	212618	55834
其它未列明的建筑活动	Others	153	684274	398244	885202	228829
三、按隶属关系分	**by Ownership**					
中 央	Central	60	14978029	5429250	43664637	23558106
地 方	Local	6111	85896222	48203801	131826715	40127741
省(自治区、直辖市)	Provincial	72	3829583	1126491	6706398	1489837
地(区、市、州、盟)	Region	464	16039591	7785332	26930266	9929704
县(区、市、旗)及县以下	County	5575	66027047	39291978	98190051	28708200
四、按企业资质等级分	**by Qualification Criteria**					
施工总承包	Construction Contract	4174	91442808	48332550	163926797	61187533
特 级	Special Grade	23	17263382	8393688	36129693	14659902
一 级	First Grade	375	41336225	20006654	75509448	32977847
二 级	Second Grade	1613	21042121	12693174	36886477	9656845
三级及以下	Third Grade and below	2163	11801081	7239033	15401180	3892939
专业承包	Professional Contract	1997	9431443	5300501	11564555	2498315
一 级	First Grade	189	3594699	1700181	4706232	1106804
二 级	Second Grade	640	2717642	1702355	3489167	904713
三级及以下	Third Grade and below	1168	3119101	1897966	3369157	486798
五、按营业状态分	**by Business Status**					
营 业	Open	6123	99746697	53298958	173556461	63020288
停业(歇业)	Close	26	103305	44220	86608	38653
筹 建	Prepared to Start					
当年关闭	Closed in Current Year	11	975336	252766	1797396	624421
当年破产	Bankruptcy					
其 它	Others	11	48914	37107	50888	2487
六、按控股情况分	**by Share Holding**					
#国有控股	State-controlled	483	25575554	9782387	61134419	28030307
#集体控股	Collective-controlled	678	9139644	5855753	13008026	3556003
#私人控股	Private-controlled	4487	56538636	32523602	85677372	25184873
#港澳台商控股	Controlled by Investors from Hong Kong,Macao and Taiwan	6	141545	124776	281084	81166
#外商控股	Foreign-controlled	9	36055	32696	51936	4297

15-3 续表 2 continued

类 别	Category	房屋建筑施工面积(平方米) Floor Space of Buildings under Construction (sq.m)	房屋建筑竣工面积(平方米) Floor Space of Buildings Completed (sq.m)	#住 宅 Residential	年末从业人员(人) Staff Employed (person)
总 计	**Total**	**720905501**	**237213245**	**163708419**	**2930946**
#国有及国有控股企业	State-owned and State-controlled Enterprises	106346799	20239867	10360740	405633
一、按登记注册类型分	**Grouped by Registration Status**				
内资企业	DomesticFunded	720475509	237174196	163673585	2924523
国有企业	State-owned	11130311	4296236	3087055	100487
集体企业	Collective-owned	35589388	17033143	13853715	169329
股份合作企业	Stock-holding Cooperation	1621758	1151093	749104	12525
联营企业	Joint-owned	410099	392731	289977	2504
国有联营企业	State-owned				
集体联营企业	Collective-owned	316449	299081	196327	1646
国有与集体联营企业	State-and-collective owned				
其他联营企业	Others	93650	93650	93650	858
有限责任公司	Company with Limited Liabilition	407697573	111030794	73752113	1399469
国有独资公司	State-owned	48371060	7312351	3320969	99314
其他有限责任公司	Others	359326513	103718443	70431144	1300155
股份有限公司	Stock-holding Company limited	84999287	27137546	17637019	288954
私营企业	Private-owned	177027284	74278108	54042305	949481
私营独资企业	Solely Owned	906827	607456	384960	2720
私营合伙企业	Joint Owned	351505	126467	77972	4018
私营有限责任公司	Company with Limited Liabilition	165223796	69547957	50927377	878442
私营股份有限公司	Stock-holding Company limited	10545156	3996228	2651996	64301
其他企业	Others	1999809	1854545	262297	1774
港、澳、台商投资企业	Funded from Hong Kong,Macao and Taiwan	81940	34834	34834	5540
合资经营企业(港或澳、台资)	Joint Ventures	77340	34834	34834	4745
合作经营企业(港或澳、台资)	Cooperative Joint Venture	4600			795
港、澳、台商独资经营企业	Solely Owned				
港、澳、台商投资股份有限公司	Share-holding Company Limited				
外商投资企业	Foreign Funded	348052	4215		883
中外合资经营企业	Chinese-foreign Joint Venture	348052	4215		659
中外合作经营企业	Chinese-foreign Cooperative Joint Venture				114
外资企业	Solely Owned				110
外商投资股份有限公司	Share-holding Company Limited				

15-3 续表 3 continued

类 别	Category	房屋建筑施工面积(平方米) Floor Space of Buildings under Construction (sq.m)	房屋建筑竣工面积(平方米) Floor Space of Buildings Completed (sq.m)	#住 宅 Residential	年末从业人员(人) Staff Employed (person)
二、按国民经济行业分	**by Sector**				
房屋和土木工程建筑业	Building and Civil Engineering Construction	710538397	233602683	161881649	2654353
房屋工程建筑	Building	693680931	229225899	159741864	2169286
土木工程建筑	Civil Engineering	16857466	4376784	2139785	485067
建筑安装业	Construction Installation	9572340	3158577	1608557	145202
建筑装饰业	Construction Decoration	66940	107963	15439	99307
其它建筑业	Others	727824	344022	202774	32084
工程准备	Preparation	82412	45623	32947	8555
提供工程设备服务	Service	79110	82434	76188	4391
其它未列明的建筑活动	Others	566302	215965	93639	19138
三、按隶属关系分	**by Ownership**				
中 央	Central	62943144	10388681	3651939	199509
地 方	Local	657962357	226824564	160056480	2731437
省(自治区、直辖市)	Provincial	19486617	4037840	2426331	64467
地(区、市、州、盟)	Region	132211612	31099601	20176613	355856
县(区、市、旗)及县以下	County	506264128	191687123	137453536	2311114
四、按企业资质等级分	**by Qualification Criteria**				
施工总承包	Construction Contract	706482167	229319636	161647262	2656492
特 级	Special Grade	160017801	37071045	20591466	416243
一 级	First Grade	292324428	81257779	54318034	910595
二 级	Second Grade	162620286	68955001	54268181	808990
三级及以下	Third Grade and below	91519652	42035811	32469581	520664
专业承包	Professional Contract	14423334	7893609	2061157	274454
一 级	First Grade	4682125	3225063	18000	80797
二 级	Second Grade	5318408	2254921	988986	93521
三级及以下	Third Grade and below	4422801	2413625	1054171	100098
五、按营业状态分	**by Business Status**				
营 业	Open	715678307	236193026	163081973	2903673
停业(歇业)	Close	239961	38450	38450	3223
筹 建	Prepared to Start				
当年关闭	Closed in Current Year	4657949	743962	350189	20921
当年破产	Bankruptcy				168
其 它	Others	329284	237807	237807	2648
六、按控股情况分	**by Share Holding**				
#国有控股	State-controlled	106346799	20239867	10360740	405633
#集体控股	Collective-controlled	72973348	31731294	24844620	335261
#私人控股	Private-controlled	455478733	160979636	111962176	1895922
#港澳台商控股	Controlled by Investors from Hong Kong,Macao and Taiwan	44840	34834	34834	1353
#外商控股	Foreign-controlled	330415			638

15-4 建筑业主要财务指标(2016年)

Major Financial Indicators of Construction Enterprises(2016)

单位:万元 (10 000 yuan)

类 别	Category	年初存货 Inventory at Beginning of year	流动资产 Liquid Assets	固定资产 Fixed Assets	在建工程 Project under Constr -uction	资产合计 Total Assets	流动负债 Liquid Liabilities
总　计	**Total**	**17626037**	**92035566**	**10145305**	**806061**	**111358708**	**72160230**
#国有及国有控股企业	State-owned and State-controlled Enterprises	5830557	31749475	2396255	163914	36663514	27707959
一、按登记注册类型分	**Grouped by Registration Status**						
内资企业	Domestic Funded	17532483	91526990	10072056	804504	110617566	71681891
国有企业	State owned	1151012	7680633	704955	15885	8727758	5961876
集体企业	Collective-owned	494376	2140968	442753	27387	2825210	1505163
股份合作企业	Stock-holding Cooperation	102539	304891	29633	3199	356644	259596
联营企业	Joint-owned	6999	20667	7090	78	30338	11078
国有联营企业	State-owned	80	2789	229		3302	2649
集体联营企业	Collective-owned	3417	11378	4476		16110	5530
国有与集体联营企业	State and collective owned						
其他联营企业	Others	3503	6499	2386	78	10926	2898
有限责任公司	Company with Limited Liabilition	9967007	50515327	4666386	452996	59581839	41279060
国有独资公司	State owned	1812490	8653488	700500	75225	10212519	8004293
其他有限责任公司	Others	8154517	41861839	3965886	377771	49369320	33274767
股份有限公司	Stock holding Company limited	1687055	11845481	928689	45065	14731170	10275985
私营企业	Private owned	4122146	19001453	3290635	259786	24342981	12377704
私营独资企业	Solely Owned	8608	50407	13873	950	65146	32444
私营合伙企业	Joint Owned	22530	102325	46061	581	174563	69750
私营有限责任公司	Company with Limited Liabilition	3619055	17107936	2937786	232993	21872306	11013364
私营股份有限公司	Stock holding Company limited	471953	1740784	292915	25263	2230966	1262146
其他企业	Others	1349	17571	1916	107	21628	11429
港、澳、台商投资企业	Funded from Hong Kong,Macao and Taiwan	88299	459491	38719	724	640669	415513
合资经营企业(港或澳、台资)	Joint Ventures	86418	449582	37418	724	629270	409717
合作经营企业(港或澳、台资)	Cooperative Joint Venture						
港、澳、台商独资经营企业	Solely Owned						
港、澳、台商投资股份有限公司	Share holding Company Limited						
外商投资企业	Foreign Funded	5255	49085	34530	833	100473	62826
中外合资经营企业	Chinese foreign Joint Venture	3722	40594	31946	833	72873	50072
中外合作经营企业	Chinese foreign Cooperative Joint Venture	669	7365	2194		26084	12349
外资企业	Solely Owned	863	1126	390		1516	404
外商投资股份有限公司	Share holding Company Limited						

15-4 续表 1 continued

单位:万元 (10 000 yuan)

类 别	Category	年初存货 Inventory at Beginning of year	流动资产 Liquid Assets	固定资产 Fixed Assets	在建工程 Project under Construction	资产合计 Total Assets	流动负债 Liquid Liabilities
二、按国民经济行业分	**by Sector**						
房屋和土木工程建筑业	Building and Civil Engineering Construction	16110147	83942652	8963445	719980	101222171	66609044
房屋工程建筑	Building	10326954	49285038	5567528	483639	59484867	37465579
土木工程建筑	Civil Engineering	5783194	34657614	3395917	236340	41737304	29143466
建筑安装业	Construction Installation	682667	3891001	658911	34914	4885745	2817566
建筑装饰业	Construction Decoration	680619	2702802	301981	30470	3286307	1704152
其它建筑业	Others	152604	1499111	220967	20698	1964486	1029468
工程准备	Preparation	46680	353778	75236	5682	460753	248069
提供工程设备服务	Service	15484	151972	28630	698	200242	47182
其它未列明的建筑活动	Others	90441	993362	117102	14318	1303491	734217
三、按隶属关系分	**by Ownership**						
中 央	Central	2803980	17535076	1129532	62369	19961444	16425401
地 方	Local	14822057	74500489	9015773	743693	91397265	55734829
省(自治区、直辖市)	Provincial	1522492	4837408	258182	6396	5433377	3937806
地(区、市、州、盟)	Region	3002902	19267536	1289725	138409	22364596	16392632
县(区、市、旗)及县以下	County	10296663	50395545	7467867	598888	63599292	35404390
四、按企业资质等级分	**by Qualification Criteria**						
施工总承包	Construction Contract	16077987	83221036	8884448	710666	100331314	66118504
特 级	Special Grade	2650251	18794681	841361	34815	21927402	15974436
一 级	First Grade	7857889	37087557	3385705	271810	43404515	31026003
二 级	Second Grade	3769594	18670383	2794966	252745	23447109	13412859
三级及以下	Third Grade and below	1800253	8668416	1862415	151296	11552288	5705207
专业承包	Professional Contract	1548050	8814530	1260857	95396	11027394	6041726
一 级	First Grade	613216	3141289	283327	23909	3693035	2415789
二 级	Second Grade	450420	3018021	410076	47350	3816196	1859069
三级及以下	Third Grade and below	481865	2650416	565761	24136	3511668	1764153
五、按营业状态分	**by Business Status**						
营 业	Open	17389729	91026463	9979586	759429	110151085	71183230
停业(歇业)	Close	21677	56892	7750	0	70059	51004
筹 建	Prepared to Start						
当年关闭	Closed in Current Year	159931	875822	149074	45787	1043355	853426
当年破产	Bankruptcy						
其 它	Others	53408	69306	8102	845	86334	69755
六、按控股情况分	**by Share Holding**						
#国有控股	State-controlled	5830557	31749475	2396255	163914	36663514	27707959
#集体控股	Collective-controlled	1417039	7020513	966267	75539	8980380	5299356
#私人控股	Private-controlled	8487250	42850390	5951537	512188	53308415	30554830
#港澳台商控股	Controlled by Investors from Hong Kong,Macao and Taiwan	19179	112969	11974		128202	102026
#外商控股	Foreign-controlled	4376	37403	33174	833	87431	53347

15-4 续表 2 continued

单位:万元 (10 000 yuan)

类 别	Category	非流动负债 Non-current liabilities	负债合计 Total Liabilities	所有者权益 Creditors' Equity	主营业务收入 Revenue from Principal Business	主营业务成本 Cost of Principal Business
总 计	**Total**	**4018508**	**78698098**	**32660611**	**97281802**	**85868179**
#国有及国有控股企业	State owned and State controlled Enterprises	2226518	30453963	6209551	27651286	25454825
一、按登记注册类型分	**Grouped by Registration Status**					
内资企业	Domestic Funded	3988253	78188784	32428782	96738773	85369619
国有企业	State-owned	925452	6978206	1749552	6606226	5988334
集体企业	Collective-owned	92234	1751222	1073988	3214518	2700827
股份合作企业	Stock-holding Cooperation	576	270086	86558	253202	213776
联营企业	Joint-owned	466	16722	13616	61288	52474
国有联营企业	State-owned		2649	653	2205	2175
集体联营企业	Collective-owned	457	9747	6362	41493	35096
国有与集体联营企业	State-and-collective owned					
其他联营企业	Others	9	4326	6600	17590	15203
有限责任公司	Company with Limited Liabilition	1963219	44585357	14996482	49348917	43944502
国有独资公司	State-owned	450373	8458571	1753948	7344105	6740098
其他有限责任公司	Others	1512846	36126786	13242534	42004812	37204404
股份有限公司	Stock-holding Company limited	583929	11122967	3608203	12568777	11383897
私营企业	Private-owned	422163	13452530	10890451	24660937	21064727
私营独资企业	Solely Owned	494	33634	31512	54260	43455
私营合伙企业	Joint Owned	12	69762	104801	133594	112289
私营有限责任公司	Company with Limited Liabilition	338360	11965138	9907169	22432406	19151868
私营股份有限公司	Stock-holding Company limited	83299	1383998	846968	2040677	1757115
其他企业	Others	215	11694	9934	24909	21083
港、澳、台商投资企业	Funded from Hong Kong,Macao and Taiwan	21720	437953	202716	474534	449237
合资经营企业(港或澳、台资)	Joint Ventures	21720	431536	197734	459472	435956
合作经营企业(港或澳、台资)	Cooperative Joint Venture					
港、澳、台商独资经营企业	Solely Owned					
港、澳、台商投资股份有限公司	Share-holding Company Limited					
外商投资企业	Foreign Funded	8536	71362	29112	68495	49322
中外合资经营企业	Chinese-foreign Joint Venture		50072	22801	63464	45732
中外合作经营企业	Chinese-foreign Cooperative Joint Venture	8536	20885	5199	3129	2158
外资企业	Solely Owned		404	1112	1902	1433
外商投资股份有限公司	Share-holding Company Limited					

15-4 续表 3 continued

单位:万元 (10 000 yuan)

类　别	Category	非流动负债 Non-current liabilities	负债合计 Total Liabilities	所有者权益 Creditors' Equity	主营业务收入 Revenue from Principal Business	主营业务成本 Cost of Principal Business
二、按国民经济行业分	**by Sector**					
房屋和土木工程建筑业	Building and Civil Engineering Construction	3599651	72419675	28802496	87858607	77895754
房屋工程建筑	Building	1490829	40588692	18896175	58933372	51768749
土木工程建筑	Civil Engineering	2108822	31830983	9906321	28925235	26127005
建筑安装业	Construction Installation	132951	3034455	1851290	4578450	3850203
建筑装饰业	Construction Decoration	91023	1912819	1373488	3657203	3166609
其它建筑业	Others	194883	1331149	633336	1187541	955613
工程准备	Preparation	6167	263176	197577	367667	301345
提供工程设备服务	Service	10684	142861	57381	210703	178985
其它未列明的建筑活动	Others	178032	925112	378379	609171	475283
三、按隶属关系分	**by Ownership**					
中　央	Central	1182251	17621146	2340298	17648286	16604336
地　方	Local	2836257	61076952	30320313	79633516	69263842
省(自治区、直辖市)	Provincial	412690	4362841	1070536	3893256	3484100
地(区、市、州、盟)	Region	813786	17425419	4939177	15171752	13749043
县(区、市、旗)及县以下	County	1609782	39288692	24310599	60568508	52030700
四、按企业资质等级分	**by Qualification Criteria**					
施工总承包	Construction Contract	3617142	71921213	28410101	87699906	77795059
特　级	Special Grade	1540120	17570848	4356555	18004179	16583372
一　级	First Grade	1163576	32907960	10496554	38098429	34254522
二　级	Second Grade	612446	14842302	8604808	20937104	18064517
三级及以下	Third Grade and below	301001	6600103	4952184	10660195	8892649
专业承包	Professional Contract	401366	6776885	4250510	9581896	8073119
一　级	First Grade	125048	2574206	1118828	4051159	3603916
二　级	Second Grade	246867	2316382	1499814	2601900	2124154
三级及以下	Third Grade and below	29451	1883582	1628087	2925849	2342510
五、按营业状态分	**by Business Status**					
营　业	Open	3971182	77663741	32487343	96197245	84869589
停业(歇业)	Close	188	51222	18837	66072	61255
筹　建	Prepared to Start					
当年关闭	Closed in Current Year	46338	909764	133591	957988	881558
当年破产	Bankruptcy					
其　它	Others	800	70555	15779	56356	52046
六、按控股情况分	**by Share Holding**					
#国有控股	State-controlled	2226518	30453963	6209551	27651286	25454825
#集体控股	Collective-controlled	278635	5994829	2985551	8077857	6914748
#私人控股	Private-controlled	1182506	33029781	20278635	51977240	44900956
#港澳台商控股	Controlled by Investors from Hong Kong,Macao and Taiwan		102026	26176	155068	141123
#外商控股	Foreign-controlled	8536	61882	25549	54227	36061

15-4 续表 4 continued

单位:万元 (10 000 yuan)

类 别	Category	主营业务税金及附加 Taxes and Other Charges on Principal Business	销售费用 Sales Expenses	管理费用 Management Expenses	财务费用 Financial Expenses	利润总额 Total Profits
总 计	**Total**	**2044574**	**318445**	**3119598**	**771789**	**4152766**
#国有及国有控股企业	State-owned and State-controlled Enterprises	326470	39949	908001	207186	780981
一、按登记注册类型分	**Grouped by Registration Status**					
内资企业	Domestic Funded	2037194	315307	3103917	763781	4134380
国有企业	State-owned	102879	10089	273208	53913	203254
集体企业	Collective-owned	104930	15598	99399	19125	230152
股份合作企业	Stock-holding Cooperation	7893	1824	13894	6087	1797
联营企业	Joint-owned	1780	1078	1582	193	4146
国有联营企业	State-owned	7	5	14	-1	5
集体联营企业	Collective-owned	1331	198	1148	162	3523
国有与集体联营企业	State-and-collective owned					
其他联营企业	Others	442	875	421	32	618
有限责任公司	Company with Limited Liabilition	948805	103633	1603896	368963	1896395
国有独资公司	State-owned	111744	5175	214517	63384	183821
其他有限责任公司	Others	837061	98459	1389379	305579	1712574
股份有限公司	Stock-holding Company limited	198050	51432	343847	98376	446943
私营企业	Private-owned	671847	131588	766170	217084	1349262
私营独资企业	Solely Owned	716	875	2356	375	5519
私营合伙企业	Joint Owned	1000	433	2392	1369	15211
私营有限责任公司	Company with Limited Liabilition	611902	123012	697715	192691	1227456
私营股份有限公司	Stock-holding Company limited	58229	7269	63707	22650	101077
其他企业	Others	1010	66	1920	40	2431
港、澳、台商投资企业	Funded from Hong Kong,Macao and Taiwan	6611	2396	10855	6888	6533
合资经营企业(港或澳、台资)	Joint Ventures	6352	2314	10066	6864	5907
合作经营企业(港或澳、台资)	Cooperative Joint Venture					
港、澳、台商独资经营企业	Solely Owned					
港、澳、台商投资股份有限公司	Share-holding Company Limited					
外商投资企业	Foreign Funded	769	742	4827	1121	11853
中外合资经营企业	Chinese-foreign Joint Venture	682	651	4177	885	11473
中外合作经营企业	Chinese-foreign Cooperative Joint Venture	42	65	540	191	129
外资企业	Solely Owned	45	27	110	45	250
外商投资股份有限公司	Share-holding Company Limited					

15-4 续表 5 continued

单位:万元 (10 000 yuan)

类　　别	Category	主营业务税金及附加 Taxes and Other Charges on Principal Business	销售费用 Sales Expenses	管理费用 Management Expenses	财务费用 Financial Expenses	利润总额 Total Profits
二、按国民经济行业分	**by Sector**					
房屋和土木工程建筑业	Building and Civil Engineering Construction	1857723	228096	2573202	706887	3674311
房屋工程建筑	Building	1457574	168493	1457981	461981	2642950
土木工程建筑	Civil Engineering	400149	59603	1115221	244906	1031361
建筑安装业	Construction Installation	101035	49948	310351	17357	228718
建筑装饰业	Construction Decoration	61688	24220	156437	23916	168030
其它建筑业	Others	24129	16182	79607	23630	81707
工程准备	Preparation	8536	3012	22820	3393	19740
提供工程设备服务	Service	4676	1371	11002	960	13163
其它未列明的建筑活动	Others	10917	11798	45786	19277	48804
三、按隶属关系分	**by Ownership**					
中　央	Central	155937	23369	479972	102951	351117
地　方	Local	1888637	295077	2639626	668838	3801649
省(自治区、直辖市)	Provincial	47142	5971	189407	63143	157426
地(区、市、州、盟)	Region	247646	26544	501972	145317	482012
县(区、市、旗)及县以下	County	1593850	262562	1948247	460379	3162211
四、按企业资质等级分	**by Qualification Criteria**					
施工总承包	Construction Contract	1864399	234893	2600042	698253	3605156
特　级	Special Grade	212858	31884	411904	163693	704589
一　级	First Grade	750129	59898	1096741	320467	1183066
二　级	Second Grade	594714	74149	662136	149261	1024810
三级及以下	Third Grade and below	306699	68963	429262	64832	692692
专业承包	Professional Contract	180175	83552	519556	73536	547610
一　级	First Grade	55822	15068	149721	19521	172489
二　级	Second Grade	58708	24953	162637	32220	155371
三级及以下	Third Grade and below	65567	43476	207136	21727	219565
五、按营业状态分	**by Business Status**					
营　业	Open	2023554	318130	3088008	765637	4132172
停业(歇业)	Close	1393	80	2208	1521	1592
筹　建	Prepared to Start					
当年关闭	Closed in Current Year	17886	66	28016	4536	17538
当年破产	Bankruptcy					
其　它	Others	1632	124	1052	81	1419
六、按控股情况分	**by Share Holding**					
#国有控股	State-controlled	326470	39949	908001	207186	780981
#集体控股	Collective-controlled	211791	31811	318884	59122	422764
#私人控股	Private-controlled	1314066	224309	1559707	432379	2637721
#港澳台商控股	Controlled by Investors from Hong Kong,Macao and Taiwan	2216	17	2078	1920	6063
#外商控股	Foreign-controlled	705	520	4325	1088	11666

15-5 各市建筑业主要生产指标(2016年)
Main Production Indicators of Construction Enterprises by Region(2016)

地区	Region	企业个数(个) Number of Enterprises (unit)	建筑业合同(万元) Value of Construction Contracts (10 000 yuan)	#上年结转合同额 Carryover of Last Year	建筑业总产值(万元) Gross Output Value of Construction (10 000 yuan)	竣工产值(万元) Value of Construction Completed (10 000 yuan)	房屋建筑施工面积(平方米) Floor Space under Construction (sq.m)	房屋建筑竣工面积(平方米) Floor Space Completed (sq.m)	#住宅 Residential	年末从业人员(人) Employees at year-end (person)
全省总计	**Total**	**6171**	**175491352**	**63685847**	**100874251**	**53633051**	**720905501**	**237213245**	**163708419**	**2930946**
济南市	Jinan	460	45505320	20923010	18647972	7415119	102925913	22980135	13787760	361963
青岛市	Qingdao	562	30057582	13566013	15095722	7241602	131278310	24541383	13932163	367329
淄博市	Zibo	410	12312527	3176804	8985891	5279022	68436378	23090224	15449471	280442
枣庄市	Zaozhuang	218	3776201	1170282	2704364	1458399	22785020	9838884	7934377	122622
东营市	Dongying	229	3399879	891806	2626108	1903579	7854060	3803128	2216631	80894
烟台市	Yantai	807	9025872	2614369	7059903	4396694	37468788	17928516	12284882	212440
潍坊市	Weifang	494	10706419	4006168	8059760	4597414	68377271	22326950	15535455	215767
济宁市	Jining	454	10652510	4331835	7145045	3654180	51270085	19814539	15058562	226735
泰安市	Tai'an	320	8180128	2325399	6481678	3500707	29320470	14782370	12319796	266332
威海市	Weihai	415	3736713	1178257	2878046	1703777	25553342	8746695	5064183	87626
日照市	Rizhao	251	13080504	1348423	2931173	1610240	18611001	7609482	5309917	69924
莱芜市	Laiwu	126	1030340	339364	800395	505327	4300853	2468869	1636541	36963
临沂市	Linyi	403	10027655	3087314	7481767	4647765	76065311	25958469	17943425	257314
德州市	Dezhou	203	4246592	1179494	3076817	1420295	19319485	9181544	7081337	83019
聊城市	Liaocheng	254	3965119	1999639	2236961	1548910	25449411	8726020	6318536	71905
滨州市	Binzhou	230	2301193	598562	2123671	1215289	12132437	5380335	3696902	57109
菏泽市	Heze	335	3486800	949110	2538980	1534732	19757366	10035702	8138481	132562

15-6 各市建筑业主要财务指标(2016年)
Financial Indicators of Construction Enterprises by Region(2016)

单位:万元 (10 000 yuan)

地 区	Region	流动资产 Liquid Assets	固定资产 Fixed Assets	在建工程 Projects under Construction	资产合计 Total Assets	流动负债 Liquid Liabilities	非流动负债 Non-current liabilities	负债合计 Total Liabilities
全省总计	**Total**	**92035566**	**10145305**	**806061**	**111358708**	**72160230**	**4018508**	**78698098**
济南市	Jinan	20417852	1250907	83169	23717304	18059461	1128328	19296036
青岛市	Qingdao	15423255	1081398	101240	18103642	12275869	1263090	13657949
淄博市	Zibo	4965986	759933	37809	6021724	3165416	51014	3409818
枣庄市	Zaozhuang	2354328	410899	29080	2886318	1759722	10314	1921349
东营市	Dongying	3541590	588841	28518	4589229	2696542	77554	2829499
烟台市	Yantai	6785002	807080	56719	8374967	5406973	131282	5647635
潍坊市	Weifang	6479119	883163	57385	8058449	4670555	212048	5161315
济宁市	Jining	6686919	623989	42268	7620036	5166252	171081	5436636
泰安市	Tai'an	3346885	573967	45883	4197939	2453500	77316	2701802
威海市	Weihai	2755222	585504	72940	3568945	2120040	88632	2238024
日照市	Rizhao	2949978	351563	66296	3564292	2129351	153564	2330938
莱芜市	Laiwu	629672	138149	28178	878949	392537	4203	412867
临沂市	Linyi	7630282	589166	50659	9393190	6197300	338331	6920565
德州市	Dezhou	2059537	290801	25270	2485509	1481222	20877	1537075
聊城市	Liaocheng	2448215	294179	37553	3100026	2015129	180011	2216842
滨州市	Binzhou	1776751	364159	23954	2315603	1411776	50488	1525652
菏泽市	Heze	1784974	551608	19140	2482587	758587	60374	1454095

15-6 续表 continued

单位:万元 (10 000 yuan)

地 区	Region	所有者权益 Owner's Equity	实收资本 Paid-in Capitals	主营业务收入 Revenue from Principal Business	主营业务成本 Cost of Principal Business	主营业务税金及附加 Taxes and Other Charges on Principal Business	管理费用 Management Expenses	财务费用 Financial Expenses	利润总额 Total Profits
全省总计	**Total**	**32660611**	**18693124**	**97281802**	**85868179**	**2044574**	**3119598**	**771789**	**4152766**
济南市	Jinan	4421268	2589828	19469297	18005429	249693	583988	96540	573721
青岛市	Qingdao	4445693	2476143	17021529	15376723	263868	493061	162035	465277
淄博市	Zibo	2611905	1175324	8476089	7546188	226303	267518	54801	310462
枣庄市	Zaozhuang	964970	445315	2589835	2040186	83952	104565	14129	158233
东营市	Dongying	1759730	689407	2862433	2459753	64593	119535	39677	147340
烟台市	Yantai	2727332	1416143	6407076	5299516	157846	252761	73174	466534
潍坊市	Weifang	2897134	1171146	7110853	6125991	179704	182493	53882	488955
济宁市	Jining	2183400	1205825	6223482	5516642	149579	215779	50835	227241
泰安市	Tai'an	1496137	792803	5584188	4728578	163219	241167	30857	286526
威海市	Weihai	1330920	673623	2439133	2008497	56710	113095	22340	140070
日照市	Rizhao	1233354	734447	2749549	2427820	48676	75936	28897	113453
莱芜市	Laiwu	466082	243279	741328	635121	20974	25662	5941	46033
临沂市	Linyi	2472625	1021870	6521810	5670765	165272	181961	53986	320465
德州市	Dezhou	948434	464380	2478528	2174683	59165	66607	20406	157682
聊城市	Liaocheng	883184	2555365	2428338	2166606	48115	84221	32858	52592
滨州市	Binzhou	789951	448602	1856410	1616749	42484	61502	11631	88977
菏泽市	Heze	1028492	589624	2321924	2068932	64424	49748	19801	109206

主要统计指标解释

建筑业统计单位 指从事房屋、构筑物建造和设备安装活动的法人企业。建筑业法人企业应具有建筑业资质并能够独立核算，同时其应具备以下条件：①依法成立，有自己的名称、组织机构和场所，能够承担民事责任；②独立拥有和使用资产，承担负债，有权与其他单位签订合同；③独立核算盈亏，能够编制资产负债表。

建筑业总产值 是以货币形式表现的建筑业企业在一定时期内生产的建筑业产品和提供的服务的总和。建筑业总产值包括：

⑴建筑工程产值：指列入建筑工程预算内的各种工程价值。

⑵安装工程产值：指设备安装工程价值，不包括被安装设备本身的价值。

⑶其他产值：建筑业总产值中除建筑工程、安装工程以外的产值。包括房屋构筑物修理产值、非标准设备制造产值、总包企业向分包企业收取的管理费以及不能明确划分的施工活动所完成的产值。

a.房屋构筑物修理产值：指房屋和构筑物修理所完成的产值，但不包括被修理房屋、构筑物本身价值和生产设备的修理产值。

b.非标准设备制造产值：指加工制造没有定型的非标准生产设备的加工费和原材料价值(如化工厂、炼油厂用的各种罐、槽，矿井生产统一使用的各种漏斗、三角槽、阀门等)以及附属加工厂为本企业承建工程制作的非标准设备的价值。

建筑业增加值 指建筑业企业在报告期内以货币形式表现的建筑业生产经营活动的最终成果。

从 2004 年第一次全国经济普查开始，建筑业现价增加值按生产法和分配法(收入法)两种方法计算，以收入法的计算结果为准，即从收入的角度出发，根据生产要素在生产过程中应得的收入份额计算。具体计算方法：经济普查年度建筑业增加值按照《经济普查年度 GDP 核算方案》计算，非经济普查年度建筑业增加值按照《非经济普查年度 GDP 核算方案》计算。

房屋建筑施工面积 指在报告期内施过工的全部房屋建筑面积，包括本期新开工的房屋面积、上期施工跨入本期继续施工的房屋面积、上期停缓建在本期恢复施工的房屋面积、本期竣工的房屋面积及本期施工后又停缓建的房屋面积。

房屋建筑竣工面积 指在报告期内房屋建筑按照设计要求全部完工，达到了使用条件，经验收鉴定合格，正式移交使用单位的房屋建筑面积。

Explanatory Notes on Main Statistical Indicators

Statistical Unit in Construction refers to corporate enterprise engaged in the construction of buildings and structures and in the installation of equipment. A corporate construction enterprise should have qualification certificates with independent accounting system, and should meet the following 3 requirements: a) being set up in line with relevant legal basis, having its full name, organization and location, and capable of taking civil liabilities; b) independently possessing and using its assets and assuming its liabilities, and entitled to sign contracts with other institutions; and c) making independent accounts of its profits and losses, and capable of compiling its own balance sheet.

Gross Output Value of Construction refers to total of construction products and services, expressed in money terms, produced or rendered by construction and installation enterprises during a given period of time. It includes:

(1)Output value of construction projects, that is the value of projects covered by the project budgets;

(2)Output value of installation projects, that is the value of the installation of equipment, (excluding the value of the equipment to be installed);

(3)Output value of others, that is the output value of construction industry excluding that of construction projects and installation projects. It includes: output value of repair of buildings and structures; output value of non standard equipment manufacturing; overhead expenses received by contracted enterprises to the sub contracted enterprises and the completed output value of construction activities that have no clear definition.

a. Output value of repair of buildings and structures, that is the value created through the repairs of buildings or structures, but does not include the value of buildings or structures being repaired and the value of the repair of production equipment;

b. Output value of manufactured non standard equipment, that is the value of non standard production equipment including raw materials and manufacturing cost made for the construction project (i.e., chemical plant; kettles or tanks used by refineries; various fillers, triangle tanks, valves used by mines), and the output value of equipment manufactured by subsidiary workshops.

Value added of Construction refers to the final result of the activities of production and management of construction industry in monetary terms in the reference period.

Starting from the 2004 economic census, value added of construction is calculated by both production approach and income approach, with the income approach as the final approach, where the calculation is based on the share of production factor in the production process. Specifically, value added of construction for census years is calculated in accordance with the Programme of Compilation of GDP and National Accounts for the Year of Economic Census, and value added of construction for other years is calculated in accordance with the Programme of Compilation of GDP and National Accounts for the Non Economic Census Years.

Floor Space of Buildings under Construction refers to floor space of buildings under construction during the reference period, including newly started buildings, buildings started earlier and continued during the reference period, and buildings suspended earlier but restarted during the reference period, buildings completed during the reference period, and buildings under construction and then suspended during the reference period.

Floor Space of Buildings Completed refers to the floor space of buildings that are completed in the reference period in accordance with the requirements of the design, up to the standard for putting them into use, and have been checked and accepted by concerned departments as qualified ones.

第16篇 规模以上服务业

Service Enterprises Above Designated Size

简 要 说 明

一、本篇资料的主要内容

本篇资料主要反映规模以上服务业的基本情况、财务状况、劳动报酬情况等。据国家统计报表制度，2012年规模以上服务业年报首次纳入“一套表”联网直报系统。

二、本篇资料的来源

本篇资料来源于规模以上服务业统计年报，由省统计局服务业处整理提供。

Brief Introduction

I. Content

Data in this chapter reflect the basic information, financial condition, employed persons, labor remuneration and E-commerce transactions of some service enterprises above designated size. According to the National Statistical Reporting System, some service enterprises above designated size have been integrated into the "network reporting" system since 2012.

II. Source of Data

Data in this chapter are based on the annual statistics report of some service enterprises above designated size and are prepared and compiled by the Division of comprehensive Service Statistics of Shandong Provincial Bureau of Statistics.

16-1 规模以上服务业企业主要财务状况
Main Financial Indicators of Service Enterprises above the Designated

单位:亿元 (100 million yuan)

项 目	Item	2015	2016	2016年比2015年增长(%) Growth Rate in 2016 Over 2015 (%)
资产总计	Total Assets	18329.98	20762.74	13.3
本年折旧	Depreciation Drawn in Current Year	562.47	535.37	-4.8
营业收入	Business Revenue	6589.61	7376.40	11.9
营业成本	Business Costs	4649.49	5359.69	15.3
营业税金及附加	Tax and Extra Charges on Business	101.81	85.33	-16.2
销售费用	Sales Expenses	384.94	347.03	-9.8
管理费用	Management Expenses	564.52	621.13	10.0
财务费用	Financial Expenses	148.93	157.78	5.9
营业利润	Business Profits	825.31	900.63	9.1
利润总额	Total Profits	956.87	1010.83	5.6
应交所得税	Income Taxes Payable	184.41	169.39	-8.1
应付职工薪酬	Total Wages Payable	959.75	1059.67	10.4
应交增值税	Value-added Tax Payable	157.15	178.09	13.3

注:增速按可比口径计算。
a)The growth rates are calculated on comparable coverage.

16-2 规模以上其他营利性服务业企业主要财务状况
Main Financial Indicators of Other for-profit Service Enterprises above the Designated

单位:亿元 (100 million yuan)

项 目	Item	2015	2016	2016年比2015年增长(%) Growth Rate in 2016 Over 2015 (%)
资产总计	Total Assets	7445.32	9010.21	21.0
本年折旧	Depreciation Drawn in Current Year	67.10	68.60	2.2
营业收入	Business Revenue	1273.10	1611.81	26.6
营业成本	Business Costs	830.90	1087.96	30.9
营业税金及附加	Tax and Extra Charges on Business	32.70	27.79	-15.0
销售费用	Sales Expenses	67.66	78.83	16.5
管理费用	Management Expenses	179.31	200.42	11.8
财务费用	Financial Expenses	74.98	80.00	6.7
营业利润	Business Profits	170.62	204.82	20.0
利润总额	Total Profits	186.55	223.40	19.8
应交所得税	Income Taxes Payable	25.71	28.47	10.7
应付职工薪酬	Total Wages Payable	215.85	249.74	15.7
应交增值税	Value-added Tax Payable	28.74	41.83	45.6

注:增速按可比口径计算。
a)The growth rates are calculated on comparable coverage.

16-3 规模以上服务业企业分登记注册类型财务状况
Financial Indicators of Service Enterprises above Designated Size by Registration Type

单位:万元

类 别	Category	企业单位数(个) Number of Industial Enterprises (unit)	资产合计 Total Assets	本年折旧 Depreciation Drawn in Current Year	营业收入 Business Revenue	营业成本 Business Costs
全省总计	**Provincial Total**	**12472**	**207627407**	**5353670**	**73763966**	**53596908**
按登记注册类型分	**by Status of Registration**					
内资企业	**Domestic Funded Enterprises**	**12250**	**196376715**	**4947179**	**69647857**	**50785442**
国有企业	State-owned Enterprises	378	12582994	386333	5732720	4976288
集体企业	Collective-owned Enterprises	163	1501153	31406	499909	309869
股份合作企业	Cooperative Enterprises	27	191259	4714	95406	67115
联营企业	Joint Ownership Enterprises	8	14282	336	6783	4029
有限责任公司	Limited Liability Corporations	3875	136181898	2580552	32600901	23028919
股份有限公司	Share-holding Corporations Limited	490	22159722	1133911	9898879	7241305
私营企业	Private Enterprises	6549	21753196	739869	19128286	14011189
其他企业	Other Enterprises	760	1992212	70058	1684973	1146727
港、澳、台商投资企业	**Enterprises with Funds from Hong Kong, Macao and Taiwan**	**102**	**5775006**	**278443**	**2260703**	**1584795**
合资经营企业(港或澳、台资)	Joint-ventures Enterprises	43	2708919	47290	771567	550692
合作经营企业(港或澳、台资)	Cooperative Enterprises	5	48899	1829	24606	20256
港澳台商独资经营企业	Enterprises with Sole Investment	46	2680909	190499	1257741	869368
港澳台商投资股份有限公司	Share-holding Corporations Ltd. With Funds from Hong Kong, Macao and Taiwan	5	334265	38651	200144	140612
其他企业	Other Enterprises	3	2015	173	6644	3867
外商投资企业	**Foreign Funded Enterprises**	**120**	**5475686**	**128047**	**1855406**	**1226671**
中外合资经营企业	Joint-venture Enterprises	53	4059810	70808	920118	546095
中外合作经营企业	Cooperation Enterprises	6	34822	2107	44590	33923
外资企业	Enterprises with Sole Foreign Funds	57	1197655	28334	729158	530501
外商投资股份有限公司	Share-holding Corporations Ltd. With Foreign Investment	1	156745	26015	151916	113503
其他企业	Other Enterprises	3	26653	783	9624	2648

16-3 续表 1 continued

单位:万元

类　　别	Category	营业税金及附加 Tax and Extra Charges on Business	销售费用 Selling Expreses	管理费用 Mangement Expenses	财务费用 Financial Expenses	营业费用 Operation expenses
全省总计	**Provincial Total**	**853300**	**3470261**	**6211317**	**1577814**	**9006342**
按登记注册类型分	**by Status of Registration**					
内资企业	**Domestic Funded Enterprises**	**820508**	**3266232**	**5884474**	**1503344**	**8262827**
国有企业	State-owned Enterprises	37880	187972	782844	88586	-369489
集体企业	Collective-owned Enterprises	13100	21517	77869	12595	66307
股份合作企业	Cooperative Enterprises	964	5222	19120	735	2077
联营企业	Joint Ownership Enterprises	231	80	1682	97	758
有限责任公司	Limited Liability Corporations	345361	1669470	2725812	1020766	4488640
股份有限公司	Share-holding Corporations Limited	75933	617061	683298	105299	1349532
私营企业	Private Enterprises	312720	725480	1430841	258669	2434994
其他企业	Other Enterprises	34318	39430	163009	16597	290008
港、澳、台商投资企业	**Enterprises with Funds from Hong Kong, Macao and Taiwan**	**7481**	**149443**	**160237**	**17373**	**314724**
合资经营企业(港或澳、台资)	Joint-ventures Enterprises	4738	27545	66104	15862	106180
合作经营企业(港或澳、台资)	Cooperative Enterprises	174	915	1292	112	1858
港澳台商独资经营企业	Enterprises with Sole Investment	2332	101254	78751	1551	179259
港澳台商投资股份有限公司	Share-holding Corporations Ltd. With Funds from Hong Kong, Macao and Taiwan	151	19305	11411	-174	26939
其他企业	Other Enterprises	87	424	2679	22	489
外商投资企业	**Foreign Funded Enterprises**	**25311**	**54585**	**166606**	**57097**	**428791**
中外合资经营企业	Joint-venture Enterprises	18079	4177	70791	50010	304288
中外合作经营企业	Cooperation Enterprises	264	6660	2825	-192	1114
外资企业	Enterprises with Sole Foreign Funds	6384	24110	82603	6488	84886
外商投资股份有限公司	Share-holding Corporations Ltd. With Foreign Investment	505	19013	4984	13	38413
其他企业	Other Enterprises	79	626	5403	779	90

16-3 续表 2 continued

单位:万元

类 别	Category	利润总额 Total Profits	应交所得税 Income Taxes Payable	应付职工薪酬 Total Wages Payable	应交增值税 Value-added Tax Payable
全省总计	**Provincial Total**	**10108350**	**1693947**	**10596722**	**1780910**
按登记注册类型分	**by Status of Registration**				
内资企业	**Domestic Funded Enterprises**	**9337245**	**1582481**	**10107840**	**1676475**
国有企业	State-owned Enterprises	-88028	31269	1505209	103884
集体企业	Collective-owned Enterprises	68383	11955	106021	6932
股份合作企业	Cooperative Enterprises	2469	872	21830	1016
联营企业	Joint Ownership Enterprises	752	84	1841	41
有限责任公司	Limited Liability Corporations	5054301	969404	4524268	688225
股份有限公司	Share-holding Corporations Limited	1502255	257174	1364750	434561
私营企业	Private Enterprises	2499025	289908	2282158	415806
其他企业	Other Enterprises	298088	21816	301764	26009
港、澳、台商投资企业	**Enterprises with Funds from Hong Kong, Macao and Taiwan**	**333992**	**41621**	**276786**	**77515**
合资经营企业(港或澳、台资)	Joint-ventures Enterprises	115857	23591	86930	22715
合作经营企业(港或澳、台资)	Cooperative Enterprises	2110	445	1163	677
港澳台商独资经营企业	Enterprises with Sole Investment	187696	13980	161305	47721
港澳台商投资股份有限公司	Share-holding Corporations Ltd. With Funds from Hong Kong, Macao and Taiwan	27856	3523	23220	6331
其他企业	Other Enterprises	474	83	4169	71
外商投资企业	**Foreign Funded Enterprises**	**437113**	**69844**	**212096**	**26920**
中外合资经营企业	Joint-venture Enterprises	308632	52039	99203	7028
中外合作经营企业	Cooperation Enterprises	1172	964	4173	889
外资企业	Enterprises with Sole Foreign Funds	88432	15591	99650	16277
外商投资股份有限公司	Share-holding Corporations Ltd. With Foreign Investment	38770	1200	5996	2658
其他企业	Other Enterprises	107	51	3075	68

16-4 规模以上服务业企业分行业财务状况(2016年)
Financial Indicators of Service Enterprises above Designated Size by Sector(2016)

单位:万元 (10 000 yuan)

行业	Category	企业单位数(个) Number of Industial Enterprises (unit)	资产合计 Total Assets	本年折旧 Depreciation Drawn in Current Year	营业收入 Business Revenue
全省总计	**Provincial Total**	**12472**	**207627407**	**5353670**	**73763966**
按行业分	**Grouped by Sector**				
交通运输、仓储和邮政业	Transport, Storage and Postal Services	4626	66447642	1858363	32338451
信息传输、软件和信息技术服务业	Information Transmission, Software and Information Technology Services	773	27550992	2311476	16894534
房地产业	Real Estate	1056	3291196	68281	1374581
租赁和商务服务业	Leasing and Business Services	1917	79597173	527644	9882504
科学研究和技术服务业	Scientific Research and Technical Services	1857	11863812	185599	6825292
水利、环境和公共设施管理业	Management of Water Conservancy, Environment and Public Facilities	561	10283593	154701	2033562
居民服务、修理和其他服务业	Households' service, Repair and Other Services	499	964217	31087	1069979
教育	Education	480	1269883	70463	725444
卫生和社会工作	Health and Social Work	331	2154488	77046	1398381
文化、体育和娱乐业	Culture, Sports and Entertainment	372	4204412	69010	1221238

16-4 续表 1 continued

单位:万元 (10 000 yuan)

行业	Category	营业成本 Business Costs	营业税金及附加 Tax and Extra Charges on Business	销售费用 Selling Expreses	管理费用 Mangement Expenses
全省总计	**Provincial Total**	**53596908**	**853300**	**3470261**	**6211317**
按行业分	**Grouped by Sector**				
交通运输、仓储和邮政业	Transport, Storage and Postal Services	26175253	319669	712725	1955358
信息传输、软件和信息技术服务业	Information Transmission, Software and Information Technology Services	10746090	67312	1773369	1178728
房地产业	Real Estate	912739	40021	57512	233224
租赁和商务服务业	Leasing and Business Services	6809183	203975	342107	1181135
科学研究和技术服务业	Scientific Research and Technical Services	4661762	100355	189501	827085
水利、环境和公共设施管理业	Management of Water Conservancy, Environment and Public Facilities	1304746	55153	102061	186680
居民服务、修理和其他服务业	Households' service, Repair and Other Services	752713	19651	56373	87892
教育	Education	417659	16560	46019	158248
卫生和社会工作	Health and Social Work	1038308	9812	61886	212161
文化、体育和娱乐业	Culture, Sports and Entertainment	778455	20793	128707	190806

16-4 续表 2 continued

单位:万元 (10 000 yuan)

行 业	Category	财务费用 Financial Expenses	营业费用 Operation expenses	利润总额 Total Profits
全省总计	**Provincial Total**	**1577814**	**9006342**	**10108350**
按行业分	**Grouped by Sector**			
交通运输、仓储和邮政业	Transport, Storage and Postal Services	726734	2670730	3421471
信息传输、软件和信息技术服务业	Information Transmission, Software and Information Technology Services	-89569	3176317	3273110
房地产业	Real Estate	24217	130630	145562
租赁和商务服务业	Leasing and Business Services	734596	1252915	1328099
科学研究和技术服务业	Scientific Research and Technical Services	61925	1039989	1084857
水利、环境和公共设施管理业	Management of Water Conservancy, Environment and Public Facilities	43380	344147	386934
居民服务、修理和其他服务业	Households' service, Repair and Other Services	15498	138536	141743
教育	Education	16738	79516	84980
卫生和社会工作	Health and Social Work	13679	64010	82257
文化、体育和娱乐业	Culture, Sports and Entertainment	30617	109553	159337

16-4 续表 3 continued

单位:万元 (10 000 yuan)

行 业	Category	应交所得税 Income Taxes Payable	应付职工薪酬 Total Wages Payable	应交增值税 Value-added Tax Payable
全省总计	**Provincial Total**	**1693947**	**10596722**	**1780910**
按行业分	**Grouped by Sector**			
交通运输、仓储和邮政业	Transport, Storage and Postal Services	656758	4161549	567420
信息传输、软件和信息技术服务业	Information Transmission, Software and Information Technology Services	566760	2265514	671706
房地产业	Real Estate	26436	461379	28671
租赁和商务服务业	Leasing and Business Services	181370	1445488	234768
科学研究和技术服务业	Scientific Research and Technical Services	142900	1080729	158694
水利、环境和公共设施管理业	Management of Water Conservancy, Environment and Public Facilities	59185	289514	48089
居民服务、修理和其他服务业	Households' service, Repair and Other Services	19602	155119	21026
教育	Education	11852	192080	9995
卫生和社会工作	Health and Social Work	14297	339376	2641
文化、体育和娱乐业	Culture, Sports and Entertainment	14787	205974	37901

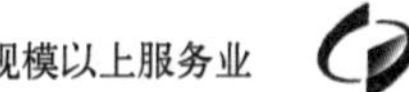

16-5 各市规模以上服务业企业财务状况(2016年)

Financial Indicators of Service Enterprises above Designated Size by Region(2016)

单位:万元 (10 000 yuan)

地 区 Region	企业单位数(个) Number of Industial Enterprises (unit)	资产合计 Total Assets	本年折旧 Depreciation Drawn in Current Year	营业收入 Business Revenue	营业成本 Business Costs	营业税金及附加 Tax and Extra Charges on Business	销售费用 Selling Expreses
全省总计 Total	**12472**	**207627407**	**5353670**	**73763966**	**53596908**	**853300**	**3470261**
济南市 Jinan	1022	59737667	1809831	15543170	10742671	97099	1216828
青岛市 Qingdao	1639	45749030	760346	15018692	10905784	138071	570954
淄博市 Zibo	608	5029088	164422	2625913	2120186	18656	118224
枣庄市 Zaozhuang	438	2032878	72231	1177205	868218	28190	70585
东营市 Dongying	402	9001072	279178	4034228	3188560	37652	84566
烟台市 Yantai	816	22825724	516593	5016166	3832127	64905	234002
潍坊市 Weifang	984	10935801	269442	3778214	2805102	33329	149406
济宁市 Jining	1379	7737813	147418	3767886	2857168	66343	172111
泰安市 Tai'an	713	4493107	179011	2997906	1919227	79740	137175
威海市 Weihai	710	4904640	141954	2123518	1610428	22357	89485
日照市 Rizhao	181	11781033	233394	2137789	1756931	11234	46936
莱芜市 Laiwu	150	1610433	33157	562162	436557	5091	21887
临沂市 Linyi	933	7899104	210765	4238264	2725691	73470	196803
德州市 Dezhou	823	3513597	123668	4489585	3087656	112685	98352
聊城市 Liaocheng	510	3895284	132071	1954041	1569821	18489	96443
滨州市 Binzhou	303	3511559	111766	1634371	1349762	9074	69378
菏泽市 Heze	861	2969579	168422	2664858	1821018	36917	97127

16-5 续表 continued

单位:万元 (10 000 yuan)

地 区 Region	管理费用 Mangement Expenses	财务费用 Financial Expenses	营业费用 Operation expenses	利润总额 Total Profits	应交所得税 Income Taxes Payable	应付职工薪酬 Total Wages Payable	应交增值税 Value-added Tax Payable
全省总计 Total	**6211317**	**1577814**	**9006342**	**10108350**	**1693947**	**10596722**	**1780910**
济 南 市 Jinan	1346824	264871	2414460	2611766	564176	2445027	538137
青 岛 市 Qingdao	1513526	267112	1787472	2138674	446300	2152033	271367
淄 博 市 Zibo	243568	36467	99114	127221	15108	416439	44464
枣 庄 市 Zaozhuang	94203	25332	99332	134751	28701	176608	35887
东 营 市 Dongying	469520	70796	191187	198845	29391	794643	99850
烟 台 市 Yantai	479980	247167	258413	428321	74884	910224	118017
潍 坊 市 Weifang	320046	59891	451256	495766	75140	567666	94783
济 宁 市 Jining	253148	61846	357304	362429	55817	421382	58579
泰 安 市 Tai'an	234388	114876	517534	528659	66326	340996	84408
威 海 市 Weihai	203114	47687	216772	260290	28770	289901	43137
日 照 市 Rizhao	143243	148502	67568	138473	38340	281005	25443
莱 芜 市 Laiwu	59013	4792	45281	53448	11534	89057	11377
临 沂 市 Linyi	306443	69396	860587	873217	90601	549833	122671
德 州 市 Dezhou	169558	39862	988625	1027847	72852	370049	107929
聊 城 市 Liaocheng	134698	30601	117888	166430	30785	271037	41932
滨 州 市 Binzhou	110279	54318	42156	60108	15911	224214	36564
菏 泽 市 Heze	129765	34300	491393	502106	49313	296606	46364

16-6 规模以上其他营利性服务业企业分行业财务状况(2016年)

Financial Indicators of other for-profit service Enterprises above Designated Size by Sector(2016)

单位:万元 (10 000 yuan)

行业	Category	企业单位数(个) Number of Industial Enterprises (unit)	资产合计 Total Assets	本年折旧 Depreciation Drawn in Current Year	营业收入 Business Revenue
全省总计	**Provincial Total**	**3476**	**90102110**	**685968**	**16118126**
按行业分	**Grouped by Sector**				
互联网和相关服务	Internet and Related Services	95	385643	7767	341956
软件和信息技术服务业	Software and Information Technology Services	593	4950666	50460	3602449
租赁业	Leasing	176	3719406	44712	750077
商务服务业	Business Services	1741	75877767	482932	9132426
居民服务业	Services to Households	143	374782	17439	253410
机动车、电子产品和日用产品修理业	Motor Vehicle, Electronic Products and Consumer Products Repair	230	415284	8000	570958
其他服务业	Other Services	126	174152	5648	245611
新闻和出版业	News and Publication	52	1894246	11999	550616
广播、电视、电影和影视录音制作业	Production of Radio, Television, Film and Video Recording	86	308172	9618	130439
文化艺术业	Culture and Arts	88	333779	6636	186953
体育	Sports	43	320240	9805	149465
娱乐业	Entertainment	103	1347975	30952	203765

16-6 续表 1 continued

单位:万元 (10 000 yuan)

行业	Category	营业成本 Business Costs	营业税金及附加 Tax and Extra Charges on Business	销售费用 Selling Expreses	管理费用 Mangement Expenses
全省总计	**Provincial Total**	**10879605**	**277946**	**788336**	**2004160**
按行业分	**Grouped by Sector**				
互联网和相关服务	Internet and Related Services	222919	4823	22437	41008
软件和信息技术服务业	Software and Information Technology Services	2316335	28705	238712	503318
租赁业	Leasing	482213	13281	14725	45379
商务服务业	Business Services	6326970	190693	327382	1135756
居民服务业	Services to Households	168431	6114	13142	34706
机动车、电子产品和日用产品修理业	Motor Vehicle, Electronic Products and Consumer Products Repair	416537	7648	38231	33128
其他服务业	Other Services	167745	5889	5000	20058
新闻和出版业	News and Publication	355560	5323	41517	95037
广播、电视、电影和影视录音制作业	Production of Radio, Television, Film and Video Recording	80308	2820	22259	19395
文化艺术业	Culture and Arts	111927	4534	11162	17393
体育	Sports	135663	1753	13849	20776
娱乐业	Entertainment	94997	6363	39919	38206

16-6 续表 2 continued

单位:万元 (10 000 yuan)

行 业	Category	财务费用 Financial Expenses	营业费用 Operation expenses	利润总额 Total Profits
全省总计	**Provincial Total**	**799961**	**2048226**	**2234009**
按行业分	**Grouped by Sector**			
互联网和相关服务	Internet and Related Services	1790	50303	55309
软件和信息技术服务业	Software and Information Technology Services	17460	496920	549520
租赁业	Leasing	45007	123426	130108
商务服务业	Business Services	689589	1129489	1197990
居民服务业	Services to Households	7334	23846	27781
机动车、电子产品和日用产品修理业	Motor Vehicle, Electronic Products and Consumer Products Repair	5516	70363	69757
其他服务业	Other Services	2648	44326	44205
新闻和出版业	News and Publication	3582	87430	108630
广播、电视、电影和影视录音制作业	Production of Radio, Television, Film and Video Recording	2243	4410	8208
文化艺术业	Culture and Arts	4769	37022	41283
体育	Sports	346	-22777	-6885
娱乐业	Entertainment	19677	3468	8102

16-6 续表 3 continued

单位:万元 (10 000 yuan)

行 业	Category	应交所得税 Income Taxes Payable	应付职工薪酬 Total Wages Payable	应交增值税 Value-added Tax Payable
全省总计	**Provincial Total**	**284671**	**2497416**	**418336**
按行业分	**Grouped by Sector**			
互联网和相关服务	Internet and Related Services	4317	104819	6192
软件和信息技术服务业	Software and Information Technology Services	64595	586016	118448
租赁业	Leasing	24235	45089	25351
商务服务业	Business Services	157135	1400399	209417
居民服务业	Services to Households	5127	57889	3999
机动车、电子产品和日用产品修理业	Motor Vehicle, Electronic Products and Consumer Products Repair	10005	56060	12878
其他服务业	Other Services	4470	41170	4150
新闻和出版业	News and Publication	1423	100951	17545
广播、电视、电影和影视录音制作业	Production of Radio, Television, Film and Video Recording	1439	24142	3943
文化艺术业	Culture and Arts	7193	23372	4319
体育	Sports	387	19585	8210
娱乐业	Entertainment	4346	37925	3885

16-7 各市规模以上其他营利性服务业企业财务状况(2016年)
Financial Indicators of other for-profit service Enterprises above Designated Size by Region(2016)

单位:万元 (10 000 yuan)

地 区	Region	企业单位数(个) Number of Industial Enterprises (unit)	资产合计 Total Assets	本年折旧 Depreciation Drawn in Current Year	营业收入 Business Revenue	营业成本 Business Costs	营业税金及附加 Tax and Extra Charges on Business	销售费用 Selling Expreses
全省总计	**Total**	**3476**	**90102111**	**685968**	**16118126**	**10879605**	**277946**	**788336**
济南市	Jinan	400	30131646	145867	2683740	1745836	30476	188284
青岛市	Qingdao	616	20903739	109457	3801778	2512043	41215	263602
淄博市	Zibo	172	2189775	25735	521870	392447	6501	27869
枣庄市	Zaozhuang	117	634112	15232	219013	149993	12460	8752
东营市	Dongying	108	5865903	147805	1999678	1532747	18352	24044
烟台市	Yantai	224	10101132	86342	1088953	809632	26503	53051
潍坊市	Weifang	174	3149218	21084	458520	307887	7042	25942
济宁市	Jining	429	4715322	14162	1041911	788894	30224	38259
泰安市	Tai'an	188	2095483	26328	710003	380550	18088	50263
威海市	Weihai	210	633188	12029	288883	190123	4130	19505
日照市	Rizhao	32	2828762	11252	647210	589083	1226	8566
莱芜市	Laiwu	30	44745	1304	61171	50888	1012	1935
临沂市	Linyi	280	3703075	34501	1340944	661227	40111	53326
德州市	Dezhou	186	868359	12684	747408	409157	32192	15281
聊城市	Liaocheng	57	702593	5341	79703	46576	1093	3868
滨州市	Binzhou	49	1286735	4248	120115	95651	2140	1262
菏泽市	Heze	204	248326	12598	307227	216872	5183	4526

16-7 续表 continued

单位:万元 (10 000 yuan)

地 区	Region	管理费用 Mangement Expenses	财务费用 Financial Expenses	营业费用 Operation expenses	利润总额 Total Profits	应交所得税 Income Taxes Payable	应付职工薪酬 Total Wages Payable	应交增值税 Value-added Tax Payable
全省总计	**Total**	**2004160**	**799961**	**2048226**	**2234009**	**284671**	**2497416**	**418336**
济 南 市	Jinan	457015	293942	397171	450258	57728	512819	92543
青 岛 市	Qingdao	541169	103736	438815	508249	83344	506334	107485
淄 博 市	Zibo	66811	12794	26350	32084	5137	132209	9663
枣 庄 市	Zaozhuang	17843	9656	20286	20550	6831	31318	5359
东 营 市	Dongying	313280	22496	92015	76819	4985	531120	64309
烟 台 市	Yantai	100349	108818	63673	103503	24029	142072	14869
潍 坊 市	Weifang	73917	25225	59870	63774	9207	102579	11526
济 宁 市	Jining	69124	41997	73874	73475	9922	94599	11734
泰 安 市	Tai'an	84222	72058	107887	108728	14752	83248	19661
威 海 市	Weihai	41326	5217	27560	30925	4163	39262	5887
日 照 市	Rizhao	27714	5830	17984	36399	8277	31639	2828
莱 芜 市	Laiwu	5765	510	973	1594	240	13851	830
临 沂 市	Linyi	120193	42196	426438	423413	41608	120776	42773
德 州 市	Dezhou	41196	5146	246962	246900	10381	75707	14423
聊 城 市	Liaocheng	14364	10116	16102	19443	2331	14935	1747
滨 州 市	Binzhou	14270	36324	-28823	-23202	-4307	28383	8757
菏 泽 市	Heze	15602	3900	61089	61099	6043	36566	3944

主要统计指标解释

规模以上服务业 包括交通运输、仓储和邮电业，信息传输、软件和信息技术服务业，租赁和商务服务业，科学研究和技术服务业，水利、环境和公共设施管理业，教育，卫生和社会工作，以及物业管理、房地产中介服务、自有房地产经营活动和其他房地产业等行业中年营业收入 1000 万元以上或年末就业人数 50 人以上的服务业法人企业；居民服务、修理和其他服务业，文化、体育和娱乐业等行业中年营业收入 500 万元以上或年末就业人数 50 人以上的服务业法人企业。调查方法为符合上述条件企业的全面调查。

其他营利性服务业 包括互联网和相关服务、软件和信息技术服务业、租赁业、商务服务业、居民服务业、机动车、电子产品和日用产品修理业、其他服务业、新闻和出版业、广播电视电影和影视录音制作业、文化艺术业、体育、娱乐业。

Explanatory Notes on Main Statistical Indicators

The statistical coverage of some service enterprises above designated size all the corporative enterprises of services sector with over 50 employees by the end of the year or with annual business revenue of over 10 million yuan, including transport, storage and postal services, information transmission, software and information technology services, leasing and business services, scientific research and technical services, management of Water Conservancy, Environment and Public Facilities, education, health and social work, real estate agent services, real estate intermediary services, own real estate business activities and other real estate,etc. Also, it covers some service enterprises above designated size all the corporative enterprises of services sector with over 50 employees by the end of the year or with annual business revenue of over 5 million yuan, including households' service, repair and other services, culture, sports and entertainment services. Survey method is a comprehensive survey.

Other for-profit services including Internet and related services, software and information technology services, leasing, business services, services to household, motor vehicles, electronics and consumer products repair and other services, news and publication, production of radio, television, film and video culture and arts, sports and entertainment.

第
17
篇

运输和邮电

Transport, Post and Telecommunication Services

简 要 说 明

一、本篇资料的主要内容

本篇资料反映了全省交通运输业和邮电通讯业发展的基本状况，主要包括交通设施基本情况、客货运量及周转量、交通运输企业主要技术经济指标、沿海主要港口货物吞吐量、邮政和电信基本情况、地方交通和营业性运输车辆、民用汽车拥有量等方面的内容。

二、本篇资料的来源

本篇资料中，交通运输资料分别来源于济南铁路局、山东省地方铁路局、邯济铁路有限公司、省交通厅、省民航安监办、省公安厅交警总队，邮电通信业资料来源于省通信管理局和省邮政局。

本篇资料由省统计局服务业处整理提供。

Brief Introduction

I. Content

Data in this chapter cover mainly the basic conditions of the development of transport, post and telecommunications in Shandong Province, including the basic conditions of transport, the freight traffic and passenger traffic accomplished by various means, major financial indices of related enterprises, cargo handled at principal sea ports, the possession of the transport equipment and the basic conditions of post and telecommunication services.

II. Source of Data

Data in this chapter are provided by Jinan Railway Board, Shandong Local Railway Board, Hanji Railway Co., Ltd, Shandong Communications Department, Shandong Aviation Administration of Work Security, and Traffic Police General Brigade of Shandong Public Security Department. Data on post and telecommunication services are provided by Shandong Communication Administration and Shandong Post Bureau.

Data in this chapter are prepared and compiled by the Division of Comprehensive Service Statistics of Shandong Provincial Bureau of Statistics.

17-1 主要年份运输线路长度
Length of Transport Routes in Major Years

单位:公里 (km)

年份 Year	铁路通车里程 Length of Railways in operation	公路通车里程 Length of Highways in Operation	#晴雨通车 In Operation Regardless of Weather	内河通航里程 Length of Navigabe Inland Waterways	#通机动船 In Operation for Motor Vessels
1949	887	3152	65	1082	
1952	954	7669	170	1459	409
1955	956	9070	667	1459	409
1957	1154	13425	2115	1642	1063
1962	1168	15766	4189	2179	1353
1965	1208	22176	5669	1827	1310
1970	1276	29159	12666	1821	1629
1975	1275	31712	20212	1876	1764
1976	1386	32978	21645	2118	1802
1977	1386	33629	23636	2343	1811
1978	1385	34244	25289	2403	1880
1979	1388	35139	26106	1972	1953
1980	1411	35311	26544	1970	1736
1981	1582	35292	27284	1849	1712
1982	1565	35504	27875	1859	1722
1983	1565	35722	28480	1859	1722
1984	1569	35935	29427	1859	1725
1985	1572	36327	30250	1840	1706
1986	2041	37005	31286	1840	1706
1987	2042	37530	32468	1840	1706
1988	2042	38759	34057	1840	1706
1989	2042	39783	35557	1840	1706
1990	2041	40772	37015	1840	1706
1991	2042	41937	39081	1891	1780
1992	2048	43134	40612	1891	1780
1993	2048	46033	43992	1891	1780
1994	2048	50225	48385	1891	1780
1995	2048	54243	52702	1891	1780
1996	2620	57271	55882	1891	1780
1997	2721	59260	58028	1414	1302
1998	2658	64145	63142	1414	1302
1999	2672	67847	67055	1476	
2000	2672	70686	70038	1476	
2001	2709	71128	70701	1476	
2002	2709	74029	73665	1476	
2003	3236	76266	75948	1012	
2004	3348	77768	77483	1012	
2005	3402	80132	79854	1012	
2006	3405	204911	203363	1012	
2007	3379	212236	211279	1012	
2008	3329	220687	219525	1012	
2009	3620	226693	225235	1012	
2010	3833	229858	228906	1150	
2011	4177	233189	232264	1150	
2012	4306	244586	243779	1150	
2013	4397	252785	252066	1150	
2014	4546	259514	259031	1150	
2015	4863	263447	262986	1150	
2016	4882	265720	265265	1150	

注:2006年起，村道纳入公路通车里程。
a)Length of highways includes that of village-level highways since 2006.

17-2 主要年份旅客运量及周转量
Passenger Traffic and Turnover Volume in Major Years

年 份 Year	客运量(万人) Passenger Traffic (10 000 Persons)	铁路 Railways	公路 Highways	水路 Waterways	周转量(百万人公里) Passenger Turnover (million Passenger-km)	铁路 Railways	公路 Highways	水路 Waterways
1949	928	846	82		1368	1287	81	
1952	1196	938	251	7	1553	1365	180	8
1955	1775	1086	678	11	2229	1786	438	5
1957	3019	1872	1128	19	3002	2427	565	10
1962	7590	5923	1599	68	7664	6690	933	41
1965	4566	2457	2077	32	3664	2699	953	12
1970	5725	2454	3240	31			1445	14
1975	7084	3202	3844	38	6676	4708	1953	15
1976	7614	3233	4239	52	6996	4791	2189	16
1977	8679	3522	5103	54	7702	5127	2560	15
1978	9431	3467	5897	67	8448	5535	2895	18
1979	10857	3431	7338	88	9373	5950	3403	19
1980	12208	3586	8532	90	10624	6769	3839	16
1981	12682	3600	8994	88	11365	7272	4077	16
1982	13109	3695	9322	92	12283	7788	4477	18
1983	14839	3792	10942	102	14237	8954	5264	19
1984	17309	4071	13125	113	17058	10615	6423	20
1985	19772	4073	15565	134	20357	12433	7901	23
1986	26459	4005	22311	143	24671	13895	10752	24
1987	25209	4212	20811	186	27316	15608	11680	28
1988	29035	4447	24297	291	32412	17974	14402	36
1989	30718	3905	26419	344	32286	16552	15693	41
1990	29798	3303	26136	359	30138	14830	15255	53
1991	31940	3286	28240	405	32620	15873	16598	96
1992	33920	3244	30145	486	35164	17043	18002	119
1993	33634	3346	29693	595	34068	17785	16114	169
1994	34592	3587	30253	627	35627	18273	17126	222
1995	36425	3414	32317	694	35097	17418	17449	230
1996	39199	2854	35611	734	35344	15317	19696	331
1997	43218	3071	39234	913	40060	17277	22347	436
1998	50904	3223	46467	868	45229	18327	24599	483
1999	59350	3670	54817	863	51828	20568	28846	414
2000	66128	3840	61466	822	54873	22180	32358	335
2001	70497	3723	65787	987	59432	23373	35573	486
2002	74626	3566	69948	1112	64294	24644	39173	477
2003	75492	3324	71053	1115	61769	22024	39223	522
2004	89388	3857	84290	1241	74799	26696	47545	558
2005	98485	3952	93178	1355	82778	28268	53910	600
2006	109472	4757	103298	1417	93014	32223	60128	663
2007	123963	5127	117309	1527	106879	34039	72022	818
2008	213387	5470	205917	2000	141867	36694	104569	604
2009	234234	5806	226134	2294	158713	37993	119723	997
2010	248720	6041	240044	2635	164471	42135	121151	1185
2011	250469	6609	241457	2403	172751	45872	125691	1188
2012	264935	7650	254711	2574	183196	50951	130995	1250
2013	269391	8484	258327	2580	189285	54995	133137	1153
2014	73582	9508	62052	2022	114056	61734	51141	1181
2015	59625	10666	46960	1999	112745	64444	47137	1164
2016	62727	11904	48823	2000	116882	68442	47240	1200

注:1.2008年起,公路、水路数据改用全国公路水路运输量专项调查数据(下同)。
2.交通运输部2014年修订了公路、水运运输量统计试行方案，统计口径发生了变化。

a)Since 2008, data on highways and waterways are based on the National Special Highway and Waterways Survey.The same as the following tables.

b)The pilot statistical investigation program on passenger traffic and turnover was revised in 2014,and the statistical scope was adjusted.

17-3 主要年份货物运量及周转量
Freight Traffic and Turnover Volume in Major Years

年 份 Year	货运量 (万吨) Freight Traffic (10 000 tons)	铁 路 Railways	公 路 Highways	水 路 Waterways	周转量 (百万吨公里) Freight Turnover (million ton-km)	铁 路 Railways	公 路 Highways	水 路 Waterways
1949	547	381	166	0.2	1245	1178	66	1
1952	1802	640	1029	133	3711	3346	154	211
1955	3305	895	2013	397	4919	4359	246	344
1957	4558	1238	2973	347	6923	6190	327	406
1962	4500	1801	2419	280	8106	7309	421	376
1965	7544	2821	4339	385	11929	10721	750	458
1970	10081	3911	5693	477	19167	17346	1186	635
1975	14598	4214	9781	603	22198	18947	2374	877
1976	17320	4904	11732	684	24062	20096	2942	1024
1977	21484	5365	15255	864	27326	22293	3865	1168
1978	22964	5940	16128	896	31005	25746	4060	1199
1979	22536	5951	15748	837	31586	26540	3634	1113
1980	22086	5687	15629	770	31329	26087	4005	1237
1981	20496	5306	14427	763	31941	26332	4093	1516
1982	21641	5415	15413	813	35160	28400	4937	1823
1983	23726	5655	17216	855	38996	30966	5787	2243
1984	25310	6035	18389	886	41974	33250	6505	2219
1985	27371	6403	20105	863	48431	37342	8139	2468
1986	32299	6789	24619	893	57599	44618	10287	2694
1987	36012	7072	28008	932	64533	49069	12231	3234
1988	39866	7322	31670	874	72723	53851	15325	3547
1989	43098	7934	34331	833	78996	58657	16612	3727
1990	41443	8012	32654	777	77845	58546	15705	3594
1991	44145	8372	34587	1186	81402	59694	16660	5047
1992	47676	8609	37684	1381	87617	62750	18931	5936
1993	51250	9023	40820	1407	92257	63127	20444	8687
1994	57187	9259	46485	1443	101437	66744	23069	11625
1995	66546	9256	55669	1621	112655	69857	26397	16401
1996	70664	10226	58270	2168	122849	71385	30559	20895
1997	72780	10368	60340	2072	126093	73323	31915	20855
1998	76813	10224	64716	1867	118753	65877	34322	18513
1999	80212	10553	67696	1956	127304	73588	35350	18330
2000	92483	11253	76778	4452	403315	79964	40575	282776
2001	99464	12426	81574	5464	467545	84815	41143	341587
2002	107454	13624	89714	4116	304075	92525	46009	165541
2003	117712	17167	95900	4645	342906	107157	50987	184762
2004	132036	17862	106887	7287	478309	111109	59606	307594
2005	147999	18338	120455	9206	558286	121908	71182	365196
2006	167511	19126	136750	11635	665521	151159	84510	429852
2007	198507	19923	163959	14625	642854	131151	106926	404777
2008	247489	20872	216604	10013	1010234	134133	511792	364309
2009	284463	19596	251587	13280	1095569	134139	604502	356928
2010	298055	18056	264366	15633	1174705	144775	621680	408250
2011	314962	19711	279380	15871	1258364	152606	662435	443323
2012	330270	19814	296752	13704	1099119	149384	705922	243813
2013	344401	19043	311812	13546	1026088	138910	749888	137290
2014	260983	16792	230018	14172	817690	123808	571138	122744
2015	258444	15786	227934	14724	833415	107728	587699	137988
2016	281557	16745	249752	15060	879552	113668	607143	158741

注：交通运输部2014年修订了公路、水运运输量统计试行方案，统计口径发生了变化。
a)The pilot statistical investigation program on passenger traffic and turnover was revised in 2014,and the statistical scope was adjusted.

17-4 沿海主要港口货物吞吐量
Volume of Freight Handled in Major Coastal Ports

单位:万吨 (10000 tons)

港口名称	Seaport	1990	1995	2000	2005	2010	2012	2013	2014	2015	2016
总　计	**Total**	**5445**	**10594**	**16025**	**38401**	**86421**	**106655**	**118137**	**128593**	**134218**	**142856**
青岛港	Qingdao	3034	5103	8661	18679	35012	41466	45783	47701	49749	51463
烟台港	Yantai	668	1361	1964	4506	15033	24345	28680	31971	33027	35407
日照港	Rizhao	925	1452	2674	8421	22597	28387	31809	35324	36082	38286
威海港	Weihai	100	379	658	1532	2407	6200	7001	7110	7324	7554

17-5 交通运输企业主要技术经济指标
Major Technical and Economic Indicators of Transportation Enterprises

类　别		Category		2011	2012	2013	2014	2015	2016
铁路运输		**Railway Transport**							
货车周转时间	(天)	Turning Around Time of Freight Locomotives	(day)	1.8	2.0	2.0	1.9	2.0	2.0
货车全周转距离	(公里)	Turning Around Length of Freight Locomotives	(km)	410	428	426	427	432	434
货车中转距离	(公里)	Transfer Length of Freight Locomotives	(km)	198	196	198	194	190	199
平均一日装车数	(车)	Daily Loading Coach	(coach)	8601	8578	8251	7351	7081	7778
平均一日卸车数	(车)	Daily Unloading Coach	(coach)	9707	9285	9099	8857	8461	9111
货车静载重	(吨)	Static Load of Freight Locomotives	(ton)	62.8	63.1	63.2	62.6	61.1	58.8
货运机车日产量	(万总重吨公里)	Average Daily Ton-kilometers of Freight Locomotives	(10 000 tonkm)	143.7	142.7	133.9	132.3	131.7	138.2
内燃机车每万吨公里耗油	(公斤)	Oil Consumption of Diesel Locomotives per 10000 Ton-km	(kg)	27.6	27.8	27.9	28.4	33.4	34.9
沿海水运船舶		**Coastal Waterways Transport**							
全部船舶净载重量	(万吨)	Static Load of Vessels	(10 000 tons)	1296	1430	1489	1598	1755	1909
码头舶位	(个)	Berths in Ports	(unit)	485	501	519	540	556	567
最大靠舶能力	(万吨)	Maximum Capacity on Berths	(10 000 tons)	30	30	30	30	30	30
年综合通过能力	(万吨)	Integrated Capacity	(10 000 tons)	48212	53099	57309	63236	67089	72097
旅客吞吐量	(万人)	Passenger Handled	(10 000 persons)	1879	1313	1298	1321	1378	1404

17-6 1978-2016年邮政基本情况
Basic Conditions of Post Services 1978 to 2016

年 份 Year	邮政局总计 (处) Post &Telecommunication offices (unit)	#设在农村 in Rural Area	邮路总长度 (万公里) Length of Postal Routes (10 000 km)	函 件 (万件) Letters (10 000 pcs)	报刊期发数 (万份) Issue of Newspapers and Magazines (10 000 copies)
1978	2349	2048		15532	542
1979	2348	2042	22.6	16336	613
1980	2363	2057	22.5	17324	775
1981	2363	2052	22.8	17540	859
1982	2371	2050	4.2	17340	946
1983	2384	2048	4.2	17434	1131
1984	2415	2060	4.4	18958	1572
1985	2516	2153	4.7	21930	2017
1986	2531	2174	5.0	23745	1743
1987	2540	2176	5.2	26940	1888
1988	2576	2196	5.3	28884	1777
1989	2608	2210	5.3	30043	1176
1990	2647	2233	5.8	29486	1047
1991	2672	2247	5.7	28001	1174
1992	2699	2267	6.7	28266	1326
1993	3259	2492	8.5	32966	1247
1994	4180		9.7	35920	982
1995	4080	3400	10.5	38789	1180
1996	3727	3013	13.4	35112	1020
1997	5397		15.1	32859	996
1998	5382		15.1	33114	1147
1999	4414	3497	18.5	35138	1568
2000	3011	2255	17.0	32878	1701
2001	3040	2225	15.9	31400	1324
2002	3012	2193	16.5	51496	972
2003	3007	2166	15.7	58220	1152
2004	3009	2118	16.2	50087	716
2005	3025	2118	17.3	24075	823
2006	3043	2105	17.0	44356	703
2007	3046	2086	17.4	47157	763
2008	2934	2080	17.7	46362	823
2009	2862	2030	18.1	52074	868
2010	2840	1991	6.8	53963	1618
2011	2851	2012	6.6	46014	796
2012	2856	2022	7.3	45663	976
2013	2861	2022	7.3	42389	914
2014	2870	2044	7.6	29233	976
2015	2870	2049	8.0	18787	943
2016	2878	2041	10.0	10328	837

17-7 1978-2016年电信业务总量

Business Volume of Telecommunication Services 1978 to 2016

年 份 Year	电信业务总量(万元) Business Volume of Telecommunication Services (10 000 Yuan)	电 报(万份) Telegraph (10 000 copies)	长话电路(路) Lines of Long-distance Calls (line)	长途电话(万次) Long-distance Calls (10 000 times)	市内电话(万户) Local Telephones (10 000 subscribers)	农村电话(万户) Rural Telephones (10 000 subscribers)
1978	10058	588	1082	1308	6.3	3.8
1979	10515	632	1177	1428	7.1	4.3
1980	11030	711	1282	1525	7.5	4.4
1981	11291	789	1415	1532	8.0	4.5
1982	11629	805	1532	1649	8.5	4.6
1983	12529	917	1653	1789	9.4	4.8
1984	13751	908	1929	1963	10.7	5.1
1985	16186	1132	2190	2325	12.1	5.2
1986	17735	1203	2638	2569	13.4	5.5
1987	20719	1519	3341	2984	15.2	5.9
1988	27124	1918	4392	3987	18.5	6.4
1989	32153	1812	5694	4693	22.3	6.9
1990	39401	1634	7436	5800	26.5	7.3
1991	103322	1651	12675	8724	32.9	8.1
1992	156134	1673	18422	16978	45.8	9.5
1993	274917	1412	32615	32273	69.6	12.8
1994	404027	987	47589	52719	84.8	19.2
1995	537135	667	40634	55755	165.8	46.1
1996	697719	458	54179	61409	227.0	80.0
1997	957400	324	67834	79719	283.5	128.6
1998	1338886	226	98760	97077	346.7	179.6
1999	1411800	202	163381	96553	413.8	283.8
2000	1865000	178	222500	96010	547.0	559.0
2001	2300200	138	108000	101682	661.0	827.0
2002	2759820		135000	99470	790.0	950.0
2003	3325632		268530	149245	1008.0	1085.0
2004	4846250		510000	121275	1314.0	1198.0
2005	6754670		290996	152883	1410.9	1275.7
2006	9286877		462662	148631	1380.5	1256.7
2007	11799357		350028	157152	1377.6	1211.5
2008	14262026		413082	124858	1398.4	1053.7
2009	15867854		1238400	123510	1291.3	965.0
2010	19209000				1193.5	829.6
2011	7236000				1087.6	809.0
2012	7976000				1101.3	786.8
2013	8637000				1032.2	712.2
2014	10678489				879.3	538.9
2015	12531166				773.2	343.9
2016	8633818				678.2	292.2

注：2016年起，电信业务总量按2015年价格计算。

a)The business volume of telecommunication services was calculated at 2015 constant prices since 2016.

17−8 邮电业务基本情况

Basic Conditions of Post and Telecommunication Services

类 别		Category		2012	2013	2014	2015	2016
邮电业务总量	(亿元)	Business Volume of Telecommunication Services	(100 million yuan)	849.2	919.7	1213.6	1458.6	1165.0
函 件	(万件)	Letters	(10 000 pcs)	45663	42389	29233	18787	10328
特快专递	(万件)	Express Mail Services	(10000 pcs)					
报刊期发数	(万份)	Issue of Newspapers and Magazines	(10 000 copies)	976	914	976	943	837
年末移动电话用户	(万户)	Number of Mobile Telephone Subscribers at Year-end	(10 000 subscribers)	7588.9	8333.4	8664.1	9413.8	9594.5
#3G移动电话用户	(万户)	3G Mobile Phone Subscribers	(10 000 subscribers)	1517	2592	3402	3075	1250
固定电话年末用户	(万户)	Number of Fixed Telephone Subscribers at Year-end	(10 000 subscribers)	1888.1	1744.4	1418.3	1117.1	970.4
#城市电话用户	(万户)	Urban Fixed Telephone Subscribers	(10 000 subscribers)	1101.3	1032.2	879.4	773.2	678.2
农村电话用户	(万户)	Rural Telephone Subscribers	(10 000 subscribers)	786.8	712.2	538.9	343.9	292.2
邮政所	(处)	Post Offices	(unit)	2856	2861	2870	2870	2878
邮路总长度	(公里)	Length of Postal Routes	(km)	72556	72703	75699	79605	104002
国际互联网总网民数	(万人)	Number of Internet Subscribers	(10 000 persons)	3866	4329	4634	4789	5207
互联网宽带接入用户	(万户)	Number of Internet Broad Band Subscribers	(10 000 subscribers)	1364.1	1465.1	1523.9	1625.7	2366.5
移动互联网用户	(万户)	Number of Mobile Internet Subscribers	(10 000 persons)	4865.1	5556.1	5569.2	6110	7391

注：2016年起，邮电业务总量按2015年价格计算。

a)The business volume of post and telecommunication services was calculated at 2015 constant prices since 2016.

17−9 各市邮电业务基本情况(2016年)

Basic Conditions of Post and Telecommunication Services by Region (2016)

地 区	Region	邮电业务总量 (亿元) Business Volume of Post and Telecommunication Services (100 million yuan)	邮政业务总量 (亿元) Business Volume of Post Services (100 million yuan)	电信业务总量 (亿元) Business Volume of Telecommunication Services (100 million yuan)	移动电话用户数 (万户) Number of Mobile Telephone Subscribers (10 000 subscribers)	固定电话用户数 (万户) Number of Fixed Telephone Subscribers (10 000 subscribers)	互联网宽带接入用户 (万户) Number of Internet Broad Band Subscribers (10 000 subscribers)
全省总计	**Total**	**1165.0**	**301.6**	**863.4**	**9594.5**	**970.4**	**2366.5**
济南市	Jinan	164.7	54.3	110.4	931.7	149.7	262.3
青岛市	Qingdao	194.0	58.6	135.4	1190.9	161.7	291.6
淄博市	Zibo	54.3	11.9	42.4	497.8	69.6	119.2
枣庄市	Zaozhuang	35.0	8.6	26.4	316.7	28.7	86.3
东营市	Dongying	28.8	3.5	25.3	256.8	38.5	72.3
烟台市	Yantai	91.2	23.1	68.1	776.8	67.6	186.2
潍坊市	Weifang	102.5	25.3	77.2	894.5	94.6	206.2
济宁市	Jining	68.1	14.0	54.1	709.2	35.7	162.1
泰安市	Tai'an	48.3	10.6	37.7	476.3	54.2	120.7
威海市	Weihai	42.3	11.6	30.7	343.0	48.0	91.1
日照市	Rizhao	28.9	6.1	22.8	278.8	24.0	72.3
莱芜市	Laiwu	11.0	2.2	8.8	115.6	16.6	35.7
临沂市	Linyi	104.4	28.6	75.8	878.7	56.4	204.7
德州市	Dezhou	45.7	11.0	34.7	445.5	35.9	117.1
聊城市	Liaocheng	47.6	12.2	35.4	469.7	33.9	112.9
滨州市	Binzhou	36.4	7.5	28.9	369.8	37.4	111.3
菏泽市	Heze	61.7	12.4	49.3	642.7	18.1	114.5

17－10 各市公路情况(2016年)

Basic Conditions of Highways by Region (2016)

单位:公里 (km)

地 区	Region	公路里程 Length of Highways	等级公路里程 Expressway and Class I to IV Highways	二级及二级以上公路合计 Second Class and Above	高速公路里程 Length of Expressway	晴雨通车里程 Length of Highways Regardless of Weather	公路密度(公里/百平方公里) Road Density (km/100 sq.km)
全省总计	**Total**	**265720**	**264752**	**40212**	**5710**	**265265**	**170**
济南市	Jinan	12730	12730	1814	462	12730	158
青岛市	Qingdao	16137	16137	4082	808	16137	146
淄博市	Zibo	11260	10835	1711	206	11060	189
枣庄市	Zaozhuang	8441	8339	1347	164	8395	185
东营市	Dongying	9098	9098	1184	218	9098	106
烟台市	Yantai	19001	19001	4185	518	19001	139
潍坊市	Weifang	26882	26882	4441	428	26882	167
济宁市	Jining	19373	19207	2518	328	19258	173
泰安市	Tai'an	15344	15264	2142	239	15280	198
威海市	Weihai	7037	7037	1670	165	7037	121
日照市	Rizhao	8495	8495	1577	163	8495	159
莱芜市	Laiwu	4420	4406	707	140	4415	197
临沂市	Linyi	27243	27243	4109	515	27243	158
德州市	Dezhou	22107	22107	2213	476	22107	213
聊城市	Liaocheng	18251	18251	1862	291	18251	209
滨州市	Binzhou	16419	16237	2337	281	16394	179
菏泽市	Heze	23481	23481	2314	309	23481	192

17－11 各市地方交通旅客运输量(2016年)

Passenger Transport Volume of Local Traffic by Region (2016)

地 区	Region	客运量(万人) Passenger Traffic (10 000persons)	公路 Highways	水运 Waterways	周转量(百万人公里) Passenger-Kilometers (million passenger-km)	公路 Highways	水运 Waterways
全省总计	**Total**	**50823**	**48823**	**2000**	**48440**	**47240**	**1200**
济南市	Jinan	3252	3212	40	5218	5217	1.2
青岛市	Qingdao	4757	4532	225	7204	7180	23.5
淄博市	Zibo	581	581		1670	1670	
枣庄市	Zaozhuang	2600	2493	107	1759	1756	3.8
东营市	Dongying	646	599	47	967	965	1.9
烟台市	Yantai	5670	5019	651	5308	4633	675.4
潍坊市	Weifang	5972	5972		4540	4540	
济宁市	Jining	3883	3623	260	2293	2282	10.6
泰安市	Tai'an	2965	2920	45	1922	1920	1.7
威海市	Weihai	3100	2666	434	3210	2812	397.6
日照市	Rizhao	2492	2414	78	2007	1931	76.0
莱芜市	Laiwu	176	137	39	189	187	2.6
临沂市	Linyi	4992	4943	49	4504	4500	4.4
德州市	Dezhou	1904	1893	11	1562	1562	0.4
聊城市	Liaocheng	1825	1809	16	1427	1426	0.8
滨州市	Binzhou	1136	1136		1065	1065	
菏泽市	Heze	4874	4874		3595	3595	

17-12 各市地方交通货物运输量(2016年)

Freight Transport Volume of Local Traffic by Region (2016)

地区	Region	货运量(万吨) Volume of Freight Traffic (10 000tons)	公路 Highways	水运 Waterways	周转量(百万吨公里) Freight Turnover (million ton-km)	公路 Highways	水运 Waterways
全省总计	**Total**	**264812**	**249752**	**15060**	**765884**	**607143**	**158741**
济南市	Jinan	21288	21212	76	42495	41901	594
青岛市	Qingdao	22386	20701	1685	119762	47040	72722
淄博市	Zibo	17053	17053		36874	36874	
枣庄市	Zaozhuang	6114	5307	807	16942	13686	3255
东营市	Dongying	5387	5144	243	15230	12760	2470
烟台市	Yantai	21775	17504	4271	56722	36377	20346
潍坊市	Weifang	25299	23680	1619	63293	51747	11546
济宁市	Jining	28061	24784	3277	70181	56103	14079
泰安市	Tai'an	6738	6712	26	14485	14378	107
威海市	Weihai	8736	6927	1809	38096	15120	22976
日照市	Rizhao	8489	7602	887	26241	16403	9838
莱芜市	Laiwu	6742	6742		8953	8953	
临沂市	Linyi	29419	29419		125534	125534	
德州市	Dezhou	13418	13418		24649	24649	
聊城市	Liaocheng	17051	17051		43549	43549	
滨州市	Binzhou	12424	12184	240	33676	33344	332
菏泽市	Heze	14430	14312	118	29199	28723	476

17-13 各市民用汽车拥有量(2016年)

Possession of Private Vehicles by Region(2016)

单位:辆 (Unit)

地区	Region	民用汽车总计 Total	载客汽车 Passenger Vehicles	大型 Large	中型 Medium	小型 Small	微型 Minicar
全省总计	**Total**	**17505417**	**15267382**	**115596**	**40726**	**14727349**	**383711**
济南市	Jinan	1741387	1592426	12197	3765	1547571	28893
青岛市	Qingdao	2210554	2003596	19465	7466	1921277	55388
淄博市	Zibo	887231	797646	6387	1900	777358	12001
枣庄市	Zaozhuang	537203	477182	3811	1190	452861	19320
东营市	Dongying	608256	536610	3809	1789	523469	7543
烟台市	Yantai	1397489	1254621	9683	4969	1212726	27243
潍坊市	Weifang	1950904	1661875	9917	3342	1603525	45091
济宁市	Jining	1089394	891506	8350	2018	865606	15532
泰安市	Tai'an	635386	543067	5429	1644	526657	9337
威海市	Weihai	632473	550918	4903	2741	534052	9222
日照市	Rizhao	520235	452852	2957	797	437706	11392
莱芜市	Laiwu	202113	182336	1888	376	176170	3902
临沂市	Linyi	1906046	1624405	7878	3060	1538704	74763
德州市	Dezhou	854989	735444	3217	1422	712577	18228
聊城市	Liaocheng	803246	686875	5923	993	659727	20232
滨州市	Binzhou	748844	643773	4634	1034	627534	10571
菏泽市	Heze	769047	621811	4901	2043	599894	14973

17-13 续表 continued

单位:辆 (Unit)

地区	Region	载货汽车 Trucks	大型 Large	中型 Medium	小型 Small	微型 Minicar	其它汽车 Others
全省总计	**Total**	**1865715**	**574760**	**83077**	**1205073**	**2805**	**372320**
济南市	Jinan	134539	27285	4058	103009	187	14422
青岛市	Qingdao	191447	48323	15610	127271	244	15511
淄博市	Zibo	78041	27174	3856	46843	168	11544
枣庄市	Zaozhuang	55387	21348	1715	32286	38	4634
东营市	Dongying	59793	20797	1694	37200	102	11853
烟台市	Yantai	116867	34487	7345	74986	49	26001
潍坊市	Weifang	241124	52973	13448	174315	388	47905
济宁市	Jining	170460	83377	3534	83434	115	27428
泰安市	Tai'an	61214	13299	3357	44513	45	31105
威海市	Weihai	71781	13396	2875	55301	209	9774
日照市	Rizhao	60199	14566	1567	43944	122	7184
莱芜市	Laiwu	16229	3868	675	11670	16	3548
临沂市	Linyi	255181	89359	12683	152268	871	26460
德州市	Dezhou	89081	26647	2646	59694	94	30464
聊城市	Liaocheng	93939	45415	2045	46414	65	22432
滨州市	Binzhou	82956	24896	2704	55339	17	22115
菏泽市	Heze	87385	27546	3258	56507	74	59851

17-14 各市私人汽车拥有量(2016年)
Possession of Private Vehicles by Region (2016)

单位:辆 (Unit)

地区	Region	汽车总计 Total	载客汽车 Passenger Vehicles	大型 Large	中型 Medium	小型 Small	微型 Minicar
全省总计	**Total**	**15791438**	**14297980**	**5665**	**15458**	**13915226**	**361631**
济南市	Jinan	1573886	1480134	896	1611	1449730	27897
青岛市	Qingdao	1904979	1791739	221	2180	1744754	44584
淄博市	Zibo	802444	747877	694	844	734633	11706
枣庄市	Zaozhuang	447765	411667	124	541	392066	18936
东营市	Dongying	541760	501681	638	515	493295	7233
烟台市	Yantai	1269649	1169782	55	1731	1141563	26433
潍坊市	Weifang	1829195	1590313	1135	1618	1543334	44226
济宁市	Jining	947530	840356	400	933	824041	14982
泰安市	Tai'an	584653	513656	141	723	503552	9240
威海市	Weihai	574493	515409	115	962	505447	8885
日照市	Rizhao	477025	428431	384	326	416618	11103
莱芜市	Laiwu	187054	171409	24	137	167400	3848
临沂市	Linyi	1751949	1566940	316	1557	1495261	69806
德州市	Dezhou	786892	704570	226	519	685867	17958
聊城市	Liaocheng	715088	653685	90	416	633425	19754
滨州市	Binzhou	689960	614191	70	318	603425	10378
菏泽市	Heze	703474	592498	136	523	577235	14604

17-14 续表 continued

单位:辆 (Unit)

地 区	Region	载货汽车 Trucks	大 型 Large	中 型 Medium	小 型 Small	微 型 Minicar	其它汽车 Others
全省总计	**Total**	**1180560**	**120054**	**46806**	**1011127**	**2573**	**312898**
济南市	Jinan	83245	7933	1723	73413	176	10507
青岛市	Qingdao	102867	2446	3294	96962	165	10373
淄博市	Zibo	44531	4848	2504	37031	148	10036
枣庄市	Zaozhuang	32357	3753	902	27665	37	3741
东营市	Dongying	32458	2817	753	28794	94	7621
烟台市	Yantai	77172	12497	4408	60226	41	22695
潍坊市	Weifang	196832	30215	10132	156113	372	42050
济宁市	Jining	93035	21842	1705	69386	102	14139
泰安市	Tai'an	45411	4321	2193	38855	42	25586
威海市	Weihai	51139	6200	1519	43246	174	7945
日照市	Rizhao	42585	2893	796	38780	116	6009
莱芜市	Laiwu	12344	1804	499	10026	15	3301
临沂市	Linyi	161150	7874	9798	142625	853	23859
德州市	Dezhou	53707	994	1463	51160	90	28615
聊城市	Liaocheng	40371	2250	833	37228	60	21032
滨州市	Binzhou	55812	4693	2100	49003	16	19957
菏泽市	Heze	55544	2674	2184	50614	72	55432

17-15 各市营业性运输车辆(2016年)

Transport Vehicles in Operation by Region (2016)

单位:辆 (Unit)

地 区	Region	汽 车 Vehicles	客 车 Passenger Vehicles	货 车 Trucks
全省总计	**Total**	**1025674**	**25593**	**1000081**
济南市	Jinan	94229	3148	91081
青岛市	Qingdao	86024	3163	82861
淄博市	Zibo	48941	870	48071
枣庄市	Zaozhuang	36902	718	36184
东营市	Dongying	31197	489	30708
烟台市	Yantai	60685	2865	57820
潍坊市	Weifang	93207	2611	90596
济宁市	Jining	107924	1081	106843
泰安市	Tai'an	21571	1412	20159
威海市	Weihai	27566	1084	26482
日照市	Rizhao	19120	962	18158
莱芜市	Laiwu	10767	136	10631
临沂市	Linyi	143298	1859	141439
德州市	Dezhou	64417	1048	63369
聊城市	Liaocheng	78923	1452	77471
滨州市	Binzhou	49628	667	48961
菏泽市	Heze	51275	2028	49247

注:公路营运载客汽车不包括在公路运输管理部门管理并注册登记为公共汽车和出租汽车的车辆。
a)Passenger vehicles do not include those managed by department of highway transportation and registered as buses and taxis.

17-16 按行业分企业信息化及电子商务情况(2016年)

行业	Industry	企业数(个) Number of Enterprises (unit)	期末使用计算机数(台) Computers Used at the End of Period (unit)
全省	**Total**	**84057**	**2661528**
采矿业	Mining	513	145589
制造业	Manufacturing	37684	1170810
电力、热力、燃气及水生产和供应业	Production and Supply of Electricity, Heat, Gas and Water	728	109982
建筑业	Construction	6277	242276
批发和零售业	Wholesale and Retail Trades	16766	310324
交通运输、仓储和邮政业	Transport, Storage and Post	4594	117211
住宿和餐饮业	Hotels and Catering Services	3106	48296
信息传输、软件和信息技术服务业	Information Transmission, Software and Information Technology Services	769	180806
房地产业	Real Estate	7653	123449
租赁和商务服务业	Leasing and Business Services	1905	56499
科学研究和技术服务业	Scientific Research and Technical Services	1847	69788
水利、环境和公共设施管理业	Management of Water Conservancy, Environment and Public Facilities	553	8904
居民服务、修理和其他服务业	Service to Households, Repair and Other Services	499	5522
教育	Education	468	31932
卫生和社会工作	Health and Social Service	323	22412
文化、体育和娱乐业	Culture, Sports and Entertainment	372	17728

注：有电子商务交易活动的企业是指通过计算机网络开展电子商务销售或电子商务采购的企业。
a) Enterprises with E-Commerce Transactions refers to those enterprises which performed sales or purchases through internet.

Informatization and E-Commerce of Enterprises by Industrial Sector (2016)

每百人使用计算机数(台) Computers Used Per 100 Persons (unit)	企业拥有网站数(个) Websites of Enterprises (unit)	每百家企业拥有网站数(个) Websites Per 100 Enterprises (unit)	有电子商务交易活动 With E-Commerce Transactions		电子商务销售额(万元) Sales of E-Commerce (10 000 yuan)	电子商务采购额(万元) Purchases of E-Commerce (10 000 yuan)
			企业数(个) Enterprises (unit)	比重(%) Proportion (%)		
19	**45228**	**54**	**8358**	**9.9**	**98941260**	**63799381**
24	278	54	30	5.8	5052532	4043076
15	24248	64	4204	11.2	70385255	39956381
47	394	54	47	6.5	468413	4693691
10	2874	46	275	4.4	37919	128929
33	7102	42	1653	9.9	17461471	13512993
20	1735	38	278	6.1	1891598	438701
21	1469	47	877	28.2	229432	6294
92	714	93	223	29.0	2982835	940540
36	3448	45	264	3.4	28178	19514
27	935	49	154	8.1	287178	31374
49	818	44	110	6.0	29552	21151
11	242	44	64	11.6	18046	343
14	181	36	35	7.0	3094	3919
79	290	62	23	4.9	24	441
47	246	76	23	7.1	308	776
55	254	68	98	26.3	65425	1258

17-17 各市企业信息化及电子商务情况(2016年)

地　区	Region	企业数(个) Number of Enterprises (unit)	期末使用计算机数(台) Computers Used at the End of Period (unit)	每百人使用计算机数(台) Computers Used Per 100 Persons (unit)	企业拥有网站数(个) Websites of Enterprises (unit)
全省总计	**Total**	**84057**	**2661528**	**19**	**45228**
济南市	Jinan	5960	442078	38	4012
青岛市	Qingdao	9741	444011	29	5310
淄博市	Zibo	5379	162525	16	3092
枣庄市	Zaozhuang	3030	85842	15	1467
东营市	Dongying	2272	152514	26	1688
烟台市	Yantai	6501	234275	19	3178
潍坊市	Weifang	7751	244579	20	4555
济宁市	Jining	6566	159511	17	3273
泰安市	Tai'an	3993	100197	13	1564
威海市	Weihai	4187	114216	15	2102
日照市	Rizhao	1501	57724	20	1115
莱芜市	Laiwu	1155	36110	19	829
临沂市	Linyi	7296	140915	13	3820
德州市	Dezhou	5616	79685	11	3032
聊城市	Liaocheng	4319	70154	12	2015
滨州市	Binzhou	2293	72204	15	1345
菏泽市	Heze	6497	64988	9	2831

注：有电子商务交易活动的企业是指通过计算机网络开展电子商务销售或电子商务采购的企业。
a) Enterprises with E-Commerce Transactions refers to those enterprises which performed sales or purchases through internet.

Informatization and E-Commerce of Enterprises by Region (2016)

每百家企业拥有网站数(个) Websites Per 100 Enterprises (unit)	有电子商务交易活动 With E-Commerce Transactions		电子商务销售额(万元) Sales of E-Commerce (10 000 yuan)	电子商务采购额(万元) Purchases of E-Commerce (10 000 yuan)
	企业数(个) Enterprises (unit)	比重(%) Proportion (%)		
54	**8358**	**9.9**	**98941260**	**63799381**
67	548	9.2	11674478	8832369
55	862	8.8	31258535	19868319
57	2137	39.7	8576757	6481652
48	290	9.6	687201	356177
74	205	9.0	2440802	1923740
49	371	5.7	11488722	7935923
59	629	8.1	5275372	4979254
50	534	8.1	7242661	4183963
39	265	6.6	1028480	715905
50	214	5.1	2261258	1709799
74	165	11.0	1450106	1037768
72	125	10.8	223140	110826
52	568	7.8	4236013	513593
54	382	6.8	2492031	1099095
47	191	4.4	2697228	1383463
59	195	8.5	3354108	1821250
44	677	10.4	2554368	846285

主要统计指标解释

铁路营业里程 又称营业长度(包括正式营业和临时营业里程)，指办理客货运输业务的铁路正线总长度。凡是全线或部分建成双线及以上的线路，以第一线的实际长度计算；复线、站线、段管线、岔线和特殊用途线以及不计算运费的联络线都不计算营业里程。该指标可以反映铁路运输业基础设施的发展水平，也是计算客货周转量、运输密度和机车车辆运用效率等指标的基础资料。

公路里程 指在一定时期内实际达到《公路工程\[WTBZ\]技术标准 JTJ01-88》规定的等级公路，并经公路主管部门正式验收交付使用的公路里程数。包括大中城市的郊区公路以及通过小城镇街道部分的公路里程和桥梁、渡口的长度，不包括大中城市的街道、厂矿、林区生产用道和农业生产用道的里程。两条或多条公路共同经由同一路段，只计算一次，不得重复计算里程长度。该指标可以反映公路建设的发展规模，也是计算运输网密度等指标的基础资料。

内河航道里程 也称内河通航里程，指在一定时期内，能通航运输船舶及排筏的天然河流、湖泊水库、运河及通航渠道的长度。包括全年季节性通航累计三个月以上的航道，不包括仅供零散流放竹、木排的河道。该指标可以反映内河水运网的规模、水平和发展情况。

货(客)运量 指在一定时期内，各种运输工具实际运送的货物(旅客)数量。该指标是反映运输业为国民经济和人民生活服务的数量指标，也是制定和检查运输生产计划、研究运输发展规模和速度的重要指标。货运按吨计算，客运按人计算。货物不论运输距离长短、货物类别，均按实际重量统计。旅客不论行程远近或票价多少，均按一人一次客运量统计；半价票、小孩票也按一人统计。

货物(旅客)周转量 指在一定时期内，由各种运输工具运送的货物(旅客)数量与其相应运输距离的乘积之总和。该指标可以反映运输业生产的总成果，也是编制和检查运输生产计划，计算运输效率、劳动生产率以及核算运输单位成本的主要基础资料。计算货物周转量通常按发出站与到达站之间的最短距离，也就是计费距离计算。计算公式为：

货物（旅客）周转量=Σ（货物（旅客）运输量×运输距离）

铁路货车平均静载重 指铁路货车在始发站静止状态下平均每车装载的货物重量，用以分析货车完成装车时车辆载重力的利用情况。计算公式为：

$$货车平均静载量=\frac{货物发送吨数}{装车数}$$

铁路货运机车日产量 指在一定时期内，平均每台货运机车在一昼夜内所完成的总重吨公里数，包括载运货物的重量和车辆本身的自重。该指标从时间和牵引能力两方面反映了机车运用效率。计算公式为：

$$货运机车平均日产量=\frac{货运总重吨公里数}{货运机车台日数}$$

沿海主要港口货物吞吐量 指经水运进出沿海主要港区范围，并经过装卸的货物数量，包括邮件及办理托运手续的行李、包裹以及补给运输船舶的燃、物料和淡水。货物吞吐量按货物流向分为进口、出口吞吐量，按货物交流性质分为外贸货物吞吐量和国内贸易货物吞吐量。货物吞吐量的货类构成及其流向，是衡量港口生产能力大小的重要指标。

民用汽车拥有量 指报告期末，在公安交通管理部门按照《机动车注册登记工作规范》，已注册登记领有民用车辆牌照的全部汽车数量。汽车拥有量统计的主要分类：根据汽车结构分为载客汽车、载货汽车及其他汽车；根据汽车所有者不同分为个人(私人)汽车、单位汽车；根据汽车的使用性质分为营运汽车、非营运汽车；根据汽车大小规格不同载客汽车分为大型、中型、小型和微型，载货汽车分为重型、中型、轻型和微型。

邮电业务总量 指以价值量形式表现的邮电通信企业为社会提供各类邮电通信服务的总数量。邮电业务量按专业分类包括函件、包件、汇票、报刊发行、邮政快件、特快专递、邮政储蓄、集邮、公众电报、用户电报、传真、长途电话、出租电路、无线寻呼、移动电话、分组交换数据通信、出租代维等。计算方法为各类产品乘以相应的平均单价(不变价)之和，再加上出租电路和设备、代用户维护电话交换机和线路等的服务收入。该指标综合反映了一定时期邮电业务发展的总成果，是研究邮电业务量构成和发展趋势的重要指标。计算公式为：

邮电业务总量=Σ（各类邮电业务量×不变单价）
+出租代维及其他业务收入
=邮政业务总量+电信业务总量

移动电话用户 指通过移动电话交换机进入移动电话网、占用移动电话号码的各类电话用户。包括签约用户和智能网预付费用户。一个移动电话号码统计为一户。

互联网上网人数 指平均每周使用互联网至少 1 小时的中国公民人数。

本地电话用户 指接入本地电信运营商固定电话网上的电话用户。包括：住宅用户、单位用户、公用电话用户等。按电话用户位置又分为市内电话用户和农村电话用户。1997 年以前，“市内电话用户”是指接入县城及县以上城市的电话网上的电话用户；“农村电话用户”是指接入县邮电局农话台及县以下农村电话交换点，以县城为中心(除市话用户外)联通县、乡(镇)、行政村、村民小组的用户。从 1997 年起，电话用户数分组调整为以用户所在区域划分为“城市电话用户”和“乡村电话用户”，与过去的按市内电话和农村电话划分方法不同。而电话用户总数、电话机总部数统计范围不

变。

城市电话用户 指直辖市、省辖市、地级市、县级市的市区、市郊区及县城(包括县人民政府所在地的县城关区或行政建制相当于县人民政府所在地的镇)范围内接入局用交换机的电话用户数，包括分布在农村地区的独立工矿区、林区、驻军等电话用户数。

农村电话用户 指按行政区划属于城市范围以外的乡(镇)、村的电话用户数。

Explanatory Notes on Main Statistical Indicators

Length of Railways in Operation refers to the total length of the trunk line under passenger and freight transportation (including both full operation and temporary operation). The calculation is based on the actual length of the first line even if this line has a full or partial double track or more tracks, excluding double tracks, station sidings, tracks under the charge of stations, branch lines, special purpose lines and the non payable connecting lines. The length of railways in operation is an important indicator to show the development of the infrastructure for the railway transport, and also the essential data to calculate volume of passenger freight transport, traffic density and utilization efficiency of the locomotives and carriages.

Length of Highways refers to the length of highways which are built in conformity with the grades specified by the highway engineering standard formulated by the Ministry of Communications,and have been formally checked and accepted by the departments of highways and put into use. The length of highways includes that of the suburb highways at large and medium sized cities, highways passing through streets at small cities and towns, and also the length of bridges and ferries. It does not include the length of streets in big and medium sized cities and highways built for the production purpose at factories, mines, forest areas and agricultural areas. If two or more highways go the same section of the way, the length of the section is only calculated for once and no duplication is allowed. The length of highways is an important indicator to show the development of the highway construction and to provide essential information to calculate the transport network density.

Length of Navigable Inland Waterways it is an indicator reflecting the size and development of inland water network, it refers to the length of the natural rivers, lakes, reservoirs, canals, and ditches open to navigation during a given period, which enables the transport by ships and rafts. It includes the channels open to navigation for over an accumulative 3 months in a year, yet this does not include the river courses, which are only used to float odd logs and bamboo rafts. This indicator can reflect the scale, level and development situation of the inland waterway network.

Freight (Passenger) Traffic refers to the volume of freight (passenger) transported with various means. Freight transport is calculated in tons and passenger traffic is calculated in the number of persons. Despite the type of freight and traveling distance, the freight transport is calculated in the actual weight of the goods: and despite the traveling distance and ticket price, the passenger traffic is calculated by the principle that one person can be counted only once in one travel. The passengers who travel with a half price ticket or a child ticket is also calculated as one person. The freight (passenger) traffic provides a quantitative measure to show how the transport industry serves the national economy and people, and is also an important indicator for planning the transport industry and for studying the development scale and speed of the transport industry.

Freight Ton kilometers (Passenger kilometers) refer to the sum of the products of the volume of transported cargo (passengers) multiplying by the transport distance. It is an important indicator to reflect the achievement of transportation industry. Normally, the shortest distance between the departure station and the destination station (i.e., the payable distance) is the basis to calculate the freight ton kilometers. This is an important indicator to show the total results of the transport industry, to prepare and examine the transport plan and to measure the efficiency, the labour productivity and the unit cost of transport.The formula is as follows:

$$\begin{matrix}\text{Freight ton - kilometres} \\ \text{(passenger - kilometres)}\end{matrix} = \sum \begin{matrix}\text{freight} \\ \text{(passenger)traffic}\end{matrix} \times \begin{matrix}\text{distance of} \\ \text{transportation}\end{matrix}$$

Static Load of Freight Cars refers to the average cargo weight as loaded by each freight car under the static condition at the departure station. It is used to show the utilization extent of the loading capacity of the freight cars. The formula is:

$$\begin{matrix}\text{Static load (ton)} \\ \text{of freight car}\end{matrix} = \frac{\text{tonnage of goods dispatched}}{\text{number of freight cars loaded}}$$

Average Daily Haul of Freight Locomotives refers to the average total ton kilometers accomplished by each freight transport locomotive over day and night during a given period of time. It includes both the weight of the goods carried and the dead weight of the train itself. It is a comprehensive indicator reflecting the locomotive efficiency in terms of both time and the pulling force.

$$\begin{matrix}\text{Average daily haul of} \\ \text{freight transport locomotive} \\ \text{(ton - kilometre)}\end{matrix} = \frac{\begin{matrix}\text{Total ton - kilometres} \\ \text{of freight}\end{matrix}}{\begin{matrix}\text{Daily number of freight} \\ \text{transport locomotive}\end{matrix}}$$

Volume of Freight Handled in Major Coastal Ports refers to the volume of cargo passing in and out the harbor area of the major coastal ports and having been loaded and unloaded. The volume includes that of the postal matters, registered luggage and fuels, materials and fresh water as supplies of the ships. The volume of freight handled may be classified by direction of flow as freight for import and freight for export, or by nature of cargo as freight for domestic trade and freight for foreign trade. As an important indicator, the volume of freight handled by type of cargo and by main flow direction reflects the production capacity of ports.

Possession of Civil Motor Vehicles refer to the total numbers of vehicles that are registered and received vehicles license tags according to the Work Standard for Motor Vehicles Registration formulated by transport management office under department of public security at the end of reference period. They are divided into following categories according to the structure of motor vehicles: passenger vehicles, trucks and others; and private vehicles and vehicles for units use according to ownerships; working vehicles and non working vehicles according to kind of usage; large passenger vehicles, medium passenger vehicles, small passenger vehicles and mini passenger vehicle, heavy trucks, light heavy trucks, light trucks and mini trucks according to sizes of vehicles.

Business Volume of Post and Telecommunications refers to the total amount of post and telecommunication services, expressed in value terms, provided by the post and telecommunications departments for the society. Post and telecommunication services can be classified as letters, parcels, remittance, issue of newspapers and magazines, fast mail service, express mail service, savings deposits, stamps for collection, public and individual telegraph service, facsimiles, long distance telephone service, leasing of telephone lines, urban paging service, mobile telephone service, data transfer and transmission, etc. The accounting approach is to multiply the service products of all types with their average unit price (constant price) to get sum of business value, plus income from other services such as leasing of telephone lines and equipment, maintenance of telephone switchboards and lines on behalf of customers. This indicator reflects the overall results of post and telecommunications service during a given period, and is important to study the composition of business service and the development of post and telecommunications service.

The formula is as follows:

Business volume of post and telecommunications

=∑(Transaction of post and telecommunication services

×price[constant price])

+Income from leasing, maintenance and other services

= business volume of postal service

+ business volume of telecommunications service

Mobile Telephone Subscribers refer to the persons who own mobile telephone numbers and are connected with the mobile telephone communication network through the mobile telephone switchboards, including contracted subscribers and pre paid subscribers for intelligent network. One mobile telephone is taken as a subscriber.

Internet Users refer to the number of Chinese citizens who use Internet at least for one hour each week.

Local Telephone Subscribers refer to subscribers that are connected to the local telecommunication service provider through fix line network, including household subscribers, institutional subscribers and public telephones. They are also classified as city subscribers and rural subscribers according to locations. Before 1997, city subscribers referred to those connected to city telephone networks in county towns and cities, while village subscribers referred to those connected to village telephone stations at and below counties. Since 1997, the classification of telephone subscribers was modified on the basis of physical location of the subscribers as urban telephone subscribers and rural telephone subscribers, which is different from the previous classification of categorizing local telephones and rural telephones, while the definition of total subscribers and total number of telephones remain unchanged.

Urban Telephone Subscribers refer to number of telephone subscribers, located at municipalities, cities under the jurisdiction of province, cities at prefecture level, downtown and suburb of city at county level town and county towns (including country towns where county government located, and towns of county level according to the administrative organizational system), that are connected to the public line telephone network, including rural mineral area, forest area, military area.

Rural Telephone Subscribers refer to telephone subscribers, located at counties (towns) and villages outside the range of cities according to administrative jurisdiction.

第18篇

批发和零售、住宿和餐饮业

Wholesale, Retail, Hotels and Catering Services

简 要 说 明

一、本篇资料的主要内容

本篇资料反映全省市场发展情况、批发和零售业、住宿和餐饮业经营情况和效益情况等，主要包括批发和零售业商品流转情况及财务状况、住宿和餐饮业经营情况及财务状况、社会消费品零售总额等内容。

二、本篇资料的来源

本篇资料中除特别注明外，其余均来自限额以上批发和零售业、住宿和餐饮业年报资料和定期报表统计资料。

本篇资料由省统计局贸易外经处整理提供。

Brief Introduction

I. Content

Data in this chapter are supposed to show the development of Shandong's domestic market, wholesale and retail trade, hotels and catering services, mainly including the circulation of commodities in the wholesale and retail trade, the financial indices of related businesses and the total retail sales of consumer goods.

II. Source of Data

Except the data specifically noted, all data in this chapter are based on the annual report of wholesale, retail, hotels and catering services and periodic statistical statements.

Data in this chapter are prepared and compiled by the Division of Trade and External Economic Relations Statistics of Shandong Provincial Bureau of Statistics.

18-1 批发和零售业情况
Basic Conditions of Wholesale and Retail Trades

指 标		Item		2012	2013	2014	2015	2016
批发和零售业		**Wholesale and Retail Trades**						
法人企业	(个)	Number of Corporation Enterprises	(unit)	13644	17134	17474	17157	16894
年末从业人数	(万人)	Engaged Persons at Year-end	(10 000 persons)	87	102	102	98	96
商品购进额	(亿元)	Total Purchases	(100 million yuan)	22845.8	27460.6	29233.1	27089.1	29289.7
#进口额	(亿元)	Imports	(100 million yuan)	1135.8	1337.5	1290.7	817.7	765.7
商品销售额	(亿元)	Total Sale	(100 million yuan)	24366.9	31193.4	32112	29650.1	32129.2
#出口额	(亿元)	Exports	(100 million yuan)	1000.2	998.5	955.5	1002.2	895.5
期末商品库存额	(亿元)	Total Stock at Year-end	(100 million yuan)	1353.8	1901.5	1693.2	1701.3	1686.3
批发业		**Wholesalel Trade**						
法人企业	(个)	Number of Corporation Enterprises	(unit)	6398	8431	8681	8452	8217
年末从业人数	(万人)	Engaged Persons at Year-end	(10 000 persons)	34	41	42	39	38
商品购进额	(亿元)	Total Purchases	(100 million yuan)	15784.5	19379.9	20350.7	18067.2	19803.3
#进口额	(亿元)	Imports	(100 million yuan)	1052.8	1255.5	1173.2	729.7	680.2
商品销售额	(亿元)	Total Sales	(100 million yuan)	16786.2	22074.2	22154.2	19692.5	21625.3
#出口额	(亿元)	Exports	(100 million yuan)	997.4	994.4	938	996.5	892.2
期末商品库存额	(亿元)	Total Stock at Year-end	(100 million yuan)	773.5	982.4	975	1015.5	1001.3
零售业		**Retail Trade**						
法人企业	(个)	Number of Corporation Enterprises	(unit)	7246	8703	8793	8705	8677
年末从业人数	(万人)	Engaged Persons at Year-end	(10 000 persons)	53	61	60	59	59
商品购进额	(亿元)	Total Purchases	(100 million yuan)	7061.3	8080.7	8882.4	9021.8	9486.4
#进口额	(亿元)	Imports	(100 million yuan)	83.0	82.0	117.5	88.0	85.5
商品销售额	(亿元)	Total Sales	(100 million yuan)	7580.7	9119.2	9957.8	9957.6	10503.9
#出口额	(亿元)	Exports	(100 million yuan)	2.9	4.1	17.5	5.7	3.3
期末商品库存额	(亿元)	Total Stock at Year-end	(100 million yuan)	580.4	919.1	718.2	685.8	684.9
年末零售营业面积	(万平方米)	Business Area of Retail at Year-end	(10 000 sq.m)	2490	2894	3074	3111	3097

18-2 限额以上批发和零售业商品购进、销售、库存总额(2016年)

单位:万元

指标名称	Indicator	法人单位(个) Corporate Unit (unit)
总　　计	**Total**	**16894**
一、批发业	**Wholesale Trade**	**8217**
1.按登记注册类型分	by Status of Registration	
内　资	Domestic Funded Enterprises	8110
国　有	State-owned	92
集　体	Collective-owned	74
股份合作	Cooperative	6
联营企业	Joint Ownership	2
有限责任公司	Limited Liability Corporations	1909
股份有限公司	Share-holding Corporations Ltd.	127
私营企业	Private Enterprises	5665
其　他	Others	235
港澳台商投资企业	Enterprises with Funds from Hong Kong,Macao and Taiwan	32
与港澳台商合资经营	Joint-venture	5
与港澳台商合作经营	Cooperative	1
港澳台商独资	Sole Investment	22
港澳台商独资股份有限公司	Share-holding Corporations Ltd. with Sole Investment	2
其他港澳台投资企业	Others	2
外商投资企业	Foreign Funded Enterprises	75
中外合资经营	Joint-venture	17
中外合作经营	Cooperative	3
外资企业	Sole Foreign Investment	54
外商投资股份有限公司	Share-holding Corporations Ltd. with Foreign Investment	1
其他外商投资企业	Others	
2.按国民经济行业分	by Sector	
农、林、牧产品批发业	Wholesale of Farm Produce and Livestock Products	659
食品、饮料及烟草制品批发	Wholesale of Food, Beverages and Tobaccos	1161
纺织、服装及家庭用品批发	Wholesale of Textiles, Garments and Daily Consumer Articles	501
文化、体育用品及器材批发	Wholesale of Culture, Sports Appliances and Equipments	171
医药及医疗器材批发	Wholesale of Medicines and Medical Appliances	375
矿产品、建材及化工产品批发	Wholesale of Mineral Products, Building Materials and Chemical Products	3888
机械设备、五金产品及电子产品批发	Wholesale of Machinery, Hardware and Electronic Equipment	1181
贸易经纪与代理	Trade Broker and Agency	55
其他批发业	Other Wholesale not Classified Elsewhere	226

Total Purchases,Sales and Inventory of Enterprises above Designated Size of Wholesale and Retail Trades(2016)

(10 000 yuan)

购进总额		销售总额 Total Sale Value				年末库存总额
Total Purchases Value	#进口 Import	合计 Total	批发 Wholesale	#出口 Export	零售 Retail	Inventory (year-end)
292897447	**7656618**	**321292182**	**209811049**	**8954990**	**111481134**	**16862831**
198033276	**6802055**	**216252706**	**200447168**	**8922015**	**15805539**	**10013488**
192855628	6228890	210190534	194483497	7768466	15707037	9520268
2177842	55095	2350961	1834076	4895	516886	259263
1482597		1505418	1123874		381544	39056
72755	3450	76419	50950		25470	3059
16027		21523	20929		594	15603
87331840	3392997	95813796	90905590	3423255	4908206	3966531
9011036	871128	10340308	7945196	107069	2395112	665657
91281278	1906100	98476062	91131243	4233117	7344819	4519421
1482254	121	1606047	1471639	131	134408	51678
2950821	117759	3821769	3742553	786815	79215	349047
74968		84899	74856		10043	4604
321484		311155	246514		64641	15242
2395303	114588	3263476	3258944	786815	4532	328105
15745	3172	17694	17694			915
143321		144546	144546			181
2226827	455405	2240403	2221117	366734	19286	144173
513007	210512	376558	374917	23317	1641	47328
144773	157	160314	145001		15312	8514
1564535	244736	1699131	1697910	343418	1221	88148
4511		4400	3289		1112	183
7127775	101895	7747709	7427898	195200	319811	534676
26946401	1028254	32467504	29074364	776876	3393140	1519975
13273061	665812	14763735	13855361	2752916	908374	961257
4275250	60670	4524897	4049631	118682	475266	404813
11504297	49418	13002707	12206412	12760	796296	1038271
113488906	3479730	119534806	111116324	1601390	8418482	3803905
15631151	867152	17979348	16773585	2887975	1205762	1527652
1291747	52452	1491201	1411530	164933	79672	64010
4494690	496673	4740799	4532062	411283	208737	158931

18-2 续表

单位:万元

指标名称	Indicator	法人单位(个) Corporate Unit (unit)
二、零售业	**Retail Trade**	**8677**
1.按登记注册类型分	by Status of Registration	
内　资	Domestic Funded Enterprises	8559
国　有	State-owned	53
集　体	Collective-owned	254
股份合作	Cooperative	21
联营企业	Joint Ownership	16
有限责任公司	Limited Liability Corporations	2281
股份有限公司	Share-holding Corporations Ltd.	214
私营企业	Private Enterprises	5585
其　他	Others	135
港澳台商投资企业	Enterprises with Funds from Hong Kong,Macao and Taiwan	71
与港澳台商合资经营	Joint-venture	15
与港澳台商合作经营	Cooperative	
港澳台商独资	Sole Investment	50
港澳台商独资股份有限公司	Share-holding Corporations Ltd. with Sole Investment	3
其他港澳台投资企业	Others	3
外商投资企业	Foreign Funded Enterprises	47
中外合资经营	Joint-venture	13
中外合作经营	Cooperative	2
外资企业	Sole Foreign Investment	27
外商投资股份有限公司	Share-holding Corporations Ltd. With Foreign Investment	4
其他外商投资企业	Others	1
2.按国民经济行业分	by Sector	
综合零售	Integrated Retail	1250
食品、饮料及烟草制品专门零售	Retail of Food, Beverages and Tobaccos	823
纺织、服装及日用品专门零售	Special Retail of Textiles, Garments and Daily Consumer Articles	493
文化、体育用品及器材专门零售	Retail of Culture, Sports Appliances and Equipments	329
医药及医疗器材专门零售业	Retail of Medicines and Medical Appliances	420
汽车、摩托车、燃料及零配件专门零售	Retail of Motor Vehicles, Motorcycles,Fuel and Parts	3211
家用电器及电子产品专门零售业	Special Retail of Household Electric Appliances and Electronic Products	935
五金、家具及室内装修材料专门零售	Special Retail of Hardware, Furniture and Decoration Materials	793
货摊、无店铺及其他零售业	Non-shop and Other Retails	423

continued

(10 000 yuan)

购进总额 Total Purchases Value		销 售 总 额 Total Sale Value				年末库存总 额 Inventory (year-end)
	#进 口 Import	合 计 Total	批 发 Wholesale	#出 口 Export	零 售 Retail	
94864171	**854563**	**105039476**	**9363881**	**32975**	**95675595**	**6849343**
91249638	729785	100710142	9008040	18678	91702102	6447957
721320	13	757793	67692		690102	27440
3621112		3977733	371955		3605778	86274
176632		193437	7907		185530	12745
166855		163551	9492		154058	14359
34050806	418486	37333936	3330222	7601	34003714	2764031
12389706	36465	13876797	1394488	2008	12482309	609596
39584559	274822	43803679	3770585	9069	40033094	2903604
538648		603217	55699		547517	29908
2461949	82255	2909907	240357	515	2669550	287101
537018	52952	659107	127814		531293	26318
1852932	28871	2154379	109983	515	2044396	256408
23606		45672	2560		43112	3810
48393	432	50749			50749	566
1152584	42523	1419428	115485	13783	1303943	114285
491491		609698	37243		572455	50721
103511		130751			130751	11211
217646	42523	267745	15930	13783	251815	23543
337059		408354	62312		346043	28806
2877		2879			2879	3
25243447	51138	28350964	1849993	5640	26500971	1567336
3972272	8144	4397257	859618	4578	3537639	228165
2861546	19163	3344568	431596	3460	2912972	395598
1689852	1320	1908773	191233	4023	1717541	247828
5809282	16299	6597584	1324936	24	5272647	417333
38534814	755745	41420757	2561449	2092	38859309	3077479
7766464	600	8563443	669906	12874	7893537	526964
4926748	2154	5884217	709147	260	5175070	259349
4059746		4571914	766004	25	3805910	129292

18-3 限额以上批发和零售业企业财务状况(2016年)

单位:万元

指标名称	Indicator	企业数(个) Number of Enterprises (unit)
总　计	**Total**	**16894**
一、批发业	**Wholesale Trade**	**8217**
1.按登记注册类型分	by Status of Registration	
内　资	Domestic Funded Enterprises	8110
国　有	State-owned	92
集　体	Collective-owned	74
股份合作	Cooperative	6
联营企业	Joint Ownership	2
有限责任公司	Limited Liability Corporations	1909
股份有限公司	Share-holding Corporations Ltd.	127
私营企业	Private Enterprises	5665
其　他	Others	235
港澳台商投资企业	Enterprises with Funds from Hong Kong,Macao and Taiwan	32
与港澳台商合资经营	Joint-venture	5
与港澳台商合作经营	Cooperative	1
港澳台商独资	Sole Investment	22
港澳台商独资股份有限公司	Share-holding Corporations Ltd. with Sole Investment	2
其他港澳台投资企业	Others	2
外商投资企业	Foreign Funded Enterprises	75
中外合资经营	Joint-venture	17
中外合作经营	Cooperative	3
外资企业	Sole Foreign Investment	54
外商投资股份有限公司	Share-holding Corporations Ltd. with Foreign Investment	1
其他外商投资企业	Others	
2.按国民经济行业分	by Sector	
农、林、牧产品批发业	Wholesale of Farm Produce and Livestock Products	659
食品、饮料及烟草制品批发	Wholesale of Food, Beverages and Tobaccos	1161
纺织、服装及家庭用品批发	Wholesale of Textiles, Garments and Daily Consumer Articles	501
文化、体育用品及器材批发	Wholesale of Culture, Sports Appliances and Equipments	171
医药及医疗器材批发	Wholesale of Medicines and Medical Appliances	375
矿产品、建材及化工产品批发	Wholesale of Mineral Products, Building Materials and Chemical Products	3888
机械设备、五金产品及电子产品批发	Wholesale of Machinery, Hardware and Electronic Equipment	1181
贸易经纪与代理	Trade Broker and Agency	55
其他批发业	Other Wholesale not Classified Elsewhere	226

Financial Indicators of Enterprises above Designated Size of Wholesale and Retail Trades(2016)

(10 000 yuan)

年末资产负债 Assets and Liabilities at Year-end						损益及分配 Losses,Profits and Distribution	
流动资产合计 Total Working Capitals	固定资产原价 Original Value of Fixed Assets	本年折旧 Depreciation in the Year	资产合计 Total Assests	负债合计 Total Liabilities	所有者权益合计 Total Owner's Equities	营业收入合计 Business Revenue	主营业务收入 Revenue from Principal Business
90511591	**22811310**	**1206158**	**126490388**	**91976743**	**34613308**	**305090541**	**299507579**
61877731	**11799037**	**621332**	**82607724**	**60207446**	**22393356**	**208015825**	**203520514**
58892775	11604383	606648	79067961	57764597	21296441	202550541	198085077
706212	305165	11261	1058777	703985	354793	2221212	2206474
381430	103933	3534	503316	367531	135785	1452650	1448311
10329	6737	762	17685	8801	8884	76374	76374
25153	13601	5	48567	44713	3854	21523	18321
28918996	3567786	189459	35073959	27572268	7501843	89938873	85986362
4570062	1606098	82880	7383023	4463421	2912526	14945323	14604143
24144661	5826218	312086	34681489	24505851	10175638	92361007	92214014
135933	174844	6660	301145	98027	203118	1533579	1531080
2056888	123515	8812	2440368	1795654	644713	3443188	3420235
25732	4949	108	34064	16549	17515	79997	77273
131548	30155	1325	175414	39014	136401	221484	221484
1804703	87067	7212	2132440	1650212	482228	2999471	2979242
3000	1123	13	6328	1485	4843	17508	17508
91906	222	154	92121	88395	3727	124728	124728
928068	71139	5873	1099395	647194	452201	2022097	2015201
338121	21842	973	461800	195314	266486	329805	329659
57501	26733	3716	68221	61625	6596	163367	163367
532341	21812	1146	568584	389883	178701	1524529	1517779
105	753	38	791	372	418	4397	4397
2376212	941202	41844	3783030	2090501	1692683	7521193	7494584
7250397	2636122	149069	10033488	5226255	4807233	29986741	29885693
6201045	367182	29120	7016145	6067398	948747	13587379	13524859
2229838	355308	15405	2801342	2054201	747141	4647292	4616967
6456156	495188	30153	7511606	5789992	1721614	11806596	11779195
29727401	5547068	271755	41476582	32070932	9398574	117703070	114321705
5779993	1053142	68640	7494016	5174493	2319523	16867498	16004723
410006	51324	3663	541464	455521	85943	1352056	1351778
1446683	352501	11684	1950050	1278154	671897	4544001	4541011

18-3 续表 1

单位:万元

指标名称	Indicator	企业数(个) Number of Enterprises (unit)
二、零售业	**Retail Trade**	**8677**
1.按登记注册类型分	by Status of Registration	
内资	Domestic Funded Enterprises	8559
国有	State-owned	53
集体	Collective-owned	254
股份合作	Cooperative	21
联营企业	Joint Ownership	16
有限责任公司	Limited Liability Corporations	2281
股份有限公司	Share-holding Corporations Ltd.	214
私营企业	Private Enterprises	5585
其他	Others	135
港澳台商投资企业	Enterprises with Funds from Hong Kong,Macao and Taiwan	71
与港澳台商合资经营	Joint-venture	15
与港澳台商合作经营	Cooperative	
港澳台商独资	Sole Investment	50
港澳台商独资股份有限公司	Share-holding Corporations Ltd. with Sole Investment	3
其他港澳台投资企业	Others	3
外商投资企业	Foreign Funded Enterprises	47
中外合资经营	Joint-venture	13
中外合作经营	Cooperative	2
外资企业	Sole Foreign Investment	27
外商投资股份有限公司	Share-holding Corporations Ltd. With Foreign Investment	4
其他外商投资企业	Others	1
2.按国民经济行业分	by Sector	
综合零售	Integrated Retail	1250
食品、饮料及烟草制品专门零售	Retail of Food, Beverages and Tobaccos	823
纺织、服装及日用品专门零售	Special Retail of Textiles, Garments and Daily Consumer Articles	493
文化、体育用品及器材专门零售	Retail of Culture, Sports Appliances and Equipments	329
医药及医疗器材专门零售业	Retail of Medicines and Medical Appliances	420
汽车、摩托车、燃料及零配件专门零售	Retail of Motor Vehicles, Motorcycles,Fuel and Parts	3211
家用电器及电子产品专门零售业	Special Retail of Household Electric Appliances and Electronic Products	935
五金、家具及室内装修材料专门零售	Special Retail of Hardware, Furniture and Decoration Materials	793
货摊、无店铺及其他零售业	Non-shop and Other Retails	423

continued

(10 000 yuan)

年末资产负债 Assets and Liabilities at Year-end						损益及分配 Losses,Profits and Distribution	
流动资产合计 Total Working Capitals	固定资产原价 Original Value of Fixed Assets	本年折旧 Depreciation in the Year	资产合计 Total Assests	负债合计 Total Liabilities	所有者权益合计 Total Owner's Equities	营业收入合计 Business Revenue	#主营业务收入 Revenue from Principal Business
28633860	**11012273**	**584826**	**43882664**	**31769297**	**12219953**	**97074715**	**95987065**
27486198	10252014	534105	41979743	30432899	11653430	93065487	92102140
173796	62940	3094	230556	247091	-16535	700432	693136
319513	377455	16642	721178	381200	339979	3672450	3651842
44587	30833	722	73860	58761	15099	177910	174699
6683	17230	2679	29474	-746	30220	154973	150544
12194553	3906409	215809	17851379	13612519	4238860	34668064	34235806
5770705	2067228	83773	8801933	6888877	1913056	13028490	12728321
8902890	3701995	206983	14102854	9176688	5032751	40109292	39914113
73472	87924	4403	168509	68509	100000	553876	553678
754510	461545	34103	1213581	830935	382646	2691609	2615935
102836	94910	5557	218593	161417	57176	626285	623152
629329	347531	26441	959327	651989	307338	1967664	1896892
7171	11826	1361	15685	5527	10158	47429	45672
15173	7279	743	19976	12003	7974	50231	50219
393152	298714	16619	689340	505463	183877	1317619	1268991
179569	146360	5504	291756	234320	57436	582183	551754
98083	51771	1703	121274	76317	44957	123647	113315
62206	44902	5684	104496	95445	9051	246904	244332
53103	54570	3667	170760	99318	71442	362425	357129
192	1111	60	1054	63	991	2461	2461
8730528	4485535	208687	14134880	10348939	3785941	25391714	24783088
792680	656165	27730	2048043	904386	1143657	4129759	4099665
866484	305138	13529	1356922	872606	484316	3095877	3091764
621965	206240	9669	886734	561162	325572	1740130	1725136
2429122	342476	25311	3011208	2225843	785365	6097155	6064564
10841836	3240626	209125	15375337	11966730	3408607	39250991	38930442
1681507	496183	24505	2373572	1748966	731191	8061306	8022181
1051709	576763	27012	1801739	943465	858274	5271855	5264638
1618028	703149	39258	2894230	2197200	697029	4035929	4005587

18-3 续表 2

单位:万元

指标名称	Indicator	主营业务成本 Cost of Principal Business
总　计	**Total**	**270973220**
一、批发业	**Wholesale Trade**	**186722164**
1.按登记注册类型分	by Status of Registration	
内　资	Domestic Funded Enterprises	181628403
国　有	State-owned	1943766
集　体	Collective-owned	1312668
股份合作	Cooperative	66218
联营企业	Joint Ownership	16128
有限责任公司	Limited Liability Corporations	79396784
股份有限公司	Share-holding Corporations Ltd.	13216807
私营企业	Private Enterprises	84427359
其　他	Others	1248671
港澳台商投资企业	Enterprises with Funds from Hong Kong,Macao and Taiwan	3222584
与港澳台商合资经营	Joint-venture	69503
与港澳台商合作经营	Cooperative	175451
港澳台商独资	Sole Investment	2842781
港澳台商独资股份有限公司	Share-holding Corporations Ltd. with Sole Investment	16262
其他港澳台投资企业	Others	118587
外商投资企业	Foreign Funded Enterprises	1871178
中外合资经营	Joint-venture	298362
中外合作经营	Cooperative	151900
外资企业	Sole Foreign Investment	1417176
外商投资股份有限公司	Share-holding Corporations Ltd. with Foreign Investment	3740
其他外商投资企业	Others	
2.按国民经济行业分	by Sector	
农、林、牧产品批发业	Wholesale of Farm Produce and Livestock Products	6592700
食品、饮料及烟草制品批发	Wholesale of Food, Beverages and Tobaccos	24526751
纺织、服装及家庭用品批发	Wholesale of Textiles, Garments and Daily Consumer Articles	12546644
文化、体育用品及器材批发	Wholesale of Culture, Sports Appliances and Equipments	4247568
医药及医疗器材批发	Wholesale of Medicines and Medical Appliances	10548562
矿产品、建材及化工产品批发	Wholesale of Mineral Products, Building Materials and Chemical Products	108391160
机械设备、五金产品及电子产品批发	Wholesale of Machinery, Hardware and Electronic Equipment	14383227
贸易经纪与代理	Trade Broker and Agency	1226256
其他批发业	Other Wholesale not Classified Elsewhere	4259296

continued

(10 000 yuan)

损益及分配 Losses,Profits and Distribution							工资、福利、增值税 Wages,Welfare and Value Added Tax	
主营业务税金及附加 Taxes and Other Charges on Principal Business	营业费用 Expenses on Business	管理费用 Expenses on Management	财务费用 Expenses on Finance	营业利润 Profits from Business	利润总额 Total Profits	应交所得税 Income Tax Payable	本年应付工资总额 Total Wages Payable	本年应交增值税 Value Added Tax Payable
2311485	**8533295**	**5370690**	**1727473**	**11473243**	**11116799**	**1540456**	**4659571**	**3536854**
1687300	**4470853**	**2865099**	**1009104**	**7082727**	**7024025**	**932687**	**2281569**	**2076270**
1681190	4339643	2751513	990100	6966011	6902282	903197	2213636	2049190
43847	72138	73616	14600	66522	82768	11921	57610	18036
11368	25897	33985	9298	61374	54323	8311	25155	63744
216	1112	789	646	7443	7685	170	449	278
36	283	1156	760	-1959	-1702		2838	2272
1106320	1692312	1157072	320455	2585629	2586586	378199	949235	814331
32828	688035	210864	57597	391767	382707	59042	289583	219466
469769	1825170	1236274	576717	3670409	3616531	433005	860704	893117
16805	34696	37757	10028	184825	173384	12549	28064	37947
3165	73619	74357	7675	53439	56075	12576	46367	10878
848	2161	1766	318	4285	4952	282	1876	585
86	14521	23215	24	8186	10638	2141	19841	6584
1580	52906	48705	7405	38862	38389	9713	24178	2630
23	338	103	79	704	704	89	200	128
629	3692	568	-151	1403	1392	352	273	951
2945	57592	39230	11329	63277	65668	16914	21565	16203
436	25164	10507	5476	18466	18624	5484	4236	5204
417	4073	1937	1553	-263	-343	1622	3925	2078
2005	28312	26763	4295	44576	46890	9797	13382	8877
87	44	22	5	498	498	12	23	45
56954	141048	134556	58785	717397	709069	47199	100670	81221
1097778	1051816	899049	100975	2267294	2256705	295823	658022	572302
47698	401618	173415	57629	342955	364969	56676	180693	99616
7436	132232	112983	3871	113356	111133	10160	122981	13714
33561	596355	261830	71700	273109	281985	60225	190837	232107
345212	1632893	935625	599720	2402370	2360041	344507	706624	861347
70990	429536	295248	85827	749400	726385	96461	281044	142611
7161	33810	11852	10874	61632	59414	9732	8377	29497
20511	51545	40542	19721	155214	154324	11904	32321	43855

18-3 续表 3

单位:万元

指标名称	Indicator	主营业务成本 Cost of Principal Business
二、零售业	**Retail Trade**	**84251055**
1.按登记注册类型分	by Status of Registration	
内 资	Domestic Funded Enterprises	80987568
国 有	State-owned	579730
集 体	Collective-owned	3157755
股份合作	Cooperative	153324
联营企业	Joint Ownership	129074
有限责任公司	Limited Liability Corporations	30170249
股份有限公司	Share-holding Corporations Ltd.	11419905
私营企业	Private Enterprises	34909966
其 他	Others	467565
港澳台商投资企业	Enterprises with Funds from Hong Kong,Macao and Taiwan	2238536
与港澳台商合资经营	Joint-venture	575107
与港澳台商合作经营	Cooperative	
港澳台商独资	Sole Investment	1581569
港澳台商独资股份有限公司	Share-holding Corporations Ltd. with Sole Investment	40371
其他港澳台投资企业	Others	41490
外商投资企业	Foreign Funded Enterprises	1024952
中外合资经营	Joint-venture	455383
中外合作经营	Cooperative	93571
外资企业	Sole Foreign Investment	211205
外商投资股份有限公司	Share-holding Corporations Ltd. with Foreign Investment	262904
其他外商投资企业	Others	1889
2.按国民经济行业分	by Sector	
综合零售	Integrated Retail	21352227
食品、饮料及烟草制品专门零售	Retail of Food, Beverages and Tobaccos	3488462
纺织、服装及日用品专门零售	Special Retail of Textiles, Garments and Daily Consumer Articles	2540528
文化、体育用品及器材专门零售	Retail of Culture, Sports Appliances and Equipments	1398373
医药及医疗器材专门零售业	Retail of Medicines and Medical Appliances	5280305
汽车、摩托车、燃料及零配件专门零售	Retail of Motor Vehicles, Motorcycles,Fuel and Parts	35521625
家用电器及电子产品专门零售业	Special Retail of Household Electric Appliances and Electronic Products	6913204
五金、家具及室内装修材料专门零售	Special Retail of Hardware, Furniture and Decoration Materials	4326800
货摊、无店铺及其他零售业	Non-shop and Other Retails	3429532

continued

(10 000 yuan)

损益及分配 Losses,Profits and Distribution							工资、福利、增值税 Wages,Welfare and Value Added Tax	
主营业务税金及附加 Taxes and Other Charges on Principal Business	营业费用 Expenses on Business	管理费用 Expenses on Management	财务费用 Expenses on Finance	营业利润 Profits from Business	利润总额 Total Profits	应交所得税 Income Tax Payable	本年应付工资总额 Total Wages Payable	本年应交增值税 Value Added Tax Payable
624185	**4062442**	**2505591**	**718370**	**4390516**	**4092774**	**607769**	**2378003**	**1460584**
608277	3654842	2339825	706905	4278131	3986401	573390	2202061	1383879
4511	27857	29592	6272	51558	53407	7164	23318	15601
41672	78774	82682	19735	270847	267101	34709	51237	74249
2120	7602	5879	1811	7175	6640	888	4225	1370
1477	7946	2836	1017	9766	7855	1161	4144	2995
173579	1609575	947608	286256	1233059	1053220	166953	895891	522478
39203	725466	305499	70705	328217	326629	47379	292581	141962
339430	1182411	950386	315491	2333593	2230290	310727	912834	619768
6286	15213	15344	5620	43917	41259	4410	17832	5456
8422	247119	64198	8801	99303	101219	28821	102169	39394
1252	24520	11397	4530	9520	9095	2446	9025	8138
6851	211906	50290	3837	87758	89843	25807	89370	28126
131	4257	1778	202	874	1123	271	2506	479
188	6436	733	232	1153	1159	297	1268	2651
7486	160481	101569	2663	13081	5155	5559	73773	37311
1818	50067	73231	-528	783	-4040	2619	38190	9029
1176	16373	1469	990	5867	5103	1185	4397	1743
1543	26597	9847	1581	-2711	-5049	1117	11079	3130
2945	67307	16882	606	8866	8864	570	20066	23297
5	137	140	14	277	277	69	41	112
174499	1579160	932633	190997	969164	979617	178690	811376	408981
34310	128996	109440	34623	312511	313491	36323	117100	78289
30708	194234	107328	22279	202091	201791	39243	139500	51384
21803	94954	58213	16655	115614	112616	13774	69345	20777
26555	315794	192710	44173	214365	212560	38632	183795	155944
165136	1105306	705538	272944	1248408	1085373	149022	689492	479124
54189	323735	155029	41038	569072	473607	56490	146150	88543
87892	138063	132888	44455	535796	490748	61269	127816	93823
29092	182200	111813	51207	223495	222974	34325	93430	83721

18-4 各市限额以上批发和零售业商品购进、销售、库存总额(2016年)
Total Purchases,Sales and Inventory of Enterprises above Designated Size of Wholesale and Retail Trades by Region(2016)

单位：亿元 (100 million yuan)

地区	Region	法人单位(个) Corporate Unit (unit)	年末从业人数(万人) Persons Employed at Year-end (10 000 person)	购进总额 Total Purchases Value	#进口 Import	销售总额 Total Sale Value 合计 Total	批发 Wholesale	#出口 Export	零售 Retail	年末库存总额 Inventory (year-end)
全省总计	**Total**	**16894**	**96.3**	**29289.7**	**765.7**	**32129.2**	**20981.1**	**895.5**	**11148.1**	**1686.3**
济南市	Jinan	1636	13.5	3603.1	46.5	3955.3	2660.2	99.9	1295.2	311.4
青岛市	Qingdao	1742	11.8	5167.7	274.1	5756.2	4425.0	419.0	1331.2	296.0
淄博市	Zibo	926	5.2	1584.6	21.5	1706.8	1109.4	13.4	597.4	59.3
枣庄市	Zaozhuang	730	3.3	740.5	0.1	822.8	554.1	4.6	268.7	24.8
东营市	Dongying	499	3.5	1185.2	58.5	1285.9	931.3	120.0	354.6	133.0
烟台市	Yantai	1275	7.4	2640.9	44.5	2905.2	1911.4	24.0	993.7	152.1
潍坊市	Weifang	1548	8.6	2260.3	23.2	2524.7	1657.5	62.0	867.2	141.1
济宁市	Jining	1536	7.4	1436.6	5.1	1596.7	905.3	18.6	691.4	80.7
泰安市	Tai'an	968	5.2	1695.1	3.8	1844.0	1077.8	3.3	766.2	81.0
威海市	Weihai	527	3.0	709.9	80.4	817.7	395.3	43.8	422.5	36.6
日照市	Rizhao	221	1.9	944.0	82.3	1045.7	838.0	10.5	207.7	38.5
莱芜市	Laiwu	255	1.1	398.5	67.6	419.4	331.7	1.1	87.7	30.5
临沂市	Linyi	1450	8.3	2811.1	30.8	3029.0	1434.3	14.1	1594.7	137.7
德州市	Dezhou	1213	5.7	1160.1	0.3	1282.3	607.2	0.8	675.1	38.0
聊城市	Liaocheng	645	2.8	945.5	19.5	1010.1	737.5	20.1	272.5	35.0
滨州市	Binzhou	377	2.4	726.9	6.5	798.5	605.6	17.7	192.9	52.0
菏泽市	Heze	1346	5.1	1279.8	0.8	1328.9	799.3	22.6	529.5	38.7

18-5 各市限额以上批发和零售业财务状况(2016年)
Financial Indicators of Enterprises above Designated Size of Wholesale and Retail Trades by Region(2016)

单位:亿元 (100 million yuan)

地区	Region	企业数(个) Number of Enterprises (unit)	流动资产合计 Total Working Capitals	固定资产原价 Original Value of Fixed Assets	本年折旧 Depreciation in the Year	资产合计 Total Assests	负债合计 Total Liabilities	所有者权益合计 Total Owners' Equities	营业收入合计 Business Revenue	主营业务收入 Revenue from Principal Business
全省总计	**Total**	**16894**	**9051.2**	**2281.1**	**120.6**	**12649.0**	**9197.7**	**3461.3**	**30509.1**	**29950.8**
济南市	Jinan	1636	1555.1	291.9	16.4	2082.0	1605.4	486.6	4288.1	3895.6
青岛市	Qingdao	1742	2034.2	254.9	15.6	2460.0	2018.1	442.0	5117.9	5079.8
淄博市	Zibo	926	372.2	113.4	6.2	763.6	572.3	191.3	1560.6	1553.5
枣庄市	Zaozhuang	730	133.8	76.2	3.0	224.4	114.1	110.3	796.9	795.0
东营市	Dongying	499	471.3	116.4	8.2	607.6	425.2	182.3	1225.3	1221.2
烟台市	Yantai	1275	948.4	191.7	10.9	1250.9	891.3	359.6	2659.2	2645.6
潍坊市	Weifang	1548	787.7	254.2	12.1	1074.1	800.6	273.4	2289.4	2270.4
济宁市	Jining	1536	363.3	121.7	7.1	547.1	310.2	236.9	1467.4	1461.8
泰安市	Tai'an	968	195.2	136.8	4.7	354.4	173.2	181.2	1774.5	1772.6
威海市	Weihai	527	284.8	74.4	4.3	371.4	277.6	93.8	778.2	771.1
日照市	Rizhao	221	229.5	52.3	1.9	325.5	276.3	49.1	1014.9	979.9
莱芜市	Laiwu	255	97.1	20.9	1.3	149.7	135.9	13.9	387.9	386.7
临沂市	Linyi	1450	681.0	184.7	9.5	1059.2	696.2	363.0	2906.9	2891.5
德州市	Dezhou	1213	175.7	149.4	7.0	352.9	219.2	133.7	1244.7	1239.3
聊城市	Liaocheng	645	255.2	63.6	4.0	338.6	236.3	102.3	922.3	917.1
滨州市	Binzhou	377	286.4	69.7	4.1	380.2	263.4	116.8	773.4	771.2
菏泽市	Heze	1346	180.2	109.0	4.0	307.4	182.3	125.1	1301.3	1298.5

18-5 续表 continued

单位:亿元 (100 million yuan)

地区	Region	主营业务成本 Cost of Principal Business	主营业务税金及附加 Taxes and Other Charges on Principal Business	营业费用 Expenses on Business	管理费用 Expenses on Management	财务费用 Expenses on Finance	营业利润 Profits from Business	利润总额 Total Profits	应交所得税 Income Tax Payable	本年应付工资总额 Total Wages Payable	本年应交增值税 Value Added Tax Payable
全省总计	**Total**	**27097.3**	**231.1**	**853.3**	**537.1**	**172.7**	**1147.3**	**1111.7**	**154.0**	**466.0**	**353.7**
济南市	Jinan	3597.9	15.8	152.0	77.4	15.0	54.6	56.3	11.9	82.0	39.0
青岛市	Qingdao	4751.2	23.7	136.1	79.7	20.6	109.0	112.3	18.9	70.6	49.0
淄博市	Zibo	1417.0	12.2	46.7	31.3	11.0	41.2	38.7	5.6	22.9	15.3
枣庄市	Zaozhuang	680.3	11.4	17.9	12.2	3.4	60.8	61.1	5.7	13.7	19.8
东营市	Dongying	1132.8	5.5	27.2	16.1	10.9	30.1	30.0	5.7	19.2	7.8
烟台市	Yantai	2327.3	20.6	106.8	55.4	12.8	125.7	125.0	22.2	42.4	48.0
潍坊市	Weifang	2045.2	17.1	67.1	45.0	14.3	89.8	89.8	9.3	43.0	22.3
济宁市	Jining	1309.1	17.5	41.8	30.2	7.4	59.5	58.3	5.9	25.9	13.4
泰安市	Tai'an	1539.3	26.4	32.9	31.3	12.3	130.9	129.2	14.4	20.1	24.7
威海市	Weihai	674.7	11.4	36.2	20.1	3.1	27.1	27.3	3.6	11.9	6.5
日照市	Rizhao	922.2	5.5	14.6	13.3	7.7	16.0	16.8	1.4	7.8	3.8
莱芜市	Laiwu	366.8	1.6	6.8	4.0	5.9	0.9	1.0	0.3	4.0	1.5
临沂市	Linyi	2608.0	18.1	78.2	50.2	17.1	125.9	101.2	9.3	36.8	34.2
德州市	Dezhou	1008.6	20.0	28.2	24.7	8.7	152.8	149.3	16.4	24.5	33.9
聊城市	Liaocheng	837.2	7.3	17.4	13.5	9.9	35.7	33.9	3.5	13.2	12.8
滨州市	Binzhou	723.6	5.4	15.3	9.7	3.5	15.3	14.4	3.2	10.1	5.5
菏泽市	Heze	1155.9	11.6	28.1	23.1	9.1	71.9	67.1	16.5	18.0	16.1

18-6 限额以上住宿和餐饮业情况
Basic Conditions of Hotels and Catering Services

指　　标		Item		2012	2013	2014	2015	2016
住宿和餐饮业		**Hotels and Catering Services**						
法人企业	(个)	Number of Corporation Enterprises	(unit)	3188	3538	3354	3211	3138
年末从业人数	(万人)	Engaged Persons at Year-end	(10 000 persons)	28.0	27.4	24.8	23.0	23.1
营业额	(亿元)	Business Revenue	(100 million yuan)	540.3	553.6	538.4	547.3	561.5
#餐费收入	(亿元)	From Meals	(100 million yuan)	377.9	377.3	369.6	374.7	381.2
年末餐饮营业面积	(万平方米)	Business Area of Catering Services at Year-end	(10 000 sq.m)	706.78	738.56	714.56	598.70	485.16
住宿业		**Hotels**						
法人企业	(个)	Number of Corporation Enterprises	(unit)	1020	1108	1086	1089	1081
年末从业人数	(万人)	Engaged Persons at Year-end	(10 000 persons)	12.1	11.7	10.5	10.3	10.1
营业额	(亿元)	Business Revenue	(100 million yuan)	211.3	217.7	211.4	219.1	227.8
#客房收入	(亿元)	From Hotel Rooms	(100 million yuan)	82.4	91.7	91.7	96.8	101.7
餐费收入	(亿元)	From Meals	(100 million yuan)	107.8	105.0	100.4	102.9	105.9
客房数	(万间)	Number of Room	(10 000 rooms)	19.4	15.3	20.8	14.7	21.5
床位数	(万位)	Number of Beds	(10 000 beds)	33.3	26.4	32.3	24.5	31.1
年末餐饮营业面积	(万平方米)	Business Area of Catering Services at Year-end	(10 000 sq.m)	251.3	234.0	233.7	219.8	173.2
餐饮业		**Catering Services**						
法人企业	(个)	Number of Corporation Enterprises	(unit)	2168	2430	2268	2122	2057
年末从业人数	(万人)	Engaged Persons at Year-end	(10 000 persons)	15.9	15.7	14.3	12.7	13.0
营业额	(亿元)	Business Revenue	(100 million yuan)	328.9	335.9	327.0	328.2	333.7
#餐费收入	(亿元)	From Meals	(100 million yuan)	270.1	272.3	269.2	271.7	275.3
年末餐饮营业面积	(万平方米)	Business Area of Catering Services at Year-end	(10 000 sq.m)	455.5	504.6	480.8	378.9	312.0

18-7 限额以上住宿和餐饮业经营情况(2016年)
Business of Hotels and Catering Services above Designated Size(2016)

指标名称	Indicator	法人单位(个) Corporate Unit (unit)	从业人数(人) Employed Persons (person)
总 计	**Total**	**3138**	**230862**
一、住宿业	**Hotels**	**1081**	**100924**
1.按登记注册类型分	by Status of Registration		
内 资	Domestic Funded Enterprises	1055	96040
国 有	State-owned	122	20087
集 体	Collective-owned	22	1608
股份合作	Cooperative	2	253
联营企业	Joint Ownership		
有限责任公司	Limited Liability Corporations	359	38851
股份有限公司	Share-holding Corporations Ltd.	41	4173
私营企业	Private Enterprises	495	30001
其 他	Others	14	1067
港澳台商投资企业	Enterprises with Funds from Hong Kong,Macao and Taiwan	13	3337
与港澳台商合资经营	Joint-venture	6	2105
与港澳台商合作经营	Cooperative		
港澳台商独资	Sole Investment	7	1232
港澳台商独资股份有限公司	Share-holding Corporations Ltd. with Sole Investment		
其他港澳台投资企业	Others		
外商投资企业	Foreign Funded Enterprises	13	1547
中外合资经营	Joint-venture	8	1178
中外合作经营	Cooperative		
外资企业	Sole Foreign Investment	5	369
外商投资股份有限公司	Share-holding Corporations Ltd. With Foreign Investment		
其他外商投资企业	Others		
2.按国民经济行业分	by Sector		
旅游饭店	Tourist Hotels	649	79730
一般旅馆	General Hotels	404	19953
其他住宿业	Other Accommodation Services	28	1241

18-7 续表 1 continued

指标名称	Indicator	法人单位(个) Corporate Unit (unit)	从业人数(人) Employed Persons (person)
二、餐饮业	**Catering Services**	**2057**	**129938**
1.按登记注册类型分	by Status of Registration		
内　资	Domestic Funded Enterprises	2022	121977
国　有	State-owned	59	6519
集　体	Collective-owned	16	939
股份合作	Cooperative	3	171
联营企业	Joint Ownership	1	48
有限责任公司	Limited Liability Corporations	552	37095
股份有限公司	Share-holding Corporations Ltd.	44	11617
私营企业	Private Enterprises	1316	63902
其　他	Others	31	1686
港澳台商投资企业	Enterprises with Funds from Hong Kong,Macao and Taiwan	14	2817
与港澳台商合资经营	Joint-venture	6	1333
与港澳台商合作经营	Cooperative		
港澳台商独资	Sole Investment	8	1484
港澳台商独资股份有限公司	Share-holding Corporations Ltd. with Sole Investment		
其他港澳台投资企业	Others		
外商投资企业	Foreign Funded Enterprises	21	5144
中外合资经营	Joint-venture	7	310
中外合作经营	Cooperative		
外资企业	Sole Foreign Investment	14	4834
外商投资股份有限公司	Share-holding Corporations Ltd. with Foreign Investment		
其他外商投资企业	Others		
2.按国民经济行业分	by Sector		
正餐服务	Dinner service	1950	115163
快餐服务	Fast Food Service	76	11190
饮料及冷饮服务	Beverages and cold drinks service	1	246
其他餐饮业	Other Catering Services	30	3339

18-7 续表 2 continued

单位:万元 (10 000 yuan)

指标名称	Indicator	营业额 Business Revenue	客房收入 Revenue from Hotel Rooms	餐费收入 Revenue from Meals	商品销售收入 Revenue from Commodities	其他收入 Other Revenue
总　计	**Total**	**5614783**	**1378830**	**3812297**	**237380**	**186276**
一、住宿业	**Hotels**	**2278061**	**1017482**	**1059385**	**76299**	**124896**
1.按登记注册类型分	by Status of Registration					
内　资	Domestic Funded Enterprises	2151777	960636	1013727	69362	108053
国　有	State-owned	376232	141118	191947	8310	34857
集　体	Collective-owned	38018	15731	18599	2433	1256
股份合作	Cooperative	5063	2051	2862	150	
联营企业	Joint Ownership					
有限责任公司	Limited Liability Corporations	758565	344605	346167	24770	43023
股份有限公司	Share-holding Corporations Ltd.	95893	40133	45582	5202	4975
私营企业	Private Enterprises	855087	407499	396937	26893	23759
其　他	Others	22920	9499	11632	1605	183
港澳台商投资企业	Enterprises with Funds from Hong Kong, Macao and Taiwan	82869	33710	29201	5162	14796
与港澳台商合资经营	Joint-venture	40140	16564	11779	3823	7975
与港澳台商合作经营	Cooperative					
港澳台商独资	Sole Investment	42729	17146	17422	1338	6822
港澳台商独资股份有限公司	Share-holding Corporations Ltd. with Sole Investment					
其他港澳台投资企业	Others					
外商投资企业	Foreign Funded Enterprises	43415	23136	16457	1775	2048
中外合资经营	Joint-venture	30278	14817	13872	67	1523
中外合作经营	Cooperative					
外资企业	Sole Foreign Investment	13137	8319	2585	1708	525
外商投资股份有限公司	Share-holding Corporations Ltd. With Foreign Investment					
其他外商投资企业	Others					
2.按国民经济行业分	by Sector					
旅游饭店	Tourist Hotels	1663051	670285	834132	55151	103483
一般旅馆	General Hotels	586740	328840	216700	20295	20905
其他住宿业	Other Accommodation Services	28271	18357	8552	853	508

18-7 续表 3 continued

单位:万元 (10 000 yuan)

指标名称	Indicator	营业额 Business Revenue	客房收入 Revenue from Hotel Rooms	餐费收入 Revenue from Meals	商品销售收入 Revenue from Commodities	其他收入 Other Revenue
二、餐饮业	**Catering Services**	**3336722**	**361348**	**2752912**	**161081**	**61380**
1.按登记注册类型分	by Status of Registration					
内　资	Domestic Funded Enterprises	3050079	353340	2481426	157031	58283
国　有	State-owned	134869	33766	93782	4880	2441
集　体	Collective-owned	27206	2336	23932	907	31
股份合作	Cooperative	2377	921	1347	70	39
联营企业	Joint Ownership	295	50	221	19	5
有限责任公司	Limited Liability Corporations	717765	129723	529843	31448	26750
股份有限公司	Share-holding Corporations Ltd.	114900	22407	81110	4520	6863
私营企业	Private Enterprises	1984081	157614	1691381	113183	21904
其　他	Others	68586	6523	59809	2004	251
港澳台商投资企业	Enterprises with Funds from Hong Kong, Macao and Taiwan	70780	6437	58387	3051	2905
与港澳台商合资经营	Joint-venture	23602	6218	12621	1858	2905
与港澳台商合作经营	Cooperative					
港澳台商独资	Sole Investment	47179	219	45766	1194	
港澳台商独资股份有限公司	Share-holding Corporations Ltd.					
其他港澳台投资企业	with Sole Investment					
外商投资企业	Foreign Funded Enterprises	215862	1572	213100	999	192
中外合资经营	Joint-venture	5128	343	3604	988	192
中外合作经营	Cooperative					
外资企业	Sole Foreign Investment	210735	1229	209495	11	
外商投资股份有限公司	Share-holding Corporations Ltd.					
其他外商投资企业	with Foreign Investment					
2.按国民经济行业分	by Sector					
正餐服务	Dinner service	2897574	359617	2327091	151980	58886
快餐服务	Fast Food Service	370603	711	364016	4644	1231
饮料及冷饮服务	Beverages and cold drinks service	12886		11702	1184	
其他餐饮业	Other Catering Services	55660	1020	50103	3274	1263

18-8 各市限额以上住宿和餐饮业经营情况(2016年)
Business of Hotels and Catering Services above Designated Size by Region (2016)

地 区	Region	法人单位(个) Corporation Unit (unit)	从业人数(人) Persons Employed (person)	营业额(万元) Business Revenue (10000 yuan)	客房收入 Revenue from Hotel Rooms	餐费收入 Revenue from Meals	商品销售收入 Revenue from Commodi -ties	其他收入 Other Revenue
全省总计	**Total**	**3138**	**230862**	**5614783**	**1378830**	**3812297**	**237380**	**186276**
济南市	Jinan	309	32841	549101	181343	308769	7969	51020
青岛市	Qingdao	349	40312	923882	231149	620145	30406	42182
淄博市	Zibo	185	10481	330123	59711	249230	17966	3215
枣庄市	Zaozhuang	115	5811	136371	28878	95213	10690	1590
东营市	Dongying	48	13291	107977	26347	70082	3404	8143
烟台市	Yantai	340	20725	829314	202854	604486	12051	9923
潍坊市	Weifang	251	16944	239360	63051	155321	10625	10363
济宁市	Jining	286	14921	278303	76019	189676	8487	4122
泰安市	Tai'an	223	12544	574356	124172	429335	12373	8476
威海市	Weihai	185	12600	369849	82213	251057	20656	15924
日照市	Rizhao	60	4297	62260	22812	37521	1365	562
莱芜市	Laiwu	32	1673	17257	5056	10226	1456	520
临沂市	Linyi	161	11298	252585	60157	149421	27811	15196
德州市	Dezhou	169	11336	414813	99086	291244	18720	5763
聊城市	Liaocheng	91	6644	93439	25900	58684	4335	4521
滨州市	Binzhou	63	4195	51768	14492	34922	1241	1113
菏泽市	Heze	271	10949	384026	75590	256966	47825	3644

18-9 限额以上住宿和餐饮业财务状况(2016年)

单位:万元

指 标 名 称	Indicator	企业数 (个) Number of Enterprises (unit)
总 计	**Total**	**3138**
一、住宿业	**Hotels**	**1081**
1.按登记注册类型分	by Status of Registration	
内 资	Domestic Funded Enterprises	1055
国 有	State-owned	122
集 体	Collective-owned	22
股份合作	Cooperative	2
联营企业	Joint Ownership	
有限责任公司	Limited Liability Corporations	359
股份有限公司	Share-holding Corporations Ltd.	41
私营企业	Private Enterprises	495
其 他	Others	14
港澳台商投资企业	Enterprises with Funds from Hong Kong,Macao and Taiwan	13
与港澳台商合资经营	Joint-venture	6
与港澳台商合作经营	Cooperative	
港澳台商独资	Sole Investment	7
港澳台商独资股份有限公司	Share-holding Corporations Ltd. With Sole Investment	
其他港澳台投资企业	Others	
外商投资企业	Foreign Funded Enterprises	13
中外合资经营	Joint-venture	8
中外合作经营	Cooperative	
外资企业	Sole Foreign Investment	5
外商投资股份有限公司	Share-holding Corporations Ltd. with Foreign Investment	
其他外商投资企业	Others	
2.按国民经济行业分	by Sector	
旅游饭店	Tourist Hotels	649
一般旅馆	General Hotels	404
其他住宿业	Other Accommodation Services	28

Financial Indicators of Enterprises above Designated Size of Hotels and Catering Services(2016)

(10 000 yuan)

年末资产负债 Assets and Liabilities at Year-end						损益及分配 Losses,Profits and Distribution	
流动资产合计 Total Working Capitals	固定资产原价 Original Value of Fixed Assets	本年折旧 Depre-ciation in the Year	资产合计 Total Assests	负债合计 Total Liabilities	所有者权益合计 Total Owner's Equities	营业收入合计 Business Revenue	主营业务收入 Revenue from Principal Business
3171103	**5826325**	**278501**	**8574471**	**6093499**	**2480972**	**5591876**	**5551593**
1802628	**3351807**	**156855**	**4759333**	**3411453**	**1347880**	**2246717**	**2226860**
1697852	2793065	132695	4202570	3035578	1166993	2125031	2113868
251242	914582	36228	887597	384187	503410	376165	374637
15038	37736	1421	41361	16154	25207	37676	37676
6705	5006	201	13033	11092	1941	5063	5063
888433	1087495	50241	1897790	1623074	274716	756780	750125
72055	191323	7784	214788	151436	63353	93170	91864
448222	542679	35811	1122761	837725	285036	833036	831381
16158	14245	1009	25241	11910	13330	23141	23122
91909	504964	14897	517229	340224	177005	80804	72870
82101	251481	9216	312922	252252	60670	39654	39134
9808	253482	5681	204307	87973	116335	41150	33736
12868	53778	9263	39533	35651	3882	40882	40122
8853	45538	8881	30351	28330	2021	28514	28504
4015	8241	382	9182	7321	1861	12368	11618
1552835	2936054	134672	4012484	2884619	1127864	1647246	1628058
228640	395861	21609	704958	498780	206178	571814	571145
21154	19892	574	41891	28054	13837	27658	27658

18-9 续表 1

单位:万元

指 标 名 称	Indicator	企业数(个) Number of Enterprises (unit)
二、餐饮业	**Catering Services**	**2057**
1.按登记注册类型分	by Status of Registration	
内 资	Domestic Funded Enterprises	2022
国 有	State-owned	59
集 体	Collective-owned	16
股份合作	Cooperative	3
联营企业	Joint Ownership	1
有限责任公司	Limited Liability Corporations	552
股份有限公司	Share-holding Corporations Ltd.	44
私营企业	Private Enterprises	1316
其 他	Others	31
港澳台商投资企业	Enterprises with Funds from Hong Kong,Macao and Taiwan	14
与港澳台商合资经营	Joint-venture	6
与港澳台商合作经营	Cooperative	
港澳台商独资	Sole Investment	8
港澳台商独资股份有限公司	Share-holding Corporations Ltd. With Sole Investment	
其他港澳台投资企业	Others	
外商投资企业	Foreign Funded Enterprises	21
中外合资经营	Joint-venture	7
中外合作经营	Cooperative	
外资企业	Sole Foreign Investment	14
外商投资股份有限公司	Share-holding Corporations Ltd. with Foreign Investment	
其他外商投资企业	Others	
2.按国民经济行业分	by Sector	
正餐服务	Dinner service	1950
快餐服务	Fast Food Service	76
饮料及冷饮服务	Beverages and cold drinks service	1
其他餐饮业	Other Catering Services	30

continued

(10 000 yuan)

年末资产负债 Assets and Liabilities at Year-end						损益及分配 Losses,Profits and Distribution	
流动资产合计 Total Working Capitals	固定资产原价 Original Value of Fixed Assets	本年折旧 Depre-ciation in the Year	资产合计 Total Assests	负债合计 Total Liabilities	所有者权益合计 Total Owner's Equities	营业收入合计 Business Revenue	#主营业务收入 Revenue from Principal Business
1368475	**2474519**	**121646**	**3815139**	**2682047**	**1133092**	**3345159**	**3324733**
1294690	2272321	113913	3510929	2396102	1114827	3067762	3047525
49424	178798	6951	172071	122703	49368	135573	135572
7723	18169	526	20423	11141	9282	26100	26100
364	1855	111	1291	429	862	2304	2304
673	219	89	803	2556	-1753	349	349
370408	1051402	55493	1428421	945939	482482	765524	758423
118476	211943	3994	309590	281723	27867	112976	107080
728971	797668	46128	1551221	1012315	538906	1957860	1950627
18651	12267	619	27110	19298	7813	67075	67069
46326	148212	6029	212121	221850	-9730	68742	68553
35645	130202	4944	182147	184157	-2010	23327	23138
10682	18010	1084	29974	37693	-7719	45415	45415
27458	53986	1705	92089	64094	27995	208655	208655
7783	3644	188	11934	7989	3945	5114	5114
19675	50342	1517	80155	56105	24050	203541	203541
1301583	2373105	117660	3620971	2535063	1085908	2917782	2899443
47098	92557	3225	156340	129679	26661	361063	359073
4935	1849	239	8805	2521	6284	12206	12206
14858	7007	522	29022	14784	14239	54108	54011

18-9 续表 2

单位:万元

指标名称	Indicator	主营业务成本 Cost of Principal Business
总　计	**Total**	**3094238**
一、住宿业	**Hotels**	**1090911**
1.按登记注册类型分	by Status of Registration	
内 资	Domestic Funded Enterprises	1060678
国 有	State-owned	178763
集 体	Collective-owned	21638
股份合作	Cooperative	2265
联营企业	Joint Ownership	
有限责任公司	Limited Liability Corporations	320826
股份有限公司	Share-holding Corporations Ltd.	47303
私营企业	Private Enterprises	476645
其 他	Others	13237
港澳台商投资企业	Enterprises with Funds from Hong Kong,Macao and Taiwan	15685
与港澳台商合资经营	Joint-venture	8406
与港澳台商合作经营	Cooperative	
港澳台商独资	Sole Investment	7279
港澳台商独资股份有限公司	Share-holding Corporations Ltd. with Sole Investment	
其他港澳台投资企业	Others	
外商投资企业	Foreign Funded Enterprises	14549
中外合资经营	Joint-venture	7667
中外合作经营	Cooperative	
外资企业	Sole Foreign Investment	6882
外商投资股份有限公司	Share-holding Corporations Ltd. With Foreign Investment	
其他外商投资企业	Others	
2.按国民经济行业分	by Sector	
旅游饭店	Tourist Hotels	744642
一般旅馆	General Hotels	328719
其他住宿业	Other Accommodation Services	17551

continued

(10 000 yuan)

损 益 及 分 配 Losses,Profits and Distribution							工资、福利、增值税 Wages,Welfare and Value Added Tax	
主营业务税金及附加 Taxes and Other Charges on Principal Business	营业费用 Expenses on Business	管理费用 Expenses on Management	财务费用 Expenses on Finance	营业利润 Profits from Business	利润总额 Total Profits	应交所得税 Income Tax Payable	本年应付工资总额 Total Wages Payable	本年应交增值税 Value Added Tax Payable
146262	**1039745**	**805414**	**154838**	**333870**	**349235**	**78402**	**908155**	**95381**
58983	**515438**	**451828**	**73644**	**48972**	**57873**	**24331**	**438860**	**43969**
56874	486079	398823	67236	49642	65152	23090	412649	41360
7643	105066	93666	1454	-10544	-2725	2258	98909	6694
1077	6162	4893	417	3491	4176	929	5370	964
112	1018	1692	21	-67	-60		1027	89
20445	214410	173380	29452	-6253	-4713	5111	174229	18263
3720	20416	15056	2534	4373	4824	727	14708	1449
23279	135598	106211	32853	56995	63104	13849	114425	13622
598	3408	3925	504	1646	546	216	3980	279
1208	21199	43744	4833	-6397	-13030	678	18538	1207
704	11213	24492	3094	-8252	-7624	153	10310	375
504	9986	19253	1739	1855	-5407	526	8227	832
901	8160	9261	1576	5728	5752	563	7674	1402
524	6947	7830	1480	4090	4102	87	6110	857
377	1214	1432	95	1638	1650	476	1564	545
43296	411008	390573	63205	-10833	-2825	13118	358316	27801
14991	101038	57443	9861	58227	58858	10971	75756	15654
695	3393	3813	578	1578	1840	241	4789	514

18-9 续表 3

单位:万元

指标名称	Indicator	主营业务成本 Cost of Principal Business
二、餐饮业	**Catering Services**	**2003327**
1.按登记注册类型分	by Status of Registration	
内资	Domestic Funded Enterprises	1874886
国有	State-owned	76471
集体	Collective-owned	18301
股份合作	Cooperative	1498
联营企业	Joint Ownership	309
有限责任公司	Limited Liability Corporations	436402
股份有限公司	Share-holding Corporations Ltd.	45402
私营企业	Private Enterprises	1249609
其他	Others	46895
港澳台商投资企业	Enterprises with Funds from Hong Kong,Macao and Taiwan	23797
与港澳台商合资经营	Joint-venture	8096
与港澳台商合作经营	Cooperative	
港澳台商独资	Sole Investment	15701
港澳台商独资股份有限公司	Share-holding Corporations Ltd. with Sole Investment	
其他港澳台投资企业	Others	
外商投资企业	Foreign Funded Enterprises	104644
中外合资经营	Joint-venture	3375
中外合作经营	Cooperative	
外资企业	Sole Foreign Investment	101269
外商投资股份有限公司	Share-holding Corporations Ltd. With Foreign Investment	
其他外商投资企业	Others	
2.按国民经济行业分	by Sector	
正餐服务	Dinner service	1777053
快餐服务	Fast Food Service	184082
饮料及冷饮服务	Beverages and cold drinks service	2979
其他餐饮业	Other Catering Services	39214

continued

(10 000 yuan)

损 益 及 分 配 Losses,Profits and Distribution							工资、福利、增值税 Wages,Welfare and Value Added Tax	
主营业务税金及附加 Taxes and Other Charges on Principal Business	营业费用 Expenses on Business	管理费用 Expenses on Management	财务费用 Expenses on Finance	营业利润 Profits from Business	利润总额 Total Profits	应交所得税 Income Tax Payable	本年应付工资总额 Total Wages Payable	本年应交增值税 Value Added Tax Payable
87279	**524307**	**353586**	**81194**	**284898**	**291362**	**54072**	**469294**	**51412**
80709	436542	318163	71178	278886	283618	49445	434194	49422
4059	28791	21506	1481	3648	7789	895	26932	943
693	2827	2380	215	1694	1159	260	4229	708
52	550	612	1	-392	-14		879	16
10	254	39	1	-263	262		132	
19225	159639	105598	18652	23191	31760	7306	137547	9621
3102	26054	20133	15062	2830	3091	870	29337	1627
52454	213078	163483	35089	239559	231179	38891	228786	35864
1115	5349	4412	678	8619	8391	1223	6354	644
2168	30494	10831	8807	-7455	-6837	707	16577	242
1360	6709	8255	7608	-8767	-7988		5558	39
808	23785	2576	1198	1312	1151	707	11020	203
4403	57272	24592	1210	13467	14581	3920	18523	1749
132	1049	943	255	-625	-534	56	1264	12
4271	56222	23649	955	14093	15115	3864	17259	1736
78797	406392	315302	77499	257294	261790	47726	413807	47604
7055	108037	31807	3082	21874	23985	5198	39510	2904
214	6335	365	46	2268	2207	562	4882	135
1214	3543	6112	568	3463	3380	586	11095	770

18-10 各市限额以上住宿和餐饮业财务状况(2016年)
Financial Indicators of Enterprises above Designated Size of Hotels and Catering Services by Region(2016)

单位:万元 (10 000 yuan)

地区	Region	企业数(个) Number of Enterprises (unit)	流动资产合计 Total Working Capitals	固定资产原价 Original Value of Fixed Assets	本年折旧 Deprecia-tion in the Year	资产合计 Total Assests	负债合计 Total Liabilities	所有者权益合计 Total Owners' Equities	营业收入合计 Business Revenue	主营业务收入 Revenue from Principal Business
全省总计	**Total**	**3138**	**3171103**	**5826325**	**278501**	**8574471**	**6093499**	**2480972**	**5591876**	**5551593**
济南市	Jinan	309	713183	693643	31619	1275692	1098897	176795	602842	596343
青岛市	Qingdao	349	703426	1210205	55515	1699699	1299750	399949	889792	878856
淄博市	Zibo	185	130206	199803	10760	313857	300889	12968	318053	316843
枣庄市	Zaozhuang	115	83643	124455	6166	227414	152452	74961	137517	137466
东营市	Dongying	48	128885	283489	11176	400952	373481	27471	108171	102265
烟台市	Yantai	340	251502	589652	18796	751402	409651	341751	808381	807016
潍坊市	Weifang	251	274192	310857	18078	556968	386156	170812	238703	234323
济宁市	Jining	286	104819	276885	11772	444263	258928	185335	273844	273600
泰安市	Tai'an	223	99796	244291	12720	349310	199778	149532	560084	559496
威海市	Weihai	185	218722	469188	24418	715223	480656	234567	376516	371128
日照市	Rizhao	60	69421	89412	4477	160454	143092	17362	66580	66030
莱芜市	Laiwu	32	12182	55309	1142	89275	71500	17775	17205	17065
临沂市	Linyi	161	108198	454310	18905	561430	295035	266395	253487	251388
德州市	Dezhou	169	71939	410572	34597	386618	170362	216256	414066	414061
聊城市	Liaocheng	91	59355	95379	3216	153387	99781	53606	93479	92989
滨州市	Binzhou	63	68983	187482	6082	276130	262748	13382	51412	51167
菏泽市	Heze	271	72650	131395	9063	212398	90343	122055	381747	381558

18-10 续表 continued

单位:万元 (10 000 yuan)

地区	Region	主营业务成本 Cost of Principal Business	主营业务税金及附加 Taxes and Other Charges on Principal Business	营业费用 Expenses on Business	管理费用 Expenses on Management	财务费用 Expenses on Finance	营业利润 Profits from Business	利润总额 Total Profits	应交所得税 Income Tax Payable	本年应付工资总额 Total Wages Payable	本年应交增值税 Value Added Tax Payable
全省总计	**Total**	**3094238**	**146262**	**1039745**	**805414**	**154838**	**333870**	**349235**	**78402**	**908155**	**95381**
济南市	Jinan	243225	11996	241013	111285	13138	-21642	-14859	1310	140123	14264
青岛市	Qingdao	362021	19157	259637	211695	28547	4559	14923	11101	198103	14892
淄博市	Zibo	184598	11845	45127	39555	13167	22528	23658	1906	38544	2258
枣庄市	Zaozhuang	88137	4857	12406	10041	2133	17107	15973	2707	17599	1261
东营市	Dongying	37401	2346	33795	25681	16203	-7790	-6665	91	36499	2216
烟台市	Yantai	540013	20327	96796	99688	8852	42342	40336	8870	83076	10817
潍坊市	Weifang	114217	6474	62245	47958	8838	-3054	-3253	1546	62302	3002
济宁市	Jining	178820	9571	31409	41179	3092	8762	2556	2074	47997	2004
泰安市	Tai'an	358768	23272	49145	37426	15081	76571	81886	9396	52312	8475
威海市	Weihai	234910	9946	51315	50860	13670	14617	29915	5349	52056	4618
日照市	Rizhao	32173	1946	19120	15461	1271	-3450	-1298	303	21372	680
莱芜市	Laiwu	7755	457	6101	4068	894	-2241	-2355	10	4842	169
临沂市	Linyi	142458	6170	52224	41985	9715	1328	-5216	455	43109	2179
德州市	Dezhou	285965	10503	18976	18452	4812	74963	74325	9951	42347	7441
聊城市	Liaocheng	52211	2654	18595	13625	2744	3477	5012	961	20500	1090
滨州市	Binzhou	27303	1504	13893	11916	3985	-7238	-7194	588	13454	404
菏泽市	Heze	204264	3237	27949	24538	8699	113031	101491	21784	33921	19611

18-11 亿元以上商品交易市场情况(2016年)
Basic Statistics on Commodity Exchange Markets of Turnover above 100 Million Yuan (2016)

类别	Category	市场数量(个) Number of Markets (unit)	摊位数(个) Number of Booths (unit)	年末出租摊位数(个) Number of Booths Rented at Year End (unit)	年末营业面积(平方米) Operating Area at Year End (sq.m)	成交额(亿元) Turnover (100 million yuan)
总计	**Total**	**554**	**413743**	**384567**	**39912291**	**9751.5**
一、按市场类别分组	**Grouped by Market Category**	**96**	**126028**	**116708**	**6277663**	**1273.6**
综合市场	Comprehensive Markets	96	126028	116708	6277663	1273.6
生产资料综合市场	Means of production Comprehensive Markets	5	1736	1639	211312	33.6
工业消费品综合市场	Industrial consumer products Comprehensive Markets	31	50500	45549	2664155	722.6
农产品综合市场	Farmer Produces Comprehensive Markets	25	23515	22141	1183379	218.9
其他综合市场	Other Comprehensive Markets	35	50277	47379	2218817	298.4
专业市场	Special Markets	458	287715	267859	33634628	8477.9
生产资料市场	Means of Production Markets	89	35657	31828	11311467	3097.5
农业生产用具市场	Agricultural Tools Markets	5	703	660	176000	19.8
农用生产资料市场	Agricultural Production Markets	4	630	601	62250	26.2
煤炭市场	Coal and Charcoal Markets					
木材市场	Wood Markets	11	3554	3029	2231616	339.4
建材市场	Building Materials Markets	22	13040	11613	1464529	239.7
化工材料及制品市场	Chemical Materials and Products Markets	5	3726	3601	374316	757.9
金属材料市场	Metal Materials Markets	32	8753	7323	5800897	1555.0
机械设备市场	Mechanical Device Markets	7	3763	3722	387859	138.2
其他生产资料市场	Other Means of Production Markets	3	1488	1279	814000	21.3
农产品市场	Agricultural Products Markets	131	105233	98950	10784867	2767.0
粮油市场	Grain and Oil Markets	15	9714	9576	580534	279.2
肉禽蛋市场	Meat, Poultry and Eggs Markets	5	3164	2775	87660	15.5
水产品市场	Aquatic Products Markets	21	18245	15695	943032	510.5
蔬菜市场	Vegetables Markets	56	50690	48917	5163930	1045.9
干鲜果品市场	Dried and Fresh Melons and Fruits Markets	20	13231	12346	1032055	500.1
棉麻土畜、烟叶市场	Cotton ,Hemp,Local Livestock and Tobacco Markets	4	770	757	2498960	216.6
其他农产品市场	Other Agricultural Products Markets	10	9419	8884	478696	199.3
食品、饮料及烟酒市场	Food, Beverages, Tobacco, and Liquor Markets	23	19649	18881	1074610	252.0
食品饮料市场	Food and Beverage Markets	8	9674	9625	370410	125.0
茶叶市场	Tea Markets	3	1160	1160	226000	37.8
烟酒市场	Tobacco and Liquor Markets	6	2272	2128	148540	38.9
其他食品饮料及烟酒市场	Other Food, Beverages, Tobacco, and Liquor Markets	6	6543	5968	329660	50.4
纺织、服装、鞋帽市场	Textile, Garments, Footgear, and Hats Markets	57	53148	50885	2124596	692.2
布料及纺织品市场	Fabrics and Textile Markets	8	3553	3331	250680	118.8
服装市场	Clothing Markets	33	37423	36122	1302746	417.8
鞋帽市场	Shoes and Hats Markets	7	3554	3385	156237	68.5
其他纺织服装鞋帽市场	Others	9	8618	8047	414933	87.1
日用品及文化用品市场	Daily Use and Cultural Goods Markets	18	11950	10932	730539	303.3
小商品市场	Merchandise Markets	8	7824	6978	394479	237.8
箱包市场	Case and Bag Markets	1	150	150	8400	1.5

18-11 续表 continued

类 别	Category	市场数量(个) Number of Markets (unit)	摊位数(个) Number of Booths (unit)	年末出租摊位数 Number of Booths Rented at Year End	年末营业面积(平方米) Operating Area at Year End (sq.m)	成交额(亿元) Turnover (100 million yuan)
玩具市场	Toy Markets	2	1023	940	106660	15.9
文具市场	Stationery Markets	1	578	578	60000	3.2
图书、报刊杂志市场	Books, Newspapers and Magazines Markets	3	395	325	41000	10.7
音像制品及电子出版物市场	Video products and E-journal Markets					
体育用品市场	Sports Goods Markets					
其他日用品及文化用品市场	Other Daily Use and Cultural Goods Markets	3	1980	1961	120000	34.2
黄金、珠宝、玉器等首饰市场	Gold,Jewelry,Jade Markets	3	2393	2048	318699	87.8
电器、通讯器材、电子设备市场	Electrical Appliances, Communication Appliances, Electronic Equipment Markets	9	3429	3190	293800	86.8
家电市场	Household Appliances Markets	4	1284	1224	188800	58.3
通讯器材市场	Communication Appliances					
照相、摄像器材市场	Camera Equipment Markets					
计算机及辅助设备市场	Computers and Auxiliary Equipment Markets	5	2145	1966	105000	28.5
其他电器、通讯器材、电子设备市场	Others					
医药、医疗用品及器材市场	Medicine,Medical Supplies and Equipment Markets	1	968	872	60000	3.3
中药材市场	Chinese Medicine Markets	1	968	872	60000	3.3
其他医药、医疗用品及器材市场	Others					
家具、五金及装饰材料市场	Furniture,Hardware,and Decorative Materials Markets	76	39873	35868	4689532	758.1
家具市场	Furniture Markets	18	7233	6277	1146212	167.0
装饰材料市场	Decoration Materials Markets	30	11975	10526	1587458	218.7
灯具市场	Lamps Markets	3	1359	1359	268000	49.0
厨具、盥洗设备市场	Kitchen Utensils and Washing Equipment Markets	1	366	362	21608	2.2
五金材料市场	Hardware Materials Markets	15	9375	8319	770585	185.0
其他装修市场	Others	9	9565	9025	895669	136.2
汽车、摩托车及零配件市场	Automobile, Motorcycle and Spare Parts Markets	37	7622	7098	1556608	368.6
汽车市场	Automobile Markets	22	3240	2980	1201149	237.0
摩托车市场	Motorcycle Markets					
机动车零配件市场	Motor Vehicle Spare Parts Markets	15	4382	4118	355459	131.6
花、鸟、鱼、虫市场	Flowers,Birds,Fish,Insects Markets	2	1950	1670	189960	13.3
花卉市场	Flower Markets	2	1950	1670	189960	13.3
鸟市场	Bird Markets					
观赏鱼市场	Ornamental Fish Markets					
其他花鸟鱼虫市场	Others					
旧货市场	Second Hand Markets	1	216	135	25000	2.1
古玩、古董、字画市场	Antique,Antiques,Calligraphy and Painting Markets					
邮票、硬币市场	Stamps,Coins Markets					
其他旧货市场	Other Second Hand Markets	1	216	135	25000	2.1
其他专业市场	Others	11	5627	5502	474950	45.9
二、按营业状态分组	**Grouped by Operating Status**					
1.常年营业	Perennial operating	537	402653	374166	38805027	9434.6
2.季节性营业	Seasonal operating	17	11090	10401	1107264	316.9
3.其他	Others					
三、按经营方式分组	**Grouped by Operating Mode**					
1.以批发为主	Wholesale	401	306100	284043	33882633	8771.5
2.以零售为主	Retail	153	107643	100524	6029658	980.0
四、按经营环境分组	**Grouped by Operating Environment**					
1.露天式	Open Air	153	83819	78380	13178547	2575.9
2.封闭式	Closed	347	282957	263633	20767826	6198.1
3.其他	Others	54	46967	42554	5965918	977.5

18-12 亿元以上商品交易市场成交情况(2016年)
Basic Statistics on Commodity Exchange Markets of Turnover above 100 Million Yuan(2016)

类　别	Category	年末出租摊位数(个) Number of Booths Rented at Year end (unit)	全年成交额(亿元) Turnover (100 million yuan)
合　计	**Total**	**384567**	**9751.5**
1.粮油、食品类	Grain、Oil and Food	140788	2918.2
#粮油类	Grain and Oil	12824	328.4
肉禽蛋类	Meal,Doultr and Eggs	9730	137.3
水产品类	Aquatil Prodults	26854	637.9
蔬菜类	Vegetables	64447	1108.9
干鲜果品类	Dried and Fresh Molons and Fruits	22785	622.8
2.饮料类	Beverages	6477	135.5
3.烟酒类	Tobacco and Liquor	9368	109.9
4.服装、鞋帽、针、纺织品类	Clothing, Shoes, Hats and Textiles	81253	1008.4
(1)服装类	Clothing	51798	516.8
(2)鞋帽类	Shoes and Hats	14893	206.1
(3)针、纺织品类	Knitwear and Textiles	14562	285.6
5.化妆品类	Cosmetics	2838	36.2
6.金银珠宝类	Gold,Silver and Jewelry	2009	96.0
7.日用品类	Articles for Daily Use	29178	504.3
#儿童玩具类	Children Toys	4017	41.3
8.五金电料类	Hardware & Electrical Materials	13856	255.0
9.体育、娱乐用品类	Sports & Recreational Articles	1991	20.6
#照相器材类	Cameras and Related Equipments	218	1.9
10.书报杂志类	Newspapers and Magazines	1037	17.8
11.电子出版物及音像制品类	E-journals and Video Products	532	5.8
12.家用电器和音像器材类	Household Appliances and Video Appliance	4072	93.0
13.中西药材类	Traditional Chinese and Western Medicines	1127	4.8
#西药类	Western Medicines	123	0.6
中草药及中成药品类	Traditional Chinese Medicines	923	3.5
14.文化办公用品类	Cultural and Offices Appliances	5167	65.0
#计算机及其配套产品	Computers and Auxiliary Equipments	2014	29.4
15.家具类	Furniture	11507	269.1
16.通讯器材类	Communication Appliances	1664	23.7
17.煤炭及制品类	Coal and Related Products	70	1.3
18.木材及制品类	Wood and Wooden Products	4647	373.8
19.石油及制品类	Petroleum and Related Products	288	135.0
20.化工材料及制品类	Chemical Materials and Related Products	4153	653.2
#化肥类	Fertilizers	431	18.0
21.金属材料类	Metal Materials	7878	1499.8
22.建筑及装潢材料类	Building and Decoration Materials	26701	613.2
23.机电产品及设备类	Mechanical & Electrical Products	6202	169.5
#农机类	Agricultural Machineries	765	26.0
24.汽车类	Automobiles	6878	378.5
25.种子饲料类	Seeds and Feedstuff	738	10.3
26.棉麻类	Cotton and Hemp	837	216.7
27.其他类	Others	13311	136.8

18-13 各市亿元以上商品交易市场情况(2016年)
Basic Statistics on Commodity Exchange Markets of Turnover above 100 Million Yuan by Region(2016)

地 区	Region	市场数量(个) Number of Markets	摊位数(个) Number of Booths	年末出租摊位数 Number of Booths Rented at Year End	年末营业面积(平方米) Operating Area at Year End (sq.m)	成交额(万元) Turnover (10 000 yuan)
全省总计	**Total**	**554**	**413743**	**384567**	**39912291**	**97514748**
济南市	Jinan	32	21566	20967	1866620	3996757
青岛市	Qingdao	67	62886	60369	5321666	11930735
淄博市	Zibo	22	14125	12909	1093200	9012695
枣庄市	Zaozhuang	24	22388	18534	1206905	3805101
东营市	Dongying	14	7783	6984	642241	498625
烟台市	Yantai	24	25685	24427	1939078	4424663
潍坊市	Weifang	32	28034	25971	3457872	5987150
济宁市	Jining	29	28057	25084	2032330	4859437
泰安市	Tai'an	9	19783	19459	3087692	6121856
威海市	Weihai	10	6487	6436	296848	604530
日照市	Rizhao	12	16849	13751	1957120	4574817
莱芜市	Laiwu					
临沂市	Linyi	92	54358	52955	5920826	16800957
德州市	Dezhou	100	55800	53121	6724381	13420442
聊城市	Liaocheng	13	13442	11487	1760118	3918041
滨州市	Binzhou	16	7320	6673	1013779	5597656
菏泽市	Heze	58	29180	25440	1591615	1961286

18-14 连锁门店及配送中心分布情况(2016年)

Distribution of Stores and Distribution Centers of chain stores of Wholesale and Retail Trades and Hotel and Catering Services(2016)

单位：个 (unit)

地 区	Region	门店总数 Number of Stores	直营店数 Under Direct Management	加盟店数 Through License Arrangement	配送中心数 Distribution Centers	自有 Under Direct Management
合 计	**Total**	**12817**	**10841**	**1976**	**160**	**151**
批发和零售业	**Wholesale and etail Trades**	**12130**	**10202**	**1928**	**147**	**139**
北 京	Beijing	2	2			
天 津	Tianjin	1	1			
河 北	Hebei	13	13			
山 西	Shanxi	1	1			
内蒙古	Inner Mongolia	1	1			
辽 宁	Liaoning	2	2			
吉 林	Jilin	1	1			
黑龙江	Heilongjiang	1	1			
上 海	Shanghai	1	1			
江 苏	Jiangsu	6	6			
浙 江	Zhejiang	4	4			
安 徽	Anhui	1	1			
福 建	Fujian	3	3			
江 西	Jiangxi	2	2			
山 东	Shandong	12063	10135	1928	147	139
济 南	Jinan	666	641	25	8	8
青 岛	Qingdao	3100	2239	861	46	41
河 南	Henan	10	10			
湖 北	Hubei	4	4			
湖 南	Hunan	3	3			
广 东	Guangdong	3	3			
海 南	Hainan	1	1			
重 庆	Chongqing	1	1			
四 川	Sichuan	1	1			
云 南	Yunnan	1	1			
陕 西	Shanxi	1	1			
甘 肃	Ganshu	1	1			
宁 夏	Ningxia	1	1			
新 疆	Xinjiang	1	1			
住宿和餐饮业	**Hotel and Catering Services**	**687**	**639**	**48**	**13**	**12**
北 京	Beijing	4	4			
天 津	Tianjin	2	2			
河 北	Hebei	2	2			
山 西	Shanxi	1	1			
辽 宁	Liaoning	5	5			
吉 林	Jilin	1	1			
上 海	Shanghai	2	2			
江 苏	Jiangsu	4	4			
浙 江	Zhejiang	1	1			
安 徽	Anhui	1	1			
山 东	Shandong	652	604	48	13	12
济 南	Jinan	192	192		2	1
青 岛	Qingdao	173	140	33	6	6
河 南	Henan	2	2			
湖 北	Hubei	2	2			
湖 南	Hunan	2	2			
广 东	Guangdong	2	2			
重 庆	Chongqing	1	1			
四 川	Sichuan	1	1			
陕 西	Shanxi	2	2			

注：本表数据是指总部设在山东的连锁企业的门店及配送中心的分布情况。
a)Data in this table refers to the distribution of stores and distribution centers of chain stores that headquarters in Shandong.

18-15 批发和零售业连锁经营情况(2016年)

指　　标	Item	连锁总店(总部)数(个) Number of chain head stores (unit)	合　计 Total
总　计	**Total**	**149**	**12130**
一、按行业分组	**by Sector**		
批发业	Wholesale Trade	12	3856
零售业	Retail Trade	137	8274
二、按登记注册类型分组	**by Status of Registration**		
内资企业	Domestic Funded Enterprises	143	11658
国有企业	State-owned Enterprises	5	218
集体企业	Collective-owned Enterprises	2	53
股份合作企业	Cooperative Enterprises	2	110
联营企业	Joint Ownership Enterprises		
有限责任公司	Limited Liability Corporations	57	3496
股份有限公司	Share-holding Corporations Limited	19	5024
私营企业	Private Enterprises	55	2599
其他企业	Other Enterprises	3	158
港、澳、台商投资企业	Enterprises with Funds from Hong Kong, Macao and Taiwan	3	400
合资经营企业(港或澳、台资)	Joint-ventures Enterprises	2	200
合作经营企业(港或澳、台资)	Cooperative Enterprises		
港、澳、台商独资经营企业	Enterprises with Sole Investment	1	200
港、澳、台商投资股份有限公司	Share-holding Corporations Ltd. With Funds from Hong Kong,Macao and Taiwan		
其他港澳台投资企业	Others		
外商投资企业	Foreign Funded Enterprises	3	72
中外合资经营企业	Joint-venture Enterprises	1	6
中外合作经营企业	Cooperation Enterprises	1	2
外资企业	Enterprises with Sole Foreign Funds	1	64
外商投资股份有限公司	Share-holding Corporations Ltd. With Foreign Investment		
其他外商投资企业	Others		
三、按连锁零售业态分组	**by Business Categories**		
便利店	Convenience Store	3	85
折扣店	Discount store		
超　市	Supermarket	30	2470
大型超市	Large supermarket	7	188
仓储会员店	Warehouse club stores		
百货商店	Department store	12	917
专业店	Professional store	84	6996
其中：加油站	In:Gas Station	19	3619
专卖店	Specialty store	7	731
家居建材商店	Home-furnishings store		
厂家直销中心	Factory Outlet Center		
其　他	Others	6	743

Business of chain operation of Wholesale and Retail Trade(2016)

门店总数(个) Number of Stores(unit)		年末零售营业面积(平方米) Operational Area(sq.m)			年末从业人员数(人) Engaged Persons(person)		
直营店 Under Direct Management	加盟店 Through License Arrangement	合计 Total	直营店 Under Direct Management	加盟店 Through License Arrangement	合计 Total	直营店 Under Direct Management	加盟店 Through License Arrangement
10202	**1928**	**18367636**	**18144797**	**222839**	**177135**	**170409**	**6726**
3261	595	5233032	5135087	97945	22766	20114	2652
6941	1333	13134604	13009710	124894	154369	150295	4074
9757	1901	17946797	17726118	220679	170393	163800	6593
218		91943	91943		5224	5224	
31	22	192000	180500	11500	707	643	64
92	18	520449	513734	6715	1771	1599	172
3021	475	4424683	4371676	53007	53424	51613	1811
3955	1069	11971846	11835999	135847	92332	88171	4161
2389	210	719803	712193	7610	16683	16301	382
51	107	26073	20073	6000	252	249	3
400		129787	129787		3868	3868	
200		69518	69518		1880	1880	
200		60269	60269		1988	1988	
45	27	291052	288892	2160	2874	2741	133
6		273732	273732		1910	1910	
2		12120	12120		646	646	
37	27	5200	3040	2160	318	185	133
55	30	6947	4547	2400	425	286	139
2019	451	2811702	2757089	54613	45122	43280	1842
188		2632825	2632825		22648	22648	
377	540	5614564	5563233	51331	60912	59265	1647
6955	41	5646782	5640042	6740	33024	32846	178
3619		4934738	4934738		10883	10883	
460	271	38560	28750	9810	1997	1729	268
148	595	1616256	1518311	97945	13007	10355	2652

18-15 续表 1 continued

指 标	Item	连锁门店商品购进额(万元) Total Purchases of chain store(10000 yuan)		
		合 计 Total	直营店 Under Direct Management	加盟店 Through License Arrangement
总 计	**Total**	**17914850**	**17588594**	**326256**
一、按行业分组	**by Sector**			
批发业	Wholesale Trade	3969913	3880029	89884
零售业	Retail Trade	13944937	13708566	236372
二、按登记注册类型分组	**by Status of Registration**			
内资企业	Domestic Funded Enterprises	17433155	17112136	321019
国有企业	State-owned Enterprises	544620	544620	
集体企业	Collective-owned Enterprises	289799	221474	68326
股份合作企业	Cooperative Enterprises	70110	68311	1800
联营企业	Joint Ownership Enterprises			
有限责任公司	Limited Liability Corporations	5522769	5470319	52450
股份有限公司	Share-holding Corporations Limited	9973797	9823125	150672
私营企业	Private Enterprises	1010960	963299	47662
其他企业	Other Enterprises	21099	20989	110
港、澳、台商投资企业	Enterprises with Funds from Hong Kong, Macao and Taiwan	214346	214346	
合资经营企业(港或澳、台资)	Joint-ventures Enterprises	88950	88950	
合作经营企业(港或澳、台资)	Cooperative Enterprises			
港、澳、台商独资经营企业	Enterprises with Sole Investment	125396	125396	
港、澳、台商投资股份有限公司	Share-holding Corporations Ltd. With Funds from Hong Kong,Macao and Taiwan			
其他港澳台投资企业	Others			
外商投资企业	Foreign Funded Enterprises	267349	262112	5237
中外合资经营企业	Joint-venture Enterprises	184154	184154	
中外合作经营企业	Cooperation Enterprises	71081	71081	
外资企业	Enterprises with Sole Foreign Funds	12114	6877	5237
外商投资股份有限公司	Share-holding Corporations Ltd. With Foreign Investment			
其他外商投资企业	Others			
三、按连锁零售业态分组	**by Business Categories**			
便利店	Convenience Store	14692	8949	5743
折扣店	Discount store			
超 市	Supermarket	2690932	2635889	55043
大型超市	Large supermarket	2264300	2264300	
仓储会员店	Warehouse club stores			
百货商店	Department store	5497326	5368727	128599
专业店	Professional store	5595170	5592002	3168
其中：加油站	In:Gas Station	3254402	3254402	
专卖店	Specialty store	419645	375825	43820
家居建材商店	Home-furnishings store			
厂家直销中心	Factory Outlet Center			
其 他	Others	1432785	1342901	89884

18-15 续表 2 continued

指　　标	Item	连锁门店商品销售额(万元) Sale Value of chain store(10000 yuan)		
		合 计 Total	直营店 Under Direct Management	加盟店 Through License Arrangement
总　　计	**Total**	**20402259**	**20082167**	**320092**
一、按行业分组	**by Sector**			
批发业	Wholesale Trade	5001338	4894215	107123
零售业	Retail Trade	15400921	15187952	212970
二、按登记注册类型分组	**by Status of Registration**			
内资企业	Domestic Funded Enterprises	19809116	19495842	313274
国有企业	State-owned Enterprises	547639	547639	
集体企业	Collective-owned Enterprises	389105	355131	33974
股份合作企业	Cooperative Enterprises	96151	94050	2102
联营企业	Joint Ownership Enterprises			
有限责任公司	Limited Liability Corporations	6277327	6212886	64441
股份有限公司	Share-holding Corporations Limited	11366485	11208661	157824
私营企业	Private Enterprises	1111166	1056343	54823
其他企业	Other Enterprises	21244	21134	110
港、澳、台商投资企业	Enterprises with Funds from Hong Kong, Macao and Taiwan	235477	235477	
合资经营企业(港或澳、台资)	Joint-ventures Enterprises	109544	109544	
合作经营企业(港或澳、台资)	Cooperative Enterprises			
港、澳、台商独资经营企业	Enterprises with Sole Investment	125933	125933	
港、澳、台商投资股份有限公司	Share-holding Corporations Ltd. With Funds from Hong Kong,Macao and Taiwan			
其他港澳台投资企业	Others			
外商投资企业	Foreign Funded Enterprises	357666	350847	6818
中外合资经营企业	Joint-venture Enterprises	255681	255681	
中外合作经营企业	Cooperation Enterprises	86457	86457	
外资企业	Enterprises with Sole Foreign Funds	15528	8709	6818
外商投资股份有限公司	Share-holding Corporations Ltd. With Foreign Investment			
其他外商投资企业	Others			
三、按连锁零售业态分组	**by Business Categories**			
便利店	Convenience Store	18667	11463	7203
折扣店	Discount store			
超　市	Supermarket	3011817	2945711	66106
大型超市	Large supermarket	2919303	2919303	
仓储会员店	Warehouse club stores			
百货商店	Department store	5678207	5594095	84111
专业店	Professional store	5825510	5820994	4517
其中：加油站	In:Gas Station	3346943	3346943	
专卖店	Specialty store	491892	440860	51032
家居建材商店	Home-furnishings store			
厂家直销中心	Factory Outlet Center			
其　他	Others	2456864	2349742	107123

18-16 住宿和餐饮业连锁经营情况(2016年)

指 标 名 称	Indicator	连锁总店或总部数(个) Number of chain head stores (unit)	门店总数(个) Number of Stores (unit)
总 计	**Total**	**19**	**687**
一、按行业分组	**by Sector**		
住宿业	Hotel Services	3	108
餐饮业	Catering Services	16	579
二、按登记注册类型分组	**by Status of Registration**		
内资企业	Domestic Funded Enterprises	16	360
国有企业	State-owned Enterprises	1	41
集体企业	Collective-owned Enterprises		
股份合作企业	Cooperative Enterprises		
联营企业	Joint Ownership Enterprises		
有限责任公司	Limited Liability Corporations	9	228
股份有限公司	Share-holding Corporations Limited	1	30
私营企业	Private Enterprises	5	61
其他企业	Other Enterprises		
港、澳、台商投资企业	Enterprises with Funds from Hong Kong, Macao and Taiwan	1	27
合资经营企业(港或澳、台资)	Joint-ventures Enterprises	1	27
合作经营企业(港或澳、台资)	Cooperative Enterprises		
港、澳、台商独资经营企业	Enterprises with Sole Investment		
港、澳、台商投资股份有限公司	Share-holding Corporations Ltd. With Funds from Hong Kong, Macao and Taiwan		
其他港澳台投资企业	Others		
外商投资企业	Foreign Funded Enterprises	2	300
中外合资经营企业	Joint-venture Enterprises		
中外合作经营企业	Cooperation Enterprises		
外资企业	Enterprises with Sole Foreign Funds	2	300
外商投资股份有限公司	Share-holding Corporations Ltd. With Foreign Investment		
其他外商投资企业	Others		

Business of chain operation of Hotels and Catering Services(2016)

直营店 Under Direct Management	年末从业人员(人) Engaged Persons (person)	直营店 Under Direct Management	年末餐饮营业面积(平方米) Operational Area (sq.m)	直营店 Under Direct Management	客房数(间) Number of rooms (room)	直营店 Under Direct Management	床位数(个) Number of Beds (unit)	直营店 Under Direct Management
639	**21750**	**19330**	**379167**	**362995**	**16825**	**16825**	**24880**	**24880**
108	2705	2705	9300	9300	10939	10939	16090	16090
531	19045	16625	369867	353695	5886	5886	8790	8790
312	16343	13923	298999	282827	16825	16825	24880	24880
41	768	768	13069	13069				
228	3874	3874	37772	37772	10399	10399	15240	15240
30	8860	8860	218309	218309	5886	5886	8790	8790
13	2841	421	29849	13677	540	540	850	850
27	240	240	5733	5733				
27	240	240	5733	5733				
300	5167	5167	74435	74435				
300	5167	5167	74435	74435				

18-16 续表

指标名称	Indicator	餐位数(位) Number of Diningseats (unit)	直营店 Under Direct Management
总　计	**Total**	**94402**	**89094**
一、按行业分组	**by Sector**		
住宿业	Hotel Services	5532	5532
餐饮业	Catering Services	88870	83562
二、按登记注册类型分组	**by Status of Registration**		
内资企业	Domestic Funded Enterprises	53562	48254
国有企业	State-owned Enterprises	3688	3688
集体企业	Collective-owned Enterprises		
股份合作企业	Cooperative Enterprises		
联营企业	Joint Ownership Enterprises		
有限责任公司	Limited Liability Corporations	17413	17413
股份有限公司	Share-holding Corporations Limited	25462	25462
私营企业	Private Enterprises	6999	1691
其他企业	Other Enterprises		
港、澳、台商投资企业	Enterprises with Funds from Hong Kong,Macao and Taiwan	1824	1824
合资经营企业(港或澳、台资)	Joint-ventures Enterprises	1824	1824
合作经营企业(港或澳、台资)	Cooperative Enterprises		
港、澳、台商独资经营企业	Enterprises with Sole Investment		
港、澳、台商投资股份有限公司	Share-holding Corporations Ltd. With Funds from Hong Kong, Macao and Taiwan		
其他港澳台投资企业	Others		
外商投资企业	Foreign Funded Enterprises	39016	39016
中外合资经营企业	Joint-venture Enterprises		
中外合作经营企业	Cooperation Enterprises		
外资企业	Enterprises with Sole Foreign Funds	39016	39016
外商投资股份有限公司	Share-holding Corporations Ltd. With Foreign Investment		
其他外商投资企业	Others		

continued

连锁门店商品购进额(万元) Total Purchases of chain store (10000 yuan)	直营店 Under Direct Management	统一配送商品购进额 Centralized Purchases and Delivery	连锁门店营业额(万元) Bussiness Revenue of chain store (10000 yuan)	直营店 Under Direct Management	餐费收入 From Meals	直营 Under Direct Management
155201	**145684**	**132416**	**506235**	**475675**	**395301**	**364742**
132	132	19	47309	47309	2963	2963
155069	145552	132397	458926	428367	392338	361779
50754	41237	34976	281253	250693	171503	140944
3784	3784	3596	9664	9664	7704	7704
10605	10605	9457	72689	72689	31140	31140
24924	24924	12484	160356	160356	97265	97265
11442	1926	9439	38544	7985	35394	4835
4484	4484	4484	12886	12886	11702	11702
4484	4484	4484	12886	12886	11702	11702
99963	99963	92955	212096	212096	212096	212096
99963	99963	92955	212096	212096	212096	212096

18-17　主要年份社会消费品零售总额
Retail Sale of Consumer Goods in Major Years

单位:亿元　　　(100 million yuan)

年 份 Year	社会消费品零售总额 Retail Sale of Consumer Goods	按所在地分 by Location 市 City	 县 County	 县以下 Under County Level	按行业分 by Sector 批发和零售业 Wholesale and Retail Trades	 住宿和餐饮业 Hotels and Catering Services	 制造业 Manufacturing	 农业生产者 Agricultural Producers	 其他行业 Other Sectors
1949	6.23				3.92	0.63	1.68		
1952	19.01				13.23	1.92	3.21	0.53	0.12
1957	26.00				21.86	1.08	2.19	0.51	0.45
1962	30.49				25.39	1.37	1.98	1.60	0.15
1965	33.85				29.92	1.83	1.35	0.60	0.15
1970	40.94				36.53	1.37	1.87	0.95	0.22
1975	60.32				51.98	2.72	2.85	1.54	1.22
1978	79.73	23.39	21.14	35.19	68.40	3.65	4.57	2.34	0.77
1979	92.22	27.46	23.10	41.66	78.38	4.25	6.09	2.64	0.86
1980	114.01	32.36	27.78	53.86	94.61	5.03	10.00	3.38	0.99
1981	131.47	35.84	34.40	61.23	107.10	5.82	13.42	3.53	1.60
1982	141.48	41.63	34.22	65.64	112.90	7.64	14.12	4.82	2.00
1983	162.14	47.85	37.49	76.80	127.67	9.83	16.93	5.16	2.55
1984	189.08	66.58	37.98	84.52	147.25	11.23	20.57	6.16	3.87
1985	227.03	84.16	46.50	96.38	173.62	13.86	25.27	8.94	5.34
1986	261.64	96.22	54.18	111.25	194.85	15.48	31.38	12.32	7.61
1987	300.69	119.11	58.69	122.89	217.34	18.16	41.14	14.91	9.14
1988	392.37	164.12	73.40	154.85	287.09	22.88	49.85	20.50	12.05
1989	430.74	199.91	72.75	158.09	315.80	23.93	49.86	26.34	14.81
1990	460.13	218.97	79.19	161.96	338.02	25.07	50.24	30.41	16.38
1991	536.03	263.90	86.76	185.36	392.19	30.67	59.41	35.48	18.28
1992	653.23	336.37	99.77	217.08	471.87	37.56	77.87	44.17	21.76
1993	884.71	481.28	124.74	278.69	617.53	53.08	125.63	68.12	20.35
1994	1210.08	670.38	171.83	367.87	813.17	87.13	142.79	113.75	53.24
1995	1583.96	921.86	177.40	484.70	1024.82	129.88	194.83	158.40	76.03
1996	1916.51	1134.57	195.48	586.46	1226.57	168.65	243.40	176.32	101.57
1997	2237.83	1378.50	219.31	640.02	1425.50	194.69	279.73	232.73	105.18
1998	2564.54	1572.06	246.20	746.28	1600.27	238.50	328.26	271.84	125.67
1999	2872.82	1763.91	275.79	833.12	1807.00	281.54	344.74	304.52	135.02
2000	3264.05	2017.18	313.35	933.52	2075.94	339.46	359.05	332.93	156.67
2001	3634.60	2253.45	352.56	1028.59	2340.68	399.81	363.46	356.19	174.46
2002	4078.02	2577.31	379.26	1121.45	2691.49	477.13	358.87	362.94	187.59
2003	4644.86	2977.36	469.13	1198.37	3836.66	585.25			222.95
2004	5290.50	3320.64	588.76	1381.10	4444.04	661.06			185.40
2005	6166.94	3890.93	687.50	1588.51	5173.89	776.51			216.54
2006	7217.13	4593.55	804.90	1818.68	6044.60	925.47			247.06
2007	8607.45	5488.52	971.12	2147.81	7205.96	1123.47			278.02
2008	10658.76	6766.32	1240.07	2652.37	9314.97	1063.78			280.00
2009	12362.97	8038.46	1437.80	2886.71	10348.40	1673.61			340.96
2010	14620.30								
2011	17155.49								
2012	19651.94								
2013	22294.84								
2014	25111.53								
2015	27761.41								
2016	30645.76								

注：2005－2008年社会消费品零售总额及分组数据，根据国家统一办法，依据第二次经济普查数据进行了调整。自2010年，社会消费品零售总额分组重新调整。

a)According to national regulation,data in this table from 2005 to 2008 are modified on the second national economic census.Since 2010,the group of Retail Sale of Consumer Goods has been adjusted.

18-18 各市社会消费品零售总额(2016年)
Retail Sale of Consumer Goods by Region(2016)

地区 Region	绝对额（亿元）Amount (100 million yuan)					比上年增长 (%) Growth Rate (%)				
	社会消费品零售总额 Total Retail Sales of Consumer Goods	按经营地分 by Operation Place		按消费形态分 by Consumption Pattern		社会消费品零售总额 Total Retail Sales of Consumer Goods	按经营地分 by Operation Place		按消费形态分 by Consumption pattern	
		城镇 Urban	乡村 Rural	商品零售 Retail Sales	餐饮收入 Catering Income		城镇 Urban	乡村 Rural	商品零售 Retail Sales	餐饮收入 Catering Income
全省总计 Total	**30645.76**	**24447.89**	**6197.87**	**27401.75**	**3244.01**	**10.4**	**10.2**	**11.0**	**10.0**	**13.7**
济南市 Jinan	3764.78	3418.87	345.90	3176.09	588.68	10.4	10.5	9.8	10.4	10.3
青岛市 Qingdao	4104.93	3440.46	664.47	3609.09	495.84	10.5	10.7	9.9	11.1	6.8
淄博市 Zibo	2155.03	1835.92	319.11	1907.12	247.91	10.5	10.4	11.1	9.6	18.7
枣庄市 Zaozhuang	892.28	685.77	206.51	792.61	99.68	10.8	9.9	14.0	10.5	12.8
东营市 Dongying	789.72	686.86	102.86	714.60	75.12	8.5	7.6	14.7	7.8	15.2
烟台市 Yantai	2976.07	2360.46	615.61	2722.39	253.68	11.1	10.7	12.7	10.8	13.8
潍坊市 Weifang	2514.85	1742.40	772.45	2271.29	243.56	10.4	9.4	12.7	10.1	12.7
济宁市 Jining	2071.89	1574.01	497.88	1841.68	230.21	8.4	7.7	10.8	8.0	12.2
泰安市 Tai'an	1462.77	1293.07	169.70	1297.71	165.06	9.9	9.8	10.0	8.8	18.4
威海市 Weihai	1456.73	1198.38	258.35	1299.47	157.26	11.1	11.1	10.7	10.7	14.4
日照市 Rizhao	660.09	532.77	127.32	608.32	51.77	9.3	9.1	10.4	8.9	12.0
莱芜市 Laiwu	347.80	281.45	66.35	316.41	31.39	8.4	6.0	19.8	7.3	20.6
临沂市 Linyi	2488.01	2256.54	231.47	2378.68	109.33	11.3	10.7	17.4	11.4	10.3
德州市 Dezhou	1394.97	1277.60	117.37	1243.30	151.67	10.9	10.7	13.5	10.7	12.6
聊城市 Liaocheng	1173.13	898.94	274.19	1023.02	150.11	10.7	10.2	12.0	10.7	10.3
滨州市 Binzhou	889.70	607.91	281.80	782.94	106.77	9.4	9.3	9.4	9.2	10.4
菏泽市 Heze	1503.00	1242.76	260.24	1372.68	130.32	11.2	11.1	11.4	11.1	12.3

主要统计指标解释

社会消费品零售总额 指企业（单位、个体户）通过交易直接售给个人、社会集团非生产、非经营用的实物商品金额，以及提供餐饮服务所取得的收入金额。个人包括城乡居民和入境人员，社会集团包括机关、社会团体、部队、学校、企事业单位、居委会或村委会等。

商品购进额 指从本企业以外的单位和个人购进（包括从国外直接进口）作为转卖或加工后转卖的商品金额（含增值税）。本指标反映批发和零售业从国内外市场上购进商品的总价。

商品购进包括：(1) 从工农业生产者、批发和零售业企业、住宿和餐饮业企业、出版社或报社的出版发行部门和其他服务业企业购进的商品；(2) 从机关团体、事业单位购进的商品；(3) 从海关、市场管理部门购进的缉私和没收的商品；(4) 从居民收购的废旧商品等。

不包括：(1) 企业为本单位自身经营用，不是作为转卖而购进的商品，如材料物资、包装物、低值易耗品、办公用品等；(2) 未通过买卖行为而收入的商品，如接受其他部门移交的商品、借入的商品、收入代其他单位保管的商品、其他单位赠送的样品、加工回收的成品等；(3) 经本单位介绍，由买卖双方直接结算，本单位只收取手续费的业务；(4) 销售退回和买方拒付货款的商品；(5) 商品溢余。

商品销售额 指对本单位以外的单位和个人出售的商品金额（包括售给本单位消费用的商品，含增值税），在批发和零售业中，本指标反映在国内市场上销售商品以及出口商品的总价。

商品销售包括：(1) 售给城乡居民和社会集团消费用的商品；(2) 售给农业、工业、建筑业、服务业等国民经济各行业用于生产、经营用的商品，包括售予批发和零售业作为转卖或加工后转卖的商品；(3) 对国（境）外直接出口的商品。

商品销售不包括：(1) 未通过买卖行为付出的商品，如随机构变动移交给其他企业单位的商品、借出的商品、归还受其他单位委托代保管的商品、付出的加工原料和赠送给其他单位的样品等；(2) 经本单位介绍，由买卖双方直接结算，本单位只收取手续费的业务；(3) 购货退回的商品；(4) 商品损耗和损失；(5) 出售本单位自用的废旧物资。

商品库存额 对于批发和零售业法人单位和个体经营户，是指报告期末取得所有权的全部商品金额（含增值税）；对于批发和零售业产业活动单位，是指报告期末实际在库且归属法人具有所有权的全部商品金额（含增值税）。这个指标反映批发和零售业的商品库存情况，以及对市场商品供应的保证程度。

库存商品包括：(1) 存放在本单位（如门市部、批发站、采购站、经营处）的仓库、货场、货柜和货架中的商品；(2) 挑选、整理、包装中的商品；(3) 已记入购进而尚未运到本单位的商品，即发货单或银行承兑凭证已到而货未到的商品；(4) 寄放他处的商品，如因购货方拒绝付款而暂时存在购货方的商品；(5) 委托其他单位代销（未作销售或调出）尚未售出的商品；(6) 代其他单位购进尚未交付的商品。

库存商品不包括：(1) 所有权不属于本单位的商品，如商品已作销售但买方尚未取走的商品，代替他人保管、运输、加工的商品，代其他单位销售（未做购进或调入）而未售出的商品；(2) 委托外单位加工的商品（包括本单位所属加工厂和其他生产单位加工生产尚未收回成品的商品）；(3) 外贸企业代理其他单位从国外进口，尚未付给订货单位的商品；(4) 代国家储备部门保管的商品。

库存商品金额可以采用进价或售价进行核算。采用进价核算的商品，应按商品进货原则（或实际采购成本）计算期末库存；采用售价核算的商品，应按商品的售价计算期末库存。购入的商品，在商品到达验收入库后计算期末库存（对已记入购进尚未运到的商品，也可计算期末库存）；对于月终尚未开出承兑商业汇票的入库商品，按应付给供货单位的价款暂估计算期末库存；年度终了，凡已转入库存和已作销售的进口商品，属于国外以离岸价格成交、有应付未付国外运保费的，应先估计期末库存，委托其他单位代销的商品包括在期末库存中；委托外单位加工的商品，在发出商品时作减少期末库存，当加工商品收回时增加期末库存（包括商品进货原价、加工费用、加工税金等）。

营业额 指住宿和餐饮业单位在经营活动中因提供服务或销售商品等取得的全部收入，包括：客房收入、餐费收入、商品销售额（含增值税）和其他收入。不包括法人企业附营的其他行业产业活动单位的餐费收入、商品销售收入等各项收入。

客房收入 指住宿和餐饮业单位在经营活动中因提供住宿服务取得的收入。不包括法人企业附营的其他行业产业活动单位的客房收入。

餐费收入 指本单位为顾客提供就餐服务取得的收入。包括：经烹 、调制加工后出售的各种食品，如主食、炒菜、凉拌菜等的收入。不包括法人企业附营的其他行业产业活动单位的餐费收入。

亿元商品交易市场成交额 指年成交额达到亿元以上，经工商部门批准、专门从事商品批发、零售业务活动的市场。其市场所有摊位成交总额称为商品交易市场成交额。

连锁企业（或称连锁店、连锁公司） 指在核心企业或总店的领导下，由分散的、经营同类商品或服务的企业或活动单位，采取共同方针，实行集中采购和分散销售的有机结

合，通过规范化经营，实现规模效益的经济联合组织形式。一般连锁店应由若干个分店组成。其经营特征：(1)经营同类商品；(2)使用统一商号；(3)统一采购配送，采购与销售相分离（部分商品可根据物流合理和保质保鲜原则，由供应商直接送货到门店，其余均由总部统一配送）。

连锁门店包括下列三种形式：

直营连锁：也叫正规连锁。连锁门店均由总部独资或控股开设，在总部的直接领导下统一经营。总部采取纵深似的管理方式，直接下令掌管所有的零售门店，零售门店也必须完全接受总部指挥。他是大型垄断商业资本通过吞并、兼并或独资、控股等途径，发展壮大自身实力和规模的一种形式。

特许连锁：各连锁门店（被特许人）通过合同形式，取得使用总部（特许人）商标、商号、经营技术和销售总部开发的商品的特许权，各加盟连锁门店为独立法人，在总部指导下统一经营。

自由连锁：也称自愿连锁。连锁公司的门店均为独立法人，各自的资产所有权关系不变，在公司总部的指导下共同经营。各成员店使用共同的店名，与总部订阅有关购、销、宣传等方面的合同，并按合同开展经营活动。在合同规定的范围之外，各成员店可以自由活动。根据自愿原则，各成员店可自由加入连锁体系，也可自由退出。

特许连锁加上自由连锁等于加盟连锁。

Explanatory Notes on Main Statistical Indicators

Total Retail Sales of Consumer Goods refers to the amount obtained by enterprises (units, self-employed individuals) through direct sales of non-production and non-business physical commodity to individuals, social institutions, and revenue from providing catering services. Individuals include rural and urban households, population from abroad, social institutions include government agencies, social organizations, military units, schools, institutions, neighbourhood (village) committees.

Total Purchases of Commodities refers to the total value of purchases of commodities by the enterprises (establishments) from other establishments or individuals (including direct import from abroad) for the purpose of re-selling, either with or without further processing of the commodities purchased (including VAT). This indicator is used to show the total value of purchases of commodities by wholesale and retail establishments from domestic and overseas markets. The commodities include: (1) commodities purchased from agricultural and industrial producer, wholesaler, retailer, publishing house and other service business; (2) commodities purchased from institutions and government departments; (3) confiscated goods purchased from customs authorities or market management agencies; (4) second-hand goods and wastes purchased from residents. The commodities exclude: (1)commodities purchased by enterprises (establishments) for use in their own business operation, commodities obtained without buying or selling procedures, such as material supplies, packing materials, low-value consumption goods, office supplies, etc.; (2)received goods without trading, such as goods handed over from others, borrowed goods, preserved goods for others, donated goods from others, processed and retrieved goods, etc.; (3)goods of direct settlement between buyer and seller with handling fees introduced by others; (4)goods returned or refused to pay by the buyer; (5)excessive goods.

Total Sales of Commodities refers to value of commodities sold by the establishments to other establishments and individuals (including commodities sold to the establishments for consumption, including VAT). This indicator is used to show the total value of sales of commodities at domestic markets and export.

The commodities includes: (1) commodities sold to urban and rural residents and social groups for their consumption; (2) commodities sold to establishments in agriculture, industry, construction, service and various sectors of national economy for their production and operation, including commodities sold to wholesale and retail establishments for re-selling with or without further processing; (3) commodities for directing export to other countries.

The commodities excludes: (1) extended commodities without trading, such as goods handed over to other enterprises and institutions because of the change of organizations, lent goods, return goods preserved for others, extended processing materials and samples donated to others; (2) goods of direct settlement between buyer and seller with handling fees introduced by others; (3) goods returned after purchase; (4) damaged and spoiled goods; (5) waste and used goods of self use.

Total Stock of Commodities refers to total (including VAT) of commodities possessed at the end of the reference period, for the legal entities and self-employed individuals engaged in wholesale and retail trade; and for the wholesale and retail establishments, it refers to the value (including VAT) of all commodities actually in stock and owned by their legal persons at the end of the reference period.

The commodity in stock includes: (1) commodities located in storages, garages, counters, and shelves of operating places of wholesale and retailed trades (such as sale stores, wholesale centers, procurement stations and operating offices); (2) commodities in the process of being selected, sorted, and packed; (3) commodities not arrived but recorded as purchase in the account, i.e., commodities not arrived but payment receipts for the commodities from the sellers or the banks arrived; (4) commodities deposited in other places rather than places mentioned above, for instance: commodities in the hold of purchasers temporarily due to the refusal of payment; (5) commodities entrusted to other units to sell but not sold yet; (6) commodities purchased for other units but not delivered yet.

The commodity in stock excludes: (1) commodities not owned by the enterprises (units), as a commodity for sale but the buyer has not removed the goods, instead of others for safekeeping and transportation and processing of goods, and other units sales (not purchased or transferred) and unsold goods; (2) commissioned by the processing of goods (including the production of goods that have not been recovered by the processing plant and other production units of the unit); (3) foreign trade enterprises and other units from foreign imports, has not been paid to the order of the unit of goods; (4) goods for the preservation of National Reserve。

The amount of inventory goods can be calculated using the purchase price or the selling price. In order to calculate the ending stocks at purchase price, the principle of accounting on the basis of actual purchase cost should be adopted; and to calculated the ending stocks at selling price, the principle of accounting on the basis of selling price adopted. Goods purchased should be calculated when they are delivered, checked and put in storage (for the goods purchase but not delivered, they are also included in the ending stocks). For the goods in storage and without commercial acceptance, the ending stocks are calculated at the price provided by the suppliers; at the end of the year, all the imported goods in storage or sold, which are transacted at F.O.B. prices and have not been paid the premiums payable, should be calculated as ending stocks, including the goods entrusted other units to sell. When the goods entrusted other units to manufacture are delivered, the ending stocks should be reduced; when it delivered back, the ending stocks increased (including purchase price, processing cost, processing taxes, etc.).

Business Revenue refers to the total income that the hotels and catering services enterprise received from providing services or selling commodities through business activities, including income from hotels, catering services, selling of commodities (including VAT) and other services. It excludes the income provided by the industrial units in other industries of this corporate enterprise.

Income from hotel rooms refers to the income of hotel and catering services provided by the enterprise in the hotel and catering service industry. It excludes the room income provided by the industrial units in other industries of this corporate enterprise.

Income from catering services refers to the income that the enterprise received by providing catering services, including selling of cooked or prepared foods, such as stable food, cooked dishes or cold dishes. It excludes the income provided by the industrial units in other industries of this corporate enterprise.

Volume of Transaction at Large Commodity Markets (with transaction value over 100 million yuan) refers to markets approved by the industrial and commercial administration departments, which specialize in wholesale and retail of commodities with an annual transaction of over 100 million yuan. The sum of sales of all sellers in the markets makes up the transaction value of the markets.

Chain Enterprise (also called chain stores or chain corporations) refers to a form of joint economic entities under which scattered enterprises or establishments engaged in providing homogeneous commodities or services, with the central leadership of core enterprise or headquarters and guided by common policies, conduct centralized purchase and distributed selling of commodities, in order to gain better efficiency through standardized operation. Consisting of a number of branch stores, the chain stores have in general the following features: 1) homogeneous commodities, 2) unique name of stores, 3) centralized purchase and delivery which is separated from distributed selling operation (most commodities are delivered from the headquarters except some items which, from logistics, quality or freshness considerations, might be delivered by the suppliers directly).

Chain stores have 3 categories:

a) Chain stores under direct management: These are formal chain stores invested or controlled by the headquarters. They operate under the direct and unified management from the headquarters. Adopting a direct management approach, the headquarters give orders and control all retail stores, which follow completely the directives from the headquarters. Large monopolized commercial companies develop and expand their business through purchasing, merging, direct investment and controlling of shares.

b) Chain stores through special permit: Through contracts, chain stores (or their owners) obtain licenses from the headquarters to use designated trade marks, names, operation know how, and to sell the commodity developed by the headquarters. Under this arrangement, each store in the chain is an independent legal entity and operates under the guidance from the headquarters.

c) Chain stores through voluntary arrangement: Under this arrangement, all stores operate together under the guidance of the headquarters, while maintaining their status of independent legal entities with full ownership of their assets. They use the same store name, sign contracts with the headquarters concerning purchase, sale, publicity, etc. and operate under the contract. They are free to engage in other activities which are not bounded in the contract. They could join or leave the chain on voluntary basis.

Chain stores through special permit and those through voluntary arrangement make up chain stores through license arrangement.

第19篇

教育和科技

Education, Science and Technology

简要说明

一、本篇资料的主要内容

本篇资料反映了全省教育和科技事业基本情况。教育部分主要包括高等教育、中等教育、初等教育、成人高等教育、职业教育、幼儿园等方面基本情况；科技部分主要包括科技成果、专利、规模以上工业科技活动和全社会科技活动情况；

二、本篇资料的来源

1.教育部分中，技工学校的资料来源于省人力资源和社会保障厅规划财务处，其他资料来源于省教育厅发展规划处。

2.科技部分中，科技成果资料来源于省科学技术厅，专利资料来源于省知识产权局，规模以上工业企业科技活动和全社会科技活动资料来源于省统计局统计年报。

本篇资料由省统计局社科处整理提供。

Brief Introduction

I. Content

Data in this chapter show the basic conditions of education and technology. Data on education show the development of higher education, secondary education, primary education, vocational education and kindergartens. Data on technology show the basic conditions of scientific and technological achievements and prizes, number of patent applications examined and granted, scientific and technological activities of industrial enterprises above designate size and basic conditions of R&D institutions.

II. Source of Data

(1)Data on the basic conditions of technical schools are provided by the Planning and Finance Division of Shandong Human Resources and Social Security Department and other data on education are provided by the Planning and Finance Division of Shandong Provincial Education Department.

(2)Data on scientific and technological are provided by Department of Science and Technology of Shandong Province. Data on patents are provided by Shandong Provincial Intellectual Property Office. Data on scientific and technological activities come from the annual report of scientific and technological activities, which is provided by Shandong Provincial Bureau of Statistics.

Data in this chapter are provided and compiled by the Division of Social, Science and Technology Statistics of Shandong Provincial Bureau of Statistics.

19-1 各级各类学校基本情况(2016年)
Basic Statistics on Education Institutions(2016)

项　目	Item	学校数（所）Number of Schools (unit)	招生数（人）New Enrollment (person)	在校学生数（人）Total Enrol -lment (person)	毕业生数（人）Graduates (person)	教职工数（人）Teachers and Staff (person)	#专任教师 Full-time Teachers
高等教育	**Higher Education**						
研究生培养机构	Institutions Providing Postgraduate Programs	33	28543	82055	24137		
普通高校	Regular Institutions of Higher Education	30	28493	81904	24091		
科研机构	Research Institutions	3	50	151	46		
普通高等学校	Regular Institutions of Higher Education	144	624020	1994859	506555	150345	107748
本科院校	Universities with Full Undergraduate Courses	67	358579	1258583	314877	101732	71835
#独立学院	Non-university Tertiary	11	28331	90064	24322	6321	4554
专科(高职)院校	Colleges with Specialized Courses	77	265441	736276	191678	48613	35913
#高等职业学校	Vocational and Technical Colleges	71	244250	675987	173717	44966	33148
成人高等教育	Institutions of Higher Education for Adult	11	179199	502274	167440	1604	1082
民办的其他高等教育机构	Other Private Institutions of Higher Education	71				2686	1559
中等教育	**Secondary Education**						
高中阶段教育	Senior Secondary Education						
普通高中	Regular Senior Secondary Schools	580	557806	1664949	579148	162394	129631
中等职业学校	Vocational Secondary Education	428	288180	809826	286687	60613	48244
技工学校	Technical Schools	194	133600	335348	89629	29133	22908
初中阶段教育	Junior Secondary Education						
普通初中	Regular Junior Secondary Schools	2924	1045680	3159129	997016	322185	267840
初等教育	**Primary Education**						
普通小学	Regular Primary Schools	10027	1239100	6913144	1071526	386405	408856
特殊教育学校	**Special Education**	**146**	**4418**	**26324**	**3233**	**5826**	**4978**
学前教育	**Pre-school Education**	**18853**	**1053398**	**2751804**	**1008677**	**243932**	**164177**

注：1、研究生机构的学生数据为硕士研究生和博士研究生数据；2、普通高等学校的学生数据为普通本专科学生数据，按学校类型归类；3、成人高等教育学生数含普通高校开展的成人高等教育学生数。

a)Data on students of Institutions Providing Postgraduate Programs refers to graduate students and doctoral students.

b)Data on students of Regular Institutions of Higher Education refers to undergraduats.

c)Data on students of Higher Adult Education including those in both Institutions of Higher Education for Adult and Regular Institutions of Higher Education.

19-2 主要年份普通高等教育基本情况
Basic Statistics on Higher Education in Major Years

年 份 Year	学校数 (所) Number of Schools (unit)	招生数 (人) New Enrollment (person)	在校学生数 (人) Total Enrollment (person)	毕业生数 (人) Graduates (person)	教职工数 (人) Teachers and Staff (person)	#专任教师 Full-time Teachers
1949	7	1405	3969	70	1908	484
1952	7	2777	6753	1703	3684	1024
1955	7	3280	8915	1825	3397	1471
1957	7	3122	12532	1686	4518	2114
1962	26	3496	26001	7148	10144	4318
1965	16	5621	22164	6102	9156	3898
1970	16			9162	10185	4526
1975	21	7366	17582	6033	13858	5601
1976	22	8896	21340	6072	15035	5941
1977	27	13192	25735	7203	17712	7028
1978	34	19712	38390	7015	20202	7855
1979	35	12856	44771	5364	23544	9478
1980	35	14402	51427	7684	26130	10347
1981	37	14160	59645	6311	27512	10379
1982	37	15765	51794	23993	30381	12065
1983	41	19827	55276	16806	31535	12943
1984	47	24862	66429	13563	33591	13919
1985	49	32745	83567	16159	36383	14974
1986	49	30211	92422	21183	39009	15951
1987	50	32972	95891	29428	41620	16716
1988	50	35714	101281	30869	43990	17585
1989	51	34308	103928	31766	46037	18162
1990	49	35023	105822	33104	46704	18377
1991	49	36067	107093	34500	46839	17825
1992	51	57878	130188	34994	47483	18059
1993	51	57918	151758	33935	48156	18405
1994	49	55036	156639	50457	49537	19460
1995	49	55611	160398	52083	50829	19932
1996	49	56544	169184	47835	51490	20079
1997	48	56950	175920	50141	50374	20414
1998	49	62994	187473	51477	50261	20581
1999	52	82410	213679	49612	49624	21252
2000	58	124817	303826	49687	54910	24764
2001	65	183553	449360	69583	64362	30902
2002	75	218719	583601	94697	72408	37412
2003	85	273894	761417	117253	84391	45457
2004	97	327452	946124	166959	93653	53847
2005	104	400573	1171284	224611	109920	64636
2006	109	445034	1338122	268384	121167	74676
2007	111	453479	1440378	355735	128761	81889
2008	114	514176	1534009	411143	134072	87432
2009	128	501082	1592974	431598	136753	89734
2010	133	495722	1631373	444003	139100	91413
2011	139	497292	1645589	472882	142698	94621
2012	137	498621	1658490	474266	142370	96058
2013	140	527539	1698545	475858	142240	98685
2014	142	580763	1796665	464076	143939	101380
2015	143	595646	1900612	474195	147035	104724
2016	144	624408	1995880	509142	150345	107748

注:普通高等教育学生数据为普通本专科数据，含部分成人高校举办的高职班。
a)Data on higher education student is about normal university and technological university, with some held in adult colleges of higher vocational education.

19-3 主要年份中等专业教育基本情况
Basic Statistics on Vocational Secondary Education in Major Years

年 份 Year	学校数 (所) Number of Schools (unit)	招生数 (人) New Enrollment (person)	毕业生数 (人) Graduates (person)	在校学生数 (人) Total Enrollment (person)	教职工数 (人) Teachers and Staff (person)	#专任教师 Full-time Teachers
1949	34	4784	1778	13738	1207	441
1950	48	7734	4292	14206	1663	709
1951	80	11179	4855	21918	3372	1307
1952	171	33756	5223	50175	6845	2744
1953	76	8478	23488	33516	4916	1812
1954	69	9478	9812	32458	4509	1807
1955	58	7738	11553	25336	3707	1477
1956	90	30047	9403	45706	6522	2573
1957	86	7972	12089	40738	6112	2742
1958	394	106779	15584	129494	8704	4537
1959	487	58777	21286	110617	11394	4955
1960	474	79722	32699	143184	15798	7893
1961	198	10395	22687	65735	12433	6008
1962	85	585	16909	23599	6072	2797
1963	79	9685	13814	18942	5883	3312
1964	94	15282	6751	27420	6086	2769
1965	275	35768	2242	72974	9197	4850
1966	158	2831	3403	50097	9128	4310
1967	160	2810	11544	41288	9159	4388
1968	155	11861	28731	24411	9461	4328
1969	128	2107	10537	15956	8410	3942
1970	126	2648	12356	6238	8121	3997
1971	135	18497	11758	12823	7776	5403
1972	140	9746	1313	11581	8756	3773
1973	122	16377	1980	25717	8366	3771
1974	129	18963	9440	34035	10175	4434
1975	144	21442	15786	40798	11378	5038
1976	178	23328	19908	44345	13296	5522
1977	176	23195	29665	33142	14004	5649
1978	189	25961	9006	49466	14814	6158
1979	195	26574	2882	75484	16080	6792
1980	203	28137	35212	68593	17617	7898
1981	165	27797	32661	63864	18563	8115
1982	174	29235	26782	66640	20482	9204
1983	179	31570	21413	77601	21503	9775
1984	188	33597	27166	84125	22539	10184
1985	208	45163	30024	100176	24511	11333
1986	227	44130	31422	114039	27320	12807
1987	214	40120	36247	103128	26820	12846
1988	225	44606	33551	114168	28985	14522
1989	230	48407	28370	134515	29314	14719
1990	236	48634	35423	148504	31634	16000
1991	240	52092	45259	155092	31842	15617
1992	234	55353	52088	158309	32857	15972
1993	241	77875	51360	185062	34354	16769
1994	243	89643	50801	222551	35066	17526
1995	244	95442	58680	258801	36084	18211
1996	255	105468	78496	289827	38030	19898
1997	252	112348	90545	311161	38458	20291
1998	254	114956	99483	327031	39160	20949
1999	251	122331	106740	344062	39274	21311
2000	243	93493	103629	333184	37241	20409
2001	200	92215	110827	310508	28002	15607
2002	165	115941	111333	314135	27005	15369
2003	154	94625	64046	256655	23630	13761
2004	145	87889	65953	260276	21621	12771
2005	134	86044	75076	257161	20406	12193
2006	130	90432	79902	264456	20563	12634
2007	135	98634	92275	283231	20985	13223
2008	130	93217	83077	271905	20308	13224
2009	124	99212	88355	271993	19981	13093

19-4 主要年份普通中学基本情况
Basic Statistics on Senior and Junior Secondary Education in Major Years

年 份 Year	学校数 (所) Number of Schools (unit)	招生数 (万人) New Enrollment (10 000 persons)	毕业生数 (万人) Graduates (10 000 persons)	在校学生数 (万人) Total Enrollment (10 000 persons)	教职工数 (人) Teachers and Staff (person)	#专任教师 Full-time Teachers
1949	66	1.08	0.34	3.89	3431	1585
1952	189	6.12	0.99	10.44	10170	4507
1955	218	6.74	5.08	17.51	14778	6756
1957	1004	17.64	6.20	33.99	24369	14054
1962	1247	15.04	12.77	43.21	37062	21542
1965	6166	34.06	11.67	80.74	53914	37339
1970	13938	103.39	58.50	188.13	122751	100261
1975	14621	172.20	113.98	305.11	200906	161092
1976	19822	263.31	127.48	437.85	275864	228657
1977	20171	260.62	161.35	522.33	330445	277784
1978	17361	210.68	218.75	478.22	318128	264663
1979	16322	176.14	192.39	418.22	304551	246035
1980	14646	144.10	107.90	407.91	309538	247920
1981	12974	125.17	117.55	361.45	296240	233102
1982	11160	119.41	106.37	328.57	271664	212707
1983	9971	112.21	86.35	315.39	256926	200957
1984	9175	115.88	85.31	334.42	257968	201521
1985	9038	123.80	96.87	356.32	268321	209202
1986	8259	125.02	105.22	376.19	283726	220304
1987	7877	125.52	116.95	379.54	297083	232958
1988	7474	125.17	120.41	373.53	307364	241845
1989	6997	123.30	118.61	363.74	315494	245260
1990	6699	125.60	115.14	367.30	324027	249459
1991	6310	129.17	115.30	372.98	329927	253428
1992	5897	132.87	115.58	382.49	335020	258308
1993	5640	139.14	115.88	395.28	337259	260896
1994	5429	154.67	116.82	427.15	345640	268514
1995	5073	167.06	118.14	470.46	358301	279301
1996	4820	169.69	122.97	512.22	375463	294849
1997	4693	178.19	141.95	541.38	392365	310926
1998	4635	201.28	159.91	571.54	404824	322785
1999	4586	222.20	164.88	620.43	414538	333884
2000	4575	234.18	167.96	678.60	430754	350353
2001	4684	220.94	188.59	702.18	451014	359665
2002	4648	201.65	205.62	689.17	461898	369664
2003	4606	192.94	222.82	654.34	468627	374811
2004	4569	192.32	213.80	628.34	473687	379100
2005	4404	179.71	207.29	592.49	470584	377133
2006	4175	164.60	196.70	554.04	462298	372370
2007	4039	162.49	191.02	520.31	454920	370255
2008	3893	160.54	172.88	502.14	445545	367658
2009	3750	160.24	158.65	499.34	442447	372550
2010	3645	164.12	156.89	501.07	438787	372082
2011	3569	161.83	157.80	501.58	462765	376760
2012	3522	159.88	153.20	492.64	464942	376819
2013	3464	158.53	156.04	488.48	466088	382340
2014	3461	153.58	153.73	486.06	471653	386923
2015	3446	151.12	156.01	479.93	475798	390059
2016	3504	160.35	157.62	482.41	484579	397471

注：专任教师按照教师教授学生层次归类。
a)Full-time teachers classified according to the academic level of their students.

19-5　主要年份技工学校基本情况

Basic Statistics on Technical Schools in Major Years

年份 Year	学校数 (所) Number of Schools (unit)	招生数 (人) New Enrollment (person)	毕业生数 (人) Graduates (person)	在校学生数 (人) Total Enrollment (person)	教职工数 (人) Teachers and Staff (person)	#专任教师 Full-time Teachers
1953	1	150		150	25	15
1955	2	452	150	802	206	72
1957	6	1525	452	2300	614	213
1962	19	1274	906	5188	2078	688
1965	18	2336	1381	6662	1214	503
1970	6		452		639	106
1975	26	3407	1700	5652	1751	345
1976	26	3144	1704	5841	2204	435
1977	29	6083	5421	6414	3189	735
1978	64	13669	301	19651	7042	1563
1979	72	11673	4950	26632	7055	1951
1980	94	15698	9854	32208	8974	2978
1981	100	9323	11190	29605	9749	3474
1982	103	9379	12857	25953	10154	3474
1983	106	10698	11562	24343	10560	3508
1984	119	12851	8624	28302	11215	3732
1985	134	16748	9219	35163	14142	3423
1986	163	22069	10035	47114	19968	3928
1987	206	28114	11281	63839	22647	5390
1988	236	40381	16036	87832	26382	5996
1989	256	40821	22402	105330	27843	7088
1990	266	42429	28654	118605	19084	10084
1991	279	44081	39679	122591	33739	11210
1992	290	46436	39628	128557	37579	12233
1993	302	55920	42320	142660	37222	12853
1994	306	67812	45358	165989	39351	13424
1995	312	70251	65457	169023	38891	13948
1996	312	77595	62981	185253	37747	13778
1997	305	74054	65310	192675	35160	14059
1998	305	55668	59292	188493	33806	14035
1999	302	50896	71460	161531	28871	14531
2000	279	48008	66546	137718	24484	14066
2001	278	53283	55769	132122	23152	16060
2002	249	83186	49634	165386	22190	13072
2003	244	105896	46247	212811	20684	13371
2004	249	121444	58834	274432	21370	14607
2005	229	138505	78091	325924	22049	15058
2006	197	148625	98239	357648	22309	16211
2007	200	159954	110278	385325	26744	23586
2008	197	161000	121000	415000	24700	18847
2009	196	147000	140300	396200	24963	19378
2010	209	136995	133615	397719	18183	14962
2011	208	149407	123404	381503	24379	21050
2012	213	154546	113066	401207	29909	21451
2013	207	144165	121782	369922	30860	23977
2014	203	128007	108046	329473	29404	23000
2015	194	131550	98154	318182	29228	22613
2016	194	133600	89629	335348	29133	22908

19-6 主要年份小学基本情况
Basic Statistics on Primary Schools in Major Years

年 份 Year	学校数 (所) Number of Schools (unit)	招生数 (万人) New Enrollment (10 000 persons)	毕业生数 (万人) Graduates (10 000 persons)	在校学生数 (万人) Total Enrollment (10 000 persons)	教职工数 (人) Teachers and Staff (person)	#专任教师 Full-time Teachers
1949	27476	64.85	5.92	193.00	47640	45710
1952	55096	138.44	15.52	453.75	130791	122107
1955	52171	91.05	19.65	432.74	135050	126975
1957	52337	90.99	43.32	490.88	153512	146366
1962	58670	125.37	40.61	487.56	185043	180870
1965	143202	289.83	44.92	966.72	322560	316441
1970	79041	206.71	138.66	813.58	331613	296931
1975	82327	240.58	143.75	1091.22	401530	390571
1976	78698	215.88	208.06	1059.68	403562	391905
1977	78137	220.55	198.87	1035.87	399653	388337
1978	79375	234.57	181.42	1041.84	395247	384540
1979	78828	219.38	164.83	1040.06	407704	393271
1980	78796	211.68	155.64	1041.70	418828	402739
1981	78829	197.06	154.84	1017.62	417223	400449
1982	77893	190.23	159.74	978.73	414849	395455
1983	76610	184.50	160.87	946.26	414753	393013
1984	74314	176.38	160.80	927.50	410443	387448
1985	71062	167.67	164.07	894.06	405550	379751
1986	65447	161.76	158.81	870.41	412879	384564
1987	64095	152.42	158.86	844.87	421864	394296
1988	63006	156.57	154.47	830.01	432249	404509
1989	62321	162.45	149.77	823.19	439419	408468
1990	61845	158.09	144.84	818.21	446395	414653
1991	59976	156.99	143.85	815.15	447368	414924
1992	56885	163.94	141.97	826.21	450396	416662
1993	54009	185.75	145.75	853.57	448575	415928
1994	50824	206.15	153.03	895.54	448601	414912
1995	47068	205.33	154.07	940.36	456568	422989
1996	40458	194.37	152.29	971.86	463651	429345
1997	37377	183.70	155.59	990.19	468548	434671
1998	34480	146.34	173.92	951.34	467987	435156
1999	29453	116.04	191.40	870.72	451063	418828
2000	26017	104.48	195.12	774.88	440161	408200
2001	21342	101.36	176.17	699.19	422905	390374
2002	19590	107.26	144.10	662.59	414600	383816
2003	18303	107.86	128.24	642.78	410968	380066
2004	16943	110.17	124.69	627.80	410264	378793
2005	15871	104.27	113.31	615.37	410394	377729
2006	14611	107.18	101.69	623.02	415117	381673
2007	14064	111.46	103.87	634.01	420353	386641
2008	13503	104.61	107.48	632.98	420552	387957
2009	12858	101.78	109.47	626.81	421057	389962
2010	12405	111.30	110.26	629.25	417504	387453
2011	12047	119.40	106.82	644.07	393612	386280
2012	11573	109.55	106.16	627.67	387203	382562
2013	11151	115.69	103.30	625.98	383692	387312
2014	10770	124.70	101.02	648.47	378886	389080
2015	10404	124.43	98.92	674.63	379239	396368
2016	10027	123.91	107.15	691.31	386405	408856

注：专任教师按照教师教授学生层次归类，包含九年一贯制和十二年一贯制学校中从事小学教育的专任教师。

a)Full-time teachers classified according to the academic level of their students,including the primary education section of the nine-year and twelve-year primary-secondary schools.

19-7 1985-2016年成人高等教育基本情况
Basic Statistics on Adult Education from 1985 to 2016

年 份 Year	学校数 (所) Number of Schools (unit)	招生数 (人) New Enrollment (person)	毕业生数 (人) Graduates (person)	在校学生数 (人) Total Enrollment (person)	教职工数 (人) Teachers and Staff (person)	#专任教师 Full-time Teachers
1985	53	41358	14543	85909	7918	3677
1986	55	38305	18626	119123	9514	4417
1987	58	30789	30352	110258	8900	3847
1988	53	43784	35680	101606	10179	4137
1989	53	43386	30687	115753	11552	4754
1990	53	32580	29317	114764	12745	5164
1991	54	26409	40382	104560	12669	4926
1992	51	49078	41748	105427	12883	5017
1993	53	71210	31104	149282	12648	5257
1994	53	81379	30786	196381	13048	5872
1995	53	61032	55764	198934	13159	6037
1996	53	59850	65204	194454	13308	6495
1997	53	65775	74017	185029	14096	6925
1998	46	73618	61603	198780	13023	6557
1999	40	87117	61611	221161	14335	7131
2000	40	82423	70810	219977	14090	7084
2001	34	103165	57373	255775	13911	6841
2002	29	111023	69723	316605	11797	6182
2003	27	128242	79518	373086	9877	5300
2004	24	132313	107645	268112	11056	6247
2005	24	108707	118379	258521	11481	6683
2006	24	95858	34999	295189	12775	7516
2007	23	106857	97584	297085	12627	7537
2008	22	152713	93079	355307	7390	4840
2009	21	136048	105081	377343	6240	4142
2010	18	133191	110347	388741	4225	2946
2011	17	147677	144703	386481	3951	2731
2012	17	166515	120404	428180	4286	2917
2013	11	165522	128297	459803	2843	1982
2014	11	178737	147592	485274	2259	1544
2015	11	163012	161377	484493	2200	1493
2016	11	179199	167440	502274	1604	1082

注：自2001年起成人高等学历教育统计口径调整为不含电大普通专科班及高职。
a)After 2001,adult higher education exclude regular specialized courses and vocational education.

19-8 研究生教育基本情况
Basic Statistics on Postgraduate Education

项 目	Item	2012	2013	2014	2015	2016
一、培养单位数 （个）	**Institutions Providing Postgraduate Programs (unit)**	**33**	**33**	**33**	**33**	**33**
高等学校 （个）	Regular Institutions of Higher Education (unit)	29	29	30	30	30
科研单位 （个）	Research Institutions (unit)	4	4	3	3	3
二、招生数 （人）	**Enrollment (person)**	**25483**	**26404**	**26545**	**27548**	**28543**
攻读博士学位 （人）	Appliants for Doctor's Degree (person)	1980	2033	1967	2025	2109
高等学校 （人）	Regular Institutions of Higher Education (person)	1905	1954	1967	2025	2109
科研单位 （人）	Research Institutions (person)	75	79			
攻读硕士学位 （人）	Appliants for Master's Degree (person)	23503	24371	24578	25523	26434
高等学校 （人）	Regular Institutions of Higher Education (person)	23372	24235	24528	25473	26384
科研单位 （人）	Research Institutions (person)	131	136	50	50	50
三、在校生数 （人）	**Total Enrollment (person)**	**70455**	**72962**	**74313**	**77630**	**82055**
攻读博士学位 （人）	Appliants for Doctor's Degree (person)	8062	8495	8467	8913	9322
高等学校 （人）	Regular Institutions of Higher Education (person)	7850	8274	8467	8913	9322
科研单位 （人）	Research Institutions (person)	212	221			
攻读硕士学位 （人）	Appliants for Master's Degree (person)	62393	64467	65846	68717	72733
高等学校 （人）	Regular Institutions of Higher Education (person)	61960	64059	65701	68569	72582
科研单位 （人）	Research Institutions (person)	433	408	145	148	151
四、毕业生数 （人）	**Graduates (person)**	**22882**	**22623**	**23379**	**23192**	**24137**
攻读博士学位 （人）	Appliants for Doctor's Degree (person)	1657	1557	1532	1494	1591
高等学校 （人）	Regular Institutions of Higher Education (person)	1590	1488	1532	1494	1591
科研单位 （人）	Research Institutions (person)	67	69			
攻读硕士学位 （人）	Appliants for Master's Degree (person)	21225	21066	21847	21698	22546
高等学校 （人）	Regular Institutions of Higher Education (person)	21117	20939	21800	21652	22500
科研单位 （人）	Research Institutions (person)	108	127	47	46	46

19-9 各市中等职业学校基本情况(2016年)

Basic Statistics on Secondary Vocational Schools by Region (2016)

地 区	Region	学校数(所) Schools (unit)	招生数(人) New Enrollment (person)	毕业生数(人) Graduates (person)	在校学生数(人) Total Enrollment (person)	专任教师数(人) Full-time Teachers (person)
全省总计	**Total**	**428**	**288180**	**286687**	**809826**	**48244**
济南市	Jinan	37	21140	18920	57895	3987
青岛市	Qingdao	55	32556	27462	89037	6487
淄博市	Zibo	18	11029	14898	30596	2128
枣庄市	Zaozhuang	18	19499	14883	50462	1797
东营市	Dongying	7	7261	8415	21931	888
烟台市	Yantai	33	20174	23205	59156	4569
潍坊市	Weifang	34	30160	33614	86796	4573
济宁市	Jining	20	17318	15104	46725	3081
泰安市	Tai'an	20	14928	18168	47156	2219
威海市	Weihai	19	8428	7558	22296	1882
日照市	Rizhao	14	10442	11218	30258	1756
莱芜市	Laiwu	10	2470	2870	6590	401
临沂市	Linyi	41	26166	28094	76055	3918
德州市	Dezhou	26	17878	18648	52961	2863
聊城市	Liaocheng	20	13962	10279	36596	2992
滨州市	Binzhou	18	13091	14513	40614	1992
菏泽市	Heze	38	21678	18838	54702	2711

注：不含技工学校数据。
a)Data in the table excludes that on Technical Schools.

19-10 各市普通中学情况(2016年)

Basic Statistics on Secondary Schools by Region (2016)

地 区	Region	普通高中 Senior Secondary Schools					普通初中 Junior Secondary Schools				
		学校数(所) Schools (unit)	招生数(人) New Enrollment (person)	毕业生数(人) Graduates (person)	在校学生数(人) Total Enrollment (person)	专任教师数(人) Full-time Teachers (person)	学校数(所) Schools (unit)	招生数(人) New Enrollment (person)	毕业生数(人) Graduates (person)	在校学生数(人) Total Enrollment (person)	专任教师数(人) Full-time Teachers (person)
全省总计	**Total**	**580**	**557806**	**579148**	**1664949**	**129631**	**2924**	**1045680**	**997016**	**3159129**	**267840**
济南市	Jinan	39	38053	37868	112803	7854	185	62827	64942	185604	16464
青岛市	Qingdao	65	39691	41101	114805	11088	237	82947	80208	241302	22794
淄博市	Zibo	34	30941	33864	93277	7008	150	46509	44800	174134	14929
枣庄市	Zaozhuang	25	25030	25642	73698	4961	100	41629	40187	118136	9081
东营市	Dongying	17	14196	14424	41893	3520	71	24204	23101	89958	7937
烟台市	Yantai	48	30279	34627	92910	9012	213	56191	55193	202766	20716
潍坊市	Weifang	55	56886	63474	173059	16299	270	86368	89442	249892	24650
济宁市	Jining	37	43446	46306	132640	9183	251	92306	84646	267325	21998
泰安市	Tai'an	30	35525	36668	105812	7617	150	60558	59453	234231	15667
威海市	Weihai	17	10155	12704	31618	3794	85	21387	20089	79106	8683
日照市	Rizhao	15	17113	15858	50419	4083	78	33947	31117	91447	7846
莱芜市	Laiwu	9	9786	12685	30536	1905	41	12917	13763	50861	4121
临沂市	Linyi	51	56544	63804	171651	13468	283	131442	108474	346870	27954
德州市	Dezhou	22	33094	30753	94087	6934	167	68769	64145	193351	14333
聊城市	Liaocheng	37	37216	33028	108259	7559	177	63754	61738	181781	14840
滨州市	Binzhou	28	23712	24330	69899	5677	138	40088	42522	117531	11074
菏泽市	Heze	51	56139	52012	167583	9669	328	119837	113196	334834	24753

注：专任教师按照教师教授学生层次归类。
a)Full-time teachers classified according to the academic level of their students.

19-11 各市小学基本情况(2016年)

Basic Statistics on Primary Schools by Region (2016)

地　区	Region	学校数(所) Schools (unit)	招生数(人) New Enrollment (Person)	毕业生数(人) Graduates (person)	在校学生数(人) Total Enrollment (person)	专任教师数(人) Full-time Teachers (person)
全省总计	**Total**	**10027**	**1239100**	**1071526**	**6913144**	**408856**
济南市	Jinan	582	79266	63326	432315	26976
青岛市	Qingdao	743	91294	83052	547231	35541
淄博市	Zibo	300	39929	46975	205788	15618
枣庄市	Zaozhuang	515	62250	42588	345015	19018
东营市	Dongying	113	21458	24650	110244	8101
烟台市	Yantai	291	52034	56701	262737	18404
潍坊市	Weifang	823	88102	88236	594515	38757
济宁市	Jining	1048	106911	95223	646888	35391
泰安市	Tai'an	517	54511	61661	269116	18301
威海市	Weihai	89	22711	21298	113187	7849
日照市	Rizhao	295	33061	34406	196111	11568
莱芜市	Laiwu	124	10734	12971	53602	4341
临沂市	Linyi	1293	185278	135973	964059	50010
德州市	Dezhou	851	72334	68716	412087	26922
聊城市	Liaocheng	752	103919	65690	553948	27820
滨州市	Binzhou	314	43223	40637	248076	16252
菏泽市	Heze	1377	172085	129423	958225	47987

注：专任教师按照教师教授学生层次归类。

a)Full-time teachers classified according to the academic level of their students.

19-12 各市幼儿园基本情况(2016年)

Basic Statistics on Kindergartens by Region (2016)

地　区	Region	幼儿园数(所) Number of Kindergartens (unit)	入园(班)幼儿数(人) Entrants (person)	在园(班)幼儿数(人) Enrolment (person)	离园(班)幼儿数(人) Graduates (person)	专任教师数(人) Full-timeTeachers (person)
全省总计	**Total**	**18853**	**1053398**	**2751804**	**1008677**	**164177**
济南市	Jinan	1461	72753	209583	64641	14711
青岛市	Qingdao	2094	88530	237977	76406	18388
淄博市	Zibo	788	34491	115636	38038	8915
枣庄市	Zaozhuang	720	44968	94505	46566	3921
东营市	Dongying	372	19914	60273	18267	5558
烟台市	Yantai	940	42689	152074	51003	10341
潍坊市	Weifang	1774	83794	235674	82047	17248
济宁市	Jining	1936	116141	264487	100318	12627
泰安市	Tai'an	1143	52491	161431	52376	11235
威海市	Weihai	300	21506	66275	21431	3804
日照市	Rizhao	634	30296	93282	35949	5183
莱芜市	Laiwu	365	11061	36073	10827	2683
临沂市	Linyi	2488	107424	343572	150627	20331
德州市	Dezhou	946	66080	143484	57133	7428
聊城市	Liaocheng	425	59373	159769	66827	3729
滨州市	Binzhou	566	41945	103072	35793	6013
菏泽市	Heze	1901	159942	274637	100428	12062

19－13 各市特殊教育基本情况(2016年)
Baisc Statistics on Special Education by Region(2016)

地 区	Region	学校数（所）Schools (unit)	招生数（人）New Enrollment (person)	毕业生数（人）Graduates (person)	在校学生数（人）Total Enrollment (person)	专任教师数（人）Full-time Teachers (person)
全省总计	**Total**	**146**	**4418**	**3233**	**26324**	**4978**
济南市	Jinan	11	267	281	1935	402
青岛市	Qingdao	12	496	359	2607	527
淄博市	Zibo	9	221	148	1265	353
枣庄市	Zaozhuang	5	430	117	1628	139
东营市	Dongying	1	106	50	376	69
烟台市	Yantai	9	121	125	1012	279
潍坊市	Weifang	12	444	328	2769	460
济宁市	Jining	13	331	256	2367	388
泰安市	Tai'an	7	192	155	1117	249
威海市	Weihai	4	85	40	632	138
日照市	Rizhao	6	170	117	1101	187
莱芜市	Laiwu	1	34	40	204	50
临沂市	Linyi	15	551	307	3374	604
德州市	Dezhou	13	330	313	2271	293
聊城市	Liaocheng	9	234	226	1567	286
滨州市	Binzhou	8	57	116	615	196
菏泽市	Heze	11	349	255	1484	358

注：专任教师按照教师教授学生层次归类。
a)Full-time teachers classified according to the academic level of their students.

19－14 各市中小学教职工情况(2016年)
Basic Statistics on Teachers and Staff of Primary and Secondary Schools by Region (2016)

单位：人 (person)

地 区	Region	普通中学教职工 Teachers and Staff of Secondary Schools	#专任教师 Full-time Teachers	小学教职工 Teachers and Staff of Primary Schools	#专任教师 Full-time Teachers
全省总计	**Total**	**484579**	**397471**	**386405**	**408856**
济南市	Jinan	31552	24318	24502	26976
青岛市	Qingdao	38998	33882	35568	35541
淄博市	Zibo	26565	21937	14206	15618
枣庄市	Zaozhuang	18489	14042	19020	19018
东营市	Dongying	14764	11457	6377	8101
烟台市	Yantai	36967	29728	15739	18404
潍坊市	Weifang	49697	40949	35418	38757
济宁市	Jining	37774	31181	34455	35391
泰安市	Tai'an	26869	23284	17652	18301
威海市	Weihai	15914	12477	6266	7849
日照市	Rizhao	13927	11929	10927	11568
莱芜市	Laiwu	7193	6026	3986	4341
临沂市	Linyi	49571	41422	47242	50010
德州市	Dezhou	25548	21267	27378	26922
聊城市	Liaocheng	26099	22399	27589	27820
滨州市	Binzhou	22279	16751	13575	16252
菏泽市	Heze	42373	34422	46505	47987

注：专任教师按照教师教授学生层次归类。
a)Full-time teachers classified according to the academic level of their students.

19-15 各市普通中小学专任教师学历情况(2016年)
Basic Statistics on Education of Teachers and Staff of Primary and Secondary Schools by Region (2016)

单位:人

地 区	Region	普通高中专任教师 Full-time Teachers of Senior Secondary Schools	#本科及以上 With Undergraduate Education or Higher	普通初中专任教师 Full-time Teachers of Junior Secondary Schools	#本科及以上 With Undergraduate Education or Higher	普通小学专任教师 Full-time Teachers of Regular Primary Schools	#本科及以上 With Undergraduate Education or Higher
全省总计	**Total**	**129631**	**127875**	**267840**	**230940**	**408856**	**240318**
济南市	Jinan	7854	7813	16464	15351	26976	18820
青岛市	Qingdao	11088	11065	22794	21725	35541	26254
淄博市	Zibo	7008	6971	14929	14144	15618	12331
枣庄市	Zaozhuang	4961	4884	9081	8365	19018	13680
东营市	Dongying	3520	3513	7937	6927	8101	5192
烟台市	Yantai	9012	8940	20716	18664	18404	13516
潍坊市	Weifang	16299	16146	24650	21840	38757	25309
济宁市	Jining	9183	9031	21998	17606	35391	17037
泰安市	Tai'an	7617	7542	15667	12955	18301	9944
威海市	Weihai	3794	3750	8683	8148	7849	6487
日照市	Rizhao	4083	4054	7846	6630	11568	7131
莱芜市	Laiwu	1905	1893	4121	3760	4341	2718
临沂市	Linyi	13468	13064	27954	25022	50010	30720
德州市	Dezhou	6934	6714	14333	10719	26922	9667
聊城市	Liaocheng	7559	7396	14840	12100	27820	13654
滨州市	Binzhou	5677	5622	11074	9213	16252	8898
菏泽市	Heze	9669	9477	24753	17771	47987	18960

注：专任教师按照教师教授学生层次归类。
a)Full-time teachers classified according to the academic level of their students.

19-16 各市幼儿园、特殊教育专任教师学历情况(2016年)
Basic Statistics on Education of Teachers and Staff of Kindergartens and Special Education(2016)

单位:人

地 区	Region	幼儿园专任教师 Full-time Teachers of Kindergartens	#本科及以上 With Undergraduate Education or Higher	特殊教育专任教师 Full-time Teachers of Special Education	#本科及以上 With Undergraduate Education or Higher
全省总计	**Total**	**164177**	**28407**	**4978**	**3573**
济南市	Jinan	14711	3276	402	312
青岛市	Qingdao	18388	3905	527	424
淄博市	Zibo	8915	1904	353	331
枣庄市	Zaozhuang	3921	1267	139	118
东营市	Dongying	5558	2125	69	58
烟台市	Yantai	10341	1478	279	221
潍坊市	Weifang	17248	3120	460	364
济宁市	Jining	12627	1541	388	285
泰安市	Tai'an	11235	1463	249	187
威海市	Weihai	3804	582	138	117
日照市	Rizhao	5183	635	187	103
莱芜市	Laiwu	2683	553	50	45
临沂市	Linyi	20331	2278	604	394
德州市	Dezhou	7428	967	293	127
聊城市	Liaocheng	3729	950	286	155
滨州市	Binzhou	6013	1323	196	144
菏泽市	Heze	12062	1040	358	188

注：专任教师按照教师教授学生层次归类。
a)Full-time teachers classified according to the academic level of their students.

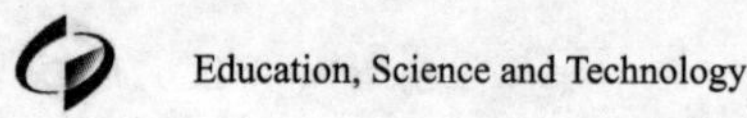

19-17 1978-2016年重要科技成果数量
Major Achievements in Science and Technology from 1978 to 2016

单位:项 (unit)

年份 Year	成果数量 Number of Achievements	#农业 Agriculture	#工业 Industry	国际领先先进水平 Advanced Internationally	国内领先先进水平 Advanced nationally
1978	652	116	443	19	283
1979	456	90	261	21	149
1980	657	195	396	25	210
1981	704	169	485	29	201
1982	732	153	516	35	298
1983	977	209	660	26	378
1984	997	196	730	21	420
1985	1196	277	758	41	566
1986	1337	183	933	75	634
1987	1525	264	964	92	838
1988	1786	300	1104	118	1045
1989	1957	325	1220	135	1081
1990	2112	375	1246	150	1148
1991	2488	541	1405	175	1503
1992	2668	57	1265	327	1538
1993	2858	605	1418	372	1745
1994	3113	696	1487	416	2131
1995	3251	702	1524	466	2272
1996	3388	709	1599	471	2353
1997	3507	737	1517	456	2678
1998	3558	614	1515	724	2516
1999	3688	557	1270	744	2737
2000	3728	575	1289	599	2861
2001	3112	494	1138	506	2439
2002	3018	452	1117	486	2371
2003	2896	433	1071	466	2276
2004	3028	454	1120	485	2392
2005	2408	320	539	534	1741
2006	2313	338	630	448	1742
2007	2346	330	704	543	1662
2008	2330	301	677	592	1618
2009	2364	306	849	751	1412
2010	2367	391	751	676	1316
2011	2379	305	723	647	1296
2012	2393	338	853	609	1349
2013	2332	297	866	681	1067
2014	2955	440	1095	817	1146
2015	3011	385	1019	967	1212
2016	3016	421	1010	762	1095

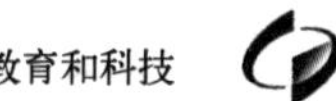

19-18 科技成果情况
Basic Statistics on Science and Tcchnology

单位:项 (unit)

类 别	Category	2010	2011	2012	2013	2014	2015	2016
一、国家级科技成果奖励成果	**National Scientific and Techinical Award**	**36**	**39**	**26**	**21**	**28**	**33**	**31**
国家发明奖	National Invention Award	4	6	9	7	5	5	7
国家自然科学奖	State Natural Science Award				1	3	2	
国家科技进步奖	The State Scientific and Technological Progress Award	31	33	17	13	20	26	23
国际合作奖	International Cooperation Award	1						1
二、省级重要科技成果	**Important Scientific and Technical Award**	**2367**	**2379**	**2393**	**2332**	**2955**	**3011**	**3016**
三、省科学技术奖	**Provincial Science and Technology Award**							
自然科学奖	Natural Science Award	18	17	14	17	20	13	11
技术发明奖	Technological Invention Award	12	16	13	16	20	13	12
科技进步奖	Scientific and Technological Progress Award	467	461	472	413	195	112	112
四、专利情况	**Patent Applications**							
申请量	Number of Patent Applications	80856	109599	128614	155170	158619	193220	212911
其中发明专利	Inventions	17259	25623	40381	67642	77298	93475	88359
授权量	Number of Patent Applications Granted	51490	58843	75522	76976	72818	98101	98093
其中发明专利	Inventions	4106	5856	7454	8913	10538	16881	19404

19－19 各市国内三种专利申请受理数和授权数（2016年）
Patents Application Accepted and Granted by Region(2016)

单位：件 (unit)

地 区	Region	申请受理数合计 Number of Patents Application Accepted	发 明 Inventions	实用新型 Utility Models	外观设计 Designs	申请授权数合计 Number of Patents Application Granted	发 明 Inventions	实用新型 Utility Models	外观设计 Designs
总 计	**Total**	**212911**	**88359**	**106100**	**18452**	**98093**	**19404**	**66068**	**12621**
济南市	Jinan	31789	14649	15267	1873	15454	4502	9614	1338
青岛市	Qingdao	59549	34967	21013	3569	22046	6559	13159	2328
淄博市	Zibo	10500	4511	4883	1106	5326	1043	3550	733
枣庄市	Zaozhuang	4642	1081	3028	533	2531	290	1838	403
东营市	Dongying	5203	1226	3815	162	3243	360	2737	146
烟台市	Yantai	12649	5777	5344	1528	5497	1268	3458	771
潍坊市	Weifang	20895	7371	11470	2054	10150	1259	7358	1533
济宁市	Jining	11392	2331	7662	1399	6392	572	5109	711
泰安市	Tai'an	5787	2000	3436	351	3031	407	2380	244
威海市	Weihai	14593	5028	8065	1500	4609	598	2744	1267
日照市	Rizhao	3558	1481	1853	224	1636	207	1259	170
莱芜市	Laiwu	2940	545	2349	46	2106	297	1769	40
临沂市	Linyi	8210	2428	3968	1814	4217	680	2194	1343
德州市	Dezhou	5093	1050	3248	795	3073	329	2186	558
聊城市	Liaocheng	6357	1424	4456	477	3229	380	2541	308
滨州市	Binzhou	4997	1206	3433	358	2761	379	2098	284
菏泽市	Heze	4757	1284	2810	663	2792	274	2074	444

19-20 R&D人员折合全时当量情况
Basic Statistics On Full-time Equivalent of R&D Personnel

单位：人年 (man year)

年　份 类　别	Year Category	R&D人员折合全时当量 Full-time Equivalent of R&D Personnel	基础研究人员 Basic Research Personnel	应用研究人员 Applied Research Personnel	试验发展人员 Experimental Development Personnel
	2010	190329	9481	20070	160777
	2011	228623	11249	19772	197604
	2012	254013	12104	21908	220002
	2013	279331	13597	22883	242851
	2014	286352	14119	25449	246785
	2015	297845	14627	25228	257991
	2016	301480	16260	27592	257629
一、按行业分	**by Sector**				
农、林、牧、渔业	Agriculture,Forestry,Animal Husbandry and Fishing	780	22	93	666
采矿业	Mining	12956		1983	10973
制造业	Manufacturing	226945	190	5324	221431
电力、燃气及水的生产和供应业	Production and Supply of Electric Power and Heat Power	1859	2	52	1805
建筑业	Construction	6761	28	768	5964
批发和零售业	Wholesale and Retail Trade				
交通运输、仓储和邮政业	Traffic,Transport,Storage and Post	291		86	204
住宿和餐饮业	Hotels and Catering Services				
信息传输、软件和信息技术服务业	Information Transfer, Software and Information Technology Services	4091			4091
金融业	Financial Intermediation	52		35	16
房地产业	Real Estate				
租赁和商务服务业	Leasing and Business Services	137		16	121
科学研究和技术服务业	Scientific Research and Technical Service	17087	3575	5205	8308
水利、环境和公共设施管理业	Management of Water Conservancy,Environment and Public Facilities	73		9	65
居民服务、修理和其他服务业	Households Services, Repair and Other Services				
教　育	Education	20564	10182	8911	1471
卫生和社会工作	Health and Social Work	9877	2260	5104	2513
文化、体育和娱乐业	Culture,Sports and Entertainment	7	1	6	
公共管理、社会保障和社会组织	Public management and Social Organization				
国际组织	International Organization				
二、按地区分	**by Region**				
济南市	Jinan	48413	6521	6319	35573
青岛市	Qingdao	53150	3070	5381	44698
淄博市	Zibo	23102	345	1756	21002
枣庄市	Zaozhuang	6558	128	728	5701
东营市	Dongying	9352	396	1233	7723
烟台市	Yantai	28251	992	1704	25555
潍坊市	Weifang	25584	317	1934	23334
济宁市	Jining	18252	1185	1071	15996
泰安市	Tai'an	14678	1229	2436	11013
威海市	Weihai	14555	30	977	13548
日照市	Rizhao	4319	95	456	3768
莱芜市	Laiwu	4498	16	213	4269
临沂市	Linyi	14939	412	816	13712
德州市	Dezhou	9174	220	885	8069
聊城市	Liaocheng	6892	652	661	5580
滨州市	Binzhou	12855	385	829	11642
菏泽市	Heze	6909	269	193	6447

19-21 R&D经费支出情况

单位：万元

年 份 类 别	Year Category	R&D经费内部支出合计 Internal Expenditure on R&D	基础研究支出 Basic Research	应用研究支出 Applied Research
2010		6720045	132841	366053
2011		8443766	188276	541682
2012		10203266	224023	644022
2013		11758027	264467	686417
2014		13040695	243948	794643
2015		14271890	297454	774193
2016		15660904	364437	897809
一、按行业分	**by Sector**			
农、林、牧、渔业	Agriculture,Forestry,Animal Husbandry and Fishing	23887	271	807
采矿业	Mining	740659		127375
制造业	Manufacturing	13300934	14296	369961
电力、燃气及水的生产和供应业	Production and Supply of Electric Power and Heat Power	108443	5	608
建筑业	Construction	286642	325	26179
批发和零售业	Wholesale and Retail Trade			
交通运输、仓储和邮政业	Traffic,Transport,Storage and Post	16510		2389
住宿和餐饮业	Hotels and Catering Services			
信息传输、软件和信息技术服务业	Information Transfer, Software and Information Technology Services	93455		
金融业	Financial Intermediation	1916		102
房地产业	Real Estate			
租赁和商务服务业	Leasing and Business Services	2915		589
科学研究和技术服务业	Scientific Research and Technical Service	580972	134814	140782
水利、环境和公共设施管理业	Management of Water Conservancy,Environment and Public Facilities	1370		24
居民服务、修理和其他服务业	Households Services, Repair and Other Services			
教 育	Education	369168	173243	148960
卫生和社会工作	Health and Social Work	133979	41473	79984
文化、体育和娱乐业	Culture,Sports and Entertainment	58	9	48
公共管理、社会保障和社会组织	Public management and Social Organization			
国际组织	International Organization			
二、按地区分	**by Region**			
济南市	Jinan	1567365	128505	151841
青岛市	Qingdao	2863656	134561	139574
淄博市	Zibo	968486	8012	62672
枣庄市	Zaozhuang	350974	1100	12047
东营市	Dongying	917155	10342	78391
烟台市	Yantai	1788622	15233	109798
潍坊市	Weifang	1441328	7409	42966
济宁市	Jining	813324	13007	23242
泰安市	Tai'an	831201	12718	89962
威海市	Weihai	782039	220	41823
日照市	Rizhao	249051	278	15182
莱芜市	Laiwu	180126	370	7453
临沂市	Linyi	860081	9258	23493
德州市	Dezhou	442567	6275	40615
聊城市	Liaocheng	613294	6572	33370
滨州市	Binzhou	648646	6631	20231
菏泽市	Heze	342989	3946	5150

Basic Statistics On Expenditure on R&D

(10 000 yuan)

试验发展支出 Experimental Development	政府资金 Government Appropriation Funds	企业资金 Self-raised Funds by Enterprises	境外资金 Foreign funds	其他资金 Other Funds	R&D经费外部支出合计 External expenditure on R&D	对境内研究机构的支出 Expenditure On Domestic Research Institutions	对境内高等学校支出 Expenditure On Domestic colleges and universities	对境内企业支出 Expenditure On Domestic Enterprises	对境外支出 Expenditure On Overseas
6221155	588821	6001743	28443	101041	483222	196572	139603	103457	42753
7713809	720630	7562821	36808	123506	481700	194548	157518	81576	48050
9335221	921855	9070407	56712	154293	551699	209214	196407	103954	42033
10807143	985532	10559249	51981	161265	573486	256027	183895	78068	53062
12002104	1013777	11793738	52891	180289	644153	272664	195456	98698	76823
13200242	1110158	12872231	56731	232771	594239	225253	150703	153473	64368
14398658	1075905	14252538	48174	284287	673059	214876	151062	196940	99137
22809	4018	19825		44	1105	861	245		
613284	31020	706970	1758	912	26035	7304	12415	6316	
12916676	275967	12825867	35189	163910	553563	174274	116934	165504	96850
107830	2731	105140	182	390	13052	8109	1341	3463	139
260138	1085	285445		113	9530	3289	4150	2092	
14120		16510			4297	200	259	3348	490
93455	2996	83360		7099	4558	177	212	4146	23
1813		1916							
2325	38	2874		3	523	19	504		
305376	401274	90517	10074	79107	24122	5726	2666	3521	1181
1346	239	1122		8	7	7			
46964	259584	79363	661	29561	35203	14909	11296	8530	450
12522	96903	33631	302	3142	1064		1040	21	3
	48		9						
1287019	277254	1204550	8854	76707	62141	29180	14524	13971	4377
2589521	362611	2425842	19032	56171	233625	28370	36162	100151	58000
897802	34273	918035	362	15816	21111	10459	7393	2143	1116
337827	14247	331389		5338	14053	3998	4381	5328	346
828422	43239	866294	1871	5751	42267	12672	10506	7805	11285
1663592	60287	1710990	2047	15298	33411	6837	8528	13028	5017
1390953	36354	1380430	1503	23040	73395	23642	10505	25561	13688
777075	43829	763795	393	5307	22924	8639	7458	6449	377
728521	50634	764507	302-	15758	14256	6530	4618	2985	123
739996	34367	741903	935	4834	30355	16827	9685	2089	1755
233590	7448	231676	8409	1517	9698	5933	1252	1171	1340
172303	8492	168066		3567	3958	1900	1008	549	501
827330	26822	814821	1458	16979	25307	13733	6279	5085	209
395678	11055	421216	1131	9165	8833	3044	4338	1316	136
573352	35123	566298	341	11533	26380	11996	9500	4862	22
621784	23050	614662	65	10869	22522	13383	7415	1354	370
333893	6819	328062	1471	6637	28825	17734	7511	3095	475

19－22 R&D人员情况

年 份 类 别	Year Category	有研究与试验发展活动单位数（个）Number of Units with Research and Development Activities (unit)
2010		2988
2011		3023
2012		3742
2013		4306
2014		5238
2015		6432
2016		7848
一、按行业分	**by Sector**	
农、林、牧、渔业	Agriculture,Forestry,Animal Husbandry and Fishing	34
采矿业	Mining	82
制造业	Manufacturing	6946
电力、燃气及水的生产和供应业	Production and Supply of Electric Power and Heat Power	62
建筑业	Construction	77
批发和零售业	Wholesale and Retail Trade	
交通运输、仓储和邮政业	Traffic,Transport,Storage and Post	9
住宿和餐饮业	Hotels and Catering Services	
信息传输、软件和信息技术服务业	Information Transfer, Software and Information Technology Services	56
金融业	Financial Intermediation	2
房地产业	Real Estate	
租赁和商务服务业	Leasing and Business Services	11
科学研究和技术服务业	Scientific Research and Technical Service	238
水利、环境和公共设施管理业	Management of Water Conservancy,Environment and Public Facilities	9
居民服务、修理和其他服务业	Households Services, Repair and Other Services	
教 育	Education	196
卫生和社会工作	Health and Social Work	124
文化、体育和娱乐业	Culture,Sports and Entertainment	2
公共管理、社会保障和社会组织	Public management and Social Organization	
国际组织	International Organization	
二、按地区分	**by Region**	
济南市	Jinan	890
青岛市	Qingdao	1253
淄博市	Zibo	853
枣庄市	Zaozhuang	368
东营市	Dongying	128
烟台市	Yantai	560
潍坊市	Weifang	795
济宁市	Jining	512
泰安市	Tai'an	316
威海市	Weihai	460
日照市	Rizhao	152
莱芜市	Laiwu	109
临沂市	Linyi	525
德州市	Dezhou	271
聊城市	Liaocheng	187
滨州市	Binzhou	207
菏泽市	Heze	262

Basic Statistics On R&D Personnel

研究与试验发展人员（人） Research and Development Personnel (person)	全时人员 Full-time Personnel	非全时人员 Part-time Personnel	博士毕业 Doctor	硕士毕业 Master
275360	176314	99046	9900	28961
327256	218662	108594	11822	34966
382057	253493	128564	13342	41509
409441	274390	135051	14478	43445
432430	285916	146514	16353	49835
447191	297758	149433	17489	52632
476407	321038	155369	19861	57442
954	651	303	42	78
21463	11725	9738	298	1669
350166	255499	94667	4159	27394
2902	1387	1515	57	203
11893	6164	5729	67	477
442	210	232	8	90
5455	4745	710	38	556
328	46	282		3
173	129	44		
20909	16501	4408	2996	5462
109	65	44		1
43338	18918	24420	11628	18338
18256	4993	13263	567	3169
19	5	14	1	2
79479	52395	27084	6696	13995
78190	55962	22228	4661	13482
32479	22457	10022	700	2442
9753	5810	3943	140	682
15264	10480	4784	824	2125
41195	28899	12296	1239	4694
41684	28671	13013	680	3527
28341	17577	10764	968	3110
27022	15848	11174	978	2245
23378	15611	7767	376	1216
7419	4226	3193	141	750
7287	4943	2344	86	280
23143	15526	7617	666	3159
14256	9925	4331	449	1363
14450	9343	5107	715	1870
21609	15493	6116	226	986
11458	7872	3586	316	1516

19-23 规模以上工业企业R&D经费支出情况

单位：万元

年 份 类 别	Year Category	R&D经费内部支出合计 Internal Expenditure on R&D	基础研究支出 Basic Research
2010		5892400	5142
2011		7431352	7444
2012		9056007	5102
2013		10528097	3246
2014		11755482	5733
2015		12917718	6010
2016		14150035	14301
一、按企业规模分	**by Enterprise Size**		
大型企业	Large-sized Enterprises	7923746	3503
中型企业	Medium-sized Enterprises	2812463	4060
小型企业	Small-sized Enterprises	3373565	6733
微型企业	Micro-enterprises	40262	5
二、按登记注册类型分	**by Status of Registration**		
内资企业	Domestic Funded Enterprises	12558919	10894
国有企业	State-owned Enterprises	114944	1325
集体企业	Collective-owned Enterprises	530906	
股份合作企业	Cooperative Enterprises	6483	
联营企业	Joint Ownership Enterprises	1169	
有限责任公司	Limited Liability Corporations	5761965	5491
股份有限公司	Share-holding Corporations Limited	1897844	674
私营企业	Private Enterprises	4242160	3405
其他企业	Other Enterprises	3447	
港、澳、台商投资企业	Enterprises with Funds from Hong Kong, Macao and Taiwan	446289	3407
合资经营企业(港或澳、台资)	Joint-ventures Enterprises	246181	3407
合作经营企业(港或澳、台资)	Cooperative Enterprises	5221	
港、澳、台商独资经营企业	Enterprises with Sole Investment	120198	
港、澳、台商投资股份有限公司	Share-holding Corporations Ltd. With Funds from Hong Kong, Macao and Taiwan	18799	
其他港澳台投资企业	Other Enterprises with Funds from Hong Kong,Mcao and Taiwan	55889	
外商投资企业	Foreign Funded Enterprises	1144828	
中外合资经营企业	Joint-venture Enterprises	632220	
中外合作经营企业	Cooperation Enterprises	65158	
外资企业	Enterprises with Sole Foreign Funds	354694	
外商投资股份有限公司	Share-holding Corporations Ltd. With Foreign Investment	87849	
其他外商投资企业	Other Foreign Funded Enterprises	4907	
三、按工业行业大类分	**by Sector**		
采掘业	**Mining**	**740659**	
煤炭开采和洗选业	Mining and Washing of Coal	403030	
石油和天然气开采业	Extraction of Petroleum and Natural Gas	85426	
黑色金属矿采选业	Mining of Ferrous Metal Ores	10739	
有色金属矿采选业	Mining of Non-ferrous Metal Ores	168455	
非金属矿采选业	Mining and Processing of Nonmetal Ores	13318	
开采辅助活动	Mining Support Activities	59692	
其他采矿业	Mining of Other Ores		
制造业	**Manufacturing**	**13300934**	**14296**
农副食品加工业	Processing of Food from Agricultural Products	765788	1952
食品制造业	Manufacture of Foods	273295	343
酒、饮料和精制茶制造业	Manufacture of Wine, Drinks and Refined Tea	151584	307
烟草制品业	Manufacture of Tobacco	12409	
纺织业	Manufacture of Textile	408287	
纺织服装、服饰业	Manufacture of Textile Wearing Apparel and Finery	236822	
皮革、毛皮、羽毛及其制品和制鞋业	Manufacture of Leather, Fur, Feather & Its Products and Footwear	56330	
木材加工及木 竹、藤、棕、草制品业	Processing of Timbers, Manufacture of Wood, Bamboo, Rattan, Palm, and Straw Products	50180	
家具制造业	Manufacture of Furniture	23679	

Expenditures of Industrial Enterprises above Designated Size on R&D

(10 000 yuan)

应用研究支出 Applied Research	试验发展支出 Experimental Development	政府资金 Government Appropriation Funds	企业资金 Self-raised Funds by Enterprises	境外资金 Foreign funds	其他资金 Other Funds	R&D经费外部支出合计 External expenditure on R&D	对境内研究机构的支出 Expenditure On Domestic Research Institutions	对境内高等学校支出 Expenditure On Domestic colleges and universities	对境外支出 Expenditure On Overseas
93552	5793707	168876	5657574	23030	42921	443343	178233	128849	34653
244720	7179188	207510	7135731	25637	62474	445682	182129	144338	41712
274444	8776461	295552	8620680	43986	95789	504971	189870	178230	40970
288217	10236634	316005	10075481	36468	100143	526462	231774	169999	51803
402398	11347351	299897	11313042	38726	103817	599185	252289	179613	76129
349999	12561709	323595	12412516	42268	139338	541242	200701	135123	63541
497944	13637790	309718	13637977	37129	165212	592650	189687	130690	96990
274624	7645619	164339	7677274	8838	73296	436372	131441	81898	90595
75500	2732903	69321	2678103	22383	42657	87587	28910	26515	1386
147314	3219518	73795	3244704	5908	49158	61370	24836	20773	4998
506	39750	2264	37897		101	7321	4500	1504	11
465199	12082826	276803	12112988	11784	157344	555551	169567	123470	95834
2206	111413	7442	101061		6442	10875	6490	1548	1615
2892	528014	9452	519604		1850	63022	3640	3420	14860
223	6260	104	5305	74	1000	42	42		
	1169	418	751						
219534	5536940	115419	5572148	6138	68260	205174	96482	54208	11348
95572	1801598	58281	1823312	1436	14815	163728	18909	29696	58147
143536	4095220	85666	4087459	4136	64899	112531	43895	34554	9863
1235	2212	20	3349		78	179	109	44	
10633	432248	15280	426912	580	3516	17070	8146	2829	534
8990	233784	5169	238072	580	2361	16217	7715	2495	481
	5221	20	5201			43	7	3	6
1234	118964	388	118654		1156	704	425	225	46
	18799	10	18789			106		106	
410	55479	9693	46196						
22112	1122716	17636	1098077	24764	4351	20029	11974	4392	622
6170	626050	13977	596083	20458	1703	15500	10847	1939	150
240	64919	228	64930			287	283	4	
8887	345807	1018	347405	4271	1999	3457	566	2221	287
6250	81600	2205	84960	35	650	665	278	106	185
566	4341	208	4699			122		122	
127375	**613284**	**31020**	**706970**	**1758**	**912**	**26035**	**7304**	**12415**	
47195	355834	2402	400153		475	10763	2911	5374	
67477	17949	23600	61826			9610	1919	4196	
	10739	55	10684			80	60	20	
6591	161864	1431	166963		61	3570	1706	1710	
6112	7207	250	12692		376	97	60	35	
	59692	3282	54652	1758		1915	648	1080	
369961	**12916676**	**275967**	**12825867**	**35189**	**163910**	**553563**	**174274**	**116934**	**96850**
21643	742193	14236	740198	244	11111	21487	7982	11625	389
7414	265538	3710	264121	650	4813	7497	1924	1974	59
12946	138331	1775	146838		2971	4512	2249	1603	372
	12409		12409			1019	516	216	
10185	398102	11198	389891	65	7132	5509	2120	2958	52
2370	234452	6554	229858		410	5479	777	685	472
3634	52697	284	54087		1959	41	7	34	
1627	48553	278	47429	148	2325	1742	1157	186	
65	23614	30	23649			253	70	73	

19-23 续表

单位：万元

类　别	Category	R&D经费内部支出合计 Internal Expenditure on R&D	基础研究支　出 Basic Research
造纸及纸制品业	Manufacture of Paper and Paper Products	343284	
印刷和记录媒介复制业	Printing, Reproduction of Recording Media	43974	
文教、工美、体育和娱乐用品制造业	Manufacture of Culture, Education,Arts and crafts, Sport and Entertainment Goods	162239	861
石油加工、炼焦和核燃料加工业	Processing of Petroleum, Coking and Nucleus Fuel	468448	69
化学原料和化学制品制造业	Manufacture of Chemical Raw Material and Chemical Products	1598690	817
医药制造业	Manufacture of Medicines	910163	9164
化学纤维制造业	Manufacture of Chemical Fiber	62124	
橡胶和塑料制品业	Manufacture of Rubber and Plastic	572211	
非金属矿物制品业	Manufacture of Non-metallic Mineral Products	569817	
黑色金属冶炼及压延加工业	Manufacture and Processing of Ferrous Metals	349998	
有色金属冶炼及压延加工业	Manufacture & Processing of Non-ferrous Metals	809934	
金属制品业	Manufacture of Metal Products	381255	
通用设备制造业	Manufacture of General Purpose Machinery	858026	215
专用设备制造业	Manufacture of Special Purpose Machinery	818936	50
汽车制造业	Manufacture of Automotive	788342	350
铁路、船舶、航空航天和其他运输设备制造业	Manufacture of Railroad,Marine,Aerospace and Other Transportation Equipment	359800	
电气机械及器材制造业	Manufacture of Electrical Machinery & Equipment	1096652	168
计算机、通信和其他电子设备制造业	Manufacture of Computer, Communications and Other Electronic Equipment	969093	
仪器仪表制造业	Manufacture of Measuring Instrument	141272	
其他制造业	Other Manufacture	8050	
废弃资源综合利用业	Comprehensive Utilization of Waste	5175	
金属制品、机械和设备修理业	Metal Products, Machinery and Equipment Repair Industry	5078	
电力、热力、燃气及水的生产和供应业	**Production and Supply of Electric, Heat,Has and Water**	**108443**	**5**
电力、热力的生产和供应业	Production and Supply of Electric Power and Heat Power	96582	5
燃气生产和供应业	Production and Supply of Gas	3648	
水的生产和供应业	Production and Supply of Water	8213	
四、按地区分	**by Region**		
济南市	Jinan	1024301	1501
青岛市	Qingdao	2349445	
淄博市	Zibo	913674	886
枣庄市	Zaozhuang	335280	220
东营市	Dongying	872806	
烟台市	Yantai	1735967	479
潍坊市	Weifang	1403896	1840
济宁市	Jining	752151	
泰安市	Tai'an	758511	
威海市	Weihai	775095	
日照市	Rizhao	239423	
莱芜市	Laiwu	176093	
临沂市	Linyi	817830	343
德州市	Dezhou	434237	5275
聊城市	Liaocheng	593721	350
滨州市	Binzhou	626000	
菏泽市	Heze	341609	3407

continued

(10 000 yuan)

应用研究支出 Applied Research	试验发展支出 Experimental Development	政府资金 Government Appropriation Funds	企业资金 Self-raised Funds by Enterprises	境外资金 Foreign funds	其他资金 Other Funds	R&D经费外部支出合计 External expenditure on R&D	对境内研究机构的支出 Expenditure On Domestic Research Institutions	对境内高等学校支出 Expenditure On Domestic colleges and universities	对境外支出 Expenditure On Overseas
2207	341077	2818	337356	962	2148	8044	4405	3400	
3976	39998	373	43511		90	546	166	306	
15697	145682	8427	150359	237	3216	2771	762	1340	29
2191	466188	2330	457247		8871	31849	15782	4706	8464
28830	1569043	21784	1564464	494	11948	48799	22460	14431	1856
19529	881470	44981	858502	1537	5143	61455	32238	11988	4670
	62124	4532	57592			3194	1346	1848	
11573	560638	3862	565698		2652	13761	7524	3127	490
23476	546341	17752	545439	614	6012	9143	3964	2412	1026
13039	336959	4315	337886		7798	2443	1016	695	
64343	745591	17595	787140	1297	3902	5938	2146	2382	714
13342	367912	5204	371108	134	4809	14699	4903	4706	3271
32123	825687	17989	829380	1018	9639	29267	4011	5114	13050
22231	796655	17773	795186	297	5680	14063	2809	7144	2520
16604	771388	9445	761434	10524	6940	43906	23196	3691	731
5852	353948	4533	352683	351	2233	103073	7226	18895	40752
23541	1072942	23323	1061260	35	12034	78494	13722	7490	15843
10583	958511	24528	888239	16582	39744	30003	8207	2159	1989
626	140646	5961	134982		330	3375	1182	1028	100
	8050	300	7750			1108	408	700	
192	4983	80	5095			2	2		
123	4955		5078			93		19	
608	**107830**	**2731**	**105140**	**182**	**390**	**13052**	**8109**	**1341**	**139**
99	96478	2418	94165			12405	7874	1080	11
509	3139	55	3411	182		138			128
	8213	259	7565		390	509	235	261	
22387	1000412	33267	959799	1269	29966	39878	20644	8314	3746
27912	2321533	29985	2282639	15990	20831	190234	17499	26886	57411
39405	873384	19205	879839	362	14268	20033	10227	7064	682
4344	330716	8271	321754		5255	13096	3246	4176	346
74718	798088	31000	835503	1758	4545	41988	12590	10431	11285
96808	1638680	35846	1690892	2044	7185	32427	6247	8163	5017
20435	1381621	18369	1362956	1503	21068	71604	23272	9161	13688
11587	740564	15458	731946	393	4354	21858	8183	7084	373
53121	705390	11086	743751		3674	8382	3865	3014	123
38610	736484	31433	738009	935	4717	30354	16827	9684	1755
12834	226589	5048	224641	8409	1325	8808	5764	1202	1340
6925	169168	7670	164901		3521	3324	1900	1008	11
12764	804723	19221	787504	1458	9647	25106	13711	6132	209
38464	390497	8478	416238	1131	8390	8777	3023	4311	136
24611	568760	21291	560822	341	11267	25503	11599	9166	22
8007	617993	8224	609060	65	8651	22522	13383	7415	370
5013	333189	5867	327723	1471	6549	28756	17708	7478	475

19−24 规模以上工业企业R&D人员情况

单位：人

年 份 类 别	Year Category	研究与试验发展人员 Research and Development Personnel
2010		204906
2011		252024
2012		303862
2013		326793
2014		342259
2015		354575
2016		374531
一、按企业规模分	**by Enterprise Size**	
大型企业	Large-sized Enterprises	189855
中型企业	Medium-sized Enterprises	83631
小型企业	Small-sized Enterprises	99314
微型企业	Micro-enterprises	1731
二、按登记注册类型分	**by Status of Registration**	
内资企业	Domestic Funded Enterprises	330504
国有企业	State-owned Enterprises	5389
集体企业	Collective-owned Enterprises	5695
股份合作企业	Cooperative Enterprises	223
联营企业	Joint Ownership Enterprises	25
有限责任公司	Limited Liability Corporations	156554
股份有限公司	Share-holding Corporations Limited	57668
私营企业	Private Enterprises	104733
其他企业	Other Enterprises	217
港、澳、台商投资企业	Enterprises with Funds from Hong Kong, Macao and Taiwan	12450
合资经营企业(港或澳、台资)	Joint-ventures Enterprises	6959
合作经营企业(港或澳、台资)	Cooperative Enterprises	215
港、澳、台商独资经营企业	Enterprises with Sole Investment	4759
港、澳、台商投资股份有限公司	Share-holding Corporations Ltd. With Funds from Hong Kong, Macao and Taiwan	428
其他港澳台投资企业	Other Enterprises with Funds from Hong Kong,Mcao and Taiwan	89
外商投资企业	Foreign Funded Enterprises	31577
中外合资经营企业	Joint-venture Enterprises	15781
中外合作经营企业	Cooperation Enterprises	1260
外资企业	Enterprises with Sole Foreign Funds	11935
外商投资股份有限公司	Share-holding Corporations Ltd. With Foreign Investment	2500
其他外商投资企业	Other Foreign Funded Enterprises	101
三、按工业行业大类分	**by Sector**	
采掘业	**Mining**	**21463**
煤炭开采和洗选业	Mining and Washing of Coal	11894
石油和天然气开采业	Extraction of Petroleum and Natural Gas	3681
黑色金属矿采选业	Mining of Ferrous Metal Ores	888
有色金属矿采选业	Mining of Non-ferrous Metal Ores	2620
非金属矿采选业	Mining and Processing of Nonmetal Ores	234
开采辅助活动	Mining Support Activities	2146
其他采矿业	Mining of Other Ores	
制造业	**Manufacturing**	**350166**
农副食品加工业	Processing of Food from Agricultural Products	15242
食品制造业	Manufacture of Foods	7980
酒、饮料和精制茶制造业	Manufacture of Wine, Drinks and Refined Tea	4099
烟草制品业	Manufacture of Tobacco	121
纺织业	Manufacture of Textile	17970
纺织服装、服饰业	Manufacture of Textile Wearing Apparel and Finery	7198
皮革、毛皮、羽毛及其制品和制鞋业	Manufacture of Leather, Fur, Feather & Its Products and Footwear	1127
木材加工及木 竹、藤、棕、草制品业	Processing of Timbers, Manufacture of Wood, Bamboo, Rattan, Palm, and Straw Products	1199
家具制造业	Manufacture of Furniture	649

Basic Statistics On R&D Personnel of Industrial Enterprises above Designated Size

(person)

本年度参加项目人员 Personnel involved in the project current year	科技管理和服务人员 Technology management and service personnel	全时人员 Full-time Personnel	非全时人员 Part-time Personnel
184206	20700	140123	64783
225292	26732	176275	75749
276593	27269	211149	92713
299528	27265	229530	97263
313571	28688	238037	104222
322849	31726	249415	105160
346127	28404	268611	105920
173987	15868	137228	52627
76524	7107	60567	23064
93967	5347	69872	29442
1649	82	944	787
305585	24919	236165	94339
4984	405	3111	2278
5034	661	4599	1096
208	15	153	70
24	1	1	24
144498	12056	111160	45394
52448	5220	44045	13623
98173	6560	72927	31806
216	1	169	48
11304	1146	9101	3349
6052	907	4635	2324
199	16	178	37
4582	177	3837	922
382	46	385	43
89		66	23
29238	2339	23345	8232
14794	987	12321	3460
1132	128	895	365
10869	1066	8371	3564
2343	157	1700	800
100	1	58	43
19615	**1848**	**11725**	**9738**
10739	1155	6120	5774
3560	121	2569	1112
628	260	422	466
2330	290	1467	1153
212	22	162	72
2146		985	1161
323757	**26409**	**255499**	**94667**
14217	1025	10685	4557
7306	674	5225	2755
3664	435	2980	1119
100	21	83	38
16627	1343	13598	4372
6397	801	4270	2928
1095	32	943	184
1119	80	873	326
611	38	376	273

19-24 续表

单位：人

类　别	Category	研究与试验发展人员 Research and Development Personnel
造纸及纸制品业	Manufacture of Paper and Paper Products	5575
印刷和记录媒介复制业	Printing, Reproduction of Recording Media	1758
文教、工美、体育和娱乐用品制造业	Manufacture of Culture, Education,Arts and crafts, Sport and Entertainment Goods	5481
石油加工、炼焦和核燃料加工业	Processing of Petroleum, Coking and Nucleus Fuel	5391
化学原料和化学制品制造业	Manufacture of Chemical Raw Material and Chemical Products	39385
医药制造业	Manufacture of Medicines	26538
化学纤维制造业	Manufacture of Chemical Fiber	1606
橡胶和塑料制品业	Manufacture of Rubber and Plastic	13504
非金属矿物制品业	Manufacture of Non-metallic Mineral Products	16425
黑色金属冶炼及压延加工业	Manufacture and Processing of Ferrous Metals	8021
有色金属冶炼及压延加工业	Manufacture & Processing of Non-ferrous Metals	6848
金属制品业	Manufacture of Metal Products	11733
通用设备制造业	Manufacture of General Purpose Machinery	31904
专用设备制造业	Manufacture of Special Purpose Machinery	27642
汽车制造业	Manufacture of Automotive	20487
铁路、船舶、航空航天和其他运输设备制造业	Manufacture of Railroad,Marine,Aerospace and Other Transportation Equipment	8810
电气机械及器材制造业	Manufacture of Electrical Machinery & Equipment	24536
计算机、通信和其他电子设备制造业	Manufacture of Computer, Communications and Other Electronic Equipment	31914
仪器仪表制造业	Manufacture of Measuring Instrument	6178
其他制造业	Other Manufacture	273
废弃资源综合利用业	Comprehensive Utilization of Waste	114
金属制品、机械和设备修理业	Metal Products, Machinery and Equipment Repair Industry	458
电力、热力、燃气及水的生产和供应业	**Production and Supply of Electric, Heat,Has and Water**	**2902**
电力、热力的生产和供应业	Production and Supply of Electric Power and Heat Power	2631
燃气生产和供应业	Production and Supply of Gas	79
水的生产和供应业	Production and Supply of Water	192
四、按地区分	**by Region**	
济南市	Jinan	42431
青岛市	Qingdao	56643
淄博市	Zibo	28775
枣庄市	Zaozhuang	8472
东营市	Dongying	13022
烟台市	Yantai	36035
潍坊市	Weifang	37567
济宁市	Jining	21411
泰安市	Tai'an	20606
威海市	Weihai	22321
日照市	Rizhao	6459
莱芜市	Laiwu	6960
临沂市	Linyi	20106
德州市	Dezhou	12547
聊城市	Liaocheng	10876
滨州市	Binzhou	19714
菏泽市	Heze	10586

continued

(person)

本年度参加项目人员 Personnel involved in the project current year	科技管理和服务人员 Technology management and service personnel	全时人员 Full-time Personnel	非全时人员 Part-time Personnel
5244	331	3047	2528
1597	161	1149	609
5081	400	3618	1863
4985	406	3430	1961
36361	3024	27091	12294
25484	1054	20760	5778
1482	124	1096	510
12643	861	9981	3523
15315	1110	11532	4893
6494	1527	5007	3014
6381	467	5207	1641
10539	1194	8497	3236
28753	3151	23012	8892
25801	1841	21297	6345
19495	992	15153	5334
8465	345	6775	2035
22783	1753	18256	6280
29266	2648	26226	5688
5611	567	4640	1538
271	2	223	50
112	2	78	36
458		391	67
2755	**147**	**1387**	**1515**
2490	141	1196	1435
79		70	9
186	6	121	71
39251	3180	33522	8909
53643	3000	42524	14119
27188	1587	20445	8330
7786	686	5535	2937
11997	1025	8787	4235
33268	2767	26487	9548
32964	4603	26878	10689
20053	1358	14123	7288
18411	2195	12702	7904
20900	1421	15447	6874
5457	1002	3919	2540
5787	1173	4740	2220
18609	1497	14409	5697
11581	966	9245	3302
10365	511	7738	3138
18796	918	14706	5008
10071	515	7404	3182

19-25 规模以上工业企业R&D人员折合全时当量情况
Full-time Equivalent of R&D Personnel of Industrial Enterprises above Designated Size

单位：人年 (man year)

年份 / 类别	Year / Category	R&D人员折合全时当量 Full-time Equivalent of R&D Personnel	基础研究人员 Basic Research Personnel	应用研究人员 Applied Research Personnel	试验发展人员 Experimental Development Personnel
2010		144561	88	1671	142802
2011		180846	162	4237	176447
2012		204398	121	4610	199667
2013		227403	91	4683	222629
2014		230800	117	5834	224849
2015		241395	127	5492	235776
2016		241761	192	7359	234209
一、按企业规模分	**by Enterprise Size**				
大型企业	Large-sized Enterprises	123627	69	3940	119617
中型企业	Medium-sized Enterprises	54173	45	1345	52782
小型企业	Small-sized Enterprises	62563	76	2023	60465
微型企业	Micro-sized Enterprises	1398	2	51	1345
二、按登记注册类型分	**by Status of Registration**				
内资企业	Domestic Funded Enterprises	210578	171	6799	203607
国有企业	State-owned Enterprises	4490	30	120	4340
集体企业	Collective-owned Enterprises	2242		34	2208
股份合作企业	Cooperative Enterprises	104		1	103
联营企业	Joint Ownership Enterprises	21			21
有限责任公司	Limited Liability Corporations	98330	70	3225	95035
股份有限公司	Share-holding Corporations Limited	38307	28	1570	36709
私营企业	Private Enterprises	66968	43	1794	65131
其他企业	Other Enterprises	116		56	60
港、澳、台商投资企业	Enterprises with Funds from Hong Kong, Macao and Taiwan	8679	21	198	8460
合资经营企业(港或澳、台资)	Joint-ventures Enterprises	4871	21	140	4710
合作经营企业(港或澳、台资)	Cooperative Enterprises	126			126
港、澳、台商独资经营企业	Enterprises with Sole Investment	3217		18	3199
港、澳、台商投资股份有限公司	Share-holding Corporations Ltd. With Funds from Hong Kong, Macao and Taiwan	384			384
其他港澳台投资企业	Other Enterprises with Funds from Hong Kong,Mcao and Taiwan	82		40	41
外商投资企业	Foreign Funded Enterprises	22504		362	22142
中外合资经营企业	Joint-venture Enterprises	10792		124	10668
中外合作经营企业	Cooperation Enterprises	774		22	752
外资企业	Enterprises with Sole Foreign Funds	8810		136	8674
外商投资股份有限公司	Share-holding Corporations Ltd. With Foreign Investment	2048		74	1974
其他外商投资企业	Other Foreign Funded Enterprises	80		6	74
三、按工业行业大类分	**by Sector**				
采掘业	**Mining**	**12956**		**1983**	**10973**
煤炭开采和洗选业	Mining and Washing of Coal	7301		849	6452
石油和天然气开采业	Extraction of Petroleum and Natural Gas	2291		965	1326
黑色金属矿采选业	Mining of Ferrous Metal Ores	648			648
有色金属矿采选业	Mining of Non-ferrous Metal Ores	1697		122	1574
非金属矿采选业	Mining and Processing of Nonmetal Ores	136		46	89
开采辅助活动	Mining Support Activities	884			884
其他采矿业	Mining of Other Ores				
制造业	**Manufacturing**	**226945**	**190**	**5324**	**221431**
农副食品加工业	Processing of Food from Agricultural Products	9899	24	355	9520
食品制造业	Manufacture of Foods	5550	5	165	5379
酒、饮料和精制茶制造业	Manufacture of Wine, Drinks and Refined Tea	2787	11	168	2608
烟草制品业	Manufacture of Tobacco	108			108
纺织业	Manufacture of Textile	10795		335	10460
纺织服装、服饰业	Manufacture of Textile Wearing Apparel and Finery	5066		34	5032
皮革、毛皮、羽毛及其制品和制鞋业	Manufacture of Leather, Fur, Feather & Its Products and Footwear	822		38	784
木材加工及木 竹、藤、棕、草制品业	Processing of Timbers, Manufacture of Wood, Bamboo, Rattan, Palm, and Straw Products	710		53	657
家具制造业	Manufacture of Furniture	374		3	372

19-25 续表 continued

单位：人年 (man year)

类 别	Category	R&D人员折合全时当量 Full-time Equivalent of R&D Personnel	基础研究人员 Basic Research Personnel	应用研究人员 Applied Research Personnel	试验发展人员 Experimental Development Personnel
造纸及纸制品业	Manufacture of Paper and Paper Products	3262		32	3230
印刷和记录媒介复制业	Printing, Reproduction of Recording Media	1176		3	1173
文教、工美、体育和娱乐用品制造业	Manufacture of Culture, Education,Arts and crafts, Sport and Entertainment Goods	3409	9	191	3209
石油加工、炼焦和核燃料加工业	Processing of Petroleum, Coking and Nucleus Fuel	3387	3	100	3285
化学原料和化学制品制造业	Manufacture of Chemical Raw Material and Chemical Products	25863	11	401	25451
医药制造业	Manufacture of Medicines	18305	91	362	17852
化学纤维制造业	Manufacture of Chemical Fiber	942			942
橡胶和塑料制品业	Manufacture of Rubber and Plastic	8326		123	8203
非金属矿物制品业	Manufacture of Non-metallic Mineral Products	10388		441	9947
黑色金属冶炼及压延加工业	Manufacture and Processing of Ferrous Metals	4387		182	4205
有色金属冶炼及压延加工业	Manufacture & Processing of Non-ferrous Metals	4571		372	4199
金属制品业	Manufacture of Metal Products	7308		155	7152
通用设备制造业	Manufacture of General Purpose Machinery	20461	4	503	19954
专用设备制造业	Manufacture of Special Purpose Machinery	18071	8	328	17735
汽车制造业	Manufacture of Automotive	13130	17	219	12894
铁路、船舶、航空航天和其他运输设备制造业	Manufacture of Railroad,Marine,Aerospace and Other Transportation Equipment	6111		100	6010
电气机械及器材制造业	Manufacture of Electrical Machinery & Equipment	13985	8	422	13556
计算机、通信和其他电子设备制造业	Manufacture of Computer, Communications and Other Electronic Equipment	22745		215	22530
仪器仪表制造业	Manufacture of Measuring Instrument	4286		15	4271
其他制造业	Other Manufacture	217			217
废弃资源综合利用业	Comprehensive Utilization of Waste	93		5	88
金属制品、机械和设备修理业	Metal Products, Machinery and Equipment Repair Industry	411		2	409
电力、热力、燃气及水的生产和供应业	**Production and Supply of Electric, Heat, Has and Water**	**1859**	**2**	**52**	**1805**
电力、热力的生产和供应业	Production and Supply of Electric Power and Heat Power	1681	2	41	1637
燃气生产和供应业	Production and Supply of Gas	50		11	39
水的生产和供应业	Production and Supply of Water	129			129
四、按地区分	**by Region**				
济南市	Jinan	28376	37	371	27968
青岛市	Qingdao	38110		463	37646
淄博市	Zibo	20757	14	757	19986
枣庄市	Zaozhuang	5583	6	98	5479
东营市	Dongying	7788		1072	6715
烟台市	Yantai	25402	11	969	24422
潍坊市	Weifang	23266	36	254	22976
济宁市	Jining	13821		322	13498
泰安市	Tai'an	11060		667	10393
威海市	Weihai	13983		561	13421
日照市	Rizhao	3895		248	3647
莱芜市	Laiwu	4293		116	4177
临沂市	Linyi	13294	5	264	13025
德州市	Dezhou	8210	46	572	7592
聊城市	Liaocheng	5582	17	172	5393
滨州市	Binzhou	11888		374	11514
菏泽市	Heze	6455	21	77	6358

19-26 按行业分规模以上工业企业新产品开发及生产情况(2016年)
New Products Development and Production of Industrial Enterprises above Designated Size by Industrial Sector(2016)

行业	Sector	新产品项目数(项) New Products (unit)	开发新产品经费(万元) Expenditure on new products Development (10 000 yuan)	新产品产值(万元) Output Value of New Products (10 000 yuan)	新产品销售收入(万元) Sales Revenue of New Products (10 000 yuan)
总计	**Total**	**32952**	**12521655**	**163700812**	**163134209**
煤炭开采和洗选业	Mining and Washing of Coal	397	304314	917919	914268
石油和天然气开采业	Extraction of Petroleum and Natural Gas	128	13863	9035	8749
黑色金属矿采选业	Mining of Ferrous Metal Ores	33	7347	2792	266
有色金属矿采选业	Mining of Non-ferrous Metal Ores	70	89136	1965614	1780993
非金属矿采选业	Mining and Processing of Nonmetal Ores	14	4903	10017	9849
开采辅助活动	Mining Support Activities	90	46522		
其他采矿业	Mining of Other Ores				
农副食品加工业	Processing of Food from Agricultural Products	1511	671475	6030434	5864690
食品制造业	Manufacture of Foods	816	229832	1595810	1370729
酒、饮料和精制茶制造业	Manufacture of Wine, Drinks and Refined Tea	397	111216	1335664	1276514
烟草制品业	Manufacture of Tobacco	44	17638	918328	918328
纺织业	Manufacture of Textile	828	350243	18784051	19053061
纺织服装、服饰业	Manufacture of Textile Wearing Apparel and Finery	421	260013	3289665	3266455
皮革、毛皮、羽毛及其制品和制鞋业	Manufacture of Leather, Fur, Feather & Its Products and Footwear	118	53866	713399	899931
木材加工及木竹、藤、棕、草制品业	Processing of Timbers, Manufacture of Wood, Bamboo, Rattan, Palm, and Straw Products	114	50157	100089	100936
家具制造业	Manufacture of Furniture	64	24579	146575	134240
造纸及纸制品业	Manufacture of Paper and Paper Products	341	258704	4415453	4282194
印刷和记录媒介复制业	Printing, Reproduction of Recording Media	149	37154	275143	267015
文教、工美、体育和娱乐用品制造业	Manufacture of Culture, Education,Arts and crafts, Sport and Entertainment Goods	482	141207	1115781	1153653
石油加工、炼焦和核燃料加工业	Processing of Petroleum, Coking and Nucleus Fuel	357	302036	8938734	8823512
化学原料和化学制品制造业	Manufacture of Chemical Raw Material and Chemical Products	3320	1333806	15064735	15151332
医药制造业	Manufacture of Medicines	3259	842059	8926916	8990851
化学纤维制造业	Manufacture of Chemical Fiber	151	63641	626098	610480
橡胶和塑料制品业	Manufacture of Rubber and Plastic	1235	527131	4923153	4707358
非金属矿物制品业	Manufacture of Non-metallic Mineral Products	1613	448192	2953792	2844868
黑色金属冶炼及压延加工业	Manufacture and Processing of Ferrous Metals	449	321180	3486617	3919594
有色金属冶炼及压延加工业	Manufacture & Processing of Non-ferrous Metals	723	618965	11110764	10987666
金属制品业	Manufacture of Metal Products	1129	335259	3296533	3106513
通用设备制造业	Manufacture of General Purpose Machinery	3278	839440	6669178	6813011
专用设备制造业	Manufacture of Special Purpose Machinery	2988	786613	6454209	6212083
汽车制造业	Manufacture of Automotive	1960	774535	11789936	11709126
铁路、船舶、航空航天和其他运输设备制造业	Manufacture of Railroad,Marine,Aerospace and Other Transportation Equipment	781	325017	6107409	6374947
电气机械及器材制造业	Manufacture of Electrical Machinery & Equipment	2510	1093839	12504950	12458114
计算机、通信和其他电子设备制造业	Manufacture of Computer, Communications and Other Electronic Equipment	2070	1053253	18173978	18099711
仪器仪表制造业	Manufacture of Measuring Instrument	953	136775	941528	919668
其他制造业	Other Manufacture	18	5645	8582	7897
废弃资源综合利用业	Comprehensive Utilization of Waste	11	3937	1724	1685
金属制品、机械和设备修理业	Metal Products, Machinery and Equipment Repair Industry	51	5027	39248	37895
电力、热力生产和供应业	Production and Supply of Electric Power and Heat Power	53	23362	55926	53840
燃气生产和供应业	Production and Supply of Gas	7	4880	1033	2190
水的生产和供应业	Production and Supply of Water	19	4896		

19-27 高技术制造业R&D活动及新产品开发情况(2015年)

Statistics on R&D Activities and New Products Development in High-tech Manufacturing Industry(2015)

行业	Industry	有R&D活动的企业数(个) Number of Enterprises with R&D Activities (unit)	R&D人员折合全时当量(人年) Full-time Equivalent of R&D Personnel (man year)	R&D经费内部支出(万元) Internal Expenditure on R&D (10 000 yuan)
合　计	**Total**	**779**	**50774**	**2076753**
医药制造业	Medical and Pharmaceutical Products	307	16165	839211
航空、航天器及设备制造业	Aviation and Aircrafts Manufacturing	5	486	10779
电子及通信设备制造业	Electronic and Communication Equipment	235	12789	657047
计算机及办公设备制造业	Electronic Computers and Office Equipments	24	14715	331790
医疗仪器设备及仪器仪表制造业	Medical Treatment Instruments and Meters	190	5964	193709
信息化学品制造业	Manufacture of Electronic Chemicals	18	656	44216

19-27 续表 continued

行业	Industry	专利申请数(件) Patent Applications (piece)	拥有发明专利(件) Patents in Force (piece)	新产品开发项目数(项) New Products (units)	新产品开发经费支出(万元) Expenditure on New Products Development (10 000 yuan)
合　计	**Total**	**11527**	**9569**	**6282**	**1951473**
医药制造业	Medical and Pharmaceutical Products	1716	4135	2722	756621
航空、航天器及设备制造业	Aviation and Aircrafts Manufacturing	49	88	35	9979
电子及通信设备制造业	Electronic and Communication Equipment	4694	3076	1712	661011
计算机及办公设备制造业	Electronic Computers and Office Equipments	3403	783	607	295258
医疗仪器设备及仪器仪表制造业	Medical Treatment Instruments and Meters	1523	1322	1075	190869
信息化学品制造业	Manufacture of Electronic Chemicals	142	165	131	37737

注：本表的数据口径为规模以上工业企业。

a)Data in this table cover industrial enterprises above designated size.

19-28 高技术制造业基本情况
Statistics on Production and Management in High-tech Manufacturing Industry

项　目		Item		2011	2012	2013	2014	2015
生产经营情况		**Production Operation**						
企业数	(个)	Number of Enterprises	(unit)	1514	1875	2015	2114	2268
从业人员年平均人数	(万人)	Annual Average Number of Persons Engaged	(10 000 persons)	55.3	67.5	69.1	72.6	73.2
主营业务收入	(亿元)	Revenue from Principal Business	(100 million yuan)	6121.4	7729.2	8946.5	10212.1	11535.3
利润	(亿元)	Profits	(100 million yuan)	463.7	612.9	700.3	781.3	874.2
R&D及相关活动情况		**R&D and related Activities**						
有R&D活动的企业数	(个)	Number of Enterprises with R&D Activities	(unit)	320	472	535	627	779
R&D人员全时当量	(人年)	Full-time Equivalent of R&D Personnel	(man year)	29257	37499	46887	49122	50774
R&D经费内部支出	(亿元)	Internal Expenditure on R&D	(100 million yuan)	99.0	134.6	156.2	176.0	207.7
新产品开发经费	(亿元)	Expenditure on New Products Development	(100 million yuan)	109.6	142.7	163.7	172.2	195.1
专利申请数	(件)	Number of Patent Applications Examined	(unit)	5611	6970	8106	9775	11527
拥有发明专利数	(件)	Number of Invention Patents	(unit)	2375	3912	4667	6883	9569
固定资产投资情况		**Investment in Fixed Assets**						
施工项目数	(个)	Number of Projects Under Construction	(unit)	980	1154	1233	1254	1576
#新开工项目数	(个)	Number of New Projects	(unit)	631	806	874	863	1176
全部建成或投产项目数	(个)	Number of Projects Completed or Put into Use	(unit)	626	695	746	811	1124
投资额	(亿元)	Investment	(100 million yuan)	695.3	1086.6	1277.7	1412.9	1643.9
新增固定资产	(亿元)	New Added Fixed Assets	(100 million yuan)	383.9	598.7	842.3	911.8	1071.2

注：1.生产经营情况的数据口径为规模以上工业企业。2.从2015年起高技术制造业汇总范围包括信息化学品制造业。
a)Data on production operation cover industrial enterprises above designated size.
b)Data on high-tech manufacturing Industry include manufacture of electronic chemical since 2015.

主要统计指标解释

普通高等学校 指按照国家规定的设置标准和审批程序批准举办的，通过全国普通高等学校统一招生考试，招收高中毕业生为主要培养对象，实施高等教育的全日制大学、独立设置的学院和高等专科学校、高等职业学校和其他机构。

大学、独立设置的学院主要实施本科层次以上教育，高等专科学校、高等职业学校实施专科层次教育，其他机构是承担国家普通招生计划任务不计校数的机构。包括普通高等学校分校和批准筹建的普通高等学校等。

成人高等学校 指按照国家规定的设置标准和审批程序批准举办的，通过全国成人高等学校统一招生考试，招收具有高中毕业或同等学历的在职从业人员为主要培养对象，利用函授、业余、脱产等多种形式对其实施高等学历教育的学校。包括职工高等学校、农民高等学校、管理干部学院、教育学院、独立函授学院、广播电视大学、其他机构等。其他机构是承担国家成人招生计划任务不计校数的机构。

小学学龄儿童净入学率 指调查范围内已入小学学习的学龄儿童占校内外学龄儿童总数(包括弱智儿童，不包括盲聋哑儿童)的比重。计算公式为：

$$\text{小学学龄儿童净入学率}=\frac{\text{已入学的小学学龄儿童数}}{\text{校内外小学学龄儿童总数}}\times 100\%$$

国家财政性教育经费 包括国家财政预算内教育经费，各级政府征收用于教育的税费，企业办学校教育经费，校办产业、勤工俭学和社会服务收入用于教育的经费。

财政预算内教育经费 指中央、地方各级财政或上级主管部门在年度内安排，并计划拨到教育部门和其他部门主办的各级各类学校、教育事业单位，列入国家预算支出科目的教育经费，包括教育事业拨款、科研经费拨款、基建拨款和其他经费拨款。

研究与试验发展(R&D) 指在科学技术领域，为增加知识总量，以及运用这些知识去创造新的应用进行的系统的创造性的活动，包括基础研究、应用研究、试验发展三类活动。国际上通常采用 R&D 活动的规模和强度指标反映一国的科技实力和核心竞争力。

基础研究 指为了获得关于现象和可观察事实的基本原理的新知识(揭示客观事物的本质、运动规律，获得新发现、新学说)而进行的实验性或理论性研究，它不以任何专门或特定的应用或使用为目的。其成果以科学论文和科学著作为主要形式。用来反映知识的原始创新能力。

应用研究 指为获得新知识而进行的创造性研究，主要针对某一特定的目的或目标。应用研究是为了确定基础研究成果可能的用途，或是为达到预定的目标探索应采取的新方法(原理性)或新途径。其成果形式以科学论文、专著、原理性模型或发明专利为主。用来反映对基础研究成果应用途径的探索。

试验发展 指利用从基础研究、应用研究和实际经验所获得的现有知识，为产生新的产品、材料和装置，建立新的工艺、系统和服务，以及对已产生和建立的上述各项作实质性的改进而进行的系统性工作。其成果形式主要是专利、专有技术、具有新产品基本特征的产品原型或具有新装置基本特征的原始样机等。在社会科学领域，试验发展是指把通过基础研究、应用研究获得的知识转变成可以实施的计划(包括为进行检验和评估实施示范项目)的过程。人文科学领域没有对应的试验发展活动。主要反映将科研成果转化为技术和产品的能力，是科技推动经济社会发展的物化成果。

研究与试验发展人员 指参与研究与试验发展项目研究、管理和辅助工作的人员，包括项目(课题)组人员，企业科技行政管理人员和直接为项目(课题)活动提供服务的辅助人员。反映投入从事拥有自主知识产权的研究开发活动的人力规模。

研究与试验发展人员全时当量 指全时人员数加非全时人员按工作量折算为全时人员数的总和。例如：有两个全时人员和三个非全时人员(工作时间分别为 20%、30%和70%)，则全时当量为 2+0.2+0.3+0.7=3.2 人年。为国际上比较科技人力投入而制定的可比指标。

R&D 经费内部支出合计 指调查单位用于内部开展 R&D 活动（基础研究、应用研究和试验发展）的实际支出。包括用于 R&D 项目（课题）活动的直接支出，以及间接用于 R&D 活动的管理费、服务费、与 R&D 有关的基本建设支出以及外协加工费等。不包括生产性活动支出、归还贷款支出以及与外单位合作或委托外单位进行 R&D 活动而转拨给对方的经费支出。

专　利 是专利权的简称，是对发明人的发明创造经审查合格后，由专利局依据专利法授予发明人和设计人对该项发明创造享有的专有权。包括发明、实用新型和外观设计。反映拥有自主知识产权的科技和设计成果情况。

发　明 指对产品、方法或者其改进所提出的新的技术方案。是国际通行的反映拥有自主知识产权技术的核心指标。

Explanatory Notes on Main Statistical Indicators

Regular Institutions of Higher Learning refer to educational establishments set up according to the government evaluation and approval procedures, enrolling graduates from senior secondary schools and providing higher education courses and training for senior professionals. They include full time universities, colleges, high professional schools, high professional vocational schools and others.

Universities and colleges are mainly providing undergraduate courses; those high professional schools and high professional vocational schools are mainly providing professional trainings; and others refer to educational establishments, which are responsible for enrolling students but not covered in the total number of schools, including: branch schools of universities and colleges, and universities and colleges that have been proved and prepared to construct.

Institutions of Higher Learning for Adults refer to educational establishments, set up in line with relevant rules approved by the government, enrolling staff and workers with senior secondary school or equivalent education, and providing higher education courses in many forms of correspondence, spare time, or full time for adults. Professionals thus trained receive a qualification equivalent to graduates studying regular courses at regular universities, colleges and professional colleges. Institutions of higher learning for adults include schools of high education for staff and workers, schools of high education for peasants, colleges for management cadres, pedagogical colleges, independent correspondence colleges, Radio and TV universities and other educational establishments. Other educational establishments are responsible for enrolling adult students but not covered in the number of schools.

Enrollment Rate of Primary School Age Children refers to the proportion of school age children enrolled at schools to the total number of school age children both in and outside schools (including retarded children, but excluding blind, deaf and mute children). The formula is:

$$\begin{array}{c}\text{Enrolment Rate}\\ \text{of Primary}\\ \text{School - age Children}\end{array} = \frac{\begin{array}{c}\text{Total Primary School - age}\\ \text{Children at Schools}\end{array}}{\begin{array}{c}\text{Total Primary School - age}\\ \text{Children Whether or}\\ \text{Not Attending School}\end{array}} \times 100\%$$

Government Appropriation for Education refers to state budgetary fund for education, taxes and fees collected by governments at all levels that are used for education purpose, education fund for enterprise run schools, income from school run enterprises, work study programme and social services that are used for education purpose.

Budgetary Fund for Education refers to education fund that is planned to allocate to various schools and education institutions by central and local financial departments at various levels within the reference year, which is within the state budgetary expenditure, including: appropriate funds for education, science and research, capital construction and others.

Research and Development (R&D) refers to systematic and creative activities in the field of science and technology aiming at increasing the knowledge and using the knowledge for new application. R&D includes 3 categories of activities: basic research, applied research and experiments and development. The scale and intensity of R&D are widely used internationally to reflect the strength of S&T and the core competitiveness of a country in the world.

Basic Research refers to empirical or theoretical research aiming at obtaining new knowledge on the fundamental principles of phenomena of observable facts to reveal the nature and law of movement of objects and to acquire new discoveries or new theories. Basic research takes no specific or designated application as the aim of the research. Results of basic research are mainly released or disseminated in the form of scientific papers or monographs. This indicator reflects the original innovation capacity of knowledge.

Applied Research refers to creative research aiming at obtaining new knowledge on a specific objective or target. Purpose of the applied research is to identify the possible use of results from basic research, or to explore new (fundamental) methods or new approaches. Results of applied research are expressed in the form of scientific papers, monographs, fundamental models or invention patents. This indicator reflects the exploration of ways to apply the results of basic research.

Experiments and Development refer to systematic activities aiming at using the knowledge from basic and applied researches or from practical experience to develop new products, materials and equipment, to establish new production process, systems and services, or to make substantial improvement on the existing products, process or services. Results of experiment and development activities are embodied in patents, exclusive technology, and monotype of new products or equipment. In social sciences, experiment and development activities refer to the process of converting the knowledge from basic or applied researches into feasible programmes (including conduct of demonstration projects for assessment and evaluation). There are no experiment and development activities in the science of humanities. This indicator reflects the capability of transferring the results of S&T into technique and products, which is the materialized measurement of S&T pushing forward the economic and social development.

R&D Personnel refer to persons engaged in research, management and supporting activities of R&D, including persons in the project teams, persons engaged in the management of S&T activities of enterprises and supporting staff providing direct service to the research projects. This indicator reflects the size of personnel engaged in R&D activities with independent intellectual property.

Full time Equivalent of R&D Personnel refers to the sum of the full time persons and the full time equivalent of part time persons converted by workload. For instance, if there are 2 full time persons and 3 part time workers (20%, 30% and 70% of working hours respectively on R&D activities), the full time equivalent is 2+0.2+0.3+0.7=3.2 person years. This is an internationally comparable indicator of input of personnel in S&T activities.

Total Internal Expenditure of Funds on R&D refers to the real expenditure of surveyed units on their own R&D activities(basic research, application study, test and development)including direct expenditure on R&D activities,expenditure on capital construction and material processing by others.Excluding the expenditure on production activities,return of loan,and fee transferred to coopertated and entrusted agencies on R&D activities.

Patent is an abbreviation for the patent right and refers to the exclusive right of ownership by the inventors or designers for the creation or inventions, given from the patent offices after due process of assessment and approval in accordance with the Patent Law. Patents are granted for inventions, utility models and designs. This indicator reflects the achievements of S&T and design with independent intellectual property.

Inventions refer to the new technical proposals to the products or methods or their modifications. This is universal core indicator reflecting the technologies with independent intellectual property.

第20篇

文化、体育和卫生

Culture, Sports and Health

简 要 说 明

一、本篇资料的主要内容

本篇资料反映了全省文化、体育和卫生基本情况。文化部分主要包括文化、文物、广播、电视、档案、报纸杂志出版、图书出版等方面的发展状况。体育部分主要包括运动员、教练员、裁判员发展人数等情况。卫生部分主要包括卫生机构及其人员、床位数、县及县以上医院诊疗人次数、入院人数等基本情况。

二、本篇资料的来源

1.文化部分中，艺术事业、图书馆事业、群众文化事业的资料来源于省文化厅计划财务处，广播电视资料来源于省广播电视局计划财务处，新闻出版有关资料来源于省新闻出版局办公室，档案馆有关资料来源于省档案局法规经济科技处。

2.体育部分的资料来源于省体育局财务经济处。

3.卫生部分的资料来源于省卫生厅信息中心。

本篇资料由省统计局社科处整理提供。

Brief Introduction

I. Content

Data in this chapter show the basic conditions of culture,sports and health. Data on culture show the basic conditions on arts, cultural relics, broadcasting, television, archives and publication. Data on sports mainly include the number of athletes, coaches and referees. Data on health include the number of institutions, personnel, hospital beds.

II. Source of Data

(1)Data on the causes of arts, libraries, mass culture are provided by the Planning and Finance of Shandong Provincial Culture Department. Data on broadcasting and television are provided by the Planning and Finance of Shandong Provincial Administration of Radio and Television. Data on news and publication are provided by the Administrative Office of Shandong Provincial Administration of Press and Publication. Data on archives and publication are provided by the Division of Technology and Economy of Shandong Provincial Archives Administration.

(2)Data on sports are provided by the Division of Planning and Finance of Shandong Provincial Physical Culture Administration.

(3)Data on public health are provided by the Information Center of Shandong Provincial Department of Health.

In this chapter, data are prepared by the Division of Social,Science and Technology Statistics of Shandong Provincial Bureau of Statistics.

20-1 主要年份文化、文物事业基本情况
Number of Institutions for Culture and Cultural Relics of Major Years

年 份	文化(艺术)馆 Cultural Centre		文化站 Cultural Station		艺术表演团体 Art Performance Troups	
Year	机构数 (个) Number (unit)	人 数 (人) Personnel (person)	机构数 (个) Number (unit)	人 数 (人) Personnel (person)	机构数 (个) Number (unit)	人 数 (人) Personnel (person)
1949	39				46	
1952	166		139		113	
1957	134		283		175	
1962	130		500		180	
1965	141	1261	6	10	176	9923
1970	137	1601			154	9599
1975	151	1891	887	944	157	12709
1976	150	1979	1644	1803	157	13396
1977	155	2110	1988	2185	156	13557
1978	155	2151	2103	2196	155	13219
1979	155	2138	2104	2163	155	12896
1980	155	2251	2117	2197	156	12562
1981	156	2420	2099	2218	157	11930
1982	155	2490	2107	2268	157	11280
1983	155	2609	2102	2172	157	10584
1984	154	2590	2132	2204	159	9922
1985	157	2818	2198	2230	158	9317
1986	159	2940	2276	2292	149	9177
1987	157	2849	2345	2410	139	7751
1988	159	3043	2423	2787	127	7344
1989	159	3140	2452	2643	123	6992
1990	159	3127	2482	2666	119	6703
1991	156	3100	2504	2783	120	6640
1992	156	3129	2481	2798	120	6657
1993	157	3145	2454	2862	119	6430
1994	157	3197	2387	2882	118	6448
1995	158	3265	2363	3117	118	6170
1996	159	3237	2466	3286	118	6090
1997	158	3264	2482	3177	118	6148
1998	158	3252	2494	3339	118	6170
1999	158	3194	2493	3293	117	6077
2000	159	3055	2422	3304	118	5943
2001	159	2975	1912	2943	121	5990
2002	156	2935	1866	3019	121	6030
2003	157	2968	1792	3022	120	5988
2004	159	3136	1783	3190	118	5995
2005	158	2982	1768	3166	117	6066
2006	158	3058	1857	3330	118	6250
2007	157	3012	1826	3715	119	6163
2008	156	3025	1826	3754	119	6254
2009	158	3115	1867	4593	118	6279
2010	158	3055	1855	4543	119	6268
2011	160	3086	1828	4643	116	6163
2012	158	3033	1821	4987	104	5722
2013	159	3062	1807	4915	103	5557
2014	158	3047	1811	5181	104	5728
2015	157	3034	1814	5534	104	5368
2016	157	3006	1816	5262	103	5651

20-1 续表 continued

年 份 Year	剧 场(院) Theaters		图 书 馆 Libraries		博 物 馆 Museums	
	机构数 (个) Number (unit)	人 数 (人) Personnel (person)	机构数 (个) Number (unit)	人 数 (人) Personnel (person)	机构数 (个) Number (unit)	人 数 (人) Personnel (person)
1949	5		3			
1952	15		3			
1957	44		40			
1962	129		84			
1965	128	755	27	257	7	183
1970	83	600	12	193	5	155
1975	81	592	43	436	8	211
1976	71	577	62	564	9	237
1977	76	658	66	621	9	246
1978	75	661	80	737	10	298
1979	77	705	88	876	10	310
1980	71	627	88	924	10	317
1981	72	649	89	1004	9	268
1982	71	667	89	1075	15	338
1983	61	660	89	1131	17	364
1984	65	678	92	1240	19	380
1985	62	705	99	1338	23	488
1986	123	2193	101	1486	30	527
1987	119	2310	105	1613	36	763
1988	116	2388	111	1780	40	876
1989	118	2413	113	1796	40	979
1990	117	2516	115	1876	41	1021
1991	121	2736	118	1956	45	1141
1992	120	2772	122	2055	45	1215
1993	119	2837	126	2178	52	1329
1994	118	2878	126	2256	54	1418
1995	115	2783	130	2318	56	1462
1996	111	2727	131	2359	54	1522
1997	107	2652	131	2471	54	1562
1998	107	2577	131	2536	56	1422
1999	107	2544	133	2555	57	1663
2000	105	2473	133	2506	59	1633
2001	105	2444	136	2503	66	1611
2002	104	2434	140	2559	70	1566
2003	104	2353	140	2573	73	1634
2004	95	2088	142	2633	72	1684
2005	94	1881	145	2690	75	1723
2006	95	2098	143	2624	76	1770
2007	92	1937	145	2640	87	1915
2008	90	1827	147	2606	96	2064
2009	82	1640	150	2669	111	2307
2010	91	1904	149	2680	114	2456
2011	93	2134	150	2697	120	2787
2012	93	2083	150	2647	178	4353
2013	93	1719	153	2760	194	4748
2014	93	1734	153	2730	243	5369
2015	92	1632	154	2750	312	6310
2016	93	1602	154	2828	393	7152

20-2 文化、文物机构人员情况(2016年)

Number of Institution and Personnel in Culture and Culture Relics(2016)

项　目	Item	机构数(个) Number of Institutions (unit)	人员数(人) Number of Employed Persons (person)
总　计	**Total**	**15131**	**88567**
文化	Culture	2679	24753
公有制艺术表演团体	Public Arts Performance Troupes	103	5651
公有制艺术表演场馆	Public Arts Centers	93	1602
艺术展览创作机构	Art exhibition and Creation Institutions	82	586
公共图书馆业	Public Libraries	154	2828
群众文化服务业	Mass Culture	1973	8268
艺术馆、文化馆	Cultural and Art Centers	157	3006
文化站	Cultural Stations	1816	5262
艺术教育业	Culture Education	3	297
文艺科研机构	Art Research	7	155
文化行政主管部门	Administrative department of culture	160	3530
其他文化机构	Other cultural institutions	104	1836
文物	Cultural Relics	587	12253
文物保护管理机构	Agency of Relics Preservation	112	3159
文物科研机构	Scientific and Research Historical Relics Agency	13	150
博物馆	Museums	393	7152
文物商店	Cultural Relics Agencies	5	54
其他文物机构	Other cultural relics institutions	64	1738
文化市场经营机构	Business Units Dealing in Culture Market	11865	51561
娱乐场所	Place of entertainment	2130	17352
互联网上网服务营业场所（网吧）	Internet service establishments (Internet bar)	8422	21521

注：文化市场经营机构含互联网上网服务营业场所和娱乐场所。

a) Business units dealing in culture market include internet service and entertainment venues.

20-3 各市文化、文物事业基本情况(2016年)

Basic Statistics on Culture and Cultural Relics by Region (2016)

地　区	Region	公共图书馆数(个) Public Libraries (unit)	公共图书馆藏书量(万册) Total Collections (10 000 volumes)	艺术表演团体(个) Performance Troupes (unit)	艺术表演场所(个) Art Performance Places (unit)	文化馆(群众艺术馆)(个) Cultural (Mass Art) Centers (unit)	文化站(个) Cultural Stations (unit)	文化事业费(万元) Total Cultural Expenditures (10 000 yuan)	文物事业费(万元) Total Cultural Relics Expenditures (10 000 yuan)	博物馆(个) Museums (unit)
全省总计	**Total**	**154**	**5065**	**103**	**93**	**157**	**1816**	**320980**	**163490**	**393**
济南市	Jinan	11	455	8	8	11	143	30065	7804	26
青岛市	Qingdao	12	646	9	10	12	136	44870	11174	59
淄博市	Zibo	9	261	3	8	9	88	15302	7032	49
枣庄市	Zaozhuang	7	144	2	4	7	62	6241	8770	18
东营市	Dongying	6	146	3	1	6	40	14281	1293	12
烟台市	Yantai	14	592	10	8	14	155	27892	7052	26
潍坊市	Weifang	12	422	6	2	13	118	18652	8624	24
济宁市	Jining	12	206	11	8	12	154	24515	21759	26
泰安市	Tai'an	7	161	4	5	7	88	10013	41039	29
威海市	Weihai	5	209	4	2	6	74	10400	5352	9
日照市	Rizhao	5	87	1	2	5	54	7786	3611	9
莱芜市	Laiwu	2	52	1		2	20	2890	793	14
临沂市	Linyi	13	289	4	6	13	160	15546	6726	30
德州市	Dezhou	12	165	6	8	12	133	11056	2520	13
聊城市	Liaocheng	8	125	5	7	9	132	10359	6384	14
滨州市	Binzhou	8	142	8	1	8	91	11300	926	16
菏泽市	Heze	10	135	11	9	10	168	10914	3626	17

注：全省数据含省本级数据。

a)Provincial data include provincial level data.

20–4 广播电视基本情况
Basic Statistics on Radio and Television Stations

项　目		Item		2013	2014	2015	2016
广播		**Radio**					
广播节目综合人口覆盖率	(%)	Radio Coverage Rate of the Population	(%)	98.5	98.7	98.8	99.0
广播节目套数	(套)	Number of Radio Programs	(set)	158	158	162	161
广播节目制作时间	(万小时)	Length of Radio Programs Produced	(10 000 hours)	50.0	60.8	53.4	56.0
公共广播节目播出时间	(万小时)	Length of Public Radio Programs Broadcasted	(10 000 hours)	88.3	90.4	93.9	95.7
对外广播节目播出套数	(套)	Number of International Radio Programs Broadcasted	(set)	2	1	1	1
对外广播节目播出时间	(万小时)	Length of International Radio Programs Broadcasted	(10 000 hours)	0.1	0.1	0.1	0.1
广播节目播出语言种类	(种)	Kinds of Languages of Radio Programs Broadcasted	(kind)	1	1	1	1
电视		**Television**					
电视节目综合人口覆盖率	(%)	TV Coverage Rate of Population	(%)	98.2	98.5	98.6	98.6
有线广播电视用户数	(万户)	Number of Users of Cable Radio and TV	(10 000 households)	1870.2	1889.8	1806.8	1848.1
有线广播电视入户率	(%)	Popularization Rate of Cable Radio and TV	(%)	61.8	61.9	58.5	61.5
电视节目套数	(套)	Number of TV Programs	(set)	188	194	224	224
电视节目制作时间	(万小时)	Length of TV Programs Produced	(10 000 hours)	21.3	21.9	22.2	23.3
公共电视节目播出时间	(万小时)	Length of Public TV Programs Broadcasted	(10 000 hours)	104.5	107.6	115.5	115.5
电视节目播出语言种类	(种)	Kinds of Languages of TV Programs Broadcasted	(kind)	3	3	3	3
对外电视节目播出套数	(套)	Number of International TV Programs Broadcasted	(set)	1	1	1	1
对外电视节目播出时间	(万小时)	Length of International TV Programs Broadcasted	(10 000 hours)	0.9	0.9	0.9	0.9
电影		**Movies**					
国有电影制片厂	(个)	State-owned Movie Studios	(unit)	1	1	1	1
#电影故事片厂		Feature Film Movie Studios		1	1	1	1
电影院线	(条)	Movie Circuit	(line)	24	26	26	28
#银幕	(块)	Screen	(unit)	1348	1560	1918	2305
电影综合收入	(亿元)	Revenue of Movies	(100 million yuan)		12.6	18.5	
#国内电影票房收入		Domestic Movie Box Office Revenue		7.6	11.0	17.3	17.5
广播电视技术及其他		**TV Technology and Others**					
广播电视总收入	(亿元)	Revenue of Radio and TV	(100 million yuan)	145.4	158.7	172.3	159.8
广播电视从业人员数	(万人)	Staff and Workers of Radio and TV	(10 000 persons)	5.3	5.7	5.8	5.9
中、短波转播发射台	(座)	Transmission and Relaying Stations of Medium and Short Wave Broadcast	(unit)	30	30	30	33
调频转播发射台	(座)	Relaying Stations of Frequency Modulation Broadcasting	(unit)	133	131		
电视转播发射台	(座)	TV Transmission and Relaying Stations	(unit)	151	150		
调频、电视转播发射台	(座)	Relaying Stations and TV Transmission of Frequency Modulation Broadcasting	(unit)			206	206
微波实有站	(座)	Microwave Stations	(unit)	38	38	38	28

20-5 图书、期刊和报纸出版情况(2016年)
Number of Books,Magazines and Newspapers Published (2016)

类 别	Item	种 数 (种) Number of Publications (kind)	总印数 (万册、万份) Total Printed Copies (10 000 Copies)
图书总计	**Books**	**15925**	**53037**
马列主义、毛泽东思想	Marxism-Leninism, Mao Zedong Thought	12	4
哲学	Philosophy	110	74
社会科学总论	General Social Sciences	156	41
政治、法律	Politics and Law	122	124
军事	Military Affairs	17	49
经济	Economics	156	35
文化、科学、教育、体育	Culture, Science, Education and Sports	11354	47925
语言、文字	Languages	141	152
文学	Literature	1924	3573
艺术	Arts	511	255
历史、地理	History and Geography	329	179
自然科学总论	General Natural Sciences	36	22
数理科学、化学	Mathematics and Chemistry	56	22
天文学、地球科学	Astronomy and Geology	85	48
生物科学	Biology	28	16
医学、卫生	Medicine and Health Care	206	138
农业科学	Agricultural Science	110	40
工业技术	Industrial Technology	432	279
交通运输	Transportation	35	13
航空、航天	Aeronautics and Aerospace		
环境科学	Environmental Science	10	4
综合性图书	General Books	95	46
期刊总计	**Magazine**	**264**	**10241**
综 合	Synthesis	19	329
哲学社会科学	Philosophy and Social Science	71	3932
自然科学技术	Natural Science and Technology	127	1213
文化教育	Culture and Education	30	4081
文学艺术	Literature and Arts	14	680
画 刊	Pictorial		
少 儿	Children's Books	6	3137
报纸总计	**Newspaper**	**136**	**262037**
综合报	Synthetical Newspaper	40	211575
专业报	Special Newspaper	26	29453
高校校报	College Newspaper	49	

注：2015年起，高校校报总印数不再统计。
a)Since 2015,the total printed copies amount of college newspaper no statistics.

20-6 档案馆基本情况(2016年)
Statistics on Archive Institution(2016)

项目		Item		总计 Total	国家综合档案馆 National Comprehen-sive Archive	省级 Provincial Level	市地级 City Level	县级 County Level
档案馆	（个）	Number of Institutions	(unit)	229	162	1	17	144
现有专职人数	（人）	Number of Personnel	(person)	2018	1382		193	1189
档案馆面积	（平方米）	Floor Space of Archives Institution	(sq.m)	523707	401446	49230	109137	243079
馆藏档案		Number of Archives						
全宗	（个）	Whole Volume	(unit)	21684	21442	336	4349	16757
案卷	（卷）	Files	(volume)	19428340	12057121	962393	3345246	7749482
建国前档案案卷	（卷）	Before 1949 Files	(volume)	807981	800462	460612	329192	10658
建国后档案案卷	（卷）	After 1949 Files	(volume)	18620359	11256659	501781	3016054	7738824
馆藏资料	（册）	Number of Material Stored	(volume)	4861056	2553144	86292	530683	1936169
档案资料利用情况		Use of Archiver						
利用档案	（卷次）	Number of Archives Used	(volume-times)	1126330	440329	6768	87592	345969
利用资料	（册次）	Number of Material Used	(vomume-times)	28159	23146	121	5126	17899
利用档案人次	（人次）	Number of Persons Using Material	(person-times)	770952	202813	2769	27854	172190
开放案卷	（卷）	Opening Archives	(volume)	5899083	1568132	108925	415241	1043966
开放档案目录(案卷级)	（万条）	Catalog of Opening Archives (Files)	(10 000 units)	78447.96	11210.78		57.45	11153.33

注：现有专职人数：省级无馆人员编制 ；开放档案目录：省级仅有“文件级”的数据，故该两项为空。

a)The current number of full-time staff: no staff in provincial archives; Catalog of opening archives: only "file level" data is available at the provincial level, so the two items are empty.

20-6 续表 continued

项目		Item		国家专门档案馆 National Special Archives	部门档案馆 Departm-ent Archives	大型企业档案馆 Enterprise Archive Institution	省、部属事业单位档案馆 Province and Ministry Archive Institution
档案馆	（个）	Number of Institutions	(unit)	19	9	13	26
现有专职人数	（人）	Number of Personnel	(person)	336	26	61	213
档案馆面积	（平方米）	Floor Space of Archives Institution	(sq.m)	44441	4527	29300	43993
馆藏档案		Number of Archives					
全宗	（个）	Whole Volume	(unit)	15	4	127	96
案卷	（卷）	Files	(volume)	4078879	494040	1191896	1606404
建国前档案案卷	（卷）	Before 1949 Files	(volume)	6325		654	540
建国后档案案卷	（卷）	After 1949 Files	(volume)	4072554	494040	1191242	1605864
馆藏资料	（册）	Number of Material Stored	(volume)	2065083	34190	70117	138522
档案资料利用情况		Use of Archiver					
利用档案	（卷次）	Number of Archives Used	(volume-times)	445822	18582	35551	186046
利用资料	（册次）	Number of Material Used	(vomume-times)	920	165	1578	2350
利用档案人次	（人次）	Number of Persons Using Material	(person-times)	430645	51185	13011	73298
开放案卷	（卷）	Opening Archives	(volume)	3446120	257913	242833	384085
开放档案目录(案卷级)	（万条）	Catalog of Opening Archives (Files)	(10 000 units)	67214.27		5.60	17.31

20-7 等级运动员、教练员、裁判员发展人数
Basic Statistics on Athletes, Coaches and Referees

单位:人 (person)

项 目	Item	2010	2011	2012	2013	2014	2015	2016
等级运动员	**Number of Athletes and Referees in Grades**	**4831**	**2512**	**3360**	**4650**	**4045**	**4006**	**4304**
国际运动健将	International Master of Sportsmen	13	16	7	23	13	21	14
运动健将	Master of Sportsmen	95	14	121	110	83	134	178
一 级	First Grade Sportsmen	1098	691	1067	572	1109	907	771
二 级	Second Grade Sportsmen	3625	1791	2165	3945	2840	2944	3341
聘任教练员	**Employeed Referees**	**33**	**95**	**29**		**135**	**94**	**68**
高级职称	Senior Title	3	9	1		26	9	2
中级职称	Intermediate Title	15	37	5		41	25	14
初级职称	Junior Title	15	49	23		68	60	52
等级裁判员	**Number of Referees in Grades**	**1900**	**1076**	**1784**	**3213**	**3481**	**3630**	**2038**
国际级	International Referees							
国家级	National Referees	25	20	55	1	30	2	
一 级	First Grade Referees	352	473	450	544	928	745	75
二 级	Second Grade Referees	1523	583	1279	2668	2523	2883	1963

20-8 分项目分技术等级运动员发展人数（2016年）
Certified Athletes by Type of Sports and Technical Grade(2016)

单位：人 (person)

项　目	Item	合　计 Total	国际级运动健将 International Master of Sportsmen	运动健将 Master of Sportsmen	一级运动员 First Grade Sportsmen	二级运动员 Second Grade Sportsmen
合计	**Total**	**4304**	**14**	**178**	**771**	**3341**
田径	Track and Field Events	1348	2	9	12	1325
游泳	Swimming	157		7	17	133
跳水	Diving	4		2	1	1
体操	Artistic Gymnastics	17		8	5	4
艺术体操	Eurhythmics	32			28	4
蹦床	Trampoline	13		2	10	1
举重	Weightlifting	30		1	6	23
拳击	Boxing	90		7	40	43
摔跤	Wrestling	117	1	6	31	79
中国式摔跤	Chinese Wrestling	39		2	5	32
柔道	Judo	80	2	6	13	59
跆拳道	Taekwondo	77		7	40	30
自行车	cycling	27		1	1	25
马术	Equestrian	9			1	8
现代五项	Modern Pentathlon	49	3	4	27	15
射击	Shooting	12	1	3		8
射箭	Archery	138		2	56	80
赛艇	Rowing	21			18	3
皮划艇	Canoe Kayak	343		11	78	254
帆船	Sailing	333		9	14	310
帆板	Windsurfing	219	1	23	80	115
足球	Football	17			10	7
篮球	Basketball	128		7	38	83
排球	Volleyball	29	2		1	26
沙滩排球	Beach Volleyball	83				83
乒乓球	Table Tennis	205		5	13	187
网球	Tennis	69			9	60
手球	Handball	47			9	38
自由式滑雪	Freestyle skiing	7			1	6
单板滑雪	Snowboarding	3		2	1	
软式网球	Lawn Tennis	2		1		1
武术	Wushu	8		6		2
滑水	Waterskiing	1		1		
围棋	Weiqi	3				3
象棋	Chinese Chess	6		3	3	
登山	Mountain climbing	5			3	2
攀岩	rock climbing	157		16	85	56
铁人三项	Triathlon	1	1			
高尔夫球	Golf ball	2				2
滑翔	Glide	70		19	46	5
公开水域游泳	Open water swimming	171		1	48	122
五人制足球	Five-a-side football	59		3	15	41
无线电测向	Radio direction finder	76	1	4	6	65

20-9 体育系统机构人员情况（2016年）
Number of Institutions and Engaged Persons of Physical Education System(2016)

单位：个、人 (unit,person)

指　标	Item	省级 Provincial Level 机构 Institutions	人员 Persons	地级 Prefectural Level 机构 Institutions	人员 Persons	县级 County Level 机构 Institutions	人员 Persons
总　计	**Total**	**33**	**3367**	**93**	**3154**	**193**	**4753**
体育行政机关	Administrative Agencies	1	53	17	392	89	1621
运动项目管理部门	Sports Events Management	16	2103	1	98		
本科院校	Colleges	1	675				
体育运动学校	Physical Education and Sports Schools			13	1303	3	223
竞技体校	Competitive Sports School			1	44	2	94
少儿体育运动学校(业余体校)	Spare-time Sports School			5	292	24	481
单项运动学校	Individual Sports Schools						
训练基地	Training Bases	1	36	2	48		
体育场馆	Stadium and Gymnasium	1	136	18	612	5	67
科研所	Science and Technology Institute	1	54	1	10		
其他事业单位	Other Institutions	12	310	33	317	60	2043
其他	Others			2	38		
体育中学	Sports middle school					10	224

20-10 卫生总费用
Total Health Expenditure

年份 Year	卫生总费用(亿元) Total Health Expenditure (100 million yuan)	政府卫生支出 Government Health Expenditure 绝对数(亿元) Level (100 million yuan)	占卫生总费用比重(%) As Percentage of Health Expenditure (%)	社会卫生支出 Social Health Expenditure 绝对数(亿元) Level (100 million yuan)	占卫生总费用比重(%) As Percentage of Health Expenditure (%)	个人现金卫生支出 Out-of-pocket Health Expenditure 绝对数(亿元) Level (100 million yuan)	占卫生总费用比重(%) As Percentage of Health Expenditure (%)	人均卫生总费用(元) Per Capita Health Expenditure (yuan)	卫生总费用占GDP比重(%) Health Expenditure as Percentage of GDP (%)
1998	195.71	30.66	15.67	56.62	28.93	108.43	55.40	221	2.79
1999	227.96	31.96	14.02	58.05	25.46	137.96	60.52	257	3.04
2000	271.98	34.96	12.85	67.16	24.69	169.85	62.45	302	3.26
2001	301.92	39.60	13.12	90.42	29.95	171.89	56.93	334	3.28
2002	353.46	48.42	13.70	96.92	27.42	208.13	58.88	389	3.44
2003	399.68	59.13	14.79	117.92	29.50	222.64	55.70	438	3.31
2004	448.60	69.68	15.53	136.31	30.39	242.61	54.08	489	2.99
2005	542.13	83.83	15.46	168.77	31.13	289.53	53.41	586	2.93
2006	650.10	108.89	16.75	219.95	33.83	321.26	49.42	698	2.94
2007	801.02	148.01	18.48	272.91	34.07	380.10	47.45	855	3.08
2008	987.17	193.19	19.57	359.72	36.44	434.26	43.99	1048	3.18
2009	1163.20	254.02	21.84	428.68	36.85	480.51	41.31	1228	3.43
2010	1345.30	327.40	24.34	497.02	36.95	520.88	38.72	1403	3.43
2011	1648.65	425.10	25.78	616.02	37.37	607.53	36.85	1711	3.63
2012	1928.88	498.38	25.84	726.42	37.66	704.09	36.50	1992	3.86
2013	2245.97	571.45	25.44	874.71	38.95	799.80	35.61	2307	4.11
2014	2484.16	619.70	24.95	1039.50	41.84	824.97	33.21	2538	4.18
2015	2844.96	722.22	25.39	1213.99	42.67	908.75	31.94	2889	4.52

20–11 卫生事业基本情况
Basic Statistics of Health Institutions

年 份 Year	卫生机构数(个) Number of Health Institutions (unit)	#医 院、卫生院 Hospitals and Township Hospitals	卫生机构床位数(万张) Number of Beds (10 000 sets)	#医 院、卫生院 Hospitals and Township Hospitals	卫生技术人员数(万人) Medical Technical Personnel (10 000 persons)	#执业(助理)医师 Licensed (Assistant) Doctors
1949	288	112	0.3	0.3	2.6	1.8
1952	1879	223	1.8	0.9	3.9	2.0
1955	4620	221	2.1	1.1	6.0	2.9
1957	10235	232	2.4	1.5	7.3	3.3
1962	19460	349	4.9	3.4	9.0	4.3
1965	16336	502	5.4	3.8	8.9	4.4
1970	6173	2155	6.2	5.7	7.9	3.7
1975	7092	2336	9.3	8.6	12.4	5.0
1976	7438	2402	10.2	9.4	13.6	5.2
1977	8003	2420	11.1	10.3	14.4	5.5
1978	8389	2453	12.0	11.1	15.0	5.7
1979	8731	2541	12.5	11.6	16.1	6.2
1980	8908	2552	12.7	11.7	16.9	6.2
1981	9448	2565	12.9	11.8	17.9	6.9
1982	9830	2583	13.2	12.0	18.7	7.3
1983	9965	2597	13.5	12.2	19.3	7.6
1984	9972	2626	14.1	12.8	19.8	7.7
1985	10304	2623	14.7	13.4	20.5	8.0
1986	10399	2659	15.3	13.9	21.3	8.3
1987	10634	2690	16.2	14.7	22.1	8.7
1988	10475	2767	16.8	15.2	22.8	9.2
1989	10707	2975	17.2	15.5	23.4	10.4
1990	11040	3037	17.7	16.0	24.1	10.7
1991	11141	3066	18.2	16.5	24.1	10.5
1992	10865	3097	18.7	17.1	24.7	10.6
1993	10881	3096	19.5	17.7	25.8	11.1
1994	10654	3134	19.9	18.1	26.4	11.5
1995	10463	3104	20.0	18.2	27.1	11.9
1996	11968	3139	20.0	18.7	28.7	12.8
1997	10993	3151	20.7	19.4	29.4	13.0
1998	11008	3170	20.8	19.6	30.1	13.3
1999	14611	3151	21.3	20.1	30.8	13.9
2000	17118	3150	21.5	20.3	31.5	14.5
2001	17348	3000	21.8	20.7	31.8	14.9
2002	17500	2980	22.1	21.0	32.2	15.4
2003	16025	2929	21.8	20.8	31.1	13.4
2004	16574	2891	23.2	21.6	32.3	13.9
2005	16788	2922	25.1	23.5	32.5	14.1
2006	17016	2942	25.9	24.3	33.7	14.6
2007	15337	3075	28.3	26.5	34.6	15.0
2008	14973	3008	32.0	29.7	37.6	16.0
2009	15094	3024	34.7	32.1	40.6	16.9
2010	16496	3099	38.2	35.1	44.1	17.8
2011	68275	3135	41.6	37.8	48.2	18.6
2012	68840	3188	47.3	43.0	53.0	20.1
2013	75475	3426	49.0	44.6	59.8	23.2
2014	77066	3491	50.0	45.9	60.4	23.1
2015	77435	3556	51.9	47.7	61.9	23.7
2016	77050	3643	54.3	49.8	64.3	24.5

注：1.自2011年，医疗卫生机构数含村卫生室。2.自2013年，医疗卫生机构数含部分计划生育技术服务机构。
a)Since 2011, the number of health institutions include village health room.
b)Since 2013 ,the data of health institutions include technical service centers for birth control.

20−12 医院工作状况
Basic Statistics of Hospitals above County Level

项 目	Item	2012	2013	2014	2015	2016
机构数 (个)	Number of Medical Units (unit)	1549	1783	1854	1926	2019
诊疗人次数 (万人次)	Number of Patients Treated (10 000 person-times)	15224	16580	17921	18711	20363
#门诊急诊人次数 (万人次)	Out-Patients and Emergency Patients (10 000 person-times)	14807	16116	17455	18257	19799
#死亡人数 (人)	Casualties (person)	21398	22955	23031	24180	25060
观察室收容病人数 (万人次)	Number of Inpatients (10 000 person-times)	253	238	228	216	229
#死亡人数 (人)	Casualties In-Patient (person)	4391	4185	3884	4223	4312
健康检查人数 (万人)	Number of People Having Physical Checkup (10 000 persons)	1070	1006	1103	1145	1172
本年入院人数 (万人)	Hospital Admissions (10 000 persons)	1392.4	1029.8	1129.3	1167.3	1298.4
本年出院人数 (万人)	Number of People Discharged from Hospitals (10 000 persons)	1399.2	1023.7	1124.4	1162.0	1293.2
本年住院病人手术人次数 (万人次)	Number of Operations on Inpatients (10 000 person-times)	253	245	279	283	330
年底实有病床数 (张)	Beds Owned by Hospitals at the Year-end (set)	322007	342078	358855	378320	400077
实际开放总床日数 (万床日)	Total Number of Beds Used at Midnight (10 000 bed-days)	11092	11905	12482	13208	13925
平均每日开放病床数 (张)	Average Number of Beds Used Every Day (set)	303069	325286	341961	361851	381505
实际占用总床日数 (万床日)	Total Number of Beds Occupied (10 000 bed-days)	9493	10139	10825	11135	11812
出院者占用总床日数 (万床日)	Total Number of Beds for Patients Discharged (10 000 bed-days)	9257	9828	10617	10882	11565
病床周转次数 (次)	Turnover of Beds (time)	32.3	31.5	32.9	32.1	33.9
病床工作日 (日)	Days of Beds in Use (day)	313.2	311.7	316.6	307.7	309.6
病床使用率 (%)	Utilization Rate of Beds (%)	85.6	85.2	86.7	84.3	84.8
出院者平均在院日数 (日)	Average Hospitalization Period (day)	9.5	9.6	9.4	9.4	8.9

20－13　各类医疗卫生机构基本情况(2016年)
Basic Statistics on Medical Institutions(2016)

医疗机构分类	Institutions	机构数(个) Number of Institutions (unit)	床位数(张) Number of Beds	卫生技术人员(人) Number of Medical Personnel (person)	执业(助理)医师 Licensed (Assistant) Doctors	注册护士 Registered Nurse	诊疗人次数(万人次) Visit (10 000 times)
总计	**Total**	**77050**	**542521**	**642946**	**245103**	**269021**	**62394**
医院	**Hospital**	**2019**	**400077**	**407890**	**141245**	**196350**	**20363**
综合医院	Genaral Hospital	1254	284390	302902	103954	149147	15586
中医医院	Traditional Chinese Medicine Hospital	195	55679	57080	21443	24535	2824
专科医院	Specialized Hospital	530	55296	44132	14546	20975	14
基层医疗卫生机构	**Basic Medical Institutions**	**72904**	**115894**	**183058**	**85785**	**56498**	**39485**
社区卫生服务中心(站)	Health Service Center for Community	2311	16335	29461	12058	10328	3305
卫生院	Health Centers	1624	98068	96486	39166	27156	7347
村卫生室	Village clinic	53226		8820	6936	1884	23514
门诊部	Outpatient Department	619	1456	6596	3162	2508	406
诊所、卫生所、医务室	Infirmaries and Clinics	15124	35	41695	24463	14622	4913
专业公共卫生机构	**Specialized Public Health Institutions**	**1943**	**23404**	**49106**	**17021**	**15313**	**2396**
疾病预防控制中心	Center for Disease Control and Prevention	184		9134	4291	691	
专科疾病防治院(所、站)	Specialized Disease Prevention &Treatment Institution	125	4663	3891	1494	1272	203
健康教育所(站、中心)	Health Education Institute	3		20	15	4	
妇幼保健院(所、站)	Women and Children Care Agencies	156	18611	26395	8984	11646	2126
急救中心(站)	First-Aid Center	17	130	294	83	135	67
采供血机构	Pick and Supply Blood Institution	27		1774	397	675	
卫生监督所(中心)	Medical Supervision Institution	158		3180			
计划生育技术服务机构	Institutions of Technical Service for Family Planning	1273		4418	1757	890	
其他机构	**Other Institutions**	**184**	**3146**	**2892**	**1052**	**860**	**150**
疗养院	Sanatorium	17	3146	1251	412	577	22
临床检验中心	Clinical Laboratory Center	10		387	67	1	127

20－14 各市卫生事业基本情况(2016年)
Statistics on Health Service by Region(2016)

地 区	Region	卫 生 机构数 (个) Number of Health Institutions (unit)	医 院 Hospitals	疾病预防控制机构数 Sanitation Stations	妇幼保健机构 Maternity and Child Care Center	床位数 (张) Beds (set)	医 院 Hospitals	卫 生 机构人员 (人) Health Care Institutions personnel (person)	卫生技术人员 (人) Medical Technical Personnel (person)	执业(助理)医师 Licensed (Assistant) Doctors	注 册 护 士 Nurses
全省总计	**Total**	**77050**	**2019**	**184**	**156**	**542521**	**399537**	**875768**	**642946**	**245103**	**269021**
济 南 市	Jinan	5726	217	12	12	52191	44526	92060	71170	27262	31569
青 岛 市	Qingdao	7564	218	27	11	50649	39996	87733	69169	27675	30307
淄 博 市	Zibo	4939	141	9	9	30944	23245	46311	35594	13851	14099
枣 庄 市	Zaozhuang	2529	71	8	7	20819	15244	30768	23177	8826	10446
东 营 市	Dongying	1634	75	6	5	12709	11106	20517	16553	6296	7190
烟 台 市	Yantai	5336	156	15	14	42053	29968	59907	46446	17597	17155
潍 坊 市	Weifang	7706	163	18	13	50651	35751	81645	60759	23852	25971
济 宁 市	Jining	6721	164	15	13	45117	32734	76391	53716	20415	23167
泰 安 市	Tai'an	4213	96	9	8	30736	23452	49453	35884	13007	15422
威 海 市	Weihai	2655	30	4	4	17111	11975	25999	20623	7545	9138
日 照 市	Rizhao	2284	39	5	5	13863	9204	21748	15526	5796	6363
莱 芜 市	Laiwu	1291	27	3	3	6737	5118	11045	7918	3219	3202
临 沂 市	Linyi	6758	154	14	13	53947	35064	76585	51753	17724	21349
德 州 市	Dezhou	4864	83	12	12	23202	15902	42827	28681	11940	10873
聊 城 市	Liaocheng	5684	98	9	9	29315	21143	45011	31318	11386	12773
滨 州 市	Binzhou	2870	111	8	8	20007	15659	32493	24179	9197	10275
菏 泽 市	Heze	4276	176	10	10	42470	29450	75275	50480	19515	19722

注:1.医院中不包括卫生院。2.本表内数字包括诊所、卫生保健所、医务室的机构、人员数。3.妇幼保健机构包括妇幼保健院、所、站。
a)Number of hospitals exclude the township hospitals.b)Data in this table include the number of clinics,health care centers,medical staff.
c)Maternity and child care centers include centers on different level.

主要统计指标解释

医疗卫生机构 指从卫生计生行政部门取得《医疗机构执业许可证》，或从民政、工商行政、机构编制管理部门取得法人单位登记证书，为社会提供医疗保健、疾病控制、卫生监督服务或从事医学科研和医学在职培训等工作的单位。医疗卫生机构包括医院、基层医疗卫生机构、专业公共卫生机构、其他医疗卫生机构。

医院 包括综合医院、中医医院、中西医结合医院、民族医院、各类专科医院和护理院，不包括专科疾病防治院、妇幼保健院和疗养院。

卫生人员 指在医院、基层医疗卫生机构、专业公共卫生机构及其他医疗卫生机构工作的职工，包括卫生技术人员、乡村医生和卫生员、其他技术人员、管理人员和工勤人员。一律按支付年底工资的在岗职工统计，包括各类聘任人员(含合同工)及返聘本单位半年以上人员，不包括临时工、离退休人员、退职人员、离开本单位仍保留劳动关系人员、本单位返聘和临聘不足半年人员。

卫生技术人员 包括执业医师、执业助理医师、注册护士、药师(士)、检验技师(士)、影像技师(士)、卫生监督员和见习医(药、护、技)师(士)等卫生专业人员。不包括从事管理工作的卫生技术人员(如院长、副院长、党委书记等)。

床位数 指年底固定实有床位(非编制床位)，包括正规床、简易床、监护床、正在消毒和修理床位、因扩建或大修而停用的床位，不包括产科新生儿床、接产室待产床、库存床、观察床、临时加床和病人家属陪侍床。

总诊疗人次数 指所有诊疗工作的总人次数，统计界定原则为：①按挂号数统计，包括门诊、急诊、出诊、预约诊疗、单项健康检查、健康咨询指导（不含健康讲座）人次。患者一次就诊多次挂号，按实际诊疗次数统计，不包括根据医嘱进行的各项检查、治疗、处置工作量以及免疫接种、健康管理服务人次数；②未挂号就诊、本单位职工就诊及外出诊（不含外出会诊）不收取挂号费的，按实际诊疗人次统计。

Explanatory Notes on Main Statistical Indicators

Health Care Institutions refer to the units which have been qualified the Certification of Health Care Institution issued by the administration of public health, or qualified the Certification of Corporate Unit issued by the administration of civil affairs, the administration for industry and commerce, or the commission office for public sector reform, and which engage in medical care, disease prevention and control, health supervision and inspection, medicine research and health education, etc, including: hospitals, primary-level medical and health care institutions, public health centers, and so on.

Hospitals include polyclinics, traditional Chinese therapeutics and western therapeutics, ethical hospitals, various specialty hospitals and nursing hospitals, exclusive of women and children care agencies, special disease prevention and curing agencies.

Health Care Employees refer to the employees engaged in hospitals, primary-level medical and health care institutions, and other medical and health institutions, including medical technical personnel, rural doctors and hygienists, other technical personnel, administrative staff and handymen. The data is based on the year end payroll, including all kinds employees (contract workers) and rehired retired staff, and excluding temporary workers, retired personnel, resigned personnel, personnel who have left the institution but kept labor relations, and rehired personnel on duty less than six months.

Medical Technical Personnel refers to the professional staff engaged in health care, including licensed doctors, licensed assistant doctors, registered nurses, pharmacists, and laboratory technicians, imaging technicians, health care supervisors, and intern doctors ,pharmacists, nurses, and technicians and so on, excluding the personnel engaged in managerial jobs, such as presidents, vice presidents or party secretaries.

The Number of Beds refer to the number of fixed existing beds which include regular beds, simple beds, care beds, beds being disinfected or fixed and beds not in use because of expansion and housing repairs, excluding neonatal beds, beds for expectant mothers, stored beds, observation beds, temporarily added beds and accompanying beds.

Total Visits refer to all the people visiting health institutions. The data is based on the registration number, including outpatients, emergency treatments, home visits, appointment clinics, health examinations and health counseling, and also on the number of people on medical treatment unregistered in and out of their units, with excluded the number of people on medical device for physical checkup, treatment, disposal workload, immunization and health management.

第
21
篇

公共管理和社会服务

Public Management and Social Services

简要说明

一、本篇资料的主要内容

本篇资料反映了全省民政、司法、测绘、标准计量和残疾人事业发展情况。

二、本篇资料的来源

1.民政部分的资料来源于省民政厅规划财务处。

2.司法部分的资料来源于省司法厅办公室。

3.测绘部分的资料来源于省国土资源厅测绘管理处。

4.标准计量部分的资料来源于省质量技术监督局计划财务处。

5.残联资料由山东残疾人联合会整理提供。

本篇资料中，测绘和标准计量部分由省统计局综合处加工整理，其他各部分资料由省统计局社科处整理提供。

Brief Introduction

I. Content

Data in this chapter show the basic conditions of civil affairs，legal and judicial affairs, surveying and mapping, standard measuring and work for persons with disabilities .

II. Source of Data

(1)Data on civil affairs are provided by the Division of Planning and Finance of Shandong Provincial Department of Civil Affairs.

(2)Data on legal and judicial affairs are provided by the Administrative Office of Shandong Provincial Department of Justice.

(3)Data on surveying and mapping are provided by the Division of Survey and Mapping of Shandong Provincial Department of Land and Resources.

(4)Data on standard measuring are provided by the Division of Planning and Finance of Shandong Provincial Administration of Quality and Technical Supervision.

(5)Data on Disabled persons are from the Shandong Disabled Persons Federation.

In this chapter, data on surveying are prepared by the Division of Comprehensive Statistics of Shandong Provincial Bureau of Statistics. Other data are prepared by the Division of Social,Science and Technology Statistics of Shandong Provincial Bureau of Statistics.

21-1 民政事业基本情况
Basic Statistics on Civil Affairs

项目	Item	2012	2013	2014	2015	2016
一、民政事业支出情况	**Civil Affairs Expenditures**					
民政事业费总支出 (万元)	Total Operating Expenses For Civil Affairs (10 000 yuan)	2183629	2502271	2706752	2871389	3048813
基本建设支出 (万元)	Capital expenditures (10 000 yuan)	141425	336182	307322	180588	131334
二、优抚安置情况	**Veteran Benefit and Placement**					
国家抚恤、补助各类优抚对象 (人)	State Pensions, Subsidies of Various Kinds of Allowances (person)	1055872	1008304	959504	898504	841128
优待军属户数 (户)	Benefits Military Families (household)	98478	96523	94016	91332	91664
三、社会救助情况	**Social Relief**					
城镇居民最低生活保障人数(人)	Number of Urban Residents for Minimum Livelihood Guarantee (person)	530065	487176	446119	372321	308575
城镇最低生活保障支出 (万元)	Expenditures by Urban Residents for Minimum Livelihood Guarantee (10 000 yuan)	187894	197649	183590	163876	146030
农村最低生活保障人数 (人)	Number of Rural residents for Minimum Livelihood Guarantee (person)	2507064	2598685	2582089	2374164	2176628
农村最低生活保障支出 (万元)	Expenditures by Rural residents for Minimum Livelihood Guarantee (10 000 yuan)	410136	472997	505161	515061	548395
农村特困供养人数 (人)	Rural Poor of Dependents (person)	232683	228059	226014	212224	210594
资助参加基本医疗保险人数(人)	Funding of the Number of Basic Medical Insurance (person)	2196106	2024185	2548991	2411578	2200170
优抚对象享受医疗保障人数(人)	Number of Allowances To Enjoy Medical Insurance (person)	603427	575599	553563	483604	459962
四、社会组织情况	**Social Organization**					
社会组织个数 (个)	Total (unti)	40515	38976	41165	43411	45963
社会团体 (个)	Social Groups (unti)	17745	17807	17738	17378	17380
民办非企业 (个)	Private Non-Enterprise (unti)	22694	21083	23335	25915	28448
基金会 (个)	Foundation (unti)	76	86	92	118	135
五、社会事务情况	**Social Affairs**					
孤儿数 (人)	Number of Orphans (person)	19465	19077	18023	17534	17360
家庭儿童收养登记数 (件)	Number of Adoption Registration of Chidren Adopted by Families (case)	2176	2092	2416	2414	1982
六、基层自治组织情况	**Primary-Level Self-Governing Bodies**					
村民委员会 (个)	Villagers ' Committee (unti)	71570	74798	73388	74250	74217
居民委员会 (个)	Residents ' Committee (unti)	6623	6487	6627	6651	6731
七、福利彩票情况	**Welfare Lottery**					
销售额 (亿元)	Sales (100 millon yuan)	122.4	134.4	147.8	144.9	146.9
全省各级留用公益金 (亿元)	At All Levels In the Province Retained the Community Chest (100 millom yuan)	17.6	19.2	21.0	20.3	21.1

21-2 婚姻登记情况
Basic Statistics on Marriages and Divorces

项　　目	Item	2011	2012	2013	2014	2015	2016
一、国内登记结婚	**Domestic Marriage Registration**						
准予登记结婚 (对)	Registered Marriage (couple)	969092	933262	891370	831823	701034	670678
#恢复结婚 (对)	Resuming of Marriage (couple)	7945	4521	4212	3566	1955	1610
初婚人数 (人)	First Marriage (person)	1725831	1640652	1516968	1358269	1104987	995075
再婚人数 (人)	Number of Remarriage (person)	212353	225872	265772	305377	297081	346281
男　性 (人)	Male (person)	104570	108825	124808	146149	139453	162761
女　性 (人)	Female (person)	107783	117047	140964	159228	157628	183520
二、涉外登记结婚	**Marriage Registration Concerning Foreigners**						
准予登记结婚 (对)	Registered Marriage (couple)	1212	1166	1231	1365	1085	1091
准予登记结婚人数 (人)	Number of Persons Registered (person)	2424	2332	2462	2730	2170	2182
国内公民 (人)	Domestic Citizens (person)	1202	1144	1200	1339	1069	1024
男　性 (人)	Male (person)	206	235	335	502	329	361
女　性 (人)	Female (person)	996	909	865	837	740	663
港澳居民 (人)	Compatriots in Hong Kong and Macao (person)	47	36	37	46	51	91
台湾居民 (人)	Compatriots in Taiwan (person)	210	182	198	203	180	138
华　侨 (人)	Overseas Chinese (person)	39	32	32	39	22	24
外国人 (人)	Foreigners (person)	926	938	995	1103	848	905
三、离婚登记	**Divorce Registration**						
法院受理离婚案件 (件)	Divorce Case Handled (unit)	104293	107686	110594	115323	121126	117863
准予登记离婚总数 (对)	Number of Registered Divorce (couple)	181597	196685	225060	234143	240933	254506
民政部门办理离婚(对)	Divorces Handled through Civil Administration Departments (couple)	127850	142951	172125	181336	185305	201101
#涉外婚姻 (对)	Divorces Concerning Foreigners (couple)	134	133	132	151	152	143
法院调解离婚 (对)	Divorces through Law Court Mediation (couple)	41131	40660	37655	36307	36222	33327
法院判决离婚 (对)	Divorces through Law Court Judgment (couple)	12616	13074	15280	16500	19406	20078

21-3 殡葬服务情况
Statistics on Funeral and Interment Services

年份 Year 地区 Region		殡葬类单位数（个）Number of Funeral and Interment Enterprises (unit)	年末职工总数（人）Employeesat Year-end (person)	火化炉数（台）Number of Cremators (set)	全年处理遗体数（具）Cremated Remains During the Year (bodies)	当年安葬数（人）Number of the Buried During the Year (persons)	火化率（%）Cremation Rate (%)
2005		162	3403	390	540020	15405	97.0
2006		164	3338	397	512846	13058	96.0
2007		165	3450	422	540641	9092	97.0
2008		167	3457	430	565845	10468	98.0
2009		168	3353	440	585799	15814	98.0
2010		166	3372	456	616092	17336	98.5
2011		168	3366	466	610564	17130	98.6
2012		167	3342	474	629825	17098	95.0
2013		168	3372	477	599057	13449	96.2
2014		173	3509	494	581500	8808	93.1
2015		171	3511	504	586755	18909	91.7
2016		172	3485	518	611920	36204	93.7
济南市	Jinan	8	312	35	43827	5203	103.2
青岛市	Qingdao	10	212	49	62596	668	111.8
淄博市	Zibo	9	114	32	27796	969	103.2
枣庄市	Zaozhuang	6	107	18	14283	130	58.2
东营市	Dongying	4	119	18	11977		92.1
烟台市	Yantai	15	281	47	55650	684	126.1
潍坊市	Weifang	16	376	56	66922	6013	113.1
济宁市	Jining	22	446	43	50911	766	86.0
泰安市	Tai'an	9	172	24	38791	5	98.7
威海市	Weihai	8	85	20	22173	851	133.1
日照市	Rizhao	6	58	17	18383	129	106.1
莱芜市	Laiwu	2	49	6	8905	237	115.8
临沂市	Linyi	13	297	43	68683	19330	92.3
德州市	Dezhou	13	229	33	33417	356	85.3
聊城市	Liaocheng	10	247	27	27444	180	67.8
滨州市	Binzhou	11	172	26	29027	375	105.3
菏泽市	Heze	10	209	24	31135	308	50.6

21-4 律师、公证工作基本情况

Basic Statistics on Lawyers and Notarization

项目		Item		2010	2011	2012	2013	2014	2015	2016
律师工作		**Lawyers**								
律师事务所	(个)	Number of Law Offices	(unit)	1106	1199	1283	1372	1512	1629	1796
国资所	(个)	State-owned	(unit)	43	43	43	42	41	37	35
合作所	(个)	Cooperative	(unit)							
合伙所	(个)	Partnership	(unit)	843	866	893	936	1021	1079	1173
个人发起所	(个)	Initiated by Individual	(unit)	219	290	347	394	450	513	588
执业律师	(人)	Number of Lawyers	(person)	12091	14137	15633	16941	18405	20043	22043
专职律师	(人)	Full-time Lawyers	(person)	11608	13102	14497	15724	17147	18726	20601
兼职律师	(人)	Part-time Lawyers	(person)	483	506	532	556	568	615	624
公证工作		**Notarization**								
公证处	(个)	Number of Notary Offices	(unit)	158	158	158	158	158	157	157
公证员	(人)	Notaries	(person)	846	903	908	903	1040	1054	1017
公证员助理	(人)	Assistant Notaries	(person)	392	386	369	513	518	528	569
办理各类公证事项	(万件)	Number of Notarized Affair	(10 000 units)	51.5	53	58.9	64	67.8	70.9	77.1

21-5 各市交通事故情况（2016年）

Basic Statistics on Traffic Accidents by Region (2016)

地区	Region	发生数 (起) Number of Traffic Accidents (case)	死亡人数 (人) Number of Deaths (person)	受伤人数 (人) Number of Injuries (person)	直接财产损失 (万元) Direct Property Losses (10 000 yuan)
全省总计	**Total**	**13164**	**3613**	**12573**	**6277**
济南市	Jinan	2946	403	3173	875
青岛市	Qingdao	1759	308	1770	507
淄博市	Zibo	1059	303	1023	503
枣庄市	Zaozhuang	284	113	198	93
东营市	Dongying	451	126	452	153
烟台市	Yantai	622	216	566	85
潍坊市	Weifang	1085	287	996	536
济宁市	Jining	811	221	729	368
泰安市	Tai'an	445	179	382	132
威海市	Weihai	172	140	70	24
日照市	Rizhao	430	115	316	177
莱芜市	Laiwu	275	57	258	96
临沂市	Linyi	496	273	360	554
德州市	Dezhou	658	220	505	228
聊城市	Liaocheng	1008	233	1186	539
滨州市	Binzhou	259	106	195	85
菏泽市	Heze	176	153	139	393

注：全省总计含高速交警总队和直属公安局数据。

a)The total including data of high-speed traffic police corps and directly under the provincial public security bureau.

21-6 火灾事故情况（2016年）

Basic Statistics on Fire Accidents(2016)

项目	Item	合计 Total	特大 Extraordinarily Serious	重大 Serious	较大 Comparatively Serious	一般 Ordinary
发生（起）	Fire Accidents (case)	22954				22954
死亡（人）	Deaths (person)	33				33
受伤（人）	Injuries (person)	31				31
直接经济损失（万元）	Direct Economic Losses (10 000 yuan)	23608				23608
平均每起事故损失（元）	Average Loss of Fire (yuan)	10285				10285

21-7 各市火灾事故情况（2016年）

Basic Statistic on Fires by Region(2016)

地区	Region	发生数（起） Number of Fire Accidents (case)	死亡人数（人） Number of Deaths (person)	受伤人数（人） Number of Injuries (person)	直接经济损失（万元） Direct Economic Losses (10 000 yuan)
全省总计	**Total**	**23057**	**33**	**31**	**23647**
济南市	Jinan	1825	13	2	1904
青岛市	Qingdao	1654	8	10	1444
淄博市	Zibo	1068		1	308
枣庄市	Zaozhuang	1097	2	2	1295
东营市	Dongying	1443	1		791
烟台市	Yantai	2438	2	7	3426
潍坊市	Weifang	1598	1		1666
济宁市	Jining	2083	1	3	975
泰安市	Tai'an	1440	2		571
威海市	Weihai	1072		1	742
日照市	Rizhao	306		3	1606
莱芜市	Laiwu	165			295
临沂市	Linyi	2556	1		2858
德州市	Dezhou	849	1	1	1249
聊城市	Liaocheng	1524	1	1	1918
滨州市	Binzhou	730			1473
菏泽市	Heze	1209			1125

21-8 人民检察院审查批准、决定逮捕犯罪嫌疑人和提起公诉被告人情况（2016年）

Arrests of Criminal Suspects and Defendants under Public Prosecution Approved by People's Procuratorate (2016)

案件分类	Category of Cases	批捕、决定逮捕合计 Total of Arrests		决定起诉合计 Total of Public Prosecutions	
		件 (case)	人 (person)	件 (case)	人 (case)
合　计	**Total**				
公安、安全、监狱机关提请小计	Sub-total of Requests by Departments of State and Public Security and Prisons	28831	36429	56178	73653
危害国家安全案	Offences Against State Security	6	8		
危害公共安全案	Offences Against Public Security	4576	4802	20211	20674
破坏社会主义市场经济秩序案	Offences Against Socialist Economic Order	2024	2818	3244	5947
侵犯公民人身、民主权利案	Offences Against Citizens' Personal and Democratic Rights	6732	7922	11717	14908
侵犯财产案	Offences Against Properties	8974	11403	11747	15829
妨害社会管理秩序案	Offences Against Social Management of Order	6508	9464	9243	16277
危害国防利益案	Offences Against National Defense	10	11	16	18
军人违反职责案	Offences on Dereliction of Duty by Servicemen				
检察机关直接立案侦查案件小计	Sub-total of Cases Handled Directly by Procuratorate's Offices	803	855	1947	2624
贪污贿赂案	Offences on Corruption and Bribery	748	791	1573	2011
渎职侵权案	Offences on Abuse and Dereliction of Duty	55	64	371	606

21-9 人民法院审理一审案件情况

First Trial Cases by Courts

单位：件 (case)

年　份 Year	收　案 Cases Accepted	刑　事 Criminal	民　事 Civil	经济纠纷 Economic Disputes	行　政 Administrative
2005	537098	41768	238479	237926	18925
2006	530542	42175	232841	235616	19910
2007	535832	43501	238244	234124	19963
2008	603565	44935	259623	274427	24580
2009	625334	45711	284706	267925	26992
2010	652618	44885	303987	274384	29362
2011	681311	48777	325380	278457	28697
2012	711631	56597	328131	301168	25735
2013	699878	54966	327889	298620	18403
2014	730167	58763	344765	310431	16208
2015	848676	63910	404181	363793	16792
2016	848117	60802	405995	363907	17413

注：一审案件指人民法院按照诉讼级别管辖按第一审程序审理的案件。

a) First trial cases refer to cases accepted by people's courts according to the first trial proceedings.

21-10 分系统测绘持证部门情况(2016年)
Basic Statistics on Surveying and Mapping Departments(2016)

系统名称	Sector	持证单位数(个) Departments with Certificate (unit)	#甲级 First-class	乙级 Second-class	测绘专业技术人员(人) Employed Staff (person)	#高级职称 Senior Title	中级职称 Intermediate Title	测绘服务总值(万元) Output Value (10 000 yuan)
测绘	Surveying and Mapping	4	2	1	431	81	199	23214
国土资源	Land and Resources	101	3	21	1258	145	469	46232
城乡建设与规划	Urban-Rural Construction and Planning	199	7	16	2472	273	928	102642
铁道	Railway	2		1	26		14	520
交通运输	Transportation	18		5	279	98	107	4962
水利水电	Water and Hydro	31	2	9	380	119	143	11213
石油	Oil	5	1	4	126	38	55	3338
煤炭	Coal	20	1	4	283	36	84	6357
有色金属	Non-Ferrous Metal	1			4	2	2	31
农业	Agriculture	2			12	1	5	52
地震	Earthquake	1		1	25	6	12	45
海洋	Ocean	12	1	3	159	59	65	3623
科教文卫	Science and Technology, Education,Culture,Health	3	1		102	79	21	1295
冶金	Metallurgy	13	4	4	805	60	194	63929
其他	Others	558	14	71	5236	543	2023	144979

21-11 各市测绘持证单位个数和人员情况(2016年)
Basic Statistics on Surveying and Mapping Departments by Region(2016)

地区	Region	持证单位数(个) Departments with Certificate (unit)	#甲级 First-class	乙级 Second-class	测绘专业技术人员(人) Surveying and Mapping Technical Personnel (person)	#高级职称 Senior Title	中级职称 Intermediate Title	测绘服务总值(万元) Output Value (10 000 yuan)
全省总计	**Total**	**970**	**36**	**140**	**11598**	**1540**	**4321**	**412432**
济南市	Jinan	137	18	31	3492	441	1147	174031
青岛市	Qingdao	115	4	24	1461	313	577	67901
淄博市	Zibo	48	2	7	473	43	180	17829
枣庄市	Zaozhuang	31		4	258	29	116	3924
东营市	Dongying	59	2	10	683	99	245	24010
烟台市	Yantai	78	2	12	960	135	360	37725
潍坊市	Weifang	74	2	7	602	61	252	12983
济宁市	Jining	63	1	7	632	77	235	11884
泰安市	Tai'an	46	1	5	396	59	145	11960
威海市	Weihai	34	1	5	271	33	119	8916
日照市	Rizhao	35	2	5	324	34	132	6760
莱芜市	Laiwu	26		1	167	14	61	2276
临沂市	Linyi	62	1	9	618	54	241	8949
德州市	Dezhou	57		6	480	81	183	8839
聊城市	Liaocheng	38		4	323	35	139	6024
滨州市	Binzhou	27		2	163	14	78	3075
菏泽市	Heze	40		1	295	18	111	5345

21-12 残疾人事业基本情况
Basic Statistics on the Work for Persons with Disabilities

项　　目		Item		2016
康复		**Rehabilitation**		
视力残疾人接受基本康复服务	(人)	Basic Vision Rehabilitation Services for Persons with Disabilities	(person)	7103
盲人	(人)	the Blind	(person)	5586
低视力者	(人)	Low Vision	(person)	1517
听力残疾人接受基本康复服务	(人)	Basic Rehabilitation Services for Persons with Hearing Disabilities	(person)	3491
0-6岁儿童	(人)	0-6 Years old Children	(person)	1862
7-14岁儿童	(人)	7-14 Years old Children	(person)	562
成人	(人)	Adult	(person)	1067
肢体残疾人接受基本康复服务	(人)	Basic Rehabilitation Services for Persons with Physically Disabled	(person)	25040
0-6岁儿童	(人)	0-6 Years old Children	(person)	3015
7-14岁儿童及成人	(人)	7-14 Years old Children and Adult	(person)	22025
智力残疾人接受基本康复服务	(人)	Basic Rehabilitation Services for People with Mental Retardation	(person)	5580
0-6岁儿童	(人)	0-6 Years old Children	(person)	3482
7-14岁儿童及成人	(人)	7-14 Years old Children and Adult	(person)	2098
精神残疾人接受基本康复服务	(人)	Basic Rehabilitation Services for persons with Mental Disabilities	(person)	27649
0-6岁孤独症儿童	(人)	0-6 Years old Autism Children	(person)	1337
7-14岁孤独症儿童	(人)	7-14 Years old Autism Children	(person)	959
成年精神残疾人	(人)	Adults with Mental Disabilities	(person)	25353
残疾人康复机构	(个)	Rehabilitation of Persons with Disabilities	(unit)	644
康复机构在岗人员	(万人)	Rehabilitation institutions Employed Personnel	(10 000 persons)	2.5
社区康复协调员	(万人)	Community Rehabilitation Coordinator	(10 000 persons)	4.8
本年度接受社区康复服务	(万人)	Community Rehabilitation Services this Year	(10 000 persons)	15.2
教育		**Education**		
高等院校录取残疾考生	(人)	Admissions for Candidates with Disabilities in Colleges and Universities (people)		595
就业		**Employment**		
残疾人就业状况	(万人)	the Employment Situation of Persons with Disabilities	(10 000 persons)	54.5
按比例就业	(万人)	Proportional Employment	(10 000 persons)	6.6
集中就业	(万人)	Focus on Employment	(10 000 persons)	2.2
个体就业	(万人)	individual Employment	(10 000 persons)	3
公益性岗位就业	(万人)	Public Welfare Jobs Employment	(10 000 persons)	0.3
辅助性就业	(万人)	Accessible Employment	(10 000 persons)	0.5
农村种养殖	(万人)	Species Breeding in Rural Areas	(10 000 persons)	32.7
灵活就业	(万人)	Flexible Employment	(10 000 persons)	9.2
社会保障		**Social Security**		
残疾居民参加城乡社会养老保险	(万人)	Disabled Residents in Urban and Rural Social Endowment insurance	(10 000 persons)	141.8
其中重度残疾人	(万人)	Severe Disabilities	(10 000 persons)	52.6
托养服务机构	(个)	Fostering Services (unit)		530
托养残疾人数	(万人)	Farmed Out the Number of Persons with Disabilities	(10 000 persons)	6.1
扶贫		**Poverty Alleviation**		
残疾人扶贫基地建设		the Disabled Poor Base Construction		
残疾人扶贫基地	(个)	Bases for Poverty Alleviation of Persons with Disabilities	(unit)	756
安置残疾人就业	(万人)	Disabled Employment	(10 000 persons)	1.3
扶持带动残疾人户数	(万户)	Support-Led Families of Persons with Disabilities	(10 000 persons)	2.9
实用技术培训	(万人次)	Practical Techniques Training	(10 000 person-times)	3.9
农村残疾人危房改造	(户)	Renovate Dangerous Rural Persons with Disabilities	(household)	1273
维权		**Activist**		
处理残疾人来信	(件次)	Letter From Dealing with Persons with Disabilities	(times)	499
接待残疾人来访	(人次)	Receiving Visiting Persons with Disabilities	(people-times)	3403
电话接听和处理残疾人反映问题	(件次)	Handled Phones Reflect the Problems of Persons with Disabilities	(piece-times)	1076

21-13 制造业各大类行业产品质量合格率(2016年)
Product Quality Qualified Rate of Manufacturing Industry(2016)

类别	Category	产品质量合格率(%) Product Quality Qualified Rate (%)
农副食品加工业	Processing of Food from Agricultural Products	95.00
食品制造业	Manufacture of Foods	96.11
酒、饮料和精制茶制造业	Manufacture of Wine, Drinks and Refined Tea	98.19
烟草制品业	Manufacture of Tobacco	100.00
纺织业	Manufacture of Textile	95.79
纺织服装、服饰业	Manufacture of Textile Wearing Apparel and Finery	93.18
皮革、毛皮、羽毛及其制品和制鞋业	Manufacture of Leather, Fur, Feather & Its Products and Footwear	98.99
木材加工和木、竹、藤、棕、草制品业	Processing of Timbers, Manufacture of Wood, Bamboo, Rattan, Palm and Straw Products	95.84
家具制造业	Manufacture of Furniture	96.59
造纸和纸制品业	Manufacture of Paper and Paper Products	91.52
印刷和记录媒介复制业	Printing, Reproduction of Recording Media	99.53
文教、工美、体育和娱乐用品制造业	Manufacture of Culture, Education,Arts and crafts， Sport and Entertainment Goods	97.11
石油加工、炼焦和核燃料加工业	Processing of Petroleum, Coking and Nucleus Fuel	98.27
化学原料和化学制品制造业	Manufacture of Chemical Raw Material and Chemical Products	98.17
医药制造业	Manufacture of Medicines	99.30
橡胶和塑料制品业	Manufacture of Rubber and Plastic	96.55
非金属矿物制品业	Manufacture of Non-metallic Mineral Products	94.98
黑色金属冶炼和压延加工业	Manufacture and Processing of Ferrous Metals	98.44
有色金属冶炼和压延加工业	Manufacture & Processing of Non-ferrous Metals	97.50
金属制品业	Manufacture of Metal Products	88.86
通用设备制造业	Manufacture of General Purpose Machinery	97.20
专用设备制造业	Manufacture of Special Purpose Machinery	96.69
汽车制造业	Manufacture of Automotive	97.80
铁路、船舶、航空航天和其他运输设备制造业	Manufacture of Railroad,Marine,Aerospace and Other Transportation Equipment	90.93
电气机械和器材制造业	Manufacture of Electrical Machinery & Equipment	90.60
计算机、通信和其他电子设备制造业	Manufacture of Computer, Communications and Other Electronic Equipment	97.25
仪器仪表制造业	Manufacture of Measuring Instrument	96.84
其他制造业	Other Manufacture	100.00

21-14 产品质量监督抽查情况(2016年)
Results of Sampling Checks on Product Quality(2016)

类别	Category	监督检验企业数(个) Number of Enterprises Supervised and Checked (unit)	检验批次(批次) Number of Batch-time Checked (unit)	合格批次(批次) Number of Batch-time Qualified (unit)	批次合格率(%) Rate of Batch-time Qualified (%)
安全带	Safety Belt	11	16	16	100.00
安全帽	Safety Hat	11	15	15	100.00
安全网	Safety Net	57	58	56	96.55
工业硫酸	Industrial Sulfuric Acid	20	20	20	100.00
工业甲醛	Industrial Formaldehyde	40	40	38	95.00
婚纱、礼服	Wedding Dresses, Gowns	6	6	6	100.00
风衣	Trench Coat	12	12	12	100.00
中小学生服	Primary and Middle School Students' Clothing	60	60	51	85.00
车用汽油	Gasoline for Motor Vehicles	40	104	103	99.04
毛巾产品	Towel Products	37	37	37	100.00
低压成套开关设备	Low Voltage Switchgear	29	30	26	86.67
植物保护机械	Plant Protection Machinery	23	23	23	100.00
电动自行车	Electric Bicycle	10	13	12	92.31
吸油烟机	Extractor Hood	7	7	7	100.00
普通照明用灯具产品	Lamps for General Lighting Products	10	15	15	100.00
儿童服装	Children's Wear	59	59	57	96.61
防火门	Fire-proof Door	21	30	22	73.33
钢筋混凝土用热轧带肋钢筋	Hot Rolled Ribbed Steel Reinforced Concrete	7	7	7	100.00
纸面石膏板	Papered Gypsum Board	18	18	16	88.89
建筑保温材料	Building Insulation Materials	20	20	19	95.00
建筑防水卷材	Building Waterproofing Membrane	118	118	110	93.22
建筑排水用硬聚氯乙烯管材	PVC Pipe for Building Drainage	37	37	36	97.30
劳动防护鞋	Labor Protection Shoes	35	40	37	92.50
铝合金建筑型材	Aluminium Alloy Building Section	30	30	28	93.33
汽车轮胎、摩托车轮胎	Automobile Tires, Motorcycle Tires	114	114	112	98.00
胶合板	Plywood	42	42	40	95.24
农膜	Agricultural Film	30	30	28	93.33
液化石油气	Liquefied Petroleum Gas	10	10	10	100.00
汽车制动软管	Automobile Brake Hose	25	25	22	88.00
日用陶瓷	Ceramics for Daily Use	30	30	30	100.00
中空玻璃	Insulating Glass	40	40	37	92.50
食品用塑料包装、容器、工具	Plastic Packaging, Containers, Tools for Food	926	1014	1003	98.92
电热食品加工设备	Electric Food Processing Equipment	19	20	16	80.00
水泥	Cement	241	241	237	98.34
塑料购物袋	Plastic Bags for Shopping	20	25	18	72.00

21-15 各市质量强省和名牌战略实施情况(2016年)
Statistics on Quality Province and Famous Brand Strategy by Region(2016)

单位：个 (unit)

地 区 Region	年度山东名牌产品 Famous-brand Products of Shandong Province of This Year	年末累计山东名牌产品 Famous-brand Products of Shandong end to This Year	年度山东省服务名牌 Famous-brand Services of Shandong of This Year	年末累计山东省服务名牌 Famous-brand Services of Shandong end to This Year	年度省长质量奖 Shandong provincial governor Quality Award of This Year	年末累计省长质量奖 Shandong provincial governor Quality Award end to This Year	年度地理标志保护产品 Products Protected by Geographical Indications of This Year	年末累计地理标志保护产品 Products Protected by Geographical Indications end to This Year
全省总计 Total	**288**	**1784**	**149**	**352**	**9**	**70**	**3**	**63**
济南市 Jinan	22	133	9	26	1	11		1
青岛市 Qingdao	52	264	32	79	1	9		6
淄博市 Zibo	9	110	5	12	1	4		3
枣庄市 Zaozhuang	10	53	3	6				5
东营市 Dongying	2	67	4	8	2	5		1
烟台市 Yantai	16	160	10	41	1	6	1	9
潍坊市 Weifang	34	230	13	33		8		12
济宁市 Jining	23	122	13	22		3		5
泰安市 Tai'an	26	108	6	16				1
威海市 Weihai	17	118	14	34		5		3
日照市 Rizhao	15	54	2	4		2	1	2
莱芜市 Laiwu	6	29	2	3		1		
临沂市 Linyi	15	80	13	28	2	4		2
德州市 Dezhou	14	54	13	20		2		1
聊城市 Liaocheng	8	73	1	6	1	6		4
滨州市 Binzhou	12	83	5	7		2		3
菏泽市 Heze	7	46	4	7		2	1	5

注：原山东名牌管理办法规定，山东名牌产品和山东服务名牌有效期为三年，2015年办法修订后无有效期，故2016年年末累计数不等于2015年年末累计数加上2016年年度数据。

a)Accroding to the original Shandong famous brand management measures, Shandong famous brand products and shandong famous brand services is valid for three years, the validity of method revised in 2015, so accumulative frequency at the end of 2016 is not equal to accumulative at the end of 2015 plus annual data in 2016.

21-16 各市标准化工作情况(2016年)
Statistics on Standardization by Region(2016)

地 区 Region	制定国际标准数量 Number of Formulation International Standards		主导制定国家标准数量 Number of Leading Formulation National Standards		制修订地方标准数量 Number of Formulation or Revision Local Standards		标准化实施项目数量 Number of Standardization Project			
							国家级 National		省级 Provincial	
	本年度 This Year	累计 Accumul-ative	本年度 This Year	累计 Accumul-ative	本年度 This Year	累计 Accumul-ative	本年度 This Year	累计 Accumul-ative	本年度 This Year	累计 Accumul-ative
全省总计 Total	**7**	**71**	**78**	**975**	**206**	**2721**	**20**	**366**	**66**	**379**
省 直 Shengzhi			13	169	117	1548				1
济南市 Jinan		8	20	193	2	289	7	38	16	55
青岛市 Qingdao	7	60	15	262	8	114	1	31	7	23
淄博市 Zibo		3	6	77	2	84	2	24	2	21
枣庄市 Zaozhuang				6	7	60		10		17
东营市 Dongying			1	33	1	64	1	16	5	19
烟台市 Yantai			4	54	9	133	3	31	5	15
潍坊市 Weifang			3	51	15	42	1	47	3	31
济宁市 Jining				17		30		13	3	17
泰安市 Tai'an			4	22	30	91	1	24	1	29
威海市 Weihai			5	34	4	160	1	19	3	26
日照市 Rizhao			1	6	2	27		13	2	19
莱芜市 Laiwu				10		7		7	1	10
临沂市 Linyi			2	14	4	25		28	6	28
德州市 Dezhou			1	8	1	11		18	8	19
聊城市 Liaocheng			2	7		11		14	1	22
滨州市 Binzhou			1	7	4	14	2	17	3	22
菏泽市 Heze				5		11	1	16		5

主要统计指标解释

粗离婚率 指当年离婚对数占年平均人口的比重，计算公式为：

$$粗离婚率=\frac{当年离婚对数}{年平均人口数}\times 1000‰$$

律 师 指依法取得律师执业证书，担任法律顾问，民事(刑事、行政)案件代理人、刑事案件辩护人、办理非诉讼业务，解答法律询问，代写法律事务文书等，为社会提供法律服务的人员。

公证人员 指在公证处工作的人员总称，包括公证处主任、副主任、公证员、公证员助理(助理公证员)和其他从事辅助性工作的人员。

公证文书 指公证处根据当事人申请，依照事实和法律，按照法定程序制作的，具有法律效力的司法证明文书。根据公证书用途和使用地，公证书分为国内公证书、国内经济公证书、涉外民事公证书、涉外经济公证书四类。

调解民间纠纷 指调解委员会按照法律规定，根据自愿原则，用说服教育的方法调解民间发生的有关民事权利和义务争执的件数，包括调解成功数和调解未成功数。该指标主要反映人民调解委员会的工作量。

受理劳动争议案件数 指劳动争议仲裁委员会根据国家有关规定，对劳动争议当事人的申请予以审查，符合受理条件而正式立案、准备处理的劳动争议案件数。

Explanatory Notes on Main Statistical Indicators

Crude Divorce Rate refers to proportion of divorced people to the annual average population for the reference year, the formula is:

$$\text{Crude Divorce rate} = \frac{\text{number of couples divorced for the reference year}}{\text{annual average population}} \times 1000‰$$

Lawyers are certified legal workers according to law, and who are employed by legal counseling firms to act as legal advisers, agents in criminal or civil lawsuits, or defenders in criminal lawsuits, or to handle non litigious legal affairs, to advise on matters of law or to write legal papers for others, and provide service to the public.

Notary Personnel refer to people working for notary offices including:directors,deputy directors,notaries,assistant notaries and other people providing assistance.

Notary Documents refer to the judicial notary documents drawn up at the request of the interested party and are in accordance with facts and the law and following certain legal proceedings.

Mediation of Civil Disputes refers to number of cases made by mediation committees in mediating in civil disputes concerning civil rights and duties through persuasion and education in accordance with the provisions of law on a voluntary basis, so as to solve disputes by helping the parties involved come to an agreement and understanding, including those unsuccessful ones. This indicator reflects the workload of the mediation committees.

Number of Labour Dispute Cases Accepted refers to the number of cases of labour dispute submitted that, after being reviewed by the labour dispute arbitration committees in line with the relevant national regulations, are accepted and registered for treatment.

第22篇

各县(市、区)主要经济指标

Main Indicators of Counties

(Cities and Districts at County Level)

简 要 说 明

一、本篇资料的主要内容

本篇资料反映了全省各县（市、区）经济社会事业发展基本情况，主要包括人口、土地面积、从业人员、农业、工业、投资、财政、金融、出口、农民收入和教育等方面的内容。

二、本篇资料的来源

本篇资料粮食数据、农村居民人均可支配收入分别由山东调查总队农业调查处、居民收支调查处整理提供，其余资料由省统计局综合处整理提供。

Brief Introduction

I. Content

Data in this chapter show the development in society and economy of counties or cities on the county level, mainly including population, area, employed persons, agriculture, industry, investment, finance, banking, post services and telecommunication, foreign trade, income of rural households and education.

II. Source of Data

Grain data and disposable income of rural households in this chapter are provided respectively by the Division of Rural Surveys and the Division of Residents' Income and Expenditure Surveys of NBS Survey office in Shandong. The rest of data are are provided by the Division of Comprehensive Statistics of Shandong Provincial Bureau of Statistics.

22-1 各县(市、区)主要经济指标(2016年)

Major Economic Indicators of Counties(Cities and Districts at County Level,2016)

地 区	Region	年末总人口(万人) Total Population at Year-end (10 000 persons)	行政区域土地面积(平方公里) Area of Local land (sq.km)	一般公共预算收入(万元) General Pubilic Budget Revenue (10 000 yuan)	一般公共预算支出(万元) General Pubilic Budget Expenditure (10 000 yuan)	年末金融机构各项存款余额(万元) Deposit Balance of Financial Institution at Year-end (10 000 yuan)	城乡居民储蓄存款余额(万元) Urban and Rural Household Savings Deposits (10 000 yuan)
济南市	**Jinan**						
历下区	Lixia	62.7	101	1277379	573623		
市中区	Shizhong	61.8	281	916943	472842		
槐荫区	Huaiyin	41.0	152	442857	368099		
天桥区	Tianqiao	51.7	259	382116	340663		
历城区	Licheng	97.2	1301	812720	600126		
长清区	Changqing	56.0	1209	175035	317443		
章丘区	Zhangqiu	103.0	1719	509451	712160	6128234	4032713
平阴县	Pingyin	37.5	715	178183	283253	1737317	1159187
济阳县	Jiyang	57.9	1099	185778	341925	1837399	1303505
商河县	Shanghe	64.2	1162	88089	301990	1679300	1185982
青岛市	**Qingdao**						
市南区	Shinan	58.0	30	1008517	520229		
市北区	Shibei	93.8	65	1023177	838698		
黄岛区	Huangdao	121.6	2127	2124080	1852422	14838000	7113269
崂山区	Laoshan	28.6	396	1310584	906840		
李沧区	Licang	35.2	99	623644	497437	6271499	3468379
城阳区	Chengyang	42.2	553	953167	725684	7576052	4034820
胶州市	Jiaozhou	83.8	1324	920707	1047902	6832180	4004261
即墨市	Jimo	115.8	1921	1050508	1294772	8197760	5070945
平度市	Pingdu	139.0	3176	497837	966787	6073771	4408559
莱西市	Laixi	74.2	1568	519206	652187	3884414	2676573
淄博市	**Zibo**						
淄川区	Zichuan	64.7	960	306568	405078	5170344	3622213
张店区	Zhangdian	82.0	360	825788	822015	16426791	7886747
博山区	Boshan	45.0	698	231237	309136	2990180	2271734
临淄区	Linzi	61.6	664	647208	461842	6670052	4391178
周村区	Zhoucun	34.7	306	189203	229915	3072359	2358927
桓台县	Huantai	50.4	509	331249	371667	3645555	1919056
高青县	Gaoqing	36.9	831	139000	247423	1479594	1040305
沂源县	Yiyuan	57.1	1636	191443	329580	2332980	1498200
枣庄市	**Zaozhuang**						
市中区	Shizhong	57.7	374	222123	286188	3860821	2621329
薛城区	Xuecheng	54.6	507	219249	281838	3461361	2043066
峄城区	Yicheng	42.6	637	89888	183460	1017333	670827
台儿庄区	Taierzhuang	33.4	532	79780	193098	930381	656673

22-1 续表 1 continued

地 区	Region	年末总人口(万人) Total Population at Year-end (10 000 person)	行政区域土地面积(平方公里) Area of Local land (sq.km)	一般公共预算收入(万元) General Pubilic Budget Revenue (10 000 yuan)	一般公共预算支出(万元) General Pubilic Budget Expenditure (10 000 yuan)	年末金融机构各项存款余额(万元) Deposit Balance of Financial Institution at Year-end (10 000 yuan)	城乡居民储蓄存款余额(万元) Urban and Rural Household Savings Deposits (10 000 yuan)
山亭区	Shanting	53.4	1019	52187	211543	1013352	659320
滕州市	Tengzhou	171.5	1495	690018	881582	6344100	4404017
东营市	**Dongying**						
东营区	Dongying	64.9	1178	262880	355266	25191908	6844118
河口区	Hekou	22.0	2267	180604	213998	2934488	1506831
垦利区	Kenli	23.1	2331	212678	278188	3847480	1326747
利津县	Lijin	30.5	1301	128771	226487	1706209	725158
广饶县	Guangrao	52.4	1166	409396	499072	6186505	2221099
烟台市	**Yantai**						
芝罘区	Zhifu	69.7	179	633602	473145		
福山区	Fushan	27.7	482	280011	275688	2690178	1683500
牟平区	Mouping	45.9	1375	239588	281292	4027755	2417048
莱山区	Laishan	21.4	285	310128	313523	4127757	1815468
长岛县	Changdao	4.2	59	12630	71419	451114	297205
龙口市	Longkou	63.7	901	948167	917182	8710346	4915050
莱阳市	Laiyang	86.8	1731	156710	323378	3836370	2900784
莱州市	Laizhou	85.0	1928	618577	635742	6576792	4962405
蓬莱市	Penglai	44.9	1136	315328	397825	4214348	2607337
招远市	Zhaoyuan	56.6	1432	547388	546015	5316396	3249629
栖霞市	Qixia	61.0	2016	112497	268982	2413914	1945959
海阳市	Haiyang	65.4	1910	293906	350606	3699575	2574202
潍坊市	**Weifang**						
潍城区	Weicheng	37.2	270	200257	169847		
寒亭区	Hanting	43.9	1301	503050	433312		
坊子区	Fangzi	54.7	895	148275	258090		
奎文区	Kuiwen	54.0	168	693797	419802		
临朐县	Linqu	90.6	1831	156966	322766	3798070	2776211
昌乐县	Changle	62.9	1101	235929	279521	3299500	2138506
青州市	Qingzhou	94.4	1569	459890	494229	7342528	5033159
诸城市	Zhucheng	111.0	2151	731686	761560	6387100	4013184
寿光市	Shouguan	108.5	1990	946872	971469	8571338	5198477
安丘市	Anqiu	96.2	1712	208027	386841	4127831	2934946
高密市	Gaomi	89.3	1527	480480	518842	4856185	3164504
昌邑市	Changyi	58.6	1628	299085	366415	4045870	2886092
济宁市	**Jining**						
任城区	Rencheng	119.8	891	624006	543017	20382465	10212433
兖州区	Yanzhou	65.0	650	474575	506035	3715753	2608842
微山县	Weishan	72.6	1738	333656	420176	2194381	1439326
鱼台县	Yutai	47.6	654	104206	246657	1423446	1117788

22-1 续表 2 continued

地 区	Region	年末总人口（万人） Total Population at Year-end (10 000 person)	行政区域土地面积（平方公里） Area of Local land (sq.km)	一般公共预算收入（万元） General Pubilic Budget Revenue (10 000 yuan)	一般公共预算支出（万元） General Pubilic Budget Expenditure (10 000 yuan)	年末金融机构各项存款余额（万元） Deposit Balance of Financial Institution at Year-end (10 000 yuan)	城乡居民储蓄存款余额（万元） Urban and Rural Household Savings Deposits (10 000 yuan)
金乡县	Jinxiang	66.1	888	135586	324207	2373030	1934471
嘉祥县	Jiaxiang	92.0	975	163016	341366	2882799	2301503
汶上县	Wenshang	81.2	889	141537	303467	2419974	1806317
泗水县	Sishui	63.8	1118	90058	280569	1612351	1332792
梁山县	Liangshan	83.2	961	135272	303846	2816883	2305452
曲阜市	Qufu	64.8	815	267147	435604	2902783	2016508
邹城市	Zoucheng	119.6	1617	735148	787604	7113019	3572484
泰安市	**Taian**						
泰山区	Taishan	64.5	337	313868	215545	2546903	1904872
岱岳区	Daiyue	97.9	1750	165337	364773	5248000	3388000
宁阳县	Ningyang	83.5	1124	127079	351611	2305091	1785717
东平县	Dongping	80.8	1340	119336	347735	2396767	1901626
新泰市	Xintai	142.8	1934	422609	653177	5929661	4162690
肥城市	Feicheng	99.2	1277	421469	594586	4618577	3402305
威海市	**Weihai**						
环翠区	Huancui	75.4	991	1018618	733819	15884141	6989157
文登区	Wendeng	58.1	1616	495168	609469	5200267	3288873
荣成市	Rongcheng	66.7	1526	688339	957567	6922787	4199068
乳山市	Rushan	55.6	1665	313298	411441	3121154	2439338
日照市	**Rizhao**						
东港区	Donggang	92.6	1262	813511	1145766	12364684	5212280
岚山区	Lanshan	43.0	778	222227	223808	2041502	1348994
五莲县	Wulian	51.5	1497	107903	264149	2376076	1695637
莒 县	Juxian	112.7	1821	143659	416768	4023934	2886223
莱芜市	**Laiwu**						
莱城区	Laicheng	105.0	1740	237799	367836	7174898	4301551
钢城区	Gangcheng	32.6	506	131858	124263	1965124	1116035
临沂市	**Linyi**						
兰山区	Lanshan	117.3	891	726266	475778	18262213	9080331
罗庄区	Luozhuang	55.7	569	180406	230948	4146758	2061850
河东区	Hedong	59.5	834	140312	256039	5053003	2512452
沂南县	Yinan	94.8	1719	147429	386260	2893506	2319075
郯城县	Tancheng	99.6	1195	120067	353355	2334873	1965278
沂水县	Yishui	116.0	2414	228819	491182	4279515	3172971
兰陵县	Lanling	140.1	1724	150006	439155	3105276	2344481
费 县	Feixian	88.0	1660	180117	377910	2739289	2097297
平邑县	Pingyi	101.2	1823	107148	360836	2545415	1900621
莒南县	Junan	84.7	1751	135700	343122	3658599	2698101
蒙阴县	Mengyin	55.1	1602	100090	349934	1862321	1426527
临沭县	Linshu	65.8	1010	139366	323118	2456707	1646977

22-1 续表 3 continued

地 区	Region	年末总人口(万人) Total Population at Year-end (10 000 persons)	行政区域土地面积(平方公里) Area of Local land (sq.km)	公共财政预算收入(万元) Local Financial Budgetary Revenue (10 000 yuan)	公共财政预算支出(万元) Local Financial Budgetary Expenditure (10 000 yuan)	年末金融机构各项存款余额(万元) Deposit Balance of Financial Institution at Year-end (10 000 yuan)	城乡居民储蓄存款余额(万元) Urban and Rural Household Savings Deposits (10 000 yuan)
德州市	**Dezhou**						
德城区	Decheng	72.3	538	439668	411564	9833887	5170494
陵城区	Lingcheng	58.4	1213	117862	250103	1866732	1515925
宁津县	Ningjin	46.7	833	67546	184029	2081342	1754739
庆云县	Qingyun	30.7	501	56384	164750	1056856	778809
临邑县	Linyi	53.3	1016	140428	229368	2184280	1550754
齐河县	Qihe	62.0	1411	287666	370168	2481898	1659364
平原县	Pingyuan	45.9	1047	82632	202352	1765045	1424501
夏津县	Xiajin	52.0	882	78173	219412	1602622	1294981
武城县	Wucheng	38.5	751	86197	183975	1598340	1297793
乐陵市	Leling	67.6	1173	100576	262377	1968891	1532200
禹城市	Yucheng	51.8	992	190487	283169	2246456	1453420
聊城市	**Liaocheng**						
东昌府区	Dongchangfu	125.3	1443	746064	1349907	12189853	5795644
阳谷县	Yanggu	82.1	1388	134536	326652	3063947	2535625
莘 县	Shenxian	108.1	1003	110256	378115	3315708	2328502
茌平县	Chiping	56.5	727	310261	381957	2649208	2204607
东阿县	Donge	40.7	1161	118893	190838	2716183	1953285
冠 县	Guanxian	86.6	947	113530	346259	1792948	1246126
高唐县	Gaotang	51.1	951	150276	269381	2610987	1887512
临清市	Linqing	82.1	1008	191167	334993	1985968	1409112
滨州市	**Binzhou**						
滨城区	Bincheng	68.7	1041	526898	484790	9075090	3625523
沾化区	Zhanhua	39.7	2218	116145	222306	1386056	751531
惠民县	Huimin	65.2	1362	95966	293956	2045586	1306470
阳信县	Yangxin	46.7	798	80528	247623	1457496	903854
无棣县	Wudi	48.1	2090	250871	380343	1951549	1116533
博兴县	Boxing	49.9	901	278275	346917	4269012	2272744
邹平县	Zouping	73.9	1250	636083	635323	6794367	2897386
菏泽市	**Heze**						
牡丹区	Mudan	161.1	1415	604321	1171872	8969945	5133980
定陶区	Dingtao	70.1	846	82000	267273	1725879	1325111
曹 县	Caoxian	169.2	1974	230655	587384	3226182	2667194
单 县	Shanxian	126.5	1670	163750	442337	2758190	2308145
成武县	Chengwu	72.5	998	90609	257855	1966355	1613081
巨野县	Juye	108.6	1308	200016	369897	3149889	2405691
郓城县	Yuncheng	128.2	1643	227091	522535	3804616	3190633
鄄城县	Juancheng	91.9	1032	87325	327279	2244686	1919827
东明县	Dongming	86.4	1370	164680	337600	2401384	1602765

22-1 续表 4 continued

地 区	Region	年末金融机构各项贷款余额（万元）Loan Balance of Financial Institution at Year-end (10 000 yuan)	粮食面积（公顷）Area of Grain (hectares)	粮食产量（吨）Output of Grain (ton)	油料产量（吨）Output of Oil-bearing Crops (ton)	蔬菜产量（吨）Output of Vegetables (ton)	水果产量（吨）Output of Fruits (ton)	肉类总产量（吨）Output of Meat (ton)	奶类产量（吨）Output of Milk (ton)
济南市	**Jinan**								
历下区	Lixia								
市中区	Shizhong		4373	19052	37	10252	3105	7026	13821
槐荫区	Huaiyin		2707	15069	126	5783		1715	4804
天桥区	Tianqiao		12260	66098	606	21440	1724	4711	390
历城区	Licheng		23393	125811	2051	772338	182226	21661	14903
长清区	Changqing		44800	262854	15100	658300	48474	30120	34996
章丘区	Zhangqiu	3254721	105197	615891	7674	1847310	76226	117745	75343
平阴县	Pingyin	942196	31567	172659	11493	653398	135806	40899	29972
济阳县	Jiyang	1142436	91467	565431	4176	1390432	49298	57249	32173
商河县	Shanghe	846901	108080	729798	297	982992	26066	78478	51580
青岛市	**Qingdao**								
市南区	Shinan								
市北区	Shibei								
黄岛区	Huangdao	15217000	48400	248000	896301	380216	67839	87625	8686
崂山区	Laoshan		180	1120	501	9284	5899	635	536
李沧区	Licang	5204858							
城阳区	Chengyang	5812491	1897	8720	46	60303	11359	3724	9460
胶州市	Jiaozhou	5555235	66100	379100	28532	1029720	41134	49470	15830
即墨市	Jimo	8282189	78580	432000	63355	503956	15817	58382	38180
平度市	Pingdu	3631946	197653	1414700	112358	2574728	311305	176497	22671
莱西市	Laixi	3097646	87421	566281	7490	1162973	275009	204841	208904
淄博市	**Zibo**								
淄川区	Zichuan	2613779	12887	47682	1774	22074	7549	14051	132
张店区	Zhangdian	11833798	4353	20771	217	20314	4726	3314	1336
博山区	Boshan	1340522	4480	14752	982	120123	44738	5917	243
临淄区	Linzi	5200464	48300	334352	48	922722	10794	49628	15894
周村区	Zhoucun	1332176	11820	53846	451	43318	8201	8985	3528
桓台县	Huantai	3780520	46367	356785	9	59786	1034	11236	8182
高青县	Gaoqing	1084859	83767	589121	1360	376366	20361	35507	61780
沂源县	Yiyuan	1530493	5280	16688	16705	316983	893307	26474	2270
枣庄市	**Zaozhuang**								
市中区	Shizhong	2916058	12660	67500	10601	154669	9469	24207	3564
薛城区	Xuecheng	2218161	33180	200500	5119	240470	13565	28814	372
峄城区	Yicheng	795928	43247	243000	14619	655145	35265	21409	920
台儿庄区	Taierzhuang	624952	44120	249000	1451	574043	11978	23623	38852

22-1 续表 5 continued

地 区	Region	年末金融机构各项贷款余额(万元) Loan Balance of Financial Institution at Year-end (10 000 yuan)	粮食面积(公顷) Area of Grain (hectares)	粮食产量(吨) Output of Grain (ton)	油料产量(吨) Output of Oil-bearing Crops (ton)	蔬菜产量(吨) Output of Vegetables (ton)	水果产量(吨) Output of Fruits (ton)	肉类总产量(吨) Output of Meat (ton)	奶类产量(吨) Output of Milk (ton)
山亭区	Shanting	469650	21227	118000	24308	157227	113920	43834	7889
滕州市	Tengzhou	3978483	100100	754500	35783	2913390	60778	112157	776
东营市	**Dongying**								
东营区	Dongying	18135204	18359	102890	87	119830	9052	9603	9698
河口区	Hekou	1642667	15808	82028	1234	27153	37354	27491	228836
垦利区	Kenli	4097871	21304	115470	847	57837	10748	19218	9901
利津县	Lijin	1250913	36417	204355	1989	255111	24596	50149	109
广饶县	Guangrao	9948327	74795	500000	6	568121	4208	61046	99125
烟台市	**Yantai**								
芝罘区	Zhifu		36	195	204	15910	3213	735	5155
福山区	Fushan	1810351	2198	11637	5480	16484	58569	6509	2919
牟平区	Mouping	2137485	18582	99228	33177	104426	594227	84647	29595
莱山区	Laishan	2947141	1878	9915	3982	36371	42249	13098	3306
长岛县	Changdao	133477	69	321	9		387	32	27
龙口市	Longkou	5858393	15229	100363	9174	224200	393439	36052	37173
莱阳市	Laiyang	1752520	73227	419907	78585	505073	446730	115699	53379
莱州市	Laizhou	2669862	84365	534691	48876	269500	319536	93996	14942
蓬莱市	Penglai	3046405	8968	53279	30639	165243	803145	70801	6997
招远市	Zhaoyuan	2639077	36739	213309	65460	84954	591045	50364	10796
栖霞市	Qixia	1264164	15671	93062	53344	174032	1919222	23317	2562
海阳市	Haiyang	2730637	47454	261259	83718	433838	452797	53811	18046
潍坊市	**Weifang**								
潍城区	Weicheng		11113	68000	88	38662	19811	13791	4581
寒亭区	Hanting		39607	242000	1756	215776	47501	38594	20743
坊子区	Fangzi		49400	300900	10030	568177	14454	56229	3027
奎文区	Kuiwen		2173	12600	240	344		1229	2024
临朐县	Linqu	2326450	36087	190000	17459	240281	235677	102519	69195
昌乐县	Changle	2436861	34867	210000	38623	1153337	59647	106501	45226
青州市	Qingzhou	4498209	39333	224500	41	1909687	91237	91143	15659
诸城市	Zhucheng	5074584	133647	823000	55566	1088140	65018	314538	4286
寿光市	Shouguan	7256715	84500	585000	212	4146672	45260	169900	10978
安丘市	Anqiu	3176691	53727	328500	52253	1672072	97507	139776	4558
高密市	Gaomi	3609555	130180	833500	28504	998587	47490	208483	43198
昌邑市	Changyi	2169259	79727	500000	7955	530865	83479	82642	4972
济宁市	**Jining**								
任城区	Rencheng	14888992	57147	409500	540	320514	26398	30513	10985
兖州区	Yanzhou	2695250	53453	405500	2663	412361	4198	40778	989
微山县	Weishan	968046	49973	328500	1957	332201	2381	39279	
鱼台县	Yutai	525412	38413	261000		686424	1775	30291	966

22-1 续表 6 continued

地 区	Region	年末金融机构各项贷款余额（万元）Loan Balance of Financial Institution at Year-end (10 000 yuan)	粮食面积（公顷）Area of Grain (hectares)	粮食产量（吨）Output of Grain (ton)	油料产量（吨）Output of Oil-bearing Crops (ton)	蔬菜产量（吨）Output of Vegetables (ton)	水果产量（吨）Output of Fruits (ton)	肉类总产量（吨）Output of Meat (ton)	奶类产量（吨）Output of Milk (ton)
金乡县	Jinxiang	1202183	8373	61500	2138	1784780	34932	41946	6694
嘉祥县	Jiaxiang	1226128	83587	598000	2820	420727	14509	48887	5133
汶上县	Wenshang	1193895	81420	587500	9338	224498	7073	82199	43087
泗水县	Sishui	877212	34413	200500	62858	583034	52544	83972	4660
梁山县	Liangshan	1045711	85347	580500	15210	700992	44080	72218	19859
曲阜市	Qufu	1467499	70673	510500	11577	225532	32556	60843	4979
邹城市	Zoucheng	5397578	75733	509000	61623	619365	42620	76048	9082
泰安市	**Taian**								
泰山区	Taishan	1629068	4500	32961	70	161937	8609	5812	15081
岱岳区	Daiyue	3124000	65236	480076	28753	2473564	207333	70564	136036
宁阳县	Ningyang	1013147	78867	566391	69227	1032759	98790	106701	118147
东平县	Dongping	1659087	85571	604994	20467	669356	10737	42224	10776
新泰市	Xintai	3809824	55561	398209	98742	1536813	148942	156544	89149
肥城市	Feicheng	2868266	74112	538509	9942	1849660	114024	80426	88843
威海市	**Weihai**								
环翠区	Huancui	9802642	12233	62962	24431	81780	142924	13445	12297
文登区	Wendeng	2897019	38340	207658	79915	279625	234471	48121	80733
荣成市	Rongcheng	4651912	37360	221983	58240	224752	151530	36938	43794
乳山市	Rushan	1672445	37646	209483	74179	390419	483369	85544	6519
日照市	**Rizhao**								
东港区	Donggang	15090593	25667	154730	55148	103283	105645	65631	4035
岚山区	Lanshan	2745759	21713	133761	37656	122719	35478	40945	5744
五莲县	Wulian	1457917	36567	201291	61626	218093	43549	56362	
莒 县	Juxian	3447252	62860	395009	84543	667319	76703	142248	18050
莱芜市	**Laiwu**								
莱城区	Laicheng	4369291	33055	200803	13480	824120	67529	51428	898
钢城区	Gangcheng	2352700	4800	29064	10156	222171	41909	11858	909
临沂市	**Linyi**								
兰山区	Lanshan	15974210	31420	177000	23707	116159	35480	33886	13154
罗庄区	Luozhuang	3627227	26973	155028	10786	78037	4338	33655	29517
河东区	Hedong	4419932	45227	274000	19971	178462	19999	25913	2387
沂南县	Yinan	1357834	63393	359500	95377	1233421	58014	87969	16718
郯城县	Tancheng	1365424	93600	716500	15299	536916	10418	52397	2231
沂水县	Yishui	2876964	53833	323000	100465	551968	692527	174674	14695
兰陵县	Lanling	1934746	97320	648500	62521	2890971	64193	86091	19067
费 县	Feixian	1477377	51080	289500	85417	477024	203397	55748	3175
平邑县	Pingyi	1411327	48740	294500	81382	284236	198196	58730	1870
莒南县	Junan	2264737	73413	466500	132639	224256	43649	151651	1574
蒙阴县	Mengyin	1015553	18807	130500	38887	115447	968948	27171	
临沭县	Linshu	1880609	49893	289000	183405	136525	12233	59600	6261

22-1 续表 7 continued

地区	Region	年末金融机构各项贷款余额(万元) Loan Balance of Financial Institution at Year-end (10 000 yuan)	粮食面积(公顷) Area of Grain (hectares)	粮食产量(吨) Output of Grain (ton)	油料产量(吨) Output of Oil-bearing Crops (ton)	蔬菜产量(吨) Output of Vegetables (ton)	水果产量(吨) Output of Fruits (ton)	肉类总产量(吨) Output of Meat (ton)	奶类产量(吨) Output of Milk (ton)
德州市	**Dezhou**								
德城区	Decheng	6599949	12173	83700	42	72505	13056	12041	3452
陵城区	Lingcheng	826549	118927	920800	5	270115	5808	77824	47020
宁津县	Ningjin	739102	66953	500100	3916	437014	18074	36782	7700
庆云县	Qingyun	613459	33140	223500	685	100592	43861	11830	250
临邑县	Linyi	1137735	96040	720100	24	491780	3497	94339	29004
齐河县	Qihe	1560200	131340	1012800	2127	1081644	12653	111026	29000
平原县	Pingyuan	703659	98787	755000	925	957916	14488	65501	6539
夏津县	Xiajin	725319	66667	453100	1878	225866	27799	64369	1201
武城县	Wucheng	800185	60667	453200	6217	148285	7085	13034	3106
乐陵市	Leling	1285733	91347	689300	364	426602	240684	89792	7092
禹城市	Yucheng	1605973	82087	625900	2437	1678890	10657	102402	78829
聊城市	**Liaocheng**								
东昌府区	Dongchangfu	9182663	105573	732000	4605	1274563	19817	91749	23612
阳谷县	Yanggu	2096392	101920	706000	9430	1792882	45107	79073	28674
莘县	Shenxian	1277538	106093	696500	26267	2388249	37999	146136	4695
茌平县	Chiping	1918216	88367	598000	22664	1510849	77960	64893	2386
东阿县	Donge	1208191	71847	485500	607	332124	21680	29454	4284
冠县	Guanxian	1724966	99527	651500	14327	1230012	322158	71214	15437
高唐县	Gaotang	1917523	78420	530000	18209	266813	9341	59735	4548
临清市	Linqing	1978658	85407	559500	2750	604178	90040	38727	21549
滨州市	**Binzhou**								
滨城区	Bincheng	7359620	49427	313350	412	141138	23372	21942	20683
沾化区	Zhanhua	864745	26020	161490	990	51813	345938	39490	4941
惠民县	Huimin	1474483	96533	648100	9334	1209979	128944	51298	3273
阳信县	Yangxin	1031939	70153	466490		160870	253476	91552	201
无棣县	Wudi	1462705	42013	252940	1853	17999	222600	98440	3950
博兴县	Boxing	4209738	64933	460950	302	210425	2311	32910	1911
邹平县	Zouping	7539623	106520	758010	1035	190929	25069	48180	25367
菏泽市	**Heze**								
牡丹区	Mudan	5960052	95420	604500	21082	834178	58196	92622	6784
定陶区	Dingtao	917954	86547	538000	5157	702591	22110	68550	1673
曹县	Caoxian	2072373	175527	1105500	25648	435096	20679	90384	56887
单县	Shanxian	1662346	97340	609500	44727	1633594	209114	93388	4896
成武县	Chengwu	931758	78180	500500	1756	950823	31581	60826	582
巨野县	Juye	1716910	83520	523000	8522	997037	74472	59154	1610
郓城县	Yuncheng	1845309	165113	1045000	29803	1085904	46862	100296	2568
鄄城县	Juancheng	1022714	88840	561000	32107	338784	38225	83817	2204
东明县	Dongming	1921199	93780	585500	62929	445169	27423	72708	5556

22-1 续表 8 continued

地区	Region	规模以上工业企业(万元) Industrial Enterprises above Designated Size (10 000 yuan)			社会消费品零售额(万元) Total Retail Sales of Consumer Goods (10 000 yuan)	出口总额(万元) Total Exports (10 000 yuan)	固定资产投资完成额(万元) Investment in Fixed Asset (10 000 yuan)
		工业总产值 Gross Industrial Output Value	主营业务收入 Revenue from Principal Business	利税总额 Total Profits and Taxes			
济南市	**Jinan**						
历下区	Lixia	2861460	2892697	1087836	9152174	468624	2488745
市中区	Shizhong	3640456	4305186	259405	4845956	238888	2171504
槐荫区	Huaiyin	1626583	1647991	205927	4791973	229781	2686723
天桥区	Tianqiao	580160	580595	-31127	4087208	250006	1694199
历城区	Licheng	5066262	5909592	514819	5195898	610033	5948202
长清区	Changqing	1804921	1736406	29563	1379327	51606	2507446
章丘区	Zhangqiu	17891861	18522349	2179208	3904327	441486	6762301
平阴县	Pingyin	3837075	3575168	534916	962921	430000	2482692
济阳县	Jiyang	4981457	4914905	749570	1258876	123816	3057776
商河县	Shanghe	1781708	1788395	129789	888088	60338	1269691
青岛市	**Qingdao**						
市南区	Shinan	970255	369819	9342	5381603	3591009	1285915
市北区	Shibei	2878008	3554662	240317	7067281	597033	2439159
黄岛区	Huangdao	50473522	47890338	5107342	5160268	5395413	20034823
崂山区	Laoshan	4722482	5329911	685701	2212555	3248775	1812722
李沧区	Licang	2461672	2704570	674416	3754180	388505	5038748
城阳区	Chengyang	14620316	13813966	1155605	2339706	3658674	6956460
胶州市	Jiaozhou	25000140	24656677	2738893	3732496	3301346	10393921
即墨市	Jimo	29589804	28056805	2301923	4240927	2440503	10489280
平度市	Pingdu	16051872	16034383	1749521	3862938	1183979	7783045
莱西市	Laixi	11128455	10846895	676226	2944305	1324460	6701278
淄博市	**Zibo**						
淄川区	Zichuan	24975598	24945497	2772967	2867119	662756	4339820
张店区	Zhangdian	23943398	23485388	2585370	6875867	1110793	7263303
博山区	Boshan	7668244	7421788	794046	2521449	280636	3462757
临淄区	Linzi	24898073	24804218	3440353	2679446	368503	4689060
周村区	Zhoucun	11336941	11279188	1125223	2317291	246472	3264636
桓台县	Huantai	18826585	18372481	1172457	2146101	524264	4303608
高青县	Gaoqing	3227476	3219008	328294	658643	67207	1551927
沂源县	Yiyuan	5238840	5076262	966012	1484391	213638	2122872
枣庄市	**Zaozhuang**						
市中区	Shizhong	5065524	4959624	387186	1308370	232623	2231242
薛城区	Xuecheng	7466119	11216836	508284	1319774	88466	4283026
峄城区	Yicheng	3531193	3478912	276788	713652	120857	2127697
台儿庄区	Taierzhuang	3216780	3051407	251310	738735	43383	1396529

22-1 续表 9 continued

地 区	Region	规模以上工业企业(万元) Industrial Enterprises above Designated Size (10 000 yuan)			社会消费品零售额(万元) Total Retail Sales of Consumer Goods (10 000 yuan)	出口总额(万元) Total Exports (10 000 yuan)	固定资产投资完成额(万元) Investment in Fixed Asset (10 000 yuan)
		工业总产值 Gross Industrial Output Value	主营业务收入 Revenue from Principal Business	利税总额 Total Profits and Taxes			
山亭区	Shanting	2145132	2122100	163144	798544	70713	1287330
滕州市	Tengzhou	13072129	12968409	980442	4043752	253730	6559248
东营市	**Dongying**						
东营区	Dongying	13216113	12688730	494142	3638935	439400	5134282
河口区	Hekou	10278392	10238336	677811	570920	81227	3321919
垦利区	Kenli	21362193	21114148	2674582	677055	339404	2973924
利津县	Lijin	16577903	16385163	1471549	331974	89247	1345849
广饶县	Guangrao	43322363	42732765	4244034	1927350	1757093	6500618
烟台市	**Yantai**						
芝罘区	Zhifu	1328379	1239783	98301	4450574	661951	4194144
福山区	Fushan	3568508	3665040	249741	1183066	590108	4638156
牟平区	Muping	11588149	10423016	913455	1726052	447684	4745598
莱山区	Laishan	3508755	3309160	503905	1118123	575695	4113708
长岛县	Changdao	25199	41545	1731	209140	42320	74082
龙口市	Longkou	32480713	31560894	3126793	3938641	1221768	6883260
莱阳市	Laiyang	9576990	9690517	912285	2879234	516841	1811311
莱州市	Laizhou	15263607	15403267	1457297	3398172	600853	5008449
蓬莱市	Penglai	14901044	15305335	1484281	1638911	615643	4573024
招远市	Zhaoyuan	18339856	18023940	1457539	1902991	850162	4601083
栖霞市	Qixia	3036402	3040310	220924	1514995	291538	1619746
海阳市	Haiyang	3324138	2750487	218541	1853134	509380	4426563
潍坊市	**Weifang**						
潍城区	Weicheng	3098031	3556353	272878	1915316	259808	1534797
寒亭区	Hanting	13147594	13149628	1329296	1167979	1042572	6270875
坊子区	Fangzi	3181337	3225017	90961	1032348	330636	1855555
奎文区	Kuiwen	8845741	8578996	1065075	3612968	1359376	2586056
临朐县	Linqu	4363713	4408965	235848	1586544	215692	3299502
昌乐县	Changle	10073578	10110118	566165	1457911	501953	3499009
青州市	Qingzhou	15701483	15629379	1421975	2465583	357208	5761835
诸城市	Zhucheng	23140119	23479575	2128530	2882139	871812	6355118
寿光市	Shouguan	18847335	19014177	1423644	3152636	1419973	6308714
安丘市	Anqiu	5159406	5141069	263236	1828626	510328	3214103
高密市	Gaomi	18677842	18572355	1644706	2163825	944984	5632397
昌邑市	Changyi	9692401	10081709	852777	1882649	405840	3801062
济宁市	**Jining**						
任城区	Rencheng	13386342	15237718	371178	4986288	442555	5803870
兖州区	Yanzhou	16094362	15735767	1089092	2285958	418872	4837109
微山县	Weishan	1855966	1844526	358572	1238702	37858	2201964
鱼台县	Yutai	593790	584436	22128	962478	57946	1503932

22-1 续表 10 continued

地 区	Region	规模以上工业企业(万元) Industrial Enterprises above Designated Size (10 000 yuan)			社会消费品零售额(万元) Total Retail Sales of Consumer Goods (10 000 yuan)	出口总额(万元) Total Exports (10 000 yuan)	固定资产投资完成额(万元) Investment in Fixed Asset (10 000 yuan)
		工业总产值 Gross Industrial Output Value	主营业务收入 Revenue from Principal Business	利税总额 Total Profits and Taxes			
金乡县	Jinxiang	3166554	3117923	310547	1109616	402218	1704235
嘉祥县	Jiaxiang	2696751	2706037	263438	1153704	45474	2269757
汶上县	Wenshang	2318506	2211978	240157	1175794	56289	2325162
泗水县	Sishui	1753207	1518634	188984	965040	49433	1491367
梁山县	Liangshan	2846024	2821160	304030	1022667	55722	2274346
曲阜市	Qufu	2580420	2557816	353595	2021406	143898	2731589
邹城市	Zoucheng	8153000	8230448	1262530	2978704	56586	4738451
泰安市	**Taian**						
泰山区	Taishan	5383604	4724402	643050	3547263	396606	3707847
岱岳区	Daiyue	6319388	6825152	617217	1825889	219241	5424205
宁阳县	Ningyang	12643148	11690193	990953	1638211	87752	3963584
东平县	Dongping	11648284	11662709	815312	1555771	37468	3320854
新泰市	Xintai	13366141	12748600	932061	3154594	126508	6508586
肥城市	Feicheng	9677459	10418340	1000093	2905955	220869	6071102
威海市	**Weihai**						
环翠区	Huancui	17078277	17533408	1841832	5119466	5064531	8508941
文登区	Wendeng	15270628	14990734	1158754	3441337	820288	6643809
荣成市	Rongcheng	31073814	30138473	2358747	3630072	1515792	8282776
乳山市	Rushan	7990225	7909971	604287	2376418	441065	5358000
日照市	**Rizhao**						
东港区	Donggang	7230408	6972581	539201	3018435	1356011	6014344
岚山区	Lanshan	6606831	7085050	338400	996269	1020668	5818414
五莲县	Wulian	5911133	5654939	290762	876561	151100	1565917
莒　县	Juxian	4816641	4845634	455689	1709670	262668	2579098
莱芜市	**Laiwu**						
莱城区	Laicheng	13244112	14169934	698478	2836449	274800	4721608
钢城区	Gangcheng	4832424	5026366	51422	641531	373163	1635123
临沂市	**Linyi**						
兰山区	Lanshan	21514115	21255000	2274200	5665118	876326	6381711
罗庄区	Luozhuang	5392428	5347600	328600	1967226	259295	2014119
河东区	Hedong	4850728	4348200	184400	1485089	248590	1520281
沂南县	Yinan	5051558	5405100	419600	1320986	171851	2451528
郯城县	Tancheng	7023668	7007200	853000	1480022	101841	2384570
沂水县	Yishui	11853839	11700800	792100	1902103	549183	3284687
兰陵县	Lanling	5806052	5854900	436700	2265751	68797	2157371
费　县	Feixian	7668456	7674400	796300	1173097	276063	1852615
平邑县	Pingyi	3865188	3917800	305500	1739163	106336	1956508
莒南县	Junan	6669963	6633400	505300	1327453	328045	2072299
蒙阴县	Mengyin	2441114	2444900	189200	1080143	119315	1391230
临沭县	Linshu	5083169	5587900	366400	1052505	277536	1854623

22-1 续表 11 continued

地 区	Region	规模以上工业企业(万元) Industrial Enterprises above Designated Size (10 000 yuan)			社会消费品零售额(万元) Total Retail Sales of Consumer Goods (10 000 yuan)	出口总额(万元) Total Exports (10 000 yuan)	固定资产投资完成额(万元) Investment in Fixed Asset (10 000 yuan)
		工业总产值 Gross Industrial Output Value	主营业务收入 Revenue from Principal Business	利税总额 Total Profits and Taxes			
德州市	**Dezhou**						
德城区	Decheng	14608111	13814555	1124996	3206267	440842	4836029
陵城区	Lingcheng	10961464	10742237	805080	1007623	87027	2156250
宁津县	Ningjin	8485624	8465347	522869	1098801	87753	2121812
庆云县	Qingyun	4075672	4063631	414444	775562	26612	1322698
临邑县	Linyi	9603227	10047023	895676	1260791	219207	2410837
齐河县	Qihe	11959981	11891625	1073439	1310786	187713	2761969
平原县	Pingyuan	6735528	6723749	609538	996328	59569	1447317
夏津县	Xiajin	8873079	9163286	655137	923963	17095	1268768
武城县	Wucheng	9241531	9518459	635646	877246	16359	1964291
乐陵市	Leling	9540005	9475149	612711	1251759	147646	2367126
禹城市	Yucheng	11610293	10747177	839940	1240566	210423	2720730
聊城市	**Liaocheng**						
东昌府区	Dongchangfu	9981700	9701078	673136	3804880	421827	5328290
阳谷县	Yanggu	10466100	10206120	998893	1685345	586268	3225285
莘　县	Shenxian	8427200	8391756	749701	1237309	32214	2583105
茌平县	Chiping	15034700	14596712	1445049	1001642	110564	3089105
东阿县	Donge	4326000	4067819	705846	437642	81968	1083541
冠　县	Guanxian	10365600	10242581	989727	876127	293883	2428391
高唐县	Gaotang	17678500	17654294	1402914	1059835	152591	2992847
临清市	Linqing	13719400	13705398	1260518	1628509	246624	2845169
滨州市	**Binzhou**						
滨城区	Bincheng	10497598	9727862	760460	2450146	803058	6443539
沾化区	Zhanhua	2462332	2163007	106097	838582	48560	1870873
惠民县	Huimin	4599467	4545972	381563	1117515	208716	2210366
阳信县	Yangxin	3181327	3133391	580361	693467	122990	1456000
无棣县	Wudi	4800464	4751859	307405	919469	64189	3972389
博兴县	Boxing	11687520	12445590	464229	1110039	776693	2745885
邹平县	Zouping	36591560	46716370	1614448	1767821	455073	2866662
菏泽市	**Heze**						
牡丹区	Mudan	17486962	16367580	2577780	3041555	189399	2840720
定陶区	Dingtao	4143732	4131527	383185	956203	33122	843732
曹　县	Caoxian	11975460	11698109	1249766	2355253	597463	1559245
单　县	Shanxian	7062523	7061754	687269	1858479	94004	1078229
成武县	Chengwu	5162757	5344527	798711	1051021	72915	867257
巨野县	Juye	5389151	5650482	580473	1501468	302336	1146149
郓城县	Yuncheng	9245416	9244455	1178768	1822025	40100	1447295
鄄城县	Juancheng	5479837	5457069	525328	1230338	196063	823027
东明县	Dongming	13395715	13027219	1058613	1213696	115753	1576408

22-1 续表 12 continued

地 区	Region	普通中学专任教师数（人）Full-time Teachers in Secondary Schools (person)	小学专任教师数（人）Full-time Teachers in Primary Schools (person)	普通中学在校学生数（人）Total Enrollment in Secondary Schools (person)	小学在校学生数（人）Total Enrollment in Primary Schools (person)	农村居民人均可支配收入（元）Per Captita Disposable Income of Rural Households (yuan)
济南市	**Jinan**					
历下区	Lixia	2253	3279	26937	56058	
市中区	Shizhong	2873	2868	36194	48554	17451
槐荫区	Huaiyin	1158	2206	14685	39742	
天桥区	Tianqiao	1759	2381	19646	38846	14241
历城区	Licheng	4292	3660	54922	72006	16928
长清区	Changqing	2112	2021	22847	29479	15137
章丘区	Zhangqiu	4487	4049	51509	54213	17982
平阴县	Pingyin	1505	1384	16176	18809	12701
济阳县	Jiyang	1897	2469	28064	34431	14298
商河县	Shanghe	1982	2659	27427	40177	12674
青岛市	**Qingdao**					
市南区	Shinan	836	1960	7970	30080	
市北区	Shibei	1761	3516	18774	54604	
黄岛区	Huangdao	5626	6122	58256	95925	18008
崂山区	Laoshan	1261	1391	6566	21645	20600
李沧区	Licang	958	1749	10177	32091	
城阳区	Chengyang	2330	2714	25074	52561	19670
胶州市	Jiaozhou	3692	3912	42029	62742	18518
即墨市	Jimo	5224	5686	53757	85011	18199
平度市	Pingdu	5901	5081	57581	73765	17223
莱西市	Laixi	3581	2610	37880	34497	17639
淄博市	**Zibo**					
淄川区	Zichuan	3463	2217	37492	28811	15555
张店区	Zhangdian	4098	3367	58042	56847	18164
博山区	Boshan	2217	1406	23941	16453	14659
临淄区	Linzi	3266	2314	38619	28551	17988
周村区	Zhoucun	1829	1301	22152	17080	15296
桓台县	Huantai	2698	1532	32284	20539	16856
高青县	Gaoqing	1633	1373	21793	15254	12897
沂源县	Yiyuan	2733	2108	33088	22253	14788
枣庄市	**Zaozhuang**					
市中区	Shizhong	2370	2414	34907	66093	13559
薛城区	Xuecheng	2694	2884	34883	46880	12521
峄城区	Yicheng	1179	2475	18553	49199	13178
台儿庄区	Taierzhuang	865	1733	14436	34661	11436

22-1 续表 13 continued

地区	Region	普通中学专任教师数(人) Full-time Teachers in Secondary Schools (person)	小学专任教师数(人) Full-time Teachers in Primary Schools (person)	普通中学在校学生数(人) Total Enrollment in Secondary Schools (person)	小学在校学生数(人) Total Enrollment in Primary Schools (person)	农村居民人均可支配收入(元) Per Captita Disposable Income of Rural Households (yuan)
山亭区	Shanting	1293	2844	14895	38313	11080
滕州市	Tengzhou	5641	6668	74160	109869	14005
东营市	**Dongying**					
东营区	Dongying	948	1133	11107	17464	17165
河口区	Hekou	688	605	7183	6016	15596
垦利区	Kenli	1215	990	14566	11753	15605
利津县	Lijin	1670	985	17521	9870	14751
广饶县	Guangrao	2862	1877	31340	26673	17249
烟台市	**Yantai**					
芝罘区	Zhifu	3633	1897	41085	38453	
福山区	Fushan	1010	890	12376	15192	18805
牟平区	Mouping	1861	1234	17063	13730	17272
莱山区	Laishan	805	468	8473	11839	19113
长岛县	Changdao	232	42	1548	1066	18502
龙口市	Longkou	3182	1188	30833	29594	19049
莱阳市	Laiyang	3341	1257	36388	32423	14319
莱州市	Laizhou	3833	1519	39184	29748	18135
蓬莱市	Penglai	1959	1289	19201	17009	18273
招远市	Zhaoyuan	2746	771	26128	20757	18257
栖霞市	Qixia	2897	1708	21567	16022	13529
海阳市	Haiyang	3077	1398	28536	19979	16215
潍坊市	**Weifang**					
潍城区	Weicheng	1418	1683	14058	29326	16865
寒亭区	Hanting	2756	2214	23551	30863	15964
坊子区	Fangzi	2590	2562	29600	36834	15782
奎文区	Kuiwen	2423	2449	24883	45164	
临朐县	Linqu	3609	3501	32851	55978	14700
昌乐县	Changle	3380	3042	38322	39041	15450
青州市	Qingzhou	4186	3637	43154	49731	16180
诸城市	Zhucheng	4839	4664	55079	75248	17210
寿光市	Shouguan	5206	4537	54026	66840	17652
安丘市	Anqiu	3879	3898	38719	66214	15161
高密市	Gaomi	4241	4314	44133	66275	15589
昌邑市	Changyi	2422	2256	24575	33001	16304
济宁市	**Jining**					
任城区	Rencheng	4552	3630	67297	66188	14040
兖州区	Yanzhou	2271	2206	25881	36923	15049
微山县	Weishan	2579	2831	26199	44928	13132
鱼台县	Yutai	1688	1687	19288	32280	12599

22-1 续表 14 continued

地 区	Region	普通中学专任教师数（人）Full-time Teachers in Secondary Schools (person)	小 学专任教师数（人）Full-time Teachers in Primary Schools (person)	普通中学在校学生数（人）Total Enrollment in Secondary Schools (person)	小 学在校学生数（人）Total Enrollment in Primary Schools (person)	农村居民人均可支配收入（元）Per Captita Disposable Income of Rural Households (yuan)
金乡县	Jinxiang	2302	2999	28557	55024	13712
嘉祥县	Jiaxiang	2871	3930	51138	82435	12778
汶上县	Wenshang	2192	3017	31706	54964	13094
泗水县	Sishui	1873	2682	24936	44036	10312
梁山县	Liangshan	2337	2985	32908	83032	12460
曲阜市	Qufu	2458	2561	25154	39849	13129
邹城市	Zoucheng	4453	4802	47489	70428	14369
泰安市	**Taian**					
泰山区	Taishan	3711	1858	56983	40386	15364
岱岳区	Daiyue	3628	2412	56568	34840	13830
宁阳县	Ningyang	3232	3039	45651	33887	13664
东平县	Dongping	2961	2340	44153	34832	13157
新泰市	Xintai	5811	4990	84611	73574	14444
肥城市	Feicheng	3893	3608	51570	51185	15130
威海市	**Weihai**					
环翠区	Huancui	2858	3012	34342	54944	17003
文登区	Wendeng	2927	1626	19828	18898	18737
荣成市	Rongcheng	3178	1793	28906	25757	19231
乳山市	Rushan	2383	1418	15968	13527	14828
日照市	**Rizhao**					
东港区	Donggang	4341	4215	53661	68427	12056
岚山区	Lanshan	1647	1320	16056	22728	13538
五莲县	Wulian	2272	1907	21924	26012	13037
莒 县	Juxian	3669	4126	50225	78944	12775
莱芜市	**Laiwu**					
莱城区	Laicheng	4878	3321	66924	41825	14467
钢城区	Gangcheng	1148	1020	14473	11777	15336
临沂市	**Linyi**					
兰山区	Lanshan	6597	6534	84108	185115	12365
罗庄区	Luozhuang	3056	2415	33315	74694	12254
河东区	Hedong	2721	3644	30177	72996	12066
沂南县	Yinan	3641	3788	38370	65949	11128
郯城县	Tancheng	3598	4482	37463	77110	11660
沂水县	Yishui	4772	3715	44487	67537	11993
兰陵县	Lanling	5141	5667	74828	145357	12046
费 县	Feixian	3378	2980	33935	68566	11347
平邑县	Pingyi	3557	4081	42043	63631	11514
莒南县	Junan	3974	4040	44060	54680	11097
蒙阴县	Mengyin	2127	2153	22864	36459	10895
临沭县	Linshu	2812	2559	32871	51965	11100

22-1 续表 15 continued

地 区	Region	普通中学专任教师数（人）Full-time Teachers in Secondary Schools (person)	小 学专任教师数（人）Full-time Teachers in Primary Schools (person)	普通中学在校学生数（人）Total Enrollment in Secondary Schools (person)	小 学在校学生数（人）Total Enrollment in Primary Schools (person)	农村居民人均可支配收入（元）Per Captita Disposable Income of Rural Households (yuan)
德州市	**Dezhou**					
德城区	Decheng	3249	3131	44331	60258	12639
陵城区	Lingcheng	1577	2600	25876	34299	12189
宁津县	Ningjin	1507	1998	21499	36659	12235
庆云县	Qingyun	1435	1674	17517	28759	11839
临邑县	Linyi	2018	2733	25535	35176	12368
齐河县	Qihe	2189	2824	28554	33432	12426
平原县	Pingyuan	1488	2321	22533	27678	12201
夏津县	Xiajin	2114	2782	29464	47925	11843
武城县	Wucheng	1372	1691	18482	28144	12260
乐陵市	Leling	2248	3113	26934	47911	12332
禹城市	Yucheng	2070	2055	26713	31846	12389
聊城市	**Liaocheng**					
东昌府区	Dongchangfu	5796	6388	77292	129418	11463
阳谷县	Yanggu	2771	3503	33628	58121	11239
莘 县	Shenxian	4251	3949	47603	100625	11436
茌平县	Chiping	2254	2242	25356	41395	11813
东阿县	Donge	1320	1682	17751	22018	11288
冠 县	Guanxian	2915	3760	30985	78448	11308
高唐县	Gaotang	1744	1900	22967	37165	11549
临清市	Linqing	2546	3198	34458	86758	11210
滨州市	**Binzhou**					
滨城区	Bincheng	3014	3023	36918	49883	14674
沾化区	Zhanhua	1489	1446	14990	20053	13863
惠民县	Huimin	2275	2418	25135	36830	13141
阳信县	Yangxin	2093	1757	23739	30466	12531
无棣县	Wudi	2166	2347	20874	32028	14195
博兴县	Boxing	2333	2318	25886	30192	14419
邹平县	Zouping	3381	2943	39888	48624	15794
菏泽市	**Heze**					
牡丹区	Mudan	5904	7552	84312	152743	10879
定陶区	Dingtao	2180	3395	31180	63582	10637
曹 县	Caoxian	4227	7767	79840	162165	10591
单 县	Shanxian	4518	5488	62130	97042	10677
成武县	Chengwu	3265	4445	32077	76748	10771
巨野县	Juye	3711	5023	45881	110290	10838
郓城县	Yuncheng	4565	6082	69515	123849	10926
鄄城县	Juancheng	2907	4098	47217	83008	10377
东明县	Dongming	3145	4137	50265	88798	10602

附录1

全国各省（市、自治区）主要经济指标

Main Economic Indicators of the Whole Country by Region

简 要 说 明

一、本篇资料的主要内容

本篇资料反映了全国各省、自治区、直辖市经济社会发展基本情况，主要包括行政区划、人口、国内生产总值及其构成、劳动工资、财政、农业、工业、投资、建筑业、交通运输、国内贸易、进出口、价格指数、居民生活和国际旅游等方面的资料。

二、本篇资料的来源

本篇资料来源于中国统计出版社出版的《中国统计摘要 2017》，由省统计局综合处整理。

Brief Introduction

I. Content

Data in this chapter reflect the basic Socio-economic development of some provinces, mainly including divisions of administrative areas, population, GDP and its components, wages, finance, agriculture, industry, investment, construction industry, communications, domestic trade, exports and imports, price indices, livelihood and tourism, etc.

II. Source of Data

Data in this chapter come from China Statistics Abstract 2017 published by China Statistics Press and are prepared and compiled by the Division of Comprehensive Statistics of Shandong Provincial Bureau of Statistics.

附录 1-1 各地区行政区划(2016年底)

Divisions of Administrative Areas by Region(Year-end of 2016)

单位:个 (unit)

省级区划名称	Provinces, Autonomous Regions and Municipalities	地级区划数 Number of Regions at Prefecture Level	#地级市 Cities at Prefecture Level	县级区划数 Number of Regions at County Level	#市辖区 Districts under the Jurisdiction of Cities	#县级市 Cities at County Level	#县 Counties	#自治县 Autonomous Counties
全国总计	**National Total**	**334**	**293**	**2851**	**954**	**360**	**1366**	**117**
北京市	Beijing			16	16			
天津市	Tianjin			16	16			
河北省	Hebei	11	11	168	47	19	96	6
山西省	Shanxi	11	11	119	23	11	85	
内蒙古自治区	Inner Mongolia	12	9	103	23	11	17	
辽宁省	Liaoning	14	14	100	59	16	17	8
吉林省	Jilin	9	8	60	21	20	16	3
黑龙江省	Heilongjiang	13	12	128	65	19	43	1
上海市	Shanghai			16	16			
江苏省	Jiangsu	13	13	96	55	21	20	
浙江省	Zhejiang	11	11	89	36	19	33	1
安徽省	Anhui	16	16	105	44	6	55	
福建省	Fujian	9	9	85	28	13	44	
江西省	Jiangxi	11	11	100	24	11	65	
山东省	**Shandong**	**17**	**17**	**137**	**54**	**27**	**56**	
河南省	Henan	17	17	158	52	21	85	
湖北省	Hubei	13	12	103	39	24	37	2
湖南省	Hunan	14	13	122	35	16	64	7
广东省	Guangdong	21	21	121	64	20	34	3
广西壮族自治区	Guangxi	14	14	111	40	7	52	12
海南省	Hainan	4	4	23	8	5	4	6
重庆市	Chongqing			38	26		8	4
四川省	Sichuan	21	18	183	52	16	111	4
贵州省	Guizhou	9	6	88	15	7	54	11
云南省	Yunnan	16	8	129	16	15	69	29
西藏自治区	Tibet	7	5	74	6		68	
陕西省	Shaanxi	10	10	107	29	3	75	
甘肃省	Gansu	14	12	86	17	4	58	7
青海省	Qinghai	8	2	43	6	3	27	7
宁夏回族自治区	Ningxia	5	5	22	9	2	11	
新疆维吾尔自治区	Xinjiang	14	4	105	13	24	62	6
香港特别行政区	Hong Kong Special Administrative Region							
澳门特别行政区	Macao Special Administrative Region							
台湾省	Taiwan							

注：本表资料由民政部提供。
a)Data in this table are provided by the Ministry of Civil Affairs.

附录 1-1　续表 continued

单位:个 (unit)

省级区划名称	Provinces, Autonomous Regions and Municipalities	乡镇级区划数 Number of Regions at Township Level	镇　数 Number of Towns	乡　数 Number of Townships	#民族乡 Minority Autonomous Township	街　道办事处 Street Communities
全国总计	**National Total**	**39862**	**20883**	**10872**	**989**	**8105**
北京市	Beijing	331	143	38	5	150
天津市	Tianjin	245	124	3	1	118
河北省	Hebei	2255	1107	845	49	302
山西省	Shanxi	1398	564	632		202
内蒙古自治区	Inner Mongolia	1014	503	272	18	239
辽宁省	Liaoning	1531	642	212	56	677
吉林省	Jilin	910	428	182	28	300
黑龙江省	Heilongjiang	1197	521	365	52	311
上海市	Shanghai	214	107	2		105
江苏省	Jiangsu	1287	763	69	1	455
浙江省	Zhejiang	1378	655	274	14	449
安徽省	Anhui	1488	953	289	9	246
福建省	Fujian	1105	638	288	19	179
江西省	Jiangxi	1555	824	579	8	152
山东省	**Shandong**	**1826**	**1106**	**73**		**647**
河南省	Henan	2435	1120	682	12	633
湖北省	Hubei	1234	759	168	10	307
湖南省	Hunan	1929	1135	401	83	393
广东省	Guangdong	1600	1128	11	7	461
广西壮族自治区	Guangxi	1246	788	330	59	128
海南省	Hainan	218	175	21		22
重庆市	Chongqing	1028	622	190	14	216
四川省	Sichuan	4633	2105	2182	98	346
贵州省	Guizhou	1379	832	326	193	221
云南省	Yunnan	1389	681	545	140	163
西藏自治区	Tibet	697	140	545	9	12
陕西省	Shaanxi	1295	988	23		284
甘肃省	Gansu	1352	741	487	34	124
青海省	Qinghai	399	140	225	28	34
宁夏回族自治区	Ningxia	237	102	90		45
新疆维吾尔自治区	Xinjiang	1057	349	523	42	184
香港特别行政区	Hong Kong Special Administrative Region					
澳门特别行政区	Macao Special AdministrativeRegion					
台湾省	Taiwan					

附录 1-2 地区生产总值
Gross Domestic Product

单位:亿元 (100 million yuan)

地区	Region	2010	2011	2012	2013	2014	2015	2016
北京	Beijing	14113.6	16251.9	17879.4	19800.8	21330.8	23014.6	24899.3
天津	Tianjin	9224.5	11307.3	12893.9	14442.0	15726.9	16538.2	17885.4
河北	Hebei	20394.3	24515.8	26575.0	28443.0	29421.2	29806.1	31827.9
山西	Shanxi	9200.9	11237.6	12112.8	12665.3	12761.5	12766.5	12928.3
内蒙古	Inner Mongolia	11672.0	14359.9	15880.6	16916.5	17770.2	17831.5	18632.6
辽宁	Liaoning	18457.3	22226.7	24846.4	27213.2	28626.6	28669.0	22037.9
吉林	Jilin	8667.6	10568.8	11939.2	13046.4	13803.1	14063.1	14886.2
黑龙江	Heilongjiang	10368.6	12582.0	13691.6	14454.9	15039.4	15083.7	15386.1
上海	Shanghai	17166.0	19195.7	20181.7	21818.2	23567.7	25123.5	27466.2
江苏	Jiangsu	41425.5	49110.3	54058.2	59753.4	65088.3	70116.4	76086.2
浙江	Zhejiang	27722.3	32318.9	34665.3	37756.6	40173.0	42886.5	46485.0
安徽	Anhui	12359.3	15300.7	17212.1	19229.3	20848.7	22005.6	24117.9
福建	Fujian	14737.1	17560.2	19701.8	21868.5	24055.8	25979.8	28519.2
江西	Jiangxi	9451.3	11702.8	12948.9	14410.2	15714.6	16723.8	18364.4
山东	**Shandong**	**39169.9**	**45361.9**	**50013.2**	**55230.3**	**59426.6**	**63002.3**	**67008.2**
河南	Henan	23092.4	26931.0	29599.3	32191.3	34938.2	37002.2	40160.0
湖北	Hubei	15967.6	19632.3	22250.5	24791.8	27379.2	29550.2	32297.9
湖南	Hunan	16038.0	19669.6	22154.2	24621.7	27037.3	28902.2	31244.7
广东	Guangdong	46013.1	53210.3	57067.9	62474.8	67809.9	72812.6	79512.1
广西	Guangxi	9569.9	11720.9	13035.1	14449.9	15672.9	16803.1	18245.1
海南	Hainan	2064.5	2522.7	2855.5	3177.6	3500.7	3702.8	4044.5
重庆	Chongqing	7925.6	10011.4	11409.6	12783.3	14262.6	15717.3	17558.8
四川	Sichuan	17185.5	21026.7	23872.8	26392.1	28536.7	30053.1	32680.5
贵州	Guizhou	4602.2	5701.8	6852.2	8086.9	9266.4	10502.6	11734.4
云南	Yunnan	7224.2	8893.1	10309.5	11832.3	12814.6	13619.2	14870.0
西藏	Tibet	507.5	605.8	701.0	815.7	920.8	1026.4	1150.1
陕西	Shaanxi	10123.5	12512.3	14453.7	16205.5	17689.9	18021.9	19165.4
甘肃	Gansu	4120.8	5020.4	5650.2	6330.7	6836.8	6790.3	7152.0
青海	Qinghai	1350.4	1670.4	1893.5	2122.1	2303.3	2417.1	2572.5
宁夏	Ningxia	1689.7	2102.2	2341.3	2577.6	2752.1	2911.8	3150.1
新疆	Xinjiang	5437.5	6610.1	7505.3	8443.8	9273.5	9324.8	9617.2

注:本表按当年价格计算。
a)Data in this table are calculated at current prices.

附录 1-3 地区生产总值、增长速度及构成(2016年)
Gross Domestic Product ,Growth Rate and composition(2016)

地区 Region	地区生产总值(亿元) Gross Domestic Product (100 million yuan)	第一产业 Primary Industry	第二产业 Secondary Industry	第三产业 Tertiary Industry	地区生产总值比上年增长(%) Growth Rate (%)	构成 (%) composition 第一产业 Primary Industry	第二产业 Secondary Industry	第三产业 Tertiary Industry
北京 Beijing	24899.3	129.6	4774.4	19995.3	6.7	0.5	19.2	80.3
天津 Tianjin	17885.4	220.2	8003.9	9661.3	9.0	1.2	44.8	54.0
河北 Hebei	31827.9	3492.8	15058.5	13276.5	6.8	11.0	47.3	41.7
山西 Shanxi	12928.3	784.6	4926.4	7217.4	4.5	6.1	38.1	55.8
内蒙古 Inner Mongolia	18632.6	1628.7	9078.9	7925.1	7.2	8.8	48.7	42.5
辽宁 Liaoning	22037.9	2173.0	8504.8	11360.0	-2.5	9.9	38.6	51.5
吉林 Jilin	14886.2	1498.5	7147.2	6240.5	6.9	10.1	48.0	41.9
黑龙江 Heilongjiang	15386.1	2670.5	4441.4	8274.3	6.1	17.4	28.9	53.7
上海 Shanghai	27466.2	109.5	7994.3	19362.3	6.8	0.4	29.1	70.5
江苏 Jiangsu	76086.2	4078.5	33855.7	38152.0	7.8	5.4	44.5	50.1
浙江 Zhejiang	46485.0	1966.5	20517.8	24000.6	7.5	4.2	44.2	51.6
安徽 Anhui	24117.9	2567.7	11666.6	9883.6	8.7	10.6	48.4	41.0
福建 Fujian	28519.2	2364.1	13912.7	12242.3	8.4	8.3	48.8	42.9
江西 Jiangxi	18364.4	1904.5	9032.1	7427.8	9.0	10.4	49.2	40.4
山东 Shandong	**67008.2**	**4929.1**	**30410.0**	**31669.0**	**7.6**	**7.3**	**45.4**	**47.3**
河南 Henan	40160.0	4286.3	19055.4	16818.3	8.1	10.7	47.4	41.9
湖北 Hubei	32297.9	3499.3	14375.1	14423.5	8.1	10.8	44.5	44.7
湖南 Hunan	31244.7	3578.4	13181.0	14485.3	7.9	11.5	42.2	46.3
广东 Guangdong	79512.1	3693.6	34372.5	41446.0	7.5	4.7	43.2	52.1
广西 Guangxi	18245.1	2798.6	8219.9	7226.6	7.3	15.3	45.1	39.6
海南 Hainan	4044.5	970.9	901.7	2171.9	7.5	24.0	22.3	53.7
重庆 Chongqing	17558.8	1303.2	7755.2	8500.4	10.7	7.4	44.2	48.4
四川 Sichuan	32680.5	3924.1	13924.7	14831.7	7.7	12.0	42.6	45.4
贵州 Guizhou	11734.4	1846.5	4636.7	5251.2	10.5	15.8	39.5	44.7
云南 Yunnan	14870.0	2195.0	5799.3	6875.6	8.7	14.8	39.0	46.2
西藏 Tibet	1150.1	105.0	429.9	615.2	10.0	9.1	37.4	53.5
陕西 Shaanxi	19165.4	1693.8	9390.9	8080.7	7.6	8.8	49.0	42.2
甘肃 Gansu	7152.0	973.5	2491.5	3687.0	7.6	13.6	34.8	51.6
青海 Qinghai	2572.5	221.2	1250.0	1101.3	8.0	8.6	48.6	42.8
宁夏 Ningxia	3150.1	240.0	1475.5	1434.6	8.1	7.6	46.8	45.6
新疆 Xinjiang	9617.2	1649.0	3585.2	4383.0	7.6	17.1	37.3	45.6

注:本表绝对数按当年价格计算,增长速度按不变价格计算。
a)Absolute figure are calculated at current prices,growth rate at constant prices.

附录 1-4 年末总人口
Basic Statistics on National Population

单位:万人 (10 000 persons)

地区	Region	2008	2009	2010	2011	2012	2013	2014	2015	2016
全国	**Total**	**132802**	**133450**	**134091**	**134735**	**135404**	**136072**	**136782**	**137462**	**138271**
北京	Beijing	1771	1860	1962	2019	2069	2115	2152	2171	2173
天津	Tianjin	1176	1228	1299	1355	1413	1472	1517	1547	1562
河北	Hebei	6989	7034	7194	7241	7288	7333	7384	7425	7470
山西	Shanxi	3411	3427	3574	3593	3611	3630	3648	3664	3682
内蒙古	Inner Mongolia	2444	2458	2472	2482	2490	2498	2505	2511	2520
辽宁	Liaoning	4315	4341	4375	4383	4389	4390	4391	4382	4378
吉林	Jilin	2734	2740	2747	2749	2750	2751	2752	2753	2733
黑龙江	Heilongjiang	3825	3826	3833	3834	3834	3835	3833	3812	3799
上海	Shanghai	2141	2210	2303	2347	2380	2415	2426	2415	2420
江苏	Jiangsu	7762	7810	7869	7899	7920	7939	7960	7976	7999
浙江	Zhejiang	5212	5276	5447	5463	5477	5498	5508	5539	5590
安徽	Anhui	6135	6131	5957	5968	5988	6030	6083	6144	6196
福建	Fujian	3639	3666	3693	3720	3748	3774	3806	3839	3874
江西	Jiangxi	4400	4432	4462	4488	4504	4522	4542	4566	4592
山东	**Shandong**	**9417**	**9470**	**9588**	**9637**	**9685**	**9733**	**9789**	**9847**	**9947**
河南	Henan	9429	9487	9405	9388	9406	9413	9436	9480	9532
湖北	Hubei	5711	5720	5728	5758	5779	5799	5816	5852	5885
湖南	Hunan	6380	6406	6570	6596	6639	6691	6737	6783	6822
广东	Guangdong	9893	10130	10441	10505	10594	10644	10724	10849	10999
广西	Guangxi	4816	4856	4610	4645	4682	4719	4754	4796	4838
海南	Hainan	854	864	869	877	887	895	903	911	917
重庆	Chongqing	2839	2859	2885	2919	2945	2970	2991	3017	3048
四川	Sichuan	8138	8185	8045	8050	8076	8107	8140	8204	8262
贵州	Guizhou	3596	3537	3479	3469	3484	3502	3508	3530	3555
云南	Yunnan	4543	4571	4602	4631	4659	4687	4714	4742	4771
西藏	Tibet	292	296	300	303	308	312	318	324	331
陕西	Shaanxi	3718	3727	3735	3743	3753	3764	3775	3793	3813
甘肃	Gansu	2551	2555	2560	2564	2578	2582	2591	2600	2610
青海	Qinghai	554	557	563	568	573	578	583	588	593
宁夏	Ningxia	618	625	633	639	647	654	662	668	675
新疆	Xinjiang	2131	2159	2185	2209	2233	2264	2298	2360	2398

注:1.全国总计含中国人民解放军现役军人数,不包括香港、澳门特别行政区和台湾地区数据;分省数据不含中国人民解放军现役军人数。
a)The military personnel were included in the national total population,but excluded in the regional total population.The national total population excluded the population of Hong Kong,Macao and Taiwan.

附录 1-5 全社会固定资产投资

Total Investment in Fixed Assets in the Whole Country

单位:亿元 (100 million yuan)

地区	Region	2010	2011	2012	2013	2014	2015	2016
全国总计	**Total**	**278121.9**	**311485.1**	**374694.7**	**446294.1**	**512020.7**	**561999.8**	**606465.7**
北京	Beijing	5403.0	5578.9	6112.4	6847.1	6924.2	7496.0	7943.9
天津	Tianjin	6278.1	7067.7	7934.8	9130.2	10518.2	11832.0	12779.4
河北	Hebei	15083.4	16389.3	19661.3	23194.2	26671.9	29448.3	31750.0
山西	Shanxi	6063.2	7073.1	8863.3	11031.9	12354.5	14074.2	14198.0
内蒙古	Inner Mongolia	8926.5	10365.2	11875.7	14217.4	17591.8	13702.2	15080.0
辽宁	Liaoning	16043.0	17726.3	21836.3	25107.7	24730.8	17917.9	6692.2
吉林	Jilin	7870.4	7441.7	9511.5	9979.3	11339.6	12705.3	13923.2
黑龙江	Heilongjiang	6812.6	7475.4	9694.7	11453.1	9829.0	10182.9	10648.3
上海	Shanghai	5108.9	4962.1	5117.6	5647.8	6016.4	6352.7	6755.9
江苏	Jiangsu	23184.3	26692.6	30854.2	36373.3	41938.6	46246.9	49663.2
浙江	Zhejiang	12376.0	14185.3	17649.4	20782.1	24262.8	27323.3	30276.1
安徽	Anhui	11542.9	12455.7	15425.8	18621.9	21875.6	24386.0	27033.4
福建	Fujian	8199.1	9910.9	12439.9	15327.4	18177.9	21301.4	23237.4
江西	Jiangxi	8772.3	9087.6	10774.2	12850.3	15079.3	17388.1	19694.2
山东	**Shandong**	**23280.5**	**26749.7**	**31256.0**	**36789.1**	**42495.5**	**48312.4**	**53322.9**
河南	Henan	16585.9	17769.0	21450.0	26087.5	30782.2	35660.3	40415.1
湖北	Hubei	10262.7	12557.3	15578.3	19307.3	22915.3	26563.9	30011.7
湖南	Hunan	9663.6	11880.9	14523.2	17841.4	21242.9	25045.1	28353.3
广东	Guangdong	15623.7	17069.2	18751.5	22308.4	26293.9	30343.0	33303.6
广西	Guangxi	7057.6	7990.7	9808.6	11907.7	13843.2	16227.8	18236.8
海南	Hainan	1317.0	1657.2	2145.4	2697.9	3112.2	3451.2	3890.4
重庆	Chongqing	6688.9	7473.4	8736.2	10435.2	12285.4	14353.2	16048.1
四川	Sichuan	13116.7	14222.2	17040.0	20326.1	23318.6	25525.9	28812.0
贵州	Guizhou	3104.9	4235.9	5717.8	7373.6	9025.8	10945.5	13204.0
云南	Yunnan	5528.7	6191.0	7831.1	9968.3	11498.5	13500.6	16119.4
西藏	Tibet	462.7	516.3	670.5	876.0	1069.2	1295.7	1596.0
陕西	Shaanxi	7963.7	9431.1	12044.5	14884.1	17191.9	18582.2	20825.3
甘肃	Gansu	3158.3	3965.8	5145.0	6527.9	7884.1	8754.2	9664.0
青海	Qinghai	1016.9	1435.6	1883.4	2361.1	2861.2	3210.6	3528.1
宁夏	Ningxia	1444.2	1644.7	2096.9	2651.1	3173.8	3505.4	3794.2
新疆	Xinjiang	3423.2	4632.1	6158.8	7732.3	9447.7	10813.0	10287.5
不分地区	Not Classified by Region	6759.1	5651.3	6106.4	5655.4	6268.4	5552.4	5378.0

附录 1-6 固定资产投资
Investment in Fixed Assets

单位:亿元 (100 million yuan)

地 区	Region	2010	2011	2012	2013	2014	2015	2016
全国总计	**Total**	**241430.89**	**302396.06**	**364854.15**	**435747.43**	**501264.87**	**551590.04**	**596500.75**
北 京	Beijing	4916.53	5519.84	6064.86	6797.54	6873.44	7446.02	7888.69
天 津	Tianjin	5896.52	7040.68	7913.26	9103.01	10490.37	11814.57	12756.36
河 北	Hebei	12922.66	15780.26	19104.63	22629.77	26147.20	28905.74	31340.07
山 西	Shanxi	5526.60	6837.69	8584.85	10745.35	12035.46	13744.59	13859.35
内 蒙 古	Inner Mongolia	8687.99	10252.97	11749.77	14072.39	17437.85	13529.15	14893.96
辽 宁	Liaoning	15106.33	17431.46	21535.37	24791.40	24426.83	17640.37	6436.33
吉 林	Jilin	7395.23	7226.65	9262.23	9725.76	11107.94	12508.59	13773.17
黑 龙 江	Heilongjiang	6292.67	7157.92	9375.44	11121.28	9537.88	9884.28	10432.55
上 海	Shanghai	4630.47	4959.93	5114.64	5644.13	6012.97	6349.39	6751.68
江 苏	Jiangsu	17416.47	26313.46	30473.74	35982.52	41552.75	45905.17	49370.85
浙 江	Zhejiang	8438.08	13651.65	17095.96	20194.07	23554.76	26664.72	29571.00
安 徽	Anhui	10281.29	12007.87	14943.81	18091.21	21256.29	23803.93	26577.37
福 建	Fujian	7385.78	9677.09	12182.52	15045.81	17869.76	20973.98	22927.99
江 西	Jiangxi	7856.94	8753.93	10378.37	12434.95	14646.31	16993.90	19378.69
山 东	**Shandong**	**18844.41**	**25907.38**	**30319.76**	**35875.86**	**41599.13**	**47381.46**	**52364.49**
河 南	Henan	13934.82	16934.32	20558.61	25188.06	30012.28	34951.28	39753.93
湖 北	Hubei	9405.63	12195.39	15148.71	18796.85	22441.67	26086.42	29503.88
湖 南	Hunan	8617.98	11407.74	13966.26	17225.19	20548.55	24324.17	27688.45
广 东	Guangdong	12599.26	16599.16	18250.13	21795.52	25843.06	29950.48	32947.30
广 西	Guangxi	6383.26	7580.90	9345.18	11383.93	13287.61	15654.95	17652.95
海 南	Hainan	1257.50	1599.14	2064.44	2625.59	3039.46	3355.40	3747.03
重 庆	Chongqing	6170.61	7366.95	8610.37	10290.95	12140.83	14208.15	15931.78
四 川	Sichuan	11061.38	13687.75	16530.31	19755.29	22662.13	24965.56	28229.79
贵 州	Guizhou	2609.36	4026.47	5504.95	7102.78	8778.40	10676.70	12929.17
云 南	Yunnan	5052.61	5932.75	7553.51	9621.83	11073.81	13069.39	15662.49
西 藏	Tibet	404.98	516.31	670.52	876.00	1069.23	1295.68	1596.05
陕 西	Shaanxi	7569.90	9108.98	11705.83	14533.51	16840.27	18231.03	20474.85
甘 肃	Gansu	2808.55	3870.08	5040.03	6407.20	7759.63	8626.60	9534.10
青 海	Qinghai	840.01	1365.91	1808.67	2285.30	2788.91	3144.17	3455.51
宁 夏	Ningxia	1292.80	1589.14	2033.03	2577.79	3093.92	3426.42	3709.04
新 疆	Xinjiang	3065.13	4444.99	5857.98	7371.24	9067.79	10525.42	9983.86
不分地区	Not Classified by Region	6759.14	5651.29	6106.38	5655.37	6268.38	5552.35	5378.02

注：2010年以前为城镇固定资产投资口径，2011年以后为固定资产投资(不含农户)口径。
a)Caliber of data is Investment in Urban Area before 2010 and investment in fixed assets (excluding farmers) after 2011.

附录 1-7 房地产开发企业房屋施工、竣工面积和商品房销售面积
Floor Space of Buildings for Real Estate Development

单位:万平方米 (10 000 sq.m)

地区	Region	房屋施工面积 Floor Space of Builings under Construction		房屋竣工面积 Floor Space of Builings Completed		商品房销售面积 Floor Space of Builings Sold	
		2015	2016	2015	2016	2015	2016
全国总计	**Total**	**735693**	**758975**	**100039**	**106128**	**128495**	**157349**
北京	Beijing	12993	12976	2631	2370	1554	1659
天津	Tianjin	10230	9350	2904	2914	1771	2711
河北	Hebei	30435	30477	4039	4288	5855	6682
山西	Shanxi	15734	17069	2114	2684	1593	2061
内蒙古	Inner Mongolia	17641	16906	1697	1664	2369	2528
辽宁	Liaoning	29283	26364	3238	2709	3916	3712
吉林	Jilin	11566	11797	1287	1352	1492	1919
黑龙江	Heilongjiang	12410	10866	2924	2376	1997	2117
上海	Shanghai	15095	15111	2647	2551	2431	2706
江苏	Jiangsu	58118	58762	10297	10074	11414	13962
浙江	Zhejiang	41687	41610	5893	7925	5985	8637
安徽	Anhui	34245	35645	5538	5383	6174	8500
福建	Fujian	30891	31064	3437	3665	4038	4915
江西	Jiangxi	15294	16427	1908	1636	3478	4692
山东	**Shandong**	**57206**	**59957**	**8278**	**8253**	**9727**	**11790**
河南	Henan	40994	47360	5390	6299	8556	11306
湖北	Hubei	28296	29880	2785	3127	6245	7427
湖南	Hunan	28322	30139	3970	4534	6363	8085
广东	Guangdong	57942	64234	6044	6594	11681	14612
广西	Guangxi	18608	21135	1675	1735	3523	4215
海南	Hainan	8317	8937	1069	1675	1052	1509
重庆	Chongqing	28986	27363	4630	4421	5381	6257
四川	Sichuan	38981	41532	4546	7050	7671	9300
贵州	Guizhou	20878	20352	2583	1901	3560	4157
云南	Yunnan	20722	20593	2547	2115	3145	3640
西藏	Tibet	381	349	92	32	51	75
陕西	Shaanxi	20752	22298	1682	2432	2979	3263
甘肃	Gansu	8586	8933	962	992	1435	1679
青海	Qinghai	2586	2848	454	387	393	438
宁夏	Ningxia	7046	7110	1169	1295	839	966
新疆	Xinjiang	11465	11531	1609	1696	1825	1828

附录 1-8 房地产开发企业(单位)投资和商品房销售额

Investment and Total Sale of Commercial Buildings of Enterprises for Real Estate Development

单位:亿元 (100 million yuan)

地区	Region	房地产开发投资额 Investment for Real Estate		商品房销售额 Total Sale of Commercial Buildings		#住宅 Residential	
		2015	2016	2015	2016	2015	2016
全国总计	**Total**	**95978.8**	**102580.6**	**87280.8**	**117627.0**	**72769.8**	**99064.2**
北京	Beijing	4177.0	4000.6	3517.6	4561.6	2512.9	2795.8
天津	Tianjin	1871.5	2300.0	1790.0	3478.2	1663.3	3245.6
河北	Hebei	4285.3	4695.6	3371.6	4301.8	2854.2	3710.9
山西	Shanxi	1494.9	1597.4	775.6	1027.1	702.3	900.8
内蒙古	Inner Mongolia	1081.1	1133.5	1052.2	1149.1	766.1	838.1
辽宁	Liaoning	3558.6	2094.8	2255.0	2256.9	1907.6	1988.0
吉林	Jilin	924.2	1016.8	816.9	1029.6	680.3	806.5
黑龙江	Heilongjiang	992.1	864.8	1027.1	1121.0	824.2	903.7
上海	Shanghai	3468.9	3709.0	5093.5	6695.8	4319.9	5233.3
江苏	Jiangsu	8153.7	8956.4	8396.2	12293.0	7374.9	11055.4
浙江	Zhejiang	7111.9	7469.4	6299.5	9605.1	5519.3	8280.8
安徽	Anhui	4424.9	4603.6	3369.4	5035.5	2714.3	4231.6
福建	Fujian	4469.6	4588.8	3585.8	4530.8	2839.8	3793.4
江西	Jiangxi	1520.1	1770.9	1863.7	2678.4	1606.7	2207.2
山东	**Shandong**	**5892.2**	**6323.4**	**5408.0**	**6902.9**	**4510.8**	**6070.5**
河南	Henan	4818.9	6179.1	3945.6	5612.9	3300.3	4839.0
湖北	Hubei	4249.2	4296.4	3661.4	4994.1	3198.5	4383.8
湖南	Hunan	2613.7	2957.0	2738.9	3751.9	2253.8	3113.6
广东	Guangdong	8538.5	10307.8	11442.8	16214.6	9967.3	14240.3
广西	Guangxi	1909.1	2398.0	1747.8	2207.5	1459.4	1948.2
海南	Hainan	1704.0	1787.6	982.8	1490.2	908.6	1385.3
重庆	Chongqing	3751.3	3725.9	2952.2	3432.0	2244.4	2635.6
四川	Sichuan	4813.0	5282.6	4199.8	5358.9	3269.5	4296.3
贵州	Guizhou	2205.1	2149.0	1571.7	1790.5	1068.1	1269.4
云南	Yunnan	2669.0	2688.3	1666.9	1917.8	1236.8	1411.4
西藏	Tibet	50.0	48.5	21.1	38.1	16.7	34.7
陕西	Shaanxi	2494.3	2736.8	1597.4	1785.2	1381.3	1585.7
甘肃	Gansu	768.1	850.0	704.9	873.5	603.1	712.3
青海	Qinghai	336.0	396.9	206.0	236.4	139.8	172.1
宁夏	Ningxia	633.6	728.2	370.3	409.7	284.0	325.9
新疆	Xinjiang	998.9	923.4	849.2	846.8	641.6	648.9

附录 1-9　一般公共预算收入
General Public Budget Revenue

单位:亿元 (100 million yuan)

地区 Region	2006	2007	2008	2009	2010	2011	2012	2013	2014	2015	2016
地方总计 Total	**18303.6**	**23572.6**	**28644.9**	**32580.7**	**40610.0**	**52547.1**	**61078.3**	**69011.2**	**75876.6**	**83002.0**	**87194.8**
北京 Beijing	1117.2	1492.6	1837.3	2026.8	2353.9	3006.3	3314.9	3661.1	4027.2	4723.9	5081.3
天津 Tianjin	417.0	540.4	675.5	821.4	1068.8	1455.1	1760.0	2079.1	2390.4	2667.1	2723.5
河北 Hebei	620.5	789.1	944.6	1066.2	1330.8	1737.8	2084.3	2295.6	2446.6	2649.2	2850.8
山西 Shanxi	583.4	597.9	747.9	805.8	969.7	1213.4	1516.4	1701.6	1820.6	1642.4	1557.0
内蒙古 Inner Mongolia	343.4	492.4	649.6	850.8	1070.0	1356.7	1552.7	1721.0	1843.7	1964.5	2016.5
辽宁 Liaoning	817.7	1082.7	1356.1	1591.0	2004.8	2643.2	3105.4	3343.8	3192.8	2127.4	2199.3
吉林 Jilin	245.2	320.7	422.8	487.1	602.4	850.1	1041.3	1157.0	1203.4	1229.4	1263.8
黑龙江 Heilongjiang	386.8	440.5	578.4	641.6	755.6	997.6	1163.2	1277.4	1301.3	1165.9	1148.4
上海 Shanghai	1576.1	2074.5	2358.7	2540.3	2873.6	3429.8	3743.7	4109.5	4585.6	5519.5	6406.1
江苏 Jiangsu	1656.7	2237.7	2731.1	3228.6	4079.9	5148.9	5860.7	6568.5	7233.1	8028.6	8121.2
浙江 Zhejiang	1298.2	1649.5	1933.1	2142.4	2608.5	3150.8	3441.2	3796.9	4122.0	4809.9	5301.8
安徽 Anhui	428.0	543.7	724.6	863.9	1149.4	1463.6	1792.7	2075.1	2218.4	2454.3	2672.8
福建 Fujian	541.2	699.5	833.3	932.3	1151.5	1501.5	1776.2	2119.4	2362.2	2544.2	2654.8
江西 Jiangxi	305.5	389.9	488.6	581.2	777.8	1053.4	1372.0	1621.2	1881.8	2165.7	2151.4
山东 Shandong	**1356.3**	**1675.4**	**1957.1**	**2198.6**	**2749.4**	**3455.9**	**4059.4**	**4559.9**	**5026.8**	**5529.3**	**5860.2**
河南 Henan	679.2	862.1	1009.1	1126.1	1381.0	1721.8	2040.3	2415.4	2739.3	3016.1	3153.5
湖北 Hubei	476.1	590.4	710.2	800.4	1011.2	1526.9	1823.1	2191.2	2566.9	3005.5	3102.0
湖南 Hunan	477.9	606.6	722.7	845.0	1066.0	1517.1	1782.2	2030.9	2262.8	2515.4	2697.9
广东 Guangdong	2179.5	2785.8	3310.0	3649.2	4515.7	5514.8	6229.2	7081.5	8065.1	9366.8	10346.7
广西 Guangxi	342.6	418.8	518.7	620.8	772.3	947.7	1166.1	1317.6	1422.3	1515.2	1556.2
海南 Hainan	81.8	108.3	145.0	178.2	271.1	340.1	409.4	481.0	555.3	627.7	637.5
重庆 Chongqing	317.7	442.7	577.2	655.6	1018.4	1488.3	1703.5	1693.2	1922.0	2154.8	2227.9
四川 Sichuan	607.6	850.9	1041.7	1174.2	1561.0	2044.8	2421.3	2784.1	3061.1	3355.4	3389.4
贵州 Guizhou	226.8	285.1	349.5	416.5	533.9	773.1	1014.1	1206.4	1366.7	1503.4	1561.3
云南 Yunnan	380.0	486.7	613.6	698.2	871.2	1111.2	1338.2	1611.3	1698.1	1808.1	1812.3
西藏 Tibet	14.6	20.1	24.9	30.1	36.7	54.8	86.6	95.0	124.3	137.1	155.6
陕西 Shaanxi	362.5	475.2	591.3	733.9	957.9	1500.2	1600.7	1748.3	1890.4	2060.0	1833.9
甘肃 Gansu	141.2	190.9	264.9	286.7	353.6	450.1	520.4	607.3	672.7	743.9	786.8
青海 Qinghai	42.2	56.7	71.6	87.7	110.2	151.8	186.4	223.9	251.7	267.1	238.4
宁夏 Ningxia	61.4	80.0	95.0	111.5	153.6	220.0	264.0	308.3	339.9	373.4	387.7
新疆 Xinjiang	219.5	285.9	361.1	388.8	500.6	720.4	909.0	1128.5	1282.3	1330.9	1299.0

注:本表数据为地方财政本级收入。
a)Data in this table are the revenue of local governments.

附录 1-10　一般公共预算支出
General Public Budget Expenditure

单位:亿元　(100 million yuan)

地　区	Region	2006	2007	2008	2009	2010	2011	2012	2013	2014	2015	2016
地方总计	**Total**	**30431.3**	**38339.3**	**49052.7**	**60593.8**	**73602.0**	**92733.7**	**107188.3**	**119740.3**	**129215.5**	**150335.6**	**160437.1**
北　京	Beijing	1296.8	1649.5	1956.0	2301.7	2716.0	3245.2	3685.3	4173.7	4524.7	5737.7	6405.2
天　津	Tianjin	543.1	674.3	869.0	1099.2	1351.3	1796.3	2143.2	2549.2	2884.7	3232.4	3700.6
河　北	Hebei	1180.4	1506.6	1851.7	2311.8	2778.9	3537.4	4079.4	4409.6	4677.3	5632.2	6038.0
山　西	Shanxi	915.6	1049.9	1313.1	1556.7	1928.4	2363.9	2759.5	3030.1	3085.3	3423.0	3441.7
内蒙古	Inner Mongolia	812.1	1082.3	1465.2	1925.1	2280.5	2989.2	3426.0	3686.5	3880.0	4253.0	4526.3
辽　宁	Liaoning	1422.7	1764.3	2151.9	2651.4	3194.4	3905.9	4558.6	5197.4	5080.5	4481.6	4582.4
吉　林	Jilin	718.4	883.8	1180.1	1479.2	1787.3	2201.7	2471.2	2744.8	2913.2	3217.1	3586.1
黑龙江	Heilongjiang	968.5	1187.3	1542.3	1877.7	2253.3	2794.1	3171.5	3369.2	3434.2	4020.7	4228.2
上　海	Shanghai	1795.6	2181.7	2593.9	2989.6	3302.9	3914.9	4184.0	4528.6	4923.4	6191.6	6918.9
江　苏	Jiangsu	2013.3	2553.7	3201.6	3885.0	4835.2	6221.7	7027.7	7798.5	8472.4	9687.6	9990.1
浙　江	Zhejiang	1471.9	1806.8	2208.3	2653.8	3208.4	3842.6	4161.9	4730.5	5159.6	6646.0	6976.3
安　徽	Anhui	940.2	1243.8	1621.6	2101.0	2566.9	3303.0	3961.0	4349.7	4664.1	5239.0	5529.9
福　建	Fujian	728.7	910.6	1125.3	1403.8	1678.7	2198.2	2607.5	3068.8	3306.7	4001.6	4287.4
江　西	Jiangxi	696.4	905.1	1208.4	1548.6	1911.0	2534.6	3019.2	3470.3	3882.7	4412.5	4619.5
山　东	**Shandong**	**1833.4**	**2261.8**	**2704.7**	**3267.7**	**4145.0**	**5002.1**	**5904.5**	**6688.8**	**7177.3**	**8250.0**	**8749.6**
河　南	Henan	1440.1	1870.6	2283.9	2902.6	3413.2	4248.8	5006.4	5582.3	6028.7	6799.4	7456.6
湖　北	Hubei	1047.0	1277.3	1638.0	2107.3	2465.2	3214.7	3759.8	4371.6	4934.1	6132.8	6453.1
湖　南	Hunan	1064.5	1357.0	1717.7	2118.6	2702.5	3520.8	4119.0	4690.9	5017.4	5728.7	6337.0
广　东	Guangdong	2553.3	3159.6	3756.7	4305.4	5414.8	6712.4	7387.9	8411.0	9152.6	12827.8	13414.4
广　西	Guangxi	729.5	985.9	1287.1	1606.3	1994.4	2545.3	2985.2	3208.7	3479.8	4065.5	4472.5
海　南	Hainan	174.5	245.2	356.0	485.0	578.5	778.8	911.7	1011.2	1099.7	1239.4	1378.4
重　庆	Chongqing	594.3	768.4	1010.7	1298.4	1771.0	2570.2	3046.4	3062.3	3304.4	3792.0	4001.9
四　川	Sichuan	1347.4	1759.1	2965.4	3591.0	4242.5	4674.9	5451.0	6220.9	6796.6	7497.5	8011.9
贵　州	Guizhou	610.6	795.4	1048.6	1358.8	1640.2	2249.4	2755.7	3082.7	3542.8	3939.5	4261.7
云　南	Yunnan	893.6	1135.2	1470.7	1949.8	2285.7	2929.6	3572.7	4096.5	4438.0	4712.8	5019.6
西　藏	Tibet	200.2	275.4	380.7	470.1	551.0	758.1	905.3	1014.3	1185.5	1381.5	1585.5
陕　西	Shaanxi	824.2	1054.0	1435.6	1839.9	2217.6	2930.8	3323.8	3665.1	3962.5	4376.1	4390.6
甘　肃	Gansu	528.6	675.3	965.4	1245.6	1466.7	1791.2	2059.6	2309.6	2541.5	2958.3	3152.7
青　海	Qinghai	214.7	282.2	363.8	486.7	743.4	967.5	1159.0	1228.0	1347.4	1515.2	1522.6
宁　夏	Ningxia	193.2	241.9	323.1	427.8	555.9	705.9	864.4	922.5	1000.5	1138.5	1257.7
新　疆	Xinjiang	678.5	795.2	1056.1	1349.2	1698.9	2284.5	2720.1	3067.1	3317.8	3804.9	4140.7

注:本表数据为地方财政本级支出。
a)Data in this table are the expenditure of local governments.

附录 1-11 居民消费价格分类指数(2016年)
Consumer Price Indices by Category (2016)

(上年=100) (preceding year=100)

地区 Region	居民消费价格指数 General Index	食品烟酒 Food, Tobacco, Liquor	衣着 Clothing	居住 Residence	生活用品及服务 Daily Necessities and Services	交通和通信 Transportation and Communication	教育文化和娱乐 Recreation, Education and Culture	医疗保健 Medical Care	其他用品和服务 Other Supplies and Services
全国 Total	**102.0**	**103.8**	**101.4**	**101.6**	**100.5**	**98.7**	**101.6**	**103.8**	**102.8**
北京 Beijing	101.4	103.0	100.2	103.7	99.2	96.6	98.3	102.6	104.3
天津 Tianjin	102.1	102.1	100.1	103.6	99.4	98.3	100.6	108.8	103.8
河北 Hebei	101.5	102.6	101.8	100.7	100.5	98.3	101.3	104.4	103.3
山西 Shanxi	101.1	102.8	101.0	99.9	100.0	98.3	101.3	102.4	101.2
内蒙古 Inner Mongolia	101.2	102.2	101.4	100.0	100.1	98.9	100.7	104.4	101.8
辽宁 Liaoning	101.6	102.5	101.4	100.5	100.7	99.8	102.8	102.5	101.6
吉林 Jilin	101.6	103.2	101.8	99.7	100.5	98.7	100.6	106.1	102.2
黑龙江 Heilongjiang	101.5	102.6	101.0	100.0	100.4	100.0	101.7	103.7	102.1
上海 Shanghai	103.2	103.7	100.8	105.1	101.2	97.0	102.7	109.0	103.3
江苏 Jiangsu	102.3	103.8	101.8	101.2	101.6	98.8	100.9	109.1	102.7
浙江 Zhejiang	101.9	104.4	101.5	101.0	100.2	98.7	102.7	101.3	102.5
安徽 Anhui	101.8	103.7	100.8	101.1	100.2	97.6	102.3	103.6	102.3
福建 Fujian	101.7	103.9	100.3	100.7	99.8	99.4	101.2	102.9	102.5
江西 Jiangxi	102.0	104.4	100.9	101.0	100.1	98.8	101.5	102.7	102.6
山东 Shandong	**102.1**	**103.6**	**101.7**	**100.9**	**100.8**	**99.6**	**101.9**	**104.9**	**102.9**
河南 Henan	101.9	103.2	100.7	102.2	100.2	98.3	102.4	102.8	103.9
湖北 Hubei	102.2	104.0	102.3	102.8	100.4	97.2	102.2	101.9	102.8
湖南 Hunan	101.9	104.3	101.5	101.2	100.0	98.4	100.8	103.1	101.6
广东 Guangdong	102.3	104.8	102.7	101.7	100.2	98.5	101.4	102.8	102.8
广西 Guangxi	101.6	103.4	101.3	100.3	99.9	98.8	101.6	103.7	101.9
海南 Hainan	102.8	105.1	97.9	102.6	100.8	98.5	103.0	104.4	103.6
重庆 Chongqing	101.8	103.6	102.4	101.1	100.6	100.6	99.5	101.8	102.6
四川 Sichuan	101.9	104.1	100.6	101.2	100.3	98.6	102.5	101.6	102.9
贵州 Guizhou	101.4	103.6	99.6	100.8	99.9	98.7	101.3	101.5	101.0
云南 Yunnan	101.5	103.5	100.2	101.2	100.0	99.3	100.7	102.4	101.3
西藏 Tibet	102.5	104.9	103.2	100.8	101.5	99.5	101.1	102.1	103.1
陕西 Shaanxi	101.3	103.1	101.1	100.9	99.5	98.3	100.0	102.4	102.2
甘肃 Gansu	101.3	103.2	101.4	100.8	100.4	99.0	100.0	100.8	101.5
青海 Qinghai	101.8	102.3	101.2	105.2	100.4	97.3	100.6	102.6	102.4
宁夏 Ningxia	101.5	102.4	101.7	100.4	100.3	98.6	102.2	102.9	103.2
新疆 Xinjiang	101.4	101.9	101.3	101.2	100.6	99.3	101.6	102.7	103.1

附录 1-12 城镇居民人均可支配收入
Per Capita Disposable Income of Urban Households

单位:元 (yuan)

地　区	Region	2007	2008	2009	2010	2011	2012	2013	2014	2015	2016
全国总计	**Total**	**13786**	**15781**	**17175**	**19109**	**21810**	**24565**	**26467**	**28844**	**31195**	**33616**
北　京	Beijing	21989	24725	26738	29073	32903	36469	44564	48532	52859	57275
天　津	Tianjin	16357	19423	21402	24293	26921	29626	28980	31506	34101	37110
河　北	Hebei	11690	13441	14718	16263	18292	20543	22227	24141	26152	28249
山　西	Shanxi	11565	13119	13997	15648	18124	20412	22258	24069	25828	27352
内蒙古	Inner Mongolia	12378	14433	15849	17698	20408	23150	26004	28350	30594	32975
辽　宁	Liaoning	12300	14393	15761	17713	20467	23223	26697	29082	31126	32876
吉　林	Jilin	11286	12829	14006	15411	17797	20208	21331	23218	24901	26530
黑龙江	Heilongjiang	10245	11581	12566	13857	15696	17760	20848	22609	24203	25736
上　海	Shanghai	23623	26675	28838	31838	36230	40188	44878	48841	52962	57692
江　苏	Jiangsu	16378	18680	20552	22944	26341	29677	31585	34346	37173	40152
浙　江	Zhejiang	20574	22727	24611	27359	30971	34550	37080	40393	43714	47237
安　徽	Anhui	11474	12990	14086	15788	18606	21024	22789	24839	26936	29156
福　建	Fujian	15506	17961	19577	21781	24907	28055	28174	30722	33275	36014
江　西	Jiangxi	11452	12866	14022	15481	17495	19860	22120	24309	26500	28673
山　东	**Shandong**	**14265**	**16305**	**17811**	**19946**	**22792**	**25755**	**26882**	**29222**	**31545**	**34012**
河　南	Henan	11477	13231	14372	15930	18195	20443	21741	23672	25576	27233
湖　北	Hubei	11486	13153	14367	16058	18374	20840	22668	24852	27051	29386
湖　南	Hunan	12294	13821	15084	16566	18844	21319	24352	26570	28838	31284
广　东	Guangdong	17699	19733	21575	23898	26897	30227	29537	32148	34757	37684
广　西	Guangxi	12200	14146	15451	17064	18854	21243	22689	24669	26416	28324
海　南	Hainan	10997	12608	13751	15581	18369	20918	22411	24487	26356	28453
重　庆	Chongqing	12591	14368	15749	17532	20250	22968	23058	25147	27239	29610
四　川	Sichuan	11098	12633	13839	15461	17899	20307	22228	24234	26205	28335
贵　州	Guizhou	10678	11759	12863	14143	16495	18701	20565	22548	24580	26743
云　南	Yunnan	11496	13250	14424	16065	18576	21075	22460	24299	26373	28611
西　藏	Tibet	11131	12482	13544	14980	16196	18028	20394	22016	25457	27802
陕　西	Shaanxi	10763	12858	14129	15695	18245	20734	22346	24366	26420	28440
甘　肃	Gansu	10012	10969	11930	13189	14989	17157	19873	21804	23767	25693
青　海	Qinghai	10276	11640	12692	13855	15603	17566	20352	22307	24542	26757
宁　夏	Ningxia	10859	12932	14025	15344	17579	19831	21476	23285	25186	27153
新　疆	Xinjiang	10313	11432	12258	13644	15514	17921	21091	23214	26275	28463

注:1.本表绝对数按当年价格计算。从2013年起，国家统计局开展了城乡一体化住户收支与生活状况调查，本表数据来源于此调查，与2013年前的分城镇和农村住户调查的调查范围、调查方法、指标口径有所不同(下表同)。

a)Absolute figures in this table are calculated at current prices.The NBS started an integrated household income and expenditure survey in 2013, including both urban and rural households. The data are compiled on the basis of the survey. The coverage, methodology and definitions used in the survey are different from those used for the separate urban and rural household surveys prior to 2013. (The same applies to tables following).

附录 1-13 城镇、农村居民人均收支情况
Per Capita Income and Expenditure of Urban And Rural Households

单位:元

地区	Region	城镇居民 Urban Households				农村居民 Rural Households			
		#人均可支配收入 Per Capita Disposable Income		#人均消费支出 Per Capita Consumption Expenditure		#人均可支配收入 Per Capita Disposable Income		#人均消费支出 Per Capita Consumption Expenditure	
		2015年	2016年	2015年	2016年	2015年	2016年	2015年	2016年
全国总计	**Total**	**31195**	**33616**	**21392**	**23079**	**11422**	**12363**	**9223**	**10130**
北　京	Beijing	52859	57275	36642	38256	20569	22310	15811	17329
天　津	Tianjin	34101	37110	26230	28345	18482	20076	14739	15912
河　北	Hebei	26152	28249	17587	19106	11051	11919	9023	9798
山　西	Shanxi	25828	27352	15819	16993	9454	10082	7421	8029
内蒙古	Inner Mongolia	30594	32975	21876	22744	10776	11609	10637	11463
辽　宁	Liaoning	31126	32876	21557	24996	12057	12881	8873	9953
吉　林	Jilin	24901	26530	17973	19166	11326	12123	8783	9521
黑龙江	Heilongjiang	24203	25736	17152	18145	11095	11832	8391	9424
上　海	Shanghai	52962	57692	36946	39857	23205	25520	16152	17071
江　苏	Jiangsu	37173	40152	24966	26433	16257	17606	12883	14428
浙　江	Zhejiang	43714	47237	28661	30068	21125	22866	16108	17359
安　徽	Anhui	26936	29156	17234	19606	10821	11720	8975	10287
福　建	Fujian	33275	36014	23520	25006	13793	14999	11961	12911
江　西	Jiangxi	26500	28673	16732	17696	11139	12138	8486	9128
山　东	**Shandong**	**31545**	**34012**	**19854**	**21495**	**12930**	**13954**	**8748**	**9519**
河　南	Henan	25576	27233	17154	18088	10853	11697	7887	8587
湖　北	Hubei	27051	29386	18192	20040	11844	12725	9803	10938
湖　南	Hunan	28838	31284	19501	21420	10993	11930	9691	10630
广　东	Guangdong	34757	37684	25673	28613	13360	14512	11103	12415
广　西	Guangxi	26416	28324	16321	17268	9467	10359	7582	8351
海　南	Hainan	26356	28453	18448	19015	10858	11843	8210	8921
重　庆	Chongqing	27239	29610	19742	21031	10505	11549	8938	9954
四　川	Sichuan	26205	28335	19277	20660	10247	11203	9251	10192
贵　州	Guizhou	24580	26743	16914	19202	7387	8090	6645	7533
云　南	Yunnan	26373	28611	17675	18622	8242	9020	6830	7331
西　藏	Tibet	25457	27802	17022	19440	8244	9094	5580	6070
陕　西	Shaanxi	26420	28440	18464	19369	8689	9396	7901	8568
甘　肃	Gansu	23767	25693	17451	19539	6936	7457	6830	7487
青　海	Qinghai	24542	26757	19201	20853	7933	8664	8566	9222
宁　夏	Ningxia	25186	27153	18984	20364	9119	9852	8415	9138
新　疆	Xinjiang	26275	28463	19415	21229	9425	10183	7698	8277

附录 1-14 农村居民人均纯收入

Per Capita Net Income of Rural Households

单位:元

地区	Region	2006	2007	2008	2009	2010	2011	2012	2013
全国总计	**Total**	**3587**	**4140**	**4761**	**5153**	**5919**	**6977**	**7917**	**8896**
北 京	Beijing	8275	9440	10662	11669	13262	14736	16476	18337
天 津	Tianjin	6228	7010	7911	8688	10075	12321	14026	15841
河 北	Hebei	3802	4293	4795	5150	5958	7120	8081	9102
山 西	Shanxi	3181	3666	4097	4244	4736	5601	6357	7154
内蒙古	Inner Mongolia	3342	3953	4656	4938	5530	6642	7611	8596
辽 宁	Liaoning	4090	4773	5576	5958	6908	8297	9384	10523
吉 林	Jilin	3641	4191	4933	5266	6237	7510	8598	9621
黑龙江	Heilongjiang	3552	4132	4856	5207	6211	7591	8604	9634
上 海	Shanghai	9139	10145	11440	12483	13978	16054	17804	19595
江 苏	Jiangsu	5813	6561	7356	8004	9118	10805	12202	13598
浙 江	Zhejiang	7335	8265	9258	10007	11303	13071	14552	16106
安 徽	Anhui	2969	3556	4202	4504	5285	6232	7160	8098
福 建	Fujian	4835	5467	6196	6680	7427	8779	9967	11184
江 西	Jiangxi	3460	4045	4697	5075	5789	6892	7829	8781
山 东	**Shandong**	**4368**	**4985**	**5641**	**6119**	**6990**	**8342**	**9446**	**10620**
河 南	Henan	3261	3852	4454	4807	5524	6604	7525	8475
湖 北	Hubei	3419	3997	4656	5035	5832	6898	7852	8867
湖 南	Hunan	3390	3904	4512	4909	5622	6567	7440	8372
广 东	Guangdong	5080	5624	6400	6907	7890	9372	10543	11669
广 西	Guangxi	2770	3224	3690	3980	4543	5231	6008	6791
海 南	Hainan	3256	3791	4390	4744	5275	6446	7408	8343
重 庆	Chongqing	2874	3509	4126	4478	5277	6480	7383	8332
四 川	Sichuan	3002	3547	4121	4462	5087	6129	7001	7895
贵 州	Guizhou	1985	2374	2797	3005	3472	4145	4753	5434
云 南	Yunnan	2250	2634	3103	3369	3952	4722	5417	6141
西 藏	Tibet	2435	2788	3176	3532	4139	4904	5719	6578
陕 西	Shaanxi	2260	2645	3136	3438	4105	5028	5763	6503
甘 肃	Gansu	2134	2329	2724	2980	3425	3909	4507	5108
青 海	Qinghai	2358	2684	3061	3346	3863	4608	5364	6196
宁 夏	Ningxia	2760	3181	3681	4048	4675	5410	6180	6931
新 疆	Xinjiang	2737	3183	3503	3883	4643	5442	6394	7296

注：本表按当年价格计算。
a)Figures in this table are calculated at current prices.

附录 1-15 农林牧渔业总产值及增长速度(2016年)
Gross Output Value and Growth Rate of Farming,Forestry, Animal Husbandry and Fishery(2016)

地区	Region	农林牧渔业总产值(亿元) Gross Output Value (100 million yuan)	#农业 Farming	#林业 Forestry	#牧业 Animal Husbandry	#渔业 Fishery	农林牧渔业总产值比上年增长(%) Growth Rate (%)
全国总计	**Total**	**112091.3**	**59287.8**	**4631.6**	**31703.2**	**11602.9**	**3.5**
北京	Beijing	338.1	145.2	52.2	122.7	9.2	-9.9
天津	Tianjin	494.4	244.3	8.4	140.9	89.0	3.3
河北	Hebei	6083.9	3459.4	132.3	1939.2	211.0	3.5
山西	Shanxi	1534.0	958.1	100.3	376.2	9.9	3.2
内蒙古	Inner Mongolia	2794.2	1415.1	98.6	1202.9	33.0	3.1
辽宁	Liaoning	4421.8	1859.5	143.7	1575.7	639.6	-2.6
吉林	Jilin	2724.9	1232.0	107.2	1252.8	43.0	3.2
黑龙江	Heilongjiang	5197.8	2873.9	219.9	1854.8	129.2	5.5
上海	Shanghai	285.1	148.5	13.2	62.6	50.2	-9.2
江苏	Jiangsu	7235.1	3714.6	129.3	1331.5	1621.9	0.8
浙江	Zhejiang	3146.1	1521.2	158.1	434.3	962.0	2.5
安徽	Anhui	4655.5	2234.1	291.1	1375.7	513.2	3.4
福建	Fujian	4155.7	1782.0	315.1	681.7	1235.5	3.7
江西	Jiangxi	3130.3	1446.9	324.6	788.6	458.9	4.1
山东	**Shandong**	**9325.9**	**4641.3**	**147.5**	**2540.8**	**1485.6**	**4.4**
河南	Henan	7799.7	4577.2	121.3	2611.3	128.3	4.5
湖北	Hubei	6278.4	2921.3	203.4	1715.2	1030.0	4.9
湖南	Hunan	6081.9	3255.1	321.6	1762.7	396.7	3.6
广东	Guangdong	6078.4	3134.4	314.7	1221.8	1195.6	2.9
广西	Guangxi	4591.4	2347.9	323.5	1266.4	464.2	3.3
海南	Hainan	1470.4	695.6	100.0	267.1	353.8	4.3
重庆	Chongqing	1968.3	1151.8	73.4	627.4	85.3	4.5
四川	Sichuan	6831.1	3711.0	219.1	2551.7	223.9	4.0
贵州	Guizhou	3097.2	1888.6	195.0	797.2	68.7	6.2
云南	Yunnan	3633.1	1943.6	330.4	1141.8	94.2	5.8
西藏	Tibet	173.0	52.2	2.4	113.8	0.2	12.6
陕西	Shaanxi	2985.8	2027.6	85.5	695.9	26.2	4.1
甘肃	Gansu	1778.0	1274.7	30.8	299.7	2.2	4.2
青海	Qinghai	338.8	155.5	8.3	165.7	3.3	5.4
宁夏	Ningxia	493.6	311.9	10.1	131.7	17.0	4.4
新疆	Xinjiang	2969.7	2163.1	50.3	653.2	22.2	6.0

注:本表绝对数按当年价格计算,增长速度按可比价格计算。
a)Absolute figures in this table are calculated at current prices while growth rate at constant prices.

附录 1-16　主要农产品产量(2016年)
Output of Major Agriculture Products(2016)

单位:万吨　　(10 000 tons)

地　区	Region	粮　食 Grain	油　料 Oil Crops	棉　花 Cotton	蔬菜 Vegetables	水　果 Fruits	肉　类 Meat	#猪　肉 Pork	#牛　肉 Beef	#羊　肉 Mutton	奶　类 Milk
全国总计	**Total**	**61625.0**	**3629.5**	**530.0**	**79779.7**	**28351.1**	**8537.8**	**5299.1**	**716.8**	**459.4**	**3712.1**
北　京	Beijing	53.7	0.6	0.01	183.6	79.0	30.4	21.8	1.4	1.2	45.7
天　津	Tianjin	196.4	1.6	2.3	450.4	61.5	45.5	29.2	3.5	1.6	68.0
河　北	Hebei	3460.2	156.5	30.0	8193.4	2138.5	457.7	265.4	54.3	32.4	448.0
山　西	Shanxi	1318.5	15.4	1.0	1294.5	840.8	84.4	57.5	5.9	7.4	95.9
内蒙古	Inner Mongolia	2780.3	220.0	0.02	1502.3	316.3	258.9	72.1	55.6	99.0	741.3
辽　宁	Liaoning	2100.6	81.3	0.11	2257.5	802.3	430.9	219.2	41.6	8.7	144.2
吉　林	Jilin	3717.2	82.5		852.4	241.1	260.4	130.6	47.1	4.8	53.4
黑龙江	Heilongjiang	6058.5	21.7		936.8	259.9	231.2	138.2	42.5	12.8	548.6
上　海	Shanghai	99.2	0.9	0.03	334.2	50.6	17.4	13.5	0.1	0.5	26.0
江　苏	Jiangsu	3466.0	131.9	7.4	5593.9	893.0	355.6	216.4	3.1	8.3	59.0
浙　江	Zhejiang	752.2	29.1	1.7	1865.1	724.3	118.1	90.7	1.3	1.9	15.3
安　徽	Anhui	3417.4	214.8	18.5	2774.7	1043.5	411.4	244.9	16.5	17.3	32.7
福　建	Fujian	650.9	31.0	0.0	1951.6	853.8	225.6	136.0	3.2	2.5	15.9
江　西	Jiangxi	2138.1	122.0	7.3	1420.2	617.4	330.9	242.9	14.4	1.3	13.5
山　东	**Shandong**	**4700.7**	**326.8**	**54.8**	**10327.0**	**3255.4**	**777.5**	**383.5**	**67.0**	**38.4**	**276.8**
河　南	Henan	5946.6	619.1	9.8	7807.6	2871.3	697.0	450.6	83.0	26.4	336.6
湖　北	Hubei	2554.1	329.8	18.8	4001.7	1010.4	425.2	322.2	23.2	8.9	16.9
湖　南	Hunan	2953.2	242.9	12.3	4196.4	1048.2	529.8	434.8	20.4	12.0	10.1
广　东	Guangdong	1360.2	113.3		3569.1	1717.0	415.5	264.4	7.1	0.9	13.0
广　西	Guangxi	1521.3	68.9	0.3	2928.8	1882.5	411.2	249.8	14.7	3.3	9.7
海　南	Hainan	177.9	11.2		579.8	395.4	76.3	42.9	2.6	1.1	0.2
重　庆	Chongqing	1166.0	62.7		1875.1	408.7	210.8	151.3	9.2	4.1	5.5
四　川	Sichuan	3483.5	311.3	0.9	4388.6	979.3	696.3	494.5	36.9	26.9	62.8
贵　州	Guizhou	1192.4	103.4	0.1	1878.5	243.9	199.3	155.0	17.9	4.5	6.4
云　南	Yunnan	1902.9	68.5	0.00	1968.6	759.1	375.6	283.7	35.2	15.1	64.1
西　藏	Tibet	101.9	6.2		70.7	1.5	27.7	1.5	16.2	8.2	34.7
陕　西	Shaanxi	1228.3	63.8	3.4	1896.2	2017.8	111.7	85.9	8.0	8.0	189.1
甘　肃	Gansu	1140.6	76.0	2.0	1951.5	738.0	97.3	49.0	20.0	21.1	40.7
青　海	Qinghai	103.5	30.0		170.0	4.0	36.0	10.5	12.2	12.0	34.2
宁　夏	Ningxia	370.6	14.7		593.1	305.8	30.9	7.5	10.4	10.5	139.5
新　疆	Xinjiang	1512.3	71.4	359.4	1966.5	1790.9	161.0	33.9	42.5	58.3	164.4

注:水果产量含果用瓜。

a)Data of output of fruits include yield of melon and fruit.

附录 1-17 主要工业产品产量(2016年)
Output of Major Industrial Products(2016)

地区	Region	原油(万吨) Crude Petroleum Oil (10 000 tons)	发电量(亿千瓦小时) Electricity (100 million kwh)	生铁(万吨) Pig Iron (10 000 tons)	粗钢(万吨) Crude Steel (10 000 tons)	钢材(万吨) Steel (10 000 tons)	水泥(万吨) Cement (10 000 tons)
全国总计	**Total**	**19968.5**	**61424.9**	**70073.6**	**80836.6**	**113801.2**	**241352.6**
北京	Beijing		434.4			162.8	510.3
天津	Tianjin	3273.3	617.5	1660.8	1798.9	8667.1	788.6
河北	Hebei	546.0	2630.6	18398.4	19260.0	26150.4	9898.6
山西	Shanxi		2535.1	3641.1	3936.1	4279.0	3851.5
内蒙古	Inner Mongolia	44.9	3949.8	1469.4	1813.2	2016.8	6298.4
辽宁	Liaoning	1017.3	1778.8	6033.9	6029.0	5906.3	4011.0
吉林	Jilin	610.7	760.3	847.6	832.0	961.4	3086.8
黑龙江	Heilongjiang	3656.0	900.4	354.0	372.3	332.8	3381.0
上海	Shanghai	6.5	807.3	1587.2	1709.1	2080.1	418.4
江苏	Jiangsu	166.0	4709.4	7174.1	11080.5	13469.7	18038.1
浙江	Zhejiang		3197.7	848.0	1299.6	3760.9	10848.0
安徽	Anhui		2252.7	2242.7	2731.3	3225.8	13584.1
福建	Fujian		2007.4	980.4	1516.8	2859.6	8106.0
江西	Jiangxi		1085.4	2082.0	2241.5	2585.0	9553.3
山东	**Shandong**	**2295.3**	**5329.3**	**6769.2**	**7167.1**	**9788.2**	**16156.1**
河南	Henan	315.7	2652.7	2862.9	2849.5	4667.9	15672.1
湖北	Hubei	58.1	2479.0	2323.3	2948.5	3563.8	11600.5
湖南	Hunan		1385.1	1791.4	1827.8	1998.7	12239.7
广东	Guangdong	1556.3	4263.7	1670.2	2283.2	4113.3	15080.6
广西	Guangxi	47.4	1346.5	1216.4	2109.6	3644.7	12034.9
海南	Hainan	29.4	287.7		27.6	36.3	2227.9
重庆	Chongqing		701.2	287.8	366.5	1234.2	6790.2
四川	Sichuan	10.8	3273.9	1733.2	2007.7	2837.2	14615.5
贵州	Guizhou		1904.0	371.4	515.9	526.2	10798.5
云南	Yunnan		2692.5	1277.2	1417.3	1654.7	11104.4
西藏	Tibet		54.5			1.8	623.3
陕西	Shaanxi	3502.4	1757.4	856.0	924.7	1233.8	7264.0
甘肃	Gansu	40.4	1214.3	494.3	628.4	665.9	4640.4
青海	Qinghai	221.0	553.0	96.6	114.9	125.1	1895.4
宁夏	Ningxia	6.2	1144.4	154.3	159.2	164.1	1984.7
新疆	Xinjiang	2564.9	2719.1	849.9	868.4	1087.6	4250.2

附录 1-17 续表 continued

地 区	Region	布（亿米） Cloth (100 million m)	家用电冰箱（万台） Home Refrigerators (10 000 units)	农用化肥（万吨） Chemical Fertilizes (10 000 tons)	汽车（万辆） Motor Vehicles (10 000 sets)	程控交换机（万线） Program Controlled Switchboards (10 000 lines)	移动通信手持机（万台） Mobile Communication Handsets (10 000 units)	微型计算机设备（万台） Microcomputer Equipments (10 000 units)
全国总计	**Total**	**906.8**	**8481.6**	**7128.6**	**2811.9**	**1457.7**	**205819.3**	**29008.5**
北 京	Beijing	0.0			238.0		6923.9	684.1
天 津	Tianjin	2.4	64.3	13.4	52.9		4973.5	
河 北	Hebei	73.9		226.2	128.6	13.5		
山 西	Shanxi	0.7		438.7	0.7		2693.4	
内 蒙 古	Inner Mongolia			250.2	2.1			
辽 宁	Liaoning	1.6	145.7	58.8	107.9	36.6	640.5	0.1
吉 林	Jilin	0.3		15.9	254.0			
黑 龙 江	Heilongjiang	0.1		63.5	7.6			1.1
上 海	Shanghai	1.1	56.4	1.8	260.8	75.3	4801.4	3084.0
江 苏	Jiangsu	140.9	869.0	210.1	138.6	0.7	5352.4	5285.2
浙 江	Zhejiang	256.9	797.7	32.3	58.1	218.6	5099.6	182.8
安 徽	Anhui	16.5	3058.8	291.7	139.1		141.2	1659.8
福 建	Fujian	87.1		52.0	21.8		2568.6	847.4
江 西	Jiangxi	13.6	98.2	149.4	53.6		7414.0	
山 东	**Shandong**	**127.5**	**883.4**	**531.4**	**86.9**		**6082.5**	**23.7**
河 南	Henan	28.7	186.2	542.1	58.5		25235.8	
湖 北	Hubei	82.2	392.1	1164.9	243.5		6220.7	840.3
湖 南	Hunan	4.4		109.5	47.7	3.9	22.7	36.1
广 东	Guangdong	31.9	1553.1	69.5	280.1	1103.1	95230.2	3344.9
广 西	Guangxi	0.5		94.3	245.3		545.7	0.6
海 南	Hainan			51.7	6.7			
重 庆	Chongqing	5.4	144.2	182.0	266.3		25500.0	6764.7
四 川	Sichuan	20.0	85.6	531.0	53.0	0.9	4469.2	5936.5
贵 州	Guizhou	0.3	147.0	639.7	1.6		1858.5	317.4
云 南	Yunnan	0.01		279.5	13.3	5.1	37.0	
西 藏	Tibet							
陕 西	Shaanxi	8.8		153.4	42.0		8.5	
甘 肃	Gansu			32.1	1.2			
青 海	Qinghai			552.4				
宁 夏	Ningxia	0.1		55.0				
新 疆	Xinjiang	1.8		336.3	2.1			

附录 1-18 规模以上工业主要经济指标(2016年)
Main Indicators on Economic Efficiency of Industrial Enterprises above Designated Size(2016)

单位:亿元 (100 million yuan)

地区	Region	主营业务收入 Revenue from Principal Business	主营业务成本 Cost of Principal Business	销售费用 Cost of Business	管理费用 Cost of Management	财务费用 Cost of Financing	利润总额 Total Profits
全国总计	**Total**	**1151617.5**	**984902.9**	**30648.6**	**43897.4**	**12532.6**	**68803.2**
北京	Beijing	19413.6	16167.3	1019.8	1023.8	182.6	1549.3
天津	Tianjin	27835.8	23812.4	665.2	907.2	174.4	1984.9
河北	Hebei	46729.4	40926.6	859.0	1324.2	522.0	2610.0
山西	Shanxi	13957.0	11813.2	489.0	752.7	595.7	208.7
内蒙古	Inner Mongolia	19797.9	16537.6	485.1	713.9	419.3	1242.1
辽宁	Liaoning	23802.0	20203.8	697.9	1148.8	508.1	657.6
吉林	Jilin	23268.3	19524.1	949.2	1060.5	240.1	1241.8
黑龙江	Heilongjiang	11166.5	9595.0	283.1	561.0	139.6	244.0
上海	Shanghai	33844.3	27001.5	1317.0	2284.3	117.5	2906.2
江苏	Jiangsu	157789.5	135424.7	3890.2	5788.0	1218.8	10525.8
浙江	Zhejiang	65307.6	54908.2	1845.0	3289.7	817.7	4322.7
安徽	Anhui	41645.9	36471.0	1038.8	1428.3	425.9	2078.9
福建	Fujian	42124.1	36310.5	1048.1	1480.9	388.5	2643.3
江西	Jiangxi	35518.7	31181.8	604.0	813.2	203.6	2399.4
山东	**Shandong**	**150034.9**	**131911.3**	**3051.3**	**3836.7**	**1577.0**	**8643.1**
河南	Henan	79195.7	69430.1	1463.4	1748.1	788.9	5174.1
湖北	Hubei	45169.9	38784.3	1322.0	1722.4	451.5	2441.4
湖南	Hunan	37686.5	31823.1	1123.8	1616.6	409.2	1620.5
广东	Guangdong	127363.1	107569.0	4365.7	6364.9	654.2	8025.4
广西	Guangxi	21978.4	18819.2	509.0	801.2	217.1	1287.7
海南	Hainan	1660.3	1296.5	71.3	65.8	41.2	103.5
重庆	Chongqing	22947.6	19510.5	654.2	918.2	215.6	1584.2
四川	Sichuan	40639.3	34491.7	1249.7	1573.3	624.2	2176.1
贵州	Guizhou	10654.9	8668.3	347.3	447.6	225.7	658.7
云南	Yunnan	10342.0	8166.6	290.1	444.2	318.4	309.1
西藏	Tibet	170.7	129.4	6.7	12.2	4.5	16.5
陕西	Shaanxi	19776.8	16118.6	522.8	866.9	324.7	1472.4
甘肃	Gansu	7711.5	6733.9	127.0	264.5	209.7	116.1
青海	Qinghai	2227.1	1871.4	58.9	89.9	108.6	76.9
宁夏	Ningxia	3636.1	3066.9	77.3	141.5	138.3	137.7
新疆	Xinjiang	8222.3	6634.4	216.7	406.9	270.0	345.1

附录 1-18 续表 continued

单位:亿元 (100 million yuan)

地 区	Region	亏损企业亏损总额 Lossed Value of Loss-suffering Enterprises	应收账款 Account Receivables	存货 Stock	产成品 Finished Product	资产合计 Total Assets	负债合计 Total Liabilities
全国总计	**Total**	**8173.6**	**125800.2**	**105241.8**	**39752.1**	**1068296.7**	**596034.0**
北 京	Beijing	254.5	4298.3	2279.1	802.4	42848.6	19607.3
天 津	Tianjin	220.9	3785.2	2844.2	1020.8	24646.8	15244.8
河 北	Hebei	289.3	3553.9	4152.2	1496.4	43754.2	24174.9
山 西	Shanxi	438.0	2320.6	1931.7	743.6	33194.1	25253.5
内蒙古	Inner Mongolia	430.9	1840.8	1479.3	585.4	29677.6	18451.0
辽 宁	Liaoning	636.6	3646.9	4054.8	1333.2	35829.1	22628.7
吉 林	Jilin	219.3	1470.6	1758.5	736.3	18785.4	9869.3
黑龙江	Heilongjiang	333.6	1325.1	1289.9	449.5	14744.8	8360.3
上 海	Shanghai	287.1	6977.9	4662.1	1492.0	39258.2	19017.8
江 苏	Jiangsu	603.3	19018.8	12598.1	4755.5	114307.6	59709.2
浙 江	Zhejiang	312.8	11173.7	8181.4	3312.2	69755.3	38621.5
安 徽	Anhui	106.2	4476.3	3361.3	1338.4	32845.4	18648.8
福 建	Fujian	158.9	4200.2	3635.0	1443.7	31317.5	16375.3
江 西	Jiangxi	71.8	2094.6	2071.4	863.4	21432.7	10366.1
山 东	**Shandong**	**584.4**	**8957.0**	**10658.9**	**4547.2**	**104715.5**	**56578.2**
河 南	Henan	382.9	5745.3	4416.5	1678.4	59165.5	28132.5
湖 北	Hubei	183.9	4234.6	3960.1	1594.3	36640.1	19499.2
湖 南	Hunan	167.4	3172.7	2771.9	900.7	24743.2	13057.5
广 东	Guangdong	426.4	18500.6	13270.5	4701.4	104720.0	58614.2
广 西	Guangxi	113.4	1495.9	1778.4	786.5	15838.8	9742.5
海 南	Hainan	23.4	190.7	197.8	79.5	2740.5	1521.6
重 庆	Chongqing	157.9	2485.2	1613.6	716.0	19313.4	11809.6
四 川	Sichuan	421.0	3968.0	3433.3	1322.3	40163.6	23608.6
贵 州	Guizhou	122.5	921.1	1109.1	333.4	13468.9	8603.8
云 南	Yunnan	439.5	1100.9	2207.5	527.2	19427.4	12389.2
西 藏	Tibet	14.9	21.1	26.4	10.2	1076.4	550.9
陕 西	Shaanxi	144.6	2060.4	1955.7	829.2	28153.3	15609.5
甘 肃	Gansu	143.2	830.8	1339.4	513.9	11883.1	7751.4
青 海	Qinghai	39.0	309.5	326.7	116.8	6107.0	4170.8
宁 夏	Ningxia	59.1	581.6	747.7	275.1	8477.1	5732.1
新 疆	Xinjiang	387.1	1041.9	1129.5	447.1	19265.6	12334.1

附录 1-19 建筑业总产值和房屋建筑面积
Output Value of Construction and Floor Space of Buildings

地区	Region	总产值(亿元) Total Output Value (100 million yuan)		施工面积(万平方米) Floor Space of Buildings Under Construction (10 000 sq.m)		竣工面积(万平方米) Floor Space of Buildings Completed (10 000 sq.m)	
		2015	2016	2015	2016	2015	2016
全国总计	**Total**	**180757.5**	**193566.8**	**1239717.6**	**1264219.9**	**420784.9**	**422375.7**
北京	Beijing	8436.7	8841.2	59776.7	61097.5	9886.3	10703.5
天津	Tianjin	4488.9	4891.8	15644.6	17036.2	3547.2	3428.7
河北	Hebei	5252.6	5517.7	35616.5	34616.1	11613.0	11145.1
山西	Shanxi	2931.3	3318.5	13943.4	14620.6	3634.4	3353.3
内蒙古	Inner Mongolia	1123.5	1220.8	6974.6	6296.0	3103.1	2538.6
辽宁	Liaoning	5413.8	3926.7	28937.1	20390.7	10397.9	6852.5
吉林	Jilin	2216.3	2283.6	12237.2	10634.4	5602.6	5211.4
黑龙江	Heilongjiang	1680.4	1716.6	5524.2	5404.1	2968.1	2747.0
上海	Shanghai	5652.5	6046.2	36659.8	36019.7	7258.7	7481.2
江苏	Jiangsu	24785.8	25791.8	215592.0	221493.6	76823.9	74990.3
浙江	Zhejiang	23980.6	24989.4	201542.2	198401.2	68316.3	68818.5
安徽	Anhui	5695.9	6047.3	41476.5	40130.0	15553.6	14588.4
福建	Fujian	7605.8	8531.5	59277.3	62920.7	16631.3	18121.2
江西	Jiangxi	4602.5	5179.0	28895.4	28446.2	14255.6	14835.8
山东	**Shandong**	**9381.7**	**10087.4**	**69478.6**	**72090.6**	**23657.0**	**23721.3**
河南	Henan	8047.7	8808.0	53132.5	55784.0	17963.7	19425.8
湖北	Hubei	10592.9	11862.4	62204.7	72835.1	26828.9	28613.5
湖南	Hunan	6630.8	7304.2	47504.4	50329.0	17390.0	18629.2
广东	Guangdong	8865.7	9652.3	50461.6	54358.3	14373.4	15661.7
广西	Guangxi	2953.4	3449.2	23432.0	26531.9	7720.7	7998.0
海南	Hainan	278.6	307.8	2132.0	2085.4	744.6	652.4
重庆	Chongqing	6256.9	7035.8	32801.6	32077.1	13542.6	13751.6
四川	Sichuan	8768.2	9959.7	52795.4	54048.3	20666.8	21084.9
贵州	Guizhou	1947.7	2363.0	16769.6	19354.6	3195.8	4112.1
云南	Yunnan	3268.9	3867.2	15437.1	17052.9	6941.1	7102.0
西藏	Tibet	106.9	111.3	295.4	244.2	173.9	144.0
陕西	Shaanxi	4752.6	5329.2	23991.2	24528.3	7087.4	6758.9
甘肃	Gansu	1849.0	1947.2	10757.1	10422.4	4083.1	3915.2
青海	Qinghai	409.5	410.6	908.7	886.8	350.2	301.9
宁夏	Ningxia	524.5	511.3	3285.0	2771.3	1226.6	1017.8
新疆	Xinjiang	2255.7	2258.2	12233.3	11312.6	5247.2	4669.9

附录 1-20 建筑业主要效益指标(2016年)

Main Economic Indicators on Construction Enterprises(2016)

地区	Region	企业个数(个) Number of Enterprises (unit)	从事建筑业活动的从业人员平均人数(万人) Average Number of Employed Persons (10 000 persons)	按建筑业总产值计算的劳动生产率(元/人) Labor Productivity in Terms of Total Output Value (yuan/person)	人均竣工产值(元/人) Per Capita Output Value of Buildings Completed (yuan/person)	人均施工面积(平方米/人) Per Capita Floor Space of Buildings Under Construction (sq.m/person)	人均竣工面积(平方米/人) Per Capita Floor Space of Buildings Completed (sq.m/person)
全国总计	**Total**	**83017**	**5757.0**	**336227**	**196095**	**219.6**	**73.4**
北京	Beijing	2858	165.6	533880	261084	368.9	64.6
天津	Tianjin	1500	99.3	492879	223320	171.6	34.5
河北	Hebei	2467	145.3	379815	198827	238.3	76.7
山西	Shanxi	2532	112.3	295590	113886	130.2	29.9
内蒙古	Inner Mongolia	870	41.3	295574	168293	152.4	61.5
辽宁	Liaoning	5238	130.5	300927	156872	156.3	52.5
吉林	Jilin	2191	80.1	285207	192547	132.8	65.1
黑龙江	Heilongjiang	1566	67.0	256076	160577	80.6	41.0
上海	Shanghai	2662	126.5	477994	261710	284.8	59.1
江苏	Jiangsu	8770	845.8	304925	251471	261.9	88.7
浙江	Zhejiang	6174	777.3	321476	203687	255.2	88.5
安徽	Anhui	2929	169.8	356129	196082	236.3	85.9
福建	Fujian	3608	321.9	265043	155736	195.5	56.3
江西	Jiangxi	1873	168.4	307509	179792	168.9	88.1
山东	**Shandong**	**6013**	**322.6**	**312707**	**166261**	**223.5**	**73.5**
河南	Henan	5123	272.6	323100	181254	204.6	71.3
湖北	Hubei	3368	270.6	438438	234472	269.2	105.8
湖南	Hunan	2067	229.2	318730	199908	219.6	81.3
广东	Guangdong	4437	230.5	418829	206361	235.9	68.0
广西	Guangxi	1139	114.1	302337	161429	232.6	70.1
海南	Hainan	155	8.1	379671	233394	257.3	80.4
重庆	Chongqing	2577	217.4	323617	166333	147.5	63.3
四川	Sichuan	3809	324.3	307129	152910	166.7	65.0
贵州	Guizhou	891	71.4	330753	117688	270.9	57.6
云南	Yunnan	2544	132.2	292428	159756	128.9	53.7
西藏	Tibet	173	3.3	335094	198752	73.5	43.4
陕西	Shaanxi	2114	136.7	389771	166756	179.4	49.4
甘肃	Gansu	1323	62.9	309498	168592	165.7	62.2
青海	Qinghai	371	14.5	283457	114084	61.2	20.8
宁夏	Ningxia	531	19.1	267566	197925	145.0	53.3
新疆	Xinjiang	1144	76.5	295359	202207	148.0	61.1

附录 1-21 客运量和旅客周转量(2016年)
Passenger Traffic and Passenger-Kilometers(2016)

地 区	Region	客运量(万人) Passenger Traffic (10 000 persons)	#铁 路 Railways	#公 路 Highways	#水 运 Waterways	旅客周转量(亿人公里) Passenger Kilometers (100 million passenger km)	#铁 路 Railways	#公 路 Highways	#水 运 Waterways
全国总计	**Total**	**1900194**	**281405**	**1542759**	**27234**	**31258.5**	**12579.3**	**10228.7**	**72.3**
北 京	Beijing	61519	13479	48040		268.5	150.8	117.7	
天 津	Tianjin	18377	4543	13741	93	262.0	183.5	78.4	0.1
河 北	Hebei	50701	10771	39925	5	1238.1	993.6	244.2	0.4
山 西	Shanxi	26374	7530	18702	142	360.6	219.3	141.1	0.1
内蒙古	Inner Mongolia	15735	5388	10347		375.0	222.2	152.7	
辽 宁	Liaoning	73632	14040	59054	538	936.1	623.4	306.7	6.0
吉 林	Jilin	34910	7567	27186	156	431.3	262.3	168.7	0.2
黑龙江	Heilongjiang	39386	10480	28550	355	471.1	270.6	200.1	0.4
上 海	Shanghai	14416	10609	3402	404	214.4	98.7	115.0	0.7
江 苏	Jiangsu	133580	17814	113494	2272	1468.5	686.1	780.0	2.4
浙 江	Zhejiang	105018	18035	83033	3950	1075.0	604.0	465.1	5.8
安 徽	Anhui	81106	10370	70523	213	1187.4	695.7	491.3	0.4
福 建	Fujian	51649	10496	39137	2016	593.3	338.6	251.9	2.7
江 西	Jiangxi	62876	9249	53366	261	970.7	688.0	282.3	0.3
山 东	**Shandong**	**63463**	**12639**	**48823**	**2000**	**1188.9**	**704.5**	**472.4**	**12.0**
河 南	Henan	120528	13825	106415	289	1684.3	923.1	760.6	0.6
湖 北	Hubei	102990	14197	88221	572	1232.3	741.6	487.3	3.4
湖 南	Hunan	121760	11518	108627	1615	1500.8	920.6	577.0	3.2
广 东	Guangdong	130345	25603	102094	2648	1887.4	797.3	1079.8	10.3
广 西	Guangxi	48699	8388	39750	561	743.8	351.1	390.1	2.7
海 南	Hainan	13912	2292	9920	1699	120.4	41.5	75.4	3.5
重 庆	Chongqing	61255	4911	55594	750	506.3	164.4	336.7	5.1
四 川	Sichuan	123746	11456	109716	2573	941.6	341.3	597.8	2.4
贵 州	Guizhou	89464	5169	82199	2096	674.9	226.0	443.1	5.8
云 南	Yunnan	46519	4056	41208	1255	446.1	123.4	320.0	2.7
西 藏	Tibet	1155	265	889		39.8	16.0	23.7	
陕 西	Shaanxi	69820	8302	61093	425	755.7	464.2	290.8	0.7
甘 肃	Gansu	41626	3604	37932	90	613.4	360.0	253.3	0.2
青 海	Qinghai	5934	994	4873	66	125.1	77.5	47.5	0.1
宁 夏	Ningxia	8757	659	7910	188	109.7	45.2	64.4	0.1
新 疆	Xinjiang	32148	3155	28993		458.1	244.6	213.5	
不分地区	Not Classified by Region	48796				8378.1			

注：不分地区合计为民航完成数。
a)The total passenger traffic not classified by region refers to that completed by civil aviation.

附录 1−22 货运量和货物周转量(2016年)

Freight Traffic and Freight Ton-kilometers(2016)

地区	Region	货运量(万吨) Total (10 000 tons)	#铁路 Railways	#公路 Highways	#水运 Waterways	货物周转量(亿吨公里) Total (100 million ton-km)	#铁路 Railways	#公路 Highways	#水运 Waterways
全国总计	**Total**	**4386762**	**333186**	**3341259**	**638238**	**186629.5**	**23792.3**	**61080.1**	**97338.8**
北京	Beijing	20734	762	19972		825.4	664.1	161.3	
天津	Tianjin	50506	8150	32841	9515	2302.3	399.8	372.5	1530.0
河北	Hebei	210586	16313	189822	4451	12332.7	3704.5	7294.6	1333.6
山西	Shanxi	167076	64861	102200	16	3565.5	2113.3	1452.1	0.1
内蒙古	Inner Mongolia	186726	56113	130613		4341.7	1918.1	2423.6	
辽宁	Liaoning	207064	16230	177371	13464	12113.5	900.9	2936.8	8275.8
吉林	Jilin	45060	3944	40777	339	1478.5	393.1	1084.8	0.6
黑龙江	Heilongjiang	53569	9542	42897	1130	1532.5	620.5	904.8	7.3
上海	Shanghai	88324	482	39055	48787	19317.8	10.2	282.0	19025.6
江苏	Jiangsu	202070	5590	117166	79314	7653.8	288.9	2140.3	5224.6
浙江	Zhejiang	215558	3913	133999	77646	9789.3	212.0	1626.8	7950.6
安徽	Anhui	364567	9265	244526	110776	10896.4	719.7	4915.7	5261.0
福建	Fujian	120352	2918	85770	31664	6070.6	129.4	1094.7	4846.4
江西	Jiangxi	138118	4357	122872	10889	3897.8	515.0	3147.5	235.3
山东	**Shandong**	**285386**	**20574**	**249752**	**15060**	**8884.3**	**1225.5**	**6071.4**	**1587.4**
河南	Henan	206087	10287	184255	11544	7383.5	1736.4	4838.5	808.6
湖北	Hubei	162460	4088	122656	35716	5922.9	735.7	2506.9	2680.3
湖南	Hunan	206527	4114	178968	23445	4056.9	750.8	2686.6	619.5
广东	Guangdong	366839	8380	272826	85633	21801.6	259.4	3381.9	18160.3
广西	Guangxi	160761	5898	128247	26615	4260.4	679.0	2248.5	1332.9
海南	Hainan	21786	793	10879	10114	1060.8	12.1	76.1	972.5
重庆	Chongqing	107966	1928	89390	16648	2968.3	156.7	935.4	1876.1
四川	Sichuan	160970	6794	146046	8131	2504.1	716.1	1565.3	222.7
贵州	Guizhou	89526	5635	82237	1654	1482.3	566.7	873.2	42.4
云南	Yunnan	115505	5372	109487	646	1600.1	411.8	1173.1	15.2
西藏	Tibet	1971	65	1906		124.6	30.1	94.5	
陕西	Shaanxi	149046	35459	113363	224	3444.9	1518.3	1925.8	0.8
甘肃	Gansu	60661	5866	54761	34	2170.0	1220.3	949.6	0.05804599
青海	Qinghai	16881	2834	14047		475.8	239.8	236.0	
宁夏	Ningxia	43260	5839	37421		819.9	242.4	577.6	
新疆	Xinjiang	71961	6822	65139		1803.9	701.7	1102.2	
不分地区	Not Classified by Region	88863			14785	19747.3			15329.0

注：1.不分地区合计中包括铁路行包运输、管道运输企业、民航运输企业、中远集团海外公司及中海集团香港有限公司完成数。货运量和货物周转量的全国总计，等于分省数与不分地区中民航、管道运输数据之和。

a)The data not classified by region refers to railway baggage freight, pipelines, civil aviation and that completed by companies abroad under China Ocean Shipping (group) Company and that of China Shipping Container Lines(HongKong)Co.,Ltd.The total freight traffic and freight ton-kilometers of China refers to the sum of the data classified by region and the data completed by civil aviation and pipelines.

附录 1-23 社会消费品零售总额
Total Retail Sale of Consumer Goods

单位:亿元 (100 million yuan)

地 区	Region	2011	2012	2013	2014	2015	2016
全国总计	**Total**	**187205.8**	**214432.7**	**242842.8**	**271896.1**	**300930.8**	**332316.3**
北 京	Beijing	7222.2	8123.5	8872.1	9638.0	10338.0	11005.1
天 津	Tianjin	3395.1	3921.4	4470.4	4738.7	5257.3	5635.8
河 北	Hebei	8035.5	9254.0	10516.7	11820.5	12990.7	14364.7
山 西	Shanxi	3903.4	4506.8	5139.3	5717.9	6033.7	6480.5
内蒙古	Inner Mongolia	3991.7	4572.5	5114.2	5657.6	6107.7	6700.8
辽 宁	Liaoning	8095.3	9304.2	10581.4	11857.0	12787.2	13414.1
吉 林	Jilin	4119.8	4772.9	5426.4	6080.9	6651.9	7310.4
黑龙江	Heilongjiang	4750.1	5491.0	6251.2	7015.3	7640.2	8402.5
上 海	Shanghai	7185.8	7840.4	8557.0	9303.5	10131.5	10946.6
江 苏	Jiangsu	16058.3	18411.1	20878.2	23458.1	25876.8	28707.1
浙 江	Zhejiang	12532.8	14199.6	15970.8	17835.3	19784.7	21970.8
安 徽	Anhui	5288.2	6142.8	7044.7	7957.0	8908.0	10000.2
福 建	Fujian	6276.2	7256.5	8275.3	9346.7	10505.9	11674.5
江 西	Jiangxi	3560.5	4123.3	4696.1	5292.6	5925.5	6634.6
山 东	**Shandong**	**17155.5**	**19651.9**	**22294.8**	**25111.5**	**27761.4**	**30645.8**
河 南	Henan	9453.6	10915.6	12426.6	14005.0	15740.4	17618.4
湖 北	Hubei	8363.3	9682.4	11035.9	12449.3	14003.2	15649.2
湖 南	Hunan	7209.0	8318.7	9509.5	10723.5	12024.0	13436.5
广 东	Guangdong	20297.5	22677.1	25453.9	28471.1	31517.6	34739.1
广 西	Guangxi	3908.2	4516.6	5133.1	5772.8	6348.1	7027.3
海 南	Hainan	822.5	950.2	1090.9	1224.5	1325.1	1453.7
重 庆	Chongqing	3782.3	4403.0	5055.8	5710.7	6424.0	7271.4
四 川	Sichuan	8290.8	9622.0	11001.0	12393.0	13877.7	15601.9
贵 州	Guizhou	1899.9	2266.3	2601.2	2936.9	3283.0	3709.0
云 南	Yunnan	3105.9	3597.9	4112.6	4632.9	5103.2	5722.9
西 藏	Tibet	237.5	277.9	322.2	364.5	408.5	459.4
陕 西	Shaanxi	3900.6	4581.6	5245.0	5918.7	6578.1	7367.6
甘 肃	Gansu	1772.9	2064.4	2368.8	2668.3	2907.2	3184.4
青 海	Qinghai	413.4	480.3	549.6	620.8	691.0	767.3
宁 夏	Ningxia	515.5	590.5	668.5	737.2	789.6	850.1
新 疆	Xinjiang	1662.4	1916.1	2179.5	2436.5	2606.0	2825.9

附录 1-24 货物进出口总额(按经营单位所在地分)

Total Volume of Imports and Exports (by Location of Foreign Trade Managing Units)

单位:亿美元 (100 million USD)

地 区	Region	2010	2011	2012	2013	2014	2015	2016
全国总计	**Total**	**29740.0**	**36418.6**	**38671.2**	**41589.9**	**43015.3**	**39530.3**	**36855.7**
北 京	Beijing	3017.2	3895.6	4081.1	4290.0	4155.2	3194.4	2820.3
天 津	Tianjin	821.0	1033.8	1156.3	1285.0	1338.9	1142.8	1026.5
河 北	Hebei	420.6	536.0	505.6	549.1	598.8	515.1	466.2
山 西	Shanxi	125.8	147.4	150.4	157.9	162.3	146.8	166.4
内 蒙 古	Inner Mongolia	87.3	119.3	112.6	119.9	145.6	127.3	116.2
辽 宁	Liaoning	807.1	960.4	1040.9	1144.8	1140.0	959.5	865.2
吉 林	Jilin	168.5	220.6	245.6	258.3	263.8	188.8	184.4
黑 龙 江	Heilongjiang	255.2	385.2	375.9	388.8	389.0	210.1	165.4
上 海	Shanghai	3689.5	4375.5	4365.9	4412.7	4664.0	4492.4	4338.4
江 苏	Jiangsu	4658.0	5395.8	5479.6	5508.0	5635.5	5455.6	5095.3
浙 江	Zhejiang	2535.3	3093.8	3124.0	3357.9	3550.4	3467.8	3365.0
安 徽	Anhui	242.7	313.1	392.8	455.2	491.8	478.4	443.3
福 建	Fujian	1087.8	1435.2	1559.4	1693.2	1774.1	1688.5	1568.5
江 西	Jiangxi	216.2	314.7	334.1	367.5	427.3	424.0	400.8
山 东	**Shandong**	**1891.6**	**2358.9**	**2455.4**	**2665.3**	**2769.3**	**2406.1**	**2342.1**
河 南	Henan	178.3	326.2	517.4	599.6	649.7	737.8	711.9
湖 北	Hubei	259.3	335.9	319.6	363.8	430.4	455.5	393.5
湖 南	Hunan	146.6	189.4	219.5	251.8	308.3	293.0	262.5
广 东	Guangdong	7849.0	9134.7	9840.2	10915.8	10765.8	10225.0	9555.1
广 西	Guangxi	177.4	233.6	294.8	328.3	405.5	510.9	478.3
海 南	Hainan	86.5	127.6	143.2	149.9	158.6	139.7	113.3
重 庆	Chongqing	124.3	292.1	532.0	686.9	954.3	744.7	627.7
四 川	Sichuan	326.9	477.2	591.4	645.7	702.0	511.9	493.2
贵 州	Guizhou	31.5	48.9	66.3	82.9	107.7	122.2	56.9
云 南	Yunnan	134.3	160.3	210.1	253.0	296.1	244.9	198.9
西 藏	Tibet	8.4	13.6	34.2	33.2	22.5	9.1	7.8
陕 西	Shaanxi	121.0	146.5	148.0	201.3	273.6	305.0	299.2
甘 肃	Gansu	74.0	87.3	89.0	102.4	86.4	79.5	68.8
青 海	Qinghai	7.9	9.2	11.6	14.0	17.2	19.3	15.2
宁 夏	Ningxia	19.6	22.9	22.2	32.2	54.4	37.4	32.7
新 疆	Xinjiang	171.3	228.2	251.7	275.6	276.7	196.7	176.6

附录 1-25 货物进出口总额(按境内目的地、货源地分)
Total Volume of Imports and Exports (by Destination and Origion of Goods in China)

单位:亿美元 (100 million USD)

地区	Region	2010	2011	2012	2013	2014	2015	2016
全国总计	**Total**	**29740.0**	**36418.6**	**38671.2**	**41589.9**	**43015.3**	**39530.3**	**36855.7**
北京	Beijing	1106.9	1293.0	1286.7	1315.6	1431.1	1307.8	1223.0
天津	Tianjin	916.1	1116.8	1228.5	1346.0	1444.2	1189.6	1069.5
河北	Hebei	620.5	841.5	822.9	902.2	942.7	802.5	748.9
山西	Shanxi	138.6	162.2	165.9	171.6	185.1	174.5	188.2
内蒙古	Inner Mongolia	116.8	148.2	139.7	143.9	152.9	139.1	132.2
辽宁	Liaoning	952.9	1129.5	1183.4	1213.6	1253.9	1070.7	958.4
吉林	Jilin	170.2	230.5	244.8	251.9	270.4	199.8	191.8
黑龙江	Heilongjiang	183.4	261.6	282.1	274.0	294.2	163.2	139.0
上海	Shanghai	3654.4	4331.5	4341.6	4342.8	4526.0	4230.4	4047.0
江苏	Jiangsu	4987.8	5812.4	5886.7	5933.0	6091.3	5809.7	5473.8
浙江	Zhejiang	2872.5	3514.1	3481.9	3655.1	3782.7	3590.6	3434.2
安徽	Anhui	233.8	303.3	329.6	389.3	432.0	424.9	409.0
福建	Fujian	1105.5	1345.7	1461.9	1544.8	1645.0	1475.7	1368.8
江西	Jiangxi	209.5	279.9	302.4	336.5	391.1	406.5	354.3
山东	**Shandong**	**2251.6**	**2845.6**	**2966.5**	**3149.4**	**3284.1**	**2783.7**	**2731.9**
河南	Henan	200.2	355.9	543.3	627.7	684.8	769.6	741.2
湖北	Hubei	260.3	337.5	324.4	356.4	408.5	445.6	389.9
湖南	Hunan	156.1	201.0	214.5	243.2	283.0	293.0	231.9
广东	Guangdong	8340.1	10067.9	11153.3	12811.9	12419.4	11651.9	10602.1
广西	Guangxi	195.5	323.2	408.7	387.0	448.9	462.1	441.2
海南	Hainan	103.7	134.5	145.6	147.6	169.3	155.2	121.6
重庆	Chongqing	118.3	244.8	452.4	587.9	825.6	587.1	519.1
四川	Sichuan	263.0	401.1	517.0	550.9	612.4	469.4	480.7
贵州	Guizhou	34.6	49.2	50.5	47.6	51.4	78.3	52.0
云南	Yunnan	103.3	122.6	121.2	158.2	199.1	189.9	174.3
西藏	Tibet	5.9	11.0	21.2	21.0	21.4	6.6	5.9
陕西	Shaanxi	117.0	140.8	151.9	202.2	276.9	298.8	294.4
甘肃	Gansu	73.9	78.3	71.6	68.4	52.7	43.6	45.3
青海	Qinghai	8.2	7.6	8.1	8.6	6.2	5.9	5.2
宁夏	Ningxia	25.7	28.1	26.7	26.1	40.1	33.9	31.0
新疆	Xinjiang	213.6	299.2	336.3	375.7	388.9	270.7	249.9

附录 1-26 货物进出口总额(2016年)

Total Volume of Imports and Exports (2016)

单位:亿美元 (100 million USD)

地区	Region	按经营单位所在地分 by Location of Foreign Tade Managing Units		按境内目的地、货源地分 by Destination and Origion of Goods	
		出口额 Exports	进口额 Imports	出口额 Exports	进口额 Imports
全国总计	**Total**	**20981.5**	**15874.2**	**20981.5**	**15874.2**
北京	Beijing	518.4	2301.9	255.1	967.9
天津	Tianjin	442.9	583.7	416.7	652.9
河北	Hebei	305.8	160.5	439.7	309.2
山西	Shanxi	99.3	67.1	125.3	63.0
内蒙古	Inner Mongolia	43.7	72.4	51.9	80.3
辽宁	Liaoning	430.7	434.6	446.2	512.2
吉林	Jilin	42.1	142.4	48.6	143.2
黑龙江	Heilongjiang	50.4	114.9	48.9	90.1
上海	Shanghai	1834.7	2503.7	1665.0	2382.0
江苏	Jiangsu	3192.7	1902.6	3311.8	2162.0
浙江	Zhejiang	2678.6	686.4	2734.7	699.4
安徽	Anhui	284.4	158.9	259.8	149.2
福建	Fujian	1036.8	531.7	873.0	495.7
江西	Jiangxi	298.1	102.6	241.8	112.5
山东	**Shandong**	**1371.6**	**970.5**	**1443.7**	**1288.2**
河南	Henan	427.9	284.0	453.3	287.9
湖北	Hubei	260.2	133.2	247.6	142.3
湖南	Hunan	176.7	85.8	142.8	89.1
广东	Guangdong	5988.6	3566.5	6542.4	4059.7
广西	Guangxi	229.6	248.7	126.6	314.6
海南	Hainan	21.2	92.1	34.7	86.9
重庆	Chongqing	406.9	220.8	336.2	182.8
四川	Sichuan	279.3	213.9	262.0	218.8
贵州	Guizhou	47.4	9.6	39.9	12.1
云南	Yunnan	114.8	84.1	88.7	85.6
西藏	Tibet	4.7	3.1	4.7	1.2
陕西	Shaanxi	158.3	140.9	157.9	136.5
甘肃	Gansu	40.9	27.9	19.5	25.8
青海	Qinghai	13.7	1.6	3.6	1.6
宁夏	Ningxia	25.0	7.8	20.5	10.5
新疆	Xinjiang	156.1	20.5	139.1	110.8

附录 1-27 外商投资企业进出口总额
Volume of Import and Export of Foreign-funded Enterprises

单位:万美元 (10 000 USD)

地 区	Region	2015			2016		
		进出口总额 Total	出口额 Exports	进口额 Imports	进出口总额 Total	出口额 Exports	进口额 Imports
全国总计	**Total**	**183348065**	**100461441**	**82886624**	**168741314**	**91694811**	**77046503**
北 京	Beijing	6516180	1475411	5040768	6435466	1230723	5204742
天 津	Tianjin	6723518	3212814	3510704	5649164	2655933	2993230
河 北	Hebei	1398362	768925	629437	1117806	605499	512307
山 西	Shanxi	760652	442045	318608	1024377	650935	373442
内蒙古	Inner Mongolia	131844	70123	61721	100527	49077	51450
辽 宁	Liaoning	4133559	1873028	2260531	3874865	1792181	2082684
吉 林	Jilin	936220	139875	796345	933783	134248	799535
黑龙江	Heilongjiang	121498	64321	57177	108894	53190	55704
上 海	Shanghai	30070260	13103107	16967153	28633077	12364151	16268925
江 苏	Jiangsu	33729768	19388053	14341715	32594474	18655819	13938656
浙 江	Zhejiang	8414230	5664970	2749261	7527073	5039288	2487785
安 徽	Anhui	1277364	811879	465486	1313371	771156	542215
福 建	Fujian	6651711	3995657	2656054	5907746	3639911	2267835
江 西	Jiangxi	1276557	697301	579257	1174458	610064	564393
山 东	**Shandong**	**9262136**	**5612931**	**3649206**	**8248462**	**5050119**	**3198343**
河 南	Henan	5209086	2944767	2264320	4950930	2944140	2006790
湖 北	Hubei	1228564	674716	553848	1064348	601574	462774
湖 南	Hunan	623785	355791	267994	631594	327002	304592
广 东	Guangdong	54274783	33299632	20975151	46993433	28873073	18120360
广 西	Guangxi	1034136	442938	591198	973325	429357	543967
海 南	Hainan	1054274	242688	811586	721401	111261	610141
重 庆	Chongqing	3609062	2641888	967174	3334101	2324799	1009302
四 川	Sichuan	2673753	1528028	1145724	3122778	1589850	1532928
贵 州	Guizhou	26656	14130	12525	30405	18211	12194
云 南	Yunnan	50367	32185	18181	48744	34959	13785
西 藏	Tibet				9	9	0
陕 西	Shaanxi	2092215	927972	1164243	2159461	1100117	1059344
甘 肃	Gansu	3746	2427	1319	2566	1404	1161
青 海	Qinghai	1328	300	1028	415	267	148
宁 夏	Ningxia	37308	26116	11192	44706	29765	14941
新 疆	Xinjiang	25142	7426	17717	19556	6726	12830

附录2

国际统计资料

International Statistical Data

简 要 说 明

一、本篇资料的主要内容

本篇资料反映了近年来世界主要国家经济社会事业发展基本情况，主要包括人口、土地面积、国内生产总值及其增长、农业、工业、国际贸易、直接投资、国际旅游、国际储备、外债、医疗卫生、互联网用户、人文发展指数和世界500强等方面的内容。

二、本篇资料的来源

本篇资料来源于中国统计出版社出版的《国际统计年鉴2016》，由省统计局综合处整理。

Brief Introduction

I. Content

Data in this chapter show the social and economic indicators of other countries, mainly including population, territory, GDP, agriculture, industry, international trade, direct investment, international tourism, international reserve, international debts, public health, internet users, indicators on development of population and culture, and TOP500 of international companies, etc.

II. Source of Data

Data in this chapter come from International Statistical Yearbook 2016 published by China Statistics Press and are prepared and compiled by the Division of Comprehensive Statistics of Shandong Provincial Bureau of Statistics.

附录2-1　中国主要指标居世界的位次

Ranking of China in the World in Terms of Main Indicators

资料来源：联合国贸发会议数据库、世界贸易组织数据库、世界银行WDI数据库、国际货币基金组织数据库。
Source: UNCTAD Database;WTO Database;World Bank WDI Database;IMF Database.

指　标	Indicator	1978	1980	1990	2000	2010	2014	2015
国土面积	Country Area	4	4	4	4	4	4	4
人　口	Population	1	1	1	1	1	1	1
国内生产总值	Gross Domestic Product	11	12	11	6	2	2	2
人均国民总收入①	GNI per capita ①	175(188)	177(188)	178(200)	141(207)	120(215)	100(214)	96(217)
进出口贸易总额	Foreign Trade Total	29	26	16	8	2	1	1
出口额	Exports	31	30	15	7	1	1	1
进口额	Imports	29	22	18	8	2	2	2
外商直接投资	Foreign Direct Investment Inflow	128	55	13	9	2	1	3
外汇储备	Foreign Exchange Reserves	38	36	9	2	1	1	1

注：①括号中所列为参加排序的国家或地区数。
Note: ① The number in the parentheses indicates the number of countries or territories the order based on.

附录2-2　中国主要指标占世界的比重

Major Chinese Indicators as Percentage of the World

资料来源：联合国贸发会议数据库、世界贸易组织数据库、联合国FAO数据库、世界银行WDI数据库、国际货币基金组织数据库。
Source: UNCTAD Database; WTO Database; FAO Database; World Bank WDI Database; IMF Database.

单位：%　　(%)

指　标	Indicator	1978	1980	1990	2000	2010	2014	2015
国土面积	Country Area	7.1	7.1	7.1	7.1	7.1	7.1	7.1
人　口	Population	22.3	22.1	21.5	20.7	19.4	18.9	18.7
国内生产总值	Gross Domestic Product	1.7	1.7	1.6	3.6	9.2	13.3	14.8
进出口贸易总额	Foreign Trade Total	0.8	0.9	1.6	3.6	9.7	11.3	11.9
出口额	Exports	0.8	0.9	1.8	3.9	10.3	12.4	13.8
进口额	Imports	0.8	1.0	1.5	3.3	9.0	10.3	10.0
外商直接投资	Foreign Direct Investment Inflow		0.1	1.7	3.0	8.6	10.5	7.7
外汇储备	Foreign Exchange Reserves				8.6	30.7	33.2	30.6
稻谷产量	Rice Production	36.7	36.2	37.1	31.8	28.0	28.1	
小麦产量	Wheat Production	12.1	12.5	16.6	17.0	17.7	17.3	
玉米产量	Maize Production	14.2	15.8	20.1	17.9	20.9	20.8	
大豆产量	Soybeans Production	10.1	9.8	10.1	9.6	5.7	4.0	

附录2-3 中国农业主要产品产量居世界的位次
Ranking of China in the World in Terms of Major Agricultural Products

资料来源：联合国FAO数据库。
Source: United Nations FAO Database.

项 目	Item	1978	1980	1990	2000	2005	2010	2013	2014
谷 物	Cereals	2	1	1	1	1	1	1	1
肉 类①	Meat①	3	3	2	1	1	1	1	1
籽 棉	Seed Cotton	2	2	1	1	1	1	1	2
大 豆	Soybeans	3	3	3	4	4	4	4	4
花 生	Groundnuts in Shell	2	2	2	1	1	1	1	1
油菜籽	Rapeseed	2	2	1	1	1	1	2	2
甘 蔗	Sugar Cane	7	5	4	3	3	3	3	3
茶 叶	Tea	2	2	2	2	1	1	1	
水 果②	Fruit②	9	8	4	1	1	1	1	1

注：①1990年以前为猪、牛、羊肉产量的位次。②不包括瓜类。
Note: ①Data refer to pork,beef and mutton prior to 1990.②Excluding melons.

附录2-4 中国工业主要产品产量居世界的位次
Ranking of China in the World in Terms of Major Industrial Products

资料来源：联合国统计月报数据库、联合国FAO数据库。
Source: United Nations MBS Database; FAO Database.

项 目	Item	1978	1980	1990	2000	2005	2010	2014	2015
粗 钢	Crude Steel	5	5	4	1	1	1	1	1
煤	Coal	3	3	1	1	1	1	1	1
原 油	Crude Petroleum	8	6	5	5	5	4	4	4
发电量	Electricity	7	6	3	2	2	1	1	
水 泥	Cement	4	4	1	1	1	1	1	1
化 肥	Fertilizer	3	3	3	1	1	1	1	
棉 布	Woven Cotton Fabrics	1	1	1	2	2	1	1	1

附录2-5 国土面积与人口密度
Surface Area and Population Density

资料来源：世界银行WDI数据库。
Source: World Bank WDI Database.

国家或地区	Country or Area	国土面积（万平方公里）Surface Area (10 000 sq.km)	人口密度（人/平方公里）Population Density (persons/sq.km)		
		2015	2005	2010	2015
世　界	**World**	**13432.5**	**50.2**	**53.4**	**56.6**
中　国	China	960.0	138.9	142.5	146.1
中国香港	Hong Kong, China	0.1	6488.8	6689.7	6957.8
中国澳门	Macao, China	…	16719.6	18000.9	19392.9
孟加拉国	Bangladesh	14.9	1098.0	1164.8	1236.8
文　莱	Brunei Darussalam	0.6	68.7	74.6	80.3
柬埔寨	Cambodia	18.1	75.5	81.4	88.3
印　度	India	328.7	384.9	414.0	441.0
印度尼西亚	Indonesia	191.1	124.9	133.4	142.2
伊　朗	Iran	174.5	43.1	45.6	48.6
以色列	Israel	2.2	320.3	352.3	387.3
日　本	Japan	37.8	350.5	351.3	348.3
哈萨克斯坦	Kazakhstan	272.5	5.6	6.1	6.5
韩　国	Korea, Rep.	10.0	497.0	508.2	519.3
老　挝	Laos	23.7	24.9	27.1	29.5
马来西亚	Malaysia	33.1	78.5	85.6	92.3
蒙　古	Mongolia	156.4	1.6	1.8	1.9
缅　甸	Myanmar	67.7	76.5	79.2	82.5
巴基斯坦	Pakistan	79.6	198.9	220.6	245.1
菲律宾	Philippines	30.0	288.9	312.0	337.7
新加坡	Singapore	0.1	6191.2	7231.8	7828.9
斯里兰卡	Sri Lanka	6.6	308.9	320.8	334.3
泰　国	Thailand	51.3	128.9	130.5	133.0
越　南	Viet Nam	33.1	265.7	280.4	295.8
埃　及	Egypt	100.2	75.3	82.4	91.9
尼日利亚	Nigeria	92.4	153.3	175.0	200.1
南　非	South Africa	121.9	39.0	41.9	45.3
加拿大	Canada	998.5	3.6	3.7	3.9
墨西哥	Mexico	196.4	56.5	61.0	65.3
美　国	United States	983.2	32.3	33.8	35.1
阿根廷	Argentina	278.0	14.3	15.1	15.9
巴　西	Brazil	851.6	22.6	23.8	24.9
委内瑞拉	Venezuela	91.2	30.4	32.9	35.3
捷　克	Czech Rep.	7.9	132.2	135.6	136.6
法　国	France	54.9	115.4	118.8	122.0
德　国	Germany	35.7	236.5	234.6	233.6
意大利	Italy	30.1	197.1	201.5	206.7
荷　兰	Netherlands	4.2	483.4	492.6	503.0
波　兰	Poland	31.3	124.6	124.2	124.1
俄罗斯	Russia	1709.8	8.8	8.7	8.8
西班牙	Spain	50.6	87.5	93.2	92.8
土耳其	Turkey	78.4	88.2	94.0	102.2
乌克兰	Ukraine	60.4	81.3	79.2	78.0
英　国	United Kingdom	24.4	249.7	259.4	269.2
澳大利亚	Australia	774.1	2.7	2.9	3.1
新西兰	New Zealand	26.8	15.7	16.5	17.5

附录2-6 国内生产总值
Gross Domestic Product

资料来源：世界银行WDI数据库。
Source: World Bank WDI Database.

单位：亿美元 (100 million USD)

国家或地区	Country or Area	1990	2000	2005	2010	2014	2015
世　界	**World**	**225631**	**333213**	**471426**	**656478**	**781063**	**734336**
高收入国家	**High Income**	**188761**	**273524**	**373259**	**450046**	**499742**	**469852**
经合组织高收入国家	**OECD Countries**	**182625**	**261511**	**356089**	**424986**	**466738**	
非经合组织高收入国家	**High Income: nonOECD**	**13277**	**18586**	**28356**	**49061**	**62598**	
中等收入国家	**Middle Income**	**34403**	**58388**	**96165**	**203246**	**277353**	**261521**
中等偏下收入国家	**Lower Middle Income**	**9185**	**13373**	**21793**	**46015**	**58643**	**58204**
中等偏上收入国家	**Upper Middle Income**	**25217**	**45026**	**74384**	**157262**	**218619**	**203192**
中低收入国家	**Low and Middle Income**	**35310**	**59489**	**97745**	**206141**	**281420**	**265451**
东亚和太平洋	**East Asia and Pacific**	**6707**	**17348**	**30984**	**78200**	**126135**	**130674**
欧洲和中亚	**Europe and Central Asia**	**9292**	**6919**	**16626**	**30536**	**38551**	**28878**
拉丁美洲和加勒比	**Latin America and Caribbean**	**9384**	**20710**	**25794**	**49263**	**57520**	**48550**
中东和北非国家	**Middle East and North Africa**	**5381**	**4518**	**6915**	**13629**	**15599**	
南　亚	**South Asia**	**4120**	**6292**	**10539**	**20937**	**25836**	**26661**
撒哈拉以南非洲	**Sub-Saharan Africa**	**3065**	**3671**	**6841**	**13544**	**17531**	**15714**
低收入国家	**Low Income**	**963**	**1133**	**1599**	**2892**	**4065**	**3929**
最不发达地区	**Least Developed Countries**	**1633**	**2156**	**3467**	**6783**	**9247**	**9112**
重债穷国	**Heavily Indebted Poor Countries**	**1295**	**1551**	**2421**	**4630**	**6316**	**6176**
中　国	China	3590	12053	22686	60397	103511	108664
中国香港	Hong Kong, China	769	1717	1816	2286	2912	3099
中国澳门	Macao, China	30	61	121	281	555	462
阿富汗	Afghanistan			63	159	201	192
阿尔巴尼亚	Albania	21	36	82	119	133	115
阿尔及利亚	Algeria	620	548	1032	1612	2135	1668
安道尔	Andorra	10	14	32	33		
安哥拉	Angola	100	91	282	825	1268	1026
安提瓜和巴布达	Antigua and Barbuda	4	8	10	11	12	13
阿根廷	Argentina	1414	2842	1995	4259	5297	5832
亚美尼亚	Armenia	23	19	49	93	116	106
阿鲁巴岛	Aruba		19	23	25		
澳大利亚	Australia	3110	4150	6931	11423	14547	13395
奥地利	Austria	1661	1964	3146	3902	4369	3741
阿塞拜疆	Azerbaijan	89	53	132	529	752	530
巴哈马	Bahamas	32	63	77	79	85	89
巴　林	Bahrain	42	91	160	257	339	322
孟加拉国	Bangladesh	316	534	694	1153	1729	1951
巴巴多斯	Barbados	20	31	39	44	44	45
白俄罗斯	Belarus	174	127	302	552	761	546
比利时	Belgium	2064	2379	3874	4836	5312	4540
伯利兹	Belize	4	8	11	14	17	18
贝　宁	Benin	20	26	48	70	96	85
百慕大	Bermuda	16	35	49	57		
不　丹	Bhutan	3	4	8	16	20	20
玻利维亚	Bolivia	49	84	95	196	330	332
波　黑	Bosnia and Herzegovinian		55	112	172	185	160
博茨瓦纳	Botswana	38	58	99	128	159	144
巴　西	Brazil	4620	6554	8916	22089	24170	17747
文　莱	Brunei Darussalam	35	60	95	124	171	155
保加利亚	Bulgaria	207	131	298	499	567	490
布基纳法索	Burkina Faso	31	26	55	90	125	111
布隆迪	Burundi	11	9	11	20	31	31
柬埔寨	Cambodia		37	63	112	168	180
喀麦隆	Cameroon	112	93	166	236	321	292
加拿大	Canada	5939	7423	11694	16134	17838	15505
佛得角	Cape Verde	3	5	10	17		
中　非	Central African Rep.	14	9	14	20	17	15

附录2-6 续表 1 continued

单位：亿美元 (100 million USD)

国家或地区	Country or Area	1990	2000	2005	2010	2014	2015
乍　得	Chad	17	14	66	107	139	109
海峡群岛	Channel Islands		64	88			
智　利	Chile	316	793	1244	2175	2587	2402
哥伦比亚	Colombia	403	999	1466	2870	3784	2921
科 摩 罗	Comoros	3	2	4	5	6	
刚果(金)	Congo, Dem. Rep.		191	120	205	328	352
刚果(布)	Congo, Rep.	28	32	61	120	142	86
哥斯达黎加	Costa Rica	74	159	200	363	496	511
科特迪瓦	Cote D'Ivoire	108	107	171	249	343	318
克罗地亚	Croatia	248	218	454	597	571	487
古　巴	Cuba	286	306	426	643		
塞浦路斯	Cyprus	56	99	183	252	232	193
捷　克	Czech Rep.	403	615	1360	2070	2053	1818
丹　麦	Denmark	1381	1642	2646	3198	3461	2952
吉 布 提	Djibouti	5	6	7	11	16	
多米尼克	Dominica	2	3	4	5	5	5
多米尼加	Dominican Rep.	71	240	340	539	640	671
厄瓜多尔	Ecuador	152	183	415	696	1009	1009
埃　及	Egypt	431	998	897	2189	3015	3308
萨尔瓦多	El Salvador	48	131	171	214	251	259
赤道几内亚	Equatorial Guinea	1	10	82	127	155	94
厄立特里亚	Eritrea		7	11	21	39	
爱沙尼亚	Estonia	50	57	140	195	265	227
埃塞俄比亚	Ethiopia	122	82	124	299	556	615
法罗群岛	Faeroe Islands		11	17	23		
斐　济	Fiji	13	17	30	31	45	44
芬　兰	Finland	1415	1255	2044	2478	2723	2298
法　国	France	12753	13684	22037	26470	28292	24217
法属波立尼西亚	French Polynesia	32	34				
加　蓬	Gabon	60	51	95	144	182	143
冈 比 亚	Gambia	3	8	6	10	9	
格鲁吉亚	Georgia	78	31	64	116	165	140
德　国	Germany	17650	19500	28614	34173	38683	33558
加　纳	Ghana	59	50	107	322	386	379
希　腊	Greece	979	1301	2478	2994	2356	1952
格 陵 兰	Greenland	10	11	17	23	24	
危地马拉	Guatemala	77	193	272	413	587	638
几 内 亚	Guinea	27	30	29	47	66	67
几内亚比绍	Guinea-Bissau	2	4	6	8	11	11
圭 亚 那	Guyana	4	7	8	23	31	32
海　地	Haiti	29	40	43	66	88	89
洪都拉斯	Honduras	30	71	97	158	194	202
匈 牙 利	Hungary	331	472	1125	1301	1383	1207
冰　岛	Iceland	65	89	167	132	170	166
印　度	India	3266	4766	8342	17085	20424	20735
印度尼西亚	Indonesia	1144	1650	2859	7551	8905	8619
伊　朗	Iran	1248	1096	2198	4678	4253	
伊 拉 克	Iraq	1799	259	500	1385	2235	1686
爱 尔 兰	Ireland	494	998	2114	2201	2508	2380
马 恩 岛	Isle of Man		16	30	54		
以 色 列	Israel	525	1324	1428	2343	3057	2961
意 大 利	Italy	11773	11418	18527	21252	21385	18148
牙 买 加	Jamaica	46	89	112	132	139	140
日　本	Japan	31037	47312	45719	54987	45962	41233

附录2-6 续表 2 continued

单位：亿美元 (100 million USD)

国家或地区	Country or Area	1990	2000	2005	2010	2014	2015
约　　旦	Jordan	42	85	126	264	358	375
哈萨克斯坦	Kazakhstan	269	183	571	1480	2274	1844
肯 尼 亚	Kenya	86	127	187	400	614	634
基里巴斯	Kiribati		1	1	2	2	1
韩　　国	Korea, Rep.	2848	5616	8981	10945	14113	13779
科 威 特	Kuwait	184	377	808	1154	1636	1128
吉尔吉斯斯坦	Kyrgyzstan	27	14	25	48	75	66
老　　挝	Laos	9	17	27	72	117	123
拉脱维亚	Latvia	74	79	169	237	313	270
黎 巴 嫩	Lebanon	28	173	213	380	457	471
莱 索 托	Lesotho	5	8	14	22	22	
利比里亚	Liberia	4	5	6	13	20	21
利 比 亚	Libya	289	383	473	748	411	292
列支敦士登	Liechtenstein	14	25	37	51		
立 陶 宛	Lithuania	105	115	261	371	484	412
卢 森 堡	Luxemburg	134	214	370	524	649	578
马 其 顿	Macedonia	45	38	63	94	113	101
马达加斯加	Madagascar	31	39	50	87	110	100
马 拉 维	Malawi	19	17	37	70	60	66
马来西亚	Malaysia	440	938	1435	2550	3381	2962
马尔代夫	Maldives	2	6	11	23	31	31
马　　里	Mali	27	30	62	107	144	131
马 耳 他	Malta	25	40	60	82		
马绍尔群岛	Marshall Islands	1	1	1	2	2	
毛里塔尼亚	Mauritania	10	13	22	43	54	
毛里求斯	Mauritius	27	46	63	97	126	115
墨 西 哥	Mexico	2627	6836	8663	10511	12978	11443
密克罗尼西亚	Micronesia, Fed.	1	2	2	3	3	
摩尔多瓦	Moldova	36	13	30	58	80	66
摩 纳 哥	Monaco	25	26	43	54		
蒙　　古	Mongolia	26	11	25	72	122	118
黑　　山	Montenegro		10	23	41	46	40
摩 洛 哥	Morocco	302	389	623	932	1100	1004
莫桑比克	Mozambique	25	50	77	102	169	147
缅　　甸	Myanmar					643	649
纳米比亚	Namibia	28	39	73	113	128	115
瑙　　鲁	Nauru						
尼 泊 尔	Nepal	36	55	81	160	198	209
荷　　兰	Netherlands	3143	4128	6785	8364	8793	7525
新喀里多尼亚	New Caledonia	25	27				
新 西 兰	New Zealand	455	526	1147	1466	2001	1738
尼加拉瓜	Nicaragua	10	51	63	87	118	127
尼 日 尔	Niger	25	18	34	57	82	71
尼日利亚	Nigeria	308	464	1122	3691	5685	4811
挪　　威	Norway	1198	1713	3087	4285	5005	3883
阿　　曼	Oman	117	195	311	586	818	703
巴基斯坦	Pakistan	400	740	1095	1774	2434	2700
帕　　劳	Palau	1	1	2	2	3	3
巴 拿 马	Panama	56	123	164	289	492	521
巴布亚新几内亚	Papua New Guinea	32	35	49	97	169	
巴 拉 圭	Paraguay	57	82	87	200	309	276
秘　　鲁	Peru	257	510	749	1485	2029	1921
菲 律 宾	Philippines	443	810	1031	1996	2848	2920
波　　兰	Poland	647	1719	3044	4792	5450	4748
葡 萄 牙	Portugal	787	1184	1973	2383	2301	1989

附录2-6 续表 3 continued

单位：亿美元 (100 million USD)

国家或地区	Country or Area	1990	2000	2005	2010	2014	2015
波多黎各	Puerto Rico	306	617	839	984		
卡 塔 尔	Qatar	74	178	445	1251	2101	1669
罗马尼亚	Romania	383	374	997	1680	1993	1780
俄 罗 斯	Russia	5168	2597	7640	15249	20310	13260
卢 旺 达	Rwanda	26	17	26	57	79	81
圣基茨和尼维斯	Saint Kitts and Nevis	2	4	5	7	9	9
圣卢西亚	Saint Lucia	4	8	9	12	14	14
圣文森特和格林纳丁斯	Saint Vincent and the Grenadines	2	4	6	7	7	8
萨 摩 亚	Samoa	1	3	5	7	8	8
圣马力诺	San Marino		8	14			
圣多美和普林西比	Sao Tome and Principe		1	1	2	3	
沙特阿拉伯	Saudi Arabia	1168	1884	3285	5268	7538	6460
塞内加尔	Senegal	57	47	87	129	157	138
塞尔维亚	Serbia		65	263	395	442	365
塞 舌 尔	Seychelles	4	6	9	10	14	14
塞拉利昂	Sierra Leone	6	6	16	26	50	45
新 加 坡	Singapore	362	958	1274	2364	3063	2927
斯洛伐克	Slovakia	127	291	625	893	1003	866
斯洛文尼亚	Slovenia	174	203	363	480	495	427
所罗门群岛	Solomon Islands	3	4	4	7	12	12
南 非	South Africa	1120	1364	2578	3753	3499	3128
西 班 牙	Spain	5351	5954	11573	14317	13813	11991
斯里兰卡	Sri Lanka	80	163	244	567	800	823
苏 丹	Sudan	124	123	265	656	738	841
苏 里 南	Suriname	4	9	18	44	52	49
斯威士兰	Swaziland	11	15	26	35	44	41
瑞 典	Sweden	2582	2598	3890	4884	5711	4926
瑞 士	Switzerland	2574	2717	4075	5812	7010	6647
叙 利 亚	Syrian Arab Republic	123	193	289	591		
塔吉克斯坦	Tajikistan	26	9	23	56	92	79
坦桑尼亚	Tanzania	43	102	169	314	480	449
泰 国	Thailand	853	1264	1893	3409	4043	3953
东 帝 汶	Timor-Leste		4	5	9	14	14
多 哥	Togo	16	13	21	32	45	40
汤 加	Tonga	1	2	3	4	4	
特立尼达和多巴哥	Trinidad And Tobago	51	82	160	210	289	278
突 尼 斯	Tunisia	123	215	323	441	476	430
土 耳 其	Turkey	1507	2666	4830	7312	7988	7182
土库曼斯坦	Turkmenistan	32	29	81	226	435	373
乌 干 达	Uganda	43	62	90	202	270	264
乌 克 兰	Ukraine	815	313	861	1364	1318	906
阿 联 酋	United Arab Emirates	507	1043	1806	2860	3995	3703
英 国	United Kingdom	10932	15548	24189	24035	29902	28488
美 国	United States	59796	102848	130937	149644	173481	179470
乌 拉 圭	Uruguay	93	228	174	403	572	534
乌兹别克斯坦	Uzbekistan	134	138	143	393	631	667
瓦努阿图	Vanuatu	2	3	4	7	8	
委内瑞拉	Venezuela	470	1171	1455	3938	5100	
越 南	Viet Nam	65	336	576	1159	1862	1936
约旦河西岸和加沙	West Bank and Gaza		43	48	89	127	127
也 门	Yemen	56	96	168	309		
赞 比 亚	Zambia	33	36	83	203	271	212
津巴布韦	Zimbabwe	88	67	58	94	142	139

附录2-7　人均国内生产总值
GDP per Capita

资料来源：世界银行WDI数据库。
Source: World Bank WDI Database.
单位：美元 (USD)

国家或地区	Country or Area	1990	2000	2005	2010	2014	2015
世　界	**World**	**4271**	**5449**	**7237**	**9482**	**10757**	**9996**
高收入国家	**High Income**	**18839**	**25447**	**33559**	**38983**	**42330**	**39577**
经合组织高收入国家	**OECD Countries**	**19701**	**26457**	**34952**	**40462**	**43697**	
非经合组织高收入国家	**High Income: nonOECD**	**4815**	**6280**	**9354**	**15447**	**18618**	
中等收入国家	**Middle Income**	**876**	**1213**	**1931**	**3848**	**5024**	**4668**
中等偏下收入国家	**Lower Middle Income**	**482**	**578**	**867**	**1692**	**2033**	**1988**
中等偏上收入国家	**Upper Middle Income**	**1248**	**1860**	**3065**	**6240**	**8430**	**7737**
中低收入国家	**Low and Middle Income**	**831**	**1132**	**1786**	**3525**	**4574**	**4245**
东亚和太平洋	**East Asia and Pacific**	**418**	**956**	**1635**	**3982**	**6242**	**6421**
欧洲和中亚	**Europe and Central Asia**	**2410**	**1762**	**4230**	**7651**	**9426**	**7020**
拉丁美洲和加勒比	**Latin America and Caribbean**	**2398**	**3850**	**4780**	**8480**	**9399**	**7582**
中东和北非国家	**Middle East and North Africa**	**2118**	**1622**	**2278**	**4106**	**4379**	
南　亚	**South Asia**	**364**	**454**	**698**	**1286**	**1501**	**1529**
撒哈拉以南非洲	**Sub-Saharan Africa**	**603**	**550**	**897**	**1550**	**1799**	**1570**
低收入国家	**Low Income**	**299**	**268**	**329**	**519**	**654**	**616**
最不发达地区	**Least Developed Countries**	**320**	**325**	**461**	**801**	**992**	**955**
重债穷国	**Heavily Indebted Poor Countries**	**365**	**327**	**443**	**737**	**900**	**856**
中　国	China	316	955	1740	4515	7587	7925
中国香港	Hong Kong, China	13486	25757	26650	32550	40216	42423
中国澳门	Macao, China	8312	14128	25830	52604	96075	78586
阿富汗	Afghanistan			257	570	634	590
阿尔巴尼亚	Albania	640	1176	2709	4094	4589	3965
阿尔及利亚	Algeria	2394	1757	3102	4474	5484	4206
安道尔	Andorra	18877	21433	39990	39639		
安哥拉	Angola	901	606	1576	3887	5233	4102
安提瓜和巴布达	Antigua and Barbuda	6325	10095	12080	13017	13432	14129
阿根廷	Argentina	4319	7669	5641	11199	12751	
亚美尼亚	Armenia	637	621	1625	3125	3874	3500
澳大利亚	Australia	18222	21665	33983	51846	61996	56328
奥地利	Austria	21629	24517	38242	46660	51148	43439
阿塞拜疆	Azerbaijan	1237	655	1578	5843	7887	5496
巴哈马	Bahamas	12351	21241	23406	21921	22218	22897
巴　林	Bahrain	8529	13591	18418	20386	24855	23396
孟加拉国	Bangladesh	298	407	486	760	1087	1212
巴巴多斯	Barbados	7728	11568	14224	15901	15366	15661
白俄罗斯	Belarus	1705	1273	3126	5819	8025	5741
比利时	Belgium	20711	23207	36967	44383	47300	40231
伯利兹	Belize	2202	3365	3933	4344	4884	4907
贝　宁	Benin	392	370	587	733	904	779
百慕大	Bermuda	26842	56284	75882	88207		
不　丹	Bhutan	560	778	1258	2201	2561	2533
玻利维亚	Bolivia	710	1007	1046	1981	3124	3095
波　黑	Bosnia and Herzegovinian		1452	2928	4475	4852	4198
博茨瓦纳	Botswana	2747	3333	5328	6244	7153	6361
巴　西	Brazil	3072	3729	4731	11121	11729	8539
文　莱	Brunei Darussalam	13702	18155	26338	31453	40980	36608
保加利亚	Bulgaria	2377	1609	3853	6753	7851	6820
布基纳法索	Burkina Faso	352	227	407	575	714	613
布隆迪	Burundi	202	129	141	214	286	276
柬埔寨	Cambodia		300	472	783	1095	1159
喀麦隆	Cameroon	924	583	915	1147	1407	1251
加拿大	Canada	21371	24124	36190	47446	50186	43249
佛得角	Cape Verde	872	1219	2031	3403		
中　非	Central African Rep.	490	245	333	447	352	307
乍　得	Chad	292	166	660	896	1025	776
海峡群岛	Channel Islands		43299	57209			

附录2-7　续表 1　continued

单位：美元　　　　(USD)

国家或地区	Country or Area	1990	2000	2005	2010	2014	2015
智　　利	Chile	2402	5229	7729	12785	14566	13384
哥伦比亚	Colombia	1175	2472	3386	6251	7918	6056
科 摩 罗	Comoros	602	372	615	740	810	
刚果(金)	Congo, Dem. Rep.	268	397	213	311	438	456
刚果(布)	Congo, Rep.	1173	1036	1738	2953	3147	1851
哥斯达黎加	Costa Rica	2391	4062	4700	7986	10416	10630
科特迪瓦	Cote D'Ivoire	887	649	942	1236	1546	1399
克罗地亚	Croatia	5185	4920	10224	13509	13481	11536
古　　巴	Cuba	2707	2750	3787	5689		
塞浦路斯	Cyprus	9642	14307	24738	30439	27246	22957
捷　　克	Czech Rep.	3902	5995	13318	19764	19502	17231
丹　　麦	Denmark	26862	30744	48817	57648	61331	52002
吉 布 提	Djibouti	769	763	910	1359	1814	
多米尼克	Dominica	2345	4820	5250	6937	7252	7399
多米尼加	Dominican Rep.	985	2802	3681	5442	6147	6374
厄瓜多尔	Ecuador	1491	1451	3022	4657	6346	6248
埃　　及	Egypt	765	1461	1197	2668	3366	3615
萨尔瓦多	El Salvador	914	2260	2874	3547	4102	4219
赤道几内亚	Equatorial Guinea	297	1970	13130	17441	18918	11121
厄立特里亚	Eritrea		200	262	451	590	
爱沙尼亚	Estonia	3193	4070	10338	14641	20148	17295
埃塞俄比亚	Ethiopia	253	124	162	342	574	619
斐　　济	Fiji	1835	2076	3659	3652	5112	4916
芬　　兰	Finland	28381	24253	38969	46205	49865	41921
法　　国	France	21795	22466	34880	40706	42547	36248
法属波立尼西亚	French Polynesia	16037	14530				
加　　蓬	Gabon	6251	4115	6865	9312	10772	8312
冈 比 亚	Gambia	346	637	433	563	441	
格鲁吉亚	Georgia	1615	692	1530	2965	4430	3796
德　　国	Germany	22220	23719	34697	41788	47767	41219
加　　纳	Ghana	403	265	502	1323	1442	1381
希　　腊	Greece	9600	12043	22552	26919	21627	18036
格 陵 兰	Greenland	18327	19004	28985	40194	43365	
格林纳达	Grenada	2296	5118	6754	7366	8574	9157
危地马拉	Guatemala	835	1650	2064	2806	3667	3904
几 内 亚	Guinea	442	340	304	430	540	531
几内亚比绍	Guinea-Bissau	231	281	401	519	616	573
圭 亚 那	Guyana	551	960	1111	2999	4028	4127
洪都拉斯	Honduras	622	1138	1406	2111	2434	2496
匈 牙 利	Hungary	3186	4620	11156	13009	14022	12259
冰　　岛	Iceland	25592	31738	56446	41620	52037	50173
印　　度	India	375	452	729	1388	1577	1582
印度尼西亚	Indonesia	631	780	1264	3125	3500	3347
伊　　朗	Iran	2222	1664	3135	6300	5443	
伊 拉 克	Iraq	10292	1086	1849	4487	6337	4629
爱 尔 兰	Ireland	14047	26236	50816	48261	54321	51290
马 恩 岛	Isle of Man		20359	36980	64277		
以 色 列	Israel	11264	21052	20611	30736	37206	35330
意 大 利	Italy	20757	20051	31959	35852	35180	29847
牙 买 加	Jamaica	1921	3448	4238	4902	5119	5138
日　　本	Japan	25124	37300	35781	42935	36153	32477
约　　旦	Jordan	1239	1774	2361	4054	4831	4940
哈萨克斯坦	Kazakhstan	1648	1229	3771	9071	13155	10508
肯 尼 亚	Kenya	366	409	530	992	1369	1377
基里巴斯	Kiribati	392	800	1150	1466	1510	1292

附录2-7 续表 2 continued

单位：美元 (USD)

国家或地区	Country or Area	1990	2000	2005	2010	2014	2015
韩 国	Korea, Rep.	6643	11948	18658	22151	27989	27222
科 威 特	Kuwait	8951	19545	35694	37725	43594	28985
吉尔吉斯斯坦	Kyrgyzstan	609	280	477	880	1280	1103
老 挝	Laos	204	324	476	1147	1751	1812
拉脱维亚	Latvia	2796	3352	7550	11320	15692	13665
黎 巴 嫩	Lebanon	1050	5335	5339	8764	8149	8051
莱 索 托	Lesotho	341	416	711	1088	1034	
利比里亚	Liberia	183	183	168	327	458	456
利 比 亚	Libya	6572	7170	8159	11934	6573	4643
列支敦士登	Liechtenstein	49452	74632	104996	140102		
立 陶 宛	Lithuania	2841	3297	7863	11989	16490	14172
卢 森 堡	Luxemburg	34991	48992	79494	103267	116613	101450
马 其 顿	Macedonia, FYR	2240	1875	3064	4561	5453	4853
马达加斯加	Madagascar	267	246	276	414	467	412
马 拉 维	Malawi	200	156	287	471	362	381
马来西亚	Malaysia	2417	4005	5564	9069	11307	9766
马尔代夫	Maldives	987	2183	3489	6331	7641	7681
马 里	Mali	316	267	485	704	842	744
马 耳 他	Malta	7192	10377	14834	19694		
马绍尔群岛	Marshall Islands	1659	2127	2646	3124	3530	
毛里塔尼亚	Mauritania	504	477	693	1208	1371	
毛里求斯	Mauritius	2506	3861	5116	7772	10003	9117
墨 西 哥	Mexico	3069	6650	7894	8862	10351	9009
密克罗尼西亚	Micronesia, Fed.	1528	2171	2353	2838	3057	
摩尔多瓦	Moldova	972	354	831	1632	2245	1843
摩 纳 哥	Monaco	84290	82537	126599	145221		
蒙 古	Mongolia	1172	474	999	2650	4202	3973
黑 山	Montenegro		1627	3675	6682	7378	6415
摩 洛 哥	Morocco	1199	1328	2023	2858	3190	2872
莫桑比克	Mozambique	188	275	366	418	623	525
缅 甸	Myanmar					1204	1204
纳米比亚	Namibia	1981	2059	3582	5143	5343	4696
尼 泊 尔	Nepal	194	231	319	595	702	732
荷 兰	Netherlands	21019	25921	41577	50341	52139	44433
新喀里多尼亚	New Caledonia	14800	12580				
新 西 兰	New Zealand	13663	13641	27751	33692	44380	37808
尼加拉瓜	Nicaragua	244	1016	1175	1524	1961	2087
尼 日 尔	Niger	314	160	253	351	431	359
尼日利亚	Nigeria	322	378	804	2315	3203	2640
挪 威	Norway	28243	38147	66775	87646	97430	74735
阿 曼	Oman	6448	8711	12399	19921	19310	15645
巴基斯坦	Pakistan	372	535	714	1043	1315	1429
帕 劳	Palau	5096	7787	9710	8979	11893	13499
巴 拿 马	Panama	2277	4062	4933	7987	12712	13268
巴布亚新几内亚	Papua New Guinea	774	655	799	1419	2268	
巴 拉 圭	Paraguay	1352	1546	1507	3226	4713	4161
秘 鲁	Peru	1178	1967	2715	5056	6549	6122
菲 律 宾	Philippines	715	1040	1197	2145	2873	2899
波 兰	Poland	1698	4493	7976	12598	14337	12495
葡 萄 牙	Portugal	7885	11502	18785	22540	22124	19223
波多黎各	Puerto Rico	8653	16192	21959	26436		
卡 塔 尔	Qatar	15448	29926	53207	70870	96733	74667
罗马尼亚	Romania	1651	1668	4676	8298	10012	8973
俄 罗 斯	Russia	3485	1772	5324	10675	13902	9057
卢 旺 达	Rwanda	351	216	287	554	698	697
圣基茨和尼维斯	Saint Kitts and Nevis	5112	9224	11054	13227	15739	16589

附录2-7　续表 3　continued

单位：美元 (USD)

国家或地区	Country or Area	1990	2000	2005	2010	2014	2015
圣卢西亚	Saint Lucia	2875	4976	5723	7044	7648	7764
圣文森特和格林纳丁斯	Saint Vincent and the Grenadines	2236	3673	5064	6232	6673	6864
萨摩亚	Samoa	772	1541	2588	3531	4172	3939
圣马力诺	San Marino		28224	47036			
圣多美和普林西比	Sao Tome and Principe		550	824	1142	1811	
沙特阿拉伯	Saudi Arabia	7137	8809	13274	18754	24407	20482
塞内加尔	Senegal	761	475	773	998	1067	911
塞尔维亚	Serbia		870	3528	5412	6200	5144
塞舌尔	Seychelles	5266	7579	11087	10805	15564	15476
塞拉利昂	Sierra Leone	165	157	321	453	793	693
新加坡	Singapore	11865	23793	29870	46570	56007	52889
斯洛伐克	Slovakia	2396	5403	11631	16555	18501	15963
斯洛文尼亚	Slovenia	8699	10228	18169	23439	24002	20713
所罗门群岛	Solomon Islands	970	1055	882	1276	2024	1982
南非	South Africa	3182	3099	5453	7393	6472	5692
西班牙	Spain	13773	14788	26511	30738	29719	25832
斯里兰卡	Sri Lanka	470	875	1260	2820	3853	3926
苏丹	Sudan	482	353	662	1422	1876	2089
苏里南	Suriname	951	1856	3646	8431	9680	8984
斯威士兰	Swaziland	1292	1433	2339	2957	3477	3155
瑞典	Sweden	30162	29283	43085	52076	58900	50273
瑞士	Switzerland	38332	37813	54798	74277	85611	80215
叙利亚	Syrian Arab Republic	989	1182	1592	2747		
塔吉克斯坦	Tajikistan	496	139	340	744	1113	926
坦桑尼亚	Tanzania	172	308	446	709	955	865
泰国	Thailand	1508	2016	2874	5112	5970	5816
东帝汶	Timor-Leste		434	501	876	1131	1134
多哥	Togo	430	266	379	497	630	548
汤加	Tonga	1194	1927	2565	3558	4114	
特立尼达和多巴哥	Trinidad And Tobago	4148	6431	12323	15840	21317	20444
突尼斯	Tunisia	1507	2248	3218	4177	4329	3873
土耳其	Turkey	2791	4215	7117	10112	10304	9130
土库曼斯坦	Turkmenistan	870	645	1707	4479	8194	6948
图瓦卢	Tuvalu	980	1459	2253	3238	3827	
乌干达	Uganda	248	261	321	609	715	676
乌克兰	Ukraine	1570	636	1829	2974	3065	2115
阿联酋	United Arab Emirates	27989	34208	40299	34342	43963	40438
英国	United Kingdom	19096	26401	40048	38293	46279	43734
美国	United States	23955	36450	44308	48374	54399	55837
乌拉圭	Uruguay	2990	6872	5221	11938	16738	15574
乌兹别克斯坦	Uzbekistan	651	558	547	1377	2053	2132
瓦努阿图	Vanuatu	1080	1470	1886	2966	3148	
委内瑞拉	Venezuela	2368	4785	5436	13581	16530	
越南	Viet Nam	98	433	700	1334	2052	2111
约旦河西岸和加沙	West Bank and Gaza		1476	1455	2339	2961	2867
也门	Yemen	472	542	817	1310		
赞比亚	Zambia	404	340	692	1456	1726	1308
津巴布韦	Zimbabwe	838	535	443	674	931	890

附录2-8　三次产业对国内生产总值的贡献率
Share of the Contributions of the Three Strata of Industry to the Increase of GDP

资料来源：世界银行WDI数据库。
Source: World Bank WDI Database.

单位：%　　(%)

国家或地区	Country or Area	第一产业 Primary Industry		第二产业 Secondary Industry		第三产业 Tertiary Industry	
		2000	2015	2000	2015	2000	2015
中　国	**China**	**4.3**	**4.7**	**50.3**	**41.2**	**45.5**	**54.1**
中国香港①	Hong Kong, China①		-0.1		15.7		84.4
孟加拉国	Bangladesh	26.2	8.4	24.0	43.7	49.8	47.9
文　莱	Brunei Darussalam	2.3	4.6②	66.5	168.0②	31.2	-72.6②
柬 埔 寨	Cambodia	-1.7	0.7	64.2	55.9	37.4	43.4
印　度	India	-0.1	-0.6①	47.0	26.2①	53.1	74.4①
印度尼西亚	Indonesia	6.6	13.3	57.2	27.7	36.3	59.0
伊　朗	Iran	5.5	8.4①	50.5	59.3①	44.0	32.3①
日　本	Japan	3.1	-29.3①	57.6	420.4①	39.3	-291.1①
哈萨克斯坦	Kazakhstan	-3.1	14.0	56.7	-6.6	46.5	92.5
韩　国	Korea, Rep.	0.6	-1.4	49.9	28.1	49.5	73.3
老　挝	Laos	38.5	2.3	26.1	54.9	35.5	42.8
马来西亚	Malaysia	20.3	1.6	50.1	35.6	29.5	62.8
蒙　古	Mongolia	224.0	27.2	-29.2	63.0	-94.8	9.8
巴基斯坦	Pakistan	38.5	14.3	6.0	17.4	55.5	68.2
菲 律 宾	Philippines	10.8	0.4	50.1	34.4	39.1	65.2
新 加 坡	Singapore	-0.1	...①	36.1	18.1①	63.9	81.9①
斯里兰卡	Sri Lanka	9.0	10.2	31.4	18.8	59.6	71.0
泰　国	Thailand	8.3	2.0①	27.7	-24.7①	64.0	122.7①
越　南	Viet Nam	17.4	6.7	50.6	53.1	32.0	40.3
埃　及	Egypt	11.0	10.8	42.5	12.5	46.5	76.7
尼日利亚	Nigeria	11.9	30.6	68.6	-20.1	19.5	89.5
南　非	South Africa	3.7	-17.7	34.9	24.5	61.4	93.2
加 拿 大	Canada	-0.7	5.5	47.8	-62.2	52.9	156.7
墨 西 哥	Mexico	1.1	3.9	34.7	13.3	64.2	82.8
美　国	United States	1.6	1.4①	21.0	16.2①	77.4	82.3①
阿 根 廷	Argentina	4.1	24.1	43.9	14.4	52.0	61.5
巴　西	Brazil	4.1	-3.4	37.6	45.9	58.3	57.5
委内瑞拉	Venezuela	9.6	-4.9②	50.2	-9.9②	40.2	114.8②
捷　克	Czech Rep.	2.5	0.4	9.3	50.0	88.2	49.7
法　国	France		-7.1	21.9	15.4	78.1	91.7
德　国	Germany	-0.5	-1.7	49.8	33.8	50.7	67.9
意 大 利	Italy	-1.3	12.8	27.3	34.8	74.0	52.5
荷　兰	Netherlands	0.6	-1.4	23.4	11.6	75.9	89.9
波　兰	Poland	0.2	-1.2	31.5	55.4	68.3	45.8
俄 罗 斯	Russia	5.0	-3.3	37.2	34.2	57.8	69.1
西 班 牙	Spain	-0.3	1.6	30.7	26.6	69.5	71.8
土 耳 其	Turkey	13.5	14.5	31.4	23.7	55.1	61.8
乌 克 兰	Ukraine	22.7	8.7	49.0	44.2	28.3	47.1
英　国	United Kingdom	1.7	0.2	21.0	12.7	77.3	87.2
澳大利亚	Australia	4.1	1.5	26.9	23.7	69.0	74.8
新 西 兰	New Zealand	30.0	18.5①	18.7	28.7①	51.4	52.9①

注：①2014年数据。②2013年数据。
Note:①Data refer to 2014.②Data refer to 2013.

附录2-9 资本形成总额、消费支出及净出口对国内生产总值增长的贡献率

Share of the Contributions of Gross Capital Formation,Final Consumption Expenditure and External Balance on Goods and Services to the Increase of GDP

资料来源：世界银行数据库。
Source: World Bank Database.

单位：% (%)

国家或地区	Country or Area	资本形成总额 Gross Capital Formation		最终消费支出 Final Consumption Expenditure		净出口 External Balance on Goods and Services	
		2000	2015	2000	2015	2000	2015
中　国	**China**	**24.5**	**60.9**	**70.8**	**41.7**	**4.7**	**-2.6**
中国香港①	Hong Kong, China①		22.4		111.0		-33.4
中国澳门	Macao, China	-266.1	13.9①	-109.3	24.9①	475.4	61.2①
孟加拉国①	Bangladesh①		28.6		66.1		5.3
文　莱	Brunei Darussalam	-122.5	-11.3②	-0.5	-45.9②	223.0	157.2②
印度尼西亚	Indonesia	67.3	18.7①	21.3	68.2①	11.5	13.1①
伊　朗	Iran	36.9		63.4		-0.3	
日　本①	Japan①		-30.4		-140.9		271.3
哈萨克斯坦	Kazakhstan	41.4	43.4②	46.4	82.6②	12.1	-26.0②
韩　国①	Korea, Rep.①		-1.2		47.5		53.7
马来西亚	Malaysia	45.0	26.3①	62.3	91.9①	-7.3	-18.3①
菲律宾①	Philippines①		79.0		69.3		-48.2
新加坡	Singapore	72.2	-5.3①	77.7	59.5①	-49.9	45.8①
泰　国	Thailand	27.2	21.9①	74.0	43.7①	-1.3	34.4①
越　南①	Viet Nam①		29.9		68.6		1.5
埃　及②	Egypt②		16.1		115.3		-31.4
尼日利亚①	Nigeria①		-88.7		-867.5		1056.1
南　非	South Africa	10.7	9.4①	58.6	69.3①	30.6	21.3①
加拿大	Canada	29.6	21.7①	64.4	65.9①	6.0	12.3①
墨西哥	Mexico	42.7	-39.5①	96.8	134.4①	-39.5	5.0①
委内瑞拉	Venezuela	49.8		84.1		-33.9	
捷　克	Czech Rep.	30.1	268.0①	68.7	-164.0①	1.3	-4.0①
法　国	France	37.2	7.2①	66.1	79.5①	-3.3	13.3①
德　国①	Germany①		87.9		157.1		-145.0
意大利	Italy	27.2	56.2①	69.9	88.0①	3.0	-44.3①
荷　兰	Netherlands	18.7	154.4①	70.0	86.2①	11.3	-140.5①
波　兰①	Poland①		-227.6		90.2		237.3
俄罗斯	Russia	25.4	-6.9①	75.4	1.8①	-0.7	105.1①
西班牙①	Spain①		42.1		126.7		-68.8
澳大利亚	Australia	22.6	76.2②	68.3	57.0②	9.1	-33.2②
新西兰	New Zealand	8.3	85.5①	78.9	116.1①	12.9	-101.6①

注：①2013年数据。②2012年数据。
Note:①Data refer to 2013.②Data refer to 2012.

附录2-10 年中人口
Mid-year Population

资料来源：世界银行WDI数据库。
Source: World Bank WDI Database.

国家或地区	Country or Area	年中人口（万人）Mid-year Population (10 000 persons)				增长率(%) Growth Rate (%)
		2000	2005	2010	2015	2015
世　界	**World**	**610195.7**	**651396.0**	**692368.4**	**734663.3**	**1.2**
高收入国家	**High Income**	**128229.8**	**111223.5**	**115447.7**	**118719.0**	**0.6**
中等收入国家	**Middle Income**	**439465.6**	**487646.6**	**517105.8**	**547774.0**	**1.1**
中低收入国家	**Low and Middle Income**	**481966.0**	**536257.9**	**572798.4**	**611602.6**	**1.3**
低收入国家	**Low Income**	**42500.4**	**48611.3**	**55692.6**	**63828.6**	**2.7**
中　国	China	126264.5	130372.0	133770.5	137122.0	0.5
中国香港	Hong Kong, China	666.5	681.3	702.4	730.6	0.9
中国澳门	Macao, China	43.2	46.8	53.5	58.8	1.7
阿富汗	Afghanistan	2059.5	2440.0	2796.2	3252.7	2.8
阿尔巴尼亚	Albania	308.9	301.1	291.3	288.9	-0.2
阿尔及利亚	Algeria	3171.9	3326.8	3603.6	3966.7	1.9
美属萨摩亚	American Samoa	5.8	5.9	5.6	5.6	0.2
安道尔	Andorra	6.5	8.1	8.4	7.0	-3.2
安哥拉	Angola	1392.5	1791.3	2122.0	2502.2	3.2
安提瓜和巴布达	Antigua and Barbuda	7.8	8.3	8.7	9.2	1.0
阿根廷	Argentina	3690.3	3914.5	4122.3	4341.7	1.0
亚美尼亚	Armenia	307.6	301.5	296.3	301.8	0.4
阿鲁巴岛	Aruba	9.1	10.0	10.2	10.4	0.4
澳大利亚	Australia	1915.3	2039.5	2203.2	2378.1	1.3
奥地利	Austria	801.2	822.8	836.3	861.1	0.8
阿塞拜疆	Azerbaijan	804.9	839.2	905.4	965.1	1.2
巴哈马	Bahamas	29.8	32.9	36.1	38.8	1.3
巴　林	Bahrain	66.8	86.7	126.1	137.7	1.1
孟加拉国	Bangladesh	13238.3	14293.0	15161.7	16099.6	1.2
巴巴多斯	Barbados	26.7	27.4	28.0	28.4	0.3
白俄罗斯	Belarus	1000.5	966.3	949.0	951.3	0.3
比利时	Belgium	1025.1	1047.9	1089.6	1128.6	0.5
伯利兹	Belize	23.9	28.3	32.2	35.9	2.1
贝　宁	Benin	694.9	818.2	951.0	1088.0	2.6
百慕大	Bermuda	6.2	6.4	6.5	6.5	0.1
不　丹	Bhutan	56.4	65.1	72.0	77.5	1.3
玻利维亚	Bolivia	849.5	912.5	991.8	1072.5	1.5
波　黑	Bosnia and Herzegovinian	383.4	383.3	383.5	381.0	-0.2
博茨瓦纳	Botswana	175.5	186.4	204.8	226.2	1.9
巴　西	Brazil	17450.5	18847.9	19861.4	20784.8	0.9
文　莱	Brunei Darussalam	33.2	36.2	39.3	42.3	1.4
保加利亚	Bulgaria	817.0	774.0	739.6	717.8	-0.6
布基纳法索	Burkina Faso	1160.8	1342.2	1563.2	1810.6	2.9
布隆迪	Burundi	667.4	793.4	946.1	1117.9	3.3
柬埔寨	Cambodia	1222.3	1332.0	1436.4	1557.8	1.6
喀麦隆	Cameroon	1592.8	1812.7	2059.1	2334.4	2.5
加拿大	Canada	3077.0	3231.2	3400.5	3585.2	0.9
佛得角	Cape Verde	44.2	47.9	48.8		
开曼群岛	Cayman Islands	4.2	4.9	5.6	6.0	1.3
中　非	Central African Rep.	363.8	405.6	444.5	490.0	2.0
乍　得	Chad	830.1	1006.8	1189.6	1403.7	3.3
海峡群岛	Channel Islands	14.9	15.4	16.0	16.4	0.5
智　利	Chile	1545.4	1609.7	1701.5	1794.8	1.0
哥伦比亚	Colombia	3989.8	4328.6	4591.8	4822.9	0.9
科摩罗	Comoros	52.8	61.9	69.9	78.8	2.4
刚果(金)	Congo, Dem. Rep.	4694.9	5609.0	6593.9	7726.7	3.1
刚果(布)	Congo, Rep.	312.6	350.3	406.6	462.0	2.5
哥斯达黎加	Costa Rica	393.0	424.8	454.5	480.8	1.1
科特迪瓦	Cote D'Ivoire	1613.1	1813.3	2013.2	2270.2	2.4
克罗地亚	Croatia	442.6	444.2	441.8	422.4	-0.3

附录2−10 续表 1 continued

国家或地区	Country or Area	年中人口（万人） Mid-year Population (10 000 persons)				增长率(%) Growth Rate (%)
		2000	2005	2010	2015	2015
古 巴	Cuba	1113.8	1126.1	1130.8	1139.0	0.1
塞浦路斯	Cyprus	94.3	103.3	110.4	116.5	1.0
捷 克	Czech Rep.	1025.5	1021.1	1047.4	1055.1	0.2
丹 麦	Denmark	534.0	541.9	554.8	567.6	0.6
吉布提	Djibouti	72.3	77.8	83.1	88.8	1.3
多米尼克	Dominica	7.0	7.1	7.1	7.3	0.5
多米尼加	Dominican Rep.	866.3	923.8	989.8	1052.8	1.2
厄瓜多尔	Ecuador	1253.3	1373.5	1493.5	1614.4	1.5
埃 及	Egypt	6613.7	7494.2	8204.1	9150.8	2.1
萨尔瓦多	El Salvador	595.9	594.7	603.8	612.7	0.3
赤道几内亚	Equatorial Guinea	51.8	62.6	72.9	84.5	2.9
厄立特里亚	Eritrea	393.9	419.1	469.0		
爱沙尼亚	Estonia	139.7	135.5	133.1	131.2	-0.2
埃塞俄比亚	Ethiopia	6602.4	7660.8	8756.2	9939.1	2.5
法罗群岛	Faeroe Islands	4.6	4.8	4.9	4.8	…
斐 济	Fiji	81.2	82.2	86.0	89.2	0.6
芬 兰	Finland	517.6	524.6	536.3	548.2	0.4
法 国	France	6091.1	6317.9	6502.8	6680.8	0.5
法属波立尼西亚	French Polynesia	23.7	25.5	26.8	28.3	1.1
加 蓬	Gabon	122.6	137.8	154.2	172.5	2.2
冈比亚	Gambia	122.9	144.1	169.3	199.1	3.2
格鲁吉亚	Georgia	441.8	419.0	392.6	367.9	-1.3
德 国	Germany	8221.2	8246.9	8177.7	8141.3	0.5
加 纳	Ghana	1882.5	2139.0	2431.8	2741.0	2.3
直布罗陀	Gibraltar	2.7	2.9	3.1	3.2	0.7
希 腊	Greece	1091.7	1098.7	1112.1	1082.4	-0.6
格陵兰	Greenland	5.6	5.7	5.7	5.6	-0.3
格林纳达	Grenada	10.2	10.3	10.5	10.7	0.4
关 岛	Guam	15.5	15.8	15.9	17.0	1.4
危地马拉	Guatemala	1120.4	1318.4	1473.2	1634.3	2.0
几内亚	Guinea	874.6	966.9	1101.2	1260.9	2.7
几内亚比绍	Guinea-Bissau	127.3	146.3	163.4	184.4	2.4
圭亚那	Guyana	74.4	74.2	75.3	76.7	0.4
海 地	Haiti	857.8	926.3	1000.0	1071.1	1.3
洪都拉斯	Honduras	623.6	688.0	750.4	807.5	1.4
匈牙利	Hungary	1021.1	1008.7	1000.0	984.5	-0.2
冰 岛	Iceland	28.1	29.7	31.8	33.1	1.0
印 度	India	104226.2	114432.6	123098.5	131105.1	1.2
印度尼西亚	Indonesia	20893.9	22625.5	24161.3	25756.4	1.2
伊 朗	Iran	6591.1	7012.2	7425.3	7910.9	1.2
伊拉克	Iraq	2380.1	2701.8	3086.8	3642.3	3.2
爱尔兰	Ireland	380.5	416.0	456.0	464.1	0.5
马恩岛	Isle of Man	7.7	8.0	8.4	8.8	0.7
以色列	Israel	628.9	693.0	762.4	838.0	2.0
意大利	Italy	5694.2	5796.9	5927.7	6080.2	
牙买加	Jamaica	258.9	264.4	269.1	272.6	0.2
日 本	Japan	12684.3	12777.3	12807.0	12695.8	-0.1
约 旦	Jordan	479.7	533.3	651.8	759.5	2.4
哈萨克斯坦	Kazakhstan	1488.4	1514.7	1632.2	1754.4	1.5
肯尼亚	Kenya	3128.5	3534.9	4032.8	4605.0	2.6
基里巴斯	Kiribati	8.3	9.2	10.3	11.2	1.8
朝 鲜	Korea, Dem.	2284.0	2381.3	2450.1		
韩 国	Korea, Rep.	4700.8	4813.8	4941.0	5061.7	0.4
科威特	Kuwait	190.6	226.4	305.9	389.2	3.6
吉尔吉斯斯坦	Kyrgyzstan	489.8	516.3	544.8	595.7	2.1

附录2-10 续表 2 continued

国家或地区	Country or Area	年中人口（万人）Mid-year Population (10 000 persons)				增长率(%) Growth Rate (%)
		2000	2005	2010	2015	2015
老　挝	Laos	538.8	574.5	626.1	680.2	1.7
拉脱维亚	Latvia	236.8	223.9	209.8	197.8	-0.8
黎 巴 嫩	Lebanon	323.5	398.7	433.7	585.1	4.2
莱 索 托	Lesotho	185.6	192.6	201.1	213.5	1.2
利比里亚	Liberia	289.2	327.0	395.8	450.3	2.4
利 比 亚	Libya	517.6	580.2	626.6	627.8	0.3
列支敦士登	Liechtenstein	3.3	3.5	3.6	3.8	0.7
立 陶 宛	Lithuania	350.0	332.3	309.7	291.0	-0.8
卢 森 堡	Luxemburg	43.6	46.5	50.7	57.0	2.4
前南马其顿	Macedonia, FYR	205.2	204.3	206.2	207.8	0.1
马达加斯加	Madagascar	1574.5	1829.0	2108.0	2423.5	2.8
马 拉 维	Malawi	1132.1	1274.8	1477.0	1721.5	3.1
马来西亚	Malaysia	2342.1	2579.6	2812.0	3033.1	1.4
马尔代夫	Maldives	27.3	32.1	36.7	40.9	2.0
马　里	Mali	1026.1	1288.1	1516.7	1760.0	3.0
马 耳 他	Malta	38.1	40.4	41.5	43.1	0.9
马绍尔群岛	Marshall Islands	5.2	5.2	5.2	5.3	0.2
毛里塔尼亚	Mauritania	270.8	315.4	359.1	406.8	2.4
毛里求斯	Mauritius	118.7	122.8	125.0	126.3	0.1
马约特岛	Mayotte	14.9	17.5	20.4		
墨 西 哥	Mexico	10387.4	10974.8	11861.8	12701.7	1.3
密克罗尼西亚	Micronesia, Fed.	10.7	10.6	10.4	10.4	0.4
摩尔多瓦	Moldova	364.0	359.5	356.2	355.4	-0.1
摩 纳 哥	Monaco	3.2	3.4	3.7	3.8	0.3
蒙　古	Mongolia	239.7	252.6	271.3	295.9	1.7
黑　山	Montenegro	60.5	61.4	61.9	62.2	0.1
摩 洛 哥	Morocco	2871.0	3038.5	3210.8	3437.8	1.3
莫桑比克	Mozambique	1827.6	2112.7	2432.1	2797.8	2.8
缅　甸	Myanmar	4845.3	4998.5	5173.3	5389.7	0.9
纳米比亚	Namibia	189.8	202.7	219.4	245.9	2.3
尼 泊 尔	Nepal	2318.4	2550.7	2687.6	2851.4	1.2
荷　兰	Netherlands	1592.6	1632.0	1661.5	1693.7	0.4
荷属安的列斯	Netherlands Antilles	18.1	18.6			
新喀里多尼亚	New Caledonia	21.3	23.1	25.0	27.3	1.8
新 西 兰	New Zealand	385.8	413.4	435.1	459.6	1.9
尼加拉瓜	Nicaragua	510.1	537.9	573.8	608.2	1.1
尼 日 尔	Niger	1099.0	1348.5	1629.2	1989.9	4.0
尼日利亚	Nigeria	12287.7	13961.1	15942.5	18220.2	2.6
北马里亚纳群岛	Northern Mariana Islands	6.8	6.4	5.4	5.5	1.0
挪　威	Norway	449.1	462.3	488.9	519.6	1.1
阿　曼	Oman	219.3	250.7	294.4	449.1	5.8
巴基斯坦	Pakistan	14383.2	15335.6	17004.4	18892.5	2.1
帕　劳	Palau	1.9	2.0	2.0	2.1	0.9
巴 拿 马	Panama	305.5	331.9	362.1	392.9	1.6
巴布亚新几内亚	Papua New Guinea	537.9	608.7	684.8	761.9	2.1
巴 拉 圭	Paraguay	535.0	579.5	621.0	663.9	1.3
秘　鲁	Peru	2600.0	2761.0	2937.4	3137.7	1.3
菲 律 宾	Philippines	7765.2	8614.1	9303.9	10069.9	1.6
波　兰	Poland	3825.9	3816.5	3804.3	3799.9	
葡 萄 牙	Portugal	1029.0	1050.3	1057.3	1034.9	-0.5
波多黎各	Puerto Rico	381.1	382.1	372.2	347.4	-1.7
卡 塔 尔	Qatar	59.4	83.7	176.6	223.5	2.9
罗马尼亚	Romania	2244.3	2132.0	2024.7	1983.2	-0.4
俄 罗 斯	Russia	14659.7	14351.9	14284.9	14409.7	0.2
卢 旺 达	Rwanda	839.6	900.8	1029.4	1161.0	2.3

附录2-10 续表 3 continued

国家或地区	Country or Area	年中人口（万人）Mid-year Population (10 000 persons)				增长率(%) Growth Rate (%)
		2000	2005	2010	2015	2015
圣基茨和尼维斯	Saint Kitts and Nevis	4.6	4.9	5.2	5.6	1.1
圣卢西亚	Saint Lucia	15.7	16.5	17.7	18.5	0.7
圣文森特和格林纳丁斯	Saint Vincent and the Grenadines	10.8	10.9	10.9	10.9	0.1
萨摩亚	Samoa	17.5	18.0	18.6	19.3	0.7
圣马力诺	San Marino	2.7	2.9	3.1	3.2	0.6
圣多美和普林西比	Sao Tome and Principe	13.9	15.3	17.1	19.0	2.1
沙特阿拉伯	Saudi Arabia	2014.5	2474.5	2809.1	3154.0	2.1
塞内加尔	Senegal	986.2	1126.9	1295.7	1512.9	3.1
塞尔维亚	Serbia	751.6	744.1	729.1	709.8	-0.5
塞舌尔	Seychelles	8.1	8.3	9.0	9.3	1.6
塞拉利昂	Sierra Leone	414.0	507.1	577.6	645.3	2.2
新加坡	Singapore	402.8	426.6	507.7	553.5	1.2
斯洛伐克	Slovakia	538.9	537.3	539.1	542.4	0.1
斯洛文尼亚	Slovenia	198.9	200.0	204.9	206.4	0.1
所罗门群岛	Solomon Islands	41.2	46.9	52.6	58.4	2.0
索马里	Somalia	738.5	846.7	958.2	1078.7	2.5
南非	South Africa	4400.0	4727.0	5077.2	5495.7	1.6
西班牙	Spain	4026.3	4365.3	4657.7	4641.8	-0.1
斯里兰卡	Sri Lanka	1910.2	1937.3	2011.8	2096.6	0.9
苏丹	Sudan	2773.0	3199.0	3611.5	4023.5	2.2
苏里南	Suriname	46.7	49.2	51.8	54.3	0.9
斯威士兰	Swaziland	106.4	110.5	119.3	128.7	1.4
瑞典	Sweden	887.2	903.0	937.8	979.9	1.1
瑞士	Switzerland	718.4	743.7	782.5	828.7	1.2
叙利亚	Syrian Arab Republic	1637.1	1813.3	2072.1	1850.2	-1.4
塔吉克斯坦	Tajikistan	618.6	680.6	758.2	848.2	2.2
坦桑尼亚	Tanzania	3402.1	3906.6	4564.9	5347.0	3.1
泰国	Thailand	6234.3	6586.4	6669.2	6795.9	0.3
东帝汶	Timor-Leste	85.4	97.9	106.6	124.5	2.7
多哥	Togo	486.5	557.8	639.1	730.5	2.6
汤加	Tonga	9.8	10.1	10.4	10.6	0.6
特立尼达和多巴哥	Trinidad And Tobago	126.8	129.7	132.8	136.0	0.4
突尼斯	Tunisia	955.3	1002.9	1054.7	1110.8	1.0
土耳其	Turkey	6317.4	6786.1	7231.0	7866.6	1.5
土库曼斯坦	Turkmenistan	450.1	474.8	504.2	537.4	1.2
特克斯和凯科斯群岛	Turks and Caicos Islands	1.9	2.6	3.1	3.4	1.8
图瓦卢	Tuvalu	0.9	1.0	1.0	1.0	0.2
乌干达	Uganda	2427.6	2804.2	3314.9	3903.2	3.3
乌克兰	Ukraine	4917.6	4710.5	4587.1	4519.8	-0.4
阿联酋	United Arab Emirates	302.6	448.2	832.9	915.7	0.8
英国	United Kingdom	5889.3	6040.1	6276.6	6513.8	0.8
美国	United States	28216.2	29551.7	30934.7	32141.9	0.8
美属维尔京群岛	Virgin Islands(US)	10.9	10.8	10.6	10.4	-0.6
乌拉圭	Uruguay	332.1	332.6	337.4	343.2	0.4
乌兹别克斯坦	Uzbekistan	2465.0	2616.7	2856.2	3130.0	1.7
瓦努阿图	Vanuatu	18.5	20.9	23.6	26.5	2.2
委内瑞拉	Venezuela	2440.8	2676.9	2899.6	3110.8	1.3
越南	Viet Nam	7763.1	8239.2	8693.3	9170.4	1.1
约旦河西岸和加沙	West Bank and Gaza	292.2	332.0	381.1	442.2	2.9
也门	Yemen	1752.3	2050.4	2359.2	2683.2	2.4
赞比亚	Zambia	1010.1	1204.4	1391.7	1621.2	3.1
津巴布韦	Zimbabwe	1250.4	1298.4	1397.4	1560.3	2.3

附录2-11 万美元国内生产总值能耗(2011年不变价,PPP)
Energy Use per Ten Thousand USD of GDP (Constant 2011 PPP)

资料来源：世界银行WDI数据库。
Source:World Bank WDI Database.

单位：吨标准油/万美元 (ton of oil equivalent per 10 000 USD)

国家或地区	Country or Area	2000	2005	2010	2011	2012	2013
世　界	**World**	**1.56**	**1.48**	**1.37**	**1.34**	**1.32**	**1.31**
高收入国家	**High Income**	**1.50**	**1.39**	**1.30**	**1.25**	**1.23**	**1.22**
中等收入国家	**Middle Income**	**1.65**	**1.60**	**1.44**	**1.43**	**1.41**	**1.40**
中　国	China	2.50	2.40	1.96	1.94	1.89	1.89
中国香港	Hong Kong, China	0.60	0.46	0.40	0.42	0.40	0.38
孟加拉国	Bangladesh	0.84	0.82	0.82	0.80	0.79	0.76
文　莱	Brunei Darussalam	0.96	0.81	1.15	1.32	1.30	1.05
柬埔寨	Cambodia	2.04	1.31	1.47	1.43	1.39	1.34
印　度	India	1.66	1.41	1.26	1.23	1.22	1.18
印度尼西亚	Indonesia	1.27	1.16	1.02	0.95	0.92	0.88
伊　朗	Iran	1.57	1.68	1.60	1.57	1.74	1.85
以色列	Israel	1.11	1.01	1.03	0.97	0.99	0.95
日　本	Japan	1.27	1.20	1.13	1.05	1.01	1.00
哈萨克斯坦	Kazakhstan	2.47	2.15	2.16	2.25	2.05	2.13
韩　国	Korea, Rep.	1.93	1.71	1.66	1.67	1.65	1.61
马来西亚	Malaysia	1.31	1.40	1.26	1.24	1.20	1.29
蒙　古	Mongolia	2.15	1.96	1.88	1.76	1.71	1.70
巴基斯坦	Pakistan	1.32	1.23	1.16	1.13	1.10	1.06
菲律宾	Philippines	1.21	0.94	0.77	0.74	0.74	0.72
新加坡	Singapore	0.90	0.82	0.69	0.68	0.65	0.62
斯里兰卡	Sri Lanka	0.80	0.71	0.57	0.56	0.55	0.48
泰　国	Thailand	1.25	1.31	1.30	1.29	1.29	1.33
越　南	Viet Nam	1.40	1.44	1.51	1.42	1.37	1.30
埃　及	Egypt	0.79	1.00	0.87	0.90	0.91	0.88
尼日利亚	Nigeria	2.47	1.83	1.47	1.48	1.50	1.42
南　非	South Africa	2.50	2.43	2.31	2.25	2.17	2.13
加拿大	Canada	2.19	2.08	1.81	1.80	1.73	1.71
墨西哥	Mexico	0.95	1.02	0.97	0.97	0.96	0.96
美　国	United States	1.75	1.58	1.45	1.41	1.35	1.35
巴　西	Brazil	0.94	0.94	0.93	0.91	0.93	0.94
委内瑞拉	Venezuela	1.45	1.41	1.51	1.34	1.38	1.28
捷　克	Czech Rep.	1.90	1.72	1.51	1.43	1.43	1.42
法　国	France	1.19	1.18	1.10	1.03	1.03	1.03
德　国	Germany	1.11	1.08	0.98	0.90	0.90	0.92
意大利	Italy	0.84	0.85	0.80	0.78	0.78	0.76
荷　兰	Netherlands	1.09	1.10	1.10	1.00	1.03	1.02
波　兰	Poland	1.58	1.42	1.23	1.18	1.12	1.11
俄罗斯	Russia	3.21	2.51	2.23	2.24	2.22	2.16
西班牙	Spain	0.99	0.97	0.83	0.83	0.85	0.80
土耳其	Turkey	0.92	0.82	0.88	0.86	0.87	0.84
乌克兰	Ukraine	5.66	4.18	3.68	3.34	3.23	3.06
英　国	United Kingdom	1.15	1.00	0.89	0.81	0.82	0.80
澳大利亚	Australia	1.60	1.43	1.37	1.35	1.31	1.30
新西兰	New Zealand	1.58	1.29	1.33	1.29	1.33	1.32

附录2-12　广义货币占国内生产总值比重
Broad Money (M2) as Percentage of GDP

资料来源：世界银行WDI数据库。
Source: World Bank WDI Database.

单位：%　　　　(%)

国家或地区	Country or Area	2000	2005	2010	2012	2013	2014	2015
中国	**China**	**136.3**	**152.2**	**177.5**	**182.4**	**188.2**	**193.2**	**205.7**
中国香港	Hong Kong, China	224.4	251.7	325.4	336.1	350.5	361.6	362.2
中国澳门	Macao, China	173.4	140.0	108.0	109.1	107.2	109.9	128.2
孟加拉国	Bangladesh	30.6	47.4	58.7	60.7	61.4	63.3	64.5
文莱	Brunei Darussalam	85.7	57.8	74.5	65.9	70.3	67.5	67.4
柬埔寨	Cambodia	13.0	19.3	41.6	50.1	52.9	63.0	66.9
印度	India	53.7	64.5	76.2	76.9	77.9	77.8	79.2
印度尼西亚	Indonesia	53.9	43.4	36.0	38.4	39.1	39.5	39.4
伊朗	Iran	37.2	42.8	56.8	48.9	48.7	52.8	
以色列	Israel	81.3	97.4	148.5	154.3	158.7	171.5	84.9
日本	Japan	240.6	206.6	225.9	241.2	248.3	251.5	
哈萨克斯坦	Kazakhstan	15.3	27.2	38.9	32.7	31.3	31.4	42.1
韩国	Korea, Rep.	65.0	111.1	131.2	133.3	134.4	139.8	144.2
老挝	Laos	16.5	19.1	35.9				
马来西亚	Malaysia	122.7	125.0	129.6	136.8	140.1	137.1	135.1
蒙古	Mongolia	21.1	37.5	48.0	45.6	49.3	47.9	43.4
缅甸	Myanmar	31.5			33.7	39.3		
巴基斯坦	Pakistan	38.6	49.0	52.5	51.4	52.2	52.0	53.5
菲律宾	Philippines	57.7	50.4	61.4	59.0	69.8	71.6	74.4
新加坡	Singapore	103.4	103.6	125.0	131.5	132.0	132.0	129.3
斯里兰卡	Sri Lanka	38.4	41.7	32.7	33.6	35.6	37.1	40.8
泰国	Thailand	111.2	104.1	109.1	121.2	124.5	128.0	129.7
越南	Viet Nam	41.3	71.0	114.9	106.5	117.0	127.5	137.6
埃及	Egypt	76.7	97.1	80.7	70.5	75.3	76.5	78.4
尼日利亚	Nigeria	22.0	17.7	21.0	21.2	21.4	20.2	
南非	South Africa	52.7	67.0	75.8	72.7	71.1	71.0	74.6
加拿大	Canada	71.3	149.0					
墨西哥	Mexico	23.2	35.8	44.9	46.6	49.0	51.7	53.2
美国	United States	68.3	72.2	85.0	88.2	89.3	90.2	90.3
阿根廷	Argentina	31.8	25.8	23.2	25.8	26.7	26.6	
巴西	Brazil	46.5	60.4	79.2	86.2	83.8	89.2	95.2
委内瑞拉	Venezuela	19.8	23.7	32.2	45.7	52.9		
捷克	Czech Rep.	60.9	55.7	69.8	73.5	77.1	78.2	80.4
法国	France	101.0	76.1	89.9	90.5	87.7	89.8	
德国	Germany	169.6	73.8	84.0	88.0	89.2	90.0	
意大利	Italy	81.5	64.6	84.2	87.0	87.6	89.6	
荷兰	Netherlands	138.2	100.6	108.4	110.0	107.3	117.4	
波兰	Poland	40.5	43.4	54.2	56.6	59.1	61.6	64.6
俄罗斯	Russia	21.5	33.4	51.4	48.2	52.5	55.2	63.8
西班牙	Spain	97.8	94.0	107.2	109.0	104.6	108.4	
土耳其	Turkey	34.5	40.5	56.2	55.4	60.7	60.5	63.1
乌克兰	Ukraine	18.6	44.0	55.2	55.0	62.7	61.1	50.2
英国	United Kingdom	100.8	122.2	169.0	152.1	149.0	138.7	137.8
澳大利亚	Australia	67.7	78.6	101.0	101.9	106.3	109.5	114.4
新西兰	New Zealand	78.9	78.7	92.7				

附录2-13 生产者价格指数
Producer Price Indices

资料来源：联合国统计月报数据库。
Source: UN Monthly Bulletin of Statistics Database.

2010年=100 (2010=100)

国家或地区	Country or Area	2010	2012	2013	2014	2015
中国香港	**Hong Kong, China**					
工业产品	Industrial Products	100.0	108.4	105.0	103.3	100.4
孟加拉国①	**Bangladesh①**					
按生产阶段分	by Stage of Processing					
中间产品	Intermediate Products		271.9	291.1	328.1	
按最终用途分	by End-Use					
消费品	Consumers' Goods		328.8	350.5	351.4	
投资用品	Capital Goods		291.4	293.2	292.6	
印　　度	**India**					
按供给组成分	by Components of Supply					
国内供应	Domestic Supply	100.0	117.7	125.2	130.0	126.4
农业产品	Agricultural Products	100.0	118.3	134.1	142.7	
工业产品	Industrial Products	100.0	113.5	117.2	121.0	119.9
按生产阶段分	by Stage of Processing					
原材料	Raw Materials	100.0	122.2	135.2	141.2	140.9
印度尼西亚	**Indonesia**					
按供给组成分	by Components of Supply					
农业产品	Agricultural Products	100.0	112.6	120.0	128.8	
工业产品	Industrial Products	100.0	111.4	115.7	123.3	134.6
伊　　朗⑤	**Iran⑤**					
按供给组成分	by Components of Supply					
国内供应	Domestic Supply		100.0	132.4	178.1	
农业产品	Agricultural Products		100.0	139.3	199.9	
工业产品	Industrial Products		100.0	137.4	185.4	203.8
以 色 列	**Israel**					
按供给组成分	by Components of Supply					
工业产品	Industrial Products	100.0	112.4	112.9	111.4	104.8
日　　本	**Japan**					
按供给组成分	by Components of Supply					
国内供应	Domestic Supply	100.0	102.0	106.2	108.2	102.7
国内生产	Domestic Production	100.0	100.6	101.9	105.1	102.7
农业产品	Agricultural Products	100.0	103.5	107.1	107.1	
工业产品	Industrial Products	100.0	99.7	100.3	103.2	100.9
进口产品	Import Products	100.0	107.2	122.7	127.9	113.6
按生产阶段分	by Stage of Processing					
原材料	Raw Materials	100.0	120.0	135.9	138.3	102.8
中间产品	Intermediate Products	100.0	101.5	105.2	107.9	103.9
按最终用途分	by End-Use					
消费品	Consumers' Goods	100.0	98.4	100.7	101.4	101.4
投资用品	Capital Goods	100.0	97.3	98.5	99.3	100.8
韩　　国	**Korea, Rep.**					
按供给组成分	by Components of Supply					
国内生产	Domestic Production	100.0	108.9	106.2	104.8	98.0
农业产品	Agricultural Products	100.0	108.3	101.9	102.5	
工业产品	Industrial Products	100.0	108.6	105.3	103.1	96.2
按生产阶段分	by Stage of Processing					
原材料	Raw Materials	100.0	129.3	119.8	111.7	79.1
中间产品	Intermediate Products	100.0	107.5	103.7	101.0	94.5
按最终用途分	by End-Use					
消费品	Consumers' Goods	100.0	105.5	103.7	104.3	102.1
投资用品	Capital Goods	100.0	102.9	100.6	99.0	99.8

附录2-13 续表 1 continued

2010年=100 (2010=100)

国家或地区	Country or Area	2010	2012	2013	2014	2015
马来西亚	**Malaysia**					
按供给组成分	by Components of Supply					
国内供应	Domestic Supply	100.0	109.7	107.8	109.3	104.0
国内生产	Domestic Production	100.0	111.8	108.8	110.4	102.2
进口产品	Import Products	100.0	105.3	105.8	106.9	107.7
巴基斯坦	**Pakistan**					
按供给组成分	by Components of Supply					
国内供应	Domestic Supply	100.0	127.3	137.2	143.7	140.1
农业产品	Agricultural Products	100.0	117.8	131.1	138.4	
菲律宾	**Philippines**					
按供给组成分	by Components of Supply					
国内供应	Domestic Supply	100.0	109.9	111.6	114.7	110.3
工业产品	Industrial Products	100.0	100.4	92.8	91.8	85.8
新加坡	**Singapore**					
按供给组成分	by Components of Supply					
国内供应	Domestic Supply	100.0	108.9	106.0	102.5	86.8
国内生产	Domestic Production	100.0	105.7	102.5	99.0	89.9
进口产品	Import Products	100.0	104.5	101.6	98.7	86.3
泰国	**Thailand**					
按供给组成分	by Components of Supply					
国内供应	Domestic Supply	100.0	106.6	106.9	107.0	102.6
按生产阶段分	by Stage of Processing					
原材料	Raw Materials	100.0	103.8	102.9	99.5	97.5
按最终用途分	by End-Use					
消费品	Consumers' Goods	100.0	101.3	107.1	109.9	109.5
投资用品	Capital Goods	100.0	102.5	103.2	103.3	101.1
埃及④	**Egypt④**					
按供给组成分	by Components of Supply					
国内生产	Domestic Production		194.1	201.8	208.1	207.6
农业产品	Agricultural Products		260.1	274.6	292.0	
按生产阶段分	by Stage of Processing					
原材料	Raw Materials		237.7	235.8	237.4	180.4
中间产品	Intermediate Products		145.7	155.3	157.9	161.5
按最终用途分	by End-Use					
消费品	Consumers' Goods		116.2	122.9	123.7	124.7
投资用品	Capital Goods		166.2	169.0	170.1	171.9
南非②	**South Africa②**					
按供给组成分	by Components of Supply					
农业产品	Agricultural Products		100.0	102.6	108.0	
工业产品	Industrial Products		100.0	106.0	113.9	118.0
按生产阶段分	by Stage of Processing					
中间产品	Intermediate Products		100.0	107.9	116.7	117.6
加拿大	**Canada**					
按供给组成分	by Components of Supply					
农业产品	Agricultural Products	100.0	120.7	122.7	124.1	
工业产品	Industrial Products	100.0	108.1	108.6	111.3	110.3
按生产阶段分	by Stage of Processing					
原材料	Raw Materials	100.0	114.7	115.7	117.6	94.2

附录2-13 续表 2 continued

2010年=100 (2010=100)

国家或地区	Country or Area	2010	2012	2013	2014	2015
墨 西 哥	**Mexico**					
按供给组成分	by Components of Supply					
国内供应	Domestic Supply	100.0	110.6	111.9	114.9	119.2
国内生产	Domestic Production	100.0	110.1	111.6	114.6	117.9
农业产品	Agricultural Products	100.0	112.4	114.8	115.2	
工业产品	Industrial Products	100.0	109.5	109.4	111.9	118.6
进口产品	Import Products	100.0	108.4	108.2	108.9	105.3
按生产阶段分	by Stage of Processing					
中间产品	Intermediate Products	100.0	112.8	114.7	118.2	118.1
按最终用途分	by End-Use					
消费品	Consumers' Goods	100.0	110.7	113.4	116.5	120.2
投资用品	Capital Goods	100.0	110.5	110.0	113.0	118.0
美 国	**United States**					
按供给组成分	by Components of Supply					
国内生产	Domestic Production	100.0	109.5	110.1	111.2	103.1
农业产品	Agricultural Products	100.0	127.4	129.3	130.8	
工业产品	Industrial Products	100.0	108.1	108.6	109.3	101.0
按生产阶段分	by Stage of Processing					
原材料	Raw Materials	100.0	113.7	116.2	117.5	89.1
中间产品	Intermediate Products	100.0	109.4	109.5	110.2	102.6
按最终用途分	by End-Use					
消费品	Consumers' Goods	100.0	109.7	111.2	113.5	108.1
投资用品	Capital Goods	100.0	103.5	104.4	105.8	107.1
阿 根 廷	**Argentina**					
按供给组成分	by Components of Supply					
国内供应	Domestic Supply	100.0	128.1	146.8	186.3	
国内生产	Domestic Production	100.0	128.7	147.6	186.6	
农业产品	Agricultural Products	100.0	125.8	150.1	200.6	
工业产品	Industrial Products	100.0	126.7	144.0	180.3	
进口产品	Import Products	100.0	119.9	135.9	181.1	
白俄罗斯	**Belarus**					
按供给组成分	by Components of Supply					
工业产品	Industrial Products	100.0	296.6	337.2	379.1	444.4
按生产阶段分	by Stage of Processing					
中间产品	Intermediate Products	100.0	312.6	353.1	395.3	478.1
按最终用途分	by End-Use					
消费品	Consumers' Goods	100.0	271.1	314.7	362.5	399.5
投资用品	Capital Goods	100.0	297.1	334.0	356.9	420.6
捷 克	**Czech Rep.**					
按供给组成分	by Components of Supply					
农业产品	Agricultural Products	100.0	125.8	131.9	127.0	
工业产品	Industrial Products	100.0	107.8	108.7	107.8	104.4
进口产品	Import Products	100.0	108.7	108.5	110.5	108.4
按生产阶段分	by Stage of Processing					
中间产品	Intermediate Products	100.0	108.2	108.1	109.6	106.8
按最终用途分	by End-Use					
消费品	Consumers' Goods	100.0	107.8	109.6	110.4	108.3
投资用品	Capital Goods	100.0	100.5	101.4	103.4	103.7
法 国	**France**					
按供给组成分	by Components of Supply					
国内供应	Domestic Supply				105.6	102.1
农业产品	Agricultural Products	100.0	118.7	121.6	115.6	
工业产品	Industrial Products	100.0	108.2	108.6	107.1	104.8
进口产品	Import Products	100.0	108.5	106.5	103.4	98.4
按生产阶段分	by Stage of Processing					
原材料	Raw Materials	100.0			115.0	98.6
中间产品	Intermediate Products	100.0			102.8	101.1
按最终用途分	by End-Use					
消费品	Consumers' Goods	100.0			105.9	105.6
投资用品	Capital Goods	100.0			101.0	101.4

附录2-13 续表 3 continued

2010年=100 (2010=100)

国家或地区	Country or Area	2010	2012	2013	2014	2015
德　国	**Germany**					
按供给组成分	by Components of Supply					
农业产品	Agricultural Products	100.0	119.4	120.7	111.8	
工业产品	Industrial Products	100.0	107.0	106.9	105.9	103.9
进口产品	Import Products	100.0	108.6	106.9	103.6	100.7
按生产阶段分	by Stage of Processing					
中间产品	Intermediate Products	100.0	105.8	104.7	103.6	102.3
按最终用途分	by End-Use					
消费品	Consumers' Goods	100.0	106.3	108.4	109.0	108.1
投资用品	Capital Goods	100.0	102.2	103.0	103.5	104.2
意 大 利	**Italy**					
按供给组成分	by Components of Supply					
工业产品	Industrial Products	100.0	109.5	108.1	106.2	102.6
按生产阶段分	by Stage of Processing					
中间产品	Intermediate Products	100.0	105.3	104.9	104.3	103.8
按最终用途分	by End-Use					
消费品	Consumers' Goods	100.0	105.3	106.6	107.1	107.2
投资用品	Capital Goods	100.0	102.4	102.8	103.3	104.0
荷　兰	**Netherlands**					
按供给组成分	by Components of Supply					
工业产品	Industrial Products	100.0	114.0	112.4	108.9	100.9
按生产阶段分	by Stage of Processing					
中间产品	Intermediate Products	100.0	116.4	115.1	112.1	103.4
按最终用途分	by End-Use					
消费品	Consumers' Goods	100.0	110.8	111.8	111.5	109.1
投资用品	Capital Goods	100.0	103.2	103.5	103.9	105.1
波　兰	**Poland**					
按供给组成分	by Components of Supply					
工业产品	Industrial Products	100.0	111.5	110.2	108.7	106.1
按生产阶段分	by Stage of Processing					
原材料	Raw Materials	100.0	121.4	116.9	114.4	106.4
中间产品	Intermediate Products	100.0	111.5	110.0	108.7	108.6
按最终用途分	by End-Use					
消费品	Consumers' Goods	100.0	109.3	110.2	109.2	107.0
投资用品	Capital Goods	100.0	100.7	100.3	99.8	101.0
俄 罗 斯	**Russia**					
按供给组成分	by Components of Supply					
农业产品	Agricultural Products	100.0	112.7	120.8	131.5	
工业产品	Industrial Products	100.0	125.7	129.9	137.8	154.8

附录2-13 续表 4 continued

2010年=100 (2010=100)

国家或地区	Country or Area	2010	2011	2012	2014	2015
西 班 牙	**Spain**					
按供给组成分	by Components of Supply					
工业产品	Industrial Products	100.0	111.3	111.7	110.2	107.9
按生产阶段分	by Stage of Processing					
中间产品	Intermediate Products	100.0	108.6	108.2	106.6	105.8
按最终用途分	by End-Use					
消费品	Consumers' Goods	100.0	104.9	107.5	107.0	108.2
投资用品	Capital Goods	100.0	101.6	101.4	101.7	102.5
土 耳 其	**Turkey**					
按供给组成分	by Components of Supply					
农业产品	Agricultural Products	100.0	107.5	106.1	117.7	
工业产品	Industrial Products	100.0	117.9	123.1	135.8	142.9
乌 克 兰③	**Ukraine③**					
按供给组成分	by Components of Supply					
农业产品	Agricultural Products		268.6	269.3	317.0	
工业产品	Industrial Products		281.8	281.3	329.3	196.4
英 国	**United Kingdom**					
按供给组成分	by Components of Supply					
农业产品	Agricultural Products	100.0	119.3	126.8	114.6	
工业产品	Industrial Products	100.0	107.0	108.4	108.4	106.6
进口产品	Import Products	100.0	108.8	109.5	105.0	98.6
按生产阶段分	by Stage of Processing					
原材料	Raw Materials	100.0	116.0	117.4	109.8	95.6
中间产品	Intermediate Products	100.0	107.5	108.3	107.8	106.3
按最终用途分	by End-Use					
消费品	Consumers' Goods	100.0	106.9	109.5	109.9	108.8
投资用品	Capital Goods	100.0	104.4	106.1	107.4	108.7
澳大利亚	**Australia**					
按供给组成分	by Components of Supply					
国内供应	Domestic Supply	100.0	104.2	105.9	107.8	109.2
国内生产	Domestic Production	100.0	105.2	106.9	108.5	109.3
农业产品	Agricultural Products	100.0	104.4	106.3	114.3	
工业产品	Industrial Products	100.0	102.9	103.9	107.2	107.4
进口产品	Import Products	100.0	96.5	98.5	103.1	110.5
按生产阶段分	by Stage of Processing					
原材料	Raw Materials	100.0	107.8	109.7	111.5	110.6
中间产品	Intermediate Products	100.0	106.8	108.6	110.5	110.7
按最终用途分	by End-Use					
消费品	Consumers' Goods	100.0	106.7	108.4	110.1	110.9
投资用品	Capital Goods	100.0	102.1	103.9	106.0	109.2
新 西 兰	**New Zealand**					
按供给组成分	by Components of Supply					
农业产品	Agricultural Products	100.0	102.0	112.7	114.5	
工业产品	Industrial Products	100.0	103.5	106.7	107.4	103.1
按生产阶段分	by Stage of Processing					
中间产品	Intermediate Products	100.0	105.8	107.4	107.5	105.1

注：①1988年7月1日至1989年6月30日为基期。②以2012年为基期。③以2005年为基期。④2004年7月1日至2005年6月30日为基期。⑤以2011财政年度(2011年3月21日—2012年3月19日)为基期。

Note: ①The base year is from 1 July 1988 to 30 June 1989.②The base year is 2012.③The base year is 2005.④The base year is from 1 July 2004 to 30 June 2005.⑤ The base year is fiscal year 2011 (21 March 2011 - 19 March 2012).

附录2-14 消费者价格指数
Consumer Price Indices

资料来源：联合国统计月报数据库。
Source: UN Monthly Bulletin of Statistics Database.

2010年=100 (2010=100)

国家或地区	Country or Area	消费者价格指数 Consumer Price Indices			食品消费价格指数 Food Consumer Price Indices		
		2013	2014	2015	2013	2014	2015
中　　国①	**China①**	**136.9**	**139.9**	**141.9**	**202.6**	**208.9**	**213.8**
中国香港	Hong Kong, China	114.3	119.4	123.0	118.2	123.1	127.9
中国澳门	Macao, China	118.4	125.6	131.3	175.4		
孟加拉国	Bangladesh	126.4	135.3	143.7	251.9①	271.8①	
柬 埔 寨	Cambodia	111.8	116.1	117.5	118.7		
印　　度	India	132.0	140.8	147.7	259.6①	276.8①	
印度尼西亚	Indonesia	116.9	124.4	132.3	176.1	119.5	128.0
伊　　朗②	Iran②	161.4	188.6	195.0	198.1	225.1	230.2
以 色 列	Israel	106.8	107.3	106.7	109.4	108.7	108.8
日　　本	Japan	100.0	102.8	103.6	99.6	103.3	106.6
韩　　国	Korea, Rep.	107.7	109.0	109.8	113.4	113.7	115.6
老　　挝	Laos	119.3	124.2	125.8			
马来西亚	Malaysia	107.1	110.5	112.8	111.5	115.2	119.4
缅　　甸	Myanmar	112.5	118.6	131.4	108.6	114.9	
巴基斯坦	Pakistan	132.2	141.7	145.3	361.8①		
菲 律 宾	Philippines	111.2	115.8	117.4	111.1	118.5	121.5
新 加 坡	Singapore	112.6	113.8	113.2	108.6	111.8	113.9
斯里兰卡	Sri Lanka	122.7	126.7	127.9	122.9	127.5	133.8
泰　　国	Thailand	109.3	111.3	110.3	108.4②	112.7②	113.9②
越　　南	Viet Nam	138.0	143.6	144.9			
埃　　及	Egypt	129.0	142.1	156.8	304.1③	341.7③	
尼日利亚	Nigeria	134.9	145.8	158.9	479.1①	524.5①	
南　　非	South Africa	117.3	124.4	130.1	121.3	130.6	137.2
加 拿 大	Canada	105.5	107.5	108.7	107.6	110.1	114.2
墨 西 哥	Mexico	111.8	116.2	119.4	119.0	125.0	129.9
美　　国	United States	106.8	108.6	108.7	108.4	110.9	112.2
阿 根 廷	Argentina	205.6	105.5		201.8	105.0	
巴　　西	Brazil	119.4	126.9	138.4	130.8	140.7	154.4
委内瑞拉	Venezuela	214.7	348.2	772.0	249.9	466.7	1487.2
捷　　克	Czech Rep.	106.8	107.2	107.5	117.4	119.7	118.4
法　　国	France	105.0	105.5	105.6	106.4	105.7	106.2
德　　国	Germany	105.7	106.6	106.9	110.4	111.5	112.3
意 大 利	Italy	107.2	107.4	107.5	107.5	107.6	108.8
荷　　兰	Netherlands	107.5	108.5	109.3	106.8	106.7	107.4
波　　兰	Poland	109.0	109.0	108.1	111.7	110.6	109.1
俄 罗 斯	Russia	121.6	131.2	151.5	121.5	133.6	161.7
西 班 牙③	Spain③	118.1	117.9	117.4	119.0	118.5	119.9
土 耳 其	Turkey	124.6	135.7	146.1	125.7	141.5	157.3
乌 克 兰	Ukraine	108.3	121.5	180.7	101.9	114.3	166.6
英　　国③	United Kingdom③	110.2	111.8	111.9	112.9	112.7	109.8
澳大利亚	Australia	107.7	110.4	112.0	104.0	106.6	107.6
新 西 兰	New Zealand	106.3	107.6	107.9	105.3	105.9	106.0

注：①2000年=100。②2011年=100。③2005年=100。
Note:①2000=100.②2011=100.③2005=100.

附录2-15　主要农产品产量
Production of Major Farm Crops

资料来源：联合国FAO数据库。
Source:FAO Database.

单位：万吨　(10 000 tons)

国家或地区	Country or Area	谷物 Cereals,Total 2000	谷物 Cereals,Total 2014	国家或地区	Country or Area	稻谷 Rice, Paddy 2000	稻谷 Rice, Paddy 2014
世　界	**World**	**206017.0**	**281733.0**	**世　界**	**World**	**59889.9**	**74095.6**
中　国	China	40522.4	55740.7	中　国	China	18981.4	20824.0
美　国	United States	34262.8	44293.3	印　度	India	12746.5	15720.0
印　度	India	23493.1	29399.3	印度尼西亚	Indonesia	5189.8	7084.7
俄罗斯	Russia	6432.6	10315.4	孟加拉国	Bangladesh	3762.8	5223.1
巴　西	Brazil	4589.3	10139.8	越　南	Viet Nam	3253.0	4497.4
印度尼西亚	Indonesia	6157.5	8985.5	泰　国	Thailand	2584.4	3262.0
乌克兰	Ukraine	2380.7	6337.7	缅　甸	Myanmar	2132.4	2642.3
法　国	France	6569.8	5615.1	菲律宾	Philippines	1238.9	1896.8
阿根廷	Argentina	3875.5	5550.6	巴　西	Brazil	1109.0	1217.6
孟加拉国	Bangladesh	3950.3	5507.0	日　本	Japan	1186.3	1054.9
德　国	Germany	4527.1	5201.0	美　国	United States	865.8	1002.6
加拿大	Canada	5109.0	5130.1	柬埔寨	Cambodia	402.6	932.4
越　南	Viet Nam	3453.7	5017.9	巴基斯坦	Pakistan	720.4	700.5
澳大利亚	Australia	3444.7	3841.3	尼日利亚	Nigeria	329.8	673.4
巴基斯坦	Pakistan	3046.1	3810.6	埃　及	Egypt	600.1	600.0
泰　国	Thailand	3052.9	3783.7	韩　国	Korea, Rep.	719.7	563.8
墨西哥	Mexico	2799.5	3652.7	尼泊尔	Nepal	421.7	504.7
土耳其	Turkey	3224.9	3270.8	老　挝	Laos	220.2	400.2
波　兰	Poland	2234.1	3194.5	马达加斯加	Madagascar	248.1	397.8
缅　甸	Myanmar	2212.6	2877.6	斯里兰卡	Sri Lanka	286.0	338.1
菲律宾	Philippines	1690.1	2673.9	秘　鲁	Peru	189.2	287.5
尼日利亚	Nigeria	2137.0	2583.0	马来西亚	Malaysia	214.1	264.5
英　国	United Kingdom	2398.9	2450.5	朝　鲜	Korea, Dem.	169.0	262.6
埃塞俄比亚	Ethiopia	802.0	2360.8	坦桑尼亚	Tanzania	78.2	262.1
罗马尼亚	Romania	1049.9	2207.6	伊　朗	Iran	197.2	260.0
埃　及	Egypt	2010.6	2204.7	马　里	Mali	74.3	216.7
西班牙	Spain	2455.6	2036.1	科特迪瓦	Cote D'Ivoire	62.2	205.4
意大利	Italy	2066.1	1936.8	几内亚	Guinea	114.1	197.1
南　非	South Africa	1452.7	1727.5	哥伦比亚	Colombia	223.7	182.8
哈萨克斯坦	Kazakhstan	1154.0	1710.0	中国台湾	Taiwan, China	190.6	173.2
伊　朗	Iran	1287.4	1706.2	阿根廷	Argentina	90.4	158.2
匈牙利	Hungary	1003.6	1661.3	厄瓜多尔	Ecuador	124.7	144.8
日　本	Japan	1279.6	1160.3	意大利	Italy	123.0	138.6
塞尔维亚	Serbia		1087.4	乌拉圭	Uruguay	120.9	134.8
坦桑尼亚	Tanzania	362.7	1068.6	委内瑞拉	Venezuela	67.7	115.8
柬埔寨	Cambodia	418.3	987.4	塞拉利昂	Sierra Leone	19.9	115.5
丹　麦	Denmark	941.3	958.3	俄罗斯	Russia	58.6	104.9
尼泊尔	Nepal	711.6	956.3	圭亚那	Guyana	44.9	97.7
保加利亚	Bulgaria	438.7	953.0	西班牙	Spain	82.7	86.4
白俄罗斯	Belarus	456.5	903.4	土耳其	Turkey	35.0	83.0
捷　克	Czech Rep.	646.8	878.4	澳大利亚	Australia	110.1	81.9
苏　丹	Sudan	325.9	806.4	巴拉圭	Paraguay	10.1	80.4
乌兹别克斯坦	Uzbekistan	391.4	784.2	多米尼加	Dominican Rep.	58.1	71.8
马　里	Mali	231.0	698.1	加　纳	Ghana	24.9	60.4
摩洛哥	Morocco	199.6	693.6	古　巴	Cuba	55.3	57.6
阿富汗	Afghanistan	194.0	675.8	塞内加尔	Senegal	20.2	55.9
伊拉克	Iraq	90.5	608.0	阿富汗	Afghanistan	26.0	53.7
奥地利	Austria	472.3	598.2	伊拉克	Iraq	6.0	43.6
韩　国	Korea, Rep.	750.1	585.2	尼加拉瓜	Nicaragua	29.0	38.5
瑞　典	Sweden	560.4	577.8	哈萨克斯坦	Kazakhstan	21.4	37.7

附录2-15　续表 1　continued

单位：万吨　(10 000 tons)

国家或地区	Country or Area	小麦 Wheat 2000	小麦 Wheat 2014	国家或地区	Country or Area	玉米 Maize 2000	玉米 Maize 2014
世　　界	**World**	**58569.1**	**72896.7**	**世　　界**	**World**	**59247.9**	**103828.1**
中　　国	China	9963.6	12621.3	美　　国	United States	25185.2	36109.1
印　　度	India	7636.9	9448.3	中　　国	China	10617.8	21581.2
俄 罗 斯	Russia	3445.6	5971.1	巴　　西	Brazil	3187.9	7987.8
美　　国	United States	6063.9	5539.5	阿 根 廷	Argentina	1678.1	3300.0
法　　国	France	3735.3	3896.7	乌 克 兰	Ukraine	384.8	2849.7
加 拿 大	Canada	2653.6	2928.1	印　　度	India	1204.3	2367.0
德　　国	Germany	2162.2	2778.5	墨 西 哥	Mexico	1755.7	2327.3
巴基斯坦	Pakistan	2107.9	2597.9	印度尼西亚	Indonesia	967.7	1900.8
澳大利亚	Australia	2210.8	2530.3	法　　国	France	1601.8	1854.2
乌 克 兰	Ukraine	1019.7	2411.4	南　　非	South Africa	1143.1	1498.2
土 耳 其	Turkey	2100.9	1900.0	罗马尼亚	Romania	489.8	1198.9
英　　国	United Kingdom	1670.4	1662.1	加 拿 大	Canada	695.4	1148.7
阿 根 廷	Argentina	1614.7	1393.0	俄 罗 斯	Russia	153.0	1133.2
哈萨克斯坦	Kazakhstan	907.4	1299.7	尼日利亚	Nigeria	410.7	1079.1
波　　兰	Poland	850.3	1162.9	匈 牙 利	Hungary	498.4	931.5
埃　　及	Egypt	656.4	928.0	意 大 利	Italy	1013.8	924.0
伊　　朗	Iran	808.8	865.2	塞尔维亚	Serbia		795.2
罗马尼亚	Romania	445.6	758.5	菲 律 宾	Philippines	451.1	777.1
意 大 利	Italy	746.4	714.2	埃塞俄比亚	Ethiopia	268.3	723.5
乌兹别克斯坦	Uzbekistan	353.2	695.6	坦桑尼亚	Tanzania	196.5	673.7
西 班 牙	Spain	729.4	647.1	土 耳 其	Turkey	230.0	595.0
巴　　西	Brazil	166.2	626.2	埃　　及	Egypt	647.5	580.0
捷　　克	Czech Rep.	408.4	544.2	越　　南	Viet Nam	200.6	520.3
阿 富 汗	Afghanistan	146.9	537.0	德　　国	Germany	332.4	514.2
保加利亚	Bulgaria	278.1	534.7	泰　　国	Thailand	447.3	480.5
匈 牙 利	Hungary	369.3	526.2	巴基斯坦	Pakistan	164.3	469.5
摩 洛 哥	Morocco	138.1	511.6	西 班 牙	Spain	399.2	469.2
丹　　麦	Denmark	469.3	494.0	波　　兰	Poland	92.3	446.8
埃塞俄比亚	Ethiopia	123.5	423.2	马 拉 维	Malawi	250.1	392.9
伊 拉 克	Iraq	38.4	380.0	肯 尼 亚	Kenya	216.0	351.3
墨 西 哥	Mexico	349.3	367.0	赞 比 亚	Zambia	104.0	335.1
立 陶 宛	Lithuania	123.8	323.1	巴 拉 圭	Paraguay	64.7	320.0
瑞　　典	Sweden	237.2	308.6	保加利亚	Bulgaria	80.4	313.8
白俄罗斯	Belarus	96.6	292.4	乌 干 达	Uganda	109.6	276.3
阿尔及利亚	Algeria	76.0	243.6	伊　　朗	Iran	112.0	260.0
塞尔维亚	Serbia		238.7	朝　　鲜	Korea, Dem.	104.1	259.4
斯洛伐克	Slovakia	125.4	207.2	奥 地 利	Austria	185.2	233.4
叙 利 亚	Syrian Arab Republic	310.6	202.4	尼 泊 尔	Nepal	141.5	228.3
比 利 时	Belgium	168.8	199.5	委内瑞拉	Venezuela	169.0	227.1
尼 泊 尔	Nepal	118.4	188.3	希　　腊	Greece	209.4	217.0
奥 地 利	Austria	131.3	180.4	克罗地亚	Croatia	152.6	204.7
南　　非	South Africa	242.8	175.9	哥伦比亚	Colombia	120.5	188.2
希　　腊	Greece	232.6	165.1	危地马拉	Guatemala	105.4	184.7
突 尼 斯	Tunisia	84.2	151.3	斯洛伐克	Slovakia	44.0	181.4
拉脱维亚	Latvia	42.7	146.8	加　　纳	Ghana	101.3	176.2
阿塞拜疆	Azerbaijan	115.0	140.7	马　　里	Mali	21.5	174.4
智　　利	Chile	149.3	135.8	缅　　甸	Myanmar	35.9	169.3
荷　　兰	Netherlands	114.3	130.4	安 哥 拉	Angola	39.5	168.7
孟加拉国	Bangladesh	184.0	130.2	喀 麦 隆	Cameroon	74.1	160.0
土库曼斯坦	Turkmenistan	169.0	120.0	摩尔多瓦	Moldova	103.1	155.6

附录2-15 续表 2 continued

单位：万吨 (10 000 tons)

国家或地区	Country or Area	大豆 Soybeans 2000	大豆 Soybeans 2013	国家或地区	Country or Area	根茎类作物 Roots and Tubers 2000	根茎类作物 Roots and Tubers 2013
世　界	**World**	**16129.9**	**30843.6**	**世　界**	**World**	**69968.7**	**83866.2**
美　国	United States	7505.4	10801.4	中　国	China	18957.4	17330.7
巴　西	Brazil	3273.5	8676.1	尼日利亚	Nigeria	6516.4	10783.5
阿根廷	Argentina	2013.6	5339.8	印　度	India	3212.5	5562.2
中　国	China	1541.2	1220.1	俄罗斯	Russia	3398.0	3150.1
印　度	India	527.6	1052.8	泰　国	Thailand	1937.0	3021.8
巴拉圭	Paraguay	298.0	997.5	巴　西	Brazil	2663.2	2770.5
加拿大	Canada	270.3	604.9	印度尼西亚	Indonesia	1926.9	2713.5
乌克兰	Ukraine	6.4	388.2	加　纳	Ghana	1318.7	2507.9
玻利维亚	Bolivia	119.7	327.5	乌克兰	Ukraine	1983.8	2369.3
乌拉圭	Uruguay	0.7	316.3	美　国	United States	2392.2	2140.0
俄罗斯	Russia	34.2	259.7	刚果(金)	Congo, Dem. Rep	1687.4	1716.5
印度尼西亚	Indonesia	101.8	95.4	越　南	Viet Nam	391.4	1193.3
南　非	South Africa	15.4	94.8	德　国	Germany	1369.4	1160.7
意大利	Italy	90.4	93.3	安哥拉	Angola	468.4	1023.9
尼日利亚	Nigeria	42.9	67.9	科特迪瓦	Cote D'Ivoire	667.9	1020.1
塞尔维亚	Serbia		54.6	孟加拉国	Bangladesh	331.1	968.9
墨西哥	Mexico	10.2	38.7	马拉维	Malawi	483.2	958.0
朝　鲜	Korea, Dem.	35.0	35.0	坦桑尼亚	Tanzania	616.0	934.4
日　本	Japan	23.5	23.2	柬埔寨	Cambodia	20.2	889.1
哈萨克斯坦	Kazakhstan	0.4	22.8	法　国	France	643.4	805.5
法　国	France	20.1	22.7	喀麦隆	Cameroon	354.6	771.8
赞比亚	Zambia	2.8	21.4	波　兰	Poland	2423.2	768.9
罗马尼亚	Romania	7.0	20.3	贝　宁	Benin	416.1	735.5
伊　朗	Iran	14.2	19.0	荷　兰	Netherlands	822.7	710.0
泰　国	Thailand	31.2	18.7	莫桑比克	Mozambique	587.8	664.2
柬埔寨	Cambodia	2.8	16.2	卢旺达	Rwanda	290.8	661.6
缅　甸	Myanmar	9.7	15.7	白俄罗斯	Belarus	871.8	628.0
越　南	Viet Nam	14.9	15.7	秘　鲁	Peru	470.3	619.0
土耳其	Turkey	4.5	15.0	埃　及	Egypt	206.6	523.6
韩　国	Korea, Rep.	11.3	13.9	埃塞俄比亚	Ethiopia	471.3	507.2
克罗地亚	Croatia	6.5	13.1	哥伦比亚	Colombia	351.5	505.0
奥地利	Austria	3.3	11.8	乌干达	Uganda	784.2	486.3
匈牙利	Hungary	3.1	11.6	伊　朗	Iran	365.8	474.2
马拉维	Malawi		11.0	马达加斯加	Madagascar	345.3	469.2
摩尔多瓦	Moldova	1.2	10.9	阿尔及利亚	Algeria	120.8	467.4
贝　宁	Benin	0.4	10.0	加拿大	Canada	456.7	458.9
哥伦比亚	Colombia	3.9	9.9	比利时	Belgium	292.2	438.1
津巴布韦	Zimbabwe	14.4	9.0	塞拉利昂	Sierra Leone	34.5	430.6
斯洛伐克	Slovakia	0.5	8.4	英　国	United Kingdom	663.6	421.3
澳大利亚	Australia	10.5	8.0	土耳其	Turkey	537.0	416.7
埃塞俄比亚	Ethiopia	0.5	7.2	日　本	Japan	447.9	366.9
孟加拉国	Bangladesh		7.0	巴基斯坦	Pakistan	230.1	352.1
危地马拉	Guatemala	3.0	3.8	罗马尼亚	Romania	347.0	351.9
厄瓜多尔	Ecuador	9.4	3.3	哈萨克斯坦	Kazakhstan	169.3	341.1
卢旺达	Rwanda	1.4	3.0	菲律宾	Philippines	252.1	330.8
尼泊尔	Nepal	1.7	2.8	肯尼亚	Kenya	164.3	326.8
埃　及	Egypt	1.1	2.5	布隆迪	Burundi	145.8	321.2
乌干达	Uganda	12.8	2.3	巴拉圭	Paraguay	278.9	311.6
刚果(金)	Congo, Dem. Rep.	1.1	2.2	尼泊尔	Nepal	130.9	281.8
德　国	Germany	0.1	1.8	西班牙	Spain	309.9	248.9

附录2-15 续表 3 continued

单位：万吨 (10 000 tons)

国家或地区	Country or Area	花生 Groundnuts, with Shell		国家或地区	Country or Area	油菜籽 Rapeseed	
		2000	2014			2000	2014
世　界	**World**	**3474.2**	**4244.4**	**世　界**	**World**	**3952.6**	**7095.4**
中　国	China	1451.6	1578.3	加拿大	Canada	720.5	1555.5
印　度	India	648.0	655.7	中　国	China	1138.1	1160.0
尼日利亚	Nigeria	290.1	341.3	印　度	India	578.8	787.7
美　国	United States	148.1	236.3	德　国	Germany	358.6	624.7
苏　丹	Sudan	94.7	188.0	法　国	France	347.7	552.3
阿根廷	Argentina	42.0	116.6	澳大利亚	Australia	177.5	383.2
印度尼西亚	Indonesia	129.2	110.0	波　兰	Poland	95.8	327.6
缅　甸	Myanmar	63.4	86.6	英　国	United Kingdom	115.7	246.0
塞内加尔	Senegal	106.2	66.9	乌克兰	Ukraine	13.2	219.8
坦桑尼亚	Tanzania	5.2	65.7	捷　克	Czech Rep.	84.4	153.7
喀麦隆	Cameroon	19.7	61.4	俄罗斯	Russia	14.8	146.4
马　里	Mali	19.3	53.8	美　国	United States	90.9	114.0
越　南	Viet Nam	35.5	45.3	罗马尼亚	Romania	7.6	105.9
加　纳	Ghana	20.9	42.6	白俄罗斯	Belarus	7.3	73.0
乍　得	Chad	35.9	41.4	丹　麦	Denmark	29.4	70.9
尼日尔	Niger	11.3	40.3	匈牙利	Hungary	17.9	70.0
巴　西	Brazil	18.5	40.3	保加利亚	Bulgaria	2.0	52.8
刚果(金)	Congo, Dem. Rep.	38.2	36.9	立陶宛	Lithuania	8.1	50.2
马拉维	Malawi	12.2	35.2	斯洛伐克	Slovakia	13.4	44.9
布基纳法索	Burkina Faso	16.9	33.5	伊　朗	Iran		34.0
几内亚	Guinea	20.0	29.7	瑞　典	Sweden	12.2	32.3
乌干达	Uganda	13.9	29.6	孟加拉国	Bangladesh	24.9	27.2
安哥拉	Angola	1.3	25.3	哈萨克斯坦	Kazakhstan	0.3	27.1
尼加拉瓜	Nicaragua	9.7	22.1	巴基斯坦	Pakistan	29.7	23.7
埃　及	Egypt	18.7	20.5	奥地利	Austria	12.5	19.8
中　非	Central African Rep.	10.5	15.7	拉脱维亚	Latvia	1.0	18.6
贝　宁	Benin	12.1	14.5	爱沙尼亚	Estonia	3.9	16.6
赞比亚	Zambia	5.2	14.4	智　利	Chile	4.8	13.6
莫桑比克	Mozambique	12.4	14.0	南　非	South Africa		12.1
土耳其	Turkey	7.8	12.4	巴拉圭	Paraguay	0.9	11.2
科特迪瓦	Cote D'Ivoire	7.2	11.8	土耳其	Turkey	…	11.0
埃塞俄比亚	Ethiopia	1.2	10.4	西班牙	Spain	5.0	10.6
墨西哥	Mexico	14.2	9.6	阿根廷	Argentina	0.6	10.5
塞拉利昂	Sierra Leone	1.5	8.6	瑞　士	Switzerland	3.9	9.4
津巴布韦	Zimbabwe	19.1	8.4	缅　甸	Myanmar		9.1
冈比亚	Gambia	13.8	8.1	巴　西	Brazil	4.1	7.2
巴基斯坦	Pakistan	9.1	7.8	克罗地亚	Croatia	2.9	7.1
南　非	South Africa	13.6	7.5	摩尔多瓦	Moldova	0.1	6.8
中国台湾	Taiwan, China	7.9	6.9	芬　兰	Finland	7.1	6.2
老　挝	Laos	1.3	5.9	比利时	Belgium	1.4	5.9
肯尼亚	Kenya	3.0	5.6	埃塞俄比亚	Ethiopia	1.4	5.4
孟加拉国	Bangladesh	3.2	5.0	阿尔及利亚	Algeria	2.9	4.6
几内亚比绍	Guinea-Bissau	2.0	4.5	意大利	Italy	4.1	4.2
多　哥	Togo	2.6	4.1	爱尔兰	Ireland	0.9	3.4
泰　国	Thailand	13.2	3.9	乌拉圭	Uruguay		3.2
摩洛哥	Morocco	3.9	3.8	塞尔维亚	Serbia		3.1
海　地	Haiti	2.1	3.7	卢旺达	Rwanda		3.0
刚果(布)	Congo, Rep.	2.3	3.3	斯洛文尼亚	Slovenia	…	2.0
马达加斯加	Madagascar	3.5	3.2	卢森堡	Luxemburg	0.8	1.6
菲律宾	Philippines	2.7	2.9	蒙　古	Mongolia		1.1

附录2-15 续表 4 continued

单位：万吨 (10 000 tons)

国家或地区	Country or Area	芝麻 Sesame Seed 2000	芝麻 Sesame Seed 2014	国家或地区	Country or Area	籽棉 Seed Cotton 2000	籽棉 Seed Cotton 2014
世　界	**World**	**277.5**	**546.9**	**世　界**	**World**	**5308.2**	**7687.2**
印　度	India	51.8	81.1	印　度	India	512.8	1900.0
苏　丹	Sudan	28.2	72.1	中　国	China	1325.1	1843.0
中　国	China	81.2	61.2	美　国	United States	958.1	929.9
缅　甸	Myanmar	29.6	51.9	巴基斯坦	Pakistan	547.6	635.0
坦桑尼亚	Tanzania	3.9	46.0	巴　西	Brazil	201.0	428.9
尼日利亚	Nigeria	7.2	43.5	乌兹别克斯坦	Uzbekistan	300.2	340.0
布基纳法索	Burkina Faso	0.7	32.2	澳大利亚	Australia	178.7	270.0
埃塞俄比亚	Ethiopia	1.6	28.9	土耳其	Turkey	226.1	235.0
乌干达	Uganda	9.7	12.4	阿根廷	Argentina	41.8	102.0
索马里	Somalia	2.3	9.1	希　腊	Greece	129.7	92.0
墨西哥	Mexico	4.1	6.5	布基纳法索	Burkina Faso	21.3	89.5
中　非	Central African Rep.	3.7	6.3	墨西哥	Mexico	22.4	86.2
尼日尔	Niger	1.4	5.5	土库曼斯坦	Turkmenistan	103.0	57.0
莫桑比克	Mozambique	0.5	5.4	埃　及	Egypt	55.4	52.5
喀麦隆	Cameroon	0.6	4.8	马　里	Mali	24.3	50.0
埃　及	Egypt	3.7	4.4	缅　甸	Myanmar	17.6	49.4
孟加拉国	Bangladesh	2.2	4.2	科特迪瓦	Cote D'Ivoire	40.2	41.0
巴拉圭	Paraguay	0.8	4.1	哈萨克斯坦	Kazakhstan	28.7	40.0
乍　得	Chad	3.3	3.9	贝　宁	Benin	34.0	38.2
危地马拉	Guatemala	1.9	3.7	塔吉克斯坦	Tajikistan	33.5	37.3
马　里	Mali	0.4	3.5	坦桑尼亚	Tanzania	12.3	36.0
越　南	Viet Nam	1.7	3.5	津巴布韦	Zimbabwe	32.7	30.0
巴基斯坦	Pakistan	5.1	3.2	尼日利亚	Nigeria	39.9	30.0
阿富汗	Afghanistan	2.3	3.2	喀麦隆	Cameroon	20.4	25.0
柬埔寨	Cambodia	1.0	2.9	伊　朗	Iran	49.7	22.5
泰　国	Thailand	3.9	2.9	西班牙	Spain	29.5	22.0
伊　朗	Iran	2.7	2.8	马拉维	Malawi	3.7	20.0
委内瑞拉	Venezuela	3.3	2.6	苏　丹	Sudan	14.7	17.6
也　门	Yemen	1.8	2.5	叙利亚	Syrian Arab Repu	108.2	16.2
土耳其	Turkey	2.4	1.8	赞比亚	Zambia	6.2	12.0
老　挝	Laos	0.5	1.5	玻利维亚	Bolivia	4.5	11.7
斯里兰卡	Sri Lanka	0.5	1.4	埃塞俄比亚	Ethiopia	4.6	11.2
韩　国	Korea, Rep.	3.2	1.2	乍　得	Chad	18.0	10.8
肯尼亚	Kenya	1.0	1.2	多　哥	Togo	11.7	10.6
塞内加尔	Senegal	0.1	1.0	莫桑比克	Mozambique	3.5	9.7
伊拉克	Iraq	1.4	1.0	秘　鲁	Peru	15.4	9.3
巴　西	Brazil	1.5	0.7	哥伦比亚	Colombia	11.1	7.5
尼加拉瓜	Nicaragua	0.4	0.7	吉尔吉斯斯坦	Kyrgyzstan	8.8	6.9
沙特阿拉伯	Saudi Arabia	0.3	0.5	乌干达	Uganda	7.6	6.4
乌兹别克斯坦	Uzbekistan	0.4	0.4	孟加拉国	Bangladesh	4.1	5.6
刚果(金)	Congo, Dem. Rep.	0.5	0.4	阿富汗	Afghanistan	5.7	4.3
萨尔瓦多	El Salvador	0.6	0.4	几内亚	Guinea	6.6	4.2
意大利	Italy		0.4	阿塞拜疆	Azerbaijan	9.2	4.1
海　地	Haiti	0.4	0.4	朝　鲜	Korea, Dem.	3.5	4.0
哥伦比亚	Colombia	0.4	0.3	伊拉克	Iraq	3.3	3.8
塞拉利昂	Sierra Leone	0.2	0.3	以色列	Israel	4.4	3.4
科特迪瓦	Cote D'Ivoire	0.4	0.3	刚果(金)	Congo, Dem. Rep	2.9	2.8
安哥拉	Angola	0.2	0.3	塞内加尔	Senegal	2.0	2.7
中国台湾	Taiwan, China	0.1	0.2	南　非	South Africa	7.0	2.4
多　哥	Togo	0.1	0.2	中　非	Central African R	2.6	2.2

附录2-15 续表 5 continued

单位：万吨 (10 000 tons)

国家或地区	Country or Area	甘蔗 Sugar Cane 2000	甘蔗 Sugar Cane 2014	国家或地区	Country or Area	甜菜 Sugar Beets 2000	甜菜 Sugar Beets 2014
世　界	**World**	**125588.8**	**189999.2**	**世　界**	**World**	**25010.2**	**26683.0**
巴　西	Brazil	32770.5	73715.6	法　国	France	3112.1	3763.1
印　度	India	29932.4	35214.2	俄 罗 斯	Russia	1405.4	3351.3
中　国	China	6929.9	12615.4	德　国	Germany	2787.0	2974.8
泰　国	Thailand	5405.2	10369.7	美　国	United States	3254.1	2847.3
巴基斯坦	Pakistan	4633.3	6746.0	土 耳 其	Turkey	1882.1	1657.3
墨 西 哥	Mexico	4410.0	5667.3	乌 克 兰	Ukraine	1319.9	1573.4
哥伦比亚	Colombia	3395.9	3815.7	波　兰	Poland	1313.4	1348.9
菲 律 宾	Philippines	2449.1	3246.4	埃　及	Egypt	289.0	1104.6
澳大利亚	Australia	3816.5	3051.8	英　国	United Kingdom	907.9	843.0
印度尼西亚	Indonesia	2390.0	2860.0	中　国	China	807.4	841.9
美　国	United States	3611.4	2800.4	荷　兰	Netherlands	679.8	682.2
危地马拉	Guatemala	1655.2	2735.5	白俄罗斯	Belarus	147.4	480.6
阿 根 廷	Argentina	1840.0	2459.7	比 利 时	Belgium	615.2	479.1
越　南	Viet Nam	1504.4	1982.3	捷　克	Czech Rep.	280.9	442.5
南　非	South Africa	2387.6	1828.6	奥 地 利	Austria	256.0	424.4
古　巴	Cuba	3640.0	1780.0	意 大 利	Italy	1237.0	378.4
埃　及	Egypt	1570.6	1600.0	西 班 牙	Spain	793.0	360.8
秘　鲁	Peru	753.5	1139.0	日　本	Japan	367.3	356.7
缅　甸	Myanmar	580.1	1112.8	塞尔维亚	Serbia		350.7
厄瓜多尔	Ecuador	540.2	825.3	伊　朗	Iran	433.2	331.0
玻利维亚	Bolivia	360.2	787.0	摩 洛 哥	Morocco	288.3	238.0
伊　朗	Iran	236.7	720.6	丹　麦	Denmark	334.5	226.6
尼加拉瓜	Nicaragua	352.4	712.1	瑞　典	Sweden	260.2	205.6
萨尔瓦多	El Salvador	514.0	678.3	瑞　士	Switzerland	140.8	192.4
肯 尼 亚	Kenya	394.2	647.8	智　利	Chile	309.3	173.2
巴 拉 圭	Paraguay	224.5	637.2	斯洛伐克	Slovakia	96.2	155.0
委内瑞拉	Venezuela	883.2	618.6	罗马尼亚	Romania	66.7	139.9
洪都拉斯	Honduras	397.4	610.7	克罗地亚	Croatia	48.2	139.2
苏　丹	Sudan	498.2	580.8	摩尔多瓦	Moldova	94.4	135.6
斯威士兰	Swaziland	388.5	543.4	匈 牙 利	Hungary	197.6	106.7
多米尼加	Dominican Rep.	451.1	503.4	立 陶 宛	Lithuania	88.2	101.4
哥斯达黎加	Costa Rica	380.0	449.2	芬　兰	Finland	104.6	62.6
孟加拉国	Bangladesh	691.0	412.1	加 拿 大	Canada	82.1	58.1
毛里求斯	Mauritius	511.0	404.4	希　腊	Greece	303.3	52.5
赞 比 亚	Zambia	160.0	401.5	土库曼斯坦	Turkmenistan	23.0	24.0
莫桑比克	Mozambique	39.7	362.0	阿塞拜疆	Azerbaijan	4.7	17.5
津巴布韦	Zimbabwe	422.8	352.8	吉尔吉斯斯坦	Kyrgyzstan	45.0	17.4
乌 干 达	Uganda	147.6	341.6	巴基斯坦	Pakistan	15.9	11.2
马达加斯加	Madagascar	218.9	325.0	叙 利 亚	Syrian Arab Repu	117.5	6.5
尼 泊 尔	Nepal	210.3	299.8	亚美尼亚	Armenia	0.1	5.4
马 拉 维	Malawi	210.0	288.5	哥伦比亚	Colombia	1.2	4.0
坦桑尼亚	Tanzania	135.5	280.0	阿尔巴尼亚	Albania	4.2	4.0
埃塞俄比亚	Ethiopia	217.7	274.9	突 尼 斯	Tunisia	2.1	3.5
圭 亚 那	Guyana	271.0	250.0	哈萨克斯坦	Kazakhstan	27.3	2.4
巴 拿 马	Panama	178.9	248.2	委内瑞拉	Venezuela	1.7	2.1
刚果(金)	Congo, Dem. Rep.	166.9	204.9	伊 拉 克	Iraq	0.8	1.5
科特迪瓦	Cote D'Ivoire	167.2	198.0	葡 萄 牙	Portugal	46.2	1.3
老　挝	Laos	29.7	184.1	阿 富 汗	Afghanistan	0.1	1.1
留 尼 汪	Reunion	184.5	178.6	前南马其顿	Macedonia, FYR	5.7	0.8
牙 买 加	Jamaica	202.5	177.9	黎 巴 嫩	Lebanon	34.2	0.6

附录2-15 续表 6 continued

单位：万吨 (10 000 tons)

国家或地区	Country or Area	茶叶 Tea 2000	茶叶 Tea 2014	国家或地区	Country or Area	水果(不包括瓜类) Fruit excl. Melons 2000	水果(不包括瓜类) Fruit excl. Melons 2014
世　界	**World**	**298.8**	**534.6**	**世　界**	**World**	**47917.3**	**67667.0**
中　国	China	70.4	192.5	中　国	China	6427.9	15183.8
印　度	India	82.6	120.9	印　度	India	4300.1	8263.2
肯尼亚	Kenya	23.6	43.2	巴　西	Brazil	3698.7	3777.4
斯里兰卡	Sri Lanka	30.6	34.0	美　国	United States	3280.5	2698.6
越　南	Viet Nam	7.0	21.4	西班牙	Spain	1611.6	1769.9
土耳其	Turkey	13.9	21.2	墨西哥	Mexico	1331.4	1755.3
伊　朗	Iran	5.0	16.0	意大利	Italy	1799.0	1637.1
印度尼西亚	Indonesia	16.3	14.8	印度尼西亚	Indonesia	841.3	1600.3
阿根廷	Argentina	7.4	10.5	菲律宾	Philippines	1079.6	1588.7
日　本	Japan	8.5	8.5	土耳其	Turkey	1086.1	1534.1
泰　国	Thailand	3.2	7.5	伊　朗	Iran	1228.8	1180.7
孟加拉国	Bangladesh	4.6	6.4	泰　国	Thailand	1046.9	1109.6
马拉维	Malawi	4.2	5.4	尼日利亚	Nigeria	928.3	1090.3
乌干达	Uganda	2.9	5.3	埃　及	Egypt	696.6	1090.0
布隆迪	Burundi	0.7	4.2	乌干达	Uganda	1009.1	956.0
坦桑尼亚	Tanzania	2.4	3.4	哥伦比亚	Colombia	731.8	953.3
缅　甸	Myanmar	1.9	3.2	阿根廷	Argentina	717.4	837.0
莫桑比克	Mozambique	1.1	2.3	法　国	France	1128.1	818.3
卢旺达	Rwanda	1.5	2.2	厄瓜多尔	Ecuador	767.1	735.7
尼泊尔	Nepal	0.5	2.1	越　南	Viet Nam	456.5	712.7
津巴布韦	Zimbabwe	2.2	1.9	智　利	Chile	389.0	680.6
马来西亚	Malaysia	0.6	1.8	南　非	South Africa	511.1	642.1
中国台湾	Taiwan, China	2.0	1.5	巴基斯坦	Pakistan	518.6	611.5
埃塞俄比亚	Ethiopia	0.4	0.7	哥斯达黎加	Costa Rica	381.5	569.4
巴布亚新几内亚	Papua New Guinea	0.6	0.5	喀麦隆	Cameroon	199.4	564.4
喀麦隆	Cameroon	0.4	0.5	秘　鲁	Peru	318.7	548.2
秘　鲁	Peru	0.6	0.4	加　纳	Ghana	239.1	533.4
格鲁吉亚	Georgia	2.4	0.3	坦桑尼亚	Tanzania	187.8	490.9
韩　国	Korea, Rep.	0.1	0.3	危地马拉	Guatemala	197.3	442.3
厄瓜多尔	Ecuador	0.1	0.3	阿尔及利亚	Algeria	142.8	423.2
刚果(金)	Congo, Dem. Rep.	0.2	0.3	波　兰	Poland	224.7	417.7
毛里求斯	Mauritius	0.1	0.2	安哥拉	Angola	44.7	391.9
玻利维亚	Bolivia	0.1	0.1	孟加拉国	Bangladesh	136.1	370.0
老　挝	Laos	…	0.1	卢旺达	Rwanda	230.4	363.6
赞比亚	Zambia	0.1	0.1	摩洛哥	Morocco	268.1	363.0
南　非	South Africa	1.3	0.1	乌兹别克斯坦	Uzbekistan	141.5	358.2
留尼汪	Reunion	0.1	0.1	澳大利亚	Australia	308.4	338.2
巴　西	Brazil	0.8	0.1	俄罗斯	Russia	340.2	336.8
阿塞拜疆	Azerbaijan	0.1	0.1	希　腊	Greece	415.2	333.5
马达加斯加	Madagascar	0.1	0.1	多米尼加	Dominican Rep.	141.2	327.6
萨尔瓦多	El Salvador	…	0.1	委内瑞拉	Venezuela	319.0	303.5
危地马拉	Guatemala	0.1	0.1	日　本	Japan	382.1	298.5
马　里	Mali		…	肯尼亚	Kenya	218.0	285.7
巴拿马	Panama		…	刚果(金)	Congo, Dem. Rep	242.7	276.6
葡萄牙	Portugal		…	乌克兰	Ukraine	191.7	275.5
哥伦比亚	Colombia		…	韩　国	Korea, Rep.	262.6	275.2
黑　山	Montenegro		…	中国台湾	Taiwan, China	224.8	252.0
俄罗斯	Russia	0.2	…	布隆迪	Burundi	159.8	235.6
塞舌尔	Seychelles		…	巴布亚新几内亚	Papua New Guine	166.6	234.5
阿尔巴尼亚	Albania		…	德　国	Germany	529.1	233.4

附录2-16 国际互联网用户
Internet Users

资料来源：世界银行WDI数据库。
Source: World Bank WDI Database.
单位：个/千人 (unit per 1 000 persons)

国家或地区	Country or Area	2000	2010	2012	2013	2014	2015
世　界	**World**	**67.7**	**291.5**	**349.5**	**374.2**	**406.5**	**440.0**
高收入国家	**High Income**	**305.9**	**722.2**	**754.7**	**768.8**	**789.9**	**810.2**
中等收入国家	**Middle Income**	**15.7**	**223.0**	**292.7**	**321.1**	**359.0**	**398.0**
低收入国家	**Low Income**	**1.1**	**33.3**	**46.5**	**61.3**	**75.2**	**94.6**
中　国	China	17.8	343.0	423.0	458.0	479.0	503.0
中国香港	Hong Kong, China	278.3	720.0	729.0	742.0	798.7	849.5
中国澳门	Macao, China	136.1	552.0	613.1	658.0	697.8	776.0
孟加拉国	Bangladesh	0.7	37.0	50.0	66.3	139.0	144.0
文　莱	Brunei Darussalam	90.0	530.0	602.7	645.0	687.7	712.0
柬埔寨	Cambodia	0.5	12.6	49.4	68.0	140.0	190.0
印　度	India	5.3	75.0	125.8	151.0	210.0	260.0
印度尼西亚	Indonesia	9.3	109.2	145.2	149.4	171.4	219.8
伊　朗	Iran	9.3	159.0	227.3	299.5	393.5	440.8
以色列	Israel	208.7	675.0	708.0	702.5	750.2	788.9
日　本	Japan	299.9	782.1	795.0	882.2	891.1	933.3
哈萨克斯坦	Kazakhstan	6.7	316.0	533.2	630.0	660.0	728.7
韩　国	Korea, Rep.	447.0	837.0	840.7	847.7	878.7	899.0
老　挝	Laos	1.1	70.0	107.5	125.0	142.6	182.0
马来西亚	Malaysia	213.9	563.0	658.0	570.6	636.7	710.6
蒙　古	Mongolia	12.6	102.0	164.0	177.0	199.4	214.4
缅　甸	Myanmar		2.5	14.4	18.0	115.2	218.0
巴基斯坦	Pakistan		80.0	99.6	109.0	138.0	180.0
菲律宾	Philippines	19.8	250.0	362.4	370.0	396.9	407.0
新加坡	Singapore	360.0	710.0	720.0	809.0	790.3	821.0
斯里兰卡	Sri Lanka	6.5	120.0	182.9	219.0	258.0	299.9
泰　国	Thailand	36.9	224.0	264.6	289.4	348.9	393.2
越　南	Viet Nam	2.5	306.5	394.9	439.0	483.1	527.2
埃　及	Egypt	6.4	216.0	264.0	294.0	339.0	359.0
尼日利亚	Nigeria	0.6	240.0	328.0	380.0	426.8	474.4
南　非	South Africa	53.5	240.0	410.0	465.0	490.0	519.2
加拿大	Canada	513.0	803.0	830.0	858.0	871.2	884.7
墨西哥	Mexico	50.8	310.5	397.5	434.6	443.9	574.3
美　国	United States	430.8	716.9	747.0	714.0	730.0	745.5
阿根廷	Argentina	70.4	450.0	558.0	599.0	647.0	694.0
巴　西	Brazil	28.7	406.5	485.6	510.4	545.5	590.8
委内瑞拉	Venezuela	33.6	373.7	490.5	549.0	570.0	618.7
捷　克	Czech Rep.	97.8	688.2	734.3	741.1	797.1	813.0
法　国	France	143.1	772.8	814.4	819.2	837.5	847.0
德　国	Germany	302.2	820.0	823.5	841.7	861.9	875.9
意大利	Italy	231.1	536.8	558.3	584.6	619.6	655.7
荷　兰	Netherlands	439.8	907.2	928.6	939.6	931.7	931.0
波　兰	Poland	72.9	623.2	623.1	628.5	666.0	680.0
俄罗斯	Russia	19.8	430.0	638.0	679.7	705.2	734.1
西班牙	Spain	136.3	658.0	698.1	716.4	761.9	786.9
土耳其	Turkey	37.6	398.2	451.3	462.5	510.4	537.5
乌克兰	Ukraine	7.2	233.0	352.7	409.5	462.4	492.6
英　国	United Kingdom	268.2	850.0	874.8	898.4	916.1	920.0
澳大利亚	Australia	467.6	760.0	790.0	834.5	840.0	845.6
新西兰	New Zealand	473.8	804.6	820.0	827.8	855.0	882.2

附录2-17　世界主要国家或地区货物进出口总额
Merchandise Imports and Exports by Country or Area

资料来源：世界贸易组织数据库。
Source: WTO Database.

单位：亿美元 (100 million USD)

国家或地区	Country or Area	2000	2005	2010	2013	2014	2015
世　界	**World**	**131830**	**213790**	**308120**	**377300**	**380990**	**332480**
中　国	China	4743	14219	29740	41590	43015	39569
中国香港	Hong Kong, China	4167	5923	8421	11566	11247	10700
中国澳门	Macao, China	52	70	65	114	126	119
孟加拉国	Bangladesh	153	232	470	662	727	718
文　莱	Brunei Darussalam	50	77	114	151	141	92
柬埔寨	Cambodia	33	70	119	220	244	264
印　度	India	939	2425	5766	7802	7856	6591
印度尼西亚	Indonesia	1090	1627	2934	3692	3545	2930
伊　朗	Iran	426	963	1667	1315	1398	1055
以色列	Israel	691	899	1196	1416	1442	1285
日　本	Japan	8588	11108	14638	15483	15024	12734
哈萨克斯坦	Kazakhstan	139	452	911	1335	1208	759
韩　国	Korea, Rep.	3327	5457	8916	10752	10982	9633
老　挝	Laos	9	14	38	53	69	62
马来西亚	Malaysia	1802	2559	3632	4342	4428	3758
蒙　古	Mongolia	12	22	62	106	110	85
缅　甸	Myanmar	40	57	134	233	273	219
巴基斯坦	Pakistan	199	414	592	698	721	664
菲律宾	Philippines	751	907	1100	1218	1298	1286
新加坡	Singapore	2723	4297	6627	7833	7760	6473
斯里兰卡	Sri Lanka	117	152	221	282	307	295
泰　国	Thailand	1309	2291	3762	4789	4553	4170
越　南	Viet Nam	301	692	1571	2641	2981	3282
埃　及	Egypt	199	354	794	868	976	841
尼日利亚	Nigeria	297	712	1282	1590	1542	964
南　非	South Africa	597	1139	1882	2223	2130	1863
加拿大	Canada	5214	6829	7902	9326	9547	8448
墨西哥	Mexico	3458	4424	6085	7709	8087	7861
美　国	United States	20412	26338	32477	39087	40331	38129
阿根廷	Argentina	515	690	1250	1553	1336	1165
巴　西	Brazil	1138	1962	3935	4926	4643	3699
委内瑞拉	Venezuela	497	797	1047	1434	1179	697
捷　克	Czech Rep.	611	1546	2596	3065	3295	2986
法　国	France	6666	9676	11348	12624	12571	10786
德　国	Germany	10490	17480	23137	26434	27017	23795
意大利	Italy	4793	7579	9344	9977	10041	8680
荷　兰	Netherlands	4514	7702	10907	12613	12621	10730
波　兰	Poland	808	1911	3378	4126	4438	3908
俄罗斯	Russia	1499	3692	6493	8646	8058	5344
西班牙	Spain	2714	4814	5814	6584	6835	5911
土耳其	Turkey	823	1903	2994	4035	3998	3511
乌克兰	Ukraine	285	704	1124	1411	1085	742
英　国	United Kingdom	6335	9101	10071	11968	11957	10863
澳大利亚	Australia	1354	2314	4143	4948	4782	3969
新西兰	New Zealand	272	479	620	791	841	709

附录2-18 货物出口总额
Merchandise Export

资料来源：世界贸易组织数据库。
Source: WTO Database.
单位：亿美元 (100 million USD)

国家或地区	Country or Area	2000	2005	2010	2013	2014	2015
世　界	**World**	**64580**	**105090**	**153010**	**188260**	**189950**	**164820**
中　国	China	2492	7620	15778	22090	23423	22750
中国香港	Hong Kong, China	2027	2921	4007	5352	5241	5106
中国澳门	Macao, China	25	25	9	11	12	13
孟加拉国	Bangladesh	64	93	192	291	304	324
文　莱	Brunei Darussalam	39	62	89	114	105	66
柬埔寨	Cambodia	14	31	51	92	109	120
印　度	India	424	996	2264	3148	3227	2671
印度尼西亚	Indonesia	654	870	1578	1826	1763	1503
伊　朗	Iran	287	563	1013	825	888	630
以色列	Israel	314	428	584	668	687	637
日　本	Japan	4792	5949	7698	7151	6902	6249
哈萨克斯坦	Kazakhstan	88	278	600	847	795	457
韩　国	Korea, Rep.	1723	2844	4664	5596	5727	5268
老　挝	Laos	3	6	17	23	27	23
马来西亚	Malaysia	982	1416	1986	2283	2339	1999
蒙　古	Mongolia	5	11	29	43	58	47
缅　甸	Myanmar	16	38	87	112	110	60
巴基斯坦	Pakistan	90	161	214	251	247	222
菲律宾	Philippines	381	413	515	567	621	586
新加坡	Singapore	1378	2296	3519	4102	4098	3505
斯里兰卡	Sri Lanka	54	63	86	102	113	105
泰　国	Thailand	690	1109	1933	2285	2275	2144
越　南	Viet Nam	145	324	722	1320	1502	1621
埃　及	Egypt	53	129	264	285	264	191
尼日利亚	Nigeria	210	505	840	1030	942	484
南　非	South Africa	300	516	913	959	910	817
加拿大	Canada	2766	3605	3875	4583	4747	4085
墨西哥	Mexico	1664	2142	2983	3800	3971	3808
美　国	United States	7819	9011	12785	15796	16205	15049
阿根廷	Argentina	263	404	682	817	683	568
巴　西	Brazil	551	1185	2019	2420	2251	1911
委内瑞拉	Venezuela	335	557	657	890	747	367
捷　克	Czech Rep.	291	781	1330	1623	1751	1582
法　国	France	3276	4634	5238	5810	5805	5059
德　国	Germany	5518	9709	12589	14518	14946	13295
意大利	Italy	2405	3731	4473	5183	5299	4591
荷　兰	Netherlands	2331	4064	5743	6716	6727	5672
波　兰	Poland	317	894	1597	2050	2202	1982
俄罗斯	Russia	1050	2438	4006	5233	4978	3403
西班牙	Spain	1153	1926	2544	3178	3245	2818
土耳其	Turkey	278	735	1139	1518	1576	1439
乌克兰	Ukraine	146	342	515	643	542	379
英　国	United Kingdom	2854	3909	4160	5410	5052	4604
澳大利亚	Australia	639	1061	2126	2526	2412	1884
新西兰	New Zealand	133	217	314	394	416	344

附录2-19 货币汇率(年平均价)
Exchange Rate (Period Average)

资料来源：世界银行WDI数据库。
Source: World Bank WDI Database.
单位：1美元合本币数 (local currency unit per US dollar)

国家或地区	Country or Area	2000	2005	2010	2013	2014	2015
中　国	**China**	**8.28**	**8.19**	**6.77**	**6.20**	**6.14**	**6.23**
中国香港	Hong Kong, China	7.79	7.78	7.77	7.76	7.75	7.75
中国澳门	Macao, China	8.03	8.01	8.00	7.99	7.99	7.99
孟加拉国	Bangladesh	52.14	64.33	69.65	78.10	77.64	77.95
文　莱	Brunei Darussalam	1.72	1.66	1.36	1.25	1.27	1.38
柬埔寨	Cambodia	3840.75	4092.50	4184.92	4027.25	4037.50	4067.75
印　度	India	44.94	44.10	45.73	58.60	61.03	64.15
印度尼西亚	Indonesia	8421.78	9704.74	9090.43	10461.24	11865.21	13389.41
伊　朗	Iran	1764.93	8963.96	10254.18	18414.45	25941.66	29011.49
以色列	Israel	4.08	4.49	3.74	3.61	3.58	3.89
日　本	Japan	107.77	110.22	87.78	97.60	105.95	121.04
哈萨克斯坦	Kazakhstan	142.13	132.88	147.35	152.13	179.19	221.73
韩　国	Korea, Rep.	1130.96	1024.12	1156.06	1094.85	1052.96	1131.16
老　挝	Laos	7887.64	10655.17	8258.77	7860.14	8048.96	8147.91
马来西亚	Malaysia	3.80	3.79	3.22	3.15	3.27	3.91
蒙　古	Mongolia	1076.67	1205.25	1357.06	1523.93	1817.94	1970.31
缅　甸	Myanmar	6.52	5.82	5.64	933.57	984.35	1162.62
巴基斯坦	Pakistan	53.65	59.51	85.19	101.63	101.10	102.77
菲律宾	Philippines	44.19	55.09	45.11	42.45	44.40	45.50
新加坡	Singapore	1.72	1.66	1.36	1.25	1.27	1.38
斯里兰卡	Sri Lanka	77.01	100.50	113.06	129.07	130.57	135.86
泰　国	Thailand	40.11	40.22	31.69	30.73	32.48	34.25
越　南	Viet Nam	14167.75	15858.92	18612.92	20933.42	21148.00	
埃　及	Egypt	3.47	5.78	5.62	6.87	7.08	7.69
尼日利亚	Nigeria	101.70	131.27	150.30	157.31	158.55	192.44
南　非	South Africa	6.94	6.36	7.32	9.65	10.85	12.76
加拿大	Canada	1.49	1.21	1.03	1.03	1.11	1.28
墨西哥	Mexico	9.46	10.90	12.64	12.77	13.29	15.85
美　国	United States	1.00	1.00	1.00	1.00	1.00	1.00
阿根廷	Argentina	1.00	2.90	3.90	5.46	8.07	9.23
巴　西	Brazil	1.83	2.43	1.76	2.16	2.35	3.33
委内瑞拉	Venezuela	0.68	2.09	2.58	6.05	6.28	6.28
捷　克	Czech Rep.	38.60	23.96	19.10	19.57	20.76	24.60
法　国	France	1.09	0.80	0.76	0.75	0.75	0.90
德　国	Germany	1.09	0.80	0.76	0.75	0.75	0.90
意大利	Italy	1.09	0.80	0.76	0.75	0.75	0.90
荷　兰	Netherlands	1.09	0.80	0.76	0.75	0.75	0.90
波　兰	Poland	4.35	3.24	3.02	3.16	3.16	3.77
俄罗斯	Russia	28.13	28.28	30.37	31.84	38.38	60.94
西班牙	Spain	1.09	0.80	0.76	0.75	0.75	0.90
土耳其	Turkey	0.63	1.34	1.50	1.90	2.19	2.72
乌克兰	Ukraine	5.44	5.13	7.94	7.99	11.89	21.85
英　国	United Kingdom	0.66	0.55	0.65	0.64	0.61	0.66
澳大利亚	Australia	1.73	1.31	1.09	1.04	1.11	1.33
新西兰	New Zealand	2.20	1.42	1.39	1.22	1.21	1.43

附录2-20 外商直接投资
Foreign Direct Investment

资料来源：联合国贸发会议FDI数据库。
Source: UNCTAD FDI Database .
单位：亿美元 (100 million USD)

国家或地区	Country or Area	外商直接投资 FDI Inflows			对外直接投资 FDI Outflows		
		2000	2010	2014	2000	2010	2014
世 界	**World**	**13632.2**	**13282.2**	**12282.8**	**11661.5**	**13661.5**	**13543.4**
中 国	China	407.2	1147.3	1285.0	9.2	688.1	1160.0
中国香港	Hong Kong, China	545.8	705.4	1032.5	540.8	862.5	1427.0
中国澳门	Macao, China		28.3	30.5		-4.4	4.6
孟加拉国	Bangladesh	5.8	9.1	15.3		0.2	0.5
文 莱	Brunei Darussalam	5.5	4.8	5.7	0.3	0.1	
柬埔寨	Cambodia	1.5	13.4	17.3	0.1	0.2	0.3
印 度	India	35.9	274.2	344.2	5.1	159.5	98.5
印度尼西亚	Indonesia		137.7	225.8		26.6	70.8
伊 朗	Iran	1.9	36.5	21.1	0.1	1.7	6.1
以色列	Israel	69.6	54.6	64.3	33.4	80.1	39.8
日 本	Japan	83.2	-12.5	20.9	315.6	562.6	1136.3
哈萨克斯坦	Kazakhstan	12.8	115.5	95.6		78.9	36.2
韩 国	Korea, Rep.	115.1	95.0	99.0	48.4	282.8	305.6
老 挝	Laos	0.3	2.8	7.2			
马来西亚	Malaysia	37.9	90.6	108.0	20.3	134.0	164.5
蒙 古	Mongolia	0.5	16.9	5.1		0.6	1.0
缅 甸	Myanmar	0.9	66.7	9.5			
巴基斯坦	Pakistan	3.1	20.2	17.5	0.1	0.5	1.2
菲律宾	Philippines	22.4	13.0	62.0	1.3	6.2	69.9
新加坡	Singapore	155.2	550.8	675.2	66.5	333.8	406.6
斯里兰卡	Sri Lanka	1.7	4.8	9.4		0.4	0.7
泰 国	Thailand	34.1	91.5	125.7	-0.2	44.7	76.9
越 南	Viet Nam	12.9	80.0	92.0		9.0	11.5
埃 及	Egypt	12.4	63.9	47.8	0.5	11.8	2.5
尼日利亚	Nigeria	13.1	61.0	46.9	1.7	9.2	16.1
南 非	South Africa	8.9	36.4	57.1	2.7	-0.8	69.4
加拿大	Canada	668.0	284.0	538.6	446.8	347.2	526.2
墨西哥	Mexico	183.0	260.8	228.0	3.6	150.5	52.0
美 国	United States	3140.1	1980.5	924.0	1426.3	2777.8	3369.4
阿根廷	Argentina	104.2	113.3	66.1	9.0	9.7	21.2
巴 西	Brazil	327.8	485.1	625.0	22.8	115.9	-35.4
委内瑞拉	Venezuela	47.0	18.5		5.2	17.8	
捷 克	Czech Rep.	49.9	61.4	59.1	0.4	11.7	-5.3
法 国	France	275.0	138.9	151.9	1619.5	481.6	428.7
德 国	Germany	1982.8	656.4	18.3	565.6	1254.5	1122.3
意大利	Italy	133.8	91.8	114.5	66.9	326.6	234.5
荷 兰	Netherlands	638.6	-71.8	302.5	756.3	683.6	408.1
波 兰	Poland	94.5	128.0	138.8	0.2	61.5	52.0
俄罗斯	Russian Fed.	27.1	431.7	209.6	31.8	526.2	564.4
西班牙	Spain	395.8	398.7	229.0	582.1	378.4	306.9
土耳其	Turkey	9.8	90.9	121.5	8.7	14.7	66.6
乌克兰	Ukraine	6.0	65.0	4.1		7.4	1.1
英 国	United Kingdom	1219.0	589.5	722.4	2354.0	466.3	-596.3
澳大利亚	Australia	141.9	364.4	518.5	28.6	198.0	-3.5
新西兰	New Zealand	13.5	10.3	33.9	6.1	7.2	

附录2-21 外汇储备与黄金储备
Foreign Exchange and Gold Reserves

资料来源：国际货币基金组织IFS数据库。
Source: IMF IFS Database.

国家或地区	Country or Area	外汇储备（亿美元） Foreign Exchange (100 million USD)			黄金储备（万盎司） Gold Reserves(10000 fine troy ounces)		
		2000	2010	2015	2000	2010	2015
世　界	**World**	**19358.6**	**92652.9**	**109269.4**	**106603.9**	**99153.8**	**105244.0**
发达国家	**Developed Countries**	**12191.9**	**31054.0**		**81731.8**	**70449.8**	**70671.0**
发展中国家	**Developing Economies**				**14028.4**	**17541.9**	
中　国	China	1655.7	28660.8	33451.9	1270.0	3389.0	5666.0
中国香港	Hong Kong, China	1075.4	2686.5	3587.0	6.7	6.7	7.0
中国澳门	Macao, China	33.2	237.3	188.9			
孟加拉国	Bangladesh	14.9	105.6	270.2	10.9	43.4	44.0
文　莱	Brunei Darussalam	3.6	15.6	32.1			15.0
柬埔寨	Cambodia	5.0	32.6	68.8	40.0	40.0	40.0
印　度	India	372.6	2752.8	3343.1	1150.2	1793.2	1793.0
印度尼西亚	Indonesia	282.8	929.1	1032.7	310.1	235.0	251.0
以色列	Israel	231.6	709.1	905.8			
日　本	Japan	3472.1	10614.9	12070.2	2454.7	2460.2	2460.0
哈萨克斯坦	Kazakhstan	15.9	252.2	205.0	184.0	216.4	713.0
韩　国	Korea, Rep.	958.6	2914.9	3631.5	43.9	46.4	336.0
老　挝	Laos	1.4	7.0	10.4	1.7	28.5	
马来西亚	Malaysia	274.3	1048.8	939.8	117.0	117.0	123.0
蒙　古	Mongolia	1.8	22.0	12.5	8.5	6.5	7.0
缅　甸	Myanmar	2.2	57.2		23.1	23.4	
巴基斯坦	Pakistan	15.0	143.5	178.3	209.1	207.0	207.0
菲律宾	Philippines	129.8	553.6	739.6	722.9	495.4	630.0
新加坡	Singapore	795.1	2255.0	2475.3	409.6	409.6	410.0
斯里兰卡	Sri Lanka	9.8	67.1	65.4	33.7	34.6	72.0
泰　国	Thailand	319.3	1675.3	1512.7	236.7	320.0	490.0
越　南	Viet Nam	34.2	124.7	282.5			
埃　及	Egypt	129.1	336.1	132.8	243.2	243.1	243.0
尼日利亚	Nigeria	99.1	349.2	306.1	68.7	68.7	69.0
南　非	South Africa	57.9	381.8	416.2	590.0	401.6	403.0
加拿大	Canada	290.2	570.0	797.0	118.4	10.9	5.0
墨西哥	Mexico	351.4	1202.7	1734.6	24.9	22.7	390.0
美　国	United States	312.4	1213.9	1065.4	26161.1	26149.9	26150.0
阿根廷	Argentina	244.1	497.3	234.2	1.9	176.0	198.0
巴　西	Brazil	324.3	2870.6	3541.8	211.8	108.1	216.0
委内瑞拉	Venezuela	126.3	131.4	63.2	1024.0	1176.0	877.0
捷　克	Czech Rep.	130.2	419.1	641.5	44.6	40.8	32.0
法　国	France	321.1	558.0	551.9	9724.5	7830.1	7831.0
德　国	Germany	496.7	623.0	585.1	11151.9	10934.4	10870.0
意大利	Italy	224.2	476.8	470.3	7882.9	7882.9	7883.0
荷　兰	Netherlands	70.0	184.7	173.4	2931.5	1969.1	1969.0
波　兰	Poland	263.2	888.2	914.0	330.6	330.9	331.0
俄罗斯	Russia	242.6	4435.9	3198.4	1235.9	2535.5	4548.0
西班牙	Spain	295.2	191.5	443.8	1682.9	905.4	905.0
土耳其	Turkey	223.1	807.1	929.2	373.9	373.3	1657.0
乌克兰	Ukraine	11.0	333.3	123.7	45.4	88.5	88.0
英　国	United Kingdom	341.6	683.5	1190.3	1567.4	997.5	998.0
澳大利亚	Australia	167.8	386.6	465.4	256.3	256.7	257.0
新西兰	New Zealand	36.2	167.2	147.0			

附录2-22　研究与开发经费支出和公共教育经费支出占国内生产总值比重
Research and Development Expenditure and Public Spending on Education as Percentage of GDP

资料来源：世界银行WDI数据库。
Source: World Bank WDI Database.

单位：%　　(%)

国家或地区	Country or Area	研究与开发经费支出占国内生产总值比重 Research and Development Expenditure as of GDP			公共教育经费支出占国内生产总值比重 Public Spending on Education, Total as of GDP		
		2000	2005	2014	2000	2005	2014
世　界	**World**	**2.1**	**2.0**	**2.1①**	**3.9**	**4.2**	**4.4②**
高收入国家	**High Income**	**2.3**	**2.3**	**2.5①**	**4.8**	**5.1**	**4.8②**
中等收入国家	**Middle Income**	**0.6**	**0.9**	**1.4①**	**3.8**	**3.9**	
中　国	China	0.9	1.3	2.0	1.9③		
中国香港	Hong Kong, China	0.5	0.8	0.7①		4.1	3.6
中国澳门	Macao, China		0.1	0.1	3.7	2.3	2.1①
孟加拉国	Bangladesh				2.1	1.9④	2.0①
文　莱	Brunei Darussalam		0.0④		3.7		3.8
柬埔寨	Cambodia		0.1⑤		1.7	1.7	2.0①
印　度	India	0.7	0.8	0.8⑥	4.3	3.1	3.8②
印度尼西亚	Indonesia	0.1	…	0.1①	1.1⑦	2.9	3.3
伊　朗	Iran		0.6	0.3②	4.0	4.2	3.0
以色列	Israel	3.9	4.0	4.1	6.1	5.7	5.9①
日　本	Japan	3.0	3.3	3.6	3.6	3.5	3.8
哈萨克斯坦	Kazakhstan	0.2	0.3	0.2①	3.3	2.3	2.9
韩　国	Korea, Rep.	2.2	2.6	4.3	3.4③	3.9	4.6②
老　挝	Laos		0.0⑤		1.5	2.4	4.2
马来西亚	Malaysia	0.5	0.6④	1.3	6.0	7.5	6.1①
蒙　古	Mongolia	0.2	0.2	0.2	5.6	4.3④	4.6⑥
缅　甸	Myanmar	0.1	0.2⑤		0.6		0.8⑥
巴基斯坦	Pakistan	0.1	0.4	0.3①	1.8	2.3	2.5
菲律宾	Philippines		0.1	0.1①	3.3	2.4	3.4①
新加坡	Singapore	1.8	2.2	2.2	3.3	3.2	2.9①
斯里兰卡	Sri Lanka	0.1	0.2④	0.1①	3.1⑧		1.6①
泰　国	Thailand	0.2	0.2	0.5	5.3	3.9	4.1①
越　南	Viet Nam		0.2⑤	0.2⑥			6.3②
埃　及	Egypt	0.2	0.2	0.7		4.8	
南　非	South Africa	0.6⑦	0.9	0.7②	5.4	5.1	6.1
加拿大	Canada	1.9	2.0	1.6	5.5	4.8	5.3⑥
墨西哥	Mexico	0.3	0.4	0.5	4.1	4.9	5.2⑥
美　国	United States	2.6	2.5	2.7①	4.8③	5.1	5.2⑥
阿根廷	Argentina	0.4	0.4	0.6	4.6	3.5	5.3①
巴　西	Brazil	1.0	1.0	1.2①	3.9	4.5	5.9②
委内瑞拉	Venezuela	0.4	0.2				
捷　克	Czech Rep.	1.1	1.2	2.0	3.7	3.9	4.3②
法　国	France	2.1	2.0	2.3	5.5	5.5	5.5②
德　国	Germany	2.4	2.4	2.9	4.5	4.5	4.9②
意大利	Italy	1.0	1.0	1.3	4.3	4.2	4.1⑥
荷　兰	Netherlands	1.8	1.8	2.0	4.6	5.2	5.6①
波　兰	Poland	0.6	0.6	0.9	5.0	5.5	4.8②
俄罗斯	Russia	1.1	1.1	1.2	2.9	3.8	4.2②
西班牙	Spain	0.9	1.1	1.2	4.2	4.1	4.3①
土耳其	Turkey	0.5	0.6	1.0	2.6	3.1④	
乌克兰	Ukraine	1.0	1.2	0.7	4.2	6.1	6.7①
英　国	United Kingdom	1.7	1.6	1.7	4.3	5.2	5.7①
澳大利亚	Australia	1.6	1.9④	2.2①	4.9	4.9	5.3①
新西兰	New Zealand	1.0③	1.1	1.2①	6.6③	6.3	6.4

注：①2013年数据。②2012年数据。③1999年数据。④2004年数据。⑤2002年数据。⑥2011年数据。⑦1997年数据。⑧1998年数据。
Note:①Data refer to 2013.②Data refer to 2012.③Data refer to 1999.④Data refer to 2004.⑤Data refer to 2002.⑥Data refer to 2011.⑦Data refer to 1997.⑧Data refer to 1998.

附录2-23　医疗支出占国内生产总值比重及人均医疗支出
Health Expenditure as Percentage of GDP and Health Expenditure per Capita

资料来源：世界银行WDI数据库。
Source: World Bank WDI Database.

国家或地区	Country or Area	医疗支出占国内生产总值的比重(%) Health Expenditure, Total as Percentage of GDP(%)			人均医疗支出(美元) Health Expenditure per Capita(USD)		
		2000	2005	2014	2000	2005	2014
世　界	**World**	**9.0**	**9.8**	**10.0**	**493.1**	**706.8**	**1061.0**
高收入国家	**High Income**	**9.9**	**11.0**	**12.3**	**2540.1**	**3736.4**	**5251.2**
中等收入国家	**Middle Income**	**5.0**	**5.3**	**5.8**	**62.2**	**102.8**	**289.4**
低收入国家	**Low Income**	**4.4**	**5.7**	**5.7**	**13.4**	**18.1**	**36.7**
中　国	China	4.6	4.7	5.6	43.6	80.9	419.7
孟加拉国	Bangladesh	2.3	2.7	2.8	9.1	12.4	30.8
文　莱	Brunei Darussalam	3.1	2.6	2.7	554.5	691.3	957.6
柬埔寨	Cambodia	5.9	5.8	5.7	17.6	27.6	61.3
印　度	India	4.3	4.3	4.7	19.6	31.3	75.0
印度尼西亚	Indonesia	2.0	2.8	2.9	15.4	35.3	99.4
伊　朗	Iran	4.5	6.1	6.9	229.5	177.8	350.7
以色列	Israel	7.1	7.4	7.8	1490.1	1515.1	2910.3
日　本	Japan	7.5	8.2	10.2	2838.6	2927.6	3703.0
哈萨克斯坦	Kazakhstan	4.2	4.1	4.4	50.8	150.0	538.8
韩　国	Korea, Rep.	4.2	5.3	7.4	504.9	994.2	2060.3
老　挝	Laos	3.4	4.3	1.9	10.5	20.4	32.6
马来西亚	Malaysia	3.0	3.3	4.2	121.6	183.2	455.8
蒙　古	Mongolia	4.9	5.1	4.7	23.4	50.8	195.3
缅　甸	Myanmar	1.8	1.8	2.3	3.2	4.7	20.3
巴基斯坦	Pakistan	2.8	2.9	2.6	15.5	22.4	36.2
菲律宾	Philippines	3.2	3.9	4.7	33.4	46.8	135.2
新加坡	Singapore	2.7	3.7	4.9	661.8	1061.1	2752.3
斯里兰卡	Sri Lanka	3.8	4.1	3.5	32.8	50.8	127.3
泰　国	Thailand	3.8	4.6	6.5	74.2	124.4	360.4
越　南	Viet Nam	4.9	5.4	7.1	20.5	36.8	142.4
埃　及	Egypt	5.6	5.1	5.6	77.7	63.8	177.8
尼日利亚	Nigeria	2.8	4.1	3.7	17.2	53.1	117.5
南　非	South Africa	8.1	7.8	8.8	245.1	414.2	570.2
加拿大	Canada	8.7	9.6	10.5	2099.8	3474.4	5291.8
墨西哥	Mexico	5.0	6.0	6.3	322.1	490.7	677.2
美　国	United States	13.1	15.2	17.1	4788.3	6741.0	9402.5
阿根廷	Argentina	9.2	6.9	4.8	706.9	389.8	605.2
巴　西	Brazil	7.0	8.3	8.3	262.8	391.3	947.4
委内瑞拉	Venezuela	4.9	4.7	5.3	234.8	255.2	873.4
捷　克	Czech Rep.	6.3	6.9	7.4	361.2	884.4	1378.5
法　国	France	9.8	10.6	11.5	2209.2	3721.1	4959.0
德　国	Germany	10.1	10.5	11.3	2397.8	3647.8	5410.6
意大利	Italy	7.9	8.7	9.3	1588.0	2788.5	3257.8
荷　兰	Netherlands	7.4	9.6	10.9	1931.8	3994.0	5693.9
波　兰	Poland	5.5	6.2	6.4	247.1	494.7	910.3
俄罗斯	Russia	5.4	5.2	7.1	96.2	276.9	892.9
西班牙	Spain	7.2	8.1	9.0	1045.5	2120.5	2658.3
土耳其	Turkey	5.0	5.5	5.4	206.8	386.2	567.6
乌克兰	Ukraine	5.6	6.4	7.1	35.8	118.3	202.7
英　国	United Kingdom	6.9	8.2	9.1	1763.5	3176.6	3934.8
澳大利亚	Australia	8.1	8.5	9.4	1745.9	3214.0	6031.1
新西兰	New Zealand	7.5	8.3	11.0	1056.1	2307.1	4896.4

附录3

山东省统计局工作大事记

Chronicle of Events of Shandong Provincial Statistical Bureau

简 要 说 明

一、本篇资料的主要内容

本篇按时间顺序记载了2016年山东省统计局发生的大事要事，包括局领导重要活动、方法制度改革、统计法制建设、统计基层基础建设、统计信息化建设、统计干部队伍建设等方面的内容。

二、本篇资料的来源

本篇资料由省统计局办公室整理提供。

Brief Introduction

I. Content

Events happened in 2016 of Shandong Statistical Bureau are recorded in time order, mainly including important activities of leaders, reform of statistical laws, development of primary-level statistical work, construction of information system, and training of statistics professionals, etc.

II. Source of Data

Data and files are provided by the Administrative Office of Shandong Provincial Bureau of statistics.

2016年山东省统计局大事记

1月6日，省统计局召开2015年度述职述廉述评会议。党组书记、局长潘振文主持会议，各处室、中心主要负责人进行了述职述廉。副局长刘银田、刘兴慧，纪检组长刘福谋，副局长左振华、马金栋，副巡视员刘绍辉到会。

1月7日至8日，全省统计系统财务决算工作会议在济南召开。

1月8日，省统计局召开2015年度党支部书记抓党建工作述评会议，党组副书记、副局长、机关党委书记刘银田主持会议。

1月12日，全省统计工作会议在济南召开。会议传达了全国统计工作会议精神和孙伟常务副省长对统计工作的指示精神，潘振文局长作了题为《改革创新，锐意进取，加快推进现代统计体系建设》的工作报告，副局长刘银田、刘兴慧、左振华、马金栋，副巡视员刘绍辉、周尊考到会。

1月12日，山东省统计学会第七次会员代表大会在济南召开。

1月13日，省统计局召开全省统计网络安全工作视频会议，副巡视员周尊考到会并讲话。

1月13日至14日，省统计局、山东调查总队联合召开2015年统计公报编写工作会议。

1月18日，省第三次农业普查领导小组组长、副省长赵润田听取省统计局关于全省第三次农业普查工作开展情况的汇报并作出重要指示。

1月20日，省统计局党组副书记、副局长、机关党委书记刘银田向省直机关工委述职。

1月20日，省统计局副巡视员刘绍辉主持召开专题会议，贯彻落实《省政府研究全省城镇化有关工作专题会议纪要》及督查工作要求。

1月20日至29日，省农普办开展农业普查工作调研，省农普办主任、省统计局副巡视员周尊考参加调研。

1月21日，省统计局、省发改委联合召开服务业新型业态发展及统计工作部门专题座谈会，省统计局副局长刘兴慧、省发改委服务业办副主任陈清华到会并讲话。

1月22日，省第三次农业普查领导小组召开第一次全体会议，省第三次农业普查领导小组组长、副省长赵润田到会并讲话，省第三次农业普查领导小组副组长、省统计局局长潘振文主持会议并汇报三农普前期准备工作情况，省委宣传部、省财政厅、省农业厅等部门作会议发言。

1月25日，省统计局召开2015年度老干部通报会，党组副书记、副局长刘银田到会并通报2015年全省统计工作情况。

1月26日至27日，全省1%人口抽样调查数据评估及开发应用培训会议在济南召开。

1月27日，省统计局、省经信委联合召开2015年物流统计会审会议。

1月29日，省委宣传部、省统计局在济南联合召开文化产业统计工作座谈会，省委宣传部副部长王红勇、省统计局副局长马金栋到会并讲话。

1月，省统计局开展2015年度山东省城乡环卫一体化满意度电话调查。

1月，省统计局完成2015年统计行政处罚案卷评查工作。

1月，省统计局、省住建厅联合编印《2015山东省城镇化发展报告》。

1月，省统计局、省科技厅联合编印《2015年山东科技统计年鉴》。

1月，省统计局编印《山东企业创新调查资料汇编——2015》。

1月，省委办公厅、省政府办公厅分别通报表彰省统计局政务信息工作。

2月2日，省统计局召开2015年度总结表彰会议。党组书记、局长潘振文总结了2015年我局主要工作开展情况，对下一步工作提出了希望和要求。会议通报表彰了2015年度全局先进集体、先进个人，先进党支部、优秀党务工作者、优秀共产党员，工会工作优秀个人，全局“统计分析工作标兵”、“统计政务信息工作标兵”。副局长刘银田主持会议，副局长刘兴慧、马金栋，副巡视员刘绍辉、周尊考出席会议并宣读有关表彰通报。

2月2日，省统计局印发《关于进一步加强规范性文件合法性审查工作的通知》。

2月3日，省统计局印发《关于设立战略性新兴产业增加值占GDP比重统计指标的通知》。

2月17日，省统计局、国家统计局山东调查总队联合召开2015年统计公报审定会，局长潘振文主持会议。

2月23日，省统计局召开第一书记“抓党建 促脱贫”专题会议，副巡视员周尊考主持会议并讲话。

2月24日，省统计局召开全局政务信息工作会议，副局长刘银田到会并讲话。

2月25日至26日，全省能源统计工作暨2015年能耗核算数据联审会议在济南召开，副局长刘银田到会并讲话。

2月26日，省统计局召开党风廉政建设工作会议。党组书记、局长潘振文全面总结2015年局机关党风廉政建设工作，安排部署2016年工作任务；党组成员、纪检组长刘福谋总结和部署纪检工作，并就强化纪律执行力提出要求；党组副书记、副局长刘银田主持会议并作总结讲话。

2月29日，省统计局召开专题党组会，学习贯彻国家统计局专项整改工作视频会议精神，研究“数据造假，以数谋私”专项治理工作。

2月，山东政务服务网省统计局部分正式上线运行。

2月，省统计局政务信息工作被省委办公厅、省政府办公厅表彰。

2月，省统计局联合机构编制、民政、税务、工商、质监等部门，修订完善《山东省基本单位名录更新制度》。

3月9日，省统计局联合省公安厅、省民政厅、省人社厅、省住建厅、省卫计委、省环保厅、省质监局等部门召开大力推进统计用区划代码和城乡划分结果在部门间的应用共享会议，省统计局副巡视员刘绍辉主持会议并讲话。

3月9日，省统计局、省妇儿工委办公室联合召开全省妇儿监测统计及数据直报平台培训会议。

3月10日，省统计局召开全省统计设计管理工作暨统计基层基础建设网络平台应用培训视频会议。

3月14日至18日，山东省2016新型城镇化专题研讨班在济南举办，副省长夏耕出席开学典礼并讲话。

3月15日，省统计局印发《统计部门推广“双随机”抽查实施方案》。

3月16日，省委常委、常务副省长孙伟赴国家统计局会见宁吉喆局长，就山东城镇化率等进行了沟通汇报，省统计局局长潘振文等陪同。

3月16日至17日，全省农村统计工作暨全省农业普查工作会议在济南召开，省第三次农业普查领导小组办公室主任、省统计局副巡视员周尊考到会并讲话。

3月18日，国家统计局办公室副主任安平年一行来省统计局检查落实“数据造假、以数谋私”中央专项巡视整改工作，局长潘振文、副局长刘银田参加整改工作情况汇报会。

3月22日，省统计局印发《关于2016年统计普法工作的意见》。

3月22日至26日，国家统计局投资司副司长赵培亚一行来山东调研投资和房地产形势，省统计局副局长马金栋陪同调研。

3月23日至24日，全省一季度经济运行形势分析座谈会在济南召开，省统计局副局长刘兴慧到会并讲话。

3月24日至25日，全省贸易外经统计工作暨贸易统计数据联审会议在济南召开。

3月29日，省政府城镇化工作督查组耿庆海巡视员一行来省统计局督查城镇化统计有关工作落实情况，省统计局副巡视员刘绍辉进行汇报。

3月，省统计局开展2015年度全省就业工作群众满意度电话调查、2015年度山东省省管企业人才工作满意度电话调查。

3月，省统计局开展2015年山东省1%人口抽样调查先进集体和先进个人评先表彰工作。

4月5日至9日，省农普办召开全省第三次农业普查综合试点培训会议，省农普办主任、省统计局副巡视员周尊考到会并讲话。

4月6日至7日，国家发改委副主任兼国家统计局局长、党组书记宁吉喆一行，就新经济和当前经济形势，以及统计调查系统党建工作来山东进行专题调研。省委书记、省人大常委会主任姜异康，省委副书记、省长郭树清，省委常委、常务副省长孙伟会见了宁吉喆一行，并就当前山东省经济社会发展与统计工作交换了意见。省政府秘书长王华、办公厅副主任姜文艺，省发展改革委主任王忠林，省统计局局长潘振文，国家统计局山东调查总队副总队长王庆国等以及国家发改委、国家统计局相关司主要负责同志陪同调研和座谈。

4 月 11 日，省统计局印发《2016 年全省统计系统行风建设工作要点》。

4 月 13 日，省政府办公厅印发《山东省人民政府办公厅关于开展编制自然资源资产负债表试点工作的通知》（鲁政办字〔2016〕54 号），决定在淄博市、潍坊市开展编制自然资源资产负债表市级试点工作。

4 月 17 日，省委宣传部、省统计局联合召开文化产业统计工作推进会，省委宣传部副部长王红勇、省统计局副局长马金栋到会并讲话。

4 月 18 日至 21 日，省农普办赴淄博临淄区、烟台海阳市督导调研普查综合试点工作，省农普办主任、省统计局副巡视员周尊考参加。

4 月 26 日，省统计局召开“两学一做”学习教育动员部署会，党组书记、局长潘振文作动员讲话，党组成员、副局长刘兴慧主持会议并对会议贯彻落实提出要求，副巡视员刘绍辉传达习近平总书记关于“两学一做”学习教育的重要指示，副巡视员周尊考传达姜异康书记在全省“两学一做”学习教育座谈会上的讲话主要精神。

4 月 26 日，全省一季度工业生产数据联审会议在济南召开。

4 月 26 日，全省统计信息化工作会议在济南召开，省统计局副巡视员周尊考到会并讲话。

4 月 26 日至 27 日，全省一季度建设领域数据联审会议在淄博召开，省统计局副局长马金栋到会并讲话。

4 月 27 日至 28 日，全省国民经济核算暨 2016 年一季度市级 GDP 数据联算工作会议在济南召开，省统计局副局长刘兴慧到会并讲话。

4 月 28 日，全省综合统计工作会议在济南召开，省统计局副局长刘兴慧到会并讲话。

4 月 28 日至 29 日，全省服务业统计工作暨数据审核会议在济南召开，省统计局副局长刘兴慧到会并讲话。

4 月，《山东省志·统计志（1992-2005）》被评为优秀省志分志。

4 月，省统计局编印出版《山东经济普查年鉴-2013》和《山东省第三次经济普查优秀分析研究成果汇编》。

5 月 9 日，省统计局党组印发《关于成立“两学一做”学习教育组织领导机构的通知》《关于印发在全体党员中开展“学党章党规、学系列讲话，做合格党员”学习教育实施方案的通知》。

5 月 9 日，省统计局印发《山东省统计局公文运转管理办法》。

5 月 10 日，省统计局召开全省高清视频会议系统建设项目全面验收工作视频会议，副巡视员周尊考到会并讲话。

5 月 10 日，省统计局、国家统计局山东调查总队联合印发《关于进一步核实比对“非四上”单位抽样调查样本单位的通知》。

5 月 13 日，全省四众企业专项统计调查培训会议在济南召开。

5 月 16 日，省委副书记、省长郭树清对省统计局报送的《我省民间投资增长明显放缓》作出批示。

5 月 16 日至 17 日，全省一季度能耗核算数据联审会议在济南召开。

5 月 18 日，省统计局党组书记、局长潘振文同志以普通党员身份参加人事处党支部集体学习，并作“两学一做”学习教育专题党课辅导。

5 月 19 日，省统计局党组书记、局长潘振文赴淄博调研指导市统计局“两学一做”学习教育工作，并看望省统计局在淄博挂职干部，组织召开挂职干部座谈会。

5 月 19 日至 20 日，全省 2016 年一季度贸易统计数据联审会议在济南召开。

5 月 20 日，全省编制自然资源资产负债表试点工作暨培训会议在淄博召开，省统计局局长潘振文到会并讲话，副局长刘兴慧主持会议。

5 月 20 日，国务院农业普查办公室方案设计组副组长、国家统计局农村司副司长黄秉信一行来山东调研第三次农业普查工作，省农普办主任、省统计局副巡视员周尊考陪同调研。

5 月 23 日至 24 日，全省 1%人口抽样调查工作会议在济南召开，省统计局副巡视员、省 1%人口抽样调查工作协调小组办公室主任刘绍辉到会并讲话。

5 月 23 日，全省 2016 年度统计五星级单位复查验收工作部署会议在济南召开；24 日至 27 日，省统计局开展省级统计五星级单位集中复查验收工作。

5 月 24 日，省统计局、省发展和改革委员会在济南联合召开全省部门服务业统计工作会议，省统计局副局长刘兴慧、省发展和改革委员会服务业办公室副主任陈清华到会并讲话。

5 月 24 日，省委宣传部、省统计局联合在济宁召开文化产业发展和统计工作推进会西片会议，省委宣传部副部长王红勇到会并讲话，省统计局副局长马金栋主持会议并总结。

5月24日，全省部门环境综合统计年报会议在济南召开。

5月26日，省统计局、省经信委、省物流协会联合在济南召开山东省2016年一季度物流统计会审暨培训会议。

5月30日，省统计局召开全省省级开发园区“三新”统计工作视频培训会议，副局长马金栋到会并讲话。

5月31日至6月2日，省统计局召开全省企业一套表数据处理程序视频培训会议。

5月，省统计局会同省发展改革委、省财政厅、省国土资源厅、省水利厅、省农业厅、省林业厅、省环保厅等部门联合制定《山东省自然资源资产负债表试编制度（编表指南）》。

6月1日至3日，国家统计局设计管理司副司长雷平静、人口与就业司副巡视员胡英带队来山东调研城乡划分标准和农村转移劳动力城镇化问题，省统计局局长潘振文会见调研组一行，副巡视员刘绍辉陪同调研。

6月2日，省统计局召开全省统计系统座谈会，传达学习全国统计系统座谈会精神，研究部署防范统计造假、弄虚作假和提高统计数据质量工作，局长潘振文出席会议并讲话，副局长刘银田、刘兴慧，纪检组长刘福谋，副局长马金栋，副巡视员周尊考到会。

6月6日至8日，省统计局举办全省月度劳动力调查培训班。

6月7日，省统计局印发《山东省企业统计工作规范》。

6月13日，省统计局召开非公有制企业人才资源统计调查工作视频会议，副巡视员刘绍辉到会并讲话。

6月14日至15日，全省统计系统办公室工作会议在济南召开，省统计局副局长刘银田到会并讲话。

6月14日至15日，全省社科统计暨四众企业专项统计调查工作会议在济南召开，省统计局副局长马金栋到会并讲话。

6月17日，省统计局印发《关于认真做好“三新”统计工作的通知》。

6月22日至23日，全省第三次农业普查方案培训研讨会议在泰安召开，省农普办主任、省统计局副巡视员周尊考到会并讲话。

6月22日至24日，全省统计系统领导干部法治培训班在济南举办，省统计局副局长刘银田到会并讲话。

6月28日至29日，全省上半年经济形势分析会议在日照召开。省统计局局长潘振文到会并讲话，日照市委常委、常务副市长王斌致辞，副局长刘银田、刘兴慧分别主持会议，副巡视员刘绍辉到会。日照市委书记、市人大常委会主任杨军，市委副书记、市长刘星泰分别会见潘振文等省统计局领导。

6月30日，全省企业结构试点调查工作布置会议在威海召开。

6月，山东省委、省政府下发通知，任命刘兴慧同志为山东省统计局巡视员。

6月，省统计局组织开展2016年上半年群众安全感电话调查。

7月6日至7日，省统计局在潍坊举办乡镇统计人员岗位知识培训提高班，副巡视员周尊考到会并讲话。

7月6日至8日，国家统计局副局长许宪春一行来山东调研当前经济运行形势。调研期间，省委常委、常务副省长孙伟会见许宪春一行。省统计局局长潘振文、副局长刘银田、巡视员刘兴慧，国家统计局山东调查总队副总队长王庆国、副总队长王象永、副巡视员仝义贵，济南市委常委、副市长苏树伟等分别陪同调研或座谈。

7月13日，全省部门统计工作会议在济南召开，省统计局副巡视员刘绍辉到会并讲话。

7月14日，省统计局副巡视员周尊考到庆云县东辛店镇北赵、大李、鲁家村调研考察精准扶贫工作进展情况，并对第三次农业普查工作进行实地调研。

7月14日，全省1%人口抽样调查暨城镇化监测业务布置会议在威海召开。

7月18日，省委第四巡视组专项巡视省统计局党组工作动员会召开。省委第四巡视组组长万志博作动员讲话，省委巡视工作领导小组成员、省委巡视办主任卢保民同志就配合做好巡视工作提出要求，省统计局党组书记、局长潘振文主持会议并作表态发言。

7月18日至21日，省统计局开展非公有制企业人才调查数据质量复查工作。

7月21日至23日，省统计局局长潘振文参加全国统计系统援藏工作会议。

7月27日，省统计局召开全省上半年工业生产数据联审视频会议。

7月27日至29日，省统计局开展农村统计数据质量抽查，并对部分县、乡级农业普查“四落实”情况进行抽查督导，副巡视员周尊考带队参加。

7月28日，省国家保密局检查组对省统计局保密自查自评工作进行全面检查。省统计局局长潘振文会见检查组一行并出席检查工作座谈会。

7月28日至29日，全省城乡划分培训班在德州举办。

7月29日，省民生改革与发展研究中心副主任赵西军一行来省统计局督查脱贫攻坚工作，省统计局副巡视员周尊考作专题汇报。

7月，省统计局印发《山东省统计数据质量管理办法》。

7月，省统计局开展2016年上半年山东省城乡环卫一体化和移风易俗情况电话调查和山东省国税系统2016年纳税人满意度调查。

7月，省统计局被省政府评为2015年度“全省服务业发展先进单位”。

8月1日，省委常委、省委宣传部部长孙守刚对省统计局报送的《文化产业稳步发展 结构优化效益提高》作出批示。

8月1日，省统计局召开全局保密工作会议，局党组副书记、副局长、局保密委员会主任刘银田到会并讲话。

8月1日至5日，省统计局对淄博、东营、济宁、菏泽等地1%人口抽样调查“四落实”工作进行检查督导。

8月9日至10日，全省上半年能耗核算数据联审会议在济南召开。

8月11日，全省2016年二季度贸易统计数据联审会议在济南召开。

8月12日，省统计局、省经信委在济南联合召开全省2016年上半年物流统计会议。

8月15日至16日，全省上半年建设领域数据联审会议在济南召开。

8月25日，省统计局、省公安厅、省民政厅、省住房和城乡建设厅、省卫生和计划生育委员会联合印发《关于认真做好全省1%人口抽样调查的通知》。

8月25日，全省第三次农业普查办公室主任会议在枣庄召开，省第三次农业普查领导小组办公室主任、省统计局副巡视员周尊考到会并讲话。

8月30日，全省工业经济形势分析交流会议在济南召开，省统计局副局长刘银田到会并讲话。

8月31日，省统计局举办第一期道德讲堂，特邀请中国孔子研究院院长杨朝明作了题为《成人之道与为政之德》的辅导报告，党组副书记、副局长、机关党委书记刘银田主持。

8月，省统计局成立援藏援疆工作领导小组。

8月，省统计局正式编印《山东服务业统计季报》。

9月1日至2日，省统计局在济南举办全省统计执法骨干培训班。

9月1日至2日，省统计局在济南举办全省地市统计人员岗位知识培训师资培训班。

9月7日，省统计局组织到泰安监狱开展警示教育活动。

9月8日，省统计局、省旅游委在济南联合召开全省旅游考核暨统计工作会议。

9月8日至9日，省统计局在烟台蓬莱举办全省1%人口抽样调查培训班。

9月12日至13日，上半年全省服务业统计数据评估会议在济南召开。

9月12日至14日，省农普办举办全省第三次农业普查方案视频培训班，省农普办主任、省统计局副巡视员周尊考到会并讲话。

9月18日、28日，省统计局分两批组织党务干部到济宁干部政德教育学院开展培训，党组副书记、副局长刘银田到会并讲话。

9月19日至20日，全省劳动工资统计年报工作会议在枣庄召开。

9月20日，省统计局、国家统计局山东调查总队与日照市政府在日照联合举办全省第七届“中国统计开放日”集中宣传活动，省农普办主任、省统计局副巡视员周尊考、国家统计局山东调查总队副巡视员全义贵、日照市政府副市长马先侠到场并讲话和致辞。

9月20日，省统计局参加省政府纠风办、山东广播电视台2016年下半年“阳光政务热线”现场直播节目，副局长刘银田作为主嘉宾参加节目。

9月20日至21日，全省统计基层基础建设现场会在青岛胶州召开，省统计局副巡视员刘绍辉到会并讲话。

9月21日，省统计局召开处级以上干部会议，宣布省委决定：陈迪桂同志任山东省统计局局长、党组书记。

9月29日，省机关事务管理局、省统计局在济南联合举办省政府各部门、各直属机构机关运行成本调查统计培训班。

9月29日，全省工业统计报表制度布置暨工业经济形势分析会议在济南召开。

9月，省统计局正式编印《机关管理制度汇编(2016

版)》。

10月8日，省委常委、组织部部长杨东奇对省统计局报送的《省统计局认真学习贯彻省委决定和胡文容同志讲话精神》作出批示。

10月13日，省统计局召开省委第四巡视组专项巡视省统计局党组情况反馈会，省委第四巡视组组长万志博向省统计局领导班子反馈巡视意见，陈迪桂主持会议并作表态发言。

10月14日，省第三次农业普查领导小组组长、副省长赵润田，听取省统计局局长陈迪桂关于农业普查工作情况的汇报，并作出指示。

10月14日，省统计局召开全省1%人口抽样调查工作视频会议，省统计局副巡视员、省1%人口抽样调查办公室主任刘绍辉到会并讲话。

10月15日，全省1%人口抽样调查开始入户摸底登记。

10月15日至16日，全国统计专业技术资格考试办公室巡考组来我省开展考务巡视工作。省统计局局长陈迪桂会见巡考组蔺涛副司长一行。

10月18日，省统计局印发《关于进一步做好向省委和省政府报送信息工作的通知》。

10月18日至20日，国家统计局人口和就业统计司副巡视员胡英来我省调研。省统计局局长陈迪桂会见调研组一行，副巡视员刘绍辉陪同调研。

10月20日，全省企业结构试点数据会审会议在青岛召开。

10月21日，全省2016年三季度市级GDP数据联算会议在济南召开，省统计局巡视员刘兴慧到会并讲话。

10月23日，省委副书记、省长郭树清分别对省统计局报送的统计专报《省统计局认真学习贯彻郭树清省长重要指示精神》和《关于9月份全省工业生产运行情况的汇报》作出批示。

10月24日，国家统计局副局长许宪春来济南调研，山东省委常委、常务副省长孙伟会见了许宪春一行。省统计局局长陈迪桂、巡视员刘兴慧，山东调查总队副总队长王庆国，济南市委常委、副市长苏树伟等陪同调研。

10月27日，省政府召开全省第三次农业普查电视会议，省第三次农业普查领导小组组长、副省长赵润田出席会议并作讲话，省第三次农业普查领导小组副组长、省应急办主任张积军主持，省第三次农业普查领导小组副组长、省统计局局长陈迪桂通报前期全省农业普查工作进展情况并部署下一步重点工作。

10月27日至28日，全省建设领域统计报表制度布置暨前三季度数据联审会议在济南召开，省统计局副局长马金栋到会并讲话。

10月27日至11月2日，全省统计系统科级干部培训班在厦门大学举办。

10月28日，省统计局局长陈迪桂参加工业处党支部全体党员会议并发言。

10月，省统计局完成2016年度社会心态调查任务。

11月1日，国家软件正版化工作督查组来省统计局督导检查，省统计局副局长马金栋主持汇报会并陪同检查。

11月1日，省统计局建设完成“三农普”数据处理中心、数据交换中心、数据采集报送中心和移动终端管理等应急系统并上线运行，在全国率先搭建省级数据采集处理应急环境。

11月2日，省统计局印发《山东省统计局加快推进“五证合一、一照一码”登记制度改革实施方案》。

11月2日至3日，全省社情民意调查工作现场会在青岛召开，省统计局巡视员刘兴慧到会并讲话。

11月7日，省委副书记、省长郭树清对省统计局报送的统计专报《我省建立新产业、新业态、新商业模式专项统计报表制度》作出批示。

11月8日，中国信息报山东记者站在济南召开2016年度工作会议。

11月9日，省统计局印发《山东省统计局私设“小金库”以数谋私违法违纪问题风险防控工作方案》。

11月9日至10日，全省服务业统计报表制度布置会议在济南召开，省统计局巡视员刘兴慧到会并讲话。

11月11日，省统计局、省发改委联合在济南召开重点部门服务业发展与统计工作座谈交流会，省统计局巡视员刘兴慧到会并讲话，省发改委服务办主任陈清华主持会议。

11月11日，省统计局召开2016年三季度全省工业经济形势分析会议。

11月13日至14日，全省能源统计报表制度布置暨三季度能源数据联审会议在济南召开。

11月16日，省农普办、省委宣传部、省新闻出版广电局联合召开全省第三次农业普查宣传工作会议，省委宣传部副部长刘致福、省新闻出版广电局副局长杨树国、省统计局副局长刘银田到会并讲话，省农普办主任、省统计局副巡视员周尊考主持会议。

11 月 17 日，副省长夏耕对省统计局报送的《10 月份我省主要经济指标数据情况》作出批示。

11 月 17 日，省统计局召开全局政务信息培训会议，副局长刘银田主持会议并讲话。

11 月 19 日至 25 日，省统计局开展 2016 年度全省 1%人口抽样调查事后质量抽查工作。

11 月 24 日，省统计局在济南召开《绿色发展指标体系》和《绿色发展统计报表制度(试行)》部门工作会议。

11 月 25 日，全省社会科技统计年报工作会议在济南召开。

11 月 26 日，省统计局党组印发《关于落实全面从严治党要求进一步加强机关党的建设的意见》。

11 月 28 日至 29 日，全省贸易统计报表制度布置暨数据联审会议在济南召开，省统计局副局长马金栋到会并讲话。

11 月 29 日，省统计局印发《山东省统计法治宣传教育第七个五年规划（2016—2020 年)》。

11 月 30 日，省统计局举办学习贯彻党的十八届六中全会精神报告会。

11 月，省委副书记、省长郭树清，副省长张务锋分别对省统计局报送的《去产能、节能环保政策实施对山东工业的影响及对策建议》作出批示。

11 月，省委常委、常务副省长孙伟，省委常委、青岛市委书记李群，副省长张务锋分别在省统计局报送的统计专报《国家将开展省级绿色发展统计监测评价》上作出批示。

11 月，省统计局完成国家企业结构调查试点工作。

11 月，省统计局开展山东省 2016 年度全省民政工作群众满意度调查。

12 月 1 日，国务院第三次全国农业普查电视电话会议召开，省政府特邀咨询张建国、省统计局局长陈迪桂参加分会场会议并讲话。

12 月 1 日，副省长夏耕对省统计局报送的《服务业企业信心提升 期盼政府继续减负简政》作出批示。

12 月 1 日，省统计局印发《关于进一步转变工作作风提升统计服务水平的意见》。

12 月 1 日，全省 2016 年年报与 2017 年定期报表制度布置会议在济南召开。

12 月 2 日，全省第三次农业普查 PDA 现场登记试点会议在菏泽曹县召开，省农普办主任、省统计局副巡视员周尊考到会并作总结讲话。

12 月 6 日，省委常委、常务副省长孙伟对省统计局报送的《全省第三次农业普查督查工作情况报告》和《关于进一步转变工作作风提升统计服务水平的意见》分别作出批示。

12 月 7 日，山东省暨济南市第三次农业普查•统计法制宣传月活动启动仪式在济南举办，省农普办主任、省统计局副巡视员周尊考出席并讲话。

12 月 8 日，省农普办主任、省统计局副巡视员周尊考代表省统计局、省农普办赴临沂看望慰问马建波同志家人。马建波同志生前系临沂市社会经济调查队副队长（主持农村统计科工作)、临沂市第三次农业普查领导小组办公室常务副主任、综合组组长，在市第三次农业普查工作岗位上突发疾病，经抢救无效去世，年仅 47 岁。

12 月 13 日，省委副书记、省长郭树清对省统计局报送的统计专报《我省全面建成小康社会取得重要阶段性成果》作出批示。

12 月 13 日，省委常委、常务副省长孙伟对省统计局报送的统计专报《省直有关部门齐心协力做好 GDP 核算工作》作出批示。

12 月 20 日至 21 日，全省信息技术综合培训班在济南举办。

12 月 23 日，省检察院检察长吴鹏飞对省统计局报送的统计专报《山东省检查工作群众满意度连续五年稳步提高》作出批示。

12 月 23 日，全省统计系统文明创建暨统计行风建设工作会议在济南召开，省统计局党组书记、局长陈迪桂到会并讲话，党组成员、副局长马金栋作工作报告。

12 月 23 日，全省第三次农业普查工作视频会议在济南召开，省第三次农业普查领导小组副组长、省统计局局长陈迪桂到会并讲话，省农普办主任、省统计局副巡视员周尊考主持。

12 月 27 日，省统计局印发《山东省统计局数据质量检查办法（试行)》《山东省统计局统计执法工作管理办法》。

12 月 27 日，中共山东省统计局党组印发《山东省统计局党组会议局长办公会议议事制度》《山东省统计局关于进一步加强“双向约谈”工作的意见》《山东省统计局关于加强和改进干部经常性考察的意见（试行)》。

12 月 27 日至 28 日，市级统计人员岗位知识培训班在济南举办。

12 月 30 日，省第三次农业普查领导小组组长、副省长赵润田赴济宁检查指导第三次农业普查工作，省政府副秘书长张积军，省统计局局长陈迪桂、副巡视员周尊考，济宁市委书记、市人大常委会主任马平昌，市委副书记、市长傅明先，市委常委、秘书长李长胜，副市长张继民等陪同。

12 月 30 日，省统计局召开党组扩大会议，传达学习全国统计工作会议精神，对贯彻落实会议精神作出安排部署。

2016 年 12 月 30 日、2017 年 1 月 3 日，省统计局分两个阶段召开工作务虚会。

12 月，省统计局开展山东省 2016 年度 17 市经济社会发展综合考核群众满意度电话调查、全省检察工作群众满意度电话调查、全省城乡环卫一体化和移风易俗情况电话调查。